中国中西部地区开发年鉴

（1995）

编　委　会

1995
中国中西部地区开发年鉴

主　编

陈耀邦

副主编

沈龙海　潘文灿　徐国弟　谢文侠　陈贤经

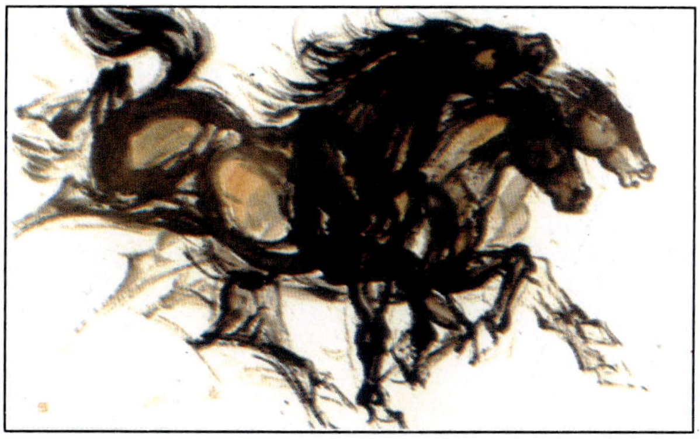

改革出版社

·北　京·

图书在版编目(CIP)数据

中国中西部地区开发年鉴:1995/陈耀邦主编.—北京:
改革出版社,1995.12
ISBN 7-80072-721-1

Ⅰ.中… Ⅱ.陈… Ⅲ.地区经济,中西部-地区开发-中国-年鉴-1995
Ⅳ.F127-54
中国版本图书馆 CIP 数据核字(95)第16263号

责任编辑:陈贤经
封面设计:吴寿松
彩图设计:张宝和
责任校对:高金利
监督印制:郝平生

中国中西部地区开发年鉴
主编　陈耀邦
改革出版社出版发行
社址:北京市东城区安德里北街23号
邮政编码:100011
3209印刷厂印刷
新华书店经销

1995年12月第1版　1995年12月第1次印刷
787×1 092　1/16　正文印张48.125　1500千字　彩图4印张
印数:2500册　ISBN7-80072-721-1/F·431

定价:150.00元

统筹规划加强中西部地区经济发展

为《中国中西部地区开发年鉴》题

邹家华

一九九五年七月二日

序　言

陈耀邦

地区经济是组成国民经济的基础部分，是国家区域政策和产业政策的集中体现。我国地区经济发展不平衡，客观上呈现东、中、西梯次发展的态势。近年来，我国中部和西部地区的差距正在逐步缩小，而中、西部地区与东部沿海地区的差距呈现加速扩大的趋势。中、西部地区经济发展的优势、问题和机遇较相似。加快中西部地区的经济发展，是缩小我国地区差距的根本性措施。根据有关部门的建议和广大读者的要求，从1995年起《中国西部地区开发年鉴》改版为《中国中西部地区开发年鉴》。我认为这是非常必要的，意义深远。我祝愿《中国中西部地区开发年鉴》在宣传党和国家的经济政策和方针，反映中西部地区经济成就方面发挥重要作用，并成为中西部地区招商引资的桥梁和加快中西部地区经济发展献计献策的渠道。

改革开放以来，我国地区经济发展很快，特别是省级经济活力强劲。1979～1994年，全国各省区市经济年均增长速度，按国内生产总值计算，都高于改革开放前30年年平均6%的水平。省级经济反映到东、中、西部地区经济上来，情况也是令人欢欣鼓舞的。1994年，我国中西部地区国内生产总值比上年增长10%左右，其中安徽、河南、四川、陕西等人口大省增长速度更快。关系中西部地区经济发展全局的重大基础设施工程进展顺利，兰新复线、宝中线、侯月线相继建成，南昆铁路、京九铁路、三峡工程的建设进度加快；关系中西部地区经济基础的工农业主要产品的产量，中西部地区占全国的比重基本维持上年水平，原粮、原煤、原油等重要产品占全国总产量的比重略有上升。

需要指出的是，近年来国家颁布实施了一系列扶持中西部地区经济发展的政策措施，包括《关于加快中西部地区乡镇企业发展的决定》、《九十年代中国农业发展纲要》、《国家"八七"扶贫攻坚计划》、《中国21世纪议程》等，已经取得或正在取得明显的效果。据统计，1994年中西部地区乡镇企业总产值的增长速度比东部沿海地区高出5、6个百分点；到1994年底已经率先脱贫的1 000万人口中有相当部分是在中西部地区；中国21世纪议程的第一批优先项目计划，实行在资金和技术方面向中西部地区倾斜政策；沿江、沿边和内陆开放城市、开放地区享有与沿海开放城市、开放地区相似的政策优惠，外向型经济也有了很大的进展。

我国中西部地区的经济发展也还有许多不尽如人意的地方。主要是：在经济增长速度继续低于东部沿海地区的同时，开始出现社会商品零售价格涨幅高于东部沿海地区的新问题；中西部地区一些资源型产品价格在仍然处于不合理或低于成本的情况下，又出现资源产品滞销积压的新情况；中西部地区在与东部地区经济差距不断拉大的同时，其城乡差距要比东部沿海地区更加突出。这些情况和问题，对于加快中西部地区的经济发展是不利的，需要得到各方面的重视并逐步加以解决。

我国中西部地区的不少省区是属于资源型的省区，加快资源型省区的发展是缩小我国地区差距的关键所在。在对资源型省区的优势资源扩大开发的同时，我们一定要顾及到所在省区整体经济的同步发展，资源和非资源二元经济的协调发展。一般地说，资源省区的产业发展，往往有如下的特征：产业结构以重工业为主体，产品结构以能矿产品为主体，所有制结构以国有经济为主体，投资结构以国家投资为主体。这种结构刚性很强，活力不足。从全国地区经济来看，如果各地区产业分工长期不变，产业结构、产品结构的升级就会缺乏动力。适时调整资源省区的产业结构和产品结构，不仅有利于资源省区的经济发展，而且有利于创造加工省区向高级产业升级的条件，形成资源省区和加工省区产业发展升级的联动和良性循环，相互制约，相互受益。这样，全国各地区的刚性产业分工的格局，也会因此而逐步改变，这是全国经济不断走向持续、快速、健康发展的重要基础。

在社会主义市场经济体制下，今后中西部地区经济增长方式，应该从以外延型粗放式为主向内涵型集约式为主的转变，不能再走高投入、高速度、低效益的路子。转变经济增长方式的核心是推动产业技术进步，经济发展的重点要放在依托现有企业的改造和扩建上。只有这样，中西部地区的经济发展才能得到真正的加快，与东部沿海地区的差距才能逐步缩小。中西部地区经济发展还必须注意的一个问题，就是要实现可持续发展。要保护资源和环境，使之与人口和经济、社会发展相协调，这对于中西部地区来说是格外重要的。

一九九五年九月

目 录

文 献

综 合

中部地区

西部地区

政策法规

附 录

文　　献

在中国共产党第十四届中央委员会第三次全体会议上的讲话（节录）

江 泽 民

（一九九三年十一月十四日）

同志们：

十四届三中全会今天就要结束了。这次全会是开得成功的，也是有历史意义的。会议通过的《中共中央关于建立社会主义市场经济体制若干问题的决定》，根据邓小平同志建设有中国特色社会主义的理论和党的十四大精神，把十四大提出的经济体制改革的目标和基本原则加以具体化，在某些方面有进一步发展，制定了社会主义市场经济体制的总体规划。这是我们在九十年代进行经济体制改革的行动纲领。可以预计，这次全会将对我国的改革开放和社会主义现代化建设产生深远影响。

现在我就当前形势、贯彻执行全会《决定》以及加强党的建设和党的领导问题，讲几点意见。

一、关于当前形势

在邓小平同志去年初的重要谈话和党的十四大精神指引下，一年多来，各方面的工作都打开了新的局面。国民经济蓬勃发展，围绕建立社会主义市场经济体制的各项改革和对外开放取得新的进展，其他各项事业也有新的成就。现在我国经济发展，政治稳定，民族团结，社会进步，总的形势确实是好的。

今年，国民经济在去年快速增长的基础上，仍然保持快速增长的势头。前三个季度国民生产总值比去年同期增长百分之十三点三，全年预计大体上也将保持这样高的增长速度。乡及乡以上工业生产将增长百分之二十一左右。农业获得较好收成。在经济快速增长中出现的一些突出矛盾和问题，党中央和国务院已经采取一系列措施加以解决。特别是从六月份起，加强和改善宏观调控，大力整顿金融秩序和经济秩序，经过几个月来各方面的共同努力，已经取得积极成效。金融形势趋于稳定。房地产热、开发区热和投资增长过旺的势头受到抑制。国家重点建设项目进度加快。物价上涨得到一定程度的遏制，外汇调剂市场价格回落并趋向基本正常。夏收农副产品收购打“白条”现象基本消除，秋收资金已经提前到位。钢材等主要生产资料价格回落。国家财政收支情况有所改善。城乡人民收入继续增加。整个国民经济运行向着健康方向发展。事实证明，党中央和国务院采取的加强和改善宏观调控的措施，是完全必要和正确的。根据目前的态势，明年仍有可能保持较快的增长速度，实现国民经济持续、快速、健康发展。

今年以来，改革开放的步伐明显加快。许多重大改革举措，有的已经出台，有的即将出台。今年抓住时机，继续大步推进价格改革，放开了不少工业生产资料价格，百分之九十以上的县(市)放开了粮食购销价格。整个经济的市场化程度继续提高。对外开放继续向广度和深度推进，外商来华投资形成新的高潮。今年加强和改善宏观调控的一个重要特点，是通过深化改革来解决前进中出现的矛盾和问题，主要采取经济手段和法律手段，当然也辅之以必要的行政手段，实践证明是成功的。这给我们提供了宝贵的经验，说明解决国民经济和社会发展中的深层次矛盾，根本出路在于深化改革。

当前国内社会政治方面的情况也是好的。今年中央和地方都顺利进行了人大、政府和政协的换届，共青团、妇联和工会等群众组织先后举行了全国代表大会，实现了领导班子的新老交替。社会主义民主和法制建设有新的进展，制定了一些重要的法律法规。宣传思想工作得到加强。中央抓了廉政建设和反腐败斗争，中纪委和国务院作了具体部署，各地区、各部门正在抓紧贯彻落实。查办了一些大案要案，刹了一些不正之风，进一步密切了党和群众的关系。社会治安综合治理工作进一步加强，国内外敌对势力制造事端的图谋被及时挫败，一些突发性事件得到妥善处置，维护了社会秩序和经济秩序。

国际形势的发展变化总的来说也对我们有利。东西方对抗结束，世界有可能出现比较长的和平时期，特别是我国同邻国的关系进一步得到改善，有利于为经济建设创造和平的周边环境和国际环境。世界范围的经济结构调整，有利于我吸引外来投资和技术。亚太地区对世界的影响越来越大，对我也是有利的。

总之，当前国内外形势都比较有利，我们确实面临着改革和发展的大好时机。这样的历史机遇并不是很多。我们一定要抓紧有利时机，加快改革开放和现代化建设步伐，进一步增强我国的综合国力。正是基于这种考虑，中央政治局提出，十四届三中全会就建立社会主义市场经济体制的问题做出决定，统一全党的认识和步伐，积极深化改革，促进经济发展。我们相信，在这次全会以后，我国的改革开放和现代化建设将会出现一个新的局面。

二、关于贯彻《决定》的几个问题

十四大确定建立社会主义市场经济体制的目标以来，各方面的同志都希望能够再前进一步，对于社会主义市场经济体制有一个比较完整和系统的说法，以便更好地组织和推进经济体制改革。大家都看到，市场机制在我国经济生活中发挥着愈益重要的作用，但某些领域改革的滞后又影响着新体制的建立和国民经济的健康发展。有了十多年来改革在各个方面所取得的突破和积累的经验，也具备了实现改革整体推进的条件。这就需要进行总体设计，需要强调体制和政策的规范化。这次全会决定所勾画的社会主义市场经济体制基本框架，虽然还需要在实践中接受检验和继续完善，但有了这个基本框架，可以增强我们对改革工作指导的预见性，使改革更加富有成效。

《决定》的内容是丰富而全面的，五十条都很重要。这里，我想就贯彻《决定》精神的问题，讲几点意见：

(一)正确处理改革和发展的关系。现在国内外形势都比较有利，我国经济发展潜力很大，有可能在一个比较长的时间内保持比较高的增长速度。我们要坚持以经济建设为中心，抓住当前有利时机，集中力量把经济搞上去。小平同志说，“发展才是硬道理”，“问题的最终解决还设就会具有最广泛最深厚的群众基础，生气勃勃地向前发展。

三、关于加强党的建设和党的领导(略)

同志们！

现在我们的国家正处在一个非常重要的历史时期。我们肩膀上的担子重，责任大。我们要以对党、对国家、对民族高度负责的精神，始终不渝地遵循邓小平同志建设有中国特色社会主义的理论和党的基本路线，牢牢把握经济建设这个中心，坚定不移地发展社会主义市场经济、社会主义民主政治和社会主义精神文明，解放思想，实事求是，同心同德，开拓进取，自力更生、艰苦创业，为把我国建设成为富强、民主、文明的社会主义现代化国家而努力奋斗！（**新华社发**）

（原载 1994 年 1 月 19 日《人民日报》）

江泽民、李鹏同志在扶贫开发工作会议上发表重要讲话

（一九九四年三月三日）

消灭贫困，实现共同富裕，是社会主义的本质要求和社会主义优越性的体现，是改革和发展的要求，也是维护稳定的重要条件。

实施“八七扶贫攻坚计划”，要实行省长负责制。能否如期完成计划，解决本地区贫困人口的温饱问题，是衡量各级领导干部是不是真正为人民谋利益、关心人民群众的疾苦的一项硬指标。

中共中央总书记江泽民今天在全国扶贫开发工作会议上讲话时指出，只要各级领导干部脑子里始终装着贫困地区，与群众同甘共苦，坚持邓小平同志建设有中国特色社会主义理论和党的基本路线，在国家的必要扶持和社会各界的帮助下，立足实际，开发扶贫，持续奋斗，讲求实效，“八七扶贫攻坚计划”就一定能实现。

国务院总理李鹏在会上作了题为《扶贫开发是一项重大的战略任务》的讲话。

江泽民在讲话中首先肯定了党的十一届三中全会以来扶贫开发工作所取得的巨大历史性成就。他说，取得成就的最重要的经验就是把救济式扶贫改变为开发式扶贫，确立了新的扶贫工作方针。实践说明，实行开发式扶贫，以市场需求为导向，依靠科技进步，开发利用当地资源，发展商品生产，不仅能解决温饱，而且可以脱贫致富。这样，把国家的扶持同贫困地区干部群众自力更生、艰苦奋斗结合起来，立足当地实际搞开发扶贫，是扶贫工作的一个根本性转变，是一个重大创造，这个方针必须长期坚持。

江泽民指出，扶贫工作面临的任务还很艰巨。为在今后7年解决8000万人的温饱问题，国务院制定了《国家八七扶贫攻坚计划》。这个计划是好的，关键是要有一股子攻坚精神，要坚持不懈、锲而不舍、扎扎实实地长期抓下去。

在谈到必须进一步认识扶贫开发工作的重要性问题时，江泽民说，消灭贫困，实现共同富裕，是社会主义的本质要求和社会主义优越性的体现。我们党领导人民搞革命、搞社会主义，就是为了解放和发展生产力，使人民富裕起来。改革开放以来，我们允许和鼓励一部分人、一部分地区先富起来，也是为了带动其他人、其他地区富起来，更好地实现共同富裕的目标。我们发展社会主义市场经济体制，既要追求资源配置的效率目标，也要兼顾公平原则，更要对贫困地区采取有效的扶持政策。江泽民说，消灭贫困、实现共同富裕，是改革和发展的要求，也是维护稳定的重要条件。各地发展不平衡，有的快一些，有的相对慢一些，这是不可避免的。但是在这个过程中，我们必须始终关注贫困地区经济的发展，帮助这些地方尽快摆脱贫困，实现共同发展。

在谈到要坚持把扶贫开发长期抓下去,关键在于各级党委和政府要加强对扶贫开发工作的领导问题时,江泽民指出扶贫开发不只是一项重要的经济工作,也是一项具有很强的政治性、群众性的工作,既包括物质文明建设,也包括精神文明建设。各级党委和政府要一如既往,进一步加强对扶贫工作的领导。江泽民要求各级党委和政府的主要负责人,要关心扶贫、过问扶贫,把扶贫作为关心群众疾苦和密切党群关系的一件大事来抓,要统筹全局,重点抓好薄弱环节,要经常到贫困地区、少数民族地区去,帮助那里的干部群众解决实际问题。要坚持选派干部,分期分批地到贫困地区帮助工作,从省、地、县机关抽调一批干部,到贫困乡、贫困村蹲点,向群众宣传党的政策,帮助他们搞好班子建设,找准脱贫致富的路子,引进人才、技术,组织他们搞开发性生产。要把改变贫困落后面貌的政绩,作为考核和选拔县乡领导干部的一个重要方面。

江泽民说,各级党委和政府要善于动员和组织各方面的力量,开创全社会扶贫济困的新局面。国家机关、人民解放军、民主党派、社会团体,以及有条件的企事业单位,都要一如既往地积极支持、参与扶贫工作,各尽所能,各尽其力。扶贫是要有一定投入的,财政、金融等部门要在资金上给予支持和倾斜。还要组织经济比较发达地区和落后地区对口帮助,促进互惠互利,共同发展,共同富裕。

在谈到必须充分发扬贫困地区干部群众自力更生、艰苦奋斗的创业精神问题时,江泽民说,国家对贫困地区一定的扶持,社会各界开展扶贫济困,是完全必要的。但是,贫困地区解决温饱问题,进而脱贫致富,最终还是要靠自身的努力。这就要求贫困地区的广大干部和群众,发扬自力更生、艰苦奋斗的精神,去战天斗地,发展经济。有了这种艰苦创业的精神,困难就容易克服。这是我们党的优良传统,也是脱贫致富的基本经验。

他强调,坚持自力更生、艰苦奋斗,要体现出扶贫开发的新思路。要从传统观念和习惯势力的禁锢中摆脱出来,真正做到改革、开放、搞活。

要解放思想,找准路子。不少贫困地区,吃亏就吃在思想上放不开,经济工作的路子太窄,一方面荒山、荒坡、荒滩、荒水还在那里荒着,另一方面许多劳动力却在那里闲着,要把劳动力多当作财富看待,不要把它当作包袱。要充分利用当地的各种资源,搞好扶贫开发。同时,要有组织有计划地搞好劳务输出。他说,坚持自力更生、艰苦奋斗,抓好人才培养是关键。要把这种创业精神转化成物质,最终要靠发挥劳动者的聪明才智。因此,要把科教扶贫、智力开发摆到重要的位置上。同时,还要抓好计划生育工作。江泽民强调指出,自力更生、艰苦奋斗的创业精神能不能得到发挥,在很大程度上取决于贫困地区的领导班子是否过硬、基层组织是否坚强。要加强贫困县的工作,根据扶贫开发的需要,选拔那些工作能力强、能吃苦耐劳、联系群众的优秀干部担任县委书记、县长,并保持相对稳定。要加强贫困村党支部的建设。扶贫工作中有一条好的经验,就是“给钱给物,更要建设一个好支部”。

李鹏在讲话中首先强调,实施“八七扶贫攻坚计划”,帮助贫困地区改变落后面貌,是党和政府的历史责任。他指出,要从现在起到本世纪末的7年里,解决农村8000万人口的温饱问题,帮助他们脱贫致富,这是我们这一代共产党人和各级人民政府义不容辞的历史责任,是一个重大的战略计划,不仅有经济意义,而且有政治意义,只能实现,不能落空。各级党委和政府的领导同志,各部门各系统的负责同志,必须把这项任务作为一件大事,抓紧抓好,务必如期完成。

李鹏强调,实施“八七扶贫攻坚计划”,扶持贫困地区发展经济,是逐步缩小东西部地区差距的战略措施。他说,现在全国没有完全稳定解决温饱问题的8000万人口,80%以上集中在中西部地区，其中大多数又集中在西南、西北地区。从这个意义上讲，解决贫困地区群众的温饱，扶持他们脱贫致富，就是逐步缩小东西部发展差距的问题。他说，差距是客观存在的。由于历史、自然、地理、社会、经济等多方面因素，要在短期内完全消灭差距是不可能的，但要以积极的态度去逐步缩小差距，最后消灭差距。我们坚持鼓励一部分人、一部分地区靠诚实劳动和合法经营先富起来的政策，带动、帮助后进地区发展，就是为了最终达到全民族共同富裕的目标。如果大家都穷，就谁也帮不了谁。有的地区先发展一步，有了较强的经济实力，才有条件帮助后进地区。他说，为了缩小差距，实现共同富裕，我们已做了大量工作。从纵向看，比比自己，发达地区在发展，贫困地区也在发展；从横向看，贫困地区与发达地区之间的差距还有扩大的趋势。对此，必须引起各级党委和政府的高度重视，要采取有力措施，为缩小地区间差距做出努力。

李鹏在讲话中提出了八项措施，包括提倡和鼓励先富起来的沿海发达地区和大中城市带动和帮助贫困地区；国家从财政和金融上给贫困地区以足够的支持；国家重大项目要向贫困地区倾斜；通过改革逐步理顺原材料和初级产品的价格；提高贫困地区的人才素质和科学技术水平；要在坚持开发式扶贫的基础上，进行开放式扶贫的试点；动员社会力量支持贫困地区的开发建设；贫困地区要发扬自力更生、艰苦奋斗的精神。

李鹏强调指出，实施“八七扶贫攻坚计划”，要在党中央、国务院统一领导下，实行分级负责、以省为主的省长负责制。以省为主，就是要求省委、省政府主要负责同志都要关心扶贫、抓好扶贫，但还要明确一点，就是省长负责。实施“八七扶贫攻坚计划”，解决群众温饱问题，是一个系统工程，涉及财政、金融、农业、林业、水利、工业、商业等经济活动，也涉及文化、教育、卫生、计划生育等各个方面。因此，必须靠政府一把手统揽全局，统筹安排。他指出，能否如期完成“八七扶贫攻坚计划”，解决本地区贫困人口的温饱问题，是衡量各级领导干部是不是真正为人民谋利益、关心人民群众的疾苦的一项硬指标。看一个省、区、市的工作好不好，不能只看经济的速度快不快，还要看效益好不好，人民生活改善快不快，贫困人口的温饱问题解决得怎么样。我们的各级领导同志不能只注意发达地区，更要把贫困地区的父老乡亲的疾苦冷暖放在心上。各省、区、市要按照“八七扶贫攻坚计划”的要求，制定本省、区、市的攻坚计划，而且要有进度要求，每年组织检查，不能有丝毫懈怠。政府各部门要继续把扶贫开发作为自己责无旁贷的任务，根据“八七扶贫攻坚计划”提出的任务，分别制定本行业、本系统的扶贫计划。

（原载 1994 年 3 月 4 日《人民日报》）

政府工作报告(节录)

李　　鹏

（一九九四年三月十日在第八届全国人民代表大会第二次会议上）

二、保持国民经济持续快速健康发展

1994 年是国民经济继续保持良好发展势头的一年，也是推进改革的重要一年。今年的经济工作，要深化改革，扩大开放，加强和改善宏观调控，大力调整经济结构，推动技术进步，积极开拓市场，提高经济效益，控制通货膨胀，保持国民经济持续、快速、健康发展。

根据这个要求，今年计划国内生产总值增长百分之九。在连续两年增长百分之十三的基础上，安排这样的速度是比较合适的。只要我们能够再连续若干年保持百分之八至百分之九的增长率，就是了不起的成绩。江泽民同志指出："发展要有新思路，真正转到以提高经济效益为中心的轨道上来，不能继续走盲目追求产值速度和扩大投资规模的老路。"当前经济增长的一些条件已经偏紧，"瓶颈"制约和通货膨胀的压力加大，改革又需要比较宽松的环境。我们必须正确分析和把握形势，既看到有利条件，又重视不利因素，力求保持积极而又稳妥的发展速度。各地都要从自己的实际情况出发，确定合理的发展速度，不要竞相攀比，盲目追求产值。

加强农业基础地位，全面发展农村经济。农业是关系全局的问题。我国绝大多数人口在农村，任何时候都不能忽视农民利益和农村经济的发展。农产品供应直接关系物价的稳定和城乡人民生活的改善，农民收入的增加直接关系市场的开拓。各级政府要认真贯彻落实去年召开的中央农村工作会议精神，稳定党在农村的各项基本政策，进一步深化农村改革，妥善解决农村经济发展中的突出矛盾和问题，在确保粮食和棉花产量稳定增加的基础上，促进农林牧副渔全面发展，保持乡镇企业持续增长，千方百计增加农民收入。

主要措施有以下几项：适当提高粮食收购价和棉花定购价，支持农用工业发展，加强农业生产资料价格管理；增加中央和地方对农业的投入，鼓励并引导集体和农民增加投入，加强农业基本建设和综合开发；完善国家粮食储备体系，建立粮食风险基金，保持粮食市场的稳定；在稳定粮食棉花种植面积和提高单位面积产量的基础上，调整农业生产结构，发展多种经营，国家准备重点扶持 500 个商品粮大县、150 个优质棉大县，建设一批各具特色的高产优质高效农业示范区；发展乡镇企业是农村奔小康的必由之路，要继续支持乡镇企业尤其是中西部地区乡镇企业的发展；继续实行科教兴农，培养一大批用得上、留得住的农业技术人才，稳定农业科研队伍和技术推广机构，积极防治病虫害，推广优良品种和先进适用技术；继续落实减轻农民负担的措施，并对突出问题进行专项治理。要认真实施扶贫攻坚计划，在从现在起到本世纪末的七年时间里，积极扶持贫困地区特别是老、少、边地区发展经济，帮助他们脱贫致富，基本解决8000万人的温饱问题。这是政府义不容辞的责任。我们相信，这个计划一定能够得到全国人民的热烈支持。要十分爱惜和重视保护耕地，继续加强农村社会化服务体系建设，进一步发育和完善农产品市场，推进供销社体制和小城镇户籍管理制度等方面的改革。农村剩余劳动力向非农产业转移和在地区间的合理流动，是经济发展的客观要求和必然趋势，要积极引导，加强管理，有组织有步骤地进行。

·改善经营管理，搞好工交生产。搞好工交生产特别是国有大中型企业的生产和经营，对保持国民经济持续发展具有极为重要的意义。今年出台的改革措施，从总体上说，将对企业生产和经营产生积极作用，但也会给一些企业带来暂时的不利影响。目前有些国有大中型企业处境比较困难，经济效益不好，既有经营机制方面的原因，也有企业社会负担重，历史包袱多，内部管理差等方面的原因，要从多方面积极努力，加以解决。在国家财政比较困难的情况下，国务院决定，从今年起免除国有企业缴纳的能源交通基金和预算调节基金，并且拨出专项资金用于破产企业的调整和职工安置。各地区各部门都要把搞好国有大中型企业摆在重要的议事日程，切实采取措施，为企业生产经营创造良好的外部环境，帮助企业扭亏增盈。国有企业要依靠自身努力扭转困难局面。企业要在积极推进改革的同时，根据国内外市场的需求，主动调整产品结构，努力生产适销对路产品，不断开发新产品，增强市场适应能力和竞争能力。各级政府都要重视商业工作，疏通城乡市场，进一步搞活流通，做到货畅其流。

企业技术改造要紧紧围绕优化产品结构，提高产品质量，减少消耗，降低成本来进行。基础产业要通过技术改造提高生产能力，加工工业要依靠技术改造求发展。要重视和支持老工业基地改造，使其继续发挥在国民经济中的重要作用。

现在有些企业安全状况不好，人身伤亡和重大设备事故时有发生，管理不善是重要原因，必须引起高度重视。要采取有效措施，加强安全生产管理，务必尽快取得明显成效。

保持合理投资规模，优化投资结构。合理的投资规模是保持经济稳定和增强发展后劲的重要条件。目前全国的在建规模已经很大，今年安排的投资规模也不小，不能再继续扩大。即使基础工业和基础设施建设，也要量力而行。为了实现国民经济持续、快速、健康发展，各地区各部门都要从全局出发，分别轻重缓急，做出合理安排，把财力、物力首先用于在建的交通、通信、能源、重要原材料工业，以及大江大河大湖治理等方面的重点建设。鼓励沿海地区到中西部地区投资，发挥当地劳动力优势，共同开发资源。今年不再批准设立各类新的开发区。今后上新的基本建设项目，不能搞无本投资，要有一定比例的资本金；不能挪用流动资金搞投资，银行要加强监督和管理；要打足投产时所需的铺底流动资金。

深化投资体制改革，是保持合理投资规模、优化投资结构和提高投资效益的根本保证。今年的投资体制改革，主要是：组建国家开发银行，为基础性重点建设项目提供稳定的资金来源，同时通过资金平衡来抑制投资膨胀；建立投资约束机制，投资主体和提供贷款的银行都必须承担风险责任；健全对投资规模和投资结构的宏观调控，规范投资决策行为，减少投资的盲目性。

扩大开放，发展对外合作与交流。当前国际环境总的看对我有利，我们要抓住时机，进一步搞好经济特区、上海浦东新区、沿海开放城市开放地带和经济技术开发区，以及沿边、沿江和内陆中心城市的对外开放，进一步提高对外开放的水平。为了保持和发展外商来华投资的良好势头，要进一步改善投资环境，完善涉外经济法规，切实保护外资企业合法权益，用国家产业政策引导外资投向，鼓励外资参与基础工业和基础设施建设。外资企业要遵守中国法律和规定，依法经营。要注意保持适度的外债规模和合理的债务结构。

保持国际收支基本平衡，是实现经济持续健康发展的重要条件。中国经济正在迅速发展，市场前景非常广阔。去年进口增长较多，出口增长相对缓慢，对外贸易出现较大逆差。为了保证进口用汇需要，必须积极扩大出口。要实行以质取胜和市场多元化战略，提高加工深度，增加技术含量，加强售后服务，在巩固和发展现有市场的同时，积极开拓新的市场。要进一步完善出口退税制度，有秩序地放开进出口商品经营，赋予更多具备条件的企业对外经营权。外贸企业要认真转变经营机制、经营思想和经营作风，向实业化、集团化、国际化方向发展。要加强对境外投资的审核管理和对境外企业的监督。努力发展国际旅游业，扩大对外工程承包和劳务合作。

在经济发展的基础上，继续提高人民生活水平。不断提高人民物质和文化生活水平，是发展经济的根本目的，也是政府工作的基本出发点。我们要牢固树立群众观点，时刻关心群众疾苦。近年来农业丰收，但粮棉比较效益下降，农民收入增长相对缓慢。各级政府务必高度重视这个问题，加强对农村经济发展的领导和支持，通过发展农村经济和适当提高粮棉收购价格，增加农民收入。继续积极发展第三产业，扩大城乡就业。国有企业要通过提高经济效益，增加职工收入。对国家公职人员实行新的工资制度，并逐步加以完善。要结合住房制度改革，有计划地加快城镇住房建设，重点建设中低档民用住宅，改善居民住房条件。现在一部分贫困地区和受灾地区的群众，以及效益不好、停产半停产企业的职工等生活比较困难，离退休人员实际收入有所下降，各级政府要特别给予关心，积极采取措施，帮助他们解决困难。要坚持鼓励一部分地区、一部分人通过诚实劳动和合法经营先富起来的政策，提倡先富带动和帮助后富，逐步实现共同富裕。同时，要通过合理的分配政策和税收的调节作用，对收入过分悬殊进行必要的调节。

各位代表！**计划生育和环境保护是我国的基本国策**。计划生育工作已经取得很大成绩，但进展很不平衡，有些成绩还不够巩固，不能有丝毫放松。要进一步完善目标管理责任制，严格执行计划生育的法规和政策，切实加强基层特别是村一级的宣传教育和服务工作。认真解决新形势下出现的新问题，把计划生育工作重点放在农村和流动人口上，同发展经济、普及教育、提高人口素质和脱贫致富很好地结合起来。各级政府要把环境保护纳入经济和社会发展计划，坚持经济建设、城乡建设、环境建设同步规划、同步实施、同步发展，实行城乡环境综合治理，依法加强监督检查。合理开发和保护自然资源，大力植树造林，改善生态环境。

三、加快建立社会主义市场经济体制

党的十四届三中全会制定的建立社会主义市场经济体制的总体蓝图，是进一步深化改革的行动纲领。今年要把重点突破和整体推进结合起来，在经济体制改革方面取得实质性的进展。

认真实施财税改革方案，理顺中央与地方、国家与企业的分配关系。今年财税体制改革的主要内容是：改变现行的地方财政包干制，实行在合理划分中央与地方事权基础上的分税制，按税种划分中央和地方财政收入，建立中央税收和地方税收体系；改革税制，建立以增值税为主体的流转税制度，统一内资企业所得税和个人所得税，同时改革国有企业利润分配制度。改革方案既注意到逐步增加中央财力的需要，也充分照顾了地方利益和企业的经营状况，有利于发挥中央和地方两个积极性，是切实可行的。各级政府要顾全大局，确保改革方案顺利实施。

目前国家财政比较困难。随着经济发展和财税体制改革，财政收入会稳步增长，但缓解财政困难需要有一个过程。今年由于国家内外债还本付息数额较大，以及减轻企业负担、进行价格改革和增加工资等原因，财政减收增支的因素较多，中央财政仍有较大赤字。财税部门要严格税收征管，努力增加财政收入；财政支出要坚持从紧原则，加强预算约束。地方财政预算要量入为出，收支平衡，不列赤字。中央财政收支差额通过发行国债来加以解决，不再向银行透支。国家准备给购买国债以优惠的条件，并改进发行办法，发展和完善国债市场。这是一件利国利民的好事，希望全国人民踊跃购买国债，支持国家建设。

稳步进行金融体制改革，顺利实现汇率并轨。随着社会主义市场经济的发展，金融在国民经济中的作用日益重要。要稳步推进金融体制改革，建立强有力的中央银行宏观调控体系，使人民银行能够有效地调控货币供应量，保持币值稳定。要积极而又稳妥地实行政策性银行和商业性银行职能的分离。除组建国家开发银行外，还要组建支持成套设备进出口的中国进出口银行，以及承担国家粮油储备、农副产品合同收购和农业开发的中国农业发展银行。现在的国有专业银行要逐步转变为国有商业银行。各级政府要支持银行工作，使银行能够独立履行自己的职责。银行要自觉执行国家的宏观调控政策，建立自我约束机制。

我国经济处于快速增长时期，资金紧张问题将长期存在。近两年货币、信贷总量增加很多，但由于经济发展很快，建设规模过大，资金供需矛盾仍很突出。今年要努力保持货币发行和信贷的适度规模，防止投资膨胀，同时要继续优化信贷结构，整顿金融秩序，严格结算纪律，采取积极措施解决企业之间的"三角债"，提高资金使用效益。

实现人民币牌价与外汇调剂市场价并轨，是一项具有重要意义的改革措施，对于沟通国内外市场，扩大对外开放，将发挥重要作用。要严格实施出口全额结汇和进口付汇的管理制度，严格资本项目外汇收支的监管，防止外汇流失。要进一步发展和完善外汇市场。中国人民银行要加强外汇市场管理，为供求双方提供方便，适时调节供求，平抑汇价。

转换国有企业经营机制，探索建立现代企业制度的有效途径。国有大中型企业是国民经济的支柱，国有企业改革是经济体制改革的重点和难点。增强国有大中型企业活力，根本出路在于深化改革，转换经营机制，建立产权清晰、责权明确、政企分开、管理科学的现代企业制度。这是发展社会化大生产和市场经济的必然要求，也是一项艰巨复杂的工作。今年国家将组织一批国有大中型企业，按照《公司法》进行建立现代企业制度的试点，积极总结经验，逐步形成规范化的实施办法，以利推广。继续积极推进社会保障制度改革，减轻企业办社会的负担，为企业平等参与市场竞争创造条件。

面上的企业改革也要抓紧抓好。要继续转换经营机制，把企业的各项权利和责任真正落到实处。继续深化企业劳动人事制度和分配制度改革，完善内部机制，增强企业活力。要切实加强国有资产管理，做好清产核资工作，保证国有资产保值增值。严格禁止将国有资产低价折股，低价出售，甚至无偿分给个人。

进一步理顺价格关系，发展和培育市场体系。十几年来，我们在社会震动较小的情况下，基本放开了商品价格，改革是成功的。今年要适当调整粮棉和能源价格，以调动广大农民的生产积极性，支持能源工业的发展，促进能源的节约。价格改革要充分考虑国家、企业和群众的承受能力，统筹安排，积极稳妥地进行。各级政府和社会有关方面要采取积极有效的措施，努力把全年零售物价上涨幅度控制在百分之十以内。要特别注意控制与广大人民群众生活密切相关的基本消费品价格和服务收费的上涨幅度。继续实行市长负责制，抓好"菜篮子"工程，稳定城乡副食品价格。

进一步深化流通体制改革，促进国内市场的统一和开放。在继续发展和完善商品市场的同时，积极发展各类生产要素市场。要完善市场规则，健全市场秩序，加强市场管理和监督，坚决依法惩处生产和销售假冒伪劣产品的行为，以保护消费者的合法权益。

继续搞好机构改革，切实转变政府职能。一年来，国务院按照八届全国人大一次会议批准的方案，进行了机构改革，各部门定职能、定机构和定编制的工作已经基本结束。今年要基本完成省级政府的机构改革，并在部分市县级政府进行机构改革。各级政府都要在转变职能，提高工作效率上下功夫。要坚持政企分开，把属于企业经营自主权范围的事情交给企业，把应由市场解决的问题交给市场，充分发挥行业协会、商会等市场中介组织的作用。加强统计、行政监察和审计监督工作。政府主要搞好宏观调控、综合协调和社会管理。各级干部特别是领导干部，都要努力学习市场经济知识，掌握好重大改革方案和政策法规，以提高自己的领导水平，增强工作的主动性，减少盲目性。国务院决定成立国家行政学院，加强对高、中级公务人员的培训。

今年在建立社会主义市场经济体制方面迈出了重要的改革步伐。各级政府要把更多的精力放到搞好改革上来，精心组织综合协调，并做好关于改革的舆论引导和宣传教育，保证改革的顺利推进。

各位代表！**加强勤政廉政建设，同各种腐败现象作斗争是政权建设的一项基本任务，也是改革和发展顺利推进的重要保证**。去年以来，反腐倡廉工作在干部廉洁自律、查处大案要案、纠正行业不正之风等方面，不同程度地取得了成效。在新的一年里，各级政府决不能稍有松懈，一定要认识到反腐败斗争的紧迫性、艰巨性和复杂性，充分依靠群众，标本兼治，努力取得新的成绩。政府工作人员特别是各级领导干部必须牢记，我们手中的权力是人民给的，以权谋私完全违背人民政府的宗旨，是同我国的社会制度格格不入的。将商品交换原则引入国家机关的政务活动，搞权钱交易，是对社会主义市场经济原则的严重歪曲，也是对改革开放和现代化建设的破坏，是绝对不能允许的。要继续抓紧查处严重以权谋私、贪污贿赂、失职渎职以及走私等重大案件，对那些违法乱纪和腐败分子必须绳之以法，决不姑息养奸。反对铺张浪费、弄虚作假、形式主义、官僚主义和浮夸作风，狠刹行业不正之风。要通过深化改革，健全法制，建立有效的监督机制和制约机制，从制度上防范和消除腐败现象，在各级党委领导下，把关系国家生死存亡的反腐败斗争深入持久地开展下去。各级干部都要廉洁自律，勤勤恳恳，励精图治，和广大人民群众保持血肉般的联系，全心全意为人民服务。

（原载 1994 年 3 月 24 日《人民日报》）

先富带后富，共同求发展[1]

宋 平

(一九九四年六月二十七日)

中央组织部这次邀请经济较发达地区13位先进村镇党组织的负责同志来开个座谈会，讨论如何帮助经济欠发达地区培养人才、先富带后富的问题，是一项很有意义的事情。

改革开放以来，我国经济建设迅速发展。在座的同志都来自闻名全国的先进村。这些村有一个共同的特点，就是党组织很有战斗力，能够结合本地实际，认真贯彻执行党的基本路线和方针政策，依靠自己的力量，带领群众艰苦创业，在保持农业稳定发展的同时，积极发展乡镇企业，发展集体经济，不仅经济发展快，精神文明建设也搞得好。恐怕同志们所在的村都提前达到了小康水平，有了一定的经济实力，确实在全国农村的改革与发展中，走到了前面，起了带头作用。

尤其可贵的是，大家富了不忘近邻远亲，不忘帮助贫困地区的发展，以各种方式与贫困地区开展经济合作，为贫困地区培训干部，培养人才。据介绍，江苏的华西村今年以来为陕、甘、宁、晋四省(区)培训了100名基层骨干，学员回去后，华西村的领导又亲自带队赴学员所在地区跟踪考察，同当地一起研究脱贫措施，还准备从每位学员所在单位吸收20名有一定文化素质的中青年农民到华西边工作边学习，培养致富能手，他们准备用这样滚雪球的办法，争取用7年时间带动10万人脱贫；北京的窦店有计划地吸收一批外地职工，学技术，学管理，经过培训后，送回去带动当地经济的发展；河南省在刘庄、竹林、南街村和林州市共培训了5000名贫困村的支部书记；浙江万向集团的领导、农民企业家鲁冠球制订了一个“西进计划”，打算几年内拿出1亿元投入西部地区发展乡镇企业。这样的事情全国还有一些，确实体现小平同志关于让一部分地区先富起来，先富带后富，最终实现共同富裕的战略思想，体现了一种高尚的共产主义精神，反映了共产党人崇高的思想境界。我们国家大，各地情况千差万别，经济发展很不平衡。就全国来看，虽然各地都在逐步富裕起来，但真正达到小康水平的地区只是少数，贫困面还比较大，有8000万人尚未脱贫。解决这么多人的脱贫问题，单靠国家的力量是不够的，需要发挥社会主义制度的优越性，动员全社会各方面的力量来共同努力。同志们是先富起来的带头人，现在又是先富帮后富的带头人，这是双重的光荣。其意义不在于拿出了多少钱，重要的是有这种精神，代表了共同富裕的方向。

邓小平同志指出，社会主义的本质，是解放生产力，发展生产力，消灭剥削，消除两极分化，最终达到共同富裕。这是一个完整的思想，要全面地理解。有的同志把社会主义的本质仅仅归结为只是一条，就是发展生产力，而不讲其他方面，这是不全面的。发展生产力当然是我

① 这是宋平同志在中央组织部召开的先富地区农村基层党组织负责人扶贫座谈会上的讲话。

们的根本任务。生产力是基础，离开生产力的发展，一切都谈不上。所以我们党把经济建设作为党的中心任务，这一点在全党已经形成了共识。但是，是不是只要生产力发展了，就叫社会主义了呢？不是的。世界上很多国家生产力发展水平比我们高，但他们的主要生产资料私人占有，社会两极分化严重，不能说他们搞的是社会主义。我们既要集中力量发展生产力，又要在此基础上实现共同富裕，避免两极分化，这样才是有中国特色的社会主义。

最近看到中国科学院留美回来的一位年轻的研究员写的一份报告。他经过对一些统计数据的比较研究认为，中国是世界上自然地理、人口资源、经济社会差异最大的国家之一。不仅沿海和内地省区之间经济发展水平相差很大，即使是同一个省，发达地区与贫困地区差距也很大，而且绝对差距还在继续扩大。这种状况不改变，从长远来看，势必影响国家经济发展全局，影响社会稳定和民族团结。现在的贫困地区很多是革命老区，他们为中国革命曾经做出了巨大的牺牲，我们党有责任帮助他们尽快富裕起来。国家要制定必要的政策，加快贫困地区的发展。同时，先富裕起来的地方，也有责任帮助贫困地区发展。这种帮助不是要大家“齐步走”，更不能“搞平调”，而是通过人才交流、经济合作等方式，把经济发达地区的资金、人才、技术、优势与贫困地区的劳动力、资源优势结合起来，互助互利，共同发展。这次会上大家介绍了许多好的经验，说明只要思想认识问题解决了，真正重视起来，办法还是很多的。

一是很好地总结和传授自己的致富经验。特别是如何解放思想，把握机遇，更新观念，树立信心，坚持从实际出发，因地制宜地寻找致富门路；如何发扬自力更生，艰苦创业精神，领导带头，党员带头，依靠群众，克服困难等等，把这些经验介绍给贫困地区，对他们是会很有启发的。

二是帮助贫困地区培养人才。贫困地区之所以经济发展缓慢，除自然条件等方面的原因外，人才缺乏是一个重要原因。山东的群众有句口头禅，“帮钱帮物，不如帮助建个好支部”，深刻说明了党支部领导和人才的重要性。帮助贫困地区培训干部，培养人才，可以说是帮到了点子上。培养人才有各种方式，可以组织贫困地区的同志到先进地区培训，或者边工作，边学习，也可以派人到贫困地区实地考察，传授技术和经验，还可以组织干部对口交流，这几年江苏和陕西组织干部对口交流，效果很好。

三是开展多种形式的经济合作，特别是帮助贫困地区兴办乡镇企业。贫困地区有资源，有劳动力，也有市场，缺少的是资金和技术，正好与先进地区可以优势互补。许多地方的发展经验证明，办好一、二个骨干企业，可以带动贫困地区整个经济的发展。通过这种互助合作，不仅贫困地区受益，先进地区也可以进一步扩展自己的发展空间，对双方都是有利的。

帮助贫困地区发展要从实际出发，量力而行。我们相信，只要全党重视，持之以恒地抓下去，我国人民一定能够达到共同富裕的目标。

中共中央、国务院召开第三次西藏工作座谈会

（一九九四年七月二十日至二十三日）

7月20日至23日，中共中央、国务院在北京召开了第三次西藏工作座谈会。

这次会议是党中央、国务院在新的历史条件下召开的研究西藏工作的重要会议。会议的主要任务是：以邓小平同志建设有中国特色社会主义理论和党的基本路线为指导，围绕西藏的发展和稳定两件大事，研究新情况，解决新问题，进一步明确加强西藏工作的指导思想，落实加快发展和维护稳定的各项措施，努力开创西藏工作的新局面。

江泽民总书记、李鹏总理和李瑞环同志在会上作了重要讲话。乔石、朱镕基、刘华清、胡锦涛、丁关根、李岚清、邹家华、尉健行、温家宝、任建新、帕巴拉·格列朗杰、罗干、王兆国、阿沛·阿汪晋美出席了会议。

西藏自治区党政负责同志，自治区各地、市和自治区直属机关的主要负责同志；各省、自治区、直辖市及有关计划单列市的负责同志；党中央、国务院有关部门的负责同志和人民解放军、武警总部的负责同志共190余人出席了会议。

江泽民同志在会上发表的重要讲话中指出，中央对西藏工作始终是十分关心和重视的，在西藏革命和建设的每一个重要历史阶段，都及时作出重要决策。在中央的正确领导下，西藏广大干部群众和驻藏官兵团结奋斗，使西藏发生了由封建农奴制到社会主义制度的翻天覆地的变化，取得了历史上从未有过的巨大进步，党的十一届三中全会以后，中央两次召开西藏工作座谈会，制定了一系列有利于西藏发展的特殊政策和灵活措施，对促进西藏的改革开放和现代化建设起了重大作用。从现在起到本世纪末，是西藏经济社会发展的关键时期。要以这次西藏工作座谈会为契机，在邓小平同志建设有中国特色社会主义理论和党的基本路线指引下，在全国人民支持下，依靠藏族人民和其他各族人民，抓住机遇，迎接挑战，深化改革，扩大开放，坚持以经济建设为中心，抓好发展和稳定两件大事，确保西藏经济的发展，确保社会的全面进步和长治久安，确保人民生活水平的不断提高。

江泽民同志指出，我国是一个统一的多民族国家，56个民族都是中华民族大家庭中平等的一员，所有民族自治地方都是中华人民共和国不可分割的组成部分，做好西藏工作，加强藏族同汉族及其他民族的团结，对增强中华民族的大团结具有重大的意义。从经济发展的角度看，我们建设有中国特色社会主义的目标，是要实现全国各地方和各民族人民的共同富裕、共同繁荣。促进西藏经济的发展，把潜在的资源优势逐渐变为现实的经济优势，不仅会大大造福于西藏人民，而且对促进我国西部乃至全国的发展将日益发挥重要的作用。

关于发展问题，江泽民同志指出，加快西藏经济社会发展，关键是把中央的大政方针同西

藏具体实际结合起来。无论经济社会发展，还是改革开放，都要从国家的大局和西藏的实际出发，实事求是。这是做好西藏工作的一条基本原则。当前和今后一个时期内，西藏发展的重点，要放在加强农牧业，搞好交通、能源、通讯等基础产业和基础设施上，以利于增强自我发展的活力和后劲。要立足发挥本地优势，建立切合西藏实际的经济结构和产业结构。在促进西藏经济发展的同时，要特别重视教育、科技、文化、卫生等各项事业的发展，促进社会的全面进步。既要注意弘扬藏族传统的优秀文化，又要注意吸收其他民族的优秀文化，使传统的优秀文化同现代文化成果结合起来，以利于在西藏更好地发展社会主义新文化。西藏发展的动力来自深化改革，扩大开放，从经济体制改革的目标来说，西藏和全国其他地方一样，都要建立社会主义市场经济体制。由于西藏商品经济不发达和其他原因，在实现这一目标的过程中，做准备、打基础要有一段相当长的时间，而且要有一些相应的变通办法和过渡措施。西藏的一切发展，都要着眼于造福西藏人民，改善他们的物质文化生活，着眼于促进民族团结、民族进步。尽管当前和今后西藏发展会有这样那样的困难，但是也有很多有利条件。我们应该看到发展的潜力，对实现美好未来树立充分的信心。

江泽民同志指出，西藏的稳定，是保证西藏各项事业持续发展和人民生活水平逐步提高的前提。没有稳定，一切都谈不上。西藏的稳定，对于全国的改革、发展和稳定，也具有重大的意义。总的看，西藏的局势是稳定的，各民族人民是团结的。但也存在一些不稳定因素。我们与达赖集团的分歧，不是信教与不信教，自治与不自治的问题。而是维护祖国统一和反对分裂的问题。对达赖喇嘛，我们的态度是，只要他放弃西藏独立的主张、停止分裂祖国的活动，随时欢迎他回来。但搞独立不行，搞变相独立也不行。西藏人民有维护民族团结和祖国统一的光荣传统。西藏广大干部和群众，是维护团结和稳定的基本力量、基本保证。谁破坏民族团结、制造分裂，谁就必然遭到包括西藏人民在内的全国各族人民的坚决反对，谁就必然归于失败，成为千古罪人。我们必须同心协力，把立足点放在做好自己工作的基础上，放在加快西藏经济发展、增强我国国力的基础上，只有社会主义才能救中国和发展中国，也只有社会主义才能救西藏和发展西藏。

在谈到民族宗教问题时，江泽民同志指出，西藏是藏族占总人口比例最高的自治区、藏传佛教在广大群众中有很久很深的影响，做好民族工作和宗教工作，对于维护稳定，促进发展，有着非常重要的意义。因此，无论从事哪方面的工作，都要高度注意民族宗教问题，关心和支持民族宗教工作，使党的民族政策和宗教政策以及国家的有关法律，在西藏的政治、经济、文化等各项工作中，都能得到认真的贯彻和体现。民族区域自治制度，是我们党解决包括西藏在内的我国民族问题的基本制度。西藏和其他民族区域自治地方的长期实践证明，它完全适合我国国情，具有强大的生命力。在今后工作中，必须坚定不移地继续实施这一制度。我们所实行的民族区域自治制度，是民族因素与区域因素相结合，政治因素与经济因素相结合，既有利于人民群众当家作主，又有利于维护国家统一的制度。随着商品生产的发展和社会主义市场经济体制的建立，藏族内部和藏族同汉族及其他民族之间的交流与合作必然越来越多。藏汉民族之间以及与其他民族之间，相互帮助，相互依存，共同进步，谁也离不开谁的关系必然日益增强。这是经济社会发展和民族进步的客观需要和必然趋势，我们应该欢迎并促进这种趋势。西藏是群众性信仰喇嘛教的地方，存在众多寺院和僧侣。必须全面正确地贯彻党的宗教信仰自由政策，保护正当的宗教活动，同时按照政教分离的原则和政府有关法规，加强对寺院的管理，对于广大的信教群众，我们既要保护他们宗教信仰自由的权利，又要加强社会主义思想政治教育和科学文化知识教育，信任和依靠他们搞好各项事业。对于僧侣，也要加强教育和管理。只要爱国家、爱社会主义，就要团结他们，鼓励他们多为群众做好事，多为维护祖国统一和社会主义建设出力。

江泽民同志指出，要保证中央大政方针在西藏的全面贯彻落实，首先要抓好党政建设。西藏基层党组织和基层政权，在改革、发展和维护社会稳定中发挥了战斗堡垒作用。要把基层党组织建设好，应积极支持基层干部的工作，改善他们的工作生活条件。对已经退下来的基层干部，要经常从政治上、生活上关心他们。目前西藏干部有6万多人，其中藏族干部占70%以上。这说明西藏和平解放以来，党培养了一大批藏族干部，是党的民族政策、干部政策的巨大成功。历史已经证明，这支以藏族干部为主，包括汉族干部、其他少数民族干部在内的西藏干部队伍，是经得起考验、完全可以信赖的队伍。为了推进西藏各项事业的发展，要继续大力培养一大批德才兼备的藏族干部，并及时把他们中的优秀分子选拔到各级领导岗位上来。同时还需要继续选调一些汉族和其他少数民族干部到西藏工作。在西藏工作的干部，不论是藏族还是汉族或其他少数民族的干部，都要继承老一代西藏干部密切联系群众、艰苦奋斗、无私奉献的光荣传统，互相学习、互相支持，全心全意为西藏人民服务。全区县以上的中高级干部，在西藏的改革、发展、稳定中肩负着重大的责任。大家首先要努力学习马列主义、毛泽东思想，特别是邓小平同志建设有中国特色社会主义的理论，树立坚定的马克思主义世界观、民族观、宗教观，同时要加强学习社会主义市场经济知识和现代科学技术知识。要全面正确地掌握党的基本路线，率领群众坚持以经济建设为中心，把各项事业搞上去。在反分裂斗争中，一定要立场坚定，卓有成效地领导群众同分裂主义势力进行不懈地斗争。在继承和发扬党的优良作风、优良传统方面，应以身作则，起好带头作用。

江泽民同志号召全国各地方和中央各部门都要大力支持西藏的建设。他说，西藏的稳定和发展，最根本的是要靠西藏广大干部群众发扬自力更生、艰苦创业的精神。同时也需要全国的支援。关心西藏、支援西藏是党和国家的一贯政策，是全国各族人民的共同责任。中央各部委，各省、自治区、直辖市，都要从党的工作全局和经济社会发展的全局，从增强中华民族凝聚力的高度，深刻认识中央关于全国支援西藏的决策的深远意义，从人才、资金、技术、物资等多方面做好支援工作。这件事要坚持不懈地长期做下去。支援是相互的。密切内地与西藏的经济、文化、社会联系，加强对口支援，增强西藏自我发展的活力，是西藏发展的需要，也是全国各地发展的需要。当前，首先要认真抓好中央确定的62个建设项目的落实工作。这次中央提出援藏项目以后，各地各部门很重视，表示要克服一切困难，积极完成任务。中央相信，各地各部门对自己承担的项目，一定能够按质按量完成任务，并负责培训经营管理人员和技术人员，协助西藏做好管理工作，保证收到实效。

最后，江泽民同志强调，西藏工作的基础是好的，继续做好西藏工作的有利条件也很多。有和平解放40多年来在党的培养下成长起来的当地民族干部和进藏的各族干部以及军队干部，有与党建立了深厚感情、血肉相连的广大翻身农奴和他们的后代，有在爱国统一战线旗帜下团结在党和政府周围的民族、宗教界人士和一切爱国力量，有中央的关心和重视，有全国人民的支援和帮助。中央相信，第三次西藏工作座谈会将会成为西藏工作的新起点，在会议精神的鼓舞下，西藏改革、发展、稳定等各方面的工作，必将迈出新的更加有力的步伐。

李鹏总理在会上就如何抓住有利时机，团结奋斗，加快西藏社会经济发展发表了重要讲话。李鹏总理首先阐明了我们有信心有能力加快西藏社会经济发展的问题。他说，西藏同内地的发展差距是由历史条件、社会经济、自然地理等多种因素决定的。在经济建设和改革开放中，我们既要承认差距，鼓励有条件的地方发展得更快一些，同时又要采取有效措施，帮助落后地区加快发展,促进共同繁荣。我们必须加快西藏发展。我们也完全有条件加快西藏发展:共同富裕是社会主义的基本目标,民族平等、团结、互助是党和国家的基本政策,有党的基本理论、基本路线的指引和党中央的正确领导,这是加快西藏发展的政治保证;我国国民经济持续发展,综合国力不断增强,这是加快西藏发展的经济后盾;贯彻党的十四大精神,建立社会主义市场经济体制,必将给西藏社会经济发展注入强大的活力,这是加快西藏发展的体制条件和动力;西藏有一支经过考验、立场坚定、有艰苦奋斗传统的干部队伍,各族人民渴望尽快改变落后面貌,建设团结、富裕、文明的新西藏,这是加快西藏发展的社会基础。相信这次会议一定能够成为西藏社会经济发展的新起点。

关于西藏社会经济发展的指导思想和战略目标,李鹏总理指出,从西藏的实际出发,加快西藏社会经济发展,在大的方面要把握三点:第一,必须坚持以经济建设为中心,一手抓发展,一手抓稳定,两手都要硬。第二,加快改革开放步伐,逐步建立新体制,为经济发展提供强大动力。第三,发挥全国支援西藏和西藏自力更生两个积极性,下决心把基础设施建设搞上去,带动经济增长,增强发展后劲。根据这个思路,西藏从现在起到 2000 年的发展目标可以这样考虑:在优化经济结构、提高经济效益的前提下,力争国民经济平均增长 10%左右,国民生产总值比 1993 年接近翻一番;继续增加农牧民收入,改善人民生活,基本完成脱贫任务,使多数群众生活达到小康水平;国民经济和社会发展的整体水平有较大幅度的提高,为下世纪的更大发展打好基础。

在谈到全国要长期支援和帮助西藏,西藏要自力更生、艰苦创业时,李鹏总理指出,现在西藏自我发展的能力还比较弱,在相当一段时间内,加快西藏发展要靠国家的扶持,要着眼于从体制上解决问题,辅之以资金上的专项补助。李鹏总理宣布,为了帮助西藏自治区解决改革和发展中遇到的困难和问题,国务院决定在财税、金融、投资、价格和外贸等方面,继续对西藏实行特殊政策和灵活措施。今后,还要根据国家财力和西藏的实际情况,及时解决有关问题,帮助西藏发展。中央有关部门和各省市自治区要长期支援西藏建设,这是加快西藏发展的一个大政策。这次座谈会确定了一批援助西藏的项目,在落实项目和会议讨论中,中央部门和省市自治区一致拥护中央、国务院关于支援西藏的决定,态度都很积极。这充分体现了社会主义制度能够集中力量办一些大事的优势,也体现了全国各民族大团结的精神。这次会议已经把援藏项目初步落实下来了,但从资金投入、项目开工,到项目建成、正常运行,还有许多工作要做。中央和国务院各有关部门要各司其职,认真落实这次会议所确定的各项政策和任务。西藏自治区党委和政府,要勇于开拓,走出改革、发展和稳定的新路子。

李瑞环同志在会议总结讲话中指出,这次会议是党中央、国务院在西藏经济社会发展的关键时刻召开的。江泽民总书记、李鹏总理发表的重要讲话和会议制定的《关于加快西藏发展、维护社会稳定的意见》,从战略全局的高度,总结了西藏工作的历史经验,分析了西藏面临的形势,明确了今后一个时期西藏工作的方针和任务,制定了加快西藏发展、维护社会稳定的政策和措施。这是一次具有历史意义的会议,将对西藏的各个方面产生重大而深远的影响。历史经验证明,一个好的会议、好的文件,要取得好的效果,关键是抓好落实。落实好这次会议的精神,需要做许多工作,并要特别强调三点。第一,要传达、学习好会议文件。第二,要制定援藏任务的实施计划。第三,要加强组织协调工作。

李瑞环同志指出,西藏同内地之间差距的形成,既有自然条件的原因,又有历史和社会的原因。尽管西藏经济有很大的潜在优势,尽管西藏人民有改变落后状况的强烈愿望,但是要使西藏赶上内地一般发展水平,仍需要经过艰巨的努力。援助西藏应是长期的。它既不是从这次会议才开始，也不会因这次会议确定的任务完成而结束，而应当把这次会议作为全国支援西藏的新起点。援助西藏应是主动的。这次会议安排的，要积极认真地完成。这次计划中没有的，只要西藏人民需要，也要千方百计地去办，援助西藏应是多方面的。只要有利于西藏的发展，有利于维护祖国统一和民族团结，不管是官方的还是民间的、物质的还是精神的，都要予以鼓励和支持。

李瑞环同志强调说，解决西藏的困难和问题，实现西藏的伟大振兴，归根结底要靠西藏各族人民。中央召开这次会议，为西藏制定了一些优惠政策，并动员全国支援西藏，为西藏加快发展、维护稳定提供了十分有利的条件和难得的机遇。西藏各级干部和广大群众应当认清形势，乘势而上，振奋精神，团结奋斗，把各项工作推向前进。必须进一步搞好改革开放，在建立社会主义市场经济体制的进程中，扩大同内地的合作与交流。必须采取各种措施，加快各类人才的培养，提供必要的优惠条件，吸引内地各类人才到西藏来服务。必须搞好党的组织建设、领导班子建设、干部队伍建设，这是实现西藏社会稳定和经济发展的根本保证。

西藏自治区党委、政府负责同志陈奎元、热地、江村罗布在会上汇报了西藏工作。党中央、国务院有关部门的负责同志和承担援藏建设任务的省区市的代表在大会上发了言。

落实西藏自治区经济和社会发展急需的62个援藏建设项目是会议的一个主要任务。这些建设项目包括能源、交通、邮电、农牧林水粮油加工和社会发展等方面。项目建成后，对改善西藏能源、交通、通讯等基础设施，发挥优势产业，提高人民生活水平，加快自治区各项事业的全面发展，将发挥重要作用。62个建设项目投资总额预计23.8亿元，其中，中央和有关部门承担30个项目，18.02亿元，占75.7%，地方对口支援32个项目，5.78亿元，占24.3%。全国各省区市和6个计划单列市都承担了援藏建设任务。

与会代表一致拥护江泽民、李鹏、李瑞环同志的重要讲话，一致认为第三次西藏工作座谈会是党中央、国务院关于新时期西藏工作的一次战略决策，制定了从现在起到本世纪末、下世纪初西藏工作的行动纲领，充分体现了以江泽民同志为核心的党中央第三代领导集体，对西藏发展、稳定的高度重视，对西藏各族人民的亲切关怀，体现了全党、全军、全国人民对西藏的大力支持和帮助。中央、国务院有关部门的代表和来自全国各省、自治区、直辖市的代表一致表示，要全心全意、不折不扣、保质保量地完成援藏建设任务。西藏自治区代表深受鼓舞，一致表示，中央关心西藏，全国支援西藏，西藏更要努力把工作做好，学习、宣传、贯彻好会议精神，统一思想，振奋精神，团结奋斗，落实会议确定的各项工作任务。

（原载1994年7月27日《人民日报》）

中国共产党第十四届中央委员会第四次全体会议公报

（一九九四年九月二十八日）

中国共产党第十四届中央委员会第四次全体会议，于1994年9月25日至28日在北京举行。

出席这次会议的中央委员182人，候补中央委员122人。中央纪律检查委员会委员、有关负责同志列席了会议。全会由中央政治局主持，中央委员会总书记江泽民同志作了重要讲话。

全会集中讨论了党的建设问题，并作出了《中共中央关于加强党的建设几个重大问题的决定》。《决定》分四个部分：一、党的建设面临的形势和任务；二、坚持和健全民主集中制；三、加强和改进党的基层组织建设；四、培养和选拔德才兼备的领导干部。全会认为，《决定》是在新形势下加强党的建设的纲领性文件，必将对提高党的领导水平和执政水平，推进改革开放和社会主义现代化建设，产生重大而深远的影响。

全会认为，十一届三中全会以来，我国在各方面取得了举世瞩目的伟大胜利，这同党在思想、理论、政治、组织和作风建设等方面取得的巨大成绩是分不开的。邓小平同志建设有中国特色社会主义理论，包含着内容丰富的党的建设理论，为新时期党的建设指明了方向。在当代世界风云变幻的条件下，在当代中国改革开放和现代化建设的伟大变革中，我们党肩负着历史的重任。必须认真研究和解决在自身建设中遇到的新矛盾新问题，努力把党建设成为用建设有中国特色社会主义理论武装起来、全心全意为人民服务、思想上政治上组织上完全巩固、能够经受住各种风险、始终走在时代前列的马克思主义政党。这是以邓小平同志为核心的第二代中央领导集体开创的、以江泽民同志为核心的第三代中央领导集体正在领导全党继续进行的伟大的工程。

全会指出，两年来，全党在落实十四大提出的加强党的建设和改善党的领导的任务方面做出了巨大的努力。要按照已有部署，继续把党的思想建设放在首位，推动全党同志对建设有中国特色社会主义理论的学习不断向广度和深度发展。要围绕什么是社会主义、怎样建设社会主义这个基本问题，联系实际，把握理论的科学体系，统一全党思想，坚持党的基本路线一百年不动摇。要继续抓好党的作风建设，把反腐败斗争深入持久地进行下去。进一步发扬艰苦奋斗的优良传统，密切党同人民群众的联系。当前，特别要把组织建设作为突出环节，抓紧抓好。

全会强调，民主集中制是我们党的根本组织制度和领导制度，是科学的合理的有效率的制度。我国正在进行的广泛而深刻的社会变革，要求我们党必须更好地坚持和健全民主集中制。建立社会主义市场经济体制，需要调动一切积极因素，发挥全党全国人民的主动性和创造力；需要统筹规划、协调配套、有秩序有步骤地进行；需要在实践中不断认识和运用客观规律；需要以完备的法制来规范和保障。这一切都离不开党和国家按照民主集中制实行的正确领导。当前要在全党特别是领导干部中切实加强民主集中制的教育，健全贯彻民主集中制的各项具体制度，完善党内政治生活的各项准则。要努力发展党内民主，疏通和拓宽党内民主渠道，充分发挥全党的积极性；要加强民主基础上的集中，维护中央权威，有力地执行党的路线方针政策；要坚持和完善集体领导和个人分工负责相结合的制度，重大问题必须由集体讨论决定；要加强和健全党内监督，严肃党的纪律，保证党的肌体的健康和各项任务的顺利完成。

全会指出，党的基层组织是党的全部工作和战斗力的基础，担负着直接联系群众、宣传群众、组织群众、团结群众，把党的路线方针政策落实到基层的重要责任。必须适应新的形势和任务，下大功夫把党的基层组织建设好。党的基层组织建设，要紧紧围绕党的基本路线，为党的中心任务服务。基层党组织要不断改进活动内容和工作方式，严格党内生活，结合各自特点做好工作，努力成为团结带领群众进行改革和建设的战斗堡垒。要以提高素质、增强党性为目标，加强和改进党员教育和管理工作。要在全体党员中有计划有步骤地开展建设有中国特色社会主义理论和党章的学习活动。各级党委都要建立健全抓好基层组织建设的责任制。

全会指出，培养和选拔德才兼备的领导干部是关系全局的重大问题。建设有中国特色社会主义的全新事业和错综复杂的国际环境，对各级领导干部提出了新的更高的要求。必须全面提高现有领导干部的素质，把各级领导班子建设成坚决贯彻党的基本路线、全心全意为人民服务、具有领导现代化建设能力的坚强领导集体。必须高度重视人才的发现和使用，抓紧培养和选拔优秀年轻干部，努力造就大批能够跨世纪担当重任的领导人才。要加快党政领导干部选拔任用等重要制度的改革，扩大民主，完善考核，推进交流，加强监督，逐步形成优秀人才能够脱颖而出、富有生机与活力的用人机制。

全会增选黄菊同志为中央政治局委员；决定增补吴邦国、姜春云同志为中央书记处书记。

全会号召，全党同志要紧密地团结在以江泽民同志为核心的党中央周围，在邓小平同志建设有中国特色社会主义理论和党的基本路线指引下，进一步加强和改进党的建设，增强党的凝聚力和战斗力，团结和带领全国各族人民，为建设有中国特色社会主义的伟大事业努力奋斗！

（原载1994年9月29日《人民日报》）

自觉维护中央的权威

《人民日报》评论员

党的十四届四中全会通过的《决定》，强调维护中央的权威，这个要求意义重大，不仅是贯彻落实四中全会精神、加强党建工作的一个重要内容，也是关系到改革、建设和国家长治久安的全局性问题。各级党委和政府尤其是担负重要工作的领导干部，一定要从思想上、行动上把这个问题解决好。

维护中央的权威有着重要的现实意义。我们的国家幅员广阔，人口众多，各地情况千差万别。要全面推进改革，实现体制转变，加快现代化建设进程，其任务艰巨复杂，可想而知。为了保证改革和建设按照既定的目标有计划、有步骤、有组织、有秩序地进行，避免出现混乱现象，中央的权威是非常重要的。改革开放16年来，我国的社会变革之深刻，所遇到的问题之复杂，是少见的；但是经济和社会发展一直比较平稳。最重要的原因就是我们不仅有一条正确的发展道路，而且有党中央的正确有力领导。这是一条极为重要的经验，也深为世界各国所关注。中国改革开放16年的稳定前进的实践和其他国家在社会转型时期所经历的动荡，从正反两方面表明：一个有权威的、能够对社会发展进程实施有效领导的中央政府，是社会变革时期能以较小代价赢得快速平稳发展的重要保证。

维护中央的权威，最重要的是，要在思想上和行动上和中央保持高度一致。长期以来，我们党形成了一套严密的组织制度，并成为传统。这就是党员个人服从党的组织，少数服从多数，下级组织服从上级组织，全党各个组织和全体党员服从党的代表大会和中央委员会。“四个服从”最重要的是全党服从中央。这是因为，中央的权威关乎工作全局和国家根本利益，意义非同一般。只要中央是有权威的、能够顺利而有效地对全党工作实施组织、指挥和领导，即使某个方面、某个局部出现一些问题，也是可以解决的，不会对大局造成危害。

维护中央的权威，关键在行动。凡是中央决定了的事情，就要认真去办，不折不扣地加以落实。现在，中央关于改革和建设的大政方针是明确的，各项具体政策是清楚的。现在的问题是，确有一些单位和部门存在程度不同的贯彻落实不力的情况。有的人借口情况特殊不尽力去办，有的人用取巧的办法搞所谓“变通”，有的人虚应敷衍、只说不做，有的人搞“上有政策，下有对策”那一套。这是不能允许的。我们党历来有个好传统，就是有不同意见可以在党的组织生活中提出来，但是组织上决定了的事情必须去办，执行中央的政令不能讨价还价或者打折扣。各级党组织一定要注意克服涣散软弱现象，把执行中央的政令、维护中央权威，作为一条铁的纪律抓紧抓好。做到号令严明，有令则行，有禁则止。

维护中央的权威还要处理好各方面的关系。我们历来讲要发挥中央和地方两个积极性，在这个问题上要讲两句话：中央要满腔热情地支持各地区和各部门根据地方和部门的实际情况，大胆地、独立自主地开展创造性工作；各地区和各部门也要主动自觉地维护中央的权威，一丝不苟地贯彻落实中央的各项决议和政令。应当明确，中央和地方不是相互独立的两个部分。国家政治生活中只能有一个中心。党中央就是这个中心。从根本上说地方党委和政府是党中央和中央政府的延伸。它的功能就是要把中央的大政方针和地方具体实际结合起来，并通过独立自主的工作落实中央的决策，实现国家发展的目标。在这个问题上要保持清醒的认识。要树立全国一盘棋思想，反对分散主义和地方主义。不仅要处理好中央和地方的关系，还要处理好地区与地区之间、地区和部门之间等等关系，提倡互助合作，顾全大局。要看到国家利益是最高和最根本的利益。不管在什么地方或什么岗位上工作，都必须服从于服务于国家最高和最根本的利益。

"加强纪律性，革命无不胜"。改革和经济建设也是如此。我们要从党性原则的高度认识维护中央权威的重要意义，增加自觉性和主动性，永远做执行党的纪律的模范，做维护党的团结统一的模范。只要全党紧密地团结在以江泽民同志为核心的党中央周围，同心协力，艰苦奋斗，就可以克服一切困难，排除一切干扰，不断将我国的改革开放和现代化建设事业推向前进。

（原载1995年11月29日《人民日报》）

国家计委主任陈锦华在第八届全国人民代表大会第三次会议上《关于1994年国民经济和社会发展计划执行情况与1995年国民经济和社会发展计划草案的报告》(摘要)

(一九九五年三月六日)

一、1994年国民经济和社会发展基本情况

1994年,全国认真贯彻落实党中央关于"抓住机遇,深化改革,扩大开放,促进发展,保持稳定"的指导方针,按照八届全国人大二次会议审议通过的《关于1993年国民经济和社会发展计划执行情况与1994年国民经济和社会发展计划的决议》,正确处理改革、发展和稳定的关系,改革开放和经济社会发展都取得了新的成绩,人民生活继续改善,社会保持稳定。总的看,国民经济和社会发展计划执行情况是好的。

经济体制改革取得重大进展。财税、金融、外汇、外贸、投资、价格和流通体制改革顺利实施,运作正常,企业改革、市场培育以及社会保障和住房制度改革也取得了新进展,建立社会主义市场经济体制迈出了决定性的步伐。由于改革方案准备比较充分,改革措施配套同步推行,在具体实施中注意及时研究和妥善处理遇到的各种矛盾,保证了各项改革的顺利推进,没有引起大的社会震动。去年的改革着眼于理顺基本经济关系和建立新的运行机制,不仅促进了当前经济发展,而且具有深远意义。

国民经济继续保持较快增长。据统计,1994年国内生产总值达到43800亿元,比上年增长11.8%。其中第一产业增长3.5%,第二产业增长17.4%,第三产业增长8.7%。农业生产在遭受各种严重自然灾害的情况下,获得较好收成。粮食总产量4445亿公斤,比上年减产120亿公斤,仍是历史上产量较高的年份;棉花、油料、肉禽蛋、水产品、水果等都有不同程度的增产。工业生产持续增长,全年工业增加值比上年增长18%。主要工业产品产量完成和超额完成了国家计划。其中,原煤达到12.1亿吨,增长5.3%;原油1.46亿吨,增长1.0%;发电量9200亿千瓦小时,增长9.6%;钢9153万吨,增长2.2%;化肥(折合有效成份100%)2276万吨,增长16.3%;乙烯219万吨,增长7.3%;汽车140万辆,增长8%;化纤269万吨,增长

13.3%。运输邮电业也超额完成了国家计划。全社会货运量完成118亿吨，增长5.8%，运输结构继续改善，公路运输和水运增长较快，铁路货运周转量1.25万亿吨公里，增长4.4%，运输紧张状况有一定的缓解；沿海主要港口货物吞吐量完成7.3亿吨，增长6.2%；邮电业务总量693亿元，增长50.2%。

国家重点建设得到明显加强。固定资产投资增长过猛的势头得到初步遏制。全年全社会固定资产投资总规模完成15926亿元，比上年增长27.8%，增幅比上年回落了30.8个百分点。重点建设项目资金到位情况明显好于往年，投资结构进一步改善，是近几年来基础产业和基础设施建设完成较好的年份。全年全部建成投产大中型基本建设项目137个、限额以上技术改造项目244个。"三北"防护林二期工程已提前一年建成，共造林2亿多亩，对工农业生产、人民生活和生态环境将长期发挥重要作用。铁路建设速度加快，新线、复线铺轨3300多公里，其中已建成投入营运的共1621公里。长达2400公里的京九线全线进入施工高潮，大中型桥梁和主要隧道等控制工程已基本完成；全长1600多公里的兰新复线和500公里的宝中线电气化铁路全线铺通。新增沿海港口吞吐能力2580万吨，高等级公路1900公里，电话交换机近1900万门。举世瞩目的三峡水利枢纽前期工程进展顺利，去年12月14日正式开工。黄河小浪底水利枢纽和万家寨引黄人晋工程也已开工兴建。规模宏大的跨流域调水自流灌溉工程"引大入秦"总干渠正式通水。这个工程共穿越总长75公里的33座隧洞，是我国水利建设史上的一个壮举，大大改善了甘肃中部缺水贫困地区的生产生活条件。电力建设，全年新投产发电装机容量达1527万千瓦。北京燕山石化公司的30万吨乙烯改扩成45万吨乙烯等一批重点技术改造项目竣工投产，促进了产业结构和产品结构的调整。

财政金融形势保持平稳。在新的财税体制下，国家预算执行情况基本正常。初步汇总，全国财政收入完成5182亿元，比预算超收422亿元；财政支出5820亿元，比预算多支391亿元；收支差额638亿元，小于预算控制目标。国库券发行计划在预定发行期内顺利完成。中央银行强化了统一实施货币政策职能，严格控制信用总量，加强对各类金融机构的监管，信贷规模和货币发行得到较好控制，加强现金管理收到了积极效果，金融秩序进一步好转。全年城乡居民储蓄存款新增6315亿元。

对外开放继续保持好势头。外汇、外贸体制改革有力地促进了对外经济贸易的发展。全年进出口总额2367亿美元，比上年增长20.9%。其中，出口总额1210亿美元，增长31.9%；进口总额1157亿美元，增长11.2%。年末国家现汇结存达到516亿美元，比上年末增加一倍多。人民币汇率保持基本稳定。全国实际利用外资458亿美元，比上年增长17.6%。其中，借用国外中长期贷款120亿美元，外商直接投资338亿美元。外商投资结构改善，境外大公司、大财团来华投资增多，投向基础设施、基础产业和高新技术产业的外资继续增加。中西部地区吸引外资的能力增强，利用外资的步伐加快。国际旅游业蓬勃发展，全年入境旅游人数达4368万人次，旅游外汇收入比上年有较大增长。

科技、教育和各项社会事业全面发展。科技领域取得了一批重大成果。已育成的270多个高产、优质、抗逆性强的农作物新品种，推广面积进一步扩大。长江口拦门沙整治方案取得重大突破，为扩大长江通航能力提供了科学依据。时速160公里的准高速列车试验成功，已在广深线正式运行。接近国际先进水平的"五次群"光纤通讯已完成关键技术的研究开发，正在抓紧建设北京至上海的光纤通讯线路。完成了200兆瓦低温核供热堆设计和示范堆的前期工作，在核能安全利用方面跨出了重要一步。完成一批重大装备的研制。在程控交换机、高性能并行计算机、工业机器人、生物疫苗、功能材料等高技术的产业化方面取得重要进展。在电子、通讯、材料、环保、节能等领域，加强了科学技术的工程化研究。成立了中国工程院，加强应用技术的基础研究，促进工程技术的推广应用。

各级各类教育继续发展。为适应社会主义市场经济的需要，进一步调整了高等院校的学科设置，全年招收研究生5.1万人，普通高校本专科生90万人。中等职业技术教育和普及九年制义务教育的工作顺利推进。成人教育和在职培训广泛开展。制定了《中国21世纪议程》，即中国21世纪人口、环境与发展白皮书，确定了可持续发展战略，指导各方面更加重视环境保护。“八七”扶贫攻坚计划开始全面实施。计划生育工作取得新成绩，人口自然增长率降为11.21‰。就业岗位继续增加，新增城镇就业人数715万人。农村卫生工作得到加强。文化、新闻、出版、影视、广播、文物等各项事业都有新的发展。我国在第12届亚运会上取得优异成绩，并成功地举办了远南残疾人运动会。

1994年召开了建国以来首次全国社会发展工作会议，制订了《全国社会发展纲要》，引导各地方、各部门更好地推进经济和社会协调发展，加强社会主义两个文明建设。

城乡人民生活继续改善。农民收入增长缓慢的状况有所改变，农村居民人均年纯收入达到1220元，扣除价格因素，比上年实际增长5%；城镇居民人均生活费收入达到3179元，实际增长8.8%。但居民收入增长还存在着不平衡的情况，一部分职工、离退休人员和贫困地区农民收入水平较低，各级政府注意采取措施，帮助他们解决实际生活困难。市场商品供应继续增加，全年社会消费品零售总额达到16053亿元，扣除价格因素，实际增长7.8%。城乡居住条件进一步改善，全年城镇新建住宅2亿平方米，农村新建住宅5.8亿平方米。全国实行了每周44小时的新工时制。居民生活质量有所提高。社会保障事业稳步发展，约有7300多万在职职工和1600多万离退休人员参加了地方费用社会统筹，分别占城镇企业职工的66%和离退休人员的80%。在1000多个县开办了农村养老保险。

1994年国民经济和社会发展的总体情况是好的。但经济运行中还存在着一些突出问题，主要是农业基础仍然脆弱，抗灾能力不强，不能适应经济发展和人民生活水平提高的需要；部分国有企业生产经营困难，经济效益较差，相互拖欠资金比较严重，影响经济正常循环；特别突出的是通货膨胀加剧，市场零售商品和服务价格上涨过猛，对部分城乡居民生活影响较大。去年以来，各级政府在抑制价格上涨方面做了大量工作，但是由于客观原因和工作上的问题，全年社会商品零售价格总水平上涨幅度达21.7%，大幅度地超过了10%的调控目标。价格上涨幅度过大的主要原因：一是近几年放开价格和调整价格的步子较大。1990年到1993年，国家对长期价格偏低的能源、交通、重要原材料等价格进行了较大幅度的调整，放开了一大批商品和服务价格，调价的影响尚未完全消化。1994年又较大幅度提高了粮食、棉花、原油价格。这对于进一步理顺价格关系，建立新的价格形成机制，调动生产者积极性，起到了显著作用，但也推动了价格总水平的上升，这在一定程度上是改革需要付出的代价。二是连续几年固定资产投资和消费基金的过快增长，导致货币过量发行，从需求拉动和成本上升两个方面推动物价上涨。三是近几年一些地区对农业有所忽视，投入不足，粮食播种面积下降，稻谷产量有所减少，加上去年各种灾情较重，有些农产品供应偏紧。同时，随着人口增加、居民生活改善和进入城镇的流动人口增多，对食品需求扩大，供应不足，引起食品价格大幅度上升。据统计，去年食品类商品零售价格比上年上涨35.2%，成为推动价格总水平上涨的重要因素。四是在绝大多数商品、服务价格和经营已经放开的新形势下，规范市场和价格行为的法律法规不健全，流通秩序比较混乱，垄断性涨价、乱涨价、乱收费等现象比较普遍，对价格上涨起了推波助澜的作用。五是在发展社会主义市场经济中，对市场价格如何进行有效的管理和引导缺乏经验，国家直接掌握的调控手段又比较薄弱。国家计委在指导价格改革和价格管理工作中都存在一些缺点和问题。主要是对抑制通货膨胀的难度和价格改革引起的连锁反应估计不足，对有些居民基本生活必需品和服务收费监管不力，对综合运用经济、法律和必要的行政手段进行适时调控也组织协调不够。这些问题，我们将认真总结改进，并衷心希望继续得到全国各级人大代表和政协委员的关心、指导和监督。目前我国经济生活中的问题，是在经济快速发展和深化改革过程中出现的，虽然已经采取了一系列措施并取得一定成效，但还没有根本解决。我们将继续采取更有力的措施，解决经济生活中的突出矛盾和群众关心的热点问题，促进国民经济持续、快速、健康发展。

二、1995 年国民经济和社会发展计划的主要目标与任务（略）

九十年代中国农业发展纲要(摘要)

(一九九三年八月二十日,经国务院
第七次常务会议审议通过)

农业是经济发展、社会安定、国家自立的基础,坚持把加强农业放在首位,全面振兴农村经济,是事关全局的头等大事。

九十年代,是我国农业发展的关键性历史阶段,我们必须全面贯彻党的十三届八中全会决定和党的十四大精神,争取农业和农村经济在八十年代的基础上取得新的突破。发展农业要按照社会主义市场经济的要求,坚持靠政策、靠科技、靠投入的指导方针,采取有效的措施,促进农业持续、稳定、协调发展,把农业的综合生产能力和经济效益提高到一个新的水平,农林牧副渔各业和乡镇企业持续发展,促进农业再上新台阶。为此,特制定我国九十年代农业发展纲要。

一、九十年代农业发展的目标和指导思想

(一)九十年代我国农业发展的主要目标是:全面发展农村经济,主要农产品稳定增产,在数量、品种和质量上,适应全国人民小康生活和国民经济加快发展的需要。到二〇〇〇年,粮食产量要达到五千亿公斤,棉花产量达到五百二十五万吨,油料、糖料等经济作物和肉类、水产品要持续发展。农村经济要保持适当的发展速度,二〇〇〇年农业总产值(按一九九〇年不变价格)达到一万二千一百亿元,年均增长4%左右。全国乡镇企业总产值达到五万二千九百亿元(按一九九〇年不变价),年均增长18.5%。农民生活要达到小康水平,农民人均纯收入达到一千二百元,年均增长5.8%。贫困地区经济发展步子要加快,到本世纪末,确保解决群众的温饱问题。

(二)九十年代农业发展的指导思想是:继续稳定以家庭联产承包为主的责任制,不断完善统分结合的双层经营体制,积极发展农业社会化服务体系,从各地实际出发逐步壮大集体经济实力。不断加强农业基础,加大农业投入,改善农业基础设施,确保农业再上新台阶,满足国民经济持续、快速、健康发展的需要。按照建立完善社会主义市场经济体制的要求,深化农村改革,加强农村市场、交通、运输、仓储、信息、咨询等基础设施和各种社会化服务体系的建设。加强农业科学研究和技术推广,带动农业向"高产、优质、高效"方向发展。继续组织农业综合开发,利用荒山、荒坡、荒水、荒滩、荒沙等农业后备资源,提高农业综合生产能力。优化农村产业和经济结构,大力发展创汇农业,使农业逐步走上"面向市场,利用资源,优化结构,提高效益"的道路。实行"种养加"、"贸工农"结合,开拓农村新兴产业,促进农林牧渔业与二三产业

协调发展，扩大农村就业领域，增加农民收入，实现小康目标。

二、九十年代农业发展的总体布局

……

（四）国家鼓励和扶持发展粮食生产。全国的粮食产销要按照以省（区）为单位自给有余或基本自给、就近调运的原则，合理布局。到本世纪末，大多数省（区）要以本省（区）为单位做到粮食总量基本自给；少数调入粮食的省（市、区）要按照互利的原则，与邻近的粮食调出省（区）建立长期稳定的粮食产销关系；粮食调出省（区）仍要从全局利益出发，发挥当地产粮的优势，根据本省（区）、国家和调入省（区）的需求，组织商品粮的产销；有条件做到粮食自给的省（区），要积极发展粮食生产，力争做到粮食消费自给。各地都要因地制宜，建立自己的商品粮生产基地。要根据市场需求调整粮食的品种结构，大力发展优质粮品种，增加饲料用粮。长江中下游和东南沿海地区要多生产优质稻谷；黄淮海地区、东北地区要积极发展小麦、玉米和大豆生产。

（五）经济作物和其他作物要按照因地制宜、扬长避短、适当集中的原则，继续调整布局。棉花生产，主要在黄淮海平原、长江中下游平原和新疆地区发展。油料生产，以长江流域及长江以南地区的油菜籽，长江以北的花生为重点，兼顾其他各类油料产区的开发与生产。糖料生产，要稳定发展东南沿海地区的甘蔗和东北、西北地区的甜菜，同时，要加快发展云南、广西的甘蔗生产。

（六）林业生产要以培育森林资源、提高森林覆盖率，增加木材和林产品供给能力为出发点，合理调整生产布局。在长江、沿海以及风沙危害大、水土流失严重的西北、华北北部、东北西部地区、太行山以及平原地区建设一批重点防护林、水土保持林和农田防护林工程。以集约经营的方式，在华东、中南、西南为主的地区建设速生丰产用材林基地。在长江以南和有条件的地区建设木本油料、香料、药材、干果等基地；在严重缺柴的浅山丘陵区、北方干旱、半干旱地区和沿海地区积极发展薪炭林，缓解农村能源困难，促进综合利用农作物秸秆"过腹还田"和发展沼气。

（七）畜牧业生产要在稳定发展肉猪的同时，大力发展食草型、节粮型畜禽生产。大中城市郊区应重点发展畜、禽、蛋、奶生产，以满足城市居民对鲜活畜禽产品的消费需求。农区要继续着重抓好肉猪生产，努力提高出栏率，积极发展瘦肉型猪的生产。同时，要积极推广秸秆氨化技术，大力发展农区养牛业。半农半牧区要充分发挥饲料饲草资源丰富的优势，加快发展牛、羊等草食性动物的生产。牧区要重视草原和"草库伦"建设，搞好草场的改良和开发利用，防止草原退化、沙化，提高肉类生产能力；积极发展羊毛生产，满足纺织工业发展的需要。

（八）水产业要大力发展海、淡水养殖，积极开发外海和远洋捕捞，重视水产品的加工和综合利用。淡水养殖重点是抓好珠江三角洲等十一大片地区的开发，并搞好水库养殖。海水养殖的重点是沿海滩涂的开发。在捕捞方面，要严格控制近海捕捞强度，积极开发东海、黄海外海的中上层鱼类和南海鱼类资源。同时要加快发展远洋渔业。

三、依靠农业科技进步，提高土地和各种农业资源的单位产出率

（九）实现九十年代农业的增产目标，必须抓住提高单位面积产量这个关键。要依靠科技

进步，改善农业生产条件，不断提高单产水平。十年内粮棉亩产要分别增加五十公斤和十二公斤，接近八十年代亩产增长水平。

……

四、加强农产品商品生产基地建设

（十六）加强粮棉油糖商品基地建设。把黑龙江、新疆、内蒙古三大垦区建设成为以生产商品粮为主的农业商品基地。

（十七）加快速生丰产名特优用材林和经济林基地建设。国家要在广东、广西、湖南、湖北、江西、福建、浙江、四川、贵州、云南等省（区）和东北、内蒙古的大型国有林区建设一批速生丰产用材林基地，新造林五百万公顷，以增加二十一世纪初期木材的供给能力。同时，在全国建设五百个名特优经济林生产基地。

（十八）加强"菜篮子工程"建设。在东北、内蒙古、东南等地建设奶牛和水奶牛生产基地，发展奶牛二十万头，年提供六十万吨商品奶；在西北、内蒙古等地建设山绵羊基地；在一些大中城市和工矿区建设一批集约化、现代化的蛋、肉鸡场，并建设一批蔬菜生产基地。在南方一些地区利用水草资源丰富的优势，建设一批禽类养殖基地。水产养殖基地建设。淡水养殖要抓好增产潜力较大的中低产鱼塘的改造和配套工程建设，提高单产水平。要利用江河湖泊等大中型水面、水库和一些沿江河洼地，积极发展水产养殖，建成一批新的水产品商品基地。

……

五、加强农业综合开发

（二十）九十年代农业综合开发的主要任务是：

1、保持全国耕地总面积的基本稳定，新开荒面积不少于被占用的耕地。采取严格的管理措施，控制占用耕地，坚持占用一亩垦复一亩的原则，全国开荒要达到二百一十万公顷以上。

2、改造中低产田一千八百万公顷，造林六百六十万公顷，建设人工草场和改良草场二千万公顷，改良中低产水面一百六十七万公顷。

3、通过农业综合开发，要扩大粮食综合生产能力三百八十亿公斤、棉花综合生产能力四十万吨。

（二十一）农业综合开发的重点是：

1、黄淮海平原、三江平原、松辽平原、黄河三角洲、长江中下游平原等十大片国家级重点开发区，共开荒一百九十万公顷，改造中低产田一千四百六十七万公顷。

2、燕山山前平原、渭北陇东地区、南阳盆地与鄂北冈地等十二片省级重点开发区，开荒二十八万公顷，改造中低产田三百三十多万公顷。

3、内蒙古北部草原、新疆伊犁和阿勒泰草原，川西北、甘南、青海湖草原，东北农牧混合带等六片重点牧区和半牧区，共建设人工草场与改良草场一千三百三十万公顷，其中高标准人工草场三百三十多万公顷。

4、西南岩溶地区、黄土高原丘陵沟壑区，这些贫困县要有三分之二以上的地区实现人均占有基本农田一亩左右。

5、河西走廊、新疆绿洲等地区开展治沙二百三十三万公顷，开发利用沙区资源一百万公顷。

……

六、大力发展乡镇企业

(二十五)发展乡镇企业是繁荣农村经济、增加农民收入、转移农村剩余劳动力、促进农业现代化和国民经济发展的必由之路。九十年代,在巩固农业基础的同时,要把乡镇企业放在重要的战略地位。要继续贯彻"积极扶持,合理规划,正确引导,加强管理"的方针,大力开拓与农业相关联的新兴产业,坚定不移地支持乡镇企业的发展。

(二十六)乡镇企业要按照国民经济发展规划和产业政策,统筹规划,合理布局,调整结构,提高效益。西部地区和少数民族地区要充分发挥其特有资源和劳动力优势,积极引进人才和技术,发展横向联合,建立一批资源加工型企业,带动全面发展。中部地区要努力发挥本地粮食等农产品资源优势,实行经济综合开发,提高加工水平,对粮食等农产品生产进行综合补偿。沿海地区要立足现有基础,加快技术改造,发展高新技术产品和出口创汇产品。要加强企业管理,促进乡镇企业上水平、上质量,提高企业素质。

(二十七)制定政策措施,积极引导扶持乡镇企业健康发展。特别要大力扶持中西部乡镇企业的发展。人民银行安排用于中西部地区和少数民族地区的专项贷款每年应适当增加,重点支持中西部粮食主产区发展乡镇企业。国际金融组织的乡镇企业贷款也要重点向中西部地区倾斜。鼓励东部地区与中西部地区、少数民族地区发展横向经济联合与协作。经济比较发达的地区要帮助贫困地区发展经济,实行区域间优势互补、相互促进、共同发展。

(二十八)要继续实行乡镇企业"以工建农"。通过乡镇企业的发展,增加对农业的投入,加强农业基础设施建设。到二〇〇〇年,在满足农业生产要求的前提下,乡镇企业力争再吸收五千万农村剩余劳动力。

(二十九)加强对农村小城镇建设的引导。农村小城镇建设,要依托现有集镇,科学规划,合理布局,分步实施,以带动农村第三产业的发展和剩余劳动力的转移。

七、加强农业发展支撑体系建设

(三十)水利工程是农业生产持续稳定发展的重要保障。中央和地方都要集中力量,建设一批重点水利工程。九十年代的主要建设项目有:

1、防洪工程。长江建设三峡工程,澧水江垭水利枢纽,继续加高加固中下游堤防、治理洞庭湖和鄱阳湖,建设洪湖等蓄洪工程。太湖建设太浦河、望虞河和杭嘉湖南排等十项工程。黄河建设小浪底水利枢纽,加高加固下游堤防。淮河拓宽中游行洪通道,扩大下游入江入海出路,建设怀洪新河、沂沭泗洪水东调南下工程、石漫滩水利枢纽。珠江建设北江飞来峡、西江大藤峡水利枢纽。同时,继续建设海滦河和松辽河等水系的防洪工程,提高防洪能力。

2、水资源工程。重点建设为京津华北供水的南水北调工程、黄河万家寨水利枢纽及引黄入晋工程、河北桃林口水库、新疆乌鲁瓦提水利枢纽。开工建设黄河大柳树工程。加快东北地区北水南调和安徽引江济淮等工程的前期工作,争取早日开工建设。

3、灌排工程。建设和改造一批大型灌排工程,主要有四川武都、升钟灌溉工程和都江堰改造工程,宁夏、内蒙古河套灌排工程,陕西东雷抽黄工程,河南、山东大型引黄灌溉工程,安徽湑、史、杭灌区，内蒙古、吉林察尔森水库灌区，甘肃引大入秦和景泰提灌工程，海南松涛灌溉工程等，力争十年内净增有效灌溉面积五百三十三万公顷，二〇〇〇年全国灌溉面积达到五千三百三十多万公顷。

4、水电工程。全国水利系统新增水电装机一千五百万千瓦，其中大型水电装机二百八十万千瓦，中型六百二十万千瓦，小型六百万千瓦。建成农村初级电气化县五百个。

5、水土保持。九十年代治理水土流失面积四十万平方公里，主要是加快黄河中游和长江上游重点水土流失区的治理步伐，同时抓好珠江、海河、淮河、辽河等流域的水土保持工作，在西北地区要采取工程措施和生物措施相结合开展小流域治理，改善生态环境。

(三十一)加快支农工业的发展是保证农业上新台阶的重要条件。这方面的重点工作是：

1、加强化肥工业建设。九十年代要建设年产重钙八十万吨的贵州瓮福化肥厂、五十六万吨重钙的湖北大峪口工程，年产氯化钾八十万吨的青海钾肥厂二期工程和云南高浓度磷复肥工程，以及海南、内蒙古、陕西渭河、江西九江、湖南洞庭化肥厂等一批大中型化肥生产厂和配套化学矿山项目。加快小化肥厂的改造，促进产品更新换代。二〇〇〇年化肥生产能力达到一点五亿吨(标肥)。

2、加快农药、农膜、农机等农用工业建设。

(三十二)林业是农业高产稳产的生态屏障。九十年代要抓好以下重点林业建设项目：

1、"三北"防护林工程，到本世纪末完成造林总面积七百一十八万公顷。

2、长江中上游九省一百四十五个县的防护林体系一期工程，造林六百六十七万公顷。

3、沿海十一个省、区、市的防护林体系一期工程，造林二百四十四万公顷。

4、继续抓好三江平原、松辽平原、华北平原和长江中下游平原等我国主要粮食产区的平原绿化工程和太行山绿化工程。

……

90 年代国家产业政策纲要

（一九九四年三月二十五日国务院第十六次常务会议审议通过）

制定产业政策是国家加强和改善宏观调控，有效调整和优化产业结构，提高产业素质，促进国民经济持续、快速、健康发展的重要手段。为贯彻党的十四大精神和十四届三中全会决定，根据我国经济发展的现状和趋势，特制定《90 年代国家产业政策纲要》，作为今后制定各项产业政策的指导和依据。

制定国家产业政策必须遵循以下原则：(1)符合工业化和现代化进程的客观规律，密切结合我国国情和产业结构变化的特点；(2)符合建立社会主义市场经济体制的要求，充分发挥市场在国家宏观调控下对资源配置的基础性作用；(3)突出重点，集中力量解决关系国民经济全局的重大问题；(4)具有可操作性，主要通过经济手段、法律手段和必要的行政手段保证产业政策的实施，支持短线产业和产品的发展，对长线产业与产品采取抑制政策。

90 年代国家产业政策要解决的重要课题是：不断强化农业的基础地位，全面发展农村经济；大力加强基础产业，努力缓解基础设施和基础工业严重滞后的局面；加快发展支柱产业，带动国民经济的全面振兴；合理调整对外经济贸易结构，增强我国产业的国际竞争能力；加快高新技术产业发展的步伐，支持新兴产业的发展和新产品开发；继续大力发展第三产业。同时，要优化产业组织结构，提高产业技术水平，使产业布局更加合理。

一、大力发展农业和农村经济，增加农民收入

大力发展农业和农村经济，增加农民收入，这是 90 年代我国经济发展的首要任务。要牢固树立大农业观念，全面发展农林牧副渔业，大力发展高产、优质、高效和创汇农业，使农产品的数量、品种和质量适应全国人民小康生活水平和国际市场的要求。合理调整农村产业结构，积极发展农村第二、第三产业，逐步转移农村剩余劳动力，把农村的综合生产能力和经济效益提高到一个新水平。

发展农业和农村经济，必须认真贯彻党中央、国务院已经确定的一系列政策措施，贯彻落实《九十年代中国农业发展纲要》。要延长耕地承包期，稳定并完善以家庭联产承包为主的责任制和统分结合的双层经营体制；合理调整农业生产组织结构，推行种植、养殖、加工一体化，农业、贸易、工业一条龙等新的生产组织形式；积极培育农村市场，建立健全粮食保护价格和粮食风险基金制度及粮食储备体系；建立并完善农业社会化服务体系，形成国家、集体和民办三级服务网络；切实保护耕地，逐步建立基本农田保护区并制定相应的管理办法；中央和地方

政府要逐年增加对农业的投资，扶持农用工业，同时引导农民增加生产投入，鼓励利用外资发展农业；积极使用和推广适用的农业新技术，开展科教兴农；减轻农民负担，保护农民的利益和合法权益。

随着农业劳动生产率的提高，合理转移农村剩余劳动力，是促进农业和农村经济发展，增加农民收入的重要措施。要进一步加快乡镇企业特别是中西部地区乡镇企业的发展。加强规划和政策引导，促进乡镇企业适当集中。充分利用和改造现有小城镇，建设新的小城镇。

认真实施党中央、国务院确定的扶贫攻坚计划，用7年时间，基本解决贫困地区8000万人口的温饱问题。

二、切实加强基础设施和基础工业

要努力缓解基础设施和基础工业严重滞后的矛盾，使之逐步与整个经济发展相适应。要本着“统筹规划、合理布局、突出重点、尽力而为、量力而行、注重效益”的方针，加快基础设施建设和基础工业发展。

交通运输业要以增加铁路运输能力为重点，以发展运输大通道为中心，充分发挥公路、水运、空运、管道等多种运输方式的优势，加快综合运输体系的建设。通信业要以高速、高质、大规模为基点，积极采用国际先进技术与装备，尽快提高国产化比例，有重点、分层次地大力推进信息高速网络建设。能源工业要实行开发与节约并重的方针，做到能源、经济与环境协调发展。其中，煤炭工业要加快国有重点煤矿的建设，促进地方矿、乡镇矿的改造和提高；石油工业要稳住东部、开发西部，增加探明储量，合理利用国际资源；电力工业要实行因地制宜、水火电并举、适当发展核电的方针。巩固和改善现有水利设施，有重点地对大江、大河、大湖进行综合治理，防止水土流失，保护和合理配置水资源，提高抗御水旱灾害的能力，逐步解决缺水地区和城市用水问题。根据“统一规划、合理布局、综合开发、配套建设”的方针，加快城市市政公用事业的发展。

为了加快基础设施建设和基础工业的发展，国家将主要采取以下政策：充分发挥中央和地方两个积极性，建立明确的各级政府责任分工制度；制定基础设施和基础工业的专项规划，促进其健康发展；建立和完善政策性长期投融资体系，向国家鼓励发展的建设项目提供政策性金融支持；鼓励和引导社会各方面资金参与基础设施和基础工业建设，股票和债券的发行要优先考虑基础设施和基础工业建设需要；扩大利用外资的规模和领域，鼓励外商直接投资基础设施和基础工业；进一步理顺价格体系，发挥价格机制的重要调节作用，对垄断性行业的产品和服务价格，政府要继续加强管理；对基础设施和基础工业继续实行低价征用土地的办法；政府出让土地资源获得的收入，要用于基础设施建设；经批准，允许交通设施建设的投资主体优先获得沿线和港区、机场附近的房地产开发经营权，以进行综合经济补偿。

三、积极振兴支柱产业

努力加快机械电子、石油化工、汽车制造和建筑业的发展，使它们成为国民经济的支柱产业。

机械工业要以关键的基础机械、基础零部件和重大技术成套设备为重点，促进产品结构优化，提高产业技术水平和竞争力；电子工业要以微电子为基础，以通信、计算机等新兴信息产业为主体，加快现代化的步伐；石化工业要积极促进生产规模的大型化，提高技术水平和加工深度；汽车工业要尽快形成少厂点、大批量的生产体制和有序竞争的市场结构，提高其国内市场占有率和国际竞争力；建筑业要以城乡居民住宅、国家重点工程、城镇建设为重点，积极建立统一、开放、竞争、有序的建筑市场，提高建筑产品质量。

国家将通过以下措施，加快支柱产业的发展：制定和发布统一的产业政策，并以法律、法规等形式保证实施；逐步建立有利于促进支柱产业发展的投融资体系和规范化的企业直接融资机制，国家在年度股票和债券发行规模中对支柱产业优先予以安排；政府将从财力、物力上支持支柱产业中某些重要领域的技术开发，经国务院批准，赋予少数大型企业集团与其资本和收益比例相适应的海外直接融资权和担保权。按照国际惯例和有关协定条款，将支柱产业的部分产品作为幼稚工业品，采取适当的、有时限的保护；同时，为了换取关键技术和设备，允许有条件地开放部分国内市场。

四、积极发展对外经济贸易

继续扩大对外贸易，积极调整贸易结构，发挥比较优势，大力提高出口效益，以促进产业结构的调整和优化，增强国际竞争能力，保持国际收支平衡。

国家鼓励以下产品扩大出口：具有比较优势的农副产品、轻工产品和纺织产品；国内生产技术趋于成熟的家用电器和其他机电产品；具有高附加值和国际竞争力的产品；高新技术产品。国家不鼓励国内紧缺的大宗资源性产品出口，逐步减少初级产品和能源含量高的产品出口，有些将要限制和禁止出口。

国家鼓励进口新技术和相关的关键设备、关键零部件；适当扩大进口国内短缺的某些初级产品；支持幼稚产业加快引进、消化、吸收新技术以及生产新设备和关键零部件。国家不鼓励高档消费品的进口。

在调整对外经济贸易结构方面，国家将采取以下措施：发挥中国进出口银行的重要作用，支持企业增加成套设备和机电产品出口；对少数实行数量限制的进出口商品的管理，按照效益、公正和公开的原则，实行配额招标、拍卖或规则化分配；健全促进深加工、高附加值制成品和成套设备出口的政策；赋予具备条件的各类企业外贸经营权，鼓励大型企业（集团）建立海外直销渠道；按照国家产业政策合理调整关税税率。

五、产业组织、产业技术和产业布局

（一）产业组织政策的目标是：促进企业合理竞争，实现规模经济和专业化协作，形成适合产业技术经济特点和我国经济发展阶段的产业组织结构。对规模经济效益显著的产业，应形成以少数大型企业（集团）为竞争主体的市场结构；对产品由大量零部件组成的产业，应形成大、中、小企业合理分工协作、规模适当的市场结构；对规模经济效益不显著的产业，应鼓励小企业的发展，形成大、中、小企业并存、企业数目较多的竞争性市场结构。

实现上述目标，要采取以下调整措施：对具有区域自然垄断性质的产业，逐步引入市场机制，鼓励合理竞争。对规模经济效益显著的产业和产品，陆续制定最低经济规模标准。同时，要打破地区、部门分割，限制以至禁止不符合经济规模标准的项目建设，促进规模经济的实现。鼓励企业通过平等竞争和合并、兼并、相互持股等方式，自主进行联合改组或组建跨地区、跨部门、跨所有制乃至跨国经营的企业集团。加快关于市场竞争的法规建设,为企业平等竞争和企业组织结构的调整创造良好的外部环境。

(二)产业技术政策的重点是:促进应用技术开发,鼓励科研与生产相结合,加速科技成果的推广,推动引进和消化国外的先进技术,显著提高我国产品的质量、技术性能,大幅度降低能耗、物耗及生产成本,努力提高我国产业的技术水平。

国家要采取以下措施,促进产业的技术进步:多渠道、多形式地增加对科学技术研究和发展的投入,逐步提高其占国民生产总值的比重;分行业制定并实施对产业发展有重大作用的关键技术研究和开发计划,支持和鼓励对引进先进技术的消化吸收和创新;加强对高新技术产业的规划,搞好国家批准的高新技术开发区的建设;推进标准化、系列化的进程,提倡采用国际标准和国外先进标准以及更为严格的企业内部标准;增强企业自主开发新产品的能力,鼓励企业加强与科研机构和大专院校的联系,加快科技成果商品化的速度;以法规形式定期公布必须淘汰的落后生产工艺和设备。

(三)产业布局政策的主要原则是:在继续发挥经济较发达地区优势并加快其发展的同时,积极扶持欠发达地区的经济发展,逐步缩小经济发达地区与欠发达地区的差距;国家支持发挥自然资源和经济优势,体现地区间专业化分工协作的产业带的发展。

要逐步形成沿海、沿江、沿路、沿边产业的合理分布格局,以交通干线上的大城市为中心,带动大的经济区域发展。东部沿海地区要大力发展外向型经济,重点发展附加值高、创汇高、技术含量高和能源、原材料消耗低的产业及产品,多利用一些国外资金、资源,求得经济的持续快速发展和更好的效益;中西部地区要发挥资源优势和沿边地区对外开放的地理优势,努力发展优势产业和产品。国家将逐步在投资、贷款、项目布局、利用外资等有关经济政策方面,由地区倾斜转为产业倾斜,对中西部地区开发建设中的重大项目给予必要的支持。支持中西部地区大力发展乡镇企业,鼓励经济发达地区与其进行联合开发、技术合作、对口支援和人才交流。

因势利导地引导城市化的健康发展,形成大、中、小城市结构协调和布局合理的城镇建设体系。

六、产业政策的制定程序和实施

产业政策包括产业结构政策、产业组织政策、产业技术政策和产业布局政策,以及其他对产业发展有重大影响的政策和法规。为了保证产业政策的科学性、权威性和产业政策实施的有效性,特对产业政策的制定和实施作如下规定:

(一)国家产业政策由国务院决定。国家计委是具体负责研究制订、协调国家产业政策的综合部门。各项产业政策的制订由国家计委牵头,会同有关部门进行。产业政策的实施以各行业主管部门为主,由国家计委进行综合协调。

(二)建立国家产业政策审议制度。有关部门提出的产业政策草案和对产业发展有重大影响的政策草案,须经国家计委审查和协调,并由国家计委组织国务院有关部门、产业界、学术界和消费者群体进行科学论证和民主审议后,由国家计委会同有关部门报国务院批准后发布执行。

(三)建立国家产业政策的实施保障制度。计划、财政、银行、税务、内外贸易、关税、证券管理、工商行政管理、国有资产管理等经济管理部门,必须认真贯彻执行国家产业政策,在制定涉及产业发展的重大政策措施之前，须与国家计委协调。

（四）建立国家产业政策的监督、检查及评价制度。国家计委会同有关部门负责对产业政策的实施进行监督、检查和分析，定期向国务院报告实施情况和效果，并根据经济形势、产业结构的变化，提出修改建议。

（五）省级地方人民政府根据本纲要的要求，结合本地区实际情况，研究制定具体实施细则，并报国家计委备案。

（六）国家在近期内将根据本纲要提出的要求，制定交通、通信、建筑、电子、机械、石化和外资、外贸、技术及产业组织调整等产业政策草案，制定工作由国家计委负责具体组织协调。

（七）本纲要由国家计委负责解释。

本纲要自发布之日起执行。

附件：

关于实施固定资产投资项目经济规模标准（第一批）的若干规定

为有利于产业结构和企业组织结构的调整，充分发挥规模经济的优势，提高建设项目的投入产出效益，增强我国产品的国际竞争能力，现就少数规模效益比较显著、市场供需矛盾比较突出的热点产品实施固定资产投资项目的经济规模标准作如下规定。

一、固定资产投资项目的经济规模标准，是指在90年代新建、改扩建和技术改造项目的合理建设规模。经济规模标准是国家产业政策的重要内容，是审批固定资产投资项目的重要依据。各级人民政府、各有关部门以及各种类型的企业（包括外商投资企业）都应照此执行。

二、符合经济规模标准的建设项目，仍按现行审批程序报批；低于经济规模标准的项目，原则上不予批准。考虑到交通不便、经济落后的偏远地区的特殊情况，在这些地区建设低于经济规模标准的项目，需由筹建单位申述建设理由，报经行业归口部门审查同意后，按照基本建设和技术改造管理工作的分工，将项目建议书、可行性研究报告分别报送国家计委、国家经贸委审批。

三、国家鼓励工业部门、地方政府和企业合作，组建有限责任公司或股份有限公司，实现建设项目的经济规模标准。对符合经济规模标准的建设项目，银行应在贷款和用汇等方面给予优先支持；按国家规定程序，经有关部门批准，可发行债券或股票筹措建设资金。

四、国务院授权国家计委会同有关部门陆续公布规模效益显著产品的经济规模标准，并根据国民经济发展情况，适时进行修订。

附表：

固定资产投资项目的经济规模标准（第一批）

序　号	产品名称	建设项目经济规模标准（年生产能力）	说　明
1	乙　烯	新建项目：30万吨及以上。	除列入国家十年规划的乙烯建设项目外，“八五”期间不再审批新项目；以后也不再审批以油为原料的30万吨以下的新建项目。
2	炼　油	新建项目：500万吨及以上。	除已列入国家“八五”计划的基建和技改项目外，“八五”期间原则上不再审批新项目。

续上表

序号	产品名称	建设项目经济规模标准(年生产能力)	说明
3	氯乙烯	新建项目: 采用乙烯法,20万吨及以上; 采用天然气乙炔法,6万吨及以上; 采用电石乙炔法,4万吨及以上。	以电石为原料的现有企业改为以乙烯为原料时,应为8万吨。
4	聚氯乙烯	新建项目:单系列4万吨及以上。	
5	聚丙烯	新建项目:7—10万吨。	
6	乙二醇	新建项目:10万吨及以上。	
7	纯碱	新建项目: 氨碱法纯碱装置的单系列,20万吨及以上; 联碱法纯碱装置的单系列,18万吨及以上。	
8	烧碱	新建项目:5万吨及以上。	
9	合成氨	新建项目: 为尿素装置配套,以重油、块煤为原料,8万吨及以上; 为磷铵项目配套,以天然气、重油、块煤为原料,6万吨及以上; 以粉煤为原料,20万吨及以上。	
10	铜电解	新建项目:5万吨及以上。	
11	电解铝	新建项目:10万吨及以上。	新建项目应采用预焙阳极电解槽,160千安及以上电流强度。
12	氧化铝	新建项目: 烧结法,50万吨及以上; 联合法,40万吨及以上; 拜耳法,30万吨及以上。	
13	纤维用聚酯	新建项目:单系列生产装置6万吨及以上。	大型聚酯项目应选择单系列6万吨及以上的生产装置。除已列入国家"八五"计划的基建和技改项目外,"八五"期间原则上不再审批新项目。
14	锦纶—6抽丝、锦纶—66抽丝(含聚合)	新建项目:5000吨及以上。	
15	轿车	发动机排气量在1600cc以下的新建、改扩建和技改项目:15万辆及以上。	新建、改扩建和技改项目需报经国务院批准。
16	轻型载货汽车	新建、改扩建和技改项目:10万辆及以上。	新建、改扩建和技改项目需报经国务院批准。
17	轻型客车	新建、改扩建和技改项目:5万辆及以上。	新建、改扩建和技改项目需报经国务院批准。
18	重型货车	新建、改扩建和技改项目:1万辆及以上。	
19	车用汽油发动机	排气量在2500cc以下的新建、改扩建和技改项目:15万台及以上。	
20	车用柴油发动机	排气量在3500cc以下的新建、改扩建和技改项目:10万台及以上。	
21	摩托车	发动机排气量在150cc以下的新建、改扩建和技改项目:20万辆及以上。	
22	录相机机芯	新建和改扩建项目:60万台及以上。	

国务院关于贯彻实施中国21世纪议程——中国21世纪人口、环境与发展白皮书的通知

（一九九四年七月四日）

国发［1994］37号

各省、自治区、直辖市人民政府，国务院各部委、各直属机构：

《中国21世纪议程——中国21世纪人口、环境与发展白皮书》（以下简称《议程》），已经国务院常务会议原则通过，其主要内容和基本精神已经公布。《议程》是制订我国国民经济和社会发展中长期计划的指导性文件，同时也是中国政府认真履行1991年联合国环境与发展大会文件的原则立场和实际行动。

我国是发展中国家，我们的基本国情和到本世纪末以及下一世纪中叶的发展目标，决定了我国经济发展不能只注重数量的增长，忽略对资源持续利用的发展模式和生活方式的研究，必须以可持续发展思想为指导，制定我国的发展战略和相应的对策，走出一条具有中国特色的发展道路。

《议程》从我国的具体国情和人口、环境与发展的总体联系出发，提出了促进经济、社会、资源与环境相互协调和可持续发展的总体战略、对策以及行动方案。它的贯彻实施需要各地方、各部门以及全体人民的共同参与和努力。为此，提出以下要求：

一、要将《议程》作为各级人民政府制定国民经济和社会发展中长期计划的指导性文件，并将其基本思想和内容，在"九五"计划和到2010年远景发展目标中得到具体体现。

二、各地方、各部门要结合自己的实际工作，通过各种途径组织实施《议程》；要广泛宣传《议程》的基本思想，取得广大干部和人民群众的理解和支持，使贯彻实施《议程》成为各级政府和人民群众的自觉行动。

三、要进一步广泛开展国际合作，吸引更多的国外资金和技术，用于环境保护等方面具有重大影响的项目。

《议程》的正式文本，由国家计委和国家科委另行印发。

中国 21 世纪议程

——中国 21 世纪人口、环境与发展白皮书(摘要)

(一九九四年三月二十五日国务院第十六次常务会议讨论通过)

第一章 序 言

1992 年 6 月联合国环境与发展大会在巴西里约热内卢召开,中国政府高度重视这次大会,并严肃、认真地履行自己的政治承诺。根据环发大会通过的《21 世纪议程》的要求,1992 年 7 月,中国政府决定由国家计划委员会和国家科学技术委员会牵头,组织 52 个部门、机构和社会团体编制《中国 21 世纪议程——中国 21 世纪人口、环境与发展白皮书》(以下简称《议程》),在联合国开发计划署的支持和帮助下,完成了《议程》的编制。1994 年 3 月 25 日,国务院第 16 次常务会议讨论通过了《议程》。为推动《议程》的实施,同时制定了中国 21 世纪议程优先项目计划。

《议程》包括 20 章,设 78 个方案领域。《议程》从我国具体国情和人口、环境与发展总体联系出发,提出人口、经济、社会、资源和环境相互协调,可持续发展的总体战略、对策和行动方案。

制定和实施《议程》,是中国在未来和下一世纪发展的自身需要和必然选择。中国是发展中国家,要毫不动摇地把发展国民经济放在第一位,各项工作都要紧紧围绕经济建设这个中心来开展。同时,中国是在人口基数大,人均资源少,经济和科技水平都比较落后的条件下实现经济快速发展的,在这种形势下,只有遵循可持续发展的战略思路,才能实现国家长期、稳定的发展。

中国政府决定将《议程》作为各级政府制订国民经济和社会发展计划的指导性文件,其目标和内容将在“九五”计划和 2010 年规划中得到具体体现。

第二章 中国可持续发展的战略与对策

《议程》构筑了一个综合性的、长期的、渐进的可持续发展战略框架和相应的对策,这是中国走向 21 世纪和争取美好未来的新起点。

可持续发展的前提是发展,既要满足当代人的基本需求,又不危害子孙后代满足其需求的能力。中国现阶段必须保持较快的经济增长速度,并逐步改善增长的质量;谋求社会的可持续发展；加强环境保护，经济、社会发展要与资源与环境的承载能力相适应，才能逐步实现中国人口、经济、社会、资源与环境的协调发展。

实现可持续发展的主要对策包括：以经济建设为中心，深化改革开放，建立和完善社会主义市场经济体制；加强能力建设，完善可持续发展的经济、社会、法律体系及综合决策机制；实行计划生育，控制人口数量，提高人口素质，改善人口结构；因地制宜地推广可持续农业技术；调整产业结构与布局，实施清洁生产，推动资源合理利用；开发清洁煤技术，大力发展可再生和清洁能源；加速改善城乡居民居住环境；实施重大环境污染控制项目；认真履行中国加入的全球环境与发展方面的各项公约，不懈地致力于全球环境问题的解决。

可持续发展的战略与重大行动。建立可持续发展的协调管理机制；运用经济手段，促进保护资源和环境；研究把自然资源和环境因素纳入国民经济核算体系；把自然资源和环境保护工作作为各级政府的一项基本职能；污染防治逐步从浓度控制转变为总量控制，从末端治理转变到全过程防治；加强可持续发展的宣传教育，提高全民族的可持续发展意识。

可持续发展的国际合作。中国政府把推进可持续发展的国际合作作为中国改革开放的重要组成部分。中国深知自己在全球可持续发展和环境保护中的重要责任，将以强烈的历史责任感，主要依靠自己的力量，以积极、认真、负责的态度参与保护地球生态环境，追求全人类可持续发展的各种国际努力。同时，也呼吁国际社会在资金、技术方面对中国提供必要的支持，以使中国尽快走上可持续发展的道路。

第三章 与可持续发展有关的立法与实施

可持续发展立法是可持续发展战略和政策定型化、法制化的途径。

可持续发展立法。加快经济领域的可持续发展立法，完善环境和资源保护立法，把可持续发展的原则纳入经济发展、人口、产业、社会保障等立法中；基本实现与国际立法的接轨，积极吸收国外行之有效的与可持续发展有关的立法的做法和内容；通过宣传和培训，增强可持续发展立法能力。

可持续发展有关法律的实施。建立健全可持续发展法律的实施体系和保障支持机制。要加强可持续发展法律法规的宣传和教育，提高全社会的法律和可持续发展意识。促进司法和行政程序与可持续发展法律实施的结合，把可持续发展法律的实施纳入司法程序，司法机关通过处理违法案件、处理纠纷等，保护公民、法人的合法权益，保障可持续发展战略的实施。加强对可持续发展法律实施的监督检查，建立健全可持续发展法律实施执行的监督体制。

第四章 可持续发展经济政策

建立社会主义市场经济体制。社会主义市场经济体制坚持以公有制为主体、多种经济成分共同发展的方针，使市场在国家宏观调控下对资源配置起基础性作用。中国经济体制改革的总体目标是在本世纪末初步建立起社会主义市场经济体制。建立以公有制为主导的现代企业制度；鼓励企业间自主的经济联合，发展企业集团；培育全国统一、开放、竞争、有序的市场体系。同时，加强政府对自然资源和环境保护的宏观调控作用，用政策指导协调经济发展与自然资源和环境保护之间的关系。

促进经济发展。在国家统一规划指导下，搞好横向经济联合和协作，加强发达地区与贫困地区的经济技术合作，促进地区经济合理布局和健康发展，特别是扶持少数民族地区、边疆地区和贫困地区的经济发展；在制定产业政策和进行产业结构调整时，严格限制能耗高、资源消耗大、污染重的企业发展；努力开发高产优质高效农业，大力发展可持续农业；推行清洁生产，支持环保产业的发展；大力发展第三产业，促进中国的人口、经济、社会、资源与环境的协调发展。

有效利用经济手段和市场机制。通过调整各种经济政策，促进可持续的经济发展；改革或调整现有的经济与财政鼓励措施，使其符合可持续发展目标；制订政策框架，促进污染控制和无害环境的资源配置机制的建立；建立符合可持续发展目标的价格体系。

建立综合的经济与资源环境核算体系，在国民经济核算体系中考虑和体现资源环境的因素。

第五章　费用与资金机制

《议程》实施费用主要依靠中国政府和有关单位及个人的投入，同时也要广泛吸收国际社会和民间的投入；推动金融界以信贷、保险业务等形式支持可持续发展。

可持续发展财税、经济法规建设。建立健全财税制度和经济法规政策，研究制定有利于可持续发展的财税新制度、经济法规体系、技术经济政策体系。

第六章　教育与可持续发展能力建设

健全可持续发展管理体系。在国务院领导下，《议程》的实施和管理由国家计委和国家科委负责组织与协调，各级政府和部门承担相应领域的职责和任务；不断完善可持续发展的协调管理机制；采取各种措施，提高计划管理决策人员的可持续发展的能力，实现人口、经济、社会、资源和环境的综合决策。

教育建设。贯彻实施《中国教育改革和发展纲要》和高等教育重点建设工程；提高受教育者的可持续发展意识，将可持续发展思想贯穿于从初等到高等的整个教育过程中。

人力资源开发和能力建设。综合开发人力资源，提供新的就业领域和机会，满足可持续发展对人力资源的需求；组织和吸引农村剩余劳动力从事生态工程建设（如植树种草）和其他社会公益性建设，同时加强其知识教育和技能培训。建立职业培训机构，促进职业培训和技能训练。

科学技术支持能力建设。贯彻实施《中长期科技发展纲领》和各类科技计划；吸引优秀人才从事可持续发展科学技术研究；深化科技体制改革，建立科学研究、技术开发、生产、市场有机相连的“一条龙”体系。

可持续发展信息系统。建立可持续发展信息网络，使有关部门和机构能够比较方便地获得有关可持续发展的国内外最新的和综合的信息。

《议程》将在实施中不断完善和修订，《议程》的优先项目计划也将不断滚动实施。

第七章　人口、居民消费和社会服务

控制人口增长与提高人口素质。坚持计划生育政策，改善计划生育服务质量，把计划生育与扶贫、妇幼保健结合起来；提高人口素质，特别注意改善妇女受教育的条件，提高农民文化素质并转变他们的生育观念；促进社区经济发展，为农村妇女提供就业机会；建立老年社会保障制度。

引导建立可持续的消费模式。改进居民消费结构，促进社会消费多样化；增加营养食品和绿色食品的生产，改进居民膳食质量和营养构成；抑制不健康的消费，反对铺张浪费。

大力发展社会服务与第三产业。贯彻执行《中共中央国务院关于加快发展第三产业的决定》，加快商业、流通业、旅游业、饮食业、社会保障、金融业、信息业等的发展。

第八章 消除贫困

本世纪末，实现国家“八七扶贫攻坚计划”目标，基本解决8000万贫困人口的温饱问题。实施行之有效的扶贫政策和措施，增加对贫困地区的投入；继续实行“以工代赈”政策；重点发展投资少、见效快、效益高的种植业、养殖业和加工工业；改善生态环境和基本生产和生活条件，扭转生态环境恶化的趋势，基本解决人、畜饮水困难；通过教育、培训等措施，提高贫困地区人民的自我发展能力；广泛开展国际合作，重点实施一批可持续发展的扶贫优先项目和示范工程。

第九章 卫生与健康

满足基本的保健需求。2000年，省会城市形成技术比较先进的卫生服务和技术指导中心；大部分的县、乡卫生机构健全，具备开展初级卫生保健的基本条件；争取绝大多数的行政村建有卫生室，有治疗常见病及地区流行病的常用药物及开展社区综合卫生保健的基本条件；健全检疫的组织机构和制度，促进民众参与禁毒、反毒，严防毒品危害。

减少因环境污染和公害引起的健康危害。预防和减少因环境污染而引起的传染病、职业病、职业中毒、食物中毒等，减少各种环境污染因素对健康的潜在性威胁。

控制传染病，降低发病率。

继续推行碘盐、补硒、改水、改善膳食和营养等措施，减少地方病的危害。

保护易受害人群。增加妇幼保健投入，使危害妇幼健康的主要疾病得到控制；增加残疾人就业，保障残疾人生活；提高老年病的医疗水平。

迎接城市的卫生挑战。逐步完善城市规划的卫生和住宅卫生标准体系，改善城市基础卫生设施，提高精神卫生、心理咨询、康复医疗的覆盖面。

第十章 人类住区可持续发展

城市化与人类住区管理。适当控制大城市人口增长过快的势头，发展大城市的卫星城，积极发展中小城市，大力发展小城镇。制订或修订区域和城市的总体规划。

基础设施建设与完善人类住区功能。提高城市供水普及率、提高城市燃气普及率、增加城市居民采暖的集中供热面积；加快城市交通网络建设；完善城乡邮电、通讯、金融、文化设施、商业网点、信息服务、社会福利等配套设施建设，提高综合社会经济功能。

改善人类住区环境。提高城市污水处理率，采取综合措施控制和降低城市中工业噪声和交通噪声，增加绿化覆盖面积。

所有人具有适当住房。

促进建筑业可持续发展。持续提高住宅建设能力，加强建筑监理和质量保证体系，提高设计水平和建筑质量；提高建筑业的现代化水平，加强建筑队伍的技术培训。

建筑节能和提高住区能源利用效率。健全建筑节能的法规、标准和施工技术规范。积极开发和采用可降低能耗和物料消耗的新型技术与材料。

第十一章　农业与农村的可持续发展

推进可持续发展的综合管理。进一步强化有关农业生态环境保护和资源管理的法规、政策体系；建立农业和农村可持续发展综合管理体系；扩大生态农业建设试验点，新建一批与持续发展相结合的高产、优质、高效农业示范区。

加强食物安全和预警系统。加强食物安全监测，发展无污染的绿色食品，健全各级食物储备、加工、运销体系。

调整农业结构，优化资源和生产要素组合。在稳定发展粮食生产的前提下，按照因地制宜和充分发挥资源优势的原则，积极稳妥地调整农业结构，形成结构合理的农林牧渔全面发展的大农业格局。

提高农业投入和农业综合生产力。扩大农田灌溉面积，提高农业机械化水平；加强防护林体系和农田基本建设，改良退化土地，增加农业生产抗灾能力；增加农村能源开发利用的投入，推广加强可再生能源和新能源的开发利用，增加农村能源供应。

农业自然资源可持续利用和生态环境保护。完善与农业自然资源和生态环境有关的法规、标准；强化农业资源与环境管理体系建设，提高管理效率和能力。建立基本农田保护区；改造中低产田，分期分批实施中低产田改造规划，加快建成高产稳产农田，大力发展节水农业；促进土地复垦，防止土地退化；采取措施鼓励农户实行秸秆还田和秸秆过腹还田，多施有机肥。

发展可持续性农业科学技术。开发和推广节约资源、提高产量和品质、保护环境的农业技术，培育优质高产、抗逆和动植物新品种。研究动植物重大病虫害综合防治和预警技术，建立健全广泛、有效的农业技术推广体系。

发展乡镇企业和建设农村乡镇中心。将乡镇中心的建设有机结合起来，依靠科技进步，改善产业结构，使乡镇企业走上高效、节能、无污染的可持续发展之路。

第十二章　工业与交通、通信业的可持续发展

根据国家经济、社会可持续发展战略的要求，调整和优化产业结构和布局；运用科学技术特别是以电子信息、自动化技术改造传统产业，使传统产业生产技术和装备现代化；有重点地发展高技术，实现产业化；提高产品质量，使工交产业尽快步入可持续发展的轨道。

改善工业结构和布局。国家从宏观上加强对基础工业和基础设施的支持，缓解其滞后的问题；从强化节约和增加供给两个方面入手，提高能源和重要原材料及交通、通信等对经济发展的支持能力；发挥各地优势，加快地区工业经济的协调发展，促进全国工业布局合理化。

开展清洁生产和生产绿色产品。科学规划和组织协调不同生产部门的生产布局和工艺流

程，优化生产诸环节，由单纯的尾端污染控制转向生产全过程的污染控制，减少单位经济产出的废弃物排放量；鼓励采用清洁生产方式使用能源和资源，提高能源和资源的使用效率；制定与中国目前经济发展水平和国力相适应的清洁生产标准和原则，并配套制定相应的法规和经济手段；开发无公害、少污染、低消耗的清洁生产工艺和产品，特别鼓励可再生资源、能源的使用。更新、替代有害环境的产品，大力发展绿色产品，特别要促进具有环境保护标志的产品的生产与使用。

工业技术的开发和利用。发展机电一体化技术和先进设计、制造技术和农业、能源及原材料等的重大成套设备。

加强和改善行业管理。制定行业管理的政策和措施，转换企业经营机制，建立统一的市场，为工业和交通、通信业的可持续发展创造条件；关停资源、能源消耗高，环境污染重的企业；继续严格贯彻执行一系列工业污染控制的法规和制度。

加强交通、通信业的可持续发展。本世纪末使交通、通信紧张的状况有较大的缓解。

第十三章 可持续的能源生产与消费

综合能源规划与管理。制订能源——环境——经济综合规划方法和实施方案；改善能源供应结构的布局，提高清洁能源和高质量能源的比例；提高能源利用效率和节能。加快农村能源和电气化建设。制定和实施中国的节能法规。开发和推广先进的节能技术，加强电网建设，推广热电联产，对电站锅炉、工业锅炉和工业窑炉进行节能技术改造，提高终端用能设施的能源利用效率。

推广少污染的煤炭开采技术和清洁煤技术。制定有利于发展少污染的煤炭开采技术和清洁煤技术的政策、法规；促进煤炭开采和加工技术向环境无害化转变；运用经济手段推动煤炭开采中矿井水和甲烷的利用，促进煤矸石综合利用和煤炭高效、清洁利用；开发和引进高效清洁的燃煤技术，建立相应的示范点。

开发利用新能源和可再生能源。把开发可再生能源放在优先地位，加快水能、生物质能、太阳能、风能、地热能、海洋能的开发，提高可再生能源在能源结构中的比例。

第十四章 自然资源保护与可持续利用

建立基于市场机制与政府宏观调控相结合的自然资源管理体系。

在自然资源管理决策中推行可持续发展影响评价制度。逐步在制定有关自然资源管理的重大政策、规划和开发项目时采用可持续发展影响评价，实施自然资源保护和管理政策的费用效益分析。

水资源的保护与开发利用。改革现行的水资源管理体制，采用法律和经济措施，逐步实行综合性水资源规划和管理；依据《水法》实行节约用水、计划用水，以缓解目前存在的城市和农村严重缺水状况；加强水环境污染控制和污水资源化；在维护和改善生态环境的前提下，合理、充分地利用水资源，使得经济建设与水资源保护同步发展。

土地资源的管理与可持续利用。完成国家、省、地(市)、县四级土地资源调查和土地利用总体规划；健全土地管理政策与法规，全面推行土地有偿使用和分阶段地实现土地市场化；整治退化的土地，加强山地资源的综合利用与管理，提高土地利用效率；依法管理现有湿地资源，保护一批重要湿地。

森林资源的培育、保护、管理与可持续发展。加速造林绿化，大力培育和保护森林资源，重点抓好速生丰产用材林基地建设和五大防护林体系建设，加强培育森林资源和制止森林破坏与退化的管理，制定监测体系发展规划和有关技术规范。

海洋资源的可持续开发与保护。强化海洋资源管理；建立海洋系统监测与保护体系和环境预报服务体系。开发海水养殖，推动海洋渔业发展，防止、减少和控制海洋生态的退化和长期的不利影响，维持海洋生态平衡和海洋资源的永续利用。

矿产资源的合理开发利用与保护。在继续合理开发利用国内矿产资源的同时，适当利用国外资源，提高资源的优化配置和合理开发利用资源水平；加强地质勘查工作，最大限度保证国民经济建设对矿产资源的需要；减少矿产资源开发所造成的环境代价。

草地资源的开发利用与保护。贯彻实施《草原法》及其有关法规，增加人工草场和优良草场面积，基本控制草原及其生态环境退化趋势。

第十五章　生物多样性保护

到 2000 年，建成类型齐全、不同级别、布局合理、面积适宜的自然保护区网络；保护特殊生境和生态系统，如湿地、珊瑚礁生态系统、红树林生态系统、河口生态系统、高原陆地生态系统、高原湖泊生态系统等；保护农业生态系统和农业用物种，建立一批农作物野生亲缘种就地保护点；建立和完善全国珍稀濒危动植物迁地保护网络；建立和完善生物多样性保护的监测网络；积极开展生物多样性的国际与区域合作，组织实施《中国生物多样性保护行动计划》。

第十六章　荒漠化防治

荒漠化土地综合整治与管理。扩大造林种草面积，减缓荒漠化土地蔓延速度，农牧交错地带和某些湿润与半湿润地区的土地荒漠化基本得到控制；建立荒漠化监测及信息系统，减少人为破坏导致的荒漠化扩展。

北方荒漠化地区经济发展。发展各种药材、经济植物和温室农业；兴办一批工矿企业，为荒漠化地区居民开辟新的就业途径；建设荒漠化地区生态农业示范工程。

水土流失综合防治。贯彻《水土保持法》，全面管护，重点治理，把加强水土流失预防、监督、管理工作放在首位，使水土流失恶化的势头得到有效的遏止。

水土保持生态工程建设与管理。建设“三北”防护林体系、长江中上游防护林体系、太行山绿化、沿海防护林体系等工程。

第十七章　防 灾 减 灾

对中国社会、经济发展影响最大的自然灾害是洪水、干旱以及地震、台风、泥石流、生物灾害等。

提高对自然灾害的管理水平。健全灾害管理的法律、制度、规范，增强灾害管理的协调、监督机制。

加强防灾减灾体系建设，减轻自然灾害损失。建立与中国社会经济发展水平相适应的灾害综合防御体系，提高社会防灾抗灾总体能力。

减少人为因素诱发加重的自然灾害。通过调整人类活动方式或减缓人类活动强度，减少未来自然灾害可能发生的频率，减轻自然灾害的危害。

第十八章 保护大气层

控制大气污染和防治酸雨。本世纪末，重点城市和局部地区环境质量要有所改善；城市大气总悬浮微粒要基本得到控制。

防止平流层臭氧耗损。开发、引进、推广消耗臭氧层物质的替代技术；2010 年前实现全面淘汰消耗臭氧层物质的目标。

控制温室气体排放。尽管中国到 2000 年人均二氧化碳排放量仍不到 1989 年世界人均水平的一半，但仍将积极参与国际社会控制温室气体排放的行动；根据中国能源资源特点和经济发展水平，通过产业结构调整、加强节能降耗、改进终端用能技术以降低二氧化碳排放的增长速度。

气候变化的监测、预报及服务系统的建设。

第十九章 固体废物的无害化管理

固体废物的处理与管理。建立科学的固体废物和有害废物管理机制；固体废物的回收利用得到良性发展：基本控制有害废物的污染；开展有害废物管理技术、废物最小量化技术、资源化技术和处理处置工程技术研究，建设安全填埋场、焚烧场等示范工程；提高管理能力，贯彻实施《巴塞尔公约》。

放射性废物安全和无害化管理。制定中国含放射性物质废物管理的总体对策，强化放射性废物的安全与无害化管理；建设中、低放射性废物示范性处置场、高放射性废物中间贮存场、核技术应用废物库以及放射废物监督跟踪系统。

生活垃圾管理和无害化系统。加强生活垃圾管理与法规建设，尽快制定和完善地区和城市生活垃圾管理办法，逐步推行垃圾处理收费制度；大力推行城市垃圾减量化和资源化。

废旧物资资源化管理。制定废旧物资资源化管理的有关法律，促进废旧物资分类回收规范化，重新加工与深度开发合理化。

第二十章 团体及公众参与可持续发展

实现可持续发展目标，必须依靠公众及社会团体包括工人、农民、妇女、青少年、科技界、教育界等的支持和参与。

妇女参与可持续发展，制订和公布消除阻碍妇女参与可持续发展障碍的国家战略，制定、执行有关妇女参与可持续发展的国际公约和行动计划的国家方案，促进相应领域的国内立法。建立保障妇女参与可持续发展的执法监督检查机制。

青少年参与可持续发展。加强政府与青年界的联系与沟通。以青年组织代表为联系形式，使男女青年能够在国家、区域、地方的有关环境与发展问题上发表意见，参与有关的决策过程。

工人和工会参与可持续发展。在推进中国社会主义市场经济体制建立和促进社会经济持续发展过程中切实发挥工人和工会的作用，使其充分参与制定和执行国家可持续发展战略，以推动经济发展，消除贫困，实现充分就业，促进安全、清洁、卫生的工作环境、社区环境和自然环境的实现。

科技界在可持续发展中的作用。科技界和教育界应成为加强政府与社会公众之间的联络与合作的强有力的纽带，对可持续发展问题进行研究，并深入了解社会公众的意见，并反馈给决策者，并使重大决策和方案准确地为社会公众了解，传播可持续发展科学知识和技能。

国家八七扶贫攻坚计划(摘要)

(1994～2000 年)

社会主义要消灭贫穷。为进一步解决农村贫困问题,缩小东西部地区差距,实现共同富裕的目标,国务院决定:从 1994 年到 2000 年,集中人力、物力、财力,动员社会各界力量,力争用 7 年左右的时间,基本解决全国农村 8000 万贫困人口的温饱问题。这是一场难度很大的攻坚战。为此,国务院制定《国家八七扶贫攻坚计划》,这是今后 7 年全国扶贫开发工作的纲领,也是国民经济和社会发展计划的重要组成部分。

一、形势与任务

扶持贫困地区尽快改变贫穷落后的面貌,是党中央、国务院的一贯方针。特别是 80 年代中期以来,国家在全国范围内开展了有组织、有计划、大规模的扶贫工作,不仅大幅度增加了扶贫投入,制定了一系列扶持政策,而且对先期的扶贫工作进行了根本性的改革与调整,实现了从救济式扶贫向开发式扶贫的转变。经过连续多年的艰苦努力,全国农村的贫困问题已经明显缓解,没有完全稳定解决温饱的贫困人口已经减少到8000 万人。这是一个巨大的历史性成就,证明党中央、国务院制定的扶贫方针、政策是正确的,充分体现了社会主义制度的优越性。

虽然目前的贫困人口占全国农村总人口的比例不大,但是扶贫开发的任务十分艰巨。这些贫困人口主要集中在国家重点扶持的贫困县,分布在中西部的深山区、石山区、荒漠区、高寒山区、黄土高原区、地方病高发区以及水库库区,共同特征是,地域偏远,交通不便,生态失调,经济发展缓慢,人畜饮水困难,生产生活条件极为恶劣。这是扶贫攻坚的主战场。

建立社会主义市场经济体制,给贫困地区的发展带来了前所未有的机遇和更加广阔的前景。在新形势下,抓紧扶贫开发,尽快解决贫困地区群众的温饱问题,改变经济的落后状态,缓解以至彻底消灭贫困,是一项具有重大的、深远的经济意义和政治意义的伟大事业。因此,各级政府必须遵循邓小平同志建设有中国特色社会主义理论和党的基本路线,坚持效率优先、兼顾公平的原则,进一步加强扶贫开发工作。

二、奋 斗 目 标

到本世纪末解决贫困人口温饱的标准:

——绝大多数贫困户年人均纯收入有较大增长。

——扶持贫困户创造稳定解决温饱的基础条件:有条件的地方,人均建成半亩到一亩稳产高产的基本农田;户均一亩林果园,或一亩经济作物;户均向乡镇企业或发达地区转移一个劳动力;户均一项养殖业,或其他家庭副业。牧区户均一个围栏草场,或一个“草库仑”。与此同时，巩固和发展现有扶贫成果，减少返贫人口。

加强基础设施建设。基本解决人畜饮水困难。绝大多数贫困乡镇和有集贸市场、商品产地的地方通公路。消灭无电县，绝大多数贫困乡用上电。

改变教育文化卫生的落后状况。基本普及初等教育，积极扫除青壮年文盲。开展成人职业技术教育和技术培训，使大多数青壮年劳力掌握一到两门实用技术。改善医疗卫生条件，防治和减少地方病，预防残疾。严格实行计划生育，将人口自然增长率控制在国家规定的范围内。

三、方针与途径

继续坚持开发式扶贫的方针：鼓励贫困地区广大干部、群众发扬自力更生、艰苦奋斗的精神，在国家的扶持下，以市场需求为导向，依靠科技进步，开发利用当地资源，发展商品生产，解决温饱进而脱贫致富。

扶贫开发的基本途径：

——重点发展投资少、见效快、覆盖广、效益高、有助于直接解决群众温饱问题的种植业、养殖业和相关的加工业、运销业。

——积极发展能够充分发挥贫困地区资源优势、又能大量安排贫困户劳动力就业的资源开发型和劳动密集型的乡镇企业。

——通过土地有偿租用、转让使用权等方式，加快荒地、荒山、荒坡、荒滩、荒水的开发利用。

——有计划有组织地发展劳务输出，积极引导贫困地区劳动力合理、有序地转移。

——对极少数生存和发展条件特别困难的村庄和农户，实行开发式移民。

扶贫开发的主要形式：

——依托资源优势，按照市场需求，开发有竞争力的名特稀优产品。实行统一规划，组织千家万户连片发展，专业化生产，逐步形成一定规模的商品生产基地或区域性的支柱产业。

——坚持兴办贸工农一体化、产加销一条龙的扶贫经济实体、承包开发项目、外联市场，内联农户，为农民提供产前、产中、产后的系列化服务，带动群众脱贫致富。

——引导尚不具备办企业条件的贫困乡村，自愿互利，带资带劳，到投资环境较好的城镇和工业小区进行异地开发试点，兴办二、三产业。

——扩大贫困地区与发达地区的干部交流和经济技术合作。

——在优先解决群众温饱问题的同时，帮助贫困县兴办骨干企业，改变县级财政的困难状况，增强自我发展能力。

——对贫困残疾人开展康复扶贫。

四、资金的管理使用

为确保本计划的实施，国家现在用于扶贫的各项财政、信贷资金继续安排到2000年。以工代赈资金和“三西”专项建设资金在规定期限内保持不变。适当延长开发周期长的项目的扶贫信贷资金使用期限。

国务院决定：从1994年起，再增加一部分以工代赈资金和扶贫贴息贷款，执行到2000年。今后随着财力的增长，国家还将继续增加扶贫资金投入。

各级地方政府也要根据各自的扶贫任务，逐年增加扶贫资金投入，确保本计划的实现。

调整国家扶贫资金投放的地区结构。中央扶贫信贷资金集中用于中西部贫困状况严重的省、区。

各有关省、区也要根据这个原则，对扶贫资金的投放作必要的调整。

中央的财政、信贷和以工代赈等扶贫资金要集中投放在国家重点扶持的贫困县，有关省、区政府和中央部门的资金要与其配套使用，并以贫困县中的贫困乡作为资金投放和项目覆盖的目标。其他非贫困县中的零星分散的贫困乡村和贫困农户，由地方政府安排资金扶持。

银行扶贫贷款要用于经济效益较好、能还贷的开发项目；财政扶贫资金主要用于社会效益较好的项目；新增的以工代赈主要用于修筑公路，以及解决人畜饮水困难。要重点修筑县乡之间的公路和通往商品产地、集贸市场以及为扶贫开发项目配套的道路。三者要密切结合，提高资金使用的整体效益。

改革扶贫资金的使用管理方式，建立约束和激励机制。严格扶贫资金的审计制度。严禁挤占、挪用扶贫资金，违者必究。

五、政策保障

——对贫困户和扶贫经济实体使用扶贫信贷资金，要从实际出发，在保证有效益、能还贷的前提下，贷款条件可以适当放宽。

——国有商业银行，每年要安排一定的信贷资金，在贫困地区有选择地扶持一些效益好、能还贷的项目。

——对广东、福建、浙江、江苏、山东、辽宁沿海 6 省的贫困县，以及各省、区刚摘掉贫困县帽子的县，要增加地方财政和商业信贷的投入，一般不低于原来国家对这些县的扶持规模。

——对国家确定的“老、少、边、穷”地区新办的企业，其所得税可在 3 年内予以征后返还或部分返还。

——各级政府要把扶贫资金列入财政预算，保证用于扶贫开发。

——为减轻贫困地区农民由于生产资料价格放开和粮食提价而增加的负担，各省、区、直辖市可使用地方粮食风险基金对吃返销粮的贫困户以适当补贴。

——中央和地方安排开发项目时，应向资源条件较好的贫困地区倾斜。中央和省、区在贫困地区兴办的大中型企业，要充分照顾贫困地区的利益，合理调整确定与当地的利益关系。

——国家制定和执行产业政策时，要考虑贫困地区的特殊性，给予支持和照顾。

——对贫困地区的进出口贸易，要坚持同等优先的原则，列入计划，重点支持。

六、部门任务

政府计划、内外贸、农林水、科教、工交、劳动、民政、民族工作、文化卫生和计划生育、财政、金融、工商、海关等部门要根据本计划总的要求，分别制定本部门、本系统的八七扶贫攻坚实施方案，充分发挥各自优势，在资金、物资、技术上向贫困地区倾斜。要根据扶贫开发任务的要求，结合各自的职能，采取积极措施促进贫困地区的经济发展。

七、社会动员

中央和地方党政机关及有条件的企事业单位，都应积极与贫困县定点挂钩扶贫，一定几年不变，不脱贫不脱钩。

各民主党派和工商联应继续发挥人才众多、技术密集、联系广泛的优势，进一步开展科技扶贫和智力开发，帮助贫困地区培训人才、推广技术、沟通信息、发展经济技术合作。

各级工会、共青团、妇联、科协、残联要积极参与扶贫开发工作。

充分发挥中国扶贫基金会和其他各类民间扶贫团体的作用。

北京、天津、上海等大城市，广东、江苏、浙江、山东、辽宁、福建等沿海较为发达的省，都要对口帮助西部的一两个贫困省、区发展经济。动员大中型企业，利用其技术、人才、市场、信息、物资等方面的优势，通过经济合作、技术服务、吸收劳务、产品扩散、交流干部等多种途径，发展与贫困地区在互惠互利的基础上的合作。凡到贫困地区兴办开发性企业，当地扶贫资金可通过适当形式与之配套，联合开发。

大专院校、科研单位要充分发挥人才和技术优势，与贫困地区直接挂钩，通过科技承包、技术推广、选派科技副县长、副乡长等形式，提高贫困地区科技发展水平。

人民解放军和武警部队要继续发扬拥政爱民的光荣传统，帮助驻地群众解决温饱、脱贫致富。

八、国际合作

积极开展扶贫的国际交流，积极扩大和发展与国际社会在扶贫方面的合作。

努力改善贫困地区的投资环境，以资源优势和优惠政策吸引海外客商到贫困地区兴办开发型企业，促进贫困地区的经济发展。

九、组织与领导

本计划由国务院扶贫开发领导小组统一组织中央各有关部门和各省、自治区、直辖市具体实施。

坚持分级负责、以省为主的省长（自治区主席、市长）负责制，保证按期完成本计划规定的任务。

所有的贫困县，要把扶贫开发、解决群众温饱作为中心任务，集中力量认真实施扶贫攻坚计划；省（区）、地（州）、市要挑选精明强干、吃苦耐劳、联系群众的干部，充实加强贫困县领导班子，并保持相对稳定；把计划的实施和解决群众温饱的成效作为衡量贫困县领导干部政绩和提拔重用的主要标准。同时，着力加强贫困乡、贫困村的基层组织建设，配备好带领群众脱贫致富的班子。

贫困地区广大干部要一如既往地发扬自力更生、艰苦奋斗、与群众同甘共苦的精神。在完成解决群众温饱的攻坚任务之前，贫困县不准购买小轿车，不准兴建宾馆和高级招待所，不准新盖办公楼，不准县改市。

充实和加强各级扶贫开发工作机构，提供必要的工作条件。机构的规格与编制要与本地的扶贫开发任务相适应。

（原载 1994 年 5 月 19 日《人民日报》）

综　　合

1994年中国中、西部地区经济发展情况综述

我国中、西部地区共包括19个省区，其中山西、内蒙古、吉林、黑龙江、安徽、江西、河南、湖北、湖南9个省区为中部地区，广西、四川、贵州、云南、西藏、陕西、甘肃、青海、宁夏、新疆10个省区为西部地区。① 1994年是我国经济改革和经济发展充满挑战又富有成效的一年，财政、税收、金融、外汇外贸、投资、商品流通、价格、企业体制等方面的改革取得突破性进展，市场经济体制逐步完善，市场对配置资源的基础性作用得到加强，对外开放进一步朝广度和深度方向拓展，中、西部拥有良好的经济发展大环境。国家对地区经济协调发展战略十分重视，中央领导同志对中、西部地区的经济发展问题十分关注。国家制定出一系列帮助、扶持中西部地区发展的政策措施，给中西部地区的发展创造了条件。中西部广大地区的各族人民怀有强烈的使命感和紧迫的责任感，在各地党和政府的领导下抓住机遇，励精图治，锐意改革，勇于进取，在改革和发展上取得了伟大成就，促进了我国国民经济持续、快速、健康发展。

一、中、西部地区经济发展的总体情况

1994年，我国经济体制改革迈出决定性的一步，宏观调控体系的基本框架初步确定，宏观经济环境得到改善，中、西部地区认真贯彻党中央关于"抓住机遇，深化改革，扩大开放，促进发展，保持稳定"的指导方针，整个经济在回落中保持快速增长，经济运行状况基本平稳，经济建设取得新的成就。与此同时，也暴露出一些不容忽视的矛盾和困难，但这主要是发展中的问题，而且要通过发展来解决。

（一）中西部地区经济在平稳回落中保持快速增长

由于1994年相继出台的各项重大改革措施及进一步加强和改善宏观调控工作取得显著成效，各地区经济增长速度平稳回落，没有出现大的起伏，继续保持较快的增长势头。

1. 国内生产总值增幅比上年有所回落，但仍继续快速增长

中部和西部地区的国内生产总值分别比上年增长13.7%和10.3%，增幅分别回落了0.1和2.2个百分点。中部的安徽、湖北、江西、吉林、河南和西部的云南、广西国内生产总值的增幅均高于全国国内生产总值的增幅，其中安徽的增幅高达21%，居全国前列。此外，四川、新疆和甘肃的增幅也在10%以上。

2. 农业及农村经济蓬勃发展

农业总产值及主要作物产量增加。虽然部分地区遭受严重的自然灾害，但经过各方努力，仍然获得了较好收成。黑龙江、新疆、江西、吉林、湖北和广西的农业总产值增幅都高于全国农业总产值增幅，其余省区比上年也有不同程度的增加。吉林、黑龙江、江西、湖北、湖南、贵州、云南等省区粮食增产；中、西部棉花产量增加9.9%，其中西部增加22%，新疆达到历史最高水平；西部糖料增产62万吨，在全国总产量中的比重上升了近3个百分点，新疆、宁夏、甘肃、云南、贵州和广西的糖料产量都有增加；中、西部的猪牛羊肉产量比上年增加14.7%。

乡镇企业进入"快车道"。由于国家实施了全方位对外开放政策和采取了重点扶持中、西部乡镇企业的措施，为中、西部地区乡镇企业的发展创

---

① 按照"七五"计划的划分，我国中部地区包括山西、内蒙古、吉林、黑龙江、安徽、江西、河南、湖北、湖南9个省区，西部地区包括四川、贵州、云南、西藏、陕西、甘肃、青海、宁夏、新疆9个省区，广西划在东部沿海地区。在《中国西部地区开发年鉴》中，我们将内蒙古和广西划在西部地区。考虑到我国5个自治区的经济发展有一定的共性和统计上划分方便，因此，我们仍将广西划在西部地区，而内蒙古则划回到中部地区。

造了良好的条件，这些地区乡镇企业的发展速度明显加快，并且首次超过东部，乡镇企业总产值的增长速度比东部高出5～6个百分点。

扶贫工作成效显著。在国家实施“八七扶贫攻坚计划”的头一年，中、西部许多省区采取种种有效措施，努力解决贫困问题，取得明显成效，为全国减少了1000万贫困人口做出重要贡献。

3. 工业建设捷报频传

工业产值普遍提高。中、西部工业总产值比上年增加4206.02亿元，安徽、江西、湖北的增长速度高于全国工业总产值的增长速度，其中安徽的增长速度高达30.6%，居全国首位，四川、广西、贵州、山西、黑龙江、湖南、吉林、云南、内蒙古、陕西和青海的增长速度全部超过10%，其余省区也都有增长。

能源、原材料产品产量有较大增加。钢铁产量增加48.65万吨，原油增产159.94万吨，原煤产量提高了5739.18万吨，新增发电量444.62亿千瓦小时，化纤产量提高了13.95万吨。

工业经济运行质量有所改善。云南、黑龙江、广西和湖北的工业经济效益综合指数均高于或等于全国平均水平，黑龙江、云南、江西、新疆、湖北、河南和内蒙古的工业经济效益综合指数都较上年有所提高。

4. 对外经济稳步发展

中、西部外贸出口额达到207.1亿美元，其中中部为131.71美元，西部为75.39亿美元，云南、四川、西藏、安徽和甘肃的增幅都在30%以上。实际利用外资金额达40.3亿美元，比上年提高12%，中部和西部实际利用外资金额分别为26.01亿美元和14.29亿美元，分别比上年增加9%和17%。沿边、沿江和内陆地区的对外开放继续推进，取得较大成就。

（二）基础设施建设取得突破性进展

国家及中、西部各省区对这些地区的基础设施建设极为重视，在1994年基础设施建设取得很大成就。

1. 一批重点水利工程加快建设步伐

世界上最大的水利枢纽工程——三峡工程于1994年底正式开工，我国在建最大的引水工程——引大入秦总干渠全线贯通，西藏羊卓雍湖蓄能电站、藏北那曲查龙电站等工程正加紧建设。

2. 重要交通、通信设施建设有新突破

宝中铁路全线铺通，提前50天开始担任分流任务；兰新铁路复线提前一年建成，部分区段已投入运营；侯月线一期单线电气化全线铺通；南昆铁路进入施工高峰，开始全线大会战；京九铁路建设速度加快，主要控制工程已按期完成。

成渝高等级公路重庆段建成通车，川藏公路建设取得新进展，河南全长201公里的郑汴洛高速公路一期工程完工。

武汉、邦达、柳州、大庸、恩施机场建成，保山和达县机场扩建完成。

京沈哈、西乌兰、西成、南昆、郑徐、郑西和长沙至南宁7条光缆一级干线建成，哈尔滨和西安邮政枢纽楼完工。

（三）地区联合协作健康发展

由山东、河南、山西、陕西、内蒙古、宁夏、甘肃、青海和新疆9省区组成的黄河经济协作区联合发展外向型经济，收到良好效果，现已开通海、陆、空口岸近40个，年进出口总额近200亿美元。

由大西南五省七方组成的西南经济协作区向规范化、高层次、多形式、全方位联合方向发展，10年来协作各方共签定合作项目1.1万项，实施6478项，内联外引资金50多亿元，通过联合协作新增产值62.5亿元，新增税金15亿元；联合建设交通、通信等基础设施重点项目160项，投入资金83亿元。

由豫晋陕毗邻地区组成的“豫晋陕黄河金三角经济协作区”携手着力加强基础设施建设，为将资源优势转化为经济优势创造了良好的条件。

（四）国有企业改革逐步推进

中、西部省区的国有企业按照中共十四届三中全会《关于建立社会主义市场经济体制若干问题的决定》所提出的要求，继续深入贯彻《全民所有制工业企业法》和《全民所有制工业企业转换经营机制条例》，稳步将改革推向深入。国有大中型企业以转机建制为重点，建立现代企业制度改革试点工作已经起步；中小型企业产权制度改革有较大突破，通过股份制、租赁、联合、兼并、拍卖等形式，盘活现有存量，促进生产要素的合理流动和优化组合。安徽已有105户大中型企业完成改制任务。内蒙古呼和浩特机床附件厂、内蒙古电视机厂、内蒙古第二毛纺厂、鄂尔多斯羊绒纺织集团、伊盟化工集团、赤峰双马集团、伊利实业股份有限公司等一批骨干企业在改制、改组、改造和组建跨地区、跨行业企业集团的工作中进行了卓有成效的探索。江西将国有小型企业的全部或部分财产有偿、有期限地租赁给民营者，全省已运营的国有民营企业达738户。四川有22户建立新体制试点企业在明晰产权、建立法人财产权、理顺企业管理体制以及非生产经营性资产剥离方面作了有益的尝试。陕西改组和设立的股份制企业累计达1500户，股份有限公司发展到45户，进行产权制度改革的企业达2000多户。

（五）固定资产投资得到有效调控

中、西部地区认真贯彻国家宏观调控政策，控制固定资产投资规模，并调整投资结构，使之趋于合理。

1. 固定资产投资增幅回落

1994年中、西部全社会固定资产投资为5851.3亿元，其中中部为3425.4亿元，西部为2425.9亿元，除湖北、云南和甘肃外，其余16个省区的增幅均低于全国平均水平；吉林、云南和陕西等省区增幅回落的幅度分别为52.4%、47.4%和36.0%，均高于全国平均水平。

2. 投资结构得到初步调整

一些省区加大更新改造投资力度，促进经济增长方式由粗放型向集约型转变。如山西、内蒙古、黑龙江、广西、贵州、云南、西藏、甘肃和青海等省区国有单位更新改造投资的增幅均超过了基本建设投资的增幅，黑龙江、河南、湖北、广西、云南、甘肃和青海国有单位更新改造投资的增幅还高于全国平均水平。

能矿资源富集的省区加强能源、原材料等基础工业建设，投资比重有所增加，为缓解“瓶颈”制约、增强国民经济发展后劲做出贡献。能源、原材料大省——山西的能源、原材料工业投资为124.3亿元，增长23.6%，在固定资产投资中的比重从上年的30.6%上升到41.9%；湖北、湖南、黑龙江和云南能源工业投资在固定资产投资的比重分别提高了4.8、4.4、1.4和1.2个百分点。

（六）财政、金融状况有所改善

财政、金融领域的改革是1994年经济体制改革的重点，改革成效显著，财政、金融运行态势平稳，各省区的状况有不同程度的改善。

1. 地方财政收入增长较快

中、西部财政体制改革进展顺利，实现了向新体制的平稳过渡。地方财政收入增加较快，中部9省区和西部的云南、宁夏和新疆等省区的财政收入增幅基本上都在20%以上，高于国家财政收入的增幅。安徽地方财政收入达54.68亿元，比上年增长75.6%，创历史最好水平；黑龙江地方财政收入83.7亿元，完成预算的125.9%，比上年增加20.8%。

2. 金融形势平稳

中、西部金融形势基本稳定，存款增加较快，有力地支持了地区经济的发展。中、西部地区金融机构1994年底存款余额达13703.36亿元，其中中部为7948.56亿元，西部为5718.80亿元，湖南、云南和新疆等省区的增幅都超过全国平均水平，中部其余省区和西部的广西、四川、西藏、陕西、宁夏等省区的增幅都在30%以上。

中、西部地区贷款增加幅度较快，1994年底金融机构贷款余额达16417.89亿元，其中中部为10072.61亿元，西部为6345.28亿元，除山西、吉林、江西和西藏等省区外，其余省区贷款余额的增幅均高于全国平均水平，表明中、西部对资金的需求仍较旺盛。

（七）市场需求稳定增长

1994年各地区消费需求基本保持平稳增长，中、西部社会消费品零售总额达6781.6亿元（除西藏外，下同），比上年增长28.46%，其中中部、西部地区为4247.8亿元和2533.8亿元，分别比上年提高29.98%和25.98%，安徽、江西、河南、湖北、湖南和广西的增幅均高于全国平均水平。

（八）人民生活得到改善

在经济持续发展的同时，居民收入普遍增长。湖南和广西城镇居民人均生活费收入分别达到3365元和3560元，均高于全国平均水平；吉林、黑龙江、江西、湖北、湖南、云南、青海和宁夏城镇居民人均生活费收入增幅高于或等于全国平均水平，其余省区也都有一定程度的增长。

由于粮食收购价格的大幅度提高和农村经济的全面发展，中、西部地区农民的收入增长较快，中部地区尤为突出。据国家统计局农调队的调查成果表明，中部地区农民人均收入达到1087元，与东部地区的差距在缩小，收入增长速度达35%，分别比东、西部高3个和7个百分点。一些农业大省，如吉林、黑龙江、湖北、湖南等，农民收入的增长速度均超过全国平均增长速度，江西和黑龙江农民纯收入高于全国平均水平。

（九）中、西部地区经济发展面临的主要问题

1. 物价涨幅过高

进入1994年以来，物价涨幅过高已成为经济生活中的一个突出问题。尽管许多省区采取种种措施，但仍未遏止物价上涨的势头。中部地区的安徽、江西、湖北和湖南4省以及西部地区的广西、四川、陕西、甘肃、青海和新疆6省区的商品零售价格涨幅超过全国平均水平。此外，中、西部地区的物价涨幅到8、9月份已开始超过东部地区，东部地区的物价已开始回落时，西部地区的物价还在继续攀升。

2. 中、西部同东部的差距继续扩大

由于中、西部大多数省区的所有制结构较为单一，国有经济成份所占比重很大，受国家控制信贷规模和投资规模的宏观调控政策的影响较大，在偏紧的经济环境中，资金供应条件显然不如东部地区，从而也使经济增长速度低于东部地区。中部和西部地区同东部地区国内生产总值的增加速度相比分别低2.9和6.3个百分点，这将导致中、西部同东部地区的经济差距进一步扩大。

3. 农业的落后面貌尚未根本改变

虽然中西部地区农业生产取得较大成就，但相对于迅猛发展的工业生产和不断提高的居民消费需求而言，农业仍是滞后的产业，农业的落后面貌尚未根本改变。影响农业发展的主要因素有：一是投入严重不足，国家投资比重下降，中、西部农民收入水平较低，依靠自身增加投入的能力有限，农田水利设施薄弱，抵御自然灾害的能力较差；二是耕地加速减少，中、西部经济发展较快的地区，由于片面重视发展工业及房地产热和开发区热，再加上乡镇企业的布局过于分散，造成耕地面积萎缩，撂荒和乱占耕地现象严重；三是生产资料流通体制不顺，中间环节过多，流通成本偏高，导致农用物资价格持续上涨，农民负担加重。

4. 部分国有企业缺乏活力

中、西部许多国有企业通过改制、改组和改造，生产经营状况有所改善，但也有部分国有企业由于种种原因，发展比较缓慢，活力不足的问题还很突出。山西乡及乡以上独立核算工业企业中有1620户发生亏损，亏损面为14.8%，亏损额为11.62亿元；经济效益较好的黑龙江工业企业亏损额达46.3亿元，比上年增加10.4%，亏损面为22%，比上年上升1个百分点，另外，产成品资金占用较多，相互拖欠贷款的现象比较严重。西部的国有工业企业亏损面较大，如宁夏为36%，青海为43.7%。

5. 城乡差距继续拉大

中、西部地区城乡差距较大，突出地表现在城乡居民收入和消费需求的差距上，西部地区尤为明显。1994年全国城镇居民同农村居民平均每人全部收入之比为2.86，中部地区除内蒙古、吉林、黑龙江和江西外，均高于全国平均水平，西部省区全部超过全国平均水平，最低的青海也达到3.24。1994年中、西部地区城市社会消费品零售总额增长30.34%，县及县以下社会消费品零售总额增长26.29%，二者之比为1.18:1，1993年二者之比为1.15:1；另外，中部和西部的这一比值分别由1.25:1和1.01:1变为1.27:1和1.06:1，西部地区城乡消费需求差距扩大的幅度更大。

二、区域经济发展情况

1994年中西部地区经济总体运行态势良好，广西、安徽2区省发展速度尤为迅猛，居中西部地区前列，2省区的工业与全国同步进入高速增长时期，并处于加速发展阶段。江西、湖北、河南、四川、湖南5省经济发展较为迅速，成为中西部地区经济发展的排头军。西南、西北地区的民族省区经济发展和改革开放又见新绩，地区间的联合协作迈上新台阶，促进了区域经济的健康发展。

（一）部分省区经济发展成就突出

1. 安徽综合经济实力明显增强。1994年全省实现国内生产总值达1485亿元，比上年增长21%左右，保持了持续快速增长的好势头。多数工业产品产量保持增长。全省财政收入完成108.98亿元，比上年增加30多亿元。全省城乡居民收入和储蓄存款也明显增加。城镇居民生活费收入达2766元，比上年增长36.6%。

2. 黑龙江经济发展步伐明显加快。1994年黑龙江省国内生产总值达到1604亿元，比上年增长了8.7%，全部工业总产值增长了8.9%，农业增加值增长了8.9%，经济增长速度是近10年来最快的一年。农村产业结构的调整使黑龙江省由单一的粮食农业向全面开发国土资源的大农业转变，1994年畜牧业产值已达78亿元，占农业总产值的1/4。科技开发、优质品种开发、绿色食品开发及市场开发，使其开始由传统农业走向高产、优质、高效的现代农业，工业生产中，一批非国有的新的经济增长点的快速发展，成为拉动工业经济增长的主要动力。在全年完成的工业总产值中，国有工业完成产值仅比上年增长0.3%，而非国有工业比上年增长了38.9%，拉动全省工业上升了11个百分点。

3. 西藏经济建设迅猛发展，改革开放取得实质性进展。1994年国家决定投资23.8亿元援助西藏建设62项工程，截止年底，55个项目已完成前期工作，32个项目已开工建设。1994年西藏实现国民生产总值42.3亿元，比上年增长8.6%，农牧民人均纯收入达到555元，粮食总产达到64

万吨，工业总产值达到5.35亿元，比上年增长了13.1%。以能源、交通、通信等为重点的基础设施建设进展顺利，一些重点开发工程项目，如“一江两河”农业综合开发工程、尼洋河流域农业综合开发工程，正在进行开发或做前期准备工作。对外开放进一步扩大，经济贸易取得显著效益。进出口总额达到3.57亿美元，比上年增长2.5倍。全年批准外引内联项目19个，引进资金10.2亿元人民币和2109万美元，比上年增长6倍。财税形势良好，新的财税体制运行正常，全年地方财政收入实现1.42亿元，增长38.1%；完成各项税收2.59亿元，增长19%。

4. 广西形成开放型民族经济新格局。广西国民生产总值突破1100亿元，比上年增长30%；一向薄弱的工业从量到质开始发生显著变化，总量和速度已从全国第25位之后分别上升到前20位和前10位以内；乡镇企业增幅居全国首位；继1993年利用外资增幅居全国首位之后，1994年仍保持较高增幅，实际利用外资达10.4亿美元；外向型经济形成气候，1994年外贸出口突破16亿美元，进口突破7亿美元。与此同时，广西与四川、贵州、云南、湖南、上海等省市的经济技术协作项目遍及交通、能源、机械、电子等领域，吸引资金达数十亿元。

（二）民族地区经济持续发展

1. 7个民族经济试点区迈出新步伐。由国家民委和国家体改委选定的内蒙古呼伦贝尔盟、乌海市、吉林省延边州，贵州省黔东南州，甘肃省临夏州，青海省格尔木市，新疆伊犁州等7个州（盟）市作为少数民族地区改革开放试验点，进行建立社会主义市场经济体制的综合试验，开始形成了各具特色的改革开放示范点，初步摸索出一些适合少数民族地区情况的改革开放和经济发展的路子和办法。一是发展外向型经济。延边州在对外开放上实行“南联北拓、东出西进、面向东北亚”的总体战略，突出珲春及图们江下游地区开发开放的战略重点，形成了以珲春为龙头，以延吉为依托，全方位开放的战略格局，大力发展外向型企业，增加出口品种，发展旅游产业。新疆伊犁州充分发挥优势，积极实施“外引内联，东联西出”以及“两线（沿边境线、沿铁路线）开放、贸易先行”的政策，初步形成了全方位、多层次、多形式的边贸格局。二是以基础设施建设为先导。呼盟把改善投资环境，搞好硬件设施作为试点先导性工作来抓，取得了成效。1988年以来，累计集资、投资30多亿元，用于交通、通讯、能源、口岸等基础设施建设，现已基本形成水、陆、空立体交叉交通网络，形成九口通商的局面。三是发挥山区优势，促进农村经济发展。黔东南州在农村和林业改革方面有所突破，逐步发挥林业支柱产业优势，调整了农村经济结构，山区综合开发由点到面全面推进，商品粮、速生用材林、优质水果、山区畜牧业等12个项目生产基地正在建设，并取得较好的经济效益。四是通过机制转换，加速资源转化。新兴工业城市乌海市发挥其丰富的煤炭、水电、化工、建材、冶金矿产等资源优势，围绕“能源、化工、建材工业为主体，轻工、农业为两翼”的发展战略，在改革体制、转换机制、调整结构上下功夫，制定出台了产业结构调整方案、发展第三产业、加快市场建设等地方性法规，促进产业结构、产品结构、所有制结构的调整，逐步建立起以市场为导向，以优势资源为依托的优势产业和主导产业框架体系。格尔木市也围绕着当地盐湖资源的开发和利用，深化改革、扩大开放，积极探索以资源开发促经济发展的路子。四是大力发展非公有制经济。临夏州根据生产力水平和经济特点，加快流通体制改革，调整所有制结构，大力发展非公有制经济，目前各种专业市场和综合市场发展到110处，有8.5万人从事商贸活动。临夏州已逐步成为西北地区重要的皮毛、茶叶和木材集散地。

2. 滇川少数民族经济持续发展。云南省的8个民族自治州重视增加农业投入，加快农田水利等农业基础设施建设，1994年粮食总产量增长6%，油料总产量增长6.6%，水果产量增长7.5%，茶叶产量增长3.1%。各自治州充分利用当地草场宽阔的条件，大力发展畜牧业，全年猪牛羊肉产量达到36.53万吨，比上年增产9.9%，是进入90年代后增产最多的一年。民族地区经济中以往最为薄弱的工业，1994年也得到高速增长，工业总产值达到144.6亿元，比上年增长13%。同时，8个自治州基本建设得到加强，形成了一批新的生产能力，进一步改善了投资环境，增强了其经济发展的后劲。四川省少数民族自治地区经济再上新台阶，国内总产值达126亿元，较上年增长13%。1994年民族地区尽管自然灾害频繁，但各级政府积极调动和保护农牧民的生产积极性，农牧业生产仍获较好收成，粮食总产量达到304万吨，较上年增加5万吨；工业企业按照市场需求调整产品结构，培育拳头产品，全年乡及乡以上工业产值逾60亿元，比上年增长9%。同时，民族地区还积极培育市场体系，建立起以国有经济为主体、多种经济成份并存的流通体制，带动了城乡市场购销两旺。全年社会商品零售额达45亿元，比上年增20%以上。

3. 延吉经济实力居全国自治州首府之首。1994年吉林省延吉市国内生产总值已达20亿元，人均国内生产总值达5710元，财政收入完成4亿元，第三产业在国内生产总值中的比重已达42%，外贸商品收购值、工业企业资金利税率等主要经济指标均高于全省平均水平；这些指标与位居第二位的其他首府城市相比，也拉开了相当大的距离，经济总体实力稳居全省41个县市前列和全国各自治州首府城市之首。延吉已成为吉林省经济发展最快和最具经济活力的城市。

(三)地区间经济联合与协作进一步加强

1. 黄河经济协作区加强合作，联手发展外向型区域经济，新建起实力雄厚的黄河外向型经济密集带。本着“平等互利、真诚合作、优势互补、共同发展”的原则，由山东、河南、山西、陕西、内蒙古、宁夏、甘肃、青海、新疆9省区共同组成的黄河经济协作区，出台了一系列规划和政策，因地制宜，合理分工，使流域经济得以合理布局和迅速发展。在这一通道上已开通海、陆、空口岸近40个，年进出口总额近200亿美元。新疆和内蒙古充分利用沿边优势，积极发展同独联体、蒙古和巴基斯坦、土耳其等国际贸易，1994年完成进出口贸易均在10亿美元以上。9省区打破以邻为壑、各自为政的贸易壁垒，全年进出口贸易额均有大幅度增长。同时，9省区多渠道利用外资取得显著成效，共同联办了四届青岛对外经贸洽谈会，三次西北国际经济技术合作洽谈会；举办了多次一省为主、多省参加的各种形式的洽谈会，取得了较好成效。1994年协作区引进的外资已占全国近1/10；西安与8个国家和11个城市结为友好城市，外商投资已有1000多项，仅1994年新批外资项目和三资企业超过前14年的总和。黄河流域的中上游地区已迅速成为外商投资新热点。随着黄河流域外向型经济带的发展，9省区间的区域协作和横向联合也更加紧密。据不完全统计，9省区已累计签定对口支援项目3万余项，相互拆借和引进资金近100亿元人民币，人才交流2万多人次，形成了流域优势互补、协调发展的经济新格局。

2. 西南经济协作区已基本形成规范化、高层次、多形式、全方位的横向经济联合格局。大西南五省区七方(四川、贵州、云南、广西、西藏、重庆、成都)现已组建了83个区域性行业组织，区域内相继建立起56个企业集团(群体)，成立了有59个城市参加的中心城市市长联席会。在各毗邻地带建立了20多个毗邻协作区片组织，横向经济联合协作不断向深度和广度拓展。1984年建立以来的10年，五省区七方共签定合作项目1.1万多项，实施6478项，内联外引资金50多亿元，人才交流上万人次。通过联合协作新增产值62.5亿元，新增税金15亿元多。随着烟草、食糖、酒类、肉类、汽车、农贸等1000多个市场的建立，大西南共同体开始形成，并不断向外辐射。五省区七方经济协作的重点仍然是建设西南出海出境大通道。五省区七方联合开发交通、通讯等重点项目160项，投入资金83亿元，南昆铁路已完成大半工作量；成渝、贵昆、川黔铁路电气化改造工程均已完成；修建断头公路49条，近千公里，成都至北海的高速公路成渝段也将建成通车；开辟了国内航线124条，开通了至香港、新加坡、泰国、日本等国家和地区的空中航线；广西北海、钦州、防城已建成17个万吨级码头，年吞吐能力近千万吨。五省区七方面向东南亚、南亚的对外开放势头强劲。在长达8600公里的边境线上，已建立13个边境经济开发区，开放了40多个边境口岸和100多个边民互市点。1994年五省区七方边贸总额突破70亿元，比上年增长40%。

3. 全国对口支援三峡库区移民工作进入有计划、有重点的实施阶段。各省区市、中央各部委积极配合全国对口支援三峡库区移民工作，发挥各自的优势与特点，在生产力布局、计划安排、技术合作、物资供应、资金引进、吸收劳务、人才培训、信息传递方面给予大力支援，使对口支援呈现新的发展势头，进入一个省市重点支援一个县(市、区)，以点带面、全面推进的阶段。1994年新增经济技术项目466个，正在实施的171个，到位资金6.8亿元。对口支援呈现科技和资源开发性项目逐步增多，重点支持基础设施和支柱产业项目建设的特点。按照增加库区造血功能，增强库区经济发展后劲的原则，各省市及有关部委更注重立足库区资源优势，调整库区产业产品结构，在开放性项目上下功夫，把支柱产业的发展作为支援的重点。

4. 豫晋陕毗邻地区携手发展基础产业。由豫晋陕毗邻地区组成的“豫晋陕黄河金三角经济协作区”自建成以来的7年内，按照合理分工，优势互补，利益兼顾的原则，打破行政区划界限，联手发展基础产业，共同求得新发展。协作区首先注意联手打基础，全力解决基础设施建设落后的状况，累计投资数十亿元，联合建设了三门峡黄河大桥、风陵渡黄河大桥，提高了区域内310国道、209国道和运城至风陵渡公路的道路等级，并建设了或正在建设陕西蒲城120万千瓦、河南三门峡240万千瓦、山西河津240万千瓦3座大型火电厂和陕西渭南30万吨合成氨、山西河津25万吨铝厂、河南陕县4万吨尿素、灵宝3万吨磷铵等一批能源重化工项目和黄河滩涂综合开发利用、渭北旱源低产田改造等10多个农业重点项目。这些项目的建设，强化和突出了协作区的产业优势，促进了区内经济结构的改善，加快了资源优势向经济优势的转化。

5. 湘鄂川黔边区经济协作走向成熟，脱贫致富步伐加快。地处武夷山区的湘鄂川黔毗邻地区38个县市，聚居着18个少数民族，1400多万人，是全国八大连片贫困地区之一。这里资源丰富，但由于交通闭塞，长期条块分割，经济发展缓慢。1985年在国务院扶贫部门的推动下，这些县市成立了以“联合开发、密切协作、互利互惠、共同发展”为宗旨的经济技术协作组织，初步形成了集团优势。四省边区现已建立了边区贸易批发市场、边区蔬菜果品批发市场等各类综合、专业市场达81个，对外地工商户和相互交往的工商企业除给优惠政策外，还简化了各种手续。同时建立信息网络，互设经贸“窗口”，使边区商品货畅其流。据不完全统计，10年间，成员县互通经济信息3200多条，协作物资价值80多亿元，融通资金1200万元。1994年，边区协作的工商企业已由200多家增至8000多家，并进入了沿海和全国市场，年商品销售总额已由6亿多元增至69亿元。其中仅畜牧产品一项，10年来销往沿海的纯收入就达两亿多元，使17个县的畜牧业成了当地的支柱产业，20多万农户因此摆脱了贫困。经过10年努力，边区成员县之间的经济协作已开始走向成熟，现已建立各种跨省经贸集团62个，累计贸易额达11亿元，引进资金1.2亿元，引进人才2116人，实施协作项目67个，新增产值46亿元。

三、中、西部地区农业和农村经济发展情况

全党进一步重视农业和农村经济工作，继1993年10月召开中央农村工作会议、提出促进农业和农村经济发展的12条政策措施后，1994年3月又再次召开中央农村工作会议，对加强农业和农村经济工作作了进一步的部署。这两次中央农村工作会议相继出台了一系列支持农业、发展农村经济的政策措施，如延长土地承包期、较大幅度提高粮棉收购价格、建立粮食风险基金和国家储备体系、增加农业投入、扶持粮棉主产区发展经济、建设高产优质高效农业示范区等，对于调动农民的生产积极性、促进农村经济发展起到至关重要的作用。各地区、各部门也加大对农业和农村经济的支持力度，尽管遇到严重的旱、涝灾害和其他自然灾害，但是中、西部广大地区的农民群众在党和政府的带领下，艰苦奋斗，农业生产仍获得较好的收成，农村经济也有较大的发展，农民生活水平也有一定的提高。

（一）农业基础地位进一步巩固

1994年中、西部各省区重视农业的基础地位，加强农田基本建设，大力推广农业新技术，调整农业内部结构，提高经济效益，使农业在前几年持续增长的基础上，又获丰收，农业总产值普遍增加。

1. 农业总产值普遍提高

农业总产值达到8630.34亿元，占全国总产值的54.79%，各省区农业总产值普遍增加，其中黑龙江、新疆、江西、吉林、湖北和广西共有6个省区的农业总产值增幅高于全国农业总产值增幅，大多属于中部地区。黑龙江狠抓一个基地（粮食生产基地）、完善一个体系（农业社会化服务体系）、实施三大工程（地力培肥工程、农业机械化工程和农田水利建设工程），共有64个县实施96个项目的丰收计划，农业和农村经济得到迅速发展，农业总产值达到537.87亿元，增长速度为14.7%，名列中、西部之首，居全国第三。新疆农业在连续17年丰收的基础上，总产值猛增至306.47亿元，增长速度为10.9%，再创农业生产新记录。江西农业总产值达到527.86亿元，比上年增加10%以上。安徽遇到严重干旱，大部分耕地受灾，省委、省政府带领全省人民积极开展生产自救，有效地减轻了旱灾损失，农业总产值达774.43亿元，比上年增长3.2%。

2. 主要农产品产量增加

粮食获得较好收成，谷物总产量达25339.5万吨，约占全国总产量的64.32%。西北地区取得成就较大。连续多年来需要从全国各地大量调入粮食的西北5省区，随着农业基础地位的加强和生态环境的改善，农业连年丰收，终于摆脱了长期

缺粮的困境，实现粮食自给有余。新疆、宁夏已由粮食调入省区变为调出省区；陕西、甘肃通过省内调剂实现了粮食自给；位于青藏高原上的青海省调粮数量下降，自给率上升，自给率已达到70%，缺口可在西北5省区内得到解决。素有“北国粮仓”之称的吉林省，增加农业科技投入，使传统农业向现代农业转变，粮食产量有较大幅度的提高，达到2015万吨，其中依靠科技增产粮食为100万吨，充分发挥了国家重要的商品粮基地的作用。湖南省努力改善农业生产条件，增强抵御自然灾害的能力，在遭遇严重自然灾害时，全省粮食总产量仍达2705万吨，比上年增产75万吨，是历史上第二个丰收年。江西已连续5年获得丰收，粮食总产量达1604万吨，比上年增产87万吨。

棉花总产达284.6万吨，比上年提高23.6万吨，增幅达到9%，占全国总产量的比重为65.55%；西部地区收成较好，产量为101.2万吨，增产18.4万吨，增幅高达22%。新疆棉花播种面积每年以100至200万亩的幅度增长，产量每年以10万吨至15万吨的幅度递增。1994年新疆棉花种植面积达1127.34万亩，在全国植棉省区位居第三，比上年增加217.85万亩，是新疆历史上种植棉花最多的一年；总产量达88.2万吨，比上年增长29.7%，棉花总产量、人均占有量、单产量、外调量和质量再居全国第一，成为我国重要的商品棉、优质陆地棉和唯一的长绒棉生产基地。

糖料产量达5091.3万吨，占全国总产量的69.72%，糖料生产重心西移，西部地区增产62万吨，在全国的份额提高2.81个百分点。新疆甜菜种植面积进一步扩大，产量接近300万吨，产量增加近1/3，继1993年菜糖产量超过黑龙江而成为全国最大的菜糖产区之后，又产优质白砂糖35万吨，继续保持全国领先的地位。广西充分发挥自身优势，扩大甘蔗种植面积，全区甘蔗种植面积已达600万亩；投资3.43亿元、历时5年，在18个县市区建立了糖料生产基地，基地的糖料蔗种植面积为280多万亩，新增糖料生产能力796万吨。1993年至1994年广西榨季糖产量达223万吨，占全国食糖总产量的37%。

全国畜禽饲养逐渐向中、西部地区推移，畜牧业生产格局发展变化，畜产品主产区与粮食主产区逐渐吻合，有利于中、西部地区实现粮食就地转化，牧区畜牧业走“两高一优”之路，继续发展。中、西部猪牛羊肉产量达2361.5万吨，增长302.2万吨，增幅为14.7%，占全国总产量的63.94%；中部地区产量增加较多，产量达1233.9万吨，增产196.8万吨，增幅为19%，增加的产量对总产量增加的贡献度达到65%。生猪增长超过20%的有吉林、黑龙江、河南、广西、新疆5个省区，江西、湖南、湖北等省生猪生产发展也较快。各地积极利用农作物资源发展秸秆养牛业，促进了牛肉产量的快速增长，河南、黑龙江、安徽的牛肉产量均居全国前6名。宁夏、甘肃猪牛羊肉产量增加较快，增幅分别为15.1%和12.7%。

(二)农业生产结构得到调整

中、西部地区注意以市场为导向，以经济效益为中心，大力调整农业生产结构，使之渐趋合理。

黑龙江省由单一的“粮食农业”向全面开发农业资源的大农业转变，畜牧业产值已经达到78亿元，增长30%，占农业总产值的1/4；林果业、水产业和庭院经济的生产领域也在拓宽。

西藏农业部门在保证粮食产量达到64万吨的前提下，对作物种植结构进行调整，增加经济作物播种面积7万亩，使油菜籽产量达2.75万吨，增长22.2%。

陕西一方面稳定提高粮食总产，另一方面在渭北旱原和陕北坡地等苹果最佳生长区栽植苹果600多万亩，使全省苹果产量达到17亿公斤，占全国苹果总产量的1/6，成为第二苹果大省。

甘肃实行稳粮、扩棉、增油、保糖的农业发展方针，大力发展水果业和畜牧养殖业，调整了生产结构，加快了农民增收致富的步伐。

被称为全国“贫困之冠”的宁夏西海固地区各县，把发展产、加、销一条龙的肉牛、淀粉、林果、油麻、药材等支柱产业作为振兴经济的战略重点，大批基地的兴起使多数群众摆脱了靠天吃饭的局面。

河南省委、省政府采取加强领导和市场引导的办法，加快种植业结构调整，全省粮食和经济作物种植比例已由过去的80：20调整到74.3：25.7；利用粮多、作物秸秆丰富的优势大力发展畜牧业，畜牧业产值在农业总产值中的比重已达27.3%，比上年提高3.3个百分点；乡镇企业的迅猛发展，使非农产业在农村经济中的比重已超过70%。

吉林作为“农业资源大省”，在实现粮食稳产、高产的同时努力调整农村产业结构，与1990年相比，全省农村第一产业产值在总产值中的比重下降了18个百分点，第二和第三产业产值的比重则上升至60%，改变了几十年靠天吃饭的状况。

(三)水利建设和农业综合开发进展顺利

中、西部各地加强以水利为主的农田基本建设,努力改善农业生产条件,继续进行农业综合开发,为农业生产连续丰收打下了基础。

陕西自1989年以来,每年将统筹基建资金的30%、外汇收入的30%和新增地方财力的20%,作为追加投资用于农业开发。1989年陕西利用世界银行贷款投资10亿元人民币建设的6个大型农业开发项目,一起步就将“两高一优”放在首位。经过5年努力,已建成4个,效益十分显著。建在西安、宝鸡、渭南等地的7个种鸡场,年饲养量达91万只,同时以这些鸡场带动2万多农户养鸡,年饲养蛋鸡500万只,肉鸡400万只。

内蒙古农业综合开发连跨新台阶。从1989年到1994年,内蒙古连续进行了各为时3年的两期农业综合开发,投入资金12亿元,改造中低产田500万亩,新开宜农荒地117万亩。在大力开发治理宜农荒山、盐碱地、沼泽地的同时,对有利于发展牧业的地区实行严格的草牧场保护。5年来粮食产量提高35亿公斤,1992年以来,在遭受各种严重自然灾害的情况下,全区粮食产量仍连续3年稳定在100亿公斤以上。

新疆的农业综合开发始于1988年,目前已覆盖了全区14个地州市和新疆生产建设兵团100多个现代化农牧团场。6年来,国家、自治区和广大农牧民共投入20多亿元资金,开垦荒地745.26万亩,改造低产田612.45万亩,造林42.51万亩,改良草场39.8万亩,使新疆成为我国重要的棉、糖、畜生产基地。目前,已建成水库466座,总库容近60亿立方米;修防渗渠4.78万公里,渠系建筑物22万座,配套机井2万余眼。这些水利工程的启用,能年引用地表水约460亿立方米,提取地下水20亿立方米,使全区的灌溉面积由1700万亩扩大到5800万亩,为农业生产提供了用水保证。此外,营造防护林带310万亩,在4000多万亩农田周围形成了保护屏障。目前,新疆拥有拖拉机和与之配套的作业机械34万余台,耕地机械化程度达到85%,播种机械化程度达到74%,农村劳动量的60%已由机械代替。

河南自1990年开始进行第二期黄淮海平原农业综合开发以来,共投资10亿多元,对项目区涉及的87个县进行了农田水利建设、土壤改良、良种繁育、科技推广等多方面的综合开发,共改造中低产田619万亩,新增灌溉面积334万亩,项目区基本上实现了旱涝保收。

江西山江湖综合开发工程取得新进展,10余年来,工程采取边规划、边试验、边示范、边推广的办法,建立起20多个不同类型、各具特色的综合开发治理试点和100多个推广点,建成了50多个农业综合开发基地及小流域治理样板。目前,该项工程已开发山丘30多万亩,水面近4万亩,治理水土流失面积20多万亩,有利于改善农业生产条件。

甘肃在1994年初,为陇东老区50万人民造福的马莲河流域水土保持工程付诸实施;10月,可浇灌86万亩土地的“引大入秦”工程全线贯通;年底,经过18年奋战的兴堡川电灌工程全部建成并通过验收,继而,历经10年建设的景泰川电灌二期工程建成,从而形成了一条可灌溉50万亩土地的“人工长河”;此外,1994年还完成了可新增水浇地80万亩的疏勒河开发项目的前期准备工作,在中部干旱地区、陇南山区建成了75万亩梯田、沙田和沟坝田。

宁夏近10年来累计投入15亿元,先后建成了固海、同心、南山台子、扁担沟、甘城子等大中型扬水工程,全区平均每年净增灌溉面积10万亩以上,年均增长率和人均占有灌溉面积均居全国前列。

西藏在1994年新上水利水电项目67个,畜牧业除“一江两河”综合开发计划内的项目外,新建项目38个,围栏草场37.82万亩,改良草场83.5万亩,新增草场灌溉面积21.62万亩。

(四)乡镇企业异军突起

在国家的重点扶持下,中、西部乡镇企业迅速发展,增长速度首次超过东部沿海地区约高5～6个百分点。

黑龙江乡镇企业自1993年摆脱长期低速徘徊局面之后,现已进入快速、健康发展的轨道,出现了10年来从未有过的好势头,总产值达600亿元,比上年增长66.4%,增长速度首次超过全国乡镇企业平均增长51%的速度,各项经济指标也均属历史最高水平。目前,全省已建立起以食品、建材、机电、冶金4大行业为主体的乡镇工业,拥有近百家市级以上的乡镇企业集团,各类乡镇企业总数达72.4万个,其中产值超过1000万元的企业共有220家、超过亿元的有149家。外向型乡镇企业稳步发展,原有的产品以当地资源的粗加工为主、销售以当地市场为主的传统格局已开始改变。

四川推行“发展、提高并重”的方针,乡镇企业速度与效益同步增长，总产值3641.21亿元，增长89.31%，营业收入3327.44亿元，增长75.34%，实现利税178.36万元，增长42.1%。全省乡镇企业在许多方面有了改观。一是资金投入力度加大，国家对中、西部贷款四川部分有11.79亿元，确保了乡镇企业发展的物质基础条件，完成固定资产投资130亿元，增长30%左右，建设项目达1.6万多个。二是企业素质有所提高，全年共动员2万多科技人员和管理人员进入乡镇企业，许多乡镇企业已实行先进的现代化管理；全省乡镇企业完成新产品开发257项，列入全省重点推广的技术有12项，列入国家级重点新产品试产计划7项，取得科技成果203项。三是对外开发取得较大突破，乡镇企业出口交货额达到24.11亿元，增长84%，新建"三资"企业250家，为历年的总和。

内蒙古总产值超过亿元的乡镇企业由1993年39个增加到65个，这些亿元乡镇企业创造产值达100亿元以上。亿元乡镇企业的分布范围从过去的呼和浩特市、包头市、赤峰市拓展到呼伦贝尔盟、哲里木盟、乌兰察布盟、巴彦卓尔盟等地，行业范围由过去的农畜产品、土特产品、食品等行业向纺织、机械、电子、建材、矿业等行业发展，出现了各种形式的股份合作制、股份制企业。

西藏乡镇企业的经营领域拓宽，规模扩大，"卡垫之乡"、"氆氇之乡"、"围裙之乡"等高原行业村镇的崛起，逐步改变了以家庭为单位的生产方式，一批上规模、上水平的集体企业脱颖而出，增强了乡镇企业的活力和后劲。同时，农牧民依托丰富资源兴办的采矿队，乡镇兴办的矿泉水厂、地板厂也大批涌现，加快了变资源优势为经济优势的步伐。

江西积极创造条件，扶持乡镇企业的发展，在乡镇企业发展条件较好的地方，建立工业小区，实行集中连片开发，全省已建立了德安丰林、新干金川等235个乡镇工业小区，组建了78家企业集团和112个经济联合体，促进了全省乡镇企业上规模、上档次、上水平。到1994年10月底，全省乡镇企业总产值突破1000亿元大关，达到1020亿元，各项经济指标均创历史最高水平。乡镇工业的产值占全省工业产值的比重已超过60%。

安徽的乡镇企业成为全省经济的生力军。全省乡镇企业总产值超过400亿元，比上年增长76%，占全省工业总产值的34%。从1991年开始，安徽发展乡镇企业突出"扶优扶强"，选择乡镇企业发展较快的10个县、20个乡(镇)、30个村、50个企业进行重点扶持，使之上规模、上档次，这10个县的乡镇企业平均规模达34.7亿元，20个乡(镇)的乡镇企业平均规模达5.1亿元，30个村均实现了亿元村的目标。依托农副产品资源优势，外向型乡镇企业迈出新步伐，乡镇企业外贸交货值比上年增加60%以上，在全省外贸出口总值中的份额升至20%左右。

广西加大资金、科技和人才投入，乡镇企业持续发展。一年中投入发展乡镇企业的资金约90多亿元，并从全国各大中城市的科研单位及大专院校引进上千项高科技项目和上万名科技人才，促进了乡镇企业的蓬勃发展。全区乡镇企业总产值为1270亿元，比上年增长83%，各项经济指标同步增长。

(五)扶贫工作再见成效

1994年是国家实施"八七扶贫攻坚计划"的头一年，全国贫困人口已由8000万减少到7000万，中、西部地区为完成扶贫任务做出了巨大贡献。

在国家大力扶持下，西北老少边穷地区的扶贫工作彻底扭转了过去单纯救济模式，走上扶本扶志重视开发的新路子，崛起一大批地区性的支柱产业，自我发展能力显著增强，农牧民生活水平有所提高。陕西扶贫工作迈出新步伐，国家和省里用于扶贫开发的各类资金达到5.54亿元，全省有52.8万贫困人口越过温饱线，是脱贫人口最多的一年。延安以林兴地，靠林致富，林果业正成为农村的一大经济支柱，目前已种植经济林果210万亩，总产值3.2亿元，仅此一项就可提高农村人均收入210多元，这个曾以贫困著称的革命老区已经脱贫。甘肃先后投资近30亿元用于扶贫，把兴修水利、建设"三田"、小流域治理和移民搬迁等措施，作为解决温饱问题的根本途径，目前全省已有543万贫困人口越过温饱线。甘肃中部的定西地区，从1983年至今，共利用国家各类扶贫资金兴修水利、大搞农田基本建设、改善交通通信条件，农业生产连续12年获得丰收，农民人均收入增加到644元，全地区270万人口已基本解决了温饱。被称为全国"贫困之冠"的宁夏西海固地区自1991年以来，连续41个月干旱，1994年的旱灾为百年不遇，但由于经过国家的多年扶持，经济结构逐步合理化，农业基本条件得到改善，抵御灾害的能力显著增强，大旱之年农民仍然增收，农民人均收入为405元，比上年增长10.8%。新疆喀什地区以种植棉花带动农村棉花加工、榨油、运输等相关行业的兴旺繁荣，农民人均收入超过800元。

从1986年起，内蒙古先后投入了23.7亿元的专项扶贫资金，对全区600万贫困人口进行扶持，农业、电业、交通、教育等部门也积极采取措施，加大扶贫力度。通过扶贫，新增和改善水浇地面积270万亩，发展旱作基本田570万亩，牧区共建设扶贫流动牧群5500多个，建成围栏草场1700多万亩、小草库伦5万多处，全区50多万人和110万头牲畜的饮水问题得到了解决；全区共扶持兴办了4800多个各类扶贫企业，解决了20多万个贫困户的劳动力就业问题；为全区2500个嘎查村的30多万农牧户解决了生产、生活用电；使440个苏木乡通了公路，1300个嘎查村初步改变了交通闭塞的状况。经历9年时间，内蒙古的扶贫开发工作取得可喜成绩，又有300多万贫困农牧民终于稳定地解决了温饱问题。

广西从1986年以来，投入各种扶贫专项资金达18亿元以上。在扶贫中坚持立足本地自然资源，搞好资源的深度开发和综合利用，帮助贫困村、贫困户发展多种经营。同时，注意抓好科技扶贫工作，培训农民提高科技致富能力，鼓励科技人员到贫困地区搞科技承包。另外，对自然条件不适于生产、生活的地区，采取了异地移民的办法，近两年广西用6亿元进行开发性移民，将2万多人均年收入不到300元的农民迁移到条件较好的地区。通过不懈努力，广西贫困人口从1985年的1500万下降到800万。

河南采取一系列措施，通过各种形式，掀起了扶贫开发热潮，在加大资金、技术、物资投入的同时，组织了400多个扶贫工作队和科技服务组到大别山革命老区等贫困县开展扶贫工作。国家已有9个部、委(局)对该省22个县实行对口扶贫，省内对口扶贫单位亦达122个。一年中，全省有100万人解决了温饱问题。

(六)存在问题

虽然中、西部农业和农村经济的发展取得很大成绩，但同时也应看到存在的各种问题。

从总体上看，中、西部农业仍较落后，贫穷的面貌尚未得到根本的改变。西部农业总产值在全国的比重仅为23.22%，比上年下降了0.88个百分点，西藏农业总产值没有增加，陕西甚至出现负增长。中、西部谷物产量比上年减少700万吨，其中广西减产194万吨；棉花、油料的产量虽有增加，但在全国的份额却分别减少4.24和1.53个百分点。

农业生产成本上升较快，农业比较利益下降，不利于农业的进一步发展。1994年4月以来，全国出现了农村商品零售物价指数逐月超过城市之势，中、西部地区表现得更为明显。农资价格上涨，不仅部分抵消了粮棉提价给农民带来的实惠，而且使农业物耗率迅速提高，农业生产成本大幅度增加。

财税体制改革和新税制的实施，加大了乡镇企业的负担，亏损面扩大，而且使之资金匮乏，经营困难。新税制开征资源税、消费税、土地增值税等新税种，国有企业取消了“两金”而乡镇企业仍继续交纳；原材料价格和煤、电运费的上涨，增加了生产成本，致使经济效益普遍下滑。此外，新税制取消了对乡镇企业的减免税、税前还贷、以税还贷等，造成乡镇企业还贷能力下降，不易获得银行资金。

由于农业结构调整工作存在失误，存在盲目发展、弃耕营林营牧的趋向，加上自然灾害，耕地面积减势较为严重。内蒙古和陕西耕地面积减少最为严重，其次是四川和云南。

四、中、西部地区工业经济发展情况

随着经济体制改革的推进和宏观经济环境的改善，中、西部地区的工业经济总体运行状况较好，国有大中型企业的活力增强，非国有企业迅速发展，为继续保持国民经济快速发展起到重要作用。

(一)工业的主导作用得到加强

1. 工业产值普遍提高

1994年我国工业发展速度有所回落，但仍继续快速增长。中、西部工业总产值达到19048.97亿元，比上年增加4206.02亿元，中部地区增长较快，对产值增加的贡献超过62%。安徽、江西、湖北的增长速度均超过全国工业总产值的增长速度，其中安徽的增长速度高达30.6%，居全国首位；河南的增长速度为21.2%，接近全国平均水平；此外，四川、广西、贵州、山西、黑龙江、湖南、吉林、云南、内蒙古、陕西和青海等省区的增幅也都在10%以上。

2. 能源、原材料产品产量增加

中、西部具有比较优势的能源、原材料工业产品产量继续增加，为我国实现第二步战略目标、完成新一轮工业化任务、促进工业结构合理化作出重要贡献。

钢铁产量达到3755.64万吨，比上年增加

48.65万吨，占全国钢产量的比重为41%，安徽、江西、湖北、贵州、云南、甘肃、青海和新疆的产量都有不同程度的增加。

原油产量达到8495.38万吨，比上年增加159.94万吨，占全国原油产量的比重达57.6%，比上年有所提高；西部原油产量提高较快，产量达1675.82万吨，增幅为7.2%。吉林、黑龙江、湖北、广西、四川、甘肃、青海、宁夏、新疆的产量均有提高。

原煤产量为96419.92万吨，比上年提高5739.18万吨，占全国原煤产量的比重达到79.5%；其中西部产量增加很快，产量达32738.28万吨，比上年增加2774.24万吨，增幅为9.3%。山西、内蒙古、吉林、黑龙江、安徽、河南、湖北、湖南、四川、贵州、云南、陕西、甘肃、青海和新疆全都增产。

发电量增长较快，发电量达到4808.24亿千瓦小时，比上年增加444.62亿千瓦小时，增幅达10.2%，占全国总发电量的份额为52.9%。中、西部19个省区的发电量普遍比上年有所增加。

化纤生产迅速发展，产量提高很快。产量为4.66万吨，比上年提高13.95万吨，增幅达27.5%，占全国化纤产量的比重为24.1%，比上年提高1.2个百分点。山西、吉林、黑龙江、安徽、江西、河南、湖北、湖南、广西、四川、云南、陕西、甘肃和新疆的产量均有增加。

3. 工业结构趋于协调

由于宏观调控取得了成效，固定资产投资增幅出现回落，消费需求在总需求中的地位有所提高，而且许多省区注重调整偏重的工业结构，使轻工业增长速度加快，轻、重工业的关系渐趋协调，上一年重工业增长普遍快于轻工业的西部地区发生了变化。贵州和新疆的轻工业增长速度超过了重工业，其中贵州轻工业总产值的增幅高达12.5%，比重工业的增幅高出5.8个百分点；中部除山西、黑龙江等传统的重工业大省外，其余省区轻工业的增长速度均高于重工业。

4. 非国有工业快速增长

随着社会主义市场经济体制的建立和逐步完善，非国有工业企业蓬勃兴起，迅速发展，并成为推动我国工业经济增长的新兴力量。1994年中、西部各省区非国有工业的增长速度均快于国有工业，如内蒙古国有工业的增加值增长8.9%，非国有工业增长30.0%，非国有工业的增加值在整个工业中的比重由上年的23.6%提高到26.9%；又如新疆国有企业的工业总产值增长7.3%，集体企业增长9.0%，其他经济类型增长63.6%。

5. 工业经济运行质量有所改善

各地在努力增加工业产值、产量的同时，还注意提高工业经济运行质量和经济效益。

云南、黑龙江、广西和湖北工业经济效益综合指数均高于或等于全国平均水平，其中云南高达205.06，仍居全国榜首，比全国平均水平高出1倍以上；黑龙江、云南、江西、新疆、湖北、河南、内蒙古都较上年有所增加，黑龙江的增幅最大，达44.07个百分点。

河南、江西、云南、青海、宁夏和黑龙江的产品销售率高于全国平均水平。

云南、贵州、黑龙江、湖北、湖南、广西和安徽的资金利税率高于全国平均水平，云南、贵州列全国1、2名，达到37.01%和14.06%；云南、黑龙江、贵州、新疆、内蒙古、江西、河南、甘肃、湖北、山西、吉林和青海的增幅都高于全国平均水平，云南和黑龙江的增幅最高，都为9.8个百分点。

云南、黑龙江、山西、广西、河南和湖北的成本费用利润率高于全国平均水平，云南和黑龙江位居全国前2名，分别为19.62%和10.13%；黑龙江、云南、新疆、山西、河南和甘肃的增幅均高于全国平均水平，其中黑龙江和新疆成绩突出，由上年的负成本费用利润率变为正成本费用利润率。

云南和广西的劳动生产率高于全国平均水平；安徽、江西、湖北、广西、云南、河南和陕西的增幅高于全国平均水平。

广西、云南、湖南和安徽的流动资产周转次数高于全国平均水平。

中、西部各省区的增加值率普遍高于全国平均水平，而且基本上都比上年有所增加。

(二)主要行业稳步发展

1. 石油、天然气工业

西部地区油气勘探开发形势喜人。截至1994年底，西部地区所发现的天然气资源已超过5000亿立方米，其中新疆南部、陕西北部和四川东部探明的天然气储量均在1000亿立方米以上，已分别进入世界大气田的行列。新疆准噶尔、塔里木和吐哈盆地迄今已发现35个油气田，建成和正在建设20多个油气田，原油生产能力突破1300万吨，成为我国石油工业最有希望的战略接替区。陕甘宁探区现已探明含气面积3000多平方公里，天然气储量达1727亿立方米。四川东部的大天池探区发现10个有利构造和3个产气层位，两年间探明天然气储量接近1500亿立方米，全省1994年共生产天然气70.66亿立方米，提前一年实现“八五”目标。青海油田原油生产连续4年保持在百万吨以上，1994年产原油113.2万吨，创历史新记录。内蒙古科尔沁油田提前一年建成投产，新增石油开采能力100万吨。我国目前最大的油田——大庆油田原油产量达5600万吨，创历史最高水平。

2. 煤炭、电力工业

我国重要的能源基地——山西省加紧煤炭工业建设，在增加煤炭生产的同时，变输煤为输煤输电并举战略的实施取得新进展，原煤的转化和深加工得到加强，二次能源的生产步伐明显加快。全年新增采煤能力496万吨；太原二电厂8号20万千瓦机组和榆社电厂2台10万千瓦机组相继建成投产，新增装机容量40万千瓦，超额完成了国家下达的投产计划，使山西电力装机容量达到888万千瓦。全省一次能源(折标煤)产量2.78亿吨，比上年增加5.3%，二次能源生产0.86亿吨，增长36.0%；输出煤炭2.24亿吨，同上年基本持平，占煤炭总产量的68.7%，向省外输出电力128.75亿千瓦时，比上年增长19.38%，占发电量的28.74%。

煤炭储量居全国第二位的内蒙古，加大煤炭开采力度，新增采煤能力150万吨。改革开放16年来，通过向国内外贷款、内引外联、发行债券、合资办电、建设股份制电厂等多种形式，筹集大量建设资金，建成了大批电厂、丰镇电厂、海勃湾电厂和呼和浩特等电厂新建机组并网发电，新增装机42万千瓦，全区装机容量达504万千瓦；发电250多亿千瓦小时，成为我国重要的电力基地，在满足区内用电的同时，向东北和北京售电100多亿千瓦小时。

湖北建成武汉阳逻电厂30万千瓦火电机组、恩施天楼地枕水电站2.52万千瓦机组和清江隔河岩水电站两台共60万千瓦机组，全省通过基本建设新增发电装机容量94万千瓦。

湖南省委、省政府和各地州市及电力部门努力加大投入，发展电力工业，实现了历史性的大跨越。历时8年的五强溪水电站第一台机组已于1994年底投产发电。全省新增装机49万千瓦，总装机容量达到714.77万千瓦，年发电量为281千瓦时，均居全国第十三位。

黄河上游水电资源的开发利用进入黄金时期，目前，已经建成并发挥效益的盐锅峡、刘家峡、八盘峡、龙羊峡和青铜峡五大水电站，总装机容量324万千瓦，发电量157.5亿千瓦时，占西北电网发电量的一半以上。

新疆电力工业全面发展，主网发电量以两位数的速度增长，电力建设投产能力创历史最好水平，逐步形成了以电为核心的“发电、基建、多种经营”协调发展的良好态势。新增发电机组34.9万千瓦，总装机容量达到288万千瓦，其中风电装机达到1万千瓦，新疆风力发电厂跃居全国第一大风力发电厂。1994年新疆的发电量达103.4亿千瓦时，其中火电82.8亿千瓦时，水电20.6亿千瓦时，分别比上年增加7.96%、9.81%和1.78%。随着高温高压及供热机组比例的提高，全区供电标准煤耗率为525克/千瓦时，比上年下降13克/千瓦时，为煤耗下降最多的一年。

四川二滩水电站开挖基坑工作已经完成，并开始进行大坝的混凝土浇筑；铜街子15万千瓦、黄桷庄20万千瓦、太平驿水电站1号机组和槽渔滩水电站1号机组发电，新增装机容量87万千瓦。

广西全部或部分建成了岩滩水电站3号机组、天生桥一级水电站3号机组、昭平水电站1号和2号机组、柳州火电厂1号机组以及盘县火电厂(合资)1号和2号机组，全自治区通过基本建设和更新改造新增加装机容量90.92万千瓦。

贵州东风电站两台机组投产试运行，盘县电厂2号机组和普定梭筛电站两台机组建成投产，天生桥一级电站完成截流。

3. 原材料工业

山西高耗能的冶金、建材工业取得新成就。山西铝厂二期工程竣工，形成了年产120万吨氧化铝的生产能力，成为亚洲最大的氧化铝生产基地；太原钢铁公司尖山铁矿和热连轧工程相继交付使用，新增铁矿采选能力400万吨，热轧带钢生产能力135万吨，改变了太钢铁矿粉主要依靠进口和外购的历史，增加了国内短缺的钢材品种，为太钢这个全国最大的特殊钢生产基地的发展打下坚实的基础；山西水泥厂建成，新增硅酸盐水泥生产能力75万吨，这是山西目前规模最大、自动化程度最高、生产技术最先进的水泥生产企业。

黑龙江大庆市生产乙烯的大化一厂针对原料不足等问题，采取优化原料配置、强化专业管理、狠抓节能降耗、进行技术改造和深化内部改革5项措施，使30万吨乙烯装置生产乙烯31万吨，这是自1991年以来连续4年突破年产30万吨的设计能力，在全国五大乙烯装置中第一个实现连续

4 年产量超设计。1990 年以来，共生产乙烯 153.8 万吨，名列全国五大乙烯之首，能耗、物耗在全国乙烯行业最低。

安徽建成年产生铁 175 万吨的马钢 2500 立方米高炉及配套工程、年采选矿 5 万吨的麻姑山铜钼矿、日选矿 2000 吨的新桥硫铁矿选矿场；安庆丙烯腈/腈纶工程全部土建完工，设备安装基本就绪；铜陵水泥厂石灰矿山、专用码头已基本建成。

甘肃的支柱工业——有色金属工业建设又有新进展。全国 20 个重大建设项目之一的金川二期工程已完成总投资的 80.89%，主体工程全部完工，并开始形成生产能力。金川二期工程是国家“七五”和“八五”期间的重点建设项目，包括采矿、选矿、冶炼、硫酸和辅助工程五大系统，全部采用国内最新科研成果和国外先进技术设备。工程建成达产后，不仅可使金川公司生产能力在现有基础上再翻一番，形成 4 万吨镍、2 万吨铜、40 万吨硫酸以及相应的铂族贵金属的综合生产能力，而且还可使金川公司的生产工艺技术达到 80 年代国际先进水平。另外，陇西铝厂二期工程也已完成。

四川有色金属生产取得新的突破。1994 年是四川有色金属工业投资最多的一年，全年完成固定资产投资比上年增长 66.57%，建成 4 个投产项目，新增 1.47 万吨的有色金属冶炼能力。同时，有色金属工业企业加大开放力度，重点建设项目实际利用外资 3900 万美元，中外合资的重庆平和铜业公司、平和铝业公司相继建成投产，为全省有色金属工业的发展注入新的活力。四川 10 种有色金属产量连续 7 年保持增长，1994 年突破 10 万吨，比上年增长 12.35%。绝对量增加最多的是铅，净增 5908 吨；相对增幅最大的是镍，为 36.8%。铜、铝、铅、镍、镁产量均超过历史最好水平。

广西冶金工业企业通过研究外部环境、改变营销策略，充分利用国内外两个市场，抓好节能降耗等措施，克服种种困难，使冶金工业生产仍然取得较好成绩。工业总产值比上年增长 15%；全行业产销率为 95.5%，达到了冶金部和自治区经委的要求；产品质量稳定提高，有 4 个产品获得自治区名牌产品称号；出口创汇达 1365 万美元，比计划增加 70%；技术改造步伐加快，完成技术改造投资 4.5 亿元，比上年增加 38%；科技进步获得新成果，获自治区新产品开发奖 6 项、科技进步奖 4 项。

4. 加工工业

安徽电子工业增幅较大，整体经济效益有所提高，全年累计完成总产值 24.66 亿元，比上年增长 31.15%，增幅高于全国电子行业和全省工业的平均增长水平。机械工业实现产值首次突破亿元大关，在全国的位次由 13 位升至 12 位。特别应当指出的是，汽车工业进入“快车道”。自省政府将汽车工业列为“第一支柱产业”后，省政府及各级领导部门给予政策扶持和资金帮助，使汽车工业快速发展。江淮汽车厂重点发展轻型客车底盘和新型载重汽车，销路很好；淝河汽车厂开发的大客车底盘和安庆凯斯鲍尔大客车，成为国内最高水平的产品；淮海机械厂加快开发，已拥有 28 个微型汽车品种；安徽客车总厂、扬子客车总厂、合肥汽车制造厂、蒙城机械总厂生产的各种改装汽车销量稳步上升。1994 年全省汽车总产量增加 55%，远高于全国汽车产量 5.1% 的增幅，增长速度居全国首位，产量在全国地方汽车工业中居第五位。汽车工业在产量快速增长的同时，效益同步上升，实现利税比上年提高 21.9%。

西北地区努力实施以促进高新技术产业化为目的的“火炬计划”，使加工工业的实力大大增强。以高新技术改造传统产业，使许多老企业重振雄风，再现辉煌。青海省第一机床厂利用机电一体化技术更新产品结构后，年产值达到 1473 万元，新增利税 310 万元，成为我国数控机床的三大生产基地之一；陕西长岭机器厂开发的纺电设备不仅搞活了本厂，而且带动了咸阳纺织器材厂和渭南纺机厂等相关企业的发展。西北地区还着力培育高技术、高附加值的电子信息、新材料和生物技术等新兴产业，改善了产业结构。陕西新上马的“超微型单片电视摄像机及其产品开发”、“高清晰度大屏幕彩电”和“码分多址有线通信复用系统”等项目完成后，将有 50 亿元以上的年产值；甘肃已形成同位素应用、精细化工、生物工程和新型材料四大新兴产业体系，年产值超过 3 亿元；此外，计算机产业在陕西、宁夏、新疆和甘肃等省区迅速发展，已成为经济领域的一支生力军。

其他省区的加工工业也取得了较大成就。吉林一汽大众 15 万辆轿车，湖北东风汽车公司年产 15 万辆载重汽车、大峪口和黄麦岭矿肥结合工程，江西赣江制药公司 VC 工程、江西合成洗涤剂厂五纳生产线、上饶客车厂中型客车、江铃发动机、宜春工程机械厂装载机，广西贺县纸浆厂、田东第二糖厂、露糖造纸厂等重点建设项目进展顺利，大部分已经建成或基本建成。

（三）存在问题

中、西部地区的工业建设取得了可喜的成就，为促进国民经济持续、快速、健康发展做出较大的贡献，但在发展中还存在着一些问题，有待解决。

1. 工业增长较慢

尽管中、西部地区的工业全面增长，但工业增长速度同全国平均水平相比，还有较大差距。除中部地区的安徽、江西和湖北3省外，其余16个省区的工业总产值增长速度均低于全国平均水平，西北地区的差距更为明显，新疆、宁夏和甘肃的增幅都低于10%，不到全国平均水平的一半。

2. 工业规模较小

全国工业总产值在工农业总产值中的比重已超过77%，但中、西部地区除山西这一指标达到80%外，其余18个省区全在77%以下。西藏和贵州仅为18%和58%，表明中、西部的工业化水平较低。

3. 经济效益低下的状况尚未根本改变

中、西部地区国有企业的比重较大，由于种种原因，相对于蓬勃发展的非国有企业而言，活力不足、亏损严重的问题还比较突出，致使中、西部地区工业经济效益低下的状况未能得到根本的改变。除黑龙江、广西和云南工业经济效益综合指数高于全国平均水平外，其余16个省区均低于全国平均水平。

五、重大基础设施建设情况

（一）长江三峡水利枢纽工程正式开工

当今世界上最大的水利枢纽工程——长江三峡工程正式开工。三峡工程是一项具有防洪、发电、航运等巨大综合效益的工程。长江洪水一直是中华民族的心腹之患。长江中下游是我国重要的经济发达地区，历史上曾多次发生过严重洪水灾害，给江汉平原、洞庭湖区广大人民群众的生命财产和沿江重要城市、工矿企业、交通干线带来极大的损失。三峡工程是解决长江中下游洪水威胁的诸多措施中的一项关键性工程，不仅可以防止荆江两岸发生毁灭性灾害，减轻对江汉平原、洞庭湖地区和武汉的威胁，还将提高长江中下游的防洪标准，意义是十分重大而深远的。三峡水利枢纽是全国乃至世界规模最大的水电站。它将为华中、华东、四川等地区提供大量的电力，并将促进全国电网的形成，对长江沿岸的经济繁荣产生巨大的推动作用。三峡工程建成后，高峡出平湖，将极大地改善长江的航运条件，万吨级船队将可从武汉直达重庆，充分发挥黄金水道的作用。经过认真筹划，三峡的名胜古迹得到最大限度的保护，而且可以形成新的景观。三峡工程及其坝区将会成为现代化与民族风格相融合的气势磅礴、青山绿水、环境优美的风景旅游区。三峡的旅游事业将得到进一步发展。库区移民是三峡工程成败的关键，任务十分艰巨。移民要实行开发性移民方针，“中央统一领导、分省负责、县为基础”的管理体制，移民经费切块分给四川和湖北两省，包干使用。为了促进三峡库区的经济发展，国务院已决定把三峡库区列为经济开放区，给予政策优惠。三峡工程建设，计划在1997年实现大江截流，2003年首批机组发电，2009年工程将全部竣工。三峡工程建成后水库防洪库容为222亿立方米，水库调节洪水可削减洪峰流量2.73～3.3万秒立方米，使荆江河段防洪标准由现在的10年一遇提高到100年一遇；水电站装机容量1820万千瓦，年发电量846亿千瓦时；航运方面万吨级船队可以从上海直达重庆，年单向通过能力由现在的1000万吨提高到5000万吨，为重庆、四川乃至大西南提供一条便捷的出海通道。

（二）区域性重大交通设施建设全面展开

1. 大西南形成由公路、铁路、航空、水路组成的西南区域性陆海空立体交通网。跨四川、云南、贵州、广西、西藏5省区的区域公路网络建设进展迅速，一批出海、出省、出境公路建设进展迅速，昆明至河口公路和昆明至瑞丽公路的改造正快速推进；我国“八五”期间重点工程、沟通大西南与沿海的大动脉南昆铁路开工以来各项工程进展顺利，1994年南昆全线进入施工高峰，开始全线大会战；与南昆铁路配套的钦北线已竣工；云南境内的广大、滇越、内昆等铁路已进入铺轨阶段或开始了前期准备工作；成渝、贵昆、川黔铁路电气化改造工程提前完成；南宁至河内铁路已修复。西南区内各方累计开通了近10条国际航线；围绕加快建设大西南出海通道，西南联合整治内河航道和建设海运、河运港口码头的工作正在进行，金沙江、澜沧江——湄公河航道整治开始进行。在区域上，西藏交通建设发展迅速，1994年投资35625万元，加快了公路建设的步伐。扎木至墨脱公路进展顺利；青藏公路重点路段的整治已累计完成投资5.6亿元，完成工程量的75%左右，为顺利竣工奠定了基础；川藏公路建设取得重要进展；中尼公路、柳中段改扩建工程已全部完成。全年西藏新增和改建公路里程达325公里。国家投资2.5亿元的邦达机场按期竣工验收；拉萨贡嘎机场继1993年工程建成后，继续进行通讯等辅助设施建设，新开辟了拉萨至重庆的航线。铁路建设项目已再次提上议事日程。西藏投资1亿元、全长92.3公里的泽当至贡嘎公路已交付使用。

2. 大西北交通建设进展迅速，公路等级提高，铁路运力增强。为改变西北地区交通设施滞后，严重影响制约西北经济发展的局面，近年来国家和陕西、甘肃、宁夏、青海、新疆等西北5省区筹措巨资，对公路、铁路、民航进行了大规模的改造和建设。“八五”期间用于西北铁路建设的资金高达80亿元。连接亚欧第二座大陆桥的兰新复线和打通沿海进入西北地区的第二条通道宝中电气化铁路提前一年全线贯通。中卫至甘塘铁路复线，包兰线石嘴山至兰州段、干武线、天兰线、青藏线的电气化改造和扩能工程正加紧进行。到“八五”期末，大西北铁路长度再增加3000公里。兰新复线的建成，运输能力将由过去的1200万吨提高到5000万吨，客车将由现在的6对增加到15对。5省区通过引进外资、国家投资和自己集资进行公路建设，提高公路等级。新疆的公路建设4年投资15亿元，超过前40年的总和，已形成东联国内68条国道、省道，西出巴基斯坦、蒙古国及中亚各国与国际公路网接轨的新格局；甘肃天北、中川两条高速公路建成通车；陕西省引进外国政府贷款和世界银行贷款用于高速公路的建设，到年底已建成高等级公路200多公里；青海每年投资1亿元用于提高现有17000公里公路的等级；宁夏公路建设每年以平均328公里的幅度递增。

3. 中部地区交通建设步伐加快。湖南加快交通建设步伐。首条高速公路长沙——黄花机场高速公路建成通车；湘江经过三级航道整治一期工程竣工；张家界国际机场通航；国家重点工程浙赣复线株洲车站改线完工；公路320国道部分路段一级公路改建完工，107国道、319国道等公路水泥路面改建全面展开。山西1994年公路建设上取得的成就超过1978年至1993年16年的总和。太(原)旧(关)高速公路进展迅速，全年修通、加宽、改造公路3000多公里，其中新增二级以上公路500多公里。河南面向全国建设大交通格局。投资1.9亿元、全长5500米的郑州黄河大桥、三门峡大桥建成通车，打通了晋煤外运的南大门，对加速国家能源重化工基地的建设意义重大。全长201公里的郑汴洛高速公路一期工程完工，并将以此为起点，在5年内形成1100公里的高速公路干线，分别连接北京至珠海、连云港至霍城两条公路大干线。一批线路、站场新扩改建工程重点项目开始上马实施，京广线大规模电气化改造工程的郑州至武昌段已建成使用，郑州至安阳段建设已进入尾声。亚洲最大的铁路编组站郑州北站引进技术改造后，自动化程度、编组作业量都达到世界先进水平。郑州火车站投资3亿元的扩建工程已全部完成。新亚欧大陆桥上最大的集装箱集散地也已正在郑州落成启用。

4. 一批关系全局的中西部大铁路相继铺通。

(1)宝中铁路全线铺通。宝(鸡)中(卫)铁路是国家“八五”重点建设项目，南起陇海铁路的陕西虢镇车站，北与包兰铁路的宁夏迎水桥车站接轨，穿越陕西、甘肃和宁夏三省区的14个县市，全长498.19公里。设计为单线一级干线电气化铁路，年运输能力近期为1200万吨，远期为1800万吨，实施扩能措施后单线运输能力可达到2500万吨。宝中铁路南连陇海线，北接干武线，是西北地区的又一条重要铁路干线，在西北铁路网中占有极其重要的位置。并将于1995年6月完成电气化配套。

(2)兰新铁路复线全线铺通。国家“八五”重点建设项目——兰新铁路复线提前全线铺通。兰新铁路复线东起武威南站，西抵乌鲁木齐，途经金昌、张掖、嘉峪关、哈密、吐鲁番等西部重镇。全线架设大中桥梁151座，凿通隧道12座，正线铺轨1622公里，站线铺轨131公里。它的建成使兰新铁路的运输能力从1992年的1200万吨增长到3000万吨，远期可达5000万吨以上。从而将大大改善西北地区的运输条件，对促进西北地区乃至全国的经济发展、社会进步和加强民族团结都具有十分重要的意义。目前，全线已有1024公里的线路投入运营，预计1995年6月底，兰新复线将全面投入运营。届时大西北铁路运输的“瓶颈”制约将大为缓解。

(3)集通铁路全线贯通。由内蒙古自治区和铁道部共同投资，并利用世行贷款建设的目前全国最长的地方铁路集通铁路全线接轨贯通，结束了内蒙古草原腹地无铁路的历史。全长943公里的集通铁路，西起集(宁)二(连)线的贲红站，东接通(辽)霍(林河)线的通辽北站，设计运输能力近期为700万吨/年，远期结经过配套完善可达1700万吨/年，是连接我国东北、华北、西北地区的一条东西大干线，是“西煤东运”、“东林西去”的又一重要通道，对于适应国家能源重点西移，加快内蒙古西部煤炭和各种矿产资源的开发利用，振兴少数民族地区经济，有着十分重要的意义。集通铁路的建成，使内蒙古东部4盟市到呼和浩特的距离比过去绕道河北、北京缩短了537公里。它对发展我国边境贸易，支援东北重工业基地，解决吉林省能源不足，振兴“三北”地区经济，将起到不可估量的作用。

(三)邮电通信设施建设步伐加快

1. 电信业发展迅速，增长速度普遍高于全国平均水平，电信业在邮电业务中的比重迅速增加。1994年全国有17个省市自治区电信业务总量增长速度高于全国56.2%的平均水平，中西部地区占12个，其中广西增长达93.2%，湖南89.9%，云南79%，贵州71.1%，河南70.2%。尤其是长途电话、市话、移动电话等主要业务的增长幅度中西部地区大幅度地超过了全国平均水平，且均居全国的前10名。1994年是全国邮电通信投资规模最大的一年，全国完成683亿元，比上年增长70%，而中西部地区邮电电信投资增长更快，有6个省区增长幅度超过全国平均水平，其中河南、四川、江西、贵州均比上年翻了一番。

2. 广西、内蒙古、新疆、西藏、宁夏5个民族自治区邮电事业获得了突飞猛进的发展。近年来邮电部门通过不断加大资金投入，积极加快少数民族省区的通信干线建设，完成了拉萨、呼和浩特、银川、南宁等电信枢纽工程，乌鲁木齐、呼和浩特、南宁卫星地球站，西兰乌光缆干线等一大批重点建设项目，并在西藏建成了41座卫星通信地球站，基本缓解了少数民族省区的长途通信紧张状况。截止目前，5个少数民族自治区的地市都已实现了市内电话自动化，内蒙古、广西、宁夏和新疆所有的地市都可实现国内长途电话直拨，西藏也已实现了“县县通电话”的目标。5个少数民族自治区的长途业务电路总数已达到44403条，长途电路的大幅度增长，大大增强了边疆自治区与内地的政治经济联系。5个少数民族自治区局用电话交换机总容量达到251.7万门，呼和浩特市电话普及率达到19%，南宁市达到20%，拉萨、银川、乌鲁木齐市电话普及率也分别达到12%、16%和13%。

3. 陕西、甘肃、宁夏、青海、新疆5省区1994年用于通讯建设的投资40亿元，有20项大型骨干通讯工程竣工，使通讯业实现了历史性跨越，电话可直拨世界100多个国家和地区。西北5省区采用争取国家投资，自己集资，向国外政府贷款等多种形式筹措资金，投入通讯业建设。西安——兰州——乌鲁木齐光缆工程是目前国内容量最大的全程30芯光缆通信干线，提前一年半全线开通。目前西安至成都、西安至郑州、兰州至西宁光缆、一批地面卫星接收站等20多项骨干工程已全部投产。北京——呼和浩特——银川——兰州光缆、乌鲁木齐连接亚欧14国的光缆工程正在紧张地建设中。数字微波、光缆、卫星地面接收等现代化通信技术的应用，使西北5省区的通信能力成倍增长，而且与世界最先进的通信技术保持同步。西北5省区130多万门市话中，程控电话已占80%，一些省区还把国际国内直拨网由县市继续向下延伸。通讯条件的改善，使大西北对外交流日趋活跃，由于改善了投资环境，截止1994年外商在西北地区开办的三资企业累计已接近5000家，实际投资额60多亿美元。到西北5省区从事商务活动和观光旅游的外国人超过100万人次，国内人员上千万。

六、对外经济发展情况

在邓小平同志南巡重要谈话、党的十四大及十四届三中全会《决定》精神指引下，1994年中西部地区对外开放步伐明显加快，沿边、沿江和内陆地区全方位、多层次的开放格局已基本形成。截止1994年中西部地区已建立了哈尔滨、长春、武汉、重庆、芜湖、乌鲁木齐6个国家级的经济技术开发区；芜湖、九江、岳阳、重庆、武汉、黄石、宜昌、万县、涪陵9个沿江开放城市；黑河、绥芬河、珲春、满洲里、伊宁、塔城、博乐、凭祥、东兴、瑞丽、畹町、河口以及辽宁丹东13个边境经济合作区；黑河、绥芬河、珲春、满洲里、二连浩特、伊宁、塔城、博乐、凭祥、畹町、河口市、瑞丽市、东兴镇13个沿边开放城、镇；广西北海银滩、昆明滇池2个国家级旅游度假区；以及24个国家级的高新技术开发区；中西部地区除拉萨外的18个省会城市也都是对外开放城市；并成立了由湖北、四川两省17个市县组成的长江三峡经济开放区。对外开放由沿海地区向长江中上游沿岸、内陆和沿边地区扩展。随着对外开放的不断扩大，中西部地区与国际经济的联系日益加强，参与国际竞争和交换的能力进一步提高，对外贸易增长迅速，对增强地区经济实力发挥了重要作用。

(一)对外贸易增长迅速

中西部地区外贸公司和出口企业深化改革，转换机制，调整经营方式和策略，积极开拓国际市场，增加出口创汇。1994年完成外贸进出口总额298.69亿美元(不含江西省，下同)，完成出口创汇207.10亿美元。其中，中部地区完成外贸进出口总额182.2亿美元，占中西部地区的60%，完成出口创汇131.71亿美元，占中西部地区的63.6%；西部地区完成外贸进出口总额116.49亿美元，完成出口创汇75.39亿美元。

1994年中部地区外贸进出口总额最多的是吉林省，达35.8亿美元，占中部地区近1/4左右；增幅度最大的是安徽省，外贸进出口总额达18.5亿美元，比1993年增长43.6%，但内蒙古外贸进出口比上年下降了12%。西部地区外贸进出口最多的是四川省，达36.84亿美元，占西部地区31.6%；增幅度最大的是西藏和云南，外贸进出口总额分别达3.57和13.44亿美元，比1993年分别增长2.5倍和60%。

1994年出口创汇中，中部地区出口创汇最多的省份是湖北、吉林和湖南三省，分别达21亿美元、20.2亿美元和19.02美元，三者合计占中部地区全年出口创汇总额的46%；出口创汇增幅最大的省份是安徽，达32.4%；其中内蒙古和黑龙江两省区的出口均比上年有所下降，下降幅度分别为9.2%和2.6%。西部地区出口创汇最多的省区以四川最为突出，达22.65亿美元。出口创汇增长幅度最高的省区是云南省，比1993年增长了74%，居西部地区首位；增幅较大的省区还有四川、西藏、贵州、甘肃和宁夏，增幅均超过30%。

(二)利用外商投资取得新成就

1. 中西部地区实际利用外资金额继续上升。1994年中部地区实际利用外资金额26.01亿美元，西部地区14.29亿美元，分别比上年同期增长9%和17%。中西部地区合计40.3亿美元，比上年同期增长12%。内陆省区外商投资从无到有、从少到多、从小到大，迅速发展，外资在全国所占比重已由原来的7～8%提高到20%以上，其中四川、甘肃、青海、山西和新疆等省区新注册外资企业数与上年底相比均增长1倍以上。

2. 外商投资主要集中分布于沿江开放城市及沿边开放城市。1994年沿江5省开放城市共批准外商投资企业2843个，占沿江5省的63%；合同外资金额31.78亿美元，占沿江5省的69%；实际利用外资金额14.04亿美元，占沿江5省的61%。沿边开放城市共批准外商投资企业1140个，占沿边5省区的48%；合同外资金额10.19亿美元，占5省区的54%；实际利用外资额3.37亿美元(不包括云南)，占沿边4省区的50%。

3. 四川利用外资居中西部省区首位。到1994年底，四川累计实际利用外资总额达46.96亿美元，外商投资项目开业投产的有2000多家。外商投资企业的出口额从1987年的300万美元增加到1994年的2.42亿美元。四川对外开放招商引资工作取得巨大成绩的重要原因，一是国家对中西部地区的经济发展和利用外资工作实行倾斜政策，二是地方政府对外开放和招商引资工作认识上的高度统一和措施的得力，为四川的对外开放创造了良好的条件，使外商普遍看好四川。

(三)开发区建设成就喜人

1994年中西部地区已有各类开发区44个，约占全国各类开发区总数的37%。其中，经济技术开发区5个，边境经济合作区12个，高新技术产业开发区25个，国家旅游度假区2个。目前中西部地区尚无保税区。

乌鲁木齐经济技术开发区招商引资初见成效。目前在乌鲁木齐经济技术开发区内已进行工商登记的企业达567家，其中三资企业91家，内联企业476家；另批准境外投资企业6家；投资总额达19.9亿元，注册资金15.8亿元，引进外资8420万美元。开发区已出让、划拨土地面积69万平方米，已开工项目52个，投人建设资金1.2亿元。

哈尔滨高新技术开发区坚持发展高新技术产业与改造传统产业并举的方针，扩大了高新技术产业规模，加速了高新技术向传统产业扩散和渗透。开发区内有30家企业年产值超千万元，利税超百万元，其中有5家企业产值超过亿元。目前全区三资企业已达83家，总投资1.3亿美元，高新技术产品出口创汇达4394万美元。现已发展成为拥有787家高新技术企业、1个集中新建区和3个大学高科技园区的国家先进高新技术产业开发区。

长春高新技术产业开发区加速产业化。开发区以大项目建设为重点，推行企业的现代化改制，带动高新技术产业高速发展。1994年，全区共实现技工贸总收入18亿元，连续3年翻番。在推进高新技术产业化进程中，开发区坚持完善对企业的服务功能，迅速完成科技创业服务中心建设，建成2.68万平方米的火炬大厦；成立了城市信用社，为企业开辟新的融资渠道；新建7栋现代化标准厂房，其他如工商、税务、海关、证券、信息中心、技术市场等支撑服务体系也不断完善。到年底已认定高新技术企业575户，实施高新技术项目1061项，其中已有636项科技成果实现了商品化。与此同时，开发区将高新技术产业上规模、上效益作为工作重点：一是以大项目建设为龙头，初步形成了生物工程、汽车工程、光机电一体化和新材料4个独具特色的支柱产业。二是内引外联，吸收资金，加快国际化步伐。开发区以扩大开放，招商引资为重点，通过政策宣传提高知名度和以高层次项目吸引外资为手段，加快高新技术产业国际化进程。截止年底，全区已有三资企业115家，合同利用外资9876万美元，三资企业实现产值较上年增长1.5倍。同时，还与大学联合创建了开发区卫星科技园，开创了区校结合、园区结合推动高新技术产业化的新形式。三是转换机制，增强高新技术企业活力。开发区加快以股份制为重点的各项改革，推进现代企业制度改造。全区先后批准成立股份制高新技术企业50家，股本总额18亿元。开发区还率先实行政企分开，直接进入高新技术产业化领域，确定自行开发建设项目和合资合作高科技项目37个。

大庆高新技术开发区形成主导产业构架。开发区以发展项目为重点，加大招商引资力度，同时扶持当地企业，使企业发展的数量、质量和效益同步增长。开发区成立两年多来，注册企业已达308家，实现技工贸总收入12.5亿元。全区在精细化工、机电一体化等领域已上了一批规模大、技术含量高、效益好的项目，使高新技术主导产业形成规模。开发区对民营科技企业放手发展，加大对民科企的贷款力度，1994年对民科企固定资产投资就占开发区固定资产总投资的50%。目前区内不少民营科技企业已开发出一批具有较高经济价值的高科技产品。

太原高新技术产业开发区加快发展。开发区加快高新技术向传统产业的渗透，1994年全区科工贸总收入达到6.05亿元，比上年增长44%，实现利税7200万元，32家企业产值达到1.6亿元。为促进开发区建设资金良性循环和在建项目尽快发挥效益、为入区企业提供优质服务，当年重点抓了在建项目竣工收尾和配套工作。同时，开发区还采取多种形式积极招商引资，先后与一些著名企业签定了入区建设合同，部分项目已开工建设。并签定引进外资合同20多项，外资企业注册资金372万美元。太原高新技术产业开发区的支撑服务体系也得到进一步完善。

成都高新技术开发区崛起科学城。区内高科技工业园区、金融商贸区、配套生活区等片区已初具规模，吸引了400多个高技术项目进区开发，促进了高新技术的产业化。1994年全区实现产值11亿元，利税2.3亿元，分别比上年增长40%和75%，并获得四川省先进开发区称号。开发区各种保障体系和市场体系正在形成；加强了基础设施建设，投资环境和企业发展环境日趋完善；已形成通讯、医药两大高新技术支柱产业。1994年开发区认定高新技术企业43个，引进科技项目84项，引进外资5047万美元，区内已有企业340家，其中高新技术企业达130家，年产值上亿元的有6家。

昆明高新技术开发区发展势头良好。经过两年多的努力，开发区引进项目进区实施和投入生产的条件已经基本具备，对外商的吸引力不断增强，外资到位率较高，开发区产业发展前景看好。开发区遵循“自费开发、滚动发展”的建设方针，依靠招商引资，由单纯投入转向边投入边产出。1994年实现技工贸总收入10.14亿元，实现利税总额1.52亿元，出口创汇253.9万美元，外资到位率达72.4%。开发区软硬环境也得到较大改善。截止1994年底，进区企业累计达287家，出口创汇企业3家，从业人数7833人，其中高科技企业人数达7174人，高新技术产品210个。开发区中拥有一批技术含量高、市场前景好的骨干项目。

西北高新技术开发区迅速崛起。以促进高新技术产业化为目的的火炬计划不仅带动西北工业结构调整，农牧业效益倍增，也让西安、宝鸡、兰州、乌鲁木齐国家级高新技术产业开发区迅速崛起，成为当地经济发展的龙头。高新技术产业化在西北的当务之急是改造传统产业。西北的工业设施大都是“一五”时期国家布点兴建的，技术设备陈旧老化。一些老企业经过嫁接高新技术，形成了新产业，并发展成为当地的经济支柱。西北还着力培育电子信息、新材料、生物技术等新兴产业。这些高技术、高附加价值的产业改变了西北的经济结构。甘肃已形成同位素应用、精细化工、生物工程、新型材料四大新的产业体系。计算机产业在陕西、宁夏、新疆、甘肃等省区发展迅速，已成为经济领域的一支生力军。高新技术的发展注重利用各省区的自然资源优势，建成有特色的产业体系，使当地农牧民逐步告别自然经济。新疆利用生物技术提高牛、羊的繁殖率；陕北开发山羊新品种选育与羊毛开发等项目，将在3年内使陕北老区的人均纯收入提高到300元以上，数十万人脱贫致富，西北的4个国家级高新技术产业开发区每年的产值、利税都以50%的速度增长，已有相当规模，成为各地区的示范窗口。西安高新技术开发区建立3年，现技工贸年收入已达10亿余元，实现利税近1亿元。

乌鲁木齐高新技术产业开发区超常发展。开发区高新技术产业发展呈现良好势头，45项火炬项目6年实现利税1.16亿元，创汇1452.3万美元；近两年283家企业技工贸总收入已达5.3亿元，成为新疆新的、较为重要的经济生长点。开发区经过艰苦努力，目前进区企业已达283家，其中高新技术企业203家，注册资金5亿多元。在对外开放、开辟国际市场的同时，高新区与国内51个国家级开发区加强联系，建立合作关系。现已有一批国内开发区的企业到此建厂、设点、开办企业。

西安高新技术产业开发区迅速崛起。到目前为止，西安高新技术产业开发区已累计创办科技企业2397家，外商投资企业229家，初步形成了电子信息技术，生物医药工程技术、光机电一体化技术、高效节能技术、新材料技术等高新技术产业。西安高新技术产业开发区的崛起，辐射并带动了一批传统产业的发展，形成了一批技术水平高、生产规模大、产品适销对路、经济效益好的现代化的企业集团。西安高新技术产业开发区的技工贸收入平均每年以100%的速度飞速增长，成为西部地区的"硅谷"。

（四）沿边、沿江和内陆地区对外开放全面推进

1. 沿边地区对外开放进展顺利。1994年各沿边开放城市认真贯彻落实中央的有关政策，积极开拓，扎实工作，初步开创了促进经济繁荣、人民生活改善的新局面。一是沿边开放城市已成为沿边地区发展外向型经济的先导。1994年辽宁、吉林、黑龙江、内蒙古、新疆、云南、广西7个边境省区边贸进出口额达26.18亿美元。其中13个边境开放城市边贸额达4.98亿美元，约占全部边贸额的19%，开始发挥对外开放窗口和通道的作用，有利于实施中国外贸多元化战略。二是投资环境和城市面貌开始改观。实行对外开放后，沿边开放城市的边贸加速发展，产业结构开始发生变化，大批贸易企业应运而生，第三产业、外向型农业和加工工业得到发展，经济实力明显增强，地方财力得到增强，普遍由原来国家财政补贴变为上缴国家。边境开放城市还集中力量进行了城市基础设施建设，重点改善了口岸铁路、公路运输的配套设施，开通了程控电话，扩建了机场和码头，新建和改建了一批宾馆和服务设施，投资环境和城市面貌开始改观。三是边境经济合作区的发展步伐加快。大部分的边境经济合作区已完成起步区的"四通一平"建设，投资环境正在形成，招商项目逐步展开。目前13个边境合作区已签定国内外投资项目2000多项，协议金额上百亿元，已有相当一批项目开始动工建设。但边贸进出口额与上年相比，下降了近46%，这是值得重视的问题。

2. 沿江和内陆地区对外开放富有生机。一是基础设施建设步伐加快。1994年沿江和内陆开放城市投入较多资金进行基础设施重点工程建设，进展顺利，一些项目已竣工投入使用。岳阳市火车站已完成主体工程，长途汽车新客站已投入运营，外贸码头的两个5000吨级泊位已投入使用。九江市完成了光纤传输干线和电话程控化，能源、交通、通讯条件大为改善。二是外向型经济发展良好。1994年各沿江开放城市利用多种渠道招商引资，加快利用外资步伐。到1994年底，四川、湖北、湖南、江西、安徽沿江5省的开放城市累计共批准外商投资项目12085个，占沿江5省的61%；协议外资金额119.38亿美元，占沿江5省的69%；实际利用外资37.13美元，占沿江5省的70%。沿江和内陆开放城市已成为外向型经济重要的增长点，仅1994年沿江5省开放城市共批准外商投资项目2843个，协议外资金额31.78亿美元，实际利用外资14亿多美元，分别占沿江5省的63%、69%和61%。三是带动了地方经济的大幅度增长。沿江开放城市通过积极有效地利用外资，引进国外的先进技术，加速了对老企业的技术改造，推动了工业的发展，城市综合经济实力进一步增强。

3. 中西部地区开放城市开始成为外商投资热点。中西部地区共有国务院批准的各类开放城市34个，其中省会（首府）开放城市18个，沿边开放城市11个，沿江开放城市5个（武汉为省会城市）。1994年中西部地区开放城市（包括省会、首府、沿江、沿边开放城市，下同）共批准外商投资企业4972个，占该地区的56%；合同外资金额49.46亿美元，占该地区的61%；实际利用外资金额21.54亿美元，占该地区的53%。

4. 少数民族地区对外开放取得新进展。广西、内蒙古、新疆、宁夏、西藏5个少数民族自治区发挥优势，以开放促开发，促进了民族地区的经济建设和社会发展。这些地区在对外开放方面有着独特的优势：有上万公里的边境线，与10多个国家接壤，有几十个陆路边境口岸；有丰富的矿产、能源、土地资源；有国家赋予的各种优惠政策和民族区域自治的权力；有独特的民族风情和与国外有着千丝万缕的联系。为此，各民族自治区制定了一整套对外开放的优惠政策，采取了一系列招商引资措施，加强与国外的经济技术合作，积极利用外资开发当地资源，促进社会经济的加速发展，取得了明显成效。5个自治区进出口贸易持续发展，利用外资势头强劲，1994年利用外资总金额达14亿多美元，三资企业迅速增加，对外开放的领域和规模不断扩大，并向纵深发展。广西全年实际利用外资达1.9亿美元，外贸出口创汇连续3年来每年以20%的速度增长。边境贸易也有较大发展。内蒙古全年外贸进出口额完成了10.6亿美元。签定利用外资项目226个，利用外资合同金额达1.9亿美元，并签定国外承包工程和劳务合作项目120个，合同金额为6200万美元。截止年底，累计利用外资项目已达1301个，协议利用外资金额达16.8亿美元。新疆全年完成进出口贸易总额10.2亿美元，比上年增长12%，签定外商投资合同157项，利用外资合同金额8500万美元，接待国外游客17万人次，旅游收入3.84亿美元。宁夏利用外资达6000多万美元，相当于前10年的总和，利用外资的种类已扩展到外国政府间贷款、国际金融组织贷款、国际商业贷款和外商直接投资等方面，项目的70%以上是工农业建设项目。西藏全年完成出口贸易3.67亿美元，利用外资2109万美元，正在形成“贸易促开放，开放促开发，开发促发展”的全新的对外开放格局。

七、国家促进中西部地区经济发展的重大举措和主要政策

（一）继续通过制定区域经济规划，促进中西部地区经济联合和发展

1. 编制《陇海——兰新铁路沿线城镇体系规划》。国家计委组织编制的《陇海——兰新铁路沿线城镇体系规划》工作已完成，并报经国务院批准、由国家计委与建设部联合下发。该项《规划》涉及江苏、安徽、山东、河南、山西、陕西、宁夏、甘肃、青海、新疆10省（区），包括39个地级市、36个地区（州），面积244.7万平方公里，人口超过2.1亿，面积和人口占全国的比重均近五分之一。《规划》提出陇海——兰新路沿线的重点城镇群包括：淮海城镇群、中原城镇群、关中城镇群、甘肃城镇群、新疆天山两侧城镇群；地带性中心城市包括：徐州市、郑州市、西安市、兰州市、乌鲁木齐市；重要港口和边境口岸城市包括：连云港市、日照市、博乐市——阿拉山口、伊宁市——霍尔果斯口岸。

2. 编制《2000年西藏自治区经济与社会发展规划纲要》。国家计委为中央、国务院第三次西藏工作座谈会作准备，在赴西藏调查研究的基础上，编制了《2000年西藏自治区经济与社会发展规划纲要》。《纲要》包括4个部分：西藏自治区经济社会发展概况；发展目标、指导思想和主要任务；重点产业及其发展方向；经济发展的区域布局。

3. 修改《东北地区经济发展规划纲要》。国家计委征求了国务院有关部门、东北三省和内蒙古自治区以及委内有关司的意见，并根据中央领导同志在东北视察时的讲话精神，对《东北地区经济发展规划纲要》作了进一步修改，提交东北地区经济发展规划座谈会讨论。该《纲要》稿包括6个部分：宏观背景分析；经济发展方针和目标；基础设施建设；产业发展的重点和布局；重大项目和问题探讨；主要政策和措施。东北地区在我国经济发展中占有重要地位。这次发展规划的范围包括辽宁、吉林、黑龙江三省和内蒙古东四盟（市），土地面积共124万平方公里，占全国土地总面积的12.9%，人口1.12亿，占全国总人口的9.6%，1993年国民生产总值约占全国的11.7%。

4. 编制《三峡地区经济发展规划纲要》。国家计委会同国务院移民开发局和有关省市编制了《三峡地区经济发展规划纲要》。在该《纲要》编制过程中，分别征求了国务院有关部门和省市的意见，并提交国务院三峡工程移民工作会议进行了讨论。目前形成的送审稿包括6个部分：区域特点与发展背景；经济发展的总体构想和重点产业的选择：重点产业规划；区域的协调发展与城镇布局；生态环境的保护与治理；政策措施。规划的重点是；全面考虑三峡地区的区域特点和面临的形势，提出区域发展的指导思想和目标，明确经济发展的重点和方向，确定带动区域经济发展的支柱产业和一批骨干项目。

（二）国家采取了一系列政策措施，扶持中西部地区的经济发展

1. 国务院制订并公布了《90年代中国农业发展纲要》。解决农民、农村、农业问题是中西部地区发展的关键所在。《纲要》对90年代全国农业发展

进行全面规划，根据加快建立社会主义市场经济体制的要求，明确发展农业的指导思想、目标和具体任务，对提高农业综合生产能力，促进90年代农业再上新台阶，具有极其重要的指导意义。《纲要》提出的主要目标是：全面发展农村经济，主要农产品稳定增长，在数量、品种和质量上，适应全国人民小康生活和国民经济加快发展的需要。全国的粮食产销要按照以省（区）为单位自给有余或基本自给、就近调运的原则，合理布局。到本世纪末，大多数省（区）要以本省（区）为单位做到粮食总量基本自给；少数调入粮食的省（市、区）要按照互利的原则，与邻近的粮食调出省（区）建立长期稳定的粮食产销关系。《纲要》明确了国家决定在90年代继续在全国有计划地进行农业综合开发，提出到2000年全国农业综合开发的任务和继续稳定和完善农业综合开发的政策。《纲要》要求继续大力发展乡镇企业。对不同地区的乡镇企业要区别对待、分类指导。特别要大力扶持中西部乡镇企业的发展。人民银行安排用于中西部地区和少数民族地区的专项贷款每年应适当增加，重点支持中西部粮食主产区发展乡镇企业。国际金融组织的乡镇企业贷款也要重点向中西部地区倾斜。鼓励东部地区与中西部地区、少数民族地区发展横向经济联合与协作。经济比较发达地区要帮助贫困地区发展经济，实行区域间优势互补、相互促进、共同发展。

2. 国家实施了“八七扶贫攻坚计划”，加快了贫困地区脱贫致富的步伐。国务院召开全国扶贫开发工作会议，宣布从1994年起实施“国家八七扶贫攻坚计划”，力争在本世纪末最后的7年内，基本解决目前全国8000万贫困人口的温饱问题。“国家八七扶贫计划”作为今后7年全国扶贫工作的纲领性文件，其主要奋斗目标：一是到本世纪末，使绝大多数贫困户年人均纯收入按1990年不变价格计算达到500元以上，并形成稳定解决温饱、减少返贫的基础条件；二是加强基础设施建设，基本解决人畜饮水困难，使绝大多数贫困乡和有农贸市场、商品基地的地方通路、通电；三是改变文化、教育、卫生的落后状态，基本普及初等教育，积极扫除青壮年文盲，大力发展职业教育和技术教育，防治和减少地方病，把人口自然增长率控制在国家规定的范围内。“八七扶贫攻坚计划”实施情况良好。由于各方面的共同努力，到1994年底，全国8000万贫困人口已减少到7000万，这7000万贫困人口主要分布在中西部地区，其中半数在西南、西北地区。今后国家将继续增加对贫困地区的投入，提高扶贫开发的力度。国务院决定从1994年到2000年，每年再增加10亿元以工代赈资金、10亿元扶贫专项贴息贷款；同时，全社会将继续给予大力支持。扶贫开发的方针，总的要求是坚持开发式扶贫，努力提高扶贫开发经济效益，积极创造稳定解决贫困户温饱问题的基础条件。具体措施有：（1）集中力量，保证重点。要重点解决集中连片贫地区的592个贫困县的扶贫开发问题。（2）由政策性银行集中管理扶贫信贷资金，从根本上解决一些地方长期存在的资金捆不起来、使用分散、济富不济贫的问题。（3）以提高经济效益为核心，进一步改革扶贫资金的管理使用方式；扶贫资金的管理和使用必须坚持社会效益与经济效益统一的原则。（4）要变封闭式开发为开放式开发，把山里开发与山外开放结合起来，把贫困地区的开发与发达地区的发展结合起来，在更大的范围寻找脱贫致富的途径。（5）认真抓好智力开发，科技、教育扶贫，努力提高劳动者和管理者的素质，这是扶贫的根本。（6）要认真贯彻在中央统一领导下，分级负责、以省为主的责任制。（7）实行广泛的社会动员，积极争取国际合作，形成强大的扶贫攻坚支持力量。

3.《中国21世纪议程》开始实施，公布了优先项目计划（第一批）。国务院通过了由国家计委与国家科委联合组织有关部门制定的《中国21世纪议程——中国21世纪人口、环境与发展白皮书》，并公布了《中国21世纪议程》优先项目计划（第一批）。优先项目计划是从《议程》行动方案中分解出来的可操作性项目，将作为国家中长期国民经济计划的重要内容。第一批项目包括9个优先领域，60多个项目，内容主要涉及能力建设、关键技术和示范工程。优先项目的推出，是实施《议程》的一个重要步骤。我国将采用滚动、灵活的方式实施这个计划，包括多边、双边援助、贷款、独资、合资等。与此同时，国务院发出了《关于贯彻实施21世纪议程——中国21世纪人口、环境与发展白皮书的通知》（国发[1994]37号）。国务院通知要求各省区市和国务院各部门和各直属机构，将《议程》作为各级政府制定国民经济和社会发展中长期计划的指导性文件，并将其基本思想和内容，在“九五”计划和到2010年发展目标中得以体现。

（三）国家对发展中西部地区经济问题高度重视

1. 江泽民、李鹏同志在扶贫开发工作会议上发表重要讲话。江泽民同志在全国扶贫开发工作会议上讲话时指出：党的十一届三中全会以来扶贫开发工作所取得的巨大历史性成就的最重要经验，就是把救济式扶贫改为开发式扶贫，确立了新的扶贫工作方针。实践说明，实行开发式扶贫，以市场需求为导向，依靠科技进步，开发利用当地资源，发展商品生产，不仅能解决温饱，而且可以脱贫致富。这样，把国家的扶持同贫困地区干部群众自力更生、艰苦奋斗结合起来，立足当地实际搞开发扶贫，是扶贫工作的一个根本性转变，是一个重大创造，这个方针必须长期坚持。他强调：消灭贫困，实现共同富裕，是社会主义的本质要求和社会主义优越性的体现，是改革和发展的要求，也是维护稳定的重要条件。我们发展社会主义市场经济体制，既要追求资源配置的效率目标，也要兼顾公平原则，更要对贫困地区采取有效的扶持政策。各地发展不平衡，有的快一些，有的相对慢些，这是不可避免的。但是在这个过程中，我们必须始终关注贫困地区经济的发展，帮助这些地方尽快摆脱贫困，实现共同发展。

李鹏同志在讲话中首先强调：实施“八七扶贫攻坚计划”，帮助贫困地区改变落后面貌，是党和政府的历史责任；扶持贫困地区发展经济，是逐步缩小东西部地区差距的战略措施。他说，现在全国没有完全稳定解决温饱问题的8000万人口，80%以上集中在中西部地区，其中大多数又集中在西南、西北地区。从这个意义上讲，解决贫困地区群众的温饱，扶持他们脱贫致富，就是逐步缩小东西部发展差距的问题。差距是客观存在的，由于历史、自然、地理、社会、经济等多方面因素，要在短期内完全消灭差距是不可能的，但要以积极的态度去逐步缩小差距，最后消灭差距。我们坚持鼓励一部分人、一部分地区靠诚实劳动和合法经营先富起来的政策，带动、帮助后进地区发展，就是为了最终达到全民族共同富裕的目的。他在讲话中提出了八项措施，包括提倡和鼓励先富起来的沿海发达地区和大中城市带动和帮助贫困地区；国家从财政和金融上给贫困地区以足够的支持；国家重大项目要向贫困地区倾斜；通过改革逐步理顺原材料和初级产品的价格；提高贫困地区的人才素质和科学技术水平；要在坚持开发式扶贫的基础上，进行开放式扶贫的试点，动员社会力量支持贫困地区的开发建设；贫困地区要发扬自力更生、艰苦奋斗的精神。他强调指出，实施“八七扶贫攻坚计划”，要实行省长负责制。能否如期完成计划，解决本地区贫困人口的温饱问题，是衡量各级领导干部是不是真正为人民谋利益、关心人民群众的疾苦的一项硬指标。

2. 国家在政策、资金等方面加大向中西部倾斜力度。为加快中西部地区的经济发展，逐步缩小与东部沿海地区的差距，“八五”以来，特别是近两年，党中央、国务院采取措施，在政策、资金等方面加大倾斜力度，对中西部地区经济发展起到了重要的促进作用。一是在基本建设投资上予以倾斜。在“八五”及今后一段时间内，国家在资源开发利用和大中型建设项目的布点上，对西部地区实行同等优先的政策，并在近年来中央投资在全社会投资所占比重逐年下降的情况下，提高对西部地区的投资。同时，随着中西部一批大型、超大型项目上马，如三峡水利设施建设、塔里木石油开发、西南地区水电建设、陕北油气田、神府东胜煤田开发及连云港到霍尔果斯大陆桥的建设等，将带动中西部地区的经济发展。二是增强对中西部地区的扶贫力度。国家大幅度增加了扶贫资金，到1994年已达近百亿元，其中绝大部分用于中西部地区。被国家列为重点扶贫的592个县，中西部占86%；每年40亿元以工代赈资金，80%安排在中西部地区，主要用于中西部地区农田、交通、水利等基础设施建设。三是大力支持中西部地区乡镇企业的发展。国务院1993年作出《关于加快发展中西部地区乡镇企业的决定》，决定从1994～2000年，每年给中西部乡镇企业100亿元专项贷款。此外，还拟实施“东西合作工程”，促进东部经济发达地区带动中西部经济落后地区的发展。四是调整政策，给予优惠。新成立的国家开发银行已作出决定，对中西部老少边穷地区的电力建设继续给予政策性贷款支持；在引进外资方面，对长期优惠的国外贷款，主要投向中西部省区，在扶贫资金投向上，国家扶贫资金主要用于中西部地区。

3. 国家计委召开了环渤海地区经济发展规划座谈会。邹家华副总理出席会议并作了重要讲话，他指出：发展区域经济，是在全国的总体规划下，把一个经济相关联地区的不同省市的区位优势、资源优势、市场优势、产业优势按照内在经济联系和打通对外通道的思路进行统筹规划，发挥区域内优势互补的活力，区域经济是我国经济发展的一种新格局。我国区域经济规划的方针可概括为：统筹规划、联合协作、优势互补、平等互利、面向市场、内引外联、合理分工、共同发展。环渤海地区区位条件优越，是东北亚经济圈的中心地带，是我国华北、东北和西北部分地区进入太平洋最便捷的出海口。环渤海地区地外我国政治、文化中心，又是我国重要的经济核心区，加快这一地区的经济发展，对于国民经济发展的全局具有举足轻重的战略意义。这些优势是整个区域的优势，而不是每一个具体地方的优势，因此发展地方经济不应该新起炉灶，重复建设，而应该强调优势互补，相互依存，在协作中产生新的生产力，制定区域经济发展规划时，应该打破行政区划的限制，就这一区域内各地区共同关心、利益相联的发展项目进行中长期规划。这种规划要有一定约束力，各地方有合作的义务，同时要和全国的和行业的规划相结合，纳入国家长远发展规划的体系。

4. 国家计委召开了中部部分省市经济发展战略研讨会，为开展编制《中部五省区域经济发展规划》作准备。会上对中部五省的发展战略和规划思路进行了研讨，对中部五省的发展方向、目标、发展重点及政策措施等取得了一致认识，并在此基础上拟定了制定规划的工作方案，为规划的编制工作打下了较好的基础。

(四)近年来国家对中西部地区经济发展采取的主要政策措施

1. 在《国民经济和社会发展十年规划和第八个五年计划纲要》中提出：要积极发挥内地的资源优势，在加快资源开发的前提下，适当发展加工工业，并逐步提高加工深度。要采取多种形式帮助经济较不发达地区，加快它们的经济发展，逐步实现共同繁荣和富裕。加强以山西为中心，包括内蒙古西部、宁夏、陕西和河南西部在内的煤炭基地建设，加快黑龙江、内蒙古东部、安徽、贵州等煤炭资源的开发；在煤炭基地附近建设一批大型矿区电厂，综合开发黄河中上游、长江上游地区的水资源；加速冶金、化工、建材原料等矿产资源的开发，并配套建设加工工业基地。大力发展农林牧业生产。加强交通运输邮电业的建设。依托大城市，建立一批新兴产业的知识技术密集区。加强对原三线地区军工企业的调整和改造。

2. 在国务院批转的《关于西北地区经济规划问题的报告》中，对西北地区的经济发展提出了若干优惠政策，主要是：允许西北各省区在全国各地边境口岸建立外贸代理机构，进行直接贸易，享受当地优惠政策。对西北地区的水利、铁路、公路、航空、通信等基础设施和能源、原材料等项目的建设，国家继续给予适当的倾斜。利用国际金融组织低息贷款和国外政府贷款的项目，在同等条件下应考虑在西北地区安排；国家确定建设债券分配规模时，在额度上要适当照顾西北各省区；增加西北地区地质勘探经费，加强地质勘探工作，为西北地区进行大规模资源开发做好准备。抓好黄河上游多民族地区重点建设区域的开发建设。对西北地区工业企业的统配产品，适当增加地方留成的比例；对少数民族地区的固定资产投资方向调节税实行优惠政策。

3. 在国家计委编制的《西南和华南部分省区区域规划纲要》中提出了联合开发和对外开放的重大政策措施：多渠道筹集建设资金，增加投入，适当增加国家投入，国家在重点项目安排上，对本区域实行同等条件优先的原则；对国家批准的经济技术开发区、边境合作区、高新技术产业开发区等，区别情况，由中国人民建设银行给予一定的贷款支持；积极利用国外资金；采取土地成片批租和有偿出让土地使用权的方式，筹集建设资金。进一步扩大对外开放。在对外贸易和边境贸易方面实行更加优惠的政策。允许沿海、沿边开放城市分别成立一家国际经济技术合作公司；经国务院批准的沿边开放口岸，可设立一家边贸公司；境外投资审批权由100万美元提高到500万美元；部分沿边城市可设立边境经济技术合作区等。组建流域性股份投资开发公司。放宽投资规模管理。加快少数民族地区的经济发展。

4. 在国务院召开的长江三角洲及长江沿江地区经济规划座谈会上，对振兴皖江和长江中上游地区经济提出了重要政策和措施：认真做好芜湖、九江、武汉、岳阳、重庆的对外开放工作，落实对这些城市实行沿海开放城市政策；进一步向外商开放沿江港口口岸。抓紧兴建长江三峡工程，综合开发和治理长江。结合三峡工程建设，在库区内尽快安排沿江铁路、高等级公路和汉渝通讯光缆等交通通讯干线项目；搞好开发性移民；给予库区市县某些优惠政策。建设沿江现代化的交通运输体系。

5. 在对中西部地区的扶贫救济上，制定、颁布并组织落实了“国家八七扶贫攻坚计划”。增加了以工代赈的投入，从1994～2000年，在原有以工代赈的基础上，每年再增加10亿元的以工代赈金额，主要用于贫困地区的县乡公路建设和解决人畜饮水问题。继续从财政中拨款10亿元，作为支援不发达地区基金。继续发放少数民族贫困地区温饱基金。对中西部地区财政贴息和低息贷款45.5亿元。中央国家机关直接包扶了327个贫困县。

八、加快中西部地区经济发展的前景展望和发展战略

(一)我国地区经济将走向协调发展

国家计委开展了《我国地区经济协调发展研究》工作。在该项研究课题中,分析了当前地区经济发展中存在的问题,主要是地区经济差距迅速拉大,地区分工弱化和产业结构趋同,地区间经济摩擦和利益冲突日趋表面化。这些问题如不及时妥善解决,不仅会影响全国整体效益的提高、加剧基础工业与加工工业的失衡,而且会危及民族团结、社会稳定。为此,建议国家在制订“九五”和2010年经济和社会发展规划时按照“协调发展战略”来部署地区经济。

研究报告提出了90年代和21世纪初,我国地区经济协调发展应追求如下三个目标:一是地区间分工比较合理,地区间经济联系更为密切,各地区的比较优势得到较好发挥;二是国家的区域政策和产业政策在各地区得到较好的体现,既要切实贯彻国家的产业政策,也要促进各地区的综合发展;三是中西部地区与东部地区差距拉大的趋势得到有效的控制,绝对贫困逐步解决,相对贫困在“效率优先、兼顾公平”的原则下努力缩小。

地区合理分工是地区经济协调发展的重要基础。我国中近期合理的地区分工体系应由三个层次组成:一是东、中、西三大地带的分工,这是最高层次的分工,是我国分工格局的总体概括;二是跨省区的七大经济区的分工,主要解决生产要素跨省区优化配置和重大工程建设等方面的问题;三是各省区市的分工,这是最基层的分工,是建立多级分工体系的基础。

地区经济综合发展是地区经济协调发展的重要目标。协调地区经济综合发展,需要处理好四方面的关系。一是要正确处理好中央与地方的经济关系。二是要正确处理政府与企业的关系。三是正确处理地区经济发展与企业发展的关系。四是正确处理地区经济综合发展与合理分工的关系。研究报告提出了90年代和下世纪初发展我国省级经济的基本思路:(1)要充分认识到省级经济在全国国民经济发展中的地位和作用;(2)要把握好经济运行中地区合理分工的问题,以充分发挥各省区市的优势;(3)要在发展省级经济的同时,处理好省区间的平衡发展的问题;(4)省级经济的发展战略,是要选择好有限的目标产业;(5)要正确处理省区内部的区域关系,促进省级经济的协调发展;(6)要明确省级政府的职能,实现政府行为的科学化、现代化和法制化。发展我国省级经济的基本思路可以概括为:以国家整体利益为根本,以区域定位分工为前提,以发挥比较优势为基础,以改革开放为动力,以促进综合发展为方向,通过市场竞争优化产业结构,发展省区市间经济协作关系,促进全国经济的协调发展,建立有中国特色的社会主义省级经济体系。总之,省级经济没有分工就没有特色,没有特色也不可能有较好的效益。

缩小东部地区与中西部地区间的差距是实现地区经济协调发展的重要任务。缩小差距的思路是:(1)适当调控地区间差距拉大的速度;(2)在本世纪内消除绝对贫困,解决目前生活在贫困线以下的贫困人口的温饱问题;(3)2000年以后,国家要加大对地区发展的调控力度,逐步缩小地区间的相对差距和绝对差距。采取的对策措施:一是创造中西部地区发展的良好政策环境;二是实施有利于带动中部、西部地区的开放战略;三是在中西部地区明确一批国家重点支持的经济核心区,作为带动地区经济发展的增长极;四是进一步搞好三线企业的调整与改造,带动中、西部地区经济的腾飞;五是加快中西部地区乡镇企业及非国有经济的发展;六是增加投入,支持中、西部地区的农业发展;七是加强交通运输大通道的建设,促进中、西部地区与东部地区的协调发展、共同繁荣;八是进一步加强对中、西部贫困地区的扶持;九是实施东西联姻,对口支援,互惠互利,共同富裕;十是加强生态环境建设,实现人口、经济、社会、资源和环境的可持续发展。

(二)我国区域经济发展的基本思路

《我国经济发展的基本思路研究》分析了1996～2010年我国地区经济发展的大环境,提出了地区经济发展的基本方针是:突破条块分割、互相封锁、自成体系的地区经济发展模式,以合理调整地区经济结构和提高经济效益为目标,搞好国土开发和整治,大力发展区域经济;加速中西部地区的交通等基础设施的建设,努力发展中西部地区的乡镇企业;加强地区经济的联合和协作,发挥各地优势和中心城市的作用,提高地区经济和整体素质,促进各地区经济的合理分工;扶持贫困地区和少数民族地区的经济发展,发达地区要对口支援贫困地区,建立反贫困基金和中西部地区发展基金,努力缩小中、西部地区与东部沿海地区经济发展水平的差距;重视研究、制定区域政策和区

域经济发展规划，以促进各地区经济的健康发展。研究制定区域发展规划要遵循“统筹兼顾、联合协作、突出重点、分层推进、优势互补、互惠互利，有分有合，共同发展”的方针。

研究报告提出了“九五”期间我国区域经济发展的总体目标和主要任务。总体目标是：要以各地区的协调发展为总体目标，继续加速东部沿海地区的发展，努力加快沿江地区、沿边地区和内陆地区的开发和开放，大力缩小中西部地区与东部地区的发展差距，正确处理效率与公平、重点与一般、局部与整体、近期与长远的关系，促进全国生产力合理布局和各地区合理分工，逐步实现各地区的共同富裕。主要任务是：发展区域经济，制定区域经济规划，以推进我国由南向北、由沿海向沿江、沿边以至内陆地区的全方位、分层次对外开放格局的形成，以及促进区域市场乃至全国统一市场的形成。具体内容有：

长江三角洲及长江沿江地区 “九五”期间，要以开发开放浦东为龙头，建设三峡工程为契机，依托上海、南京、武汉、重庆等中心城市对若干工业基础好、资源富集的区、段进行重点开发。产业发展要继续加强和发展农业，加快农村工业的发展；加强能源、钢铁、化工等基础工业，增强工业整体实力；积极发展以机电装备工业主体的主导产业；有重点地开拓高新技术产业和产品；大力发展商业物资、内外贸易、金融保险、旅游和房地产等第三产业。地区经济要按照上海——长江三角洲——皖江和长江中上游沿江地区3个区段不同的特点和水平进行综合开发，以带动整个长江流域及其纵深腹地的经济发展。重点建设项目是浦东开发、三峡水利枢纽、沿江交通三大工程。

珠江三角洲和闽东南三角地区 “九五”期间要充分发挥自身的优势，建立外向型的经济结构，加强与港澳台及国外的经济技术联系，调整产业结构，进一步增强经济实力，争取成为我国率先达到小康水平并进入世界中等发达地区行列；同时，将技术、产品、信息、资金等向周围地区扩散，带动大片地区的经济发展。

环渤海地区 “九五”期间，全区要在产业结构合理化和逐步走向高度化方面取得明显进展，一、二、三产业比较协调地发展，高新技术产业形成一定规模。要逐步使本区生产力总体布局形成以滨海地带和铁路沿线为主要轴线的基本框架，并按照轴线带动、梯度推进的模式，促进生产力布局向广大内陆腹地的转移。重点建设项目是南水北调、环渤海交通、大型电站三大工程。

西南和华南部分省区地区 “九五”期间，本区经济发展及对外开放的指导方针和原则：一是进一步解放思想，加快改革开放的步伐，使本区在90年代经济有一个较大的发展，缩小与东部沿海发达地区的差距；二是牢固树立市场观念，开拓市场，使之成为我国开拓东南亚、南亚市场的主要阵地；三是联合协作，发挥整体优势，把分散于五省区的资源、农业、三线工业、旅游、区位五大优势充分发挥出来；四是坚持交通先行的方针，通过交通运输业的发展带动整个区域的经济发展和对外开放，五是按照提高效益的原则进行生产力布局，要在不断充实现有沿路、沿江产业带的同时，有重点、有步骤地开发海南和北部湾沿海地区，有选择地在沿边地区培育若干经济增长极。本区联合开发的重点产业是交通运输和邮电通信业，电力和煤炭工业，钢铁、有色金属和石化、化学工业、外贸、边贸、旅游等第三产业。联合开发的重点地区是以重庆为中心的长江上游产业带，以成都为中心的川西经济区，以昆明为中心的滇东地区，以贵阳—遵义—安顺为中心的黔中产业带，以南宁—柳州—桂林为中心的桂中产业带。2005年前，六省区要在国家适当的支持下，集中必要的力量，对7个跨省区的基地进行重点开发：攀西—六盘水冶金、能源、化工基地、澜沧江中游电力、有色金属基地、乌江电力和黔中铝、磷基地，红水河电力和桂西北有色金属基地，海南、北部湾沿海地区，云南、广西边境地区，西江干流沿岸地区。

西北地区 “九五”期间，全区产业发展的重点：一是以水利建设为中心，对水资源进行统筹规划，合理解决工业、农业和城市用水问题；二是加强交通、通信等基础设施建设，重点是铁路干线、公路干线、机场和通信枢纽的建设，以适应全方位开放和资源开发由东部向西部转移的需要；三是大力发展能源、原材料工业，重点是煤炭、原油、电力、有色金属、石油化工和盐化工等；四是以市场为导向，以提高经济效益为中心，加快对传统产业结构的调整和机电、轻纺工业产品结构的调整，优化生产要素组合，同时大力发展第三产业，进一步搞活商品流通，加快资金积累。地区开发的重点是建设好“两带”和“四区”。“两带”是亚欧大陆桥西北沿线经济带和西北边境开放经济带。“四区”是以西安为中心的关中地区、以兰州为中心的黄河干流沿岸地区和以乌鲁木齐为中心的天山北坡地区、以拉萨为中心的“一江两河”中部地区。本世纪内西北地区建设重点是水利、交通、能源和原材料4个行业，“九五”期间重点抓好15个主要大中型项目的建设，其中包括黑山峡河段的开发、兰新复线和西安至安康铁路的建设，乌鲁木齐、兰州、银川等机场的扩建，陕西黄陵、彬长煤炭基地开发，宝鸡、平凉火电基地和公伯峡、拉西瓦水电站等项目建设。

东北地区 “九五”期间要充分利用自身的地缘和地理优势，“南联北开，东出西进”，大力推进区域经济外向化，积极发展边境贸易；要加快老工业基地的改造和综合配套改革，重点放在大中型企业转换经营机制和培育市场体系两方面，使之焕发出新的活力，发挥在地区经济中的支柱作用；发挥科技力量优势，实行“科技兴区”，坚持高起点、高强度地进行石化、机电、冶金3个主导产业和轻纺、建材等骨干产业的技术改造，有重点地开发高新技术产品，促进高新技术产业的形成和壮大；要打破行政分割、地区封闭的旧格局，加强联合、共同开发，实现优势互补，逐步形成集团化、基地化、现代化的大生产体系，组建区域统一市场，发挥区域整体优势；加速优化和调整产业结构，稳步发展农业；强化交通运输等基础设施，逐步完善区内外交通运输网络；加强能源工业，加快蒙东能源基地建设，稳定石油产量；在重点发展三大主导产业和兼顾骨干产业的同时，大力发展乡镇企业，积极发展商业、物资、外贸、信息咨询等第三产业，逐步建立与国际国内市场连接、畅通便捷的销售渠道和信息网络；要加快实施“北水南调”工程，解决辽中南地区的水源短缺问题；在地区布局上，重点发展以大连为中心的沿海地带，以丹东、满洲里、黑河、绥芬河和珲春等城市为重点的沿边经济开放开发带和哈大铁路沿线地带，并加快西部的资源开发，以“三带一区”的发展带动区域经济起飞，并力争形成几个新的经济增长极，进一步完善和健全东北经济区。

中部五省地区 “九五”期间要充分利用地区优势，巩固发展农业，进一步强化全国农副产品生产基地的地位，增加农业投入，改善农业生产条件，向着高产、优质、高效的集约化农业方向发展；利用能矿资源丰富的优势，继续加强能源、原材料工业基地的建设，支持全国的经济发展，并适度发展后续配套加工工业，提高国民经济整体效益；在价格体系完全理顺之前，国家对中原地区农业、能源和原材料工业的发展要实施适度倾斜和补贴政策；依托大中城市，利用现有工业基础，加快老工业企业的技术改造步伐，促进产品更新换代，积极发展知识、技术密集型产业，加速产业结构合理化和高级化；利用本区铁路干线交汇兼有长江黄金水道的优势，加强区内横向联合，增强与区外的经济技术交流，扩大对外开放；以京九铁路、沿江铁路的建设为重点，加快交通运输及通信设施的建设；以适应区内经济发展和加强对区外联系的需要；大力发展乡镇企业，尤其是依托本地资源优势的农副产品加工和资源开发、粗加工等劳动密集型工业，活跃农村经济，吸纳农村剩余劳动力。地区布局上，要以三峡工程建设和沿江开放为契机，加快长江沿岸地区的开发和开放；充分发挥大中城市的辐射和扩散作用，加速城市密集带和铁路沿线地区的发展。

最后，研究报告提出了8条“九五”期间发展区域经济的政策建议：一是统筹规划，培育区域共同市场。二是提倡联合，搞好地区经济协作。三是科学地划分跨省区的综合经济区。四是遵循经济规律，理顺价格体系。五是积极利用国外资源，缓解我国能源、原材料供需矛盾。六是重视小城镇的发展。七是加快全国高速交通运输体系的建设。八是扶持少数民族地区和贫困地区的发展。

（三）我国陇海——兰新经济带发展战略

在国家推行沿海、沿江、沿边的“三沿”开发同时，应充分利用第二亚欧大陆桥带来的机遇，实行“沿桥”经济带发展战略。这将有利于缩小东西部的差距，改变我国目前极不平衡的区域发展格局，增强在国际市场上的竞争力和向西开放的实力，促进我国与亚欧沿线国家和地区之间的经济技术交流与合作。

“沿桥”经济带发展战略的基本构想是：首先，以沿线各大中城市为支点，以大陆桥为轴线，大规模疏通和扩展大陆桥的运营能力，减轻和逐步消除交通运输作为“瓶颈”对国民经济的限制作用，与此同时大力发展基础设施，改善投资环境。其次，大规模开发沿线的优势资源，尽快建立起能适应国民经济发展需要的能源和原材料工业基地，并尽可能地建立起一系列初加工和精加工的现代化生产体系，最终使“沿桥”经济带变为真正的经济走廊。再次，调整产业结构，发挥现有工业企业的生产能力，不断开发一系列国内外市场适销对路，且有竞争能力的产品。另外，应大力开发旅游业，把“沿桥”经济带同时建成为宣传、回顾和重温华夏文明史的国内外旅游热线。

“沿桥”经济带的经济发展应向优势区域和基

础产业倾斜，重点发展“两带”、“五区”。即西北边境开放带和沿桥经济带；以徐州为中心的苏北地区，是煤炭、机械、家电、盐化工等产业基地；以郑州为中心的豫北地区，是河南的经济重心区，且是我国东西南北的交通枢纽；以西安为中心的关中地区，是西北经济最发达、基础最雄厚的地区之一，又是西北地区与中、东部联系的大门；以兰州为中心的黄河干流沿岸地区，具有丰富的水能、煤炭、有色金属、盐类矿产、其工业基础雄厚；以乌鲁木齐为中心的天山北坡地区，是我国向西开放的重要基地，在构筑我国全方位开放的格局中占有特殊地位。

（徐国弟 刘 源 杨 洁 撰稿）

科学合理开发西部地区矿产资源，促进国民经济健康发展

地质矿产部部长　宋瑞祥

西部地区9省区地广人稀，是我国少数民族聚居区，与13个国家有1万多公里的漫长边界。它的地理位置决定了它在我国国防、经济和社会发展中的战略地位。改革开放以来，西部地区经济得到了较快的发展。但是，与东部地区相比，经济发展差距拉大已成为十分突出的问题。近年来，经济发展处于高速增长（增长速度在20%以上）的地区主要是东部沿海地区，西部地区多数省区的增长速度在10%以下。1993年西部地区的工业总产值仅占全国工业总产值的11%。如何缩小东西部地区经济发展的差距是近年来社会各界越来越关注的问题。李鹏总理在1995年的政府工作报告中指出：“中西部地区也要发挥自身优势，促进社会经济发展”，“国家要在产业政策和生产力布局等方面给以必要的支持，要积极创造条件，逐步缩小这些地区同经济发达地区的差距”。

西部地区拥有十分丰富的矿产资源。加快开发利用西部地区矿产资源，把资源优势转变为经济优势，是缩小东西部差距，促进全国经济持续、快速、健康发展的一个战略步骤。

一、矿业开发促进了西部经济发展

西部地区地域辽阔，包含了几个Ⅰ级大地构造单元，成矿地质条件复杂多样，在漫长的地质历史中形成了丰富的矿产资源。建国以来，国家投入了大量资金用于西部地区的地质勘查工作。经过广大地矿工作者的辛勤努力，西部地区地勘工作取得了巨大成就。我国已发现的160多个矿种在这个地区均有发现。已探明一定储量的矿产有130多种。

西部地区蕴藏有非常丰富的能源矿产。到1993年底，该地区煤矿保有储量3800多亿吨，占全国的38.5%。贵州、云南是我国南方最重要的产煤省。新疆煤炭预测保有储量达2.19万亿吨，居全国第一位。随着中、东部地区煤炭资源采掘强度加剧，煤炭开发潜力将集中到西部地区。西部地区石油可采储量为4亿吨，占全国的18%，天然气可采储量为3346亿吨，占72%。据研究，西部地区尤其是新疆是我国陆地获取石油新产量和新储量的主要地区。从预测规模上看，大于1亿吨油田的资源量中，西北地区占41%，而且主要集中在塔里木盆地。

黑色金属矿产中铬铁矿是西部地区的优势矿产资源，其储量占全国的90%以上。贵州、云南的锰矿也占有重要地位。西部地区铁矿保有储量占全国的25%，四川攀枝花、云南大红山等铁矿都是全国有名的大型铁矿床。

贵金属、有色金属矿产是西部地区具有突出优势的矿产资源，按保有储量计，约23%的金矿和25%的银矿贮存在西部地区，92%的镍、43%的铅和锌、41%的铜矿（其中55%为Cu＞1%的富铜矿）和22%的铝土矿分布在西部地区。

西部地区还是化工原料矿产的重要产地。全国几乎100%的钾盐、47%的磷矿石（其中80%以

上的富磷矿石)和 39%的硫铁矿保有储量分布在西部地区。

西部地区矿业发展已形成相当大的规模,对全国矿业的发展和经济的增长有重要贡献。到 1993 年底,西部地区有国有矿山企业 2257 个,乡镇集体矿山企业和个体采矿者 74607 个。矿业就业总人数达 413 万人,占全国的 26%。矿石年总产量为 7.5 亿吨,矿山现价总产值为 297 亿元,均占全国总量的 15%。全国约 95%的镍矿产量来自甘肃,90%的铬铁矿产量来自西藏,几乎全部的钾盐产量来自青海柴达木盐湖。云、贵、川的磷矿和四川的天然气产量也在全国占有举足轻重的地位。

乡镇集体矿山企业和个体采矿在西部地区矿业发展中起着十分重要的作用。它们不仅安排了农村劳动力就业,而且是重要地下资源的提供者。如乡镇集体矿山企业和个体采矿生产的煤炭产量占西部地区煤炭总产量的 52%,铁矿石占 25%,铜矿石 34%,锌矿石 38%,镍矿石 50%,铝土矿 73%,金 29%,硫铁矿 78%,磷矿石 62%。乡镇集体矿山企业对发展地方经济,提高当地人民生活水平包括少数民族地区人民的生活水平作出了重要贡献。

西部地区矿业开发在其经济发展中占有十分重要的地位。按矿业产值占工业总产值的比例和矿业及矿产品加工业占工业总产值的比例计,新疆分别为 22%和 70%以上,云南为 6%和 37%,宁夏为 12%和 48%,甘肃为 12%和 63%。

自建国以来,由国家投资在西部地区建立起了一大批大中型国有骨干矿山企业和以矿产资源为基础的采选冶联合企业,如甘肃金川有色金属生产基地、四川攀枝花钢铁生产基地、云贵川磷矿生产基地、克拉玛依、塔里木油田等等。以矿业开发为基础,西部地区兴建了渡口、白银、金昌等一大批矿业城镇。

矿业的发展带动了其他相关行业的发展,对当地经济的发展起着积极的推动作用。以地处河西走廊的金川公司为例。50 年代后期,国家先后投资 30 多亿元在一片戈壁滩上建起了一座大型有色金属联合企业。这个大型国有企业的兴起使当地人民的思想观念发生了变化。其资金、技术、物质、市场和信息为其所在地区的社会经济发展提供了良机。1981 年以后,金昌市利用金川公司存在的庞大的配套产品市场发展了建筑业、交通运输业和商饮服务业,进而积累资金和技术,抓住本地市场进行开发和创新。到 1991 年建起了矿山开采、建材、建筑等各类企业 950 多家,从业人员达 2.5 万人,总产值达 1.5 亿元。1986 年以后,地方政府还利用金川公司的力量发展了集体企业,使农村人均纯收入接近全国平均水平。

二、矿业开发潜力较大,开发环境亟待改善

西部地区矿业发展存在一系列有利条件:

首先,西部地区矿产资源丰富,地质找矿远景良好,可以发现经济矿床的机会很大。已探明的矿产地中有相当一部分尚未被开发利用,矿业发展潜力巨大。

其次,国家对西部地区采取了优惠的财政政策和金融政策,西部地区大多属少数民族地区,享有《民族地区自治法》规定的内容广泛的优惠政策。长期以来,国家不仅对少数民族地区实行财政补贴,而且每年还发放各种低息和无息贷款、及各种专项拨款。此外,国务院决定从 1993 年到 2000 年由中国人民银行单独设立专项贷款用于支持中西部地区乡镇企业的发展。国家还计划采取一系列措施扩大西部地区的信贷规模。这些政策为解决西部地区矿业发展资金不足提供了条件。

第三,国家已经和计划对西部地区采取优惠的税收政策。国家对少数民族地区在固定资产投资方向调节税的征收、分配、留用及减免税方面将给予优惠。

第四,国家对民族自治地区实行优惠的矿业政策。《矿产资源法》规定:“国家在民族自治地方开采矿产资源,应当照顾民族自治地方的利益,作出有利于民族自治地方经济建设的安排,照顾当地少数民族群众的生产和生活”。国家在分配矿产资源补偿费时给予民族自治地方更高的返还比例。

第五,西部各省区人民政府十分重视矿业在其经济发展中的地位和作用,把开发利用矿产资源作为其经济发展的战略措施,并通过地方性立法和提供一系列优惠政策鼓励矿产资源的勘查和开发利用。

第六,由国家投资在西部地区建设的一批大型国有矿业企业和采选冶联合企业及过去十多年西部各省区自己发展起来的乡镇集体企业、私营矿山企业和个体采矿所形成的现有矿业生产力为矿业的进一步发展奠定了基础,它们在人才、资金、技术、市场、信息等方面将产生强大的辐射效

应。

西部地区矿业的进一步开发潜力较大，但还存在一系列问题有待解决：

1. 现行矿业生产中存在一些重要问题。现有矿山企业特别是乡镇集体矿山企业和个体采矿的生产技术水平较低，资源利用效率不高。有些地方受经济利益驱动，非法无证开采、越界开采、滥采乱挖、破坏浪费矿产资源等现象时有发生。有些地方矿业活动造成的环境污染和生态破坏比较严重。国有矿山企业经济效益较差，西部9省区1993年矿山年亏损6.79亿元，除新疆、甘肃、云南、青海外，其他省区国有矿山企业处于总体亏损状态。

2. 地质勘查投人不足，地质勘探研究程度较低，可采储量在保有储量中所占的比例小，相当一部分省区重点成矿区带的研究尚处于起步阶段。不少地方矿产资源家底不清，可供矿山设计、建设的矿产地很少，难以满足矿业发展的需要。

西部地区地处我国西部边疆，距离作为矿物能源和矿产原材料主要消费中心的东部经济发达地区运输线长。

西部地区气候条件恶劣，生态环境脆弱，水资源不足。矿业开发应重视走节水型、注重生态平衡的技术路线。

相对东部地区而言，相对于经济增长对矿业发展的要求而言，西部地区人才、资金、技术、信息等资源严重缺乏。

3. 中央与地方在资源分配和矿业收益上的利益分配有待调整，以利于促进全国经济协调发展。

三、加快西部地区矿业发展和经济增长的政策与措施

比较研究我国东、中、西部区域经济发展条件和优势，可以得出结论：矿产资源是西部地区经济发展最重要的能源和物质基础，加快勘查和开发利用矿产资源是促进西部地区经济增长，缩小东西部发展差距的重要举措。为此，国家和西部各省区应采取行之有效的政策和措施。

(一)改善西部地区矿业经济发展所必需的基本条件

加快西部地区矿业发展，当务之急是要加大西部地区地质找矿的力度，提高地质勘探研究程度，满足矿山建设的需要。地矿部门要组织一批“跨世纪工程”，在一些具有重要成矿远景的地区，如三江成矿带、西秦岭成矿带、西天山成矿带等，集中必要的人力、物力、财力进行有重点的地质找矿工作，查明一批国民经济和区域经济发展急需的国家级重要矿产地。

国家要重点扶持西部地区能源、原材料等基础工业和交通、通讯等基础设施的建设。国家通过对西部油田的开发、北疆铁路配套建设、青藏线扩能、包兰线电气化工程、南昆铁路建设、西北、西南通信光缆建设、扩建航空港等基础设施的大力扶持，可以大大改善西部地区的投资环境，促进矿业和以矿业为基础的矿物能源和原材料加工业的发展。

(二)充分利用“两种资源”，开辟“两个市场”，扬长避短，把西部地区的资源优势转变为经济优势

东部地区具有人才、资金、技术、信息等优势，而资源相对贫乏；西部地区资源较为丰富，而人才、资金、技术、信息处于劣势。西部地区可以充分利用东部地区的人才、资金、技术和信息建立矿产原材料基地，保障东部企业的原材料供应，也可以在现有矿业生产的基础上扩大生产能力，提高规模经济效益，或根据国内外市场的需要，在矿产原材料的基础上开发价值附加值高的产品。东西部企业可以采用双向投资，双向参股的方式进行经济协作，实现优势互补，共同发展。

西部地区巨大的矿产资源潜力已经吸引了世界上很多大型矿业公司包括跨国公司的注意。不少外商到西部地区探讨合资勘查、开采矿产资源的可能性，并显示出对这个地区的石油、有色金属、贵金属等矿产资源的兴趣。国家应采取必要的措施(包括立法)鼓励西部地区引进国外的资金和先进技术勘查、开发利用矿产资源。

经国务院批准，西部地区部分边境口岸进一步对外开放，沿边省会城市和云南、新疆等省区的边境城镇享有与沿海开放城市同等的优惠政策。地方政府也纷纷制定了一系列扩大对外开放，发展边境贸易的优惠政策。与我国毗邻的西部周边国家在80年代末相继实行对外开放政策。这些都为西部地区矿业开发和经济发展提供了良好的机遇。西部地区应抓住机遇，不失时机地加强与周边国家在矿业领域的经济技术合作，发展边境贸易，积极开拓国际市场，充分发挥各自的比较优势，增强自身的活力，包括到周边国家进行急缺资源的风险勘探，推进合作开发。

(三)正确处理中央与地方的利益关系，充分

调动各个方面办矿的积极性

根据我国东西部地区资源赋存的条件，矿物能源、原材料基地将要西移。因此国家应加大在西部地区进行矿业投资的规模，建设一批大中型国有矿山企业，同时要通过企业体制改革，搞活大中型国有矿山企业，充分发挥其在矿业发展中的骨干作用。

但是，单靠国家投资发展西部地区矿业是目前国家财力和物力所不及的。而且分布在西部各地的大量的小规模矿床和零星分散的小矿点、矿化点不适宜采用大规模投资和大规模机械化采矿作业，但却为乡镇集体矿山企业、私营矿山企业和个体采矿的发展提供了良好的条件。因地制宜地发展非国有矿业经济，实行以国有大中型矿业企业为骨干，国有、集体、私营、个体、“三资”等多种经济成分并行，大、中、小型矿山并举的方针是必要的，也是可行的。

国家在制定全国矿产资源规划时，要根据矿产资源赋存的特点，区别不同的矿产和不同的矿床规模，在矿产资源统一规划的前提下，给西部地区地方国有和乡镇集体矿业经济发展提供必要的条件及环境。在矿业收益分配上要充分考虑矿业作为采掘业不同与加工业、制造业及其他工业的特点，要考虑矿业对西部地区经济发展的特殊重要性，给西部地区以必要的倾斜，以增强西部矿业经济的自我积累、自我发展的能力。

(四)改革矿业投资体制，建立现代矿业企业模式

长期以来，我国地质勘查投资全部由国家事业拨款解决，勘查与开采分割，矿山生产成本中不包括勘探投入。实践证明，这种做法已越来越不适应于我国社会主义市场经济新体制下矿业发展的客观要求，也不符合市场经济国际惯例。在当前和今后一段时期，国家保持一定的地勘投资规模是必要的。同时，为了促进矿业的发展，特别是为了解决西部地区地质勘探投入严重不足，矿产开发程度显著偏低的矛盾，改革传统的矿业投资体制，实行勘查开采(甚至加工)一条龙是一条必由之路。国务院1994年以第152号令发布的《矿产资源法实施细则》已明确规定“探矿权人有优先取得勘探区内矿产资源的采矿权的权利”。这就为建立探采一体化的现代矿业企业模式提供了法律依据。新疆等部分省区实行“谁找矿，谁受益；谁开采，谁受益”的政策以后，不仅大大调动了地勘单位的积极性，使有限的地勘资金用在了刀刃上，同时也使地方通过与地勘单位联合办矿，借助地勘单位的勘查成果和技术力量使当地矿业得以更快地发展，从而带动地方经济的全面发展。

(五)科学、合理地开发利用矿产资源，把矿业的经济效益、资源效益、社会效益和环境效益统一起来

矿产资源是有限的、不可再生的。开发利用西部地区矿产资源既要遵循客观市场经济规律，又要遵循矿产资源的自然规律，以实现矿业持续发展的目标。这就要求，对西部地区矿业开发要实行统筹规划、合理布局和综合勘查、综合开发利用的方针，采用先进的技术和科学的管理充分合理地开发利用矿产资源，不能以破坏浪费矿产资源为代价，盲目追求短期经济效益。

矿业活动是人类社会活动中对生态环境不利影响最大的行业之一。西部地区是我国黄河、长江等河流的发源地，生态环境较之中、东部更为脆弱。有些重要矿产地位于国家自然保护区内。因此，开发西部地区矿业必须严格控制其对全国的生态环境乃至西部邻国的生态环境产生的不利影响。要严格执行“谁污染、谁治理”的原则及“三同时”制度和环境影响报告制度。要从矿产资源开发的工业布局、矿业开发的强度、矿业环境保持措施、土地复垦等各个环节采取切实可行的步骤防止环境污染和生态破坏。

(六)西部地区矿业开发必须走法制化的轨道，依法办矿，依法治矿

矿产资源属于国家所有，这是我国宪法和《矿产资源法》确立的基本原则。矿产资源所有权不属于它所在的地区，不属于某个矿山企业或其主管部门，也不因其所依附的土地使用权而改变其性质。国务院代表国家行使对矿产资源的所有权，国务院授权国务院地质矿产主管部门负责对全国矿产资源进行统一规划、统一管理。因此，西部地区矿业开发要在国家统一规划、统一管理下依法进行。勘查、开发矿产资源，必须遵循矿产勘查、开采许可证制度、矿产资源合理开发利用与保护监督管理制度、矿产资源有偿开采制度等基本法律制度。西部地区各省区地矿行政部门要依法管好矿产资源，同时也要做到管理与服务并重，为西部地区各级政府当好参谋，为矿业发展提供服务。

中部五省区域经济发展规划研究

按照国务院部署，国家计委从1992年开始，着手研究区域发展规划。西南和华南部分省区区域规划、长江三角洲及长江沿江地区发展规划、西北地区规划、环渤海地区经济发展规划、东北地区经济发展规划纲要等。其中西南和华南部分省区、长江三角洲及长江沿江地区、西北地区的规划纲要和规划要点亦经国务院批转，目前，正在考虑制定中部五省区域经济发展规划。

中部五省区域经济发展规划的范围，经过各有关部门、专家学者和一些相关省的充分论证，比较一致的看法是按河南、湖北、湖南、江西、安徽五省进行规划。这样行政区划比较完整，也有利于从宏观上统筹研究中部五省在发展中的重大问题。

一、中部五省经济发展状况

（一）中部五省在全国经济发展中的地位及优势

1. 适中的地理位置，有承东启西、南北交流的优势，具有重要的战略地位。中部五省处于长江中游和黄河中游地区，东部与经济发达的长江三角洲和正在开发的上海浦东紧密相连；西部沟通西南广阔的腹地；北部地处中原，是连接西北、华北的纽带；南部紧临珠江三角洲，是其对外开放的重要腹地。中部五省在我国的经济、技术、信息交流中，处于中枢地位，是当前沿海开放区的经济腹地和技术转移的直接受益区。

2. 自然条件优越，矿产资源、水资源、旅游资源丰富，在全国具有一定的优势，矿产资源中铁、钨、铜、铅、锌、磷和铝土资源蕴藏量丰富，其中铝土、钨等有色金属在全国占有重要地位。水资源丰富，总量达5000多亿立方米。旅游资源富集，该区名山大川集中，人文景观繁多，不仅在全国而且在世界都极富盛名。

3. 农业发达。该地区农业水土资源优势突出，光热条件组合良好，一向是我国重要的粮食、棉花、油料等农产品商品基地。该地区以占全国五分之一的耕地，生产了全国27%的粮食，46%的棉花，35%的油料和28%的烟叶。为国家提供大量的农副产品，为满足人民的基本生活需求做出重要贡献。

4. 东西南北的交通枢纽。经过几十年的建设，中部五省构筑了综合运输的基本框架，这就是京九、京广、焦柳3条干线铁路纵贯南北、长江航运、陇海铁路横贯东西，并形成了一些通往各大区的交通通道，是我国东西交往、南北交汇中水陆交通的枢纽。中部五省运网设施布局均衡，分布密集，在全国运网中起着主骨架的作用，是我国客货运输的主要集散地及中转换装中心。

5. 中部五省是我国重要的能源开发建设的重点地区之一，是我国主要的能源生产和输出地。至1993年，华中电网总装机容量达2748。91万千瓦，其中水电1070万千瓦，占39%，火电1678万千瓦，占61%。1993年全网年发电量达1268亿千瓦时。

6. 改革开放以前，中部五省一直是国家的重点投放地区，形成了较完整的工业体系和良好的发展基础，该地区工业基础雄厚，工业门类齐全，工业资产存量大，工业企业数量和资产存量都占全国四分之一左右。

7. 我国重要的原材料及主要初级产品的生产与输出基地。1992年，钢、水泥、玻璃、铁合金、硫酸分别占全国总产量的18%、21%、20%、20%和26%。平均每年净调出300多万吨钢材，3000多万吨水泥，1000多万吨平板玻璃，以及大量的有色金属产品和化学原材料产品，有力地支持了国家的经济建设。

（二）中部五省经济发展的劣势及主要问题

旱涝灾害频繁，江河治理任务繁重；产业结构层次不够高。产业结构中，第一产业比重大，第二、三产业比重偏低；一些地区受传统的计划经济体制影响较深，商品意识相对淡漠，思想不够解放；同属不沿海、不沿边的内陆省份，为对外开放增加了难度。由于上述和体制上深层次的原因，改革开放以来，虽然也取得很大的发展，但与全国特别是东部沿海地区差距逐渐拉大。

（三）中部五省面临的发展机遇

目前，不论国际还是国内大环境都为中部五省加快发展提供了机会。

1. 世界经济的发展趋势为中部五省提供了扩大开放的机遇。发达国家及新兴工业化国家和地区具有比较多的剩余资本，但面临市场饱和、劳动力不足、成本上升、环境压力加剧等难题，需要通过对外投资来调整产业结构。特别是近年来外商投资热点开始出现由东向西、由沿海向内地转移的趋势，并开始向基础设施和基础产业进行投资。

2. 国内大环境为内陆省开放开发创造了条件。90年代以来，我国在进一步搞好经济特区、沿海开放城市和经济技术开发区基础上，又进一步开放了沿边、沿江和内陆中心城市，最近又批准了三峡工程库区进一步对外开放，我国对外开放开始向内地延伸，正在修建的京九铁路、南水北调、西电东送、北煤南运以及大江大河治理的主要工程已经并即将在这一地区展开；浦东开发、沿江开放、三峡工程上马、欧亚大陆桥的铺通，更为这一地区发展提供了良好的发展机遇。

中部五省以87万平方公里的土地和3亿多人口，占居国内巨大的市场，而且极具潜力。随着改革开放力度的加大，经济的快速发展，人民生活水平和文化层次的提高，各方面的需求会大幅度上升。实际上，随着对外开放向内地的推移，广阔的市场需求是吸引外资最大的优势，国内外投资者对中部地区的投资比重已经在逐步加大。

3. 具有五省自身基础和条件的优势。中部五省独有的区位优势、丰富的自然资源和人力资源、广阔的市场条件、四通八达的水陆交通、几十年的经济基础、雄厚的科技力量等，其经济实力与开放初期的沿海地区相比，可以说是起点高、基础好，有极大的发展潜力。

二、研究中部五省区域经济发展规划的意义

1. 有利于探索实现地区协调发展经验，为2000年后的战略转移准备条件。改革开放以来，我国实施的地区发展政策，加快了地区经济的发展，同时也拉大了地区之间发展水平的差距。制定中部五省区域经济发展规划，对于加快这一地区的经济发展，使“中部崛起”，对于带动中西部地区经济协调发展具有重要意义。同时，还可探索出一条内陆地区深入改革，扩大开放的新经验，为我国的区域政策的制定摸索出一条新路子。

2. 有利于上海浦东的开发、开放和三峡工程的建设，带动长江沿江地区的经济发展。中部五省有四省在长江中下游，居于长江沿江地区的腹部。以上海浦东开发开放为龙头的长江三角洲和沿江地区开发开放的快慢，将在很大程度上决定我国实现第二步战略目标的整个社会主义现代化的进程。中部沿江地区在实行双向发展战略，即实行对外对内双向开放、利用国际国内两种资源和开拓国际国内两个市场的发展战略上具有显著优势。沿江地区要在更高层次上推动区域产业结构调整，促进区域经济素质的提高。呼应浦东的开发开放，利用有利时机，积极发展开放城市和办好各类投资开发区，不断扩大开放领域。以浦东为龙头的长江沿江地区开发开放的成功，也离不开中部腹地的配合和支持，浦东开发开放向内陆腹地的延伸与辐射，首先是中部沿江地区，没有中部沿江地区的振兴，就没有长江巨龙的腾飞，中部地区兼有东西之长，也一定会在浦东的强有力推动下，迎来一个发展的新时期。同时，长江三峡工程的建设也为沿江地区的发展带来了难得的发展机遇，并将促进该地区的经济发展。

3. 有利于带动和促进“欧亚大陆桥”的发展，加速黄河流域的开发开放步伐。我国经济发展的另一个主轴线贯穿这个地区的北部，即黄河流域经济带和欧亚大陆“黄金带”。这一轴线是我国经济发展的又一战略地带，对促进我国的东西经济交流和走向国际具有十分重要的意义。黄河流域是我国历史文化的发源地，是我国重要的能源、原材料生产基地，以陇海铁路为代表的欧亚大陆桥横贯我国六省区，沿途通过各铁路枢纽与我国许多铁路干线相交或联接，是我国经济发展的一条“黄金桥”。中部五省的河南位于黄河中下游，陆桥的出海口附近，它对沟通西北和华北的联系和扩大腹地的出海，加速整个黄河流域的开放开发步伐，进而带动中西部地区经济协调发展，将发挥重大的作用。

4. 可以增进全国东中西三大地带的交流与合作，促进南北之间的对话。中部五省位于我国的腹心地带，东靠经济发达的三角洲，西邻大西南，

北接环渤海地区，南临珠江三角洲，并连通大西北，与五大经济区相连，在东西南北交流中，处于中枢地位，是东部开发开放向内陆延伸的过渡带，是南北交流的结合地。这个地区处于全国开发开放的两条主线的优势部位，是沿长江、黄河开发的中心地带，在全国区域经济结构调整中处于重要的地位。搞好中部地区的发展，就可为东西交流与合作打开通路，也为南北交汇进一步创造了条件。

三、中部五省区域经济发展规划的指导思想、发展战略及其它

1. 中部五省区域规划的制定，要以“统筹规划、联合协作、优势互补、平等互利、面向市场、外引内联、合理分工、共同发展”为指导思想，发展战略和发展目标的确立，必须在全国经济发展长远目标的指导下，将五省作为一个整体，重点研究区域性、方向性、战略性的，各省市自己搞不了，需要大家共同来办，大家感兴趣的重大项目的产业布局等，集中解决制约本区经济发展的重大问题。规划要把发展战略、发展目标、建设布局、重大项目的规划和重大政策措施研究结合起来，力求使规划具有较强的指导性和可操作性。

2. 本区域今后的发展方向应为：充分发挥现有基础和优势，加快发展钢铁、有色金属、机械电子、化工、轻纺、电力等工业，调整产业布局；积极发展农业的多种经营，大力发展土特名优新产品，开展对江河综合治理工作，把本区建成全国重要的农业生产和出口基地，对外开放基地和实施战略西移的根据地。

3. 中部五省区域经济发展规划，应着重体现历史特别是改革开放以来形成的经济关系，选择适合本区特点的开放格局。长江沿岸地区要以长江为依托，以浦东为龙头，发挥武汉等沿江中心城市的作用，形成沿江对外开放的经济格局；河南是中原地区的核心，要充分发挥欧亚大陆桥的作用，西北东出、华北南下，以连云港等沿海港口为依托，形成新的出海通道；湘、赣的南部要继续以珠江三角洲为窗口，扩大对外开放和经济交流。中部五省区域经济发展规划，不但要正视这些区域经济关系的存在，而且要在经济发展的全局中巩固和发展这种区域性的经济关系。

4. 规划中还要特别注重几个问题，一是要打破行政区划的界限，研究和开拓整个区域市场、全国市场及国际市场，实现全国统一大市场下的区域市场一体化；二是要加大改革开放的力度，研究改革开放政策如何从沿海向内陆地区的延伸和拓展；三是主要侧重于中长期，但要注意当前和长远的结合；研究区域经济发展的大问题，大思路，提出大政策；四是区域规划必须与全国规划相协调，与国家的产业政策相一致；五是规划要具有指导性和一定的约束力。

四、中部五省重点产业的选择

1. 大力发展农业和农村经济，搞好大江大河治理。农业是关系稳定和全局的大事，要特别重视加强农业的基础地位，全面发展农村经济。为了确保农民利益，党中央采取了一系列政策措施，用以鼓励、扶持农业的发展。中部五省是传统的农业主产区，应充分利用国家给予的各项优惠政策，积极探索发展大农业的路子，提高农业商品率，发挥大农业的综合效益。继续搞好大江大河治理，减少洪涝灾害对农业的影响。

全面发展农村经济，优化农业产品结构，大力发展乡镇企业，建设有特色的农、畜、林产品生产基地，重点建设汉江平原、洞庭湖平原、鄱阳湖平原、巢湖平原和黄淮海平原。注重产品深加工和资源的综合利用，积极发展创汇农业，实现由种植业为主向农业多种经营全面发展的转变。

2. 加强交通运输网络的建设。中部五省是联结我国东西南北的交通要道，是东西结合、南北交往的桥梁与纽带。要增加对交通的投入，坚持发展综合运输的方针。从区域的经济地理条件出发，建设发展与各区域相连接的综合运输主骨架、主通道、畅通与全国各区域以及国际的经济联系。重点规划区域的铁路干线、公路干线、干线机场、四级以上内河干线航道及水陆交通枢纽。同时沟通区域内部联系，建设区域内连接各省及中心城市的交通网络。

3. 积极发展水火并举、发电与输电配套的电力工业。建设以长江三峡电站为中心的水电基地，积极开发新的水电资源，重点建设好鄂西南、湘西北、赣江水系、黄河小浪底、皖西南山区等水电工程，在继续建设好原有基地的基础上，积极改建扩建现有火电厂，再建一批大中型骨干企业。

4. 继续发展以冶金工业、化学工业为主的原材料工业，相应发展建材工业。冶金工业的发展要以矿山建设和重点企业的更新改造及配套为重点，提高产品质量，加快科技进步，增加品种，扩大出口量。

5. 发挥本地区的科技和人才优势，调整改造

60 年代和 70 年代三线建设所形成的一批机电、轻纺和电子骨干企业，形成新的支柱产业。根据国务院关于发展汽车工业的产业政策及指导思想，五省汽车工业应在现有条件的基础上，以“东风”为龙头，逐步实现规模经济，建立高度专业化协作的现代汽车工业；对一些传统产业要进行产品结构的调整，建立有地区特色的服装、食品为主的轻纺工业；以出口高附加值加工产品为主，建设规模较大、具有较高加工深度的综合加工生产基地。

6. 加速产业结构调整，提高第二、三产业在国内生产总值当中的比重。 特别要大力发展第三产业。中部五省发展第三产业有很好的基础和条件，应充分利用这一地区的优势，积极发展高新技术产业，促进商业、金融、外贸、信息、旅游事业的发展，带动第三产业大发展。根据需要和可能，逐步建立区域性的金融中心、商贸中心、科技、信息中心，提高中心城市的辐射作用，从长远考虑，还可发展国际性城市，以适应中部地区对外开放的需要。

（孙 伟 撰稿）

三峡地区经济发展规划纲要提要

本规划的区域范围包括：湖北省宜昌市的宜昌县、兴山县、秭归县、恩施自治州的巴东县；四川省万县市的巫山县、巫溪县、奉节县、云阳县、龙宝区、天城区、五桥区、开县、忠县、黔江地区的石柱县，涪陵地区的丰都县、涪陵市、武隆县；重庆市的长寿县、江北县、巴县、江津市共 21 个涉及库区淹没的县、市、区。考虑到三峡工程建设和库区经济发展要以中心城市为依托和为扩大移民安置容量，规划还涉及重庆市区和宜昌市区，但其内容只是与库区经济发展、移民安置紧密联系的方面。

一、区域特点与发展背景

三峡地区地处长江上游，在川鄂两省的结合部，幅员面积 5.99 万平方公里，人口 1605 万人。

（一）区域自然资源状况

三峡地区自然条件复杂，对经济发展的有利条件和制约因素都很突出。

有利条件，主要表现为水能资源、生物资源、旅游资源和部分矿产资源丰富，开发潜力大。三峡地区被长江横穿而过，水运条件优越，水力资源丰富，区内可装机水能达 3171 万千瓦，是长江干流沿岸地区水能资源最丰富的地区之一，由于开发条件较好又靠近负荷中心，为大规模开发利用提供了可能性；在三峡库区及其毗邻县、区，还拥有煤炭储量 27 亿吨，天然气控制储量 1000 亿立方米以上，均有一定开发利用前景。本地区地处中亚热带，气候温暖湿润，适于多种农作物生长；矿产资源，以非金属矿藏为主。万县一带岩盐和盐卤蕴藏量相当丰富，为发展盐化工创造了条件，宜昌附近磷矿储量大、品位好，为发展磷化工提供了充足的原料。旅游资源，以风光秀丽、山水奇特的自然景观为主，融自然景观、人文景观为一体，是全国十大旅游资源区之一。

制约因素，主要表现在地势崎岖，耕地匮乏，自然灾害频繁，生态环境脆弱。本区人口多而土地资源相对不足，全区人均耕地 0.93 亩，大多是零碎地、坡地、薄地和瘦瘠地，质量差，种植业的发展受到较大的资源制约。由于地质、地貌复杂和年降水时空分布不均，滑坡、崩塌、泥石流等地质灾害和干旱、暴雨等灾害性天气时有发生。此外，由于过度垦植，全区水土流失严重，裸岩、裸土面积增加，河流含沙量日益增多，生态环境恶化的趋势尚未根本扭转。

（二）区域经济发展现状

建国以后，特别是党的十一届三中全会以来，三峡地区的经济建设取得了巨大的成就，1994 年全区国民生产总值达 314 亿元。三峡地区经济面貌有了较大的改变，原有落后单一的农业经济正在逐步向工业化过渡，已初步形成了以轻纺工业和建材、化工为主的产业基础，生产力水平不断提高。

但是，由于自然条件和三峡工程久拖不决等因素的影响，三峡库区的经济发展相对落后，人均国民生产总值1017元，仅相当于全国平均水平的一半，也低于四川、湖北两省。至今被国家和省列入贫困县的有17个，涉及1200万人；财政补贴县15个。

（三）区域发展面临的形势

三峡工程兴建的巨大投入和开发性移民，对于三峡地区生产力布局的展开和合理化，会起到积极的促进作用。国家给予三峡地区一系列特殊优惠政策，以及各省区市对三峡地区的对口支援，也给本地区的经济发展注入新的活力，同时，也应该看到，百万移民的安置是一项十分艰巨和紧迫的任务，会给三峡地区经济发展带来很大的压力。这一切都说明，三峡地区在今后一、二十年内面临着既要加快区域经济发展的步伐，缩小与省内和全国其它地区的差距，又要妥善安置移民，保证三峡工程顺利建设的双重历史任务。

二、经济发展的总体构想和重点产业的选择

（一）指导思想

三峡地区经济发展要充分利用已有条件和有利时机，进一步解放思想，更新观念，按照建立社会主义市场经济体制的要求，加快改革开放步伐，以开放促开发，以改革促发展；把经济发展与移民安置结合起来，加快本地区资源的开发利用和产业结构的调整，改善经济发展的大环境和改变相对落后的面貌；通过在较高起点上的规划和建设，繁荣这一地区的经济，使人民群众的生活水平得到较大的提高。

（二）发展目标

三峡地区经济发展的总体目标是：在规划期内逐步建成全国最大的水电能源基地、长江中上游重要的产业带、独具三峡特色的旅游风景区，使其成为经济繁荣、环境优美、人民安居乐业的经济发展与移民安置相结合的新型库区。

规划的近期目标是：到本世纪末，使三峡地区经济发展的基础条件有较大的改善，区域自我发展的能力不断增强，通过开发性移民，使库区人民的生活水平有较大的提高，初步实现经济、社会和环境的协调发展，为全面振兴地区经济打下良好的基础。

（三）重点产业及发展方向

1. 把大农业的发展放在首位，加快农业资源的开发与农村经济的发展。

2. 加快交通、通信、能源等基础设施的建设，努力改善三峡地区投资环境。

3. 大力发展化工、建材、建筑业和以农副产品加工为主的轻纺工业。

4. 利用本地区独特的地理环境和区位优势，大力发展旅游业。

三、重点产业规划

（一）农业和农村经济发展规划

从三峡地区的农业资源和农村社会经济条件以及未来发展出发，今后本地区农村经济的发展要以市场为导向，积极开发农业资源，大力发展高产优质高效农业和乡镇企业，提高农民的经济收入，实现增产增收；要以优势产品开发为主攻方向，按照农工商一体化，产加销一条龙原则组建一些农产品开发集团，带动该地区农业商品基地的建设和名特优新产品的生产，进而推动三峡地区农村产业结构的调整和经济布局的优化，初步形成一、二、三产业协调发展的格局。

——大力开展以水利为重点的农业基础设施建设。要根据当地农业生产和农村经济发展的要求，结合移民和城镇搬迁，在规划的基础上，加强对现有水利设施的配套、挖潜和改造及农村人畜饮水工程建设。

——建设一批农副产品基地。三峡地区农业资源丰富，三峡工程的建设，对农副产品的需求将大幅度增加，这给本地区农业生产的发展提供了机遇。今后10年，三峡地区应尽快建设一批农副产品生产基地。

——按照发展大农业的思路，认真搞好农业综合开发。根据本地区农业资源具有立体综合开发的优势，国家要继续搞好农业综合开发项目。

——认真搞好以长江上游防护林工程建设为重点的水土保持工作。

——按照保护和开发相结合的原则，保持三峡地区耕地总面积的基本稳定。城镇、企业和农村居住点的搬迁，要特别注意保护和节约耕地。对可以开发的后备耕地资源要在合理规划的基础上，逐步加以开发，争取新开发的耕地面积和淹没、搬迁占用的耕地面积保持大体平衡。

——大力发展以农副产品加工和流通为重点

的农村二、三产业。要在认真搞好农业生产的同时，大力发展以农副产品加工业和矿藏资源开发业为重点的乡镇企业，为安置移民和扩大农民就业创造条件。

（二）交通、通信发展规划

随着三峡工程的开展，移民和城镇搬迁的铺开，以及资源的进一步开发，更加大对运输和邮电通信的需要，区内的交通、通信将面临更加紧张的局面。加快交通、通信设施的建设并与国家交通、通信网络的布局相衔接，已成为三峡地区经济发展的当务之急和关键之举。

交通、通信要坚持超前建设、优化发展的原则；兼顾各种运输方式的建设，继续发挥长江航运的骨干作用和公路在集疏运以及沟通区内城乡贸易中的主体作用。在全国交通运输网络和通信网络布局中，充分考虑三峡对外通路的建设；把库区原有设施的复建与新线路的建设结合起来。交通运输建设，近期要同移民搬迁相衔接，以改善长江通航条件、提高公路等级以及移民工作急需的公路桥梁的铺设为主，"九五"、"十五"期间加快新线新路的建设，以适应本地区经济的增长。力争使三峡地区在本世纪末或下世纪初形成以重庆、宜昌、万县等大中城市为交通枢纽，以长江为依托，水运、铁路、民航为对外主要通道，公路、桥梁沟通区内城乡联系的四通八达、内外畅通、快速、便捷的综合运输体系。

（三）能源工业发展规划

三峡地区能源资源蕴藏总量丰富，水能占绝对优势，可开发水能密度为每平方公里 399 千瓦，大大高于全国平均水平。由于水能资源开发程度低，煤含硫高、煤层薄、质量差、利用率较低，使能源发展滞后，不能满足当地经济发展与人民生活的需要。开发以三峡水能资源为主的能源工业，加快其发展，在三峡地区经济发展中，具有重要的基础作用。

三峡地区的能源主要靠水电，实行大、中、小水电相结合。在三峡电站发电前，主要是根据当地资源的特点，因地制宜地开发一批效益显著的中小型水电；在大电网难以保证其用电的情况下，可以依靠地方的力量，根据当地煤炭资源，在满足环保要求的条件下，适当建设火电，供当地使用；并注意沼气、薪炭林等农村能源的建设，以保证当地农民的生活需要。2000 年以后，则主要依托于三峡电站供电，并逐步建立火电、、中小水电为补充的能源供应体系。

（四）原材料工业发展规划

三峡地区原材料工业发展具有一定条件和潜力。但目前三峡地区原材料工业基础薄弱，小企业多，工艺装备落后，产品档次低，劳动生产率不高，经济效益差，自我积累、自我发展能力差，是亟待发展的产业。

本地区原材料工业重点发展具有资源优势的产业和产品，以满足区内市场，服务全国。一方面要因地制宜，以资源为依托、以市场为导向，建设有特色的、较完善的以及资源和市场双重导向型的原材料工业体系；另一方面要依靠科技进步，合理调整产品结构、技术结构和企业组织结构，使发展速度、效益、后劲统一起来。

（五）机电轻纺工业规划

经过几十年的努力，三峡地区的机电、汽车、轻工和纺织工业有较大的发展，在全区工业产值中占较大比重，已成为本地区的骨干产业。但发展水平很不平衡，重庆、宜昌市水平较高，库区相对落后，随着三峡工程的展开，需要当地提供大量的配套机械设备和后勤保障，这就要求机电轻纺必须加快发展，并提高地区的整体水平，以满足需要。

根据三峡地区剩余劳动力多，移民安置量大的实际情况，重点发展劳动密集型的企业，并积极利用全国对口支援三峡地区建设的机遇，引进先进地区的技术、人才和资金，开发新产品。

（六）旅游业发展规划

充分发挥旅游业的关联带动功能，把旅游业作为第三产业的龙头，对外开放的"窗口"和当地社会经济发展的突破口，调动各方面的积极性，大力兴办旅游业；充分发挥旅游资源优势，不断开拓国际旅游，积极发展国内旅游，把旅游业逐步发展成为三峡地区支柱产业，服务区域经济的开放开发；坚持旅游建设与库区移民相结合，利用旅游业为劳动密集型产业的特点，积极扩大就业门路，为三峡工程的移民安置扩大容量。同时注意发展旅游与保护环境相结合，使旅游业各要素配套完善，促进旅游网络的形成。

四、区域的协调发展与城镇布局

（一）基本思路

按照区域经济发展的规律，结合本地区的实际情况，三峡地区的区域经济发展和城镇布局的基本思路是：

——建立分工合理的城镇体系，以中心城市

带动区域经济发展。宜昌和重庆市是三峡工程建设和库区经济发展的重要依托，是三峡地区人流、物流的进出口和集散地。因此要充分发挥库区两端重庆、宜昌市作为中心城市的带动作用，走“两头带中间”的区域经济发展道路。同时，积极建设和发展万县市和涪陵市，使其成为库区新的中心城市和增长点；充分发挥县城和集镇作为当地经济中心的作用。

——城镇建设布局要与对外通道建设相结合，增强城乡经济的交流及相互促进作用，加快以城镇体系为基础的市场网络建设。首先要按照城镇布局的发展需要，构筑库对外通道框架，其次建设好搬迁城镇与原有区域及其它城镇相联系的交通网络，发挥小区域的经济中心和集疏运中心的作用。

——城镇搬迁重建中，要充分发挥和利用原有城镇的功能，避免或减少由于城镇搬迁，而造成对区域经济发展的不利影响。

——城镇布局与乡镇企业发展相结合，大力发展农村集镇，引导乡镇企业在集镇集中建设。

(二)分区布局构想

根据三峡地区区域发展和城镇布局的总体思路，形成合理分工、优势互补、协调发展的区域格局，将三峡地区(规划区)划为库首区、库区腹地、库尾区。

1. 库首区

范围包括三峡工程库(坝)区的宜昌、兴山、秭归、巴东4县和宜昌市区，面积1.21万平方公里，人口214.39万人。

本区要充分利用得天独后的区位优势，就近建设服务于三峡工程的基础设施和生活保障基地。在使宜昌成为一个新兴的工业化大城市的同时，在坝区周围形成一个以旅游服务为主的新的城镇群，建立以宜昌为中心，以县城为纽带，带动库首区城乡发展的城镇网络。

2. 库区腹地

范围包括巫山县、巫溪县、奉节县、云阳县、万县市区(龙宝区、天城区、五桥区)、开县、忠县、丰都县、武隆县、涪陵市、石柱县，面积3.9万平方公里，占库区的68.7%，人口977.42万人，占库区的66.96%。

随着三峡工程的蓄水，城镇的搬迁、移民的安置和库区经济的发展，万县将作为库区水、陆、空联运的枢纽，陆续建设新机场、万达铁路和深水港口，使三峡腹地形成一条新的直接对外运输通道。万县、涪陵两市要进一步扩大规模、增强经济实力，使其成为库区腹地的工业、交通、贸易中心，形成以万、涪为中心，8个库区县城为纽带的沿江城镇带。

3. 库尾区

范围包括库区的长寿县、江北县、巴县及重庆市区，面积6888.5平方公里，人口617.75万人(其中重庆市区面积1534平方公里，人口302.96万人)。

本区要充分发挥重庆特大城市的综合服务功能，同时以库尾区的3个县城、新兴城镇以及企业集中区为重点，沿交通干线建设中小城镇群。利用重庆老工业基地改组、改造和三峡工程建设的时机，积极创造条件承接重庆工业的辐射和扩散，形成一些专业化较强的中小企业。

五、生态环境的保护与治理

三峡地区在经济发展的同时，要大力加强生态环境的保护与治理，逐步建成良性循环的生态环境，促进三峡地区经济社会与生态环境的协调发展。

1. 持续实施农业综合开发工程，扩大自然保护区，治理水土流失，改善农业生态环境。

2. 积极防治地质灾害，减少灾害损失。

三峡地区地质灾害点多、面广，防治紧迫。要坚持“预防为主、防治并重、综合治理、突出重点”的方针。重点加强对地质灾害严重的城镇及三峡库区干流库岸崩塌、滑坡体的防治。要结合经济发展规划，对区域环境地质做出进一步评价，提出综合治理方案。

3. 防治环境污染，促进经济发展

三峡地区环境污染治理的重点是城市“三废”污染，要突出城市环境综合整治，抓好重点工业污染的治理。大中城市要完成沿江污水截流、沿江干道环境综合整治、城市绿色屏障工程；搞好库区供排水系统与排污口整治，污水排放要达到国家规定的标准。

(程家源　撰稿)

晋陕蒙接壤地区资源开发和环境保护综合规划研究

晋陕蒙接壤地区煤炭、天然气等资源十分丰富，是“三西”能源基地的重点开发地区，将成为我国下个世纪重要的能源重化工基地。同时，这里也是生态环境脆弱区，水土流失、土地荒漠化严重，是黄河泥沙的主要来源地之一。近年来，在资源开发过程中，由于缺少统筹规划和管理，土地沙化和水土流失加剧、入黄河泥沙增加，废土弃碴堵塞河道、影响泄洪、污染水质。这不仅影响了本区的资源开发、经济发展和人民生活，而且危及黄河下游地区的安全。统筹规划资源开发和环境保护已成为促进这一地区经济持续发展的前提条件。

进行规划的行政范围包括山西省河曲、保德、兴县、偏关，陕西省榆林市、神木、府谷、横山和内蒙古的东胜市、准格尔旗、达拉特旗、伊金霍洛旗、托克托县。共13个旗县市，总面积5.44万平方公里。1993年底总人口282.4万人，其中农村人口占84.3%，城镇人口占15.7%。规划期为1995年至2010年，规划重点章节有以下四个方面：

一、制定规划的基本出发点

(一)合理开发利用本区资源的重要意义

本区能源资源储量丰富，大规模开发利用本区丰富的资源是发挥地区比较优势、支援全国经济发展的需要；是促进当地经济和社会发展、带动本区脱贫致富的迫切需要，也是促进规划区及黄河中下游地区生态环境的保护与改善的需要。

(二)大规模开发资源过程中面临的若干问题

——按照大规模开发能源资源的要求，水资源总量严重不足，而且在开发利用上存在诸多不利条件。

——生态环境十分脆弱，对人为活动的影响非常敏感。集中表现在土地荒漠化严重、土壤贫瘠、地表植被稀疏、自然灾害频繁等方面。

——不合理的资源开发已经导致水土流失、风蚀沙化、环境污染等一系列生态环境问题。

——大规模资源综合开发涉及采矿、加工、运输等一系列环节。协调煤炭开采规模与对外运输能力、水资源分配以及火电规模和布局的关系是资源开发中的突出问题。

(三)规划的指导思想、战略目标与基本原则

指导思想：统筹规划各类资源的开发利用，处理好各类资源开发利用之间的平衡关系、资源开发与环境保护之间的关系、本地经济社会发展与周边及其它地区的关系，使整个规划地区走上资源合理开发和有效利用、经济持续发展的道路。

总的战略目标是把晋陕蒙接壤地区建设成为一个资源开发与环境保护相互协调的，能够持续、快速、健康发展的，以煤电发展为主体的全国重要的能源重化工基地；一个对我国中西部干旱、半干旱地区和生态脆弱区具有借鉴和指导意义的生态环境保护示范区。

基本原则：坚持规划与部门和地方国民经济及社会发展相衔接的原则；坚持开发与整治并重的方针；坚持适应建立社会主义市场经济体制的要求，综合运用经济手段、法律手段和必要的行政手段，保障规划实施；坚持水资源、运力和环境容量的平衡；搞好资金平衡，突出重点，逐步实施；发挥骨干企业的积极性和典型示范作用。

二、资源开发及其建设布局

(一)资源开发及利用规划

开发利用本区资源应把煤炭、电力、天然气等能源资源的开发与该地区水、土等其他资源的开发视为一个整体，对其开发规模、布局及其建设时序与环境治理进行统筹规划，合理安排，分步实施，协调发展。

1. 煤炭

煤炭是本区资源开发利用的重点，根据本区的资源组合条件，应优先发展露天煤矿；地下开采以大型和特大型高产、高效矿井为主；输煤和输电

并举;统一规划国有煤矿、地方煤矿,煤矿企业按建立新体制和规模经济的要求逐步实行集团化综合经营。

规划到2000年煤炭产量达到6000~6800万吨;到2010年达到1.4~1.6亿吨,向区外调出煤炭1~1.2亿吨。开发布局上,2000年前重点放在神府、东胜和准格尔3个矿区;万利矿区大规模建设开始展开;河保偏矿区抓紧开展前期工作。2000~2010年,开发重点为神府、东胜、准格尔和万利4个矿区;河保偏矿区大规模建设开始展开。

2. 电力

根据规划区水资源的总体平衡情况和电厂建设条件,沿黄河两岸建设大型坑口电厂,变输煤为输煤输电并重;煤电路港统一规划建设,搞好煤电运综合平衡;加快黄河北干流水电开发。规划到2000年达到582万千瓦,2010年为1490万千瓦。规划区的电厂布局基本上是沿黄河布置,只有精煤公司的店塔电厂距黄河稍远。按省区分,内蒙古最多,达892万千瓦,占建设规模的61.4%,其它两省较少,主要是便于从黄河取水。

3. 天然气和石油

天然气到2010年探明储量1500亿立方米。石油在2000年前探明地质储量1000万吨,2000~2010年新增探明储量1000万吨。

近期应以伊陕斜坡为重点进行预探评价,2000年前加强伊陕斜坡和乌兰格尔隆地区的勘探。天然气的开发方面,近期抓紧规划已有探明储量的陕西部分的天然气的开发利用,并将开发纳入总体集输系统。

4. 水资源

本区水资源在供需程度上存在一定差距,因此在开发利用上要坚持两个原则:一要合理开发利用地下水资源,积极开发地表水资源,有计划地开发利用黄河干流过境水,以保证城乡生活用水和煤炭、电力开发用水,兼顾矿区农副基地建设用水和生态环境建设用水;二要实行开发与节流并重,贯彻高水高用,一水多用,先用后耗,综合利用的基本原则,以最大限度地提高水资源的利用率和经济效益。

在秃尾河、窟野河干支流上兴建转龙湾、采兔沟、王圪堵、李家梁等大中型水库工程,将利于地表水的调蓄利用。

5. 农、林牧业

本区农牧业发展以农田水利基本建设为主要内容,加强农业基础设施建设,大力发展农牧结合的生态型农业和圈养牧业。规划到2000年农业总产值达到30亿元(按1990年价格),农民人均纯收入1000元;2010年农业总产值达到50亿元,农民人均纯收入2200元。

(二)交通运输重点建设规划

规划区的交通运输重点是煤炭外运,其次是工农业生产建设的运输服务和客运。

1. 煤炭调运方向和调运量

2000年外运煤炭量规划为4900~5700万吨。铁路运力平衡情况为:北路集通线运煤能力700万吨;东路大准线运煤能力1500万吨;东路神朔线运煤能力2500万吨;包神线转京包线1000万吨。以上通路的总运力为5700万吨,与规划产量相适应。

2010年规划区煤炭外运量将达到1.04~1.23亿吨,铁路运力平衡情况为:北路运煤能力1000万吨(按集通线运力的60%);东路大准线运煤能力4000万吨;东路神朔线运力8000万吨,朔港线运力6000万吨;南路神延线运煤能力1000万吨(按其运力2/3计算)。以上4条通路总运力为1.2亿吨,外运煤炭与运力基本平衡。

2. 铁路建设布局和重点建设项目

——大准线和神朔线,1994~1995年建成通车。

——朔港线,2000年以前建成Ⅰ级单线电化,2010年以前完成复线电化。

——大准线,2010年以前完成复线电化。

——东大线,2010年以前建成。

——神延线,2000年以前完成Ⅰ级单线电化。

——包神线和神河线进行技术改造,提高运力。

——大秦线二期、集通线建设,北同蒲和大包线技术改造。

2010年前完成上述建设的同时,还需要开展第三条运煤通道,即榆林—延安—西安—南京铁路的前期工作。

3. 公路、港口及民航建设

本区公路建设布局以改善210、109国道的薄弱地段,建设煤矿、电厂、铁路站和城市之间的公路网络为重点。同时,完善各村镇、地方企业与干线公路连接的公路支线。

本区港口以黄骅港煤矿头一期工程为重点,年外运能力3500万吨。

民航方面,2001~2010年建设伊金霍洛旗民航机场，适用于中、小型飞机，通航规划为：北京、太原、西安、呼和浩特。

（三）人口与城镇发展规划

根据以煤、电、气等资源开发带动城镇建设与发展的原则，加强本区城镇发展综合规划和合理布局，逐步形成中心城市、县城镇和小城镇协调发展的城镇体系。对新建城镇要精心规划、合理布局，避开压煤。工业项目要求成组布置，供水、运输、交通、通讯等基础设施超前建设。对原有城镇重点结合水资源开发利用条件确定其发展方向和生产力布局，合理调整城市功能结构，增强城镇经济实力。

到2000年，本区总人口将达到326万，其中城镇人口69万。

到2010年，总人口达到373万，其中城镇人口100万，城市化率达到27%。

三、环境保护与生态恢复建设

（一）环境保护与生态恢复建设的方针与目标

要贯彻"谁开发谁保护、谁破坏谁恢复、谁利用谁补偿"和"预防为主、防治结合"的方针，做到监督管理与恢复治理并重；在搞好全区域规划的同时，突出重点地区和重点问题的恢复治理和典型示范。

2000年前，减缓生态环境恶化趋势，减轻风沙危害和水土流失，使重点城市的环境污染和重点地区的生态恶化趋势得到基本遏制，局部地区的生态环境有所改善。2000～2010年，有效遏制全区生态环境恶化趋势，使规划区内的植被覆盖率、矿区土地复垦利用率、城镇和重点矿区污染治理率、草场建设和水土流失治理面积都有较大幅度提高，土地荒漠化和水土流失得到有效控制，为实现生态良性循环、城乡环境质量改善和促进当地农村经济发展奠定良好的基础。

（二）专项规划

1．水土保持与土地沙化防治

开展以恢复林草植被为主的生态保护与建设，减轻水土流失和风沙危害，防治土地荒漠化，改善区域生态环境。其重点区域及建设工程有多沙粗沙区重点支流综合治理工程、防洪护矿的水土保持治沟骨干工程、黄河两岸水土保持林带建设工程、乌兰木伦河-窟野河防护林带建设工程等。

2．河道整治

依据资源开发建设项目的总体布局，配合流域综合治理各项工程建设和当地经济发展要求，结合河流特征确定整治河段；按保护对象的重要度，确定整治河段防洪设计标准，开展重点工程建设（主要是窟野河中游河段整治工程），确保河道行洪通畅和矿区、城镇安全、保护河谷的滩地、农田和副食蔬菜基地。

3．矿区土地复垦与整治

分期实施被破坏土地的复垦计划，其重点工程是矿床开采区的复垦与整治。根据"谁破坏谁恢复"的原则确定复垦承担单位，并将复垦计划纳入矿区开发建设规划中；成立专业化复垦施工队伍，以市场机制推行复垦制度，并提高复垦质量。

4．环境污染防治

根据本区工业的高物耗、重污染特点，在能源开发和经济发展的同时，大力开展以水环境保护为中心的污染防治工作，提高废水的处理率和再生利用率，做到达标排放；维持本区黄河干流水质在二级标准；保护地下水免遭污染危害；维护中心城市和县旗大气质量达二级标准；综合利用和合理处置粉煤灰和煤矸石等固体废弃物；加强乡镇工业特别是土法炼焦的技术改造和环境管理，使乡镇企业污染问题到2005年得到基本解决。

（三）区域重点地区生态恢复与建设

1．城市与工矿区生态恢复与建设

根据本区生态环境条件恶劣的特点和经济与环境同步建设的方针，大力开展以城市和工矿区为中心的区域性生态恢复与建设，尽快编制各中心城市、主要县市、主要新兴矿区城镇的经济——环境发展规划，进行所有大、中、小型建设项目的环境影响评价，建立分级环境管理机构，配置专门生态环境管理人员，实行生态环境的长期监测和监管，及时防治因矿区洞采引起的各种地质灾害。

2．自然保护区和风景旅游区的保护与建设

为保护本区独特的生态系统和珍稀物种，保护和建设特有景观和文化名胜，发展旅游业，必须加强自然保护区和风景旅游区的保护与建设。为此，要结合本区生态建设规划，将划定的自然保护区、风景旅游区作为建设重点，改善其生态环境；建立和完善自然保护和旅游业发展的管理机构和管理制度；加强自然保护区珍稀物种保护、人工驯化栽植和易地扩群的科学研究、解决资源开发与自然保护的矛盾。

四、重点区域开发布局及环境整治

（一）煤炭资源开发和环境整治区

神府-东胜精煤生产和煤电转化基地、准格尔动力煤开发基地和榆神优质煤炭工业基地是本区煤炭资源集中开发的三大区。其环境综合治理的重点包括：制定煤炭开发与环境综合治理方案并正式列入各矿区开发的总体设计中去；要加强“三北”防护林建设；加快煤矸石回填；配套建设一批防洪护矿工程和生物工程，从根本上减少大面积的水土流失，等等。

（二）黄河北干流两岸煤电转化基地

该基地包括东胜北部达拉特旗和托克托县等火电基地，可规划发电装机容量1000万千瓦以上。主要向东北、华北和华东地区输送电力，可成为我国特大型电力输出基地之一。其环境综合治理的方向是：防治燃煤电厂对大气、水体和地面的污染；避免对大城市环境状况造成不利影响；积极研究和发展粉煤灰的综合利用等等。

（三）晋陕峡谷北部煤电铝工业基地

该基地包括河曲、万家寨、保德、阴塔、龙口、段家寨、兴县7个电厂及兴县铝工业基地。这7个电厂可规划发电装机容量超过2000万千瓦。这一基地位于黄河地势较为开阔的地带，水源条件好。但是此地黄土沟壑纵横，水土流失严重。环境综合治理的重点是：燃煤电厂对大气、水体和地面的污染；铝工业排放有害物质对大气、水体和地面的污染；地方煤炭工业由于分散、规模小、工艺落后等因素造成对地表的破坏和对水体、大气的污染；大规模开采促使大面积水土流失的危害等。

（四）靖榆天然气开发及化学工业基地

该基地位于内蒙古西南边缘和接壤区的横山、靖边及其以南广阔的地区，由长庆石油勘探局勘探开发，是我国迄今陆上面积最大的天然气田，大部分天然气外输。这一地区的特点是地处毛乌素沙漠南沿，土地荒漠化严重；无定河、榆溪河流经本区，水源条件较好；榆林市作为晋陕蒙接壤地区的中心城市之一，对环境质量的要求比较高。环境综合治理的重点是：天然气化工对环境的污染；土地荒漠化；矿区土地复垦整治；榆林市环境保护综合整治。

（五）农牧业用地开发及环境整治区

1. 河保偏兴和准格尔、府谷黄土丘陵农牧业综合发展及水土保持区。

2. 鄂尔多斯沙丘、沙地、丘陵农牧业综合发展以及防风固沙、水土保持区。

3. 沿黄平原农林牧综合发展以及防治土壤盐渍化、农田防护区。

（郭旭杰　撰稿）

东北图们江下游珲春地区开放开发研究

一、珲春图们江下游地区基本情况和开放开发的国际背景

1. 珲春图们江地区基本情况

图们江是我国与朝鲜的界河，发源于长白山，全长516公里。图们江与其支流嘎呀河汇合处以下为下游流域，中俄边界的“土”字界牌以下江段为俄朝界河，航道长约17公里。图们江下游地区我国面积约6000平方公里，人口18.8万，在行政区划上属于延边朝鲜族自治州珲春市全境和图们市的凉水乡，因此通常称为珲春图们江地区。

珲春图们江地区战略地位十分重要，该地区是中、俄、朝三国接壤地带，位于东北亚地理几何的中心，图们江是我国由陆域进入日本海唯一的水上通道。根据历史条约规定和有关国际法，我国有经图们江通海航行的权利，1991年签订的中苏边界东段协定中，重新明确了我国的这一权利。吉林省也先后于1990年、1991年和1993年组织了三次对图们江下游复航考察。考察结果表明，开发图们江航运有着良好的前景，从“土”字界牌至海

口段，平均水深3米左右，河宽300～500米，入海口处宽达800米，水深和河道都比较稳定，松散沉积物厚度在10米以上，海口外大陆架很窄，坡降很大，江口外1公里处水深可达20米，对深挖疏浚十分有利。打通图们江航道，东出日本海，是恢复我国主权的要求，也十分有利于扩大吉林省的对外开放，推动东北地区经济发展，从长远看，还有利于我国在参与东北亚地区国际经济合作与竞争中掌握主动权。

2. 珲春图们江地区开放开发的国际背景

由于图们江是一条国际河流，其下游将吉林东部地区、朝鲜东海岸地区、俄罗斯远东地区、日本的日本海沿岸地区连成一片，具有很大的经济开发价值，受到国际社会各界和联合国开发计划署(UNDP)的广泛重视，我国对珲春图们江地区的开放开发就是在这种国际背景下开展的。

UNDP关注图们江下游地区的开发始于1990年，当年7月在长春市举行的东北亚经济开发合作研讨会上，图们江开发作为东北亚各国合作的关键项目提上议事日程。随后UNDP分别在乌兰巴托和平壤召开由中国、朝鲜、俄罗斯、韩国、日本、蒙古等国参加的会议，形成了《UNDP东北亚地区项目》和《图们江地区开发项目协议草案、行动计划、项目前18个月的任务》两个重要文件，图们江区域开发项目成为UNDP直接组织推动的唯一的一个地区项目。

1992年2月，UNDP在汉城成立图们江地区项目管理委员会(PMC)，由中、朝、俄、韩、蒙五国代表组成，日本作为PMC的观察员。UNDP积极开展了该项目的规划研究工作，制定并公布了一项开发计划，拟用20年时间，吸引投资300亿美元，在中、俄、朝三国交界的图们江三角洲地区兴建一个经济技术合作开发区。为了深入研究和推动该项目的进展，UNDP提供了一笔较大的经费支持。1993年至今，UNDP又先后召开了三次项目管理委员会(PMC)会议和多次专家会议，拟定了《关于建立东北亚(图们江地区开发)协商与协调委员会协定》和《关于建立图们江地区协商与协调委员会的协定》两个协定草案。并开展了多项调查研究工作，形成了一批规划成果。

我国一直是图们江下游开发项目的积极参与者和推动者，始终参加了该项目的各项调查研究和国际研讨工作。江泽民、李鹏、朱镕基等领导同志先后视察了珲春地区。国务院领导邹家华、钱其琛、宋健等同志也十分关心这项工作。1992年3月，国务院批准珲春市为边境开放城市，为这一地区进一步对外开放和国际合作创造了条件。1992年4月，经国务院领导同志同意，由国办发函(国办函[1992]32号)正式批准我国参加该项目研究工作，同意责成国家科委、国家计委、外经贸部、交通部、外交部、吉林省政府等组成前期项目研究协调领导小组，国家科委任组长、国家计委任副组长。国家计委内部由国土司具体参加协调工作。1992年12月，国家计委受国务院委托，批复了吉林省上报的“图们江下游珲春地区综合开发规划大纲”(计国地[1992]2534号)。1994年6月，国务院以国办函[1994]26号批复了国家科委、国家计委《关于签署联合国开发计划署图们江地区开发项目两个协定的请示》。1995年6月中国、朝鲜、蒙古、韩国、俄罗斯等国的代表在北京草签了两个协定。至此，图们江下游地区的开发工作逐步由前期研究推向了规划实施阶段。

二、珲春图们江下游地区经济发展的基本特点

在国际多边合作的推动下，珲春图们江地区经济发展十分迅速，开放开发不断深入。1994年，工业总产值完成5.78亿元，比上年增长17.2%；乡镇企业总产值完成2.6亿元，比上年增长7.7倍；社会商品零售总额为6.76亿元，比上年增长50.1%；财政收入完成7758万元，比1991年增长85%。开放开发工作的进展在多方面都表现出良好的势头。

1. 制定完善了有关政策，编制完成了各项规划。珲春市为了推动对外开放工作的深入开展，根据国家和省政府给予的一系列优惠政策，借鉴其它开放城市的实践经验，结合珲春实际，制定了外商投资企业等12个方面的优惠政策和边境合作区优惠政策。编制完成了《图们江下游珲春地区综合开发规划大纲》、《珲春市城市建设总体规划》、《珲春市土地利用总体规划》、《防川内河港总体布局规划》、《珲春边境合作区规划》等综合性和专业性规划，使该地区开发建设步入了科学化、规范化轨道。

2. 扩大对外联系，广泛招商引资。为了扩大联系，吉林省和珲春市先后多次在北京、上海、汉城、香港和日本举行大型新闻发布与招商活动，与俄、韩、日、美等多个城市建立友好关系，广泛招商引资，至今年6月，已接待海内外各类团组9936个，计10万多人次，国内外在珲春设立办公处

381 家，审批各类公司 2192 家，审批“三资”企业 80 家，总投资额 1.1 亿美元。

3. 加强基础设施建设，改善投资环境。这几年，国家和省相继在珲春地区投资 10 多亿元，重点进行了能源、交通、通讯等基础设施建设。总设计能力为年产原煤 405 万吨的珲春矿务局，已形成年产原煤 180 万吨的能力；设计装机容量为 140 万千瓦的珲春发电厂，已建成两台 10 万千瓦机组并网发电，装机 60 万千瓦的二期工程已纳入国家“八五”计划，今年将开始前期工程建设；珲春——图们江们 61 公里的国家二级公路，已于 1989 年建成通车；珲春距延吉机场仅有 115 公里，该机场经过改造已可起降大中型客机。珲春——长岭子口岸混凝土路面二级公路，于 1993 年建成通车；沙坨对朝口岸公路一期工程，于 1993 年 6 月建成通车；珲春——图们江们地方铁路，于 1993 年 9 月全线贯通，预计今年 6 月开通使用；珲春——马哈林诺(俄罗斯)中俄接轨铁路正在施工，预计 1994 年末建成通车；珲春——训戎里(朝鲜)中朝铁路接轨，正做前期准备工作。长春——珲春 120 路微波通讯线路已开通；12000门市内程控电话已投入使用，可与 180 多个国家和地区进行自动接转。

城市建设方面，重点加强了城区的道路、供水、排水、供电、通讯等基础设施建设。城市道路，重点拓宽改造 9 条主干道，总长 11.88 公里，改造面积 34.4 万平方米。城市供水，重点完成一座大口井建设和 900 米渗渠建设、两座清水池和两座高位水池建设、水源地双电源工程、4.3 公里大口井输水管道铺设工程、4 个小区供水加压工程等，使日供水能力提高到 4 万吨。城市排水，重点完成 24.6 公里排水管道铺设工程和 5 公里排水管道改造工程；合作区完成了 39.9 公里的排水管网工程。城市供电，重点完成城区供电所和春景供电所的增容工程、珲春边境经济合作区二次变电所工程，供电能力由原来的 2.6 万千伏安提高到 7.75 万千伏安。城市通讯，重点完成了 500 门蜂窝式移动电话工程和 6000 门程控电话增容工程。与此同时，启动了房地产市场和旅游宾馆、旅游景点、旅游商业街工程。1993 年，城市在建基本建设面积达 180 多万平方米，投资总额完成 15 亿元人民币，相当于前 20 年基建面积的总和。

4. 边境经济合作区建设起点高，动作快

珲春边境经济合作区是对外开放，招商引资的重点地区，它位于图们江下游地区珲春平原南部，与珲春市区隔河相望，有两座公路桥和一座铁路桥与市区连为一体，行政区划面积 88 平方公里，规划面积 24 平方公里，近期开发面积 5 平方公里。起步区面积 2.28 平方公里，现有人口总数 11570 人。1994 年边境经济合作区建设步伐大大加快。表现在：

(1)经吉林省人大常委会批准，公布实施了《珲春边境经济合作区管理条例》，理顺了管理体制，使珲春边境经济合作区的开发建设走上了法制化的轨道。

(2)完善了起步区的基础设施，起步区投资环境得到改善。起步区“六通一平”工程，累计完成投资 1.6 亿元人民币，开通了开发大街和新安南路，国际通信枢纽大楼已开工建设，扩建了保税仓库，新修一条商业街。

(3)以落实项目为重点，积极开展了招商引资工作。全年共接待海内外团组 510 个，审批项目 127 项，计划投资 4.87 亿元。其中工业项目 24 项，基建项目 21 项。区内新开工项目 36 项，建筑面积 16.6 万平方米，总投资完成 9286 万元。

(4)生产经营取得了新的成果。通过组织工业生产、开展对外贸易、拓宽旅游领域、实施多元化开发等经营活动，增加了经营收入，增强了合作区的自我发展能力。占地面积 3.8 万平方米的、以外商投资为主的商业街，已有 11 家企业开始动工兴建商业楼，开工面积 2.5 万平方米。全年审批外资企业 6 家，起步区内新建工业企业 7 家，其中有 3 家已投入生产，全年实现工业产值 4667 万元。合作区内的太阳旅游山庄开始动工兴建部分别墅和娱乐设施。

5. 经贸旅游事业有了新的发展。

对外贸易走出困境，进出口贸易总额有所上升。对外贸易积极拓宽思路，以变应变，广开门路，外贸企业完成对外贸易进出口总额 8.6 亿元，比上年增长 14.6%。

对外经济与技术合作领域进一步拓宽。全年共审批“三资”企业 33 家，计划投资 4255 万美元，实际完成投资 1700 万美元。同时，投资 199 万元，在俄罗斯兴办 5 家贸易服务企业；在朝鲜清津市合资兴建了一座油漆厂。

进一步完善了防川景区旅游服务设施，观光接待能力得到加强。基本完成了对俄旅游的各项准备工作，为开通与俄、韩、日的跨国旅游线路，做了大量的前期工作。

三、影响珲春图们江地区开放开发的因素分析

1. 优越的地理位置，丰富的自然资源。

珲春市东南以珲春岭为界与俄罗斯滨海边疆区的哈桑区接壤，边境线长232.7公里；西南隔图们江与朝鲜咸境北道的稳城、赛别尔、恩德、先锋4个郡相望，边境线长139.5公里；南部防川土字牌距图们江口只有15公里，是中国同俄罗斯、朝鲜、日本、韩国以及北美、北欧在地理上最接近的地区。历史上，中国就有经图们江出海的主权。1992年，中俄东段边界协定，重新确立了中国这一权力。另外，珲春对面200公里以内，俄、朝现有海港共10个，其中距俄扎鲁比诺港75公里，距朝罗津港93公里，距清津港171公里。珲春境内现有长岭子、沙坨子两个口岸与俄、朝通客过货。另有防川、分水岭、圈河、甩湾子等4个口岸拟修复开通。由此可见，珲春市在对外开放方面具有多边、通海、连接东北亚各国的独特优势。

图们江出海口地处日本海西岸中央部位和东北亚经济区的中心，面对日本，临近苏联远东沿海和朝鲜半岛东海岸，是我国东北地区进入日本海的捷径，也是蒙古人民共和国出海通道的捷径。

图们江在我国地域开放总格局中，也占有独特的地理位置。我国南部有面向东南亚的东南沿海开放地带，中部有面向太平洋的上海浦东开发区，北部虽有面向黄、渤海的山东半岛和辽东半岛开放地带，但是直接进入日本海、俄罗斯和朝鲜半岛发展密切经济联系的地区，只有图们江出海口。而日本海地区又是未来大国(包括美国)在经济、政治和军事诸领域进行激烈竞争的重要地区，其战略地位不亚于东南沿海和上海的浦东。

较为丰富的自然资源为区域开放开发提供了良好的物质基础。全区拥有较为丰富的煤炭、森林、黄金、非金属矿和水资源。已探明的煤炭储量为6亿吨。远景储量12亿吨以上；黄金探明储量为17.7吨，远景储量60吨左右；森林覆盖率达75.4%，近熟林蓄积量约4000万立方米；建筑石材储量相当可观；人均占有淡水资源为全国平均数的4倍。从而，为解决工业能源和原材料，保证城市建设与优化区域环境等，提供了良好的基础条件。

珲春盆地和沿江平原是日本海周围地区少有的农业自然条件优越的地区，拥有广阔的耕地、丘陵山地、草场(35万亩)和沼泽地，为发展外向型农业、园艺业、畜牧业、养禽业和淡水渔业，提供了有利条件。

2. 具有良好的周边国际环境和东北亚宏观区域经济合作的背景支持

珲春市地处3国交界，在对外开放开发方面有着良好的周边环境。朝鲜政府于1991年12月28日决定，在珲春地区对面辟出621平方公里兴办“罗津——先锋自由经济贸易区”。朝鲜拟将这一地区建成一个以出口加工、自由贸易、转口贸易、旅游观光、货物集散为主的全方位开放的自由经济区。这一经济区的规划、政策、法规已出台，现正进行开发前的准备工作。据俄罗斯哈桑区官员介绍，俄罗斯政府这两年相继把珲春地区东部的纳霍得卡、扎鲁比诺、波谢特港开放为自由港，并有将与珲春毗邻的哈桑区建成自由经济区的计划。

日本、韩国对珲春市开发建设也给予了极大的关注，先后已有200多个考察团组到珲春市进行投资考察，并达成了一些合作意向和协议，表现出了这些国家同中国珲春进行合作的热情，目前已有一批项目开工建设。中韩合资的东一针织有限公司、江南实业有限公司等一批企业相继建投入生产。

联合国开发计划署对图们江下游地区的开发建设给予了极大的重视，提出了一项图们江下游地区有关国家合作，建设多国自由经济区的计划，这项计划的提出和实施，将为图们江下游地区的经济发展，包括珲春发展，起到极大的促进作用。

东北亚地区各国区域经济具有明显的互补性，图们江下游地区的开发具有良好宏观区域经济发展背景。东北亚地区各国之间，虽然社会政治制度、经济体制与历史发展特点等互不相同，但是，长期以来已经形成较为密切的经济文化联系。各国之间在制造业、建筑业、农业等行业和中、高级技术方面进行了比较广泛的合作，各国的区域经济互补性表现得十分明显，在当今世界经济一体化过程中，有利于经济区域化进程的发展。

东北亚地区自然资源地域分布的差异性很大，因此自然资源的开发利用方面区域互补性很强。这一地区有资源富集的俄罗斯远东地区，也有矿产资源贫乏的日本和韩国。俄罗斯远东与东西伯利亚地区自然资源十分丰富。煤炭地质储量5.3万亿吨，占全俄的75%；森林覆盖率达47%，木材蓄积量为510亿立方米，主要为优质针叶林，且木材年生长量远远大于年采伐量；水能资源约

占全俄的60%；有色金属资源也异常丰富。这一地区尚处于开发初期，其资源潜力是巨大的。中国东北地区的农业自然条件得天独厚，松辽平原、三江平原以及东部山区一些盆谷地是重要的农业基地，对东北亚地区有着重要影响；石油、有色金属、煤炭和森林资源也较丰富。朝鲜的煤铁资源亦比较丰富。而日本与韩国工业自然资源短缺，能源与工业原材料自给率很低，虽然它们都采取了多方位、多渠道获得能源与原材料的战略，但是俄罗斯远东的炼焦煤、制浆用木材、有色金属、黄金等将是日本长期需要的。中国东北的原油、农产品、山区特产以及朝鲜的有色金属资源在日本有着稳定的市场。俄远东的各类资源及资源开发所形成的投资市场对韩国将形成长期的吸引，在中、俄、朝、日、韩等国之间所形成的资源供给与需求的关系由来已久。这种自然资源的地区差异与互补关系，目前正在发展中。未来，这种资源的区域互补作用还会日益加强。

东北亚地区人口劳动力的区域互补性也十分明显。俄罗斯远东地区地广人稀，每平方公里只有2.7人，劳动力短缺已是经济发展缓慢的关键问题。预计将来森林资源开发，农业和建筑业发展都将为人力不足而困扰。在劳动的机械化水平和地区社会生活保障水平一时很难大幅度提高的情况下，其国内吸引人口和转移劳动力的潜力不大。因此，俄罗斯远东地区开发吸引国外人力是必然的。而中国东北和朝鲜半岛上有近2亿的人口。每平方公里的人口，我国东北为83人，朝鲜为270人，韩国为428人，三者的劳动力资源丰富，并有相当剩余，渴望劳务输出。日本虽然人口密度很大，每平方公里平均为325人，但是，由于经济高度发达，劳动力资源仍感不充足。可见，日本、俄罗斯远东地区与中国东北和朝鲜半岛在劳动力资源方面存在着明显的互补性。东北亚地区劳动力资源的互补性必然将引起各国间劳动力的流动，从而加速区域经济的共同发展。

东北亚地区各国的生产力水平相差悬殊，产业结构互不相同，同样存在着互补性。日本的经济已步入后工业化阶段，形成了加工贸易型的高层次产业结构，其剩余的资金、先进的技术和设备，一些劳动密集型产业均急待向外输出和转移。虽然目前的重点主要指向欧美和东南亚，但是随着东北亚地区经济区域化的发展，日本增加对东北亚地区的投资与加快技术转让速度是势在必行的。韩国是一个新兴的工业化地区，已形成了以造船、汽车、电子、钢铁为出口导向部门的加工贸易型产业结构。其剩余资金、先进的技术设备和某些劳动密集型产业，对向中国和俄罗斯东部地区输出和转移，抱有浓厚兴趣。中国东北、俄罗斯东部地区与朝鲜的产业结构相类似，均为劳动与资金密集的资源型产业结构，基本处于工业化初、中期阶段，都急需资金和先进或比较先进的技术设备。但是，中国东北的产业结构比较完整，农业与轻工业都比较发达，其经济实力高于俄罗斯远东地区和朝鲜。因此，三者结构类型虽然相似，但产业部门亦有一定差别，三者之间的经济互补性也十分明显。总之，由于产业结构内容与层次的差别。必然产生地区之间的经济流动。资金、先进技术和设备以及高层次的产品，多由产业结构高层次地区流向产业结构低层次地区；而能源、原材料初级产品及其加工品，多由产业结构低层次地区流向产业结构高层次地域。

东北亚地区各国之间区域互补与经济联系的总格局可以概括为：日本和韩国的资金、先进技术和设备以及一些工业品，有待于向俄罗斯远东、中国东北和朝鲜转移和输出；俄罗斯东部地区丰富的能源、木材、工业原材料和一些重工业品也渴望向东北亚各国出口；中国东北是东北亚地区最大的农产品生产基地和劳务输出市场。朝鲜较丰富的煤炭资源和剩余劳动力也需要向外输出。总之，东北亚地区的经济潜力、资源潜力和市场潜力是巨大的，又具有明显的地区差异和互补性，其经济发展与合作的前景十分广阔。

图们江下游干流改造、建港与通海航行，将使东北亚地区增加一条新的海陆交通要道，有利于加强中国东北地区与日本海沿岸各国的经济联系，进一步发挥东北亚地区的区域经济互补性，加快东北亚地区经济区域化的步伐。

3. 作为沿边开放城市，珲春图们江们江地区享有多种优惠政策，吸引外商参与开放开发的法律环境十分完善。

目前，中国已经颁布实行了380多件有关涉外经济、技术贸易和投资方面的法律、法规、政令和规章。这些法律、法规、规章，为保护外国投资商的利益提供了可靠的法律保障。珲春市作为国家批准的对外开放城市，国家级的开发区，还享有国务院给予的八条优惠政策，其主要内容是：

(1)边境贸易和对外经济合作，按国务院批准的《关于积极发展边境贸易和经济合作促进边疆繁荣稳定的意见》(国办发[1991]25号)和国家其他有关规定执行。省和自治区可以在其权限范围内，授予珲春等4市人民政府在管理边境贸易和经济合作方面一定权限，权限内的边贸、加工、劳务合作等经济合同由市自行审批。4市可由经贸部批准各增加一两家市级边贸公司。

(2)鼓励发展加工贸易和创汇农业。“八五”期间对为发展出口农产品而进口的种子、种苗、饲料及相关技术装备，企业为加工出口产品和进行技术改造而进口的机器设备和其他物料，免征进口关税和产品税(或增值税)。

(3)要积极吸收国内和国外的投资，促进经济发展。目前第一步着重引进独联体各国和国内企业的投资，发展出口贸易；并积极创造条件，将吸收外商投资扩大到其他国家和地区。省和自治区人民政府可以在权限范围内扩大4市人民政府审批外商投资项目的权限。经当地税务机关批准，外商投资企业的企业所得税减按24%的税率征收。

允许独联体各国投资商在其投资总额内用生产资料或其他物资、器材等实物作为投资资本。这部分货物可按我边贸易货的有关规定销售，并减半征收进口关税和工商统一税。

(4)可在本市范围内划出一定区域，兴办边境经济合作区，以吸引内地企业投资为主，兴办对独联体国家出口的加工企业和相应的第三产业。边境经济合作区具体范围，由国务院特区办公室会同有关部门审定。

(5)对边境经济合作区内产品以出口为主的生产性内联企业，其生产出口规模达到一定额度的，经外经贸部批准，给予对独联体国家的进出口经营权，具体规模额度标准，由外经贸部研究确定，内联企业的企业所得税率在当地减按24%的税率征收，如内联投资者将企业利润所得解回内地，则由投资方所在地加征9%的所得税。“八五”期间免征投资方向调节税。

(6)边境经济合作区内的内联企业和外商投资企业在独联体国家易货所得，允许自行销售，进口时减半征收关税和工商统一税。属于国家限制进口的商品，要按国家有关规定办理进口审批手续。

(7)边境经济合作进行区内基础设施建设所需进口的机器、设备和其他基建物资，免征进口关税和产品税(或增值税)。“八五”期间，边境经济合作区的新增财政收入留在当地，用于基础设施建设。

(8)“八五”期间，中国人民银行每年专项安排4000万元固定资产贷款(每市1000万元)，用于边境经济合作区的建设，纳入国家信贷和投资计划。

吉林省人民政府也赋予珲春市、珲春市边境经济合作区相应的经济管理权限和优惠政策。其主要内容是：

(1)珲春市国民经济和社会发展计划在省实行单列。

(2)省对珲春市边境贸易计划实行单列，边贸合同由市自行审批，在进出口商品许可证方面给予照顾。

(3)总投资1000万美元以下的外商投资企业，1000万美元以下的补偿贸易、对外加工装配项目，委托珲春市审批并代发批准证书或备案证明；3000万元以下基本建设和技术改造项目由珲春市审批，报省备案。

(4)对俄罗斯等独联体国家承包工程和劳务合作，合同金额200万瑞士法朗以下或劳务人数在100人以下的项目合同，委托珲春市审批，并代发批准证书，报省备案。

(5)外商投资企业营业执照委托珲春市审核发放。

(6)珲春市行政辖区内的省级土地审批权下放给珲春。

4. 开放开发的制约因素

(1)珲春的开发，必须要以开边通海为前提，目前开边通海的条件尚不具备。所谓开边通海是要通过公路、铁路、水路跨出国境，进入日本海，特别是恢复图们江出海权，从图们江进入日本海。图们江出海问题涉及俄、朝两国，1988年中苏边界会谈及其以后签订的边界协议已经解决了经俄方水域出海的问题，朝鲜方面也已表示“不反对”我经图们江出海，目前必须尽快进行外交交涉，签订具体落实恢复我国图们江出海权及在日本海沿海权益的国际协定。同时我们认为恢复图们江出海权，在此基础上，利用俄、朝港口，绝不仅仅只对中国方面有利，对促进俄朝港口的繁荣，也是有推动作用的。俄罗斯方面和朝鲜方面都已表示欢迎中方利用这些港口向其它国家或向中国转运货物，这说明，存在着共同的利益，这种合作是有基础的。

(2)参与东北亚国际经济合作和图们江下游地区多国合作开发需要具备一定的经济实力，珲春过去长期是“打完仗再建设”的地区，国家投入少，经济基础差，规模总量也小，因此急需加大对这一地区的资金和政策投入，培植具有一定经济规模的支柱产业，发展具有国际竞争能力的重点产品。

(3)体制改革相对落后，尚未建立起一套符合国际惯例的统一市场规则和法律制度。同时发展外向型经济需要大批观念新、知识多、懂得市场经济运行规律和熟悉国际惯例的人才，目前该地区这方面的人才仍然过少，难以应付日渐增多的涉外经济活动的需要。

三、图们江下游地区对外开放与综合开发战略设想

1. 指导思想和基本战略设想

综合开发图们江下游地区的指导思想是，充分利用该地区的独特地理位置，抓住有利的历史机遇，以图们江通海、建港、开展国际合作为突破口，采取局部优化策略、实施特殊的区域开放政策；积极参与国际经济合作，把图们江下游地区建设成为东北亚地区国际经济合作的中心，使珲春成为我国北方对外开放的重要窗口。

综合开发图们江下游地区的基本原则是：

(1)要从东北亚全局和"经略海洋"的战略高度，统筹规划这一地区的开发开放，发挥本区独特优势，使之成为东北亚国际经济合作的结合点和推动区域经济发展的增长极。

(2)坚持以自主开发为主，引导和推进国际合作，实行联合开发；

(3)立足内河建港，促进海口建港；

(4)体制创新，形成特殊的投资环境，积极吸引利用外资，发展外向型经济为主。

根据上述指导思想和基本原则，图们江珲春地区开发的总体战略是：着眼于世界经济格局的新变化和东北亚地区日益明朗化的形势，充分利用本地区独特的地缘、资源、人缘优势和周边的有利环境，抓住千载难逢的历史机遇，立足当前，兼顾长远，打牢基础，开边通海，积极参与国际经济技术合作，把珲春建设成为基础设施完善，口岸功能齐全，经贸旅游活跃，出口加工兴旺，物资集散流畅，人民生活富裕的图们江地区的现代化国际城市。

2. 综合开发的重点

局部优化，重点开发，建设6个不同功能的经济小区，使其成为本地区主要的经济增长点。

珲春边境经济合作区，位于珲春城区南部，开发面积24平方公里，要建成一座以高新技术、出口加工为主的、功能齐全的、现代化的新兴城市。

探讨建设珲春保税区，设想位于边境经济合作区南部，开发面积为8平方公里，起步面积为1平方公里，建成一座具有保税仓库、保税工厂、保税商店、转口贸易等功能的经济区。

高新技术产业开发区，位于边境经济合作区东部，开发面积为5平方公里，建成一座具有高新技术产业开发、出口加工、科技信息咨询服务等功能的高科技开发中心。

边境贸易区，位于珲春对俄口岸(长岭子)附近，开发面积为2平方公里。该区域将以边民互市贸易和易货贸易为主，并相应发展第三产业。

出口加工区，位于敬信平原，开发面积为15平方公里，开发一座以出口加工为主"三资"企业为主、高新技术为主的工业区。

国际自由贸易区，位于三国交界外的防川，先从边民互市贸易起步，逐渐开发成一座三国共同参与的国际自由贸易区，开发面积为15平方公里。

3. 工业发展战略

工业发展的总体战略构想是以两个市场为导向，以资源开发为依托，以科技为先导，以发展外向型企业为重点，以经济效益为中心，坚持滚动推进和超常规发展并重的策略，大力发展新型、轻型出口加工和高科技、高附加值工业，逐步形成结构合理、规模大、效益好、水平高的工业体系。发展目标是工业总产值以1992年为基数，至2000年保持年均递增30%左右，达到30亿元；至2005年全市达到60亿元，平均年增长15%。发展方向是，在近十年内，以资源为依托，以劳动密集型产业为基础，保证发展能源等基础工业，鼓励优先发展新型、轻型、无污染、低能耗出口加工工业和高新技术工业，逐步实现从资源、劳动密集型产业向技术、资金密集型产业的过渡。据此，珲春工业要着力发展以下行业：

(1)食品工业 重点发展各种保健食品、饮料、高档方便食品、山珍食品、罐装食品、风味食品、保鲜食品、特色糖果及以出口为主的高级酿造产品。

(2)轻纺工业 重点发展软硬包装及新型包装材料；发展棉、麻、毛、丝及无纺布；中高档服装、裘皮服装、鞋帽制品及服装的来样、来料加工。

(3)机电工业 重点发展各种铸造、塑料等精密模具生产、汽车改装及配件生产；新一代家用电器，新型电池，各类高档玩具，微型、轻型、高附加值的机电产品；传真机、计算机等高新技术电子元

器件，微电子、信息技术及产品；“两头在外”的电子产品组装、电子计算机软件开发。

(4)化学工业　重点发展高附加值、少污染的精细化工产品、高档系列化妆品；化工制药、化学助剂、试剂及添加剂；各种涂料、高档染料；高分子材料、工程塑料等。

(5)建材工业　重点发展各种轻体新型建筑材料；新型陶瓷建材制品；花岗岩、大理石精加工；高级建筑五金器件；高档装饰材料及其它新型材料。

(6)森林工业　搞好木材的综合利用，重点发展单板工业、中高档家具和现代化办公用品。

(7)高新技术工业　引进生产技术，重点发展生物技术工程、激光技术工程、各种高科技和新科技行业。

4. 基础设施建设

建设一个陆海空交运系统。在公路交通方面要与俄朝合作，形成一个以“Y”字型高速公路系统为主的地区公路网，即珲春——延吉高速公路(90公里)、珲春——扎鲁比诺(俄罗斯)高速公路(70公里)、珲春——罗津(朝鲜)高速公路(80公里)。铁路交通、形成一个中国、朝鲜、俄罗斯环行网络，准备在长岭子与俄方铁路接轨、在甩湾子与朝方铁路接轨。同时，在边境经济合作区西部建一座大型铁路站和铁路换装站，承担铁路换装业务和国际客、货运输业务；在甩湾子建一座大型铁路编组站，承担珲春经吉林或长春到关内的货物编组、珲春经牡丹江到东北北部地区的货物编组、珲春经长春——白城到蒙古——西欧的货物编组、珲春经长岭子到俄罗斯的货物编组、珲春经甩湾子到朝鲜的货物编组等业务；在珲春建一座小型客运站，承担国内客运业务。水上交通除考虑使用邻国的港口外，在防川建一座小型内河港口，行使图们江出海航行权，开辟航空交通，近期利用延吉空港，远期在珲春建一座国际空港。

建立珲春国际通讯枢纽，包括卫星地面接收站、国际程控电话中心、国际快件传递中心。

建设年产原煤600万吨的煤炭生产基地和装机容量140万千瓦的火力发电厂。

新建一座大型水库，使城市日供水能力达到100万吨。

5. 城市和口岸建设

经过20多年的建设，把珲春建设成一座拥有120万人口(珲春城区70万，敬信50万)的现代化国际城市。同时，建几座人口3～5万的工矿型小城镇和口岸型小城镇。

近几年，为了适应开放与发展的需要，增开防川、分水岭对俄陆路口岸，恢复圈河对朝陆路口岸，新开甩湾子对朝陆路和国际空港口岸，形成东、西、南口岸群，全方位实行开放。

6. 经贸旅游开发。

充分利用口岸优势，大力发展边境贸易、现汇贸易、转口贸易和民间贸易，扩大贸易领域，加大贸易品种、数量和贸易额。同时，发展与邻国之间的经济技术合作。

在继续发展边境旅游的同时，开辟跨国国际旅游线路，组织中国、朝鲜、韩国、日本、俄罗斯等5个国家之间的国际旅游。新建北山商业游乐城、太阳旅游山庄、古城旅游度假村等旅游开发区和几条颇具民族特色的旅游商业街。

(刘　虹　撰稿)

澜沧江——湄公河边境区域开发开放研究

澜沧江——湄公河是东亚最重要的一条国际河流，是世界上流经国家最多的少数几条河流之一。它的源头在我国青海唐古拉山，流经云南出境，在中国境内称澜沧江，再经缅甸、老挝、泰国、柬埔寨、越南流入南中国海。全长4880公里，在我国境内的河道里程2162公里，其中在云南境内1247公里，从云南勐腊县244号界桩处出境。流域面积81万平方公里，是东南亚最大的河流。澜沧江——湄公河对中南半岛各国的农林牧渔生产、区域生态平衡、饮水、灌溉、电力、航运以及数千万流域居民的生活有着重要的影响。澜沧江——湄公河的综合开发对这一流域地区发展有着极为深远的意义，区域内的国际经济技术合作正以较快的步伐发展着，澜沧江——湄公河边境区域开发开放的前景十分诱人。

一、澜沧江——湄公河边境区域开发开放的意义

当今世界正发生重大的转变，旧的格局已被打破，新的格局尚未形成。世界经济格局也正面临变动之中。实行沿边开放，发展区域性双边合作，促进跨国区域经济的合作发展，有利于生产力要素的跨国合理配置，双方均能获得较好的比较利益。近年来，澜沧江——湄公河流域周边邻国——越南、老挝、缅甸、泰国等实行了改革开放政策，并表示愿与我合作，以加速双方的共同繁荣与发展的愿望。这种历史潮流把澜沧江——湄公河边境区域开发开放推到了国际区域合作的战略前沿，我们应顺应这个潮流，充分利用这一有利时机，加速对东南亚的开放，并在次区域合作中发挥主动地位作用，进而带动我国西南沿边地区的全面对外开放。

世界经济发展的一体化和区域化同时并存，国际化和集团化互相补充。我国要扩大对外开放，融入世界经济体系，促进生产力的迅速发展，就必须大力发挥沿边地区的优势，开发边境地区多方位的跨国合作。扩大对东南亚的开放，发展云南省与周边国家的这种合作就是现实的选择。这样，对内可以各展所长，实现经济互补；对外可增强竞争能力，更好地参与国际分工、国际竞争和国际合作，开辟和探索出一条流域区域合作的路子，以繁荣边疆经济，促进全国现代化建设的进程。

当今，世界经济发展面临区域的不平衡，各种力量正重新组合。西方经济停滞不振，我国和东南亚经济迅速发展。中国经济实力的增强，引起世人瞩目。近年来，西方国家为了积极进入或重返东南亚，一方面利用以往的历史关系和该地区国家间的分歧和矛盾，争夺势力范围；另一方面又利用东南亚一些国家对我的疑虑心理和某些与我有争议的问题，进行中伤挑拨，离间我同东南亚国家的关系。日本也继渗透东盟经济之后，正把注意力扩及“印支经济圈”，并为此造舆论，作计划。美国拟将重心移向亚太地区，重视东南亚，积极返回越南。东盟在冷战后，面临世界经济日益地区集团化的情况下，一方面加强自身政治、经济、安全的合作，另一方面也希望平衡大国在东南亚的力量，免受一方之制。中、美、日、东盟在东南亚将形成错综复杂的关系。

此外，我国现代化建设面临资金短缺，技术管理水平落后，与世界经济脱节和丰富的劳力资源与人均自然资源占有量较少这两大突出的问题。而解决这两大问题的出路在于发展科技，提高劳动者素质，深化改革，扩大对外开放。80年代，我国实施沿海发展战略，取得举世瞩目的成就。现在要在继续实行沿海开放的同时，还要实行沿边开发开放。澜沧江——湄公河边境区域的开发开放正适应了这一趋势。面向东南亚，扩大云南与周边邻国的经济技术合作，不仅是发展云南的利益所在，也是国家发展的利益所在。

由此可看出，澜沧江——湄公河边境区域的开发开放，具有如下几大重要意义：

1．通过这一区域的开发开放，可加强我与周边邻国的友好关系，巩固和稳定我国周边，进而走向东南亚；树立一个南南合作的样板，有利于国际政治、经济新秩序的建立。

2．通过合作，形成我国大西南和东南亚这两大市场对接的通道，将大大推动旅游、贸易和经济技术合作的全面发展。

3．通过合作，将使我国云南沿边少数民族地区尽快改变面貌脱贫致富，缩小与沿海的差距，从而巩固我国边疆。

4．这一地区的“金三角”是世界毒品的生产和贩运中心之一。通过合作开发，发展经济和社会治理双管齐下，对从根本上铲毒有重要作用。

二、澜沧江——湄公河流域国际合作开发的主要领域及内容

1．交通领域的国际合作。

交通阻隔是澜沧江——湄公河流域贸易和合作的重大障碍。云南省也远离海岸，最近的主要港口是越南北部的海防港，运输能力不足，妨碍着次区域的发展和贸易。

最近一段时期，在突破交通阻隔，发展次区域合作上已经出现了共识与合作的良好势头。泰国朝野对交通相联抱有很大热情，并正就打通公路和开发航运提出了具体意见，许多泰国研究机构也十分关注，并准备采取具体行动帮助亚洲交通网与中国云南连接。老挝、缅甸对此也表示积极支

持。

开发利用湄公河国际航道,目前已成为次区域各国的共同愿望,联合开发工作已经有了良好开端,并正在积极进行。

自1991年起从云南省西双版纳和思茅两州开展到清盛、会晒、清孔、琅勃拉邦、万象的边贸客货试航运输,到目前,已达百余个航次。目前,思茅和景洪两港已被国务院批准为一类口岸。泰方伴昌集团、MP世界贸易有限公司等,已分别与我国云南省水运联营开发公司、西双版纳等草签了合资经办澜沧江——湄公河旅游、贸易运输、合资建设景洪港等协议。我方及老、缅、泰方客货运输船舶正在大幅度增长。因此,合作开发中、老、缅、泰交通运输时机日趋成熟,尤其是实施开通澜沧江——湄公河国际航运的工作已迫在眉睫。

澜沧江——湄公河国际航运,应按照"先通后畅、由近及远、从小到大、逐步提高"的原则,分近期和远期两个阶段实施。近期主要用整治工程措施,逐步达到全年通300吨级船舶航道标准;远景设想,澜沧江上中游段,应以电为主,实现航电结合,要加强研究工作,以便在航电如何结合上取得共识。下游段电航结合,以航为主。

公路建设重点在于把云南干线与亚洲公路网连接起来。公路与航运并行不悖,互为补充。

在航空方面,下一步建议批准景洪、思茅为口岸机场,允许国外飞机起降;与泰国、新加坡协商、开通与景洪、思茅的航线,把毗邻地区迅速联结起来;进一步与马来西亚、老挝、缅甸、香港、越南、柬埔寨协商,互通航线,形成空中短途交通网。

铁路建设方面,泰缅都有改善自身铁路与我连接的愿望,马来西亚也感兴趣。泰国方面曾提出:"在铁路方面泰方有计划将国内单轨增建为双线对开,并将开辟新铁道从五达拉第府直通清莱府路段,与水路码头相配套开展水陆联运。因中国拥有优越的铁路专业技术,泰国交通部诚心邀请中国有关部门来泰合资、合作开展铁路建设有关事项"。因此,我们应采取积极态度,促进合作的成功。

2. 澜沧江下游水电资源开发的国际合作

国际合作开发澜沧江水电资源,将提供云南省发展外向型经济的重要机遇。以水电为主的能源资源是云南省的重要优势,其中澜沧江流域水电资源蕴藏量达2550万千瓦。根据云南省电力局所作的电网负荷预测和电力电量平衡计算,云南除满足本身用电需要和保证按协议向广东送电外,从1995年开始即有较多的季节性的电力盈余,估计本世纪末盈余达50万千瓦,2005年可达约2000万千瓦,为此,需要开辟新的电力消费市场。发展国际电力合作开发,利用两头在外(资金在外、市场在外)的良好机遇和最大的现实可能性,建立以电力为支柱产业的外向型经济促进全省的外向型经济发展。

开发澜沧江下游水电资源,在争取国际合作和参与市场竞争中具有相对优势。澜沧江下游水能集中,电能质量优越,完全可以满足中南半岛主要是泰国市场对稳定、清洁电能的需要;区位条件优越,送电距离短,以下游景洪和勐松两电站为例,到达泰国边境的直线距离最长不超过180公里,而到昆明的距离却有380公里,相对消费市场具有明显的区位优势;开发成本低,经济效益显著,据初步测算,景洪电站静态总投资约58亿元,每千瓦投资6166元,低于目前国际水电开发每千瓦投资约1000美元的平均水平;将在一定程度上改善湄公河开发利用条件,便于争取沿岸国的理解和配合;此外,澜沧江下游水电开发,经济合理,技术可行。这些优势条件决定了水电开发的国际合作潜力巨大。

国际合作开发澜沧江下游水电资源,宜着眼于整个中南半岛电力市场。但从进展程度和各国的合作意向看,当以泰国积极性最高,要求最为迫切。故应以中泰合作首先取得突破为起点,带动整个电力合作向纵深发展。

合作方式,可通过中外合资的办法,实行股份制按投资比例分电分利,各方贷款自行还本付息,外资股份享有一定期限的产权,期满后双方协商,再继续卖电;补偿贸易的办法,泰方提供贷款,中方建设经营,以电量偿还贷款。合作年限由双方商定,债务偿还后,双方协商,可继续向泰方卖电;或由中方集资或利用外资自行建设,中泰双方纯属买卖电关系,订立长期买电协议,电费以其它结算,确保中方有偿还外债能力。

以上三种方式都可以采用。泰国方面还明确表示,愿意接受买卖电方式,双方签订长期买卖电合同,电站由中方建设,向泰方卖电。输电工程在中方境内的由中方建设,在泰方境内的由泰方建设,在第三国境内的双方共同建设。中方需要引进外资泰方愿意协助。

澜沧江下游水电资源开发,具有现实意义,且经济合理,效益显著,但机遇稍纵即逝,时间的延误和机会的错过,都将造成无法弥补的损失。因此，加快国际合作开发澜沧江下游水电资源的步伐，机遇难得，刻不容缓，若一旦形成直接竞争态势，将难以挽回损失。

3. 旅游开发的国际合作

澜沧江——湄公河纵贯中国云南省和整个中南半岛，历史上为东南亚文明的摇篮，是一条天然的民族文化走廊和自然通道。流域内自然景观奇特，绚丽多姿，历史文化和民族风情丰富多彩，旅游资源潜力大、优势突出，互补性好。抓住我国面向东南亚开放的历史机遇，推出质量高，具有地方和民族特色的系列旅游产品，纳入国际销售市场，外接泰、马、新等东南亚国家，内接全国各地，推动当地旅游事业的发展。

旅游业目前已成为全球最大、从业人数最多的产业部门之一。1992 年全球旅游业收入已达 2800亿美元。东南亚是亚太地区旅游产业飞速崛起、最富活力的一个地区，接待的国际游客占世界总量的比重已由 80 年代的 5%提高到 90 年代的 11%，旅游总收入的比重由 7.4%提高到 15%。旅游业对东盟各国的经济起飞和产业结构调整具有重要推动作用。

澜沧江——湄公河流域悠久的佛教文化，奇异的民族风情，古老的历史遗迹，与迷人的自然景观交织融合，形成独具特色的风景、文化、历史三合一的旅游复合系统，具有资源丰富，种类齐全，优势互补，潜力巨大的特点。

澜沧江——湄公河国际联合航运考察已取得圆满成功。目前，我国正加紧航道整治，船泊及港口建设，加速铁路、公路和宾馆、饭店的改建。在澜沧江下游和湄公河上游结合部以中、老、缅、泰毗邻地区旅游业合作为导向，推进次区域国际合作的条件日趋成熟。

在次区域国际旅游合作中，我澜沧江下游思茅地区和版纳州的茶文化、洞穴文化、小乘佛教文化、民族风情、热带原始森林、温热气候、边境购物和观光等各种特色旅游资源的开发，将与次区域内的境外旅游资源和国内大后方资源优势互补，使旅游业成为这一区域内的支柱产业之一，成为非贸易外汇收入的重要来源，对该区域积累资金和增强实力具有重要意义。云南省可借此发展第三产业，扩大对外开放，带动劳务输出，推动澜沧江流域的能源、交通、通讯、城镇建设，积极创造条件，将旅游资源的大省转变为旅游业的大省。

4. 澜沧江——湄公河流域开发中环境保护合作

澜沧江——湄公河流域边境地区生物资源丰富，珍稀濒危动植物种类繁多。目前，该地区经济尚不发达，是以农业为主的经济结构，生态破坏的现象十分普遍。虽然环境污染发展速度暂时尚能得到控制，污染物排放量趋于稳定，但森林过量砍伐的问题还未从根本上得到解决，生态环境仍在继续恶化，工业污染和乡镇企业污染没有得到有效控制，因此，在与毗邻国家的联合开发中，澜沧江——湄公河流域地区的生态环境保护和污染治理将是一项艰巨而迫切的任务。

目前，中国境内澜沧江水系，流域废水处理率仅 12%，这远远低于全国平均值 60.4%，澜沧江干流河段水质尚属良好，干流水质比支流好，但干流磷含量大部分河段常有超Ⅴ类的监测值。据预测，到 2000 年，澜沧江流域 7 个地州废水排放量将达到 1.37 亿吨，污染物 6.8 万吨，随着这一地区资源开发和整个经济的发展，环境和生态也将会有进一步恶化的趋势。因此在开发和建设中，必须考虑运用治理污染和改善生态的新技术，尽力减少污染量的排放和生态的恢复和治理。

随着经济的发展，“八五”“九五”期间我国兴建的兰坪铅锌采选、冶炼联合企业，将彻底改变目前掠夺性的开采状况，实施配套现代治理设施，使干流水质不再受影响；而根据林业部门规划，预计 2000 年在澜沧江中下游将形成年产纸及纸浆 16 万吨，胶合纤维、刨花板 1.4 万立方米能力，林纸、林化工是水污染严重的行业，应引起重视，必须有配套污水治理设施；澜沧江中下游水电开发是流域综合开发的重点，规划在澜沧江中下游建设的梯级水电站将使澜沧江下游变成人工控制的河道式水库，这将对河流水质、自净化能力和环境容量产生影响。水电工程的建设对水质的影响有利有弊，但要重视防治不利的一面。此外，下游的航运和旅游业发展，也要重视污染防治工作。

澜沧江流域生物资源丰富，植物组成复杂，具有寒、温、热三带植物。流域内动物具有明显的过渡性和复杂性特点，动植物物种丰富，占全国的四分之一，特有动物和珍稀动物多；流域内共有 10 个自然保护区，面积为 59.3 万公顷，其中 3 个国家级自然保护区面积为 46.3 万公顷，是我国重要的自然保护区之一。因此，在生物多样化和保护濒临灭种的动植物方面也有许多工作要做。

在澜沧江——湄公河流域开发开放过程中，要重视环境保护工作，尤其要重视有关涉外环境保护的问题。

1992 年联合国环境与发展大会的里约环境与发展宣言指出,各国负有确保在其管辖范围以外地区的环境责任。各国还应进一步制定关于在其管辖和控制范围内的活动对其管辖地区造成的环境损害的不利影响的责任和赔偿的国际法规,各国应将跨国界的可能具有重大不利环境的活动向所能受到影响的国家预先通知和及时地提供有关资料,并应在早期阶段诚意地同这些国家进行磋商。

因此,在澜沧江——湄公河流域开发开放活动中,我国和邻国都将承担着保护澜沧江——湄公河流域生态环境和水环境的国际义务和责任。澜沧江是我国大西南走向东南亚的纽带。境内澜沧江流域经济持续发展,促进我国西南地区和东南亚地区的友好往来有重要的国际意义。

(周毅仁　撰稿)

※
※※※
※

中 部 地 区

山　西　省

主　　编：兰光东
副 主 编：董小恺　张超
编写人员：董小恺　马小民　刘梅林
仪庆林　邢丽香

山西省分目录

典 型 地 区

山 西 省 概 况

面积:15.63 万平方公里

人口:3045.21 万人

行政区划:5 个地区,6 个地级市,14 个县级市,86 个县。

省委书记:胡富国

省八届人大常委会主任:卢功勋

省长:孙文盛

省七届政协委员会主席:胡富国

山西省国民经济主要指标(单位:亿元)

项　目	1994 年	1994 年比上年增长(%)
国内生产总值	853.77	9.4
工农业总产值	1656.46	19.7
工业总产值	1437.44	21.7
重工业产值	1128.34	20.3
轻工业产值	309.10	26.5
农业总产值	219.02	6.4
全社会固定资产投资	290.90	15.8
国有固定资产投资	226.82	16.4
社会消费品零售总额	308.50	20.3
零售物价总指数(%)	121.60	21.6
职工工资总额	183.09	33.1

国民经济和社会发展

一、国民经济发展概况

1994 年,山西省人民认真贯彻中央提出的"抓住机遇,深化改革,扩大开放,促进发展"的指导方针,国民经济运行呈现供给持续稳定增长,需求有所抑制,总量基本平衡的态势,国民经济和社会发展的主要指标基本完成或超额完成。据统计,全省国内生产总值达到 853.77 亿元,比上年增长约 9.4%,人均国内生产总值 2804 元,工农业产值完成 1656.46 亿元,比上年增长 19.7%。外贸出口总额 6.5 亿美元,城镇居民人均消费支出 2043.34 元,城乡储蓄存款年末余额 615.9 亿元,农民人均纯收入 884.2 亿元。

(一)农村经济

1994 年,全省农村经济以保证粮、棉、油、肉、菜等大宗农产品的有效供给为目的,以增加农民收入和实现农村达小康为主攻方向,认真贯彻落实国家关于加快农业和农村经济发展的方针政策,增加投入,深化农村改革,调动了广大农民的积极性,农村经济呈现出持续稳定发展的势头。全省农林牧副渔业总产值达到219.02亿元，在遭受了比较严重的自然灾害的情况下，粮食总产量达到890.4万吨，比1993年减产1成，棉花产量达到8.48万吨，比1993年增长21.1%，油料产量达43.78万吨，比1993年增长10.4%，甜菜、肉禽蛋奶和蔬菜等主要农产品产量也比上年有不同程度的增长。

畜牧业生产全面增长，畜禽出栏旺盛，补栏及时，畜产品产量大幅度增长。据统计，全省出栏肉猪461.6万头，比1993年增长14.9%，肉类总产量达到50.4万吨，比1993年增长16.3%，其中猪肉、牛肉、羊肉、禽肉产量分别达到35.6万吨、5.7万吨、4.7万吨、2.9万吨，比1993年分别增长17.1%、24.8%、4.4%、18.9%。禽蛋产量31.4万吨，增长27.5%。牛奶产量23.7万吨，增长18.7%。年末大牲畜存栏为318.4万头，比年初增长4.5%。猪存栏482.2万头，比年初增长13.8%。羊存栏804.5万只，比年初增长10.7%。

1994年，全省共造林449.9万亩，比1993年增长22.7%。其中，经济林168.9万亩，比1993年增长31.4%。芮城、石楼、平陆、平顺、黎城、古县被授为"全国经济林建设先进县"称号。雁北同朔"三松"基地、吕梁干果经济林基地、晰水河流域生态经济林示范工程、太行山绿化样板工程、晋南泡桐生产基地等"5个百万亩"林业建设工程进展顺利。

（二）工业生产

1994年，全省工业以转机建制为重点，加快企业改革，进一步增强了企业活力，工业生产在困难较大的情况下，继续保持了较快的发展速度。全省工业总产值达1437.44亿元（包括村及村以下工业），比1993年增长21.7%，其中，重工业产值达1128.34亿元，轻工业产值达309.10元。国有企业产值627.69亿元，增长3.0%，集体企业产值476.73亿元，增长22.4%，其它经济类型企业产值333.02亿元，增长60.1%。全省工业产品销售率全年累计达到94.8%，其中国有企业为96.8%，大中型企业为87.5%，集体企业为89.7%，乡办企业为89.1%，工业综合经济效益有所改善。在统计的124种主要产品产量中，有85种比1993年有所增长，其中，原煤产量3.24亿吨，增长4.46%，发电量457亿千瓦小时，增长9.33%，生铁1341万吨，增长24.3%，钢333万吨，增长6.1%，成品钢材186万吨，增长11.4%，电解铝、硫酸、纯碱、化肥、化纤等主要工业产品产量也有一定幅度的增长。

煤炭工业：年产原煤3.24亿吨，其中，国有重点煤矿完成1.24亿吨，地方非国有煤矿完成2亿吨。全省煤炭销售量3.2亿吨，比1993年增长7.1%，煤炭产销率为99%，比1993年提高了1.4%，全民独立核算煤炭企业销售收入191.6亿元，比1993年增长9%。

电力工业：火力发电449.6亿千瓦小时，占总发电量的98.5%，比1993年增长9.4%；水力发电7亿千瓦小时，占总发电量不足1.5%，增长0.4%。外送电量128.75亿千瓦小时，比1993年增长9.33%。全省发电装机新增44.9万千瓦，初步缓解了部分地区的用电紧张状况。

（三）商业、饮食、服务业及建筑业

1994年，全省社会消费品零售总额实现308.5亿元，比1993年增长20.3%，扣除物价上涨因素，实际与1993年持平。全省消费品市场货源充足，除粮食外，棉花、油料、蔬果、畜产品都比1993年有较大幅度的增长，轻纺产品、家电产品货源丰富，供需基本平衡。"菜篮子"等商品涨幅较高，但未出现大的波动。农村消费品市场销售增速加快，但农民购买力仍然偏低，占全省人口2/3的农村市场，在全省社会消费品零售总额中仅占43.6%。

饮食、服务业效益仍然偏低，国有饮食服务业营业收入达3.2亿元，比1993年增长1.8%，利润完成1553万元，比1993年下降14.4%。1994年饮食服务业适时调整经营策略，主动占领市场，以中档为主，兼顾高档、低档，在提高质量、增加品种上下功夫。呈现出以下几个特点：一是快餐市场逐步扩大，二是连锁经营有了发展，三是居民饮食消费增加，中低档经营比重上升。服务企业则从满足消费需求出发，增加设备，扩大服务范围，增加服务项目，提高服务质量。新兴服务行业和服务项目发展十分迅速。

全省建筑业总产值达到132.5亿元，比1993年增长53.6%，竣工房屋建筑面积487万平方米，比1993年增长7.2%。勘察设计单位全年共完成施工图面积1283.5万平方米；完成工程测量面积1332.7标准平方公里，完成工程地质、水文地质总进尺55.5万标准米；工程质量优良品率，按单位工程个数计算为47.2%，比1993年提高4.2个百分点，按房屋面积计算，提高7.4个百分点。

（四）财政、金融、保险业

在新的财税体制下，财政收入增长较快，全年地方财政收入53.82亿元，比1993年增长40.6%，增收15.53亿元，主要项目完成情况为：工商税收41.79亿元，比1993年增长26.5%，增收8.76亿元；农业税收3.93亿元，比1993年增长30.75%，增收0.92亿元；企业收入444万元，比1993年少退多收7.47亿元；能源交通建设基金分成收入和国家预算调节基金为0.81亿元，比1993年增收420万元；其它收入4.35亿元，比1993年增长36.6%，增收1.17亿元。地方财政支出89.23亿元，比1993年增长17.9%，增加支出13.5亿元。地方财政收入增长幅度虽然大于支出增长幅度，但仍然入不敷出，硬性支出缺口较大，主要原因在于企业欠税严重，财政供养人员比重大。县级财政更为困难，部分县不能按时发放职工工资，对职工生活带来不同程度的影响。

金融形势继续好转。各项存款保持较高势头，银行支付能力明显增强。国家银行各项存款余额达685.4亿元，较年初增加174.5亿元，增长34.1%，全省城乡居民储蓄存款余额达616亿元，较年初增加155.2亿元，增长33.7%。年末，专业银行备付金率达到12.4%。国家银行各项贷款余额达757.9亿元，较年初增加120亿元，贷款投向基本合理，有效地促进了国民经济的健康发展。

1994年，全省保险业务收入8.8亿元，完成年计划的109.3%，储金余额达2.2亿元，完成年计划的109.3%；赔款支出5.4亿元，承担社会风险1360亿元，为支持工农业生产，安定人民生活提供了保障。

（五）旅游业

山西旅游资源丰富多彩，具古、奇、珍、险之特点。全省共有名胜古迹260余处，居全国第三位。1994年，举行了第五届中国五台山国际旅游月，中国临汾首届黄河壶口国际漂流月，玄中寺净土宗三祖师铜像开光法会，五台山水陆大法令等活动，吸引接待了国际游客5.3万人次，其中外国人4.2万人次，华侨951人次，港澳同胞5744人次，台湾同胞4746人次。接待国内游客720万人次，比1993年增长16%，改变了以往国内游客少的状况。1994年，全省旅游累计创汇1495.7万美元，比1993年增长1.3倍，国内旅游总收入4.6亿元，比1993年增长20%。

二、国民经济结构调整

1994年，依据重中选优，轻中选优，效益优先原则，按照市场需求、科技进步、产业关联等要求，大力加强农业，调整优化工业结构，加快发展第三产业，使国民经济结构得到进一步的调整。第一、第二、第三产业产值在国民生产总值中的比重由1993年的13.8：52.0：34.2转变为1994年的14.5：51.6：33.9。

（一）产业结构调整

1994年，山西农业结构调整的步伐有所加快，一是种植业内部在确保粮棉稳定增长的同时，逐步向粮食、经济作物、饲料三元结构发展；二是在农业内部，农、林、牧、渔比重渐趋合理，由1993年的69.2：5.2：25.2：0.4转变为1994年的65.8：5.1：28.7：0.4；三是在农村产业结构中农产品加工和乡镇企业迅速发展，形成了新的增长点。

继续实行变输煤为输煤、输电并举方针，稳定发展能源工业，突出二次能源转化，把电力工业作为带头产业。重点发展以铝、特种钢为主的冶金工业，以重型机械、运输设备为主的机电工业，以化肥为主的化学工业和建筑建材业，实现支柱产业多元化，带动第二产业和全省经济的快速发展与效益提高。把高新技术的开发运用作为提高产业素质和经济效益的重要手段，大力发展生物工程技术、新型能源开发、机电一体化技术、磁性材料应用、精细化工、微电子应用技术、环境监测和管理等高新技术产业。

第三产业得到新发展，特别是交通、通信设施建设进一步加快。铁路货运量和货物周转量均比上年有所增长，邮电业务总量比上年增长51.4%。

（二）行业结构调整

煤炭工业：积极发展煤炭的深加工转化和综合利用，发展洗选、筛分、型煤、机焦和煤化工产品，综合利用洗中煤和煤矸石，提高煤炭综合经济效益。

冶金工业：产品向合金化、多品种、优质钢方向发展，增加不锈钢、硅钢、电工纯铁、轴承钢、汽车用钢以及板材、线材、异型材；焦化工业重点发展大机焦，适度发展小机焦，限制改良焦，消灭土焦；有色工业增加铝板、带、管，并发展印刷板铝箔、异形铝管、汽车散热器铝管等延伸产品。适当发展铜材。

化学工业：提高支农产品和基本化工原料的质量和档次，提高高浓度化肥和复合肥的比重，增加高效农药的产量。基本化工原料，对酸和碱主要是完善配套改造。对运城盐湖进行资源综合开发利用，发展下游产品及合成材料，并开发以TDI为原料的下游产品、甲醇及深加工产品、焦油加工产品、氯丁橡胶、电石深加工产品、聚乙烯醇等。

建材工业：水泥重点发展高标号水泥、特种水泥。大力开发平板玻璃深加工制品、新型墙体材料、大理石、花岗石制品、中高档建筑卫生陶瓷制品、耐火材料、保温防水材料、炭素制品等。开发利用煤矸石、粉煤灰、钢渣等为原料的节能利废建筑材料。

机电工业：机械工业主要发展煤炭机械、冶金、矿山设备、汽车、农机、电工设备、基础零部件及出口机电产品，大力开发节能、高效的机电设备、重大成套设备和机电一体化产品。电子工业主要围绕磁材及制品、T铁、矿用通讯及安全监测电子系统、计算机及外部设备、广播通讯等产品，积极开发电子应用技术（系统）产品和装置。

医药工业：大力开发抗感染药、微生物发酵为主的新型抗生素药物；增加复方制剂、缓解和控释制剂、膜剂等制剂新品种；消化吸收国外先进技术，开发X线机系列产品、手术病房监护仪器、一次性新型卫生材料等。

轻工业：加快日化、造纸、陶瓷、皮革、塑料制品、五金工具、工艺美术等行业的发展，大力开发中高档出口瓷、新型洗涤化妆品、高档服装革、铅晶质玻璃器皿、出口草编、刺绣工艺品等产品。

食品工业：以汾酒、陈醋和天然饮料为突破口，抓好方便食品、水果蔬菜加工、乳制品、淀粉系列产品、中高档卷烟的生产，大力开发保健醋、功能性食品。

纺织工业：以市场为导向，大力发展化纤工业和服装工业，加大化学纤维在纤维总量中的比重，建立已内酰胺化纤原料基地，开发各种化纤纯纺、混纺、多种纤维交织、产业用布新产品；棉纺织物产品重点发展精梳、高支纱产品；增加涤麻、毛麻、棉麻、麻丝等多种混纺产品；丝绸产品向外衣化、时装化发展；开发纯棉丝光绕毛产品、细罗纹产品及仿绒产品。

三、基础设施建设

（一）交通运输

1994年，全省交通运输业在继续发挥铁路骨干作用的同时，充分发挥公路、内河、航空运输的作用，形成各种运输方式相互配合，干线、支线、专用线、集运站、集运公路紧密衔接的四通八达的交通运输网络，极大地提高了综合运输能力。全省拥有交通线路总长度35524公里，其中铁路2331公里，公路32693公里，黄河航运500余公里，铁路、公路、黄河航运分别占全省交通线路的6.56%、92.03%和1.4%。完成货运总量62570万吨，客运总量20625万人，分别比1993年增长5.32%和7.49%，完成货物总周转量701.09亿吨公里，旅客周转量171.02亿人公里，分别比1993年增长5.7%和6.2%。

铁路：1994年，全省拥有正线延展里程3396.0公里，铁路营运里程达2330.6公里，完成货物运输量25698万吨，旅客运输量3498万人，货物周转量534.06亿吨公里，旅客周转量84.60亿人公里。

1994年，相继完成了太原火车站改扩建工程，太原北编组站新增到发站工程，榆次客站北咽喉立交桥疏解工程，太古岚电气化工程，尖草坪立交桥等工程。

公路：1994年，全省公路通车里程达32693公里，比1993年净增483公里。其中，上等级的公路达到2.8万公里，二级以上公路3512公里，高级、次高级路面里程1.3万公里，晴雨通车里程达到1.9万公里，分别比1993年增长3.2%、20.6%、8.9%、4.8%。全省116个县（市，区）实现了乡乡通公路，115个县（市、区）实现了行政村通机动车。完成货物运输量36786万吨，旅客运输量17081万人，货物周转量166.89亿吨公里，旅客周转量81.19亿人公里，分别比1993年增长9.12%、8.09%、11.11%、7.75%。

全省重点公路建设成绩显著，其中，太原东山过境高速公路，建设里程26.2公里；东观至长治二级汽车专用公路，建设里程152公里；汾阳至柳林一、二级汽车专用公路，建设里程126公里；运城至风陵渡一级汽车专用公路，建设里程86公里等重点公路全面铺开，进展顺利。风陵渡黄河公路大桥全长1400米，已于1994年11月20日竣工通车。

民航：1994年，本省民航开辟经停和始发太原的航线有20余条，即太原至广州、上海、深圳、北京、西安、南京、成都等十几个城市和大同至西安、北京、太原3条线路。通航公司完成生产任务1.7万小时，为1993年的97%。完成旅客运输量45.6万人，旅客周转量52334万人公里，货物运输量7710.4吨，货物周转量1033万吨公里。完成航空探矿402小时，海洋石油服务643小时，人工降水184小时,播种造林246小时,分别比1993年增长14%、8%、84%、146%。

水运:1994年,全省完成水路运输货运量85万吨,客运量80万人,货物周转量303万吨公里,旅客周转量296万人公里,分别比1993年增长6%、6%、5%和4%。

(二)邮电通信

1994年,全省邮电通信基本完成年初确定的"9458"重点建设项目,建成9条省内二级干线光缆,总长度950.9公里;新增市话程控交换42.9万线、长途交换4.6万路端;新建8个邮件处理中心。同时,进一步加快移动通信建设,5个交换局、44个基站的900兆移动通信实现全省联网和全国联网,并建成省内二级分组交换网。

1994年,全省市话交换机容量为76.4万门,比1993年净增26.9万门,增长54.2%,其中程控交换机容量达到71万门,净增33.7万门。全省89个县市局实现了电话程控交换,开通自动电路的地市县达88个,进入全国长话自动直拨业务的地市县为95个,进入国际长途网的地市县达49个,开办无线寻呼业务的地市县达84个。除吕梁地区以外,全部开办了移动通信业务。全省市话话机总数为64.1万部,电话主机普及率达到每百人2.3线,城市电话普及率达到每百人9.42部。全省邮电局所1828处,邮路总长度15.2万公里,邮电业务总量完成9.2亿元,比1993年增长51.4%,增长幅度在全国排第十二位,业务收入达9.4亿元。

(三)能源设施

全省煤管局系统完成建设总投资12.1亿元,矿井建设规模8对,1960万吨,洗煤厂6座,1340万吨;投产洗煤厂1座,400万吨。省地方煤矿共安排国家及省基建、技改项目181项,全年完成投资6.4亿元,建成投产矿井6对,115万吨;洗煤厂1座,240万吨。

1994年,全省电力建设累计完成总投资22.9亿元,新(扩)建投产500千瓦及以上电厂(站)9座,发电装机14台,新增发电装机容量44.9万千瓦,其中火电装机11台,44.7万千瓦,水电装机3台,0.2千瓦。到1994年底,全省总装机容量达892.4万千瓦,其中火电、水电装机容量分别为868.4万千瓦和24万千瓦。建成投产110千伏及以上输电线路285.4公里,变电容量55.2万千伏安;35千伏及以上输电线路发展到20000公里,变电总容量达到2209.5万千伏安。

(四)城市基础设施

1994年,城市基础设施建设取得较大的成绩。重点是解决交通难题,发展城市供水、供气、供热和人民生活息息相关的市政公用事业。

城市公共交通:1994年是城市公共交通发展最快的一年。全省14个城市共有各类公共交通车辆2095辆,居全国城市的前十位之列,客运总量达40824万人次。全省城市道路达2781公里,其中高级次高级道路2444公里,道路面积达2937万平方米,其中高级次高级面积达2710平方米。桥梁769座,路灯54550盏。

城市供水:全省20个城市的供水综合能力达248.7万吨/日,年供水总量达70666万吨,其中生产用水量46985万吨,生活用水量20868万吨,人均日生活用水101.4升。

城市供气、供热:截止目前,全省已有17个城市用上了煤气和液化石油气,供应总量达10556吨,用气人口75.1万人,城市煤气气化率全省平均已达61.3%,特别是太原市已达80.8%。城市集中供热主要在太原市,集中供热面积已达2429万平方米,比1993年增长728万平方米。

城市排水、防洪:到1994年底,城市排水管道达2300公里,防洪堤550公里,污水处理厂5座,处理城市污水12733万吨,污水处理率为21%。

四、社会事业发展

(一)科学技术

1994年,山西省继续推进科技体制改革,实施科技兴晋战略,科学研究成果显著。全年完成国家和省自然科学科研成果38项,软科学研究成果18项。10个科研开发中试基地已有5个建成投产,开始发挥效益。全年完成工农业科技攻关项目78项,其中39项达到国内先进水平,重点推广科技成果37项,"星火计划"32项,"火炬计划11项,新增利税6.5亿元。全省国有企事业单位(不含中央驻晋单位)共有各类专业技术人员58.15万人,比上年增长2.4%。县级以上国有科学研究技术开发机构和情报文献机构达到238个。全省共受理各类专利申请1031件,授权专利554件。技术市场共签订技术合同1312份,成交金额6361万元。科技开发区建设稳步发展,特别是太原高新技产业开发区人区企业已达330家,认定高新技术企业204家,职工人数达到1.3万人,高新技术产品394项。质量检测、标准化建设和天气预报服务进一步完善。省地县国家标准系统建立的产品质量检验所(站)113个,省、地授权行业建立的检验所(站)分别为38个、10个。全省有121个气象台(站),73个气象警报服务网,接受用户达5121个,对天气做了比较准确的预报,在工农业生产和能源重化工基地建设以及保障人民财产安全方面做出了积极的贡献。

(二)教育事业

1994年,山西省教育事业在各级党委、政府的领导和社会各界的支持下,认真贯彻落实《中国教育改革和发展纲要》以及全国和全省教育工作会议精神,进一步解放思想,转变观念,深化改革,扩大开放,取得了明显发展。全省有普通高等学校26所,招收学生19932人,毕业生16160人,目前在校生66417人。高校硕士点114个,博士点4个,研究生指导教师574人,其中:博士导师9人,硕士导师552人,博士、硕士导师13人。招收研究生407人,毕业研究生230人,在学研究生1081人。全省各类中等职业技术学校496所,招生7.69万人,毕业生6.33万人,在校生20.37万人,分别比上年增长4.09%,2.63%,7.33%。普通初中3077所,招生45.73万人,在校生122.83万人,比上年分别增长9.23%和5.27%。普通高中408所,招生5.95万人,毕业生7.09万人,在校生19.70万人,毕业班学生毕业率98.22%。小学校有41303所,教学点2808处,招生65万人,在校生321.31万人。特殊教育学校27所,招生873人,毕业生406人,在校生4224人。成人教育发展较快,各种技术培训全面展开。全省成人高校35所,招生3.32万人,毕业生2.94万人,在校生6.5万人。成人中学374所,招生8954人,毕业生13681人,在校生15846人。成人初中11622所,招生112841人,毕业生174461人,在校生162719人。成人技术培训学校21159所,招生155.24万人,在校生163.83万人,结业生179.97万人。成人中专173所,招生2.74万人,在校生5.24万人。

(三)文化、广播事业

1994年,山西省共有艺术表演团体163个,文化馆118个,公共图书馆118个,博物馆67个,档案馆130个。广播电台49座,中、短波广播发射台和转播台21座。电视台31座,1千瓦以上电视发射台和转播台50座,各类电影放映单位5277个。省级单位共拍摄电视剧12部73集,发行各种电影片172部。全省省级和地市级出版报纸56种,62568万份;杂志158种,3948万份;图书2108种,总印数12380万册。

(四)卫生、体育事业

1994年,全省有卫生机构5996个,医院共有床位11万张,专业卫生技术人员14万人,其中,医生5.27万人(含中、西医),护师、护士3.25万人。

体育事业取得较好成绩,1994年,在国内外重大比赛中获金、银、铜牌分别为18枚、18枚和17枚;平世界纪录1人1次1项;超全国纪录4人2次2项;破省纪录92人96次88项。各种形式的群众体育锻炼和健身活动进一步兴起。

(五)人民生活改善情况

居民收入继续增加,1994年省城镇居民人均生活费收入2245.54元,比上年增长31%,扣除价格因素,实际增长4.1%。农村居民人均纯收入884.2元,比上年增长23%,扣除价格因素,实际增长5.2%。城乡人民居住条件继续改善,1994年全省城镇新建住宅竣工面积384.5万平方米,农村新建住宅655万平方米。

五、地区经济发展规划

大同经济区位于山西省北部,包括大同市、朔州两市。全区面积2.4万平方公里,约占全省总面积的15.38%。1994年底人口364.2万人,占全省的8.83%。全区矿产资源丰富,煤炭资源分布广而集中。

(一)工业基础已具规模,经济实力较强

经过40多年,特别是改革开放10多年的建设,经济区已经形成以煤炭、电力、机械、建材为支柱的较雄厚的经济基础。1994年国内生产总值153.84亿元,人均4000元,是全省人均水平142%;工业、建筑业总产值85.91亿元,占全省的19.49%。部分产品在山西省乃至全国都有重要地位:1994年原煤产量11826万吨,占全省的36.5%;发电量190.56亿度,为全省的41.7%;水泥产量190.2万吨,是全省的18.38%;食糖5.79万吨,为全省的92.02%;日用陶瓷8964.35万件,占全省的40.66%。该区是全国重要的机车生产基地,也是全省最重要的牛奶生产基地,并在此基础上形成了较大规模的乳制品加工工业。

(二)经济区位优越,对外联系方便

经济区是山西省北部对外联系的窗口,是中原到内蒙古与西部少数民族地区的主要通道与关口。出境向东是著名的京津唐工业地带;向东北是我国重要的重工业基地,向北是内蒙古自治区。优越的经济区位使其在我国经济地域发展战略中具有承东启西辐射南北的重要作用。经济的迅速增长，使得交通运输得到快速发展，形成了四通八达交通运输网。通过该区的主要干线有京包、北同蒲、大秦和京原线。国家干线公路109和208国道也在此交汇，大运公路纵贯全区，发达的对外通道使其和区外的经济联系十分方便。

（三）水资源短缺，供需矛盾突出

全区水资源总量23亿立方米，占全省水资源总量的16.2%，人均水资源占有量略高于全省平均水平。作为山西能源重化工基地的重要组成部分，煤炭、电力已形成较大的生产规模，工业耗水量已超过水资源的承受能力，供需矛盾突出。随着城镇居民生活用水的增加，城郊农业的发展及煤炭的深加工，水的供需矛盾将更加尖锐。因此，要积极修建引水工程，发挥册田水库的作用，同时通过实施“万家寨”引水工程，从根本上解决水资源短缺问题。

（四）旅游资源丰富，开发前景良好

该区历史悠久，文物古迹很多。其中云岗石窟，应县木塔、浑源的悬空寺享誉海内外。此外，较有影响的古迹还有九龙壁、华严寺、普化寺、崇福寺等。暑期宜人的气候和令人叹为观止的大同火山群为人文景观锦上添花。目前，旅游资源利用尚不充分，旅游业的发展仍处于初创阶段，开发前景良好。

（五）优化产业结构，保证经济稳步发展

根据国家有关政策和经济区产业结构现状及演进趋势，针对产业结构存在的问题，进行结构优化调整，通过合理配置生产要素，全面提高产业结构素质，整体结构优化目标拟分两步进行：

近期（2000年以前），从调整产品结构入手，以产品的深加工为重点，通过产品链的正向带动和逆向促进，加快煤化工为重点的化学工业的发展，使其成为主导产业，到2000年逐步建立起以煤、电、化为支柱，农业、轻工业和第三产业协调发展，比例关系趋于合理的产业结构。

远期（2000～2010年）以增量调整为主导，在稳定煤、电发展的同时，扩大煤化工的发展规模和加工深度，把矿山机械和交通运输机械作为发展重点，进一步增强产业结构的关联性，提高产品的技术构成。到2010年形成以煤电产业为重点，包括化学工业、机械工业在内的四大支柱产业体系，并使化学工业和机械工业在工业产值的构成中有明显提高。基础设施得到明显改善。基础产业和第三产业的发展基本适应经济发展的需要。经济要素配置基本合理，产业素质得到明显改善，从而使经济在合理的产业结构中得以稳步发展。

六、扶贫情况

1994年，是党中央、国务院提出实施“八七扶贫攻坚计划”的第一年。按照山西省委、省政府的安排，从基础设施和基本农田建设入手，抓主导产业的突破，打扶贫工作的攻坚战。

围绕贯彻落实“八七扶贫攻坚计划”，确定了扶贫攻坚区域。即农民人均纯收入在400元以下的乡镇为贫困乡镇，在300元以下的为特困乡镇。经摸底调查，全省扶贫攻坚区分布在9个地市，50个县内，有492个乡，贫困人口381万人。其中特困乡204个，特困人口137万人。结合贫困地区实际，提出具体目标：到本世纪末基本解决贫困人口的温饱问题，扣除物价因素，贫困县年人均纯收入800元，其中贫困人口年纯收入达到500元以上，人均占有粮食稳定在350公斤以上。同时分解出贫困户、贫困乡村在生产、生活条件和社会发展方面的具体指标。扶贫攻坚措施是以强化路、电、水、电话、教育、卫生六项基础设施和基本农田建设为前提，以发展林果业、畜牧业为主，建立脱贫主导产业，用主导产业覆盖贫困乡村，带动贫困户脱贫。

为了保证“扶贫攻坚计划”的完成，省政府召开了全省扶贫工作会议，把任务分解到有关地市，并签订了责任书。省直67个厅局还派人到25个贫困县包乡蹲村挂职扶贫，按期完成任务。

1994年，全省扶贫资金主要用于基本农田建设，经济林、养殖业为主的产业开发，乡镇企业，农副产品加工和矿产资源开发，道路建设，人畜吃水，农电建设，改善办学和医疗卫生条件等方面。实际完成基本农田建设40万亩，经济林建设136万亩，引水工程330处，解决了352个自然村，9.66万人、1.66万头大牲畜的吃水困难。建成县乡公路88.2公里，使322个行政村通了机动车。建成35千伏变电站4座，安装10千伏线路637.2公里，使173个行政村，219个自然村，86个乡镇企业，2万户8.76万人用上了电。新建设农用电话自动交换点21处，容量5422门，实装1807门，310个行政村结束了不通电话的历史。另外，还为50个贫困县培养定向招生3700人，改造窑洞教室675间，建寄宿制小学64所，购置课桌凳2.62万套。改造了12个县乡卫生院，为45个县卫生院增添了设备，培训业务骨干280名。

经济体制改革和对外开放

一、企业改革继续推进

1994年，在中央加快企业改革的方针政策和省委、省政府的正确领导下，全省围绕搞活国有企业，着重进行了企业转换机制、股份制改革和产权制度改革等项工作。全省多次召开企业改革会议，研究部署发展战略。省委、省政府的主要领导还亲自到企业调查研究、现场办公；省地县三级领导齐心协力，共抓改革大业，促进了我省企业改革的不断深化。

1. 企业转换机制的试点工作不断深化。进一步抓了100户转换经营机制试点企业经营自主权的落实。《转机条例》中规定的企业14项自主权中，除进出口权、资产处置权和拒绝摊派权没有完全落实之外，其余生产经营决策权、产品劳务定价权、联营兼并权、劳动用工权、人事管理权、工资奖金分配权、内部机构设置权等11项自主权已得到落实。100户企业的清产核资工作全面展开，资产清查任务已经结束。

2. 股份制改革全面铺开。全省已审批设立股份制企业367户，其中股份有限公司55户，有限责任公司312户，股本总额达到45亿元；其中1994年新发展股份有限公司20户、有限责任公司82户。在推进股份制试点工作中，注意克服过去注重设立过程的规范而忽视运行规范的倾向，转向设立规范与运行规范并重，新审批的试点企业质量明显提高。省内确定的30户现代企业制度试点工作已全面铺开。目前，太钢、大同水泥厂两家企业的方案已被批准实施，9户企业的方案已报省企业改革领导组。城镇集体企业股份合作制发展到500余户，农村股份合作制企业4万余户，股本总额达54亿多元。

3. 企业发展走向市场。对省直工业厅局直属的61个工业企业实行放开一批，抢救一批，破产一批的改革措施。在中小型工商企业中加快推行国有民营。重点从科学测算包租基数、加强监督管理、提高服务质量、提供信息、增强企业发展后劲、注意统分结合等6个方面下大力气推进国有民营进程。在过去推进以商业企业为主的国有民营经验的基础上，年中出台了《关于国有工业企业推行国有民营的指导意见》，到年底，全省120家小型工业企业实行了国有民营改革，占全省小型国有企业的10%左右，已向1900余户中小型工商企业推广，占企业总数的56%。朔州、榆次等地对有条件的国有中小型企业推行先租后股、先分后股、先售后股、还贷转股、量化折股、租售并举等多种形式的产权制度改革，并取得了初步成效。企业破产迈开步子，企业集团有新的发展。1994年，已有8户企业实施了破产，其中包括1户国有大中型企业——运城洗涤剂厂。企业破产涉及职工2897人，资产4718.4万元，净债务1.23亿元。破产中遇到的最大障碍——原企业职工的安置问题也得到了妥善解决。已审批成立了山西通用汽车贸易集团、山西万宝金钢石集团等10家企业集团，并起草了《山西省企业集团发展办法》。

二、政府机构改革和职能转变取得新进展

山西省委、省政府为解决全省各级党政机构膨胀，人员超编等问题，做好全省的政府机构改革和职能工作，成立了机构改革领导小组和办公室，并在广泛调查研究，反复酝酿的基础上，提出了《山西省党政机构改革方案》，又经党政领导组多次讨论和征求各民主党派、无党派民主人士意见后，上报党中央、国务院审核批准。在省委、省政府的领导下，抓紧组织实施《方案》。山西省的政府机构改革，以党的十四大精神为指针，紧紧围绕经济

建设这个中心，遵循政企分开和精简、统一、效能的原则，坚持转变职能、理顺关系、精兵简政、提高效率的方向，将工作重点放在转变各级政府的职能上。主要做了如下几件事：

1. 根据中央规定，调整机构设置。省级党政机构设置54个，其中党委机构8个，政府机构46个，另设部委厅管理机构11个，同时对机构的种类、规格、名称、层次加以规范。省级党政机构具体调整办法是：(1)对党委和政府重复设置或对口设置的机构，以及职能相近或交叉重复的政府机构，采取撤销、合并等形式予以精简和调整。(2)加强综合经济部门的宏观管理，重点转变职能，减少具体审批事物，精简内设机构与人员。(3)精简和调整专业经济部门。对有条件转为经济实体，实行政企分开的专业部门，行政职能划归政府有关部门；对有条件转为事业单位的成建制转为事业单位，行政职能划归政府有关部门。(4)从本省能源重化工基地建设需要出发，保留了分行政机构，但对这些机构进行了职能转变，下放权力，大力精减内设机构与人员。(5)社会管理部门进一步简政放权，精简内设机构和人员，简化办事程序，以提高工作效率。(6)执法监督部门强化监督职能，完善监督体系，精简上层，充实基层。

2. 撤销部分临时及非常设机构。根据中发(1993)7号文件和国发(1993)27号文件精神，省委、省政府对过去设置和保留的议事协调机构和临时机构及其他非常设机构，通过清理整顿，多数予以撤销；撤销省委党史研究室、省地方志办公室，组建省史志研究院，将省社会科学院当代山西研究所并入史志研究院，为部(厅)级建制。

3. 缩减编制。机构改革后的省级行政编制总额为5900名，比改革前的7948人减少2048人，精简25.8%。将省级各类机关人员编制比例调整为：省委机关占12%，政府机关占80%，人大、政协机关占4%，民主党派和工会、共青团、妇联等社会团体机关占4%。并按此比例和工作需要对省直各部门重新核定了编制。

4. 明确事业单位的改革方向，并提出具体改革要求。从有利于进一步增强事业单位的活力，有利于经济建设和社会事业协调发展，有利于减轻国家财政负担出发，确定事业单位改革方向是实行政事分开，推进事业单位的社会化，逐步使事业单位在职能，人事制度、工资制度、管理体制等方面，与党政机关相区别。具体要求减少对事业的直接管理；打破部门所有制和条块分割，拓宽事业单位的服务领域，使事业单位成为面向全社会提供服务的独立法人，逐步建立事业单位法人资格登记制度，促进事业单位与经济建设相结合；对全额拨款事业单位的机构编制严格控制，并创造条件向差额补贴和自收自支过渡，使财政拨款的机构和人员比机构改革前减少10%。

5. 做好定职能、定机构、定编制的“三定”工作。首先对各部门、各单位的职能进行分解和确定，并由省机构编制委员会负责解决各部门、各单位职能交叉、职责不清的问题。其次，在部门和单位内部进行内设机构的设置，处室的设置尽量综合，业务性处室不少于内设机构的60%。内设机构平均精简25%左右。其中：专业经济管理部门内设机构精简幅度较大，一般精简为8个左右；社会管理部门精简20%至25%，其他部门精简20%。最后，定行政编制和领导职数。各部门、各单位的人员编制平均精简25%以上，专业经济管理部门和合并单位精简的幅度更大些，机关工勤人员不超过本单位编制总额的10%。内设处室领导职数，按人员编制确定，编制在11名以上的配1正2副，编制在6至10名的配1正1副，编制在5名以下的只配1职。

6. 分流机关富余人员。对已到年龄的离退休人员办理离退休手续；对学校直接分配到党政机关工作的大中专毕业生，在基层锻炼未满3年的，安排下基层锻炼；对党政机关干部岗位上的工人，根据工作需要和本人特长，调整到工人岗位或分流到直属企事业单位。

三、市场体系建设迈出新步伐

1994年全省大力进行市场经济体制的改革，推动了市场体系的建设，各类市场蓬勃发展，功能日趋完善，运行逐步规范。

1. 商品市场建设保持良好发展势头。消费品市场、生产资料市场和集贸市场建设取得较好成效。多数市场建设项目能按计划完成，部分项目建设受到资金短缺的制约。全省商业系统新建、续建、改造3000平方米以上的商业网点63个，比上年增加32个，建设总规模59.3万平方米，总投资额8.65亿元；新建、扩建各类批发市场4个，极大地活跃了城乡市场。物资系统全年新建和完善生产资料市场10个，太原、大同2地3个生产资料市场已基本完工；全省省、地、县3个层次生产资料市场达到115个。集贸市场继续保持较快的发展势头，全年新建45个市场，全省集贸市场总数已达1931个，到9月底集贸市场成交额达65.9元，比去年同期增长25.07%。

2. 要素市场建设有所突破，但发展不平衡。继续培育和发展金融市场。有形短期资金拆借市场山西省融资中心，已与27个省、市的100家金融机构建立了联系，1994年融资总量超过60亿元，其中拆入36亿元。各地、市都已建立了省融资中心办事处。各大专业银行内部也都发展了调剂资金的无形短期资金市场。长期资金市场已有包括省证券公司、大同证券公司以及信托投资公司的证券部共30多家。其中与上海证券市场联网的10个，与深圳联网的1个。外汇市场以山西省外汇调剂中心为主开展业务，上半年办理外汇调剂9644万美元，其中外商投资企业4015万美元，比去年同期增长42%。劳动力市场发展较快，已建立县以上劳动力市场服务机构121个，其中新建96个；乡镇劳动服务站951个，其中新建803个，转移农村富余劳动力36万人；各级劳动力市场市场服务机构累计已登记各类求职人员26万余人，交流成功16万余人，成功率为62%。劳动者自主择业、企业自主用工、双向选择、合理流动的就业机制初步形成。

3. 房地产市场已具雏形。1994年全省已有86个地、市、县(市、区)建立了地产交易机构，其中10个地、市成立了地产交易中心，58个市、县成立了土地估价委员会和地产交易事务所。全省11个地、市共出让国有土地使用权近7000亩，收回土地使用出让金7000万元；72个地、市、县(市、区)引进了公安、法院的办事机构，进一步强化了对地产市场规范化管理工作，促进地产市场的健康发育，地产市场体系基本框架已初步形成。

4. 人才、技术市场发展顺利。全省共建立人才市场53个，其中地市级市场11个，其主要突出的作用是为乡镇企业的发展引进了急需的人才，并以更大的力度向传统的人事管理制度进行冲击。技术市场发展缓慢，由于资金不落实，原计划建设的技术市场没有实现，但是，上半年通过交易会等形式完成技术转让合同390项，转让金额2900万元。

四、横向经济联合协作全方位展开

山西横向经济联合协作工作，紧紧围绕山西经济发展战略和中心任务，依托山西高原，背靠九曲黄河，东联环渤海兄弟省市，西结秦晋之好，冲出娘子关，走向全国，走向世界，广泛地开展了全方位、多层次、多渠道、多领域的横向经济联合与协作，为全省市场发育、企业改革、对外开放和经济发展做出了积极贡献。

1994年，全省横向经济联合实施情况良好，全省共实现经济技术协作项目1193项，完成工商登记的联合体212个，横向融通资金4.31亿元，实现人才交流7747次，提供各种信息8004条，完成协作煤外运量586.92万吨，协作物资总金额10.29亿元，横向经济联合实现工业产值24.80亿元，实现利税3.33亿元。

1. 协作区联合进一步加强，整体优势充分发挥。1994年，山西主要开展了环渤海经济区、晋陕豫黄河金三角协作区和黄河经济协作区的协作活动。

环渤海经济区是我国继珠江三角洲、长江三角洲区域经济快速发展之后，又一开发热点地区。山西作为环渤海经济区的成员，特别需要该地区有关省市需求迫切的能源市场和出海通道。山西经济协作办抓住国家开发环渤海经济区的这一机遇，与环渤海兄弟省市经济协作办以及国家计委共同组织了"首届环渤海地区中外经济技术招商洽谈会。"山西省共与外商签订项目合同12个，总投资额77161万元，合同利用外资5553.92万美元；协议7个，总投资21761万元，外资协议金额677.75万美元；意向28个。通过这次招商会，探索了经协工作从国内的联合向国际性的联合发展的可能性，从而拓宽了开展联合与协作工作的领域和渠道。

晋陕豫黄河金三角协作区是山西与陕西、河南3省接壤地区组成的经济协作区。1994年山西经济协作部门主要在协作区作了3项工作。(1)强化了农业基础地位。将协作区开发的旱地小麦高产项目列入农业部"丰收计划"，全年播种面积扩大到140万亩。争取黄河滩涂开发资金2000多万元。(2)加强了基础设施建设。建成风陵渡黄河大桥，并投入营运。完成黄河航运"三潼"段项目可行性研究报告的编制和立项工作。3省间的高等级公路已开工建设。3地市间的通讯联络实现了长途直拨。基本完成了晋陕豫黄河金三角地区抗震综合防御生命线工程。(3)加快了区域市场的建设步伐。运城地区建成了面积为2万平方米的大型综合性批发市场——禹都市场。

黄河经济协作区包括山东、河南、山西、陕西、甘肃、内蒙、宁夏、青海、新疆和黄河水利委员会等9省区1委。每年召开一次协作区省区委负责人会议。1994 年 9 月 21 日至 26 日在甘肃省嘉峪关市召开了第七次会议。山西省政府秘书长赵劲夫等负责同志参加了会议。会议期间，广泛地进行了项目洽谈，山西共达成经济、技术协作意向 23 项。

2. 省内联合不断巩固，经济总水平继续提高。 省内主要开展了太原经济协作区的工作。此协作区本着务实和向紧密型发展的宗旨，确定了以食品工业为突破口，推动协作区内整体经济实力提高的协作重点。省经济协作部门组织了区内 4 地市考察，根据资源和市场的调查和企业实际情况，积极给予企业支持。(1)积极筹措资金扶持企业发展生产。先后向汾阳晋昌食品饮料公司投入资金 70 万元，保证了该公司核桃出口任务的完成。对汾阳益华脱水菜厂、临县红枣总公司等产品销路较好的企业，适时投入流动资金，解决了企业燃眉之急。(2)加快新产品开发，创新创名上档次。开发出清徐干白葡萄酒、五台山矿泉水、方便苦菜等新产品。同时积极向有关部门申报技改及科技开发项目，为改变传统平遥牛肉品种单调的局面，投入平遥牛肉系列制品生产线项目资金 300 万元，并将其年产量由过去的 200 吨提高到 4000 吨。

3. 加强国内省际间的联合，拓宽协作领域。 (1)组织政府经济代表团赴江、浙、沪访问考察。1994 年 11 月，以彭致圭副省长为团长的山西省政府经济代表团出访了江、浙、沪，与有关方面签订经济技术协作项目与意向书 17 项。还与浙江省和宁波市分别签订了进一步加强经济技术协作协议，并对在浙江建立煤炭销售市场等重大项目同有关省市领导及部门进行了商讨。(2)举办"山西名优土特新产，94 广州展销洽谈会"。展洽会接待客商 6 万人次，签订贸易合同 74 项，金额 9530 余万元；签订引资合同 11 项，金额 1 亿元；签订引资意向 7 个，总值 1.76 亿元。(3)组团参加"'94 全国物资商品协作交易会"，共推出 11 个大类，27 个品种的物资商品，获销售金额 5700 万元。组团参加"'94 广州博览会"，与客商达成 14 个项目意向。(4)建立协作煤发煤站，为多发煤创造条件。同时，加紧对煤款拖欠大户的清欠工作和协作煤资金的回收。收回省煤炭进出口公司所欠协作煤款 1200 万元，协助委托银行，收回到期贷款 1200 万元。(5)组建经协实体，积极为经济建设服务。截止 1994 年底，全省各地市已在外地建立经协实体 150 多个，为地方的经济做出了贡献。如在天津开发区设立了能源公司，在塘沽、浙江三门等地设立了煤炭销售基地，在秦皇岛、郑州、绍兴、大同设立了办事处。初步形成了产供销一条龙的煤炭经营模式。

五、利用外资和国际经济技术合作成绩显著

1994 年，山西省对外开放范围继续扩大，经济技术交流进一步活跃，引进外资取得突破，为经济建设和社会发展作出了新贡献。

1. 外商直接投资保持较好发展势头

利用外资发展"三资"企业方面，1994 年全省共审批"三资"企业 241 家，其中，合资企业 197 家，合作企业 9 家，独资企业 35 家，投资总额 48377 万美元，协议外资额 21477 万美元。山西省利用外方直接投资的工作呈现以下特点：

(1)外资投放率明显上升。1994 年实际利用外资比 1993 年增长多，外商投资资金到位率也有大幅度提高。1994 年审批"三资"企业的绝对数量虽然比 1993 年下降了 63.6%，但利用外资的平均单项金额却由 1993 年的 66 万美元提高到 88 万美元。

(2)基础产业的大项目增多。1994 年投资总额在 1000 万美元以上的项目有 6 个。如中美合资山西阳泉耶鲁德能源发展有限公司投资金额 1.1 亿美元；山西光华玻璃有限公司投资金额 5.7 亿元人民币；山西朔州颖丽卫生洁具有限公司总投资 1415 万美元；山西运佳泵业有限公司总投资 1000 万美元等。

(3)高新技术产业、出口创汇企业所占比重增加。截止 1994 年底共批准出口创汇企业和技术先进企业 26 家，这些"三资"企业的技术含量及出口创汇能力明显提高。

(4)投资领域多元化。在以港澳台商为主的情况下，又进一步向美国、日本、韩国、德国、澳大利亚、意大利、匈牙利、加拿大、俄罗斯、新加坡和泰国等国家拓展，外商投资企业向全省 11 个地市延伸扩展，使得目前在山西省投资的已有 35 个国家和地区的外商。

(5)采取多种形式招商。1994 年，山西省改变了过去坐等外商或单个谈判的方式，采取主动出门招商，或大规模集中招商洽谈等多种形式并举，在美国、法国、意大利以及厦门、北京、广州等地组织了多次规模较大的对外招商活动，不仅扩大了山西在海内外的影响，也取得了积极的招商成果。

2. 利用外国政府贷款有新突破

从 1979 年到 1994 年底，山西省共利用外国

政府贷款 31 项,金额为 22123.5 万美元。大多数项目已竣工投产,在经济建设中发挥着重要作用。如引进西班牙 20 余万门程控电话交换设备,改善了太原、大同、阳泉等主要城市的邮电通讯和投资环境;太原市供水、集中供热和污水处理等市政建设项目,利用芬兰、瑞典等国政府贷款,社会效益十分明显。此外,还选择了部分条件优惠的无息贷款或赠款,重点扶持了老少边穷地区的经济建设和农业开发,促进了贫困地区的经济发展。1994 年全省被国家批准并列入外国政府贷款计划的项目 15 项,贷款金额 10795.5 万美元,相当于前 15 年的总和,创历史最好水平。

3. 外资在经济建设中发挥出重大作用

(1)加快了经济发展速度,增加了经济建设的综合实力。据不完全统计,1994 年全省"三资"企业工农业生产总值约 27 亿元,比 1993 年增长 18.2%,占全省工农业生产的比重为 3.2%,上交税金 1.42 亿元,比 1993 年增长 49%,"三资"企业新增固定资产投资 9 亿多元。

(2)推动了产业结构的调整和技术改造。1994 年以来,山西省利用外资已开始转向基础设施和基础产业,并正在形成投资规模,特别是通过利用外资对一批国有大中型企业进行改组,改造与改制,大大促进了企业经营机制的转换和经济效益的提高。不仅带动了同类产品的升级换代,同时也带动了国内相关配套产业的发展和生产技术水平提高。

(3)拓宽了多种成份发展经济的渠道。在国有企业和集体企业积极参与招商引资的同时,随着个体、私营企业的发展壮大,私营企业也逐渐进入了引进外资的领域。1994 年底,全省与外商引进合资、合作的私营企业达到了 43 户。

(4)提供了劳动就业机会。1994 年底,山西省在外商投资企业就业人员达 10 万人,占到全省就业职工总数的 0.72%,既解决了一批人员就业难的问题,又缓解了老企业安排剩余人员的矛盾。一大批大中专毕业生要求到"三资"企业谋职,不仅有利于他们发挥所学专业技术,也有效地促进了全省劳务和人才市场的发育。

4. 经济技术交流空前活跃

(1)对外联系的国家多,洽谈的经济项目多,有实质性成效的项目多。1994 年山西省在美国洛杉机举办了"出国商品展销暨经济技术合作洽谈会",进出口贸易成交额达 10563 万美元;在法国巴黎举行了"山西省出口商品展销"活动,贸易成交额突破 5000 万美元;在意大利进行招商贸易活动,其中与意大利建筑总公司合资兴建的"山西国宾饭店"已正式签订合同,意方投资 4400 万美元,占总投资的 80%。

围绕山西农业开发和煤、电、水、路等重点工程项目的兴建,许多国际大财团、大公司、大企业前来投资合作,先后有 50 多位董事长、总裁、总经理同省有关部门洽谈了 110 多个合作项目,达成了合作意向或签订了合资合同。近年来,山西省利用国际农发基金、联合国世界粮食计划署无偿援助,世界银行贷款等外资 1.8 亿美元,实施"太行山中段农业综合开发项目","黄土高原水土保持项目","森林发展与保护"、"山西扶贫开发"等项目,对治理贫困山区、改善生态环境、建设生态农业体系取得明显成效,受益农村人口达 700 多万人。

一年来,山西省组织出国访问和考察团组 135 批 4725 人,接待来访团组 254 批 1942 人,涉及 36 个国家和地区及国际组织,其中 60%是经济技术合作交流团组,全年省领导会见外宾和参加重要外事活动 106 次。

(2)巩固和发展友城关系,加强经济技术交流。1994 年,应美国田纳西州政府邀请,郭裕怀副省长率山西省政府代表团和金融考察团前往访问和考察,恢复了山西省与美国田纳西洲的友好省州关系。双方重申了继续发展友好省州关系的愿望,并就推动双方在经贸、农业等领域的一些合作项目进行了初步商谈。同日本琦玉县的友城往来继续发展,1994 年山西省与琦玉县执行第四个三年交流计划,并首次开始经济技术合作。双方通过定期的经济研讨会和开展经常的经济技术交流,在生产管理、质量管理、医疗卫生、研修培训、环境保护等各个领域积极合作,取得较大成果。1994 年山西省重点落实了与德国北威州、萨尔州的合作交流项目,其中山西电力研究设计院及电力设备厂与北威州 GEA 公司合资建立电厂空冷技术研究和生产设备两个项目,总投资 685 万马克中,德方投资 60%,北威州还接受山西 8 名工业研修生。截止 1994 年底,同山西省结为友城的国家有日本、美国、英国、意大利、乌拉圭、德国、法国、俄罗斯、加拿大 9 个国家共 15 对友城关系,其中省级友城 6 对,市级友城 9 对,另有合作伙伴 2 对。

(3)开展对外经济技术合作。1994 年重点开展了同日本、澳大利亚、德国等发达国家的双边援助和对联合国各组织的多边援助项目。全年新签对外承包劳务合同 13 份，合同额 989 万美元。派出国外劳务人员 341 人，年末在外人数 425 人。劳务输出的国家有匈牙利、日本、俄罗斯、德国、美国、新西兰、哈萨克斯坦等。

(4)积极扩大对外开放地区。1994 年山西省加大了通讯、电力、机场、车站与公路等基础设施的建设力度，积极改善开放条件，经国务院 1994 年 6 月批准，公安部公境外〔1994〕467 号文件规定，增加了 27 个市县对外开放，加上原有的 10 个对外开放市、县，开放地区占到全省的 50%，为山西省的对外开放打开了新局面。

六、对外贸易发展较快，创历史最高水平

1994 年，山西省抓住外汇外贸体制实行重大改革的有利时机，更新观念，强化管理，开拓经营，使全省外贸出口取得了历史上的最好成绩。

1. 进出口主要经济指标完成情况

(1)全省外贸进出口 1994 年共完成 98004 万美元(不包括 1993 年出口结转的 6907 万美元)，比上年 83688 万美元增加 17.1%，完成国家计划的 118%，比上年同期增长 26.6%；进口 17740 万美元，比上年同期 20305 万美元下降 12.6%。在出口总值中，地方自营出口完成 48671 万美元，比上年同期增长 29.7%；双轨计划出口完成 19855 万美元，比上年同期增长 22%；“三资”企业出口完成 8888 万美元，占全省出口总额的 11.1%，完成国家计划的 162%，比上年增长 33.1%；易货贸易出口完成 2850 万美元。

(2)主要出口商品完成情况如下：玉米 22.2 万吨，煤炭 672 万吨(其中地方自营 204 万吨)，焦炭 264 万吨，硅铁 20881 吨，生铁 13.3 万吨，钢材 4.2 万吨，水泥 4.8 万吨，花生果 4994 吨，棉纱 1.1 万件，棉絛纶纱 400 件，棉坯布 2402 万米，棉涤纶坯布 327 万米，厂丝 57 吨，坯绸 35 万米。

(3)1994 年，全省外贸出口收汇 56914 万美元，收汇率为 86.7%(不含统配煤)，完成国家收汇计划的 142%，比上年同期增加收汇 18842 万美元，增长 49.5%。其中地方自营出口收汇 46743 万美元，收汇率为 85.4%，超额完成省计划 13859 万美元；双轨制出口收汇 10171 万美元，收汇率为 93%，超额完成收汇计划 2512 万美元。在各类进出口公司中有 35 家收汇率达到或超过了国家规定 80%的标准，收汇率未达到 80%的有 22 家。

2. 山西省外贸发展的新特点

(1)出口创汇和出口收汇同步增长，均为历史最好水平。全年出口创汇超额完成国家计划 18.1%，出口收汇超额完成国家计划 42%。

(2)地市外贸公司和新获准自营的首批生产企业出口有较大进步，绝大部分出口企业完成任务比上年有较大幅度增长。新批自营生产企业和地市外贸公司中有 18 家完成了省计划。厅属外贸公司完成年计划的 130%，比上年增长 27.8%；工贸公司、生产企业完成年计划的 108%，比上年增长 37.6%；地市外贸完成年计划 151.6%，比上年增长 64.5%。

(3)主要出口商品完成较好。在全省出口创汇中占重要地位的煤炭、焦炭两项合计占出口总额的 48.2%。煤炭出口完成 672 万吨，创汇 20160 万美元，其中自营出口扭转了被动局面，开拓了市场，完成 204 万吨，创汇 5672 万美元。焦炭出口完成 264 万吨，创汇 18493 万美元。全省全年出口 100 万美元以上的商品达 93 个。

(4)贯彻市场多元化战略，大力开拓国际市场。截至 1994 年底，与山西省有贸易关系的国家和地区累计有 120 个，其中 1994 年山西同 95 个国家和地区发生了贸易往来，主要出口国家和地区为香港、日本、韩国、美国和德国，分别占出口总额的比重为 16.8%、14.7%、13.2%、6.3%和 4.2%。恢复与发展贸易关系的国家和地区主要有喀麦隆、布隆迪、多米尼加、摩尔多瓦等 8 个国家。

(5)贸易方式实行多样化。在搞好传统产品出口贸易的基础上，一些有出口经营权的出口企业充分利用自己的加工优势，开展进料加工业务。其中生铁一项进料加工出口 10 多万吨，出口创汇 1500 万美元；太原市进口氧化铝加工铝锭出口 1498 吨，创汇近 200 万美元。

(6)出口商品质量不断提高。由于认真坚持以质取胜发展战略、建立健全各项出口商品质量检验制度，严把出口商品质量关，1994 年全省出口商品检验 9864 批，货值 50046 万美元，合格率由上年的 99.43%上升到 99.47%。

附录一：

山西省实行对外开放新出台的优惠政策

一、山西省鼓励外商投资办法

1.鼓励外商对煤炭深加工转化和综合利用，钢铁和铝冶炼加工，化工、机械电子、建材、轻纺、农林牧副开发项目、高技术项目和现有工业企业的技术改造进行投资，并享受本办法规定的优惠待遇。

2.本办法规定的外商投资企业所需要的煤、电、水、石油，由计划、交通运输、电力、供水和供油部门优先安排解决。

3.对生产性外商投资企业，经营期在10年以上的，从获利年度起，前二年均免征企业所得税，第三年至第五年减半征收企业所得税。减免税期满后，产品出口企业凡当年出口产品产值达到当年企业产品产值70%以上的，可以按照税法规定的税率减半缴纳企业所得税，减半后的税率低于10%的，按10%的税率缴纳企业所得税。先进技术企业在减免税期满后仍为先进技术企业的，可以按照税法规定的税率延长3年减半征收企业所得税，减半后的税率低于10%的，按10%的税率缴纳企业所得税。外商投资企业实际经营期不满10年的，应当补缴已免征、减征的企业所得税税款。

4.本办法规定的外商投资企业，免征地方所得税和城市房产税十年。

外商投资的其他企业，免征地方所得税和城市房产税五年。

5.外商投资企业基本建设、技术改造和生产所需物资，由各级物资部门负责组织供应，与国营企业同等对待，外商投资企业也可以进口或在境内自行采购。

物资部门供应外商投资企业的物资，除进口的以外，计价与国营企业同等对待。

6.外商投资企业的出口产品运输，按规定时间由企业直接报送省经贸部门同意后纳入全省出口产品运输计划，由省经委负责统一协调，铁路部门依据计划优先安排。对外商投资企业的出口产品，免收地方能源基地建设基金。

外商投资企业内销产品运输计划，按行业归口管理。

7.外商投资企业应通过出口本企业的产品达到外汇收支平衡。如难以平衡，经省经贸部门批准，可以自行出口或委托外贸公司出口不属于出口许可证和配额管理的商品。

外商投资企业接收的还债物资，经工商行的管理部门核准，允许企业自行销售。

8.凡符合本办法的鼓励外商投资项目，外汇不能自求平衡的，可向外汇管理部门申请批准，批准后允许通过外汇调剂中心平衡外汇收支。外商投资企业在工商行政管理部门领取营业执照后，应及时到当地外汇管理部门办理外汇登记手续。

允许企业选择在当地开办外汇业务的银行立外汇帐户，经外汇管理部门批准也可在两个银行开户或跨地区开户。

9.外商投资企业的中方投资单位，不得干预、限制外商投资企业的正常生产经营活动，对在中方投资单位厂址内的外商投资企业，在供应电、水、气以及其他方面提供方便，收费应合理。

10.外商投资企业在国内销售商品执行国家定价或国家指导价有困难的，可自行定价，按价格管理权限，报物价部门备案。

二、山西省鼓励台湾同胞投资办法

1.鼓励台湾同胞围绕能源、机电、冶金、化工、轻纺、食品等支柱产业对现有企业特别是国有大中型企业进行嫁接改造；鼓励台湾同胞对农业综合开发项目和外向型农业的投资。凡属台湾同胞投资的基础设施、基础产业项目、产品出口项目、高新技术项目、农林牧副开发项目均享受本办法规定的优惠待遇。

2.允许台湾同胞购买拍卖的集体、私营工业企业产权,独资经营。台湾同胞的投资、购置的资产、工业产权、投资所得利润和其他合法权益受法律保护,并可依法转让和继承。

3.台湾同胞投资的生产性企业,经营期在10年以上的,从获利年度起,前二年均免征企业所得税,第三年至第五年减半征收企业所得税。减免税期满后,产品出口企业凡当年企业出口产品产值达到企业产品产值70%以上的,可以按照税法规定的税率减半缴纳企业所得税;减半后的税率低于10%的,按10%的税率缴纳企业所得税。先进技术企业,在减免税期满后仍为先进技术企业的,可以按照税法规定的税率延长3年减半缴纳企业所得税,减半后的税率低于10%的,按10%的税率缴纳企业所得税。企业实际经营期不满10年的,应当补缴已免征、减征的企业所得税税款。

4.台湾同胞投资的产品出口企业和先进技术企业,投资于煤炭深加工转化和综合利用、钢铁和铝冶炼加工、化工、机械电子、建材、轻纺、农林牧副开发项目、高技术项目和现存工业企业技术改造的,免征地方所得税和城市房产税10年。

5.台湾同胞投资企业的台湾同胞和聘请的外方人员,因工作需要长期居住的,凭公安机关的长期居住证明,可在企业所在地按规定购买或建筑个人住宅,并从发给产级证之日起,免征城市房产税5年。

6.台湾同胞投资者要求定居的,经公安机关批准安排。定居后其原投资的企业,仍享受本办法的待遇。定居后如要求返台或移居境外的,按来去自由原则办理。

7.台湾同胞投资企业能自行平衡外汇的,可按合同,章程规定自行销售产品。

三、山西省鼓励外商、港澳台同胞及华侨投资实施细则

1.外商、港澳台同胞及华侨投资企业以出让方式取得土地使用权,可以转让、出租、抵押。土地转让时发生增值的,按照国家有关规定缴纳土地增值税。通过划拨方式取得的土地使用权,不得转让、出租、抵押。确需转让、出租、抵押的,按土地使用审批权限,经县级以上人民政府土地管理部门批准,办理土地使用权出让手续,缴纳土地使用权出让金后,方可进行。

2.外商、港澳台同胞及华侨投资企业使用土地的最长期限为:(1)工业用地为50年;(2)商业、交通公用事业用地为40年;(3)住宅用地为70年;(4)科技、教育、文化、卫生事业用地为50年;(5)其他用地为50年。

土地使用期满如需继续使用的,应在期满6个月前申请延长使用期限。

3.土地开发费和土地使用费的缴纳:

外商、港澳台同胞及华侨投资企业使用土地的,由该企业负责按期缴纳。

中外合资、合作企业使用土地,以土地使用权作为中方出资的,由企业中方负责按期缴纳;未作为中方出资的,由企业负责按期缴纳。

4.外商、港澳台同胞及华侨投资企业的出口产品运输,由企业向省对外经济贸易主管部门报送运输计划,省对外经济贸易主管部门纳入全省的对外经济贸易运输计划,给予保证。内销产品的运输纳入全省的运输计划并优先安排。企业可购置专列和建立汽车运输队运输本企业产品。

5.外商、港澳台同胞及华侨投资企业所使用的通信终端设备需进入公用网的,在国家许可的范围内自行选择;需要装用户交换设备的,在符合有关技术规定的情况下优先提供中继线;需租用长途通信专线的,优先提供。

6.对生产性的外商、港澳台同胞及华侨投资企业经营期在10年以上的,从开始获得利的年度起,第一年和第二年免征企业所得税;第三年至第五年减半征收企业所得税。

产品出口企业在法定减免税期满后,凡当年企业出口产品产值达到当年企业产品产值70%以上的,可以按照税法规定的税率减半缴纳企业所得税;减半后的税率低于10%的,按10%的税率缴纳企业所得税。先进技术企业在法定减免税期满后仍为先进技术企业的,可以按照税法规定的税率延长3年减半缴纳企业所得税,减半后的税率低于10%的,按10%的税率缴纳企业所得税。

企业实际经营期不满10年的,应当补缴已免征、减征的企业所得税税款。

7.外商、港澳台同胞及华侨投资企业从获利年度起免征地方所得税5年,从企业开业之日起免征房产税5年。

《山西省鼓励外商投资办法》所列两类企业和鼓励投资行业及交通、水利、电力等基础设施,从获利年度起免征地方所得税10年,从企业开业之日起免征房产税10年。本款同样适用于港澳台同胞及华侨投资企业。

8.外商、港澳台同胞及华侨在太原市区投资举办的生产性企业应按24%的税率征收企业所得税。但从事下列项目的生产性外商投资企业,经国家税务总局批准,可减按15%的税率征收企业所得税:

(1)技术密集型和知识密集型项目;

(2)投资在3000万美元以上,回收投资时间长的项目;

(3)能源、交通、港口建设项目。

9.在本省境内从事农业、林业、牧业和在经济不发达的地区设立的外商、港澳台同胞及华侨投资企业,在享受本细则所列免税、减税待遇期满后,经企业申请,国务院税务主管部门批准,在以后的10年内可继续按应纳税额减征15%至30%的企业所得税。

10.外商、港澳台同胞及华侨投资企业从开始获利年度起免征地方所得税5年,从企业开业之日起免征城市房地产税5年。

11.外商、港澳台同胞及华侨投资企业从事、开发下列行业、项目的企业,从开始获利年度起免征地方所得税10年,从企业开业之日起免征城市房地产税10年:

(1)产品出口企业和先进技术企业;

(2)基础设施、基础产业项目;围绕能源、机电、冶金、化工、轻纺、食品等支柱产业对现有企业特别是国有大中型企业进行嫁接改造的项目;

(3)农林牧副开发项目。

12.经营外汇业务的银行可以向外商、港澳台同胞及华侨投资企业优先提供以下本外币贷款:(1)中短期贷款;(2)中长期贷款;(3)进出口买方信贷;(4)临时贷款;(5)当年出口产品产值在70%以上,且外汇可自求平衡的可给予授信额度贷款;(6)对经济效益和资信均好的,可实行限额贷款。

13.外商、港澳台同胞及华侨投资的重大项目,所需中长期大额贷款,由省有关部门组织省内银行、银团贷款或筹措国际银团贷款。

注:《山西省鼓励外商投资办法》和《山西省鼓励台湾同胞投资办法》于1991年7月17日、《山西省鼓励外商、港澳台同胞及华侨投资实施细则》于1992年6月22日由山西省人民政府颁布;关于上述3个规章的修订通知见山西省人民政府晋政发〔1994〕73号文件。

附录二:

山西省对外经济技术合作意向性项目

编号	项目名称	建设规模(其中外汇万美元)	承办单位	地址	电话	联系人
1	潘庄一号井	11.1亿元(5230)	晋城矿务局	晋城市北石店镇	(0356)336060	贾中秀
2	冷连轧厂建设工程	60亿元(25000)	太原钢铁公司	太原市尖草坪	(0351)3084242	张孝福
3	第二焦化厂工程	5亿元(4116)	长治钢铁厂	长治市故县	(0355)552980	柳春亭
4	年产6万吨离心球墨铸铁管二期工程	1.96亿元	阳泉钢铁公司	阳泉市北大街1号	(0353)22874	李如同
5	年产11.5万吨电解铝工程	44亿元(10244)	长治铝厂	太原市筹备处	4663624	赵文彬

续表

编号	项目名称	建设规模（其中外汇万美元）	承办单位	地址	电话	联系人
6	年产4000吨铝箔生产线	1.5亿元（450）	太原铝材厂	平阳路468号	（0351）7040313-331	刘德亮
7	年产15万吨甲醇项目	17.4亿元（12990）	山西原平甲醇项目筹备处	原平市	（03688）23968	李效生
8	改建2万吨/年氯丁橡胶项目	7.9亿元（6000）	山西云岗有机化工集团公司	大同市	（0352）264639	刘长贵
9	年产4万吨聚氯乙烯扩建改造工程	1.1904亿元	太原化学工业集团公司化工厂	太原市南堰	（0351）6847463	邱守鹏
10	8-20吨重型汽车1万台/年	25亿元(1900)	山西汽车制造厂	太原市亲贤北街21号	（0351）7043602-外经处	郝维乐
11	年产5.5万吨重型汽车变速箱	8000万元（700）	大同齿轮厂	大同市西门外新开北路1号	（0352）224610	田喜才
12	新建日产4000吨熟料生产线	13亿元（15439）	山西水泥厂	山西省潞城县	（0355）553920	郝映峰
13	建设年产20万吨高档啤酒生产线	5.4亿元	山西杏花村汾酒厂股份有限公司	山西省汾阳县	（03602）29612	郭双成
14	年产5万吨已内酰胺项目	20亿元（10024）	山西化纤厂	太原市小店镇	4037523	许建强
15	建设龟令集定坤丹口服液生产线	2029万元（167）	山西中药厂	太原市龙堡街29号	7040692	李兴杰
16	新建59KW太原至古交二级公路	3.87亿元	古交市交通局	古交市大川河东路	（03616）42525	李银顺
17	山西沁水煤层气开发利用项目	12亿元	山西省华贤发展有限公司	太原市省京剧院招待所	4062484 2024344	素双茅

典型地区

晋城市总的概况及两个基地的重点项目建设

一、总的概况

晋城市是1985年经国务院批准组建的一个地级市，地处山西省东南部，全市国土总面积为9490平方公里。现辖城区、郊区、高平市和阳城、沁水、陵川3县，83个乡、32个镇、8个办事处、2427个行政村、8942个自然村。

1994年全市总人口为201.69万人，其中农村人口为172.02万人，人口密度为每平方公里212.53人。

晋城市自然资源非常丰富，具有广阔的开发前景，现已探明的矿产资源有煤、煤层气、铁矿、硫铁矿、铝钒土、硅石、金、银、铀、锌、大理石、石灰岩等20余种，其中尤以煤、铁、硫铁矿为著，其次石灰石、硅石、耐火粘土也比较丰富。铝土矿有一定的储量；铅、锌、铜、金、银等矿产均有分布，无探明储量，但有一定的潜在远景。全市含煤面积5350平方公里，占全市国土总面积的56%，探明储量271亿吨，占全省无烟煤探明储量的55%，占全国无烟煤探明储量的26%。铁矿石探明储量6245.78万吨，探明保有储量5000万吨，尤以陵川、郊区分布较多，品位通常在30～45%，有的高达60%；另外市内的锰铁矿探明储量3316.51万吨，硫铁矿探明储量4085.4万吨，储量在省内居第二位。晋城市是华北地区相对富水区，境内有沁河、丹河两条黄河支流，水资源总量达24.42亿立方米，占全省水资源总量的15.1%，人均占有水量872立方米，比全省人均水资源占有量高出近一倍，但时空分配不太均衡，煤、铁、硫铁矿与水资源相匹配，形成明显的资源组合优势，为发展煤炭、电力、化学、冶金等工业发展创造了非常有利的条件。晋城市农业资源丰富，土地类型多样。农作物以小麦、棉花、玉米、谷子等为主。1994年粮食总产量59.57万吨，可以基本自给，蚕茧产量289万公斤，占山西省总产量的85%，为丝纺工业提供了原料。

晋城市位居我国中部腹地，界接中州，路通南北，是山西对外联系的重要门户。本市的地理位置正处于东部和中部两大经济地带的网络部位，它背靠山西能源重化工基地，面对东部沿海及华中经济发达区，东可探连云港、石臼港等海运口岸，西可接陕甘宁西北大市场，南可通湘鄂长江经济带，北可连京津环渤海经济区。在国土开发重点由东向西转移的进程中，起着承东启西的作用，它的经济结构，与华东、华中地区有很强的经济互补性，它的地理位置使它向华东、华中输煤输电最为方便，最为经济。

晋城市境内交通通讯较为便利。太焦双轨电气化铁路、晋长汽车二级专用公路、太洛公路纵贯南北，侯月双轨电气化铁路单线已开通，预计明年年底复线全部开通，沁辉公路、晋韩公路横穿东西，同时还有晋张、晋光、陵修、阳济等出省公路。境内共有铁路专用线25条，等级公路1598公里，基本上形成了铁路、公路干线为骨架的四通八达的交通网络。6个县、市、区全部安装程控电话，并开通了无线寻呼、移动通信和国际国内传真系统。

全市综合经济实力大大增强，人民生活水平有显著提高，到1994年底，全市国民生产总值达75.3亿元，工农业总产值达120.1亿元，其中工业总产值111.1亿元，农业总产值8.95亿元，乡镇企业总产值139.11亿元，地方财政收入2.69亿元，农业主要产品产量粮食59.57万吨(其中小麦27.79万吨)，棉花1677吨，油料11226吨，蚕茧298万公斤，肉类3210.3万公斤。工业主要产品产量原煤3226.31万吨、发电量10.8亿千瓦小时、钢4.67万吨、生铁370.54万吨、水泥57.33万吨、合成氨7.35万吨、厂丝427吨，煤炭铁路外运量657.52万吨，煤炭公路外运量777.92万吨，社会消费品零售总额18.26亿元，零售物价指数122.7%，农民人均纯收入1214元，城市居民人均生活费收入2426元。

二、两个基地的重点项目建设情况

1987年,国务院批准了国家计委《关于建立晋东南化肥原料煤基地的报告》,正式将晋城市(即当时的晋东南地区南五县)列为全国化肥原料煤基地。1986年国家计委和能源部提出将晋城和焦作两市列为经济小区,进行煤、电、化、铝集团项目建设试点。建市之后,晋城市委、市政府根据当地的资源状况、地理位置及全国经济发展的要求,在国家有关部门指导下,确定了“煤头——化身——轻纺尾”的经济发展战略,即:服从全国宏观生产力布局的要求,发挥资源优势,建设化肥原料煤基地;同时,走煤炭转化加工增值的路子,大力发展以无烟煤为原料的高能、高技术含量、高附加值的煤化工工业,将晋城建成一个煤化工基地。经过10年的努力,化肥原料煤基地已初具规模,煤化工基地已开始起步。

两个基地重点项目建设设想:

1. 化肥原料煤基地

在“九五”期间,使本市煤炭生产能力达到4000万吨,其中国统矿1500万吨,地方矿2500万吨。

(1)新建大宁煤矿。由于侯月线开通运营和阳城大电厂的开工,“九五”期间要重点建设大宁煤矿。该矿位于阳城北部,距侯月线阳城站14.0公里。设计能力300万吨/年,可采储48716万吨。总投资10.15亿元。资源已经省煤资委划定,可行性研究报告已编制完毕。

(2)新建东峰煤矿、南阳煤矿、王坡煤矿。以上煤矿设计年产均为60万吨,二期达120万吨。其中东峰煤矿已于1994年开工建设,另外两座煤矿将在“九五”期间安排计划。

(3)扩建市型煤厂。本市型煤厂利用当地无烟粉煤,采用粘结低压成型工艺,生产化肥厂造气用型煤已获成功,煤产品1992年通过生产鉴定,部分化肥厂已使用,该项目符合国家科研成果重点推广计划要求。目前年生产能力仅2万吨,“九五”期间拟扩建为年产能力15万吨,总投资2000万元。

2. 煤化工基地

晋城发展煤化工,近期以发展化肥工业为主,其它煤化技术因工艺复杂,投资大,在经济上无法和石油化工相比,只能作技术开发和准备。

(1)晋城化肥厂建设一套年产18万吨合成氨、30万吨尿素装置,合成氨和尿素工艺均采用国内外先进成熟的技术和设备。目前,该项目已完成供水可行性研究,环保评估、预可研报告、项目建议书已由省计委以晋计基重字(93)797号文报国家计委,化工部以化计发(93)822号文建议批准该项目的建议书。国家计委已将该项目列入九五计划草案。项目总投资14-16亿元。初步确定为国家70%省市30%。预测尿素售价按1200元/吨计,年利润1.1亿元,税金5000万元,工期三年。请求省计委重点考虑该项目。

(2)晋城化肥基地建设,建设期2001-2010年,规模年产200-300万吨尿素,总投资100亿元。

(3)万吨级煤制合成油项目。煤制合成油项目是中科院山西煤化所研制开发的新工艺,“八五”期间,在本市第二化肥厂建立了年产2000吨汽油的工业试验装置。“九五”期间,拟建设年产3万吨汽油的工业生产装置,总投资约3亿元。

(4)沁水煤层气开发项目,晋城市煤层气分布区总储为145000立方米,甲烷含量在96%以上,发热值为9500大卡/立米。与美方合资,引进技术与资金,开发沁水煤层气,不仅可有效利用资源生产化肥和甲醇等多种化工产品,还可保证煤矿的安全生产。项目初期投资600万美元。中美双方各占50%股份。

1994 年改革开发大事记

1 月

4 日 山西省委、山西省人民政府通过贯彻《中共中央关于建立社会主义市场经济体制若干问题的决定》的实施意见，提出了 1994 年经济工作的指导思想、主要任务以及改革和发展的主要措施。

▲ 国家重点科研攻关项目——矿块崩落法技术与装备研究在铜矿峪矿应用获得成功，并通过部级鉴定，为我国开发大型贫矿创造了国际水平的新方法。

4～6 日 中共山西省委六届七次全体会议在太原举行。全会的中心议题是贯彻落实十四届三中全会精神，研究加快山西改革和发展重大问题。

2 月

3 日 1 月 29 日～2 月 3 日，江泽民总书记在山西考察工作，指出全党同志要处处关心群众，事事依靠群众，一切为了群众。

5 日 代县、新绛县被国务院正式批准为国家级历史文化名城。

26 日 太原被国家经贸委等 9 部门确定为优化资本结构、增强企业实力试点城市。

3 月

7 日 中共山西省委、山西省人民政府出台 1994 年责任制，将 50 项重要工作分解落实到省委常委、副省长和各职能部门、有关地市，强化责任，狠抓督查，促进落实。

15 日 山西省信托投资公司证券营业部与上海证券交易所联网开通国债交易系统正式投入运营。

18 日 太原东山过境高速公路全线开工，这是山西省第一条高速公路，全长 26.023 公里。

28 日 山西省第一家期货经纪公司——山西三立国际期货经纪有限公司在太原开业。

4 月

2 日 山西省人民政府主办的 1994 年中国山西(洛杉矶)商品展销暨经济技术合作洽谈会在洛杉矶开幕。

16 日 大同民航开通北京——大同——西安航线。

23 日 国家卫生部、人事部授予长治市人民医院医生赵雪芳“白求恩奖章”。这是卫生系统建国以来向先进个人颁发的第一枚最高奖章。全国妇联授予她“巾帼建功标兵”称号。

5 月

2 日 山西省首次承办的大型国际性学术会议——’94 美国斯科拉电视台世界年会在太原开幕。

6 日 省委书记胡富国会见美国爱依斯中国发电公司总裁韩花奥先生，与美国客人就合资建设阳城电厂的一些具体问题进行了商讨。

14 日 省委书记胡富国会见法国环球集团董事长让努·拉卡兹将军。客人对山西的投资环境，环球集团与太钢合资的环球——太钢冷轧硅钢片公司进行考察。

15 日 山西省太行山绿化工程全面启动。该工程涉及全省 10 个地市、59 个县(市、区)，覆盖全省总面积 47%以上，是我国政府为执行 1992 年联合国环境与发展大会签署的决议而确立的国家重点防护林体系建设工程，并列入《中国 21 世界议程》。

20 日 台湾工业园区在太原经济技术开发区揭牌。该区占地 2 平方公里，以电子、通讯、纺织、包装、生物工程、机械制造等高、新、精产品及出口产品为主体，总投资 3 亿美元以上。

▲ 国家“八五”科技项目“径流林业”经过北

京林业大学在吕梁地区方山县8年试验，通过国家鉴定。这项居国际领先水平的旱区造林办法，可把黄土高原干旱区原来4～20%的造林保存率提高到85%以上。

27日 山西省最大的体育场——山西体育场正式竣工，总建筑面积3.53万平方米，拥有3.5万个座席。

24～30日 国务委员李贵鲜在山西考察工作，指出要积极稳妥地推进党政机关机构改革。

28～31日 全国人大常委会副委员长田纪云在山西省考察，强调指出千方百计把农业稳住，把乡镇企业和煤炭生产搞上去。

6月

1日 世界银行山西省扶贫开发项目考察团到山西考察。世界银行支持山西的扶贫开发项目，包括吕梁和运城两个项目区，涉及20个县(市)549.03万人，已列入我国“八七”扶贫攻坚计划实施范围。

4～8日 国务委员、国家计生委主任彭佩云在山西视察。

11日 中共山西省委、山西省人民政府召开直机关机构改革动员大会。

15日 山西煤海矿灯厂研制的KS8H(E)型少维护矿灯通过技术鉴定，填补了全国一项空白。

24日 中美联合勘探吕梁地区临县——兴县地段煤层气合作协议书签字。

30日 山西省重点建设工程，太原火车站高架候车楼落成。该候车楼可同时容纳9000人。

7月

8日 怀仁县金沙滩建成全国最大的杨树基因库。该基因库是山西杨树局与德国技术合作有限公司开展的杨树育种合作项目，1984年实施，已收集杨树优良品系900多个，包含了全世界具有代表性的杨树。

7～12日 全国人大常委会副委员长、全国妇联主席陈慕华在山西考察，就山西省人大、经济、妇女等方面的工作提出了要求。

19日 太原机车车辆厂试制成功韶山3B型电力机车，至此，该厂成为我国第三个电力机车生产基地。

25日 第五届五台山国际旅游月开幕。

20～28日 全国人大常委会副委员长、民盟中央主席费孝通在山西考察。

8月

7日 国家重点建设项目，山西华能榆社电厂一号机组投产发电，这是华能发电集团公司在山西投资的第一个项目，也是山西省的第一个扶贫电厂。

14日 山西铝厂二期主体工程基本完成并投料试车成功，至此，国家投资46.7亿元、设计年产120万吨氧化铝的亚洲最大氧化铝生产基地在山西河津市初步建成。

29日“八五”期间国家重点建设项目——“京太西”(北京——太原——西安)光缆干线工程山西段开工，北起天镇县，南至河津市，全长1063公里。

26～30日 中共中央政治局常委、国务院副总理朱镕基在山西考察，强调指出，要切实重视发展农业，抓好粮食、菜篮子工程。

9月

8日 山西、福建、贵州、云南、四川、厦门联合主办的'94福建投资贸易洽谈会在厦门开幕。

13日 山西省农村股份合作制研讨会在晋城召开，此次会议确定，继续加快乡村集体企业股份合作制改造的步伐，全面推进农村产权制度改革。

17日 山西省万家寨引黄工程管理局成立。

19日 首届黄河壶口国际漂流月在吉县开幕。

12～23日 宋平在山西考察工作，指出要加强农村基层党组织建设，坚持走共同富裕的道路。

10月

7日 中共山西省委、山西省人民政府召开全省科技大会，首次重奖科技功臣。

12日 晋中高科技农业示范区被列入国家级示范区，它的实施将推动山西高产优质高效农业的快速发展。

18日 阳城电厂在阳城县北留镇奠基。该电厂是山西省第一个实现变输煤为输煤输电并重战略决策、跨省输电的坑口电站。一期建设规模为6台35万千瓦机组，装机容量为210万千瓦，规划容量为330至350万千瓦。总投资143.64亿元，由中美两国六方投资。

22日 孙文盛省长、王文学副省长会见世界银行山西扶贫开发项目准备团和联合国粮农组织考察团。

11月

6日 山西省人民政府为加快全省开发治理荒山的步伐，决定在全省范围内推行以拍卖“四荒”使用权为主要形式的治山活动，并对承包、租赁、股份合作等治理形式加以补充和完善。

7日 山西省计划委员会、省煤田地质局与澳大利亚BHP矿产石油公司签署协议，联合开发山西河东煤田北段1000平方公里的煤层气。

10日～12日 邹家华副总理在山西考察，强调指出要下功夫抓好基础设施建设。

17日 山西省重点工程——太原飞机场侯机楼落成，成为国内干线机场和首都国际备降机场，年旅客吞吐量达到194万人次，货邮吞吐量达到1.35万吨。

▲ 太旧高速公路武宿立交枢纽工程奠基。该工程由15条匝道把4条主干公路连接成网，全长约1.3万米，在山西公路桥梁史上首屈一指。

20日 山西省、国家交通部“八五”计划重点项目——风陵渡黄河公路大桥建成通车，大桥全长1410米，是一座现代化的特大型公路桥。

27日 侯月铁路全线铺通。该路西起山西省侯马北，东至河南省月山编组站，全长252.6公里，是晋煤外运的南部重要通道。

12月

8日 山西省出口商品展销会及经济技术合作洽谈会在法国巴黎开幕。

6～10日 中共中央书记处书记吴邦国在山西考察国有企业，强调指出发展优势企业，解决难点问题。

15日 山西省第一座扶贫电厂，华能榆社电厂二号机组投产，一期工程全部竣工。

14～18日 中共山西省委、山西省人民政府召开全省经济工作会议，提出1995年打好“四大战役”：继续大力发展农业和农村经济，稳定增加农副产品的有效供给和农民收入；切实搞好国有企业，努力提高经济效益和质量；开源节流，加强征管，力争地方可用财力达到百亿元；控制物价上涨幅度，坚决抑制通货膨胀。完成“五个一工程”：力争国内生产总值增长达10%，力争粮食产量达到100亿公斤，力争乡镇企业销售收入超过1000亿元，力争农民人均收入达到1000元，力争地方可用财力达到100亿元。

29日 太焦线复线电气化铁路全线通车。太焦线是晋煤外运南通道的主干线，复线开通后提高运力1000万吨。

大同市同风肉制品厂是全民所有制肉食加工企业，年加工肉制品能力10万吨，1994年实现销售额3.2亿元，利税2456万元，销售额为全国商办工业第十位，肉类行业第三位。企业成为“省级先进企业”、“全省消费者信得过单位”、“省级重合同守信用单位”，先后荣获“全国肉类加工产品质量、卫生管理先进单位”、“全国五一劳动奖状”、“全国卫生先进单位”、“全国现场管理成效显著”、“商业部转换机制开拓经营先进单位”，以及“山西省模范企业”等多种荣誉称号。主要产品为同风牌熟肉制品、速冻食品、方便食品、矿泉饮料、动物饲料等八大类100多个品种，其中有19种产品获部优、省优、市优、商业部信誉商品和中国食品行业优秀产品称号，行销全国20多个省市区。目前，企业正向多种产品结构的食品企业集团迈进！

工厂外景

大同市同风肉制品厂

厂长：周志林　地址：山西省大同市水泊寺1号　邮编：037000　电话：622291

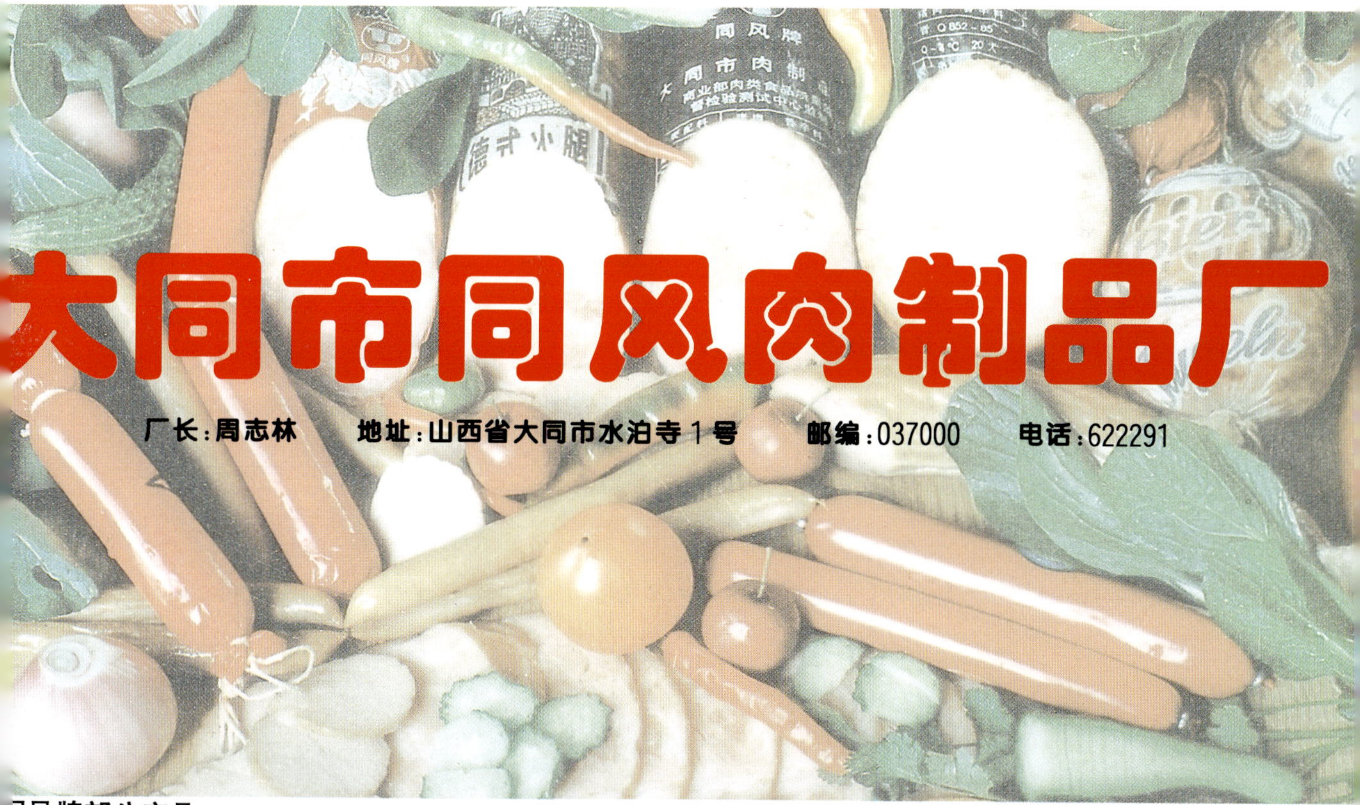

司风牌部分产品

镕基副总理来厂视察时为工厂题词

经过五次较大的技术改造，企业的生产已步人现代化

山西省四家湾金铜矿

四家湾金铜矿隶属山西省冶金厅，现有职工700余人，固定资产5000余万元，年产值4000万元，上缴利税600万元。综合采选能力250～300吨／日，年产铜700吨、金100余公斤、银1000公斤，铁精粉5万吨。1991年被中国有色冶金总公司授予“七五期间为发展金银事业做出突出贡献先进单位”，金银铜铁综合采选的工艺流程和改造项目获国家科技进步二等奖。

1992年该矿开发生产的“高纯黄片状硫化碱”和“新型复合材料铜包钢线材”及新近形成的“铁采选系列”和“黄金生产系列”，是“居安思危、立足长远、以矿养矿、滚动发展”办矿方针的实现，更是拓宽企业生路的创举。

矿长孟占西

矿办公楼

矿长：孟占西
地址：山西省翼城县　　邮编：043500
电话：0357—211173　　传真：0357—211172
电挂：6894

①

②

③

④

①铁精矿粉　②铜精矿粉
③铜包钢线　④硫化碱

河曲县化工厂

曲县化工厂装药工房一角

河曲县化工厂系兵器工业总公司生产民用炸药定点企业。近年来企业以民用炸药系列产品为龙头，带动发展了烟花爆竹、钢材等系列产品，形成了三大系列 100 多个品种，产品质量全部达到部颁标准，畅销国内 10 多个省、市、自治区。

厂长：张云升
地址：山西省河曲县城关黄河东大街
电话：(03635)22363　22550
邮编：036500

河曲县第二发电厂

河曲县第二发电厂是山西省忻州地区最大的火力发电厂，年发电量 1.6 亿度，年销售收入达 2500 万元。该厂还积极兴办多种产业，走“以电为主，多业发展”的路子，创办密封材料厂，恒泰耐火纤维有限公司，产品填补了山西省的空白。

河曲县第二发电厂厂长丁二明

厂长：丁二明　　电话：(03635)22584
地址：山西省河曲县　邮编：036500

河曲县第二发电厂全景

曲县电石厂活性炭分厂

河曲县电石厂活性炭分厂是生产活性炭的专业厂家，年产炭化料 3000 吨，活性炭 1000 吨。

该厂生产的低灰活性炭具有大的比表面积，合适的孔隙结构，很高的机械强度等特点，广泛适用于化学工业和环境保护等方面，深受广大用户青睐。该厂还可根据用户需要，提供特殊技术要求的煤质活性炭，欢迎国内外客商来函来电，洽谈业务。

厂长：任永厚　　地址：山西省河曲县楼子营镇马连口
电挂：4258　邮编：036501　电话：(03635)22422　23011

性炭

河曲县果汁厂

河曲县果汁厂生产的海红蜜饮料以优质海红果为主要原料，经科学配方精制而成。年生产 4000 吨。该产品具有消食健胃，延年益寿，防止衰老等功效。近年来连续被评为省优、部优产品，1994 年获国际金奖，产品供不应求，热忱欢迎广大用户前来洽谈、选购。

厂长：王水良田　　地址：河曲县城关北元东路
电话：(03635)22541　　邮编：036500

河曲县果汁厂产品海红蜜

内蒙古自治区

主　　编：千庆弼
副 主 编：宋玉和
编写人员：田永明　裴翠梅
工作人员：潘美兰

内蒙古自治区分目录

典　型　地　区

内蒙古自治区概况

面积：118.3 平方公里

人口：2260 万人

行政区划：8 个盟，4 个地级市，14 个县级市，51 个旗，16 个县，3 个自治旗

自治区党委书记：刘明祖

自治区八届人大常委会主任：王群

自治区人民政府主席：乌力吉

自治区八届政协委员会主席：千奋勇

内蒙古自治区国民经济主要指标

（单位：亿元）

项　目	1994 年	1994 年比上年增长（%）
国内生产总值	658.6	10.1
工农业总产值	742.64	11.29
工业总产值	590.21	13.5
重工业产值	405.70	11.8
轻工业产值	184.51	18.9
农业总产值	228.53	3.5
全社会固定资产投资	249.4	14.7
国有固定资产投资	211.6	10.8
社会商品零售总额	244.0	20.7
零售物价总指数（%）	119.3	19.3
职工工资总额	136.4	25.5

国民经济和社会发展情况

一、国民经济各项综合指标

1994 年，内蒙古自治区各族人民在自治区党委和政府的领导下，认真贯彻执行“抓住机遇、深化改革、扩大开放、促进发展、保持稳定”的方针，财税、金融、外汇、外贸和价格等宏观改革进展顺利，国民经济持续较快增长，社会保持稳定，各项社会事业进一步发展。全年国内生产总值 658.6 亿元，比上年增长 10.1%。其中第一产业增加值 188.6 亿元，增长 3.2%；第二产业增加值 254.5 亿元，增长 12.6%；第三产业增加值 215.5 亿元，增长 13.8%。

二、农 业 发 展

1994 年，农牧业生产在大部地区遭受严重春旱和部分地区遭受较大洪涝风雹灾害的情况下，由于各地抗灾自救措施得力，再加上政策和市场环境都比较有利，仍获丰收。全年农业增加值 188.6 亿元，比上年增长 3.2%。农业生产取得较好收成。主要农产品产量中，粮食总产量 1083.5

万吨。比大丰收的1993年减产24.8万吨，仍为历史上第二个高产年，尤其是市场行情看好的玉米、大豆播种面积扩大，增产较多；油料和甜菜减产。主要农产品产量是：生产粮食1083.5万吨，比上年增长－2.2%；其中：小麦234.8万吨，比上年增长－21.3%；玉米482.3万吨，比上年增长6.3%；稻谷30.5万吨，比上年增长－7.6%；大豆94.0万吨，比上年增长4.3%；薯类55.3万吨，比上年增长－13.3%；油料65.0万吨，比上年增长－10.5%；甜菜233.6万吨，比上年增长－16.2%。

畜牧业生产又获丰收。牧业年度牲畜总头数5711.3万头(只)，比上年同期增长2.4%，再创历史最高水平。年末牲畜总头数4450.6万头(只)，比上年增长5.2%。全年大牲畜、羊和猪分别出栏103.0万头、1011.1万只和459.3万口，出栏率分别为15.1%、33.3%和62.0%。牲畜改良工作继续加强，良种及改良种大牲畜和羊的比重提高，主要畜产品产量增加。主要畜产品产量和牧畜存栏数如下：1994年生产猪牛羊肉69.3万吨，比上年增长5.0%，其中：猪肉43.6万吨，比上年增长10.3%；牛肉10.5万吨，比上年增长－0.9%；羊肉15.2万吨，比上年增长－4.4%；牛奶45.8万吨，比上年增长8.5%；羊毛5.8万吨，比上年增长0.1%，其中：绵羊毛5.6万吨，比上年增长1.0%，山羊绒2614吨，比上年增长8.0%，大牲畜存栏年中数756.6万头，比上年增长－2.0%，年末数682.4万头，比上年增长－0.5%，羊存栏年中数4038.9万只，比上年增长2.5%，年末数3028.1万只，比上年增长5.9%，猪存栏年中数915.8万口，比上年增长6.0%，年末数740.2万口，比上年增长7.9%，渔业生产持续较快发展。全年水产品产量4.2万吨，比上年增长10.0%，全区淡水养鱼业继续保持加快发展势头。

农牧业生产条件进一步改善。年末农牧业机械总动力858.3万千瓦，比上年末增长2.9%；大中型拖拉机3.6万台，下降6.2%；小型拖拉机30.5万台，增长6.1%；农用载重汽车1.2万辆，下降0.4%；机耕地面积318.4万公顷，增长2.5%；农村牧区用电量15.5亿千瓦小时，增长14.8%。化肥施用量(折纯)44.7万吨，下降1.5%。农田水利建设继续得到加强，年末农用排灌动力机械146.2万千瓦，比上年末增长0.8%；机电井19.3万眼，增长2.7%；农田有效灌溉面积有所增加，达175.5万公顷。

三、工业发展

1994年，全区工业生产继续保持较快增长。全年工业增加值203.2亿元，比上年增长13.9%，其中轻工业增加值54.5亿元，增长18.9%；重工业增加值148.8亿元，增长11.8%，轻工业增长快于重工业。在全部工业中，国有工业增加值增长8.9%，非国有工业增加值增长30.0%，非国有工业比国有工业增速快21.1个百分点。非国有工业增加值占全部工业增加值的比重已由上年的23.6%上升到26.9%。

四、第三产业

交通运输生产持续增长。全年交通运输增加值48.9亿元，比上年增长11.3%。但交通运输对经济发展的制约矛盾依然存在。邮电通信事业快速发展。全年增加值6.5亿元，比上年增长45.0%。邮电业务总量增长48.9%。无线寻呼、移动电话增幅均在1倍以上。市话交换程控化比重达88.2%。年末，市内电话用户达40.9万户，增长62.95%，其中住宅电话用户达26.6万户，增长1.2倍。国内消费品市场较为平稳。全年社会消费品零售总额244.0亿元，比上年增长20.7%，扣除价格因素，实际增长1.2%。其中城市消费品零售额146.2亿元，增长21.8%；县及县以下消费品零售额97.8亿元，增长19.1%。各种经济类型的消费品零售额全面增长，特别是非国有商业更为活跃。国有商业消费品零售额比上年增长9.7%，集体商业增长15.8%，私营商业增长23倍，各种其他类型商业增长37.6%。在社会消费品零售总额中，非国有商业的比重由上年的52.5%上升到56.8%，而国有商业则由47.5%下降到43.2%。生产资料市场较为平稳。全年社会生产资料销售总额95亿元，比上年增长37.9%，扣除价格因素，实际增长18.0%。

五、固定资产投资

固定资产投资得到有效控制。全年全社会固定资产投资249.4亿元，比上年增长14.7%(扣除价格因素实际工作量增长7.5%)，增幅比上年回落31个百分点。其中国有、中外合资、联营项目投资211.6亿元，增长10.8%；集体经济项目投资7.2亿元，增长5.9%；城乡居民个人投资30.7亿元，增长54.1%。投资增速回落较快的原因是地方和中央项目投资规模均受控制所致。国有及中外合资、联营投资中，基本建设投资149.0亿元，增长11.6%；更新改造投资52.0亿元，增长27.5%；房地产开发投资8.2亿元，下降30.7%。宏观调控措施收到显著成效。全年基本建设、更新改造新开工5万元以上项目1868个，比上年下降36%。投资结构的调整加快向能源、原材料工业和交通运输、仓储及邮电通讯业倾斜。国有及中外合资、联营投资中、能源工业投资所占比重由上年的35.3%上升到37.1%，其中电力工业投资占能源工业投资比重由37.7%上升到50.3%；原材料工业投资所占比重由16.5%上升到20.9%，其中冶金工业更新改造投资占原材料工业比重由40.3%上升到57.2%；交通运输、仓储及邮电通讯业投资所占比重由13.9%上升到14.7%；但农业投资比重有所下降，仅占0.4%，比上年下降0.1个百分点。

六、对外经济

对外贸易因受多种因素影响，出现滑坡。全年外贸进出口总额10.6亿美元，比上年下降12%。其中外贸出口总额5.9亿美元，下降9.2%；外贸进口总额4.7亿美元，下降16%。现汇贸易呈现强劲增势，全年现汇贸易出口额4.1亿美元，增长46.9%。利用外资取得一定成效。全年新签利用外资项目226项，新签利用外资合同金额18779万美元。截至1994年末，在自治区注册的“三资”企业达926家，比上年末增加192家。对外经济技术合作又有新进展。全年共签定对外承包工程和劳务合作项目22项，合同金额396万美元，完成营业额133.5万美元。旅游业发展成绩显著。全年共接待旅游、访问、从事商务以及各项活动的外国、台湾、港澳和华侨旅游人员31.7万人次，其中外国人31.2万人次；旅游外汇收入8750万美元，均比上年成倍增长。

重点建设地区和重大建设项目

一、内蒙古晋陕蒙接壤地区

内蒙古晋陕蒙接壤地区的范围，包括伊盟和呼和浩特市的5个旗县市，土地面积2.52万平方公里，1994年底人口101.64万人。晋陕蒙接壤地区是我国煤炭资源探明储量最丰富的地区，是世界八大煤田之一，煤质居世界八大煤田之首，被誉为世界上罕见的特大煤田。从我国能源供需发展分析，它必将成为我国21世纪最重要的能源基地。因此，这个地区应该在整个经济发展战略中把能源特别是煤炭开发放在首位考虑。随着我国煤炭开发“稳定东部、发展中西部”的战略转移，此举更具有现实意义。本区还有许多非金属矿产，又有黄河灌区、包头、呼和浩特为依托，是我区重要经济区域。

区内有东胜和准格尔两大煤田，含煤面积14583平方公里(含煤岩系底界垂深800米为限)，东胜煤田：探明储量914.82亿吨，保有储量910.33亿吨。准格尔煤田：探明储量253.20亿吨，保有储量253.16亿吨。两大煤田1993年底累计探明储量1168.02亿吨，保有储量1163.49亿吨。在保有储量中，可供露天开采的准格尔煤田有34.79亿吨，东胜煤田有0.36亿吨。此外，还对煤炭资源进行过预测，预测面积48533平方公里，预测储量7629.7亿吨，其中东胜煤田预测面积41601平方公里，储量6295.10亿吨；准格尔预测面积6932平方公里，储量1334.60亿吨。煤炭资源煤质特优，煤种较齐全，有褐煤、长焰煤、不粘结煤、弱粘结煤、气煤和焦煤。准格尔煤田以长焰煤、不粘结煤为主、局部有褐煤、气煤和炼焦煤。该煤田多为优质动力煤，挥发份26～44%。东胜煤田为不粘结煤，有少量褐煤，挥发份一般为31～35%，为优质动力煤和气化煤。本区内除贮存有丰富的优质动力煤外，还伴生有多种矿藏，其中尤以晚古生代和中生代形成的沉积矿产最为丰富。如芒销、天然气、铸型砂、耐火粘土等在自治区乃至全国都占有重要地位。此外，黄铁矿、油页岩等矿产有一定储量。据资料统计，目前区内有八类30多种矿产，这些矿产都显示了规划区域的潜在优势。本区地域辽阔。土地资源丰富，总土地面积约有252.2万公顷，人均占有土地2.48公顷。已利用土地216.8万公顷，占总土地面积的86%。未利用土地为35.4万公顷，占14%。水域9.11万公顷，占3.6%。其特点是：土层薄、质地粗、结构松散、肥力低、有机质含量少。农业用地集中连片，耕地主要是集中在黄河沿岸，水、光、热资源丰富，适宜种植业发展，便于机械化耕作，现已有19个乡列入自治区商品粮基地，今后将成为本区商品粮、疏菜和副食品的重要基地。

煤、电、运综合开发目前已形成一定规模，准格尔煤田是该区以最先进的露天开采方式开采的特大型煤田，目前黑岱沟露天矿已采煤，到1995年达产，年采煤1200万吨，煤田二期工程已报国家审批，年产煤量为3500万吨，预计2002年达产，三期工程也在规划之中。东胜煤田，现已有国营、地方及乡镇煤矿进行开采，东胜煤田南部有华能精煤公司开采，东胜煤田北部国营开采井矿2000年达产1500万吨，其中统配矿1100万吨，地方矿400万吨。准格尔电厂一期工程已完工，达拉特电厂正在建设中。电厂建设取用黄河水作为电厂的冷却水和补充水。

1994年内蒙古西部电网基本形成一个以500千伏线路向外送电的网架，区内供电仍以220千伏线路为主；向京津唐电网送电以500千伏出线，将建成达丰500千伏线路一回，建成丰沙(丰镇—沙岭子)、丰大(丰镇—大同)，丰顺(丰镇—顺义)三回外送500千伏线路和丰镇、达拉特两处500千伏升压站，届时可满足内蒙古西部电网向北京送电150万千瓦的网架要求。目前已有的铁路主干线京包线、包兰线、包神线，将内蒙古西部地区与华北、西北、陕西联系在一起。自治区新建成的两条铁路，集通线943公里，丰准线215公里，将陆续投入运营，可将内蒙古西部的煤炭直接运往华北和内蒙古东部地区，为自治区和国家建设提供物质条件。公路主要以109、110、209、210等4条国道为干线形成运输网络，公路通车里程为1888公里。

二、重点建设取得新进展

全年自治区在建的大中型基本建设项目46个，比上年增加1个。其中全部建成投产项目3个，建成投产的单项工程13项。限额以上更新改造项目33个，比上年增加4个。其中全部建成投产项目13个。全部或部分建成投产的重大工程有：科尔沁油田新增石油开采能力100万吨，海勃湾电力股份有限公司新增发电装机容量20万千瓦。综合生产能力又有新的增加。全年建成投产的基本建设和更新改造项目1843个。这些项目新增加的主要生产能力有：煤炭开采150万吨，石油开采100万吨，发电装机容量42万千瓦，木材采运11万立方米，炼铁1万吨，水泥15万吨，烧碱4770吨，啤酒1万吨，新建公路145公里等。

经济运行和发展中存在的主要问题及对策

一、经济运行和发展中存在的主要问题

经济运行和发展中存在的主要问题是：市场物价涨幅过高；经济效益不够理想，部分企业生产经营困难；产业结构、产品结构有待进一步调整。

由于国家政策性调价和一些影响物价的宏观改革措施出台以及前两年社会需求增长过快的滞后影响，再加上区外商品价格的冲击和物价管理机制不完善等多种因素综合作用，使物价总水平持续大幅度上涨，成为经济生活中最突出的问题。1994年居民生活费用价格比上年上涨22.9%，商品零售价格比上年上涨19.3%，其中食品比上年上涨33.3%，农业生产资料零售价格比上年上涨22.6%。

农牧业生产中面临的增强发展后劲与投入不足、农田水利设施薄弱以及农牧业科技队伍有待进一步提高等问题仍较突出。

全区工业生产增速虽然较快，但工业经济效益不够理想。全年乡及乡以上独立核算工业企业经济效益综合指数为80.55，低于上年水平。工业产品库存积压增多，企业亏损面较大，相互拖欠较为严重。因此，还需在提高工业经济效益上下功夫，实现生产与效益同步增长。

二、主要对策措施

按照自治区第六次党代会、六届一次全委和全区经济工作会议精神，今后经济工作总的要求，要立足于改革、发展和稳定的大局，把发展经济摆在各项工作的首位，全区上下、各行各业都要服从和服务于经济建设这个中心，集中精力抓好改革开放和现代化建设；要科学地、全面地、实事求是分析当前我区的经济形势，正视前进过程中存在的问题，增强克服困难的信心，把广大人民群众的改革开放积极性和经济建设热情保护好、引导好、发挥好；要把发展经济的着重点在提高质量和效益上，努力提高财政自给水平，增加广大城乡人民群众的收入。采取的主要对策和措施有以下几个方面：

（一）继续促进农村牧区经济全面发展，努力增加农牧民收入

农牧业和农村牧区经济工作要继续增加对农牧业的投入，进一步增强农牧业的综合生产能力和抗御自然灾害的能力，着力提高单产，稳定总产，调整结构，适应市场需求，积极引种入牧，引牧入农，引科技入农入牧，努力增加农畜产品总量和有效供给。继续大力发展乡镇企业，千方百计增加农牧民的实际收入。

种植业要在努力保持粮食生产稳定增长的前提下，积极发展外向型农牧业，大力发展市场适销的高产、优质、高效品种，因地制宜地发展多种经营。畜牧业要狠抓畜种改良、草场建设和秸杆转化工作，在稳定增加饲养量的同时，努力提高牲畜质量，重点发展生猪、奶牛和牛羊育肥，有计划地培育和发展优质绒山羊。全区农业增加值137.7亿元，增长4%；乡镇企业总产值400亿元，其中工业产值190亿元；农牧民人均纯收入增加100元以上。

实现上述目标和任务，要重点加强以下几个方面的工作：

1. 千方百计增加农牧业投入，加强基础设施建设。从自治区到各盟市旗县，都要逐步提高农牧业投入的比重。自治区对农牧业的投入，重点用于全区性的农牧业深度开发项目和基础设施建设；农田草牧场基本建设主要靠盟市、旗县和农牧民投资投劳解决。农牧民是农牧业投入的主体，改变农牧业生产条件主要靠自身的力量。

2. 切实抓紧水毁工程的修复和以水利为中心的农田草牧场建设，力争全区农田有效灌溉面积有所增加。集中力量改造中低产田，抓紧二期农业综合开发和三期立项工作，加强商品粮、油、糖基

地、畜牧业防灾抗灾基地、草原畜牧业示范区等重点项目的建设。

3.继续实施科教兴农兴牧战略，大力推进农村教结合，认真组织实施农牧业“丰收计划”，积极推广优良品种和间套混种等低成本、高效益的农牧业适用先进技术，加强对农牧民适用技术的培训，提高农牧业中的科技含量和经营水平。有计划有步骤地加快科尔沁沙地、阴山北麓等生态恶化地区的“一退三还”，加强山水田林路综合治理，大力发展生态农业。全区水土保持治理面积和造林面积各500万亩。继续组织实施农业1122工程。切实抓好畜种改良工作，全区良种及改良种牲畜达到1340万头(只)。在继续坚持家庭联产承包责任制和统分结合的双层经营体制下，活化土地使用权，抓好“五荒”使用权的拍卖。

4.进一步加强农村牧区社会化服务体系和“龙型经济”建设，促进种养加、贸工农(牧)一体化，努力解决好农牧业“小生产、大市场”的矛盾。要注意运用市场机制促进科技的社会化服务，通过有偿服务，增强其活力。发展“龙型经济”一定要从当地的实际出发，按市场经济规律和经济合同办事，积极发展公司加农户、基地加农户、科技加农户、能人加农户、外贸加农户、协会加农户等多元化“龙型”经济体系。要因地制宜地建立各种形式的企业和农牧民利益的共同体。根据我区轻纺工业原料80%是农畜产品的实际，要积极探索和寻求符合市场经济要求的农工合作方式，确保农牧业和轻纺工业稳定发展。通过合理分配利益和加强基地建设等方式，确保300万吨甜菜生产计划的实现。

5.进一步调整农牧业和农村牧区经济结构。种植业要在稳定粮食总产的基础上，扩大经济作物的种植面积，提高农业生产的总体效益。畜牧业要在继续抓好草原畜牧业的同时，加快发展农区半农半牧区畜牧业。要围绕转移农村牧区剩余劳动力，积极开辟新的生产门路，发展非农产业，特别要十分注重农畜产品的加工增值，增加农牧民收入。

6.乡镇企业发展要与小城镇建设有机地结合起来，发挥小城镇的集聚效应和辐射功能。在办好现有企业的基础上，依托资源优势积极与沿海、内地合作，引进资金、技术、人才，根据市场需求不断扩大规模，提高产品质量，开拓国内市场。要积极为国家重点建设配套服务，保持较快的发展速度。要积极建立发展村办企业的贷款贴息资金，壮大村级集体经济。要动员大批科技人员和机关干部到乡镇企业及其他非国有企业去工作，组织有实力的国有大中型企业向乡镇企业扩散技术、产品和人才，较大幅度地提高乡镇企业的产品质量、管理水平和经济效益。继续做好乡镇企业发展规划，加强宏观指导与协调服务，把发展乡镇企业与扶持和发展贫困地区经济结合起来。

7.加强扶贫工作，重点是加强基础建设，稳定地解决贫困地区群众的温饱问题和人畜饮水问题，贫困面大的盟和旗县，要把解决贫困人口的温饱问题作为首要任务来抓。各级各部门要进一步落实包旗县、包项目的扶贫责任，因地制宜地加快“三七”扶贫攻坚计划的实施步伐。

(二)加快企业制度改革，加强企业内部经营管理，积极调整产品结构，开拓国内外市场，扎扎实实搞好扭亏增盈工作

国有企业改革要突出抓好三件事：一是搞好现代企业制度改革试点工作。二是抓好小、穷、亏企业的产权制度改革。三是搞好企业内部改革，把企业经营管理搞上去。要继续贯彻《全民所有制工业企业转换经营机制条例》和《国有企业财产监督管理条例》。把企业改革与改组、改造结合起来，促进国有资产的优化组合和产业、产品结构的调整。对已改制的国有企业要做好规范完善工作。对资不抵债、长期亏损、扭亏无望的中小型企业实行破产试点。在企业转机建制过程中，要全心全意依靠工人阶级，充分发挥他们的主人翁作用，妥善做好破产企业职工的安置工作。对国有大中型企业，在认真配合国家抓好包头棉纺厂现代企业制度试点工作的同时，要在清产核资的基础上，选择部分企业进行现代企业制度试点。通过试点，探索企业自我积累、自我发展的路子，创造条件逐步剥离企业办社会的负担。

目前，自治区一些企业经济效益不好，内部经营管理工作差是重要原因之一。因此，要继续加强企业内部经营管理，强化促销压库和货款回收工作，大力抓好利税大户企业的增盈工作。对有销路、效益好和出口创汇的产品，自治区要在资金、运力安排上予以优先保证。同时，要集中财力、人力，努力抓好吉兰泰碱厂、包头铜厂、赤峰锌冶炼厂等新的利税大户企业。要狠抓亏损企业特别是亏损大户的减亏和扭亏工作，逐步做到由亏变盈，力争使一批困难企业尽快走出困境，改变面貌。

由于国家严格控制投资规模和信贷规模，投资品市场和消费品市场需求增长将直接受到抑制，自治区工业发展面临的市场形势不容乐观。虽然大包复线、滨洲复线、集通铁路、丰准铁路相继投入运营，部分区段运能有所增加，但全区的运输仍然趋紧。因此，自治区工业生产要以市场需求为前提，以经济效益为中心，加快产品结构调整和技术进步，强化企业内部经营管理，千方百计扩大销售，开拓市场。

重工业中，煤炭工业由于电力用煤、包钢扩建改造工程部分投产及出口煤可望增加等因素，原煤产量将有所增加。电力、有色金属、玻璃、化肥及化工产品市场看好，主要产品生产将继续增加。钢材、水泥市场平缓，目前的库存较多，增产困难较大。

轻工业中，大屏幕彩电、羊绒及羊绒制品、精纺面料、地毯、化纤、棉纱、棉布、毛皮制品、糖、乳品等产品市场销售看好，将会继续增产；粗纺毛呢、毛毯、布鞋、家具、低档烟、酒等产品市场平淡，增销增产困难较大。根据我区产业结构和产品结构初级化，企业市场竞争能力不强的实际，要紧紧围绕市场需求，从调整产品结构入手，加快“名、优、特、新”产品的生产和开发，有计划有步骤地抓一批投资少、见效快、有市场潜力的“短平快”项目，努力提高产品质量，增强市场竞争能力。对适销对路的产品、名优特产品，要优先扶持，扩大规模，加快发展。

要实施名牌战略，从整体上提高我区名牌产品的地位和知名度，提高名牌产品的市场占有率，扩大名牌产品的名牌效益。一是要进一步加强羊绒及羊绒制品、奶酪、大屏幕彩电、高岭土深加工、地毯、蓖麻油系列产品、重轨、稀土、铝合金等20种产品的深加工和系列产品开发，使之尽快成为国际市场上的名牌优质产品。二是要有计划、有步骤地加快纺织、服装、食品、饮料、机械、电子等20种优势产品的升级换代，成为国内市场上的名优产品。三是1995年筹集建立专项基金，集中力量支持一批投资额不超过500万元，利税率在50%以上的项目，争取一年建成，二年见效，为解决地方财政困难创造条件。

（三）努力安排好城乡市场，狠抓流通领域的改革和管理，严格控制物价上涨

根据国家粮食、成品油和重要农业生产资料流通体制改革的要求，进一步加快国有商业、供销企业的改革步伐。按照政策性经营和商业性经营分开的原则，对关系国计民生的重要商品，要抓紧建立健全储备制度，发挥国有商业和供销社的主渠道作用。通过完善改革，努力保证农畜产品收购资金及时足额到位，搞好重要商品的收购、调拨和储备工作，保障城乡市场和农牧业生产的有效供给。

控制物价过快上涨，是自治区经济工作面临的一项非常艰巨的任务。根据自治区的实际，控制物价要重点抓好以下工作：

首先，建立疏菜保护地制度，扩大疏菜种植面积，集中力量抓好呼市、包头等城市菜蓝子工程，重点抓好肉、蛋、禽、菜等主要商品的生产，努力增加上市量。

其次，继续实行各级政府控制物价目标责任制，加强对市场物价的监管，严格执行物价监审办法和提价申报、备案制度。

第三，加强对农业生产资料市场的管理，坚决制止擅自扩大批零差率和利用不正当手段牟取暴利，严厉打击投机倒把、囤积居奇、哄抬物价、掺杂使假、强买强卖、欺行霸市等扰乱和破坏市场的行为。

第四，建立粮食储备制度和粮食、副食品价格风险基金，增强政府平抑物价的能力；进一步加强预算外资金管理，严格控制社会集团购买力，控制消费基金过快增长。

通过上述措施，力争把物价上涨幅度控制在国家要求的范围内。

（四）继续控制固定资产投资，保持适度投资规模，加快投融资体制改革，千方百计落实和管理好建设资金

全区固定资产投资要根据“量力而行、尽力而为，统筹安排，保证重点”的原则，重点安排好农牧业、科技教育和基础设施，以及投产收尾项目的建设。

按照中央与地方事权划分，以及谁投资、谁受益、谁承担风险的原则，继续加强和完善投融资体制改革。一是加强固定资产宏观调控工作的领导，从源头上协调和管好资金供应，调整和引导投资方向；二是适应投资主体和资金渠道多元化的发展趋势，建立健全项目申报备案制度，积极推行企业法人投资责任制，强化投资风险约束机制；三是严格控制新开工项目，适当集中项目审批权，保持合理的在建规模；四是自治区政府投资要集中用于基础产业和公益性事业方面，改善投资环境，促进社会进步；五是加强投资法规建设，清理和制止各种乱收费，保障社会投资的合法权益；六是加强重点项目的跟踪管理，提高投资效益。

(五)进一步扩大对外开放,大力发展外经外贸

进一步扩大对外开放,加快与国际市场接轨,是内蒙古经济走向现代化的重要途径。

要适应外贸、外汇体制改革,以及国际商品和资本市场的变化,进一步加快外经外贸企业建立现代企业制度的步伐,以适应国际竞争的要求。继续下大力量开拓港澳地区、东南亚、日本、西欧和美国市场,加快实现市场多元化的步伐。

根据国际市场需求的变化趋势,抓好具有我区优势的羊绒、毛纺、粮豆、煤炭等出口商品基地建设,积极推行贸工农(牧)一体化组织,逐步形成拳头产品,开拓国际市场,带动相关产业的发展。

继续积极开展边境贸易,争取边贸有较快的恢复和发展,努力巩固我区同蒙古、俄罗斯和独联体的经贸往来,积极寻求和开拓新的合作领域和合作方式。

要进一步改善投资环境,拓宽利用外资的领域和渠道,把重点放在基础产业和高创汇产业上。提高资金到位率、投产率、创汇能力和经济效益。

要加强驻外机构的建设,鼓励企业特别是有进出口经营权的大中型企业到国外设分支机构,加快建立海外地区性销售网络,把自治区更多的产品推向国际市场。

(六)进一步加强横向经济联合协作

1.加强了与北京、河北的对口支援。1994年内蒙古和北京河北对口支援做了一系列工作。自治区政府领导率领政府代表团出访了北京和河北省,签订了盟地市区间建立一对一对口支援关系协议,达成了403项经济技术协作协议。北京市大部分区县、河北省政府及部分地市先后派团回访了我区,到年底有120项对口支援项目基本落实,占签约项目总数的30%。其中与北京联合办电引进到位资金5亿元,110国道河北境内断头路的修建工程确保1996年竣工通车等一批项目取得了很好的经济效益,密切了和这两个省市的经济联系。

2.参与了环渤海地区招商活动。自治区协作办、计委等单位从1994年4月开始投入前期组织协调,配合国家计委开展"环渤海世纪行"等大型电视片的拍摄、采访,编印宣传资料,在自治区内开展大规模宣传。在招商会上内蒙古自治区有8个盟市5个直属厅局和大企业近600人参加了会议,提供了有内蒙古特色的项目260多项,达成了115项合作协议。其中与外商合作项目54项,投资意向2亿美元、1亿瑞典克郎和31亿人民币。同时也加强了和环渤海各省的经济往来。

3.围绕东北和黄河两个协作区开展了活动。在黄河经济协作区内,与山东省共同努力召开了首次黄河经济协作区行业联席工作会,在会议上提出了联合建设黄河大市场的方案,得到了各有关省市的支持;在东北协作区,自治区领导带队对辽、吉、黑三省进行了走访调查,探寻经济合作意向和重点,专门向国家计委汇报了参与东北地区经济发展规划实施的区域协作问题。

4.各盟市的经济协作工作进一步向深度和广度发展。各盟市把扩大开放,加强联合协作放到了经济工作的重要位置。一年来由盟市领导带队先后出访了友邻地市和重点协作区,开辟了新的协作领域和渠道。包头市组织召开首届"包头国际稀土科技经贸洽谈会",有17个国家、20多个省区客商到会,签订合作项目10项,总投资35亿元人民币和1.2亿美元。对外贸易成效额0.3亿美元,国内贸易成交额2.8亿元;乌盟举办'94边贸展销会",签订合作合同30项,成交额0.6亿元,引进资金1.6亿元等。

(七)千方百计增收节支,努力缓解财政困难

近年来,我区财政收入逐年增加,总体财政实力有了较大增强。但是,财政状况与全区经济社会发展和人民生活的需求仍有很大差距,特别是旗县财政非常困难,这是多年积累下来的问题。要继续完善和深化财税体制改革,规范国家与企业的分配关系,增强自治区的宏观调控能力。要集中力量抓好支柱产业和骨干企业,尽快形成越来越多的利税大户;抓好亏损企业的扭亏增盈工作,使经济增长的效果反映到增强财力上。扭亏增盈工作要同企业转制、新产品开发和技术改造结合起来,实行目标责任制,层层确定扭亏增盈责任人。要扶持一批有条件增加财政收入的旗县上台阶。今后,要把促进财政收支状况好转情况,作为考核政债的一项主要指标。

典　型　地　区

国家重要的能源基地——伊克昭盟

一、基本情况

伊克昭盟简称伊盟，这个盟行政辖区包括东胜市、达拉特旗、准格尔旗、伊金霍洛旗、杭锦旗、鄂托克旗、鄂托克前旗和乌审旗七旗一市。总土地面积8.7万平方公里，总人口123万人。伊盟地区位于内蒙古蒙中经济区的南部，与呼、包二市隔黄河相望，是蒙中经济区的南"窗口"，亦是晋陕蒙"乌金三角"的西北一角。东接山西，西连宁夏，南与陕西接壤，是蒙中经济区与晋、陕联合，进行经济技术合作的"前沿区"，是沟通蒙中经济区与晋陕联系的枢纽。

伊盟地区是蒙中经济区的资源富集区，也是蒙中经济区资源开发的核心地带。已探明的煤炭储量达1274亿吨，约占全国已探明储量的六分之一。且煤质属特优动力煤，具有高发热量(7000大卡/公斤)、低硫、低磷、埋层浅、易开采等特点。鄂尔多斯盆地初步勘探天然气储量1000亿立方米。已探明石膏储量35亿吨，陶土36.7亿吨，优质耐火粘土4.3亿吨，芒硝70亿吨，天然碱6000万吨，石灰石10亿吨，集中了蒙中经济区这些资源的全部储量。而且，这些资源的品位和储量在全区乃至全国也占有显著位置。此外，食盐、高岭土、花岗岩、石英砂等矿产也极为丰富；甘草、麻黄草等药材资源和畜产品资源也非常可观。

伊盟地区与毗邻的山西、陕西煤炭基地共同构成我国超级能源富集区，成为我国少有的能源、原材料富集、组合条件优越的大型基地的核心支撑区。目前，伊盟地区正处在大开发、大建设、大发展的时期，准格尔煤田和东胜煤田"八五"期末各形成1500万吨的原煤生产能力，准格尔坑口电厂两台机组已并网发电；亚洲最大(总装机容量500万千瓦)的火力发电厂达拉特电厂正在紧张施工；万家寨水电站已开工建设。与此同时，地方一批能源骨干项目也已建成或正在建设。一个新兴的国家能源基地正在伊盟崛起。

伊盟是自治区重要的纺织、建材、化工和商品农牧业基地。毛纺、绒纺已形成从初加工到深加工的生产体系，部分产品在国际市场享有盛誉。建材工业迅速发展，近两年建成了一批以建筑陶瓷为主要产品的骨干企业。一些产品已打入国内外市场，正在成为蒙中自治区的新兴"瓷都"。盐碱硝化工也形成了初加工体系。农牧业走上了稳定发展的道路，北部沿河区是国家、自治区重要的商品粮基地，鄂尔多斯草原是自治区重要的畜牧业基地，形成了5亿公斤以上粮食的生产能力，牧畜头数稳定在600万头(只)以上，可提供大量的商品粮、农牧副产品、疏菜、副食品及轻工业原料。

伊盟近年基础设施建设加强，投资环境改善，为加快开发建设奠定了基础。包神铁路纵贯南北，已通车营运，丰准电气化铁路即将通车，包府、呼准两条干线公路均已投入使用。东胜地区万门程控电话业已开通，全盟有6个旗市进入全国长途电话直拨网。投资环境的改善、国家产业倾斜与地区资源条件的相互合拍，已使这一地区成为国家和自治区投资的热点地区。

伊盟是蒙中经济区少数民族集中区，现有少数民族人口15万人，占蒙中经济区少数民族人口的36%。但是，由于自然的、历史的诸多原因，伊盟经济比较落后，人均主要经济指标在全区处于中下游水平，与伊盟得天独厚的资源条件和独特的战略地位很不相称。1993年，国民生产总值22.9亿元，占蒙中经济区国民生产总值的17.8%；人均国民生产总值1865元，比全区平均水平低175元；工农业总产值31.5亿元，占蒙中经济区工农业总产值的15.5%；财政收入2.95亿元，占蒙中经济区财政收入的12.5%；农牧民人均纯收入803元，比全区平均水平低26元；资源的工业性转换能力弱，现有乡及乡以上工业企业494户，占蒙中经济区乡及乡以上工业企业总数的5.2%，其中，大中型企业15户，占蒙中经济区大中型企业数的12.6%，工业固定资产11.1亿元，占蒙中经济区工业固定资产的6.7%。加快伊盟地区的建设，既可使蒙中经济区产生“腹地开花”的巨大辐射效应，也对蒙中经济区发展民族经济，增强民族团结具有重大意义。

二、经济发展目标和产业重点

按照蒙中经济区的区域布局、资源特点和区位条件，伊盟地区的经济发展战略目标为：

——以国家重点建设为主导，把伊盟建成大型的、现代化的能源基地，出口煤基地和优质动力煤基地，建成重要的原材料工业基地和畜产品、绒毛纺织基地。

——以加快蒙中经济区发展为基点，建成蒙中经济区以至全国最大的高载能产品基地。

——发挥资源优势，建成高效、协调的产业体系，形成结构优化，布局合理，多产联动的高层次经济开发区。

——扩大对外开放，加强经济技术合作，广泛吸收外来资金、技术、人才和管理，成为蒙中经济区最具资源组合优势的合作开发区。

到本世纪末，伊盟国民生产总值达到110亿元，年平均递增25.1%，其中，地方国民生产总值达到65亿元，年平均递增17.7%。人均国民生产总值达到7971元。三次产业发展速度依次为：第一产业年平均递增11.2%，第二产业年平均递增29.7%，第三产业年平均递增21.6%;；所占比重由目前的34∶40∶26调整为15∶50∶35。财政收入增加到5亿元，实现基本自给。农牧民人均纯收入增加到1480元，人民生活达到小康。

伊盟坚持以国家大项目带动大工业，以大工业带动地方经济全面发展；坚持大开、大引、大联，以改革促开放，以开放促开发、促发展；坚持开发与保护并重，建设与治理同步，合理利用资源，重视搞好国土整治。

伊盟产业发展方向是：以国家重点项目建设为依托，利用资源优势，开发高附加值、高技术含量产品。大力发展高耗能工业，提高资源的深加工程度和加工转换效率，实现能源和优势资源的就近转化增值，建成若干高效益的资源加工转换企业群和产业链。变资源输出主导型经济为资源开采——综合加工主导型经济。

根据伊盟资源特点，尽快建起以煤炭、电力、纺织、建材、化工为支柱的优势工业产业群和经济综合开发体系，进行集中、规模开采，形成聚集、规模效益。

煤炭工业：坚持国家为主，国家与地方共同开发的原则。全力支持国家矿的建设，加快、加大发展地方矿。地方与国家和自治区协调配合，加快准格尔煤田，东胜煤田和万利川矿区的建设。加速电煤、动力煤、出口煤、炼焦煤的开发。扩大煤炭的外运、洗选、加工、转化和综合利用能力。地方重点抓好“54321”工程，即铁路外运煤炭500万吨；建设四大煤炭基地（一是为呼市、包头、达拉特电厂服务的电煤基地；二是为华北、东北电网服务的优质动力煤基地；三是为创汇服务的出口煤基地；四是为周边城市服务的煤焦基地）；抓好三个骨干煤矿（唐公塔、碾盘梁、后布连煤矿）；建设两条运煤专线铁路（准东铁路，东胜至达电铁路）；加快一个集装站建设（唐公塔300万吨集装站）。到本世纪末，原煤产量达到6000万吨，其中，地方2150万吨。

电力工业：重点是配合煤炭的开发，建设坑口电厂，逐步形成火电群，加快一次能源向二次能源的转化。建成以煤炭为基础，电力为中心，煤电并举的能源发展格局。在配合国家、自治区搞好准格尔坑口电厂二期、达拉特电厂、万家寨水电站等重点工程建设的同时，积极引进资金或采取BOT方式，建设伊金霍洛电厂、新街电厂、准旗合页乌素电厂等。地方集中力量建设2×10万千瓦的唐公塔电厂及输变电工程。到本世纪末，发电装机容量达到500万千瓦，其中，地方30万千瓦。

高耗能工业：根据就近实现能源和优势资源转换的原则，在电力工业发展的基础上，抓紧建设一批高耗能工业项目，开发高载能产品和冶金产品，实现能源的多次转化增值。尽快建设达旗电石厂、达旗铁合金厂、达旗特种钢厂和准旗电解铝厂，到本世纪末，各形成10万吨以上的生产能力。

纺织工业：全面实现以高附加值、新工艺、深加工为目标的“高、新、深”工程。加快技术进步，开发新产品，调整产品结构，形成以羊绒集团为主的集团优势和产品优势。以名牌、拳头产品占领国内外市场，提高企业资产运行效率和产业效益。加快羊绒衫厂、第二毛纺厂等骨干企业的技术改造，尽快新建伊盟高档服装厂。到本世纪末，主要产品生产能力达到：无毛绒600吨，羊绒衫150万件，羊毛衫50万件，粗纺呢绒和精纺面料200万米，毛衬布500万米，无纺布400万平方米，出口服装

30万套。

建材工业：以砖、瓦、砂、石、灰为基础，以建筑陶瓷为重点，大力发展高岭土、陶土、石灰岩、石英砂等非金属矿资源的深度加工。加强陶瓷、水泥、耐火材料、玻璃纤维和新型墙体材料的开发，把伊盟建成西北建材陶瓷基地。尽快建设一批高起点、高档次的建材企业。抓紧建设东胜石英砖厂、微晶玻璃花岗岩板材厂、卫生陶瓷厂、高岭土精加工厂、日用细瓷厂，煤炭公司水泥厂、准旗耐火材料厂等新兴骨干企业。到本世纪末，主要产品生产能力达到：建筑陶瓷系列产品1040万件，水泥62万吨，卫生陶瓷70万件，日用细瓷1000万件，耐火材料3万吨。

化学工业：加大盐、碱、硝等资源的开发规模，提高深加工程度，加快开发出口创汇高、市场占有率高的精细化工产品，发展天然气化工、煤化工和有机化工。主要建设达旗芒硝加工企业、准旗煤化工企业、伊南天然气加工企业。本世纪末，形成50万吨元明粉、45万吨合成氨、52万吨尿素、6万吨烧碱、6万吨硫化碱、9万吨纯碱、5万吨硫酸铝、13万吨硅酸纳系列产品的生产能力和10亿立方米天然气的综合利用能力。

进一步加快交通运输、邮电通信等基础产业的发展，重视城镇基础设施建设及环境保护、改善投资环境。

交通运输业：重点抓好专线铁路和伊盟境内国道、盟旗干线公路的改造和新建。除建设准格尔至东胜、东胜至达电两条运煤铁路外，争取尽早建设呼市至准格尔铁路。加快建设伊旗阿镇至杭旗40里梁牧区公路；抓紧建设109国道和改造210国道伊盟境内路段；争取及早建设为出口煤服务的羊市塔至指雨房公路。尽快使蒙中经济区形成呼市、包头、东胜公路、铁路相互贯通的四通八达的运输网。

邮电通信业：加强偏远旗的长话直拨进网工程的建设及基层通信自动化建设，扩大已进网旗市国际、国内长途通讯能力。重点建设乌审旗长话直拨进网工程和鄂前旗市话自动化、卫星通讯地面站长途入网工程及东胜新增6000门程控的扩建工程。并到本世纪末，争取30%的乡苏木、镇进入全国长话直拨网，50%的乡苏木、镇实现市话自动化。

城镇建设：搞好城镇建设规划，加强城镇供水、排水、道路等基础设施建设。抓紧建设东胜三期给水工程，增强东胜社会、经济的综合发展功能。抓好东胜及工矿区等主要城镇道路改造，提高市镇道路硬化率。高度重视工矿区水土流失治理，坚持边开采、边治理，开采与治理同步，防止水土流失的扩大。

加快发展商贸业、金融保险业、旅游业等第三产业，增强伊盟地区综合服务能力和吸引能力。

商业贸易：抓好"一通两市"建设，即商品流通体系，生产要素市场和生产资料市场建设。加强集贸市场的建设与管理，建立专业和综合批发市场。大力培育生产资料、消费品市场及期货市场，发展市场中介组织。积极培育资金、技术、劳务、信息等生产要素市场。开发房地产业，开拓房地产市场。促进工贸、农贸、技贸联营和集团经营。搞活对外贸易，扩大进出口经营额。以大流通、大市场、大服务促进大发展。

金融保险业：积极创办各种形式的投资、融资机构，发展城乡信用合作，建立和发展证券市场、资金市场、债券市场、股票市场和交易市场。积极拓宽保险领域，扩大保险业务范围，推进职工社会养老保险、待业保险等社会保险事业。

旅游业：加快成陵、油松王、响沙湾、恩格贝等旅游点的建设。以鄂尔多斯风光、大漠风光和风土民俗为特点，开发旅游资源，开辟新的旅游景点。大力开发旅游工艺品和旅游食品，发展旅游娱乐等综合服务业，吸引国内外游人，扩大鄂尔多斯的知名度。

加快农村牧区经济发展，保证开发区粮食、蔬菜、副食品和轻工原料产品的供应，促进城乡经济均衡、协调发展，形成城乡联动，相互促进的发展格局。

乡镇企业：积极兴办为大企业、大项目服务的各类乡镇企业。在继续抓好采矿业、建筑业、手工业、饮食服务业等劳务和资源型乡镇企业的同时，重点发展能带动种植业、养殖业增值的加工型乡镇企业。在靠近重点项目和交通条件较好的乡镇实行"集中连片，聚集开发"，建成若干乡镇开发群。鼓励乡办、村办、联办、集体、个体、私营、股份制、股份合作制等形式共同发展，实现"群龙齐舞"、"群体推进"。到本世纪末，乡镇企业产值达到45亿元，年平均递增50%以上。乡镇从业人员占到农村劳动力的50%，农牧民人均纯收入的60%来自乡镇企业。

农牧业：以增加农牧民收入和为内蒙古中部经济区服务为目标，加快黄河平原区的综合开发、疏菜副食品基地建设、鄂尔多斯细毛羊基地建设和白绒山羊基地建设。调整农牧业内部结构，大力发展与市场需求对接的高附加值的优势农畜产品，扩大工业原料产品的种养规模和产出能力。加快农村牧区社会化服务体系建设，实现产供一条龙、贸工农一体化经营。综合开发利用农牧业资源，发展"两高一优"农牧业。

根据蒙中经济区的统一规划，结合当地实际，逐步形成能充分发挥区域资源优势、各具特色、各有侧重、互为补充、相互促进的地区产业布局。

中东部地区：紧紧配合国家大项目的建设，大力发展能源、建材、轻纺和煤炭资源综合利用和第三产业，因地制宜发展种植业、养殖业和果疏业，为开发区提供一定的疏菜、副食品。建成以煤炭为龙头、煤电、轻纺、原材料工业、高耗能工业及种养业、服务业综合发展的主导开发区。

北部沿河平原区和无定河流域：围绕种植业开发"群体产业"，建成以商品粮为主的粮、油、糖基地。抓好种植业资源的转化增值，大力发展养殖业和加工业，为内蒙古中部经济区提供充足的粮、油、糖、肉、蛋、奶、鱼、禽、菜等食品。

西部波状高原区和毛乌素沙区：坚持以牧为主，养种加协调发展。大力开发盐、碱、硝、天然气、药材等资源。建成以畜牧业为主体，畜牧业、加工业、化工业、药材业等多产业结合的生产体系。同时，成为轻工、化工原料基地。

重点产业布局，以矿产资源优势为依托，形成"东陶、西碱、北硝、南气、中纺、遍地煤"的工业产业布局；根据自然特点和生产条件，形成"北农、西牧、南种养、东林牧"的农牧业生产布局。

三、政策建议

伊盟是内蒙古自治区资源开发的重要区域，是晋陕蒙"乌金三角"的重要组成部分，建议将伊盟作为全国的"工业特区"或"能源特区"，享受特区的各项优惠政策。

伊盟是老、少、边、贫地区，建设资金短缺，严重制约着地方经济的发展和资源的开发。为了适应国家对能源基地的建设要求，并做好国家重点项目的配合配套建设，建议国家、自治区实行投资倾斜，每年给伊盟核定一定量的开发建设贷款。

伊盟是蒙中经济区的资源富集区，亦是经济落后地区，建议自治区在蒙中经济开发战略中，制定鼓励蒙中经济区发达地区的资金、技术、人才向资源富集区流动的政策，促进区域经济一体化。并按照资源就近转化的原则，将资源加工转化项目安排在伊盟境内建设，实现蒙中经济区优势互补、协调发展，缩小地区间的差距。

煤炭外运受限是伊盟经济建设中的突出问题，国家有关部门在包神铁路、神朔铁路、丰准铁路运力安排方面给予优惠和倾斜。对国铁运力分配将伊盟作为重点地区，也予以照顾。并请国家、自治区增加伊盟精煤出口计划指标。

1994年改革开发大事记

1月

1日 据报道，内蒙古自治区边贸日臻繁荣，已成为我国多口岸省区之一。已建成口岸18个，在建口岸7个。1993年底，边境易货贸易进出口额已达67亿美元。10年时间，边贸额增长了613倍。目前已同70多个国家和地区的2000多家客户建立了贸易往来和经济技术合作关系；有500多种商品进入了国际市场；登记注册的三资企业达到600多户，总投资额12亿美元；从1988年到1993年10月底，外派出境的工程技术、劳务合作人员累计已达24146人次，在周边国家设立的驻外贸易机构、境外企业已达66家。

4日 二连浩特至蒙古国扎门乌德国际边境邮路开通。

5日 据报道自治区稀土农用走在全国前列，研制生产的稀土多元复合肥"力丰宝"在全国20多个省市推广应用，平均增产幅度达15%以上。

9日 全国第二大风力电站在锡盟朱日和镇建成。该电站装机总容量3100千瓦，年发电300万千瓦时，共安装25台大型进口机组，全部实现了电子计算机自动控制，运行水平接近于世界先进水平。

10日 据报道自治区实施义务教育法成效显著。目前，全区有小学14092所，教学点9238个，在校生235.78万人；有初级中学1714所，在校生89.83万人；7～11周岁学龄儿童入学率为98.4%，其中女童入学率为98.1%；上学年在校生巩固率，小学为98.3%，初中为90.3%，小学毕业升学率为86.1%；经验收有4个市区基本普及九年义务教育，37个乡镇苏木基本普及初等义务教育。

12日 据当日报道，1993年，自治区全社会固定资产投资完成2000亿元，城乡建设和环保工作取得可喜成绩。查干诺尔碱矿、丰镇电厂、准格尔电厂、锡林浩特二电厂、巴盟霍克乞铜矿和呼和浩特邮政枢纽等一批建设项目或单项工程相继建成投产。包头市、通辽市分别被评为全国地级市和县级市综合整治先进城市；赤峰、通辽两市分别被评为全国地级市和县级市"十佳"卫生城。

13日 全区经济体制改革工作会议提出"重点突破，整体推进，加快改革"的指导思想，以建立社会主义市场经济体制为目标，以"决定"为纲领，以"三个有利于"为标准，思想上要大解放，在解决改革难点上要有新举措，在深层次和重点改革上要有大突破，在配套改革和总体推进上要有大发展，力争经过几年努力，初步建立起自治区的社会主义市场经济体系。

14日 据当日报道，1993年自治区牛羊胚移高科技应用获重大突破，由全国中等水平跃居全国第二位。共胚移牛羊1165头(只)，可获经济效益600多万元。

19日 自治区内外横向联合协作领域不断扩大，1993年引进资金和达成项目创历年最高纪录。全区共引进资金6.8亿元，达成经济协作项目1147项。

20日 1993年，自治区旅游事业全面推进蓬勃发展。全区接待海外游客13万人次，创汇340万美元，净增84万美元。国内旅游人数达115万人次，回笼人民币8000多万元，较上年增幅都在25%以上。

30日 据报道，截止1992年底，自治区矿产储量潜在价值达13万亿元，居全国第三位(不含石油、天然气)。

2月

12日 据当日报道，"希望工程"在自治区实施3年来，共收到捐款156.5727万元人民币和300美元外币。这些捐款在9个盟市的46个贫困旗县中见到明显成效，15422名小学生、61名中学生和9名大学生受到及时资助,5所“希望小学”已竣工,3所已立项。95%的受资助学生成绩优异。

13日 包头市效区在全区率先跨入全国43个科技工作先进县行列,受到国家科委表彰。该区近3年科技进步对工农业总产值平均增长份额较3年前提高32%。

18日 莫力达瓦达斡尔族自治旗尼尔基水利枢纽工程可行性报告,通过国家水利、交通、能源等部门的鉴定。该工程总投资35亿元,建设工期6年,是国家“八五”期间的重点工程之一,同时也是东北地区综合利用效益最大的水库工程,建成后将具有防洪、工农业用水、航运、环保、养鱼等综合效益。

21日 据报道,1993年,自治区乡镇企业实现新跨跃,总产值突破203.48亿元,较上年增长97.9%,居全国第三位;利税增幅分别为82.31%和91.95%,均位居我国中西部地区前列,高于全国平均增长水平。

22日 自治区4000公里边防线开通卫星通信。

23日 据报道,自治区同发达省市经济联合取得成效。进入90年代,京、津、沪、辽、黑、吉、山东、广东等省市先后与自治区12个盟市完成经济技术协作项目近6000个,人才交流13000多人次。有力推动了自治区一批优势资源、优势产业的开发,加快了一批企业的技术改造和产品结构调整,发达省区也从自治区得到了大量原材料和畜产品。近几年内蒙古与发达省区商品交流总金额达30多亿元,其中内蒙调人不足10亿元。

26～27日 全区农村牧区社会化综合服务体系建设座谈会在乌盟举行,自治区主席乌力吉讲话强调,要加快机构改革和综合服务体系建设的进度,大力发展公司加农户、企业加基地、产加销相结合、贸工农牧科一体化的“龙型经济”。

28日 据报道,自治区市场建设再上新台阶,至1993年末,全区有集贸市场1511个,专业批发市场308个,生产资料、生产要素市场323个。全区年成交额1000万元以上的市场有61个,超亿元大关的有5个。

3月

3日 据报道,全国最大的内陆口岸——满洲里市加快国际贸易城建设步伐。经中俄两国外交部批准,双方同步建设的14孔道公路口岸一期工程于1993年已经开工,与其配套的疏港公路已建成。中俄双方正在加紧建设二卡阿巴图公路口岸。计划投资2亿元的中桥国际机场已完成“三通一平”工程,市内9000门程控电话已投入使用。中俄互市贸易区、经济合作区、东湖创汇农业区自1992年陆续开工建设以来,先后投入资金2.34亿元。中俄互市区已基本建成,合作区初具规模,东湖区正加快建设,出口加工区和达赉湖旅游区的建设也已起步。到1993年底,全市横向联合企业11家,与外商联合兴办的生产性企业8家,引进资金3148万元。

14日 据报道,自治区粮食部门加大改革力度,发展培育市场,保持繁荣稳定。粮食市场建设将在进一步完善和发展已经建立起来的42个粮油初级交易市场和批发市场的基础上,争取到1995年,在全区60个粮食生产旗(县)各建立1个初级粮油市场,同时筹建自治区级粮油批发市场。1994年自治区和盟市安排专项储备粮14.3亿斤,并建立粮食风险基金。

20日 今日零点,呼和浩特两万门程控电话扩容工程一次割接成功,首府电话全部实现程控化,总容量已发展到5万多门,市内电话普及率在全国各省会城市中位居第八位。

▲ 满洲里市旅游业成为创汇支柱产业。到目前,已相继开通了至红石、赤塔、乌兰乌德、伊尔库茨克、莫斯科、圣彼德堡等多条旅游线路,近3年间,中俄双方互换团组3738批,现汇团组343批,双方累计出人境人数达154678人次,创汇34万美元。该市先后投资3600万元人民币,建设旅游基础设施面积达2万平方米。全市拥有获专业证书的翻译、导游专业人员67人,从事旅游业人员近千人。近3年来通过旅游途径带出境外的商品达6.2亿瑞士法郎,加速了商品流通。

25日 自治区提前2年超额完成了“三北”防护林二期工程,全区又添新绿3000万亩。从1986年工程开始,到1993年底,全区“三北”地区实际完成人工造林2969.7万亩,为任务的120%;封山育林近1644万亩,为任务的274%;飞播造林197万亩,为任务的328%。15年来“三北”防护林体系发挥了巨大的综合效益,使生态环境初步得到改善。20个平原绿化县的1000多万亩农田通过林网化得到有效保护,平原地区森林覆盖率由原来的5.5%提高到20.8%。全区已有6个旗县区平原绿化达到部颁标准。广大牧区由于营造了草牧场防护林带,使近1000多万亩基本草牧场得到保护，有近5200万亩水土流失严重的山、丘区域得到治理。科尔沁、毛乌素两大沙地森林覆盖率上升到20%以上，有力地减缓了沙化速度。全区经济林由过去的3.4%上升到10.4%。自"三北"防护林开始建设以来，自治区党委、政府一直作为一项战略任务来抓，在财政困难的情况下，每年拿出1000多万元补助群众造林，据统计"三北"防护林二期工程累计投资6.3373亿元，同期全区投工投劳1.3亿个工日。

26日 经国家批准，自治区第一支上市股票—蒙电华能热电股份有限公司股票从即日起面向全国公开发行。

31日 改革开放以来，自治区农电事业迅速发展，旗县、苏木乡、村嘎查通电率分别达到100%和87%、84%以上。

4月

2日 呼和浩特如意开发区，本着"开发一片、建设一片、生产一片、获益一片"的滚动开发原则，在近2年时间内完成了3.68平方公里的各种基础设施配套建设，建成各类厂房19栋，已成为基础设施齐备、厂房林立的新型工业区域，以其优越的投资环境吸引着内外商。截止1994年2月底，已有16个行业、130个项目进入开发区，合同引进资金6亿元，19个已投入生产运营的工业企业已创出第一批利税。目前共有40家生产性和非生产性企业开始运营。

5日 包兰铁路复线工程开工。该线是沟通我国西北、华北、东北地区的重要干线，增建复线是铁道部"八五"重点工程。计划"八五"期间完成一期工程，运输能力可提高到客车6对，年货运量2800万吨；待全段复线竣工，远期运输能力为客车8对，年货运量4000万吨以上，内燃机车牵引，行车设备为自动闭塞。

6日 自治区实施"金桥工程"成效明显。自治区科协承担完成的《锡林郭勒盟经济发展战略规划》达到了国内草原畜牧业地区领先水平。

9日 据当日报道，在1993年中国500家最大服务企业对外经济贸易业评价排名中，满洲里市边境贸易公司、东方边境贸易公司两家公司跨入全国500家最大服务企业行列，分别被列为127名和207名。

10日 大兴安岭林区把保护、培育和发展森林资源列为改革、发展重点，实行"三总量"控制，强化保护措施，实现了连续8年生长量大于消耗量30%左右的目标。

6～11日 阿拉善盟持续6天遭受特大浮尘暴袭击，特别是6日至8日，额济纳旗、阿右旗、阿左旗北部地区平均风力达9～11级，局部地区最大风力达12级，风速每秒34米。据初步统计，这次风暴中丢失牲畜8万多头（只），死亡牲畜3万多头（只）；通讯基本瘫痪；两个盐池因被沙埋少产原盐1170吨，6000吨风化硝被大风刮走；公路干线及十几条公路受阻，部分车辆被迫原地滞留2～3天；额济纳旗火车停运4天；受灾农牧民达4万多人。据初步调查，这次浮尘暴造成的直接经济损失达2000万元。

11日 包头"菜篮子工程"建设有成效。从5年前大部分蔬菜副食品靠外地调入，到目前蔬菜自给有余，人均年蔬菜占有量达250公斤左右，禽、蛋、奶等其它副食品人均占有量也分别达到和超过全国同类城市的平均水平，价格大都低于全国平均水平。

16日 首届中国十大名牌西装评选活动传出消息：内蒙古青松制衣有限公司生产的"仕奇"牌西装，荣登十大名牌西装榜首。该公司1993年利润额突破1000万元。

29日 自治区对外经济技术合作有了重大突破。开辟了国外承包工程、劳务合作以及到海外办企业等新领域，截止目前，全区共签订工程承包、劳务输出等合作项目500多项，合同总金额6亿瑞士法郎，派出劳务及各类工程技术人员、管理人员近3万人次，境外投资办企业83家，境外投资项目130多个。合同额、营业额、派出劳务人员3项指标均已进入全国前列。自治区横向经济联合发展势头好。进入80年代以来，自治区依托资源优势、沿边优势和毗邻8省市的地理优势，积极与兄弟省市开展经济技术方面的交流合作。先后加入华北、东北等4个区域联合组织；与北京结成长期经济技术协作的对口支援关系，与江浙沪地区形成物资协作的定向合作关系。10多年来，全区共引进资金20多亿元，完成经济技术协作项目近6000项，人才交流13000多人次，与发达地区兴办了上百个经济联合体企业群体和企业集团。并推动区内的横向联合也蓬勃发展，全区已建立各种不同类型的企业联合体600多家，涉及区内近3000家企业，促进了全区各种生产要素的合理流动和优化组合。

30日 国务院总理李鹏今晚在呼和浩特参加了自治区庆祝"五一"国际劳动节活动。李鹏总理是访问中亚四国和蒙古国后路过到呼市的。

5月

1日 包钢第一座达到90年代国际水平的80吨4号转炉建成投产，工程总投资2.5亿元，配合正在引进的钢水精炼设备及大方圆环连铸机，使包钢将达到90年代国际水平。包钢原有3座平炉和3座50吨转炉，经过30多年奋斗，终于在1993年实现了年产钢300万吨的目标。

3日 李鹏总理结束对中亚四国和蒙古国的访问后，于4月30日至5月3日在自治区考察工作，李鹏考察了青松制衣有限公司、呼市机床附件厂等企业及微波通信设备和大型坑口电站，参观了成吉思汗陵，并访问了牧民家庭，通过电视与12个盟市的领导见面。

4日 自治区实施星火计划取得丰硕成果。自1985年以来共投资29061.8万元，安排重点项目271项，向各地乡镇企业、中小企业注入先进、实用、成熟的技术，推动了全区农牧业经济结构调整和工业化进程，完成项目新增产值27816.9万元，新增利税5843.52万元。

5日 呼和浩特至北京至丹东通航。

9日 北京市—内蒙古自治区对口支援与经济技术协作洽谈会在北京开幕。据不完全统计，双方自1979年确立对口支援关系以来，10多年中共实现对口支援合作项目900多项，融资和投资5.2亿元，完成人才交流的培训5000多人次。特别近两年双方在科技协作、智力支边、企业帮带和边境贸易等领域开展了广泛的协作。这次内蒙各盟市厅局领导将在3天会议中与北京市各对口厅局、区县领导进行洽谈，使对口支援工作进入一个由点到面、由政府层面向基层扩展的阶段。

▲ 内蒙古工业大学电力学院工程当日在呼和浩特金川开发区正式开工。目前，内蒙古电力事业已进入大机组、大电网、大容量、高参数的发展阶段，到2000年实现2000万千瓦的装机目标，需要大量各类技术人才，该学院成立，对保证内蒙古电力工业健康发展提供了条件。

▲ 另据报道，国家现代化特大型能源基地—神府东胜煤田，已开始进行煤、电、路、港、航整体开发，成为我国继三峡工程之后的又一特大型重点工程。目前各项筹备及建设工作已全面展开。1994年总投资额为4.2亿多元，东胜煤田进入高速建设期。

14日 二连浩特注重基础设施建设，不断改善投资环境，加快国际贸易城发展进程。该市1989年连通了华北电网，融资3200万元于1993年底建成了全长56.4公里的给水复线工程，使供水量提高了3.5倍，解决了供水不足的问题。近3年相继建起了边贸大楼、联检大楼、国际铁路公路客运站、20万平方米仓储区、1800平方米的封闭仓库、1000平方米的封闭市场、4万平方米的交易市场等，使市区面积由1991年的4.5平方公里扩大到目前的9平方公里。开通了二连至乌兰巴托对开国际列车，二连至蒙古国扎门乌德，二连至北京、张家口、锡林浩特、临河等公路客货运输。1994年1月开通了中蒙边境汽车邮路，1993年实现了3000门程控电话和万门无线寻呼系统并网运营。拓展街道，修整路面，新增供热和液化汽供应，加强了城市绿化。

16日 由国家水利部、内蒙古和山西共同投资39.5亿元建设的宏大工程——万家寨水利枢纽工程前期工作全面展开，该工程是国家"八五"重点水利水电工程，位于自治区准格尔旗与晋西北偏关县交界处的黄河北干流上。预计工期6年半，工程建成后，可向晋蒙能源基地年供水14亿立方米，将承担晋蒙电网尖峰负荷，对于缓解内蒙古、山西缺水的紧张状况和改善华北地区电网运行条件，将起到十分重要的作用。

18日 集通铁路全线铺轨贯通。该线全长943公里，是我国目前最长的一条合资铁路，西起集（宁）二（连）线的赉红站，东接通（辽）霍（林河）线的通辽北站，途经自治区4个盟（市）13个旗（县），由自治区政府和铁道部共同投资建设、共享盈利、共担风险。该铁路总投资18.055亿元，自1990年6月开工兴建，经过了3年零10个月奋战，目前全线贯通，预计1995年交付运营。该铁路设计运输能力近期为700万吨/年，远期经过配套完善后可达1700万吨/年。是连接"三北"（东北、华北、西北）的一条东西大干线，成为改善全国路网布局、开通"西煤东运""东林西去"的又一条重要通道。特别对适应国家能源基地西移，加快自治区西部煤炭和矿产资源开发利用，支援东北地区有十分重要的意义。也是沟通锦州—二连—乌兰巴托—莫斯科—鹿特丹欧亚大陆桥的重要组成部分。它的建成将对发展边贸、振兴"三北"经济起到不可估量的作用。

6月

4日 自治区政府在呼和浩特市召开全区扶

贫开发工作会议。会议确定的任务是:在巩固已有扶贫成果的基础上,从1994年起到本世纪末的7年内,力争基本解决300万贫困人口的温饱问题,简称"三七"扶贫攻坚计划。

5日 自治区首项电力出口创汇工程—二连浩特向蒙古国扎门乌德市供电1000千瓦送电工程正式开工。

▲ 自治区与京冀对口支援经协洽谈取得丰硕成果。在经济、技术、物资、人才广泛合作领域共达到403项协议和意向,省区市间重大合作项目又有了新的突破。北京市表示,将在过去累计搞成的1100多个协作项目基础上,争取近几年再翻一番。

11日 内蒙古煤炭工业管理局暨内蒙古自治区煤炭工业局在原煤炭厅成立。这是根据中共中央、国务院关于内蒙古自治区党政机构改革方案的通知精神组建的。新组建的这一机构为一套机构两块牌子,是受煤炭部和自治区政府双重领导的区级煤炭管理机构。

13日 内蒙古中部经济区发展战略研讨会在北京召开,会上形成共识:"优越的开发条件和重要的战略地位决定了蒙中经济区应成为全国生产力布局中的重要棋子"。蒙中经济区是指与晋陕北部接壤,以自治区首府呼和浩特、草原钢城包头和煤海伊克昭盟为主体沿黄河而构成一个三角形区域。该区域内不仅蕴藏着世界80%的稀土、全国1/6的煤炭和丰富的铁矿、有色金属、油气资源,而且还聚集了内蒙古1/3的工业固定资产和1/2的科技力量。工业基础雄厚,交通运输方便,产业组合条件优良,且有良好的开发前景和巨大的发展潜力。

25日 据当日报道,自治区乡镇企业已稳健驶入快车道。自80年代以来,连续10年持续大发展。目前,全区已拥有各类乡镇企业42.7万多家,145万各族农牧民跻身乡镇企业。1993年,乡镇企业总产值首破200亿元大关,居西部8省区之首,乡镇企业总产值已占到全区农村牧区社会总产值的55%,其中工业产值占全区工业总产值的21%。目前,全区有53个旗(县、市、区)39个乡镇(苏木)的乡镇企业总产值超过亿元,有150个行政村产值超过千万元,其中有7个行政村产值超过亿元,有60家企业超千万元,完成利税、发放乡镇企业职工工资以及支持发展农村牧区各项事业资金达56亿元。农牧民人均从乡镇企业获得纯收入193元。进入1994年,乡镇企业继续保持高速发展。深化改革,大力推行股份制,有条件的地方组建企业集团,走连片开发相对集中之路。全区已有股份合作企业2000家。全年力争总投入40亿元以上,总产值突破300亿元。

7月

5日 自治区畜牧业防灾基地第三期建设项目确定。自治区领导提出,内蒙古畜牧业要在发展规模和饲养水平上走进全国前列。第三期建设的总投资8860万元,从今年起分两年进行。到"八五"期末,全区围栏草场将达到畜均1.3亩,饲草料基地0.7亩,永久性棚圈1.4平方米,年打贮草能力提高到50亿公斤以上。自治区防灾基地始建于1987年。7年来,38个基地旗共完成建设总投资4.15亿元。其中,国家和地方财政投入占42%,农牧民自筹占58%。目前,全区已具备饲养5500万头(只)牧畜的综合生产能力,畜牧业已连续9年丰收。

7日 自治区医药系统利用闲散土地,发展人工种植,大力推进"双十万亩"(甘草、麻黄草)药材基地建设。并决定国有医药工商企业负责药材的收购、加工和销售,逐步形成农工商相结合的集团化经营管理格局。目前,基地建设框架已初步形成。伊盟人工种植麻黄草3500亩、甘草30000亩。赤峰阿鲁科尔沁旗已种1万亩,人工封围抚育4万亩。

8日 "呼伦贝尔细毛羊"培育成功,并获得正式命名。目前育种区饲养该品种细毛羊25.6万只。与纯种蒙古羊比较,每只"呼伦贝尔细毛羊"每年毛肉两项可增加经济收入230多元。

17日 呼和浩特教育整体改革见成效。全国教育专家考察团给予高度评价,并确定回民区为全国第一个中小学教育改革试点基地。该区所有小学均为教育改革实验学校,使全市小学整体教育改革实验规模由过去1个学校1个班,逐渐扩大到3个区的9所学校。初中教育改革实验由呼市三中向全市推广。

▲ 大兴安岭造林成绩卓然,40年更新造林1600多万亩,90%以上的迹地披上绿装。

24日 国航内蒙古分公司自1990年7月成立4年来发展迅速。机群规模达20余架,每天静态客座增加到1178个。共安全飞行49644小时,运送旅客达150万人次,完成运输总周转量1.7亿吨公里,为自治区的经济发展做出贡献。

25日 国家环保执法检查团从本月11日开始

到是日行程几千里结束了对自治区6个重点项目、8个重点单位的检查,他们的评价是:“内蒙古自治区在环境保护方面做了大量的工作,取得了可喜的成绩,但存在的问题还很多,形势依然严峻”。

29日 自治区畜牧业喜获第十个丰收年。全区牲畜总头数达到5712.2万头(只),较上年增加134.4万头(只),创历史最高纪录。

31日 “乌珠穆沁绒山羊”被正式命名。该山羊具有体格大、产肉多、产绒高、抗逆性强、遗传性稳定等特点。该研究项目历时6年,主产区已发展到65.8万只,达标率74.46%,有核心群372个,选育群681个,已形成了初具规模的良种繁育体系。

8月

2日 包头稀土高新技术产业开发区企业增至45家,生产项目达到48个。该开发区建立于1992年。1994年上半年,开发区内企业实现工业总产值近4000万元。

10日 自治区近3年(1991至1993年)累计技改投资84.3亿元,比“七五”期间同年度平均增长25%,使1000多个企业整体素质、市场竞争力明显提高,最低投入产出率达到150%至160%,投资利税率达到35%至40%。

15日 巴盟临河市金川市场成为自治区最大的集贸市场。1993年在市场内经营的个体户已达3000余家,私营企业20余家,长途贩运专业户670户,全年商品成交额达1.5亿元。

9～16日 中共中央政治局常委、书记处书记胡锦涛在自治区党委书记王群、自治区主席乌力吉等陪同下,先后考察了锡盟、乌盟、包头市、呼和浩特市的一些农村牧区、工厂企业、科研单位。胡锦涛考察时强调要围绕大局进一步做好民族工作。

17日 自治区党委召开常委(扩大)会议,传达胡锦涛视察内蒙古所作的重要指示。中共中央组织部副部长王旭东在会上宣读了中共中央关于内蒙古自治区党委主要领导人事变动的决定,刘明祖同志调到自治区党委工作。

20日 历时6天的内蒙古自治区满洲里对外经济贸易洽谈会暨中俄商品订货会闭幕。签约总额4.1亿美元。经济技术合作项目8项,总投资1675万美元。

21日 自治区党委、政府和中国综合开发研究院在包头联合召开的内蒙古中部经济区发展战略论证会结束。由党中央、国务院有关部门领导和全国知名学者、专家组成的评审委员会,对《内蒙古中部经济区发展战略纲要》进行了充分论证,提出了评审意见,一致认为这一发展战略符合内蒙古实际,有利于贯彻国家的产业政策,充分考虑了国家的整体利益和内蒙古全区及中部经济区的特殊区位优势,在我国经济发展总体战略中占有重要的地位,经过努力是完全可以实现的。

24日 煤从空中走,电向首都输。1994年1至7月,自治区在满足区内用电的同时,向华北电网输送电量17亿千瓦时,较上年同期增长48.59%,日送电稳定在45万千瓦左右。北京日用电量的1/6来自内蒙古。

30日 自治区海拉尔、满洲里市、霍林郭勒市、额尔古纳右旗、东乌珠穆沁旗5旗市进入全国奔小康先进行列。成为全国评出的80个小康县中5个。这5个旗市的人均国内生产总值和农牧民人均纯收入分别是:3926元和1542元;3877元和1018元;3810元和865元;3639元和3267元;3566元和2462元。其次在社会结构、人口素质、生活质量等方面也都达标。

28～31日 包头首届国际稀土科技经贸洽谈会召开。布赫、洪学智等国家领导人到会,数百名国内外著名专家、学者、客商、企业家赴会。会间签订项目合同32项,总投资13亿多元,合同利用外资2860万美元。

9月

2日 自治区党委和政府召开环渤海地区开发与内蒙古经济发展座谈会,力促自治区经济与国内外大市场接轨。

3日 呼和浩特十大集贸市场破土动工。这是由中央统战部、全国工商联共同发起主要扶持全国老、少、边、穷地区经济发展的“光彩事业”的建设项目之一。该工程由呼市政府与深圳海商投资发展公司合作兴建,市场建筑面积24万平方米,投资2亿元人民币,1996年竣工,这项工程建设对强化首府城市商贸辐射功能、使呼市成为我国西北地区商贸重镇具有重大意义。

8日 由内蒙古电力总公司、华北电管局、北京国际电力开发投资公司合作组建的内蒙古蒙达发电有限责任公司成立。

11日 河北省同自治区签订对口支援合作项目。双方将加强地区、行业、企业间经济技术协作,修公路、办电力、建市场。

13日 自治区向蒙古国扎门乌德正式送电。来自西部电网的强大电流每年可为蒙方供电0.1亿千瓦时。

17日 在当日于青岛闭幕的第八届全国发明展览会上，内蒙古有9项发明获奖。

19日 自治区制定6项暂行规定，鼓励国家干部和科技人员到乡镇企业工作。

20～21日 内蒙古社会科学院、台湾中华经济研究院在呼和浩特举办经济合作前景研讨会。两岸学者一致认为，内蒙古与台湾在经济发展上有很大的互利、互补空间，在资源开发、乳品加工、食品业方面能够广泛合作，并对经贸、技术合作提出了许多建设性的意见。

21日 自治区能源工业建设成就辉煌，全区一大批煤矿、电厂建起并投入运营，到1993年，煤炭产量达5500万吨，电力装机总容量达500万千瓦，新兴的石油工业开采能力为126.2万吨，进入主产油省区行列。

22日 自治区农业发展步入黄金时期。粮食综合生产能力已由建国初的20亿公斤持续稳定到100亿公斤；人均占有粮食达500公斤，由全国第二十六位跃居第三位；粮食生产结束了20多年调入的历史，实现了粮食特别是细粮自给。农民人均纯收入近两年以100元的速度递增。

23日 自治区包头市建成我国又一条重型载重汽车生产线，该市的内蒙古第一机械制造厂年产8～20吨的“北方一奔驰”重型载重汽车6000辆，成为我国三大重型载重汽车生产基地之一。

▲“八五”重点工程，自治区首府与中东部地区交通的主干道——乌(乌兰花)赛(赛汉塔拉)国防公路比原计划提前一年竣工，全线贯通，全长172公里，由乌盟和锡盟共同承担修建。

10月

3日 自治区立法工作取得显著成绩。民族区域自治法颁布实施10年来，共制定和批准地方性法规79项，作出具有法规性的决定、决议31件。先后出台了草原、森林、矿产资源管理条例、实施土地管理法、野生动物法、渔业法、水法、水土保持法以及环境保护条例等法规。

6日 自治区有17个旗县、1个农牧场管理局，正式列为国家产粮大县。与此同时，土默川4个旗县区被列为国家高产优质高效农业示范区。全区社会化服务体系建设取得新进展，85.73%的苏木(乡镇)办起了综合服务站，创办服务实体2700多个。

11日 自治区乡镇企业“亿元工程”取得重大进展，亿元乡镇已拓展到65个，呼和浩特效区西菜园、巧报二乡双双突破10亿元。

▲自治区旅游业发展势头强劲。经过多年的努力，已形成以草原风光和民族风情游为主题，产品开发、宣传促销、接待服务衔接配套，国际旅游、边境旅游、出境旅游、国内旅游协调发展的格局。已与20多个国家和地区的100多家客商建立了业务联系。1993年接待海外旅游者达13.2万人次，名列全国第20位。

17日 据当日报道，经过8年的扶贫开发，自治区扶贫工作实现了三个转变，办了四件大事，使全区300万贫因人口越过了人均收入农区300元、牧区500元的温饱线。

20日 自治区节本增效技术出成果。共完成化肥机械深施播种面积529.13万亩，全区增产粮食1.4亿公斤，增收节支效益1.8亿元。

27日 自治区当年完成人工造林577.8万亩，超额15%完成全年任务。此外完成义务植树6085.2万株，为年计划的152.1%。其特点是：林种和树种结构更趋合理；造林绿化向基地化和规模化发展；推广新技术新成果，实施科学造林，共推广了50多项林业适用技术和科研成果，其中抗旱造林技术推广面积达200多万亩。

▲海勃湾电厂一期工程18个月建成。该厂是自治区首家股份制电力企业，远景规划总装机容量为180万千瓦，是自治区“煤从空中走”资源转化战略的重要组成部分，是自治区电力工业“八五”和“九五”期间的重点工程，是向北京供电的关键项目。

28日 继二连油田建成投产之后，自治区第二大油田——年产100万吨原油的科尔沁油田提前一年建成投产。

11月

4日 在当日结束的首届中国环渤海地区中外经济技术合作招商洽谈会上，自治区招商引资成绩斐然，共接待中外客商5万人次，签约120多项。

8日 自治区敖汉旗植树种草居全国县级榜首。被国家授予“全国造林绿化先进单位”、“全国治沙先进单位”、“全国平原绿化先进单位”。成为全国县级人工造林面积最大、人工种草面积最大、抗旱造林系列技术推广面积最大的县。1993年末，全旗有林面积已达484万亩，比建国初期增加了27倍，人均有林8.9亩，活立木蓄积量达210万立方米，总价值达4亿元。

9日 自治区连续4年派8万多名机关干部下基层，帮助农村牧区2000多个后进村党支部，转化率达90%以上。

16日 自治区贯彻《环保法》和《环保条例》成绩显著。自1979年国家试行的《环保法》颁布以来，自治区先后制定颁布了10项环境和资源开发保护法规，将环保与资源保护纳入了国民经济与社会发展计划。"三同时"制度的执行率逐年提高。1993年，全区大中型建设项目执行率为100%，小型建设项目执行率为71%；1981～1993年的13年间，累计投资7.57亿元，治理4290个污染项目。从1990～1992年，全区城市集中供热面积由850万平方米，增加到1681万平方米，气化率由11.4%提高到16%。全区森林覆盖率由解放初的7.7%提高到14.19%；围栏草场、人工草场累计保有面积11828.4万亩；累计治理水土流失面积6300万亩，建立生态建设试点和示范工程近百处，建立各级各类自然保护区13个；并开展了环保执法检查。但环境保护问题仍很突出，治理任务仍十分艰巨。

18日 巴盟"再造一个河套"农业开发工程取得阶段性成果。项目区内粮食商品量由开前的600万公斤增加到3200万公斤，农牧民人均纯收入由527元增至1050元。第一期工程从1992年开工，3年来共开垦宜农荒地12万亩，改造中低产田18万亩，共投资8328万元。

22日 自治区全面实施农牧结合战略。农区大养，发展节粮畜牧业；牧区大种，发展种植畜牧业；山区沙区退耕还牧，发展生态畜牧业。1994年畜牧业生产获得第10个丰收年，牧畜总头数达到5712.3万头(只)，其中农区饲养牲畜头数高达3263万头(只)，肉类、绒毛、鲜奶的产量超过了传统牧区；牧区年青贮量达22亿公斤以上，已经形成草原畜牧业与农区、半农半牧区畜牧业并重的格局。

12月

2日 自治区经贸委制订出《内蒙古自治区实施名牌战略创名牌产品的暂行办法》、《内蒙古自治区名牌战略发展规划》，在今后几年内将在全区范围内分步实施名牌战略，1994年将确认50种产品为"内蒙古名牌"产品。

▲ 开发风资源，造福农牧民，据当日报道，中德合资5千瓦多用途供电系统在自治区四子王旗白音敖包苏木示范成功，正式投入运行。

5日 自治区政府作出八条决定，深化林业改革，加快绿化步伐。自治区政府重申：40多年来，自治区造林绿化事业取得了显著成绩，但从总体来看，林业建设还不适应国民经济发展和改善生态环境的需要。进一步动员全区各族人民，加快造林绿化步伐，是摆在各级政府面前的一项十分紧迫的战略任务。

6日 国内贸易部"八五"规划重点项目——内蒙古天元商厦在呼和浩特落成。商厦建筑面积达31700平方米，总投资1.2亿元，是自治区成立40多年来在流通企业投资最大的一个项目。

7日 战胜历史上罕见的干旱洪涝灾害，自治区农业仍获得大丰收。粮食总产达108.3亿公斤，较上年减产2.5亿公斤，是历史上第二个高产年。

12日 据当日报道，乌审旗1987年在全国率先兴建家庭牧场，如今这个旗的家庭牧场已近3000户，取得显著的经济、生态和社会效益，其中2519户率先步入小康。

▲ 呼和浩特精密制管厂和燕山大学共同研制开发的三层卷焊钢管填补了国际空白。国际管材协会称赞这是国际制管工业一项令人瞩目的成就。

23日 国家重点水利建设项目——李井滩扬水工程，首次引黄灌溉2万亩农田，迁入灌区705户牧民。该工程是国家大柳树水利工程的组成部分，年提水总量7761万立方米，经四级泵站扬水进入灌区，计划开发土地17万亩，工程总投资1.18亿元。搬迁占阿盟全盟牧民总人数50%的2万多贫困牧民到灌区从事种、养、加业，营造70多公里防风林带，建设沙漠绿洲，使荒漠生态系统向良性循环转化，从根本上解决一部分牧民的温饱问题。

25～26日 全区经济工作会议在呼和浩特举行。会议认真贯彻落实中央经济工作会议和自治区第六次党代会精神，要求各地区各部门立足于改革、发展和稳定的大局，把发展经济摆在各项工作首位，集中精力抓好改革开放和现代化建设。

26日 据当日报道，自治区10年投入筑路扶贫资金3.8亿元，10年间全区公路总里程增加6333公里，使239个乡(苏木)、3727个村(嘎查)通了路。

28日 为沟通政府与外资企业的联系，开创外商投资工作新局面，自治区外商投资企业协会成立。截止今年11月，全区累计批准外商投资企业1004家，协议外资金额已达7.6亿美元，累计出口创汇超过1亿美元。

▲ 为推动科技进步，促进企业发展，自治区政府表彰全区评出的首批17家科技先导型企业。

（内蒙古计委经研所 裴翠梅 撰稿）

吉 林 省

主　　编：刘润璞
副 主 编：任　重　马明印
编写人员：马明印　张晓平　李　欣
陈云雾　黄涌波　李伟红
王洪波　步　民　崔　军

吉林省分目录

典 型 地 区

地区规划选编

吉林省概况

面积:18.74 平方公里

人口:2515.6 万人

行政区划:1 个自治州,8 个地级市,18 个县级市,22 个县,3 个自治县

省委书记:张德江

省八届人大常委会主任:何竹康

省长:王云坤

省八届政协委员会主席:刘云沼

吉林省国民经济主要指标(单位:亿元)

项　目	1994 年	1994 年比上年增长(%)
国内生产总值	968.78	14.1
工农业总产值	1686.4	5.1
工业总产值	1280.9	16.7
重工业产值	883.3	1.3
轻工业产值	397.6	13.4
农业总产值	405.5	10.3
全社会固定资产投资	302.50	19.3
国有固定资产投资	249.10	28.8
社会消费品零售总额	396.70	21.9
零售物价总指数(%)	119.90	8.6
职工工资总额	188.80	32.6

国民经济和社会发展

1994 年,遵循党中央"抓住机遇,深化改革,扩大开放,促进发展,保持稳定"的大政方针,认真贯彻落实国家出台的各项宏观调控政策和措施,全面推进财税、金融、外汇外贸、投资体制等改革,进一步扩大对外开放,优化经济结构,大力发展新的经济增长点,把握改革、发展与稳定的关系,努力克服和解决经济生活中的困难和矛盾,促进国民经济保持健康、快速发展势头,基本实现了 3 年经济上新台阶的预期目标。全年全省国内生产总值完成 974.00 亿元,比上年增长 14.1%。三次产业结构有所改善,全年三次产业增加值分别比上年增长 9.8%、14.1%、17.8%,第三产业增加值的比重达 29.3%,比上年提高 0.1 个百分点。经济运行中的主要问题是市场物价涨幅过高,部分国有企业生产经营困难,整体经济效益不够理想,有待在进一步深化改革中逐步解决。

一、第 一 产 业

农村经济全面发展,粮食喜获丰收,农民收入增加。1994 年,认真贯彻落实中央确定的一系列扶持

农业的重大政策措施,增加农业投入,加大扶持力度,切实减轻农民负担,大力发展多种经营和乡镇企业,促进农业生产全面发展。全年实现农业增加值241.5亿元,比上年增长9.8%,占国内生产总值的24.8%。

种植业生产以市场为导向,扩大种植面积,合理调整种植结构,克服部分地区严重干旱及洪涝灾害的影响,广泛应用农业新技术,粮食及部分经济作物喜获丰收,粮食产量突破200亿公斤,是全省历史上第二个高产年。全年种植业增加值比上年增长3.5%。

主要农产品产量如下:

	1994年	比上年增长%
粮食	2015.7万吨	6.0
其中:玉米	1439.4万吨	7.1
水稻	292.70万吨	1.3
大豆	106.80万吨	−1.2
油料	28.7万吨	0.2
其中:葵花籽	16.4万吨	−7.9
甜菜	97.6万吨	0.4
烤烟	2.10万吨	−46.2
麻类	0.40万吨	33.6
蔬菜	512.5万吨	3.0
瓜类(果用瓜)	59.8万吨	12.0

畜牧业生产继续快速发展,商品化程度进一步提高。全省推广了以德大公司为代表的"公司+农户"的龙型经济模式,规划实施了"猪、牛、鹅、羊、鹿、兔"等6个系列12条"龙"工程,使畜牧业生产专业化和集约化程度明显提高,畜牧业生产发展速度加快。全年牧业增加值比上年增长34.1%。

主要畜产品产量和牲畜存栏数如下:

	1994年	比上年增长%
肉类总产量	99.2万吨	29.4
其中:猪肉	61.8万吨	28.0
牛肉	11.6万吨	36.5
牛奶	10.4万吨	11.3
禽蛋	40.4万吨	23.5
绵羊毛	1.10万吨	11.2
肉猪出栏数	649.90万头	26.3
猪年末数	666万头	17.3
大牲畜年末数	424万头	17.7
其中:牛年末数	310.20万头	28.2
羊年末数	271.50万只	12.2

林业生产和绿化工作又有新进展。1994年全省造林面积12.8万公顷,比上年增长23.2%。全省森林覆盖率已达37.9%。森林防火工作取得了连续14年无重大火灾的可喜成绩。全年林业增加值比上年增长16.2%。

渔业生产持续发展。全年水产品量10.5万吨,比上年增长7.1%。全年渔业增加值比上年增长8.7%。乡镇企业作为新的经济增长点,保持了持续快速发展势头。据省乡企局统计,全年实现乡镇企业总产值464.2亿元,比上年增长42.7%;实现利润28.4亿元,增长36.5%。到年末,全省总产值超亿元的乡镇由上年的55个增加到94个,已有1个乡镇总产值超10亿元。目前,已建立工业小区100个。

农业生产条件继续改善。1994年,全省银行和信用社向农业贷款净增加3.3亿元。科技兴农范围不断扩大,配方施肥,地膜覆盖,间混套种等适用技术应用广泛。农田水利建设不断加强,全年完成土石方2.3亿立方米,增加有效灌溉面积0.1万公顷。年末全省农业机械总动力600万千瓦。全年农机作业量4.18亿标亩,比上年增长9.8%;化肥施用量(折纯)91.8万吨,比上年增长5.8%;农村用电量21.5亿千瓦小时,增长8.6%。

农业发展中存在的主要问题:农业生产资料价格上涨过高,抗御自然灾害的能力仍较弱。

二、第二产业

1994年,全省工业、建筑业保持稳定增长,是全省经济快速发展的支撑产业。全省第二产业增加值447.5亿元,比上年增长14.1%,占国内生产总值的45.9%。

(一)工业

工业生产持续增长。1994年,全省以"转机制、抓管理、练内功、增效益"活动为工业经济工作的主线。以市场需求为导向,以结构调整为重点。以搞活企业为中心,加快企业经营机制转换的步伐,促进工业生产持续快速增长。全年全省工业增加值为390.8亿元,比上年增长14.7%,占国内生产总值的40.1%。在全部工业中,其他经济类型工业及集体工业增长仍快于国有工业。一批国有大中型企业在深化改革中,进入市场求生存、求发展,活力明显增强,拉动全省工业持续增长。全年国有工业增加值比上年增长15.9%,大中型工业增加值增长15.2%。但部分企业由于历史包袱重,管理不善等原因经营相当艰难。

全省轻重工业增长速度趋于协调。重工业生产由于受严格控制固定资产投资规模的影响,明显领先增长的格局有所改变。能源、原材料及投资类机电产品增长相对缓慢。全年乡及乡以上企业重工业增加值260.10亿元,比上年增长13.2%。轻工业生产受市场需求的拉动，高档产品及高新技术产品增长较快，以农产品为原料的轻工产品生产、销售状况看好。全年轻工业增加值 87.09 亿元，比上年增长 10.5%。

主要工业产品产量如下：

	1994 年	比上年增长%
布	1.38 亿米	−4.6
化学纤维	6.90 万吨	96.4
呢绒	449.40 万吨	−4.3
机制纸及纸板	52.020 万吨	−6.3
啤酒	67.820 万吨	9.4
卷烟	61.030 万箱	−13.5
糖	2.90 万吨	−72.8
合成洗涤剂	2.10 万吨	20.2
手表	116.30 万只	−0.3
电视机	10.23 万部	−4.0
其中：彩色电视机	8.81 万部	44.4
家用洗衣机	20.56 万台	−27.7
家用电冰箱	17.16 万台	−0.5
塑料制品	7.72 万吨	−8.9
一次能源生产总量（折标准煤）	2500.19 万吨	6.2
原煤	2460.85 万吨	2.1
原油	343.94 万吨	1.8
原油加工量	410.78 万吨	−1.0
发电量	253.40 亿千瓦小时	7.8
其中：水电	56.34 亿千瓦小时	12.1
成品钢材	83.8 万吨	−14.7
十种有色金属	5.24 万吨	23.4
铁合金	28.63 万吨	−1.6
木材	473.44 万立方米	1.3
平板玻璃	229.24 万重量箱	2.7
水泥	645.23 万吨	−2.8
硫酸	12.48 万吨	11.1
纯碱	3.2 万吨	21.5
烧碱	9.21 万吨	4.1
合成氨	47.39 万吨	8.8
化肥（折纯量）	31.08 万吨	9.7
电石	9.21 万吨	4.0
塑料	7.26 万吨	11.8
轮胎外胎	86.47 万条	3.7
金属切削机床	1691.00 台	−28.0
汽车	19.01 万辆	7.4
拖拉机	895 台	−30.8
小型拖拉机	4.23 万台	72.5
铁路客车	1022 辆	15.9

新产品开发工作取得新成绩。全年开发新产品 2250 种。全年新产品投产实现总产值 28.5 亿元，利税 4.4 亿元，分别比上年增长 14.0%和 7.3%。

国有工业企业深化改革取得新的进展。全省以明晰产权为重点，积极推进企业改革，重点抓企业自主权的落实。到年底，全省国有工业企业中进行股份制改革的企业 86 户；产权出售 74 户；合资经营企业 359 户；国有独资公司改造 12 户。有 147 户企业实行了兼并、联合、转让；破产企业 24 户。全省已组建各种类型的企业集团 51 个，其中一汽、吉化、林业集团已列入全国 55 个大型集团。建立现代化企业制度试点的准备工作正在抓紧进行。

企业经济效益不甚理想。全年乡及乡以上独立核算工业企业综合经济效益指数为 75.82%，比上年下降 4.55 个百分点，其中，资金利税率 7.34%，与上年持平；产品销售率为 94.9%，比上年减少 1.2 个百分点。全年实现利税 99.75 亿元，比上年增长 17.2%，其中实现利润 23.01 亿元，下降 28.3%。由于原材料、能源等中间产品价格上涨幅度较大，部分产品销售不畅以及这些企业经营管理不善等原因，亏损企业和亏损额仍较多。全年乡及乡以上独立核算工业企业亏损 2683 户，亏损额达 28.13 亿元，比上年增长 3.0%。亏损面为 21.7%。

（二）建筑业

建筑业生产稳步发展。全年完成建筑业增加值 56.7 亿元，比上年增长 9.1%。全省国有建筑企业全员劳动生产率为 28630 元，比上年增长 1.6%；施工房屋建筑面积 1022.2 万平方米，比上年下降 9%。

地质普查勘探工作又有新进展。全年地质勘查完成机械岩心钻探工作量 2.6 万米，新发现矿产地 2 处。有 2 个矿种新增探明储量。

三、第 三 产 业

第三产业继续保持领先增长。全年第三产业增加值为 278.55 亿元。比上年增长 15.9%。远高于第一产业的增幅，比第二产业增幅高 0.3 个百分点。与全国平均增长 11.8%的速度比较高出 4.1 个百分点，在全国各省、市、区中位居第四。

（一）交通运输、邮电业

交通运输邮电生产稳步发展。全年增加值 61.4 亿元，比上年增长 14.5%。由于工农业产品外运数量增势减缓，铁路运输紧张的状况随之缓解。

各种运输量完成情况如下：

	1994 年	比上年增长%
货物周转量	474.20 亿吨公里	1.7
铁路	393.00 亿吨公里	−1.2
公路	80.00 亿吨公里	18.9
水运	1.20 亿吨公里	−1.7

旅客周转量	171.50亿人公里	2.3
铁路	124.00亿人公里	0.3
公路	47.30亿人公里	7.7
水运	0.20亿人公里	持平

民航事业继续快速发展。1994年又新开通5条航线。到年末,已开通国内、国际航线35条。全年完成旅客运输量37.0万人,比上年增长48.0%。

邮电通讯事业迅速发展。全年完成邮电业务总量15.5亿元,比上年增长45.3%。其中,邮政业务总量2.1亿元,增长20.4%;电信业务总量12.4亿元,增长50.7%。通信传输能力进一步提高。全年新增市话程控交换机容量52.7万门;纯增长途交换机容量2.4万路端,农话交换机容量6.7万门,比上年末增长50.4%;电话话机总数已达114.6万部,比上年增长38.7%。

(二)商业、物资供销业

消费品市场稳中趋旺。工农业生产较快发展,市场商品供应充裕。流通企业深化改革,经营方式灵活。全年社会消费品零售总额396.70亿元,比上年增长21.9%(扣除物价因素,实际增长1.4%)。农村市场销售增长有所加快,城乡市场销售增幅差距趋于缩小。全年城镇消费品零售额341.20亿元,比上年增长22.4%;农村消费品零售额55.50亿元,增长18.9%。

各类经济类型流通企业零售额有升有降,非国有经济在流通领域的作用明显增强。全年国有企业零售额126.63亿元,比上年增长7.0%;集体企业零售额53.66亿元,下降13.0%;其他单位零售额216.40亿元,增长41.7%;农民直接出售给城镇居民的零售额55.42亿元,增长44.7%。从各类消费品零售数量看,吃、用商品销售增幅较大。在大中型商业企业中,食糖、茶叶等零售量增长25.3%至30.7%;用的商品中,彩色电视机、录音机、照相机、家用电风扇、家用洗衣机、家用电冰箱等零售量增长12.7%以上。

生产资料市场购销平淡。受宏观调控的影响,投资需求减弱,生产资料价格涨幅回落,销售不旺。全年全省物资系统购进生产资料47.20亿元,比上年下降35.1%;销售各种生产资料52.16亿元,下降33.4%。主要生产资料销售量有不同程度的下降,钢材下降40.1%,水泥下降29.6%,汽车下降29.6%。

价格改革不断深入,物价涨幅过高,在上年价格增幅较高的基础上,国家和省里又陆续进行了价格调整,特别是粮食价格调整,对物价上涨起了牵动作用。加之连续几年投资需求过快增长及货币投放过多的滞后影响,全年物价上涨幅度全面提高。尽管全省采取多种有力措施控制物价上涨,全省物价上涨幅度低于全国平均水平,但对较低收入的居民家庭生活压力增大。

1994年各类价格涨幅与上年比较变动情况如下:

项目	1994年比上年上涨幅度(%)	涨幅比上年增减(百分点)
1. 居民生产消费价格	20.6	8.0
其中:城镇	23.2	10.0
农村	17.0	8.2
2. 零售物价(包括农业生产资料)	20.2	8.9
零售物价(不包括农业生产资料)	19.9	—
食品类	31.0	17.5
粮食	39.5	17.1
油脂	44.2	30.0
服装、鞋帽类	14.3	8.3
纺织品类	10.7	7.8
中西药品类	9.7	1.5
化妆品类	11.3	—
书报杂志类	29.2	23.4
文化体育用品类	10.8	9.8
日用品类	10.8	5.5
家用电器类	3.5	4.2
首饰类	16.6	—
燃料类	17.1	−42.6
建筑装潢材料类	15.4	−11.9
机电产品类	0.4	1.1
农业生产资料类	20.2	10.9
3. 服务价格	16.3	−8.2
其中:城镇	17.3	−8.6
农村	14.5	−1.8
4. 原材料、燃料动力购进价格	13.9	−60.0
5. 工业品出厂价格	15.7	−12.3
6. 农副产品收购价格	32.8	14.4

(三)旅游业

旅游业保持兴旺势头。1994年,全省加强和改善了旅游业的软硬环境,扩大了对外宣传,全年共接待到吉林省旅游、访问、探亲以及从事各项活动的外国客人、港澳台同胞和海外华侨达15.4万人次,全年旅游创汇2350万美元,增长95.0%。

(四)金融、保险业

金融、保险业健康发展,业务进一步拓宽,1994年末,全省银行及其他金融机构存款余额779.8亿元,比年初增加174.7亿元;贷款余额1256.9亿元,比年初增加215.2亿元，比上年多增加30.9亿元。金融秩序良好，贷款结构优化，备付率提高。1994年全省各种保险金额达1988.5亿元，比上年增长39.3%；保费收入6.9亿元，比上年增长15.2%；赔案件数17.3万件，赔款支出6.4亿元，比上年增长46.4%。

（五）科技、教育、文化和卫生、体育事业

科技事业取得可喜成果。1994年，全省共取得科研成果903项，比上年增长25.1%，其中有655项成果达到国内先进水平，在国务院各部委登记的达116项，在全部科研成果中有179项成果获省科技进步奖。大豆不育基因型的研究获国际领先水平奖；还有15项科研成果获国内先进水平奖；76项科研成果获国内领先水平奖，82项科研成果获国内先进水平奖，5项科研成果获省内先进水平奖。全年向国家专利局递交专利申请1556项，授权专利918项。

科技活动条件得到了改善，科技投入加大。到1994年末，全省县及县以上政府部门属独立研究与开发机构205个，高等院校办科研机构234个，大中型工业企业办科研机构431个。全省从事科技活动人员7.2万人，其中科学家和工程师4.4万人。1994年全省科研机构，高等院校和大中型工业企业单位用于科技的经费支出16.2亿元，比上年增长54.3%，其中研究与发展经费支出2.1亿元。

技术市场兴旺发展。1994年，全省成交各类技术合同5572项，成交金额6.0亿元。每份技术合同平均成交额达到10.9万元，比上年增加2.7万元。活跃在技术市场上的各类技术贸易机构2730家，比上年增长7.8%；全省从事技术贸易活动的人员达4.2万人，比上年增长7.7%。

教育事业在结构调整中继续发展，普通高等教育发展较快。

1994年全省共招收研究生1871人，比上年增加26人；在校研究生5192人，比上年增加722人。普通高等院校招收本、专科学生3.09万人，增加0.03万人；在校学生9.52万人，增加0.89万人。中等职业教育不断发展。1994年，全省各类中等职业技术学校（不含技工学校）在校学生20.9万人，比上年增加1.3万人，占高中阶段在校学生总数的54.7%，比上年提高0.7个百分点。初等教育在普及的基础上，教育质量进一步提高。1994年，全省普通初中在校学生109.3万人；小学在校学生264.2万人，比上年增加6.9万人。小学学龄儿童入学率达99.63%，小学毕业生升学率达94.63%，分别比上年提高0.33个百分点和3.52个百分点。幼儿教育事业取得了一定成绩，特别是学前一年教育成果显著，全省6至7周岁幼儿入班率已达85%以上。1994年全省幼儿园4267所，在园儿童55.1万人。

成人教育形成了多种形式的培训网络。1994年，全省独立设置成人高等学校招收本、专科学生3.18万人，比上年增加0.52万人，在校学生7.78万人，增加1.54万人；成人中等专业学校在校学生4.98万人，比上年增加24.5万人。扫盲工作成效显著，全年共扫除文盲2.4万人。

文化艺术事业繁荣兴旺。1994年末，全省共有艺术表演团体69个，演出8518场，观众达705万人次。全省共有剧场62个，文化、艺术馆（站）444个，公共图书馆50个，博物馆16个，档案馆92个。广播电台28座，中短波发射台和转播台36座，电视台43座。一千瓦以上的电视发射台和转播台64座。全省广播覆盖率达85.5%，电视覆盖率达83.5%。各类电影放映单位2427个，全年放映8万场，观众达1078万人次。全年共出版地方性报纸58种，总印数6.2亿份，出版各类杂志194种，总印数0.55亿册，出版图书1.36亿册（张）。

长春电影制片厂全年共生产故事片18部。合拍片2部，协拍片2部、美术片3部、译制片9部。各电影发行单位全年发行各种新片（长片）154部。全年共拍摄电视剧13部128集，制作广播剧23部136集。

卫生事业继续发展，城乡人民的医疗条件进一步改善。1994年，全省共有各种卫生机构3920个，拥有专业技术人员13.23万人，比上年末增加0.3万人，其中医生5.39万人，护师、护士2.20万人。医疗床位达9.47万张，全年又新建、改建、扩建一批各类医疗机构。

体育事业取得较好成绩。1994年，吉林省运动员在世界级大赛中获得1枚金牌、1枚银牌、2枚铜牌；在亚洲大赛中获9枚金牌、3枚银牌、8枚铜牌；全年吉林省运动员共有3人8次破6项世界纪录，有1人2次破12项全国青少年纪录，136人次13队破39项平1项全省青少年纪录，有2名运动员达到国际级运动健奖标准。

四、固定资产投资

固定资产投资适度增长。全年全社会完成固定资产投资292.8亿元，比上年增长15.5%（扣除价格因素，实际工作量增长8.6%），其中地方项目投资228.3亿元，增长18.8%。固定资产投资额中，国有单位投资244.4亿元，增长26.3%；集体单位投资23.7亿元，增长1.3%；城乡个体投资24.8亿元，增长9.7%。新开工项目减少，全年国有单位基本建设和更新改造投资新开工5万元上的建设项目1318个，比上年减少524个。

在国有单位投资中，投资结构有所改善。全年国有单位基本建设投资135.1亿元，比上年增长26.5%；更新改造投资53.0亿元，增长17.5%；商品房建设投资41.3亿元，增长39.5%；其他投资14.9亿元，增长26.3%。全年投资中，用于交通运输邮电的投资24.5亿元，比上年增长31.0%。

在更新改造投资中，用于节约能源、增加花色品种，提高产品质量和"三废"治理等投资23.0亿元，增长33.7%。

重点建设步伐继续加快。列入国家计划的22项大中型基建项目完成投资69.7亿元，完成年计划的78.0%，其中双辽电厂、吉林油田开发、吉林送变电工程、红石林业局工程单项建成投产。列入国家和省计划的20项限额以上更改项目投资6.6亿元，完成年计划的97.1%。其中四平市邮电局、白城市电工电缆总厂工程建成投产。直接影响全省经济发展后劲的"八五"期间重点建设的十大工程进展顺利。年初，省政府将一汽大众15万辆轿车工程列为省1号工程，动员全省力量给予支持；组织各行业对吉化30万吨乙稀项目建设资金、工程进度进行重点落实和协调；百万吨玉米深加工工程、长平高速公路、图马国际铁路、长春及延吉机场、"引松人长"供水工程等建设也已全面展开。

全年国有单位基本建设和更新改造固定资产投资建成投产项目1151个，其中基本建设投资758项，更新改造投资393项。新增固定资产89.9亿元，全年固定资产交付使用率为47.8%，比上年下降7.7个百分点。新增主要生产能力和效益有：石油开采11万吨，发电装机容量35万千瓦，木材采运1.5万立方米，水泥15.5万吨，22万伏输电线路18公里，汽车制造4.7万辆。

五、人口与人民生活

人口自然增长率明显下降。1994年，各级党委和政府强化计划生育措施，严格控制人口增长取得显著成效。据人口变动情况抽样调查，1994年全省人口出生率为14.11‰，人口死亡率为6.35‰，人口自然增长率为7.76‰，比上年降低1.21个千分点。以此推算全省年末总人口为2574.4万人，比上年末增加19.9万人。

城乡居民收入显著增长。1994年全省城镇居民人均生活费收入2311.44元，比上年增长31.3%，扣除价格因素实际增长6.5%。农民人均纯收入1271.63元，比上年增长42.6%，扣除价格因素实际增长9.0%。

城乡居民实际生活水平进一步提高，住房条件继续改善。全年城镇居民人均生活费用支出2096.40元，增长31.4%，扣除价格因素实际增长6.6%；农民人均生活费支出853.73元，增长27.4%，扣除价格因素实际增长5.7%，城乡居民消费增长与收入增长基本同步。据抽样调查推算，全省城镇住户人均住房面积达9.03平方米，农村人均居住面积18.14平方米，分别比上年提高0.42平方米和2.18平方米。

劳动就业服务体系逐步完善，职工工资水平进一步提高。1994年，全省有乡、镇、街就业服务站747个。县以上劳动部门新建劳动力交流市场6个，全年接待用工单位1.2万个，求职人员33.0万人。促成用工28万人。全年共安置城镇待业人员11.43万人。全年全部职工工资总额达179.8亿元，比上年增长26.3%；职工平均货币工资达3370元，比上年增长24.7%。城乡居民储蓄存款大幅度增长。到年末，城乡居民储蓄存款余额535.6亿元，比年初增加145.8亿元，其中城镇466.1亿元，增加129.9元；农村69.5亿元，增加15.9亿元。

社会福利事业进一步完善。1994年，全省各类社会福利事业单位930个，收养4.3万人，社会保障网络覆盖面达到87.8%。全年发放救灾扶贫款9570万元，城乡各种社会救济对象得到了国家救济达141万人次。全省社会福利企业1655个，安置2.4万残疾人就业。

环境保护事业有较大发展，人民生活环境得到改善。1994年末，全省环境保护系统共有环境监测站62个，国有和省级自然保护区13个，全年完成环境污染限期治理项目212个，总投资9464万元。年末全省共有25个城市中建成了206个烟尘控制区，面积达359平方公里。在25个城市中建立了83个环境噪声达标区，面积达148平方公里。

经济体制改革和对外开放

一、经济体制改革进展情况

1994年，吉林省经济体制改革工作在十个方面取得了新进展。

（一）建立现代企业制度基础工作全面展开

一是成立了由省直14个部门参加的建立现代企业制度工作领导小组；二是省政府下发了《关于建立现代企业制度试点的意见》、《关于搞好国有大中型企业的意见》、《关于国有企业进行国有独资有限责任公司改组试点意见》和《关于公司制企业国有资产股权代表及有关人员的暂行意见》等有关文件；三是通化钢铁公司、吉林化纤股份公司、长春摩托车总厂和长春高新技术产业开发区等4户企业，被国家列入百户建立现代企业制度试点企业。省里拟定抓30户、各市（州）初步选定抓62户企业，进行建立现代企业制度试点；四是举办了现代企业制度培训班，培训有关企业厂长、经理等有关人员等150多人；五是进行了清产核资工作，全省已有1000多户企业进行了清产核资工作。

（二）股份制公司健康发展

截至1994年底，全省股份制公司达811户，其中股份有限公司126户，有限责任公司685户。股份制公司规范和发展并举，一是在清理整顿工作中，取消9户股份有限公司的试点资格；8户股份有限公司转为有限责任公司；3户股份有限公司，经批准调整了股本金。股份有限公司数量虽减少了，但质量提高了；二是强化股份有限公司规范化工作，12月省政府召开了全省第二届股份有限公司董事长（总经理）工作座谈会，讨论修改形成了《关于实施〈公司法〉规范和发展吉林省股份制公司若干问题的意见》和《关于开展创建标准化股份公司活动的意见》两个文件；三是在《公司法》实施前，审批有限责任公司61户；审批16户股份有限公司设立55户分公司和子公司；四是大力发展城乡集体企业股份合作制。3月，召开了全省股份合作制经验交流会，并且省政府还下发了《吉林省城镇集体企业推行股份合作制的试行意见》。1994年，全省改组设立股份合作制企业6637户，其中较为规范的2314户；五是积极抓好股票上市工作，先后促成了长春百货大楼股份公司、通化东宝药业股份公司的股票上市发行。吉化公司H股上市发行工作有了实质性进展，1995年可在香港上市发行。

（三）国有企业产权出售、转制经营工作力度加大

省政府召开了全省企业产权出售、转制经营经验交流会。总结交流了全省产权出售改制经营的进展情况和典型经验，传达赴山东学习考察的报告，讨论修改了企业产权出售改制经营的若干意见，并对1994年和1995年企业产权出售改制经营工作做了部署。1994年，在上年出售440户企业的基础上，又出售转让659户企业，盘活存量资产4.6亿元。

（四）资产重组、转制经营工作不断深化

7月，省政府召开资产重组、转制经营现场会，推广了辽源毛纺厂的经验。1994年，全省有108户企业实行资产重组、转制经营，都取得了较好效果。

（五）工商小企业新型租赁经营方式多样

1994年，全省有1309户工商小企业实行公有民营；有883户企业实行租赁经营；有65户企业实行净资产收益承包经营。

（六）企业集团和国有独资有限责任公司改革工作不断发展

一是发展企业集团工作又迈出新的步伐。1994年，全省新组建企业集团51户。二是国有企业进行国有独资有限责任公司改组试点全面起步。1994年，全省有239户企业进行了改组试点。

（七）社会保障体制改革范围拓宽

1994年，全省在47个市（州）、县（市）建立集体企业职工参加失业保险；参加省级养老保险统筹的国有企业达10401户，在职职工204万人，离、退休人员46万人；在35个县（市）进行了工伤社会保险，有5500户企业、52.8万职工参加保险;在25个县(市)开展了大病医疗费社会统筹。同时,全省开展了城镇职工养老和医疗制度改革试点。一是选择56户企业进行资产出售解决职工养老金不足的试点;二是选择9个县(市)、3个系统进行建立职工个人医院帐户与大病医疗社会保险基金的试点。

(八)国有资产管理体制改革重点突破

1994年,在白山、松原、通化和长春市进行4种形式的国有资产管理体制改革试点。白山市组建商业行业国有资产投资经营公司,已将13户商业企业1.17亿元国有资产纳入国有资产经营公司管理,国有资产经营收入2758万元。省政府召开全省国有资产管理体制改革试点工作座谈会,推广白山、松原、通化和长春市国有资产管理体制改革的典型经验。

(九)以要素市场为重点的市场体系建设配套推进

一是全省新建专业批发市14个、劳务市场30个、技术市场24个、房地产市场20个、金融市场8个、产权交易所11个;并完成了组建吉林证券交易中心、吉林省产权交易中心及吉林、四平和长春市城市合作银行的前期准备工作。二是长春联合商品交易所的建立,使其成为全国13家商品期货交易所试点之一;三是全省进行期货市场整顿,下发了《关于落实国务院制止期货市场盲目发展的通知》等文件,清理期货交易机构14户。

(十)市(州)、县(市)、镇综合配套改革不断深入,开发区体制转轨全面启动

一是长春市被国家确定为全国18个综合配套改革试点城市,延边州被国家确定为全国少数民族改革开放试验区,吉林和四平市被国家确定综合改革联系城市;二是延吉市被国家确定为全国综合改革试点市;三是推出"十强镇"综合配套改革试点,合隆等18个乡镇被列为"十强镇"改革试点。省政府在公主岭范家屯镇召开全省"十强镇"工作座谈会;四是大力推进开发区体制转轨。1994年,全省4个国家级、12个省级开发区管委会相继成立,按照新体制转轨要求制定了《实施方案》,并按新机制运行。

二、市场体系建设进展情况

(一)商品市场建设进展情况

随着流通体制改革的不断深入,吉林省市场体系建设稳步发展,市场机制在经济运行中发挥的作用越来越大。目前,全省计划管理的商品只有14种,是1992年的53.8%;统配物资只有9种,是1992年的60%。1994年吉林省商品市场运行总的状况是:消费品市场兴旺发达,农业生产资料市场有较大进展,物资市场经销规模呈现萎缩。其特点如下:

1.商品市场设施建设步伐加快,市场网络初具规模。1994年全省用于各类市场建设的资金总额达3.9亿元,市场数量发展到2722个,比上年增加117个,增长4.5%。全省批发零售贸易、餐饮业网点37.4万个,比上年增加8.6万个,增长29.8%。其中批发网点2.3万个,增长0.5万个,增长29.7%;零售网点30.6万个,增加6.9万个,增长29%;餐饮网点4.5万个。增加1.2万个,增长35.7%。吉林玉米批发市场、白山市长白山山货市场、梅河口大米批发市场、抚松县万良长白山山货市场、长春市光复路市场、东北木材市场、吉林化工市场、长春汽车贸易城等已初具规模,这些市场既是区域性物资交易集散地,也是跨地区、跨部门的物资交易中心,具有全国商品交易所性质,其辐射作用不断增强。

2.城乡市场拓宽,消费品流通规模扩大。全年城镇批、零贸易业网点23.3万个,比上年增加4.9万个,增长26.3%,其中城市拥有交易网点17.5万个,增加4.2万个,增长31.6%。一批基础好、设备完善、功能齐全、集金融、商贸、餐饮、住宿、娱乐为一体的现代化的大中型交易场所相继拔地而起,这不仅方便了群众,而且提高了城市综合功能。农村商品市场在国家一系列优惠政策扶持与起动下,有了很大进展。全省县以下批、零贸易网点9.6万个,比上年增加2.5万个,增长34.7%。全省城乡市场的拓宽,是促使消费品市场流通规模扩大的一个重要因素。农村消费品零售额增幅与城镇消费品零售额增幅相比,差距由上年的14.2个百分点缩小为3.5个百分点。

3.集贸市场数量继续增多,商品交易日趋活跃。吉林省集贸市场建设,本着以方便人民生活和方便企业生产为宗旨,全年又新开发建设386个集贸市场,数量已发展到1803个,比上年增长5%,其中城市集贸市场数量达627个,增加44个,增长7.5%;农村集贸市场数量达1176个,增加42个,增长3.7%。按市场专业化程度分,其中农副产品集贸市场418个,比上年增加75个,增长21.9%;工业品集贸市场163个,比上年增加25个,增长18.1%;综合集贸市场989个,比上年增加86个,增长9.5%。集贸市场的日臻完善,实用性增强,使商品交易大幅增长。全年集贸市场成交额144.8亿元,比上年增长33.3%,其中城市成交额107.2亿元,增长32.9%,农村市场成交额37.6亿元,增长34.7%。从各类专业市场成交额看,有增有减;综合集贸市场成交额为99.3亿元，增长101.5%；工业品集贸市场成交额为20.8亿元，增长17.7%；农副产品集贸市场成交额为5.8亿元，下降74.5%；废旧品集贸市场成交额为18.5亿元；增长47.6%，其它专业集贸市场成交额为0.4亿元，下降93.3%。集贸市场零售额占全省社会消费品零售总额的比重由上年的30.4%上升到36.5%，提高6.1个百分点。农民出售农副产品的收入有所增加，全年对非农业居民销售额为55.4亿元，比上年增长44.7%。

4.流通格局发生了变化，非国有经济迅猛发展。吉林省为鼓励私营、个体、股份制、合资企业进入商品市场，曾采取一系列措施，取得显著效果，彻底改变了国有与集体独家经营状况，形成了多种经济成份并存、竞争、开放的流通格局。1994年，在社会消费品零售总额中国有经济所占比重由上年的36.3%下降到27.8%。

5.农业生产资料市场流通规模有较大进展，物资市场流通规模呈现萎缩。全年批发零售贸易业向农民批发农业生产资料25.1亿元，比上年增长14.5%。大中型批发企业全年出售化肥166.7万吨，增长26.2%，出售化学农药1.3万吨，增长145%。物资市场经销规模呈现缩减状态。全年物资系统购进商品总额47.2亿元，比上年下降35.1%，销售商品总额52.2亿元，下降34.4%。

(二)要素市场建设进展情况

金融市场发展较快，1994年全省新建金融市场8处，到年末达到65处。建立和发展了多种形式、多层次、多专业的劳务市场。1994年全省新建劳务市场30个，到年末达到了76个。人才市场的功能进一步得到了发挥，到年末人才市场的数量已达29个。房地产市场发展较快，1994年全省新建房地产交易所20个，到年末达到了77个。技术市场发展迅速，1994年全省新建技术市场24个，到年末发展到54个。同时经纪中介机构、注册会计师、审计师、律师事务所、公证处等都得到了规范和发展。

三、利用外资开展国家经济技术合作进展情况

1994年是吉林省外经发展围绕上总量、上规模、上水平，利用外资成效显著的一年。利用外资发展呈现以下几个特点：

(一)利用外资成效显著

1994年初，吉林省利用外资工作就着力改善投资环境，出台了扩大对外开放30条，加强了政策梳理和项目的前期促进落实工作，使全省利用外资在全国综合改革力度加大的情况下宏观经济环境趋好。全年累计新批利用外资合同1108项，合同外商协议金额16.8亿美元，比上年增长5%，外商实际投资额8亿美元，比上年增长24.4%，特别是实际利用外资额增长幅度高于协议外商金额增幅19.4个百分点，比全国高出10.9个百分点，呈现出了良好的发展态势。

(二)直接利用外资大幅度增长，项目规模扩大

1994年全省继续坚持"大外经"的发展战略，紧紧围绕重点抓大项目，采取有力措施，同时也更加注重提高引进外资的档次和技术水平，直接利用外资规模明显扩大，全年累计新签利用外商直接投资项目1064个，虽然比上年有所下降，但协议外资金额达8.26亿美元，比上年增长7.9%。同时外商直接投资项目规模明显扩大，平均达78万美元，比上年同期增长47.2%。投资在1000万美元以上的项目32个，总金额占外商投资协议金额的50.4%。广泛利用外资弥补了全省经济建设资金的不足。1994年末，外商直接投资的大项目，如长春商业城、新世纪广场及长春太阳城等相继建成或基本完成，香格里拉五星级酒店拔地而起，这些项目将有力地促进全省经济的发展。

(三)拓宽合作领域，投资结构更趋合理

吉林省为拓宽与外商合作领域，全年先后成功地举办了赴韩国大型经贸合作洽谈会、长春电影节和赴加拿大、马来西亚、新加坡等国家和地区招商引资活动。与外商合作领域也从过去少数行业扩展到许多领域，截止到1994年末在工商局注册的三资企业有2887个，行业不断扩大。新签批的外商投资企业外资投入更趋合理。全省今年更注重投向农业、农业开发和农副产品利用以及工业、能源交通，特别是基础产业和基础建设项目，而非生产性消费娱乐业，房地产业得到控制。在新签1064个三资企业中，一、二、三产业比重分别为2.4%、65.2%、32.4%，其中投资工业项目的协议外资金额47129万美元，占合同外资总额的57.1%，比重比上年上升6.6个百分点。工业投资的内部结构也有较大改善，汽车、化工、钢铁、电力、资源开发利用等均有较大的外国公司投资。今年到吉林省投资的国际知名跨国公司有10个，前来投资的公司国别和地区也由34个增加到43个。

(四)对外承包工程和劳务合作稳步增长

1994年巩固和发展俄罗斯等独联体市场，积极开拓韩国和蒙古、柬埔寨等市场，全省对外承包工程和劳务合作仍取得了比上年增长的好成效。全年新

签订合同110项，合同金额1.94万美元，营业额8224万美元，派出劳务21157人次。为进一步加强对外承包工程和劳务合作工作，先后发布了《加强出国劳务市场管理的规定》等有关通知，整顿了劳务输出市场秩序，促进了劳务输出，拓宽了国际市场。现在全省外派劳务分布遍及28个国家和地区，俄罗斯、韩国、美国、西班牙、利比亚和安哥拉等均超千人。

四、对外贸易发展情况

1994年，全省外贸行业以改革为动力，以扩大出口为重点，抓住机遇，大力开拓国际市场，在实施外向型牵动战略，加快吉林经济发展中发挥了重要作用。全省对外贸易在连续几年大幅度增长基础上，1994年进出口总额实现35.8亿美元，比上年增长19.3%，进出口总额占国内生产总值达32%。其中，进口完成15.6亿美元，比上年增长11.4%；出口完成20.2亿美元，比上年增长25.1%，首次突破20亿美元大关，实现了3年翻一番。在出口中，现汇完成14.6亿美元，比上年增长51.2%；易货与上年持平。出口创汇在全国的位次由上年的第十五位升到第十三位。

各项改革取得成效。1994年外贸企业面对资金紧张、出口商品收购价格上涨，易货贸易遇到严重困难等多种不利因素，加大改革力度，按照现代企业制度的要求，加快企业经营机制的改革，根据企业的不同情况，进行了国有独资、国有集营和股份制等多种形式的试点。省机械进出口公司试行“国有集营”，职工内部持股，增强了职工的责任感和凝聚力；省土畜产进出口公司试行总公司总体调控，子公司自主经营的二级级算管理，发挥了总公司和子公司两个积极性。1994年这两户企业出口创汇都比上年增长30%以上。此外，吉林市、四平市对连续多年经营亏损，资不抵债的企业实行了破产和关停。改革为企业发展提供了动力，使企业的活力大大增强。

出口商品结构进一步优化，经济效益持续增长。1994年全省出口商品结构调整的步伐加快，出口品种由上年1070种扩大到1120种，其中超千万美元的21种，比上年增加9种；超500万美元的32种，比上年增加7种。高技术含量和深加工的商品出口比重增加，工矿产品出口达10.1亿美元，比上年增加2.5亿美元、其中机电产品出口1.2亿美元、比上年增加0.3亿美元，工矿产品出口比重提高到54%。在外贸企业资金紧张情况下，企业注意清仓挖潜，加强经营管理，全年盘活资金达2.0亿元；出口收汇率达76%，比上年增加3个百分点；扭亏增盈取得成效，市县级亏损户由上年的35户下降到29户，亏损额由上年的3800万元下降到3200万元；第三产业增加值完成1.8亿元，比上年增加5900万元；国有资产总值已达4.1亿元。

多层次发展对外贸易格局逐步形成。随着外贸体制改革的深化，外贸专业公司独家经营的旧格局已被打破，工业企业和商业、物资、科技企业参与国际市场竞争，广泛开展外贸代理制，获得进出口经营权的单位逐渐增多，形成了外贸专业公司，工贸、地贸、边贸公司及出口生产企业和三资企业竞相发展的格局，促进了全省对外贸易的发展，出口创汇能力显著增强。从构成上看，省外贸厅所属专业公司完成11.57亿美元，比1991年增长53.5%；省地贸、工贸公司完成1.38亿美元，比1991年增长2.2倍；市、州、县公司完成6.14亿美元，比1991年增长2.3倍；出口生产企业完成1.44亿美元，比1991年增长1.9倍；三资企业完成1.30亿美元，比1991年增长7.6倍。全省出口创汇超亿美元的公司和地区有省粮油进出口公司、省纺织进出口公司、省土畜产进出口公司和长春市、吉林市、延边州；超千万美元以上的公司达29户；超500万美元的三资企业7户。

多元化开拓市场取得新进展。吉林省在加强对周边国家市场开发的同时，加强对非洲、南北美洲、东欧等国家和地区重点开发，积极加强海外网点的建设和管理，现已在50个国家和地区设立贸易机构130个。1994年新设海外机构15个。在组织好各种交易会、洽谈会的同时，有计划、有重点地在韩国、朝鲜、俄罗斯、澳大利亚、巴西等国举办或参加各类展洽会、博览会8次。广泛的国际交往，极大地促进了外贸事业的发展，全年总成交额近30亿美元。出口国家和地区由上年的92个发展到102个，出口额前5位的国家和地区是日本4.36亿美元；原苏联及东欧国家3.13亿美元；韩国2.92亿美元；朝鲜2.53亿美元；台港澳1.69亿美元。其中日本、韩国、原苏联及东欧国家出口额有较大幅度增长。重点开发的非洲市场出口2060万美元，比上年增长61%；南美洲市场出口1633万美元，比上年增长54%；东欧市场出口3298万美元，比上年增长42%。

五、重点开发区情况

吉林省自1988年批准建立开发区以来，通过最近2年的实质性开发建设，已取得一定的成效。截止1994年末，全省已有开发区16个。其中，经国务院批准的国家级开发区4个(长春经济技术开发区、长春高新技术产业开发区、吉林高新技术产业开发区和珲春边境经济合作区)。经省政府批准的省级开发区12个(德惠、公主岭、松原、长白、集安、大安、安图、敦化、延吉和图们经济开发区及长春净月潭旅游度假区)。总规划面积为153平方公里,起步区面积为26平方公里。开发区累计完成固定资产投资51.3亿元。其中,基础设施建设投资15.6亿元,项目建设投资完成35.7亿元。区内已批准企业2157个。其中"三资"企业250个。合同利用外资达8亿美元,实际利用外资2.3亿美元。1994年,开发区新增工业产值40亿元,比上年增长1倍。出口创汇完成9500万美元,比上年增长2倍。预计到1997年底,开发区可再新增工业产值达到100亿元。届时将占全省新增工业产值的25%以上,发展潜力巨大。

六、扶贫工作情况

1994年吉林省的扶贫开发工作,在大力改善基础设施和农业生产条件,着力解决贫困地区温饱问题的同时,立足当地资源,发展商品生产,加快了全省脱贫致富奔小康的步伐。

基础设施建设方面,1994年全面完成上年结转项目,并重点抓了当年的新建和续建项目。共投入扶贫资金13700万元,地方以1∶1匹配投入,实施水利、农田基本建设、人畜饮水、林业、交通、农村通讯等项目。经过精心组织,各项工程进展顺利。水利工程投资5180万元。进行了续建结转项目"二江一河"险工险段治理和12座大中型水库除险加固等工程的治理;中低产田改造投资370万元,完成9550公顷;人畜饮水工程投资1140万元,完成打井改水190处,解决68000人口、5万多头(只)牲畜饮水问题;林业(经济林)建设投资405万元,植树3392公顷;畜牧业建设投资305万元,改造草场26600公顷;交通建设投资2280万元,完成乡级以上公路311.5公里;农村通讯投资655万元,装机8918门,解决25个乡(镇)、400多个村屯农话问题。上述工程的建设,改善了贫困地区的基础设施条件和农业生产条件,创造了良好的经济发展的外部环境,带动了贫困地区的资源开发和经济发展。

1994年全省共兴办了小水库、畜牧场、加工厂、养殖场、纺织厂等各类经济实体5000多个,直接效益6000多万元。同时还发展了庭院经济,蔬菜和水果种植等。拓宽了贫困户进财渠道。

由于社会各界对扶贫工作的广泛参与和支持,贫困程度逐年减轻。贫困地区人心安定,社会稳定。这既体现了党的宗旨和社会主义制度优越性,又提高了党在人民群众中的威望,密切了党群关系,调动了人民群众的积极性。

扶贫工作实践证明:扶贫是一项社会性的综合性的工作,能否如期实现扶贫攻坚目标,各级领导的高度重视与否是关健所在。吉林省是农业大省。由于历史、社会、自然等原因,使吉林省农村形成了较大的贫困面,扶贫工作有一定难度。1989年,省委、省政府在机构精简的形势下,将原虚设在省计委的扶贫开发办公室改为常设机构,配备了编制,加强了力量。1994年机构改革又使各级扶贫机构得到强化,健全和加强了扶贫开发机构。并从省直、市(州)县直机关中,选派精明强干、吃苦耐劳、联系群众的干部,充实加强贫困县、乡领导班子,一定三年不变。一包到底,不脱贫不撤点。扶贫开发由过去部门行为转向政府行为,纳入了农村经济发展的整体规划,列入各级领导重要工作日程。从计划的编制到实施,从工作的安排到检查,主要领导都亲自过问,解决困难和问题。对较大的扶贫项目,主要领导都亲自考察,研究决策,协调各方面关系,争取上级政府和部门的支持。

贫困地区的面貌仅靠自身的力量难以在短期内改变,只有依靠政府的扶持,才能尽快实现脱贫。吉林省在以工代赈形式投向贫困地区基础设施建设的基础上,又通过各种渠道,广筹资金。帮助贫困户解决实际困难。全省近4年累计筹措扶贫资金33280万元,户均扶持近550元。1994年在资金紧张的情况下,全省共筹扶贫金9298万元,其中乡村集体投入1262万元,农行贷款3559万元,互助储金会投资1991万元,地方财政扶持802万元,民政扶持1020万元,社会捐助664万元,户均扶持560多元,是近年来投入较多的一年。当年就有6万户贫困户脱贫,占扶持户的30%。由于广筹资金增加投入,加之基础设施的改善和商品意识的增强,扶持效果明显提高。由于国家和地方各级政府注人的扶贫资金是有限的,为使有限资金发挥出最大效益,吉林省加强了对扶贫资金和项目的管理,建立完善科学的管理体系,做到"把三关""两坚持"、"四抓"、"一落实"。

贫困地区之所以贫穷,重要原因就是实用人才缺乏。只有提高人的素质,掌握一定的生产技术和商品信息,才能促进其从根本上脱贫。吉林省始终把学科技、用科技作为农村科技扶贫的重点长抓不懈。一是在广大农村广泛开展了农村实用技术培训工作。采取了多层次、多学科、多渠道的培训办法。几年来举办培训班1万多期,培训50多万人次,有24万农村中青年农民掌握了1～2门实用技术,有11万农民上了商品生产项目。二是开展了培养农村科技星火带头人工作。省、市、县普遍建立了农校为主要形式的农村人才培养基地。1994年,举办了省级10个贫困县农村团支部书记培训班和8个重灾县农村青年养鸡、养猪、养牛培训班、共培训380人,进一步发挥了他们在贫困地区传播技术的示范带动作用。近3年来,全省共培养出国家、省、市、县四级农村星火带头人26000多名。他们为贫困地区储备了技术和人才。三是利用大专院校和科技院所开展了定向科技扶贫工作,采取举办培训班、技术指导、现场示范等方式,向农民传播技术,如测土配方施肥,良种繁育、选用,农药使用方法等新技术。各种适用技术成果在贫困地区的大面积推广,取得了十分明显的效益。据不完全统计,科学扶贫计划产生的直接经济效益8亿元以上,间接经济效益30亿元以上,使贫困地区农民的脱贫步伐明显加快。

吉林省还注意,动员和组织政府各部门和社会各界力量,密切配合,同心协力,一齐上阵,做好扶贫工作。

附录:

吉林省关于进一步加快外向型经济发展的若干政策规定

改革开放以来,省政府先后制定了鼓励外商投资、扩大外贸出口、扶持开发区建设等一系列优惠政策,对经济发展起到了积极的促进作用。为了适应改革开放新形势,与国家已出台的一些重大政策措施相衔接,需对过去的有关政策规定进行调整、充实和完善,特作如下规定:

第一条　开发区内的技术先进型和出口创汇型企业,按照国家规定的所得税率,向国家税务机关缴纳所得税,财政部门采取退库返还的办法,给予15%税收负担的照顾。

第二条　见经营期10年以上的生产型外商投资企业,其地方所得税从开始获利年度起免征6年。经税务机关批准,从第七年起,4年内减半征收地方所得税。地方所得税减免期满后,对当年出口产品产值达到当年企业产值50%以上的外商投资企业,免征当年地方所得税。

第三条　外商投资企业生产的属国家确定进口替代的产品,或在兴办初期缴纳增值税确有困难的生产型外商投资企业。可实行先征、后退的办法,经财政部门批准,对其缴纳的增值税地方留用部分给予返还。

允许外国投资者按国家有关规定兴办中外合资股份有限公司和购买省内企业及其他经济组织的全部或部分资产(包括股份)。鼓励台商来我省投资,在同等条件下优先给予安排。

第四条　允许原苏联和东欧各国以及朝鲜、蒙古、越南、老挝等国的投资者以实物投资形式在我省兴办外商投资企业,在合同规定投资总额内进口市场销售商品,免领进口许可证并按规定实施关税优惠。外商投资企业用国内产品支付上述外商分得利润,按国家有关规定办理。

第五条　外商投资者按国家规定,依法取得土地使用权后,允许开发土地。根据土地开发的不同用途,确定土地使用年限。土地使用权可依法转让、出租、抵押。土地出让金,是地方财政收入,全额上缴国库,专款专用。其中20%作为省级财政分成收入;80%作为市县级财政收入。

第六条　属国家产业政策鼓励的外商投资企业的产品,可适当提高内销比例。

第七条　鼓励兴办投资额的大型外商投资企业。

(一)外商投资300万美元以上,经营期10年以上的属于国家产业政策鼓励的企业,经财政、税务部门批准,可比照开放城市享受税收待遇。

(二)外商投资500万美元以上,经营期不少于10年的,从事服务性行业的外商投资企业,从获利年度起,先由国税局按确定税率征收所得税后,由财政部门返还,3年内企业负担率不超过50%。

第八条　鼓励外商投资发展现代化农业,重点鼓励农业综合开发和创汇农业项目。

(一)经营期内依照规定享受免税、减税待遇期满后,经财政、税务部门批准,可在以后10年内按应纳税额减征30%企业所得税。

(二)出口本企业生产,涉及国家配额许可证管理的产品,除国家确定招标品种外,可在立项时办理审批手续。

(三)对在新开发的荒山、荒地、水面上生产农业特产品的,自有收入年份起,两年内免缴农业特产税(属一次性收益的农业特产品除外)。

第九条 属投资额大、回收期长的能源、交通等基础设施(煤炭、电力、铁路、公路、港口等)项目,可享受以下优惠政策:

(一)允许外国投资者以建设一运营一转让(BOT)的方式进行建设和运营。

(二)公路、港口项目,经批准可在周侧一定范围内扩大与项目有关的土地开发和服务经营。

(三)企业可根据经营需要,经省财政、物价部门批准,确定价格和收费标准。

第十条 外商投资兴办的高新技术产业,可享受高新技术开发区的税收优惠待遇。

第十一条 鼓励外商投资对现有企业进行"嫁接"改造。

(一)凡列入省技术改造规划内,符合国家产业政策规定的"嫁接"改造项目,优先安排配套资金贷款。

(二)"嫁接"改造企业按原渠道供应计划管理的原材料;属于新增品种,与国有企业同等对待,纳入物资分配计划。

(三)对"嫁接"改造企业,除国家产业政策规定限制的行业和产品外,可适当扩大外商投资比例。

第十二条 外商投资企业可用其自有外汇或固定资产向银行抵押,申请人民币贷款。

第十三条 除国家统一管理的商品价格和收费标准外,外商投资企业的产品销售价格和服务收费标准按优质优价的原则,由企业自行确定。

第十四条 在本省外商投资企业工作的外籍职工(包括其家属),凭本人所在单位工作证,在本省境内的食宿、交通、邮电、购物等,实行与国内人员同一收费标准。

第十五条 外商投资企业的职工人数、工资和奖金标准及工资总额由企业董事会按国家有关规定自行确定。所需职工由企业自行招聘,到当地劳动部门办理录用手续。

第十六条 赋予国家和省级开发区部分省级经济管理权。

(一)开发区设立管理委员会,代表其所在地人民政府,对开发区经济和行政事务实行统一领导和管理。

(二)对开发区建设所需用地,省土地管理部门要优先审批。

(三)开发区兴办"三资"企业,由开发区工商行政管理部门登记、注册、代发执照。

(四)赋予开发区工商行政管理部门1000万元(含1000万元)人民币以下经济合同仲裁权。

(五)开发区内集体、私营和个体工商业户,因遭自然灾害或重大意外事故,经省财政、税务部门批准,可适当减免"两金"。

(六)开发区批准的外资项目有关的出国考察、推销产品、对外洽谈,由开发区管委会报省主审部门审批。主要行政领导干部按干部管理权限报批。

(七)总投资1000万美元以上的外商投资企业,1000万美元以下的补偿贸易,对外加工装配项目,委托开发区管委会批准并代发批准证书或备案证明。3000万元人民币以下基本建设和技术改造项目由管委会审批,报省备案。

第十七条 从1994年至1995年底,省每年专项按排固定资产贷款和信贷规模,用于开发区建设,纳入省投资、信贷计划。

第十八条 从1994年至1995年度,开发区每年新增加的财政收入,属地方留用部分,视财政状况可适当予以返还。

第十九条 省政府每年继续安排1000万元人民币专项资金用于扶持出口创汇,专款专用,滚动使用。

第二十条 鼓励出口产品结构的调整,以上年工矿机电产品出口收汇为基数,每增加收汇1美元,奖励人民币0.02元,计入出口成本,用于奖励创汇有功人员和建立工矿产品出口发展基金,比例为3:7。

第二十一条 设立出口创汇目标奖,目标一年一定。对达到目标任务并完成上缴利润的,省政府给予奖励,奖金由省财政拨付。

第二十二条 外贸企业按国家规定上缴的所得税,超过政府下达的年度上缴利润计划以外部分,由同级财政返还给企业,首先抵补历史遗留挂帐,结余部分用于增加国家资本金。

第二十三条 外贸企业历史形成的亏损挂帐在清产核资中,经批准可冲减自有资本金,属政策性亏损,经银行审核同意,可冲减银行呆帐准备金。

第二十四条 外贸企业处理易货贸易进口的积

压商品，如果缴纳增值税确有困难，经批准可实行先征后退。

第二十五条　对外贸企业易货贸易顺差，由银行和主管部门共同清理，分清责任，确属因国家政策调整造成的，经银行审核同意，可给予不加息，不罚息，不停贷的优惠。

第二十六条　对已获进出口经营权的工业企业，在出口计划安排、配额招标、许可证分配上享受同外贸企业同等待遇。

第二十七条　本着前面放宽，后面管住的原则，方便合法进出，加快通关速度。

（一）对进出境直接用于救灾的物资，海关凭有关部门的有效证明，优先予以放行。

（二）对进出的特快专递邮件，在海关监管工作时间内及时办理。

（三）对大中型企业，包括“三资”企业生产急需的原材料、零部件、凭保证函或保证金，先放后税。

（四）对大中型企业的重点基本建设和技术改造设备进口、科研教学设备进口、易货贸易符合规定进口手续的，优先验放。

（五）对资信好的企业进口货物，实行先放后税。

第二十八条　对接受港澳台侨胞捐赠直接用于工农业生产、文教卫生、科学技术以及公用事业的进口物资（除交通工具），属自用的给予免税。

第二十九条　各级政府和有关部门、单位都要为招商引资创造宽松的环境，搞好对外商投资企业和境外投资企业的协调服务工作，明确分工，各负其责。哪一级的企业就由哪一级主管部门负责，防止层层过关。简化项目审批手续，减少不必要的办事环节，大力提高工作效率。加强对兴办外商投资企业的收费管理，未经省财政厅、物价局批准，不得擅自增加收费项目、提高收费标准。一经发现，严肃处理。同时，加强对涉外管理和执法部门的监督检查，防止和纠正“吃、拿、卡、要”的现象。对外商投资企业的审计，需经省审计局批准。不得随意干预外商投资企业的正常生产经营活动，保护其合法权益。

第三十条　加强对发展外向型经济工作的领导。各级政府都要把发展外向型经济列入政府的重要议事日程。各地区、各部门主要领导要亲自抓，并责成一位领导同志具体负责。要善于学习和借鉴国内外成功经验，从本地、本部门的实际出发，提出扩大对外开放的具体目标和配套措施，搞好组织协调，抓好各项政策措施的落实。要不断地解放思想，转变观念，改进领导方式和工作方法，推动我省对外开放不断向高层次、宽领域、纵深化方向发展。

典型地区

建设中的全国模范自治州
——延边朝鲜族自治州

延边朝鲜族自治州位于吉林省东部，地处中、俄、朝3国边境地带。全州面积4.27万平方公里，人口215.5万，辖延吉、珲春、敦化、图们、龙井、和龙6市和安图、汪清2县，自治州首府在延吉市。

延边州经济社会发展迅速，1994年全州国内生产总值完成85.6亿元，人均达3987元。工农业总产值达119亿元。

延边州具有丰富的自然资源。这里地处长白山区，森林覆盖率达78%，是全国重点木材生产基地。全州林地面积347.2万公顷，活立木蓄积量3.32亿立方米，占吉林省立木蓄积量的53.1%。州内土特产资源种类繁多，现已查清有1500多种野生经济植物和500多种野生动物，盛产人参、貂皮、鹿茸等“东北三宝”。矿产资源丰富，现已探明有50种金属矿产和40多种非金属矿。其中黄金储量60吨，煤炭12亿吨，石油1亿多吨，优质泥炭2.28亿立方米，石灰岩9800多万吨，含有钙镁钠等多种微量元素的长白山优质矿泉水23处。延边河网密布，溪流众多。全州有大小河流487条，总长10926公里，年均径流量130亿立方米，人均水量6080立方米，是全省人均量的2.7倍，全国人均量的2.2倍。全州水能理论蕴藏量140万千瓦，理论电能123亿千瓦时，可开发利用的站点158个，装机容量62万千瓦，年发电量21.3亿千瓦时。世人瞩目的长白山是世界上原始生态完整的自然综合体，它同图们江下游地区的“一眼望三国”边境风光及独特的朝鲜族民俗风情，一起成为国内外游客游览的热点。

延边州是我国同朝鲜、韩国、俄罗斯、日本等国来往最近的地区。具有发展成为我国东北连接日本、朝鲜、韩国、蒙古、俄罗斯和欧州、美国、加拿大的交通枢纽的地理优势。珲春市距日本海最近处仅3公里，从防川村沿图们江入日本海只有15公里。从珲春市到日本海沿岸各主要港口——俄罗斯的波谢特、扎鲁比诺、海参崴(符拉迪沃斯托克)，朝鲜的罗津、清津，韩国的束草、釜山，日本的新泻、秋田等，最远距离都不超过900公里，其中波谢特港距珲春只有42公里。

交通便利，有铁路和公路可通达朝鲜的清津、罗津港，有公路直通俄罗斯的波谢特和扎鲁比诺港。珲春至俄罗斯的马哈林诺铁路建成后，还会使这里的过货能力大大提高。

延边州现已实现电话程控化，可直拨国内1896个城市和183个国家与地区。全州交换机总量达17万门，电话普及率为8部/百人。今年还将向用户提供数据、计算机、传真联网通讯服务。自治州首府延吉市正在安装国际卫生通讯接收设施，是我国目前仅有此设备的5个城市之一。

延边州具有比较充足的能源资源。年产煤炭369万吨，“九五”期末可达500万吨/年生产能力。全州现有年发电量为23.67亿千瓦时，设计总装机容量为140万千瓦的珲春发电厂已形成20万千瓦能力，60万千瓦的二期工程已纳入国家计划。州内河流水能理论蕴藏140万千瓦，目前实际利用4.7万千瓦，开发潜力大。

1994年，延边州国内生产总值85亿元，工业生产已形成一定规模，拥有煤炭、电力、冶金、建材、森工、化工、机械、电子、纺织、医药、食品等十几个重点行业和延吉卷烟厂、开山屯化学纤维浆厂、石砚造纸厂、延边石油化工总厂、延吉铝业集团公司等国内、省内有名的大企业。

延边州具有良好的科技教育基础。现有各类科技人员11万人，其中自然科学7万人，平均每万人拥有科技人员514人。州内拥有5所高等学校及4所成人高等学校，在校生人数达6964人。全州平均每10万人拥有大专以上文化程度3037人，高于全国平均水平2.5倍。

延边是我国对外开放程度较高的地区之一。

珲春市是我国首批沿边开放城市,设有国家级经济开发区——珲春边境经济合作区,享受沿海开放区的政策待遇,建成了吉林省唯一的保税仓库。合作区规划面积88平方公里,区内地势平坦,水源充沛。中俄国际公路和建设中的中俄铁路贯穿全区,计划中的珲春——防川高等级公路也从区内通过。2.28平方公里的起步区已完成供电、供水、排水、供热、通讯、道路等基础设施建设。延边州还被国家确定为民族自治地方改革开放试验区,在社会、经济发展的许多方面受到国家的特别帮助,得到各级政府和民间资本的有力支持。

近年来,港澳台地区和国外到延边投资也呈逐年增长的趋势。现已批准境外投资企业624家,合同投资总额7.6亿美元,其中外方实际投资1.3亿美元。

延边州现有7个对外开放口岸,年过货能力为500万吨,过客能力100万人次。今后还可陆续开放分水岭、防川、圈河、双目峰等口岸。州内有35个有进出口经营权的企业(公司)。根据国家政策,我州对朝对俄边境易货贸易享受减征关税待遇。开放的经济环境使延边对外贸易得到了迅速发展。1986年至1994年,进出口贸易额由1387万美元增加到38345万美元,其间1993年曾达到4.6亿美元。贸易伙伴包括俄罗斯、朝鲜、韩国、日本、香港、新加坡等22个国家和地区。

延边州属我国沿边地区,在"九五"期间,我国还将向这些地区实行更加优惠的政策。在开发当地资源和加快基础设施建设方面,允许采取更加灵活多样的方式,其中包括适当扩大开发利用本地资源的权限,鼓励吸引外资共同开发资源,允许出口部分资源性产品偿还外债;放宽地区审批外资项目的权限,与沿海开放地区同等对待;从宽审批地区大中型企业的对外经营权;对以本地区为主产地的配额商品,实行定向招标,对其他商品尽量予以照顾等等。实行这些政策后,将会创造更加有利的吸引外资和扩大对外贸易的良好环境。

根据这一地区的自然优势与图们江地区及东北亚经济合作分工和发展趋势,按照中国对外开放格局和吉林省建设发达的边疆近海省的战略目标,图们江地区将会发展成为21世纪国际物流枢纽和出口贸易加工区。

延边州现在正为借用邻国港口实现海陆联合运输而积极开展国际合作。吉林省已与俄罗斯签订了共同合资扩建、使用扎鲁比诺港口协议;与朝鲜达成了开通中国珲春经俄罗斯波谢特到韩国束草港的海上联运航线的协议等。今年7月,外运部门开通利用朝鲜罗津港、俄罗斯海参崴等港口,及通往日本与韩国各港口的海陆联运航线——韩国釜山港定期集装箱班轮。

延吉机场现已开辟延吉至北京、上海、青岛、烟台、哈尔滨、长春、沈阳、大连等10条国内航线。预计今年年底竣工的二期扩建改造工程结束后,机场可达国家4C级飞行标准,可起降大、中、小各种飞机。还将开通飞往日本、韩国、俄罗斯等国家的国际航班,国内航线也将陆续增加到29条。

中国珲春——俄罗斯马哈林诺铁路正在兴建,中方一段20公里设计概算总额27946万元,已完成工程投资14031万元,路基工程已基本完成。俄方一段20公里也正在施工。预计今年底或明年初可实现中俄铁路接轨。

延边朝鲜自治州的开发有着深厚的宏观经济背景,并将作为21世纪亚太地区和东北亚地区国际合作的焦点而影响国际资本的流动。把延边朝鲜族自治州建设成一个经济发达的有广泛影响力的地区,是东北亚地区国际合作、资源配置和产业开发的必然结果,欢迎一切有识之士到延边来,共同参与这一壮丽的开发事业,共享东北亚地区繁荣和发展的辉煌成果。

(张敖才 撰稿)

地区规划选编

吉林省地区经济发展规划

一、地区经济发展总体战略

"九五"实行重点突破。从吉林省省情出发,缩小与发达省份和地区间的差距,抓住机遇,以开放为先导,以科技为手段,集中力量,选择重点地域、重点产业,进行重点突破,力争在最短时间内,实现部分重点地区的现代化,并带动周围地区逐步向全面现代化迈进。

选择重点倾斜地区。一是确定中部沿线经济地带,将其发展成为带动全省经济发展的龙脊,建设成南联北拓、东出西进的基地,形成全省生产力布局的核心地带;二是确定重点建设核心——长春市和吉林市,形成全省资金、技术、物资、能源、信息和人才等经济流的主要聚集和辐射中心,带动全省经济发展的极核;三是确定重点发展的三大支柱产业,汽车工业、石油化学工业和粮畜深加工工业,形成带动全省行业发展的关键产业,在发展三大支柱产业的同时,要做好利用吉林省工业专业化的优势,逐步发展农业工业化产业,即发展以农副产品加工机电一体化的机械制造业、有机与无机复合肥料工业、饲料工业和中草药工业为主的产业,使吉林省从农业大省向农业工业化方向发展;四是确定重点开辟的对外开放通道——面向黄、渤海,拓宽长春—大连、营口鲅鱼圈等辽南港口群通道,这是吉林省大宗的物资流、能源流等经济流进出口和对外开放的主要口岸,要继续拓宽此通道,扩大开放,促进经济发展。

"九五"后开始全面启动。以中部地带为基地和起跳板,将资金、技术、人才、产业和信息等向东西两翼扩展,特别是向东部沿边境地带和珲白铁路沿线地带倾斜;以长春市和吉林市为核心,继续加强中部城市群建设,并向全省辐射。同时,发展新的增长极核,建设南部、西部和延吉盆地城市群;产业的发展,要以三大支柱产业为基础,努力实现产业结构高级化,高新技术产业化,主导产业现代化,环保产业优势化,农业工业化;开通吉林省对外开放的4条主要通道,一是继续拓宽长春—辽南港口群通道,二是打开图们江下游出海通道,三是开通通化—丹东大东港通道,四是建设长春—黑龙江口岸至俄罗斯的北部通道,形成全方位对外开放,与国际经济接轨的对外开放新格局。

二、地区经济发展总体战略目标

吉林省地区经济发展的总体发展目标是:吉林省经济进入全国经济实力比较雄厚的省份行列,生产力布局总体上趋于合理,资源得到充分有效的利用,支柱产业达到大规模的现代化,生态环境得以明显改善,社会经济全面进步,人民生活达到比较富裕水平,并向发达的边疆近海省迈进。

具体目标是综合实力水平要实现经济总量快速增长,经济总体素质的提高;产业结构合理化、支柱产业现代化和高新技术产业化,一、二、三产业协调发展;初步形成比较完善的市场经济体制和开放型的经济体系,参与国际分工与协作;城市化水平到2000年达到50%左右,到2010年达到59%左右;充分合理利用土地资源,大幅度提高土地产出率;加强矿产资源的综合开发利用水平;提高水资源利用率,提高供水能力,适应社会经济发展的需要;全省环境污染和生态恶化得到基本控制,城乡环境基础建设水平和工业污染防治能力显著提高,总体环境与国民经济和社会发展相协调。

三、地区经济发展的地域总体布局

吉林省的生产力布局,要充分发挥吉林省的区域优势,强化专业化分工与协作,以提高规模效益和产业聚集度为中心,加快劳动力、资金、技术等生产要素在区域空间上的合理配置,实现产业在地区间的组合、转移和升级,不断提高资源配置的总体效益。

根据发展战略构想，吉林省的国土开发整治的总体布局是以“中心集聚、四方拓展、内外接轨、全面开发”为主线，进行点、轴、面相结合，构筑“一心，一边，两条带，三个区域，四通道”的区域网络式的生产力地域发展格局。

“一心”是一个辐射中心，以长春市、吉林市为主，连接四平、公主岭、松原市等城市，构筑吉林省中心城市群。在长春、吉林市将形成汽车、化工产品、粮食和木材等大型交易中心，使其成为东北地区的一级经济中心，辐射全国乃至东北亚地区。通过中心城市及城镇聚集效应整体功能的辐射作用，逐步带动全省经济的发展，带动全省城镇体系建设，形成特大城市、大城市、中等城市、小城市和县镇5个层次的城市化网络格局。

“一边”是一条沿边境开放带，现有珲春边境经济合作区和延吉、图们、长白、临江、集安经济开放区，沿边境开放地带与朝鲜、韩国、俄罗斯、日本等几个经济社会发展水平不同的国家相邻，是我省参与东北亚经济合作和竞争的前沿地区之一。因此，抓住机遇，创造条件，尽快打通图们江下游入日本海通道和经丹东入黄、渤海通道，充分利用长白山区资源优势，搞好深细加工，发展边境贸易、互市贸易、自由贸易和旅游业，把图们江下游“金三角”地区逐步建成国际经济合作区之一，并以珲春为龙头，以图们、延吉、白山，通化和集安市等为依托，建设中俄、中朝边境边贸长廊。

“两条带，是纵横两大经济聚集带。一是中部纵向经济聚集带，是沿哈大电气化铁路和京哈高速公路，构筑全省中部纵向经济聚集带。该地带的交通运输主骨架是一条贯通东北全境、直接通往北京的交通大动脉，它南接大连港、营口港，既是吉林省通往渤海，发展外向型经济，走向世界的主要通道，并成为吉林省与环渤海经济区一体化发展的纽带，也是国家提出的建设哈大经济廊的重要组成部分。今后的发展要依托中心城市，建设好汽车工业基地，石油化学工业基地，商品粮基地和粮畜产品生产、出口、加工基地，并要加速环保产业优势化，农业生产生态化，走可持续发展的工业、农业化发展道路。进而加强中部纵向经济聚集带的整体功能，加大向东西两厢的辐射，形成一个贯穿南北、辐射东西的南北经济大走廊。二是珲白横向经济聚集带，建设一条横贯吉林省东西的北部经济聚集带，东起图们江入海口和中俄边境长岭子口岸，经珲春—图们—吉林—长春—白城进入内蒙古。此经济带跨越了吉林省东、中、西自然和经济发展水平各异的三大地带，有层次不同、水平各异的城市，即有特大城市长春、吉林，中等城市延吉、松原、白城，县级市珲春、图们、敦化、蛟河、九台、大安等，它们各有特点，以各自的优势，形成地域生产专业化，形成自己的主导产业和优势产业，并相互配合，协调发展，形成与东北亚地区产业和国际市场紧密衔接的经济聚集带。

“三个区域”是东、中、西三大经济区，形成水平、特点各异，各有所长，优势互补，合理分工，协调发展的三大经济区域。一是东部经济区，位于吉林省东部的长白山地区，有森林、土特产、矿产、水资源优势，是我国重要林区之一，是全国三大天然药库之一，又是东北“三宝”的主要产区，是东北地区重要的水电基地，金、铜、铁矿资源储量居全省前列，是典型的资源型经济开发区。今后的发展是搞好长白山区的合理开发与综合治理，形成林、农、牧相结合的大农业结构，建成林业基地、特产基地、水电基地、省内煤炭、钢铁、金和建筑材料等开采基地和对外开放前沿阵地。二是中部经济区，土地、热量、水资源条件地域组合良好，是以玉米、大豆、水稻为主的著名商品粮生产基地，也是生猪、黄牛的主要产区；石油储量较大，钼、镍的探明储量均居全国前列，石灰石储量比较丰富，还有一定的煤炭和有色金属；铁路、公路发达，是三个经济区中经济发展水平最高的地区。今后的发展要加快商品粮基地建设，促进粮食系列深加工转化和过腹转化；严格限制耗能、耗水、耗原材料大的企业的新建与扩建；发展壮大三大支柱产业，积极发展农业工业化产业、环保产业等新兴产业；不断提高森林覆盖率，防止水土流失和保持生态平衡。三是西部经济区，地处科尔沁草原的东部，草原面积广阔，畜牧业在本区居重要位置，现已形成以牛、羊为主的畜牧基地，为毛纺织业提供丰富的原料。硅砂矿为优势矿产，是全省玻璃用砂唯一的大型矿。今后的发展要抓好粮食生产，巩固油料生产，形成以葵花籽为主的油料基地，以牛、羊为主的畜牧业基地，并发展渔业和芦苇业。以农副产品为原料，形成食品、毛纺织、造纸工业基地，积极发展以硅砂矿利用为主的建材业。以治沙、治碱为重点，结合开发利用，不断改善干旱、半干旱的生态环境，促进工农业生产迅速发展。

“四通道”是形成四条对外开放通道。为扩大对外开放，适应市场经济发展，参与东北亚地区经济技术合作，与国际经济接轨，打通四条对外开放通道。一是长春——大连、营口鲅鱼圈等辽南港口群通道，重点建设哈大铁路的电气化建设，哈大高速公路我省区段的建设；二是图们江下游的出海通道，包括图们江和日本海西岸的港口群的利用，开通长春—吉林—珲春—俄罗斯扎鲁比诺港通道，打开图们江出海通道，修建防川港，疏通珲春—防川的航道及建设珲春—防川的铁路，同时，充分利用环日本海的港群，三是开通通化—丹东大东港通道，主要是修建通化—恒仁的铁路；四是长春—黑龙江口岸到俄罗斯的北部通道，这是吉林省与俄罗斯进行贸易往来的主要通道之一。

1994年改革开发大事记

1月

3日 经国家交通部批准，同意新建吉林至长春高速公路。这条公路是交通部规划并获国务院认可的国道主干线，全长83公里。

9日 吉林电视台摄制的电视记录片《远离的愿望》最近在意大利和挪威国际电影节上获国际电影节大奖。

13日 高严省长会见以日本岛根县环境生活部参事岸井正宪为团长的友好访华团。高严省长对岛根县邀请我省儿童参加8月举行的联合国地球环境儿童会议表示感谢。

15～17日 省委、省政府在长春召开全省国有大中型企业50多名企业厂长（经理）座谈会，共商如何搞好大中型企业的方略大计。省委书记何竹康、省长高严到会讲话。

17日 据《吉林日报》报道，红嘴啤酒厂率先获得国际通行质量认证证书。

18日 《'94中国吉林雾松冰雪节》拉开帏幕。高严省长、国家旅游局长刘毅为开幕式剪彩。高严省长还主持召开现场办公会，实地查看了吉林市北大湖滑雪场，专题研究其建设问题。

22日 省委召开部分在长中科院院士、科研单位负责人座谈会，就贯彻科技兴省战略，促进科技与经济结合提出很好建议。省委书记何竹康到会讲话。

26日 省旅游局与通化市、集安旅游局联合举办1994集安仿古旅游产品介绍会。隆重推出了“集安仿古游”，打响了吉林省《'94中国文物古迹游》第一炮。同日洞沟古幕群、太王陵等向国内外游人开放。

29日 省政府发布第11号政府令《吉林省中外合资企业、中外合作经营企业注册资本管理办法》。

2月

7日 长影第16届小百花奖举行颁奖仪式。省委常委、省委宣传部长许中田为获奖者颁发奖品和证书，并代表省委、省政府表示祝贺。这次共评出13项奖。《重庆谈判》独得优秀故事片奖、优秀编剧奖等7项奖。

12日 省农科院体制改革结硕果，实行科研、开发、经营一条线，去年共完成48项科研成果，其中23项获省科技进步奖，全院创收达到历史最高水平。

16日 刘希林副省长主持召开专题会议，研究长春市建设日供水25万吨工业水厂问题。水利部松辽委、省及长春市政府有关负责同志参加了会议。

22日 省委、省政府、省政协领导会见省政协香港委员，会见中委员们献计献策，表示要为吉林省的繁荣发展贡献自己一份力量。

23日 副省长王国发与辽宁省、黑龙江省、内蒙古自治区领导、水利部松辽委主任王永荣，共同在关于加快尼尔基水利枢纽工程建设问题达成一致意见。

27日 何竹康、高严等省领导在南湖宾馆会见前来参加国家重点工程（航天）高级光学遥感设备方案评审会的中科院士王大珩、唐九华和国防工委专家王永志教授等。

3月

4日 省委、省政府在省宾馆召开省直机关机构改革动员大会。省委书记何竹康主持大会，省长高严代表省委、省政府对省级党政机构改革工作做了动员部署。会上宣读了《中央、国务院关于吉林省党政机构改革方案的通知》和吉林省省级党政机构设置方案。

6日 香港华达投资集团董事长李晓华从香港专程赴长将100万元人民币捐赠予正在建设中的长春市南岭体育场。国家体委主任伍绍祖、省委书记何竹康等出席捐赠仪式并讲话表示感谢。

12日 经国务院批准，省政府发出通知，浑江市更名为白山市。

14 日 据《吉林日报》报道，吉林省经济与法律咨询服务中心在长春正式成立。这是我省第一家集经济、科技、法律服务于一体的多功能、跨行业综合性咨询服务机构。

21 日 一项造福吉林的宏大工程——百万吨玉米深加工工程列为省重点工程项目，目前工程前期工作已铺开。

4 月

2 日 高严省长会见美国著名华人祖柄民夫妇一行。就将与一汽商洽为美国制做古董旧车业、与吉林大学商洽合作建立日本问题研究所事宜进行洽谈。

2～6 日 中央政治局委员、国务院副总理邹家华在我省考察工作。在省委书记何竹康、省长高严陪同下先后视察了一汽、吉化、辽源矿务局及几户停产半停产企业，还深入农村了解农民生活和春耕生产情况。

2～11 日 国务院加强固定资产投资宏观调控工作检查组来我省检查投资规模情况。先后检查了长春、吉林、延边等市州和 4 个开发区。

5 日 据《吉林日报》报道，一汽集团召开 15 万辆轿车工程建设决战誓师大会。大会动员全体职工发扬拼搏精神，艰苦创业，确保今年建成轿车厂。中央政治局委员、国务院副总理邹家华到会讲话，省委书记何竹康、省长高严等省市领导出席会议并讲话。

10 日 据《吉林日报》报道，通化东宝药业集团，借改革东风，不断开拓进取，一年来发展速度惊人。1993 年实现利税 5400 万元，跨入了中国 500 家最佳经济效益工业企业行列。

14 日 引松入长老爷岭隧洞工程在长春举行签字仪式。该工程经严格评审并报世界银行，正式确定铁道部第十三工程局为中标单位。

21 日 据《吉林日报》报道，我省"八五"计划重点工程双辽电厂一号机组发电，第二台机组已投入安装，预计年底达到分部试运行。

25～29 日 长春市城市建设项目招商洽谈会在长春房地产交易市场大厦隆重开幕。何竹康等省市领导出席开幕式。国家建设部发来贺信。来自日、美、德、香港、台湾等国家和地区近百家客商参加开幕式。这次招商会共签订项目 40 个，资金 55.74 亿元。

5 月

2 日 全哲洙副省长会见并宴请法国中华总商会理事长、法国中华企业发展公司董事长黄昌龄先生。就开发净月旅游景点，土豆、玉米深加工及长春客车厂转轨车等项目进行考察洽谈。

3 日 我省参加第七十五届中国出口商品广交会胜利归来，此次取得突破性成绩，实现成交额 2.46 亿美元，在 45 个交易团中名列第十位，创我省历届春交会最高纪录。

5 日 吉发集团与法国安塞高集团公司合资兴建吉发安塞酸奶有限公司开工典礼在四平市举行。将建成年产 3000 吨，年实现销售收入 2500 万元的东北第一家公司。王国发副省长会见了法国罗阿大区议会副主席。

6 日 魏敏学副省长会见并宴请以哥雷克、巴舍尔为团长的澳大利亚吉林发展基金考察团。该团与吉林市政府就纺织、冶金方面合作项目进行深入洽谈。

7～16 日 全哲洙副省长率吉林省经贸代表团参加'94 汉城吉林省进出口贸易暨经济技术合作展洽会。开幕式由省政府副秘书长孙跃庭主持。洽谈结束后成交额达 2.4 亿美元，合作签约 204 项，总金额达 15.8 亿美元。

8 日 我省投资规模最大的中外合资企业——吉化集团与香港联合集团共同投资建设的吉联（吉林）石油化学有限公司在吉林市正式开业，这是我省招商引资的重大成果。

10 日 第二届中国长春电影节新闻发布会在北京举行。广播电影电视部副部长田聪明及中央、省市有关领导，近百名中外记者参加会议。新闻发布会上通报了第二届中国长春电影节将于 8 月 23 日至 28 日在长春举办。电影节组委会回答了记者提问。

16 日 据《吉林日报》报道，白山市私营企业家王国安捐资 10 万元成立"青年科技奖励基金会"，这是我省第一个以个人名义捐资设立的青年科技奖励基金会。

19 日 省委书记何竹康会见宴请久保亘总书记等日本社会党第六次访华团来我省访问。就进一步加强两国在经济技术及各方面交流与合作进行友好谈话。日本客人还向吉林大学赠书，并同部分学生进行座谈。

29 日 由中银信托投资公司广东外汇经营部、香港润海行与省煤炭交易厅市场三方合作共同捐资兴建天龙大厦签字仪式在长春松苑宾馆举行。全哲洙副省长等领导出席仪式。

6月

2～4日 东北、西北地区沿边开放城市工作座谈会在珲春举行。会议由国务院特区办副主任陈顺恒主持，副省长全哲洙参加会议并讲话。

8日 高严省长会见以江原道知事李相龙为团长的韩国代表团。双方签署了吉林省与江原道增进友好、交流与合作的协议书。

11日 省八届人大常委会第十次会议在长春闭幕。会议通过了《珲春边境经济合作区管理条例》等项法规及人事任免等事宜。

13日 高严省长会见以澄田信义知事为团长的日本岛根县友好代表团。会谈后双方签署了吉林与岛根县友好交往备忘录。

14～18日 中央政治局常委、国务院副总理朱镕基率国务院24个部委的有关同志在我省考察工作。期间听取了省委、省政府工作汇报，先后深入长春拖拉机厂、公主岭市等地实地考察，帮助解决经济发展中的实际问题。

17日 全哲洙副省长会见以乔爱德副省长为团长的加拿大萨斯客彻温省访华代表团。双方签署了两省"第五个交往计划书"。并出席了结为友好省十周年庆祝活动。

7月

1～14日 第八届中国东北内蒙古出口商品交易会在大连开幕。副省长全哲洙率代表团出席开幕式。我省在交易会中取得突破性成绩，实现成交额1.59亿美元，居三省一区第一位，创历届大连交易会最高记录。

4日 据《吉林日报》报道，东丰啤酒总厂生产的皓雪牌特制小麦啤酒在6月13日北京闭幕的第五届亚太国际贸易博览会上被评为金奖产品。

5日 省八届人大十次会议通过《珲春边境经济合作区管理条例》。

6日 省电力股份有限公司与香港联乐投资集团公司合资举办吉林电力事业洽谈会在南湖宾馆举行。刘希林副省长会见香港客人。

9日 全哲洙副省长会见以尾越龙太郎副会长为团长的日本福岛商工会议所经济考察团，并同我省有关部门签署了接受第五批技术研修生协议，商谈扩大交流领域事项等。

10日 第二届中国长春电影节拉开序幕。长春市万余市民在地质宫广场举行"汽车万里行"出发仪式，这是电影节系列活动的开始。副省长全哲洙出席出发仪式。

21日 高严省长会见以日本石川县议会议员桑源丰为团长的日本自治友好访华团。双方商谈了两地的交流及开通吉林到石川定期航线等事宜。

23日 据新华社北京电，全国双拥模范城(县)在京命名大会上，我省通化、延吉、长春、吉林、四平市、东丰县获全国双拥模范城(县)荣誉称号。

25日 吉林省"五个一工程"表彰大会在长春召开。省委、省政府主要领导出席会议，并为"五个一工程"有功人员颁奖。省委书记何竹康到会讲话。

28日 省政府举行新闻发布会，正式命名延边朝鲜族自治州为全省文化工作模范自治州。副省长桑逢文到会讲话。

8月

1～2日 全省对外开放工作座谈会在珲春召开。高严省长作重要讲话，强调对外工作要突出重点，加大力度，把对外开放提高到一个新水平。刘希林副省长对贯彻落实会议精神提出具体要求。

3日 吉林省科技专家咨询委员会在长春正式成立。何竹康等省领导出席大会并讲话，勉励广大科技工作者多为我省的改革开放和经济发展贡献聪明才智。

6～30日 应罗马尼亚雅西县和美国缅因州邀请，省长高严率吉林省友好经贸代表团赴罗马尼亚和美国进行访问。访问期间双方签署了吉林省同雅西县结为友好省县协定书，同时还签署了经济技术总协定。

8日 副省长王国发主持召开省援藏工作领导小组第一次会议，研究支援西藏建设巴青水电站问题，省直有关部门负责同志参加了会议。

19日 国务院批准，德惠正式撤县设市。今天在南湖宾馆举行新闻发布会。

21～29日 省政协香港地区委员在我省视察。副省长全哲洙与省及长春市领导会见了香港地区省政协委员视察团全体成员。

22日 长春电影节经贸交易会在长春市东北亚物贸大厦隆重开幕。国家和省市领导出席了开幕式。来自美、日、英等数千名宾客光临了开幕式。交易会历时7天，28日结束。

23日 第二届中国长春电影节今天上午9时在长春体育场隆重开幕。原中央政治局常委宋平宣布电影节开幕。中央和国家有关部门负责人，省市领导及来自国内外4万多名观众参加了开幕式。省委副书记张岳崎致开幕词。晚上在省文化活动中心举行大型《银河灿烂》文艺晚会。

25日 现代化粮库在四平落成。这是中国与澳大利亚分别投资兴建的。副省长刘希林专程赶来会见参加粮库竣工典礼的澳大利亚驻华大使雷涛乐一行。国内贸易部副部长白美清也参加了会见。

26～28日 上海市市长黄菊率上海市政府代表团到我省考察。省委书记何竹康、副省长刘希林等领导陪同客人先后考察一汽、长春高新技术开发区等单位，并同省委、省政府领导交换了意见。

28日 第二届中国长春电影节隆重闭幕。本届电影节体现"友谊、交流、发展"宗旨，突出电影文化主题，内容丰富多彩，取得圆满成功。在闭幕式上举行颁奖仪式。长春电影制片厂的《重庆谈判》，当选最佳影片，捧走本届电影节金奖。

9月

5日 高严省长会见日本国际贸易促进协会理事长中田庆雄先生，代表省政府聘任中田先生为吉林省政府经济技术顾问，并向中田庆雄先生颁发聘书。

8日 新西兰欧莱恩思(集团)公司同我省德惠市肉牛开发公司技术合作协议签字仪式在长春举行。副省长王国发出席签字仪式。

13日 省长高严等领导审查我省参加北京首次举办中国社会发展成就展览会吉林馆在长预展情况，并提出修改意见。本次展出主要是改革中崛起的吉林、社会事业长足发展、开边通海迈向新世纪三个部分。

14日 白城市汽车电线总厂和美国派克电气公司合资开发汽车电线项目签字仪式在北京钓鱼台国宾馆举行。副总理邹家华出席签字仪式表示祝贺。

16日 一汽集团公司中轻型载重车"七五"扩建和技术改造工程胜利峻工，并通过国家正式验收。机械工业部部长何光远、省长高严到会讲话。国务院副总理李岚清发贺电表示祝贺。

19～22日 中国吉林省出口商品展洽会在朝鲜平壤体育馆举行。副省长全哲洙致开幕词。朝鲜对外经委委员李大成等应邀出席开幕式。22日，展洽会圆满结束，成交额达2.88亿美元。

10月

6日 全哲洙副省长会见来访的加拿大华达公司总裁。会见结束后，吉林省国际贸易保税公司与加拿大华达公司就在长春合资建立进口汽车维护检测中心、房地产开发、汽车零配件生产企业签署了协议书。

12日 省政府召开省直机关对外开放会议，落实"建设发达边疆近海省总体战略纲要"确定的对外开放先导战略，把我省对外开放提高到一个新水平。省直机关处以上干部1000多人参加大会。高严省长作重要讲话。

13日 中韩合资项目韩国工业村开工典礼在长春市隆重举行。副省长全哲洙参加了典礼仪式。

17日 全国第一家有关人参资料和实物博物馆——长白山人参博物馆在抚松县建成开馆。

21日 以省委副书记王金山为团长的吉林省友好代表团出访日本，与宫城县签订友好交流计划，实地考察了日本的公务员制度。

24日 据《吉林日报》报道，为期5天的日本国秋田县吉林省产品技术展览会在长春开幕。副省长全哲洙出席开幕式并讲话。本次展会是日本对我省扩大对外开放，促进对外贸易和加强国际交流的友好举措。

26日 吉林省广播电视塔工程今日在长春市朝阳公园举行奠基开工典礼。高严省长等领导为电视塔奠基。

28日 在国务院召开的第二次全国民族团结进步表彰大会上，前郭县被授予"民族团结进步模范县"称号。

11月

3日 刘希林副省长会见美国道尔公司考察团。美方表示积极参加吉林省的百万吨玉米深加工工程，希望双方合作成功。

4日 高严省长应韩国江原道知事李相龙邀请率代表团出访。就省道间经贸合作与交流及开边通海密切相关的一些问题交换意见。省委书记何竹康等领导前往送行。

8～12日 中央政治局委员、书记处书记吴邦国在我省考察工作。在省委书记何竹康等领导陪同下，深入吉林、一汽、长春经济开发区等地进行调查研究。并同吉化、辽源矿务局等10家国有大中型企业负责同志座谈。听取省委、省政府工作汇报，强调要着眼于搞活经济全局，实实在在地推进企业改革，切实搞好国有大中型企业。

10日 省人大副主任任俊杰率省农牧代表团圆满结束对澳大利亚、新西兰考察返回长春。考察期间与澳大利亚曼德隆公司及新西兰威信公司签订了引进优良种牛冷冻胚胎及冻精合同。

16日 以高严省长为团长吉林省代表团圆满结

束对韩国的访问回到长春。韩国总理李荣德会见高严省长。双方签署了关于成立省道经济协力会的协议书。

17日 应美国内华达州政府和唐纳森联合公司邀请，副省长刘希林率吉林省经济技术代表团赴美访问。访美期间将就吉长高速公路、电力设施、发展粮食加工等项目同美国有关公司进一步落实合资、合作等事宜进行洽谈。

19日 日本向延边教育学院无偿援助项目在日本驻沈阳总领事馆举行签字仪式。省教委、省外办等部门负责人出席签字仪式。这一项目无偿援助总金额1000万日元。

20日 农业部表彰全国乡镇企业家。我省卢志民等24人榜上有名。四平红嘴集团总公司总裁卢志民荣获“中国乡镇企业功勋”称号。

21日 省委、省政府召开全省教育工作会议。进一步贯彻落实全国教育工作会议精神，全面部署和动员实施《中国教育改革和发展纲要》，研究和解决全省教育改革和发展的重大问题。省委书记何竹康、省长高严在会上作重要讲话。

23日 中国北方航空公司吉林分公司投资3540万元建设的目前东北地区最大的综合性现代化机库今日正式投入使用。至此，东北地区无维修大型飞机机库历史宣告结束。

29日 据省农业综合开发办提供消息，我省二期农业综合开发已于近日顺利通过国家验收，拿到合格证。省三期农业开发首批工程启动。

12月

3日 应日本广岛国际BIC会邀请，以副省长魏敏学为团长的吉林省经济代表团访问日本。此次出访将在日本广岛举办吉林省投资环境说明会，进行招商引资和与广岛地区经济界、企业界洽谈经济技术合作项目。

5日 副省长全哲洙会见联合国开发计划署图们江地区开发项目办公室主任安德顿先生、副主任贾潞生女士等，与有关方面负责人共同商讨图们江开发有关事宜。

9日 日本国富士株式会社、日本岩井株式会社向我国八届冬运会赞助钱物签字仪式今天在长春春谊宾馆举行。副省长桑逢文出席了签字仪式并代表省政府对此表示诚挚谢意。

20日 具有现代化水平大型滑雪场——吉林市北大湖滑雪场今日举行落成剪彩仪式。国家体委主任伍绍祖、省长高严等省及吉林市有关部门负责同志出席了剪彩仪式。

21日 省委书记、省人大常委会主任何竹康率吉林省友好经贸代表团圆满结束对马来西亚、澳大利亚、新西兰三国友好访问返回长春。此次访问，参加了我省与国外企业合作的一批大项目签字仪式。

长 春 市

主　　编：张　明
副 主 编：张巨东
编写人员：李晋修　张庆森　穆学武
肖　群　张宝成

长春市分目录

典　型　地　区

地区规划选编

长春市概况

面积:18881 平方公里
人口:657.5 万人
行政区划:3 个县级市,2 个县
市委书记:米凤君
市十届人大常委会主任:张明远
市长:米凤君
市八届政协委员会主席:裴希敏
长春市国民经济主要指标(单位:亿元)

项　目	1994 年	1994 年比上年增长(%)
国内生产总值	326	21.5
工农业总产值	517.17	34.1
工业总产值	480.95	27.4

续表

项　目	1994 年	1994 年比上年增长(%)
重工业产值	324.71	26.7
轻工业产值	84.24	46.7
农业总产值	108.22	67.8
全社会固定资产投资	96.1	39.7
国有固定资产投资	74.09	43.4
社会商品零售总额	101.8	22.6
零售物价总指数(%)	120.5	20.5
职工工资总额	57.6	42.6

国民经济和社会发展

1994 年,在中共长春市委、市政府的领导下,全市认真贯彻党的十四大和十四届三中、四中全会精神,按照建设现代化国际性城市的总体目标,加快经济建设步伐,国民经济和各项社会事业快速协调发展,较好地完成了年度计划,圆满完成了省委、省政府提出的经济 3 年上新台阶任务,提前一年实现第八个五年计划,综合市力进一步增强。全市国内生产总值完成 326 亿元,比上年增长 21.5%。其中第一产业完成 71.6 亿元,增长 7.2%;第二产业完成 162.8 亿元,增长 28.6%;第三产业完成 91.6 亿元,增长 19.5%。

一、农村经济进一步发展,粮食总产量创历史最高水平

1994 年,全市认真贯彻中央农村工作会议精神,以提高农民收入为核心,减轻农民负担;积极稳妥地调整农村产业结构,大力发展多种经营和乡镇企业,农村经济出现了全面发展的好势头。全市农业总产值完成 108.22 亿元,比上年增长 67.8%。粮食总产量达 677.5 万吨,又创历史最高水平。

畜牧业进入快速发展的新阶段,畜牧业总产

值达到35.2亿元，增长32%。肉类总产量达到18.9万吨，禽蛋总产量12.8万吨，分别比上年增长35.1%和18.9%。乡镇企业继续保持高速增长，全年乡镇企业总产值达到162.2亿元，比上年增长53.9%；实现利税18.9亿元，增长62.9%；共开发项目1917个，其中投资百万元以上的384个。

二、工业生产保持较高的增长，经济效益好转

1994年，全市工业以“转机建制，拓展市场，调整结构，强化管理，增加效益”为主线，以搞活企业为核心，突出重点，狠抓落实，调动各方面的积极性，使全市工业经济始终保持快速增长的势头。全年工业总产值完成480.95亿元，比上年增长27.4%，其中乡及乡以上工业完成产值301.2亿元，增长19.7%。工业产品销售产值完成285.1亿元，增长17.1%。产销率为95.85%。工业增加值达到150.3亿元，增长29.8%。大中型企业增幅较高，尤其是“一汽”快速增长，对全市工业增长起了决定性作用。一汽全年完成产值152.6亿元，占全市完成额的41.3%，增幅达34.2%。

全市2800户独立核算工业企业实现销售收入329.9亿元，利税31.6亿元，分别比上年增长21.6%和27.9%。

全市投入试生产新产品620项，实现产值8.6亿元，销售收入7.4亿元，利税1.43亿元，分别比上年同期有所增长。全年已组建19个企业集团，12户企业实现了股份制改造，44户企业实行嫁接改造，对26户企业进行产权出售，对8户生产经营困难的企业实行了兼并，对34户尚有局部优势的企业采取了转制分立经营。

三、投资结构调整，重点建设步伐加快

1994年以来，全市认真贯彻国家关于加强和改善宏观调控，严格控制固定资产投资规模的精神，对固定资产投资在建项目进行了清理排队，停缓建了一些资金不落实、外部条件不具备的项目，集中力量保证重点建设，使投资总量得到控制，投资结构有所改善。全年固定资产投资完成82.5亿元，比上年增长20%。地方国有单位固定资产投资完成40.6亿元，增长34.9%。其中基本建设完成15亿元，增长41.7%；技术改造完成8.5亿元，增长27.7%；房地产完成15亿元，增长36.9%。

投资结构有所调整，汽车、农副产品加工、高新技术等支柱产业完成投资4.5亿元，占地方国有单位技术改造投资的52.9%；双阳水泥厂、引松入长、热电一厂扩建等大中型项目完成投资5.24亿元，占地方国有单位基本建设投资的34.9%。市里安排的23项重点工程进展顺利，铁路客运站改造、公路客运中心站、长春体育场、电影大世界等9项工程按时交付使用。

旧区改造步子进一步加大，商品房开发面积达到345万平方米，竣工175万平方米，近万户居民回迁新居。

四、商业城乡市场繁荣，人民生活继续改善

1994年，全市市场建设步伐加快。新建商品市场27处，要素市场经营场所2处。取缔了7处马路市场，8处露天市场进入室内。全市商品市场总数达到409处，其中要素市场58处。临河街生产资料市场、东北亚物贸中心、房地产大厦、百货大楼扩建、中兴大厦等15项工程建成开业，使全市市场总体规模和经营能力又提高到一个新水平。进一步加强了市场管理，市场秩序进一步好转。全市城乡市场出现购销两旺的好势头，全年社会消费品零售总额达到101.4亿元，比上年增长22%。

城乡居民收入水平和生活质量进一步提高。城市居民人均生活费收入达到2580元，比上年增长27.1%；农民人均纯收入达到1416元，增长47%。居民用于购买耐用消费品及服务消费支出增加，消费结构发生很大变化。

五、对外贸易稳定增长，进一步扩大对外开放

1994年，全市继续实施开放带动战略，按照国家统一部署，加快外汇、外贸体制改革，调动了方方面面出口创汇的积极性，对外贸易大幅度增长。全年外贸出口总额达到2.26亿美元，比上年增长33%。招商引资工作进一步加强。积极组团到美国、加拿大、韩国等国家进行招商活动；5月份在长春举办了以城建项目为主的招商会，电影节期间举办了招商洽谈会，都收到较好效果。全年新批“三资”企业191户（市属口径），实际利用外资1.1亿美元。

“两区两城”建设又有大的进展。高新技术产

业开发区新区已有1.29平方公里完成“七通一平”，新批“三资”企业35户，实现利税3亿元，比上年增长114%。经济技术开发区全年完成投资2.09亿元，新批“三资”企业49户，实现利税3.2亿元，增长8.3倍。汽车贸易城被批准为国家级汽车批发市场，先期工程机动车配件等3个市场建成并投入使用。森林旅游城建设全面展开，全年共吸引建设资金1.5亿元。

六、财政收入增加，金融事业稳定发展

财政工作克服企业效益低、资金紧张等方面的困难，收支规模进一步扩大，全市财政收入保持了稳定增长。市区全口径组织收入25.3亿元(不含5县市)，比上年增长17%。

金融工作认真贯彻“继续整顿金融秩序，稳步推进金融改革，严格控制信用总量，切实加强金融监管”的方针，千方百计组织存款，积极调整信贷结构，促进经济发展。全市银行及其他金融机构各项存款余额249.9亿元，比年初增加64亿元；各项贷款余额347.6亿元，比年初增加53.7亿元。

保险事业进一步发展。全市保险费收入(人保)达到2.08亿元，赔付率为63.8%。

七、科技和教育、文化等各项事业快速发展

继续实施科技立市战略，加快科技体制改革步伐，发挥长春市科技优势，积极促进科技与经济的紧密结合。全市已有各类技术贸易机构1128余家，成交科技合同3529项，技术贸易成交额4.6亿元。基础教育成效显著，继续普及城区高中阶段教育，九年制义务教育合格率达90%以上。开创高等职业技术教育，职业技术教育在校生占高中阶段在校生的65%以上。中小学校舍建设取得新进展，全年安排校舍建设项目43项，完成投资3839万元。收到捐资助教款1470万元，安排校舍建设项目18项，已有13项投入使用。

文化、卫生、体育等各项社会事业又有新发展。第二届中国长春电影节获得圆满成功，长春体育场、电影大世界等一批文体设施建成投入使用。全市初级保健网基本形成，农村三级预防保健普及率比上年提高1.3个百分点。人口出生率13.91‰，自然增长率8.53‰，都控制在计划指标之内。

社会保障制度改革取得新的成果，社会保障覆盖面不断扩大，由国有、集体企业扩大到个体私营及外资企业。全市参加社会养老保险的企业达到4845户，比年初增加600户，参保职工达到42.3万人，比年初增加3万余人；参加失业保险的企业4644户，比年初增加1500户，参保职工达到57.7万人，比年初增加5万人。

城镇就业继续增加，全年共安置待业人员18174人，其中安置在国有单位的10108人，安置在集体所有制单位就业的5066人，乡镇企业安置301人，私营企业安置738人，从事个体劳动的有1899人。年末职工总数达136.7万人。(不含铁路系统职工)

经济体制改革向宽领域、深层次发展

国家体改委于1994年1月31日正式批准长春市为国家综合配套改革试点城市。这一年，在市委、市政府的正确领导下，全市广大干部群众认真贯彻党的十四届三中、四中全会精神，以率先建立社会主义市场经济体制的基本框架为目标，以“城市综合配套改革”,“优化资本结构，增强企业实力”两个试点为动力和契机，加大改革力度，积极稳步推进各方面改革，使全市的经济体制改革进入到一个新的发展阶段。具体在以下六个方面取得了明显进展。

一、企业改革在新的起点上起步

以理顺产权关系为重点，积极探索建立现代化企业制度的有效途径，使企业改革跨入了新的发展阶段。市里制定了《长春市建立现代企业制度实施方案》，针对长春市实际，围绕着建立现代企业制度这个目标，确定了点面两手抓的工作路数。一手抓点上创模式：全市在22户企业中进行了建立现代化企业制度的试点。其中列入到国家试点2户，省试点4户。目前各试点企业都已制定了具体实施方案，各项改革在积极稳步地推进，争取在这些企业能尽快构建出现代企业制度的雏型，为全面进行现代化企业制度建设提供模式。一手抓面上打基础：市体改委与长春会计师事务所联办，市委工交部、市经委与工交干部管理学院联办，举办了六期培训班，对近600名厂长、经理和中层干部进行了培训，并选送部分厂长、经理参加了国家和省组织的培训学习。为方便企业职工学习，体改委还编写了《现代企业制度基础知识》一书，积极为建立现代企业制度打下理论和思想基础。在全市范围内深入贯彻落实《企业法》、《企业会计准则》、《转机条例》、《国有资产监督管理条例》、《财务会计通则》等各项法规。在去年150户国有企业产权界定试点的基础上，今年清产核资在全市全面展开，新涉及国有企业838户，积极为建立现代化企业制度打下坚实的工作基础。

在深化企业改革实现新起步方面抓了以下三方面工作：

1. 重塑企业经营模式

在过去推行9种模式的基础上，1994年，企业经营模式改革在深度广度上都有新的进展。在市属预算内国有工业企业中，已有116户企业因地制宜地选择了一种或几种新的经营模式。

股份制改造健康发展 一是抓规范。按照《公司法》及国家和省《关于整顿股份制试点企业不规范做法的通知》精神的要求，市体改委会同有关方面对股份制企业的运作情况普遍进行了一次检查，及时纠正了某些不规范的作法。二是抓发展。以有限责任公司和股份合作制为重点，推动股份制试点的长足发展。1994年经乡企局批准的股份合作制企业累计达2400户。体改委批准的各类股份制试点企业累计达385户(股份有限公司39户，有限责任公司58户，股份合作制公司288户)，股本金总额达29.499亿元。现在全市工业、商业、交通、建筑、科技等各行业，大、中、小、国、集、私各类企业，都已涌现出一批股份制企业。这标志着股份制这种适应市场经济发展需要的企业组织形式已被越来越多的人所认识，所采用。三是抓向高级形式迈进。成功地组织了汽车城百货股份有限公司、长春百货大楼股份有限公司两户企业股票的公开发行，异地上市。目前正积极进行汽油机股份有限公司等两户企业的上市准备工作，重点是抓好上市前的辅导培训。

股份制为企业注入了资金，更为企业注入了生机和活力，使一些企业实现了超常规发展。星宇股份有限公司在改组为股份制之后，仅一年多的时间，资本总额提高了3倍。1993年实现利润1040万元，是改制前1992年利润总额的5.3倍。1994年又实现新的提高，被国家建设部选列为全国建筑行业现代企业制度试点单位。长春百货大楼股份有限公司用募集的资金，修建了新营业大楼，使日商品零售总额超过150万元，再度居全市之首。目前，股份制试点企业已成为推动全市经济发展的重要力量。

资产重组、转制经营有新进展 1994年，在一批困难企业中进行了资产重组、转制经营的改革。到年末进行这项改革的企业已经发展到34户。转制分立经营改变了特困企业活难死也难的状况，实现了死一块、活一块，走上了以活养死的生存发展之路。特困企业长春市陶瓷总厂通过资产重组，分立出6个法人单位，实现了转制经营，闯出了一条活路，产品由滞转旺，效益由亏变盈。成为东北三省12家陶瓷生产厂中唯一没有关停的企业。

国有民营在更大范围内展开 1994年，国有民营呈现出由商业企业向工业企业扩展，由小型企业向大型企业发展的强劲势头。在原有的112户国有商业企业、1640个各类商业网点推行国有民营和7户工交企业进行国有民营试点的基础上，国有民营在更大范围内展开，又有339户工商企业实行了国有民营。

引资嫁接成果喜人 1994年，是全市引资嫁接进展最快的一年，据统计，在市属预算内工业企业中，引资嫁接企业已达23户。占市属预算内企业总数的13.5%。企业在引进资金、项目的同时，也促进了经营机制的转换，实现了引资嫁接和机制转换双丰收。长春汽油机股份有限公司，与马来西亚金狮集团合资兴办年产50万辆摩托车项目，引进资金2.5亿元，组建了长春摩托车集团公司，在长春经济技术开发区建设第二条摩托车生产线，使长春市摩托车生产从世界80年代水平跨入90年代，可年创产值40亿元，扩大了企业生产规模，提高了产品档次，增强了企业整体实力。

2. 重组生产要素

发挥市场机制对资源配置的基础性作用，实现企业生产要素的重组，是盘活资产存量，搞活国有经济，彻底扭转部分企业严重亏损的重要途径之一。1994年，全市采取大的举措，断然实施卖、破、关、联、转等五项措施，使企业生产要素重组取得较大进展。

——**卖** 今年产权出售的动作比较大，全市共有26户企业进行了产权出售。到1994年底为止，长春市几年来出售产权累计价值已达3.5亿元，盘活了资产存量，加快了生产要素的合理流动。

——**破** 企业有生有死，优胜劣汰，既是市场经济的固有规律，也是现代企业制度本身所固有特征。因此，搞活企业和搞死企业都是改革，而且，企业破产是难度更大，层次更深的改革。全市在继长春市第二无线电厂、九台市皮革厂破产之后，决定再对18户严重亏损，搞活无望的市属预算内工业企业实施破产，破产前的各项准备工作正在抓紧进行。

——**并** 通过合并、兼并，使劣势企业向优势企业，劣势产品向优势产品，劣势产业向主导产业靠拢。长春市被兼并的企业总数已达72户。企业兼并使劣势企业得到发展，停产半停产企业创造了效益，放假的职工有了活干，消化了14户亏损、停产、半停产企业，使1089万元资产、77.7万平方米的占地面积和19.33万平方米的建筑面积流向优势企业，8997名在职职工和2341名离退休职工得到妥善安置。

——**联** 1994年，全市通过各种途径和方式实现优势互补、合作经营的企业已近150户。通过工商联合，科工贸联合，个体与国有企业联合，使企业集团有了新发展，在上年组建13个企业集团的基础上，又新组建起19个集团，使企业集团总数达到32个。其中国际贸易集团总公司经国家经贸部批准，获得外贸进出口经营权。

——**转** 一是繁华区工业企业向边、郊转移，在转移中利用地差收益实现自我更新。目前已有8户企业把黄金地段的老厂卖掉，总计可获3亿多元资金，利用所得资金重新建厂，并在新建中实现技术改造，装备更新和产品结构调整。二是第二产业向第三产业转移，有10户经营不景气企业将临街的厂房改建后，经营第三产业，实行部分转移。据调查，停产企业职工大约有30%从事第三产业经营。三是由单一的在本市办企业转向既在本地发展也到外地及国外投资办企业。据不完全统计，目前已有30户企业在国外兴办了近40个分厂、分店。

这些举措大大促进了生产要素的流动和重组，推动了产品结构、企业组织结构、产业结构和所有制结构的调整，促进了生产要素潜能的发挥。

3. 再造企业经营机制

建立起适应市场经济规律的企业经营机制，是企业走向市场，成为市场主体的前提条件。一年来，围绕着再造企业经营机制这一目标，全市企业深化内部改革，抓建制练内功，取得了明显成效。

改革传统的厂长(经理)负责制的企业领导体制，创立适应现代企业制度要求的新的领导体制实验已有所进展，法人治理结构初具雏型。

企业三项制度改革进一步深化，面继续拓宽，质量有所提高。新的三项制度在企业初步确立，突出地表现在由过去的注重形式转向注重效果，更多地注重建立起新的运行机制。同时，依靠制度建设实现动态管理。

减轻企业办社会负担初见成效。目前全市已有85%以上的工业企业将某些后勤部门剥离出去，面向社会，独立经营。既减轻了企业负担，提高了劳动生产率，又增加了企业效益，提高了企业走向市场为社会服务的功能。

企业经营观念实现了重大转变。企业经营机制的重塑，使企业的经营思想、经营决策、经营方式和经营手段都进一步向适应市场经济规律靠拢，实现了跨越性的转变：由僵化型经营向应变型转变；由封闭型经营向开放型经营转变；由单一型经营向多元化经营转变。

二、市场体系建设实现新的突破

商品市场建设速度快，成效大，构筑了新的格局。长春商业城、永春贸易中心、欧亚商都等一批大型商业网点建设取得成果，形成了以重庆路、站前、红旗街、同志街、汽车厂区、大经路、大马路等8个商业区街为重点的档次高、辐射力强、知名度高的商贸区；投资兴建的临河街生产资料市场、东北亚物资贸易中心、汽车配件商业街、机动车交易市场、新车自选市场等一批规模大、起点高、功能全、辐射力强的生产资料市场相继投入运行，汽车贸易城成为我国两个国家级汽车批发市场之一；依靠地域经济优势形成的具有独立特点的黄牛、粮食、木材、羽绒、中药材、鹿茸等特色市场，不断发展壮大，成为具有一定规模，面向全国、辐射全省的龙头市场。目前，全市共有商品市场409处，其中消费品市场351处，生产资料市场58处。

要素市场从无到有，从小到大，长足发展。在发展和完善商品市场的同时，今年市场建设重点转向要素市场，加大建设力度，使要素市场取得长足发展。

劳动力市场 全市现有劳动力综合市场11处。同时，城区的59个街、县(市)的89个镇(乡)都组建了劳动服务站，形成了城乡一体的劳动力市场网络。到目前为止，共有各级各类职业介绍机构230个，接待用工单位1.1万个，登记求职人员90余万人次，介绍就业70多万人次。同时开办了常设的人才市场。市人才中心共接待登记人才3万人次，接待用人单位7600多家，为用人单位交流、引进、招聘人才万余人，举办20多次人才交流会、招聘会。这些为用工的双向选择和自由竞业提供了外部环境。

科技市场 到1994年末，全市各类技术贸易机构总数达1128家，签订技术贸易合同3529份，成交额4.60亿元。同时，在市区增设2个常设市场的筹建工作进展顺利。

金融市场 全市共有注册证券机构16个，经营证券业务的网点54个，专营股票交易大厅15个。全市证券业务交易总额达26.24亿元。拆出资金余额16.62亿元，其中省外15.97亿元；拆入资金余额63.01亿元，其中省外53.65亿元。筹建长春合作银行工作正在进行中，方案已上报人民银行总行。

产权交易市场 市产权交易中心运作正常。1994年末，资产交易量7838万元，其中闲置固定资产交易量160万元。为规范产权交易行为，长春市制定了《关于发展完善产权交易市场的实施方案》，近期下发执行。

期货市场 现有长春商品交易所、长春粮食期货交易所等两个期货交易所。商品期货咨询服务机构有25个，累计实现交易额150亿元。

房地产市场 集房屋买卖、互换、抵押、租赁、典当于一体的房地产交易大厦运行良好。房屋买卖累计成交2186件，面积18.26万平方米；房屋抵押成交309件，金额106.2万元；房屋互换764户。新成立的中介代理机构，用大屏幕等现代化手段为各房屋开发公司提供市场信息，使用户实现了进一家市场买百家房屋的愿望。

中介组织应运而生，无形市场悄然兴起 适应市场经济的需求，会计事务所、审计事务所、律师事务所、产品质量检验测试中心、资产评估中心等一批中介组织、中介机构发展迅速，成为市场体系的重要组成部分，全市有资产评估资格的机构就达23家。

有形市场的建设孕育了无形市场，市场经济的发展，培育了无处不在的市场行为机制。为商品交换牵线搭桥的公司和专兼职人员不断扩大，工商注册的各类信息咨询机构160余家，从业人员近2万人。这是列于有形市场之外，却居于有形市场之上的一个数量可观的市场，具有较强的发展潜力。

三、社会保障制度建设取得新成果

全市在统一机构，理顺关系，实现社会保险业务统一筹资、统一管理、统一使用的基础上，加强了对社会保障制度改革的总体设计，制定了《长春市社会保障制度改革实施方案》和《长春市职工工伤保险管理办法》。

社会保险覆盖面不断扩大。由国有、集体企业扩大到私营、外商投资企业以及个体、农村。到目前为止，养老保险由去年的4237户增加到4845户，参保职工由38.9万增加到42.3万人，失业保险由去年的3088户增加到4644户，参保职工由52.3万增加到57.7万人。收缴养老保险基金1.26亿元，失业保险金1034万元。社会保障制度成为保证社会稳定的减振器和安全网，仅1994年二季度就为特困企业拨款200万元基金，解决了离退休职工的生活困难。

同时，长春市社会保险公司经济技术开发区分公司在长春经济技术开发区建成落户，实行区域性全员投保，并将农民的征地保险也纳入了社会保险。长春高新技术产业开发区社会保险分公司正在筹建之中。农村社会保险有所突破，制定了《农村社会保险办法》。农安县有15个乡6000人参加了养老保险。郊区6镇4乡设立了社会养老保险代办处，参保企业263个。宽城区50户区属企业实行了社会养老统筹。从大病统筹入手，积极探索医疗保险改革的路子，在搞好九台市和双阳县试点的基础上，进一步把试点扩大到德惠等县区。

四、开发区建设生机勃勃，对外开放势头强劲

借助改革开放的大潮，全市建设起不同特点、不同规模、不同形式、不同层次的开发、开放区群体。其中，国家级开发区2个，省级开发区1个，省级私营经济试验区1个，省"十强镇"4个，省综合配套改革试点镇1个，还有十几个卫星城镇星罗棋布分布在长春市周围，形成城市、县城、乡镇、农村梯次结构的发展格局。目前，这些开发、开放区建设进展迅速，效果显著，突出地表现在以下五个方面：

——已成为对外开放的窗口。招商引资成果显著。仅长春高新技术产业开发区和长春经济技术开发区今年就新创办三资企业38户，吸收外资总额达10亿元人民币。

——已成为新的经济增长点。一批产值达千万以至超亿元的大型工业项目在开发区安家落户，使全市经济发展增加了新的增长点。长春经济技术开发区的中美合资长春哥哈拉医用制品有限公司、中德合资长春爱尔铃密封垫有限公司等九大项目1994年开工，建成投产后，当年实现产值10亿元。长春汽油机(集团)公司与马来西亚金狮集团合资的摩托车项目，达产后产值可达40亿元。

——已成为抢占经济制高点的先锋队。围绕培育具有长春特点的生物工程、新材料、汽车工程和光机电一体化四大高科技支柱产业的整体目标，长春高新技术产业开发区确定了总投资25亿元的基因工程干扰素、特种工程材料、超扭曲液晶显示器、轮胎翻新技术等35个高新技术大项目。目前这些项目有的在论证筹建中，有的已开工建设。这些项目投产见效后，将使全市工业品种中高科技、高附加值比例显著增加，有力地促进长春市整个产品形象的改观。

——已成为带动区域经济发展的龙头。各类开发区内一些大的生产项目的建立，有力地带动了区域经济的发展。德惠经济园区的德大公司，以其辐射力带动了当地养鸡业、饲料业、运输业等几个产业的发展。除德大公司自身每年可创产值6亿元之外，与其相关的产业每年创产值也在3亿元以上。

——已成为综合配套改革的试验区。长春高新技术产业股份有限(集团)公司作为国家级建立现代企业制度试点区，长春经济技术开发区作为省政府批准的率先建立社会主义市场经济体制试点区，按照特区模式，加大改革力度，率先进行体制转轨和机制转换，驻区企业全部实行适应市场经济的新机制，成为全市率先进行综合配套改革的示范区、试验区。

全市对外开放呈现出强劲的势头。出口商品行销52个国家和地区，出口额2亿多美元，与世界60多个国家和地区建立了经贸关系，在20多个国家和地区设立了办事机构。有17户企业、两个开发区获得自营出口权，挂靠企业110家。1994年市政府及有关部门在国内外共举办6次较大规模的产品展销会、经贸洽谈会和招商引资会。成功地举办了文化搭台、经贸唱戏的"'94长春电影节"。在此期间，实现进出口贸易总成交额1.7亿美元，签订对外经济技术合作合同86项，引进外资金额达2.84亿美元，国内贸易成交总额达88.78亿元。在长春的三资企业已超1000户，全国最大的三资企业之一，一汽——大众有限公司将成为我国轿车生产重要基地之一，对全市经济

发展产生重大影响。

五、转变政府职能，进一步改善发展市场经济的社会环境

为了使政府职能适应由计划经济向市场经济过渡的需要，1994年在深入转变政府职能方面，本着由微观向宏观，由直接向间接，由管企业向管资产方向的转变，重点抓了四方面工作：

一是弱化对企业的行政管理职能。除继续抓好简政放权外，重点是为实现政府对企业由行政管理向资产管理过渡创造条件。市里制定了《长春市国有资产管理体制改革方案》，提出建立由国有资产管理委员会、国有资产管理局、国有资产经营公司3个层次构成的国有资产管理经营体系。同时拟在二轻局筹建集体资产经营公司，并把国有资产经营实体的建立与政府机构改革同步进行。政府机关转变为经济实体试点取得进展，建工局组建建工集团，已按照具有生产经营职能的经济实体模式投入运行。待政府机构改革时，彻底变为经济实体。

二是改善政府宏观管理职能。按照国家和省的统一部署，进行财税、计划、投资、金融等各项宏观管理体制的改革。并坚持从实际出发，认真研究解决了这些改革措施出台后出现的各种新情况、新问题，保证了各项宏观改革的顺利进行。国税局、地税局分设工作已完成。

三是强化政府的服务功能。政策服务：根据宏观改革及企业在改革发展中遇到的新矛盾、新问题，政府及市经委、财委、建委和体改委等部门共出台30多个政策性文件，有力地促进了企业搞活和经济发展。协调性服务：1994年以来仅市长、秘书长主持召开的现场办公会，政策协调会就有500多次，及时地帮助企业解决了自身难以解决的问题。

四是改革政府机构。在简政放权和重新界定政府部门职能两个阶段改革的基础上，进行了政府机构的改革。榆树、农安、九台、德惠、双阳5县(市)的机构改革方案，经审批后已付诸实施。市里机构改革的准备工作正在抓紧进行。

六、其它各项改革在一些方面实现新突破

经济结构调整有新发展 在市场机制和利益机制的驱动下，全市的所有制结构调整呈现新格局。1994年，全市在保证公有制经济持续发展居主体地位的前提下，积极支持和扶植非公有制经济的发展，让各种所有制成份在平等的市场竞争中竞相发展。

产业结构调整迈出新步伐。在发展速度上明显呈现出三产超二产，二产超一产的态势。三个产业在国民经济生产总值中所占的比重不断发生新的变化。

行业结构调整出现新特点。主要是全市一些处在相对劣势产业的企业，开始自发地、积极主动地向三大主导优势产业靠拢。全市有近200户企业通过转产或上新项目实现向三大主导产业的转移。

教育体制改革有新进展 基础教育成绩显著，47%的初级中学达到了振兴学校的标准，九年义务教育的合格率在90%以上。职业技术教育有突破性进展。全市高中阶段职业技术学校达11所，在校学生为高中阶段在校生的65%以上。

医疗卫生体制改革取得成效 在市委、市政府《关于加快长春市医疗卫生改革与发展的若干意见》的指导下，医疗卫生单位适应市场经济要求，加快改革步伐，积极转换内部管理机制，实行了“职称内聘制”、“后勤部门企业化管理”、“科室成本核算制”、“一院两制、一院多制”、股份合作制等一系列改革，使医院充满生机和活力。全市初级保健网基本形成，农村三级防保普及率比上年提高1.3个百分点。

事业转企业试点成效显著 1994年，在市房地产经营公司、市房产委托经营公司等4个事业单位中进行事转企试点。改制经营使企业焕发了生机和活力，经济效益发生了明显变化。市房地产经营公司改制后，落实经济责任，拉开分配档次，搞活多种经营，组建起6个经营公司，经济效益显著。国家建设部在该公司召开“全国建筑行业事转企现场经验交流会”，他们的经验和做法受到了建设部领导和与会代表的一致好评。

住房制度改革有新举措 1994年，全市认真落实全国第三次房改会议精神，坚持政府、单位、个人三方共同负担的体制和租、售、建并举原则，全面推行住房公积金制度，积极推进租金改革，促进公房出售，加快建设经济适用房，全方位聚集房改资金，使住房制度改革迈出关键一步，成效显著。目前，《长春市深化城镇住房制度改革意见》已经市政府讨论通过，并提请市人大审议出台。这将把全市的住房制度改革推向新阶段。同时，3年内建成20万平方米平价住宅的“安居工程”已经开

始实施。

民营科技企业发展迅速 顺应市场经济规律，适应将科技优势转化为生产力的客观需求，民营科技企业应运而生。到1994年底，已发展到1050多户。它们为科研成果的开放、转化牵线搭桥，发挥了重要作用。1994年以来，新开发科技成果创经济效益3.1亿元，成为全市推动科技成果转化为生产力的一支重要的生力军。

农村社会化服务体系初见端倪。随着农村商品经济的发展，全市以农村地域经济优势为依托，以龙型经济为骨干，推动着农村社会化服务体系建设取得可喜进展。郊区合心镇围绕着吨粮田、科技园区、蔬菜二期开发等3项工程，生猪、肉鸡、西瓜、林果等4个基地建设，通过改造国有的、完善集体的、发展个人的等多种方式，形成了多层次、全方位、全过程社会化服务体系，有力地促进了全镇经济的发展。1994年该镇实现工农业产值5亿元，财税收入500万元，人均收入1500元，分别比上年增长70%、43%和30%，这是深化农村经济体制改革取得的可喜成果。

附录

长春市对外经济技术合作意向性项目

序号	项目名称	承办单位	建设内容或规模	总投资（万人民币）	合作方式
1	汽车石英钟项目	长春市钟表总厂	60万只/年	4000	合资、合作
2	汽车无触点分电器项目	长春汽车分电器厂	66万只/年	8130	合资、合作
3	薄板坯连铸连轧生产线项目	长春冷弯型钢股份有限公司	30万吨/年	134000	合资、合作
4	轮辋钢改造工程项目	长春钢铁总厂	25万吨/年	12000	合资、合作、补偿贸易及其它形式
5	汽车轴瓦及材料生产线项目	长春铝材厂	1500万片/年	2000 万美元	合资、合作、补偿贸易
6	滤清器技改项目	长春市仪表总厂	80万只/年	3000	合资、合作及其它方式
7	汽车防抱制动装置项目	长春宇光电子工厂	30万套/年	7500	合资、合作
8	为轿车配套顶篷防雨密封条和门窗导轨双骨架密封条技术改造项目	长春市橡胶制品厂	为15万辆捷达配套	2000	合资、补偿贸易
9	汽车传感器生产线项目	国营第七九三厂	600万只/年	8000	合资、合作
10	汽车制动系部件总成项目	吉林汽车制动器厂	30万套/年	9500	合资、合作
11	摩托车减振器项目	长春汽车减振器总厂	100万支/年	5008	合资、合作
12	汽车仪表板表皮项目	长春市塑料一厂	3000吨/年	6000	合资、合作

续表

序号	项目名称	承办单位	建设内容或规模	总投资（万人民币）	合作方式
13	中高档汽车收放机项目	长春市无线电一厂	30万台/年	2000	合资、合作
14	植物蛋白乳酸菌饮料项目	吉林农业大学科技开发公司	1万吨/年	240万美元	合资、合作
15	乙醇燃料项目	长春市新华粮食开发有限公司	5万吨乙醇/年，3万吨DDGS/年2500吨玉米油/年	41140	合资、合作
16	年产7500吨味精技术改造项目	长春市味精厂	1万吨/年	6130	合资、合作
17	山梨醇项目	榆树市淀粉厂	1万吨/年	4388	合资、合作
18	日处理600吨玉米深加工项目	吉林省农安县糖厂	年处理玉米20万吨，淀粉11.6万吨/年，色拉油4000吨/年，蛋白1万吨/年，饲料4万吨/年	35692	合资、合作
19	年处理15000吨原烟项目	长春烟叶复烤厂	15000吨/年	16095	合资、合作
20	年产10万吨啤酒项目	吉林省双阳县双阳河乡政府	土建、购置设备	29000	合资、合作
21	甜菊糖项目	水利部松辽水利委员会	100吨/年	350万美元	合资、合作
22	长春市轨道交通一期工程项目	长春市公用局	地下轨道7.4公里，高架轨道8.31公里，车站15座，电站2座，牵引变电所10座，指挥中心1座	330000	BOT方式及其它合作方式
23	九台发电厂项目	九台发电厂前期工作办公室	120万千瓦的火力发电厂	530000	合资、合作，BOT方式
24	热电二厂二期工程项目	长春热电二厂	两台30万千瓦供热机组	158000	合资、合作，BOT方式
25	长春国际机场项目	吉林省民航局	四级标准国际机场	150000	合资、合作
26	长一双一烟线地方铁路项目	长春市长一双一烟地方铁路筹建办公室	长一双一烟铁路93公里	41000	合资、合作及其它方式
27	榆树一山河镇铁路建设项目	榆树市山河镇铁路筹备办公室	路基、路面及配套站场的建设，全长65公里	30700	合资、合作及其它方式

续表

序号	项目名称	承办单位	建设内容或规模	总投资（万人民币）	合作方式
28	供热工程项目	长春经济技术开发区	铺设地下供热管网15公里，热电站50座，供热调峰锅炉4座，燃煤锅炉1台	12000	合资、合作
29	高比容腐蚀化成箔及高性能大型铝电解电容器生产基地项目	国营第七九三厂	380吨腐蚀化成箔/年，电容器1400万只/年		合资、合作
30	新型起重葫芦项目	长春市起重工具厂	1.5万台/年		合资、合作
31	计算机用彩色监视器项目	长春市无线电一厂	10万台/年	2000	合资
32	3000吨发酵甘油项目	长春市北方实业总公司	3000吨/年	6000	合资、合作
33	赤血盐钾产品技术改造项目	长春市化工五厂	1000吨/年	1000	合资、合作、补偿贸易
34	电镀添加剂系列产品项目	长春市化学试剂厂	300吨/年	400	合资、合作
35	年生产1万吨不饱和聚酯树脂项目	长春市化工二厂	1万吨/年		合资、合作
36	年产5万吨甲醇项目	长春市天然气化学工业公司	5万吨/年	1423.5 万美元	合资、补偿贸易
37	安乃近、氨基比林项目	长春制药厂	1700吨安乃近/年，400吨氨基比林/年	3168	合资、合作
38	亚麻纺纱生产线项目	长春纺织厂	引进设备	11000	合资、合作、补偿贸易
39	年产5000吨维生素C项目	榆树市华威制药厂	5000吨/年	40000	合资、合作
40	跑马场项目	吉林省净月潭旅游度假区管委会	跑马场	7000	合资、合作、独资
41	直升飞机场项目	吉林省净月潭旅游度假区管委会	1万平方米直升飞机场，购直升飞机3～6架	3000～5000	合资、合作、独资
42	康乐中心项目	吉林省净月潭旅游度假区管委会	中高级休憩健身场所	2000～8000	合资、合作、独资
43	狩猎场项目	吉林省净月潭旅游度假区管委会	狩猎场	2000	合资、合作、独资
44	古迹园项目	吉林省净月潭旅游度假区管委会	建中国和世界著名古迹建筑微缩群	5000～10000	合资、合作、独资
45	购物中心项目	吉林省净月潭旅游度假区管委会	建展览洽谈中心和商业一条街	15400	合资、合作、独资

典型地区

长春经济技术开发区

长春经济技术开发区经国务院正式批准为国家级经济技术开发区，跻身于全国30个国家级经济技术开发区之列。

建立长春经济技术开发区的目的是充分利用长春市的优势，运用一系列优惠政策，在较短的时间内，率先创建一块符合国际投资环境和投资惯例的经济特区，引进我国急需的科学技术和管理经验，集中兴办一批中外合资、合作，外商独资企业，开发高新技术，研制高档产品，增加出口创汇。并通过它带动老市区的改造，积极发挥对外窗口和对内龙头的作用，让世界了解长春，让长春走向世界。

长春经济技术开发区位于长春市区的东南部，紧靠京哈高速公路（由此到大连仅需6小时），与老市区仅一路、一河之隔，这里交通便利，距长春口岸机场14.8公里，距长春火车站7.9公里。长春市主要公用基础设施环绕经济技术开发区周围，装机容量40万千瓦的长春热电二厂、日产44万立方米煤气的长春东郊煤气厂、日供水30万立方米的中日友好水厂、长春市一次变电所和综合性大型医院——中日联谊医院均座落在开发区内，可为开发区提供充足的能源、生产和生活保障。开发区南端毗邻环境优美的国家级风景名胜区——净月潭森林公园。区内地势平坦，人口密度小，地面建筑物少，动迁量小、开发成本低，是投资开发的理想之地。

长春经济技术开发区开发建设总的指导思想是，坚持发展工业，吸收外资，集中兴办出口型、技术先进型企业为主的方针，本着内外并举，二、三产业联动发展，依托老城区，增强自我发展能力的原则，着眼于消化、吸收、传播国外先进技术和管理经验，充分利用长春作为东北亚经济圈中心区位的优势，把开发区建设成为和国际经济接轨，综合优势明显的现代化、国际化的开放型经济区。

发展方向及重点：

长春经济技术开发区的发展方向是建设成一个开放型、多功能、综合性的现代化的新城区。在开发建设中，总的思路是：优化调整第一产业，重点发展第二产业，积极发展第三产业。

第二产业发展的重点，主要发展无污染或污染少、耗能低、效益高，技术、工艺、装备及管理先进的工业。围绕两个市场，利用两种资源，逐步建成面向世界市场的出口加工基地；建设一批技术和资金密集型的重点项目，形成一批有竞争能力的工业集团，发展一批技术先进、规模大、质量高、创汇多，优势明显的拳头产品，并按照国际标准和国际市场生产、开发新产品，逐步实现生产和经营的国际化。工业发展的重点是机电工业，农副产品深加工工业、精细化学工业和新型建筑材料工业。

长春经济技术开发区管理委员会是长春市人民政府派出的职能机构，对开发区内的企事业单位及工商、税务、金融、保险、土地等部门行使管理权。自开发区成立以来省、市政府陆续将权力下放给开发区管委会。目前，开发区的国民经济和社会发展计划均在吉林省实行单列，外商投资在3000万美元以下的项目，管委会可以自行审批。区内各类企事业单位人员出国，均由管委会审批办理。开发区的各项建设工程，市有关部门委托管委会代发《建设工程规划许可证》、《建设用地许可证》和《建设开工许可证》等证件。工商、税务、土地、银行、会计师事务所等在开发区设立分支机构，能够独立办理各类涉外业务。

长春高新技术产业开发区

一、开发区的基本现状

长春高新技术产业开发区于1988年5月经吉林省人民政府批准兴建。1993年3月经国务院批准为国家高新技术产业开发区。开发区位于长春市南部，分建成区和集中新建区两部分。建成区位于解放大路以南、南岭大街以西、卫星路以北、开运街以东。南北长约4.9公里。新建产业区在卫星路以南“浪洞子沟”附近3平方公里左右。开发区的市政设施齐全，公用设施配套。开发区内有多所邮局和电话分局，装机容量大，全部实现了国际国内直拨。为现代化通讯提供了可靠条件。开发区内有11条公共电、汽车路线，位于开发区西面的长春南站火车站和距开发区10公里处的大房身机场，提供了交通、货运和长途旅行之便。

据近两年统计，开发区内高新技术企业拥有高新技术项目1061项，其中研究开发项目280项，实现工业化生产和出口创汇的项目145项。这些高新技术项目在新材料、光机电一体化、生物工程技术及医药科学、汽车工程及配套工业四大领域，已经形成了产业化的基础，在“八五”、“九五”期间形成开发区的四大支柱产业。

二、开发区的战略地位

吉林省地处祖国东北地区东部，是一个边疆近海省。东与俄罗斯、朝鲜陆路接壤，边界线长达230多公里，在中朝和中俄边境线上先后建立了图们、集安和珲春口岸。珲春市防川距图们江入海口仅15公里，是我国唯一能进入日本海，通向太平洋的出海口。此外，吉林省北接黑龙江，西接内蒙古，可同独联体、蒙古及前东欧各国开展科技、经济等贸易往来。

三、开发区总体发展的指导思想

“八五”期间是长春市经济发展的关键时期，下个世纪将是长春经济腾飞，高新技术在全市产业结构中占主导的历史阶段，是保持全市经济持续、稳定、协调向前发展，把长春市建成现代化城市的重要时期。开发区总体发展的指导思想是：深入贯彻落实党的十四大和十四届三中全会精神，继续以邓小平同志建设有中国特色的社会主义理论为指导，解放思想，实事求是，深化改革，扩大开放，发挥优势、办出特色；以大项目为龙头，以重点企业为中心，抓质量求发展；以新区为重点，抓建设保投产；以科研成果为依托，壮大4个支柱产业；按照市场经济要求加快转换经营机制，完善服务体系，推进建设速度，提高经济效益，为把长春高新技术产业开发区建成现代化城市的先导区而奋斗。

四、开发区建设的基本方针

以大专院校、科研院所为依托，以大中型企业为骨干，促进科技与经济的密切结合。以国际市场为目标，发展外向型经济，使开发区成为发展高新技术产业的重要基地、向传统产业扩散高新技术的辐射源、对外开放的“窗口”和深化改革的试验区。重点开发以下高新技术领域及其产品：汽车工业采用的新技术、新设备、新工艺及其产品；粮食和农副产品深加工新技术、新工艺及其产品；微电子科学和电子信息技术及其产品；光电子科学和光机电一体化技术及产品；生命科学和生物工程技术及产品；材料科学和新材料技术及其产品；能源科学和新能源、高效节能技术及其产品等领域；其它能带来较高经济效益和新技术及其产品。

五、开发区的组织机构

经长春市政府批准，高新技术开发区管理委员会作为市政府的派出机构，在土地开发、外经外贸、设立企业等方面可自行审批。对开发区的建设和开发实施统一领导和管理服务。为了方便高新技术企业生产经营，开发区内设立了工商、税务、人才交流、技术市场，金融服务等支撑服务体系。

地区规划选编

长春市1996～2010年国民经济和社会发展规划基本思路

1996～2010年，是我国全面实现第二步战略目标并向第三步战略目标迈进的跨世纪的重要时期，也是繁荣全市经济，兴市富民的关键时期。在这个时期，我们要适应我国建立和完善社会主义市场经济体制的要求，保持国民经济和各项社会事业持续快速、健康发展，使长春市经济跻身世界经济发展之林和我国开放进程之例。根据国家、省发展战略，提出长春市1996年～2010年国民经济和社会发展总体规划的基本思路。

一、区域经济地位

长春市是吉林省省会，全省的政治、经济、科技、文化中心，全国的重要商品粮生产基地和汽车生产基地及科研教育基地。长春区位条件优越，地处东北腹地，是重要的交通枢纽。铁路四通八达，以哈大线为主干线，南线与京沈、京广、京包、陇海等主要干线相通；北线可经哈尔滨、满洲里与俄罗斯铁路相通，东线经吉林、延吉至图们市，与朝鲜铁路相连；西线到幅员辽阔牧畜业发达的白城地区，直通内蒙古自治区的通辽市。同时又是重要的公路交通枢纽，以18条公路四周辐射。扩建后的长春机场是全国重要的航空港之一，已开辟了十几条国内外航线，目前正在规划建设一个四E级标准国际机场。“珲春开发区”的建立，也为长春发展外向型经济带来新的机遇。“沿线”区域是吉林省生产力布局的主轴线，是全省经济发展的黄金地带，长春市地处沿线经济开发带中心，对带动全省经济快速发展，起着重要的龙头作用。

二、1996～2010年经济与社会发展的环境和走势

要确定符合长春市实际的战略目标，必须全面分析发展期面临的国际、国内环境，预测经济未来的发展趋势。

从国际经济环境看，尽管国际政治和经济格局复杂多变，但未来15年，和平与发展仍然是时代的主流。由于西方工业化国家经济的复苏和周边国家经济的持续增长，将进一步带动全球经济以较快的速度增长。随着世界经济发展和贸易扩大，发达国家、新兴工业化国家和地区的产业调整，对香港、澳门恢复行使主权，与台湾经济交流的加强，国际经济贸易合作、技术交流将进一步拓宽，经济互补的要求更为强烈。世界经济低速增长和发达国家的资本相对过剩，为我国更多地利用国外资金和扩大劳务输出提供了有利条件。亚太经济圈的形成与活跃，有利于我们发挥地域优势，更大程度地跻身国际市场，开展与周边国家和地区之间多要素、多层次、多形式的国际合作与交流。

从国内环境看，首先我国将进一步加快经济体制改革的步伐，宏观经济环境将进一步改善，为经济持续增长创造了较好的体制条件。其次，环顾我国经济走势，坚持发展将是总的趋势，改革开放成为这一时期的显著特征。再次，随着改革开放的不断深入，经济发展环境会越来越好。同时，国家将大力发展水利、交通、能源等基础工业和基础设施，明确提出振兴机械电子、石油、化工、汽车制造和建筑业等支柱产业，为长春市支柱产业和优势产业提供了机遇。

从长春市情况看，现代化国际性城市发展战略和总体规划的制定，将起到巨大的指导和鼓舞作用。另外，“八五”期间长春市经济的发展，为实现后15年的发展打下了坚实的基础，积累了宝贵的经验。综合配套改革和优化资本结构双试点工作的全面展开，对我市经济发展将是一个有力的推动；随着“一汽”中型载重车扩建和改造工程的

竣工以及15万辆轿车基地的建设，对全市经济发展将是一个很大的推动；乡镇企业和个体私营经济的快速发展，对全市经济发展无疑将是一个很大带动；加快“两区两城”的开发建设，将进一步推动长春市对外开放向高层次、宽领域、纵深化发展。“八五”期间规划的重点建设项目相继建成投产，为后15年的经济发展奠定了坚实基础，增强了发展后劲。

三、1996～2010年经济和社会发展战略

（一）主要任务

以建设有中国特色的社会主义理论为指导，以深化改革和扩大开放为动力，以建设现代化国际性城市为中心，大力发展汽车、农副产品加工、高新技术三大支柱产业和医药、食品、建材三大优势产业，加快发展第三产业、乡镇企业和个体私营经济，继续加大城市基础设施和“两区两城”建设步伐，全面推进各项社会事业的发展，为把长春市建设成现代化国际性城市打下坚实的基础。

（二）指导原则

1. 坚持加快改革开放，加快经济发展。

2. 坚持实事求是，量力而行，突出重点，统筹安排。

3. 坚持以经济效益为中心，调整结构，增强活力。

4. 坚持以市场为导向，合理配置资源。

5. 坚持经济和各项社会事业协调发展。

6. 坚持在经济发展的基础上，努力提高人民生活水平。

7. 坚持经济、社会、生态协调发展。

8. 坚持物质文明精神文明同步建设。

（三）规划目标（略）

四、生产力布局与产业升级

（一）生产力布局

今后15年，全市的生产力要素的合理配置，对于经济和生产力的发展具有十分重要的意义。因此，要充分发挥长春的优势和潜力，强化专业化分工与协作，加快动力、资金、技术等生产要素在区域空间的合理流动，在全省的统一布局下，实现产业在地区间重组、转换和升级，不断提高资源配置的整体效益，带动区域经济协调发展。

1. 中小城镇与卫星城布局

县城和建制镇要加快城市化进程，加快产业和人口聚集，努力扩大规模，尽快形成一批有影响、有特色的中小城市和城镇。榆树市要充分利用长春、吉林、哈尔滨等大城市的辐射作用，向中等城市靠拢；五棵树、大屯、合隆、米沙子、卡伦、奢岭等建制镇要加快发展，争取成为长春市的卫星城镇，吸纳城市迁出的部分产业和农村剩余劳动人口，从而推进城乡一体化进程。

2. 轴线布局

轴线布局要以市中心为起点，以长四、长大、长吉、长白4条交通主干道为轴线，呈X状辐射，形成汽车与高新技术、经济技术开发区与净月——双阳旅游区、兴隆山工业区和合隆——兰家农副产品加工区。

3. 地域布局

建成区布局。一是扩大建成区，缓解人口膨胀的压力；二是调整城区功能，通过调整产业和企业结构，大力发展汽车、高新技术和第三产业，进一步增强城市综合功能，发挥城市的辐射作用。

五县（市）及郊区布局。各县（市）的开发区要有计划吸纳城市迁出部分产业，加快发展，并带动周边乡镇发展，逐渐缩小区域内经济发展的差异。郊区要依托城市发展集约式的城郊型农业，中近郊要加快“菜篮子工程”建设。

4. 产业布局

第一产业布局。充分发挥长春粮食生产的优势，按照“高产、优质、高效”的要求，重点发展现代化大农业，使长春所辖的德惠、农安、榆树、九台、双阳和郊区成为吉林中部现代化农业生产基地。同时，市辖各县（市）要根据各自的地理特点、资源优势，建设不同类型的农产品生产基地。榆树、农安、德惠3县（市）要以种植业、畜牧业和经济作物的主副产品为原料，实现农、工、贸一体发展；双阳、九台地处半山区，在搞好农副产品加工工业的同时，搞好矿产资源的合理开发和应用；城郊要立足于“服务城市、富裕农民”的方针，发展“城缘型”乡镇企业；预留充足的菜地，近期要规划1.2万公顷，建设高水平的“菜蓝子”生产基地。

第二产业布局。发挥长春汽车、粮食、科技和现有的工业基础的综合优势，大力发展汽车及零部件、农副产品加工和高新技术产业。城区主要划分5个工业区，即高新技术开发区、汽车工业园区、经济技术开发区、机械加工工业区和农副产品与轻纺工业区。

各县（市）工业布局。每个县（市）可根据发展战略及规划，安排好自身工业发展布局。榆树县重点安排酒精、维生素C、肉牛、淀粉等项目，并适时

引进、吸纳从城市迁出的化工厂，发展化学工业；九台县要以一汽、吉化等大企业集团为依托，形成以机械加工、汽车配套、化工原料为主的工业产业群体。德惠市和农安县要建设成两个现代化的农畜产品加工出口基地。

第三产业发展布局。市区二环路以内，按照“退二进三”的原则，迁出污染扰民的工业企业，大力发展第三产业。城区内除完善原已形成的八大区团外，要规划好站前、长江路、大马路、重庆路、同志街、建设街、红旗街，发展成为商饮服务区。在人民广场2公里范围内建设长春金融贸易区，统筹安排新设金融机构和境外银行分支机构。要以城区电影城、长影、伪八大部、伪皇宫等景点为中心，规划建设东至白山，西南至千山，南至净月潭、双阳、伊通，北至农安、哈尔滨的旅游网络。

(二)产业升级

在未来15年中，随着长春市经济的不断发展，高新技术的应用与推广、劳动生产率的提高，将使产业不断升级，结构不断向高级化发展。三次产业占国内生产总值的比重将由1995年的17.7：54.1：28.2演变为2000年的11.2：58.6：30.2和2010年的7.5：46.9：45.5。

1.稳定提高第一产业。1996～2010年，要多渠道增加农业投入，大力加强农业，形成吉林中部现代化农业生产基地。按照高产、优质、高效的要求，加强商品粮基地建设，发展粮食生产；面向国际市场发展创汇型农业；向技术先进、管理现代化的集约化、专业化农业发展；向依托并服务于城市的城市型农业发展。

2.调整优化第二产业。1996～2010年，第二产业重点要提高工业的技术层次，确立以科技进步型、外向经济型和规模效益型为主的工业体系。优先发展基础产业，不断壮大支柱产业，加快改造传统产业，实现传统产业高新技术化，高新技术产业化。

3.大力发展第三产业。1996～2010年，要把第三产业作为全市经济发展的战略重点，坚持高起点规划，高标准建设，高效能管理，高质量服务，高效益发展。形成交通运输、商贸、金融保险、旅游、邮电通讯、房地产、信息咨询、中介服务互相支持，促进第三产业发展格局。

五、国民经济与社会发展重点

(一)农业和农村经济

“九五”至2010年，要以优化农村经济结构、全面发展农村经济、增加农民收入为目标，以小康建设统领农村工作全局。围绕发展市场农业，实行区域化布局、专业化生产、一体化经营、社会化服务、企业化管理，推动农业向高产、优质、高效方向发展，改变农业生产经营方式，加强农村社会化服务体系建设，在农村工业化、城镇化等方面，取得重大突破，使农村经济与城市经济、国内外市场融为一体，在更高层次上实现良性循环。

搞好农业经济的结构调整，逐步建立起以发展粮食、多种经营和乡镇企业为主体的农村经济新格局。强化基础意识，进一步搞好商品粮基地建设，稳步发展粮食生产，重点抓好400万亩中低产田综合改造工程，依靠科学技术，努力提高单产。“九五”期间，在现有120亿斤粮食产量基础上，实现增产30亿斤粮食的目标。坚持走产业化道路，瞄准市场需求，抓好龙型经济，大力发展多种经营生产，合理确定种植、养殖、加工业的比例。形成种、养、加、产、供、销、农、工、贸一体的农业生产格局，促进传统农业向现代化农业转变。乡镇企业是长春市经济发展的重要增长点，要超常规发展乡镇企业。一是依托当地农业资源发展加工业；二是发展为城市工业配套产品；三是大力发展建筑业；四是加速发展为农业和城市服务的第三产业。放手发展合资企业和个体私营企业，扩大生产领域。

加强农业基础设施建设。要积极开发、保护水资源，加大水利基础设施的投入，切实改善农业生产条件。兴修水利设施，搞好水库的修建，提高蓄水、防洪能力，提高抗御灾害和灌溉农田等方面的能力，最大限度地减少农业生产和农民收入的波动性。

逐步推进农村城市化进程。要在统一规划下兴建农村小城镇，把农村城镇的发展与乡镇企业集中连片建设有机结合起来。以城带乡，城乡一体发展。“九五”期间争取形成20个3～5万人口的规划合理、各具特色、环境优美的现代化小城镇。

推进农村服务体系建设。为适应农村商品经济的发展，要重点加快建设农用物资流通、生产服务、科学技术传递、信息咨询等社会服务体系以及财产保险、养老保险等社会保障体系。

(二)工业经济

“九五”至2010年，全市工业要紧紧围绕市场的变化，加大产业结构、企业组织结构、产品结构和技术结构调整的力度，按照技术新、市场大、效益高的路子，壮大汽车主导产业，大力发展食品、医药、建材3个优势产业，加速培育光机电一体化、生物工程和新材料3个新兴带头产业，努力加强能源工业、化学工业的发展，加速改造轻纺工业，提高工业素质，促进产业高级化。并实施一批重大建设和改造项目，培植一批规模经营的企业集团和财源大户，发展一批有竞争能力的拳头产品。

发展以汽车为主的交通设备制造工业。充分发挥一汽的生产、科研、开发的综合优势，"九五"期间，要加快一汽轿车基地建设，大力发展轻型汽车、中型载重汽车、摩托车和汽车零部件制造工业，形成一批有特色和竞争能力的拳头产品。摩托车重点发挥长春汽油机股份(集团)公司的技术质量优势，努力提高产品档次，开发新产品，不断扩大生产规模和出口。铁路客车、地铁客车重点发挥长春客车厂龙头骨干优势，努力开发新型铁路客车、地铁客车，保持在全国同行业的领先地位。

发展壮大医药、食品、建筑和建材等三大优势产业。

医药工业要经过改造，形成以农副产品资源和长白山野生资源为主要原料的现代化中药生产体系，利用吉化产品，采用高新技术发展合成制药和生物制药。食品工业要充分发挥我市农副产品资源丰富的优势，开发集营养、保健为一体的"理想化消费"的产品，高品味的高维生素、高蛋白、高纤维质的食品，满足不同层次的消费者的需求。建材工业要大力发展水泥、陶瓷、玻璃三大建筑材料，新型建筑材料和高级装潢材料。

加速培育光机电一体化、生物工程、新型材料3个新兴产业。发挥机械、电子、光学3个行业的群体优势，综合运用光学、电子、自动控制等先进技术，开发数控机床、汽车电子、通讯等先进设备和基础零部件、元器件；生物工程领域重点是开发基因工程、转基因工程和培育新菌种、酶制剂技术等；新材料领域重点是发展信息材料、高分子材料、复合材料、稀土材料等。

加快能源工业、化工工业发展。能源工业重点是加快热电一厂改扩建工程、热电二厂二期工程建设，新建德惠电厂和九台中心负荷电厂。加快羊草沟煤矿的开发改造，早日形成百万吨生产能力；化学工业，要开发长春周围丰富的天然气和二氧化碳气资源，搞好开发，同时结合吉化30万吨乙烯的下游产品搞好配套加工。

加速改造轻纺工业。轻纺工业要围绕市场导向，高起点进行结构调整，提高产品的附加值和加工深度，实现从劳动力密集型向劳动技术密集型转变和速度型向效益型转变。轻工业要根据市场需要，不断开发新产品，提高产品档次，提高经济效益；纺织工业要增强适应市场变化的能力，依靠吉林乙烯工程系列产品和以本地资源为原料，生产具有市场竞争能力的纺织产品，并带动全市服装业的快速发展。

(三)城市建设

"九五"至2010年，长春市城市建设要按照园型基础、指状扩展、组团鲜明、新旧融合、布局合理、功能明确、结构协调、管理先进、环境优美的总目标进行。要适应市场经济发展需要，扩大城区规模和范围，合理调整功能分区，疏散城市中心地区的人口和建筑密度，发展一批卫星城镇。高标准地规划建设现代化基础设施系统，逐步把长春建设成一个规划先进、科学，设施承受能力较强，建筑风格具有北方春城特色，生态环境优美的现代化城市。

(四)第三产业

1.商品流通。按照建设大流通、大商业、大经贸、大市场的要求，重点抓好流通基础设施建设，建设一批具有现代技术装备的大型商业和生产资料交易设施，形成高效、畅通、统一、可调控的商品流通体系，逐步把长春市建设成为东北亚商贸中心。商业网点建设要纳入城市建设总体规划，在原有一、二、三级商业区的基础上逐步向现代化、高水平的专业商场、购物中心、超级市场方向发展，形成具有长春特色的商品营销网络。

2.金融保险业。要加快金融体制改革的步伐，逐步发展地方银行，建立便于地方直接调控的金融机构，适时兴办股份制银行、合资银行和独资银行，鼓励发展金融租赁公司，适当发展财务公司和集体钱庄。发展的重点：一是发展以债券、长期投资券、股票为主的证券市场，健全证券管理和交易网络。二是建立资金拆借市场，形成市内和跨地区纵横交错的拆借网络。三是扩大商业票据结算业务，发展商业信用。四是巩固和完善外汇调剂市场，实现外汇公开，自由买卖，开展外汇同业拆借业务。五是拓宽保险事业服务领域。建立多层次的保险体系，开展人身、养老、待业、涉外、医疗、农作物统筹保险、企业财产保险等多种社会保险业务，建立农业保险合作社。

3.房地产业。要继续按照土地有偿使用，使用权有偿转让和住房商品化的方向，实行规范、调控与发展相结合，促进房地产业健康发展。调整房地产开发结构，加快住宅商品化步伐，实施"安居工程”，提高人民居住水平。积极吸引社会资金开展房地产储蓄和房地产抵押贷款业务，促进房地产的资金投入从国家投资为主向以社会投入为主转变。

4.交通运输业。要加速完善以铁路、公路、民航、水路组成的高效主体综合运输网络体系。铁路，加快长春铁路客运站改造，扩建长春南站和长春北编组站，配合国家搞好哈大铁路电气化工程建设，同时建设长春——双阳——烟筒山和榆树——山河屯地方铁路。公路，以长春为中心，以干线高等级公路为骨架，形成纵横成网，城乡相连，四通八达的公路网。水运，要积极配合省开辟第二松花江航道，提高水运能力。民航，“九五”至2010年期间，要新建一个旅客吞吐量为1000万人次大型国际机场，并逐步开通直航东北亚各大中心城市和世界其他主要城市的航线。

六、科学技术和教育

继续贯彻落实科技是第一生产力的思想，坚持以教育为本，把科技和教育摆在全市经济、社会发展的重要位置，增强长春的科技实力及向现实生产力转化的能力，提高全市人民的科技文化素质，把加快经济发展转移到依靠科技进步和提高劳动者素质的轨道上来，加速全市的现代化建设的进程。

科学技术，重点加强基础研究和高新技术研究的应用与开发，加快传统产业高新技术化的步伐，提高产品的技术含量和市场竞争力，促进产业结构优化和升级。特别要用现代技术武装基础产业和支柱产业，推进国民经济各领域的科技进步，力争在高新技术、引进、吸收、创新和应用研究的若干领域实现突破。

教育事业，要继续把教育放在超前发展、优先发展的战略地位，认真贯彻落实《中国教育改革和发展纲要》，鼓励社会办教育、把学校教育、家庭教育和社会教育有机地结合起来，加强基础教育，大力发展职业教育、成人教育和高等教育，全面提高教育质量和办学效益，培养和造就一大批现代化建设急需的优秀人才。

七、对外开放

扩大对外开放，积极参与国际经济技术交流与合作，是加快经济国际化进程的战略选择，要全面实施开放带动战略，充分利用国内国际两个市场、两种资源，优化资源配置，实现出口创汇和利用外资由规模数量型向质量效益型转变，由低水平对外经贸合作向高层次参与国际分工，直接与国际经济接轨。

发展的重点：

1.加快“两区两城”建设，提高对外开放的层次。高新技术产业开发区要建成以技术高密化、产业优势化、机制市场化和经营国际化的先导区，形成具有长春特色的支柱产业。经济技术开发区要实现“5年具规模，10年成气候”的阶段性目标，提高投入产出比，达到较高的经济效益。

2.加快外贸发展，努力增加出口创汇。在巩固和发展传统出口商品和主要市场的基础上，全方位开拓国际市场。加快出口生产基地建设，全面提高产品质量档次，走产销一体化道路，形成“大经贸”新格局。

3.拓宽利用外资领域，提高利用外资的规模效益。要继续改善投资环境，积极引进吸收国外大基金大财团来长直接投资，鼓励外商参与基础设施、主导产业，成片开发和兴办第三产业，带动全市的产业进步和结构调整。

黑龙江省

主　　编：宋洪福
副 主 编：杜有林　王伟东
编写人员：王伟东　韩立华

黑龙江省分目录

黑龙江省概况

面积:45.4万平方公里

人口:3672万人

行政区划:3个地区,11个地级市,18个县级市,49个县,1个自治县

省委书记:岳歧峰

省八届人大常委会主任:孙维本

省长:田凤山

省七届政协委员会主席:周文华

黑龙江省国民经济主要指标(单位:亿元)

项　目	1994年	1994年比上年增长(%)
国内生产总值	1604	8.7
工农业总产值	2310.4	3.1
工业总产值	1778.2	8.9
重工业产值	1271.2	4.1
轻工业产值	507.0	18.6
农业总产值	532.2	12.6
全社会固定资产投资	396.5	24.1
国有固定资产投资	357.7	22.9
社会商品零售总额	538.9	20.7
零售物价总指数(%)	20.7	6.1
职工工资总额	268.5	19.5

开发前景广阔的黑龙江

富饶美丽的黑龙江省,地处祖国的东北边疆。她的版图如同一只展翅飞翔的天鹅。北部和东部以黑龙江和乌苏里江与俄罗斯为界,西部与内蒙古自治区毗邻,南部与吉林省接壤。总面积45.4万平方公里,居全国第六位(仅次于新疆、西藏、内蒙古、青海、四川)。全省行政区划设14个地市,其中省辖市11个;68个县(市),其中县级市18个;1158个乡镇,其中镇361个;14520个村。总人口3670万人,其中农业人口2000万人,占55%。

一、富饶的资源宝库

(一)祖国北疆,开放前沿

黑龙江省是我国位置最北的省份,幅员辽阔,南北长1120公里,东西宽930公里,基本地貌特征是五山、一水、一草、三分田,表现为南北两大山地,东西两大平原,山势和缓,平原广阔。大、小兴安岭和张广才岭、老爷岭、完达山构成全省的山地骨架,山脉从西北和东南两向,对全省起屏障、闭合作用,中西部的松嫩平原和东部的三江平原分

别向我国内陆腹地和俄罗斯展开，形成了便利的国内、国际联系。边境线长3045公里，全省有21个开放口岸，在我国沿边开放中占有独特的地位，具有其他省市无法比拟的优越条件。黑龙江省位于中温带和寒温带，属大陆性季风气候，四季分明，景色宜人。年均降水量589.6毫米，年平均气温1.3℃，无霜期在100～140天之间。

（二）肥沃的黑土地，祖国的粮仓

土地资源丰富，是世界著名的三大黑土带之一。现有耕地面积13350万亩，占全国耕地面积的5.9%，人均占有耕地3.7亩（农业人口人均6.7亩），高于全国人均1.3亩的水平，总面积和人均占有量均居全国第一位。土质肥沃，黑土、黑钙土、草甸土等占耕地的60%以上，土质养份储量比其它省区高2～5倍，且土地集中连片，80%集中分布在松嫩平原和三江平原，地势平坦，绝大部分耕地坡度在5度以下，适于大规模集约化经营。适宜种植大豆、小麦、玉米、水稻、马铃薯等粮食作物以及甜菜、亚麻、烤烟等经济作物，其中大豆、甜菜、亚麻、马铃薯的种植面积和产量居全国首位，全省粮食商品率达60%以上。草原面积9000万亩，居全国第七位，产草量居第八位。松嫩平原面积10.3万平方公里，占全省土地面积的22.7%，自然条件适宜，有利于农牧业发展，粮豆薯产量在全省占举足轻重的地位，甜菜、亚麻、奶牛、羊等占全省70%以上。三江平原面积10.9万平方公里，占全省土地面积23.9%，三江平原开发历史较短，土壤肥沃，人均耕地多，粮豆商品率高，后备资源丰富，农业生产潜力大。

（三）浩瀚的林海，全国最大的林区和木材生产基地

黑龙江的森林，广泛地分布在大、小兴安岭，完达山、张广才岭和老爷岭等山区。森林总面积1777万公顷，占全国的14.5%，森林蓄积量14.2亿立方米，占全国的13.4%，森林覆盖率37.5%，居全国首位。主要树种有100多种，用材树30余种，其中红松，落叶松、樟子松、水曲柳、黄波萝、胡桃楸等是国内少有的珍贵树种。大兴安岭寒温带针叶林区，以兴安落叶松为代表；小兴安岭——老爷岭温带针阔叶混交林区，以红松为主。林区繁衍着种类繁多的珍禽异兽和野生植物。森林开发取得了很大成绩，现有40个森林工业局，职工81.3万人，累计生产木材5.5亿立米，占全国木材产量的33%，形成了较完整的森林工业体系。

（四）富饶的矿产资源

黑龙江省境内地貌类型多样，地质构造复杂，为各种矿产资源的形成创造了有利条件。已发现的矿产有114种，其中已探明储量的矿种有71种，储量居全国前十位的有26种，前三位的有11种。石油、煤、金、石墨等优势矿产资源众多。石油集中分布在西部大庆地区，煤主要分布在东部鹤岗、双鸭山、鸡西、七台河一带，西北部黑宝山地区也有煤藏；金分布在大兴安岭和黑龙江沿岸地带，其他有色金属主要分布在北部地区；非金属矿分布较广，矿种繁多，遍布全省。石油资源可采剩余储量尚有8亿吨，2000年前仍可稳产5000万吨。煤炭资源种类全，质量佳。东部以烟煤为主，主要煤种是炼焦煤和动力煤，还有国内稀缺的主焦煤。西北部以褐煤为主。石墨年采量达6万吨以上，其产品70～80%销往国外，是重要的创汇产品。

（五）江河纵横，水利资源居"三北"之首

境内江河湖泊众多，有黑龙江、乌苏里江、松花江和绥芬河四大水系，流域面积在50平方公里的河流1918条，其中超过5000平方公里的有27条，10000平方公里以上的有18条。黑龙江全长4370公里，仅次于长江、黄河，列我国第三，是著名的国际界河。黑龙江省水资源总量798亿立米，居东北、华北、西北各省市区之首，其中地表水650亿立方米，可利用养鱼水面833.5万亩，居全国第四位。已初具防洪、灌溉、供水、发电、航运、养鱼等水资源综合开发利用能力。

（六）瑰丽壮观的旅游风光

黑龙江省旅游资源十分丰富，可开发的风景区、旅游点共有111处，其中自然资源风景区、旅游点82处，目前只开发了四分之一。虽然黑龙江省开发历史较晚，但古迹遗址等人文景观别具特色，自然景观原始壮丽，形成独特的黑龙江省旅游资源。夏季是避暑的胜地，冬季是冰雪的乐园。自然景观中，镜泊湖是我国最大的高山堰塞湖，是北方著名风景区、疗养区，叶剑英同志曾为它吟出"高山平湖水上山、北国风光胜江南"的诗句；五大连池自然保护区由1719～1721年火山口爆发形成的5个相连的堰塞湖和周围14座火山丘组成。地质地貌保存完整，熔岩流动景象清晰，熔岩台地上的火山喷气锥是火山研究的珍品，自然的奇观，被誉为"天然火山博物馆"。这里日夜涌流的泉水，可治疗多种疾病。兴凯湖是中俄边境最大的界湖，我国境内面积1080平方公里。兴凯湖水域广阔，水草茂盛，栖息着天鹅、丹顶鹤、鸳鸯等珍贵水禽，这里建有自然保护区。抚远位于我国最东端，被称为天亮最早的地方。漠河则位于我国最北端,被人们称为"北极村"。这一独特的地理位置,每年盛夏都吸引大批游客来此观光。此外,大小兴安岭的原始森林,齐齐哈尔和杜蒙的丹顶鹤之乡和亚布力滑雪场等都是独具特色的北国景观。人文景观包括史前遗址、古城堡、历史名胜、宗教建筑、民俗民情和独特的城市建筑风格。自然景观和人文景观相互交映,使黑龙江不仅是避暑胜地,也成为冬季旅游热点,吸引海内外游客。

二、雄厚的经济基础

新中国成立后,国家对黑龙江的开发建设投入了大量的人力、物力和财力,加上龙江人的勤劳勇敢,使黑龙江省的经济实力日益增强。昔日的"北大荒"变成了"北大仓",如今的黑龙江,已成为国家重要的煤炭、石油、木材、机械生产基地和商品粮基地。

(一)国家重要的工农业生产基地

从1953年到1993年,全省基本建设投资1170多亿元,占全国的4.2%;新增固定资产近900亿元。经过40多年的开发建设,不断地扩大了粮食、煤炭、木材、建材、电力、造纸、纺织、制糖、卷烟等方面的生产能力,建成了以粮食、煤炭、石油、木材、机电、食品为重点的,门类比较齐全,布局比较合理,基础比较雄厚,且具有相当规模和较高技术水平的工业、农业生产基地。黑龙江省工业有两个明显特点。一是重工业比重大。重工业产值占本省全部工业产值的68%;重工业中采掘工业比重大,采掘工业产值占全省工业产值的31.2%。二是大中型企业多。在554个大中型企业中,采掘工业方面有一大油田、两大林区、四大煤矿;在机械工业方面有一大重型、两大机床、三大动力、十四大军工;在轻工业方面,有一大橡胶、三大造纸、四大纺织、六大糖厂;在化工方面,有三十万吨乙烯;在电力方面,有十大电厂。目前,黑龙江省年产原油5500多万吨、原煤7500多万吨、木材1000多万立方米、发电350多亿千瓦时、发电设备370多万千瓦、平板玻璃近500万重量箱、金属切削机床4000多台、食糖60多万吨、乳制品12万多吨。在农业建设方面,"一五"计划时期以来,国家用于黑龙江省农林水利气象方面的投资达134.21亿元,其中以农垦、水利投资为最多。黑龙江省国营农场建设最早,规模最大,103个国营农场拥有耕地面积近200万公顷,在全国农垦系统中居首位。全省已建成大型水库15座、中型水库55座、小型水库458座,总库容71.25亿立方米。

(二)技术装备程度较高

大规模的建设投资,不仅决定了黑龙江省的经济结构和生产力布局,也为今后经济的发展打下了较为雄厚的物质技术基础。据初步匡算,截止到1993年末,黑龙江省拥有固定资产原值2502亿元,其中工业固定资产原值1311亿元,居全国第七位。在全省机械工业中,仅万吨水压机、16米立车、25米卧车、4×12米龙门刨床等精密、大型和稀有设备就有4000多台。农业方面,到1993年末,全省农业机械总动力1100多万千瓦,其中大中型拖拉机8万多台,联合收割机1万多台。机耕、机播、机收面积均居全国首位。

(三)基础产业不断加强

黑龙江省现有铁路、公路、水运、航空和管道5种运输形式,已经形成初具规模的陆、水、空、地下运输并行,人、机、运、修配套的综合运输网,成为亚洲及太平洋区域陆路通往俄罗斯和欧洲大陆的重要通道。

黑龙江省境内有哈长、滨绥、滨洲等34条铁路干支线,四通八达的铁路网分布于全省东、西、南、北、中,铁路营运里程达5262公里(其中地方铁路432公里),铁路专用线1030公里,均居全国第一位。绥芬河经哈尔滨至满洲里铁路是连接欧亚两洲的"大陆桥"的重要组成部分。公路总里程4万多公里,有国道7条,省道10条,县、乡公路1000余条。主要公路干线都与铁路、港口、机场相连接,99%的乡镇和96.5%的村屯通汽车。黑龙江省通航河流以黑龙江、松花江、乌苏里江为骨干,以哈尔滨、佳木斯港为枢纽,水运网贯穿全境。佳木斯港、同江港已开通了江海国际联运。全省可通航河流10条,湖泊2个。内河通船里程达4696公里,居全国第二位。年吞吐量在万吨以上的主要内河港口有35个。现有航空线路58条,其中,省内航线7条,省际航线47条,国际航线3条,地区航线1条。哈尔滨机场是全国八大民航机场之一,能起降各种大型客机,民用航空可直达俄罗斯的哈巴罗夫和北京、上海、广州、沈阳、西安、乌鲁木齐等大城市及省内重要城市。目前,全省电话交换机容量已突破百万门,到1994年底全省县以上城市将全部实现程控化。

1993年全省一次能源生产总量达1.37亿吨标准煤,比1952年增长近30倍,比1978年增33%。目前,黑龙江省当年生产的煤炭、电量除保证本省需要外,还有富余调出省外。

(四)科技实力大大增强

黑龙江省国有单位有自然科技人员83万多人,其中工程技术人员近28万人,均居全国第六位;国有单位农业技术人员3万多人,居全国第三位。科学研究与技术开发机构779个,职工近5万人,其中科学家、工程师2万多人。在焊接、电工仪表、工业机器人等研究领域,处于全国领先地位。1993年,全省共取得各类科技成果342项,其中达到国际先进水平的13项,属于国内首创或领先的92项。重大科技成果主要有:番茄早熟优质、抗病、丰产新品种740#;3006型中规格万能齿轮测量机;大豆新品种绥农8号和油田渗水高频防垢应用技术研究等。全年共向国家申报专利2733项,比上年增长17.4%,获准专利1917项,增长1.1倍。全省1993年从事科技工作的各类专业技术人员已达到130.9万人。

(五)主要工农业产品在全国占有重要地位

黑龙江省主要工业产品产量在全国居前列的有原油、煤炭、木材、发电设备、轴承、糖等。主要农产品在全国居前列的有大豆、马铃薯、亚麻、甜菜、奶牛等。黑龙江省粮食总产量已连续3年稳产在450亿斤以上,1993年粮食总产达478.2亿斤,商品率达62.7%。黑龙江省每年都以大量的工农业产品支援全国,每年调出省外的产品量,原油占96%,木材占58%,原煤占25%左右,向国家提供发电设备占全国新增发电设备总容量的30%左右。从50年代以来,国家从我省共调出粮食600亿斤,出口504亿斤。

(六)经济实力明显增强

——国内生产总值1993年达1076.94亿元,按可比口径比1978年增长2.4倍;人均国内生产总值1993年达3048元,比1978年增加2485元,居全国第八位。国民收入生产额1993年达803.89亿元,比1953年增长10.5倍,比1978年增长2.4倍;人均国民收入1993年为2290元,比1953年增加2069元,比1978年增加1802元,居全国第九位。

——工农业总产值1993年达1725亿元,按可比口径比1953年增长16.2倍,比1978年增长2.6倍。其中,农业总产值1993年为330.6亿元,比1953年增长4.5倍,比1978年增长2倍;工业总产值1993年为1394.4亿元,比1953年增长26.1倍,比1978年增长2.8倍。

——财政收入。1993年地方财政收入为108.11亿元,比1953年增长18.1倍,比1978年增长71%,居全国第十四位。

三、巨大的发展潜力

龙江风光秀美,资源富集,物产丰饶,但她开发较晚,投入不足,开发程度很低,经济发展水平不高,在国内仍属发展中省份,极具发展潜力。

(一)资源的综合开发与精深加工潜力大

土地资源开发程度低,未开发资源较多。全省尚有五荒(山、地、草、水、滩)资源7189万亩,占全省国土面积10.5%,人均占有2.1亩。其中可开发利用的4575万亩,占农业后备资源总量的63%。从种植业看,虽然粮食总产高、商品率高,但亩产只有215公斤,比全国平均水平少52公斤,列全国第二十二位。全省有8000多万亩中低产田,占现有耕地61.5%,待开垦宜农荒地2700万亩,粮食增产潜力很大,不仅可成为全国粮食战略后备基地,而且可发展为世界级粮仓。从牧业看,虽然全省处于世界奶牛带上,草原辽阔,但牧业发展不均衡,东部及边远地区牧业不发达,发展潜力大。

1992年底,全省已开发利用的矿产资源为39种,占已探明储量矿种的54.2%,还有32种未被开发。在已开采的矿种中,仅石油、砂金、水泥用石灰岩、伴生硫铁矿、萤石等几种矿产1988年底采出率在20%以上,矿产资源开发潜力很大。全省矿产资源深度加工利用水平低,以煤炭和石油为例,1992年两者加工利用程度只分别相当于全国的53.6%和14.7%。

森林资源开发过去一直以采伐原木为主,1992年木材加工利用程度只相当于全国的11.7%,大量的剩余物被浪费。林区其他野生动植物资源的开发利用程度很低,不少资源仍沉睡于林海之中。因此,发展林木深加工及山产品综合开发大有可为。

全省水利资源的开发利用程度低,开发潜力较大。水库库容小,地表水控制程度低,1993年末,全省水库库容为71.25亿立方米,仅占全国的1.5%,占河川年径流总量的10.9%,低于全国平均水平。灌溉率为12%,低于全国14个百分点。水土流失治理面积占37%,低于全国2个百分点。水电装机容量20.5万千瓦,仅占可开发资源总量的3.3%。水产养殖不够,开发利用水面占可利用水面为61.5%。水上运输不发达,黄金水道未能充分利用。

旅游资源开发潜力大,随着对外开放的不断

扩大,我省旅游业发展较快,形成了冬季冰雪旅游、夏季避暑观光的龙江旅游特色。但由于投入少,基础设施薄弱,开发程度低,许多资源尚待开发。

(二)工业改造潜力大

全省固定资产存量大,但产出率低。1992年末,全部独立核算工业企业固定资产原值为1072亿元,净值为758亿元,均居全国第七位,但产值只有983亿元,居全国第十一位。百元固定资产原值实现产值为80元(可比价),大大低于全国水平。

全省大中型企业多为50、60年代建设的,经过系统改造的只占10%左右,一半以上设备超期服役或接近报废,一半企业的产品处于衰退期,技术改造任务繁重,潜力很大。

(三)发展非国有经济的潜力大

改革开放以来,由于有丰富的资源、较为发达的大工业及良好的市场环境,我省的乡镇企业、第三产业、个体私营经济、外资企业、区街经济都有了很大的发展,但与全国相比,我们仍有很大差距,加速发展的潜力巨大。目前是我省非国有经济发展的最好时机,从思想上看,全省上下都认识到发展非国有经济的重要性,并看到与全国发达省区的差距和自身的潜力,增强了发展非国有经济的紧迫感和使命感。从政策上看,全省进一步放宽了发展非国有经济的政策,从资金方面将加大对非国有经济的支持力度。在资源开发方面,实行多个层次一起上,多个轮子一起转,鼓励非国有企业参与资源的开发。由于全省非国有经济起步晚,基础差,省内资金紧张,因此对省外资金、技术、人才的需求特别大,为国内外投资者提供了良好的投资机遇。

(四)对外开放的潜力较大

全省位于欧亚大陆桥的东端,北邻尚未开发的世界资源宝库——西伯利亚,东达朝鲜、日本,处于东北亚经济圈的中心地带,在我国沿边开放中占有独特的地位,具有其他省市无法比拟的优越条件。但是,我们的优势没有得到较好发挥。

对外贸易的整体布局不尽合理。1993年我省对独联体、前东欧国家的边境易货贸易进出口总额20.7亿美元,占全部进出口总额的67.9%。对日本、韩国、东南亚及欧美各国的贸易额很低,继续增加出口的潜力很大。

全省大中型企业的出口潜力较大。全省对外贸易的增长对全省经济发展的牵动作用不强,省内企业没有成为对外贸易的主体,只要我们进一步调整政策,加强技术改造,蕴含于大中型企业之中的巨大出口创汇潜力将逐步发挥出来。

全省吸引外资的潜力很大。全省的资源开发、企业技术改造面临着资金短缺的困难,因此对内外资的需求较大。我省吸引外资的软硬环境正在不断改善,从软件看,全省确立了以南联为重点、南联北开、全方位开放的发展战略,制定了一系列优惠政策,法制日益健全;从硬件看,全省拥有21个对外开放口岸,交通较为发达,形成了一个水陆空立体交通网络,通讯条件也不断改善,有充足的能源供应保证经济发展的需要。

各类经济开发区将成为全省吸引外资,发展外向型经济的热点。全省拥有国家级开发区5个,省级开发区20个,这些开发区具有更优惠的政策和良好的基础设施,是国内外客商投资龙江的最佳选择,具有良好的发展前景。

(五)科技进步与科技合作的潜力有待进一步发挥

全省早在80年代末就已经提出科技兴省战略,紧紧依靠科技进步推动经济的发展,但是从整体上看,科技进步对经济发展的推动作用还发挥得不够,近年来科技进步对经济增长的贡献份额一直保持在21%左右,因此依靠科技进步推动经济发展的潜力仍然很大。为抓好这项工作,全省进一步深化科技体制改革,积极培育科技市场,鼓励广大科技人员面向企业、面向市场、面向经济,大力兴办民营科技企业,加速科技成果向现实生产力的转化。因此科技进步将日益成为我省经济发展的主导因素。我省的资源开发与企业技术改造也为发展与省外及国外的科技合作提供了机遇。省外及国外的科学技术一旦与我省的资源优势与产业优势结合起来,必将产生巨大的效益,推动整个经济的发展。

目前,为进一步发挥龙江经济的潜力,龙江上下正以邓小平同志建设有中国特色社会主义理论为指导,坚持发展才是硬道理,积极转换脑筋,深化改革,扩大开放,着力解决经济发展中的薄弱环节,形成龙江经济开发的又一个新高潮。龙江人民具有吃苦耐劳、艰苦创业的优良传统,形成了著名的北大荒精神和大庆精神,正是依靠这种宝贵的精神财富,创造了龙江昔日的辉煌,同样,依靠这种精神,龙江人民必将创造更美好的未来。龙江正以新的姿态走向新世纪,将以繁荣的未来告慰她勤劳的人民,以丰厚的回报感谢她的投资者。

有迹象表明，在本世纪末，黑龙江省将成为推动我国经济发展第三步战略目标实现的重要地区之一。黑龙江省将作为我国最重要的商品粮基地、重工业基地和东北亚经济合作区的重要参与者的形象展示在世人面前。

国民经济和社会发展

1994年，黑龙江省人民在省委、省政府的领导下，紧紧围绕中央提出的"抓住机遇，深化改革，扩大开放，促进发展，保持稳定"的工作大局和省委确定的经济发展思路、战略目标，积极推进财税、金融、外资等项改革，国民经济发展步伐加快，城乡人民生活水平显著提高，科学、教育、文化、卫生、体育等各项社会事业取得新的进展。

一、国民经济发展情况

1994年，全省国民经济开始出现加快发展的势头，全年国内生产总值实现1604亿元，比上年增长8.7%，是近10年来经济增长最快的一年。

(一)农业

1994年全省深入贯彻中央、省委农村工作会议精神，相继出台了一系列加强农村工作、巩固农业基础地位、保护农民利益的政策措施，调动了广大农民的生产积极性，农业投入增加，生产步伐加快。1994年全省实现农业总产值532.2亿元，比上年增长12.6%，农业增加值314.4亿元，增长8.9%，增幅分别比上年提高10.3和4.1个百分点，是近几年来增长最快的一年。粮食总产量突破2500万吨大关，达到2578.7万吨，比大丰收的1993年增加187.9万吨，增长7.9%，再创历史最好水平。主要农产品产量如下：

	1994年	比上年增长%
粮食	2578.7万吨	7.9
其中：水稻	410.4万吨	5.7
小麦	275.3万吨	－19.0
玉米	1146.4万吨	19.8
高粱	86.4万吨	17.9
杂粮	47.7万吨	70.0
大豆	513.6万吨	4.5
薯类	74.6万吨	－13.3
油料	15.57万吨	－3.5

续表

	1994年	比上年增长%
亚麻	21.7万吨	27.3
甜菜	322.7万吨	6.0
烤烟	8.9万吨	－23.6
蔬菜	672.2万吨	0
水果	9.9万吨	7.2

林业生产建设和绿化工作取得新进展。1994年全省实现林业增加值6.8亿元，比上年增长0.6%。造林面积达28.3万公顷，比上年增长13.8%。造林质量不断提高，森林防火工作得到加强，森林覆盖率有所提高。

畜牧业发展步伐加快。全年牧业增加值51.3亿元，比上年增长30.0%，主要畜产品产量和牲畜存栏头数如下：

	1994年	比上年增长%
肉类总产量	108.7万吨	28.9
其中：猪肉	65.6万吨	20.8
牛肉	18.0万吨	62.0
羊肉	2.4万吨	32.6
禽蛋产量	60.2万吨	22.1
牛奶产量	141.5万吨	5.5
绵羊毛产量	1.3万吨	16.4
肥猪出栏	788.7万头	22.0
家禽出栏	12692.3万只	29.6
大牲畜年末存栏	519.0万头	17.7
其中：奶牛	73.2万头	9.3
猪年末存栏	909.4万头	14.7
羊年末存栏	399.7万头	22.1

渔业生产持续发展。全年渔业增加值5.3亿元，比上年增长8.2%。水产品产量20.9万吨，比

上年增长10.2%，其中养殖产量15.8万吨，增长11.3%。

农业生产条件有所改善。1994年全省化肥施用量（折纯）108.5万吨，比上年增长8.3%。农村用电量22.9亿千瓦时，比上年增长4.1%，年末拥有农业机械总动力1190.0万千瓦，比上年增长0.4%，大中型拖拉机8.2万台，下降3.3%，小型拖拉机40.5万台，增长4.7%；排灌动力机械134.1万千瓦，增长1.2%；机动脱粒机8.1万台，增长5.0%；农用水泵14.5万台，增长1.9%；有效灌溉面积102.2万公顷，比上年下降12.2%。

农村非农产业发展步伐加快。1994年全省农村工业、建筑业、运输业、商业和饮食业等非农产业总产值590.0亿元，比上年增长77.0%，占农村社会总产值的比重由上年的50.3%上升到52.7%。

乡镇企业实施“跨越工程”，成效显著。全省乡镇企业总产值600亿元，比上年增长66.4%；营业收入587.1亿元，增长61.0%，实现利润31.8亿元，增长37.0%；上缴税金15.2亿元，增长37.0%。

（二）工业和建筑业

1994年，以建立现代企业制度为核心的企业改革开始起步，市场机制作用显著增强，工业生产稳步增长。全部工业总产值完成1778.2亿元，比上年增长8.9%。在全部工业中，国有企业产值1279.3亿元，增长0.3%；非国有企业产值498.9亿元，增长29.5%，占全部工业比重由上年的27.6%上升到28.1%。其中集体企业产值323.2亿元，增长24.3%，在集体企业中乡办工业产值91.8亿元，增长69.3%，村办工业产值86.4亿元，增长47.5%，城乡合作经营工业产值6.6亿元，增长47.9%；城乡个体工业产值100.6亿元，增长47.5%；“三资”等其他经济类型工业产值75.1亿元，增长23.8%，其中国有控股企业产值53.7亿元，增长5.6%。大中型企业产值1165.6亿元，增长2.5%，小型企业产值612.6亿元，增长22.8%；重工业产值1271.2亿元，增长4.1%，轻工业产值507.0亿元，增长18.6%，全年完成工业增加值761.5亿元，增长9.0%。主要工业产品产量如下：

续表

	1994年	比上年增长%
化学纤维	12.2万吨	1.4
布	10726.5万米	－35.1
亚麻布	4141.2万米	27.3
昵绒	437.8万米	25.1
食糖	15.0万吨	－63.1
乳制品	11.9万吨	－3.6
白酒	25.5万吨	10.1
啤酒	98.0万吨	12.1
卷烟	78.9万箱	0.5
机制纸及纸板	49.2万吨	－5.8
电视机	22.3万部	182.3
其中，彩色电视机	21.2万部	179.8
合成洗涤剂	2.2万吨	－1.5
塑料制品	8.7万吨	－7.9
一次能源产量（折标吨）	13777.9万吨	1.6
原煤	7640.5万吨	3.9
原油	5600.5万吨	0.2
天然气	23.3亿立方米	4.5
发电量	378.2亿千瓦时	7.5
钢	110.6万吨	－11.3
钢材	98.5万吨	－10.1
铝材	3.6万吨	－18.1
木材	1114.3万立方米	1.5
水泥	678.4万吨	－2.9
平板玻璃	557.5万吨	14.2
硫酸	6.9万吨	－7.3
烧碱	6.0万吨	－17.7
合成氨	60.7万吨	13.6
乙烯	31.0万吨	－0.5
轮胎外胎	192.2万条	1.4
发电设备	411万千瓦	10.7
金属切削机床	2318台	－38.1
汽车	2.4万辆	42.5
小型拖拉机	3.4万台	52.7

产销衔接基本正常，经济效益有所回升。1994年全省乡及乡以上独立核算工业企业产品销售收

入1309.2亿元,比上年增长11.2%,实现利税254.9亿元,增长38.4%。全省工业经济效益综合指数为119.0%,比上年上升5.4个百分点,列人考核的6项经济效益指标中,产品销售率为95.5%,下降1.0个百分点;资金利税率13.9%,上升3.3个百分点;成本费用利润率10.3%,下降0.9个百分点;全员劳动生产率16114元/人,增长29.3%;流动资金周转次数1.30次,减少0.2次;增加值率44.2%,上升0.1个百分点。但企业亏损情况仍很严重,亏损企业亏损额达46.3亿元,比上年增长10.4%,亏损面占22%。比上年上升1个百分点。产成品资金占用较多,相互拖欠货款的现象比较严重。

建筑业稳定发展。1994年,全省建筑业增加值实现87.0亿元,比上年增长7.7%。国有建筑企业房屋建筑竣工面积507.0万平方米,比上年增长11.8%,全员劳动生产率29477元/人,比上年增长20.0%。

(三)商业、物价

1994年,全省市场体系建设步伐加快,初步形成了以批发市场为主体,以集贸市场为基础,大中小结合、综合与专业匹配、批发与零售兼有的多层次、开放式的市场网络新格局。市场商品货源充裕,供需基本平衡,市场销售平稳增长,全年实现社会消费品零售总额中的比重,国有经济占39.7%,集体经济占17.3%,其他经济占33.3%。全省城乡集市贸易市场发展到1893个,成交额达150.7亿元,比上年增长36.7%。农民对非农业居民的零售额增长37.6%。

价格改革步伐进一步加快,物价水平大幅度上扬。在前几年价格改革的基础上,1994年国家又相继出台了一系列调价措施,大幅度提高了粮食购销价格,调整和提高了电力、原油、成品油和化肥、交通、邮电等一大批国家及省管商品价格,这对理顺价格关系,改变基础产品价格长期偏低的状况,逐步建立价格的市场形成机制起到积极的作用,但也带来了物价水平的大幅度上扬。全年全社会零售物价总指数比上年上涨20.7%,涨幅高于上年6.1个百分点。

(四)金融、保险和旅游业

金融体制改革顺利出台,运作平稳,年末全省银行及其它金融机构各项存款余额1168.7亿元,比年初增加295.0亿元,新增存款比上年增长1倍,其中城乡居民储蓄存款余额789.8亿元,企业存款余额306.2亿元,分别占各项存款总额的67.6%和26.2%。各项贷款余额1502.6亿元,比年初增加255.3亿元,新增贷款比上年增长13.3%,累计信贷借差333.8亿元,比上年的369.4亿元缩小9.6%。全年银行现金收入2585.9亿元,比上年增加677.0亿元,增长35.5%,现金支出2744.0亿元,比上年增加699.3亿元,增长34.2%,收支相抵净投放货币158.1亿元,比上年增加22.3亿元,增长16.4%。

保险事业日益兴旺。1994年全省承担各类保险金额达2220.0亿元,保险业务总收入12.4亿元,比上年下降8.6%,保险业务总支出11.4亿元,增长36.4%,全省共处理赔案27.2万件,支付赔款6.9亿元。

国际旅游业繁荣兴旺。1994年共接待来我省旅游、参观、访问、探亲以及从事各项活动的外国人、华侨、港澳台同胞共13.8万人次,比上年增长7.2%。旅游外汇收入1315万美元。

二、国民经济结构调整情况

1994年,全省根据国民经济的发展和国家产业政策的要求,坚持以公有制经济为主体,多种经济成份共同发展的方针,国民经济结构得到了进一步调整,不断地向合理化方向发展,成效显著。

1994年,全年国内生产总值达1604亿元,比上年增长8.7%,其中,第一、二、三产业增加值分别增长8.9%、8.8%和8.6%,占国内生产总值的比重分别为19.6%、52.9%和27.5%,同上年相比,第一产业比重上升了0.7个百分点、第二产业下降了7.4个百分点,第三产业上升了6.7个百分点。以经济成份看,非国有经济增长11.8%,比国有经济增幅高5.2个百分点;对经济增长贡献率达到56.3%。在农村社会总产值中,乡镇企业比重达到53.6%;在社会商品零售额中,非国有商业占60.3%。新的经济格局逐步形成。

(一)农业内部结构

1994年,全省农民以市场为导向,发展"两高一优"农业,按照稳定面积、确保总产、提高效益、增加收入的原则,因地制宜科学合理地调整农作物种植结构。全省粮食作物种植面积750万公顷,比上年减少5.7万公顷,其中水稻种植面积74.8万公顷,增加1.3万公顷;玉米种植面积196.4万公顷,增加18.7万公顷;大豆种植面积279.6万公顷,小麦种植面积119.5万公顷,分别减少18.4和14.2万公顷。粮食总产量达到2578.7万吨,比大丰收的1993年增加187.9万吨,增长

7.9%，再创历史最好水平。主要经济作物种植面积66.5万公顷，比上年增加8.4万公顷，其中，油料种植面积17.4万公顷，亚麻种值面积8.2万公顷，甜菜种植面积34.4万公顷，分别比上年增加1.8、1.9和5.9万公顷，烤烟种植面积6.6万公顷，减少1.2万公顷。

（二）工业内部结构

1994年，全省开始实施开辟经济发展“第二战场”的工作方针和积极推进以建立现代企业制度为核心的企业改革，工业内部结构明显改观。从经济成份看，非国有工业企业产值增幅明显高于国有企业工业产值增幅；幅差为29.2个百分点，从企业规模看，小型企业产值增幅明显高于大中型企业产值增幅，幅差为20.3个百分点；从轻重工业企业看，轻工业产值增幅明显高于重工业产值增幅，幅差为14.5个百分点。工业内部结构的调整，初步打破了工业企业长期低速徘徊的局面，使工业生产实现了稳步增长。

（三）投资结构

1994年，在国家加大宏观调控力度的情况下，全省固定资产投资增长速度比上年有所回落，保持了平稳增长的势头，全年全社会固定资产投资完成396.5亿元，比上年增长24.1%，增幅比上年回落12.3个百分点，其中地方项目投资204.1亿元，增长16.2%，增幅回落30.6个百分点。在全部投资中，国有单位投资357.7亿元，增长22.9%；集体单位投资10.9亿元，增长24.4%；居民个人投资27.9亿元，增长41.3%。全年国有单位基建和更新改造5万元以上建设项目3240个，比上年减少479个，其中新开工项目1983个，减少586个。

投资结构有所改善。在国有单位固定资产投资中，基本建设投资166.4亿元，比上年增长14.6%；更新改造投资98.4亿元，增长42.5%，扭转了多年来更新改造投资慢于基本建设投资增长的局面。其他固定资产投资54.0亿元，增长39.6%；房地产开发投资38.9亿元，增长2.2%。在国有单位固定资产投资中，第一产业投资5.7亿元，所占比重由上年的1.3%上升为1.6%；第二产业投资189.2亿元，所占比重由上年的59.1%下降为52.9%，其中能源工业投资148.7亿元，所占比重由上年的40.2%上升为41.6%；第三产业投资162.9亿元，所占比重由上年的39.7%上升为45.5%，其中运输邮电业投资48.2亿元，所占比重由上年的8.4%上升为13.5%。

三、基础设施完善情况

运输邮电业稳步发展。1994年全省运输邮电业增加值69.7亿元，比上年增长7.7%。各种运输工具运输量完成情况如下：

	1994年	比上年增长%
货物周转量	856.4亿吨公里	0.9
铁路	730.2亿吨公里	0.7
公路	57.0亿吨公里	1.9
水运	18.5亿吨公里	3.5
空运	0.9亿吨公里	−17.9
管道	49.8亿吨公里	1.4
旅客周转量	224.1亿人公里	−0.6
铁路	170.7亿人公里	0.8
公路	42.9亿人公里	−0.3
水运	0.2亿人公里	−24.0
空运	10.4亿人公里	−19.9

全年邮电业务总量达18.5亿元，比上年增长48.5%，其中函件16891万件，增长2.0%；特快专递100万件，增长67.5%；长途电话23414万张，增长62.7%；无线电寻呼28.3万户，增长67.4%；电报684万份，下降30.1%；报刊发行51847万份，下降22.9%；市话程控交换机容量156万门，增长1.1倍。市内电话年末到达97.1万户，增长58.1%。

重点建设取得新进展。1994年全省施工的基建大中型和重点建设项目44个，限额以上更新改造项目42个，分别完成投资71.9亿元、13.6亿元，分别比上年增长3.7%和10.2%。建成投产的大中型及重点建设项目有佳木斯化工厂甲醛一期工程、牡丹江制药厂山梨醇二期工程和汤旺河刨花板厂；限额以上改造项目有桦林集团总公司20万套子午胎工程、哈尔滨造纸厂浆水项目等6个。新增主要生产能力有，发电机组装机容量1.2万千瓦，原煤开采55.7万吨/年，原油开采424.7万吨/年，木材采运12.5万立方米/年，炼钢5万吨/年，水泥5万吨/年，啤酒2.2万吨/年，自来水供水能力2.3万吨/日，城市煤气供应100万立方米。

四、社会事业发展情况

科技事业蓬勃发展。1994年全省共取得各类科技成果226项，其中达到国际先进水平的31项，属于国内首创或处于领先地位的71项，省内攻关项目78项。获奖的重大科技成果有：三江平原区域综合治理，高蛋白高产早熟春大豆新品种黑农35；推广水稻节水型灌溉技术，引进30万千瓦汽轮机低压整体转子的研究；核一级HTTHP和LTLP主循环屏蔽电泵；钢水测重设备；白酒科技攻关项目；亚麻脱胶新技术；流行性出血热临床发病学特点及机制。全年共向国家申报专利2665项，获准专利1477项。

科技经费投入增多。1994年全省用于科技活动的经费总额达11.6亿元，比上年增长10.5%，其中用于研究与发展经费2.3亿元，增长21.1%。专业技术队伍继续扩大，1994年全省地方各类专业技术人员达到94.2万人，比上年增长0.6%。

技术市场活跃。1994年全省共签订技术合同5882份，比上年下降11.3%，合同总金额9.5亿元。增长20.3%，其中科研单位向工业企业转让科技成果1218项，转让金额3亿元，分别增长48.0%和173.0%。

质量检测、标准化建设和天气预报服务进一步完善。1994年全省共有产品质量监督管理机构194个，共建立超短波天气警报服务系统发射台71个。

环境保护事业进一步发展。1994年全省环境环保系统共有监测站115个，国家级自然保护区5个。全年完成环境污染限期治理项目195个，总投资3800万元。城市建成烟尘控制区311个，面积达574平方公里，环境噪声达标区237个，面积达369平方公里。

各类教育事业取得新的进展。普通高等教育发展加快。1994年全省招收研究生1879人，比上年增长9.1%；在校研究生5094人，增长16.1%。普通高等学校招收学生3.4万人，比上年增长3.9%；在校学生10.9万人，增长12.9%，毕业生2.3万人，增长7.4%。中等专业教育稳步发展。中等专业学校招收学生3.5万人，比上年增长2.3%；在校学生8.7万人，增长6.5%，职业中学在校学生2.5万人，增长1.3%，技工学校招收学生3.5万人，增长2.0%，在校学生11.0万人，增长0.2%。基础教育逐步加强。1994年全省初中在校学生144.3万人，小学在校学生376.5万人，分别比上年增长1.4%和8.4%。学龄儿童入学率达98.5%；小学毕业生升学率由上年的82.7%提高到84.8%；初中毕业生升学率由上年的36.1%提高到46.0%，中学生辍学率由上年的8.7%下降为4.6%，小学生辍学率由上年的2.4%下降为1.2%。

成人学历教育招生增加，各种形式的技术培训蓬勃发展。1994年成人高等学校招生4.2万人，比上年增长24.3%，在校学生10.0万人，增长128.6%；成人中等专业学校招生6.2万人，增长70.8%，在校学生12.9万人，增长23.7%；成人中、小学在校学生26.8万人，增长41.7%；全年共扫除文盲6.8万人。

文化事业成绩斐然。1994年末全省共有艺术表演团体94个，群众艺术馆、文化馆(站)1373个，公共图书馆96个，博物馆23个，档案馆157个，广播电台72座，中短波广播发射台和转播台45座，电视台36座，电视发射台和转播台996座，电视节目制作8567小时。全年摄制电视剧21部，共236集，其中获奖作品7部。制作广播剧12部，其中获奖作品7部。年末共有各类电影放映单位3186个。全年共出版报纸6.2亿份，杂志6372.2万册，图书1.1亿册。

卫生事业稳步发展，医疗条件进一步改善。1994年末全省医院、疗养院、门诊所等各种卫生机构发展到7714个，拥有病床12.8万张，比上年增长3.9%。专业卫生技术人员达到17.9万人，其中医生7.4万人，护师、护士5.2万人。在医生中，中西医师5.6万人。

体育事业取得新成就。全年在国内外大型体育比赛中共获得金牌57.5枚，铜牌44.5枚。我省运动员打破1项世界纪录，超1项亚洲纪录，创1项全国纪录，1994年共举办县以上运动会866次，参加人数68.3万人。有316万人达到《国家体育锻炼标准》。

经济体制改革和对外开放

一、国有企业改革情况

黑龙江省在认真贯彻落实《转机条例》、《公司法》，加大企业内部各项改革力度，做好适应于市场经济体制的企业改革工作的基础上，坚持以调整企业资产组织结构为中心，以转换机制为重点，以建立现代企业制度为目标，大力推进国有企业改革，呈现出良好的发展态势，并取得了较为显著的成效。

股份制试点取得重大进展。黑龙江省股份制试点工作从80年代初开始，由以小型企业为主，分散的，不够规范的试点，逐步发展到现在以大中型企业改组为主的，统一规范的试点，目前共批准设立、登记注册股份制试点企业1486户，其中有限责任公司1316户，股份有限公司170户(国有大中型企业改组股份有限公司87户)，股本总额105.6亿元，其中国家股37.8亿元，法人股45.5亿元，内部职工股17.6亿元。通过企业整体改组、分立改组等方式，使国有企业在融资、技改、优化产权结构、建立现代企业制度等方面取得实质性进展。一是重新构建产权主体，为建立现代企业制度进行了有益探索。通过清产核资、产权界定、理顺产权关系，核定了企业的国有资产占用量，在股份制改组过程中，采取法人入股、职工持股等形式，实现了企业产权多元化，明确了出资者所有权和企业法人财产权，相当一部分企业基本达到了现代企业制度产权明晰的要求；二是开辟新的融资渠道，促进了资金配置合理化。通过股份制改组，促使资金开始向优势产业和优势企业流动，从而加速了企业技术进步。仅1993年4户企业利用国家配给的1.6亿元公开发行股票额度，募集资金19.1亿元；三是增强职工主人翁意识，加大了企业的凝聚力。股份制企业通过职工入股，使企业职工同企业"联股连心"，与企业成为命运共同体；四是形成新的政企关系，促进了政府职能的转变，在整个政府管理方式还没有取得突破性进展的情况下，股份制改组在一定程度上促进了政府与企业关系的改善，主要表现在：企业自主权得到进一步落实；企业普遍实施的对承担的社会职能部门的剥离，为进一步理顺政企关系创造了条件；资产所有者的责任和权限得到明确，企业的"主管部门"的概念被淡化。

"嫁接改造"步伐加快。引进国外资金、技术、设备，对国有企业"嫁接改造"，已成为改变工业增长徘徊局面的重要举措之一。目前工业企业嫁接改造的有1350户，其中国有大中型企业46户、55个项目实行了嫁接改造，总投资27.5亿元，利用外资折合人民币13.8亿元；另有33户企业、28个项目已签订合资合作协议。在老企业"嫁接"改造中，生产型企业占70%以上。嫁接改造主要采取三种形式：一是整体嫁接。哈尔滨轴承厂与香港新恒基公司组建(集团)股份有限公司，港方股份占45%(1.48亿元人民币)，哈轴股份占46%，职工个人股占9%，企业利用一年时间筹集资金2.16亿元，相当该厂8年技改资金的总和。1994年该厂技改投入3亿元，相当前5年技改资金的总和，并从日本、德国、意大利等国引进45台(套)设备、132台(条)生产线，目前已有部分投入使用，1994年完成利税比上年增长50.6%。二是部分嫁接。齐齐哈尔钢厂通过引进外资以改造特钢棒材生产线为主，改造无缝管和锻件(材)为辅，将形成100万吨钢材综合生产能力。黑龙江涤纶厂拿出一个车间搞嫁接，引进国外资金、设备组建合资企业。生产产品填补了国内空白。三是由点到线嫁接。齐齐哈尔第二机床厂先后与意大利、日本等国合作投资开发新产品，使产品由原来的三大系列69个品种，发展到十大系列209个品种。牡丹江电视机厂与深圳康佳集团嫁接后，组建了牡丹江康佳实业有限公司，嫁接仅8个月，产值、销售收入、实现利税，分别比上年同期增长1倍、2倍和20倍。佳木斯市通过嫁接改造竣工投产项目，新增产值2.4亿元，新增利税2500万元。

企业集团发展壮大。黑龙江省共有各类企业集团232个，其中核心层企业资产总额为78.3亿元，紧密层企业1573户，资产总额为145亿元。现有的企业集团按大行业划分，已覆盖了二十几个生产、流通门类，这些企业集团有两个明显趋势：一是逐步向综合性的科工贸、农工商、贸工农一体化方向发展，如一重、三环、北亚集团等；二是以名优产品为龙头，纵向扩散、横向配套、整体优化，如运动器材、雄鹰、桦林、哈工具集团等。从企业集团动作的效果看，一是优化了企业组织结构。组建企业集团打破了“大而全”、“小而全”的体制格局，促进了生产要素优化重组。近期新组建的26户企业集团，通过兼并、募股、包租等形式吸收了19户企业参加，为核心企业调剂厂地60多万平方米，厂房10多万平方米，职工近2万名，重新配置3.8亿元资产，消化亏损额近2.5亿元，盘活资金5亿多元。二是优化了整体产业结构。对114户集团统计，近3年来，调整扩大产品结构，生产两种产品以下的只有3户，占2.6%；生产3～8种产品的有89户，占78%；生产10种以上产品的有22户，占19.4%。同时跨行业经营步伐加大，有7户跨2个行业经营，占6%；有81户跨3～6个行业经营，占71%；有26户跨6个以上行业经营，占23%。三是增强了企业竞争能力。全省已有103家企业集团获得了进出口自营权或边贸自营权，并在境外30多个国家和地区兴办各类独资、合资企业近200家，累计协议投资总额8.4亿美元，其中我方投资达3.7亿美元，四是理顺了集团内部组织管理体系。其明显特征是以产权制度改革为核心，形成母子公司的运行机制，并合理地调整集分权关系，初步形成了投资决策中心、科研开发中心和成本利润中心。

国有中小企业产权制度改革有所突破。目前，已有1.6万户中小企业进行了不同形式的产权改革，占中小企业总数的32.4%。其中实行股份合作制3250户，股本总额达9.3亿元，职工股本额已达4.2亿元；被兼并企业821户，破产335户，分别解决债务3.8亿元和6亿元，共安置职工9.8万人；实行租赁7171户；剥离经营1292户；出售拍卖469户；股份制公司815户；嫁接改造210户；其它形式2637户。特别是哈尔滨、齐齐哈尔、牡丹江、佳木斯、鸡西、松花江、绥化、黑河等市地速度更快，进行产权制度改革的中小企业数已经占当地中小企业总数的70%至90%。在各种形式的中小企业产权制度改革中，其显著特点是不搞一个模式而是多种形式并用，如先兼并后股份，先分立后租赁，先剥离后拍卖，先破产后租赁等等。国有资产的管理由实物形态转向价值形态，遏制国有资产滞死和流失的状况。

二、政府机构改革和政府职能转变情况

黑龙江省机构改革方案已经党中央、国务院批准，党政机构设置71个，比改革前减少23个。本着精简高效的原则，正在研究制定各部门的机构、职能、编制，机构改革正在进行中。与机构改革相配套，各级政府部门从还权于企业，进行“废、改、立”，精简机构、分流人员、确定新职能，强化服务等措施入手，加快转变政府职能步伐。各地、市制定新的管理规范和运行程序，提出办事标准、程序和时限。齐齐哈尔市在“四公开、三监督”的基础上，作出了进一步规范政府行为的决定，鸡西市77个部门开展了“搞服务、开绿灯、满意在基层”活动；哈尔滨市为探索政企分开的新路子，制定了关于国有资产授权委托经营的办法，并在一些行业主管部门试点。同时，全省14个地市机关创办实体，分流机关人员。按照“小机构、大服务”的方向，县级改革也取得一些实质性进展。

三、市场体系建立和完善情况

近年来，黑龙江省市场体系建设数量上，结构上都有了长足的发展，初步形成了以国合商业和集贸市场为基础，以大型商品批发市场为骨干的市场网络。1993年，各类商品市场2309处，到1994年增加到2621处，增加了312处。生产要素市场由1993年的599处增加到657处，增加88处。新增加的市场主要是分布在市场建设比较薄弱的地区和专业种类上，市场建设进入正常发展阶段。

市场结构趋于优化，布局更加合理。各级政府和各有关部门，更加注重市场的优化，按市场规律建市场，已初步形成了综合性市场与专业性市场相结合，“龙头”市场与区域性市场相依托，多种经营渠道和多种经济成份并存的市场格局。特别是许多商品市场已建立起依托市场的加工群体，发展为有“根”市场，带动本地经济的发展。如周家大市场，目前已形成上百个个体加工户，为市场配套服务。

市场运营管理更加规范化、科学化。市场建设

的重点，已从数量的增加，向强化管理，提高质量方面发展。无论是大型骨干批发市场，还是大宗农副产品批发市场，以及生产要素市场，都开始在提高服务质量，改善硬件设施，提高市场档次，更新管理系统，完善市场功能，建设规范制度等方面加快发展。

市场宏观环境改善，法制法规建设进展较快。在强化微观管理的同时，各级政府注重并加强从宏观上规范市场行为。1994年以来，国家和省先后修改、制订和颁布了一系列市场建设的法规和条例。如《城乡集市贸易条例》、《经济信息市场管理条例》、《建筑市场管理条例》、《技术市场管理条例》、《公路运输办法》、《劳动争议处理条例》、《商品交易市场登记办法》、《反不正当竞争实施办法》、《反暴利反欺骗办法》等。这些法制、法规的出台，对促进市场秩序的好转，减少各方面的干预，对市场的规范化建设都起到了重要作用。

中介组织迅速发展，促进了要素市场的兴旺发达。各类市场中介组织的活动与市场运营的联系程度更加紧密，数量也有较大的发展，到1994年底已发展1320处。各类中介组织，如房屋中介、劳动力中介、产权评估、科技中介事务所的大量涌现，使生产要素市场充满了生机和活力。

重要商品流通秩序的整顿，使生产资料市场面临挑战。1994年国务院先后下发21号、45号和32号等重要文件，对关系国计民生重要商品如原油、成品油、化肥、粮食、食糖、棉花等商品的流通体制，强化了调控力度。市场秩序有所好转，但同时也给相关的生产资料市场的运营带来了新的挑战。

四、横向经济联合情况

黑龙江省围绕“南联北开”，加大“南联”力度和开辟经济发展“第二战场”，培育新的经济增长点的经济发展战略，实行一手抓政府职能作用的发挥，一手抓经协实体的建设，运用两种手段大力开展了与东南沿海省市的联合与协作，取得了一定的成绩。

加大南联力度，密切与东南沿海省市的联合与协作。一是成功地协办了在哈尔滨举办的“上海商品博览会”。抓住“上博会”在黑龙江召开的机遇，大力开展了优势互补性的联合与协作。全省14个地市和省直有关厅局组成参加“上博会”经贸洽谈团18个，近万人、1000多家企业到会洽谈，签订经济技术协作合同59项，意向性协议300多项。二是组织省直28个委办厅局、14个地市，分赴北京、天津、上海、江苏、浙江、福建、山东、广东、海南、云南、贵州、四川等12个省市的27个市(县)进行了考察访问。在这次活动中，签订各种经济技术合作协议515项。其中，签订经济技术合同和正式协议66项；意向协议449项。三是组织百家企业赴沪开展对口协作活动。为了落实“上博会”期间两省市签订的经济技术协作项目，开展对口协作，寻找新的合作伙伴，组织由齐齐哈尔市、牡丹江市、佳木斯、鸡西市、伊春市、省纺织厅、省轻工厅、省机械厅、省乡企局所属160多家企业250多人参加的8个分团赴上海市开展了对口协作洽谈活动。共计签订和促进经济合作项目195项。其中，达成经济技术协作合同和正式协议56项；在“上博会”所签的意向协议有105项取得了新的进展；又签订新意向协议34项。160多家企业绝大多数都寻找到了合作伙伴，结成了对子。四是组织参加环渤海地区经济技术合作招商洽谈会，与中外客商洽谈合作项目122项。其中，对外合作项目89项；内联项目33项。据不完全统计，全省签订“南联”合作项目2123项；这些项目落实后，可引进资金11.48亿元；新增工业产值35.55亿元，新增利税4.7亿元。主要突出了以下几点：

一是围绕全省资源的开发和多次开发签订了一批合作项目。

二是围绕提高全省企业上档次，上质量，引进技术、管理、联牌生产签订了一批合作项目。

三是围绕发展全省乡镇企业、第三产业等非国有经济签订了一批合作项目。

四是围绕联合进行技术改造，扩大配套生产能力，增加企业经济效益签订了一批合作项目。

五是围绕地缘和口岸优势签订一批对独联体和东欧经贸合作、发展外向型经济和引进国外设备、专利技术进行合作生产的项目。

发展区域合作，推动了地方经济的发展。1994年以来，各地市围绕本地经济发展的重点，采取洽谈会、招商会、邀请会、恳谈会等形式招商引资，开展区域经济合作。松花江地区依托哈尔滨市“四大优势”开展了以挂、靠、联为主的区域合作，取得了较好的效果。哈尔滨市、齐齐哈尔市、牡丹江市发挥中心城市的幅射作用，开展了城乡联合与协作，推动了城乡经济的发展。哈尔滨市积极发展跨地区的联合与协作，三次组团出访广东、福建、广西等省区，签订各种合同协议194项，合同额达10639万元。

发挥经协工作的优势，承担三峡工程对口支援联合与协作工作。成立由省直18个厅局组成的黑龙江省对口支援三峡领导小组和办公室，对口支援三峡库区的工作已经开始启动。

加强了经协实体建设，对原有公司进行调整，整顿后还有直属公司23个；代管、集体公司7个，国有公司4个。举办了税制改革、清产核资和外事工作学习班，培训了所属公司干部。加强了经协实体的经营、开发的指导、检查工作。开展了法律咨询服务和维护企业合法权益的工作。哈尔滨市、齐齐哈尔市等地市的经协部门也都加强了经协实体的建设，为提高“南联”的服务能力，制造了较好的条件。

五、利用外资和开展国际经济技术合作情况

黑龙江省利用外资工作不断发展，尤其是1991年以来，3年迈了三大步，1991年利用外资是上一年的2.6倍，首次达到1亿美元；1992年是前8年总和的1.9倍，合同外资金额5.7亿美元；1993年更进一步，首次突破10亿美元。累计到1994年底，已批准直接利用外资项目3780项，合同利用外资250174万美元，实际利用外资78900万美元，进口额21500万美元，进出口总额45000万美元，实现产值40亿元，利税4.2亿元；三资企业累计录用职工人数达26万人。受财税、金融政策和边境贸易滑坡的影响，利用外资呈现下降趋势。1994年，批准利用外资项目676项，合同外资金额61100万美元，项目数和金额数分别比1993年同期下降52%和47%。但与以往有不同的特点：一是大项目有所增加，单个项目的外资额有所提高，1994年新批项目的平均外资额达到90万美元，比1993年底提高了32%；二是产业结构更加合理，出口创汇型企业和技术密集型企业比以往提高了20%以上；三是项目的真实性大幅度提高，呈现出外资到位快，建设启动快的趋向。

黑龙江省吸收外资的主要特点：一是外资来源不断扩大。目前在黑龙江省投资的主要有港澳、台湾、韩国、美国、日本、新加坡、澳大利亚、泰国、俄罗斯、加拿大、德国、英国、法国、意大利等国家和地区，1994年，荷兰、南非的外商也首次在黑龙江省投资办厂。至此，在黑龙江省投资的国家和地区已发展到40个，近期，东南亚、西欧等地区的外商前来洽谈投资的有所增加，利用外资的来源呈进一步扩大的趋势。二是外商投资领域进一步拓宽，投资结构进一步优化。轻工、纺织、服装、化工、电子、机械、建材、木制品加工等行业的生产型企业占总数的70%；房地产开发、宾馆服务业、科技咨询等第三产业也有了适当的发展；资金密集型和技术密集型产业以及电力、交通、农业开发等基础产业有所发展。三是国有大中型企业利用外资嫁接改造有了良好的开端。利用外资嫁接改造老企业项目1575项，引进外资折合人民币85.1亿元，其中全省554户大中型企业有49户企业、58个项目通过对外合资、合作进行嫁接改造，总投资32.5亿元，利用外资折合人民币16.3亿元。哈尔滨轴承厂、齐齐哈尔钢厂、牡丹江电视机厂等国有大中型企业嫁接外资进行改造，通过引进资金、技术、设备、人才和管理经验，获得了新的发展活力，加速了经营机制的转换，企业效益明显提高。四是项目投资规模不断扩大。单个项目平均利用外资额已从过去的68万美元增加到1994年的90万美元。1993年以来新批项目中总投资超过500万美元的79项，其中500万至1000万美元的项目57项，1000万美元以上的项目22项。

随着利用外资工作的不断发展，三资企业对全省经济和社会发展所起的重要作用日益显示出来。一是弥补了省内建设资金的不足，为经济发展注入了新的活力；二是促进了产业结构调整，一些基础设施产业、高新技术产业、出口创汇产业以及第三产业得以利用外来资金、技术、设备迅速发展起来；三是增强了资源开发利用及深加工的能力，使一些资源优势正在转化为商品优势；四是形成了新的经济生长点，三资企业产值、利税、出口创汇均呈逐年递增的趋势；五是开辟了新的劳动力市场，增加了省内劳动就业机会。目前，三资企业吸纳劳动力达26万人。

六、进出口贸易发展情况

黑龙江省1980年获得对外贸易进出口经营权的，当年实现进出口总额12955万元，经过18年的发展，1994年进出口总额已达300378万美元，增长22.8倍。目前，黑龙江省已与130多个国家和地区建立了贸易伙伴关系，经营外贸业务的企业已达263家，进出口商品4000余种。

黑龙江省与原苏联、东欧国家的易货贸易有着悠久的历史。1983年以前中断了一段时间，1983年经国务院批准又恢复对原苏、东欧国家的易货贸易。1983年黑龙江省地方边境贸易额实现6224万美元，其中出口5860万美元；1994年达到

163100万美元，增长25.2倍，其中出口为77511万美元，增长12.2倍。地方边境贸易占贸易总额曾达到60%，只是近一、二年受两国政策调整影响和护照限制、资金缺乏、进口成本提高等因素影响，限制了地方边境贸易的发展，呈现下滑趋势。1994年地方边境贸易仍占贸易总额的40%。

在地方边境贸易下滑的同时，黑龙江省现汇贸易呈现了稳定增长的势头。现汇贸易增长的原因：一是汇率并轨给现汇贸易带来机遇，使外贸企业真正实现了出口创汇规模与经济效益的统一。二是国际市场行情继续看好，纺织、化工、农副产品等国际市场行情出现好势头，使黑龙江省的豆粕、甜菜粕、涤棉布、服装等商品出口量增加。三是新的外贸出口创汇增长点发挥了越来越大的作用。三资企业出口创汇持续快速增长。

黑龙江省外贸出口主要采取以下措施：一是进一步调整出口商品结构，抓骨干商品出口。大力调整出口结构，在逐步改变农副产品比重大、工业品比重小、初级产品比重大、加工制成品比重小的同时，重点抓好机电产品出口。外贸企业要与生产企业相配合，结合国家出台的鼓励出口机电产品的政策，促进机电产品成套设备出口，积极开发新的机电产品出口，把机电产品的生产优势变成出口优势。二是积极发展出口创汇新的增长点。三资企业、地市外贸企业和大中型生产企业是外贸出口新的增长点，其发展速度较快，发展潜力和后劲较大，但目前总体规模还比较小。通过采取切实可行的措施，加强对新的增长点的业务培训、信息咨询和综合服务工作，促进其尽快扩大出口规模。三是实现边境地方经济贸易的转折。对原苏东国家易货贸易一直在外贸出口中占重要地位。近年来，由于国家政策的调整以及原苏东国家内部政策的调整，使易货贸易直线下降，影响了出口计划的完成。通过采取改变经营方式，改善商品形象，加大南联力度，使边地贸易向按国际规范运作的多种合作形式的经济贸易形式转变。四是加强企业管理，优化企业结构。调动企业发展的内在动力，通过目标管理，把出口、收汇、效益、资产增值等指标落实下去，向产品开发、项目开发、资源开发等生产领域延伸，组织外贸企业，通过联营、联贸、股份制等形式，与生产企业进行合作，扩大规模，走集团化、实业化、国际化道路。

1994年改革开发大事记

1月

5日 第十届哈尔滨冰雪节隆重开幕。中共中央政治局常委、全国政协主席李瑞环，全国人大常委会副委员长李沛瑶出席了开幕式并为开幕式剪彩。参加这届冰雪节的有来自罗马尼亚、俄罗斯、加拿大、美国、泰国以及台湾和港澳等国家和地区的客人及经贸界朋友。历经十载的哈尔滨冰雪节是冰城人融经贸、体育、旅游与文化于一体的综合性活动。它不仅成为哈尔滨经济文化发展的重要窗口和人民精神风貌的体现，而且为哈尔滨同国内外的经济技术合作和科技、文化、体育交流提供了良好的时空。

6日 由国务院发展研究中心，新华社和哈尔滨市委、市政府联合举办的将哈尔滨建设成为东北亚重要国际经贸城市战略研讨会在哈尔滨举行，全国政协主席李瑞环、全国人大副委员长李沛瑶出席会议并发表讲话。研讨会的宗旨是求计问策，通过广泛、深入研讨，推动哈尔滨市建设东北亚重要国际经贸城市战略的完善和实施。

7日 中共中央政治局常委、全国政协主席李瑞环（1月4日～7日）在黑龙江省考察工作。考察期间李瑞环强调各级干部要深入群众谈心服务送温暖，扶贫济困办实事。我们希望建设的速度更快一些，步子更大一些，归根到底是为了改善群众的生活。

12日 哈尔滨冰雪节交易会结束。经过6天的交易、洽谈，共签订合同2865份，成交总额8亿多元；哈尔滨冰雪节经济协作洽谈会落幕，共签订各类协作项目118项，预计可实现年产值8.20亿元。

2月

8日 冶金部、省政府有关领导及有关专家联合审查并敲定黑龙江省建立四大钢铁基地蓝图。发展规划蓝图表明，经过全方位技改和扩建，“九五”期间，北钢、西钢、鸡钢将成为年产百万吨级钢的企业，哈冶将成为年产50万吨级钢的企业。

21日 政协黑龙江省七届二次会议18日至21日在哈尔滨举行。中心议题为振奋精神、坚定信心、同心同德，为深化改革、扩大开放、保持稳定献计献策。省政协主席周文华主持大会并致开幕词，中共黑龙江省委书记孙维本在开幕式上发表了题为《同心协力地完成改革、发展和稳定任务》的讲话。

24日 黑龙江省八届人大二次会议在哈尔滨举行。这次会议的指导思想和主要任务是：以邓小平同志建设有中国特色社会主义理论和党的基本路线为指导，深入贯彻党的十四届三中全会和省委七届二次全会精神，检查、总结1993年的工作，讨论、决定1994年工作任务。

25日 沿边开放城市绥芬河市第六届元宵灯节经贸洽谈会23～25日在绥芬河市举行。参加这届洽谈会的中外客商达2500余人，仅外商就有152个团组456人。会议期间共签订贸易合同6.8亿瑞士法郎，签订经济技术合作项目24项，额度3580万瑞士法郎。

3月

6日 全省建设工作会议召开。会议提出全省建设工作要加大改革力度，完善和发展建筑、房地产、市政公用三大市场，加快适应市场经济的步伐。

7日 全省宣传思想工作会议在哈尔滨召开。会议主要任务是传达、学习、贯彻全国宣传思想工作会议精神，研究和部署新形式下如何进一步加强和改进全省宣传思想工作，开创全省宣传思想工作的新局面。

10日 全省公务员制度、工资制度两项改革开始启动。

11 日 大兴安岭经贸洽谈会 9～10 日在山城加格达奇举行。来自全国各地 183 个单位的 200 多名客商参加了洽谈会，洽谈会展出 38 大类 126 种林木、林副产品和地方土特产品，受到客商欢迎，成交额 2 亿多元。

18 日 全省民族经济工作会议于 16 日至 18 日在海林市召开。会议强调发展经济必须坚持从实际出发，尤其要注意突出乡镇企业战略地位，在稳定发展少数民族传统产业的基础上，把加快发展乡镇企业，实施发展乡企"跨越工程"当作全省民族经济工作的战略重点来抓。

19 日 绥芬河市人民政府驻北京联络处在北京正式成立。

26 日 历时 3 天的全省外事工作会议结束。会议强调外事工作首要任务是为全省改革、发展、稳定创造一个有利的外部条件。同时，充分利用外事部门对外交往渠道多、接触面广的优势，有针对性，有重点地为全省对外开放，发展对外经济技术合作穿针引线，铺路搭桥。

28 日 中共黑龙江省委召开常委（扩大）会议。传达中央领导同志对全省工作的重要指示，号召全省广大党员、干部和群众弘扬眼睛向内、不等不靠、自立自强、多作贡献的精神，通过深化改革、扩大开放，促进发展，保持稳定来克服前进中的困难。

4 月

1 日 黑龙江省中部引嫩扩建工程开工。这是全省近年来建设规模最大、投资最多、惠及人口最多的水利工程，它在保证大庆、齐齐哈尔的工业和居民用水方面经济效益明显。

4 日 韩国大陆综合开发株式会社会长、黑龙江省政府经济顾问张德镇与黑龙江三江平原农业开发有限公司总经理刘加强在哈尔滨花园邨宾馆正式签订相当于 13159 万元人民币等值的美元贷款协议。至此，全国最大的中外合资农业综合开发项目资金全部落实，正式进入全面实施阶段。

8 日 黑龙江省政府代表团在莫斯科举行新闻发布会。10 位独联体国家驻俄罗斯的商务参赞，《消息报》、《经济与生活》、《莫斯科新闻》、莫斯科国际广播、俄通社一塔斯社、《劳动报》、《每日商人报》等数十家新闻单位的特派记者，俄罗斯外经贸部、俄罗斯工商会、企业家协会的代表，中国驻莫斯科新闻单位记者，中国驻俄使馆官员等 140 余人参加了新闻发布会。省政府代表团团长王宗璋向来宾介绍了黑龙江省的资源、经济情况，与俄罗斯的经贸往来以及第五届哈谈会的特点，并盛情邀请俄商业企业界人士参加哈洽会。

10 日 大庆高新技术产业开发区颁布招商纳贤新策。大庆开发区。计划到本世纪末，技工贸总收入要达到 103 亿元，利税 30 亿元。欢迎国内外企业、科研部门、大专院校、民办科技企业、有专利权的人员，来大庆兴办企业。缺乏资金的，由开发区新建的投资担保公司，负责项目和企业生产流动资金的贷款；保险公司提供高科技项目风险保险；同时还有税收、土地使用、进出口、折旧等方面的 20 项优惠政策。

12 日 首届黑龙江省商品展销看样订货洽谈会，8～12 日在越南谅山省谅山市隆重举行。洽谈会展示了飞机、汽车，小农具及至日用品等 10 个种类近千种展品，展品布满了 40 个展厅。这次看样订货洽谈会引起了越南商企界人士的极大兴趣。越南全国 53 省市均有领导出席开幕式，参会人员达 500 多人，签订经济技术合作项目 7 项，双方合资金额 184 万美元，签订的现汇、易货贸易合同进出口总额 2500 万美元。

▲ 第三届亚冬会组委会在哈尔滨成立。国家副主席荣毅仁任名誉主席，霍英东任名誉顾问，伍绍祖、孙维本任顾问。

▲ 省政府代表团在捷克举行新闻发布会。发布会上团长王宗璋副省长向布拉格各界介绍黑龙江及即将举行的第五届哈尔滨洽谈会情况，并诚邀捷克企业家参会参展。

15 日 省政府代表团在匈牙利布达佩斯举行新闻发布会。介绍第五届哈洽会并邀请匈企业界到会参展。

17 日 中共中央政治局常委，国务院副总理朱镕基，受江泽民、李鹏同志委托，率国家有关部门负责人，到黑龙江省调查研究，同干部群众共商振兴龙江经济大计。在考察时，朱镕基强调黑龙江省具有资源优势和产业优势，目前遇到的困难是前进中的暂时困难。在党中央、国务院领导下，通过全省人民努力，振兴黑龙江经济大有希望。

▲ 据报道，中共中央决定岳歧峰同志为黑龙江省委书记。

25 日 哈尔滨机场扩建工程启动。这项工程按 2005 年旅客吞吐量 666 万人次，高峰小时吞吐量 3000 人次设计，为现在的 5 倍。停机坪可由现在的高峰小时停放 5 架中小型飞机发展到停放 18 架飞机；飞行线将由 34 条增加到 56 条，通行城市将由38个增加到58个;国际航线将由2条增加到11条,由现在通往俄罗斯和香港地区增加到飞往加拿大、美国、日本、韩国等5个国家和地区,工程总投资11亿元。

27日 省委、省政府召开有关部门负责人会议,贯彻落实朱镕基视察所做重要指示和帮助解决的问题。

5月

8日 拍卖荒山、荒滩、荒坡等"五荒"的使用权工作在黑龙江农村展开。穆棱、海林等十几个市县的农民已取得了近50万亩"五荒"使用权,他们将投资进行治理改变"五荒"长期荒凉的面貌。

11日 以名、优、特、新商品、系列产品为特征的'94春季全国百货商品交易会7~11日在哈尔滨举行,成交总额近30亿元。

17日 '94春季全国纺织品交易会在哈尔滨落幕,成交额近5亿元。

18日 中国东北地区与俄罗斯远东地区经济贸易国际研讨会16日至18日在哈尔滨举行。来自美国、俄罗斯和北京的30多位中外学者参加了研讨会。与会学者在会议期间探讨了中国东北地区与俄罗斯远东地区经济贸易合作发展的现状与前景。

21日 省人大常委会八届九次会议结束。会上通过了关于任命田凤山为黑龙江省人民政府副省长、代省长职务的决定。还通过了《黑龙江省计划生育条例》、关于修改黑龙江省实施《归侨侨眷权益保护法》办法的决定和关于修改黑龙江省保护老年人合法权益若干规定的决定。

25日 中国利用世界银行紧急贷款进行大兴安岭森林防火及恢复项目,经过5年多通力合作全面竣工。世界银行官员称大兴安岭项目是中国最成功的世行项目之一。

25日 中共黑龙江省委、黑龙江省人民政府颁发黑龙江省重大科技效益奖的决定。向近年来贡献突出并取得重大经济效益的9个项目28名专业技术人员颁发黑龙江省重大科技效益奖。

6月

1日 黑龙江省版权保护协会成立。

4日 国家计委年度计划改革研讨班在哈尔滨结束。

20日 世界北方论坛在哈尔滨举行旅游贸易国际会议。

21日 盛况空前的第五届哈洽会6月15日至21日在哈尔滨举行。来自五大洲44个国家和地区5000多名客商和国内28个省市自治区8000多名客商到会。交易会期间共签订贸易和经济技术合作合同80亿美元,改签上届未履行合同30亿美元。

24日 第二十二届哈尔滨之夏音乐会在哈尔滨举行。

29日 中共黑龙江省委作出关于命名表彰奔小康红旗村党支部的决定。15个奔小康红旗村党支部受表彰。

▲ 省委、省政府表彰奖励45个乡镇企业单位和40多名优秀乡镇企业家。

7月

1日 全省乡镇企业工作会议结束。省委书记岳岐峰强调,黑龙江省五个延伸两个加快发展战略,乡镇企业是生力军,开辟经济第二战场,乡企应打头阵。

5日 全省以工代赈工作会议提出,黑龙江省扶贫工作将由救济式扶贫转为开发式扶贫。

▲ 我国引进外资合资兴办的第一个大型农业开发项目——中韩合资黑龙江三江平原农业开发有限公司富锦头兴农场正式开工。项目总投资22728万元人民币。开发建设项目3年完成。

6日 4~6日,省委中心学习组学习《邓小平文选》第三卷。提出要解放思想摆对路子、振奋精神、再现辉煌。

10日 全省首届民营科技企业会议在哈尔滨举行。大会确定全省发展民营科技企业的指导思想是:放开、搞活、扶持、引导,使之成为全省经济发展新增长点。省委书记岳岐峰指出:民营科技企业是振兴龙江经济的希望之一,要拿出实际行动支持科技专业发展。

11日 黑龙江省在新加坡首办招商会。

12日 黑龙江省委书记岳岐峰接受中新社、《香港经济导报》等新闻单位记者采访,欢迎国内外人士来黑龙江开发。

13日 杨尚昆8日至13日到黑龙江考察指出,黑龙江省潜力很大,要更快更好地发展。

14日 第十五次全省民政工作会议提出,要依法保障人民基本生活权益。

15日 省委书记岳岐峰在齐齐哈尔市考察时指出:转换经营机制,开辟第二战场,国有大中型企业必将重振雄风。

17日 全省实施"绿色食品工程"方兴未艾。到目前，共有47个产品获绿色食品标志，占全国绿色食品总数的12%。

25日 黑龙江省招商团赴东南亚招商圆满成功，签订合约121项，总额8.2亿美元，其中合同25项，总额1.9亿美元，增进了对东南亚地区国家的了解，走出了扩大合作的第一步。

27日 联合国开发计划署、中国国际经济技术交流中心、大庆市人民政府和中国科学院，邀请美、英、法、德及香港地区和国内的98位官员、学者，在大庆市共同评估《大庆经济调整规划》并确定大庆经济调整与发展项目。联合国官员和国内外专家对"规划"非常满意，认为符合大庆实际，并全面完成了联合国开发计划署文件中的规定和要求，是联合国援华项目的一次成功。

30日 26～30日省边贸局组织全省22家边、地贸企业64人参加俄罗斯在布拉维申斯克举办的1994年国际博览会，成交贸易总额4200余万美元，其中现汇出口362万美元。

30日 省政府29日至30日召开第五次全体会议，深入研究如何发挥政府整体功能，从而形成合力，加快推进经济发展等重大问题。

31日 省政府部署把"五荒"资源推向市场，大力推进"五荒"资源的拍卖开发利用，强调年内全面起步，三五年内收到较大成效。

8月

1日 黑龙江省制订的《黑龙江省七年扶贫攻坚计划》出台。

4日 全省标准化工作会议指出，采用国际标准重点产品优先列入计划，享受优惠政策。

6日 省土地局制定出吸引中外企业和个人开发"五荒"资源和减轻企业地价压力的让利政策。

13日 黑龙江省第二期农业综合开发项目通过国家验收。两期开发项目累计完成投资20.04亿元，新增粮食产量38亿公斤，新增产值79.11亿元。

16日 历时5天的齐齐哈尔市第三届观鹤节结束。来自俄罗斯、日本、美国、韩国、玻利维亚、新加坡、港澳台等13个国家和地区以及国内的1700多名中外宾客参加了观鹤节的各项活动。本届观鹤节共签订经济技术合作项目409项，经贸总金额16.8亿元。

17日 全省企业管理工作会议开幕，丛福奎副省长在会上强调，企业要眼睛向内，自强自立，强化管理，向管理要效益，企业管理工作要适应市场经济的新形式进行深入的探索。

18日 黑龙江日报主办的《民营企业家报》正式创刊并与读者见面。

19日 田凤山代省长接受香港大公报记者采访时说：黑龙江困难大希望大贡献大。

20日 全省税务局长会议提出：进一步完善新税制、强化依法治税。

22日 全省召开个体私营经济、第三产业工作会议。会议提出个体私营经济、第三产业发展目标，并就落实各项发展措施作出部署。

21日 中共中央政治局候补委员、书记处书记温家宝15日至21日在考察全省农业和农村工作时强调，黑龙江是农业大省，要继承和发扬艰苦创业、勇于开拓的北大荒精神，向农业深度和广度进军，搞好农业综合开发，加快商品粮基地建设，为保障全国农产品供求平衡和全省经济发展做出更大贡献。

22日 历时6天的牡丹江第四届镜泊湖金秋节落幕。国内20多个省市和美国、日本、韩国、俄罗斯、德国、法国、香港等10多个国家和地区的中外1500多人参加了金秋节。总成交额25.5亿元。

23日 省委副书记马国良在全省人事工作为非国有经济服务工作会议上指出：人才资源是龙江第一资源。

24日 筹备10年的东宁地方铁路复建工程奠基典礼今日举行。

25日 '94上海商品博览会暨经济技术协作洽谈会在哈尔滨隆重开幕。上海市市长黄菊、黑龙江省委书记岳岐峰、代省长田凤山等领导出席开幕式。博览会主题是：增进友谊，促进合作，共同繁荣。

26日 由哈尔滨铁路分局和黑河地方铁路局联营的哈——黑直达旅客列车正式开行。这是地方铁路进入国铁和直达省城的全国首例。

29日 25日至27日和29日，省委常委学习中心组再一次集中学习《邓小平文选》第3卷，讨论关于进一步解放思想，理清经济发展思路，实现全省国民生产总值翻两翻的问题。

30日 在哈尔滨举行的上海商品博览会圆满结束，签订经济技术协作合同59项，意向性协议300项，订货额81.64亿元，零售额3000万元。

9月

5日 黑龙江省在南京举行新闻发布会，欢迎江苏省、南京市的有识之士与黑龙江在经济、贸易、技术等方面加强协作，共同开发利用黑龙江的资源。

7日 省委书记岳歧峰在与省科研单位负责人座谈时指出，科研要走研究、试制、生产、销售一体化之路。

8日 省政府召开全省抵制通货膨胀电视会议，代省长田凤山要求尽快控制住物价上涨过快势头，为全省经济发展创造良好环境。

9日 全省隆重集会庆祝第十个教师节。

10日 省委书记岳歧峰在与部分社科研究所负责人座谈时强调，社会科学研究要为经济建设提供理论依据。

13日 黑龙江省赴京津鲁经济技术协作代表团在北京举行新闻发布会，竭诚欢迎北京市工商企业及社会各界朋友与龙江广泛合作，联手开发龙江资源。

16日 省委、省政府召开全省反腐败工作电话会议。会议要求加大反腐败力度，保证经济健康发展。

18日 佳木斯市出台多项优惠政策，为非国有经济发展铺平道路。

15日 全省14个市(地)和68个县(市)组建国税局、地税局两个税务机构工作结束。

18日 全省举办首期非公有制经济代表人士培训班。

18日 海峡两岸专家学者聚首哈尔滨工业大学研讨东北亚经济发展与合作。

23日 省政府邀请省科顾委专家座谈。代省长田凤山在会上要求各级领导重视决策咨询工作，注意充分发挥科顾委作用。

24日 全省第六次社会科学评奖结束，349项优秀成果获奖。

25日 省八届人大常委会第十一次会议结束。本次会议通过了《黑龙江消防条例》、《黑龙江省劳动安全条例》、《黑龙江省村集体经济组织资产管理条例》，《关于修改黑龙江省边境管理条例的决定》等11项有关法律。

▲ 三江平原上第一条高等级公路鹤岗至佳木斯公路通车。

10月

1日 位于黑河边境经济合作区的黑河保税仓库建成投入使用。这是全省目前建造最大的、边境地区第一家保税仓库。

6日 用于开发大庆外围头台油田和榆树林油田的1600万美元国外商业贷款到位。这是全省第一项引进外资用于开采地方油田。

7日 中共黑龙江省委作出关于学习贯彻党的十四届四中全会精神的通知。

8日 全省粮食工作会议要求加大秋粮收购工作力度、确保粮食收购任务完成。

11日 省人大常委会省政府派出检查团，对全省环境保护执法进行为期10天的大检查。

14日 13日至14日省委常委学习中心组再次集中学习。这次学习以学习和贯彻党的十四届四中全会精神和《邓小平文选》第三卷为主题，进一步解放思想，理清经济发展思路，研究如期实现全省国民经济翻两翻问题。

15日 全省深化城镇房改实施方案出台。主要措施有全面推行住房公积金制度、积极推进租金改革、稳步出售公有住房、实施“安居工程”等。

▲ 全省科学技术进步奖评审工作结束，共有196个项目获奖。

17日 世界银行官员考察黑龙江省农业发展贷款项目。

20日 中央黑龙江省常委扩大会议在哈召开贯彻四中全会精神、安排部署全省工作。

27日 全省百家个体私营业户被授予“青年文明号”称号。江泽民总书记为“青年文明号”题字。

▲ 亚洲开发银行批准，向黑龙江省提供1.65亿美元贷款，用于热能及环境工程建设。

29日 贯彻“南联北开”经济发展战略的实际步骤，黑龙江省派团参加首届环渤海招商洽谈会。

31日 全省百家企业赴沪对口协作圆满成功，100多家企业找到合作伙伴，签订经济技术协作合同和协议56项，为今后长期合作奠定了基础。

11月

1日 省委书记岳歧峰发表关于黑龙江经济发展问题的调查文章。

3日 省政府召开部分中直、省直部门负责人座谈会，探讨如何贯彻省委确定的经济发展思路，深化改革，扩大开放，加快全省经济发展速度。代省长田凤山希望这些部门发挥“先行官”、对外开放“门户”，精神文明“窗口”和创造良好政策环境等作用，同时要求地方党政部门支持他们工作。

7日 省委办公厅转发省委宣传部、组织部《关于学习“邓小平文选”第一、二卷的安排意见》。

8日 中共中央政治局委员、书记处书记吴邦国4日至8日到黑龙江省考察时强调，要解放思想，转变观念，调整产业结构，转换企业经营机制，进一步搞好国有大中型企业，为国家做出更大贡献。

11日 哈尔滨市至俄罗斯赤塔市空中航线开通。

16日 省委书记岳岐峰率全省经贸代表团圆满结束对加拿大、美国的友好访问。岳岐峰强调，要进一步改进加强对外宣传工作，让世界了解黑龙江，使黑龙江走向世界。

25日 中共黑龙江省委七届三次全委（扩大）会议历时4天在哈尔滨圆满结束。会议一致通过了岳岐峰同志代表省委所作的工作报告，一致通过了《中共黑龙江省委关于贯彻“中共中央关于加强党的建设几个重大问题的决定”的实施意见》；一致通过了《中共黑龙江省委关于开辟经济发展“第二战场”的决定》。

12月

3日 省八届人大常委会第十二次会议结束。会议通过了《黑龙江省社会力量办学条例》、《黑龙江省环境保护条例》、《黑龙江省农业综合开发管理条例》、《黑龙江省规范行政执法条例》、《黑龙江省境外投资财政管理条例》、《关于批准哈尔滨市外商投资条例的决定》等10项法律条例和决定。

7日 省政府召开土地使用制度改革、水利建设、农民负担监督管理工作会议。会议指出，要提高农村经济工作整体水平以保持农业和农村经济的持续、快速、健康发展，如期实现省委提出的翻两翻奔小康的战略目标。

8日 哈尔滨亚冬会组委会赴港澳访问团，在香港举行新闻发布会。亚冬会组委会常务副主任、副省长周铁农介绍了筹备情况。

15日 经国家有关部门批准，素有中国东方第一哨之称的黑龙江省抚运县乌苏镇至俄罗斯卡扎科维茨沃冰上国际贸易通道开通。

16日 被农业部批准为首批“全国乡镇企业东西合作示范区”之一的牡丹江市江南开发区，举行了示范区授证书揭牌仪式。

24日 全省经济工作会议历时3天在哈尔滨结束。会议确定了明年全省经济工作的总体要求、工作重点和具体任务，省委书记岳岐峰作了题为《解放思想，深化改革，用新思路搞好国有大中型企业》的重要讲话。

26日 全省工业经济暨建立现代企业制度试点工作会议结束。会议明确全省现代企业制度试点明年开始，33个试点企业将在改革的一些重点和难点上取得突破。

哈尔滨市

主　　编： 刘文生
副 主 编： 张　强　张利祥
编写人员： 张利祥　张永华　梁方兴　王其元
刘英杰　孙雁英　张利人　智大勇
曹广顺　王喜全　邓　辉　谭玉璐
田宝贵　冯毅民　程明月　栾建新

哈尔滨市分目录

典型地区与典型企业

地区发展规划选编

哈尔滨市概况

面积:18466 平方公里

人口:561.59 万人

行政区划:7 个城区,1 个县级市,4 个县

市委书记:索长有

市十届人大常委会主任:王人生

市长:索长有

市八届政协委员会主席:程道喜

哈尔滨市国民经济主要指标(单位:亿元)

项　目	1994 年(当年价)	1994 年比上年增长(%)
国内生产总值	311.86	8.6
工农业总产值	420.43	
工业总产值	361.57	12.1
重工业产值	221.04	11.1
轻工业产值	140.53	13.4
农业总产值	58.86	13.4
全社会固定资产投资	102.19	25.5
国有固定资产投资	98.54	24.8
社会商品零售总额	161.14	25.8
零售物价总指数(%)	121.20	4.20
职工工资总额	74	30.13

国民经济和社会发展

1994 年,是哈尔滨市在建设有中国特色社会主义伟大旗帜下继续胜利前进的一年。哈尔滨市人民在市委、市政府的领导下,认真贯彻落实党中央“抓住机遇、深化改革、扩大开放、促进发展、保持稳定”的基本方针,坚持以经济建设为中心,按照建立社会主义市场经济体制的要求,积极推进各项改革,加强对经济工作的领导,克服重重困难,使国民经济和社会事业取得新的发展,工业生产稳步增长,农业在大灾之年获得大丰收,市场繁荣活跃,城乡人民生活水平进一步提高,对外开放取得新成就,城市基础设施建设成效显著,财政收入增加,科技、教育、文化、卫生、体育等各项社会事业取得新成果。

一、国民经济发展

全年实现国内生产总值 311.86 亿元,比上年增长 8.6%。其中,第一产业 31.79 亿元,增长 8.5%;第二产业 110.80 亿元,增长 8.2%;第三产业 169.27 亿元,增长 9.1%。非国有经济实现增加值 130.60 亿元,占国内生产总值 41.9%,比上年提高 5.0 个百分点。地方财政收入 18.62 亿元,按可比口径比上年增长 36.9%,人口自然增

长率为6.3‰。

（一）农业

1994年，哈尔滨市农业生产虽然遭到严重的洪涝等自然灾害，但由于各级领导重视，加强对农业的领导，采取有力措施，深化农村改革，增加投入，大力发展"两高一优"农业，实施乡镇企业"跨越工程"，农村经济获得全面发展，阿城市、呼兰县进入全省"龙县"、20个乡镇进入全省百强行列，农业生产获得大丰收，畜牧业发展很快，粮豆薯总产量达23.97亿公斤，比上年增长9.1%，创历史最高水平。全年实现农林牧渔业增加值31.79亿元，比上年增长8.5%。实现农林牧渔业总产值58.86亿元，比上年增长13.4%。其中，农业产值34.66亿元，增长7.0%；林业产值1.12亿元，增长65.9%；畜牧业产值21.81亿元，增长22.8%；渔业产值1.26亿元，增长2.7%。同时农业生产条件也有所改善。一年来农业机械总动力比上年增加6000千瓦，农用载重汽车增加122台，农用化肥施用量比上年增长7.5%，农村用电量比上年增长2.2%。乡镇企业继续快速发展，完成总产值130.4亿元，增长1.04倍。

主要农产品、畜产品、水产品产量和牲畜头数如下：

		单位	1994年	比上年±%
粮食		万吨	201.35	13.0
油料		万吨	0.23	-54
蔬菜		万吨	96.0	-4
水果		万吨	0.33	11.4
生猪出栏数		万头	74.1	22.9
肉类总产量		万吨	12.2	29.7
其中	猪肉	万吨	5.6	20.7
	禽肉	万吨	4.7	28.2
奶类产量		万吨	13.2	18.2
禽蛋产量		万吨	9.6	17.2
水产品产量		万吨	1.85	2.6

（二）工业

1.基本情况

工业经济快速增长，经济效益相对提高。1994年，全市完成工业总产值361.57亿元，比上年增长12.1%。轻工业完成总产值140.53亿元，比上年增长13.4%，重工业完成总产值221.04亿元，比上年增长11.1%。全市独立核算工业企业实现利税总额19.2亿元，比上年增长30.5%。全市工业行业拥有资产总额518.6亿元，比上年增长19.4%。全市有大中型工业企业217户，1994年实现利税总额13.1亿元，占全市的比重为68.4%。大中型企业，尤其是国有大中型企业，在工业经济的增长中仍然发挥着主导作用。

工业投入力度加大，结构调整成效显著。通过实施"八五"老工业基地技术改造，加大了投入力度，工业优势更加突出，工业结构得到优化。"八五"前4年，哈市工业累计投资106.6亿元，是"七五"工业总投资的1倍，累计新增固定资产182.7亿元。目前哈尔滨市发电设备、工量具、中小型轴承、抗生素原料药、亚麻纺织等5个骨干行业，已成为具有国际先进水平的生产基地，1994年产值占全市工业总产值的22.0%，技术含量、经济效益均有较大幅度的提高；汽车、卷烟等具有国内先进水平的骨干行业初步形成。哈尔滨飞机制造公司微型汽车的总装，冲压、焊接、涂装等工艺的生产线进行了整体改造，已形成10万辆生产能力。哈尔滨卷烟厂对生产工艺系统改造后，产品质量、档次迅速提高，1991～1994年每年实现利税递增2500万元，成为全国销售额前500家的企业之一；哈药集团生物工程、哈尔滨特种元件生产等一批新生行业初具规模，能源、原材料等基础工业得到进一步巩固和发展。

经济体制改革全面推进，非国有工业经济迅速发展。"八五"以来，企业改革工作取得新成果，企业经营机制转换加快，自主权得到进一步落实。对哈空调机厂等18户大中型企业进行了股份制改革，共组建了42个企业集团；对哈绝缘厂等15户亏损严重、扭亏无望的企业实行了关停并转；对137户国有小型企业实行了产权制度改革，占全市国有小型企业的55.0%。

1994年，进一步解放思想，采取有力措施，促使非国有经济呈现了强劲的发展势头，私营经济总产值增长7.8倍，股份制经济企业比上年增加16户，总产值增长2.8倍，外商投资企业比上年增加45户，总产值增长1.5倍，港、澳、台投资企业比上年增加10户，总产值增长1.4倍。

2.工业经济的基本估价

工业整体实力增强，工业结构进一步优化。到1994年底全市工业企业总数3970家，拥有资产总额518.6亿元，比上年增长19.4%。全市独立核算工业企业1994年固定资产原值236.7亿元，比1990年增长了82.9%，年均递增16.3%。哈尔滨市已成为以机电、医药、石化、纺织、轻工、食品工业为支柱，电子、冶金、建材等工业也具有相当规模的工业基地，并形成了以机电工业为主体，加工工业占主导地位，行业门类比较齐全的工业结构。通过“八五”老工业基地改造，哈尔滨市工业优势和行业特色更加突出，实力进一步增强。

哈尔滨市工业经济结构呈现以下4个特征：一是偏重型特征，哈尔滨市重工业总产值1949～1990年累计权重为57.3%，“八五”前4年为56.1%；二是具有偏国有型特征，1994年哈尔滨市国有工业完成总产值占全市工业总产值的47.1%。“八五”前4年累计权重为66.0%；三是偏大型特征，1994年哈尔滨市有大中型工业企业217户，比上年增加23户，全年完成工业总产值占全市乡及乡以上工业总产值的67.0%，比上年增长6.1%，全年实现利税总额13.1亿元，占全市的比重为68.4%，比上年增长55.8%；四是偏全型特征，哈市工业门类较齐全。

哈尔滨市工业结构的突出矛盾：一是劳动密集型产业比重过大，技术、资金密集型产业比重偏低，造成哈市初加工产品多，精加工、高附加值产品少，经济效益偏低。二是由于企业尤其是国有大中型企业历史包袱沉重，长期投入不足，工艺装备水平低，竞争能力弱化。三是缺少立市大项目，哈尔滨市“八五”期间虽然安排实施了一批重点骨干项目，但从总体看，仍然缺少带动作用强，对城市经济起重要支撑作用的立市大项目。四是企业技术进步进展缓慢。

主要工业产品产量列表如下：

主要工业产品产量

名　称	单　位	94年	93年	94比93±%
化学纤维	万吨	6.00	5.72	4.9
布	万米	3802	4817	－21.1
糖	万吨	2.57	7.43	－65.4
卷烟	万箱	28.58	26.72	7.0
白酒	万吨	10.24	10.31	－0.7
啤酒	万吨	19.84	15.26	30.0
化学原料药	吨	1228	1230	－0.2
中成药	吨	1576	2234	－29.5
发电量	亿千瓦小时	55.75	54.72	1.9
钢	万吨	7.41	14.48	－48.8
钢材	万吨	24.99	32.17	－22.3
铝材	万吨	3.61	4.40	－18.0
烧碱	万吨	2.58	2.50	3.2
水泥	万吨	196	197	－0.5
汽车	万辆	2.41	1.68	43.5
小型拖拉机	台	8661	6600	31.2
石油加工量	万吨	110.01	102.02	7.8
发电设备	万千瓦	411	371	10.8
量具	万件	99.61	70.02	42.3
滚动轴承	万套	5265	4945	6.5
机制纸及纸板	万吨	5.22	3.99	30.8

（三）建筑业

建筑业生产发展较快。全年实现建筑业增加值23.54亿元，比上年增长7.6%。实现施工产值73.0亿元，比上年增长18.2%。人均施工房屋建筑面积51.8平方米，比上年增长9.1%；人均竣工房屋建筑面积23.4平方米，增长2.1%；全员劳动生产率29796元/人，提高12.3%。

（四）商业和物价

市场繁荣活跃，商品供应充裕。全年实现社会消费品零售总额161.14亿元，比上年增长25.8%。其中，市的零售额146.45亿元，增长25.4%；县的零售额8.82亿元，增长27.4%；县以下的零售额5.88亿元，增长34.2%。

非国有商业消费品零售额大幅度增大。国有商业零售额比上年增长15.0%，非国有商业零售额增长34.2%，占全市零售额的比重由上年56.2%上升到59.9%；其中，集体商业零售额增长18.0%，合营商业零售额增长1.6倍，个体商业零售额增长36.9%，农民对非农业居民零售额增长62.8%。

分区域看，城市市场销售好于农村市场；分行业看，工业和饮食行业的零售额增幅较高，商业零售额增长平稳，其它部门零售额扣除价格因素呈下降状态；按经济类型分，个体经济、农民对非农业居民零售额增长快，对全市零售额增长贡献大，国有经济零售额增长低于物价的上涨幅度。

全年居民消费价格指标数为120.9%。商品零售价格总指数为116.4%。各类消费品价格比上年上涨幅度是：食品类27.3%，衣着类12.9%，家庭设备及用品5.5%，娱乐教育文化用品类7.6%，居住类28.5%，服务项目类14.0%。

（五）财政、金融、保险业、旅游业

财政收入增长较快。1994年,全市财政总收入36.44亿元,扣除上划中央"两税收入",地方级财政收入18.62亿元,按可比口径比上年增长36.9%;其中,工商各税收入15.56亿元,按可比口径比上年增长28.6%。地方财政支出26.75亿元,按可比口径比上年增长28.6%,其中,基本建设1.57亿元,增长3.6%;企业挖潜改造3.34亿元,按可比口径增长76.1%;城市维护费2.55亿元,增长57.4%;文教卫生事业费5.77亿元,增长32.1%;科学事业费0.21亿元,增长3.0%;价格补贴2.20亿元,增长35.8%。

银行信贷增加。年末银行存款余额287.22亿元,比上年增长20.0%;银行年末贷款余额357.99亿元,增长17.5%。全年银行现金收入738.32亿元,比上年增长31.4%;现金支出673.53亿元,增长28.8%。货币净回笼64.79亿元,比上年增长66.1%。

居民储蓄持续增长。年末,城乡居民存款余额195.54亿元,比上年末增长33.7%,其中,城镇居民储蓄存款余额185.39亿元,增长34.1%;农村居民储蓄存款余额10.15亿元,增长26.7%。

保险事业有所发展。全市承保国内财产险总额463.54亿元,比上年下降7.4%;承包人身险总额184.39亿元,增长1.7%;承包涉外险总额212.61亿元,下降37.3%。保费收入3.12亿元,比上年增长20.5%,赔款支出2.48亿元,增长65.3%。

旅游业1994年共接待旅游人数65191人次,比上年下降22.6%。其中外国人43993人次,下降25.2%;华侨633人次,下降56.5%;港澳和台胞20565人次,下降14.0%。旅游外汇收入6945万元,比上年下降0.9%,其中商业性收入2736万元,比上年增长1.0倍;劳务性收入4209万元,下降25.4%。

二、投资重点倾斜,基础设施不断完善

1994年,哈尔滨固定资产投资增长较快,全社会固定资产投资完成102.19亿元,较上年增长25.5%。其中:国有单位投资98.54亿元,增长24.8%,集体所有制投资1.70亿元,增长48.0%,私人投资1.95亿元,增长8.8%;按用途分,第一产业1.05亿元,较上年增长86.4%,第二产业32.82亿元,增长5.8%;第三产业39.12亿元,增长54.7%。第三产业投资比重由上年的32.2%上升到38.3%。其中交通运输、仓储业及邮电通信业的投资比重比上年上升5.5个百分点。住宅投资29.20亿元,增长28.1%;在投资规模较快增长的同时,投资结构继续得到调整。一是非生产性建设投资快于生产性建设投资的增长,全年非生产性建设投资增长27.3%,比生产性建设投资增幅高3.4个百分点;二是在各行业投资中商业饮食业和文教卫生行业投资增长较快,比上年增长72.5%;三是商品房开发增幅明显回落,全年商品房开发完成投资30.01亿元,增长32.5%,比上年增幅降低60.1个百分点。全年新增固定资产69.54亿元,比上年增长20.1%,形成了一批生产能力,为哈尔滨市经济发展增添了实力。

(一)能源

"八五"以来,在国家和黑龙江省关于能源发展宏观经济政策引导下,哈尔滨市能源工作坚持开发与节约并重的方针,以电力建设为中心,以热电联产的电站建设为重点,大力开发煤气、热力等二次能源,努力开发和应用新能源,不断改善能源的生产结构和消费结构;积极开发节能新产品、新技术、降低单位产品能耗,提高能源利用水平,使能源的基础地位逐步得到加强,开发与节约均呈现良性发展的好势头。

1994年能源方面总的特点是:开发(含购入)与需求基本平衡,主要品种如煤炭、电力、燃气供应保证了生产、生活需要,但热力供应能力仍然不足。

能源开发方面:全年一次能源生产量达到96万吨标准煤,比上年增长6%,其中:原煤产量132万吨,比上年增长6.5%,天然气供应量935万立方米,与上年持平。一次能源生产量占开发(含购入)总量的8%。全年二次能源生产达到15.7万吨标准煤,比上年增长15%,其中:地方电厂和企业自备电站(不含哈热电厂和哈发电厂分成电量)发电量为72129万千瓦时,比上年增长8.45%;煤气供应量7179万立方米,比上年增长36.9%;热力供应量(市热力公司直供部分)为80万吉焦,比上年增长12.7%。开发(含购入)总量约为1200万吨标准煤,比上年增长4.5%,其中:购入煤炭约830万吨,比上年增长1.7%;购入电量约43亿千瓦时,比上年增长3%。

节约能源方面:全年能源消费总量约为1000万吨标准煤,比上年增长4.2%,能源消费弹性系数0.6。每万元国民生产总值能耗由上年为5.83万吨标准煤下降到5.66吨标准煤,节能率

2.92%，提前一年完成“八五”计划指标。工业万元产值综合能耗预计由上年的2.41吨标准煤下降到2.35吨标准煤，下降2.49%。全年计划节约能源25万吨标准煤，预计实现节能量26万吨标准煤，比上年增长4%。

(二)交通运输

交通运输业生产稳步发展。全年完成增加值13.03亿元，比上年增长4.5%。全社会完成货运总量5692.5万吨，其中，非专业运输发展迅速，完成货运量3901.8万吨，占全社会货运总量的68.5%，比上年提高18.1个百分点。全社会完成客运总量4561.3万人次，比上年增长5.5%。专业运输部门完成货运总量1790.70万吨，比上年下降10.5%。其中，铁路货运量777.17万吨，下降7.3%；公路货运量831.20万吨，下降13.8%；水运货运量181.57万吨，下降7.8%；民用航空货运量0.76万吨，增长20.6%。完成客运总量3563万人次，比上年增长5.4%。其中，铁路发送旅客2790.0万人次，增长8.1%；公路发送旅客712万人次，下降4.3%；水运发送旅客5万人次，与上年持平；民用航空发送旅客56万人次，增长13.2%。港口吞吐量162.6万吨，下降14.7%。

(三)邮电

邮电通讯事业发展迅速。全年邮电业务总量6.41亿元(90年价)，比上年增长46.4%。全年开通6个市话分局，全市市话分局总数达20个，长途程控交换机扩容2万线；开通分组交换省内网，累计发展用户450户，建成并开通省际，省内电视电话会议系统；建成并开通省际、省内数字、数据网(DDN)，开通了移动电话B网和汉字自动寻呼系统，全年铺设230公里光缆，与原有的光缆中继一起，实现市内电话传输数字化。年末，市话交换机容量达65.4万门，拥有电话机45.1万部，比上年增加14.84万部，其中自动电话机44.54万部，增加17.24万部。市区每百人拥有电话13.28部，比上年增加4.37部。全市电信系统无线寻呼机用户达11.74万户，比上年增加3.35万户；移动电话用户2.75万户，增加1.6万户。全年长途电话业务量5429万张，比上年增长32%；公众电报业务量143万份，下降30.7%；全年函件6122万件，比上年增长10.7%；出口包件99.9万件，下降34.5%。

(四)城市建设

城市基础设施建设成绩显著。全市瞩目的“九路九桥”工程完成投资3.17亿元，提前半个月竣工通车，实现了当年设计、当年开工、当年竣工通车的目标，进一步缓解了哈尔滨市的交通紧张状况，道路通行能力得到提高。年末市区拥有道路1784条，比上年增加4条，长度930公里，面积1342万平方米，拥有桥梁109座，其中，立交桥43座(互通式立交桥9座)，桥梁数比上年增加3座。哈依煤气二期工程试车成功，现煤气生产能力达163万立方米/日；煤气管道长度1113公里，比上年增长65.6%，煤气供应总量6488万立方米，增长23.7%；煤气用气人口92万人，普及率为35%，较上年提高10个百分点。城市供水一、二期部分收尾工程和三期工程共完成投资0.56亿元。马家沟机场开发区和哈工大集中供热工程完成投资0.82亿元，新增供热面积90万平方米。

城市公用事业进一步完善和发展。1994年末，全市公共交通营运线路76条，营运线路长度1140公里，营运车辆1497辆，客运量5.22亿人次，下降14.8%；全年城市用电量43.12亿千瓦小时，比上年增长3.5%。其中居民生活用电9.24亿千瓦小时，增长15.1%；全年供水总量2.97亿吨，与上年持平。其中，生活用水量1.76亿吨，增长9.3%。

三、社会事业健康发展

(一)科学技术

科技工作取得新成果。1994年，全市共组织实施重要科技计划项目196项，投入经费2.87亿元，比上年增长51.1%。其中，科技攻关计划项目102项，星火计划项目26项，火炬计划项目21项，科技成果推广计划项目27项，微机推广应用计划项目20项。全年共取得科研成果1215项。其中，国际水平170项，国内先进水平466项，国内首创220项。全市申请专利948项，国家专项局授权660项。技术市场活跃，全年共签订技术贸易合同2303项，技术合同贸易额3.87亿元，比上年增长5.7%。

(二)教育事业

1.中小学教育

1994年，全市共有普通中学370所，其中教育部门和集体办293所，其它部门办64所，民办13所。全市共有普通中学在校生232158人。全市共有小学1617所，其中教育部门和集体办1457所，其它部门办156所，民办4所。全市共有小学在校生537811人。全市有中学教师18037人，其中，中教高级教师1347人，一级教师7199人。全市有小学教师 26226 人，其中，小学中教高级教师 49 人，小学高级教师 8049 人。

2. 职业技术教育

1994 年全市共有职业中学 57 所，601 个教学班，在校生 20885 人，毕业 6154 人，专任教师 2221 人。职业中学办学形式灵活多样，对财会、微机、烹饪等社会急需的专业扩大招生，受到用人单位欢迎。

3. 成人教育

1994 年，全市共有市属成人高等学校 13 所，在校生 13362 人，毕业生 2522 人，教职工总数 2139 人，专任教师 1060 人，其中，教授 16 人，副教授 285 人，讲师 582 人。

1994 年，全市有成人中专 53 所，有教职工 875 人，其中高级讲师 35 人，讲师 268 人。现有在校生 7701 人，毕业生 1760 人。

1994 年，全市有职工学校 288 所，教师 2044 人，全年参加各级各类学习培训约有 57 万人次。

4. 高等教育

1994 年全市有普通高等学校 24 所，招收研究生 1606 人，比上年增加 51 人；招收本、专科学生 21300 人，增加 300 人；在校生 68313 人，毕业生 13966 人，专任教师 10553 人。

（三）文化事业

1994 年，哈尔滨市有文化企事业单位 372 个。其中专业艺术表演团体 16 个（省 6 个），文化部门所属艺术表演场所 11 处（省 3 所），艺术馆、文化馆 15 个（省 1 个），文化站 225 个（国办 7 个），公共图书馆 13 个（省 1 个），艺术院校 4 所（省 3 所），文物事业机构 22 个（省 9 个），电影发行放映单位 27 个，新华书店 19 家，其它文化事业机构 20 个（省 10 个）。

1994 年，创作戏剧作品 17 部，其中京剧 4 部、话剧 5 部、歌剧 2 部、评剧 3 部、儿童剧和木偶剧 3 部。举办了“第二十二届哈尔滨之夏音乐会”、“冰雪节文艺晚会”、“为亚冬会献爱心文艺晚会”、“国庆游园演出”、“赈灾义演”、“京剧展演周”、“戏曲新曲演唱会”等演出活动。直属艺术表演团体全年演出剧（节）目 41 台，其中新创作剧（节）目占 1/3 以上。累计演出 2011 场，艺术获奖 50 项，其中全国性奖励 11 项，省级奖励 35 项。

群众文化活动活跃。全年举办群众性摄影展、美术作品展、征文演讲活动、冰雕、雪雕比赛等 70 余次。组织群众文艺节目 347 台，演出 430 场，参演人员 1.55 万人，观众达 100 多万人次。第五届农民文艺汇演即农村文化园活动，有 89 个乡、镇、118 个村屯、12 万人参加，演出文艺节目 1986 个、102 场，展出书画、剪纸、篆刻作品 1688 幅。

（四）卫生事业和体育事业

1994 年，全市拥有医疗卫生机构 941 个，比上年减少 17 个。其中，医院 305 个，与上年持平；门诊部所 532 个，比上年减少 13 个；疗养院所 6 个；专科防治站所 24 个，比上年增加 1 个；卫生防疫站 21 个；妇幼保健站所 12 个，比上年减少 1 个；药品检验所 7 个；其它卫生事业机构 7 个，比上年减少 15 个；医学科研机构 14 个；高等医药院校 3 个；中等医药院校 10 个。

全市拥有卫生技术人员 40133 人，比上年减少 1127 人。全市每千人口拥有卫生技术人员、医生和护士分别为 7.56、3.20、2.48 人。

全市拥有医疗卫生床位 31047 张，全市每千人口有医疗卫生床位 5.55 张。

体育事业取得新成绩。在国内外重大比赛中，哈尔滨市运动员共获金牌 28 枚、银牌 24 枚、铜牌 26 枚。群众性体育活动日益活跃，参加经常性体育活动人数达 140 万余人。

四、扶贫工作

（一）扶贫情况

1994 年全市共有贫困户 29446 户、126618 人。市政府为了使这些贫困户早日脱贫致富，于 4 月份召开了扶贫工作经验交流会，张松岭副市长对扶贫工作提出了具体要求。各级政府根据市政府的部署，把扶贫工作纳入重要议事日程，动员社会力量，齐抓共管，并建立了区、县（市）直属单位包乡（镇）、乡（镇）包村、干部包户扶贫责任制。1994 年共筹集扶贫资金 640 余万元，采取各种形式开展扶贫工作，当年扶持 15855 户，有 10804 户脱贫。特别是 1994 年兴办家庭扶贫农场 73 个，入场贫困户 394 户，有 312 户脱贫，占入场贫困户的 79.2%。

（二）救灾情况

1994 年，哈尔滨市遭受了历史罕见的特大洪涝灾害。全市的 117 个乡（镇）都不同程度受了灾。受灾村 1367 个，占全市村数的 89%；受灾农田总面积 339357 公顷，占总播种面积的 58.6%；受灾农户 296461 户，受灾人口 1257789 人，占农业人口的 55.7%。农田成灾面积 278506 公顷，占总播种面积的 48.1%；成灾农户 242655 户，成灾人口 1027537 人，占农业人口的 45.5%。其中，特重灾

148716 公顷，占总播种面积的 25.7%，涉及 113758 户、474477 人，占农业人口的 21%。因灾倒塌民房 70681 间，损坏民房 81030 间；被迫转移灾民 230508 人。全市因灾所受的直接经济损失达 21 亿元。

为了帮助灾区人民恢复生产、重建家园，7 月 22 日，市委、市政府召开全市救灾捐赠紧急动员大会，索长有市长号召全市各级党政组织和人民积极行动起来大力开展救灾捐赠活动。全市各界人士人人关心灾区，纷纷慷慨解囊。

全市共收捐款 800 万元，衣物被 90 余万件，物资价值 107 万元。市委、市政府对灾区生活安排非常重视，共下拨救灾款 1500 万元。其中：建房款 800 万元，口粮款 700 万元。通过市政府拨款、集体资助、社会捐赠、乡（镇）政府补贴、个人自筹等方式共筹措建房资金 12576 万元，共建房 61768 间，修复 79167 间。从 10 月到年底，全市得到救济的双缺户共 176768 人，占应救济人数的 34.5%；其它缺粮户的困难通过灾民自筹、社会捐赠、互助互济等形式得到解决。另外市里筹集 2300 多万元，对水毁水利工程进行修复，保证了 1995 年的农业生产。

（三）以工代赈情况

1994 年哈尔滨市继续执行国家江河以工代赈（第五批）计划，重点对松花江干流和西泉眼水库进行建设，并对与农村人民生产、生活相关的地方道路、桥涵、供销网点和人畜饮水井进行了建设，下发以工代赈资金 413 万元，地方配套 5276 万元。

经济体制改革和对外开放

一、强化组织领导，保证综合配套改革顺利实施

哈尔滨市为了使综合配套改革试点有组织、有计划、有步骤地推进，市委、市政府决定成立由市委书记任组长，副书记、副市长任副组长，市委、市政府有关部门领导为成员的综合配套改革试点领导小组，强化了组织领导，并在市体改委设立负责日常工作的办公室。市委、市政府主要领导多次召开试点工作会议，传达贯彻全国试点工作会议精神，协调解决运行中的重大问题，部署和检查改革工作。领导小组和办公室在综合规划方面主要抓了以下几个方面的工作：

1. 组织制定专项实施方案。按照国家提出的"超前、配套、可操作"的要求，依据《总体方案》确定的目标和任务，由市政府各有关部门分别制定了25个专项实施方案。经过领导小组审议，其中"建立现代企业制度"、"国有企业公司制改组"、"加强企业国有资产管理"、"加快市场体系建设"、"建立和完善社会保障体系"、"轻工局、机械局、纺织局综合配套改革试点"等实施方案均以正式文件下发，组织实施。

2. 建立了以目标责任制为中心的工作制度。为了把改革工作落到实处，建立了以目标责任制为中心的一整套工作制度，明确了改革目标、工作任务、考核标准、时间要求、责任单位及主要负责人，按季度监督检查。

3. 建立综合配套改革信息网。及时与国家体改委、省体改委及市里各部门沟通情况，积极争取上级领导的指示和帮助，及时研究、协调和解决试点中的问题。国家体改委、省体改委领导同志先后数次到哈尔滨市考察，检查改革进展情况，对哈尔滨市取得的成绩和经验给予了较高的评价。

二、以产权制度改革为突破口，重点抓好"一点两面三条线"的企业改革

哈尔滨市是一个老工业基地，国有大中型企业在国民经济中的比重较大，企业活力不强、效益不高、后劲不足的问题还没有从根本上解决。1994年，哈尔滨市在推进企业改革中，按照建立现代企业制度的方向，以转换企业经营机制为目标，以产权制度改革为突破口，集中力量，重点抓好"一个点、两个面、三条线"的企业改革。

1. 一个点：抓好宾县产权制度改革试点经验的总结和推广，积极推进全市企业资产优化重组的改革。1993年年末宾县贯彻省里召开的桦川会议精神，决定从县情和企业状况出发，积极稳妥地推进产权制度改革，仅用5个月时间，就取得显著成效，长期停产半停产的40户企业中36户恢复生产经营，90户亏损企业有58户扭亏为盈，在规划制定、方案设计、对策研究、具体实施等方面为全市提供了新鲜经验。1994年4月，市委召开了小型国有企业产权制度改革座谈会，5月，市政府在宾县召开了全市中小企业产权制度改革工作会议，进一步明确了全市中小企业产权制度改革的思路、目标和措施，同时，相继下发了规范中小企业产权制度改革"补充意见"等5个指导性文件，把全市中小企业产权制度改革从试点转向全面推进。中小企业产权制度改革实行分类指导，因企施策，根据企业特点和职工的意愿，采取租赁、拍卖、国有民营、股份合作制等多种形式，并落实相应配套措施。阿城市对死不了、活不起、租不动、卖不掉的困难企业，大胆进行了企业破产试点的探索。方正县对13个农机管理站，采取事企分开，理顺职能，进行产权制度改革，实地企业化经营，减轻了财政负担。截止1994年底，全市进行产权制度改革的中小企业已达2985户，占全市具备条件的企业总数76.7%；县（市）属具备条件的企业基本完

成了产权制度改革任务，使中小企业的生产经营有了新的转机。推进企业产权制度改革，初步建立起优胜劣汰机制，全年有37户企业申报破产，在20户已进入法律程序的企业中，经法院裁定，有16户企业依法实行破产，盘活存量资产2900万元，妥善安置职工6900多人。优势企业对破产、劣势企业实行兼并、租赁，发展企业间的横向联合，新组建11个企业集团，促进了生产要素的合理流动和优化配置。

2.两个面：一面是在国有大中型企业推进股份制改造；另一个面是在集体、乡镇企业大力发展股份合作制。在抓好国有大中型企业股份制改造方面，对经济效益好、产品有市场、发展有前途的企业改造为股份有限公司，对多数企业采取有限责任公司形式进行改造。哈天鹅、岁宝股份有限公司股票顺利公开发行上市；哈岁宝股份公司股票成功利用上交所系统在我国首次公开竞价发行，为中国股市的发展作了有益的探索；哈动力设备股份有限公司仅用7个月的时间即在香港发行上市H股取得成功。对已组建的股份制企业进行了规范完善工作，市体改委和市委组织部等部门，经过调查研究并依据《公司法》的规定，制定了《哈尔滨市关于完善股份制试点若干问题的意见》，在理顺各方面关系、完善法人治理结构、规范管理、减轻负担等方面提出了具体的完善办法，经市政府同意下发贯彻执行。其中关于股份制企业不再向原企业主管部门缴纳管理费，改由国家股分红中支付的规定，关于国家股分红可暂留企业滚动使用的规定，在解决影响股份制企业进一步规范运行的一些难点问题上，取得了突破。到1994年底，哈尔滨市改造和组建规范化股份制企业282户，其中股份有限公司45户，有限责任公司237户。募集股本累计38.6亿元，中国家股16.3亿元，法人股12.1亿元，个人股3.9亿元，社会公众股6.46亿股，包括境外股4.6亿股。目前有哈医药、哈天鹅、哈岁宝和哈动力设备4家境内外上市公司。

在集体企业、乡镇企业大力发展股份合作制方面，通过各种方式做好股份合作制的宣传引导工作，帮助区、县贯彻《哈尔滨市城镇股份合作制企业试行办法，下放审批权限，简化审批手续，提高办照开业率，调动了群众的积极性，一批有条件的集体、乡镇企业改组为股份合作制，职工群众和社会人士投资开办股份合作制的工业、商贸、饮服和民营科技等企业，促进了非国有经济的发展和集体、乡镇企业的经营机制转换。全年发展股份合作制企业568户，其中集体企业改造159户，新创办企业409户，总股本2.4亿元，个人入股1.7亿元，安置就业6000多人。

3.三条线：推进纺织、轻工、机械三个行业的综合配套改革试点。在学习北京一轻综合配套改革经验的基础上，以理顺产权关系、盘活存量资产为主要内容，针对轻工、机械、纺织3个行业的不同特点，分别制定综合配套改革实施方案和配套的《关于在综合配套改革试点行业试行一次性退养标准的通知》，落实了赋予这3个行业的资产委托经营、土地出让与开发效益返还等12条优惠政策。按照实施方案，行业综合配套改革已经在轻工局的7户企业、机械局的13户企业、纺织局的10户企业先行推开。组建国有资产经营机构，以搞活国有资产运营；实施“易地兴工”战略，加快产业结构和企业结构的调整；其它各项配套改革措施也逐步落实，使结构调整、资产流动、筹集资金、富余人员安置等工作顺利展开。纺织局与工商局联合在针织厂原址兴办了大型建材批发市场；哈尔滨电缆厂同松雷集团达成协议，共同投资在哈尔滨成立特种电缆厂，1995年下半年即可投产，生产国家急需、填补空白的航空航天电缆，年产值可达2000万元，利润200万元。

三、以要素市场为重点的市场体系建设稳步发展

哈尔滨市实施“建设大市场、搞活大流通、发展大商业”的规划，建立面向东北亚，同国际市场接轨的市场体系。随着哈一百二期改造工程竣工，中央商城、哈站前地下小商品市场等一批大中型零售和批发市场投入运营，商品市场发展迅速，“三环式”商服零售网点和“八大批发群体”得到充实和完善。钢材、有色金属、建材、木材、煤炭、粮油、汽车、机械、轴承等具有哈尔滨特色的生产资料市场不断向规模化、多功能和高档次方向延伸。金融、劳动力、房地产、人才技术和产权交易等要素市场已初具规模。交易机构不断发展壮大，与上交所联网的股票交易场所已达27家，融资渠道不断拓宽；组建起产权交易所和房产交易市场，交易领域逐步扩大，交易行为逐步规范；以市级劳动力市场为龙头的市、区、乡镇三级劳动力市场网络已经形成，全年安排了3.4万人就业，超额完成了全年目标。

四、社会保障覆盖面逐步扩大，住房制度改革取得新的突破

哈尔滨市的社会保障制度改革以进一步扩大养老、失业保险的覆盖面为重点，积极稳步地推进医疗保险试点。1994年全市参加养老保险的国有企业已达100%，参加养老保险基金社会统筹的职工达90余万人，并初步实行个人缴费制度；参加失业保险的国有企业、外资企业职工已达74.7万人，参加养老保险社会统筹的临时工有2.3万人。在依兰县、市冶金总公司开展了公费医疗和大病医疗费用统筹试点，依兰县党政机关、事业单位近万名干部职工参加医疗保险，取得了较好的效果。

哈尔滨市《深化住房制度改革方案》，经黑龙江省政府和国务院房改领导小组办公室审定后已组织实施。全市已有5200个单位、80多万职工登记开户，缴纳公积金1.2亿元；公有住房提租面达98%；累计发售9200多万元的住房债券；173个单位集资8.26亿元，建房149万平方米，解决了2.1万户职工的住房；出售公有住房开始起步，已向职工出售住房57.8万平方米，共计14800多套。呼兰县住房制度改革也有了新的发展，县城累计集资3.5亿元，实行住房建设与增设商服网点相配套，共建楼110栋，新增商服网点1378处，9100户居民喜迁新居。

五、政府职能转变取得一定进展

哈尔滨市按照国家的统一部署，进行了计划投资、财税金和外汇等宏观管理体制的改革，确定了市、区(县)财政体制，完成了国税、地税机构分设，各专业银行开始转向企业化经营。同时，针对有些部门之间职责交叉、管理权限不清的问题，经过调查和协调，提出了《关于进一步理顺两个开发区管理体制的意见》和《关于进一步理顺城市管理体制的意见》，初步理顺了物价局、汽车办、大煤气指挥部等部门的职能和机构设置等问题。在轻工、机械、纺织3个企业主管部门组建了国有资产经营公司，为实行“政资分离”，为转变职能奠定了基础。按照国家和黑龙江省的要求，制定了《哈尔滨市政府机构改革转变职能的方案》，经过进一步论证，报国家和省批准后组织实施。

六、横向经济联合发展情况

1994年，哈尔滨市的经协工作，坚持“南联北开，全方位开放”的方针，紧紧围绕搞活“第一战场”、开辟“第二战场”的目标，以优势和资源为依托，以利益为纽带，以项目为突破口，以共同发展为目的的原则，开展多形式、多领域的经济技术洽谈活动，做了大量的卓有成效的工作：成功地协办了“’94上海商品博览会暨经济技术协作洽谈会”；组织4个政府代表团出访8省区12市，参加环渤海地区中外洽谈会，签订和落实151个合作项目；加大“南联”工作力度；执行南联项目174项。这对于发展横向联合，推动全市建立社会主义市场经济体制，培育新的经济增长点起到了积极作用。1994年共签订、执行了经济技术合作项目390项，比计划增长11.7%，实现产值77235万元，比计划增长33.2%，实现利税7465万元，比计划增长22.4%。

1994年，哈尔滨市的经协工作主要特点是：

1.围绕引进先进技术，开发新产品，提高产品质量开展联合与协作。1994年，全市坚持科技是第一生产力，积极从东南沿海经济发达地区引进技术，联合开发新产品；组织企业与大厂、大所、大学开展项目对接活动，促进科技与经济相结合。1994年，利用“上博会”机遇，哈尔滨广播器材厂与上海科凌科技实业总公司达成联合生产彩色LED大屏幕视频显示屏协议，上海提供视频软件技术和显示屏制造技术，哈方负责生产销售。1994年末已实现产值1000多万元，利税150万元。动力区加强与本区的大厂、大所、大学紧密联合，将对方的人才、技术、项目与管理优势同区街乡镇企业的灵活机制结合起来，产生了很大的经济效益。他们依托“三大动力”联建了具有较大规模的“四小动力”，其中金属结构厂已开工生产，4个企业1995年全部达产，可新增产值2.8亿元，新增利税3000万元。平房区还成立了“区厂对接办公室”，一次与平房三大厂对接项目45项。

2.围绕租赁、联合建厂、联牌生产等多种形式，开展联合与协作。动力区平顺商城租赁给广东豪特电器公司，7年收回全部投资。该区黎明乡从温洲引进精密铸造技术，联建精密阀门厂，生产的不锈钢铸件和各种精铸阀门填补了哈尔滨市空白。道里区利用地域优势，确定的“三乡两镇”沿机场路两侧建“经济大走廊”的战略已付诸实施，在三乡两镇建14个工业小区，占地429万平方米，并制定了相应的优惠政策，吸引了不少好项目在此扎根落户。现已与大兴安岭北芪保健品公司签订了在该小区内联牌生产红豆果饮料的协议。

3.围绕开辟第二战场、发展第三产业,与非国有经济开展联合与协作。呼兰县智能电器公司采用中华全国工商联合会全联经济开发公司提供的工艺、技术及质量标准,联合生产全电脑控制语文教学设备,产品对方全部包销。医药集团几年来一直保持与阿城淀粉糖厂,王岗永丰化工厂、红旗乡豆油豆饼粉碎加工厂的联合协作关系,通过合作,即保证了该集团主导产品青霉素的原料来源,又为发展第二战场做出了贡献,几年来,这些联营乡镇企业实现产值1.7亿元,利税836万元。

4.围绕发展外向型经济开展联合与协作。在“南联北开”方针指引下,各单位十分注重“南联”与“北开”,“内联”与“外引”的结合,把联合与协作的触角不断向国外延伸;中外合作,中中外合作的项目比重逐步加大。太平区已闻名于世的由“三国四方”联合兴建的中中外合作项目“双太”电子城,1994年又投入资金2200万美元,年底已实现产值1.1亿美元,完成利润1.07亿元人民币,二期基建工程已完成4栋厂房、2栋宿舍、1栋16层公寓。呼兰县双井乡工艺美术厂与省工艺品进出口公司联办双丰工艺制品厂,用柳条、玉米叶、蒲草等多种天然草、木本植物为原料,制造筐、墙挂、花环、装饰盒等九大系列工艺品产品销往日本、新加坡、美国等15个国家和地区。方正县利用县内日侨多和水稻生产的优势,通过日侨同日本千叶晶成产业株式会社合资建立了方正水晶米加工有限公司,引进日本先进制米技术和设备,年产水晶米4000吨,可实现产值120万元,利税25万元。

5.围绕为开辟“第二战场”,扶持区街、乡镇企业提供经济信息。经协委收集了大量的服装、饮食、电子、机械等行业的组装、外委加工、合资合作项目。举办信息发布会13次,先后为道里、道外、南岗、香坊、动力、呼兰县、松花江地区等区、县发布经济信息千余条,经洽谈达成正式协议46项。

七、对外开放进一步扩大

1.进出口贸易进一步增长

(1)对外贸易

1994年哈尔滨市进出口总额74200万美元,比1993年增长19.9%。出口商品收购25.5亿元人民币,比1993年增长63.5%。

1994年哈尔滨市外贸出口总额48500万美元,比1993年增长15.3%。出口商品主要销往俄罗斯、香港、韩国等90个国家和地区、出口额占前7位的国家和地区是:俄罗斯11584万美元,占出口总额的23.9%;香港10592万美元,占21.8%;韩国6745万美元,占13.9%;日本4465万美元,占9.2%;美国3312万美元,占6.8%;越南2042万美元,占4.2%;德国1052万美元,占2.2%。出口额在1000万美元以上的商品有玉米、豆粕、亚麻细布、皮鞋、汽轮发电机组等5种,出口额9319万美元,占出口总额的19.2%;出口额在500~1000万美元的有牛肉罐头、棉麻混纺布、麻布、针织品、铝材、10亿青霉素钾盐、柴油机、工业轴承等10种,出口额6320万美元,占出口总额的13.0%。从出口商品结构看,初级产品出口额为6256万美元,占出口总额12.9%,比1993年下降8.3个百分点;工业制成品出口额为42244万美元,占出口总额比重87.1%,较1993年上升8.3个百分点。

1994年,哈尔滨市外贸进口到货25700万美元,比1993年增长29.8%。进口商品主要来自俄罗斯、韩国、香港等23个国家和地区,进口额居前5位的国家和地区是:俄罗斯11078万美元,占进口总额的43.1%;韩国7319万美元,占28.5%;香港2453万美元,占9.5%;美国1962万美元,占7.6%;日本1307万美元,占5.1%。进口额在1000万美元以上的商品有电子元器件、钢坯、化工原料、机械工业设备等4种,进口额12800万美元,占进口总额的49.8%;进口额在500~1000万美元的商品有内燃机零件、通讯设备、聚脂切片、钢材、柴油等5种,进口额3588万美元,占进口总额的14.0%。从进口商品结构看,初级产品6257万美元,占进口总额的24.3%;工业制成品19443万美元,占进口总额的75.7%。

1994年哈尔滨市对独联体和东欧国家易货贸易进出口总额21859万美元,比上年下降29.5%。易货出口在100万美元以上的商品有玉米、砂糖、服装等37个品种,出口额8700万美元,占易货出口总额的74.5%;易货进口在100万美元以上的商品有农、林、牧业机械、钢坯、化肥等27个品种,进口额8852万美元,占易货进口总额的86.9%。

(2)对外经济技术合作

1994年签订对外承包工程和劳务合同35个,合同余额6527万美元,派出劳务人员2360人,主要派往俄罗斯、韩国、日本等国家和地区。批准在海外办非贸易性企业41个,中方投资612万美元。

(3)对外经济贸易洽谈会

1994年6月15～21日，中国哈尔滨第五届边境地方经济贸易洽谈会在哈市举行。哈尔滨为大会邀请到会外宾1758人，签订贸易合同11亿美元，境外经济技术合作项目8项，合同金额4203万美元，境内吸引外资合同和协议192项，协议外资额11775万美元。

1994年11月22日至28日，哈尔滨市在波兰华沙举办了"中国哈尔滨出口商品展览会"。哈尔滨市共有21家外贸企业和由计委、开发区等单位组成的招商团参加了这次展览会，共展出轻工、纺织、服装、粮油、食品、工艺、土畜、医药、保健品、化工、电子、机械等十大类1000多种商品，大会共签订进出口合同额1690万美元，其中：出口869万美元，进口821万美元。

2.利用外资工作

1994年哈尔滨市利用外资工作总的看是由质量型向数量型转变的一年，全市新批外商投资项目322个，协议外资金额34000万美元，其中，合资项目180个，协议外资金额16812万美元；合作项目27个，协议外资金额8461万美元；外商独资项目135个，协议外资金额8652万美元；实际利用外资11000万美元。1994年哈市利用外资工作呈现如下特点。

一是招商引资质量有较大提高。户均外资额达105万美元，比1993年增长64%；生产型项目占65%；新批协议外资金额100万美元以上的大项目所占比例为19.6%，比1993年高5.8个百分点；实际投入外资11000万美元，累计到位率20.6%。如哈飞汽车、东安发动机等特大型项目实现了当年审批、当年投入、当年生产。今年，大中型企业引资改造完成9户，累计达51户。总投资1000万美元以上的大项目已达到49个，出现了一批双太电子、新马士电子、天阳烟草、哈飞汽车、东安发动机、亚洲啤酒等大型生产企业。

二是三资企业效益日趋明显。1994年三资企业新开业393户，累计达905户，开业率为60.2%；就业人数达5万余人；实现涉外税收10900万元人民币，比1993年增长65.9%，出口创汇11000万美元，比1993年同期增长184%；实现产值30亿元人民币，比上年同期增长136%。三资企业已进入收获期并成为哈尔滨市经济发展最具活力和潜力的增长因素。

三是投资结构趋向合理。目前，到哈尔滨市投资的国家和地区已达31个，港、澳、台、韩、日、美仍然是投资主体，企业户数占88%，投资总额占90.65%。特别是韩国、日本、美国的投资有较大幅度增长，一些大的商社、财团和跨国公司开始来哈尔滨市投资。三资企业涉及的投资领域有电子、机械、化工、纺织、房地产、城市建设等14个行业。房地产项目得到有效控制，基础建设项目亦有较快发展，已达到11个。

附录一：

哈尔滨市鼓励外商投资的优惠政策

哈尔滨是中国沿边开放的中心城市。在哈尔滨投资与兴办外商投资企业，除了享受沿海开放地区的各项优惠政策外，市政府还相继制定了一些更为优惠的政策和办法，主要有：《关于鼓励外商投资的若干规定》、《外资企业中方工作人员出国审批程序》、《关于外商投资企业外籍人员在哈长期居留的办事程序》等。这些优惠政策和办法的主要内容有：

1.对生产内销产品的外商投资企业，在投产初期纳税有困难的，经税务机关批准，可以减免征收工商统一税。

2.外商投资企业从获利年度起免征地方所得税10年。

3.外商投资企业外籍人员的工资、薪金所得，减半征收个人所得税。

4.外商投资者将其从企业分得的利润在本市

再投资，经营期5年以上的，经税务部门核准，对再举办或扩建的产品出口企业和先进技术企业全部退还再投资部分已缴纳的企业所得税税款；对再举办或扩建的其他外商投资企业，退还再投资部分已缴纳的企业所得税款的40％。

5. 对外商投资企业，从开业年度起，头5年免征车船使用牌照税和城市房地产税，对产品出口企业、先进技术企业及其他国家鼓励的外商投资企业，5年后继续免征车船使用牌照税和城市房地产税。

6. 产品出口企业、先进技术企业及国家鼓励的外商投资企业，10年内免收土地使用费。

7. 外商投资企业建设期内免征土地使用费。

8. 举办文化、教育、科技、卫生及其它不以盈利为目的的社会公益事业，免收土地使用费。

9. 举办农、林、牧、渔业的外商投资企业，经审批机关同意，可适当核减土地使用费。

10. 外商投资企业的外方人员在本市食宿、交通、邮电、就医所付费用，可用人民币支付。

11. 准许外商购买股票、债券，参与证券市场交易活动。

12. 允许承包、租赁、或购买国有小型企业。

13. 对引荐外资成功的个人，按外商实际投资额的1‰至5‰折算成人民币予以奖励。

14. 对引荐外资500万美元以上的个人，在晋级、住房、子女升学（市管学校）和就业等方面给予照顾。

15. 外商投资者每投资10万美元，可安排其农村亲友一人在投资所在地城镇落户。

附录二：

哈尔滨市对外经济技术合作意向性项目

编号	项目名称	建设规模（包括总投资）	承办单位	地　址	电　话	联系人
1	供水四期工程	日供水60万吨，总投资18470万美元，其中拟利用外资9235万美元	哈尔滨市市政公用建设管理局	哈尔滨市南岗区一曼街283号	(0451) 3643235	王荣
2	松北新区水厂	日供水30万吨，分两期建设，总投资4000万美元（第一期15万吨），其中拟利用外资3000万美元	哈尔滨市松北新区开发建设办公室	哈尔滨市松北新区怡园路18号	(0451) 4624944	赵书然
3	文昌污水处理厂	日处理污水16万吨，总投资4000万美元，其中拟利用外资3000万美元	哈尔滨市市政公用建设管理局	哈尔滨市南岗区一曼街283号	(0451) 3643235	王荣
4	滨江热电厂	总容量600MW，建三台200MW燃煤供热机组，年发电320万兆瓦时，年供热989万吉焦，总投资27280万美元其中拟利用外资11000万美元	哈尔滨市热电建设指挥部	哈尔滨市南岗区赣水路218号	(0451) 2321842	于湛富
5	松北新区热电厂	总容量600MW，分两期建设，第一期2台100MW机组，第二期2台200MW机组，总投资14000万美元（一期），其中拟利用外资2000万美元	哈尔滨市松北新区开发建设办公室	哈尔滨市松北新区怡园路18号	(0451) 4624944	赵书然

续表

编号	项目名称	建设规模(包括总投资)	承办单位	地址	电话	联系人
6	利民热电厂	装机容量24MW,总投资2370万美元,其中拟利用外资1700万美元	哈尔滨市利民经济技术开发区	哈尔滨市江北利民镇	(04667)351380	孙申才
7	垃圾电站	日处理垃圾500吨,发电装机容量4.5MW,土建1万平米,总投资2120万美元,其中拟利用外资1200万美元	哈尔滨市环境卫生管理处	哈尔滨市道外区南坎街1号	(0451)8683954	裘世明
8	低温核供热	建两座200MW低温核供热反应堆及配套热网工程,年供热1.5×10^{12}大卡,总投资16800万美元,其中拟利用外资7000万美元	哈尔滨市低温核供热办公室	哈尔滨市道里区安道街24号	(0451)4515862	于湛富
9	道里中心区集中供热	供热面积450万平方米,新建一座348MW热水锅炉房,供热管网14公里,400个热力站;一座监控中心,总投资4880万美元,其中拟利用外资4000万美元	哈尔滨市热电建设指挥部	同上	同上	同上
10	南岗开发区集中供热	总供面积140万平方米,包括锅炉房一座,供热管网主干线9.8公里,换热站14座和监控中心一座,总投资1900万美元,其中拟利用外资466万美元	哈尔滨市热电建设指挥部	哈尔滨市南岗区赣水路218号	(0451)2321841	邱宗梅
11	轻轨地铁	轻轨交通一号线营运线路长度16.5公里,输送能力70万人次/日,其中一期工程10公里,输送能力50万人次/日,总投资35630万美元,其中拟利用外资23750万美元	哈尔滨市建设委员会	哈尔滨市道里区地段街165号	(0451)4619262	李雄创
12	环城公路绕行线江南段	全长42公里,4车道高速公路,其中立交12处,大桥1座(400米),高架桥2座(共600米),总投资13300万美元,其中拟利用外资6650万美元	哈尔滨市交通局	哈尔滨市道里区安发街27号	(0451)4506771	闫立本
13	机场专用公路	全长25公里4车道高速,总投资8825万美元,其中拟利用外资4413万美元	黑龙江省交通厅	哈尔滨市动力区和平路72号	(0451)2645631	赵扬
14	松花江越江隧道	全长1852米,其中沉管段553米,暗埋段657米,引道段272米,路基段100米,4条机动车道,建筑净高5米,总投资5925万美元,其中拟利用外资3100万美元	哈尔滨松北新区开发建设办公室	哈尔滨市松北新区怡园路18号	(0451)4624944	赵书然
15	群力安居工程	占地200公顷,总建设面积223万平方米,相关的配套工程包括锅炉房,变电所、给排水、道路等,总投资33000万美元,其中拟利用外资20000万美元	哈尔滨市住房制度改革领导小组办公室	哈尔滨市道里区经纬街242号	(0451)4653818	王永邦
16	月亮湾新区开发	占地187万平方米,规划面积160万平方米,土建40万平方米,总投资11760万美元,其中拟利用外资6000万美元	哈尔滨市月亮湾开发建设领导小组办公室	哈尔滨市道里区河润街91号	(0451)4604412	李文克

续表

编号	项目名称	建设规模(包括总投资)	承办单位	地址	电话	联系人
17	开发区基础设施建设	建日供水8万吨水厂、2座供热锅炉、2座66千伏变电所,总投资6000万美元,其中拟利用外资5000万美元	哈尔滨市经济技术开发区工业发展股份有限公司	哈尔滨市道里区友谊路58号	(0451)4679084	吴彤华
18	工业园区开发建设	建各类厂房25万平方米,其它建筑15万平方米,总投资5880万美元,其中拟利用外资5000万美元	同上	同上	同上	同上
19	国际博览中心	占地面积65.77万平方米,建筑面积13万平方米,总投资7500万美元,其中拟利用外资7000万美元	同上	同上	同上	同上
20	哈尔滨大酒店	建五星级大酒店,占地面积4.3万平方米,总建筑面积31万平米,总投资23810万美元,其中拟利用外资15000万美元	哈尔滨市房屋土地综合开发公司	哈尔滨市道里区新阳路30号	(0451)4618193	金国权
21	圆锥滚子轴承	年产圆锥滚子轴承800万套,总投资2520万美元,其中拟利用外资1000万美元	哈尔滨市轴承总厂	哈尔滨市香坊区红旗大街9号	(0451)5666011	马继波
22	中小型成套发电设备及辅机配件	年产5万千瓦以下的成套发电设备60万千瓦,电机辅机配件8000吨,总投资710万美元,其中拟利用外资340万美元	哈尔滨电机厂中小发电设备厂	哈尔滨市动力区乐园街67号	(0451)2682733	杨云鹏
23	电站锅炉金属结构件	年产锅炉辅机,金属结构件及管子20000吨,总投资795万美元,其中拟利用外资380万美元	哈尔滨金属结构厂	哈尔滨市动力区黎明乡	(0451)2684141	于启远
24	第二工具厂改造	年产全系列木工刃具18万件,总投资1035万美元,其中拟利用外资570万美元	哈尔滨第二工具厂	哈尔滨市道外区南极街20号	(0451)4683846	陈明喜
25	精密复杂刀具及超硬度刀具	年产复杂刀具和超硬度刀具18万件,立方氮化硼和陶瓷刀片5万片,总投资1455万美元,其中拟利用外资600万美元	哈尔滨量具刃具厂	哈尔滨市动力区和平路36号	(0451)2623021	娄礼明
26	有载调压大型变压器	年产110千伏—220千伏级有载调压大型变压器400万千伏安	哈尔滨变压器厂	哈尔滨市王岗镇	(0451)4334214	李奎生
27	工程起重机	年产越野轮胎起重机、液压汽车起重机、塔式起重机3个系列产品750台,总投资1577万美元,其中拟利用外资1000万美元	哈尔滨工程机械制造厂	哈尔滨市动力区进乡桥	(0451)2681615	赵国栋
28	低温及密封蓄电池	年生产起动用蓄电池及密闭蓄电池67万千伏安时,总投资945万美元,其中拟利用外资624万美元	哈尔滨蓄电池厂	哈尔滨市南岗区宣化街113号	(0451)2521543	王复轼
29	通讯光缆	年产光纤光缆、综合光缆共4千公里总投资690万美元,其中拟利用外资345万美元	哈尔滨通达光缆技术开发公司	哈尔滨市道外区南极街167号	(0451)8326422	吴达

续表

编号	项目名称	建设规模(包括总投资)	承办单位	地　址	电　话	联系人
30	电能计量仪表及电力负荷控制系统	年产电子式电能计量仪表300万只,电力负荷控制系统10台(套),总投资593万美元,其中拟利用外资280万美元	哈尔滨电表仪器厂	哈尔滨市南岗区学府路1号	(0451)5662765	关立民
31	高精度铝板带材	年产11万吨高精度铝板带材,其中冷轧板带10万吨,热轧予拉厚板1万吨,总投资36020万美元,其中拟利用外资6000万美元	东北轻合金加工厂	哈尔滨市平房区新疆街	(0451)3601101	贾绍箕
32	电焊钢管	年产结构管2万吨,焊接锅炉管13万吨,总投资5230万美元,其中拟利用外资2100万美元	哈尔滨钢管厂	哈尔滨市道里区城乡路72号	(0451)4305061	秦国有
33	钢及钢材	年产50万吨钢,30万吨钢材,总投资17976万美元,其中拟利用外资10000万美元	哈尔滨特种钢厂	哈尔滨市呼兰县城东	(0451)4622521	赵永来
34	铜管材	年产ϕ8输液管、ϕ5空调管、ϕ16冷凝管铜管材1.5万吨。总投资5984万美元,其中拟利用外资2610万美元	哈尔滨有色金属冶炼厂	哈尔滨市道外区振江街19号	(0451)8682074	李子毕
35	复铜箔板	年产各种复铜箔板2000吨,总投资1190万美元,其中拟利用外资941万美元	哈尔滨绝缘材料厂	哈尔滨市动力区大庆路15号	(0451)2102751	丁玉镇
36	汽车点火电器	年产汽车点火系统装置6万套,总投资689万美元,其中拟利用外资345万美元	哈尔滨机电制造公司	哈尔滨市平房区联盟大街2号	(0451)8601155	王明国
37	微型汽车后桥	年产20万套微型汽车后桥,总投资1410万美元,其中拟利用外资353万美元	哈尔滨飞机制造公司	哈尔滨市平房区友协街	(0451)8601122	杨守文
38	微形汽车密封胶条	年产20万套微型汽车密封胶条,总投资1567万美元,其中拟利用外资400万美元	同上	同上	同上	同上
39	汽车传感器	年产汽车传感器及电子产品50万套总投资1900万美元,其中拟利用外资900万美元	黑龙江敏感技术产业(集团)公司	哈尔滨市香坊区公滨路378号	(0451)5652502	冯晓江
40	汽车用贮气钢瓶	年产汽车双燃料装置用贮气钢瓶10万个,总投资2966万美元,其中拟利用外资2000万美元	哈尔滨松江机械厂	哈尔滨市动力区通乡街2号	(0451)2681321—235	郑兆焱
41	汽车电刷及其它电碳制品	年产新型电碳制品2000吨,总投资950万美元,其中拟利用外资410万美元	哈尔滨电碳厂	哈尔滨市香坊区电碳路18号	(0451)5661961	刘凡成
42	甲醇	年产甲醇10万吨,总投资4750万美元,其中拟利用外资640万美元	哈尔滨市燃汽化工集团公司	哈尔滨市道里区河润街66号	(0451)4600821	陆兵
43	醋酸	年产醋酸10万吨,总投资9782万美元,拟利用外资3000万美元	同上	同上	同上	同上

续表

编号	项目名称	建设规模(包括总投资)	承办单位	地　址	电　话	联系人
44	苯酚丙酮	年产 2.5 万吨苯酚丙酮,总投资 2885 万美元,其中拟利用外资 1200 万美元	哈尔滨市石油化学工业(集团)公司	哈尔滨市道里区田地街 3 号	(0451) 4619914	洪启后
45	双酚 A 及环氧树脂	年产双酚 A2 万吨,新建厂房 2 万平方米,总投资 5800 万美元,其中拟利用外资 4060 万美元	同上	同上	同上	同上
46	交联聚乙烯电缆料	年产 2 万吨硅烷交联聚乙烯电缆料,总投资 2230 万美元	哈尔滨精化实业股份有限公司	哈尔滨市道外区南马路 54 号	(0451) 2301076	原纯杰
47	不锈钢装饰板	年产 16 万张不锈钢装饰板,总投资 703 万美元,其中拟利用外资 370 万美元	哈尔滨国际经济开发公司	哈尔滨市道里区红专街 145 号	(0451) 4698154	李军
48	粘胶长丝	年产粘胶长丝 6000 吨,总投资 8582 万美元,其中拟利用外资 4291 万美元	哈尔滨化学纤维厂	哈尔滨市太平区东直路 306 号	(0451) 7682891	卢汉林
49	5000 锭亚麻纺纱	年产短麻纱及长麻纱 1000 吨,总投资 1042 万美元,其中拟利用外资 499 万美元	依兰纺织厂	哈尔滨依兰县城东	(04644) 222650	戴建平
50	精纺布料	年产 60 支以上精纺布料 100 万米,总投资 830 万美元,其中拟利用外资 398 万美元	哈尔滨毛织厂	哈尔滨市道外区北十二道街	(0451) 8683611	宋振兴
51	喷气织机织物	年产纱 2000 吨,布 640 万米,总投资 1600 万美元,其中拟利用外资 690 万美元	黑龙江纺织印染厂	阿城市和平街	(0450) 321201	唐学礼
52	装饰织物	年产装饰织物及产业用布 60 万米,总投资 593 万美元,其中拟利用外资 232 万美元	哈尔滨装饰织物厂	哈尔滨市道里区安广街 34 号	(0451) 4682066	苏松滨
53	青霉素钾盐	年产 2000 吨青霉素钾盐及系列产品,总投资 10000 万美元,其中拟利用外资 4000 万美元	哈尔滨制药厂	哈尔滨市南岗区学府路 32 号	(0451) 6662926	刘存周
54	头孢唑啉钠	年产 50 吨头孢唑啉钠,总投资 3200 万美元,其中拟利用外资 1600 万美元	哈尔滨制药二厂	哈尔滨市动力区军民街 43 号	(0451) 2681006	苑苏
55	双黄连、丹参粉针	年产双黄连粉针 6000 万支,丹参粉针 6000 万支,总投资 2233 万美元,其中拟利用外资 1100 万美元	哈尔滨中药二厂	哈尔滨市南岗区花园街	(0451) 3642110	杨忠臣
56	乙酰螺旋霉素	年产量 100 吨,总投资 595 万美元,其中拟利用外资 400 万美元	阿城市泰华制药厂	阿城市药厂路	(0450) 323476	董贵民
57	工业葡萄糖	年产工业葡萄糖 2 万吨,总投资 595 万美元,其中拟利用外资 200 万美元	哈尔滨制药厂阿城分厂	阿城市淀粉路	(0450) 322463	戴福诚

续表

编号	项目名称	建设规模(包括总投资)	承办单位	地　址	电　话	联系人
58	浮法玻璃	年产2～6毫米浮法玻璃1.5万吨,总投资5930万美元,其中拟利用外资2840万美元	哈尔滨玻璃厂	哈尔滨市香坊区油坊街3号	(0451)5664067	韩炳春
59	塑钢门	年产18万套塑钢门,建厂房6520平方米,总投资570万美元,其中拟利用外资310万美元	哈尔滨化工二厂	哈尔滨市香坊区化工路	(0451)5661451	高镜瑞
60	大豆制品	年产大豆分离蛋白840吨,大豆油3150吨,低温豆粕15640吨,饲料1510吨,总投资680万美元,其中拟利用外资240万美元	哈尔滨呼兰油脂化工厂	哈尔滨市呼兰县东直路136号	(04667)321293	于铁人
61	玉米制品	年加工玉米5万吨,总投资1765万美元,其中拟利用外资1000万美元	哈尔滨呼兰县制米厂	哈尔滨市呼兰县呼兰镇	(04667)322786	孙慎明
62	豆奶制品	年产豆奶、豆酸奶1.9亿罐,总投资1375万美元,其中拟利用外资220万美元	宾县项目办公室	宾县宾州镇西大街1号	(04674)783735	王广增

典型地区与典型企业

哈尔滨经济技术开发区

［概况］哈尔滨经济技术开发区是我国改革开放的产物，1991 年 6 月经黑龙江省人民政府批准辟建，属地方自办；1993 年 4 月经国务院批准，正式升为国家级开发区，实行沿海开放城市经济技术开发区的各项优惠政策。该区辖综合工业区及管理服务区两个区域，总面积 10 平方公里。其中：综合工业区位于哈尔滨市城区以南，毗邻平房工业区，距市区中心 10 公里，京哈公路从该区域一侧通过，铁路专用线已引入该区域的保税库区。综合工业区规划面积 8.4 平方公里，划分为起步区、保税库区和预留发展区。起步区面积 2.4 平方公里，是以发展工业及科技为主，以管理、服务和生活居住为辅的综合性工业小区，规划平均容积率 1.1。管理服务区位于哈尔滨市区中心，周围是建成的城区，紧靠黑龙江省政府，该区域占地 1.6 平方公里，主要发展商服贸易、金融保险、旅游娱乐、信息咨询等高级第三产业和高科技产业项目，该区规划平均容积率 2.14。

按照高效率、快节奏原则组建的哈尔滨经济技术开发区管理委员会，代表哈尔滨市政府行使市一级管理权限，统一管理开发区的经济和社会事务，并在市政府的充分授权下独立、高效地办理进区项目的一切手续。开发区的财政、工商、税务、规划土地等分局和金融、保险、海关、公证、商检、律师事务所和会计师事务所等机构，可为企业提供良好的服务，并使企业能够按照国际惯例进行正常的生产经营服务。

历经 3 年多的艰苦创业，哈尔滨经济技术开发区依靠自身的优势在基础设施建设、招商引资、项目建设、强化企业管理与服务等诸方面都取得了斐然的成就。3 年来累计投入基础设施建设资金 4.4 亿元，使综合工业区 2.4 平方公里起步区和管理服务区 1.1 平方公里范围内的道路、给水、排水、供热、供电、通讯、煤气等已初具规模，同时综合工业区的铁路专用线及保税库区已形成框架，开发区累计批准外资企业和内联企业 606 家，其中外资企业 257 家，投资总额 7.65 亿美元，协议外资额 3.24 亿美元，外方实际到位额 9124 万美元；批准内联企业 349 家，投资总额 14.03 亿元人民币。在这些企业中，生产型企业 365 家；总投资千万美元以上企业 24 家（生产型 10 家），百万美元以上企业 91 家（生产型 44 家）。累计开工面积已达 98.5 万平方米，总峻工面积 22 万平方米。到 1994 年底，累计已批准企业开工开业达 369 家，其中外资企业 99 家，内联企业 270 家，开工开业率合计为 62.7%；累计实现工业总产值 13.4 亿元，汽车制造有限公司销售收入 18.8 亿元，区财政收入 6565 万元（不含哈飞），完成出口创汇 341 万美元，已转入了速度与效益同步发展的阶段，成为中外客商竞相投资的新热点，以及牵动着哈尔滨市建设东北亚国际经贸城这一目标奋进的重要经济生长点和改革开放的新型试验区。

［筹资用资工作］自 1991 年 6 月开发区辟建至 1994 年末，开发区累计筹资 42038 万元。从资金来源及作用看，首先是依靠省、市政府扶持借款，这既是开发区辟建之初的启动资金，体现了政府对办好开发区的决心和信心，同时也为开发区的多方筹资提供了保证和树立了政府信誉；其次是取得金融部门的大力支持，多渠道吸人建设资金；最后是集中有限收益进行再投入，积极带项出让土地，收取土地出让金及工程配套费，利用国家级开发区区内税收自收自支的优惠政策筹资，这不但是弥补开发区建设资金不足的有效手段，也是开发区真正实现国务院提出的“开发一片，建成一片，收效一片”，“滚动发展”的要求，使资金得到良性循环。

3 年来，开发区本着“节约每一个铜板，用于开发和建设”的总的指导思想和原则，基础设施建设共完成投资 44000 万元。从投资的方向和作用看，首先集中财力投入基础设施建设，使开发区管理服务区1.1平方公里和综合工业区2.4平方公里的“七通一平”建设初具规模，同时综合工业区的铁路专用线及保税库区也已形成框架，投入试运营，保证了进区单位的生产、建设需要，推动了招商引资和项目建设工作的全面开展；其次是坚持“专款专用”扶持重点企业，在一定程度上缓解了中外合资企业中方配套资金不足，生产流动资金馈乏，开发区缺乏发展后劲和自身造血机能差的“瓶颈”问题；最后是树立开发区形象，实施前沿招商战略，如建设管委会综合服务楼，使开发区管委会及所属机构迁入开发区，对企业实施就近服务和“楼内一条龙”服务，提高办事效率；设立开发区驻美国招商办事处，有针对性地进行招商引资工作，已初见成效。

在“硬”件建设方面，1994年哈尔滨经济技术开发区的基础设施建设投资共9647万元，重点突出了“两源”(电源和热源)建设。此外，全年共完成征地46.5万平方米；道路管网、消防工程、保税库及铁路专用线的站台、仓贮区等配套设施也都进一步“填平补齐”按计划完成。

加强软环境建设方面，为进一步实施市委、市政府《关于加快经济技术开发区建设的意见》，1994年哈尔滨市政府下发了《关于在两个开发区实行一章到底式管理的办法》，使开发区新型管理体制得到进一步理顺和加强。

同时，开发区坚持“两手抓、两手都要硬”的方针，大力加强党的领导和精神文明建设。尊重知识、重视知识、鼓励人才合理流动。

开发区人才交流中心成立后积极推进开发区人才工作。通过人才大集、广告等形式吸引3000多名人才进入人才信息库，并通过信息简报形式，有选择地将贮备人才推荐给开发区企业，全年向企业推荐人才300余人次，受到企业和驻区单位聘用的达100余人，先后有上百家企业在人才库里选择专业对口的各类人才。

开发区的“软”、“硬”环境的建设，促进了招商引资工作的顺利进行。哈尔滨经济技术开发区在1994年注重了招商网络的建设，把定期、定项目组团出访与定点(在国际金融城市设立办事处)定人(聘任开发区招商代表、招商顾问)招商有机结合，开展多层次、全方位招商。先后组团赴美国、日本、泰国、新加坡、波兰、德国及港澳地区开展招商活动，在美国纽约、香港等大都市设立了开发区招商办事处。先后在德国、日本等国家以及涉外部门和机构中聘任了一批有丰富经验的招商代表和招商顾问。在具体项目选择上，依托我省、我市“南联北开”的地域优势和老工业基地、商品粮基地的资源优势，围绕汽车配件、粮油加工、新兴建材、化工产品、纺织服装等产业，精心编制了符合国情、省情的项目库。外引注重大型生产型项目、高新科技型项目、出口加工型项目；内联注重嫁接国有大中企业，推动老工业基地技术改造，重振国有企业雄风。1994年共批准外资企业62家，投资总额3.38亿美元，其中协议外资额1.23亿美元，外方实际到位额4841万美元；共批准内联企业85家，投资总额6.84亿元人民币。全年共为8家大、中企业实现引资嫁接改造，分别是哈轴、哈飞汽车、北元实业、岁宝热电、艾玛集团、东安发动机、绍和供水和森永乳品，其中进入开发区实行易地改造的有艾玛集团、哈飞汽车和北元实业等3家大、中企业。

1994年经哈尔滨经济技术开发区管委会认定、哈尔滨市科委批准的高新技术企业达20家，实现产值6.42亿元。有4项产品被列入1995年度市级火炬计划，2项科技成果被认定具有国内领先水平。从科技含量来看，这新批的20家高新技术企业中具有专利产品的占80%以上。

1994年是哈尔滨经济技术开发区项目建设年。在国家控制基建信贷规模、中方主体缺乏配套资金、房地产业不景气的大气候下，采取多种措施，克服难点，坚定投资信心，一举突破了大型房地产合资项目“久立不开”的瓶颈，先后推进了昆仑商城、永久商厦、管理大厦、辰龙娱乐中心、志成大厦、亚太大厦等大型房地产项目及可口可乐饮料、哈飞微型车等工业厂房的开工建设。

哈尔滨高新技术产业开发区

哈尔滨高新技术产业开发区创建于1988年9月，1991年3月经国务院批准为国家高新技术产业开发区，并开始集中新建区建设，开发区政策面积为23.9平方公里，其中集中新建区面积为4.07平方公里，包括南岗集中新建区1平方公里，平房集中新建区1.9平方公里，哈工大高新技术园区1.17平方公里。

哈尔滨高新技术产业开发区由黑龙江省和哈尔滨市共建共用，管理以市为主，日常工作由开发区管理委员会负责，行使政府对开发区的管理职能。在开发区内设有创业中心，孵化未成熟的高新技术企业，并设有工商、税务、财政、规划、土地、银行、保险、审计、法律顾问和计量检测中心、人才交流中心等支撑服务机构，使进入开发区的企业不仅可以享受国家和省市政府给予的各项优惠政策，还有一个十分宽松，适于企业快速发展的社会环境。

1994年，在国家科委、省委、省政府和市委、市政府的领导下，在省市有关部门的支持和帮助下，高新技术产业开发区继续保持了高速发展的势头，全年实现高新技术企业技工贸总收入20.6亿元，是1993年的226%；实现工业总产值18.1亿元，是1993年的275%；实利税2.8亿元，是1993年的221%。开发区在连续3年迈出三大步的基础上，实现了主要经济指标较1993年翻番，提前一年完成了开发区“八五”计划，各项工作都有了长足发展。

确定了“一点两线三延伸全面辐射”的发展战略。即以南岗集中新建区为“一点”，在东起哈尔滨工程大学、西到哈医大、北起哈工业高等专科学校、南至电工学院，依托大学、大所优势，建设两条高科技走廊，大力发展高新技术产业，向毗邻的南岗、香坊、太平3区延伸，进而向全市、全省及至全国全面辐射高新技术。

发展高新技术企业。全年发展高新技术企业163家，其中孵化高新技术企业40家。培育出年产值超千万元企业33家，其中有5家年产值超过亿元。探索运用“一厂一角”、“腾笼换鸟”等4种模式改造传统产业，取得初步成效。

开发高新技术项目。全年新开发高技术项目164项；实施“火炬”计划项目18项，其中国家级的4项。

建设大学高新技术园区。哈工大园区基建新开工7000平方米，竣工23万平方米，新开发高新技术项目20项；哈科大园区科技交易市场大厦已经启动建设；哈东园区前期组建工作完成，开始进行总体规划。招商引资，高新产业国际化。采用多种形式宣传开发区，出版了12期《高科技信息报》；组织52个团体136人次赴美、日、韩等国家及港澳地区进行招商，在美、俄等国设立4个独立公司，在韩国等地设立了信息站；组织企业参加“哈洽会”等国内外展销活动。全年发展“三资”企业36家，其中独资企业9家；合资企业26家，合作企业1家；总投资额9905万美元，协议引资3005万美元；资金到位率和开工率分别达到57%和44%；高新技术产品出口创汇达到2334万美元。

综合配套改革。重新制定了《开发区综合配套改革（试点）实施方案》，理清了改革的新思路，明确了新任务；贯彻落实《公司法》，全年发展股份制企业46家，股份合作制企业12家；继续推进了企业人事、劳动和分配制度改革；成立了开发区风险投资基金会；开始理顺了开发区管理体制工作；高新科技（集团）股份有限公司建立起较强的领导班子和较好的运行机制，取得了较好的经济效益。

集中新建区建设。落实基建资金1.2亿元；进一步完善了基础设施，修筑红旗大街370延长米、闽江中460延长米，汉水中670延长米，建了两座变电亭，修筑了1处2900平方米的停车场，完成了建成区的绿化工作；基建新开工10.1万平方米，竣工8万平方米。

软环境建设。开发区工商、税务、财政、规划土地等分局，各银行支行，各事务所等服务机构都发挥了职能作用，扶持企业快速发展。创业中心进一步发挥“孵化器”功能，全区高新技术孵化企业年实现技工贸总收入8500万元、产值5300万元、利税1300万元。建立了人才劳务市场，高新技术产业协会、开发区专家顾问委员会和信息中心正在筹建。《哈尔滨市高新技术产业开发区条例》出台；开发区管委会加强自身建设，提高了行政和综合管理与服务水平。

目前，高新技术产业开发区已经发展成为拥有787家高新技术企业、2.2万余名职工、1个集中新建区和3个大学高新技术园区的国家先进高新技术产业开发区。

哈尔滨世一堂制药厂

哈尔滨世一堂制药厂是科工贸为一体的企业。中国500家最大医药工业企业之一，中国中药行业优秀管理企业。工厂创建于清末光绪二十九年（1903年），1986年进行扩建改造后，拥有国内一流的厂房和现代化设备，完全按“GMP”标准进行生产。现有员工800余人，技术人员近240人。有10个生产车间。生产大、小蜜丸、水丸，中医片剂，冲剂，散剂，酒剂，茶剂，胶囊，保健化妆品等十一大剂型150个品种。有15种产品获国际、国家、省市级的奖杯和优质产品称号，工厂与香港合资成立了天利天然礼品有限公司，与西班牙合资成立了大中世一药业有限公司。“世一堂”牌药品被黑龙江省广大消费者推选为黑龙江省第一名牌。

哈尔滨制药六厂

哈尔滨制药六厂是哈尔滨医药股份有限公司的分公司，是中型化学药品综合制剂厂，包括原料药（人工牛黄）的生产和中草药提取加工。

哈尔滨制药六厂地处哈市东郊太平区，占地面积约26000平方米，建筑面积26039平方米，固定资产原值3070.5万元（1993年末数）。企业现有职工991人，共有通用及专用设备475台套，其中输液生产线精洗和灌装设备系从日本引进，具有国际现代先进水平，拥有进口的先进检测仪器，可以确保出厂产品质量优良。

哈尔滨制药六厂非常重视新产品的开发和出厂产品的质量。主要生产注射剂（输液）、片剂、胶囊剂、散剂、颗粒剂、糖浆剂、乳剂、搽剂等8个主要剂型及人工牛黄、中草药提取加工总计150余个品种。其中泻痢停片、小儿速效感冒灵、刺五加片、5%葡萄糖注射液、小儿速效感冒片先后被评为省、市优质产品。小儿速效感冒灵还曾获得省、市科技进步成果奖、全国儿童生活用品新产品金鹿奖。泻痢停片1991年被评为哈尔滨市名牌产品、全省医药行业名牌产品，1992年3月又荣获了中华医学会颁发的《全国获奖药品临床应用评价调查》最高奖——信得过药品奖。近期新开发成功的维生素E烟酸酯胶囊和强力抗菌新药“世普欢”，刚刚面世就受到了广大用户的青睐，十分抢手。企业产品疗效确切，质量稳定，深受用户信赖，遍销全国28个省、市、自治区，并远销马来西亚、香港等东南亚国家和地区。

哈尔滨制药六厂生产经营形势稳定，经济效益显著。1994年完成产值10021万元，实现利润800万元，1995年计划完成产值1.1亿元，实现利润900万元。

哈尔滨制药厂

哈尔滨制药厂是哈尔滨医药股份有限公司的分公司,以生产青霉素为基础原料,生产半合抗及头孢系列为重点,兼有制剂的大型综合性药厂。

工厂技术力量雄厚,工艺技术先进,主导产品青霉素钠原料和粉针剂获国家质量金奖,其它产品多次获部优、省优及信得过产品奖,产品在国内享有盛誉,并远销欧洲、北美及东南亚各国。

哈尔滨制药厂将用求实、奉献精神,提供优质高效药品,以最佳服务发展和扩大国内外贸易往来。

哈尔滨中药二厂

哈尔滨中药二厂是全国30家重点中药厂之一。主要生产口服液、散剂、酊水剂、丸剂、中药粉针等9个剂型70多种产品。现已形成以多发病、疑难病为主的治疗药,以口服液为基础的保健药及中药粉针为依托的高新技术产品等三大系列。产品遍布全国并有24种产品远销30多个国家和地区。

哈尔滨中药二厂技术力量雄厚,工艺技术先进,设置各种高精设备300余台(套)。现已在哈尔滨机场路3.5公里处购地17万平方米,将建成亚洲最大的中药粉针基地。该厂生产的双皇连牌双黄连粉针剂,通过静脉直接进入血液,发挥快速疗效,弥补了临床缺少有效抗病毒药物之不足。该产品在全国首届中医药文化博览会上荣获“神农杯”金奖;连续两次被国家中医药管理局列入全国中医院急救必备药品,已获得国家专利。该厂新开发研制的又一粉针产品——丹参粉针,将给冠心病、心绞痛患者带来福音。

企 业 名 录

哈尔滨化工四厂

经营范围：该厂年生产能力5万吨以上，其中年产3万吨邻苯二甲酸二辛旨装置是目前国内化工行业规模最大、技术最先进装置。其产品主要经济技术指标居国内上游水平，质量达国际标准。另外还有二丁旨、醋酸丁旨、环已胺、丙烯酰胺等。竭诚欢迎国内外客户来洽谈业务。

法人代表：汪闻炎　　邮政编码：150038

通讯地址：哈尔滨市香坊区化工路化四街1号

电话：(0451)5301744　　传真：(0451)5301744

哈华春药化环保技术开发有限公司

经营范围：高分子技术中空超滤装置，适用于各大宾馆、酒店、银行等单位，出水浊度为0，细菌为0；除铁、除锰、除氟、除油及自来水精度净化；宾馆、医院、工矿、科研等部门的污水处理设备；洗浴工程、泳池工程的设计与安装；低度酒滤清设备、药用超滤器。

法人代表：王春芝　邮政编码：150036

通讯地址：哈市南岗区嵩山路创业中心0号楼

电话：2320093　传真：2320091

哈尔滨厨房设备新技术开发公司

经营范围：该公司系科工贸一体开发公司。竭诚为您整体配套设计。制造和提供宾馆、饭店及餐厅所需要的各种厨房设备，并经营不锈钢器皿、炊事机械、消毒设备、制冷设备及卫生洁具，燃气用具的开发、生产、销售。厨房设备升降梯的设计、制造、不锈钢装修。

法人代表：沈振泉　　邮政编码：

通讯地址：哈尔滨市太平区南直路370号

电话：7683830　　传真：7672589

哈尔滨经济技术开发区工业发展股份有限公司

经营范围：主营：工业生产、国内贸易、物资供销业、房地产开发业、仓储运输业。兼营：生产、生活服务业、开办保税库、通过外贸代理开展对外贸易、信息咨询服务业。

法人代表：吴彤华　　邮政编码：150010

通讯地址：哈尔滨市道里区友谊路58号

电话：4691242　　传真：4679087

哈尔滨保隆保健品有限公司

经营范围：公司以市场需求为导向，立足高科技，采用先进的技术和设备，开发、生产、销售新一代的保健食品和保健药品。产品晨世减肥酥。婴孕宝系列营养液、晨世鲜参蜜宝等不仅畅销全国各地，而且还销往国际市场。1995年被授予“开发区先进企业”和“开发区科技进步先进企业”称号。

法人代表：陈霁虹　　邮政编码：150001

通讯地址：哈尔滨市南岗区革新街127号14楼

电话：2605313　　传真：2605319

哈尔滨经济技术开发区开发建设总公司

经营范围：承担20公顷以下的土地开发任务，建筑面积20万平方米以下的住宅小区开发建设，以及与其能力相当的工业商业建设项目的开发建设，销售本公司开发的商品房，不能承担技术特别复杂的建设项目。承担市政建设工程的勘察设计施工和配套工程的承包发包招标业务。

法人代表：吴乃耀　　邮政编码：150010

通讯地址：黑龙江省哈尔滨市道里区友谊路

68号
电话:4677176 传真:4692489

哈尔滨现代集团有限责任公司

经营范围:计算机软、硬件、系统成套,办公自动化设备及计算机辅助设备;机电一体化产品,高新技术产品的开发、生产、经销;开展技术咨询、服务、经济技术合作、国内贸易,通过代理开展对外贸易;购销交通运输设备,开展货物运输代理。

法人代表:邓伟

邮政编码:150036
通讯地址:哈尔滨市嵩山路高科技开发区1号楼
电话:2320577
传真:2320579

地区发展规划选编

哈尔滨建设东北亚重要经贸城规划设想

一、概　　况

哈尔滨市座落在我国第四大河流——松花江两岸，是黑龙江省省会，全国特大城市之一，也是全省的政治、经济、科技、文化、交通中心。黑龙江省的轮廓宛如一只展翅欲飞的“天鹅”，哈尔滨正处在“天鹅”颈的下部，所以人们形容哈尔滨是“天鹅颈下的一颗珍珠”。全市辖7区5县(市)，总面积18466平方公里，总人口561.59万人。其中，市区面积1637平方公里，市区人口317.27万人。

哈尔滨西临松嫩平原，北毗大庆油田、东拥煤矿与森林，襟连我国粮、木、油基地，幅员辽阔，自然资源丰富。其中哈尔滨及周围地区的大豆、亚麻，及石油产量、木材储量规模均居全国之首。黑龙江省有丰富的土地、森林、矿产、农业、水产和旅游资源，哈尔滨地处黑龙江省资源中心位置，可得到各方能源和资源的供给，是哈尔滨形成和发展的物质基础。以哈尔滨为中心，在50公里范围内农、林、牧、渔资源较丰富，是本市蔬菜、鲜奶、鲜鱼等产地及部分粮食和原料的供应地。哈尔滨周围150公里内，还有丰富的矿产资源。如石油和天然气、煤炭、铜、铁、铝、锌等。大庆石油资源及其石油化工半成品是哈尔滨市炼油工业和化学工业的主要原料基地。依兰达连河煤炭资源是哈尔滨煤气工业的主要源地。东部山地的石灰石和各种沙石，是哈尔滨水泥工业和其它建材工业主要原料基地。哈尔滨周围地区的大豆、小麦、玉米等粮食作物和亚麻、甜菜、烟叶等经济作物是粮油加工、酿酒、制糖、麻纺与卷烟等食品工业、轻纺工业的主要原料产地。哈尔滨周围600公里以内有十分丰富的煤炭、森林及各种林产、矿产和农牧资源。它们一方面为哈尔滨提供各种燃料、原料、主食品、副食品、市场物资商品，另一方面经由哈尔滨大量运往国内外。

哈尔滨地处东北亚经济圈中心位置，是欧亚大陆桥和空中走廊的重要枢纽。哈尔滨北濒俄罗斯、蒙古，东邻日本、韩国和朝鲜，水、陆、空运输四通八达。有6条国际、国内铁路干线在哈尔滨交汇；有19条公路呈放射状从哈尔滨通往东北和全国各地。位于松花江水系中心位置的哈尔滨港是中国八大内河港口之一，可与俄罗斯的4个城市直接通航。国际、国内空中航线30多条，可办理100多个国家和地区200多个机场的客运联运。

二、战略目标和主要指标

(一)战略目标

哈尔滨建设东北亚重要国际经贸城市的战略目标：拥有高度发达的第三产业，城市综合服务功能完备，辐射力强；拥有现代化的工业和高产优质高效的农业，城市经济实力雄厚；拥有完善的市场体系，整个经济运行与国际市场接轨；形成区域性、开放式、经贸结合、综合发展、功能配套、高度文明的东北亚重要国际经贸城市。

——具备完善的生产和流通两个基本功能。发挥老工业基地的产业优势，加快高新技术产业发展，形成东北亚重要的加工制造业中心；发挥大市场、大流通的桥梁和纽带作用，成为东北亚区域重要的贸易中心。

——具有东北亚地区经济中心城市的实力。城市经济结构多元化、现代化；生产力水平、国内生产总值、进出口总额、人均收入、主要产业和行业的生产份额等进入东北亚地区城市的先进行列。

——城市整个经济运行同国际市场接轨。形成符合国际惯例的、与国内外市场融通的市场体系和运行机制；管理机构、管理方式和规范、法律法规体系、技术质量标准等与国际市场全面接轨。

——城市综合服务功能和辐射力强。形成立

足东北亚、连接世界的国际大通道，成为东北亚地区重要交通枢纽和金融中心；科技教育先进、商贸活跃、通讯便捷、信息灵通、旅游发达、环境优美，各种功能能够满足国际交往的需要。

——具有高度文明的社会风貌。有较高的人口素质，奋发向上的精神风貌。文明有序的社会环境，独具特色的地域文化，形成良好的国际城市的社会文化氛围。

（二）主要指标

1.国民经济增长速度

——国内生产总值：2000年达到340亿元左右（1990年可比价格，下同），7年平均增长11.6%；2010年达到1200亿元左右，10年平均增长13.4%；2030年达到6000亿元左右，20年平均增长8.4%。

——人均国内生产总值：2000年达到5600元；2010年达到18400元；2030年达到85700元。

2.内外贸易

——进出口总额：2000年达到21.4亿美元，2010年达到86.6亿美元，2030年达到890亿美元，外贸依存度分别达到30%、34.4%和70.6%。

——社会消费品零售总额：2000年达到430亿元；2010年达到1740亿元；2030年达到11700亿元。

3.城市居民生活质量标准

——城市居民人均生活费年收入：从1993年的2030元提高到2000年的5400元左右；2010年达到14000元左右；2030年达到60000元左右。

——城市居民人均居住面积：2000年达到8平方米以上；2010年达到14平方米；2030年达到20平方米。

4.科技进步指标

——技术进步贡献率：2000年达到45%；2010年达到55%；2030年达到70%。

5.社会进步指标

——人口自然增长率：2000年前控制在9.8‰；2010年4.4‰；2030年－1.4‰。

——城市受高等教育人口比重：2000年达到12.73%；2010年16.75%；2030年24.82%。

——城市人口平均预期寿命：2000年达到男71岁，女75岁；2010年达到男72.5岁，女76岁；2030年达到男75岁，女78.5岁。

——城市社会保障制度覆盖率：2000年达到80%左右；2010年达到90%左右；2030年达到100%。

——城市环境主要指标：到2030年，TSP大气总悬浮微粒日均浓度低于0.15毫克/立方米；人均公共绿地面积达到10平方米以上。

三、战略任务和实施步骤

（一）战略任务

1.建设东北亚重要加工制造业中心

充分考虑国际区域经济分工，发挥哈尔滨自身优势和潜力，顺应东北亚地区各国在资源结构、产业结构、需求结构上的互补性，形成具有哈尔滨特色的国际竞争力较强的支柱产业群。主要形成以高新技术为龙头、适用先进技术为主体的电气机械及器材制造业、普通机械制造业、医药制造业、有色金属加工业、亚麻纺织业等生产基地；加速战略产业的推进，重点发展交通运输设备制造业、电子及通讯设备制造业等行业和产品，达到合理的经济规模；选择好绿色食品加工、生物工程、精细化工、新型材料等接续产业和面向21世纪的新兴产业，形成有哈尔滨特色和优势的区域性国际加工制造业中心。

2.建设东北亚重要贸易中心

建设完备的市场体系和四通八达的商品交易网络，使哈尔滨成为国外商家进驻中国市场的战略重地，形成以东北亚地区特别是俄罗斯为主的转口贸易中心和承接国际订单中心；中国大企业对东北亚各国、东北亚各国大公司对中国经贸业务的地区性总部集聚地；东北亚地区重要的物资集散中心。加速建设东北亚地区经济技术合作所需要的各层次人才培训体系和完整的输出体系，成为东北亚地区重要的劳动力培训、输出中介机构所在地和以俄罗斯远东、西伯利亚为主要对象的国际工程承包公司集聚地。

3.建设东北亚重要金融中心

与哈尔滨成为东北亚加工制造中心和贸易中心相适应，加快发展金融业。形成包括国内和国际性银行和非银行金融机构在内的功能齐全的多元化金融市场体系；成为东北亚区域内重要的国际金融多种机构聚集地、国际资本聚散地和国际经贸业务结算中心。

4.建设东北亚重要交通枢纽

利用哈尔滨处于东北亚地区中心位置，是国内各省进俄的重要桥梁，日、韩等国入俄、蒙的重要通道的地理优势，建设东北亚重要航空港，形成包括公路、铁路、水运、空运在内的四通八达的现代化立体交通运输体系，成为欧亚大陆桥上的重要中间站和枢纽站；成为中国内地联结东北亚特别是俄罗斯的最大枢纽，利用哈尔滨与美、加交界地带纬度相近，距离较短的优势，使哈尔滨成为中国至北美航线重要的商务、技术经停站。

5.建设东北亚重要科技文化名城

着眼于哈尔滨现实与未来，大力发展科技、教育、文化、体育、旅游、卫生事业，形成有影响的前沿科研学科和科教文体系，成为东北亚地区重要科学研究基地和科研成果转化试验中心，发掘地区各民族传统文化遗产，发展独具特色的旅游体系，成为东北亚各国重要文化交汇融合点。

6.建设东北亚地区一流的综合信息传播体系

建立沟通东北亚地区各国的现代化通讯体系，成为国际通信网的组成部分，实现信息传输的国际国内联网，发展以信息咨询服务业为先导，适应经贸发展不同层次需要的信息服务体系，成为东北亚地区具有收集、加工、传递各种信息功能的重要综合信息集散地。

（二）实施步骤

哈尔滨建设东北亚重要国际经贸城战略目标和任务分为三个阶段组织实施。

1.第一阶段——奠定基础阶段（1994～2000年）

目标：通过深化改革，理顺关系，调整结构，初步建立起充满生机和活力的社会主义市场经济体制和按国际惯例运作的运行机制，实现国民经济超额翻番的目标，为哈尔滨的国际化和跨世纪的振兴准备条件。

主要任务：深化改革，转换国有企业经营机制，初步建立起符合市场经济要求的现代企业制度；加快企业产品结构调整和技术改造，通过引进资金和应用高新技术，加速发展外向型经济，发展大型企业集团和综合商社，提高哈尔滨产品、产业的国际竞争力；大力发展非国有经济，为各种经济成分平等竞争创造一个良好环境，扶持起一批乡镇、区街、三资企业，成为地方财政和外汇收入的重要来源；按照建立社会主义市场经济体制的要求，加快培育和发展市场体系；加强城市基础设施建设，提高城市的载体功能；侧重外向型人才培养，积极扩大同东北亚各国的双向交流。

2.第二阶段——形成框架阶段（2001～2010年）

目标：通过进一步扩大开放，加速发展与东北亚地区各国层次较高的经济技术合作关系，在金融、信息、交通、贸易、旅游等方面初步形成区域性国际经贸城市的雏型。

主要任务：加速经济发展，增强综合实力，通过全方位对外开放，实现与国际市场接轨的经济贸易，满足国际贸易和经济技术合作活动不断扩大的要求；进一步优化产业结构，重点发展高新技术产业，全面推动第三产业向高层次、多领域发展，基本实现经济外向型；健全和完善市场体系，基本实现与国际市场对接；完善城市基础设施建设，使哈尔滨的城市功能基本符合国际化城市的要求。

3.第三阶段——走向成熟阶段（2011～2030年）

目标：通过各项规划的全面推进，一个区域性、开放式、功能配套、经贸结合、综合发展、高度文明的东北亚重要国际经贸城基本形成。

主要任务：基本实现经济、产业结构合理化、金融国际化、交通现代化、城乡一体化、城市管理科学化，国际性的中心城市作用得到充分发挥。

1994年改革开发大事记

1月

1日 市政府召开第四十七次市长办公会，市长索长有主持。会议研究了哈尔滨轴承厂股份制改造的有关问题，并作出相应决定。

3日 由哈尔滨市政府、中央电视台联合主办的《冰·雪·火》电视文艺晚会在哈尔滨飞驰冰球馆正式开机。市领导索长有、程道喜、王华放、朱胜文、岳玉泉、杨景德等到现场观看，并慰问演职人员。

4日 以维克多、萨武列斯库市长为团长的罗马尼亚普罗耶什蒂市政府代表团到哈尔滨市考察访问。

▲ 市委、市政府举行第十届冰雪节中外记者招待会，副市长朱胜文出席会议并向新闻记者介绍市情和冰雪节情况。

▲ 副市长朱胜文代表市政府授予香港宝达集团董事长张燕霞女士"荣誉市民"称号，并对她为哈尔滨市做出的贡献表示感谢。

5日 市第十届冰雪节暨第二十届冰灯游园会在兆麟公园开幕。中共中央政治局常委、全国政协主席李瑞环，全国人大常委会副委员长李沛瑶为开幕式剪彩。

▲ 市长索长有陪同全国政协主席李瑞环视察哈尔滨轴承厂。

6～8日 将哈尔滨建设成东北亚重要国际经贸城市战略研讨会在友谊宫剧场召开。中共中央政治局常委、全国政协主席李瑞环出席会议并作了重要讲话，全国人大副委员长李沛瑶出席了开幕式。市长索长有主持开幕式，省委副书记、市委书记田凤山在开幕式上讲话。此次研讨会是由国务院发展研究中心、新华通讯社、哈尔滨市联合举办的，国务院有关部委、黑龙江省委、省政府领导和经济界、理论界、新闻界、科研单位、高等院校专家、学者共100多人参加了研讨会。

8日 市长索长有和维克多市长在友谊宫签署了哈尔滨市与罗马尼亚普罗耶什蒂市友好交流与合作《备忘录》。

▲ 全国首届老工业基地技术改造工作研讨会在哈尔滨市开幕。

11日 市政府下发哈政发[1994]2号文件《哈尔滨市人民政府转发国家体改委关于对哈尔滨市建立社会主义市场经济体制综合配套改革试点总体方案的批复的通知》。

12～15日 经国家证券委、国家证监会、哈尔滨市人民政府批准，哈尔滨天鹅(集团)股份有限公司向社会公开发行2250万股股票，每股发行价为5.2元，这是哈尔滨市第一次采用发售股票认购证、摇号抽签的形式发行社会公众股票。

13日 市政府与中国兴南集团公司就开发松北新区3平方公里范围内的基础设施和房屋达成了协议。

17日 市政府下发哈政发[1994]3号文件《哈尔滨市人民政府关于转发哈尔滨市1994年经济体制改革工作要点的通知》。

19日 1996年哈尔滨第三届亚洲冬季运动会筹备工作会议在花园村举行。国家体委主任伍绍祖、副省长周铁农、副市长岳玉泉出席会议。

2月

2～4日 市长索长有到国家经贸委汇报，请求将哈尔滨市列入"优化资本结构，增强企业活力"试点城市；到国家体改委请示赋予综合配套改革试点有关政策。

5日 副市长张松岭主持召开座谈会，听取国家计委研究员骆子程对我市集体经济发展的考察意见。

16日 市政府召开第五次全体会议，市长索长有主持。会议讨论了拟提请市十届三次人代会审议的《政府工作报告》(讨论稿)并就有关问题作出相应决定。

18日 市委书记田凤山、市长索长有、副市长朱胜文在友谊宫会见香港岁宝集团总裁杨祥波一行,就国有大中型企业嫁接改造问题进行了商谈。

18～26日 副市长张振藩赴北京到国家有关部委申请"优化资本结构、增强企业实力"试点城市。出席25日至26日在北京召开的全国"优化资本结构,增强企业实力"第一次试点城市工作会议。

18日 市政府下发哈政发〔1994〕6号文件《关于印发〈哈尔滨市科技体制综合配套改革试点实施方案〉的通知》

19日 市政府召开第五十次市长办公会。会议就落实省政府指示,为亚冬会筹资,由哈尔滨市组织发行自选数社会福利奖券问题作出相应决定。

21日 市长索长有、副市长朱胜文出席哈尔滨岁宝热电股份有限公司举行的岁宝热电股票即将上市的新闻发布会。全国人大常委会副委员长王光英出席会议并讲话。

▲ 市长索长有、副市长朱胜文出席岁宝集团与阿城热电厂合资经营——中外合资黑龙江岁宝热电有限公司签字仪式。全国人大常委会副委员长王光英出席了签字仪式。

▲ 经哈尔滨市人民政府同意,哈尔滨市经济体制改革委员会、经济委员会、财政局、税务局、国有资产管理局联合印发《哈尔滨市小型国有工业企业国有民营办法》,这个《办法》对小型国有工业企业实现政企分开,促进所有权与经营权适当分离,加速企业经营机制转换,提高国有资产的运行效率等方面具有指导性作用。

▲ 讨论制定《哈尔滨市商业网点建设管理条件》。

22日 市领导田凤山、索长有、程道喜、孟广隧、朱胜文、岳玉泉、王权带领有关部门负责同志视察今年路桥重点工程建设规划用地。

▲ 市政府下发哈政发〔1994〕7号文件《关于调整市内公共电汽车票和自来水价格及补贴的通知》。

23日 副市长朱胜文出席邵奇惠省长召开的工作会议,汇报有关电站设备集团股票海外上市的有关问题。

3月

1日 国家经贸委同国家计委、财政部等9个部门共同确定全国18个城市为"优化资本结构、增强企业实力"试点城市,并批准哈尔滨市参加试点,立足自身,比照进行。

2日 第五届哈洽会第一次筹备会在哈举行。会议决定:1994年6月15日至6月21日在黑龙江省对外经济贸易展览中心举行中国哈尔滨第五届边境、地方经济贸易洽谈会。

2～21日 副市长岳玉泉赴美国出席第六届北方城市市长会议并申办第八届北方城市市长会暨国际冬季城市展览会主办权。经10日上午召开的全体会议讨论决定:哈尔滨市为1998年第八届北方城市市长会议暨国际冬季城市展览会主办城市。

3日 市十届人大三次会议在友谊宫开幕,市长索长有作《政府工作报告》;副市长朱胜文作了《关于哈尔滨市1993年财政预算执行情况和1994年财政预算(草案)的报告》。

4日 哈尔滨建筑工程学院更名为"哈尔滨建筑大学"挂牌仪式举行。

7日 市自来水公司与法国城乡建设公司合资成立哈尔滨绍和有限公司,今天举行供水设施合同签字仪式。市长索长有会见法方代表并出席签字仪式。

7～13日 副市长刘锡玉带领有关部门负责同志到国家科委、建委汇报2000年奔小康住宅示范工程试点有关准备工作。

9日 市政府召开9路9桥重点工程建设拆迁动员大会。副市长朱胜文作动员报告,副省长马淑洁讲话。会议要求,4月1日开始施工建设,年内竣工投入使用。

16日 副省长杨志海、市委顾问宫本言、副市长张振藩在友谊宫会见宴请马来西亚金狮集团董事长钟延森先生一行,就金狮集团在哈飞投资问题进行了会谈。

▲ 市政府下发哈政发[1994]12号文件《关于印发哈尔滨市国有小型工业企业产权制度改革规划的通知》。

26日 市政府召开全市国库券发行工作动员大会。

4月

8日 市政府召开第五十六次市长办公会,集中研究了哈尔滨市稳定粮油市场价格、搞好粮油供应问题，并就有关事项提出明确要求。

12 日 中共中央政治局常委、国务院副总理朱镕基到黑龙江省考察并发表重要讲话。

▲ 第三届亚洲冬季运动会组委会成立大会在市中山宾馆召开，市长索长有宣读了国务院批准组委会领导成员及组委会人员名单；公布了第三届亚冬会的会徽、吉祥物。

14 日 副市长陈云来赴广州，在广州市哈尔滨大厦举行'96 第三届冬季运动会广州新闻单位记者招待会，有关领导及香港大公报、文汇报和羊城晚报等 36 家新闻单位的记者出席了招待会。

26 日 哈尔滨市女子冰球队代表中国参加在美国举行的世界女子冰球锦标赛，并进入四强。

5月

6 日 市政府下发哈政办发[1994]13 号文件《哈尔滨市人民政府办公厅印发关于编制哈尔滨市九五计划和到 2010 年发展规划工作方案的通知》。

7 日 市政府印发《哈尔滨市人民政府办公厅关于印发哈尔滨市中小企业产权制度改革的补充意见的通知》。

8 日 市委、市政府召开全市党政领导干部会议。会议传达了朱镕基同志视察黑龙江时的重要讲话和田凤山同志在省委、省政府有关部门负责人会议上的讲话精神，并就如何落实好讲话精神，推动哈尔滨市改革、发展和稳定工作做出部署。

10～11 日 市委、市政府在宾县召开全市中小企业产权制度改革会议，进一步明确了全市中小企业产权制度改革的思路、目标和措施。会议决定，把全市中小企业产权制度改革从试点转向全面推进。

13 日 市政府下发《关于印发 1994 年行政执法监督检查工作方案的通知》。

14 日 市长索长有出席核电秦山联营公司与哈尔滨汽轮机厂签定秦山二期 2×650MW 核电机组汽轮机研制合作仪式。

16 日 市政府下发《哈尔滨市关于中国哈尔滨第五届边境地方经济贸易洽谈会工作方案的通知》。

6月

2 日 市委、市政府召开全市命名有突出贡献的中青年专家，表彰获市政府特殊津贴知识分子大会。

▲ 市政府办公厅下发哈政办发[1994]16 号文件《哈尔滨市人民政府办公厅印发关于在两个开发区实施一章到底式管理的意见的通知》。

4 日 哈尔滨市节约用水大会召开，总结经验，表彰先进，副市长岳玉泉到会并讲话。

5 日《哈尔滨市城镇个人建造住宅规划管理办法》公布，自 1994 年 6 月 1 日起施行。

▲《哈尔滨市建设工地容貌和市政设施保护管理办法》公布，自 1994 年 6 月 1 日起施行。

7 日 中法合作建设哈尔滨供水三期工程开工，省市领导及法国绍尔公司总裁杰克·山先生为奠基仪式剪彩。

▲ 以色列艾森贝克集团与哈尔滨市及黑龙江省达成 11 项经济合作意向，省市领导和艾森贝克集团总裁出席了签字仪式。

9 日 市政府召开部署全市粮食购销价格改革动员大会。

12 日《哈尔滨市电信设施管理办法》公布，自 1994 年 6 月 1 日起施行。

15 日 中国哈尔滨第五届边境、地方经济贸易洽谈会在黑龙江省经济贸易展览中心开幕，国家和省市领导布赫、吴学谦、孙孚凌、候宗宾、谷永江、岳岐峰、索长有为开幕式剪彩。

▲ 哈尔滨国际经济技术合作公司与俄罗斯库兹巴斯煤炭股份总公司举行 3000 万美元易货贸易合同签字仪式。

18 日 哈尔滨市与俄罗斯哈巴罗夫斯克市友好交往和经贸合作协议签字仪式在友谊宫举行，副市长岳玉泉和哈巴罗夫斯克市市长菲利波夫分别在协议书上签字。

25 日 经国家证券委、国家证监会、哈尔滨市人民政府批准，哈尔滨岁宝热电股份有限公司向全社会公开发行 2250 万股股票。这次股票发行是国内第一次利用上海交易所系统公开竞价发行，底价确定为 3.33 元，通过全国竞价确定发行价为 4.60 元，仅用两小时将 2250 万股全部售出，取得竞价发行股票的成功，为中国股市的发展做出了有益的探索和贡献。

26 日 哈尔滨飞驰健康城建设工程在原南岗体育场举行奠基仪式。

▲ 第三届亚冬会彩票首发式在哈举行。

28 日 日本友人渡边登先生、山边修喜女士向侵华日军 731 部队罪证陈列馆捐资 500 万日元捐赠仪式在哈举行。

7月

3日 中国民航总局在哈尔滨飞机制造公司举行向运十二(LV)型机颁发型号合格证仪式。

5日 全国7省市9地区第十届多边经济技术协作会议在哈市开幕。

11日 市长索长有陪同杨尚昆同志考察哈尔滨市市容市貌、市政建设、市场和一些旅游景点。

14日 市长索长有陪同国家民政部领导李惠仁乘直升飞机视察阿城市的新方乡、阿什河流域和宾县的二龙山水库等受灾较重的地区。

19日 省市领导陪同国家防汛抗旱总指挥部副总指挥、国家水利部部长钮茂生一行到阿城市视察灾情。

22日 市政府下发哈政发[1994]23号文件《哈尔滨市人民政府关于批转哈尔滨市轻工业局、机械局、纺织工业局综合配套改革试点实施方案的通知》。

▲ 市委、市政府召开全市抗洪救灾紧急动员大会,会上宣读了《哈尔滨市一九九四年度救灾抢险方案》。

8月

2日 市政府召开第五十三次常务会议,①会议同意哈尔滨电池厂依法实施破产,并按国务院34号明传电报精神制定规范的哈尔滨电池厂破产方案,按程序办理有关事宜。②责成市体改委对《关于哈尔滨综合配套改革试点行业企业离退休人员一次性退养暂行办法》进行修改,并组织试点企业试行。

16日 瑞士ABB跨国公司与哈电站设备集团公司联合举办的"ABB现代核电技术研讨会在哈开幕。

▲ 国家对外经贸部副部长、我国"复关"谈判首席代表谷永江在哈尔滨市作"复关"形势专场报告会。

22日 市政府召开第七十一次市长办公会,会议研究了哈尔滨市当前粮油和肉菜主要副食品市场供应情况,并决定从9月1日起,对大米、豆油两个品种实行凭票定量供应。

25日 '94上海商品博鉴会暨经济技术协作洽谈会在哈尔滨市开幕。

29日 哈尔滨市第五中学女子篮球队荣获亚洲中学生女篮锦标赛、全国中学生篮球赛冠军称号。

30日 市政府召开第五十四次常务会议,会议原则同意市房改办《关于贯彻国务院深化城镇住房制度改革会议精神及我市贯彻意见》,由市房改办负责,根据会议意见修改后,报市委常委会议讨论;原则同意市科委《关于加速民营科技企业发展的意见》,由市科委负责,根据会议意见修改后,报市委常委会讨论。

9月

2日 哈尔滨市拍卖"五荒"使用权现场会在宾县召开。

3日 副市长尚玉金出席哈尔滨市政府广州办事处和广东现代企业发展公司联合主办的"广东三资企业产品首届哈尔滨展览订货会"开幕式并讲话。

5日 市政府召开第五十七次常务会议。会议原则同意利用哈依煤气资源开发煤化工项目,同意对10万吨甲醇和1万吨双氧水项目立项;原则同意《哈尔滨市外商投资条例(草案)》,按会议意见修改后,按程序提请市人大常委会议审定;会议学习贯彻了省委书记岳岐峰视察哈市地下商业街的指示,对地下商业街的安全、卫生、管理等有关问题进行了讨论并作出决定,同意成立"哈尔滨南岗地下商城管理委员会",并下设办公室。

8日 哈尔滨市第一百货商店全面开业庆典。

15日 哈尔滨市成立国税、地税局,市领导出席了挂牌仪式。

18日 《哈尔滨市国有企业事业单位行政主要负责人离任经济责任审计办法》公布,自1994年9月20日起施行。

20日 部、省、市确定的微形汽车技术改造工程,即"一号工程"竣工投产,哈飞汽车制造有限公司正式成立。

▲ 海口飞驰实业发展有限公司向第三届亚冬会执委会哈尔滨工作委员会捐赠2000万元人民币,市政府授予该公司董事长、总经理刘金彪先生哈尔滨市荣誉市民称号。

21日 秋林股份有限公司对外贸易代理业务发布会召开。秋林公司经国家对外贸易经济合作部核准为哈尔滨市唯一具有直接经营进出口业务的商业企业。

10月

1日 根据《中华人民共和国国旗法》的规定,哈尔滨市在市政府广场举行国庆升旗仪式。

16日 哈尔滨市9路9桥重点建设工程全线竣工通车，国家建设部副部长李振东、省委书记岳岐峰、代省长田凤山、省人大主任孙维本、省政协主席周文华、市长索长有、路桥建设者代表聂德江为竣工通车剪彩。

18日 哈尔滨市与丹麦奥胡斯市关于开展友好交往与经济技术合作《协议书》签字仪式举行。

28日 市政府召开全市深化住房制度改革动员大会，会上出台了《哈尔滨市深化住房制度改革方案》。

11月

1日《哈尔滨市深化住房制度改革方案》经黑龙江省人民政府、国务院房改领导小组办公室审定后开始组织实施。

▲ 市政府召开第六十次常务会议，会议原则同意市计委《关于全国社会发展工作会议精神及哈市贯彻意见的汇报》，同意近期召开全市经济和社会发展工作会议。

5～8日 市长索长有陪同中共中央政治局委员、书记处书记吴邦国到哈尔滨电站设备集团、东北轻合金加工厂、哈尔滨飞机制造公司等国有大中型企业视察。

9日 以市委副书记、市长索长有为团长，市委常委、市委秘书长方存忠为副团长的哈尔滨市赴沈阳学习考察团一行28人，到沈阳考察市区管理体制改革、发展非国有经济和第三产业、搞活大中型企业等工作。

15日 市委、市政府在友谊宫剧场召开全市常政干部大会，经中共中央同意，索长有同志任中共黑龙江省委常委、中共哈尔滨市市委书记。

16～12月6日 '94中国哈尔滨出口商品展销会'在波兰华沙举行。

21日 市政府召开第六十一次常务会议，会议听取并原则同意市经委关于参加全国现代企业制度试点工作会议的情况汇报，就哈市如何贯彻会议精神，推进现代企业制度的建立提出明确要求。

30日 市政府召开第六十二次常务会议，会议原则同意市爱卫办关于《哈尔滨市一九九五年巩固“十佳卫生城”成果，继续创建国家卫生城市工作实施方案》。

12月

1～3日 市委九届三次全委(扩大)会议开幕，市委书记、市长索长有作了题为《进一步解放思想，振奋精神，为实现国民生产总值超额翻番的目标而奋斗》的报告。

5日 市政府召开第六十三次常务会议，讨论并原则同意市计委关于《哈尔滨市一九九五年国民经济和社会发展初步安排意见》和《一九九五年建设资金平衡意见》。

8日 市委书记、市长索长有、副市长朱胜文出席香港新中港酿酒(哈尔滨)有限公司与哈尔滨啤酒厂合资签约仪式。

16日 哈尔滨动力设备股份有限公司发行的4.6亿H股在香港联交所上市挂牌交易。这是经国家证券委、国家证监会、哈尔滨市人民政府批准，哈尔滨市企业第一次在香港发行H股，也是我国以控股公司模式上市的试点企业，为在境外发行股票，探索筹集海外资金途径积累了经验。

17日 市委召开为发展经济创造宽松环境座谈会。

26～27日 市委、市政府召开全市经济工作会议。

28日 哈尔滨市经济代表团出访上海、宁波、无锡、苏州4市归来，此行共签订经济技术合同8项，协议29项，达成意向性协议30项，建立友好区、县(市)、局关系6个。

国务院特区办主任胡平视察哈尔滨经济技术开发区综合工业区

沸腾的工地——哈尔滨经济技术开发区管理服务区工地

前进中的哈尔滨经济技术开发区

哈飞汽车制造有限公司汽车生产线

田玉文　摄影

哈尔滨"可口可乐"饮料有限公司奠基典礼

哈尔滨制药六厂

厂长:汪兆金
厂址:哈尔滨太平区南直路
邮编:150056
电话:7671688

哈尔滨制药六厂具有现代先进水平的、符合国GMP 标准的综合制剂楼

从日本引进的具有国际现代先进水平的精洗、灌生产线

哈尔滨世一堂制药厂

世一堂制药厂厂长刘巍

厂长:刘巍
厂址:哈尔滨市道里区达康路1号
邮编:150088
电话:6662828

提取车间

安 徽 省

主　　编：吴　越
副 主 编：李树龙
编写人员：李树龙　顾晓弟　齐建政
邹家舜　李祥亮

安徽省分目录

典 型 地 区

安徽省概况

面积:13.9 万平方公里

人口:5938 万人

行政区划:65 地区,10 个地级市,10 个县级市,585 县。

省委书记:卢荣景

省人大常委会主任:孟富林

省长:回良玉

省政协委员会主席:史钧杰

安徽省国民经济主要指标(单位:亿元)

项　目	1994 年	1994 年比上年增长(%)
国内生产总值	148856	20.6
工农业总产值	3252.65	28.9
工业总产值	2478.22	37.0
重工业产值	1295.16	42.1
轻工业产值	1183.06	31.4
农业总产值	774.43	3.2
全社会固定资产投资	376.30	26.1
国有固定资产投资	216.68	24.2
社会商品零售总额	453.24	31.8
零售物价总指数(%)	123.2%	
职工工资总额		

国民经济和社会发展

1994 年,在中共安徽省委的领导下,全省各地认真贯彻落实党中央关于"抓住机遇、深化改革、扩大开放、促进发展、保持稳定"的总方针,锐意进取,真抓实干,在遭受特大旱灾的情况下,胜利完成或超额完成省八届人大二次会议审定的国民经济和社会发展计划的各项主要指标。赢得了经济增长速度、财政收入、居民收入水平、市场销售能力同步提高的大好形势,综合经济实力明显增强。预计全年国内生产总值达到 1485 亿元,比上年增长 21%,超过计划 7 个百分点;其中第一产业增长 4.5%,第二产业增长 31.9%,第三产业增长 18.5%。按不变价格计算,国内生产总值相当于 1980 年的 4.2 倍,提前 6 年实现了党中央提出的到本世纪末翻两番的战略目标。

1.农业生产克服了建国以来罕见的严重旱灾的影响,得到进一步发展

1994 年农业总产值 774.43 亿元,比上年增长 3.2%;农业增加值 337 亿元,比上年增长 4.5%。粮食总产 2361.24 万吨,减产 10.3%;棉花总产 25.81 万吨,减产 8.7%;油料总产 154.53

万吨，减产4.2%。全年肉类总产量156.8万吨，增长6.1%；水产品产量50.1万吨，增长37.6%。农业产业结构继续调整，优质米、玉米、棉花、花生面积分别扩大24.5%、6.3%、19%、14%，水产业、畜牧业占农业总产值的比重分别提高0.8和3.2个百分点。"五年消灭荒山"的任务胜利完成，成为全国达到部颁标准的第一省。尤其是以农副产品加工、运输、销售为主的工贸企业发展较快，目前年产500万元的骨干企业已达近百家。乡镇企业快速发展，全年营业收入1860亿元，增长71.5%。

2.工业生产快速增长，经济效益继续改善。

1994年全社会工业总产值完成2478.22亿元，增长37%；工业增加值678亿元，比上年增长34%。其中乡及乡以上工业产值完成1239亿元，增长30.6%，在全国的位次由1993年的12位上升到11位。1994年工业生产的主要特点：一是增速逐季加快，全年增幅居全国第一；二是多数工业产品产量大幅增长，原煤增长10.9%，发电量增长9.4%，钢、纯碱分别增长9.3%和11.9%，化肥增长20.4%，洗衣机、电冰箱、电风扇分别增长47.2%、24.5%和79.4%。三是大中型企业稳步发展，全省大中型企业完成产值占乡及乡以上工业产值的40%，比上年增长16.1%；工业产品销售率达到97.1%，高于全省平均水平3.5个百分点。四是经济效益继续改善，全年乡及乡以上工业完成产值1547.38亿元，增长28.1%；预算内企业实现税金增长25.2%，亏损额下降17.6%，亏损面下降38.8%。

3.固定资产投资稳定增长，重点建设得到加强，一批技改项目相继投产

全社会固定资产投资完成365亿元，增长22.3%，其中国有单位投资完成210亿元，增长20.3%。房地产投资22亿元，增长3.7%。在国有单位投资中，基本建设、技术改造投资分别完成131.3亿元、70.4亿元，增长28.3%、11.1%。列入计划考核的全省34个重点建设项目完成投资62.03亿元，占计划的100.2%。计划年内建成和基本建成的马钢2500立方米高炉及配套工程、省广播电视中心主楼、合铜公路、合九铁路（合安段）、宣城麻姑山铜钼矿等10个项目胜利完成了任务；商阜复线安徽段、阜淮复线铺轨完成，安庆丙烯腈/腈纶工程全面安装；其它一些项目均按计划进度顺利实施。合肥市美菱电冰箱二期、淮海飞虎微型汽车扩建、芜湖轿车仪表生产线、阜阳纺织厂引进喷气织机等一批技改项目业已投产。邮电通讯建设有了长足的发展，城乡程控电话交换机一年净增80万门，总容量达160万门。

4.商品销售逐渐看好，农村市场增幅显著

1994年调整了粮、棉等农产品价格，对成品油价格实行了并轨，改革了粮食、棉花、化肥、成品油的流通体制，进一步活跃了城乡市场。全年社会消费品零售总额442.6亿元，增长28.7%，增幅与全国相比，差距由上年的10个百分点缩减到0.2个百分点，扣除物价因素，实际增长6%左右。1994年的城乡市场与往年有所不同。一是增幅逐季攀升，一至四季度分别增长19.2%、28%、35.4%、38.9%，12月份高达43.3%。二是城乡全面增长，县以下社会消费品零售总额129.4亿元，增长29.2%，与市县增幅差距由上年的低21个百分点转变为高出0.8个百分点。三是农村消费层次迅速提高，彩电、洗衣机、电冰箱、录音机、电风扇、自行车、手表、服装等销量增加较快，前几年城市的消费"热点"正在向农村转移，农村消费结构正在发生深刻变化。

5.财政收入提前翻番，银行存贷款大幅增加

财税体制改革，完成了国家和地方税务机构的分设，实行了以增值税为主的流转税制，调动了各地抓财政收入的积极性。全年完成财政收入108.9亿元，按可比口径计算比上年增长32.1%，提前三年实现了省政府五年实现翻番的奋斗目标。其中地方收入54.68亿元，中央收入54.31亿元。全省财政收入超亿元的县（市）达到11个。金融体制改革，初步实现了政策性金融和商业性金融业务的分离，加强了对各类金融机构的监管。1994年末，全省银行、信用社各项存款余额722.8亿元，比上年增加180.9亿元。其中，城乡居民储蓄存款131.2亿元。各项贷款余额945.4亿元，比上年增加176.4亿元，其中银行新增贷款153.5亿元。大量的资金投入，有力地支撑了我省经济的快速发展。

6.对外贸易增势强劲，利用外资取得进展

外贸外汇体制改革，顺利实现了汇率并轨、进出口结汇售汇制，改进了重要商品进出口配额管理，实施了特定商品进口自动登记制度，大大地促进了对外经济的发展。全年出口总额达到12.8亿美元、进口总额5.7亿美元，分别增长32.4%和76.9%，完成年度计划的116.4%和116.3%。在出口产品中，制成品比重由上年的74.3%上升到78.4%。全年实际利用外资5.9亿美元，其中借用

国外贷款2.2亿美元。美菱、荣事达等一批明星企业与外资合作成功。黄山综合交通通讯工程等一大批利用外资项目正在洽谈之中。

7.皖江经济带取得新的突破

当年实现国内生产总值445.5亿元,财政收入45.6亿元,社会商品零售总额185.1亿元,外贸出口供货总额46.1亿元,利用外资2.77亿元,全部职工人均工资3437亿元,农民人均纯收入995亿元,增长幅度大多高于全省平均水平。合肥高新技术开发区、芜湖经济技术开发区全年实现工业产值20.5亿元,外资进区项目129个。

8.人民生活不断改善,社会事业全面发展

1994年,居民收入有较大幅度提高,全年农民人均纯收入973.2元,城镇居民人均生活费收入2766.6元,扣除物价指数,分别比上年增长7.4%和7.6%。库区人均工农业产值、自产粮食、人均纯收入等项指标均提前一年达到或超过省政府确定的“三年大发展”目标。1994年,年末总人口5955万,人口自然增长率为9.84‰,低于年初计划5.17个千分点。1994年,全省完成科技开发1836项,形成产值74.7亿元,实现利税7.3亿元。普通高校、中等专业学校分别完成1.9万人和3.5万人的招生计划。一批社会事业重点设施建成并投入使用。省科技馆、妇女儿童活动中心、省新闻中心等项目相继开工建设。文化、卫生、体育、广播、电视、新闻、出版等各项社会事业都取得了全面进步。

存在的主要问题以及采取的主要措施

在充分肯定1994年改革和发展取得重大成就的同时，也要清醒地看到经济生活中仍然存在着一些不容忽视的问题和矛盾。一是物价始终较高。尽管四季度物价指数逐月回落，但由于前三个季度基数较高，全年零售物价指数仍达到23%，这是改革开放以来继1985年和1988年后的第三个高物价年份。物价过度上涨给人民生活，尤其是低收入者的生活带来较大影响。二是农业基础薄弱，抗灾能力不强。1994年我省遭受了严重的大旱，虽经全省人民奋力抗旱救灾，但粮食、棉花、油料等农产品仍然减产，这就进一步暴露出这方面的问题。三是部份国有企业生产经营困难，加上历史形成的社会负担和债务较重，市场竞争意识和应变能力不强，经济运行质量和效益有待进一步提高。这些，都需要在今后的经济运行过程中，认真加以解决。

针对存在的矛盾和问题，主要采取以下措施：

1. 加强综合治理，抑制通货膨胀

一是切实抓好主要农产品生产和城镇“菜篮子”工程，增加粮、棉、油、肉、水产品和蔬菜供应。二是建立并完善重要商品储备制度和价格调节基金制度。三是慎重把握价格结构性调整的时机和力度，逐步理顺价格关系。四是充分发挥国有商业主渠道作用，抓好收购、储备、调运和供应工作。五是加强物价监管，进一步完善明码标价制度，严格监审基本生活必需品的价格和服务收费，严厉打击流通领域的不法行为，运用行政和法律手段，反暴利，制止乱涨价、乱收费。六是控制消费基金过快增长。加强现金管理，防止工资、奖金和社会集团消费支出的过快增长，禁止用公款搞个人高消费和把公款转化为个人消费基金。七是积极开拓城乡市场，大力发展第三产业。大胆运用各种行之有效的促销方法，扩大市场特别是广大农村市场的占有率。鼓励兴办连锁商店和跨地区、多功能、全方位的综合商社。在继续发展生产资料和消费资料市场的同时，积极发展金融、房地产、技术、劳动力等生产要素市场。八是进一步改善人民生活。继续加强对农民负担的监督管理，防止农民不合理负担“反弹”；加快城镇住房建设和商品化步伐，搞好“安居工程”的试点工作；提高农村住房质量，改善卫生条件。继续实施“3358”扶贫计划。主动关心低收入者和困难企业的职工，帮助他们解决生活上的实际困难。

2. 强化农业基础地位，增加农副产品有效供给

一是加大农村奔小康的工作力度。按照省委、省政府《关于确定农村小康生活标准的意见》，健全农村小康评价考核方法和程序，研究解决奔小康中的难题，采取综合措施，加速奔小康进程。二是多渠道增加农业投入。大力开展水利建设，重点搞好治淮骨干工程、长江防洪工程、丘陵地区当家塘建设，加强水库等排灌工程的续建配套、更新改造和水资源的综合开发利用；认真组织实施49个粮棉大县和一优两高农业示范区国家贷款项目；继续抓好淮北灌溉农业项目和黄淮海开发；增加对“菜篮子”和副食品基地建设项目投资；安排好以工代赈扶贫资金的使用。三是加快农业生产资料流通体制改革，适时地做好化肥、农膜、农药等生产资料供应。四是继续加快乡镇企业发展。深化企业改革，全面推进乡镇企业股份合作制，加强企业管理，全面提高乡镇企业的素质和效益；在依托资源优势，抓好农副产品和矿产品深加工的同时，注重发展高科技、高利税、高创汇、高附加值、高市场容量，低能耗、低物耗、新工艺、新产品，效益好的项目；把发展乡镇企业与改造农村社区经济中心和加快小城镇建设结合起来，使乡镇企业向城镇集聚，以获取更多的规模效益；继续组织实施乡镇企业“1235”工程。

3. 深化企业改革，加大技改力度，提高经济效益

一是继续深化国有企业改革。重点抓好扬子集团公司、开元集团公司两个国家试点企业和省确定的50户试点企业。大力推进中小企业多种形式的产权制度改革。扶持一批优势企业，实施大公司、大集团战略。着力解决企业的过度负债问题。二是加大技术改造力度。把技改工作的重点切实转移到扶强扶优上来，扩大名牌产品生产规模。积极利用外资嫁接的办法，对更多的企业进行"脱胎换骨"式的改造。多渠道筹措技改资金。三是抓好扭亏增盈工作。广泛开展"转机制、抓管理、练内功、增效益"活动，在建设好班子，建立好机制，创造好产品上狠下功夫。对那些产品质量好、市场竞争力强、效益好的企业，能快则快，充分实现有质量的速度。对扭亏有望的企业，按照市场需求调整产品结构，提高产品质量，努力开发适销对路的产品，限产、转产那些平销产品，停产、淘汰滞销积压的产品；对扭亏无望的企业，参照国务院《关于在若干城市试行国有企业破产有关问题的通知》精神，积极实施企业的破产或拍卖、转让、租赁等。四是狠抓"三高"产业的培育和发展。鼓励新建扩建企业多上高科技含量、高附加值、高回报率、市场竞争力强的项目。

4. 优化投资结构，提高投资效益，保证重点建设

一是千方百计筹措资金，加大投资力度。按照国家信贷投向，作好项目准备和信贷资金需求预测，争取国家各部委支持。积极配合各专业银行盘活资金存量，用好资金。在财力增长的同时，进一步提高建设性支出的比重，加强各种专项基金、规费收入的统筹管理，确保基金主要用在发展事业上。更加积极有效地利用外资，并且注意吸收沿海地区资金投入。积极探索各种新的融资手段，大力发展证券融资。二是优化投资结构，提高投资效益，保证重点建设。努力增加农业、水利投资；加强基础产业、基础设施和支柱产业、重要社会事业项目建设；增加教育投资。集中力量，保证重点建设。优先保投产、保收尾项目。三是进一步深化投资体制改革。要根据国家即将出台的《关于深化投资体制改革的决定》精神，按照"谁投资，谁受益"的原则，划清省与地市的投资范围，规范各种投资主体行为，强化投资风险约束机制。

5. 努力扩大外贸出口，积极有效利用外资

一是努力做好对外贸易工作。进一步完善外贸外汇体制改革，逐步健全适应国际经贸惯例的运行体制；结合现代企业制度改革，改组、改造和发展一批国际化、实业化、集团化、股份化的综合进出口贸易公司；加强外贸企业管理，挖掘潜力，降低出口换汇成本，提高出口竞争能力，扶持更多的企业直接进入国际市场；改善出口产品结构，大力发展以机电产品为主的高附加值产品出口；开拓多元化的国际市场，加强境外销售网络建设，发挥海外窗口作用；完善扶持出口创汇的政策，积极安排好外贸出口所需要的信贷资金，努力增加外贸出口基地和重点出口企业的投入；按照产业政策和市场需求，优化进口结构。二是积极有效地利用外资。把积极利用国际金融组织贷款和国外政府贷款作为间接利用外资的工作重点；直接利用外资，从条件最有利的项目和企业突破，向高层次推进。继续采取"走出去，请进来"的方法，通过举办国外企业产品展览会等途径，组织广大企业同外商企业直接接触，吸引更多的外商来皖投资。按照国家和省产业政策的要求，引导外商更多地投资于高新技术产业、高附加值的出口创汇产业、基础产业和基础设施，促成一批大中型企业和基础设施项目与国外大财团合资、合作。加快已签约的国际金融组织贷款、国外政府和商业贷款项目的用款进度。进一步完善对三资企业的管理，保护投资者和职工的合法权益，提高外资到位率和企业开工率，切实防止国有资产流失。

典　型　地　区

阜　阳　地　区①

一、区 域 概 况

阜阳地区位于黄淮海平原南端、安徽省西北部。北部、西部、西南部分别与河南省商丘、开封、周口、驻马店、信阳等地市毗邻，东部与本省淮北、蚌埠、淮南相连，南部与六安地区隔河相望。区内辖阜阳、亳州、界首3市和临泉、太和、涡阳、蒙城、阜南、颍上、利辛7县，总面积18169平方公里，1994年总人口1316.3万，耕地1645万亩，农业人均1.34亩。人口、耕地均约占全国百分之一。

本区系淮北大平原，除在涡阳、蒙城北部有零星残丘外，其它皆为冲积平原，地形坦荡，广袤千里。地势西北高，东南低，缓缓倾斜，区内河流主要有颍河、泉河、涡河、西淝河、茨淮新河（人工）等，自西北向东南流入淮河。

本区属暖温带半湿润季风气候，受季风影响，四季分明，气侯温和，雨水较多，光照充足，太阳辐射总量118.7～127.9千卡/平方厘米，年平均气温14.5～15.0℃，无霜期210～222天，降雨量年均820～950毫米，但因降水时空变化大，造成水旱灾害频繁，有些年份少雨干旱，有些年份多雨成灾。

区内物产丰富。主要农作物有粮食（小麦、大豆、红芋、玉米、水稻、小杂粮等）、棉花、油料（芝麻、油菜籽、花生）、烟叶、黄红麻、中药材、瓜菜、薄荷等，林木以泡桐、榆、椿、杨、槐、楝等为多，果木有枣、柿、石榴、桃、杏、梨、苹果、葡萄等，畜牧品种有黄牛、猪、羊、兔、家禽等，水产品主要有鲢、鲤、鳙、鲫、虾、蟹、鳖等。

矿产资源以煤为主，全区储量约80亿吨，另外还有石油、天然气、铁、大理石、石灰岩、矿泉水等。

阜阳，历史上又称颍州、顺昌，开发历史悠久。早在五、六千年前的新石器时期，这里就有了人类的渔猎活动。悠久的历史，孕育了众多名人学士，留下了数不尽的名胜古迹。祖籍阜阳的主要名人有：哲学家庄子、老子，政治家商汤、管仲、曹操、张良，著名文学家曹丕、曹植、王胜之、李绅等。文学家晏殊、欧阳修、苏东坡、范仲淹、曾巩等都曾官执颍州（阜阳），在此建功立业。区内主要名胜古迹有：亳州的汤王墓、花戏楼、华祖庵、曹四孤堆、古运兵道，阜阳的古颍州西湖、刘琦庙、文峰塔，蒙城庄周故里、漆园旧址、嵇康亭、万佛塔，颍上的管鲍祠、甘罗墓，涡阳的老君殿、捻军起义会盟旧址、新四军四师师部纪念馆，太和的新郪故城，万寿故城、秦和故城、文庙大成殿等。近年来新建的亳州三国揽胜宫，颍上县小张庄农民公园，八里河南湖农民公园等颇具特色，吸引了众多游人一揽，是旅游小憩的好地方。

全国解放46年来，在党和人民政府的英明领导下，特别是从1978年党的十一届三中全会以来，改革开放的春风沐浴着阜阳大地，全区广大干群奋发图强、艰苦创业，加快了阜阳经济的发展步伐。1994年，全区国内生产总值达220.4亿元，其中一、二、三产业分别占44.1%、32.2%和23.7%。是1980年的8倍多，比1993年增长21.2%。

二、开发和经济发展情况

（一）体制改革

本区原是国家批准的乡镇企业制度建设试验区，同时也是省（1992年6月21日）批准的农村综合改革试验区。近年来，随着全国改革的深化，地区各项改革取得了可喜成绩。

---

① 注：本文中所有产值指标均为当年价

1. 农村改革五箭齐发。一是在全国率先开展了农村土地承包制度改革,受到中央肯定;二是试行了农业税费征管办法改革,受到姜春云副总理的称赞,他说:"不仅具有经济意义,而且具有政治意义"。三是农村户籍制度改革全面推行,以城市化管理为基本方法的农村户籍制度改革在全区展开,四是村镇规划和农村劳动力转移继续发展,今年向区外输出劳力达157万人。五是农村股份合作制向更广阔、更规范发展。目前区内股份合作制企业已达近万个,其中规范化的股份合作制企业达1937个。

2. 城市改革五路并进。一是进行现代企业制度试点工作进展顺利,古井酒厂改制后,成为我区第一家上市公司,B股发行即将上市。二是推行"先售后改和职工内部持股"试点均取得明显成效。三是综合配套改革试点,产权交易市场,专业批发市场,劳动力市场建设均有重大进展。四是劳动社会保险和住房制度改革加快。五是在小型国营企业和城镇集体企业中推行股份合作制取得重大进展。目前全区已完成改制的企业433家,资金规模4.43亿元。通过深化改革,增强了企业活力。

(二)农业

1994年,全区进一步强化农业在国民经济中的基础地位,采取一系列措施加强农业生产,增加农业投入,如在全区开展的黄淮海综合治理项目,利用世行贷款加强灌溉农业工程,粮棉大县建设项目等。以及推广农业科技成果,保护农民利益,在提高农村综合经济实力等方面都取得了显著成效。1994年全区拥有农机总动力305.5万千瓦,比上年增长9.2%,有大中型拖拉机2151台,有小型拖拉机13.4万台。农业有效灌溉面积达775万亩,旱涝保收面积424万亩,分别占年内耕地的47.1%和25.8%,农用电5.71亿千瓦时,比上年增37.7%,化肥施用量38.9万吨,比上年增长11.8%,改善了农业生产条件。当年农作物虽遭严重旱灾、虫灾等,但由于全区人民同心协力、奋勇抗灾,使灾害降到最低限度。全区农业总产值达169.8亿元,比上年增长9.3%。全区粮食播种面积2446.8万亩,总产量560.4万吨,比上年减少8.4%,其中小麦播种面积1177万亩,产量295万吨,水稻播种面积99万亩,产量46万吨。棉花总产量6.4万吨,比上年增长9.1%;油料总产量为13.5万吨,比上年增长24.3%;农业生产结构得到进一步调整,粮食、经济作物种植面积比例为87:13。

林业生产在绿化达标的基础上,近年来,生产建设和绿化工作又取得新进展。全区造林面积12.95万亩,比上年增加5.76万亩,增长80.1%,其中有果木林11.02万亩。育苗面积4.5万亩。全区林木复被率达14.9%,林木蓄积量1060万立方米,年采伐量59.4万立方米,当年林业产值8.1亿元,每年加工桐木板出口5000立方米,另外太和县装饰条生产颇具盛名。年产量达4万立方米,销往全国各地。

畜牧业生产发展较快,本区是全国养牛第一大区,黄牛存栏量302.7万头,出栏97.9万头,分别比上年增长25.6%和30.5%。生猪出栏301.7万头,比上年增长24.8%,肉类总产量达43.18万吨,比上年增长29.0%,年末生猪存栏366.7万头,羊存栏219万只,分别比上年增长30.7%和35.3%。

渔业生产以养殖为主,全区养殖水面达55.02万亩,主要是开发部分沟、河、水塘,利用低洼地开挖鱼塘,同时开展网箱养鱼,发展稳步增长。当年水产品产量达5.73万吨,比上年增长66.9%。

1994年,农村经济持续发展,乡镇企业产值继续高速增长,当年销售收入达381.8亿元,比上年增长121%。企业规模由小转大。目前全区有乡镇企业集团20个,产值超千万元的企业257个,产值超亿元的企业7个。企业效益增强,当年上交税金3.81亿元。阜阳乡镇企业学校为加快乡镇企业的发展,培养了大批优秀的管理人才。

(三)工业和建筑业

建国46年来,本区工业经济从无到有,从小到大,逐步建立起门类较为齐全的工业经济体系,形成了食品、纺织、化工、机电、皮革、塑料、造纸、医药等八大支柱行业。全区拥有村以上工业企业6731家,有固定资产32亿元,其中,拥有乡以上的独立核算工业企业2158家。工业企业固定资产净值增加到18.5亿元。全区主要工业产品达1100多种,已创出国际金奖及省级以上名优产品240多项。

1994年,继续深化企业改革,积极转换经营机制,使工业生产保持了高速发展。同时出现了产销两旺、效益攀升、大中型骨干企业发展势头看好的可喜局面。全区完成工业总产值达379.9亿元,比上年增长1.1倍。其中乡及乡以上工业总产值164.1亿元,比上年增长72.0%,其中轻工业产值121.9亿元,比上年增长69.8%;重工业产值

42.2亿元，比上年增长78.4%。轻重工业结构有较大变化，重工业产值占工业总产值的比重由上年的25.3%上升到25.7%，国有工业产值占工业总产值的比重为35.6%。全区预算内工业企业实现销售收入24.7亿元，实现利税5.98亿元。亏损企业11户，比上年减少20户；亏损总额1224万元，比省下达目标2900万元减少57.8%。

随着建筑业改革的进一步深化，建筑施工企业发展不断加快，1994年共计完成建筑施工产值3.82亿元，比上年增长18.7%，竣工产值2.51亿元，比上年增长48.2%，完成建筑竣工面积55.6万平方米，比上年增长26.7%。地区建筑工程公司上升为国家一级建筑企业，与各县市建筑工程公司、乡镇建筑施工队及村级农民建筑队形成一支强大的建筑施工力量。

（四）交通运输邮电

1994年全区交通运输生产继续快速发展，铁路、公路、水运四通八达，全区范围内的国家“八五”重点工程“大京九”铁路建设进展顺利。铺轨任务已基本完成，阜阳枢纽建设已转入配套阶段。阜阳机场建设也已全面展开。

全区地方交通部门加强内部管理，提高营运质量，1994年，公路运输计完成客运量2510.2万人，其中国有企业运输2129.4万人，占总数的84.8%；完成货运量994.8万吨，比上年增长23.4%，其中公路运输826万吨，占货运量的83.0%。客运周转量143773万人公里，其中国有企业完成122883万人公里，占85.4%；货物周转量为225663万吨公里，比上年增长21.2%，其中公路周转量120536万吨公里，水运周转量为105127万吨公里。其中交通运输部门货物周转量占61.2%，其他部门占38.8%。

地区邮电事业发展形势喜人，全年共完成业务总量1.57亿元，比上年增长60.1%。其中中央国营业务总量完成1.42亿元，比上年增长59.9%；地方国营业务总量完成0.15亿元，比上年增长64.5%。长途电话、市内电话发展速度明显加快，全区年末安装电话已达7.49万户，比上年增加2.71万户，增长56.7%。其中：农村电话为1.28万户，比上年增长39.8%；BP机用户2.61万户，比上年增长82.9%；“大哥大”2389台，比上年增长4.8倍；报纸8419.6万份，比上年减少6.4%；集邮票960.8万枚，比上年增长12.1%。

（五）固定资产投资

1994年全区固定资产完成投资总额10.86亿元，比上年增长13.6%，其中国有经济完成投资8.09亿元，占总投资的74.5%，比上年增长2.3%。在完成投资中，基本建设完成投资3.42亿元，比上年增长26.1%，所占比重由上年的28.4%上升到31.5%。更新改造投资3.73亿元，比上年减少14.0%。

重点建设项目得到保证，1994年全区投资100万元以上的项目209个。在建的7项重点工程：阜阳飞机场、亳州中药材交易中心、立达电缆厂、新世纪广场、阜太输变电工程、阜纺精梳兔毛纺、3万锭限上技改，全年计完成投资7.4亿元。另外，粮棉大县建设、中泰畜产品开发、解放中大街改造、阜阳热电厂、阜阳购物中心等也亦先后开工建设。

1994年全区新增固定资产11.4万亿元，比上年增加4.35亿元，增长61.4%。

（六）商业、市场建设

阜阳优越的地理位置和便利的交通为商业发展奠定了有利条件，特别是近年来地区经济环境的改善，促进了商业贸易的繁荣兴旺。1994年全区市场消费品供应充足，有效需求扩大，零售市场稳中见旺，全区当年社会消费品零售总额达53.4亿元，比上年增加15.3亿元，增长40.1%。其中国有经济14.2亿元，比上年增长29.5%；集体经济10.5亿元，比上年增长11.4%；个体经济24.4亿元，比上年增长77.6%。农民对非农业居民零售3.7亿元，比上年增长13.1%。

市场是商业交易的主要场所。为促进地区商业发展，1994年全区共投入市场建设资金2.7亿元，其中社会集资和招商引资2.4亿元，“三产”引导基金（贷款）0.3171万元。共新建、改建、扩建各类市场58个，其中棚顶市场22个，室内市场36个。建筑面积15.9万平方米。到1994年底，全区共有各类市场总数已达791个，其中城市市场108个，农村市场683个。有各类专业市场137个，其中工业品专业市场41个，农副产品专业市场45个，废旧品专业市场7个，其他专业市场44个。市场年成交额超过1000万元的全区有35个；5000万元以上的市场12个，超亿元的市场5个。一个以区域经济为特色、各类各业市场为龙头、功能齐全、竞争力较强的大市场网络正在我区悄然形成。在全区交易额较大且较有特色的市场有：亳州中药材市场、蒙城汽贸市场、界首大牲畜市场、太和皮条孙尼龙绳市场、颍上南照粮食市场、谢桥兔毛市场、临泉庙岔皮张市场、阜阳三里湾小百货市场、阜阳煤炭市场、界首光武小百货市场、利辛阚町服装市场、蒙城黄牛市场、阜南黄岗柳编市场等。

(七)对外贸易、招商引资

1994年全区对外经济取得辉煌成就,计完成进出口总额3984万美元,实现出口创汇2784万美元,占年计划的154.7%,比上年同期增长193.7%。全区计完成外贸供货18亿元,比上年增长2.6倍。供应出口商品也有较大进步,出口商品已由过去单一的土畜农副产品发展到粮油、食品、轻工、纺织、医药、化工、机械、电子等15大类,150多个品种。工业品所占比例也由过去的30%上升到82%。

到1994年底,全区已累计批准"三资"企业205家,总投资28073万美元,注册资金22101万美元。其中1994年度新批"三资"企业52家,总投资6704万美元,单个项目平均利用外资由上年的33万美元上升到50多万美元,增速较快。在已批准的"三资"企业中,有108家投产运营,1994年实现产值8.6亿元,有10家企业年销售额超千万元,4家企业出口创汇超百万美元,如界首的中原奇安特鞋业有限公司产值超亿元,销售额近亿元。阜阳的嘉颍服装有限公司、临泉达裕公司出口创汇都超过350万美元,利用外资1000万美元的立达电缆厂已正式投产运营。

为促进我区经济与国际市场接轨,为参与国际竞争铺平道路,94年4月10日经省人民政府正式批准阜阳路站开放为陆运二类口岸,至此,阜阳结束了无口岸的历史。当前申报海关和商检的工作正在筹办之中。

(八)财政、金融、保险

1994年全区财政收入实现突破性的增长,完成12.34亿元,一年跨了四个台阶,实现两年翻一番,比上年增长53.5%。中央收入5.28亿元,地方收入7.06亿元,分别占财政收入的42.9%和57.1%。在财政收入中,农业税收2.07亿元,比上年增长1.43倍;工商税收8.38亿元,比上年增长30.3%。全年财政支出9.7亿元,比上年增长28.1%。

全区金融系统认真贯彻中央提出的加强和改善宏观调控的精神,调整信贷结构,保证了重点工程建设和工农业生产、收购等资金需要,缓解了部分企业资金紧张的状况,有力地支持了全区经济持续、快速的发展。1994年底,全区银行各项存款余额达60.9亿元,全年净增16.8亿元,比上年增长38.1%。在各项存款中,城镇储蓄存款所占比重由年初的58.0%上升到67.8%;年末银行各项贷款余额达85.2亿元,全年净增15.7亿元,比1993年增长22.6%。

全区保险事业总收入14593万元,比上年有所下降,但短期性险种累计收入11082万元,比上年增长25.5%,短期保费占业务总收入75.9%。全区保险险种84种,保险额累计107.0亿元,理赔1.18亿元,比上年增长11.5%,为促进经济发展,稳定社会秩序作出了贡献。

(九)科技、教育、文化、卫生

科技事业发展较快。1994年,全区新承担国家和省级星火计划项目10项,加上原已承担的累计共75项,有4项经过省级火炬计划专家评审,有1项经过国家火炬计划专家评审。1994年全区共获得科技成果141项,其中,独立科研机构13项,大专院校1项,工矿企业35项。全区共开发研制工业新产品150余项,当年新增产值5亿元。

1994年,全区建立科技兴农奖励基金70万元,建立科技兴农致富小康行政村50个,科技示范乡镇50个,"两高一优"农业科技示范区50个。举办各类科技培训班5000次以上。

全区教育事业勃蓬发展。1994年全区普通高等学校毕业学生906人,在校学生3281人,比上年增长7.7%。本年新招生1090人,其中专科生720人。另外,各类联办、合办函授等类型的专科班成人学员3281人,比上年增长2倍。全区中等专业技术学校在校学生5892人,比上年增长66.8%,中等师范在校学生4140人,比上年增长3.3%。中等职业教育发展很快,年末职业高中在校学生人数13639人,比上年增长16.7%;职业初中在校人数74101人,比上年增长33.8%。九年义务教育稳定发展,年末初中在校学生40.1万人,小学在校学生167.8万人,小学学龄儿童入学率99.1%,在校学生的年保留率98.2%。

全区文化事业蓬勃发展。各宣传、演(映)单位勇于创新,文化市场丰富多采。全区有群艺馆、文化馆12个,博物馆4个,公共图书馆11个,图书总储量35万余册,比上年增长17.8%。全区拥有广播电视台7座,对区内广播节目7套数,广播人口覆盖率100%;地区和10个县市都建立了电视台和电视转播台,拥有32部电视发射机,电视人口覆盖率达89.0%,比1993年提高2个百分点。

卫生事业稳步健康发展。1994年末全区拥有医疗机构516个，其中医院371个，门诊部90个，卫生防疫站12个，妇幼保健站11个。共有病床14604张，比上年增长2.8%，其中医院病床14438张，比上年增长2.9%。年末有各类技术人员20562人，其中医师7227人，占技术人员总数的35.1%；医士、护士6412人，占技术人员的31.2%。

（十）人口和城乡人民生活

1994年，全区人口增长得到有效控制，据省、地人口抽样调查，人口出生率为17.67‰，比上年下降0.18个千分点；人口死亡率为6.24‰，人口自然增长率为11.43‰。年末全区人口总数1316.3万人，比上年增加14.9万人。

城镇居民收入大幅度提高。1994年城镇居民人均生活费收入2567元，比上年增加775元，增长43.2%，扣除物价因素，实际增长18.1%。

全区农民人均纯收入879元，比上年增加250元，增长39.7%，扣除物价因素，实际增长15.2%。

三、重点项目建设情况

（一）京九铁路阜阳段建设

京九铁路自北向南依次通过我区的亳州、太和、利辛、阜阳、阜南5个县（市），境内线路长195公里。主要由商阜复线、阜阳枢纽、阜九（九江）新线三部分组成，目前均保持了较快的建设速度。被铁道部誉为“阜阳速度”。

商阜复线，北起亳州市与河南省的交界处，南至阜阳市的伍明站，总长112公里。现已全部完成铺轨，部分路段已交付使用。

阜阳枢纽是京九线上最大的铁路枢纽之一，也是全国六大路网性铁路枢纽之一。是一个有5个方向引出线的大型工程，目前，线下工程已基本完成，正站线辅轨完成91.76%。特大桥及大、中、小桥涵全部完成，上、下行线已基本拉通，青阜引入线已投入运营。计划1995年上半年阜阳至北京可以拉通，10月份南向双线可达九江，1995年底可达深圳。

阜阳新客站、综合服务楼工程，建筑面积2万平方米，计划1995年3月18日开工建设，1996年竣工使用。

上述工程完成后，阜阳枢纽日编解列车能力达万辆，每日始发或过路64对，将成为国家重要的铁路交通枢纽之一。

（二）阜阳2×60万千瓦火力发电厂

为了改变我区工农业用电紧张的状况，促进地区国民经济的协调发展，经国家计委批准，在阜阳兴建一座2×60万千瓦火力发电厂，技术上采用国际先进的超临界发电机组，项目总投资99.46亿元。

1995年元月12日，国家计委、电力部、人民银行3家与亚行代表对阜阳2×60万千瓦火力发电工程进行了考察，并就资金的筹措达成以下意向：亚行贷款5亿美元；其余资金：国家开发银行40%，省电力开发公司35%，省电力局15%，阜阳地方自筹10%。

目前该工程施工前的准备工作正在抓紧进行。

（三）阜阳机场扩建

阜阳飞机场扩建工程规模为飞行区等级指标按4—C级、MD—82飞机全载起飞阜阳——海口的要求设计。建联络滑行道，站坪面积23000平方米；候机楼按高峰小时通过旅客1000人次，年吞吐量为700万人次终期设计，建筑面积6267平方米，航管楼面积1618平方米。另外，机场的总体工程（巡场道路、机场围界等）、导航工程、无线电工程、航管工程及有线通讯工程等配套工程均将扩建，工程总投资1.8083亿元。施工单位有北空、铁道部十四工程局、济空等，施工队伍和大型机械已于1994年11月15日进入现场，现已正式开工建设，全部工程计划1996年建成通航。

（四）阜阳黄牛资源系列开发

本区系国家中原肉牛带的重要组成部分。党的十一届三中全会以来，黄牛生产持续发展。目前已成为全国黄牛养殖第一大区（1994年，黄牛出栏量97万头）。全区以黄牛资源为基础，已形成一大批生产、加工、流通、配套服务等企业群体，组建黄牛系列开发项目，培育龙头企业，带动整个黄牛产业的发展，有利于提高综合效益，增强市场竞争能力。

该项目总投资39.6亿元，其中建设投资22.6亿元，流动资金17.0亿元。整个项目又分7个子项目，分别是：黄牛养殖开发投资7.1亿元；饲草饲料资源开发投资13.6亿元；品种改良工程，投资1.4亿元；科技、防疫、流通等服务体系建设，投资1.1亿元；屠宰及肉类加工工业，投资4.5亿元；皮革及革制品开发，投资9.8亿元；黄牛副产品系列开发，投资2.1亿元。

《规划》已由省计委主持通过专家论证，被省列入“九五”重点开发项目，并已报国家计委列入国家“九五”计划。

资金筹措拟采取多渠道融资，争取国家开发银行贷款14亿元，其他由地方自筹和招商引次解决，项目从1995年开始逐步实施，到2010年全部完成。

(五)经济技术开发区

近年来，经省政府批准在我区建设的经济技术开发区3个，即阜阳经济技术开发区、亳州市经济技术开发区及太和经济开发区。

1. 阜阳经济技术开发区。该开发区位于阜阳城南，北邻一道河路，南至南外环路，东至东外环路，西靠阜南路，总面积15.54平方公里。一期开发规划区为8平方公里，起步区1平方公里。是1993年5月15日，经省人民政府批准设立的。

到1994年底，区内基础设施投资已达2075万元，基本实现“四通一平”。引进项目已达26项，协议投资15.36亿元。其中有“三资”企业16家，投资9.26亿元。当年工业产值达1亿元，实现利税1500万元。进区的重点项目有中美合资立达电缆厂、塑料家具厂、阳光科技城、新经济城、冶金工业园。

2. 亳州市经济技术开发区。该开发区是1993年4月13日经省政府批准设立的。位于亳州市城南、东部紧靠亳州火车站。规划区面积6平方公里，起步区0.6平方公里。

该开发区基础设施投资已达4000万元，基本实现“五通一平”(包括送气)。进区项目已达31个，总投资4.2亿元，当年完成产值2.1亿元，实现利税4450万元。其中“三资”企业3家，总投资2.5亿元。目前开发区内企业职工已达3500人。正在实施建设的重点项目有中国中药材交易中心，古井药业总公司，10万吨啤酒厂等。

3. 太和经济开发区

太和经济开发区原是国家在阜阳地区设立乡镇企业制度建设试验区的试验项目。1994年8月11日经省人民政府批准，同意其比照省经济技术开发区享受有关优惠政策。

该开发区位于太和县城西北郊，规划区面积6平方公里，起步区面积1.44平方公里。到1994年底，进区项目已达39个，合计投资1.2亿元，当年工业产值达2.42亿元，实现利税3000万元。其中有“三资”企业7家，投资6000万元，当年创汇245万美元。进区重点项目有：太和薄荷脑厂，特种筛纺厂、化工厂、浸出油厂、饮料厂等。

四、存在主要问题及发展设想

(一)存在主要问题

一是经济基础薄弱，抗御自然灾害的能力不强，经济发展不稳。解放46年来，国家虽然对我区给予很大的投入，但由于本地区原来的基础太差，沿淮的洪涝灾害频繁，加上人口多，负担重，至目前经济基础仍然相当薄弱。到1994年底，全区农业有效灌溉面积仅占耕地的47.1%；旱涝保收面积只占年内耕地的25.8%。农村用电量人均43千瓦时，不到全国农村人均用电量的三分之一。特别是沿淮行蓄洪区，还有几十万人口没有根本解决温饱问题。农业基础薄弱，水旱灾害时有发生，给人民生命财产带来严重威胁。1991年的大水，使全区经济损失相当惨重，经济发展受到很大影响。

二是经济发展滞后，群众收入不高，投入不足，发展受到严重影响。1994年全区人均国内生产总值1519元，比全省人均低975元。如与全国相比，只相当于全国人均量的41.75%。城镇居民人均生活费用收入2567元，比全省城镇人均收入少200元，比全国城镇人均生活费收入低612元。农民人均纯收入879元，比全省农民人均收入少94元，比全国人均量少341元。群众收入低，支出仍仅限于吃、穿、用，而用于生产费用的支出就相对较少。投入不足，严重制约地区经济的发展。

三是人口文化素质差，科技落后，直接制约地区经济的快速发展。本区是一个农业大区，人均耕地仅1.25亩，经济基础薄弱，发展又极不平衡，整体科技文化素质较低，青壮年文盲、半文盲率为9%，科技普及率不足30%，制约着地区经济的发展。

(二)发展设想

针对本区经济发展中存在的问题。为了加快地区经济的发展，争取实现人均主要经济指标到2000年达到或者超过全省平均水平，到2010年达到或超过全国平均水平的大目标，要以党的基本路线为指导，坚持改革开放，坚持“科技兴国”，团结全区广大干群，以发展生产力和提高效益为中心，推进社会主义市场经济体制建设，充分利用本区的区位优势和资源条件，加快资源系列开发、综合利用，建设农业高效、工业占主导地位、各项事业协调发展，具有阜阳特色、全方位开放的经济区域。

总的战略构想是：构筑开放大格局，实施农业大开发，布局工业大走廊，营造商贸大都市。为此，一要顺应改革开放大趋势，建立社会主义市场经济体制，创造条件，积极参与国际竞争，重塑阜阳形象，做大阜阳商标，招商引资，加快发展。二要进一步强化农业的基础地位，农业是阜阳地区的传统产业，也是阜阳经济发展的基础，同时也是阜阳的优势所在，粮食产量占全国百分之一强，其他农畜产品如芝麻、红麻、瓜菜、薄荷油、肉、蛋、兔毛、皮张等在全国都占有一定位置。抓好“两高一优”农业，既是地区工业高速发展的基础，也是广大群众致富的重要途径，因此，对农业的投入要增加，农业的基础地位要强化。三要利用好京九铁路给阜阳经济带来的机遇，机不可失，时不我待。要做好京九铁路通阜阳这篇大文章，积极利用京九铁路南通港澳经济发达地区的有利条件，引进技术和资金，加快资源系列开发，综合利用，沿京九线规划建设产业走廊，以工业、商贸为龙头，带动地区经济腾飞。工业生产要创名牌，增强实力，提高效益。四要抓紧阜阳城市建设，尽快把阜阳市建成皖西北乃至淮北平原的中心城市，规划到本世纪末阜阳城市人口50万，建成区面积达50平方公里；到2010年，阜阳城市人口达100万，建成区面积100平方公里。抓好基础设施建设，增强辐射力，使其发挥大城市的功能。同时要加快对亳州市、界首市以及其他7座县城的规划建设，包括众多乡镇，形成城镇网络，带动阜阳经济快速发展，五要加快科技、教育、文化、卫生等社会事业的发展步伐，提高人口素质，促进经济腾飞。

合肥市

一、基本概况

合肥市是安徽省省会，是全省政治、经济、科教文化、交通中心。属全国甲级开放城市，享受沿海开放城市的政策。

合肥是一座具有两千多年历史的古城，素有“淮右襟喉，江南唇齿”之称，历来是兵家必争之地。它位于安徽省中部，地处长江、淮河之间的华东丘陵地区中部，江淮分水岭南侧，巢湖北岸。合肥市现辖3县（肥东、肥西、长丰）、4区（中市区、东市区、西市区、郊区）、1镇（蜀山镇），行政总面积7226平方公里，人口386万。其中市区面积458平方公里，人口111万。

合肥市是一座新兴的综合工业城市。拥有机电、轻纺、化工、冶金、建材等31个工业行业，近2000家工业企业分布在城东（轻纺、冶金）、城西（建材、电力、农药）、城西南（机械、化肥、仪器仪表），三足鼎立呈扇叶状向外辐射。形成门类齐全，大中小型企业兼备的工业体系。合肥市拥有两个国家级开发区，即合肥高新技术产业开发区、合肥经济技术开发区。省市一级开发区有，蜀山工业小区、桃花工业区、常青工业区以及长丰双凤工业小区、肥东龙岗工业小区、新火车站建设开发区。全市有250多种工业产品出口，销往世界80多个国家和地区。

合肥农业发达，现有耕地面积415万亩，以产粮谷为主，兼种小麦、油菜籽、棉花和其他经济作物，所属肥东、肥西、长丰3县为全国商品粮基地县。建设了鱼、猪、奶牛、家禽、蔬菜等10多种规模较大的农副产品基地。

合肥是一座知识密集、人才荟萃的科教之城，全国重要的科教基地。有中国科技大学，合肥工业大学等30余所高等学府和大专院校，47所中等专业学校以及包括中国科学院合肥分院在内的190多个研究所，有各类专业科技人员16万多人，智力资源在全国同类城市中名列前茅。

随着合肥改革开放和经济建设的不断发展，综合实力不断加强，在全国综合实力50强城市中排名第二十六位，被评为国家卫生城市、全国环境综合整治优秀城市、全国园林城市、全国社会治安综合治理优秀城市。

二、合肥市1994年国民经济和社会发展情况

1994年在邓小平同志建设有中国特色社会主义理论和党的基本路线指引下，在党的十四大和十四届三中全会，四中全会精神的鼓舞下，全市人民认真贯彻落实"抓住机遇、深化改革、扩大开放、促进发展、保持稳定"的工作方针，积极妥善处理改革，发展和稳定的三者关系，使我市改革开放，国民经济和社会发展都取得了较好成绩。

（一）1994年主要经济指标完成情况

国内生产总值完成130亿元(当年价，下同)，按可比口径比上年增长20%，完成年度计划的101%。其中，第一产业增加值24亿元，比上年下降7%，占18%；第二产业增加值66亿元，比上年增长28%，占51%；第三产业增加值40亿元，比上年增长25%，占31%。国内生产总值与1980年相比翻了两番。该市国内生产总值首次超百亿元，标志着该市经济实力又上了一个新台阶。

工业总产值完成287亿元(当年价，下同)，按可比口径比上年增长33.6%，完成年度计划的102%；其中，乡及乡以上工业产值完成197.6亿元，比上年增长20.8%。轻重工业比例为50.1∶49.9。

农业总产值完成40亿元(当年价)，按可比口径比上年下降19%，完成年度计划的76.7%。粮食总产量为136万吨，比上年下降22%，完成年度计划的82.4%；棉花总产量为1.22万吨，比上年下降7%，完成年度计划的81.3%；油料产量为17.9万吨，比上年下降11%，完成年度计划的84.2%。

乡镇企业总产值完成190亿元，比上年增长54.5%，完成了年度计划，其中，乡镇工业产值完成110亿元，比上年增长66%，完成年度计划的110%。

财政收入完成14.32亿元，比上年增长36.4%，完成调整后年度预算的104.06%。财政支出完成5.83亿元，比上年增长33.3%。

年末银行各项存款余额为110亿元，比年初增加25.5%，年末银行贷款为139亿元，比年初增加11.1%。

全社会固定资产投资完成45亿元，比上年增长17%。全民固定资产投资完成30亿元，比上年增长18%，完成年度计划的136.4%。其中：基本建设投资完成16亿元，比上年增长28%，完成年度计划的133.3%，更新改造投资完成9亿元，比上年增长18%，完成年度计划的90%。

社会消费品零售总额完成60亿元，比上年增长30%，完成年度计划的100%。社会商品零售物价指数全年为120.5%，四季度平均月零售物价指数为116.9，完成了省政府下达该市四季度零售物价指数117的控制目标。

外贸自营出口额完成7318万美元，比上年增长53.2%，完成市下达的年度计划的101.1%。外贸出口供货额(市外贸统计口径)完成11亿元，比上年增长18.6%，完成年度计划的110%。

全年新批准"三资"企业190家，协议利用外资1.9亿美元，累计达到826家，累计协议利用外资6.4亿美元。

全年职工年平均工资3600元，比上年增长15%，完成年度计划的120%。农民人均纯收入920元以上，比上年增长约23%，完成年度计划的102.2%，提前达到"八五"计划850元的目标。

人口出生率为18.2%，比上年上升1.84个千分点，控制在市下达18.5‰的年度计划目标内；人口自然增长率为13.8‰，比上年上升1.73个千分点，基本达到市下达13.5‰的年度控制计划目标。

（二）1994年经济运行和社会发展情况

1.该市财税、金融、外贸、外汇等体制改革取得明显进展，促进了国民经济健康，快速发展。1994年是我国重大改革措施出台最多的一年，这些重大改革着眼于理顺基本经济关系，解决深层次矛盾，建立新的运行机制，涉及面之广，力度之大，都是过去所没有的。该市按照中央、省的统一部置，各项改革进展顺利。收到了初步成效。实现了新旧财税体制平稳过渡，保证了财政收入稳步增长，实现了财政收支基本平衡。金融体制改革稳步向前推进，人民银行切实转换职能，对专业银行实行贷款规模控制下的资产负债比例管理，对非银行金融机构实行有监督的资产负债比例管理，基本刹住了违章拆借和非法集资现象，金融秩序继续好转。为进一步加强对信用社的管理，积极创造条件，成立了合肥市城市合作银行，经人民银行总行批准，该市成立了城市信用社联社。

投融资体制改革继续深化，开始逐步建立法人投资和银行信贷的风险责任制；粮油购销价格，棉花购销体系以及土地使用制度改革方面也取得了较大进展。围绕建立现代企业制度，企业改革的步伐进一步加快，安徽轮胎厂已进人国家100家

试点单位。1994年全市组建和改组股份制公司15户，股份合作制企业12户，组建企业集团11个，其中工业5个，商业4个，外贸1个；有15户优势企业兼并了19户劣势企业，重新安排在职职工7490人；国合商业实行国有民营230户。同时为配合产权制度改革，还组建了合肥产权交易中心，对整体企业产权、实物产权和部分股权流通和转让提供了一个规范化和信息化场所。社会保障制度的建设加快，参加养老统筹的职工已达26.2万人，参加失业保障的职工29万人。

2. 农业抗旱救灾取得成效，乡镇企业发展势头强劲。1994年该市认真贯彻了中央和省农村工作会议精神，切实加强了对农业和农村工作的领导，继续完善农村土地承包制度，进一步调动了农民生产积极性。特别是面对特大灾害，农村广大干群根据市委市政府提出的抗旱、减灾、增收的总要求，一手抓抗旱救灾，一手抓发展生产，加大种植业结构调整力度。全市粮食和经济作物的比例由上年的66.7：33.3调整为64.3：35.7，经济作物的比重提高了2.4个百分点。1994年实现肉类总产量12.8万吨，比上年增长5.4%，水产品总量2.84万吨，比上年增长2.4%，蛋类总产量2.9万吨，增长6%，基本实现了大灾之年社会总产值、财政收入、农民人均纯收入"三增加"的目标。

乡镇企业继续保持了超常规的发展态势，在指导思想上坚持发展不动摇。合肥郊区在全省率先跨入全国乡镇企业百强县(市、区)行列。该市乡镇企业为农民人均纯收入提供的份额由上年的39.7%上升到43%以上，乡镇企业从业人员已占农村劳动力的30%。乡镇企业的蓬勃发展已成为该市经济发展新的支撑点和增长点。

3. 工业生产持续增长，企业经营状况逐步改善，但发展不平衡。1994年该市工业企业广泛开展了"转机制，练内功，抓管理，增效益"活动，狠抓扭亏增盈工作，工业生产继续以较快的速度运行，呈现出以下特点：一是均衡快速增长。1994年以来全社会工业总产值增速一直保持在30%以上；乡及乡以上工业产值增速保持在17%左右。二是各种所有制经济全面增长，尤其是其它经济类型增长较快，增幅达89.7%。三是名牌产品产销两旺，产品产量均比上年大幅度增长，在全市考核的30种主要产品产量中，有20种以上比上年同期增长，电冰箱、洗衣机、挖掘机、叉车、液压机、微型汽车、摩托车等产品，在国内市场上仍保持较高的市场占有率。四是经济效益有所改善，企业亏损得到抑制，但两极分化现象仍相当突出。1994年预算内工业实现利税5.2亿元，与上年基本持平，盈亏相抵后，实现利润5000万元。市属企业中实现利税百万元以上的企业达到50户，其中实现利润比上年净增100万元以上的有8户。实现了全市亏损企业控制在49户内，亏损额控制在1.8亿元的扭亏目标。五是工业增长中的技术含量进一步提高，全市完成新产品开发项目310个，新增产值16亿元，创利税1.65亿元，其中5项新产品达到国际水平，60项新产品达到国内先进水平。

4. 固定资产投资增幅趋缓，重点建设项目完成较好。受国家宏观调控政策影响，1994年该市固定资产投资增幅与上年相比下降约50个百分点，其中全民基建比上年下降29个百分点，全民更新改造比上年上升17个百分点。1994年安排重点建设项目17项，计划投资12.86亿元，完成投资11.24亿元，占年度计划的87%。美菱大道和合裕路快车道、绩溪路西段已竣工通车，合肥电厂4号机组和四水厂二期第二组工程以及煤气三步工程已相继建成并供电、供水、供气。目前，该市日供水能力已达85万吨(含自备水源)，合肥电厂装机容量达32.5万千瓦，市区煤气日供气能力达到21.8万立方米。王小郢污水处理厂工程已完成厂区四通一平。全年新扩容市话程控交换机11.2万门，超过建国45年以来该市市话总容量之和，市话总容量已达到21.4万门，顺利实现了电话由6位升7位。新火车站建设步伐加快，已完成新客站站房一层结构，累计完成投资2.8亿元。花家湖煤矿已完成投资近2亿元，主井、副井、风井已推进400米以上。万德福陶瓷项目已竣工投产，其它开工建设的3个陶瓷项目已完成厂房建设，总投资3亿美元的轮胎项目和南淝河改造工程已开工建设。

5. 对外开放继续保持好势头。外汇、外贸体制改革有力地促进了外贸出口，外贸出口渠道已拓宽到60多个国家和地区，市场多元化的格局已初步形成。利用外资取得新进展，在该市审批登记的约500家"三资"企业中，涉及13个行业，已开业260家，投产率为54%。1994年11月中旬该市首次举办"'94金秋大闸蟹招商会"活动取得了显著成果。1994年该市利用外资具有以下新特点：一是来合肥投资的国家和地区不断增加，大财团，大公司逐渐增多，如ABB集团、日本三洋、日立建机、意大利梅罗尼、印尼佳通、香港兆峰集团等。这些大公司信誉好，资金实力雄厚，技术管理先进，对扩大合肥现有企业生产规模，提高产品档次，转变生产经营方式有着十分重要的意义。二是利用外资的规模不断扩大。1994 年外商来合肥投资金额平均每个项目达到 246 万美元，全市已累计批准投资总额 1000 万美元以上的大项目达 31 个。三是外商投资领域不断拓宽，由过去单纯投向第三产业发展到一、二、三产业并举。目前外商投资第一产业比重约占 2%，第二产业占 60%，第三产业占 38%，特别是 1994 年以来投资第二产业的比重增大，能源、交通等基础设施项目逐渐成为外商投资热点。四是外资项目由低水平，小规模向“高精大”方向发展。五是利用外资项目由外商对该市的单向选择开始向双向选择发展。

6. 开发区建设有了新的发展。高新技术产业开发区已全方位地进入了国家级开发区的一流水平，综合指标考核名列前茅。截止 1994 年底，高新技术产业开发区入区企业总数达 305 家，项目 367 个，总投资 28.48 亿元，注册资本 21.44 亿元。1994 年实现工业总产值 15.5 亿元，技工贸总收入 14.5 亿元，利税 1.6 亿元，出口创汇 1281 万美元，并涌现出一批投入产出高、规模大、经济效益好的企业群体。合肥荣事达电气有限公司、万燕公司、电子部 38 所，美菱空调器厂技工贸总收入都超过 1 亿元。经济技术开发区在加快基础设施建设的基础上，采取以大、中型工业项目为先导，同时带动第三产业发展的方针，目前已吸引了日本、美国、新加坡、台湾、香港等 8 个国家和地区的外商投资建设，累计进区项目已达 68 个，其中“三资”企业 27 个，总投资 3.86 亿美元，利用外资 2.74 亿美元。蜀山、桃花、龙岗、常青等工业小区在加快基础设施建设的同时，加大了招商引资工作的力度，入区项目增多，一些项目建设已初见成效。

7. 城乡市场繁荣活跃，人民生活继续改善。一大批商业网点，市场建设项目建成投入运营，建设多年的绿都商城基本竣工，部分已开始营业。全年社会消费品零售总额达 60 亿元。个体私营经济继续保持较快的发展速度，全市个体工商户已达 66678 户，私营企业 1636 户，从业人员 12.9 万人，实现产值 3.3 亿元，营业和销售收入 18.5 亿元。城乡人民生活水平不断提高，年末城乡居民储蓄余额为 52 亿元，比年初增加 39.7%，农民人均纯收入为 920 元，扣除价格因素，实际比上年增长 5%左右。住房解困工作继续发展，1994 年又有 2000 户住房特困户乔迁新居。

8. 坚持两个文明一起抓，促进社会事业与经济同步发展。科技工作围绕科技成果转化为现实生产力，大力发展科技兴企，科技兴农，发展高新技术和增加科技投入。实施了 52 个重点科研项目和推广项目，新列入省重点科研项目 8 项，其中工业 4 项，农业 42 项。教育事业进一步发展，市区及郊区“两基”通过省级验收，职业技术教育迈出新步伐，市区普高类，职高类招生比例达 1：1.7。3 县的农村扫盲教育均先后通过省阶段性验收，进入高标准扫盲阶段。通过多渠道筹措教育经费，进一步改善了中小学办学条件，教育质量不断提高，全市高中升学率比上年提高 4 个百分点；市区应届初中毕业生升学率已达 95%以上。全市大中专学生分配人数约 4000 人左右。卫生事业蓬勃发展，我市一所区级医院和市第一、第二人民医院分别通过了国家一级甲等和二级甲等医院评审。计划生育工作进一步得到加强，全年人口出生率和自然增长率均完成计划控制目标。成功地举办了市六运会，共有 46 个人次刷新 31 项各年龄组纪录，1 人 2 次超省纪录。创建国家卫生城市、社会保障、环境保护等项工作也取得了显著成绩，社会治安综合治理得到进一步加强，开展了声势浩大的严打斗争和“扫黄”“打非”活动，为经济发展，社会稳定创造了良好的环境。

在充分肯定 1994 年改革和发展取得较好成绩的同时，也应清醒看到，在该市经济生活中仍然存在不少困难和问题，有的还相当突出。一是物价上涨幅度过大，尤其是食品类价格上涨占总升幅的 52.2%，直接影响人民生活尤其是低收入职工的生活水平。物价上涨幅度较大的原因，从全国看，主要是连续几年固定资产投资和消费基金过快增长，导致货币过量发行，加上价格结构调整，汇率并轨等改革措施的出台，从需求拉动和成本推进两个方面推动物价上涨。从该市情况看，主要原因是：过去价格水平较低，受周边大中城市需求拉动影响较大；部分重要农副产品及蔬菜因旱灾使供应量减少；市地方财力有限，调控市场，平抑物价的能力较弱；绝大部分商品价格和经营都已放开，市场法规很不健全，价格行为不规范，商业主渠道作用发挥不够，市场秩序较乱。二是农业仍是该市国民经济的薄弱环节，1994 年的旱灾，进一步暴露了农业基础设施还较薄弱，抗灾能力不强。三是部分国有企业生产经营困难大，亏损局面还没有根本扭转。国有企业是该市财政收入重要来源，但是由于部分国有企业经营机制尚未根本转换，结构调整步伐缓慢，加上历史形成的社会负担和债务较重，不能适应市场竞争，资金拖欠情况严重，加剧了企业资金紧张状况，使相当一部分国有企业出现亏损。全市128户预算内企业，亏损企业45户，亏损额达1.7亿元。四是技术改造投入难度增大。以上这些问题虽然是在经济快速发展和改革深化过程中出现的，是发展中的问题，但如果不引起高度重视，采取有力措施加以解决，就会影响改革、发展和稳定的大局。因此，必须坚持从实际出发，继续加大改革的力度，进一步扩大开放，在发展中逐步解决这些突出问题，努力实现全市国民经济持续快速健康发展。

（合肥市计划委员会　供稿）

江 西 省

主　　编： 王明善
副 主 编： 魏应宽　胡幼桃
编写人员： 姚牧耕　陈奉斌　胡世忠　涂迎九
郭新宇　罗贤勇　洪小波　齐　伟
严佛元

江西省分目录

典型地区和典型企业

江西省概况

面积:16.69 万平方公里

人口:4015.45 万人

行政区划:5 个地区,6 个地级市,12 个县级市,72个县

省委书记:毛致用

省八届人大常委会主任:毛致用

省长:吴官正

省八届政协委员会主席:朱治宏

江西省国民经济主要指标(单位:亿元)

项　目	1994 年	1994 年比上年增长(%)
国内生产总值	1031.99	18.0%
工农业总产值	2098.73	44.4%
工业总产值	1570.87	57.7%
重工业产值	863.73	54.4%
轻工业产值	707.14	61.5%
农业总产值	527.86	10.2%
全社会固定资产投资	237.45	28.0%
国有固定资产投资	168.73	29.1%
社会商品零售总额	330.95	35.8%
零售物价总指数(%)	123.9	11.5%
职工工资总额	140.70	35.1%

国民经济和社会发展

一、国民经济发展概况

1994 年,在党中央、国务院的正确领导下,江西省全省上下认真贯彻党的十四大和十四届三中、四中全会精神,围绕抓住机遇、深化改革、扩大开放、促进发展、保持稳定的工作大局,正确处理改革、发展和稳定的关系,改革朝着建立社会主义市场经济体制目标迈出了坚实的一步。对外开放继续扩大,国民经济快速发展,精神文明建设得到加强,社会事业有了新的进步。全省国民生产总值 1067.5 亿元,按可比价格计算,比上年增长 18%,为 1980 年的 4 倍;比 1990 年增长 72.5%,提前实现翻两番。全年国内生产总值为 1032.0 亿元,其中第一产业增加值 314.4 亿元,增长 5.7%;第二产业增加值 422.1 亿元,增长 28.7%;第三产业增加值 295.6 亿元,增长 15.0%。地方财政收入(按分税制体制口径)49.3 亿元,增长 35.3%,加上中央库的两税(增值税、消费税)收入,全省财政收入完成 88.7 亿元,比上年增长 35.0%。全省国民经济指标增长速度继续高于全国平均水平。人民生活继续改善。

（一）农业

农业在连续5年丰收的基础上又是一个丰收年，农村经济发展加快。全省各地狠抓了党和政府各项农村政策的落实。增加了农业投人，重视依靠科技兴农，继续发展“三高”农业，面对严重的洪涝灾害及时组织抗灾救灾，并兴修了一批水利设施，在大灾之年夺得大丰收。全省农业总产值380.2亿元，比上年增长10.2%，主要农产品产量大幅度增长，粮食总产量1603.5万吨，增产86.4万吨，比上年增长5.8%；棉花17.5万吨，增产1.9万吨，比上年增长11.8%；油料83.6万吨，增产5.8万吨，比上年增长7.4%；蚕茧产量1.59万吨，比上年增长1.1%；茶叶产量2.14万吨，比上年增长4.8%。

鹅鸭工程、蚕桑工程和果业工程取得新的成绩；林业发展较快，全年造林25.2万公顷，顺利实现了基本消灭宜林荒山的目标；生猪出栏大幅度增加，达到2117万头，比上年增长16.5%，畜禽水产规模养殖和特种养殖正形成气候；乡镇企业高速发展，全年总产值完成1218亿元；老区贫困地区经济开发步伐加快，脱贫率巩固提高。

（二）工业

工业生产保持快速增长，国有企业经济效益有所改善。全年完成工业总产值1570.9亿元，比上年增长57.7%；工业增加值353.0亿元，比上年增长29.3%。乡及乡以上工业完成增加值234.3亿元，比上年增长24.7%。在乡及乡以上工业增加值中，国有工业增长8.7%；集体所有制工业增长57.8%；以“三资”企业为主的其他经济类型工业增长47.8%；大中型工业增长7.6%。适销对路产品、高档耐用消费品以及支农工业产品增长幅度较大。预算内企业实现利润、上交利税比上年有所增长，亏损面和亏损额有所下降，全年工业经济效益综合指数由81.1%提高到85.8%。工业产品产销率提高，达到96.6%。资金利税率为9.4%。技术改造集中力量上强项、抓特色，增强了企业特别是国有大中型企业的活力和实力，提高了一批重点产品、企业和行业的市场竞争能力。

（三）国内商业

全年社会消费品零售额为331亿元，比上年增长35.8%（扣除物价因素，实际增长9.6%）。城市市场繁荣活跃，城市消费品零售额142.8亿元，增长42.7%；农村市场保持稳定发展势头，县及县以下消费品零售额实现189.2亿元，增长31.1%。全省农贸市场零售额比上年增长37.6%。

生产资料市场由旺转淡。由于企业直接购销的生产资料比重上升，物资供销企业购销的比重下降，1994年全省县及县以上物资供销企业购进生产资料69.9亿元，比上年下降28.9%，销售77.5亿元，下降23.3%。

市场价格总水平涨幅较大，经济生活中通货膨胀压力加剧。全年社会零售物价总水平比上年上升23.9%。居民生活消费品价格水平比上年上升26.9%。但在通胀的压力下，市场仍保持稳定，其原因主要是目前市场上商品供应充裕，据对600余种主要商品供求关系排队分析表明，供需基本平衡和供大于求的商品占84.1%，供不应求的商品只占15.9%，消费品市场总的情形呈现供大于求的状况。但粮、油、肉等几种对市场物价影响较大的农副产品则供应偏紧。

（四）餐饮及服务业

1994年全省餐饮业零售总额为19.0亿元，比上年增长42.1%，服务业收入62.9亿元，比上年增长38.5%。从事餐饮业的法人机构共1236个（不含个体经济），附营单位246个，营业网点56657个（含个体经济），从业人员达165818人。其中，从事正餐业的法人机构452个，附营单位154个，营业网点18447个，从业人员60209人；从事快餐业的法人机构88个，附营单位46个，营业网点4689个，从业人员13106人。

（五）建筑业

1994年全省国有建筑施工企业完成建筑业总产值44.7亿元，比上年增长30.0%；其中：地方企业完成24.3亿元，中央企业完成20.4亿元，分别比上年增长20.5%和43.5%，共实现利税总额2.2亿元，其中利润8800万元，分别比上年增长110.4%和186.5%，企业经济效益大幅度提高。全年国有建筑施工企业全员劳动生产率2.7万元，比上年增长38.3%；达到历史最好水平。国有建筑施工企业施工的单位工程个数为5585个，建筑施工面积860.7万平方米，比上年增加22%，竣工工程2684个，竣工面积704.4万平方米，比上年减少10.3%。

（六）金融和保险业

1994年全省金融运行保持平稳的态势，出现了存、贷款双增，货币大回笼的格局，有力地支持了国民经济持续、快速、健康的发展。

1994年末，全省银行各项存款余额为553.4亿元，比上年末增加142.5亿元，增长34.7%，其中：企业存款余额为167.3亿元，比上年末增加36.9亿元，增长28.3%，城乡居民储蓄存款余额达458.1亿元，比上年末增加134.7亿元，增长41.7%。银行各项贷款余额731.4亿元，比上年末增加113.4亿元，增长18.4%，其中短期贷款余额为543.8亿元，增长15.8%。其中长期贷款余额为172.4亿元，增长24.7%。

保险事业有较大发展。1994年全省人保系统各类财产和人身保险金额达1669.0亿元，保险业务收入9.5亿元，年末有228万户家庭参加了家庭财产保险。各种保险业务共处理赔案及给付32万件，支付金额6.8亿元，为受灾的企业、家庭和个人及时恢复生产经营和安排生活发挥了较好的补偿作用。

(七)旅游业

1994年全省旅游业发展势头较好，境外来赣旅游人数为6.28万人次，比上年增长9.5%，其中外国游人1.96万人次，比上年增长18.3%，华侨0.16万人次，台、港、澳同胞4.15万人，旅游收汇1536万美元，比上年增长34.7%。

二、国民经济结构调整

1994年全省第一、二、三产业产值分别为314.4亿元、422.1亿元、295.6亿元，分别比上年增长6.3%、30.6%、15.1%；三次产业的比例由上年的31.2∶39.1∶29.7调整为30.5∶40.9∶28.6，结构更趋向合理。全省工业化进程步伐明显加快，二次产业增加值超过一次产业，其中轻重工业产值构成由上年的42.4∶57.6调整为45.0∶55.0。农村经济结构突破了以农业为主的传统模式，农村经济结构和农业内部结构的调整也迈出了较大的步伐。以乡镇企业为主体的农村二、三产业迅速崛起，在农村社会总产值中，非农产值所占比重由上年的58.3%上升到64.9%。在粮食生产增长的同时，林、牧、副、渔各业得了较快发展，在农业总产值中，种植业所占的比重由上年的47.9%下降到47.7%。在全国有一定优势的行业和拳头产品如地方钢铁、有色金属、陶瓷、稀土、汽车、羽绒、特种水泥、新型建材有较大的发展。

三、基础设施建设情况

1994年全省基础产业和基础设施建设进一步加强，全年用于交通、邮电、能源等基础设施的投资约55亿元，占全省全年固定资产投资的38%以上。其中，交通、邮电业投资27.6亿元，比上年增长55.6%，投资比重由上年的15.6%上升到19.1%；能源工业投资27.3亿元，比上年增长68%，投资比重由上年的14.3%上升到18.8%。

一批重点基础设施项目进展较快。景德镇电厂3号机组(两台12.5万千瓦)，南昌市12万门程控电话工程已建成并交付使用。国家重点工程京九铁路江西段的攻坚战取得了全面胜利，投资总量达40亿元，沿线累计已交付建设的征地3.6万亩，“卡脖子”工程—赣江吉安、泰和特大桥，老营盘、营盘上隧道分别竣工。东津水电站、龙潭水电站、斗晏水电站、南车水库、罗边水利枢纽和信江航运界牌枢纽工程等水利水电工程确保了安全度汛，正抓紧汛期和汛后施工。景德镇机场、赣州黄金机场、樟树赣江大桥等重点建设项目顺利进行。1994年新开工的南昌邮件处理中心工程、丰城电厂(4×30万千瓦机组)、昌九公路拓宽工程及九江长江大桥连接工程、南昌新火车站、九江马回岭机场工程、吉安赣江公路大桥工程均已开工建设，进展情况良好。

截止到1994年年底，全省铁路营运里程1642公里；公路通车里程34556公里，其中高级和次高级路面达6964公里，占公路通车里程的20.2%；内河通航里程4937公里。南昌、赣州、景德镇、九江等4个民用机场运营状况良好。全年交通运输部门完成货物周转量282.9亿吨公里，比上年增长2.4%。其中：铁路增长5.6%，公路下降25.6%，水运下降13.5%；完成旅客周转量158.7亿人，比上年增长3.2%，其中：铁路增长10.0%，公路下降12.5%。

1994年全省邮电业务总量完成9.7亿元，比上年增长35.2%，年末全省市内电话用户38.9万户，比上年末增加15万户；移动电话已达万户，新增无线寻呼8.4万户。全省所有县都实现了市话程控、长途传输数字化，南昌、九江两市电话号码升为七位。

1994年全省原煤产量2205万吨，比上年增长4.8%；发电量为169亿千瓦小时，比上年增长10.5%，全省人均用电量已达420千瓦时；原油加工量202万吨。截止年末，全省已有各类电厂225座，总装机容量410万千瓦，变电站容量271万千伏安，220千伏输电线路达2108公里。

1991年至1994年，江西省用于城市道路、桥梁的投资共10.3亿元。南昌、九江等主要城市改造、兴建了一批城市干道、立交桥、过街地道，其中南昌市已初步形成了较为发达的立体交叉城市道路网络。至1994年底，全省城市道路总长达1695公里，比1990年增长53.0%，人均拥有城市道路面积4.2平方米；全省拥有各种公共汽(电)车1419辆，比1990年增长30.0%；拥有出租车2600余辆。

至1994年底，自来水日供水能力达525.2万吨，年供水总量在12.4亿吨，城市人均日生活用水量为240.4升，城市自来水普及率达到89.1%，比上年增加1.5个百分点。全省城市煤气供气总量1.6万立方米,液化石油气供气总量3.3万吨。煤气输送管道总长达19公里,用户达6.6万户,液化气供应点111个,用户达13万户,城市气化率达到69.4%。

至1994年底,全省城市建成区园林绿化面积1.1万公顷,其中,公共绿化0.2万公顷,人均绿地面积4.8平方米。共有公园64个,比上年增加4个,面积889公顷,比上年增加23公顷。全年生活垃圾清运量为202万吨,比上年增加72.6%。全省城市下水道总长1336公里,城市污水日处理能力达44.3万吨。随着一批防洪堤、排水渠及排涝泵、站的建成和修复,城市防洪抗灾的能力大大增强。

四、社会事业发展情况

(一)科技事业

科技事业蓬勃发展。1994年全省共有115项科技成果获省科学技术进步奖,企业技术开发工作进一步加强。全省专利管理工作明显改善,全年受理专利1051件,比上年增长5.3%,批准507件。全省技术贸易机构发展到1555个。全年签订各类技术合同2367项,成交额14176万元。社会科学研究完成了一批成果,部分已被有关部门采纳,并产生了良好的社会效益和经济效益。1994年末全省国有单位从事专业技术工作的人员76.1万人,其中,自然科学专业技术人员32.1万人,比上年增加1.3万人;社会科学专业技术人员44.0万人,比上年增加1.8万人。

(二)教育事业

教育事业取得新的进展。高等教育加快发展,1994年全省招收研究生254人,在校研究生达到632人;普通高等学校招收学生25272人,在校学生77976人,增加7439人,毕业生17414人,增加1971人;中等职业技术教育进一步发展,各类中等职业技术学校的在校学生26.3万人;普通中学高中阶段在校学生总数25.0万人。全省普通中学初中在校学生157.6人;义务教育普及稳步发展,小学适龄儿童入学率达到99.05%。成人教育取得新成绩,成人高等学校在校学生4.7万人,成人中等专业学校在校学生3.1万人。全年参加高中等教育自学考试的达38.1万人次。

(三)文化、卫生

文化事业进一步繁荣。1994年末,全省共有各类电影放映单位2213个,艺术表演团体82个,文化馆113个,公共图书馆104个,博物馆82个。全省共有广播电台11座,广播发射台和转播台16座,广播人口覆盖率62.3%;电视人口覆盖率82.5%。全年共出版各种图书、杂志报纸1191种,共印图书、杂志1.8亿册,共印报纸3.3亿份。

卫生事业稳定发展。1994年末,全省共有各类医疗卫生机构5432处,其中:医院2304处,疗养院(所)19处,门诊部(所)2428处,卫生防疫站125处。妇幼保健所、站147处。全省各类卫生技术人员12.1万人,其中医师、医士5.4万人,护师、护士3.3万人,医院病床9.5万张。

五、扶贫工作

自80年代初以来,江西省的扶贫工作在国家的大力支持下,经过全省上下的共同努力,取得了很大的成绩,大部分贫困地区群众已经基本解决温饱,贫困地区面貌发生了可喜的变化。"七五"以来,江西省计委在省统筹投资、能源交通重点建设基金、以工代赈中共安排资金15亿多元,用于扶持贫困地区的农业科研、教育、技术服务、良种繁育和交通、通信、水利水电、农村电网等建设。从1984年开始,江西省在老区和贫困地区共实施了6批以工代赈工程项目,累计投入了以工代赈资金11亿多元,先后建成了一大批公路、桥梁、水利、水保和人畜饮水工程,这些项目覆盖了全省的贫困地区,不仅大大改善了老区和贫困地区的生产、生活条件,而且为加快贫困地区经济发展发挥了很好的"启动"作用。

1994年是国家实施"八七扶贫攻坚计划"的第一年,根据国家的统一部署,江西省实施"八七扶贫攻坚计划"的总目标是:"到本世纪末贫困户农民人均纯收入达到1100元,贫困县要建成4个以上年产值5000万元以上的扶贫支柱产业项目,贫困乡要建成'一乡一业,一村一品'的扶贫开发主导产业"格局。为实现这一目标,我省已划定并报国家批准了30个贫困县,已开始编制各地扶贫攻坚的具体实施计划及全省第七批以工代赈扶贫规划。

(涂迎九、齐　伟、罗贤勇　撰稿)

经济体制改革和对外开放

一、企业制度和社会保险制度改革

1994年江西省企业制度改革的重点是，继续加快转换企业经营机制，着力创建现代企业制度。

首先，抓紧抓好建立现代企业制度的各项基础工作。继续贯彻落实《全民所有制工业企业转换经营机制条例》，进一步落实企业自主权。认真贯彻执行《国有企业财产监管条例》，积极探索建立国有资产监管运营体系，全面推行《企业财务通则》、《企业会计准则》，开展了清产核资工作，界定企业产权，清理债权债务，评估资产，核实企业法人财产数量，为建立现代企业制度创造了较好的条件。

其次，以"一试点，两推开"为主要内容，积极探索建立现代企业制度的财产组织形式和运行方式。一是积极进行国有大中型企业公司制改组试点。对于经济效益好、管理水平高、符合产业政策的大中型企业，将其改组为股份有限公司；对于大部分符合产业政策的竞争性行业的企业，将其改组成国家与其它法人共同持股的有限责任公司；对于企业素质较好，但暂不具备条件改组为股份制公司的企业，进行组建国有独资公司的试点。对于新开办的国有企业和新建、在建的生产经营性建设项目，都要求按现代企业制度组建规范化的公司。1994年，全省新审批设立股份有限公司27家，有限责任公司54家。至此，全省共有股份有限公司74家，有限责任公司247家。国有独资公司试点取得了重大突破，全年已有29家独资公司挂牌运转。二是大力推行国有民营和股份合作制。在小型国有工业、交通、商业企业推行国有民营，在乡镇集体企业、城镇集体企业和部分国有小型企业推行股份合作制。到1994年底，全省实行国有民营的国有小型工业企业有850家，国有商业系统国有民营推开面达到80%以上；全省城镇集体企业实行股份合作制的有834户，乡镇企业股份合作制发展迅猛，年底达到7.9万户。

第三，继续搞好企业组织结构的调整。继续壮大已有的企业集团，并按照现代企业制度的要求进行规范和完善，同时进一步发展新的企业集团。特别是加快第三产业企业集团的发展，以有条件的商业、外贸、交通、旅游企业为核心组建企业集团。全年组建了规范化的企业集团63户。全省还大胆进行企业的兼并、拍卖和破产，逐步建立企业的优胜劣汰机制。一年中，全省有101户企业被兼并，157户企业被拍卖，各地人民法院共受理破产案件37起，19户企业业经法定程序宣告破产。

在社会保险制度改革中，江西省坚持以下几项原则。一是保障水平和模式要与经济发展水平相适应，不能不顾经济发展水平随意提高保险费率，同时任何社会保障都要与个人交费结合起来，不能由国家和企业统包。二是城乡有别，现阶段农村不照搬城镇的做法。三是社会保险和商业保险要分开，不宜交叉经办，社会保险基金的运营必须保证安全，不能搞风险投资。四是社会保障管理机构和改革要统一，管理要法制化。为了保证上述原则贯彻，省政府要求，有关社会保障制度重大改革措施的出台必须经省政府统一协调。

在具体实施过程中，一是配合企业改革，进一步扩大城镇养老保险统筹的范围。到年底，参加基本养老保险省级统筹的固定职工达149万人，劳动合同制职工近55万人，共筹集养老金15亿元，保证了38万余名离退休职工的养老金支付。在全省101个县市实行了城镇集体职工养老保险县市级统筹，参加统筹的集体企业近1万个，职工近50万人，占总数的64%。参加个人储蓄性养老保险的单位644个，职工4.2万人，已收缴养老金274.7万元。二是继续贯彻落实国务院关于全民所有制职工失业保险的实施办法，进一步扩大失业保险范围，改革失业保险金的计发办法，统筹运用好失业保险金，集中支持公司制改组和企业破产、兼并。全省已有16900个企业的166.5万名职工参加了失业保险，累计收缴失业保险金1.23亿元，使用失业保险金1540万元。三是积极进行职工医疗保险和工伤保险制度改革，女职工生育保险也有了新的进展。九江市的职工医疗保险已列全国两个试点之一，并于1994年12月进入实质性运转。

二、政府机构改革和职能转变情况

(一)按照市场经济的要求，重塑政府机构

党的十四届三中全会通过的《关于建立社会主义市场经济体制若干问题的决定》指出：转变政府职能、改革政府机构，是建立社会主义市场经济体制的迫切要求。根据这一要求，我省的机构改革工作，经过近两年的深入调查研究，反复酝酿，总体方案经中共中央、国务院批准后，于1994年8月开始，首先在省直机关进行，地市县乡的机构改革，从1995年春开始实施。

这次机构改革的指导思想是，按照政企职责分开和精简、统一、效能的原则，切实做到转变职能、理顺关系、精兵简政、提高效率。改革的目标是建立一个能够适应并促进社会主义市场经济发展和现代化建设的、具有中国特色的功能齐全、结构合理、运转协调、灵活高效的行政管理体系。常务副省长舒圣佑在7月底召开的机构改革动员大会上指出，这次机构改革不是机构人员简单地撤并、增减，而是一项复杂的系统工程，是诸多因素协调配合的整体改革。因此，在工作中要注意既抓住关键，突出重点，又搞好方方面面的改革；紧紧抓住转变职能这个关键，认真理顺各方面的关系，大力精简机构与人员，积极推进事业单位的改革。

动员大会后，各地各部门认真做好“三定”工作，妥善安置富余人员，切实加强领导，严明纪律，反腐倡廉，保证了这次机构改革的顺利进行。根据赣发[1994]8号文件规定，机构改革的方案是，政府综合经济部门要加强宏观调控职能，合理确定与专业经济部门及其他部门之间的职能关系。改革内部分工过细的状况，大力精简内设机构和人员；专业经济部门多数改为经济实体，少数暂不能转为经济实体的，可保留精干的机构作为过渡，但要切实转变职能，大力精简内设机构和人员；加强社会管理和服务部门、监督部门以及为农业服务的部门；撤销职能弱化和职能交叉重叠的部门；适合成建制转为事业单位的部门，转为事业单位。经过改革与调整后，省政府机构共设置工作部门44个、部门管理的机构7个、省直事业单位17个、省直经济组织14个、省政府派出机构8个。省政府机构精简28.3%，省级行政机关人员编制精简19.1%，全省各级机关(不含政法部门)人员编制精简34.1%。

(二)政府转变职能的方向：为经济发展制造良好的“环境”

在社会主义市场经济条件下，政府工作的着力点主要应放在“环境”的改善上。根据这一要求，政府职能主要加快以下两方面的转变。

一是转变政府与国有企业的关系。改变政府对企业生产经营的管理方式，减少计划生产、供应、调拨的产品，促进企业向以市场为目标、自主经营、自我约束、自我发展、自负盈亏的方向转变。管理体系从“政府—各主管部门—各类企业”的模式转向“政府宏观的管理—市场—各类企业”的模式转变政府与国有资产的关系。在对国有企业资产做好评估的基础上，界定产权、划清资产归属；同时改变国有企业对政府的利税上缴方式，在实现政企分开，所有权与经营权分离的基础上，全面转向税利分流。在转变政府与国有企业的关系上，1994年我省各级政府采取了多种措施，重点在“一试点、二推开”(选择32家企业进行国有独资、200家企业发展有限责任公司、100家企业组建股份有限公司试点；在三分之一的国有小型企业推开“国有民营”；在三分之一以上的城镇、集体企业推开股份合作制)和建立现代企业制度等方面迈出了新步伐。

二是转变政府对经济活动的管理方式。政府对经济的管理职能以直接管理为主转向间接管理为主，以指令性管理为主转向指导性管理为主，以行政手段为主转变为经济手段、政策手段、法律手段为主，只保留必要的行政手段。到1994年，我省指令性计划指标的数量已由上年的28个减少到19个，工业指令性计划占工业总产值的比重1992年为11%，1993年降为3.8%，1994年已降到1.14%。省统配物资已全部放开，实行了国家订货。目前全省社会商品零售总额中市场调节部分已占96%以上。

(三)推进财税、金融、计划、投资体制改革，搞好经济运行的综合协调

在这方面，1994年我省主要做了以下几项工作：

一是在合理划分省、地(市)、县(市)事权的基础上，实行“分税制”财政体制。1994年8月25日，省政府举行新闻发布会，宣布江西省地方税务局正式成立，标志着省级财政体制改革顺利完成。

二是按照国家的统一政策，积极推行税制改革，实行以增值税为主体的流转税，统一内资企业所得税，实行新的个人所得税。同时，注意搞好新体制与承包制的衔接。

三是着手建立以国有商业银行为主体、多种金融机构并存的金融体系。主要是支持国家专业银行向国有商业银行的转变，实行政策性金融和商业性金融相分离，实行资产风险和限额指导下的资产负债比例管理制度；在农村、城市信用社的基础上，按照国家统一部署，组建省、地(市)、县各级农村合作银行和城市合作银行；拓宽省信托投资公司的经营领域，继续发展地方证券经营机构，有选择地引进外地银行来我省设立分支机构，允许外地资金经过批准参与合作金融机构的增资扩股。

四是进一步转变计划管理职能，逐步建立既有利于宏观调控又有利于微观搞活的指导性计划制度。主要是在计划工作上突出宏观性、战略性、政策性，把重点放在中长期规划、综合协调宏观经济政策和经济杠杆的运用上；进一步改革年度计划，简化计划本子，减少计划指标，强化经济预测和协调经济政策的功能；以实施国家产业政策为中心，搞好各项经济政策的协调；充分发挥计划手段在培育市场中的作用，认真搞好全省性重要市场的规划布局，抓好重点市场的基础设施建设。

五是进一步深化投融资体制改革，逐步建立与社会主义市场经济体制相适应的投融资体制。主要是按照财税体制变化的要求和国家深化计划体制改革的方案，相应研究我省计划体制和投融资体制进一步改革的措施和办法；从1994年起，对固定资产投资实行登记备案制度。凡总投资估算在100万元以上的项目，都应按属地原则，在项目建设所在地登记备案；强化投资风险约束机制，逐步建立项目法人责任制，由企业法人对建设项目的筹划、筹资、建设直至生产经营、归还贷款和债券本息以及资产的保值增值，实行全过程负责，承担投资风险；进一步拓宽基础性项目的融资渠道，强化省投资公司的融资功能；加大投资领域市场调节的范围，全面推行招标投标制。

三、市场体系进一步完善

1994年，我省建立社会主义市场经济体制的改革取得了重大进展，市场体系日臻完善。

(一)积极培育各类市场主体，促进了市场主体得到多元化发展。

1994年初，我省认真贯彻党的十四届三中全会《决定》精神，相继制定并颁发了《江西省国有独资公司试点意见》、《江西省国有小型工业企业试行国有民营暂行规定》、《江西省城镇集体所有制企业股份合作制暂行规定》等，积极促进建立现代企业制度的改革，扩大了企业自主权，市场主体地位得到加强。在全省9个行业、11个地市选择了32家国有大中型工业企业进行国有独资公司试点。股分制试点继续扩大，到1994年底，全省共有股份有限公司74家，有限责任公司280家(不含国有独资公司)。同时，集体、个体、私营和外资企业继续得到发展，1994年底，城镇个体劳动者60.1万人，增加17.2万人；全省农村个体和私营企业达38.8万户(其中个体工商户为38.4万户)，从业人员88.6万人。非国有工业快速增长，其中集体工业增长58.7%，其他经济类型工业增长48.7%，国有工业增速相对平缓，增长9.4%。乡镇企业高速发展，全年总产值完成1218亿元，比上年翻了一番多。市场主体得到多元化发展，竞争观念进一步加强，促进了资源的优化配置。

(二)流通体制改革继续深入，价格关系进一步理顺

1994年是流通体制改革步伐较大的一年。我省根据国务院统一部署，继续推进粮食、棉花、石油、农资流通体制改革。国务院关于粮食、棉花、石油、农资流通等体制改革的四个文件下发后，省政府立即组织有关部门制定了我省的实施意见，并认真落实。同时，积极稳妥推进价格改革，实现了生产资料价格双轨并轨，提高定购粮食保护价和棉花收购价。农民交售粮、棉的积极性大为提高，全年收购定购粮38亿斤，棉花收购247万担，国家掌握了粮源、棉源的支配权，增强了国家对粮、棉市场的调控能力，稳定了市场。为确保石油市场的稳定，对石油经营资格进行清理，石油流通秩序的混乱局面得到了控制，油价开始回落。各地进一步加强了物价监测，建立健全粮食、棉花、食糖等重要商品的储备制度，建立价格风险基金。物价部门重点对居民基本生活必需品的价格加强管理和调控，省政府印发了《江西省居民基本生活必需品和服务价格监审试行规定》，有效制止了一些乱收费、乱涨价行为。这些措施有力地抑制了价格过度波动。为各项改革顺利推进提供了一个安定的社会环境。

(三)城乡集贸市场迅速发展

各地按照《江西省八五斯间集贸、专业市场建设规划重点》的精神，认真推进集贸市场的发展，城乡集贸市场呈现出勃勃生机的局面，取得了令人瞩目的成就。1994年，集贸市场成交额达到158亿元，占社会商品零售总额的41.4%。其中：农村集市贸易成交额91.8亿元，比上年增长35.5%；城市集市贸易成交额66.4亿元，比上年增长56.9%。全省各类集贸市场总数达到2720个。集贸市场出现了良好的发展势头:一是高起点、大流量、多功能的起主导性作用的大中型市场日益增多。1994 年,单个市场面积 10000 平方米以上或年成交额 5000 万元以上的市场有 58 个,其中超亿元的市场 15 个。如:南昌市万寿宫商城市场年成交额 12 亿元,樟树药都市场 1.1 亿元,抚州五皇殿集贸市场 2.6 亿元等。二是具有当地特色的农副产品专业批发市场发展迅速,步入了产业与市场相互促进的良性循环轨道。如广昌县白莲专业市场,龙南杨村香菇市场,兴国的灰鹅市场,泰和的乌鸡市场等。三是企业正逐步成为兴办市场的主要投资者,社会办市场的积极性空前高涨。1993、1994 年两年共投资市场建设资金 6.9 亿元,其中企业以及社会集资占 84.8%。南昌市洪城大市场、万寿宫商城、新余新亚新商城、萍乡商城、鹰潭商城等大型市场,投资均在 5000 万元以上。集贸市场的迅速发展,大大方便了城乡居民生活,丰富了城市"米袋子"、菜篮子"。

(四)金融、房地产、劳动力、技术等生产要素市场呈现出繁荣活跃的局面

金融市场发展态势良好。根据《国务院关于金融体制改革的决定》,积极探索发展地方合作银行的路子,有力地促进了金融市场的健康发展。1994 年,银行各项存款大幅度增加,城乡居民储蓄继续迅猛上升,12 月末全省银行各项存款合计为 553.4 亿元,比上年末增加 142.5 亿元。城乡居民储蓄存款余额为 458.1 亿元,比上年增加 157 亿元。全省共发行企业债券约 2 亿元。二级市场有价证券成交额突破 150 亿元,比 1993 年增加了 4 倍多,参与交易证券商达 55 个。短期资金市场也有较大发展,全省共拆入资金 53.9 亿元,拆出资金 28.3 亿元,拆入、拆出资金比上年增加 1.4 亿元。

房地产市场的发展有了新的起步。国有单位固定资产投资中房地产开发 18.7 亿元,比上年增长 36.8%。房地产开发面积为 530.1 万平方米,占施工房屋建筑面积的 31.2%,其中住宅面积为 405.9 万平方米。为了规划和发展土地市场,《江西省实施〈中华人民共和国城镇国有土地使用权出让和转让暂行条例〉办法》等土地市场法规已制定并将实施,在实行土地使用权有偿转让,住房商品化,以及国家垄断土地使用权一级市场,放开二级市场等方面作了一些积极的探索。土地估价所、规划所、土地交易所等中介组织出现,有偿出让的土地占全部用地的比例由上年的 5%上升到 10%,同时在全省 43 个市、县、区进行了土地隐形市场的清理。房地产市场的发展,进一步解决了居民的住房问题,加快了现代化城市的进程。

劳动力市场呈现勃勃生机。为建立平等竞争、合理流动、有效配置人力资源的多形式、多层次劳动力市场,我省大力发展和完善人才交流市场和城乡职业介绍所,着力提高其组织化、网络化程度,引导城乡劳动力的高效、合理流动。到 1994 年底,全省已建立职业介绍所 533 个,乡镇劳动服务站 339 站,其中宜春地区 197 个乡镇全部建立了劳务站。全省已初步形成了以劳动部门职业介绍机构为主,以民办职业介绍机构为补充,覆盖城乡、连接省内外的职业介绍网络。1994 年,全省农村劳务输出 203 万人,绝大部分在浙江、福建、广东沿海省市。为确保劳动力市场规范、有序、健康发展,省有关部门制定颁发了劳动力市场管理的政策,并强化了劳动用工监察和仲裁工作,推动了劳动力市场规范运行。

产权交易市场逐步建立健全。制定、颁发了产权交易的有关规章,如:《省产权交易管理办法》、《省产权交易规划》等,并进一步健全了交易机构。全省已成立 16 个产权交易中心,省产权交易中心挂牌运转,国有、集体企业的拍卖、出售等产权转让行为都通过产权交易市场进行,在存量资产的流动和重组中,严格资产评估程序,通过法律形式界定落实当事双方权益和责任,有效地防止了国有资产的流失。

技术市场健康发展。我省通过制定一系列政策和法规,鼓励大中型企业进入市场,成为技术市场交易的主体,积极办好农村技术市场,采取多种渠道促使科技成果进入技术市场,确立技术的商品化地位。为了加强管理,全省认真贯彻《江西省技术市场管理条例》,成立了各级技术市场管理办公室和技术合同仲裁庭,推动技术市场管理的规范化、科学化、法制化,保护技术贸易正常进行。1994 年底全省已有技术贸易机构 1555 个,其中全民性质的 660 个。从事技术贸易专职人员 2.2 万人,年技术合同成交额 1.5 亿元。一个省、地、县、乡四级技术市场网络日益形成和不断完善,加快了科技成果向现实生产力的转化。

市场中介组织有了发展。重点发展了适应市场经济要求的律师事务所、会计师事务所、审计师事务所和资产、资信评估机构等市场中介组织。1994 年,全省共有会计师事务所 60 多家,审计师事务所 142 家,资产资信评估公司 60 多家,律师事务所 188 家,为完善市场规则,健全市场秩序起了积极的促进作用。

四、利用外资和国际经济技术合作情况

随着国家财税、金融、外汇、外贸、投资体制的改革，全省1994年利用外资在连续2年高速增长之后，又取得阶段性成就，利用外资由数量增长型，开始向质量效益型转变。1994年江西先后在深圳、马来西亚和香港开展了多次招商引资活动。全省全年实际进资45213万美元，比上年增长25%；"三资"企业出口创汇11797万美元，增长51%；新批"三资"企业项目584个，签约外资85018万美元，分别比去年下降58.8%和52%。但利用外资的质量有所提高，无偿援助和低息贷款比重上升。昌九工业走廊建设继续取得重大进展，全年实际利用外资2.8亿美元。

外资项目结构进一步得到优化，外商投资高科技项目的兴趣日益浓厚。生产性项目的比例进一步上升，已达到73%。农业开发项目和基础设施项目取得突破性进展。房地产、餐饮和娱乐等项目开始回落，其中，房地产项目54个，比上年减少70%；餐饮和娱乐项目42个，比上年减少55.3%。外资来源渠道进一步拓展，外资主体呈现多元化的良好势头。从外资来源地区和国别来看，1994年已达到36个国家和地区。

1994年，全省批准签订对外工程承包和合作项目合同总金额2527万美元，完成计划的175%。实现营业额2692万美元，完成计划的150%。全年共输出劳务545人次，年末在外劳务人员1152人，均比上一年有较大幅度增长。承包工程和劳务合作项目大部分集中在利比亚、日本、香港、德国、赞比亚、南斯拉夫、罗马尼亚、新加坡等33个国家和地区。1994年江西共接受国际援助项目10个，实际使用各类援助款共405万美元，主要来自联合国、欧盟、德国、澳大利亚、日本等国际组织和国家。全年共批准境外投资项目6个，投资总额165.4万美元，其中，我方投资14.6万美元。新批准的境外投资项目主要分布在美国、澳大利亚、泰国、波兰和赞比亚。

五、对外贸易发展良好，国际交往进一步活跃

1994年，江西省外贸战线广大干部职工紧紧抓住国家各项体制改革的有利时机，以扩大出口创汇和提高经济效益为中心，进一步深化外贸体制改革，加强内部管理，不断开拓国际市场，外贸工作取得了较好的成绩。1994年全省进出口总额共完成13.9亿美元。比上年同期增长23.8%。其中，出口10.7亿美元，增长20.6%；进口3.1亿美元，增长35.8%。进口增长大于出口。出口商品结构进一步优化，进口商品结构逐步趋于合理。全省工业制成品出口8.8亿美元，占出口总额的83.24%，比上年上升3.3个百分点；初级产品出口1.8亿美元，占出口总额的16.76%，下降3.3个百分点。进口商品中生产资料进口超过90%。进口的主要商品是钢材、化肥、原油和成品油、成套设备、铁矿砂等。生活资料进口不到进口总额的10%。贸易方式趋于多样化，新的出口创汇增长点正在形成，来料加工、一般贸易出口增长较快；市场多元化战略取得一定进展，与江西省有贸易往来的国家和地区达到121个，出口主要集中在香港、日本、美国。

对外交往空前活跃，1994年前来江西省旅游观光的境外人士共6.3万人，比上年增长9.5%。截止1994年底，已先后和日本岐阜县、冈山县，美国犹他州、肯塔基州，德国黑森州等8个国家的13个州县、市建立了友好关系。

（胡世忠、郭新宇、严佛元、洪小波　撰稿）

附录一：

江西省人民政府关于深化对外贸易体制改革加快发展对外贸易的决定

赣府发[1994]13号　　1994年2月26日

为适应建立社会主义市场经济体制的需要，加快对外开发步伐，积极参与国际市场竞争和国际经济技术合作，充分利用国际国内两个市场、两种资源，大力发展开放型经济，促进我省经济持续、快速、

健康发展，必须按照统一政策、放开经营、平等竞争、自负盈亏、工贸结合、推行代理制的改革方向，建立适应国际经济通行规则的对外贸易运行机制。根据《国务院关于深化对外贸易体制改革的决定》(国发[1994]4号)，现就深化我省对外贸易体制改革、进一步加快发展对外贸易的若干问题决定如下：

一、加快转换外经贸企业经营机制，
按照现代企业制度改组国有外经贸企业

(一)全面贯彻落实国务院《全民所有制工业企业转换经营机制条例》，参照外经贸部、国家体改委、国家经贸委《对外经济贸易企业转换经营机制实施办法》规定，加快国有外经贸企业经营的转换，使之真正成为自主经营、自负盈亏、自我发展、自我约束的法人实体和经营主体，在扩大对外开放、发展对外贸易中进一步发挥骨干作用，并确保国有资产保值增值，不断增加企业实力。

(二)加强国有资产管理，建立新型的外经贸国有资产管理和经营体制，1994年开始，国有外经贸企业要全面清产核资，界定产权，分期分批实行资产评估。根据“国有资产实行国家统一所有、政府分级监管、企业自主经营”的原则，省政府授权省经贸厅依照法律、行政法规的规定，对省属外经贸企业国有资产实施监督管理，依照法定权限和规定程序决定企业经理的聘任、解聘和奖惩，根据需要，有选择地向所属企业派出监事会，不干预企业的正常经营决策和具体经营活动。在国务院《国有企业财产监督管理条例》正式下发后，按国家有关规定执行。创造条件组建企业性质的江西省外经贸国有资产投资经营公司，负责运营省属外经贸企业国有资产，暂时归口省经贸厅领导和管理，并受省国有资产管理局的指导和监督。

(三)根据《中华人民共和国公司法》，对现有国有外经贸企业进行公司制改造。具备条件的国有外经贸企业要逐步改组成国有独资公司和有限责任公司、股份有限公司。股份有限公司允许吸收法人股、职工内部少量持股。对允许职工少量持职工股的办法，要十分慎重，先选择少量企业试点，取得经验后再行推广。外经贸企业要根据建立现代企业制度的要求和实业化、集团化、国际化的发展方向，积极创造条件加快公司制改革步伐，并按规范化要求建立、健全企业内部管理制度。省政府授权省经贸厅为省属外经贸企业国有股的持股单位，按法定程序委派股权代表、国有独资公司董事。国有股持有单位接受国有资产管理部门的指导、监督和考核。取消企业的行政级别，企业法人代表的待遇依据企业的等级确定。

(四)根据外经贸经营特点，实行股份制改造的外经贸企业在进行国有资产评估时，要本着实事求是的原则，估实国有资产。资产评估后的价值与原帐面净值的差额可部分转入改组后企业的资本公积金。国有股权的红利可作为国家资本金继续留在企业。

(五)参照省体改委、商业厅、财政厅、工商局、税务局、国有资产管理局《关于在全省国有小型商业企业实行“国有民营”改革试点的意见》，对外经贸公司下属生产企业和未获进出口经营权的县级外贸公司推行国有民营。对小型外经贸公司，也可以积极慎重地进行国有民营试点。对长期经营不善、资不抵债的企业，按国家的有关法律、法规实行兼并或破产。

(六)所有进出口企业均有为国家创汇的责任，必须努力增加出口创汇。外经贸企业的出口指令性计划改为指导性计划后，相应改承包经营责任制为实行以出口创汇、收汇、利润、国有资产保值增值为主要内容的目标经营责任制。为确保企业经营目标的完成和超额完成，企业经营者必须向外经贸主管部门缴纳一定数额的风险抵押金，视经营目标完成情况返还或扣缴。出口企业要采取切实有效的激励措施，鼓励开拓新市场、开发新商品、增加机电产品出口，开展灵活贸易，扩大出口创汇，提高经济效益。

(七)实行创汇收汇效益工资制。为了调动扩大出口创汇和提高经济效益的积极性，实行外经贸企业计税工资总额与出口创汇、收汇、利润三项指标直接挂钩，并适当向出口收汇和提高经济效益倾斜。在坚持职工实际收入增长幅度略低于出口收汇和效益增长幅度，确保国有资产保值增值的前提下，合理确定工资含量。考核创汇、收汇、利润所含的工资含量占创汇收汇总量的比重大体上分别为20%、35%、45%。原则上以1993年的出口创汇、收汇、利润总额为基数，超过基数部的工资含量比基数内增加一倍，未到基数的部分亦按此比例扣减。上述三项均进入企业的计税工资总额。要注意防止专业外贸企业与其它行业收入过分悬殊，以保持分配的公正、合理。具体试行办法由省外经贸主管部门会省财政、劳动部门制订，报省政府审批后试行，待外经贸部制定的办法下达后再予完善。企业根据试行办法和实际情况拟定具体方案，报主管单位审批后执行。各有关部门都要积极支持外经贸企业推行创汇收汇效益工资制。

(八)采取有效措施消化超亏挂帐，积极创造平等竞争条件。第一轮承包期间形成的超亏挂帐。是我省外经贸加快发展的重大制约因素之一。外经贸企业要在转换经营机制中抓住机遇,用足用好用活政策,制定切实可行的消亏计划,纳入目标经营责任制,分期尽快消化。各有关部门要按照财政部颁发的《企业财务通则》、《企业会计准则》和有关规定,采取扶助政策、措施,积极帮助外经贸企业消亏。

二、发展和完善大经贸格局,培植扩大出口创汇新的增长点

(九)尽快形成省级外贸专业公司,工贸公司,有进出口经营权的生产企业、商业物资企业、科研单位、地市外贸公司,外商投资企业等多种层次共同扩大出口创汇的大经贸格局。积极争取授予具备条件的生产企业(含国有大中型生产企业、国有农林垦殖场、乡镇企业)、商业物资企业、地市外经贸企业和科研单位进出口经营权。进一步完善出口挂户经营办法,有条件的企业经省级外经贸主管部门批准,可采取使用挂靠外经贸进出口公司序列章的方式,经营进出口业务。海关、税务、银行、外汇管理、工商行政管理、保险、商检等有关部门予以登记备案,准予签订进出口合同、报关、报验、出运、结汇、用汇、申报退税及办理其他涉外事务。所有出口经营企业都要努力扩大出口创汇,多作贡献。

(十)加强外贸、外经、外资的结合,扩大出口创汇。大力兴办外商投资企业,特别是在昌九工业走廊、南昌高新技术开发区、沿京九线、浙赣线的开放开发区兴办出口创汇型加工企业。努力提高外商投资企业的出口比重。要扩大劳务输出和对外承包工程,带动成套设备、技术、零部件和各类产品出口。

(十一)加强贸、工、农、技结合,拓宽经营渠道。鼓励外经贸企业兴办实业和外商投资企业,以进出口经营为主,开展多种经营。积极创造条件按股份制形式组建以外贸为龙头、实业为依托的、跨行业、跨地区的综合商社式企业集团,或以生产企业为核心、兼有外贸功能的技工贸外向型企业集团,以经济为纽带,实行优势互补,联合对外,增强实力,扩大出口创汇。各地市、各部门要顾全大局,积极支持。

(十二)实施多元化市场战略,进一步开拓国际市场。在继续巩固港、澳、美、加、日本、欧共体等传统市场的同时,积极开拓东南亚、独联体及东欧、中东、非洲、中南美市场。要统筹规划,选择对周边国家有较强幅射作用的国外商业中心,设立海外网点,形成较完善的海外营销体系,实行跨国经营,鼓励各类外经贸企业和有条件的生产企业到海外设立分销中心、售后服务中心和兴办实业。有关部门对国外设点和派遣人员审批、办理常年出国护照等方面,要按规定简化手续,提供便利。所有海外网点都要独立核算,自负盈亏,实行以拓展市场、推销产品,扩大出口创汇为主要任务的目标责任制。海外企业应就按照所在国(地区)法律进行经营,按国际通行做法建立严格的财务申报和审计制度,并接受我国驻外使领馆经济和商务机构的指导、管理、协调、监督。外经贸主管部门要协助银行和外汇管理部门加强跟踪结汇等项管理,严禁国内企业利用海外企业逃汇、套汇。

(十三)实施以质取胜战略,发挥外向型经济导向作用。外经贸企业要利用自身优势,提供国际市场信息,协助推行国际通行的IS09000系列标准;帮助生产企业进口先进技术装备和省内紧缺原辅材料,加强科研开发;开展三来一补。

三、健全开放型经济服务体系,为发展对外经贸创造良好环境

(十四)充分发挥外经贸对国民经济发展的重要推动作用,保证我省基本用汇需要。出口创汇任务仍实行各行署、市政府和各有关主管厅局向省政府切块负责的调控管理体制,列入目标管理考核。各行署、市政府和各主管厅局要切实帮助企业解决实际困难,确保出口创汇目标的实现。对全面完成和超额完成目标经营任务,并比上年实绩有大幅度增长的企业经营者,可分档给予奖励。对多创汇,多收汇、多创利,取得特别显著成绩的企业和个人,省还将给予特别贡献奖。具体办法由外经贸主管部制订,报同级政府批准后执行。

(十五)外贸出口涉及面广,需要各方面的密切配合,积极支持。银行在核定外经贸企业贷款规模时,要商外经贸主管部门,并与企业出口计划挂钩,使贷款规模与出口规模同步增长。对产品出口率在60%以上的生产企业,要在信贷方面积极扶持。实行结汇、售汇制后,银行要加快结汇速度,保证结汇人民币的及时兑付,支持正常的进口和合理用汇。

税务部门要按照国家出口退税政府,简化退税手续,及时足额退税。同时要有效防止骗税,严厉查处和打击骗取出口退税的行为。

有关主管部门要创造条件,方便企业就地办理出口收汇核销单发放和核销手续。

商检部门要本着促进出口创汇的原则,改进工作,促进商品质量提高,并尽可能方便出口企业就近检验,缩短检验流程,提供优质服务。

铁路等交通运输部门要适应我省扩大出口需要,优先保证进出口货物运输。

生产企业和科研单位都必须增强出口创汇意识,以国际市场发展趋势为导向,优化出口产品结

构，开发高新精产品出口，不断提高产品质量和档次，增强抢占市场、扩大出口创汇竞争能力。

（十六）根据我省开放型经济发展的客观需要，统一规划，培养各类不同层次外经贸人才。要大力提高现有外经贸人员的政治、业务素质，积极培养和大胆启用德才兼备、年富力强的企业经营者。按照"面向社会、公开招聘、择优录用"的原则，引进各类专业人才。

四、转变政府职能，加强和完善对外经济贸易的宏观调控

（十七）要进一步加强对外经贸行业管理。各级外经贸主管部门是同级政府归口管理对外经济贸易的职能部门，履行对辖区内外经贸发展的行业管理职责，负责各项外经贸任务的组织实施。各级外经贸主管部门都要切实贯彻政企职责分开的原则，切实转变职能，提高工作效率，搞好外经贸发展的规划、协调、服务、监督，主要运用经济的、法律的，辅以必要的行政手段进行宏观调控。要积极创造条件在省级外贸专业公司和工贸公司建立 EDI 系统。

（十八）建立出口发展基金和风险基金，主要用于少数国际市场波动较大的商品以丰补欠，开发新商品，促进现有出口商品的更新换代，开拓新市场等。待外经贸部等有关部门具体政策措施下达后，由省经贸厅等有关部门制定具体实施办法。

（十九）各级外经贸主管部门要根据国民经济发展状况、国内外市场变化趋势和政府对经济发展的要求，编制进出口计划和中长期发展规划，作为对进出口发展方向、总量和结构的宏观导向。外经贸企业可根据政府的宏观指导，自主确定发展战略和市场定位。

（二十）各级外经贸主管部门要组织和指导企业参加进出口商会和出口配额许可证管理商品的投标。外经贸企业要服从商会的协调管理，维护正常的外贸经营秩序，禁止不正当竞争。对抬价抢购，低价兑销，扰乱外贸经营秩序，招致国外反倾销的外经贸企业，要依法进行经济、行政和法律制裁。对省有权支配的配额许可证管理的进出口商品，逐步试行公开招标、择优分配的办法，鼓励企业公平竞争，提高进出口配额的使用效益。在确定的配额内，按企业投标数量和价格核发许可证，并按合同监督执行。为维护对外贸易的整体利益，对我省大宗商品外销主管市场，可由指定的外贸公司经营，或几家主营公司联合经营，统一对外报价成交。

（二十一）健全外经贸企业的约束机制。外经贸主管部门要建立和健全财务、贷款、外汇、退税等各项管理制度。外经贸企业要据此强化内部约束机制，企业重大经营举措必须经董事会或经理办公会议民主决策，合法经营，依法纳税。企业不得对财务会计报告作虚假记载，除法定的会计帐册外，不得另立会计帐册，并如实上报统计、财会报表。对私自挪用公司资金，或将公司资金借贷给他人，或以公司资产为他人债务提供担保的，要依照公司章程严肃处理，构成犯罪的，依法追究法律责任。建立和完善外经贸会计师和审计师事务所，外经贸企业年度财务会计报表必须经会计师或审计师事务所验证。会计师和审计师事务所要对验证的财务会计报表承担相应的法律和经济责任。

（二十二）各行署、市政府、省直各部门要继续加强对外经贸工作的领导，以开放促开发，以改革促发展，积极协调解决外经贸体制改革中出现的新问题，共同促进全省对外经济贸易持续、快速、健康地发展。

（二十三）本决定从 1994 年 1 月 1 日起执行，以前有关规定与本决定相抵触的以本决定为准。

（洪小波　提供）

附录二：

江西省对外经济技术合作意向性项目

编号	项目名称	建设规模	投资规模	项目单位	合作方式	联系人	联系电话
001	改建上饶至鹰潭公路	二级水泥 80 公里	16000 万元人民币	江西公路开发总公司	合作	彭济正	(0791) 6243588
022	租赁鹰潭至东乡公路	二级水泥 42 公里	8500 万元人民币	江西公路开发总公司	合作或独资	同上	同上

续表

编号	项目名称	建设规模	投资规模	项目单位	合作方式	联系人	联系电话
003	租赁太平桥至上饶公路	二级水泥 80公里	15000万元人民币	江西公路开发总公司	合作	彭济正	(0791) 6243588
004	改建赣州至信丰公路	二级沥青 105.1公里	16038万元人民币	江西公路开发总公司	合作	同上	同上
005	租赁吉安至遂川公路	二级水泥 120公里	23000万元人民币	江西公路开发总公司	合作	同上	同上
006	新建九江至景德镇公路含湖口大桥	一级汽车专用123公里	245594万元人民币	江西公路开发总公司	合作或独资	同上	同上
007	改建省庄至高安公路	二级水泥 52.9公里	25345万元人民币	江西公路开发总公司	合作或独资	同上	同上
008	租赁高安至宜春公路	二级水泥 144.44公里	21171万元人民币	江西公路开发总公司	合作	同上	同上
009	改建宜春至老关公路	二级82.9公里	17721万元人民币	江西公路开发总公司	合作	同上	同上
010	投资建设经营南九高速公路	139公里	20亿元人民币	江西省高等级公路管理局	合作或独资	夏增兴	(0791) 6243602
011	投资建设经营南樟高速公路	70公里	15.36亿元人民币	江西省高等级公路管理局	合作或独资	同上	同上
012	投资建设厚田至温家圳高速公路	34.52公里	12亿元人民币	江西省高等级公路管理局	合作或独资	同上	同上
013	投资建设胡家坊至昌傅高速公路	32.54公里	6亿元人民币	江西省高等级公路管理局	合作或独资	同上	同上
014	樟树—新余—宜春二级公路	142.6公里	3281万美元	新余市公路分局	合作	肖纲	(0790) 441466
015	年吞吐量120万吨码头		1000万元人民币	南昌市赣江码头	合资	匡庆军	(0791) 6223927
016	浙赣线新余地方铁路改造	18公里线路 2109平米站房	9500万元人民币	新余市地方铁路改造筹建指挥部	合资、独资、合作	肖春元	(0790) 442163
017	赣州大桥	桥长660米	1.2亿元人民币	赣州市交通局	合资、合作	杨衍铞	(0797) 222456
018	扩建火力发电厂	2×30万千瓦	2.89亿美元	贵溪电厂	合资、合作	陈瑞林	(0791) 225028
019	1×30万千瓦火力发电		1.73亿美元	南昌电厂	合资、合作	陈瑞林	(0791) 6771227
020	新建火力发电厂	2×30万千瓦	3.1亿美元	抚州电厂	合资、合作	胡钱山	(0794) 225263
021	新建2×30万千瓦火力发电机组		25.3亿元人民币	井冈山电厂	合资	文定秋	(0796) 229978
022	装机3.2万千瓦水力发电机组		2.25亿元人民币	江西遂川江桐木堑水电站	合资	黎文予	(0796) 222819
023	上饶地区大坳水电工程	3.9万千瓦	2.7亿元人民币	上饶地区大坳水电工程	合资、合作	周孝如	(0791) 6274634
024	崇义县思顺一、二级水电站	6400千瓦 +3.6万千瓦	19000万元人民币	崇义县水电局	合作、合资	崇义县思顺乡	(0791) 6274634
025	军山湖大水面鱼蟹综合养殖开发	32万亩水面	8000万元人民币	进贤县军山湖鱼蟹开发公司	合资、合作	夏金才	(0791) 5663849

续表

编号	项目名称	建设规模	投资规模	项目单位	合作方式	联系人	联系电话
026	稚甲鱼、小香猪养殖	甲鱼15万只 小香猪8千头	903.6万元人民币	江西省恒丰水禽养殖场	中外合资	牛勇民	(07028)830008
027	农业和奶牛综合开发	新增奶牛6000头	1500万美元	江西金牛企业集团	合资、合作	郭基琬	(0791)3805805
028	河蟹养殖	58万亩	5185万元人民币	赣万亩大中型湖泊河蟹养殖基地	合资		(0791)6226889
029	中华鳖养殖	1万亩养鳖池	3100万元人民币	江西省万亩中华鳖养殖基地	合资		(0791)6226889
030	脐橙	10000亩	2400万元人民币	安远县万亩脐橙筹建处	合资		(07087)22196
031	灰鹅饲养与加工	400万羽	4700万元人民币	兴国县计划委员会	独资、合作、合资	邱昌煜	(07073)322073
032	工厂化养鳖	商品鳖5万斤	850万元人民币	九江市明珠特种水产养殖公司	合资	朱淑芳	(0792)8225505
033	猕猴桃综合开发利用	9000亩果园	1796万元人民币	武宁县猕猴桃开发中心	合资	郑仰利	(07029)221040
034	九江赤湖7.5万亩大湖开发		3000万元人民币	九江市赤湖水产开发公司	合资、合作等	但军成	九江市赤湖总机转
035	野鸭养殖	年饲养50万只	439.7万元人民币	江西康山实业总公司	合资	张之武 胡少辉	(07094)771150
036	中密度纤维板项目	10万立方米	3亿元人民币	赣州地区木材厂	合资、合作	冯起芮	(0797)222142
037	合金钢型材	20万吨	1960万美元	江西新余钢铁总厂	合资、合作	姜同练	(0790)221127
038	合金钢连铸	年新增合金钢8万吨	1610万美元	江西新余钢铁总厂	合资、合作	姜同练	(0790)221127
039	高速线材	20万吨	3000万美元	萍乡钢铁厂	合资	林乃迁	(0799)441424
040	70万吨/年水泥		7059万美元	江西水泥厂	合资	张万泉	(07092)824365
041	浮法玻璃	270万重量箱	70000万元人民币	江西省建材工业总公司	合资、合作等	饶兆雄 杨鸿基	(0791)6214594
042	水泥	年产60万吨	75000万元人民币	江西赣兴水泥厂	合资、合作	皮建卿	(07082)223393
043	物流基地	占地208亩		江西省物资储运总公司	合资	刘季生	(0791)8333421—238
044	高速化纤纺丝设备	60台/年	2874万美元	利群机械厂	合资、合作等	吴奇昌	(07045)622761
045	500KV棒型等静压生产线		300万美元	景德镇电瓷厂	合作、合资等	周友军	(0798)524231—921
046	电梯、自动扶梯	500台/年	500万美元	长林机械厂	合资	余炳贤	(0790)442107
047	缸径110多缸柴油机	1万台/年	1000万美元	南昌柴油机厂	合资或合作	管家驹	(0791)6275000—8006
048	轮式装载机	5000台(套)/年	4000万美元	宜春工程机械设备股份有限公司	合资	李惕安	(0795)222601

续表

编号	项目名称	建设规模	投资规模	项目单位	合作方式	联系人	联系电话
049	多色胶印机、卧式自动模切机		440万美元	景德镇市印刷机械总厂	合资	周解平	(0798) 441723
050	缸径为75和80的多缸柴油机	10万台/年	1720万美元	江西柴油机厂	合资	张炳耀	(0791) 6219686
051	圆柱头悬式绝缘子生产线	3500吨	258万美元	萍乡电瓷厂	合作、合资等	甘远才	(0799) 551052
052	高压电器电瓷	4900支/年	1308万美元	景德镇电瓷厂	合作、独资	陶柱献	(0798) 224231
053	电动叉车	0.5～3吨系列2000台	6700万元人民币	江西电工厂	合资、合作	李士明	(0790) 441325
054	汽车、摩托车仪表		500万美元	江西电子计算机厂	合资、合作	王小强	(0791) 8441137
055	GAP、GAAS外延片工业化生产	20万平米	1000万美元	国营746厂	合资	贾西彦	(0791) 8333924
056	压电陶瓷器件与材料		425万美元	景华无线电器材厂	合资	陆繁荣	(0798) 441071
057	片状、小型精密铝电解电容器	5亿只/年	600万美元	国营四三二一厂	合资或合作	林列	(0798) 5222021
058	覆铜箔层压板	100万平方米	450万美元	九江电子材料厂	合资	马德福	(0792) 8251658
059	稀土永磁钕铁硼	40吨/年	265万美元	上饶磁性材料总厂	合资	金邢安	(0793) 2251
060	光纤光缆		3.5亿元人民币	江西电线电缆总厂	合作或独资	李新生	(0796) 223831
061	石英晶体谐振器滤波器		4086万元人民币	上饶县石英晶体总厂	合资、合作	叶文松 吕君成	(0793) 442429
062	骨灰瓷	500万件	975万美元	景德镇宇宙瓷厂	合资、合作	王松泰	(0798) 442482
063	陶瓷(搪瓷)颜料		375万美元	景德镇瓷用原料化工厂	合资	王镇普	(0798) 443015
064	高活性干酵母	2000吨	687万美元	江西第一制糖厂	合资	林智超	(07089) 861265
065	衣康酸生产线	3000吨/年	805万美元	东乡糖厂	合资、合作等	乐国旺	(07042) 232613
066	八万吨洗衣粉		375万美元	江西合成洗涤厂	合资、合作等	胡良骅	(0701) 221818
067	汽车、摩托车灯	2400万只/年	3463万元人民币	南昌灯泡厂	合资或合作	骆成汉	(0791) 3805606
068	涤纶绸生产线	800万米/年	418万美元	江西涤纶厂	合作或合资	胡杰华	(0791) 8452536
069	1200万米/年苎麻织物印染生产线		800万美元	江西省宜春苎麻纺织厂	合资、合作	况水古	(0795) 224701
070	宽幅灯芯绒生产线	年产750万米	275万美元	江西省九江第三棉纺织印染厂	合资、合作等	杨建庄	(0792) 8222591
071	更新2.3万枚纱锭引进喷水织机		2425万美元	抚州棉纺织厂	合资、合作等	杨寿培	(0794) 222716

续表

编号	项 目 名 称	建设规模	投资规模	项 目 单 位	合作方式	联系人	联系电话
072	真丝绸	300万米/年	4758万人民币	江西丝绸厂	合资、补偿贸易	吴傅共	(0791)3758325
073	两万绽棉纺老设备改造		4665万元人民币	新余市纺织厂	合资、合作等	王英兴	(0790)441194
074	粘胶长丝	2800吨/年	30000万元人民币	九江化学纤维厂	合资或合作	李良泉	(0792)253176
075	色织府绸	年产370万米	3912万元人民币	赣州染织厂	合作或合资	张志文	(0797)223549
076	10万吨甲醇		80000万元人民币	江西江氨化工有限责任公司	合资	邓兴明	(0791)8335996
077	4万吨尿醛树脂		10000万元人民币	江西第二化肥厂	合资	李明德	(0790)222201
078	3万吨精制磷酸		33930万元人民币	江西贵溪化肥厂	合资	熊佑康	(07032)771303
079	5000吨氧化胆碱		3500万元人民币	江西赣中化工厂	合资	陈发明	(07005)222859
080	棒酸	15吨/年	1211万美元	江西制药厂	合资或合作	刘理	(0791)6226622
081	高效皮质激素系列产品		690万美元	江西国药有限责任公司	合资、合作等	谢小民	(0791)8333888
082	蜜炼虫草菌液川贝膏	400瓶/年	240万美元	江西国药有限责任公司	合资、合作等	谢小民	(0791)8333888
083	7—ADCA和头孢氨苄项目	年产各100吨	4000万元人民币	江西国药有限责任公司	合资、合作等	陈晓云	(0791)8333888
084	青龙蛇药	5亿片	2345万元人民币	鹰潭青龙制药厂	合资、合作	何勇	(07032)4413465

（高久馨、朱爱群、洪小波整理）

典型地区和典型企业

九 江 市

一、基本概况

九江市位于江西省北部，地处我国黄金水道长江中下游，与赣、鄂、湘、皖4省交界，是江西省唯一通江入海的港口城市。总面积1.88万平方公里，占全省土地面积和11.2%，其中，九江市区建成面积35平方公里。

本市地形变化较大，地势由西北向东南倾斜，境内山地、丘陵、平原、江湖皆备。中部有鄱阳湖平原，水网交错。西部为丘陵山区，层峦起伏。九岭、幕阜两大山脉蜿蜒南北，九岭尖海拔1794米，是九江市的最高峰。全市丘陵面积为990.3万亩，占土地总面积33.9%，其次是山地面积747.7万亩，占25.6%，平原692.3万亩，占23.6%，水面495.2万亩，占16.9%。闻名中外的旅游、避暑胜地—庐山，座落在市区南面，我国第一大淡水湖鄱阳湖经湖口注入长江。

全市辖九江、星子、德安、永修、武宁、修水、湖口、彭泽、都昌9县，瑞昌市、浔阳、庐山区及庐山风景名胜区。全市总人口432万人，其中市区人口45万人，人口密度230人/平方公里。

九江市受长江断裂带影响，地质构造复杂，控矿作用优越，成矿条件较好，主要有有色金属、黑色金属、燃料矿床、稀有金属，铀和非金属矿床等六大类。目前已发现矿产75种，探明储量的有51种，其中有开采价值的38种。而且许多矿储量大，分布集中，易采易选和伴生元素多，综合回收效益高，在全省占有一定的地位。有色金属矿产是九江地下资源的一大优势，主要有铜、钨、铅、锌、锡、钼、铁、钒、锑、金、银等。非金属矿产极为丰富，特别是水泥灰石、花岗岩、型矿、陶瓷土等矿床储量大，品质好，为建材和陶瓷工业提供了优越的条件。

全市水电资源的理论蕴藏量约70.1万千瓦，为全省水力资源蕴藏量682万千瓦的11.7%，可开发量约33万千瓦，其中武宁、修水两县为27.2万千瓦，占83.4%。全市已开发量为21.8千瓦，占可开发量的66.1%。

九江市属中亚热带向北亚热带过渡地带，气候温和，雨量充沛，四季分明，全市有林面积810.0万亩，活立木总蓄积量1679万立方米，现有珍贵稀有植物有35种；野生动物资源丰富，鸟类有115种，两栖动物有11种以上，哺乳动物类有20种以上，其中属国家一类保护动物11种，属于国家二类保护动物8种，还有国家三类保护动物以及其它珍贵动物。

九江历史悠久，据史书记载，从唐虞时代起，九江即已开发。九江之称始于秦朝，相传古代曾为九条江汇合于此而得名，西汉时九江始建县，称柴桑。魏晋南北朝以来，就是长江中、下游的经济、文化和军事重镇，历代名流云集之地。近代起，由于水路交通发达，九江已是“南开六道，途通五岭，北守长江，运行武汉，来商纳贾”的一大都邑，素有“七省通衢”之誉。唐代为江西北部第一大商埠，明清时期是中国著名的“四大米市”、“三大茶市”之一。1840年后，九江辟为重要通商口岸。

从东晋到民国，来九江，庐山的历代名人有500余人，这些名人墨客贸下的人文景观有：寺观庙宇、古塔古墓、草堂书院、亭楼古桥和别墅建筑。现有古建筑群27处，古文化遗址5处，古石碑摩岩420处。庐山素有“匡庐奇秀甲天下”之称，峰峦叠翠，瀑布奔泻，云雾变幻，气候宜人，构成了尤为突出的自然景观，是闻名中外的旅游避暑胜地。以吴城镇为中心的世界最大的候鸟越冬栖息地—鄱阳湖国家自然保护区，云集200多种近百万只候鸟越冬，堪称自然奇观。

二、社会经济状况

新中国成立后，九江市人民经过四十多年的辛勤劳动，已把九江市建成具有一定水平的，工农结合的，初步繁荣的新型地区，1994年全市工农业总产值240.2亿元，比1993年增长35.6%，国有企业完成固定资产投资额23.4亿元，新增固定资产10.4亿元，预算内财政收入5.1亿元，全市社会消费品零售总额27.8亿元。

（一）农业

全市围绕着农业开发和农村奔小康这一主题，以市场为导向，从市情出发，继续调整农村产业结构，着力发展"三高"农业和乡镇企业，依靠科技兴农。1994年全市完成农村社会总产值148.4亿元，农业商品产值36.7亿元。乡镇企业、棉花、油料、蚕茧、肉类总产、水产品、农民人均年收入等多项指标创历史最高水平。其中，棉花总产量10.7万吨，比上年增长23.9%，占全省棉花总产量的近60%，水产品产量15.2万吨，比上年增长19.9%，占全省的21%，居全省第一位。

全市1994年油料折油总产达4.1万吨，茶叶产量3070吨，蚕茧产量3422吨等，分别居全省第二位。

（二）工业

九江市紧紧抓住转换企业经营机制这一中心环节，大力推进技术进步，把重点放到提高产品质量，优化产品结构，增加效益上，使全市工业经济保持了较快的发展速度。1994年完成工业总产值150.2亿元，比上年增长42.6%，现有大中型企业49个；其中有些工业门类在全省工业门类中占有重要份额。近年来，国家在这里大量投资用于改善投资环境和加强工业基础建设，九江已建成石化、电力、纺织、机械、建材、食品、服装、造船、电子为主体的门类齐全的工业城市；出口商品达100多种，行销世界20多个国家和地区，是江西省重要的出口商品基地。

三、投资环境

九江市是江西省重点开发、开放地区。"七五"期间确定建设的22个重点建设项目，总投资26.4亿元。"八五"期间，国家、省在九江投资的重点项目近30项，总投资已超过40多亿元。这些项目的建成投产，将使九江的经济实力大大增加。

九江交通便捷，水、陆、空立体交通网已经形成。经国务院批准，从1980年4月1日开始，九江港正式对外开放，外籍轮船可以直接进港，现已开避了直达日本、新加坡、香港等国家和地区的航线，并开通了九江至世界各地的集装箱直线定期运转班轮。1994年，九江港共进出中外籍远洋船舶422艘次，外贸货物进出口运量120多万吨。新建的现代化外贸码头常年可停泊5000吨级船舶，九江港年吞吐量为900多万吨。九江境内有南浔铁路、武九铁路、合九铁路和正在建设的铜九铁路分别与浙赣铁路和京广铁路相接。新建的九江长江大桥已建成通车，纵贯我国南北的又一条铁路干线，京九铁路将于1996年建成通车，把九江和香港紧密相连。到时，北京至南昌、北京至福州的特快列车将通过九江。九江机场目前已开辟九江至北京、惠阳、上海和南京等空中航线，经过改造后的九江机场，即可通航，并开辟了新的航线，可直达全国各主要城市，力争开通九江至香港、日本和东南亚各国的国际航线。九江公路四通八达，现已开通九江至南昌、合肥、武汉、长沙、南京、上海等地的长途汽车客货运输。南昌至九江汽车专用公路增幅工程已经开工，将于明年底通车。九江拥有光缆、程控、微波等多种先进通信手段，全市城乡已组成一个统一的市话网，程控电话可直拨全国和世界各大城市。

九江对外开放步伐不断加快，经中央批准，1992年九江已被正式列为长江沿岸对外开放港口城市，实行沿海开放城市有关政策，不少有远见的投资者纷至沓来。由于地理位置得天独厚，交通四通八达，5条铁路将通过这里，九江将成为长江中下游武汉、南京之后又一重要交通枢纽。随着京九铁路的建成通车，京九沿线城市和长江沿岸城市中发展最快的城市将会是九江，九江经济的腾飞指日可待。

（罗贤勇、周一兵　撰稿）

宜春地区

一、基本概况

宜春地区位于江西省西北部，境内东西长约222.75公里，南北宽约174公里。全区土地总面积1.87万平方公里，占全省土地面积的8.9%。

本地域境内北、西、南三面高，向东倾斜。自北至南有九岭、幕阜、武功山脉。九岭山由东北向西南倾斜，是本地域东北部的天然屏峰，北、西和西南山峦重叠，巍峨高峻，众多山峰海拔超过千米。北面靖安县境内的九岭山海拔1794.3米，为区内最高点，北部、西北和西南部为中低山区，中部、西部和南部多为丘陵，东部多为平原。平原面积为714万亩，占25.5%；丘陵面积为1093.5万亩，占39.1%，山地面积993万亩，占35.4%。

全区现辖宜春、樟树、丰城、高安4个县级市和上高、万载、宜丰、奉新、铜鼓、靖安6个县。有198个乡镇(其中镇41个)，2551个村委会。全区总人口480.1万人、农业人口388万人，人口密度257人/平方公里。

全区现已初步探明的矿产资源丰富。黑色金属有锰铁、褐铁；有色金属有铜、铅锌、钨、钴、镁、钼、铅、锡、锑；贵重金属有金和银；稀有金属有铌、钽、铋、铷铯、钫，铌、钽矿储量在6万吨以上，占全国总储量的33.8%，闻名全国。能源矿产有煤和油页岩，煤炭资源居全省第一位，也是我国江南重要产煤区之一。非金属矿有大理石、硅灰石、硅铝石、重晶石、粘土、莹石、白云石、石灰石、花岗岩、辉绿石、粉石英、钾长石、高岭土、硅藻石、岩盐、石英砂石、陶土、耐火粘土、耐酸粘土、硫磺、砷、焦宝石、水泥灰岩、碱用石岩、熔剂灰岩、云母等；樟树盐矿是我国大型矿床之一，现已查明矿区面积为133.7平方公里，总储量为103.8亿吨，被誉为“江南盐海”。全区有各类矿床矿点、矿化点300余处，地热温泉53处。

流经本区的有长江一级支流赣江，区内水能理论蕴藏量60.0万千瓦，可供开发的水能为38.1万千瓦，占全省可开发量的6.2%，目前已开发利用11.3万千瓦，占开发量的29.5%。

全地域树种资源科类丰富。现有木本植物96科，331属909种，其中乔木树种401种，灌木423种，藤本85种；野生种802种，占88%；栽培种107种，占12%。辽阔的森林面积，为野生动物提供了繁衍生息的场所。据不完全统计，全区有野生哺乳动物100多种，野生鸟类200多种。还有昆虫约1352种，列入国家重点保护的有26种。

据考查，自新石器时代晚期至秦汉的文化遗址有96处，名人墓葬及东周至隋唐的大型墓4000余座，寺观、书院、亭桥等855座，重要革命旧址、旧居51处，名山名胜45处。宜春自古灵秀一隅，系文化昌明之邦，历史文人层出不穷，如：陶渊明、朱轼、黄庭坚、宋应星、张勋以及良价和希远禅师等，在我国甚至在国际上均产生了重要影响。

二、社会经济状况

建国后，特别是改革开放以来，宜春地区的经济实力明显增强，进一步完善了社会主义市场经济体制，1994年，国民生产总值达116.6亿元，比上年增长30.4%，工农业总产值268.2亿元(90年不变价)，第一、二、三、产业分别占国民生产总值的37.6%，37.4%，25.0%，第二、第三产业所占比重分别比上年上升2.5和1.2个百分点。

(一)农业

全区农业按照以农为主，农、牧、渔相结合的方针，重点抓好商品粮、棉、油、猪、水产水禽生产的发展，同时，因地制宜地发展果、茶、桑和特种药材等经济作物和养殖业生产，向农业专业化、商品化、农业工业化迈进。1994年农业总产值66亿元，比上年增长8.6%。其中：农业产值34.5亿元，比上年增长5.0%，林业产值5.6亿元，比上年增长4.8%，牧业产值21.9亿元，比上年增长12.8%，渔业产值4.0亿元，比上年增长27.4%。

种植业结构得到进一步调整和优化。粮食作物播面56.1万公顷，总产297.5万吨，比上年增长7.7%；油料作物播面14.9万公顷，总产14.2万吨，比上年增长7.0%；棉花播面3.1万公顷。总产2.8

万吨，比上年增长1.2%；麻类播面0.3万公顷，总产0.4万吨，比上年增长51.16%。

1994年全区畜牧、养殖业得到进一步发展，结构也有所改善。生猪存栏达336.2万头，比上年增长4.9%，全年生猪出栏386.5万头，比上年增加10.7%。家禽存笼3062.6万羽，比上年增长16.7%，家禽出笼1967.5万羽，比上年增长13.5%。肉类总的38万吨，比上年增长14.5%，水产品产量达10.3吨，比上年增长27.4%。牧、渔、副业产值占农业总产值的比重在逐步提高。

(二)工业

建国以来，宜春地区的工业发展较快，基本形成了门类齐全、品种繁多、初具规模的工业体系。

全区在地委、行署提出的"优化农业、强攻工业"方针指导下，1994年工业生产保持了快速增长的好势头。全年完成工业总产值76.5亿元(90年不变价)，比上年增长36.8%。其中：轻工业增长31.2%，重工业增长42.1%。全民所有制企业完成产值27.4亿元，比上年增长18.1%。集体所有制企业完成工业产值43.7亿元，比上年增长57.7%，集体工业(主要是乡工业)总产值比全民工业增幅高达近39个百分点。镇区乡及乡以上独立核算工业企业，实现利润总额2.2亿元，比上年增长39%，其中：亏损企业的亏损总额为6726.8万元，比上年降低3.5%，利税总额7.1亿元，比上年增长58.9%，产品销售收入57.9亿元，比上年增长26.3%。

(三)固定资产投资

1994年基本建设投资需求仍然过旺，全民技改投资比上年增幅较大，房地产投资虽然比上年有所上升，但增幅明显回落。全社会固定资产投资总额为24.6亿元，比上年增长21.6%。其中：全民所有制单位基建投资10亿元，比上年增长31.4%；城镇集体和其他方面投资3806万元，比上年降低32.8%；农村集体所有制投资10.0亿元，比上年增长30.4%；城乡私人投资3.9亿元，比上年降低5.7%。全民更新改造3.0亿元，比上年增长90.6%，房地产投资7426万元，比上年增长13.5%。

三、投资环境

宜春地处江西省西部，东有赣江和105国道纵贯樟树、丰城；北有辽河和万(埠)上(富)公路，奉(新)铜(鼓)公路线；南有袁河和清(江)老(关)公路线和浙赣铁路；中部320国道和锦江河贯穿万载、上高、高安、宜春、宜丰，西部有上(高)万(载)公路线。全区基本形成了以公路运输为主，公路、铁路和水路交织构成的综合运输网络。

邮电业较为发达。全区县城以上已实现电话程控化和长途传输数字化。

城镇基础设施主要包括供水、供气、居民住宅、街道、园林等建设日趋完善，自来水厂日供水能力已达21万吨以上，丰城煤气工程已达到1500万立方米，宜春、樟树等城市煤气工程各10万立方米。

(罗贤勇　刘荣德　撰稿)

江中制药厂

江中制药厂是江西中医学院的校办企业，创建于1969年，现有员工353人，固定资产2000万元。拥有雄厚的科研力量、先进的生产设备、完备的仓储运载系统和清洁优美的环境。1994年，江中制药厂创利税1.1亿元，夺得三个第一：中国500家最佳经济效益工业企业医药制造业第一位；中国医药制造业最佳经济效益第一位；江西省最佳经济效益工业企业第一位。被称为"小型企业的人员编制，中型企业的固定资产，大型企业的经济效益。"

江中制药厂是中国医药制造业最大企业50强之一。片剂生产设备为全国最大的片剂生产线之一，已形成日产2268万片"复方草珊瑚含片"的生产规模。

按照国际GMP标准设计建造的、具有国内一流水准的制剂大楼，生产和仓储由封闭的联廊相接，保证药品从净料进厂到成品出厂全过程在受控洁净条件下完成。与全封闭式生产相适应，车间实行全中央空调系统控制温度、湿度，确保药品质量。制剂大楼设有片剂、冲剂、胶囊、生物工程等车间，全部为三级区域分割的洁净厂房。空气净化技术指标分别为一百级、一万级、十万级。工艺流程设计合理，电脑监控管理，依靠自己的力量创建国际标准生物工程车间。

江中制药厂的药品生产执行严格的三级质量管理规章，从原辅材料进厂至每一道工序都实行严密的质量监控。从单纯定性到定性定量控制，保证药品质量万无一失。

复方草珊瑚含片、江中健胃消食片和江中博洛克是江中制药厂的主要产品。草珊瑚含片以其确切的疗效、上乘的质量、赢得广大患者的赞誉，畅销全国。江中健胃消食片是一种口感好、全天然的胃肠保健药品，产品一经推出，广受患者欢迎。江中博洛克是江中制药厂与中国科学院生物物理研究所合作研制生产的、治疗脑血栓疾病的高科技国家二级新药，被患者誉为血栓克星。

江中制药厂的生产管理是现代化的，它设有完整的计算机管理系统。该厂一直倚重中医学院雄厚的教学、科研优势，将自身企业发展的重点放在新技术应用和新产品的开发上，创建了“江中北京药物研究所”和“江中南昌药剂研究所”两个科研机构，每年投入近千万元科研经费。江中南昌药物研究所重点研究制剂学方面的系列课题，开发高、精、尖的药品制剂加工技术。

江中制药厂拥有一批高素质的员工队伍。各类技术人员占全体员工的1/3，他们是各科室的带头人和重要部门的管理人员。江中制药厂注重对员工的继续教育，强化职工的质量意识。

“江中行舟、不进则退”。这是“江中”的创业精神，是江中制药厂不断进取的强大驱动力。“江中”人已确立了高起点、超常规的发展思路。目前“江中”正在南昌市北郊建设一座占地面积200亩、周围森林绿化面积达1300亩的现代化制药新厂，它将按照世界卫生组织（WHO）的要求和药品生产管理规范（GMP）标准进行设行、生产、经营和管理，在无污染的森林净化带生产全天然药物；它还将投资1亿元，建一所全国第一流的中医药大学，为振兴我国医药事业，为我国全天然药物在世界占一席之地而努力。

（陈奉斌　齐　伟　撰稿）

1994年改革开发大事记

1月

5日 省政府召开第三次省长办公会议，研究确定了进行深化企业改革试点的办法、规定和实施意见。省长吴官正主持会议并讲话。副省长舒圣佑、黄智权，周懋平、张云川等出席。

6～10日 全省经济工作会议在南昌举行。会议要求，解放思想，抓住机遇，加快改革，加速发展，向着建立社会主义市场经济体制全面迈进。省委书记毛致用、省长吴官正作重要讲话。

7～10日 全省计划、体改、税务、物价、经贸工作会议同时在南昌召开。会议主要是落实全省经济工作会议精神，具体部署和安排1994年的国民经济和社会发展的各项计划任务。副省长舒圣佑、黄智权、郑良玉分别出席有关会议，并讲了话。

31日～2月3日全省金融工作会议在南昌召开。会议对1994年全省金融改革和发展作了部署。副省长舒圣佑、黄智权出席并讲话。

2月

1日副省长舒圣佑受省长吴官正委托，在九江市主持召开省政府现场办公会，研究加快九江经济发展和开放开发大计。副省长黄智权、张云川出席。

1～3日 全省人事局(处)长会议在南昌召开。会议要求加大改革力度、加快改革步伐、努力建立与社会主义市场经济相配套的人事管理体制。省委常委、副省长舒圣佑出席并讲话。

7日 省人民政府召开全体会议，讨论提请省第八届人民代表大会第二次会议审议的《政府工作报告》。省长吴官正主持会议并讲话。副省长舒圣佑、黄智权、周懋平、张云川、黄懋衡出席。

14～15日 省人民政府在新余市召开两地、两市(吉安、宜春地区，新余、萍乡市)经济工作座谈会。会议强调，重视县域经济发展。省长吴官正，省委常委张建雨，副省长舒圣佑、黄智权、张云川出席并讲话。

20日 省委、省政府作出决策：兴建南昌—樟树—吉安—赣州—赣粤边境高速公路。省委书记毛致用主持省委常委会，吴官正、朱治宏、卢秀珍等省委常委和省政府领导出席。

22日 省政府举行新闻发布会，宣布我省将评选十佳外商投资企业。副省长舒圣佑、周懋平出席并讲话。

3月

3～5日 省政府在南昌召开全省深化工业企业改革工作会议，研究落实今年企业改革的各项任务和措施，打好今年企业改革攻坚战。省委书记毛致用、省长吴官正、副省长张云川出席并讲话。

5日 省长吴官正率省市领导和省直、南昌市有关部门的负责同志到南昌高新技术产业开发区现场办公。会议听取了南昌市市长洪大诚等关于开发区现状、目标、产业规划及建设情况的汇报。对开发区提出的10个问题逐一进行了研究，并提出了解决的办法。

25～26日 省委、省政府在南昌召开全省地市委书记专员市长会议。会议提出，要正确认识和把握形势，切实处理好改革、发展和稳定的关系，坚持在稳定中推进改革和发展，以改革和发展来实现社会的长期稳定。要进一步加强农业和农村工作。

4月

5～6日 全省利用外资工作会议在南昌召开。会议要求，今年签约外资10亿美元，实际进资4.5亿美元，力争5亿美元，外资项目出口创汇1亿美元。副省长舒圣佑出席会议并讲话。

8～12日 国务委员彭佩云一行在我省考察。省委书记毛致用、省长吴官正、省委副书记卢秀珍分别在南昌和九江会见了彭佩云同志一行。

27～28日 受吴官正省长委托，舒圣佑副省长在赣州主持召开省政府现场办公会，研究赣州地区如何抓住机遇，深化改革，扩大开放，加快发展问题。

5月

24日 省长吴官正在九江召集九江市委、市政府和有关部门负责同志座谈如何抓住机遇，及早动手，加快九江、庐山旅游业发展的问题。吴官正强调，九江第三产业发展的重点是旅游，旅游的重点在庐山，省里和九江市都要打好庐山牌，在旅游宣传、规划和开发上创新意，出奇招，求效益，充分表现庐山丰富的人文内涵，极力提高代表性景点在全国、全世界的知名度，招来更多的国内外游客到庐山观光旅游。

24～26日 国务院政策研究室和江西省政府联合在南昌市召开粮棉主产区经济发展研讨会。国务院政研室主任袁木、省长吴官正、省委副书记卢秀珍、副省长郑良玉等出席。

27～31日 全国政协副主席、中共中央统战部部长、中央、国务院台办主任王兆国来我省考察并视察了台商共青投资区，省长吴官正、省委副书记朱治宏、卢秀珍等陪同考察。

6月

3～4日 斯洛文尼亚共和国副总理兼外长洛伊泽·佩泰尔莱一行到我省访问。3日，省长吴官正在江西宾馆会见并宴请洛伊·佩泰尔莱一行。4日，佩泰尔莱一行在副省长黄智权等陪同下，访问了九江市和共青城。

4日 省政府召开会议，研究部署我省"九五"重大技改项目的准备工作。会议要求，全省工业战线要从江西工业如何跨世纪的战略高度，开展"九五"重大技改项目的准备；提出更多更好的重大技改项目，为"九五"工业经济上台阶打下坚实基础。副省长张云川主持会议，省长吴官正讲话。

21日 '94江西利用外资新闻发布会在深圳市举行。副省长周懋平主持开幕式，常务副省长舒圣佑致开幕词。

24～26日 中共中央政治局候补委员、书记处书记温家宝率中央党政军工作组指导部署我省抗洪救灾工作。24日，省委书记毛致用主持会议，省长吴官正代表省委、省政府汇报了我省灾情及抗洪救灾情况。

7月

15日 副省长周懋平会见日本五十铃第二批协力企业代表团。

23日 副省长黄懋衡会见以恩格尔博士为组长的德国无偿援助我省山江湖区域开发项目评估组专家。

8月

1日 副省长郑良玉会见以日本冈山县农林部长国士郎为团长的日本冈山县农业交流团一行四人。

2～5日 省政府领导分别听取省计委、经贸委等22个经济部门关于"九五"计划和"八五"后两年基本建设和技术改造项目的情况汇报。省长吴官正讲话。

8～15日 中共中央政治局常委、全国人大常委会委员长乔石在省委书记、省人大常委会主任毛致用和省长吴官正的陪同下，先后在九江、景德镇市和吉安地区考察工作，并听取省委、省政府、省人大的工作汇报。乔石同志在我省考察时指出，只要能够抓住有利时机，充分发挥本地优势，江西的改革开放和社会主义现代化建设将会进入一个更具生机和活力的阶段。

25日 省政府举行新闻发布会，宣布江西省地方税务局正式成立。省长吴官正、副省长舒圣佑出席。

▲ 省政府首次向新任职工作人员颁发任命书仪式。省委常委、副省长舒圣佑宣读省政府任命决定，省长吴官正向14位新任职(厅局级)行政工作人员颁发任命书。

9月

2～10日 省长吴官正到修水、铜鼓、宜丰、上高、万载、宜春、樟树、丰城等县市考察。要求认真总结和推广发展县域经济的好典型，为促进全省县域经济更快更好的发展提供经验。

6日 副省长周懋平会见日本信越化学株式会社和兼松株式会社代表团。

14日 省政府召开全省农资流通体制改革工作会议，进一步统一思想，提高认识，结合我省实际，采取坚决有力措施，把中央关于改革农资流通体制的各项政策，以及省委、省政府的有关部署和要求落到实处，尽快建立起我省农业生产资料市场新秩序，促进农业稳定发展。

26～30日 '94江西省招商引资贸易洽谈会在吉隆坡举行。代表团副团长朱英培主持开幕式，代表团团长、副省长周懋平致开幕词，马来西亚教育部副部长拿督·冯镇安博士致祝词,钱锦昌大使致词。会议期间,共签利用外资项目166个,总金额10.5亿美元,其中,外资金额7.2亿美元。

10月

7日 吴官正省长会见以乃丝蓬·宏育副府伊为首的泰国南邦府经济考察团一行。副省长周愸平会见时在座。

15日 副省长周愸平会见全国政协委员、南源永芳集团公司董事长姚美良先生一行。

11～22日 吴官正省长率计委、经贸委、财政厅等7个省直部门的负责同志到资溪、黎川、石城、会昌、寻乌、安远、上犹、崇义、泰和等县考察,和当地干部商讨加快县域经济发展的办法。

31日 江南最大的公路多功能立交桥——南昌银三角立交桥和昌抚公路改造工程奠基。吴官正、黄智权等省领导同志出席开工仪式。吴官正为工程奠基。黄智权代表省委、省政府讲话。

11月

8日 九江至景德镇高速公路九江至湖口段、湖口大桥、九江金三角立交桥三大工程奠基和开工典礼在九江市举行。省领导毛致用、吴官正、朱治宏、卢秀珍、马世昌出席。

8～19日 全省地市计委主任座谈会在南昌召开。省委常委、副省长黄智权出席并讲话。

15～17日 省政府召开全省土地使用制度改革工作会议。会议要求全省上下共同努力,加快土地使用制度改革的步伐,促进土地资源的开发利用,为我省国民经济的持续、快速、健康发展作出贡献。

20日 吴官正省长、内蒙古自治区乌力吉主席等省区政府领导在滨江宾馆举行会谈。副省长舒圣佑介绍我省经济情况。

12月

6～7日 全省个体私营经济工作会议暨表彰先进会议在南昌召开,副省长舒圣佑主持会议,毛致用、吴官正、朱治宏等领导同志为30名先进个体工商户和先进私营企业授奖。

8～11日 省委、省政府在南昌召开全省经济工作会议,传达贯彻中央经济工作会议精神,全面分析经济形势,统一思想认识,研究明年的经济工作,进一步处理好改革、发展、稳定的关系,把我省改革开放和经济建设进一步推向前进。省领导毛致用、吴官正等出席了会议。

12日 省委、省政府召开全省发展乡镇企业潜力大县会议,总结交流大县发展乡镇企业的情况和经验,研究进一步加快潜力大县乡镇企业发展步伐的思路和举措,明确和部署明年全省乡镇企业的发展目标和任务。毛致用、吴官正、朱治宏、卢秀珍等领导出席了会议。

15日 省政府领导和有关部门负责人听取人民代表的意见和建议,并和代表进行了座谈。省长吴官正、副省长舒圣佑,省人大副主任王昭荣、陈葵尊、胡东太、省政协副主席黄立圻参加了座谈。

27日 全省农村精神文明建设座谈会在临川市召开。

(姚牧耕　整理)

河 南 省

主 编：张廷建
副主编：于兆庆 方 曦
编写人员：张廷建 于兆庆 方 曦

河南省分目录

典 型 地 区

河南省概况

面积:16.6 万平方公里

人口:9027 万人

行政区划:4 个地区,13 个地级市,23 个县级市,93 个县。

省委书记:李长春

省八届人大常委会主任:李长春

省长:马忠臣

省六届政协委员会主席:林英海

河南省国民经济主要指标(单位:亿元)

项　　目	1994 年	1994 年比上年增长(%)
国内生产总值	2150.00	13.6
工农业总产值	4320.12	

续表

项　　目	1994 年	1994 年比上年增长(%)
工业总产值	3436.80	27.6
重工业产值	1998.68	28.5
轻工业产值	1438.12	26.6
农业总产值	883.32	3.3
全社会固定资产投资	608.42	35.1
国有固定资产投资	422.90	40.3
社会消费品零售总额	702.46	35.8
零售物价总指数(%)	120.6	
职工工资总额	275.18	37.0

国民经济和社会发展

1994 年,在河南省委、省政府领导下,全省人民认真贯彻落实党中央、国务院"抓住机遇、深化改革、扩大开放、促进发展、保持稳定"的总方针,紧密结合河南实际,围绕"一高一低"战略的实施,狠抓各项政策措施的落实,确保了各项改革的顺利进行。在经济发展中,继续加强和改善宏观调控,着力调整产业结构,提高经济效益,集中有限资金保证农业、重点企业生产和重点项目建设。在改革力度大、自然灾害严重、经济运行中各种矛盾比较突出的情况下,克服困难开拓进取,国民经济持续快速增长,城乡人民生活继续改善,科技、教育和各项社会事业全面发展,社会保持基本稳定,经济实力进一步增强。

一、国民经济稳定快速发展

1994 年,河南省国民经济取得巨大成就,全省国民生产总值达到 2150 亿元,名列中西部省区前茅,位居全国第七位。按可比价格计算,比上年增长了 13.6%,成为 1992 年以来第三个经济连续高增长年份,增幅在全国排第十三位,比全国平均水平高 1.8 个百分点,提前一年完成"八五"计划,提前 6 年实现了以1980年为基数的翻两番的目标，连续3年实现了省委、省政府提出的河南经济发展速度略高于全国平均水平、人口增长略低于全国平均水平的目标，“一高一低”战略取得阶段性成果，成为改革开放以来中西部地区发展最快的省份。

（一）农业

农村经济在结构调整中继续发展。河南是我国的粮食、棉花、油料、烟叶等主要农产品的重要生产基地，产量居全国前列。保持农业和农村经济的快速发展，稳定和巩固农业的基础地位，是河南经济工作中首要和长期坚持的基本方针。近几年来，河南省不断增加投入，强化农业基础地位。1994年全省国有固定资产投资中，以农业为主的第一产业投资为21.7亿元，按可比口径计算，较上年增长50.5%，高于第二产业增幅14.5%个百分点。各级政府重视农业，再加上一些投资者纷纷瞄准农业优势上项目，使全省迅速形成了农副产品加工体系。尤其是食品工业迅速崛起，名闻全国。

1994年，在自然灾害偏多、特别是在秋季旱灾严重的情况下，全年农业增加值达到480亿元，居全国第六位，比上年增长1%。粮食总产量3253.8万吨，比上年减产10.5%，但仍是历史上产量较高的年份。产量居全国第三位，占全国总量的7.3%；棉花总产量62.81万吨，比上年下降4.8%，维持在上年第二位的水平上，占全国总量的14.8%；油料总产量225万吨，增长10%，保持了上年第二位的名次，占全国的11.3%。畜牧养殖业、林果业、水产业快速发展，全年实现林牧渔业增加值29.58亿元，比上年增长16.7%（均按1990年不变价计算），在农业中的比重进一步提高，达到31%，比上年增长1.8个百分点。肉类总产量251万吨，增长23.3%；水产品产量15.4万吨，增长11.4%；蔬菜1527.8万吨，增长21%；水果170.5万吨，增长36.3%。

农业基础设施建设继续得到改善。全省有效灌溉面积393.13万公顷，比上年增加6.3万公顷，机耕地面积达到476.287万公顷，占耕地面积比重达69.7%，比上年增长0.7%。全年化肥施用（折纯量）294.47万吨，增长1.5%；农村用电量72.64亿千瓦时，比上年增长18.9%；年末农业机械总动力2780.51万千瓦，增长6%，各类拖拉机达109.94万台，比上年增加4.3%；农用载重汽车4.56多万辆，比上年增长6.3%，农用排灌动力机械128.66万台，增长34%。

乡镇企业继续高速发展，从业人员达到1220万人。

（二）工业

1994年，河南省工业企业继续深化企业制度改革，转换经营机制，经济效益有所好转，产销持续快速增长。全省工业总产值达到3436.8亿元，增长28.6%；乡及乡以上工业总产值1994.94亿元，比上年增长21%，产销率达97%；实现利润77.65亿元，增长12.6%；工业经济效益综合指数为97.7%，比上年提高1.3个百分点。工业增加值达到1070亿元，增长21.6%，高于全国平均增幅4.2个百分点，增幅在全国居第九位。但全省乡及乡以上独立核算工业企业亏损面仍有17%，其中国有企业达30%。

主要工业品产量都完成或超额完成了计划。氧化铝74万吨，居全国第一位；原煤9617.54万吨，增长3.7%，居全国第二位；农用化肥折纯189.70万吨，居第二位，增长15.1%；原油688.25万吨，居第五位；纱35.20万吨，居第五位，家用电冰箱51.62万吨，居第六位，增长98.4%；自行车突破200万辆，达到205.71万辆，增长11.2%，居全国第六位；水泥3480.75万吨，增长56.2%；布13.71亿米，增长1.5%；发电量485.46亿千瓦小时，增长10.2%，居全国第七位；化学纤维7.80万吨，增长5.1%；机制纸及纸板270.90万吨，增长20.1%；彩色电视机16万台，增长59.5%；卷烟295.51万箱，饮料酒98万吨，增长16.4%；钢产量241.30万吨，增长0.8%；钢材226.29万吨，增长2.9%；十种有色金属产量21.75万吨，增长17.3%；硫酸（100%）69.56万吨；增长44.0%；平板玻璃1604.21万重量箱，增长23.5%；小型拖拉机15.62万台，增长57.8%。

河南名牌产品如新飞冰箱、莲花味精、春都火腿肠、三枪自行车、洛阳浮法玻璃、神马帘子布等进一步扩大市场占有量，并涌现出安阳玻壳、易初摩托车、04型程控交换机、通讯光缆等一批技术含量高、附加值大的名牌产品。一批国有大中型企业效益显著，如安阳钢铁公司年销售收入、实现利润分别达到39亿元和10.5亿元，为河南产品和企业在国内外市场树立起新的形象。

（三）建筑业

1994年，河南省施工企业个数达1333个，计算建筑业全员劳动生产率的平均职工人数达60.38万人，增长16.6%。完成建筑业总产值145.54亿元，比上年增长43.7%；房屋建筑施工面积达2966.88万平方米，竣工面积1323.14平方米，其中住宅达703.01万平方米，比上年提高70.6%。省内各主要城市改造步伐明显加快。

(四)商业

改革开放以来，商品流通体制改革不断深化，国营商业和供销社独家经营的垄断局面被打破，以亚细亚商场为代表的股份制企业开拓创新，掀起了郑州商战的高潮，促使商业企业向大规模、集团化、股份制方面发展。“国有民营”由点到面逐步推开，“三多一少”的新型流通体制已基本形成。1994 年，河南省零售市场规模进一步扩大。城乡市场繁荣活跃，品种丰富，购销两旺。全省独立核算的国内批发网点达到 28000 个，零售商业网点达到 47800 个，形成了遍布城乡的商品流通网络。全年全省共实现社会商品零售总额 702.46 亿元，比上年增长 35.8%，比全国平均增幅高 4.6 个百分点，占全国市场的份额由上年的 4.2%上升到 4.4%，位次由上年的第九位上升到第八位。从行业上分，批发零售业 455.86 亿元，比上年增长 29.4%；餐饮业 53.67 亿元，比上年增长 72.5%；制造业 104.5 亿元，增长 39.6%；农民对非农业居民零售额 58.66 亿元，比上年增长 39.7%；按销售地区分，市的零售额 58.66 亿元，增长 30.1%；县的零售额 155.27 亿元，增长 13.8%；县以下的零售额 198.99 亿元，增长 38.4%。按经济类型分，国有经济达到 246.72 亿元，增长 13.8%；集体经济达到 149.70 亿元，增长 13.8%；个体经济达到 215.84 亿元，增长 69.1%；其它各种经济类型 90.20 亿元，增长 63.1%。

(五)金融、保险业

以中央银行为领导、以向商业化经营过渡的国家专业银行为主体，城乡信用社、保险公司、信托投资公司、证券公司等各种非银行金融机构并存的新的金融体系已经形成。1994 年全省各类金融机构总数达到 21426 家，其中，银行类 11739 家，占 54.8%。金融机构各项存款余额达到 1601.49 亿元，比上年增长 37.9%，其中城乡居民储蓄存款增加 319.7 亿元。各项贷款余额为 1702.49 亿元，比上年增长 24.6%。金融业务不断拓展和创新，趋于多功能和综合化，金融系统的整体服务功能不断扩大和提高。

1994 年，河南省保险业务收入累计余额为 21.03 亿元，其中保费收入 14.11 亿元，较上年增长 61.2%；储金余额 6.92 亿元，完成计划的 133.5%。在保费收入中，国内短险收入 9.50 亿元，较上年增长 15.6%；涉外业务保费收入 5800 万元，较上年增长 12.9%。险种结构进一步优化，使保费业务规模增大，储金性业务实现有计划发展。国内业务中，全省保费业务种储金性业务结构由上年的 0.85∶1 调整到 1994 年底的 1.96∶1。全年共处理国内外各类业务赔案(付给)447753 件(人)赔款额(含期满给付)108962 万元。

二、经济结构调整

(一)产业结构

1994 年，河南省国民生产总值达到 2150 亿元，比上年增长 13.6%。其中，第一产业 480 亿元，比上年增长 1.0%；第二产业 1070 亿元，比上年增长 21.6%；第三产业 600 亿元，比上年增长 12.7%。在一、二、三产业全面增长的基础上，产业结构继续向高层次化演进。1994 年，在国内生产总值中，三次产业比例为 22.3∶49.8∶27.9。这反映出在市场经济条件下，工业化进程加快。第三产业迅速发展，第一产业比重下降，已成为河南省产业结构演变的主旋律。

(二)行业结构

农业内部结构 河南省自然条件比较优越，农业发达，是我国重要的农业大省。党的十一届三中全会以来，河南农村大搞多种经营，农、林、牧、副、渔五业并举全面发展，以种植业为主的单一农业结构逐步得到调整。1994 年，农村经济在结构调整中继续发展。全省农林牧渔业总产值为 883.32 亿元，比上年增长 3.30%。其中，农业总产值为 609.62 亿元，比上年减少 2.4%(种植业总产值为 556.26 亿元，比上年减少 2.7%)；林业总产值达 29.37 亿元，比上年增长 5.7%；牧业总产值达 237.76 亿元，比上年增长 18.7%；渔业总产值达 6.57 亿元，比上年增长 11.9%。农业内部结构呈现出在种植业基础特别是粮食生产基础保持稳定的同时，农村多种经营得到长足发展的局面。

工业内部结构 1994 年，河南省工业企业产销快速增长，经济效益有所好转。全省乡及乡以上工业总产值达 1994.94 亿元，比上年增长 21%。其中，重工业产值达 1163.86 亿元，比上年增长 17.9%，轻工业产值达 831.08 亿元，比上年增长 25%。按经济类型分，国有工业产值 1194.87 亿元，增长 2.3%；集体工业产值 576.80 亿元，增长 31.8%；其他各种经济类型工业产值 223.27 亿元，增长 188.4%。按企业规模分，大型企业产值 744.71 亿元，增长 9.5%；中型企业产值 358.41 亿元，增长 16%；小型企业产值 891.82 亿元，增长 32.3%。

第三产业内部结构 1994 年，全省第三产业增加值达到 600 亿元，占国内生产总值的比重为 27.9%。在以运输邮电、商业、饮食业、金融保险业等为主体的传统第三产业继续发展壮大的同时，新兴第三产业也日益崛起，旅游业、信息广告咨询业及房地产业等发展迅速。各类市场建设成效显著，建成了以郑州粮食批发市场为龙头的一批综合性或专业性的大型批发市场。第三产业发展速度、规模和在国民经济中的比重与各地经济实力和发展水平相适应，国有第三产业处于主导地位，个体经济第三产业发展迅速。第三产业的发展，特别是新兴第三产业的涌现，带来了社会化服务水平的提高和信息交流、传播速度的加快，有力地推动了全省经济发展的社会化、市场化程度。

另外，从投资结构看，基础产业得到加强。1994年河南省进一步加强了对固定资产资产投资的宏观调控，继续加强重点建设和基础产业、基础设施建设，第三产业投资增加较多。在国有单位投资中，第三产业投资比上年增加了68%，高于全部增幅19.6个百分点，基础产业、基础设施投资比重在60%以上。投资结构明显优化，体现了河南产业结构调整政策。

从经济成份上看，非国有经济得到较快发展。1994年，河南省多种经济成份进一步发展，国有经济持续增长，非国有经济发展加快。在全省经济不断发展的过程中，非国有经济的贡献在不断增大，发挥了越来越大的作用。全部工业总产值中，国有与非国有之比为36.5∶63.5。在社会商品零售总额中，国有与非国有之比为36.1∶63.9。

三、基础设施建设

随着改革开放的进一步深入，河南各项基础设施建设步伐进一步加快，整体质量水平有了明显提高，并逐步配套完善。

(一)交通运输

1994年，河南省以郑州为中心、铁路为骨干、公路为网络，民航、水运、管道等综合配套的立体运输网正在形成。国家铁路共有4条干线、8条支线通过河南。1994年全省省内国家铁路通车里程达2086公里，其中70%为复线，电气化铁路674公里。郑州客站是全国重要的客运枢纽，日均客流量达12万人，郑州北编组站为亚洲最大的编组站，日均解编24000辆。郑州东站为全国较大的货运零担站之一，日到发量为9200吨，也是内陆铁路口岸之一。郑州至九龙直达集装箱专列的开通，为河南开辟了第一个出海口。郑州火车站二期改造已经竣工投入使用。京九铁路河南段建设已开始全线铺轨。全省地方铁路正线里程达1264公里，其中窄轨986公里，准轨278公里，居全国第一。1994年全省铁路完成客货运量为4563万人和9974万吨，旅客周转量达30535万人次，货物周转量达116443万吨。

河南省地方铁路正线里程达1264公里，其中窄轨986公里，准轨278公里，居全国第一，1994年完成的客货运输量为300万人次和728万吨，其营业里程、职工人数、客货运量均居全国首位。

1994年，全省公路通车里程为47704公里，其中高等级及次高级公路为27940公里，高速公路81公里，一级公路为78公里，一般二级公路为5058公里。省内共有9条国道纵横贯穿。目前，以国道107线和310线河南境内段为骨架构成的郑州至各市地"米"字型公路网络，相继已达到二级路以上标准。郑州市仅用半年时间就在市内建成4座立交桥、1条高架路，大大改善了郑州市的交通紧张状况。郑州至开封、郑州至薛店机场高速公路已建成通车，郑州至洛阳高速公路正在建设中。1994年，全省公路旅客运输量达57996万人次，比上年增长2.6%，货运量达40428万吨，比上年增长8.7%。旅客周转量达26074万人次，比上年增长7.7%，货物周转量达25841万吨，比上年增长13.7%。

民用航空，全省有洛阳、南阳、郑州3个较大型机场，洛阳二级民用机场于1988年建成通航，南阳机场迁建完工，去年已投入正式运营，郑州薛店机场正抓紧建设，建成后将成为一个现代化的国际开放口岸一级机场，可起降世界上所有机型的飞机。目前，飞行航线已增至46条，开辟了郑州至香港和日本的国际航线。

(二)邮电通讯

邮电通讯业较快发展。全省1994年邮电业务总量达到18.89亿元，比上年增长54.5%，市话交换机总容量达到171.75万门，比1990年增容146.75万门。已实现全省市话自动化。电话普及率为1.9%，全省县以上城市全部开通了无线寻呼，移动通讯覆盖50%以上县市。

四、社会事业发展

(一)科学技术

1994年，河南科学研究工作成绩显著。全年共颁省部奖398项，其中进步奖318项，星火奖80项。

(二)教育

全省国有企事业单位专业技术人员总数达91.40万人，占干部队伍总数的63%，其中中级以上29.57万人。基础教育进一步普及，学龄儿童入学率达到98.8%；高校教育、中等教育和成人教育在改革中发展。1994年，全省有普通高等院校50所，在校生人数 11.7 万人，教职工 4 万人，文化、体育、广播、电视、新闻事业空前繁荣，为社会公众提供了丰富多彩的精神享受。医疗卫生事业得到相应发展，截止 1994 年底，全省拥有医疗卫生机构 7700 多所，平均每千人口占有床位 2.2 张，卫生技术人员 2.74 人，基本上满足了广大人民群众的健康需要。

经济体制改革和对外开放

1994 年，全省认真贯彻党的十四届三中全会《决定》和四中全会精神，按照省委、省政府五届八次、九次全会部署，以建立社会主义市场经济体制总目标的要求，进一步加大改革力度，加快对外开放的步伐，各项改革都取得了不同程度的进展。

一、企业经营机制转换

1994 年，河南省企业改革以国有大中型企业为重点，积极探索建立现代企业制度的有效途径，取得了较大进展。

（一）积极抓好建立现代企业制度的各项基础性工作

继续贯彻执行《转机条例》和《实施办法》，落实企业自主权，贯彻落实《国有资产监督条例》，研究制定《实施办法》。继续深化企业内部劳动、人事、分配制度改革，加强和改善企业的各项管理。清产核资工作全面展开，到年底，全省有 8350 户企业完成了清产核资，资产总量占全省国有企业的 85%。贯彻落实《企业财务通则》和《企业会计准则》，使企业的财务会计制度与国际惯例接轨。根据国家财税体制改革的要求，对企业承包制和分税制衔接工作做了具体的安排。采取依法征税、财政返还的办法继续支持企业的发展。

（二）以股份制改造作为产权制度改革重点，推动企业组织结构调整

到 1994 年底，全省股份制试点企业达到 2439 户，股本总额 117.74 亿元，其中 1994 年新批准 1470 户，股本总额 56.15 亿元。1994 年年初完成了神马股份有限公司的股票上市交易工作。还使洛阳浮法玻璃集团股份有限公司在境外发行股票（H 股），于 7 月 8 日在香港联交所正式挂牌交易，成为河南省首家在境外发行股票的单位。还选择了周口味精厂、洛阳春都集团、洛阳轴承（集团）公司等 6 家企业申请发行人民币特种股票（B 股）。安阳钢铁股份有限公司、亚细亚集团股份有限公司等几家企业作为发展 A 股的试点。洛阳春都、安阳玻壳、河南神马、郑州百文、亚细亚集团等企业还入选 1994 年度全国最大 300 家股份制企业。城镇集体企业股份合作制的改革步伐进一步加快。省政府制定了《关于加快发展城镇集体经济的意见》，要求城镇集体企业以明晰产权，实行股分合作制为主线，加快改革步伐。到年底，全省城镇集体企业改组为股份合作制 1280 户，占全省城镇集体企业总户数的 15.5%，股本金总额 12.5 亿元，省体改委制定了《河南省城镇股份合作制暂行办法的实施意见》，下发各市地实施，在省重点扶持的 100 户城镇集体企业中，有 34 户进行了股份制或股份合作制改造。

（三）加快国有企业的产权制度改革

省政府决定选择 100 户大中型企业作为建立现代企业制度试点，并选择了 6 户企业向国家申报建立现代企业制度试点，国务院已批准安阳钢铁公司、嵩岳集团 2 户企业作为国家建立现代企业制度试点企业。同时，各市地也选择了自己建立现代企业制度的试点企业。省体改委还制定了《河南省国有小型工业企业股份合作制意见》，积极探索多种资产经营形式，推进企业的兼并、租赁、拍卖，利用外资"嫁接"改造。各市地对国有小型企业进行分类排队，对不能进行公司制改造的企业，通过租赁、兼并、公开拍卖经营权和资产出售等方式，实行个体私营，并确定了各自全年的改组目标。到年底，全省县以上独立核算的工业企业被兼并 254 家，有 5 亿元资产得到重新配置，拍卖企业 36 户，破产企业 44 家，全省流通系统改制或改造的企业达 70% 以上。河南思达集团科技股份有限公司作为民营科技型企业，兼并了国有企业郑州市无线电总厂，汝州市两家乡镇企业兼并了 3 家国有企业，这是河南省首次出现的"蛇吞象"现象，使河南省企业资产优化组合跨入新阶段。

（四）加强各种监管机构和中介机构，为建立现代企业制度创造条件

成立了河南省证券管理委员会，对证券机构从事的证券业务进行了监管，同时，成立了有130多家股份制企业、各种中介机构及有关专家参加的河南省股份制企业协会。中介机构建设也有较大的发展。截止年底，全省共有会计师事务所116家，从业人员4700多人，其中注册会计师3500多人，审计事务所198家，从业人员3100多人，其中注册审计师2000多人；资产评估事务所112家，从业人员1000多人。全省经国家有关部门批准，具有对上市公司进行评估和出具法律文书资格的审计事务所1家，会计师事务所2家，律师事务所3家，资产评估事务所1家，为建立现代企业制度创造了一定的条件。

二、宏观管理体制改革

1994年，河南省加快宏观管理体制改革步伐，取得了较大进展。

(一)财税改革进展顺利，运行基本正常

根据中央出台的财政体制改革方案和省政府《关于省对市地实行分税制财政管理体制的决定》，从1994年1月1日起，省对市地的财政管理体制改为双轨并行的分税制。7月正式成立省国家税务局和省地方税务局。各市地国税局、地税局的分级组建工作也已基本完成。基本实现了新旧税制转换的平稳过渡。

(二)金融体制改革取得重大进展

根据国务院《关于金融体制改革的实施意见》，省人民银行于6月下发《关于我省金融体制改革意见具体实施细则》，积极推进人民银行分支机构职能的转换，进一步加强金融监管。河南省正在进行建立政策性银行和商业性银行的各项准备工作。中国农业发展银行河南省分行于12月成立。积极做好在河南省发展合作银行的各项准备工作，积极争取引进其它商业银行机构，创造条件引进外资金融机构。制定了把郑州市建成区域性金融中心规划方案，省政府已批准组织实施。金融市场健康发展，建立了省融资中心，并在部分中心城市和边缘城市建立了河南省融资中心办事处，全年融通资金76.03亿元。外汇体制改革进展顺利。加入了全国统一的外汇交易市场。截止1994年底，外汇调剂总额达2.29亿美元。中国外汇交易中心郑州分中心于8月8日开业。证券市场进一步发展，省证券交易中心正式成立，全省已有证券经营机构31个。各类证券交易总额150.2亿元，其中股票交易141.3亿元。国库券发行任务也顺利完成。

(三)机构改革逐步推进

1994年河南省的机构改革已进入分步实施阶段，省委、省政府下发了《河南省省直机构改革实施意见》。目前正在拟定省直各单位的职能和编制。改革后省直党政机构共设置54个，比原有的77个减少23个，精简29.8%。其中省委机构由11个减为7个，省政府机构由66个减为47个。省政府经济技术协作办公室、省物资厅整体转为经济实体。撤销省轻工厅，组建轻工总会。非常设机构除少数必须保留外，其余一律撤销。

三、流通体制改革

1994年，河南省流通体制改革步伐明显加快

(一)改革石油、粮食、农资等流通体制，进一步深化流通体制改革

改革石油流通体制，按照统一政策、统一价格、统一调拨、统一质量标准的原则，加强对石油流通的宏观调控和管理，理顺销售渠道，减少中间环节。对成品油经营实行市地级石油公司一级批发，县石油公司一级零售。对全省24个成品油批发机构和110个零售网点进行了清理整顿，制定了从事批发业务的标准和零售经营网点实行代理的管理原则，由各级工商管理部门逐个审查，重新登记。改革粮食经营管理体制，提高粮食购销价格，调动农民生产的积极性，清理了粮食财务挂帐，建立了制止与消化财务挂帐的良性循环机制。改革农业生产资料流通体制，对化肥社会总资源实行中央和地方(省)两级调控和储备制度，对国产大化肥和中央进口化肥由四级批发一级零售改为两级批发一级零售，省管化肥由三级批发一级零售改为一级批发一级零售，并统一价格、统一经营。对棉花流通加强管理，稳定现行的棉花购销体制和购销政策，提高收购价格，保证了棉农的利益，同时打击不法商贩和经营单位的违法行为，稳定了棉花市场。

(二)巩固、完善、发展商品市场

全省对已有的5246个各类市场进行了充实和完善，市场机制的作用得到进一步发挥。全年投资3.62亿元，新建了一批专业批发和零售市场。到年底，全省有109个商品市场竣工投用。全省社会商品零售总额达702.46亿元，比上年增长34.4%，其中城乡集贸市场成交额占37%。加强对郑州25个大市场的建设，实施把郑州建成商贸城的战略。1992～1994年共投资19.5亿元，建成国家级和省级市场18个，并规范了市场交易行为，加强了市场执法和监督机构的建设，初步建立了统一、开放、有序的大市场和充满竞争活力的流通体制。

(三)加强对期货市场监督管理

制定了《河南省期货市场管理条例》，并参与了《中国期货法》起草工作，整顿和完善期货交易所。10家条件成熟的专业期货经纪公司中有9家经中国证监会批准，其它50多家经营机构正在审查清理之中。中国郑州商品交易所被国务院批准为国家级期货交易所试点，中国郑州建材交易所并入中国郑州商品交易所的方案已上报省政府审批。截至年底，粮油期货交易标准化合约已达1445万张，金额达3518.4亿元；建材交易标准化合约176万张，金额达173亿元。

（四）进一步改革外贸管理体制

取消了外汇留成制度，改革外贸承包办法；取消市（地）县各类企业的指令性供货计划，实行指导性计划管理；改善了出口配额的许可证的管理办法，对少数计划配额和主动配额商品试行有偿招标；加强外贸基地建设，设立外贸发展基金会扶持；转换外贸企业经营机制，外经队伍进一步壮大，全省拥有外贸经营自主权的企业达145家。

四、综合配套改革

（一）城市综合配套改革和城区改革试点进展顺利

省委、省政府确定郑州、漯河为综合配套改革试点城市，要求率先建立社会主义市场经济新体制，为全省改革提供示范。两市的综合配套改革总体方案已经省委、省政府批准实施，并被国家体改委列为全国新一轮综合配套改革试点联系城市。商丘地区被省委、省政府确定为综合配套改革试验区。城区改革有了良好的开端，全省各市把城区改革列入了重要议审日程，省政府制定下发了《关于进一步深化城区改革，加快城区发展的通知》，在全省41个城区中选择8个城区，作为全省特别试点城区。

（二）土地使用权出让改革工作全面展开

到1994年底，全省已有17个市地、66个县（市）出让土地使用权1575宗，总面积22902亩，占近两年批准建设用地的10%。收取出让金5.5亿元，土地纯收益2.43亿元，清理整顿隐形土地市场工作取得一定进展，全省有9个市（地）、34个县（市）完成了清理整顿工作，土地管理“五统一”的工作正在部分县（市）试点，部分市、县结合集体土地统一管理，试行了乡（镇）村企业用地有偿使用和二级开发转让，初步探索了集体土地流转管理的新路子。

（三）住房改革取得一定进展

1994年，全省有17个市地全面实施了房改，提租面积3177.35万平方米，占应提租面积的15.5%，平均租金使用面积每平方米0.5元；出售公有住房1422万平方米，回收住房资金13.58亿元，建立公积金制度的企业已有1179个、11.8万人，积累公积金4238万元。住房信贷也有了长足的发展，存款余额66.3亿元，贷款余额34.7亿元。全省各市地企事业单位普遍实行新房新办法，集资建房、合作建房已在全省开始推行，一批大中型企业加大房改力度，为企业转换经营机制，使企业住房进入社会创造了条件。“安居工程”进入实施阶段，郑州等5个市重新制定的住房制度改革方案已经批准实施。

（四）社会保障制度改革逐步推进

1994年，河南省以养老、失业保险制度改革为重点，逐步建立和完善社会保障体系。养老保险制度改革步伐加快，将养老保险统筹扩大到城镇所有企业职工，试行了职工个人缴纳基本养老保险费制度，加强养老保险的社会化管理与服务，全省已有三分之一的离退休人员养老金的管理发放由企业转入社会。到年底，全省已有25794家企业在职职工444万人，离退休职工73.6万人，参加了社会养老保险，有731家企业为30.5万名职工办理了企业补充养老保险。全省15个市地实行了养老保险金市（地）级统筹。失业保险的范围已覆盖到全省国有企业和部分集体、股份制、“三资”企业，享受失业保险的范围由原来的4种人扩大到9类13种人，截至1994年底，全省累计参加失业保险的企业已达2.5万余家，职工400多万人，为36万名失业人员发放了救济金和补助费5531万元。全省36个县（市）进行了在职职工大病医疗基金统筹和离退休人员医疗费社会统筹，覆盖3066家企业的20万名在职职工和9.7万名离退休人员，部分县（市）建立了专门的社会保险医院或门诊部。建立社会统筹医疗基金与个人医疗帐户相结合的职工医疗保险制度改革正在试点，全省有9个市地、50个县建立工伤保险基金，参加企业5188家，职工83万人。女工生育保险，全省有7个市地、18个县（市）进行，参加企业2881家，共征集基金580万元，支付生育保险金174万元。农村社会保险开始试点，全省一些县（市）的部分乡（镇）开展了农民个人储蓄积累养老保险，参加养老保险的农民达429.8万人，筹集养老保险金4.25亿元，农村合作医疗得到恢复，驻马店、南阳、商丘、新乡等市地开展了农民大病住院医疗保险，有250万农民参加了医疗保险。到年底，全省有86个县成立了农村保险互助会，累计筹集农村专项保险基金37136万元，补偿各种灾害损失14532万元。

五、对外经济技术合作与对外贸易

实施开放带动战略，加快对外开放步伐。河南省委五届九次全会确定了“优化环境、外引内联、四面辐射、梯次发展”的工作方针，以开放改革，促进全省经济的振兴。

(一)利用外贸取得新成果

到1994年底止，全省外商投资企业累计达3787家，比上年增加837家，投资总额54.53亿美元。1994年新签利用外资项目1031个，合同外资额16.15亿美元，分别比上年增长17.6%和20.9%，其中，外商直接投资项目1011个，合同外资额7.92亿美元，新签对外借款项目20个，合同外资额达到8.24亿美元，其中，外国政府贷款项目10个，金额达到5.26亿美元，居全国第一位。利用西班牙政府贷款的鸭河口电厂金额达3.72亿美元，利用澳大利亚政府贷款的义马煤气项目金额达6500万美元。国际金融组织贷款项目6个，金额为2300万美元。对外发行证券项目1个，即洛阳浮法玻璃集团股份有限公司在境外发行H股，金额达11850万美元。对外借款实际利用外资3.995亿美元，其增幅远远高于合同额的增幅，其中，中原乙烯项目利用金额达1.6亿美元。

1994年虽然新签“三资”企业个数和合同外资额比上年减少，但项目资金到位率提高，全年实际利用外资达4.25亿美元，增长24.2%。已建成投产(开业)的企业达1380家，比上年末增加594家，增长75.6%。在已投产的企业中，出口创汇企业已由上年188家增加到248家，占投产企业的18%，出口创汇额在全省的比重达14.7%。

(二)对外经济合作有进展

对外承包工程和劳务合作有较快进展，1994年新签工程承包合同金额10800万美元，比上年增长24.1%，完成营业额1137万美元。劳务承包已完成营业额5626万美元，外派劳务人员6961人。

(三)外贸增长较快

1994年，河南省对外贸易一改上年滑坡局面，一直保持高速增长，是改革开放以来出口创汇增幅较高的年份。全年进出口总额达22.14亿美元，比上年增长15%。其中：出口总值为16.06亿美元，比上年增长17.6%；进口总值为6.08亿美元，增长8.7%。在34种主要出口商品中，有22种比上年同期有不同程度增长，其中兔毛、羊绒、钢材、焦炭、锑、四环素等的增幅达1倍以上。出口创汇在1000万美元以上的商品达32种，其出口额占全部出口总额的49.0%。进口增幅比上年减少53个百分点。在进口商品中，机械、电器、设备类、纺织原料及制品类、化工产品类、车辆等运输设备类比重较大，占进口总值达80%以上。

附录一

河南省开发区条例

(1994年11月1日河南省第八届人民代表大会常务委员会第十次会议通过)

第一章 总 则

第一条 为加快开发区建设，促进对外开放和经济发展，加强开发区管理，根据国家有关法律、法规，结合本省实际情况，制定本条例。

第二条 本条例适用于本省行政区域内经国务院和省人民政府批准设立的开发区。

本条例所称开发区，是指按规定批准设立的，有明确的地域界限，具备相应的基础设施，实行国家和省赋予的优惠政策，相对独立的经济区域。

开发区分为高新技术产业开发区和经济技术开发区。

第三条 开发区应加强境内外经济技术合作、引进境内外资金、先进技术设备、人才和科学管理经验，兴办外商投资、出口创汇、高新技术企业和第三产业，使之成为改革开放的试验区。

第四条 鼓励境内外企业事业单位，其他经济组织和个人，以各种形式在开发区投资兴办企业事业，开发基础设施，开展各种经济技术合作和贸易活动。

第五条　开发区内单位和个人的合法权益，受国家法律保护。

开发区内的单位和个人，应当遵守国家法律。

第二章　开发区设立

第六条　开发区的设立，应当符合国务院或省人民政府规定的条件，必须执行国家和省两级审批制度。

第七条　申报国务院批准设立的开发区，应当由省计划行政管理部门、省科技行政管理部门按照各自的职权组织相关单位进行论证和审查，由省人民政府报国务院审批。

第八条　申报省人民政府批准设立的开发区，应由省辖市人民政府或地区行政公署提出申请，分别经省计划行政管理部门、省科技行政管理部门组织有关单位论证和审查，报省人民政府审批。

第九条　经国务院或省人民政府批准后，方可设立开发区。

第三章　管理体制

第十条　开发区应当按照建立社会主义市场经济体制的要求，建立精简高效的新型管理体制，提高办事效率和现代化管理水平。

第十一条　开发区由所在地的省辖市人民政府或地区行政公署、县(市)人民政府设立的开发区管理机构实行统一管理。

开发区管理机构的职责和管理范围，由设立开发区的人民政府规定。

第十二条　省计划行政管理部门、省科技行政管理部门应当按照国家和省人民政府的规定，以及各自的职权，分别对开发区进行业务指导。

第十三条　未经设立开发区的人民政府批准，政府职能部门不得在开发区派驻机构。确需由政府职能部门解决的问题，应当采取联合办公、分部门办理的形式，按照特事特办的原则限期解决。

第十四条　金融、保险、商检、海关等单位，可以根据开发区的需要和有关规定，在开发区设立分支机构，办理有关业务。

第十五条　政府职能部门不得随意到开发区检查工作和干预开发区的管理事务。确需到开发区检查工作的，应经省人民政府或设立开发区的人民政府批准。

第四章　规划建设

第十六条　开发区的规划建设应当遵循统一规划、分期实施、滚动发展的原则。

第十七条　开发区规划，应分为总体规划和详细规划。

开发区总体规划由设立开发区的人民政府组织编制，并纳入城市总体规划，报省人民政府审批。开发区详细规划，由开发区管理机构组织编制，报设立开发区的人民政府审批。

编制开发区总体规划和详细规划，应当符合国家和本省有关城市规划法律、法规和技术规范的规定。

第十八条　开发区内的土地利用和各项建设，必须符合规划，服从统一的规划管理，并依法实行选址意见书、建设用地规划许可证和建设工程规划许可证制度。

第十九条　开发区内的建设工程，必须进行环境影响评价。建设工程中防治污染的设施必须与主体工程同时设计、同时施工、同时验收。

第二十条　开发区内的工程建设，应遵守国家和本省有关建设工程质量管理和安全管理的规定。

第五章　土地开发

第二十一条　开发区的建设用地，依法实行有偿有限期出让制度。

开发区应节约用地和合理使用土地。

第二十二条　开发区的土地应当根据规划和建设用地需要，由设立开发区的人民政府统一征用后，依法出让。征用的土地可以由开发区组织开发后，再按项目转让给用地单位。

第二十三条　开发区建设征用集体土地，应严格按照土地法律、法规的有关规定支付各项税费，妥善安置群众的生产和生活。

第二十四条　投资者依法取得土地使用权后，必须按规定开发土地。

依法转让、出租、抵押土地使用权必须按规定办理有关手续。

土地使用权依法转让时增值的，转让人应当按规定纳税。

第二十五条　鼓励境内外投资者采取独资经营或者合资、合作经营等形式，在开发区成片开发土地，兴办外向型工业园区和科技园区。

第二十六条　开发区内的企业应当遵守国家和本省劳动法律、法规。

第二十七条　开发区内的企业可以根据生产经营需要，自行确定机构设置、人员编制和职工招聘，职工的工资标准、工资形式、奖励、津贴等制度由企业依法自主确定。

第二十八条　开发区内的企业用工，实行劳动合同制。企业与职工签订的劳动合同，必须符合国家的法律、法规和有关规定。

第二十九条　开发区内的企业必须按照国家和本省有关规定，采取有效的劳动保护措施，改善劳动条件，保证职工在安全、卫生的条件下工作，并接受开发区管理机构的监督检查。

开发区内的企业及职工，应当按规定交纳各项社会保险基金。

第三十条　开发区内的企业与职工发生劳动争议后，应当采取协商、调解、仲裁、诉讼方式解决。

第三十一条　开发区内的企业应依法成立工会组织，维护职工的合法权益。企业应为工会组织提供活动条件。

第六章　项目引进与投资

第三十二条　鼓励在开发区兴办下列项目：

(一)产品属于高科技或产品技术含量高的；

(二)生产工艺或生产技术属于国际国内先进水平的；

(三)产品属于附加值高、经济效益好的；

(四)对技术改造和产品更新换代有明显效果的；

(五)为能源、交通运输和原材料工业及其他国内建设所急需的；

(六)产品能出口创汇或替代进口的；

(七)国家产业政策鼓励兴办的其他项目。

第三十三条　不得在开发区内兴办下列项目：

(一)有污染环境或者严重危害人身健康而无切实治理措施的；

(二)产品属于国家禁止、限制生产的；

第三十四条　鼓励境内外的企业、高等院校、科研单位和工程技术人员，在开发区进行各种方式的技术合作。

鼓励境内外生产性企业、高等院校、科研单位和个人在开发区建立生产科研联合体，并在选址、土地出让转让等方面给予扶持。

第三十五条　开发区允许境内外投资者以资金、机器设备、工业产权、非专利技术投资或作价入股，兴办企业。

第三十六条　在开发区内进行投资，投资者应向开发区管理机构提出申请。开发区管理机构应在15日内审批完毕。经批准后，按照国家和本省的规定办理工商登记，领取营业执照。

第三十七条　经批准兴办的企业事业，应按规定的期限投入资本、开工建设。不能按期投入资本、开工建设的，应申请延期；无正当理由拖延的，按国家和本省土地法律、法规的规定，收回土地合作权，吊销土地使用证和营业执照。

第三十八条　开发区内的企业，应在开发区内设立会计帐簿，按规定向开发区管理机构和其他有关业务主管部门报送季度会计报表和年度会计报表。年度会计报表须经在中国注册的注册会计师验证并出具证明。

第三十九条　开发区内的企业停业时，应向开发区管理机构申报理由，办理停业手续。不再复业的，应依法办理终止手续。

破产的企业，依照国家法律、法规的规定办理。

第七章　税收和其他政策

第四十条　开发区内的企业及其他经济组织，应向当地税务机构进行税务登记，依法纳税。

第四十一条　国务院批准设立的开发区内的企业，享受国家规定的税收优惠待遇。

省人民政府批准设立的开发区内的企业，享受省规定的优惠待遇。

开发区内外商投资企业除享受国家规定的税收优惠待遇外，并享受《河南省鼓励外商投资条例》规定的税收优惠待遇。

第四十二条　开发区内外商投资企业进口自用的生产和经营管理设备等，按国家规定办理征免税手续。

第四十三条　开发区企业来料加工出口产品或进口国内不能生产的仪器、设备，可按海关有关规定办理征免税手续。

第四十四条　在开发区投资并居住的境外投资者，及在开发区内工作和居住的境外技术人员，进口自用的安家物品，在合理数量内免领进口许可证，并按国家规定办理征免税手续。

第四十五条　开发区内企业产品出口，按国家有关产品出口退税的规定，给予退税照顾。

第四十六条　开发区用地，符合总体规划的，可以将土地占用税费返还开发区；开发区内有偿出让土地的收入，可以全部返还开发区，用于基础设施建设。

第八章　附　　则

第四十七条　香港、澳门、台湾的投资者，以及华侨在开发区投资兴办的企业，参照本条例有关外商投资企业的规定执行。

第四十八条 本条例的具体应用问题由省人民政府负责解释。

第四十九条 本条例自1995年1月1日起施行。

附录二

河南省鼓励外商投资条例

(1994年6月23日河南省第八届人民代表大会常务委员会第八次会议通过)

第一章 总 则

第一条 为了鼓励外商投资,引进先进技术,促进经济发展,根据国家有关法律、法规规定,结合本省实际情况,制定本条例。

第二条,本条例所称外商投资,是指外国企业和其它经济组织或个人在本省行政区域内投资举办中外合资经营企业、中外合作经营企业和外资企业或其它形式的投资。

第三条 凡外商来本省行政区域内投资的,均依照国家法律、法规、政策和本条例规定给予相应的优惠待遇。

第四条 各级人民政府的外商投资行政主管部门,负责本条例的实施。各有关部门应按照各自的职责协同外商投资行政主管部门做好外商投资工作。

第五条 注册登记后的外商投资企业即为中国法人,其资产、产权、所得利润和其他合法权益,受法律保护。

外商投资企业应遵守国家的法律、法规和本条例。

第二章 投资与审批

第六条 外商可以下列形式在本省投资:

(一)举办投资者拥有全部资本的企业;

(二)举办合资经营企业;

(三)举办合作经营企业;

(四)开展补偿贸易、对外加工装配、合作生产;

(五)购买企业股份、股票和债券;

(六)购置、租赁房产和设备;

(七)从事土地成片开发经营;

(八)购买、承包、租赁现有企业;

(九)国家允许的其它投资形式。

第七条 凡是国家允许投资的行业,外商均可自由选择投资。

鼓励外商在本省下列行业投资:

(一)农业、农副产品加工业、畜牧养殖业、林产品加工业;

(二)能源、交通、冶金、建材等基础设施和基础性产业;

(三)高新技术产业、高效低耗产业;

(四)教育、科技、医疗等公益性事业;

(五)国家允许外商投资举办的第三产业。

第八条 特别鼓励外商投资举办产品出口企业和先进技术企业。

第九条 外商可以货币、工业产权、非专利技术、设备等方式出资举办企业。

第十条 外商投资者可以从各级人民政府公布的项目中选择投资,也可以在国家规定的范围内自行提出投资项目。

第十一条 外商在本省投资,可以委托代理人,代理人应持有具有法律效力的委托书。

第十二条 各地举办外商投资企业,其出口产品不涉及出口许可证、配额管理的,按国家和省规定的审批权限,报外商投资行政主管部门审批。

第十三条 审批机关从收到符合国家有关规定和要求的项目建议书、可行性研究报告和合同、章程以及其它有关文件之日起15日内批复。工商行政管理部门自受理后15日内核准登记,发给营业执照。

对投资总额在200万美元以下的生产性建设项目和技术改造项目,其项目建议书,可行性研究报告,可以合并审批。

第十四条 在本省城市规划区内举办外商投资企业的外方投资者,其注册资本在20万美元以上者,凭营业执照和验资报告,经县级以上人民政府批准，可以安排其亲友1至3人迁入城市规划区内，属于农业人口的转为非农业人口，均免缴市政府建设配套费。

第三章 土地使用

第十五条 凡在本省举办的外商投资企业，可以按照出让、划拨方式依法取得土地使用权，按出让方式取得土地使用权的，可依法转让、出租或抵押。

第十六条 外商投资企业所使用土地的出让金应以当地的基准地价为基准。

凡外商投资开发建设能源、交通、城市公用基础设施、教育、科技、医疗和其它社会公益性事业项目的用地，经县级以上人民政府批准，其出让金可以给予优惠。

第十七条 依法以划拨方式取得土地使用权的，在城市规划区内举办的外商投资企业，土地使用费按照国家和省的规定收取，当地不得自行提高。

在经济不发达地区或国有农牧场举办的外商投资企业，10年内免缴土地使用费。

产品出口企业和先进技术企业，自确认之日起，5年内免缴土地使用费，第六年至第十年减半缴纳，10年后逐年全额缴纳。

第十八条 农村集体经济组织，可以土地使用费用入股的方式举办外商投资企业。

第四章 税收优惠

第十九条 在本省设立的生产性外商投资企业，按30%的税率征收企业所得税。在经国家批准的内陆开放城市内设立的生产性外商投资企业，减按24%的税率征收企业所得税。在国家批准的高新技术产业开发区、经济技术开发区内设立的生产性外商投资企业，减按15%的税率征收企业所得税。

上述企业均免征地方所得税。

第二十条 外商投资举办的产品出口企业，在依照税法规定免征、减征企业所得税期满后，凡当年出口产品产值达到当年全部产品的产值总额70%以上的，可依照税法规定的税率减半征收企业所得税。

第二十一条 外商投资企业的外方投资者，将其从企业分得的利润直接再投资于该企业，增加注册资本，或者作为资本投资开办其他外商投资企业，经营期限不少于5年的，经税务主管机关批准，退还其再投资部分已缴纳的企业所得税的40%税款；再投资举办、扩建产品出口企业或先进技术企业的，全部退还其再投资部分已缴纳的企业所得税税款。

第二十二条 从事农业、林业、牧业或设在经济不发达地区的外商投资企业，当地政府可将企业当年缴纳的新增的增值税地方留成25%全部返还给企业；对外商投资举办的产品出口企业和先进技术企业，当地政府可以从企业当年新增的增值税地方留成25%中返还给企业60%。对其它生产性外商投资企业，当地政府可以从企业当年新增的增值税地方留成25%中返还给企业40%。

从缴纳农林特产税的外商投资企业，按当年新增的农林特产税50%返还给企业。

税收返还由财政部门返还，期限为5年。

第二十三条 外商在本省设立的生产性外商投资企业，免征土地使用税、房产税、车船使用税。从事教育、科技、医疗等公益性项目的外商投资企业，除享受以上免税规定外，同时免征耕地占用税。

第二十四条 外商投资企业为履行其产品出口合同需要进口的机械设备、生产用车辆、原材料、燃料、散件、零部件、元器件、配套件，免领进口许可证，由海关实行监管，凭企业合同或进口合同验收。

第五章 财务、信贷及外汇管理

第二十五条 外商投资企业的固定资产折旧，可以选择年限综合折旧法和递减余额折旧法。

第二十六条 外商投资企业的固定资产，因腐蚀、强震等特殊原因需要加速折旧的，按规定的程序经有关部门批准可以加速折旧。

第二十七条 外商投资企业需要借贷资金，经当地金融机构审核，可按国有企业的贷款办法给予各类贷款。

第二十八条 外商投资企业外汇平衡有困难的，经省外商投资行政主管部门批准可以购买境内非国家统一经营和不受出口配额，许可证限制的商品出口。

第六章 投资保障

第二十九条 外商投资企业的工程施工和设施安装，可以在境内招标，也可以在境外招标。

第三十条 外商投资企业享有国家依法赋予的生产经营自主权。凡在本省举办的外商投资企业，可以自行招聘、招收或解聘技术、管理人员和工人，可以自行确定工资、津贴、奖金形式和标准。

第三十一条 除国家有特殊规定外，外商投资企业产品的内外销比例不受限制。

第三十二条 在本省举办的外商投资企业，免征市政建设配套费、增容费。在本省举办的产品出口企业和先进技术企业，经市（地）级政府部门批准免缴水资源费。

第三十三条　外商投资房地产开发企业成片改造旧城区，免缴市政建设配套费。

第三十四条　外商投资企业厂区以外的水、电、气、热、道路、通信等外部配套设施的建设，按当地国有企业收费标准计收费用，并给予优先安排。

第三十五条　凡到外商投资企业依法实施检查的人员，必须持国家和省有关部门颁发的检查证和检查部门负责人签发的证明，方可进行检查，未持检查证件和证明的，外商投资企业有权拒绝。

第三十六条　除国家和省有关法律、法规、规章明确规定收取费用外，任何部门或单位不得以任何名义向外商投资企业摊派或收取其它费用。

第三十七条　对非法干预和侵犯外商投资企业经营自主权的行为，外商投资企业可向当地人民政府外商投资行政主管部门申诉或举报。外商投资行政主管部门自接到申诉或举报之日起20日内调查处理，并将处理结果告知申诉或举报者。

侵犯外商投资企业合法权益，符合行政复议和行政诉讼受案范围的，外商投资企业可以依照《行政复议条例》的规定申请复议；也可以依照《行政诉讼法》的规定向人民法院起诉。

第三十八条　外商投资企业发生争议或纠纷的，可依照国家有关法律、法规的规定进行调解或仲裁。

第三十九条　各级人民政府外商投资行政主管部门和其他有关部门应加强协调工作，简化办事手续，提高办事效率和服务质量。

有关单位和个人违反本条例规定的，由当地人民政府根据情节轻重，给予单位负责人和直接责任人行政处分。

第四十条　对引荐、介绍来本省投资并取得成功的引荐人、介绍人，由当地人民政府给予表彰和奖励。

第七章　附　　则

第四十一条　台湾同胞、港澳同胞和海外华侨在本省投资，可参照本条例执行。

第四十二条　本条例由河南省人民政府负责解释。

第四十三条　本条例自公布之日起施行。

典 型 地 区

郑 州 市

郑州市位于中原腹地，是河南省的省会和全省的政治、经济、文化中心。共辖6区5市1县，全市总面积7446.2平方公里。其中，市区面积1010.3平方公里，建成区面积117平方公里。1994年全市总人口588.6万人。其中，市区人口188万人。

新中国成立后，特别是改革开放十多年来，郑州市的国民经济和社会发展突飞猛进，城乡面貌焕然一新，已经形成了比较完整的工业体系；农业生产条件有了很大改善，生产水平有了很大提高；外贸出口大幅度增长，技术引进和利用外资成效显著；科教文卫建设有较大发展，人民生活水平不断提高。1994年全市国内生产总值为274.8亿元，工农业总产值为611亿元，分别占全省的12.8%和14.1%。

一、资 源 概 况

矿产资源：郑州地区地质条件优越，矿产资源丰富，已探明储量的有煤炭、铝土矿、耐火粘土、水泥灰岩、溶剂灰岩、陶瓷粘土、石黄砂、硫铁矿、油石等20多种。煤炭探明储量55.24亿吨，主要分布在新密、登封和荥阳、巩义一带，煤质好，品种全，且大都是中厚煤层，适宜于建设大中型矿井和机械化开采。铝土矿主要分布于巩义、登封、密县、荥阳等地区，探明储量为1.1亿吨。其他矿产中，水泥灰岩储量为2.76亿吨，熔剂灰岩1.34亿吨，耐火粘土0.7亿吨，油石442.5万吨。

农业资源：郑州地区的土壤以褐土、潮土为主，按地形可分为平原低地和山地丘陵土壤，其保水、保肥性能均好，适宜耕作。郑州市处于暖温带，气候温和，光照充足，雨量充沛，具有良好的动植物适生条件，农副产品资源丰富。主要农作物有小麦、玉米、大豆、棉花、烟叶、花生、油菜等。土特产品有新郑红枣、中牟大蒜、荥阳柿饼、郑州西瓜、凤凰台籼米、黄河鲤鱼等。

旅游资源：郑州历史悠久，名胜古迹荟萃。全市现有国家重点文物保护单位11处，省级重点文物保护单位58处。自然风景主要有嵩山、黄河、老君山、雪花洞、浮戏山等风景区。嵩山风景名胜区是全国44个主要风景名胜区之一，嵩山少林寺、中岳庙、观星台驰名中外。在郑州市区有著名的大河村新石器时代村落遗址、商城遗址、裴李岗文化遗址、郑韩故城、后周皇陵；在巩义市有杜甫故里、杜甫墓和北宋皇陵；在密县有打虎亭汉墓等。这些古迹，均展示了中华民族的灿烂文化，是旅游观光的胜地。

二、投 资 环 境

郑州是全国重要的交通通信枢纽之一，具有得天独厚的区位优势。改革开放以来，紧紧围绕"建设大郑州、发展大市场、搞活大流通"的战略目标，又制定了一系列利用外资和开展横向经济联合的优惠政策。因此，郑州市具有良好的投资环境。

铁路：郑州市位于京广、陇海两大铁路干线交汇处，是全国最大的铁路枢纽。该枢纽内辖3个特级站，日办理客运列车150列左右，客运量日均13万人次，高峰时达22万人次以上。郑州客车站一、二期站房扩建工程已经竣工，2万平米高架候车室于1992年正式启用；第三、四期扩建工程正在抓紧施工，预计1996年可全部完成。郑州客车站将以高标准、现代化的接待设施，规范高效的管理新姿，为国内外旅客提供优质服务。郑州北站是全国最大的货物列车编组站，也是亚洲最大的货物列车编组站，日办理列车编组2.4万辆以上。拟在2000年前新建郑州西货场和广武辅助编组站。郑州车站为全国最大的货物中转站，年办理整车、零担、集装箱综合货物运输量500万吨以上。1992年4月，我国第一个内陆铁路二类口岸在郑州海棠寺正式开通，出口货物可以就地封关出口。随着陇海——兰新欧亚大陆桥的开通，作为全国重要铁路枢纽的郑州，将在郑州车站建设一类铁路口岸，变成郑州铁路港，大大提高河南货物走向国际市场的通达能力。

公路：郑州境内有干线公路13条，形成了以310、107国道和郑州至密县一、二级公路为骨架的交通网络。全市117个乡镇全部通了公路，交通十分方便。1994年全市公路客运量6319万人次，货运量3648万吨。1986年8月，郑州黄河公路大桥建成通车，沟通了黄河南北两岸。1994年5月，郑汴洛高速公路郑州至开封段开通使用，郑州至洛阳段高速公路1995年可全部建成通车。郑州至许昌高速公路正在抓紧筹建，从而加强了郑州与外界的联系。为了加快郑州商贸城建设，已于1994年12月建成开通了4座立交桥和1条高架路；城区外环道和立交桥建设正在抓紧进行；继续建设国家级客运中心、货运中心、集体装箱中转站和城区的客运西站、西北站、货运南站、西站、郑州将成为华北、中南、华东、西北地区公路综合运输网及主枢的网络中心，发挥贯南达北，承东启西的重要作用。

民用航空：目前已开辟21条航线，每周85个航班，可直达北京、上海、广州、武汉、长沙、西安、兰州、福州、厦门等地区。新建中的郑州国际民用机场，建成后，将开辟更多的国际航线与航班，成为中原地区通往国内外的重要航空港。

通信：全市现有邮政机构241个，邮路总长8129公里。1985年建成使用的郑州邮政通信大楼，总面积1.7万平方米，邮件的转运、分检均采用机械化作业，是全国十大邮政通信枢纽之一。1994年全市长话交换机设备容量为3万路端，其中程控交换机设备容量3万路端；市话交换机容量31.9万门，其中程控交换机31.9万门；拥有用户电报317户。目前，用户通过长途直拨电话可通达国内各地区和国外180多个国家和地区。市内主要涉外宾馆、大型宾馆、饭店的客房均已实现国内、国际长途电话直拨。

软环境方面：在实施开放开发方面，市政府相继出台了12个对外开放政策性文件，主要包括鼓励外商投资、鼓励港澳台和华侨投资、鼓励办好"三资"企业的优惠政策，鼓励出口创汇，建立出口商品基地，鼓励企业利用外资嫁接改造的政策，对在引进资金、技术过程中有突出贡献者的奖励政策，以及实行外经工作一幢楼办公、一支笔审批、一条龙服务的办事程序等等，为改革开放和扩大利用外资创造了良好的政策环境。

三、主要产业开发现状

1. 农业　郑州市具有发展农业的良好条件，现有耕地面积469.3万亩，农村人均耕地1.1亩。全市有效灌溉面积176.9万亩，旱涝保收田153.1万亩。农业机械化程度已具有相当水平。至1994年，全市农业机械总动力已达201.31万千瓦，机耕地面积已达350万亩，占总耕地面积的70%以上。农业综合开发初见成效，建立了以中牟、新郑为主的粮食生产基地，以中牟、新郑、荥阳为主的棉花生产基地，以登封为主的烟叶生产基地，以中牟、新郑为主的花生、胡桑生产基地，以中牟、市郊为主的瓜果、蔬菜基地。目前，全市正在进行以市场为取向的农业结构调整，大力发展市场农业和"一优双高"农业，逐步解决农业比较利益低的问题，实现农业自我积累，自我发展的良性循环。1994年全市农业总产值达47.4亿元，其中，种植业产值29.4亿元，林牧副渔业产值18亿元。粮食总产量155万吨，棉花产量1.02万吨，烟叶产量0.57万吨。

2. 工业　郑州已经形成一个以机械、纺织、食品、铝、煤炭工业为主体，医药、化工、建材工业综合发展的工业体系。1994年全市工业总产值563.6亿元，全市独立核算工业固定资产原值200亿元，有大型企业40家，中型企业81家，职工38.99万人。

纺织工业：郑州是全国主要的纺织工业基地之一，具有乡以上工业企业110家，其中大型企业9家，固定资产原值10.59亿元。拥有纱锭56万枚，布机1.5万台，气流纺1.2万头，印染线及后整理线15条，各种服装设备4921台。年产棉纱8.52万吨，棉布3.8亿米，印染布1.1亿米，化纤3707吨，服装674万件，产品远销港、澳、美国、西欧等国家和地区。1994年完成产值34亿元，居全市工业行业第二位。郑州已形成以棉纺为主，包括印染、复制、针织、毛、麻、丝等较为完备的纺织工业体系。

机械电子工业：全市共有乡以上工业企业420家，其中大型企业25家，1994年机械电子工业产值56.6亿元，居全市工业行业之首。培植了一批优势企业和拳头产品。郑州第二砂轮厂是我国磨料磨具行业中规模最大的企业和出口基地，年产"白鸽"牌磨料3万吨，磨具1.6万吨，分别占全国总产量的25%和20%；郑州电缆厂是中国电缆行业的大型骨干企业，生产能力居全省首位，是全国八大电缆企业之一；郑州电磁线厂是机电部定点生产电磁线的专业厂，年生产能力达8000吨，居全省首位；郑州电气装备总厂是国家定点生产移动电站、电源车和电力变压器专业厂，其20千瓦挂车电站和S9、S21系列电力变压器的主要性能指标，已达到和超过世界先进国家同类产品水平；郑州拖拉机厂是机电部生产小型拖拉机的重点厂，年生产能力5万台，主导产品121型手扶拖拉机获国家银质奖；郑州轻型汽车厂是中汽公司定点生产3吨轻型汽车和轻型客车的专业厂，基本形成年产3万辆的生产能力；郑州工程机械厂是中国生产自动式铲运机和轮式推土机的骨干企业，铲运机产量占全国的一半；郑州4057厂是机电部在全国生产100瓦以下短波单边带电台的唯一厂家，其ZDD—915、FF—180型短波单边带电台获1990年"国家级新产品奖"。此外，郑州市还拥有一批中央部属重点企业，如郑州纺织机械厂、郑州煤矿机械厂、郑州水工机械厂等。

食品工业：食品、卷烟工业是郑州市支柱产业之一，有乡以上工业企业175家，其中大型工业企业6家，已形成年产卷烟60万箱、面粉17万吨、啤酒10万吨、饼干1万吨、大豆精炼油1万吨、饮料2万余吨、方便面0.8万吨的生产能力。郑州卷烟厂、新郑卷烟厂是全省最大的卷烟企业；华英饼干厂生产的高档饼干已在国内市场产生较大影响。1994年食品、卷烟工业完成总产值38.1亿元。

冶金工业：郑州是全国最大的铝工业基地。郑州铝厂是一座拥有从采矿到生产优质铝锭全套设备的大型联合企业，氧化铝年产量为62万吨，占全国产量的50%。中原铝厂、巩义铝厂年产铝锭4.5万吨。

化学工业：共有企业177家，其中大中型企业6家，固定资产原值19.2亿元。1994年完成工业产值23.76亿元。主要生产化学肥料、化学农药、硫酸、纯碱、烧碱、无机盐、有机中间体、合成树脂、橡胶制品、涂料颜料、磁性记录材料、化学试剂、精细化工、化学原料药等600多个产品。中原制药厂年产5000吨维生素C工程，总投资11.3亿元，是全国最大的医药工业项目，已建成投产。河南化工厂是化工部确定的全国染料有机中间体生产企业之一；郑州磁带厂引进日本全套设备和技术，生产的"ZZZ"牌磁带填补了河南省空白。

3. 商业 1994年，全市社会商品零售总额达107.1亿元。近年来，加强了商业基础设施建设，建成了一大批商品批发市场、零售市场和其它商业服务设施，主要有：中国郑州粮食批发市场、郑州商品交易所、郑州中药材交易中心、郑州煤炭、建材、摩托车、棉纱、棉布等大型批发交易市场、商业大厦、华联商厦、亚细亚商场、商城大厦、市百货楼、紫荆山百货大楼、交电大楼等，还建成了面积达5.1万平方米的花园路、老坟岗、中原路3个覆盖式大型集贸市场，形成了"二七"广场、火车站、花园路、碧沙岗4个规模较大的商业区。目前，郑州已具有为30多万流动人口提供住宿、饮食服务的能力。

4. 对外贸易与利用外资 1994年，全市出口商品供货总值28.92亿元，占当年国内生产总值的10.5%，企业自营出口创汇8387万美元。利用外资项目132个，合同利用外资2.5亿美元。已建成投产的"三资企业"304家，完成产值24.1亿元。

四、郑州高新技术产业开发区

郑州高新技术产业开发区于1991年3月经国务院批准为国家级高新技术产业开发区。位于郑州西北隅，距市区2公里。开发区规划面积10平方公里，起步区面积3平方公里。这里地理位置优越，地势平坦，地耐力达18吨/平方米以上，地上地下水资源丰实，是集中投资建厂的理想之地。开发区南近陇海铁路，北接郑汴高速公路，东以陇海铁路至郑州货车编组站的西北联络线为界，西部是广阔的预留发展区。在半径3公里范围内，分布着郑州电厂、郑州水厂、亚洲最大的货车编组站和西流湖风景区，具有吸引外资的良好条件。开发区自筹建以来，已完成基础设施投资3.2亿元，建成区内道路12公里，主干道全长4.3公里，宽50米；建成10千伏输电线路10.5公里，电力供应有保证；万门程控电话支局已经建成，沟通了与国内外的通信联络；供排水设施可满足项目单位建设施工和生产生活的需要。建立健全了服务支撑体系，政策环境优惠宽松，办事效率高。郑州高新技术产业开发区欢迎国内外客商来这里投资建厂、洽谈生意。

洛阳市

洛阳市雄居黄河中游，南依伏牛山，东依嵩山，西邻函谷关，总面积15029平方公里，山区占

45.5%，丘陵占40.7%，平原占13.8%，总人口594.5万人，其中市区人口126万人。洛阳历史悠久，是享誉国内外的历史文化名城。现已形成以重工业为主、经济实力雄厚、大厂云集的重要的重化工基地之一，1994年全市国内生产总值190亿元，居全省第二位。

一、资源条件

土地资源：洛阳山川丘陵交错，地形复杂多样。地势西南高、东北低。主要山脉有伏牛山、崤山、熊耳山和外方山等，皆为秦岭余脉，海拔最低115.1米，最高2212.5米，土壤分棕壤、褐土和潮土三大类。棕壤主要分布在山地，褐壤分布在浅山丘陵，潮土分布在盆地、平地和河滩。耕地面积592万亩，林地面积510万亩。

生物资源：主要经济作物有棉花、烟叶、芝麻、花生、玉米；林果资源有珍贵的领椿木、铁杉、连香、银杏、山白兰树种，而且有化工原料植物漆树、油桐，经济林有核桃、山楂、板栗、柿子等；天然药材多达1480种，栾川、嵩县是全国药材重点产区之一，连翘、党参、柴胡、杜仲、天麻、山萸肉、大黄、五味子、百合等在国内外享有较高声誉。

水资源：境内水资源相当丰富，流域面积在100平方公里以上的河流有34条，分属于黄河、淮河、长江三大水系。多年平均水资源总量44.54亿立方米，其中，地表水29.45亿立方米，地下水15亿立方米。全市人均水资源量817立方米，比全省人均多出367立方米。黄河上游最大的蓄水工程——小浪底水利枢纽工程已开工建设，设计蓄水量为126亿立方米，将为洛阳经济建设提供充足的水源保证。

矿产资源：洛阳市矿产资源丰富，现已发现各种矿产资源55种，占全省的53.9%。钼探明储量250万吨，居全国之首，为世界三大钼矿之一。铝土矿、白钨、油页岩、硅石、黄铁矿、水泥灰岩、压电水晶等的储量均居全省第一位；金、耐火粘土、白云岩和萤石居全省第二位；铅、铜、银列全省第三位；煤的保有储量15.4亿吨，居全省第四位。大理石、花冈岩、蛭石、石墨、石英石、麦饭石等矿藏也在全省占有重要地位。

旅游资源：洛阳依山傍水、风景秀丽、历史悠久，长期为王室都城，文物景观丰实多彩。全市有国家级重点文物保护单位6处，省级44处。洛阳旅游资源首先以“古”著称。古文化遗址，古陵墓，古建筑遍布境内。地下古墓之多居全国之首。现已出土文物40余万件，具有很高的考古价值。其次，以石刻和佛教释源古建筑而闻名。龙门石窟现有造像石刻10万余尊，题记碑刻3600余品。白马寺为佛教“释源”。其三，以秀为名。伊阙山色、花果山森林公园、锦屏山水等都是秀丽的风景区。特别是誉为市花的“洛阳牡丹”，以其雍容华贵而甲天下，品种达200多种，种植数千万株，使洛阳成为名符其实的牡丹城。

二、投资环境

1. 交通运输

铁路：贯穿我国南北的第二大干线——焦枝铁路与横贯东西的交通大动脉——陇海铁路在此交汇，使洛阳成为全国重要的铁路枢纽之一。目前，陇海铁路郑西（安）段电气化改造工程已经完工，焦枝铁路复线工程河南段即将建成，洛阳北站大型货车编组站已投入使用。洛阳市年货运能力已达6000多万吨。全市现有各种仓库总面积120多万平方米，铁路专用线30多条。中国储运公司洛阳分公司被列为郑州海关监管库，已具备建立二类铁路口岸的基础条件。

公路：国道310公路横贯东西，207公路纵穿南北，省道洛阳——安徽界首、洛阳——山西常平、洛阳——陕西西安等公路伸向四面八方。全市现有等级公路373条，通车里程4100公里。1994年完成货运量144万吨，客运量4797万人次。

航空：洛阳民用机场为二级机场，于1987年建成通航。已开辟了洛阳至北京、上海、广州、西安、大连、重庆、福州、乌鲁木齐等城市的空中航道。拟扩建洛阳机场为一级机场，同时开辟洛阳至香港、天津、成都、南京等地的航线和国际航线。

2. 邮电通信 全市现有邮电所297个，邮政线路总长3933公里。现有城乡电话机8.48万部，其中市区6.15万部，开设有用户电报、用户传真、无线寻呼、移动电话、有声信函等业务；国际自动电话、用户电报可与世界各国和地区联系。洛阳市邮政大楼集邮政、通信为一体，座落在市区中心。拟新建火车站邮电大楼和老城、关林邮电大楼，开展快件和特快传递业务。

3. 城市基础设施与环境 洛阳市为新兴的工业城市，建设初期，按照东部老城生活区、中部商业行政区和西部工业区的基本思路，城市建设布局规整有序。城市交通方便，基础设施配套齐全，生活方便、环境优雅。现有市区道路211公里，公交车辆300辆，营运线路385公里；公用供水能力为50万吨/日，供热面积96万平方米；绿地面积1707.5公顷，城市建成区绿化覆盖率达37.2%。随着旅游业的发展，洛阳综合接待能力大大提高，新建、改扩建了牡丹大酒店、旋宫大厦、洛阳大厦、友谊宾馆东楼等。全市涉外宾馆达到10家，其中星级宾馆6家，各种旅行社17家。可提供11个语种的导游服务，旅游服务业开始跨入国家先进行列。

4. 科学技术 洛阳市现有市以上科研机构53所，其中部属15所，省、市级38所。拥有各类专业科技人员9万多人，占全省的15.5%，每万名职工中拥有科技人员1488人，高于全国和全省的平均水平。大型精密科研仪器和高精尖设备300台(套)，每年通过市级以上鉴定的科研成果达300余项。全市有45个大中型企业建立了技术开发机构，年技术开发基金总额达1亿元。

三、主要产业开发现状

1. 农业 农业在全市国民经济中占有极其重要的位置。在党的一系列路线、方针指引下，坚持改革，实行以家庭联产承包为主的责任制和双层经营的管理体制，促进了农村经济的发展。1994年全市农业总产值35亿元，粮食总产量132万吨，棉花0.48万吨，烟叶1.38万吨。但从整体上看，洛阳市农业基础脆弱，粮食缺口较大，农村工业落后，贫困面大，发展农业的任务非常繁重。同时洛阳农业发展潜力也很大。一是洛阳山区面积大、低产田多，增产潜力大；二是林、果、中草药资源十分丰富；三是农村产品加工相当落后。因此，洛阳应充分发挥大工业优势，支援农业发展，在稳定粮食生产的同时，加强农副产品加工和山区资源的系列开发。

2. 工业 洛阳市工业发达，是中国重化工基地之一，其机械、电子、冶金、石油化工、建材工业在河南乃至全国占有重要地位。1994年，全市乡以上工业企业达1346个，其中，大中型企业53个，工业总产值232.5亿元，全民独立核算的工业企业固定资产原值达75亿元。重工业产值占其工业总产值的73.4%，机械工业装备水平居全省首位。

机械电子工业：为洛阳市第一大支柱产业。1994年机械电子工业产值达79.6亿元，占全部工业的34.2%。已形成几个比较完整的工业体系：即以洛阳矿山机器厂为依托，围绕能源、冶金、建材等矿山开发的矿山机械生产体系；以第一拖拉机厂、洛阳轴承厂为主体的重型动力及运输机械生产体系；以洛阳建筑机械厂、起重机厂为骨干的工程机械生产体系；以632厂、洛阳电话设备厂为基础的电子工业体系。农机工业重点抓大中型拖拉机及其配套产品的更新换代与系列开发，引进消化意大利100马力轮式拖拉机、100系列柴油机等技术，抓好油嘴油泵厂、水箱厂、缸套厂等企业的技术改造。专用设备重点开发300～500万吨大型矿山、2000万吨大型露天矿、700～4000吨/日水泥等成套设备、大吨位起重机、400马力推土机、重型运输机械等。电子工业重点开发程控电话交换机、400～900兆赫通讯设备等。

冶金建材工业：为洛阳市第二大支柱产业，1994年工业产值48.8亿元，占全部工业21%。主要有以洛阳铜加工厂为主的有色冶金加工业；以洛阳耐火材料厂、洛阳水泥厂和洛阳玻璃厂为主的建材工业，以钼、铝、黄金冶炼为主的有色冶金工业。重点抓了洛阳水泥厂的改造，洛阳玻璃厂“浮法技术”的完善提高，开发薄玻璃、汽车用工业技术玻璃等，抓了铜加工厂铜管棒生产线的改造和铜铝板带生产线的配套完善。

石油化工：为洛阳市的新兴产业。目前，已建成年规模为500万吨的洛阳炼油厂。拟在“九五”期间，建设洛阳大化纤厂，年产聚丙烯5万吨、烷基苯7万吨、聚脂20万吨、晴纶5万吨。石化工业的发展将带动本区化纺工业的发展，促进本区工业结构的合理调整。

食品工业：以伊川和汝阳杜康酒厂为骨干，建立了中国杜康酒集团公司，重点开发中低度白酒，形成1.8万吨能力。同时发展栾川和嵩县果酒厂，使葡萄酒、猕猴桃酒产量达到2000吨。洛阳肉联厂生产的“春都”牌火腿肠，工艺先进、质量上乘，荣获1992年香港国际食品博览会金奖，产品国内市场覆盖率占70%以上。洛阳卷烟能力已形成年产30万箱以上。

3. 旅游业 洛阳市不仅是国家重点对外开放城市，也是中原旅游中心。现在以古文化为代表的白马寺、龙门、关林、古墓博物馆等旅游景点数十处，每年来洛外宾占全省的80%，旅游收入居全省首位。洛阳牡丹花会被定为河南省对外开放的重要经济活动，接待中外游客200余万人，起到了全省对外开放的“窗口”作用。

“八五”前4年，重点抓了以下景点建设或前期工作：开发修复龙门东山旅游点，增设龙门游览区的服务设施，提高综合服务效益；维修上清宫，建立白马寺玉佛殿；完成古墓博物馆二期工程；恢复玄奘故里；开发宜阳花果山森林公园。办好“一会两节”，即“牡丹花会”和河洛文化节、杜康酒节。开发旅游纪念品，重点开发以传统工艺品、仿文物制品、地方土特产品等拳头产品。

4. 对外贸易 全市出口商品基地有5个，出口商品达14大类近200个品种，行销70多个国家和地区；出口生产厂家发展到224家，自营出口有38种商品。1994年出口商品供货值12.95亿元，创汇1.11亿美元。已建外商投资企业40余家，引进先进技术项目208个，利用外资7321万美元。与日本冈山、法国图尔两城市的友好合作关系进一步发展，与上海（杨浦区）、青岛等6个市结为友好城市，与26个省市区的50个城市建立了经济技术协作关系。

四、洛阳经济技术开发区

洛阳经济技术开发区规划面积3平方公里，起步区面积1.25平方公里。开发区北依洛宜铁路，南临龙门石窟旅游名胜区，东近焦枝铁路，西为开阔的伊洛河平原，距洛阳市中心约3公里，区内有历史上早已形成、商品辐射全国20多个省区、220多个县市的大型关林集贸市场，年商品交贸额在8亿元以上。这里地势平坦、山水秀丽，对外交往方便，投资环境良好，为中外客商旅游观光、投资建厂的理想场所。开发区自筹建以来，已完成基础设施投资5000多万元，区内主干道建成使用，路网密度为16.5%；开通4882门电话，规划建设的2万门程控电话邮电大楼已动工兴建；供排水管道铺设20公里，日供水能力达到5000吨；10千伏供电线路架设至区内，基本实现“三通一平”。批准进区项目达37个，总投资3.6亿万元，总投资2890万元的中国洛阳饮食城于1992年4月竣工；投资1亿元的洛阳轻纺大世界全部完成；投资1.5亿元的医药城西区主体工程已交付使用，还有20多个中外合资项目正在陆续开工，开发区建设框架和规模初步形成。

开 封 市

开封市位于河南省东部，黄河中下游冲积平原南端。全市总面积6444平方公里，其中市区面积359平方公里。1994年全市总人口445.67万人，其中市区人口73.06万人。国内生产总值67亿元。开封是我国首批24个历史文化名城，为七大古都之一。北宋时期，人口逾百万、货物集南北，豪华盖世，是当时全国的政治、经济、文化中心，有“国际都会”之称。

一、资 源 条 件

农副产品资源丰富 开封市具有优越的自然条件，盛产小麦、棉花、花生、大豆和西瓜等；养殖业以牛、羊、猪、鸡、兔为主；用材林多为泡桐、毛白杨、刺槐、榆树、柳树等；果树有苹果、梨、桃、李、杏、葡萄、石榴等。泡桐是开封重要的出口资源，西瓜和花生生产量居全省之冠，奶山羊为全国29个定点养殖基地之一。开封黄河鲤鱼、杞县酱菜、兰考泡桐、油豆腐乳、尉氏大青豆、朱仙镇五香豆腐干等，在国内外久负盛名。

油气资源前景可观 石油地质储量2.5～3亿吨，天然气485亿立方米，主要分布于兰考和开封县一带，是中原油田的重要组成部分，有些油井已具备开采条件。

旅游资源独具特色 开封老城在一定程度上保留着北宋风貌，棋盘式的城市布局，纵横交错的大街小巷，古朴典雅的建筑，淳厚的风土民情，星罗棋布的文物古迹，充分体现了历史文化名城的特色。新建的“宋都御街”古建筑群，规模宏大，15公里古城墙雄风犹存。开封市已被国家旅游局定为中原地区东部的主要旅游观光城市。

二、投 资 环 境

交通便利 陇海铁路横贯市区，京广铁路和即将建成的京九铁路东西为邻，还有4条地方铁路。开封黄河公路大桥的通车，加强了黄河南北广大地区的联系。国道310线和106线在此交汇，市、县、乡全部通柏油路，形成了以国道、省道为骨架，县乡公路相连接，四通八达的公路交通网络。郑汴洛高速公路郑州至开封段已开通使用，从开封至郑州仅需3刻钟。开封距郑州国际民用机场不足50公里，对外联系十分方便。

邮电通信日趋完善 现已开通万门程控电话，市区电话可直拨国内外，电传可通往世界100多个国家和地区。近期拟再引进3万门程控电话，建成3个市话分局和1个移动电话通讯机站。长途电话电路已达1200路端，80%的县乡实现电话自动化，

80%的农村通有电话。

城市基础设施比较齐全 新建扩建了一批桥涵道路、供排水、公共交通、住宅、园林绿化、商业服务网点等基础设施和社会事业项目,开发修葺了一批旅游景点,城市面貌有较大改观,综合服务功能逐步健全。日供水能力达到62.5万吨,自来水普及率达到100%,城市防洪能力达到20年一遇。开封火电厂装机容量33万千瓦,本市最大负荷为20万千瓦,剩余电力输入河南电网。新建城市道路35公里,增加了公共交通车辆,进一步完善和开发旅游景点。开封水系工程正在建设,城市绿化水平进一步提高。

投资软环境宽松 为了广交朋友,鼓励和吸引外来投资,市政府制定了一系列优惠办法,对来开封投资经商办企业者,在税收、征地、贷款、物资供应、生产经营、项目审批及生活服务等方面提供方便,实行优惠,确保投资者的自主权和经济收益。

三、主要产业开发现状

1. 农业 开封市是河南省重要的粮棉油生产基地之一。全市耕地面积567.1万亩,占国土面积的58.7%,人均耕地面积1.6亩,耕地比重和人均耕地均高于全省平均水平。1994年全市农业总产值51.8亿元,粮食总产量180.79万吨,棉花总产量5.48万吨,油料总产量21.54万吨。杞县、尉氏被国家批准为优质小麦商品基地县,兰考、通许、开封县被批准为粮食基地县。农业商品基地建设初具规模,初步形成了300万亩商品粮基地,120万亩优质棉花基地,100万亩花生基地,10万亩西瓜基地,3～4万亩桑蚕基地,10万亩石榴基地,50万只山羊板皮基地,5万亩淡水鱼基地。

2. 工业 开封工业门类较为齐全,有一定基础。1994年全市乡以上工业企业1174个,分为轻工、纺织、医药、食品、卷烟、电力、机电、化工、冶金、建材等32个行业,以轻纺、化工、医药为支柱,大中小型企业配套,轻重工业协调发展。阀门、空分设备、仪表、制药、毛纺等一批大型骨干企业在全国占有重要地位。1994年全市工业总产值131.3亿元,其中轻工业产值71.67亿元,占全部工业总产值的54.6%。

食品工业 以上等级、上水平、上质量、上规模,开发新产品,挖掘传统名、特产品,开拓国内外市场为发展方针。主要建设项目有:扩建开封啤酒厂、花生综合加工项目,新建日屠宰1.5～2万只肉鸡生产线和年处理小麦6万吨面粉厂,改造第一食品厂及中药厂等,组建啤酒企业集团和花生综合加工集团。

轻工业 以名、优、新产品为主导,以合成洗涤剂、肥皂、日用搪瓷、服装、皮革等拳头产品为重点,扩大生产规模,提高经济效益。主要开发项目有:桐木综合加工、新乡造纸厂改造、玻璃厂易折安瓶二期工程、搪瓷厂改造、塑料厂引进尼龙膜生产线、缝纫机厂改造等。

纺织工业 努力开发高、新产品,扩大花色品种,重点发展毛纺、服装、丝织品,合成纤维、毛绒等产品,完善棉毛纺织生产体系。主要建设项目有:尉氏棉纺织厂和兰考棉纺织厂扩建,第二毛巾被单厂改造,新建缫丝厂一期工程等。

化学工业 重点扶持优质化肥和农药生产。主要抓以下项目建设:开封化肥厂节能技术改造、化工总厂改造、化工三厂1万吨增塑剂易地改造等。

机电工业 以提高产品质量和经济效益为中心,以支援农业、装备工业、出口创汇为目标,对空分厂、高压阀门厂、轴承厂、电机厂、通用机械厂、仪表厂、汽车发动机厂、柴油机厂、联合收割机厂等陆续进行了技术改造,组建通用机械企业群体。

3. 第三产业 1994年,开封市第三产业得到了长足发展,其增加值达到22.66亿元,从业人员约22万人。开封的旅游业是其第三产业的支住,"以旅游业开路,推动全方位开放"已成为开封发展经济的基本思路。今后要继续完善宋都御街,重点抓好"水系"工程,逐步开发"陈桥驿"和"朱仙镇"两个新的旅游景点。交通、邮电、商业、饮食业、金融、房地产、保险、服务业等也得到较快发展,信息、咨询、租赁业等一些新兴第三产业不断发展壮大。

4. 对外贸易 随着改革开放的扩大,开封市逐步形成全方位对外开放格局,对外经济贸易、利用外资及对外经济技术交流等飞速发展。1994年外资出口创汇1614万美元,出口商品200多种,行销世界100多个国家和地区,主要大宗出口商品有:棉花、大蒜、原桐木、花生果、花生油、生猪、活牛、抽纱、服装、布胶鞋、强力霉素、庆大霉素等,工业品出口占60.7%。兴办三资企业71家,年内利用外资3837万美元。开封与山东淄博市、江苏连云港市、吉林省吉林市以及日本户田市、美国威奇托市结为友好城市;开封市在北京、上海、深圳、厦门、海口等地设立了办事处,作为对外联系的"窗口",与港澳台等地区进行经济往来。

四、开封经济技术开发区

开封经济技术开发区规划面积20平方公里,起步区面积5平方公里,于1994年4月被省政府批准为省级经济技术开发区。开发区位于开封市西部,紧靠市区。北有郑汴洛高速公路和310国道，南临陇海铁路，西为杏花营农副产品加工区，郑汴公路和310国道连接线贯穿开发区，内外交通便利。开发区是开封市建成区的自然延伸，本区域地势平坦、村庄少，土地的农业利用价值低，有利于规划和建设，有较大的发展余地。附近有10万吨/日水厂和220千伏变电压一座，可保证开发区建设和生产所需电力和用水。开发区享有市一级经济管理权限，统揽规划、土地、基础设施建设、工商企业注册登记等业务管理，投资环境良好。开发区自筹建以来，已注入基础设施投资近1亿元，基本实现“三通一平”。高标准区内道路已经开通，相继连络成格状网络，供热、供气、通讯可依托市区就近解决。正式批准进区项目有32个，其中工业项目24个，总投资3.9亿元，建成投产项目5个。开发区已经具备了扩大发展的良好基础。

1994年改革开发大事记

1月

6日 神马实业股份有限公司股票在上海证券交易所挂牌上市。

15日 经国务院批准，长葛县、偃师县、项城县撤县改市，均为县级，原行政区域不变。

2月

7日 中原航空公司购回3架波音737客机。

3月

30日 南水北调中线工程河南段线路确定，总干渠河南境内707公里，流经河南12个市地，建成后可为河南提供215立方米/秒的水量，覆盖全省51%的耕地。

4月

20～22日 全省扶贫开发暨农村工作会议在郑召开，传达了全国扶贫开发工作会议和中央农村工作会议精神，部署了河南省的扶贫开发工作和今后的农村工作。

5月

10日 为纪念老子诞辰2565周年，举行了'94中国鹿邑老子国际学术讲座会，来自日本、韩国、美国、香港、台湾等国家和地区及北京等20多个省市的140多位专家学者莅临大会，进行了学术交流。

6月

8日 省委、省政府作出到本世纪末稳定解决全省贫困人口温饱问题的决定。

15日 郑汴高速公路半幅开通，全长81公里，总投资10亿元。

7月

27～29日 省委五届九次全会在郑召开，作出了全面实施开放带动战略的重大决策，集中部署了河南省的对外开放工作，进一步明确了河南省对外开放的指导思想、目标和任务。

8月

16日 经国务院批准，撤销南阳地区和县级南阳市、南阳县，设立地级南阳市，并划分为卧龙区和宛城区。

19日 河南省党政机构改革方案经党中央、国务院批准，省直党政机构共设置54个，比现有的77个减少23个，精减29.8%。

9月

9日 省委、省政府在漯河召开了漯河综合配套改革现场办公会。

10～12日 国务院总理李鹏来豫考察，参加了小浪底开工典礼，并听取了河南省和洛阳市委的工作汇报，同洛阳国有大型企业的厂长和经理进行了座谈。

10月

7日～8日 河南省18个改革、开放、发展特别试点县(市)座谈会在济源市召开。

20～25日 '94全国糖酒交易会在郑举行，成交额达115.45亿元，创历届交易会之最。

11月

8日 郑州"四桥一路"桥名被河南银基房地产开发有限公司以2000万元竞买。

12月

15日 国家重点工程鸭河口电厂正式开工。该工程总投资48亿元人民币。

▲郑州至九龙集装箱直达快运列车开行，全程1804公里，每月对开4对列车。

26日 郑州至开封及郑州至薛店高速公路正式通车。

28日 平顶山尼龙66盐工程开工，该工程为国家重点工程，总投资24.56亿元，为我国最大的尼龙生产在建企业。

28～31日 全省计划暨经贸工作会议在郑召开。

30日 郑州"四桥一路"及北环路正式通车。

湖 北 省

主　　编：张忠文
副 主 编：方席珍　马清欣
编写人员：王筱惠　岑建德　夏敏谦　潘　进
曹建华　李　勇　习富理　刘道平
罗咏章　王有权

湖北省分目录

典 型 地 区

湖北省概况

面积：18.59 平方公里

人口：5656.77 万人

行政区划：2 个地区，1 个自治州，9 个地级市，22 个县级市，46 个县，1 个自治县。

省委书记：贾志杰

省人大常委会主任：关广富

省长：蒋祝平

省政协委员会主席：钱运录

湖北省国民经济主要指标（单位：亿元）

项　目	1994 年	1994 年比上年增长(%)
国内生产总值	1878.65	15.2
工农业总产值	3811.56	29.2
工业总产值	3024.72	34.9
重工业产值	1663.94	28.7
轻工业产值	1360.78	42.7
农业总产值	786.84	9.8
全社会固定资产投资	593.07	54.78
国有固定资产投资	401.16	45.4
社会商品零售总额	723.75	38.8
零售物价总指数(%)	124.60	24.6
职工工资总额	295.62	37.9

开发潜力巨大的湖北省

一、湖北的优势及制约因素

（一）区位

湖北省位于长江的中、上游，地跨中亚热带和北亚热带，又居中国地势第二阶梯向第三阶梯的转折地带，自然地理位置比较优越，经济发展具有较大的多宜性和回旋余地。

在经济区位上，全国若干重要的交通、通信干线穿越省境，在境内形成了武汉、襄樊、枝城 3 个综合性交通枢纽，以及武汉邮电通信枢纽，构成省域网络骨架，有利于湖北省在全国东西南北的物资、信息、商品交流中全方位融汇与接纳各方，为逐步扩大对外开放提供了条件。在全国生产力总体布局中，湖北省处于全国建设布局主轴线中的长江沿岸地带和二级轴线中的京广、焦枝铁路沿线地带以及京九铁路沿线地带的重叠区，长江沿岸地带和江汉平原已被列入全国重点开发区之中。

（二）优势

湖北省是全国自然条件较优越，自然资源较丰富的省份之一。经过长期的开发利用，特别是建国以来国家大规模的投资开发，自然资源优势已有相当一部分转化为经济资源优势，主要体现在以下几个方面：

1、以自然资源的良好组合为基础，形成了规模较大、门类较全、具有一定综合性的产业体系

湖北省具有多样化的自然条件和资源，在部分地域范围内，形成了较好的配套组合，并处在全国矿产、土地和气候资源的富集区域中，是全国总体生产能力较高和较为集中的省区之一。近40年来对各项资源进行了全面、综合的开发利用，形成了农、工、交通及轻、重工业综合发展的产业体系，在物质生产各部门内部，也都具有一定综合性。湖北省已成为全国实力较为雄厚的、重要的工业基地、农业基地及交通和通信枢纽。就产业的综合性而言，在全国具有较大优势。

2. 以大宗优势资源为基础，通过一系列加工转化，形成的专业化生产在全国占有较重要地位

(1)冶金原料——冶金工业——机械工业的加工转化。

湖北省是全国黑色金属矿产资源储量较丰富的省份之一，铁矿资源累计探明储量为23.81亿吨，保有储量为22.29亿吨，占全国保有储量的4.5%，居第六位。其中约四分之一分布在鄂东沿江的黄石、大冶、鄂州一带，这部分矿床采选较易、品位较高，还有较丰富的冶金辅助原料和水泥用优质石灰石，为冶金、建材等工业的发展提供了良好的资源条件。经过40年来的大规模开发建设，武(汉)鄂(州)黄(石)地区已成为全国著名的以冶金、机械、建材为主的重工业走廊；武汉市已建成为全国第三大钢铁生产基地和具有全国意义的机械工业基地；十堰市已成为全国第一大汽车工业基地；依托冶金工业发展起来的机械制造工业，固定资产原值和工业总产值居全国前列。湖北省冶金、机械、建材等为主体的原材料工业和加工工业在全国占有重要地位。

(2)农业自然资源——农业生产——轻纺工业的加工转化。

湖北省光、热、降水资源较丰富，并与农作物在生长季节内配合较好。江汉平原面积广阔、土壤肥沃、水源充足，经过长期开发，已成为全国著名的鱼米之乡，被列为全国十大商品粮基地之一，也是全国重要的棉花、黄红麻、苎麻和淡水养殖与禽蛋生产基地。鄂中丘陵和鄂北岗地也已发展成为粮食生产的重要基地。湖北省的稻谷、棉花、麻类及淡水鱼类生产均位居全国前列。依托丰富的农产品资源发展起来的纺织、食品为主的加工业在全国亦占有相当重要的地位。

3、其它开发潜力较大的优势资源

(1)水能资源

湖北省装机500千瓦以上可开发的水能容量为3310万千瓦，占全国可装机总容量的8.7%，居第四位，但目前开发还不到七分之一。

(2)水运资源

湖北省5公里以上的河流总长达35130公里，通航里程曾达12000多公里，居全国第五位。但目前通航里程仅有8000余公里，长江和汉江运输能力的利用率仅约20%。

(3)非金属矿资源

湖北省非金属矿资源丰富。已探明磷矿储量达30.1亿吨，高于云、贵，居全国首位；盐矿97.69亿吨，居全国第五位；石膏矿5.6亿吨，居全国第六位，其中优质白纤维膏储量居全国首位；水泥用石灰石矿居全国第八位。目前这些资源开发的规模和加工转化程度都还较低。

(4)农用非耕地资源

湖北省广义上的山区面积约占总面积的70%，其中宜林荒山和宜牧草山草坡共约1.6亿亩以上，在宜林、宜牧土地中，有些还可实行林牧兼作；全省水域广阔，可养水面达960多万亩。目前这些土地的利用率和产出率都很低。

(5)科技智力资源

湖北省全民单位自然科技人员约50万人，高等院校60多所，居全国前六位。县以上政府部门所属科研机构与科技人员数分别居全国第六和第七位。湖北省科技智力资源的主要数量指标远高于全国平均水平，但科技进步对经济增长的贡献率有待提高。

(三)劣势

湖北省国土资源虽然具有多方面的优势，但也存在着不少劣势，主要有以下三个方面：

1、矿能资源贫乏

湖北省是全国矿能总量最少的省份之一，煤炭探明保有储量仅占全国0.07%，居第二十五位；石油和天然气也仅占1%左右，分别居第十五位和十位。近几年来，一次能源自给率只有40%，能源消费水平也偏低，大部分指标均居全国中、下水平。

2. 农业自然资源开发中的制约因素较多

湖北省是受洪水威胁和危害严重的省份之一，长江、汉江部分河段河床高于两岸，特别是荆江河段最为突出，每当汛期来临，水位高出两岸地面10～16米，情势险峻。其次，旱涝灾害发生频繁。湖北省北部易旱，南部易涝，特别是重要的农业生产基地江

汉平原和鄂北地区，分别受涝渍灾害与旱灾的威胁危害，对农业生产发展有很大的影响。此外，湖北省平原面积少，山地和丘陵面积大（两者合计占总面积的70%）。广大山区虽有发展林、牧、特的条件，但总体上讲，自然生产力较低，部分山区还存在水土流失等生态问题，这些都对农业发展有一定制约作用。

3、人口数量大，增长速度快

从1985年开始，湖北省人口自然增长率呈现逐年上升趋势，目前又进入新的生育高峰期，态势十分严峻。

（四）社会、经济发展水平

从社会发展水平看，全省每万人口中，大专以上文化程度的人数低于全国平均水平，文盲率高达25%，且呈扩大趋势；全省每万人口中自然科技人员的拥有量比全国和中部地带平均水平高，但在工业总产值中科技进步的贡献率低于全国平均水平；城镇化程度低于全国平均水平，人均消费水平比全国平均水平和东部地区平均水平低。

从经济发展水平看，湖北经济实力较强，工业化程度较高。人均社会总产值和国民收入比全国和中部地区高，但是经济效益不够高，百元资金利税率比全国和东部地带低。

通过对反映社会、经济发展水平的18个指标的对比分析，湖北省高于中部地区60%的有人均固定资产投资额；高于30%的有人均社会总产值、人均国民收入和全民全员劳动生产率；高于20%的有每万人拥有科技人员数和人均发电量；其余11个指标比中部略高或持平。这表明湖北省社会、经济发展水平仅比中部地带平均水平稍高；与全国平均水平相比，有些重要指标，如资金利税率、科技进步贡献率等偏低。因此，从经济社会发展总体水平上衡量，湖北省在全国处于中等偏上的地位。

（五）主要问题

1．整体效益发挥不理想

湖北省经济资源，特别是工业经济资源存量规模较大，居全国前列。长期以来，由于过分依赖存量规模的扩大而忽视存量调整与更新，重视速度而忽视效益，使经济存量在运行过程中的能耗和物耗偏高。

2、高能耗、高物耗、大运量的资源型产业结构，同能源、原料、运力、市场的矛盾突出

（1）高能耗同能源短缺的矛盾

全省矿能资源贫乏，与偏重型的工业结构之间存在着如下矛盾：一是总量上的矛盾。全省能源消耗以工业消耗为主，在工业能耗中又以重工业，特别是冶金、化工、建材三个部门为主。在全国7个重工业能耗高的省市（辽宁、山东、四川、湖北、黑龙江、上海、江苏）中，其它省市能源资源或分配供给都优于湖北。其中，辽、鲁、川、黑矿物能源资源丰富，一次能源自给有余；沪、苏能耗以电为主，国家电网调度分配的保证率较高；唯湖北一次能源消耗量大且自给率低，大部分需调入，调人量居全国第四位。二是结构上的矛盾。湖北能源的资源和生产结构是缺煤、少油、少气，水电有一定优势但外送比例较大。全省能源消耗以煤为主，煤炭供需矛盾突出。

（2）高物耗同原料不足的矛盾

冶金、纺织等行业是湖北省支柱产业，均属于资源型或资源初加工型产业，但因加工层次低，原材料消耗大，加之农业、矿产等资源开发又不充分或资源本身贫乏，供需矛盾突出。

（3）大运量同铁路运力紧张的矛盾

近年来铁路运输承担运量持续增长，而过境运量已达43%；南北铁路干线运力已经饱和，在境内时有卡口；运量中以煤炭、矿建冶炼物资为主，占用运力比重较大。

（4）加工转化层次低同市场的矛盾

本省工业对资源依附性较大，资源加工转化程度较低，与市场需求矛盾突出，表现为产品结构的“三多三少”，即：原材料多，加工产品少；初级加工品多，深加工品少；一般产品多，高、精、尖、新产品少。

3．工业装备现代化程度低

全省工业生产性固定资产总量虽居全国第七位，但设备有70%是七十年代及以前的，加之长期以来技术改造不力，导致能耗和物耗高，这也是经济效益不高的重要原因。

4．人口和劳动力素质偏低

全省文盲和半文盲占全省总人口的25%。从劳动力总体上看，文化程度低，技术素质差。全省从业人口中有一半以上文化水平在小学及其以下：每万人口中平均只有科学家和工程师3.66人；每万农业劳动力中只有农技人员7.88人；工业中有三分之二的劳动者未经培训就上岗。

二、区域开发的基本思路

（一）充分发挥武汉市的“龙头”作用

进一步增强和发挥武汉市在全省区域经济发展中的中心地位和“龙头”作用，促进全省区域经济布局合理化。充分利用武汉在区位条件、科技实力、经济基础等方面的综合优势，加大开放开发力度，全方位、高起点、多层次地与国际市场接轨，加速实现经

济发展的市场化、现代化、国际化。将武汉市建成“四城”（钢铁城、商业城、科技城、汽车城）雄踞、“三区”（东湖高新技术产业开发区、武汉经济技术开发区、阳逻经济技术开发区）崛起、“两港”（武汉长江航运港、武汉天河机场国际航空港）完善的特大城市，使武汉成为整个长江经济带乃到我国中部地区强大的工业基地和贸易、金融、交通、科技、信息中心，以及开放型、多功能、现代化的国际性大城市。

（二）服务三峡，呼应浦东，加快长江经济带开放开发

（1）积极利用三峡工程建设的机遇，带动我省有关服务行业和配套产业的开发建设。主要是大力发展第三产业，重点发展交通业、通信业、商业、对外贸易、金融业、旅游业、房地产业、居民服务业和文教卫生事业等，为三峡工程提供良好的后勤服务。积极发展建材、冶金、机电、农业（主要是蔬菜、副食）等为三峡建设服务配套的产业和产品，参加三峡工程的投标竞争；充分利用三峡工程的建设机遇，调整产业结构和生产力布局。

（2）创造条件，主动配合，迎接辐射，在国家的统一规划和合理布局下，优化资源配置，密切与长江三角洲和沿江各省市的联系，加强协作，优势互补，增强区域经济的实力和竞争力。具体来讲，可以实行优势互补，共同开发本区资源，利用浦东和沿江地区作窗口，创办出口加工企业和出口加工区；利用本省基础较好的冶金、机械、电子、化工、轻纺、建材企业群，按照专业化分工的原则，加入以浦东有关企业、项目为龙头的企业集团；联合拓宽对外经贸渠道，联合出口展销、推销等。

（3）搞好长江经济带的开发建设。随着全国开放开发重点由沿海向沿江的推进和延伸，湖北依托武汉，呼应浦东，服务三峡，将迎来全省长江经济带开发建设的高潮。要根据我省沿江各区段的特点，在开发布局上有所侧重，合理配置和展开长江经济带的建设。按照发挥优势、各展其长的原则，东段（武汉——黄梅）应重点建设武（汉）鄂（州）黄（石）冶金、机械、建材、服装等工业走廊和葛店经济技术开发区、武汉东湖高新技术产业开发区、沌口汽车产业开发区、阳逻经济技术开发区；中段（武汉——枝江）应重点建设和完善武汉到荆沙轻、化、纺工业走廊及高产优质高效创汇农业带；西段（枝江——巴东）以三峡工程建设为重点应形成全国最大的水电工业基地和旅游热线。通过全方位开放开发与分区段布局的有机结合，最终将湖北沿江地带建设成为以大运量工业为主体的经济走廊，并在一些区段建成新技术产业开发区、商品率较高的农业专业化生产基地、外贸出口基地、电力工业基地和风景旅游区。

（三）以长江开放开发为主轴，拓展和完善省内四大经济区。

我省在区域开发和生产力布局上，要采取沿江重点突破和腹地协调发展相结合、择优和扶贫相结合的方针，以长江沿岸地区为主轴，重点抓好沿长江、汉江几个重点地区的开放开发，并积极创造条件扶持外围山区和贫困地区的开发，同时按照因地制宜、各展其长、优势互补、协调发展的思路，合理确定各个不同区域的发展方向和任务，形成合理的经济区划和生产力布局框架。

（1）鄂东经济区。范围包括武汉、黄石、鄂州、孝感市及黄冈、咸宁地区。这一地区要以武汉市为依托，以鄂东沿江黄石、鄂州、黄州三角地带为主体，以孝感、咸宁为两翼，以区内长江、京广铁路、京九铁路、武黄公路等主要交通干线为纽带，充分发挥区位优越、交通便利、资源丰富、基础较好所形成的整体优势，加强区域内外的横向经济联系，重点建设和完善鄂东沿江地带的开发建设布局，进一步调整和优化该地带的产业结构，加快传统产业的更新、改造和提高，重点完善鄂东冶金走廊。同时，适当新建一批技术起点高的大项目，致力于发展高、精、尖的附加值高的产品。加快发展第三产业。注重发展大中城市周围各具特色的城域郊型农业，在平原湖区，建设粮、棉、油、禽、蛋、鱼等农副产品生产及加工基地。形成以冶金、机械、建材、电力、服装等工业为主体，农业集约化经营水平较高，第三产业比较发达的综合经济走廊。在搞好鄂东沿江地带开发建设的同时，注意充分发挥京九铁路在本区开发建设中的作用，加强沿铁路和公路干线地区的开发建设，注意和搞好桐柏—大别山区及幕阜山区的开发建设。

（2）鄂中南经济区。范围包括荆沙市、荆门市及天门、潜江、仙桃市。这一地区要以荆沙市和荆门市为中心，以区内众多中小城镇为依托，以长江、汉江及汉沙公路等主要交通干线为纽带，充分发挥农业资源和磷、盐等非金属矿产资源丰富、腹地广阔、区位条件好、已经具有较好经济基础的综合优势，进一步扩展建设布局。加快区内防洪、排涝体系建设和完善，提高抗灾能力，进一步建设好以粮、棉、油、水产品为主的综合性创汇农产品生产基地。充分利用三峡工程建设后效，争取国家在本地区配置和安排一些较大的工业，大力发展石油化工、磷化工和盐化工，巩固提高轻纺工业的整体水平。加快乡镇企业和第三产业的发展步伐，使本区成为以创汇型农业、轻纺、石油化工、盐化工、磷化工和精细化工为主的新兴产业区。

(3)鄂西南经济区。范围包括宜昌市、鄂西自治州和神农架林区。这一地区要以宜昌市为中心,以三峡工程开工建设为契机,依托和服务三峡工程带动区域经济发展,要大力扶持少数民族地区和山区以脱贫致富为主的经济开发。以长江为发展轴,沿长江、清江拓展建设布局,充分利用能源充足、资源富集的优势,加快本区水电资源的开发步伐,在配合国家搞好三峡工程建设的同时,注意搞好清江流域的梯级开发及山区小水电资源的开发。同时,要进一步搞好本区交通通信基础设施建设。做好川汉(经恩施)铁路建设的前期论证及有关准备工作,积极开发利用矿产资源、旅游资源及丰富多样的林特资源。使本区建成为全国最大的电力供应基地,大耗电、大耗水、大运量的原材料工业基地,以柑桔、林业、畜牧业为主的农业商品生产基地及全国重要的旅游区之一。

(4)鄂西北经济区。范围包括襄樊市、十堰市和随州市。这一地区要以襄樊市区及十堰市区为中心,以汉丹铁路和汉江为纽带,充分发挥汽车工业基础好、鄂北岗地农业开发潜力大、山区林特资源丰富等优势,大力发展汽车工业以及为汽车配套的电子、化工、纺织工业和农副土特产品加工业。加快鄂北岗地农业综合开发的农产品生产基地建设及山区丘陵林特资源开发。配合南水北调工程建设,搞好汉江航道整治和水能开发。积极开发武当山、古三国遗迹和丹江库区等旅游资源。形成以汽车工业为主体的工业、农业和旅游业兼备的经济区。在优化全省四大经济区布局的过程中,还有一个十分重要的问题,就是要注意搞好老少边山穷库区的开发建设,加快山区脱贫致富奔小康的步伐,做好为山区大规模开发打基础的前期性、区域性建设工作(如区际交通干线的建设等),并应视情况尽早起步。重视和帮助少数民族地区发展和繁荣经济,逐步实现各民族、各地区的共同富裕。

国民经济和社会发展及改革开放状况

1994 年是湖北省改革开放和现代化建设取得突破性进展的一年。湖北省上下认真贯彻落实中央"二十字"方针，结合湖北的实际，加大改革开放和经济建设力度，狠抓工作落实，国民经济呈现总供给和总需求稳定增长，总量关系保持基本平衡的良好态势。初步统计，全年国内生产总值 1820.41 亿元(不变价 1365 亿元)，比上年增长 15.2%，其中第一产业 466.36 亿元，增长 7.8%；第二产业 794.40 亿元，增长 21.8%；第三产业 559.65 亿元，增长 12.7%。经济运行中的主要问题是：市场物价涨幅过高，农业基础还比较脆弱，国有企业生产经营的困难和问题比较多，经济发展和社会分配不平衡的问题比较突出。

(一)农业

湖北省采取一系列举措，认真贯彻落实中央农村工作会议精神，农村经济发展呈现可喜的局面，粮、棉、油、猪、水产品全面增长。1994 年农业总产值 786.84 亿元(不变价为 512.48 亿元)，比上年增长 9.8%。

主要农产品产量如下：

	1994 年	比上年增长(%)
粮食	2422.10 万吨	4.1
其中谷物	2228.80 万吨	3.7
棉花	45.00 万吨	5.9
油料	137.77 万吨	23.3
其中：花生	24.81 万吨	20.0
油菜籽	98.07 万吨	25.2
烤烟	5.80 万吨	-33.3
茶叶	3.59 万吨	5.5
蚕茧	2.08 万吨	28.2
水果	68.41 万吨	21.3

林业生产发展速度趋缓。1994 年湖北省完成造林面积 342 千公顷，比上年降低 5.3%，但造林质量提高，国家林业重点工程建设进展顺利，森林防火和病虫害防治工作进一步增强。

畜牧业继续稳定发展，肉、禽、蛋产量和牧畜存栏、出栏头数大量增加。主要畜产品和牲畜存栏头数如下：

	1994 年	比上年增长(%)
猪牛羊肉总产量	213.94 万吨	17.6
其中：牛羊肉	8.03 万吨	54.4
肉猪出栏头数	2516.00 万头	17.3
猪年末存栏头数	2339.00 万头	8.0
羊年末存栏头数	185.13 万头	24.8
大牧畜年末存栏头数	385.64 万头	4.9

渔业生产再创纪录。1994 年湖北省水产品产量达到 126.90 万吨，增长 25.3%，有效地满足了城乡居民的生活需求。

农业生产条件有所改善。1994 年湖北省农业机械总动力达 1136.0 万千瓦，比上年增长 2.4%；大中型拖拉机 7.4 万台，下降 6.1%；小型拖拉机 19.0 万台，增长 11.8%；农用载重汽车 1.4 万辆，增长 6.1%；化肥施用量达 200.2 万吨，比上年增长 9.4%。但农业投入严重不足，乱占耕地现象仍较严重，农田水利设施建设滞后。

(二)工业和建筑业

1994 年全省第二产业高速增长，共创增加值 794.4 亿元，增幅高达 21.8%，第二产业增加值占国内生产总值的比重达 43.6%。

工业生产在投资和市场的拉动下，创改革开放 16 年来的最高水平。1994 年全省乡及乡以上工业完成总产值 2202.5 亿元(不变价为 1755.4 亿元)，比上年增长 25.0%；其中国有工业完成总产值 1412.0 亿元，增长 10.6%；集体工业完成总产值 666.7 亿元，增长 43.1%；其它工业完成总产值 123.8 亿元，增长 1.7 倍。

轻工业发展步伐明显加快,全年乡及乡以上轻工业完成总产值870.6亿元,增长27.9%;重工业完成总产值1331.9亿元,增长22.8%;轻工业高于重工业增幅5.1个百分点。受市场需求变动影响,主要工业产品产量有升有降。

主要工业产品产量如下:

	1994年	比上年增长(%)
纱	43.41万吨	7.8
布	16.09亿米	0.5
机制纸及纸板	56.40万吨	13.5
糖	0.77万吨	-51.9
原盐	165.77万吨	-2.4
合成洗涤剂	12.69万吨	6.4
电视机	15.88万部	-22.4
家用洗衣机	20.55万台	35.0
家用电冰箱	1.15万台	38.1
手表	95.51万只	-1.6
自行车	125.94万辆	-25.8
原煤	972.48万吨	13.3
原油	87.01万吨	7.4
发电量	428.67亿千瓦小时	7.8
其中:水电	284.50亿千瓦小时	12.7
钢	722.77万吨	0.2
成品钢材	645.67万吨	0.7
生铁	625.13万吨	2.2
金属切削机床	4990台	-71.0
十种有色金属	12.18万吨	27.0
水泥	1507.90万吨	9.2
平板玻璃	244.58万重量箱	23.2
汽车	18.05万辆	-6.6
纯碱	29.80万吨	3.4
化肥(折纯)	176.66万吨	12.5
化学农药	1.87万吨	12.7

1994年,工业企业经济效益综合指数由上年的94.98提高到102.58,其中工业产品销售率由96.5%下降到94.9%;资金利税率由11.12%提高到11.47%;成本费用利润率由4.88%下降到4.86%;流动资金周转次数由1.63次减慢到1.40次;按增加值计算的全员劳动生产率提高43.1%。工业增加值率由上年的28.3%提高到32.1%。国有企业亏损面为33.8%,比上年上升1.9个百分点,亏损额达17.79亿元,上升了24.7%。

建筑业发展势头好。全年国有建筑业增加值为38.1亿元,比上年增长46.5%。国有建筑施工企业房屋建筑竣工面积为480.8万平方米。国有建筑企业全员劳动生产率为39562元/人,比上年提高59.6%。建筑企业经营业务由原来单纯从事建筑材料、机械租赁等逐步扩大到交通运输业、房地产业、商业贸易等领域,但与全国同行业比,其经济效益较低,工程质量下降等问题仍较突出。

(三)固定资产投资

全年全社会完成固定资产投资548.2亿元,比上年增长43.1%;其中基建投资完成265.7亿元,增长43.7%;更改投资完成101.3亿元,增长28.2%;房地产投资完成58.7亿元,增长58.6;但固定资产投资结构不尽合理,农业投入比重下降,高档写字楼、商贸楼、娱乐设施上得较多。

1994年,除集体和个体以外的投资完成额中,第一产业为6.5亿元,比上年增长27.7%,所占投资比重略有下降;第二产业为226.8亿元,增长73.0%,所占比重由上年42%上升到50%,其中能源、原材料工业所占比重比上年提高4.8个百分点;第三产业为198.2亿元,增长61.6%,所占比重由39.3%上升到43.6%,其中运输业、邮电业完成投资82.6亿元,比上年增长51.1%,投资比重比上年增长1.3个百分点。

1994年,基建和更改新开工5万元以上项目3617个,建成投产的大中型基本建设项目8个,建成投产大中型单项工程项目4个,限额以上更新改造项目1个。建设完成的重点项目、大型工程主要有:武汉阳逻电厂30万千瓦火电机组;武汉天河机场;东风汽车公司年产15万辆载重汽车项目;湖北化纤总厂年产1万吨化纤项目;江汉油田盐化工厂年产30万吨原盐项目;恩施天楼地枕水电站2.52万千瓦机组;清江隔河岩水电站2台共60万千瓦机组以及沙市水厂日产15万吨自来水项目等。

1994年,全省通过基本建设新增加的主要生产能力有:原煤开采8万吨/年;发电机组容量94万千瓦,其中水电64万千瓦;水泥29万吨/年;硫酸4万吨/年;合成氨1.5万吨/年;磷矿开采250万吨/年;自来水供水能力27万吨/日;市内电话交换机13万门;新建一级公路70公里等。

(四)运输邮电

运输邮电业稳步发展,全年完成增加值86.3亿元,比上年增长9.3%。一批大型交通重点项目建成投产，运输条件继续改善，全社会运输量稳步增长，其中铁路货物周转量和旅客周转量分别比上年增长5.9%和7.3%；公路分别比上年增长3.8%和4.7%；水运比上年有所下降；民用航空发展迅速，货物周转量和旅客周转量分别比上年增长18.8%和43.6%。

邮电通信事业发展取得新成就。全年完成邮电业务总量19.2亿元，比上年增长47%，特快专递、无线寻呼和移动电话分别比上年增长了1.8、1.4和3.0倍。长话电路发展到3.3万路，增长60.0%，市内电话达76.3万户，农村电话达17.4万户，分别比上年增长69%和77.6%。

（五）国内贸易和市场物价

国内消费品市场活跃。1994年湖北省社会消费品零售总额685.0亿元，比上年增长36.9%（扣除价格因素，实际增长9.2%）。其中城市393.4亿元，增长41.9%。县及县以下291.7亿元，增长30.6%。分经济类型来看，在全省社会消费品零售总额中，国有经济为226.7亿元，比上年下降5.2%；集体经济143.7亿元，增长8.1%；其它经济类型达314.6亿元，增长1.45倍。国有、集体和其它经济类型实现的社会消费品零售额所占比重分别是33.1%。21.0%。45.9%。市场商品供应充足，居民消费的质量、档次进一步提高。

生产资料市场偏淡，交易量有较大幅度的下降。1994年，全省物资供销企业购进生产资料306.5亿元，比上年减少17.0%；销售344.7亿元，减少12.5%。

1994年物价总水平一直在高位运行。全社会零售价格和居民消费价格指数分别比上年上涨24.6%和25.3%。在向市场经济转轨过程中，市场物价上涨有其必然性，虽然大多数居民的经济承受能力和心理承受能力有所加强，但部分低收入家庭实际收入水平下降，生活比较困难。

1994年各类价格比上年上涨幅度(%)

1. 居民消费价格	25.3
其中：城市	27.0
农村	24.1
2. 零售物价	24.6
其中：食品类	41.2
粮食	60.3
油脂	61.9
服装、鞋帽类	20.3
日用品	16.7
文化体育用品	11.6
书报杂志	29.6
中西药品类	12.1
建筑装璜材料	11.4
燃料	10.1
3. 服务项目价格	18.7
其中：城市	16.9
农村	19.4
4. 工业品出厂价格	26.2
5. 农业生产资料价格	22.4
6. 农产品收购价格	47.2

（六）对外经济

外汇、外贸改革顺利推进，对外贸易蓬勃发展。1994年，全省进出口总额达28.5亿美元，比上年增长11.9%；其中出口总额21.0亿美元，比上年增长24.4%；进口总额7.5亿美元，下降12.8%。

1994年，湖北省委、省政府为发展外向型经济，在组织领导、投资环境、鼓励政策等方面采取了一系列措施，招商引资工作继续推向深入，全年新批准"三资"企业1418家；外商实际直接投资达6.02亿美元，比上年增长13.2%。

国际旅游业取得好成绩。全年旅游人数20.1万人次，比上年减少13.0%，但单客在省旅游消费增多，旅游创汇达5412万美元，比上年增长18.0%。

（七）金融

1994年金融部门加强信贷宏观调控，大力组织存寺，调整贷款结构，保证了国家重点建设和工农业生产以及农副产品收购等合理的资金需要，有力地支持了国民经济持续、快速、健康发展。1994年末，银行各项存款余额为1043.8亿元，比上年末增长30.7%；其中企业存款余额为445.2亿元，比上年末增加176.3亿元。银行各项贷款余额为1396.8亿元，比上年末增加234.2亿元，增长20.2%；其中短期贷款1039.2亿元，增长23.7%，中长期贷款328.0亿元，增长43.0%。

（八）科学、教育、文化、卫生、体育

1994年，湖北省委、省政府批准了科技兴鄂计划实施纲要，大力加强科技成果转化，进一步推进了科技事业的发展。全年共取得省部级以上重大科技成果571项，其中国家计委项目有32项，省部计划项目179项，计划外项目360项。科技成果整体技术或单项技术水平比上年有所提高，达到国际先进水平以上的有64项，其中国际领先的有6项；达到国内领先水平的252项，国内先进水平的有255项。1994年度已经应用的成果有3981项，应用率为77.9%，比上年提高8.1个百分点。1994年，全省技术市场共签订技术合同7316项，成交金额11.5亿元。

各类教育事业取得新成就，普通高等教育规模继续扩大。1994年招收研究生4063人，比上年增加863人；在校研究生9837人，增加2049人。普通高等学校招收本、专科学生5.3万人，减少1610人；在校普通高校学生17.0万人，增加1.4万人。中等职业技术教育不断发展。1994年各类中等职业技术学校在校学生23.7万人，比上年增加3.3万人。

基础教育又有新的发展。1994年，全省初中在校学生204万人，小学在校学生646万人，小学学龄儿童入学率为99.1%，小学毕业生升学率为85.4%，普通初中和小学学生辍学率分别为6.8%和1.8%。

成人学历教育招生增加，多种形式的技术培训进展喜人。1994年成人高等学校招收本、专科学生7.1万人，比上年增长35.7%；在校学生16.6万人，增长35.8%。成人中等专业学校在校学生13.9万人，增加2.7万人。成人技术培训学校培训学员118.5万人次。成人中小学在校学生21.2万人。全年共扫除文盲18.6万人。

文化、行政管理事业欣欣向荣。1994年末，全省共有艺术表演团体104个，文化馆181个，公共图书馆101个，博物馆82个，档案馆134个，广播电台69座，中、短波广播发射台和转播台34座，电视台53座，1千瓦以上电视发射台和转播台50座，各类电影放映单位6243个。1994年末，全省医院共有病床13.5万张，专业卫生技术人员22.5万人，其中的护师、护士6.4万人。

体育事业蓬勃发展，群众体育活动推向深入。在1994年度重大国际比赛中，我省运动员共3人(队)6次打破世界纪录。各类学校普遍推进《国家体育锻炼标准》，有效地增强了青少年的身体素质，巩固了湖北体育在全国的领先地位。

(九)人口与人民生活

1994年全省人口出生率为18.17‰，死亡率6.68‰，人口自然增长率11.49‰。1994年末全省人口5718.81万人，比上年末增加65.33万人。

居民收入稳步增加，人民生活继续改善。1994年城镇居民人均生活费收入3006元，比上年增长37.2%，扣除价格因素实际增长9.5%；农村居民人均纯收入1170元，比上年增长49.4%，扣除价格因素，实际增长6.3%；但地区之间、城乡之间收入差距扩大，部分低收入居民家庭实际生活水平下降。

劳动领域的改革步伐加快，劳动就业服务体系进一步完善。1994年，各级职业介绍所发展到1231个，全年城镇新增就业人口21.3万人，年末城镇失业率为2.6%。1994年末全省职工人数为744.9万人，比上年末增加11.2万人。职工工资水平进一步提高，全年职工工资总额达290.1亿元，比上年增长29.2%；职工平均工资3921元，增长26.4%。

社会福利事业不断发展。1994年全省各类社会福利院床位达6.1万张，收养5.1万人；城乡各种社会救济对象得到国家救济(不含自然灾害救济)的达122.2万人次。城镇社会服务网络也有较快发展，已建立起各种社区服务设施7124个，47.4%的乡镇建立了社会保障网络。

环境保护事业日益受到全社会的重视。1994年末，全省环境保护系统有工作人员4267人，自然保护区18个；建成烟尘控制区95个，面积582.7平方公里；建成环境噪声达标区117个，面积316.9平方公里。

(十)经济体制改革

湖北省认真贯彻落实中央关于“抓住机遇，深化改革，扩大开放，促进发展，保持稳定”的方针，农村以家庭联产承包为主的责任制和统分结合的双层经营体制得到巩固和完善，规模经营和农村股份合作制经济发展取得了新的突破，工业企业转换经营机制的工作，已全面铺开，建立现代化企业制度起步势头较好，目前全省实行股份制改造的企业已达1600家，工业企业集团发展到160家。市场机制作用在生产、建设、流通、分配各个领域不断扩大和增强，特别是1994年国家出台的财税、金融、投资、外贸、价格、流通等宏观经济管理体制改革的措施在我省实施进展顺利，为初步建立社会主义市场经济体制基本框架奠定了基础。

典 型 地 区

黄 石 市

黄石市1950年8月建市，现辖大冶市和黄石港、石灰窑、铁山、下陆4个城区，总人口142.7万人，总面积1850平方公里。其中市区人口58.7万人，面积227平方公里。1993年经国务院批准，黄石成为沿江对外开放城市，并相继开关、开港。

一、经济发展

经过建市45年来大规模的经济建设，黄石已由昔日古老破败，人口不足2万的沿江小镇，发展成为以冶金、建材、机械、化工、纺织、轻工、食品等为支柱、门类比较齐全的工业城市。1994年，全市国内生产总值54.4亿元，社会总产值165.6亿元，人均国内生产总值3812元。特别是近几年来，随着市场经济的发展，各类市场体系建设迈开了大步，促进了第三产业的蓬勃发展。1994年全市第三产业增加值18.4亿元，占国民生产总值的比重由1990年的20.1%上升到33.80%，一、二、三产业比重为8.5：57.7：33.8。黄石市正由单纯的工业城市向工贸城市迅速转变。

(一)工业

黄石市是以原材料工业为主的重工业城市。1994年全市乡及乡以上独立核算工业企业有627家，其中大中型企业50家；全部工业总产值135亿元，固定资产原值56亿元，净值36亿元。

1994年主要工业产品产量如下：

钢	78万吨	钢材	65万吨
水泥	285万吨	电解铜	3万吨
改装汽车	1200辆	原煤	153万吨
纱	23700吨	发电量	29亿千瓦时
布	4142万米	轮胎外胎	36万条
服装	657万件	冷柜压缩机	35万台

党的十一届三中全会以来，在"改革、开放、搞活"方针指引下，黄石在全市农村组织实施"服务城市、富裕农村"的城郊型经济发展战略，促进了农村经济的迅速发展。1994年，全市农村社会总产值57.8亿元，按可比价格比1990年增长138.2%；农业总产值9.5亿元，按可比价格比1990年增长21.7%。其中种植业占农业总产值的56%，林业占2%，牧业占25%，渔业占17%。农副商品基地建设取得了突破性的进展。到1994年，全市已建成蔬菜基地13000亩，果园4.5万亩，1000头以上规模的养猪场9座，现代化养鸡场3座，养殖水面19万亩，其中千亩以上的水产养殖水面11处；庭院经济日益活跃，瘦肉猪、名贵鱼、精细菜、高档茶的比例日渐加大。1994年主要农副产品产量如下：

粮食	29.96万吨	棉花	708万吨
油料	1.45万吨	牲猪出栏	30.14万头
水产品	2.24万吨	蔬菜	12.20万吨
水果	1564吨	禽蛋	3887吨
牛奶	425吨	苎麻	952吨

黄石市乡镇企业在改革开放中发展迅速，已成为黄石经济上台阶的主要支撑点之一，特别是近两年按照"城乡结对、一体发展"的思路，乡镇企业以本地资源为基础，以城市大工业、大市场为依托，初步形成了农产品加工、建材、采掘、纺织为主的产业格局。1994年乡镇企业总产值42.6亿元(90年不变价)，比1990年增长3.16倍，年均增长42.9%。其中乡镇工业总产值23亿元，比1990年增长2.76倍，年均增长39.2%，占全市工业总产值25.6%。

(二)财政、金融、贸易

财政金融：1994年，财税体制改革初见成效，新税制顺利实施，财政收入稳步增长，全市地方财政收入完成61350万元，比上年增长19.3%；地方财政支出43944万元，比上年增长18.6%；年末银行各基存款余额37.2亿元，其中城乡居民储蓄存款25.9亿元，年末银行各项贷款余额55.18亿元。

商业、服务业：改革开放以前，在"先生产、后生活"的思想指导下，商业、服务业的发展相对滞后。改革开放以来，为了适应市场经济发展的需要，实行了一系列促进商贸市场发展的政策、措施，使商业、服务业得到极大的发展，从而确立了黄石在鄂东地区的商业中心地位，成为鄂、赣、皖三省毗邻地区重要的商品集散地。全市营业面积在1万平方米以上的大型综合性商场5家，商业、饮食业、服务业网点2万个，从业人员6万多人，城乡集贸市场86个。平均每万人拥有商业饮食服务网点131个，营业人员395个。市区商业网点密布，商业街不断扩展，特色街、专业街逐步形成，以一批重点市场、商场为骨架，构成了鄂东地区最大的商业中心。1994年社会商品零售总额25.12亿元，比1990年增长109.3%，年均增长20.2%。

外经外贸：出口商品达100余种，出口创汇企业122家，其中年出口额100万元以上的有31家，形成了三资企业、乡镇企业、外贸企业和联营出口企业四路大军齐头并进的大外贸格局。1994年，外贸出口总额达8025万美元，比1990年增长12倍。对外经济、技术、文化的合作与交流遍及世界60多个国家和地区。到1994年底，全市累计利用外资总额2.8亿美元，引进了冶钢170无缝钢管、冷柜压缩机、汽车离合器、“诺兰达”炼铜炉等26条具有国际先进水平的生产线。全市登记注册的“三资”企业达到244家，“三资”企业总产值达8.5亿元。

二、基础设施建设

建国以来，特别是改革开放以来，黄石的交通、邮电事业和城市建设飞速发展，交通网络四通八达，邮电通讯日益现代化，城市建设向大城市过渡的格局已经展开。今日之黄石，不仅是鄂东地区的交通、通讯中心，也是联接华东、华中两大经济区的枢纽。

（一）交通

黄石地处长江中、下游交接地，水运得长江之便，江岸线达20公里，现有码头47座，其中外贸码头拥有两个5000吨级、年吞吐能力70万吨4个泊位，常年可通航5000吨级远洋货轮。铁路有大沙和武大两条干线，东至九江与华东路网相通，西达武汉与京广线相接，与我国最发达的华东、华南沿海地区的来往极为便捷。公路干线纵横交错，106、316国道在境内交汇，全省第一条高等级公路将黄石至武汉的距离缩短到70公里，在建的长江公路大桥，1995年底建成通车后，将进一步增强黄石对大别山老区乃到中原腹地的辐射功能。1994年，全社会货运总量3900万吨。

（二）邮电通讯

1994年末，全市拥有邮电局(所)40所，电话总容量达到466800部，黄石不仅已开通“大哥大”、“BP”机业务，而且进入全国长途电话自动网络，可与160多个国家和地区直拨通话。全市每百户电话拥有量达到26部。1994年，全市邮电业务总量7416万元，比1990年增长4.6倍，年均增长53.88%。

（三）城市建设

黄石是座工业城市，历史上形成了先有工业、矿山，后有城市的格局，经济发展与城市建设相对滞后的矛盾比较突出。随着改革开放的深入和经济建设的发展，市委、市政府把城市建设作为改善投资环境的重点来抓，近几年来，累计投入城市基础设施建设资金近7亿元。围绕“优化城市格局、优化城市环境、优化城市功能”的目标，在改造老城区，加速下陆、铁山等工矿区和大冶市城关建设的同时，拉开了向大城市迈进的步伐。经济技术开发区经过3年建设，已初具规模，建成了一批如辐照交联、万达磁卡、银龙镀铝薄板等一批高新技术项目；1994年开发区工业总产值突破3亿元。全市建成区面积已超过40.20平方公里，比1985年扩大了近15平方公里，使这座古老的矿冶之城焕发了青春；到1994年底，全市公共汽车营运线路10条，特别是社会和个体营运车辆参与城市客运后，较好地解决了市民乘车难的问题。全市拥有自来水厂3座，日供水能力132.1万吨。全市电力装机总容量已达到47.5万千瓦。近几年来，在老城改造、新城建设的同时，园林绿化建设也取得可喜进步，到1994年底，建成区绿化面积达848公顷，绿化覆盖率为21.1%；磁湖治理进展较快，兴建和扩建了獐公路、澄月岛、逸趣园等20多个园林景点，昔日污水横溢的磁湖今日青山绿水交相辉映，鸟语花香，风光迷人，令人赏心悦目，流连忘返。东方山、月亮山、西塞山、飞云沿等名山胜景也正在开发之中。

三、社会事业发展

（一）科技

黄石是新中国成立后第一批重点建设的重工业城市，当时，国家调集了一大批技术人才于黄石，经过40多年的发展，已形成了一支力量雄厚的科技队伍。目前，全市拥有各类专业技术人员约8万人，约占全市职工总数的24%，高于全国、全省平均水平，其中有高中级职称的专业技术人员16000多人；各类专业科研机构186个，厂矿科协和基层科普协会59家，各类学会、研究会150个，科研咨询服务机构67个；先后建立了包括科技馆、科技活动中心、科技情报中心、科研开发中心、新技术联合测试中心和技术市场在内的科技服务体系。近几年来，共取得科技成果796项，其中21项达到国际先进水平，224项达到国内先进水平，117项获国家、部、省级科技成果奖。

(二)教育

黄石4个城区及大冶市城关全面实行了九年制义务教育，职业技术教育规模进一步扩大，高等教育及成人教育也有较大发展。全市有高等学校5所，在校学生7325人；中等专业学校25所，在校学生16265人；技工学校和职业高中13所，在校学生9327人，普通中学107所，在校学生7.4万人；小学460所，在校学生16.44万人，适龄儿童入学率已达98.53%。九年制义务教育普及率市区达到99.12%。

(三)文化教育

1994年底，全市共有专业艺术表演团体4个，公共图书馆2个，博物馆3座，文化馆(站)28处，影剧院、礼堂、俱乐部94家，特别是近两年来文化艺术蓬勃兴起，极大地改善了群众娱乐文化生活。黄石电台每天播音11.45小时，黄石电视台自办和转播节目18套，城乡差转台及中小型发射台44架，广播、电视已覆盖整个鄂东地区，电视覆盖率达91%。体育设施在全省仅次于省会武汉，1994年以来先后新建了体育场、射击场、体操馆、球类馆和国家乒乓球队训练基地等一批标准场馆设施，体育事业成绩斐然，目前黄石已具备承接省级综合运动会和国际单项比赛的条件。

(四)医疗卫生

全市现有医疗机构305个，其中各类医院57所，门诊部(所)227个，从城市到乡村形成了医疗卫生网。到1994年底，全市共有卫生专业技术人员9316人，拥有病床7351张，平均每千人拥有病床5.4张。农村饮水条件进一步改善。常见病、传染病发病率明显降低，计划生育取得显著成效。人口出生率明显下降，人口素质逐步提高。

(五)人民生活

随着生活和社会的发展，城乡人民生活水平日益提高。1994年，职工人均工资3862元，比1990年增长88.6%，平均每年增长17.2%；据抽样调查，1994年城镇居民生活费收入3234元，收入增长高于支出增长；1994年农民人均纯收入1122元，比1990年增长72%，年均增长14.5%。

四、本世纪末黄石经济发展战略

本世纪最后几年，黄石经济和社会发展的战略思路是：坚持以建设有中国特色的社会主义理论为指针，以经济建设为中心，进一步解放思想，抓住机遇深化改革、扩大开放、促进发展、保持稳定，推进“五个全面、三个优化、一个增强”。即全面实施二次创业，全面推进科技进步，全面提高全民整体素质，全面发展社会生产力，全面与国际经济接轨；优化产业结构，优化产品结构，优化企业组织结构；增强全市综合实力。

本世纪末黄石经济发展的六大战略任务是：(1)优化经济结构，重塑“三大产业”，即稳定发展第一产业、加速发展第二产业、突破性地发展第三产业；(2)转换经济增长方式，实施“三大策略”，即以大取胜，搞活大中型企业；以多取胜，大力发展非国有经济；以优取胜，实施名牌精品战略。(3)建立开发大市场，实施“三通并举”，即搞活大流通；发展大交通；推进大融通。(4)构筑大开放格局，加速发展“三外经济”，即扩大外经、发展外贸、引进外资。(5)提高城市素质，抓好“三个结合”，即科学技术与经济发展相结合；发展教育与开发人才相结合；提高市民素质与促进经济社会进步相结合。(6)拉开大城市格局，推进城市建设“三个优化”，即优化城市格局、优化城市环境、优化城市功能。

本世纪末黄石经济发展的三大战略目标是：(1)基本形成社会主义市场经济的新框架；(2)人民生活全面达到小康水平；(3)建成鄂东地区开放型、多功能、现代化的工贸中心大城市和长江经济带的经济强市。

荆沙市

一、市情概况

荆沙市位于长江中游、湖北省中南部，地处江汉平原，东望省会武汉市，西接三峡工程所在地宜昌市，南与湖南省交界，北与襄樊市毗邻。全市面积22044平方公里，地势西北高，东南低，以平原为主体，大部分地区海拔高度在20～100米之间。荆沙市属亚热带季风气候区，四季分明、光照充足、雨量充沛、无霜期长、雨热同期，年降雨量一般在958～1325毫米之间，年平均无霜日230～270天。

经国务院批准，1994年10月31日撤除原荆州地区和沙市，合并成立荆沙市。全市现辖荆州、沙市、江陵3区和松滋、公安、监利、京山4县，代管石首、洪湖、钟祥3市，下设171个乡镇及办事处，共有3938个村，21210个村民小组。全市总户数194.2万户，总人口789.9万人，其中非农业人口约185万人（城区人口60万人）。荆沙市城区林荫夹道，高楼栉比，风景如画；境内城镇密布，每百平方公里有2.7个集镇，高于湖北省集镇的平均密度。初步形成了以市区为中心，以县城（县级市市区）和建制镇为重点的不同层次的梯级城镇网络。

荆沙市的特点表现在自然条件好，农业基础强、矿产资源丰富、文化旅游富有特色。荆沙市是湖北省自然条件最好的农业区，土壤肥沃、水面宽广、气候适宜、生物种类众多，为农业多宜性地段。全市现有耕地面积61.12万公顷，养殖水面9.46万公顷，分别占全省18%和20%。经过40多年大规模的农田水利基本建设，农业综合生产能力显著提高，是全国重要的农业综合商品生产基地，为国家提供了大量的商品粮、棉、油和猪、鱼、蛋。

荆沙市矿产资源丰富，地下分布有石油、岩盐、煤炭等50多种矿产，其中燃料矿产3种，即煤、油、气；金属矿产18种，非金属矿31种，以非金属矿开采潜力最大。

荆沙市以荆州、沙市、江陵闻名而极富文化旅游特色，有悠久的历史和古老的文明。早在新石器时代，荆沙就产生了考古学上独树一帜的屈家岭文化和石家河文化。春秋战国时期，这里曾是雄踞南方的泱泱大国——楚国的腹心地带，楚故都纪南历20个楚王，长达411年。自公元前106年汉武帝设置荆州刺史部以来，荆州作为府、州、道、专署、行署、区的建制名称延续至今。荆州（原陵）石城，是国务院首批公布的全国214座历史文化名城之一，被考古界、旅游界称为“我国南方不可多得的完壁”。沙市，史称江津、沙头，春秋战国时期便是楚国的都城外港。1895年，被辟为通商口岸，成为中国最早对外开放的四大内河港口之一。古老的历史文明给荆沙留下大量的文化遗址和名胜古迹。据文物部门初步探明，仅楚城遗址就有5处，楚文化遗址73处，大型石墓葬800多座，18代楚王的墓葬在此地。1992年发掘的鸡公山文化遗址，经考古界鉴定为“中国第一，世界罕见”，被列为当年全国考古十大发现之一。在荆沙出土的许多珍贵文物，如西汉古尸、战国丝绸、越王勾践剑等无不具有重大的考古、科研和观赏价值，堪称国宝。

荆、沙合并后，为两地加速发展经济和社会事业，为荆沙迈向现代化大城市提供了历史性的契机。目前，荆沙市是一个农业优势明显，工业存量较大，城乡优势互补、发展前景广阔的新型城市。其优势主要表现在：

1、综合实力强。荆沙市国土面积、总人口、国内生产总值、工农业产值、主要农副产品产量、乡镇企业产值、财政收入等主要经济指标，在全省均占有不小份额，名次位居全省前列。1990年以来，国内生产总值占全省的12%左右，工农业总产值占全省的14%左右，农业总产值占全省的20%左右。

2. 管理体制上，形成了有利于中心城区快速发展，有利于城乡一体协调发展的格局。

3、经济结构上有利于产业互补和联动发展。荆沙合并进一步拓展和延伸了城乡产业链条，有利于促进产业结构的高级化，促进产业的转移和合理布局，促进农村经济结构的变革和农业剩余劳动力向非农产业的转移，加快工业化进程。

4. 投资环境上形成了更有利于开放开发、外向发展的新优势。"七五"时期以来，荆沙城区的基础设施建设取得了突破性的进展，投资环境显著改善。利用这一优势，可带动区域经济的开放开发，形成全市大开放、大开发格局。

5. 旅游优势更加明显。荆州有2600多年的历史，是全国闻名的楚文化发源地，沙市是新兴的轻纺工业城市，有"江汉明珠"之称。两地合并，有如"珠联璧合"，古老的城市文明与现代的工业科技相结合，将焕发出蓬勃的生机和活力。同时，由于地处长江三峡旅游热线上，荆沙旅游资源的开发利用将呈现前所未有的好势头。

二、经济和社会发展

建国40多年来，荆州人民经过艰苦创业，国民经济和社会发展取得了令人瞩目的成就。特别是地市合并后，荆沙市国民经济全面发展，社会事业全面进步，为荆沙市向现代化大城市迈进提供了良好的基础。

荆沙市综合经济实力较强。1994年全市国内生产总值达到181.4亿元(从1990年到1994年年均递增14.8%)，人均国内生产总值2331元；工农业总产值达到400亿元，在全省地、市、州中居第三位。在全市国内生产总值中，一、二、三产业所占比重分别为38.9%、38.3%、22.8%。在全市社会劳动力中，一、二、三产业所占比重分别为63.8%、17.4%、18.8%。全市主要农副产品产量在湖北省占有重要地位，粮食产量占1/5，棉花产量占1/3，油料、生猪、鲜鱼、麻类产量分别占1/4、1/5、1/7、1/2。

荆沙市工业初具规模。全市地方工业从无到有，由小到大，蓬勃发展，已初步形成了以纺织、化工、汽配、建材、家电、冶金为主体、门类较为齐全的工业生产体系。1994年底，全市拥有乡及乡以上独立核算工业企业2427家，全市独立核算工业企业拥有固定资产原值112亿元。1990年到1994年全市工业总产值由132亿元增加到289亿元(90年不变价)、年均递增39.3%，其中乡及乡以上工业总产值236亿元，村办及城乡个体、联办工业产值53亿元。在乡及乡以上工业总产值中，轻工业产值138亿元，重工业产值98亿元。1994年全市独立核算工业企业实现利税15.3亿元，比上年增长33%。近年来，全市以优质产品为龙头，大力组织适销对路工业产品的生产，主要轻纺产品以及支农工业产品的产量增加，全年乡及乡以上工业企业实现销售产值274亿元(当年价)，工业产品市场产销率94.1%。经过多年的发展，荆沙市已培育出一大批好企业、好产品、好设备，如沙隆达集团、活力28集团、纺织工业集团、仪表工业公司、神电公司、荆江公司、荆州机床公司、白云边酒厂、石首车桥厂、京山轻机厂、公安车桥厂等一批企业已成为全省、全国同行业的骨干企业。钟祥的磷化工业和建材业、洪湖的化工填料和羽绒服装、监利的造纸以及荆州、沙市、江陵3区的一批骨干企业和新兴产业，都呈现出旺盛发展势头。1994年，全市纺织、轻工、化工行业的产值、效益均居全省第一，医药、电子行业居全省第二。目前全市县、市、区之间呈现竞相发展的良好态势，市直工业显示出前景广阔的集团优势，乡镇企业保持着方兴未艾的迅猛势头；私营个体经济呈现日益壮大的发展趋势。通过荆沙合并的聚合效应，生产能力居全省首位的纺织行业可通过联合形成一条龙；已拥有不少骨干厂家的汽配行业将在竞争中悄然崛起；作为全国精细化工基地建设的化工工业将在全省领先一步；得天独厚的农副产品加工业将大有可为；以服务三峡为依托的建材工业将独树一帜。

荆沙市农业生产水平较高，生产量较大，并逐步向高产、优质、高效转化，多种经营和农村乡镇企业蓬勃发展。1990年到1994年，全市农业总产值由81.6亿元增加到115.11亿元。粮、棉、油、肉、蛋、鱼等农业产品产量分别达到490万吨、16.67万吨、27.35万吨、46.72万吨、18.76万吨和30.08万吨，产量在全省地、市、州均居首位。在全市农业总产值中，多种经营产值占62%，农业综合商品生产率为56.5%。全市乡镇企业从业人员67.1万人，1994年实现产值221.7亿元。经过近几年的结构调整，全市农业正逐步向产业化、现代化方向迈进。各个县、市、区都出现了一批各具特色、初具规模、前景广阔的集约化经营的典型。

荆沙市商贸活跃，财政金融稳定。1994年实现社会消费品零售总额98.6亿元，比1990年增长92%，年均递增17.7%。全年财政收入9.7亿元，财政支出10.3亿元。全市年末银行及信用社存款余额125.82亿元。全市职工年均工资为3250元，农民人均年纯收入为1250元。

荆沙市交通便利，通讯便捷。从地理位置看具有承东启西、南北交流、维系四方、交融荟萃之利。长江流经境内483公里，依黄金水道可通江达海；207国道纵贯南北，318国道和宜黄一级公路横跨东西，公路通车里程5390公里，其中武汉到荆沙一级公路180公里，二级公路533公里，客货运输直达全国近100个大中城市。沙市机场可起降波音737飞机，辟有沙市到北京、上海、广州、长沙、深圳等15条航线。

沙市港为长江经济开放开发带中的十大新型港口之一，属国家二类通商口岸，可停靠5000吨级船舶，年吞吐量能力达400多万吨；全市水运航道里程达1999.5公里，吞吐量在万吨以上港口74个。荆沙铁路与焦枝铁路接轨，货运可通达全国；正在建设的荆沙铁路下河线南抵沙市长江盐卡港区，具有铁水联运特别是北煤南运中转优势。邮电通讯设施先进，现有程控电话交换机6万门，可直通全国各地和世界190多个国家，并开办了无线寻呼、移动电话、磁卡电话等业务。

荆沙市科教文卫体等社会事业发展兴旺，服务设施日益配套完善。科技和教育方面，全市拥有各级科技科研服务机构300余个；现有各类大专院校12所，普通中专学校30所，普通中学581所，小学3787所，中小学在校学生达118.8万人，中小学专任教师6.62万人，全市已初步形成了与经济和社会发展相适应、结构比较合理的教育体系。卫生和体育方面，全市现有各类卫生机构1284个，医务人员3.8万人，病床2.5万张，农村普遍建立了三级医疗网络；本市输送的运动员在各类国际、国内比赛中均取得重大成果，群众体育活动广泛深入，全市参加体育活动人数达37%。同时，全市文化、新闻出版、广播电视、档案、旅游、保险等各项社会事业均取得了较好发展。

荆沙市城区基础设施较好，环境保护工作取得一定的成绩。据不完全统计，全市供水能力达到70万吨/日，供水管道长度800公里，城区供热供电设施完备，能源基础建设初具规模，全市现有发电机装机容量23万千瓦，大小发电站23座，输送电总容量397万千伏安，基本上形成了水火电并举、大中小结合送发电配套的电力系统。城区布局合理，市容整洁，环境优美。全市人均居住面积达到8.5平方米，人均绿化面积5.5平方米，城市绿化覆盖率达到30%；全市大气和噪声环境质量已达到国家二级标准。沙市区(原沙市市)曾连续10多年被评为湖北省卫生城市，1990年以来又先后被评为全国城市环境卫生先进集体，全国绿化先进城市、全国“十佳”卫生城市。

近几年来，荆沙市加快了改革步伐，对外开放初具规模。经国家经贸委批准，全市已有23个企业拥有进出口权，1994年，全市自营出口创汇6828万美元，比1993年增长61%，“三资”企业414家，累计总投资7.3亿美元，直接利用外资4.9亿美元。

为了发挥地理位置居中的优势，呼应浦东开发和服务三峡工程建设，共建长江经济带走廊，加大全市改革开放力度，进而加快全市经济发展，荆沙市政府建立了荆沙玉桥、荆州城南、公安南平、京山八里途、钟祥胡集等5个省级开发区，以及钟祥胡集、沙市岑河两个全国东西部合作示范区和洪湖府场省级示范小区，并正在按照现代化企业、公园式环境、全新运行机制的要求，用足、用活、用好开发区的政策，实行“一条龙”的办事程序，加快开发和建设。此外，随着对外开放的深入，全市还建设了一批设施高档、服务功能齐全的大型商场、宾馆、饭店及其它文化娱乐设施，进而大大地改善了全市投资环境。

三、发展战略及开发前景

“把握新机遇，建设大荆沙、迈向大城市，推进现代化”，这是荆沙市委、市政府提出的战略口号。为了实现到2010年把荆沙市建设为现代化工业、旅游、商贸、港口城市的战略目标，按照荆沙市国民经济和社会发展“九五”计划及2010年长远规划纲要，从1996年到2010年，荆沙市发展的指导思想是：以建设有中国特色的社会主义理论和党的基本路线为指导，深化改革、扩大开发，正确处理改革、发展与稳定的关系，以国际、国内市场为导向，以提高经济效益和优化产业结构为重点，抓住机遇，发挥优势，强化农业基础，加大工业份量，完善基础设施，搞活商贸流通，提高全市国民经济整体素质，确保城乡经济高起点，大规模、跳跃式发展，提前达到小康水平，并向富裕型生活过渡，早日把荆沙市建成现代化的工业、旅游、商贸、港口城市。荆沙市的发展步骤可分为两个阶段。第一阶段：1996年～2000年，理顺经济关系，加强基础建设，人民生活真正实现小康，经济全方位开发、为下一世纪经济腾飞奠定坚实的基础。主要内容是：深化经济体制改革与创新，初步建立起社会主义市场经济体制框架；加强基础设施建设和基础产业发展，缓解交通、能源紧张状况；坚持改革与开发并举，抓住长江经济带开放开发和三峡工程上马机遇，大力引进资金技术、改造传统产业，提高加工深度，推进产业升级，依托资源区位的相对经济优势，争取上一批大中型项目，扩大产业群体，增强发展后劲。在此阶段使经济布局更加合理，软硬环境大改观，外向型经济大发展，国民经济高速增长，城市基础设施与经济、社会发展和人民生活需求相适应，城市化水平得到提高，人民生活开始由小康向富裕型迈进，并为下世纪初经济腾飞奠定坚实的物质基础。第二阶段：2001～2010年，荆沙市现代化大城市格局初步形成阶段。基本任务是：完善社会主义市场经济体制，建立和完善现代企业制度，进一步规范和加强市场化、法制化建设，加快农村工业化、城市现代化的进程，合理开发利用全市经济资源，在产业结构上，大力提高第三产业比重、第二产业的规模效益、第一产业的集约水平，大力发展以技术含量高、附加值高的商品输出为重点的外向型经济，大力发展高新技术产业，大力兴办新型产业，通过这一时期建设，建立起以荆沙市区大城市为依托，联接几个中等城市、一批小城市和小城镇的城镇体系，形成城乡一体化经济格局，主要经济指标接近中等发达国家水平，人民生活水平真正达到较为富裕水平。

湖北省委、省政府从全省发展战略格局出发作出了建设黄石、襄樊、宜昌、荆沙4个大城市的重大决策。这将是荆沙市发展史上的又一新的开端。荆沙市政府在5年政府工作报告中提出：以经济建设为中心，以改革为动力，以科技为先导，加快经济结构调整步伐，加大筹资力度，稳定农业基础，强化工业主导地位，大力发展第三产业，加强城镇基础设施建设，全面发展各项社会事业，实现经济社会协调发展，城市农村协调发展，两个文明建设协调发展，力争各项工作走在湖北省前列，城乡人民生活质量有一个较大提高，为把荆沙市建成现代化的工业城市、旅游城市、商贸城市、港口城市奠定一个坚实的基础。这是荆沙市政府致力于建设大荆沙的雄伟目标。

为进一步改善荆沙市投资环境，加速对外开放步伐，早日把荆沙市建成现代化大城市，荆沙市委、市政府还制定了吸引海内外技术、人才、资金的优惠政策，对外地来荆沙市投资、兴办企业和工作的技术、管理人员，在各方面提供优惠的条件和待遇。市委、市政府还将努力办好省、市级开发区，使之成为荆沙市改革开放的“试验田”。“九五”期间将坚定不移地加快建设步伐，用好用足各项优惠政策，并做到“四个率先”：率先建立现代化企业制度；率先建立社会化服务体系和社会保障体系；率先建立新的管理制度；率先与国际惯例、国际市场接轨。通过开发区几年的率先突破，进一步推进荆沙市的开放步伐。

古老而新兴的荆沙市，将作为紧邻三峡的明星城市、开发长江经济带的重点城市、湖北省重点建设的大城市和全国综合改革试验区的城市，正沿着党的十四大指引的方针，乘着改革开放的东风发展省内外、海内外经济、技术、旅游、文化等方面的联谊和交往。荆沙市热忱欢迎海内外的朋友们前来献计献策，观光旅游，洽谈贸易，投资兴业，共同把荆沙市建设成为现代化的大城市。

宜昌市

一、市情简介

宜昌市位于鄂西南、长江三峡之西陵峡口，素以“三峡门户”、“川鄂咽喉”著称。自1877年初被《烟台条约》辟为对外通商口岸以来，已成为鄂西、川东和湘西最大的进出口货物集散地和区域性经济文化中心。1994年国务院批准将宜昌市列为沿江开放城市，将其所辖宜昌、兴山、秭归3县列入三峡经济开放区。宜昌将在国家经济建设及长江经济带对外开放中发挥重要的战略作用。

宜昌市现辖7县2市4区，即宜昌县、枝江县、远安县、兴山县、秭归县、长阳土家族自治县、五峰土家族自治县；枝城市、当阳市；西陵区、伍家区、点军区、猇亭区。宜昌市辖境东西最大横距174公里，南北最大纵距180公里，总面积2.1万平方公里。1994年末全市人口396.34万人，其中非农业人口为100.47万人。

宜昌市资源丰富多样，分布广泛而又相对集中，水能资源中外驰名、矿产资源蕴藏丰富、林特资源珍贵奇异、旅游资源美不胜收。

市域内河流纵横、雨水充沛、径流量大，加之山高坡陡、河床比降大，因而水能蕴藏量非常丰富，境内水能可开发量达2500万千瓦，平均每平方公里高达1103千瓦，人均拥有量7千瓦，均高于全国和全省水平。宜昌水能资源的显著特点是分布集中，类型多样，如三峡大坝、葛洲坝、隔河岩、高坝洲等水电基地均在距市中心30公里半径范围内，有利于组成统一电网和统一进行电力设施建设，形成区域性乃至全国性的骨干电力基地；同时可积极发展地方小水电建设，实行大中小水电并举的方针，形成星罗棋布的电站网络。目前，举世闻名的装机1820万千瓦的三峡水电枢纽工程已于1994年12月正式开工建设，装机271.5万千瓦的葛洲坝电厂和装机120万千瓦的隔河岩水电站已建成发电。

宜昌市域内已发现各种矿物53种，为全国已知矿种的三分之一；已探明储量的有33种，占湖北省探明储量矿种的一半左右。市内矿产资源总的特征是矿种多、分布广而又相对集中、组合配套较好。磷矿是最主要的矿产资源之一，探明储量11.23亿吨，占全国探明储量的9.4%；全层平均品位20.86%；铁矿属整个鄂西大铁矿的重要组成部分，探明C级以上储量6.83亿吨，矿石全层品位35～40%，矿区相对集中、埋藏不深、水文地质条件良好，是全国重要的中高品位铁矿埋藏区之一。此外，煤炭、石膏、石墨、重晶石、花岗岩、石灰石、锰、金、银、铜、钨等矿藏都具有较大工业开采价值。

宜昌市山区占总面积的2/3以上，同时由于地形、水系等因素的影响，形成了适宜多种植物生长的小气候，动植物品种繁多，分布广泛，全市森林面积80万公顷，活立木总蓄积量2400万立方米，森林蓄积量2017.2万立方米，森林覆盖率39%。

宜昌市自然风景壮观，历史建筑渊源悠久，现代建筑宏伟雄壮，三者融为一体，使得旅游资源得天独厚，其特点是景点繁多、内容丰富、分布集中。自然风光以峡、洞、山著称；人文历史古迹以楚文化和三国遗址为主；域内还有珍贵古稀动植物（中华鲟、珙桐树等）和寒武纪震旦纪完整的地层剖面科学考察资源，以及我国自行设计建造的葛洲坝水利枢纽工程，均为国内外旅游者所瞩目。

宜昌市工业较发达，拥有电力、机械、化工、烟草、医药、冶金、建材等34个门类共3500多家工业企业，全国最大的水力发电厂和世界第一船闸均建于本市。宜昌交通便利，长江黄金水道及焦枝铁路南北大动脉和318国道、宜黄高等级公路交汇，三峡国际机场今年内试航，已形成贯穿南北、连接东西、四通八达的立体交通运输网络。宜昌邮电通讯可直通世界100多个国家和地区，为加快对外开放步伐，宜昌正朝着开港、开关、开口并于下世纪初建成国际化、现代化大城市的目标迈进。

二、经济和社会发展

宜昌市在邓小平同志建设有中国特色的社会主义理论指导下，紧密结合宜昌实际，抓住三峡工程兴建和沿江开发开放的历史机遇，解放思想、加快改革、扩大开放、真抓实干，开创了全市社会主义现代化建设的新局面。

1994年全市国民生产总值突破百亿大关，达到107亿元，工农业总产值达96.3亿元。农业和农村经济得到迅速发展，全市农业总产值37.3亿元，农业增加值41.3亿元；工业生产全面增长，结构调整步伐加快。1994年全市工业总产值达到159亿元，比上年增长22.1%；建筑业快速发展，全年施工产值29.4亿元；房屋施工面积333.3万平方米，竣工面积128.7万平方米。

固定资产投资快速增长，重点建设进展顺利。三峡工程建设步伐加快，带动全市固定资产投资迅速增长。1994年，全社会完成固定资产投资99亿元，比上年增长72.7%。投资结构继续改善，固定资产投资中，生产性投资76亿元，占77%，比上年上升1.4个百分点。

对外开放取得重大突破，基本形成了全方位对外开放的新格局。“八五”期间，先后兴建了3个省级开发区、1个省管开发区、1个市级工业开发园。利用外资大幅度增长，年内新签订外资项目131个，总投资额为26771万美元。对外贸易再创佳绩，1994年全市进出口总额完成4632万美元，比上年增长71%，其中出口总额完成4524万美元，增长78%。

社会事业发展迅速，科教兴市成效显著。到1994年全市各类专业技术人员达到10万人，工农业生产增长中的科技因素分别达到40%和35%。各类教事业获得新进展，教育结构趋于合理，基础教育进一步充实。卫生事业稳步发展，医疗技术水平不断提高。体育事业蓬勃发展。

三、进一步开发开放的基本思路

随着国际国内经济发展格局的变化，宜昌正面临着加快开放开发步伐、振兴区域经济的重大机遇，正逐渐具备将潜在的地域综合优势转变为现实的区域经济优势的有利条件。

一是全国生产力布局和区域开发以及经济政策的战略转移，为宜昌资源优势转化为产业优势提供了重要契机。

与改革开放初期相比，近年来全国生产力布局和区域开发的总体态势正在发生重大的战略转移。国家注重和强调按照产业政策进行合理的地域分工与协作，把地区倾斜和产业倾斜有机结合起来，发挥各个地区的优势，实现生产力的合理布局，正在由单一的轴线开发（沿海）向复合的轴线（沿海、沿江、沿边和沿路）开发转移。在这种战略格局中，宜昌既有丰富的，具有全国或区际意义的水能、旅游、矿产（尤其是磷、铁等)资源,又有一定的水、电、交通(长江和焦枝铁路)、用地(沿江的河谷平原、阶地)配套组合良好的基本建设条件。两者的结合,为建设大型工业,发展高耗能、高耗水、大运量的工业提供了广阔的前景。

二是三峡工程建设的巨大推动和促进作用。

三峡工程是宜昌经济发展的巨大推动力。在三峡工程建设过程中,将吸收10多万农村剩余劳力转向其它各部门就业;带动围绕三峡建设的各项配套工业、交通等部门的兴起,促进轻工、食品、农副产品等多项生产的发展,还将大大加快第三产业的发展。同时,三峡工程的巨大投入和开发性移民,对于宜昌生产力合理布局将起到积极的促进作用;国家给予三峡地区一系列的优惠政策,以及全国各地对三峡工程及其库区县市的对口支持,也必将给宜昌经济的发展注入新的活力。

三是社会主义市场经济体制的确立,将为宜昌的改革开放和经济建设提供巨大的发展动力。

宜昌曾一度是全国三线建设的重点地区,中央和省市属企业、科研单位较多,通过建立现代企业制度和改善外部环境,这些企业和科研单位增添了新的活力,逐渐成为市场经济的主体,成为推动宜昌经济发展的主力军。过去在产品经济体制下,宜昌经济发展格式是以资源开发导向型为主体,在区域分工和竞争中向长江下游和沿海地区廉价提供原材料和初级产品,随着社会主义市场经济体制的确立,宜昌将按照发展社会主义市场经济的要求,确立以市场导向型为主的经济发展模式,提高产品的加工层次和竞争能力,实现资源的优化配置。

综上所述,90年代以至21世纪,宜昌的开放开发和经济发展面临着许多重大机遇,具有较强的优势和有利条件。但是,由于新旧体制转换的难度较大,加之过去长期积累起来的深层次矛盾和问题较多,今后经济发展也面临严峻挑战,主要是:对外开放和外向型经济发展较沿海地区起步晚;产业结构、产品结构和企业组织结构不尽合理,能源、交通等基础设施和基础产业瓶颈制约尚未解除,新兴产业和第三产业发展不快;农业基础设施比较薄弱,工业技术装备老化;地方财政困难,自我发展能力不足。

按照宜昌市在全国及全省生产力布局中的战略地位以及三峡工程建设的要求,结合宜昌的客观实际,今后15年,宜昌国民经济和社会发展基本思路是:坚持"依托两江、开发开放、服务三峡、振兴宜昌"的总体发展战略,抓住机遇、深化改革、扩大开放,以提高经济效益为中心,以加快科技发展为动力,以优化产业结构为重点,促进国民经济持续、快速、健康发展,推动各项事业全面进步,实现本世纪末把宜昌初步建成全国最大的水电能源基地、新兴的工业基地、一流的风景旅游区、重要的交通枢纽和通江达海的商贸口岸,继而到21世纪初叶建成为与世界第一流大坝相适应的经济繁荣、文化发达、环境优美、风尚文明的现代化大城市。

在90年代以至21世纪初,宜昌的开放开发将按照"一二三四五"的总格局来展开。即围绕把宜昌市建成与三峡工程相适应的现代化大城市这一总目标,推进宜昌的开放开发;"建设二港",即三峡国际航空港、云池江海联运深水港,使之成为全市对外联络的主要通道;"开发三线",即开发长江、清江、焦柳铁路沿线,使之成为全市发达的经济走廊;"兴办四区",即兴办国家级经济技术开发区、国家级高新技术开发区、国家级旅游度假区和保税区,使之成为全市改革开放的试验区、示范区和新的经济增长点;"形成五城",即形成市中心商贸城、三斗坪旅游城、晓溪塔轻工城、红花套重工城和东山科技城,使之形成各具特色的产业,奠定大城市中心区域的基本骨架。

与此同时,宜昌的生产力布局要按照一个中心(城区)、三条发展线(长江沿线、焦枝铁路沿线、清江沿线)、四类经济区(城区经济、沿江经济、山区经济、库区经济)统筹规划,整体发展,就是把城区作为全市经济发展的中心和原动力来布局、规划;在长江沿线、焦枝铁路沿线和清江沿线形成以开发系列产品为纽带的经济走廊;进一步完善四类经济区的生产力布局及建设。城区经济重点抓好大中型企业、高新技术产业、二、三产业的支柱行业及各类大市场的建设,增强辐射功能,以支柱行业为龙头,以产品链为龙身,形成以城区为中心的新型经济协作网,逐步成为高新技术产业基地、科技文化中心和商贸金融中心。沿江经济突出发展三峡坝区到枝城长江大桥的沿江经济带,其中晓溪塔重点发展轻工业;猇亭——红花套区域重点发展化工、冶金工业;枝城市重点发展建材工业;三斗坪及隔河岩重点发展以旅游业为主的第三产业;形成发达的"沿江经济走廊"和各具特色的城镇经济群落。山区经济集中力量加快林果特、小水电、矿产及旅游资源的开发,大力发展多种经营,形成林、果、特的集约化生产模式和小水电、矿产的系列开发;库区经济要在服务三峡工程建设的基础上,实行经济发展的高起点"嫁接",进行综合开发,大力发展第三产业,形成颇具特色的"柑桔带"和"旅游带"。

襄樊市

一、市情简介

襄樊市地处湖北省西北部，长江最大支流汉水中游。1983年经国务院批准实行市领导县新体制，现辖襄阳、南漳、保康、谷城4县和枣阳、宜城两市及襄城、樊东、樊西、郊区4个城区，代管老河口市（省辖县级市）。全市总面积19737平方公里，总人口540万人。市区位于全市正中偏北，汉水穿市而过，面积363平方公里，人口61.61万人，是一个以汽车、轻纺、机械、建材、化工、电子为主的新兴工业城市。

襄樊是全国历史文化名城之一，距今已有3500多年的历史。长期以来，它既是汉水中上游地区经济中心、重要的物资集散地，又是鄂西北政治、文化中心，文人名士汇萃，亦乃兵家必争之地。仅市区现存的名胜古迹和珍贵文物就有古隆中、襄阳城、夫人城、绿影壁、米公祠、习家池等。古隆中位于襄阳城西13公里的隆中山麓，是三国时期诸葛亮“躬耕待时”10年和刘备“三顾茅庐”之处，留有三顾堂、武侯祠等10多处纪念性建筑。

从资源条件和区域开发的基础来看，襄樊市具有如下特点：

1、光照充足，热量丰富，降水适中，适宜多种作物、尤其是旱生作物生长。地形地貌复杂多样，既有波状起伏、适宜发展粮棉油及多种经营的岗地，又有开阔平坦、适宜发展水稻、棉花生产的河谷平原。境内河流纵横交错、库塘星罗棋布、土壤深厚肥沃，水热土组合较好，为农业生产提供了有利的自然条件。已探明的矿产达54种，其中以非金属矿为主的矿产资源尤为丰富，品种多，储量大，易开发。水能资源分布集中，易梯级开发，尚待开发的水能超过60万千瓦。生物资源种类繁多，有一批开发价值较大且发展前景看好的优良珍稀品种。全市现已发现的生物资源有3417种，其中植物2959种、动物241种、农林虫害天敌217种。

2、交通、通讯便捷。交通方面，襄樊素有“南船北马”、“七省通衢”之称，历史上曾是联结鄂、豫、川、陕4省部分地区的要冲。建国后，汉丹、襄渝、焦柳铁路相继建成通车并在襄樊交汇，先后建成了老河口、襄樊两处机场以及汉江余家湖中转码头。境内公路纵横交错，四通八达，其中有国道3条、省道8条、县道68条、乡道383条，公路总里程占湖北省第二位。汉水航运通江达海。襄樊市已形成水陆空交通运输网络，成为全国南粮北调的重要枢纽。通讯方面，多条空干线、4条微波线在市区汇合，市域内拥有光导纤维、微波、卫星通讯、小同轴电缆线和程控电话等现代化通讯设备，襄樊市现已成为全国重要的通讯枢纽之一。

3、区位条件优越。在全国经济布局中，襄樊市处在承东启西的连接点上，襄渝铁路是陆路连接中西部地区的主要通道。随着国家经济发展战略由东向西推进，襄樊市将成为东南沿海资金技术与西部资源交流的中转站和全国经济发展东靠西移的战略跳板。此外，襄樊市作为区域性经济中心，东距武汉300公里，北距郑州500公里，西北距西安700公里，西南距重庆900公里，客观上存在向大城市过渡，增强城市功能，带动周围地区共同发展的条件。

4、城市基础设施日益完善配套。市域内两个机场先后开辟了通往北京、上海、深圳、西安、广州、武汉等地的10多条航线；邮电通讯事业发达，程控电话累计达30万门，移动电话0.75万户，无线寻呼总容量达4.8万户，电话普及率达每百人2.63部。全市大型综合商场10余家，大中型宾馆、饭店12家，服务质量、服务水平不断提高。各类市场达514个，其中综合市场418个，专业批发市场111个，生产资料市场8个，金融、科技、房地产市场17个。全市已建成和正式兴建的水、火电站5座，年发电能力达20.5万千瓦。全市城镇日供水能力达81.5万吨，自来水普及率达78%，其中市区达98%。

5. 汽车及配套产业的发展使襄樊市成为新兴的汽车工业城市和湖北汽车工业走廊的重要组成部分。全国最大的汽车工业基地十堰东风汽车公司，正实施其十堰—襄樊——武汉的“三级跳”战略，从1984年开始在襄樊建立了基地。目前，东汽襄樊基地已初具规模，全国最大的汽车实验基地——二汽襄樊试车场、年产6万台EQ153发动机、富康轿车组装生产线等项目已投产，年产30万辆轿车发动机项目正在紧张建设之中。襄樊抓住东汽东移襄樊的有利时机，在大力支持东汽襄樊基地建设的同时，紧紧围绕为二汽服务，积极发展轻型车、改装车和以车桥、变速箱、车架车身、仪表、轴承等为主的汽车工业及其配套产业，并具有相当规模和能力，目前，全市现有汽车生产及配套企业165家，产值达40多亿元。全市现已基本形成以市区为中心，西起谷城，东至枣阳的汽车工业走廊，是湖北省十堰——襄樊——武汉汽车工业走廊中的重要组成部分。

6. 投资环境比较宽松。为吸引鼓励和支持国内外客商来襄樊市投资，近年来，襄樊市委、市政府先后出台了一系列优惠政策。从项目审批、提供建设用地到配套服务各方面给予积极配合和支持。同时，市区还建有国家级高新技术开发区和省级汽车产业开发区各1个，区内交通道路、供水、供电、邮电通讯、商饮服务等基础设施基本完善配套。一大批项目先后投产见效，是投资者理想的投资场所。

二、国民经济和社会发展情况

1994年，襄樊市认真贯彻落实中央关于"抓住机遇，深化改革、扩大开放、促进发展、保持稳定"的工作方针，经济建设和各项社会事业都取得了令人鼓舞的新成就。全年国内生产总值实现190.78亿元，比上年增长47.18%，工农业总产值达到383.13亿元，增长49.4%。

1. 农业获得可喜收成，农村经济全面发展。农业总产值达72.52亿元，比上年增长19.65%，高于全省平均水平9.85个百分点。粮食总产量347.14万吨，增长4.37%；棉花4.54万吨；油料20.29万吨，增长42.53%。多种经营产值达45.9亿元，增长33.2%。乡镇企业产值达287.19亿元，增长98.26%。

2、工业持续快速增长，经济效益稳步提高。乡及乡以上工业完成产值207.89亿元，比上年增长36.63%，高于全省平均11.63个百分点。预算内工业完成产值54.4亿元，增长12.41%，完成销售收入54.68亿元，增长12.84%，实现利税3.51亿元，增长8.41%。

3. 对外贸易发展较快，招商引资势头看好。外贸出口总额达21.09亿元，比上年增长41.55%，自营出口创汇5024万美元，增长120.25%。新批"三资"企业67家，协议利用外资3420万美元。汽车产业开发区和高新技术开发区进入全面建设和受益阶段。

4、城乡市场繁荣活跃，金融财政形势较好。社会消费品零售总额达56.05亿元，增长36.96%。新建、扩建各类市场31个，新增营业面积2.3万平方米。银行年末存款余额达85.18亿元，比年初增加25.11亿元，贷款额达121.38亿元，比年初增加18.24亿元。完成财政收入10.69亿元，增长26.98%，实现了收支平衡，略有节余。

5、投资力度明显加大，重点建设进展顺利。全社会固定资产投资完成32.86亿元，比上年增长31.5%，其中国有基建投资完成11.65亿元，增长28.6%；国有技改投资完成7.67亿元，增长59%。25个重点项目进展顺利。邮电万门程控二期工程、石台寺泵站、余家湖港口、湖北化纤厂短纤等项目竣工并投入运营，120万千瓦火电厂前期工程、鄂北岗地二期开发工程、王甫洲、白水峪、过渡湾电站等一大批大中型项目建设取得较大进展。

6、城乡建设迈出较大步伐，人民生活显著改善。市区汉江北路如期建成，五水厂二期完成土建工程，四水厂二期和煤气工程前期准备工作就绪。襄樊市被建设部再次命名为全国园林绿化先进城市。隆中风景区被国务院批准为国家级风景区。小城镇建设掀起高潮，被建设部列为全国中部地区小城镇建设试点。城镇居民人均生活费收入2789.7元，农民人均纯收入1229元，扣除物价上涨因素，分别增长3.86%和5.4%，城乡居民人均储蓄净增395元，创造了城乡居民增收的最高水平。

7. 科教兴市取得新成绩，各项社会事业全面发展。全市实施各类科技计划56项，投资规模达7500万元。16个科技项目获省科技进步成果奖和星火奖，科技进步在经济增长中的份额达46%以上。教育事业蓬勃发展，全市投入改善办学条件资金9489万元，全市适龄儿童入学率达99.6%，中小学毕业生升学率达80.6%，升入大专院校人数创历史最高水平。市农校、卫校、体校跻身全国重点中等专业学校行列。医疗卫生条件进一步得到改善，防病治病能力明显增强。人口生育得到有效控制，计划生育率为89%，人口自然增长率为7.8‰。群众性体育活动日益活跃，竞技体育喜获丰收。社会主义精神文明建设，民主法制建设取得明显成效。文化、广播、电视、新闻、出版等其它社会事业都得到了长足发展。

三、今后一段时期中的发展思路

经济建设和发展要保持持续、快速、健康的发展态势，必须从加强和改善宏观调控，优化调整三大产业结构入手。襄樊市产业结构调整总的思路是：稳定发展第一产业，走优质、高产、高效的路子，逐步形成品种优良化、商品基地化、生产现代化、经营规模化、产业区域化的农村经济发展新格局；快速发展第二产业，走上规模、增效益的路子，努力提高质量和效益；大力发展第三产业，走快速前进的路子，完善与大城市相适应的基础设施服务体系。

（一）强化农业基础地位，全面发展和繁荣农村经济

一是认真落实各项农村政策。在稳定家庭联产承包责任制的前提下，建立土地特别是“五荒”使用权依法有偿租赁、转让、拍卖的合理流动机制。大力加强社会化服务体系建设，推广“公司＋农户”等行之有效的生产组织形式，发展贸工农一体化、产供销一条龙的经济实体。

二是切实加大对农业的投人。①争取国家和省的投入。抓住国家对农业加大投入的契机，以项目为载体，积极争取农田水利基本建设、农业综合开发、粮棉大县、农业商品基地、以工代赈、扶贫开发、世行贷款以及乡镇企业贷款。②增加金融部门的信贷投入，要求用于农业的信贷投入达到新增贷款的10%以上，农业贷款的增长幅度高于各项贷款的平均增长幅度。坚决杜绝农副产品收购“打白条”。③加大各级政府的财政投入。市政府每年在全市财政预算实际支出中，集中1%建立发展基金，其中40%用于农业。④扩大股份合作制的增量投入，农村股份合作基金累计达10亿多元。⑤鼓励农民自主投入，引导农民把更多的资金用到农业生产上。

三是优化农村经济结构。首先，合理调整农业内部结构：稳定发展粮棉油生产。粮食复种面积达到780万亩，棉花100万亩，油料140万亩。切实抓好粮棉大县和农业综合开发，帮助山区建设“当家地”，增加旱涝保收面积。在确保粮食稳定增产的同时，大力发展多种经营。按照村组建基地、农户建庭院、一村一品、一乡一业的开发格局，以山水资源为开发主战场，以发展高效种植、养殖业为突破口，广泛引入股份合作机制，高起点、大规模地开发多种经营基地。其次，突破性发展乡镇企业，坚持大发展大提高的方针，引导乡镇企业依托资源开发新产品，提高质量和效益，增强出口创汇能力。

（二）立足提高经济增长的质量和效益，推进工业创名牌、立支柱、上规模、增后劲

1.抓名牌产品。很抓老产品创优、新产品开发，以大中型企业为重点，以赶超国际先进水平为目标，综合运用产品开发、技术进步、强化管理、广告宣传、政策鼓励等多种手段，提高襄樊产品的技术档次和竞争能力。

2.抓支柱产业。把汽车、纺织服装、建材发展成为全市工业的支柱产业。汽车工业重点搞好与东汽集团的联合，抓配套，上总成、攻改装、搞整车；纺织服装工业以开发服装促纺织，高起点、快发展；建材工业紧紧抓住三峡工程建设的机遇搞开发、上规模、快壮大。

3.抓骨干企业。以产权联结为纽带，采取相对倾斜的政策，加快建立一批大公司、大企业、大集团，提高规模效益。

4.抓重点项目。把争取和实施基建、技改项目作为培植工业后劲的突破性措施，1995年安排在建基建、技改项目125项，计划投资42亿元，其中湖北化纤厂2800吨长丝、东方化工厂30万辆轿车座椅等12个重点技改项目，确保按期投产。

5.抓企业管理。从健全落实规章制度入手，全面开展“转机制、抓管理、练内功、增效益”的活动，严格管理、科学管理。在加强企业内部管理的同时，社会各方面尤其是企业主管部门和经济杠杆部门，依法管理企业，搞好配套服务，维护企业合法权益。

（三）大力发展第三产业，进一步搞活商品流通

重点发展投资少、收效快、效益好、就业容量大、与经济发展与人民生活密切相关的行业作为重点，加快商业服务业、金融、科技信息业、交通通讯业、教育业和房地产业、旅游业发展步伐。进一步放宽政策，强化措施，鼓励个体、私营经济和农民发展第三产业；鼓励行政机关分流人员从事第三产业，鼓励工业富裕人员流向第三产业，形成全社会举办第三产业的大气候。

搞活商品流通。着眼于“大市场、大贸易、大流通”，重点发展一批规模大、功能全，辐射广的批发市场和专业市场。巩固提高现有的新化、中原、光武、中山等8个骨干市场；着力培育汽车、纺织、服装、建材四大专业市场；逐步形成汉十公路和省际交界两条农副产品市场带。同时大力培植鼓楼、商城、工贸等一批销售过亿元，利税过千万元的商业巨人，努力把襄樊建设成为鄂西北商业中心。要转换机制，拓宽业务，全面提高流通企业的综合效益。

（四）以发展外向型经济为重点，把对外开放推向新阶段

一是抓好有实效的招商引资。调动各地各主管部门特别是企业招商引资的积极性，加强项目论证，落实配套资金，提高外资到位率，投产开工率和出口

创汇率，提高利用外资的质量效益。二是发展多元化对外贸易。在充分发挥外资部门主力军作用的同时，鼓励和引导其它企业开拓外贸市场，支持各县市和有条件的企业争取自营出口权，抓紧组建一批实力雄厚的外向型企业集团和新型外贸企业，扩大出口创汇。三是加快开发区建设步伐。汽车产业开发区、高新技术开发区要充分利用自己的区位优势、产业优势和政策优势，在对外开放上大胆探索，努力把开发区办成襄樊对外开放的试验区、示范区。同时，积极挂靠联引活动，尤其要在呼应浦东、依托武汉、服务三峡建设等方面拿出新举措，取得新的进展。

武　汉　市

主　　编：苏忠遂
副 主 编：乔江林
编写人员：朱　卫　余功豹　李卫民
杨小凡

武汉市分目录

典　型　地　区

武汉市概况

面积:8467.11 平方公里

人口:700 万人

行政区划:8 个城区,2 个郊区,3 个县

市委书记:钱运录

市九届人大常委会主任:李梅芳

市长:赵宝江

市九届政协委员会主席:王哲南

武汉市国民经济主要指标(单位:亿元)

项　　目	1994 年	1994 年比上年增长(%)
国内生产总值	485.76 亿元	19.8
工农业总产值	814.16 亿元	21.2
工业总产值	741.68 亿元	22.27
重工业产值	482.89 亿元	15.0
轻工业产值	258.79 亿元	34.8
农业总产值	72.38 亿元	9.3
全社会固定资产投资	206.02 亿元	73.2
国有固定资产投资	133.18 亿元	41.0
社会消费品零售总额	234.55 亿元	37.5
零售物价总指数(%)	124.1	
职工工资总额	99.01 亿元	25.89

国民经济和社会发展

1994 年,武汉市人民在中共武汉市委、市人民政府领导下,认真贯彻落实党中央、国务院关于"抓住机遇,深化改革,扩大开放,促进发展,保持稳定"的方针,解放思想,扎实工作,开拓前进,国民经济和社会发展取得显著成绩。

一、国民经济发展情况

1994 年武汉市实现国内生产总值 485.76 亿元,比上年增长 19.8%,增幅为改革开放以来最高水平,也是武汉市连续第三年经济发展速度高于全国和湖北省平均水平,武汉市经济实力又上了一个新台阶。

(一)农业

1994 年末,武汉市乡村户数 69.18 万户,乡村人口 274.32 万人,乡村劳动力 124.71 万人,拥有耕地面积 22.8 万公顷。全年实现农业增加值 44.01 亿元,农业总产值 72.38 亿元,农业商品产值 48.98 亿元,商品率 67.7%,平均每个农业劳动力创造农业产值 7788 元。武汉地处江汉平原腹地,河流纵横,地势平坦,田湖相间,土地肥沃,气候适宜。1994 年粮食总产 170.85 万吨,棉花总产 4.17 万吨,油料总产 8.48 万吨,蔬菜总产 201.78 万吨,牲猪(出栏)

159.47万头，禽蛋8.43万吨，水产品17.73万吨。

近几年来，武汉市乡镇企业得到较快发展。1994年末武汉共有各类乡镇企业128362个，职工人数达62.09万人，全年实现总产值369.8亿元，实现利税25.8亿元。在乡镇企业总产值中，农业产值7.87亿元，工业186.58亿元，建筑业66.72亿元，交通运输业31.25亿元，商业、饮食业77.42亿元。

（二）工业

1994年武汉市有工业企业4.17万户，其中乡及乡以上工业企业4504户，包括大中型工业企业240户。从产值来看，乡及乡以上工业企业占全部工业的80.67%，大中型工业企业占全部工业的57.3%。这些工业企业分布在33个工业行业大类、166个行业中类之中。1994年武汉市工业增加值211.88亿元，工业总产值741.68亿元。乡及乡以上工业总产值598.28亿元，其中国有工业453.19亿元，集体工业100.65亿元，其他经济类型工业44.44亿元(含国有控股企业32.27亿元)，乡及乡以上工业实现销售产值568.72亿元，产品实现利税68.54亿元。主要工业品产量生铁547.61万吨，钢535.21万吨，钢材461.21万吨，原油加工量232.35万吨，发电量54.06亿千瓦小时，金属切削机床1453台，炼碱6.41万吨，焦炭333.11万吨，汽车0.3万辆，沙9.81万吨，布39469.56万米，卷烟42.61万箱，家用洗衣机10.33万台。1994年轻工业总产值258.79亿元，重工业总产值482.89亿元，仍属偏重型结构。1994年工业企业经济效益综合指数100.71，高于全国和湖北省平均水平，在全国大中城市中处于中上水平。其中产品销售率95.1%，成本费用利润率6.6%，全员劳动生产率17155元/人，增加值率30.8%，资金利税率10.6%，流动资金周转次数1.15次。

（三）商业

1994年，武汉有商业机构3976个，年末商业零售网点发展到65740个，是1978年的7.8倍，其中全民网点3188个，集体网点2627个，个体及其它网点59925个。饮食业网点17278个，是1978年的8.7倍。服务业网点达10266个，是1978年的10.2倍。1994年武汉市社会消费品零售总额达234.55亿元，是1978年的14.9倍。其中国有及股份制单位零售额87.31亿元，集体单位零售额42.73亿元，个体私营零售额104.51亿元，分别占全社会消费品零售总额的37.2%、18.2%和44.6%，公有制(包括国有及股份制、集体)仍居主导地位。商业设施建设步伐加快。1985年以来，武汉市共有11家大中型零售商场改扩建，累计新增营业面积7万平方米，使购物环境得到改善。

（四）建筑业

1994年，武汉市有建筑施工企业共270个，年末建筑业从业人员25.76万人，固定资产原值22.18亿元，自有机械设备43454台，计75万千瓦。全年完成建筑业增加值22.06亿元，建筑业总产值79.58亿元，施工产值78.58亿元，竣工产值44.97亿元，均比上年有较大幅度增长。全年验收鉴定的单项工程2600个，优良品率34.6%；实现利润1.50亿元，增长104.3%；上缴税金1.73亿元，增长11.5%。

（五）金融、保险业

1994年末，武汉市有各类金融机构网点1923家，其中当年批准设立的115家。武汉证券市场继续得到发展，全年累计发行各类有价证券36亿元，证券交易量4957亿元。武汉证券交易中心规模进一步扩大，年末会员发展到563家，完成国债交易量4436亿元，国债现券交易继续在全国保持领先地位。武汉融资中心全年融资177.13亿元。1994年末，武汉市银行各项存款393.7亿元，当年净增96.63亿元。银行各项贷款余额428.71亿元，当年净增87.6亿元。在新增33.85亿元固定资产贷款中，80%以上用于支持基础设施项目；在新增49.95亿元流动资金贷款中，74%用于支持大中型企业生产及农副产品和外贸出口收购的需要。1994年，武汉市保险业务总收入81308万元，比上年增长16.36%。保险理赔45640万元，增长69.85%。武汉市国有企业养老保险面达100%，保险覆盖面达98.5%；集体企业养老保险面达80%；农村社会养老保险共收取投保额1335万元。

（六）旅游业

旅游业作为武汉市第三产业未来的支柱产业，近几年得到迅猛发展，形成了一定规模。1994年，武汉地区全年共接待海外旅游者达到13.18万人，比上年增长3.7%，实现国际旅游创汇收入4652万美元，比上年增长18.5%，全市旅游企业经营收入达7.9亿人民币，比上年增长54.5%。在旅游资源开发、旅游环境建设、旅游市场开拓等方面也取得了一定成绩，旅游综合接待能力明显增强。1994年，各区县旅游业开始驱动，郊区县旅游景点迅猛崛起，成为武汉市民节假日外出休闲度假的好去处。同时，国内外及在汉的大中型企业纷纷看好武汉市旅游业的发展潜力和前景，纷纷投资旅游业，在继前几年大规模兴建饭店后，又出现开发旅游景点和旅游交通的热潮。

二、国民经济结构调整情况

1994年，为充分发挥中心城市的综合功能，适应建设国际性城市的需要，武汉市在经济实力不断增强的同时，国民经济结构发生了很大变化。

（一）三次产业结构

随着产业结构调整的力度不断加大，武汉市第三产业有了长足发展，一、二、三产业结构出现了可喜的变化，1994年，第一产业增加值44.01亿元，增长8.2%，第二产业增加242.62亿元，增长20.61%第三产业增加值199.13亿元，增长22.1%，一、二、三产业增加值占国内生产总值的比重由1990年15.6%、52%和32.4%调整为1994年的9.0%、49.8%和41.2%，第三产业在国民经济中的比重明显提高。在1994年国内生产总值新增额中，第一产业增长额为8.13亿元，贡献率为6.3%；第二产业增长额为64.54亿元，贡献率为50.1%；第三产业增长额为56.1亿元，贡献率为43.6%，第三产业已成为武汉市国民经济发展的重要推动力。1994年一、二、三产业就业结构为25∶38∶37。

（二）行业结构

各行业内部结构得到相应改善，逐步朝体现武汉市优势和特点的方向发展。其一，第三产业在进一步发展商贸、交通、金融、通信等产业的基础上，拓展了科技、信息、证券、房地产等新兴产业，为产业结构类型的更新，完善产业体系的整体功能，强化综合发展实力迈出了具有实质意义的一步。其二，着力于打基础、蓄后劲，进一步调整工业结构，并向重化工倾斜，同时一批新兴产业正在发展壮大。对新项目投资，充分注重高起点、高标准，保证了投资项目的先进性。1994年，武汉市完成轻工业总产值258.79亿元，比上年增长34.8%；完成重工业产值482.89亿元，增长15.0%，轻重工业的产值比例由1980年的48∶52发展到1994年的34.9∶65.1。其中钢铁工业产值比重由17%上升到31.1%，纺织工业产值比重由17%下降到7.1%。其三，第一产业以发展城郊型农业为主导方向，以丰富菜篮子为目标，扩大多种经营，林牧副渔比例大大提高。1994年与1980年相比，农村二、三产业占农村经济的比重由45.2%上升到89.1%，多种经营的产值占农业总产值的比重由39.1%上升到76%，经济作物产值占种植业产值的比重由34.8%上升到57.5%。

（三）投资结构

在武汉市1994年固定资产投资总额中，国有单位投资133.18亿元，非国有单位投资72.84亿元，分别占64.6%和35.4%。基本建设投资75.13亿元，更新改造投资59.58亿元，房地产投资57.06亿元，其他零星投资14.25亿元，分别占36.5%、28.9%、27.7%和6.9%。基本建设大中型项目12个，完成投资47.02亿元，占全社会投资的22.8%；限额以上的更新改造项目12个，完成投资15.27亿元，占全社会投资的7.4%。投资重点向基础产业和基础设施倾斜，城市交通邮电等投资额达29.52亿元，占全社会投资的15.2%。

（四）所有制结构

在坚持公有制为主体的同时，非国有经济迅猛发展。1994年武汉以私营经济为主的企业集团达16家，注册资本5亿多元。武汉市私营企业共4347家，从业人员63699人，分别比上年增长64.2%和88.5%。个体户发展到20.01万户，从业人员达29.12万人。此外，东西湖区已着手建立私营经济小区，汉正街私营业主投资兴建的工业园已进入中期施工，万隆民营经济试验区进入规模开发阶段。

三、基础设施完善情况

（一）交通运输

武汉市是全国少有的集铁路、水运、公路、航空于一体的交通枢纽，素有“九省通衢”之称。1994年货运量12556.0万吨，货物周转量756.62亿吨公里；客运量9189.0万人，旅客周转量193.09亿人公里。

铁路 京广铁路纵穿南北，与武浔线、汉丹线、武九线在武汉交汇；正在建设中的京九铁路联络线通过武汉，形成沟通南北、联接东西的铁路网络。于1991年建成投入使用的汉口新火车站，是全国六大火车站之一。武铁分局管界内营业线14条，通车里程1625公里，线路总延展长度2705公里。有五等以上车站106个，其中特等站2个，一等站8个，二等站5个，线路所13个。有乘降及专用线155条，总延长计203.95公里。1994年货运量5012.1万吨，货物周转量547.06亿吨公里；客运量2311.6万人，旅客周转量116.96亿人公里。

公路 武汉地区公路以107、316、318及106国道为主干，形成6条主要出口公路，并与15条省道和39条县乡公路联成路网。境内公路总里程2720.55公里，其中高等级公路296.38公里。1994年唐家墩武汉汽车客运总站和府河公路大桥建成启用。1994年完成货运量4982.0万吨，货物周转量24.3亿吨公里；完成客运量5829.3万人，旅客周转量34.5亿人公里。

航空　武汉民航运输共有飞机17架，其中武汉航空公司7架。现已开通59条空中航线，可与全国各大中城市直接通航，并有定期包机直达香港。武汉天河国际机场经国家验收合格，拟于1995年4月正式启用，届时将成为华中腹地的航空枢纽。1994年武汉市航空货运量1.93万吨，货物周转量0.20亿吨公里；客运量162.10万人，旅客周转量15.74亿人公里。

水运　以武汉为中心的水运航线辐射面积达287万平方公里，影响所及近三分之一的国土。长江航运直达重庆至上海沿岸的20多个港口。江海航运已开通日本、马来西亚、新加坡、泰国及港澳地区的航线。境内长江航段145.5公里，汉江航段55公里。此外还有滠水、金水、举河、府河、通顺河等12条通航支流，通程达347.5公里。长江、汉江两岸共有万吨以上港口30个，生产性泊位314个，年吞能力4400万吨。1994年港口货物吞吐量2310.2万吨。全年完成货运量2396.0万吨，货物周转量184.2亿吨公里；完成客运量886.0万人，旅客周转量25.2亿人公里。

(二)邮电通讯

1994年，随着邮电通讯设施的改善和武汉市经济的迅速发展，业务量大幅度增长。全年武汉市邮电总量8.72亿元，比上年增长54.6%，其中计费业务总量8.51亿元，增长55.6%。

邮政　武汉市邮政局是全国邮运枢纽之一，是鄂、湘、粤、桂、川、滇、黔7省邮运调度中心。1994年武汉市有邮政局(所)322处，信箱信筒1494个，城乡投递段道单程邮路总长度达24146公里。武汉国际邮局已正式成立，结束了此地区邮件异地验关的历史。特快专递可通达200多个国家和地区以及国内380个大中城市。全年收寄函件15478.8万件，包件452.2万件，特快专递82.9万件，订销报纸期发数119.4万份，订销杂志期发数88.9万份。

电信　武汉市电信局是全国重要的通信枢纽，近年来得到迅速发展。1994年全系统职工6758人(含郊县邮电局)，有电报电路292路，挂发电报12.1万份；有长途交换机4.3万路端，长话电路21541路，挂发长途电话9156.7万次，其中国际电话去话260.35万次，为我国八大长途通信枢纽之一。市内电话交换机全部程控化，总容量由上年的27.05万门发展到54.38万门，住宅电话由10.50万户发展到27.39万户，百人占有电话机由6.8部上升到14.4部，市话普及率由8.7%提高到15%，移动电话发展到21886部，无线寻呼机用户达22.22万户。此外，还同24个国家和地区开办了“108”国际直拨受话人付费电话业务。

(三)城市建设

道路、桥梁、堤防　1994年新建扩建市政道路15条，新建立交桥5座和人行天桥5座。截止1994年末，市区铺装道路总长度1289公里，道路面积1236万平方米，其中高级和次高级道路长度1166公里，面积1186万平方米，人均拥有道路面积由上年的3.60平方米提高到3.68平方米。江河防洪堤总长度295公里，其中当年完成达标防洪堤3.8公里，新建防水墙1.3公里，新建防浪墙3.7公里。

公共交通　1994年，新增无人售票公交客车216辆，出租车3980辆。到1994年末，武汉市有公交线路176条，其中汽(电)车线路95条(包括郊区线路24条)，专线车线路62条，轮渡航线19条。汽(电)车线路长度1286公里，轮渡航线长度159公里。武汉市公交车船13511辆(艘)，其中公共汽(电)车1957辆，专线车1002辆，出租车10512辆，轮渡40艘。公共汽(电)车折合标台2618台。

供水、供气、供电　1994年末，武汉市自来水公司有自来水厂12座，日制水能力341.7万吨，平均日供水量258.86万吨。新增燃气用户11.6万户，年末燃气用气人口204.5万人，其中武汉市煤气公司供92.7万人，管道煤气供48万人，企业、社会自办液化气供34.3万人，武钢自办煤气供29.5万人。城区气化率为60.1%。阳逻电厂一期工程全面竣工并投产，1994年武汉市全年用电量96.79亿千瓦小时，其中工业用电70.14亿千瓦小时，城乡居民生活用电7.96亿千瓦小时。

四、社会发展

(一)科学技术

科技力量雄厚。1994年末，武汉市有独立研究与开发机构169个，独立科研机构有职工26325人，高等院校共建立研究与发展机构85个，科技活动人员41049人。武汉市各类专业技术人员共41万余人，包括中科院院士13人，中国工程院院士3人(其中1人兼中科院院士)。据1993年“中国城市社会发展水平评价中心”评价公布，武汉市科技综合实力在全国大城市中居第三位。

科研活动活跃。1994年，仅武汉市科学技术委员会就安排各类科技计划项目212项，项目投资总额2.69亿元，其中科技三项费900万元，科技贷款9160万元。全年登记科技成果275项，评定市科技进步奖105项，其中51项达到国内领先和国际先进水平。

科技经济一体化进程加快。1994年4月，中共武汉市委、市人民政府决定在全市实施超常规发展高新技术产业、发展重点支柱产业、利用高新技术改造传统产业、培育明显乡镇企业和区街企业、推广应用农业科技成果、增强城市综合服务功能等“六大计划”，第一批88个项目全面启动，总投资14.94亿元，其中当年投入资金5.51亿元。年末已有31个项目基本完成，实现产值20.99亿元，利税2.03亿元。

（二）教育事业

武汉市是湖北省乃至华中地区的教育中心。高等教育比较发达，1994年末，拥有普通高校35所，在校学生140291人，专任教师19034人，在全国居第三位。中等教育布局合理，全市中等职业学校161所，在校学生106425人，专任教师8096人；普通中学531所，在校学生340710人，专任教师24477人。初等教育基本普及，有小学2053所，在校学生740796人，专任教师32978人。幼儿教育初具规模，有幼园783所，在园幼儿177158人，专任教师8257人。此外，还有盲聋哑特殊教育学校6所，在校学生2147人，专任教师199人；成人高等学校34所，在校学生108921人，专任教师3809人；成人中专61所，在校学生36862人，专任教师1514人。

教育质量稳步提高。1994年，武汉市已有4个城区实现“普九”达标。小学在校生巩固率达99.8%小学升初中93.26%；初中在校生巩固率96.9%，初中学生升入高中68.17%；高中毕业年级合格率98%，高中毕业学生升入各类高等学校达55.5%。

（三）文化事业

1994年武汉市共有文化事业机构310个，其中艺术事业机构47个，图书馆事业机构17个，群众文化事业机构227个，其他文化事业机构21个。全市文化设施网络已形成较大规模，现有京剧、汉剧、楚剧、歌舞、交响乐、儿童（及木偶）、杂技、说唱等9个专业艺术团体10个艺术品种，各类影剧院60多所，登记注册的歌厅、舞厅、卡拉OK厅300多家。

艺术事业百花齐放。专业文艺成绩斐然，武汉杂技团勇夺多项国际大奖，武汉京剧团《洪荒大裂变》获文化部首届“文华新剧目奖”，武汉市楚剧团《养命的儿子》和武汉歌舞剧院《楚韵》连获“文华奖”及中宣部“五个一工程入选作品奖”，于盛乐、张家昭、胡和颜、邓敏、邱玲5人获中国戏剧“梅花奖”。群众文化独具特色，汉味隽永的“迎春月”、“舞龙夺标邀请赛”、“武汉之夏”、“金秋文艺调演”和广场文化活动，丰富多彩，高潮迭起。此外，两年一度的“国际杂技艺术节”已经成为武汉市文化和经贸活动中的大事。

图书出版事业不断发展。1994年，武汉市有公共图书馆17个，藏书639.4万册，图书流通册次206.9万册次，流通人次168.7万人次，阅览室座席0.34万个。全年出版图书3593种，总印数33000万册；出版杂志317种，总印数9256万册；出版报纸59种，总印数41691万份。

广播电视事业发展迅速。1994年，武汉市有广播电台5座，发射及转播台3座，平均每日总计播出时间为126小时53分，其中武汉人民广播电台日采编播新闻达155条，全年制作广播剧5部集。武汉市有电视台5座，电视放射及转播台5座，平均每周播出361小时48分，其中武汉电视台全年制作电视剧28部集；武汉有线电视台发展有线电视用户8万户，累计达17户，有20个频道同时播出。

（四）卫生事业

1994年，武汉市有卫生事业机构1445个，其中医院224个，门诊部（所）1088个，卫生防疫机构45个，妇幼保健站（所）14个，其他医疗、卫生、科研、教学机构74个。武汉市卫生技术人员5.81万人，其中中医师3396人，西医师17507人，中西医结合高级医师330人，包括一批著名的医学专家。武汉市卫生事业床位数3.76万张，其中，医院病床3.06万张。平均每万人口拥有医生34.8人，拥有医院病床43.8张。武汉市医院年门诊（含急诊）人次为2165.3万人次，病床周转率15.5次，病床使用率68.1%，治疗有效率95.8%，卫生免疫接种率95.5%，药品生产抽检合格率94.9%，血防灭螺面积6.42万亩。全年急性传染病总发病数23515人次，比上年减少5156人次，传染病发病率为339.96/10万，是近10年来最低的一年。

经济体制改革和对外开放

一、企业和城市综合改革试点情况

(一)以"五个一批"为重点的企业改革全面推开

武汉市属预算内的288家企业中,91%的企业分别选择了相应的改革举措,一批企业开始取得明显成效。其他企业也根据自身情况,逐步"对号上船"。

武汉市新批准设立股份制企业780家,累计已达1087家,其中股份有限公司207家,有限责任公司880家。武钢被确定为境外上市公司,长印、凤凰两公司的内部职工股票转为公开上市股票,华中信息总公司控股的全资企业(深圳本鲁克斯实业股份有限公司)B股在港上市,武桥公司改组为合资的股份制企业,得到国家有关部门批准。

企业集团新组建40家。累计达127家。8个工业企业集团进入全省工业企业集团30强行列。目前,武汉工业企业集团的固定资产原值占全市的66.3%,工业总产值、销售收入和实现利税分别占38.6%、39.6%和65.1%。

武汉市属工业从事第三产业人员近10万人,门点近4000个,涌现出一批第三产业收入超过老产品收入的企业。老城区20多家工业企业旧址转向第三产业并进行了易地改造。按可比价计算,1994年第三产业增加值比上年增长22%,占国内生产总值的比重提高到41.2%。

企业破产工作取得突破性进展。39家长期亏损、扭亏无望、不能清偿到期债务的企业,其中国有企业17家(大中型国有企业4家),依据《破产法》和《国务院关于在若干城市试行国有企业破产有关问题的通知》实施破产,共涉及职工1.98万人,总资产达3亿元,总债务7.7亿元,1994年底26家企业已破产终结,国有企业开始建立优胜劣汰的破产机制。同时,31对企业实现了兼并,累计达282对;武商集团合并了武汉商业大厦,中百集团跨行业兼并了武汉酒精厂,中商集团合并汉口蛋厂,实现了国有资产的优化配置。武汉市累计有3000多家企业实行了国有民营、公有私营。

(二)按照《公司法》进行建立现代企业制度的试点开始起步

武汉市确定了30家试点企业,武钢、武汉通讯电源厂被列入全国百家试点企业,自来水公司被列为城乡建设部试点企业,武重等4家被列入全省50家试点企业。参照国务院《试点方案》,武汉市研究、制定了具体实施意见。多数试点企业进行了方案的制定、论证并着手实施,积极推进了各项基础性工作,普遍开展了清产核资、资产评估和债权债务的清理。24家企业按照《公司法》进行公司制改组改造。在抓好试点企业"六位一体"的综合配套改革方面,进行了初步的实践。

(三)国有资产管理体制和营运机制改革步伐加快

按照政府的社会经济管理职能和国有资产管理者职能分开的原则,武汉市组建了国有资产管理委员会和办公室;先后对长动集团、武建集团等企业实行国有资产授权经营;建立了国有资产经营公司,并着手选择10户国有企业进行范化监管试点。同时,全市1039户清产核资企业(市属688户,区县351户)按规定全部完成清产登记、产权界定和资产价值重估工作。

(四)社会保险制度改革取得重大进展

按照"社会统筹和个人帐户相结合"的原则,经过调查、测算,制定了武汉市城镇职工养老保险制度改革方案,在提交全体市民讨论和广泛征求各方面意见的基础上经市人大常委会审议通过,正式出台。同时,进行了失业、工伤、医疗保险改革试点。武汉市有42万农民参加了社会养老保险,保险费收入达3238万元。根据十四届三中全会《决定》要求,正在筹建统一的社会保险管理机构,相应实行社会保障行政管理和社会保险基金经营的分开。

(五)住房制度和土地使用制度改革力度加大

目前，武汉市已归集公积金2.33亿元；累计发放贷款投资2.7亿元，支持购建房314.44万平方米；61家住宅合作社筹资2.3亿元，合作建房94万平方米，解决了1300多户低收入职工的住房困难。积极推进租金改革，稳步出售公有住房，结合国家安居工程的实施，加快了经济实用住房的开发建设，武汉市政府已划拨150公顷土地作为经济实用住房开发基地，已落实规划用地2709亩，14个经济实用住宅小区都已开工，开工面积达120万平方米，已竣工20万平方米。同时，强化了城镇土地使用权一级市场的垄断，加强对房地产二级市场的管理。

（六）城市公用交通体制改革取得新的进展

武汉市公交系统着力推进“三核定”、“五调整”的改革措施，去年削减普线车从业人员、车辆配置各20%，分流人员5565人，新增10条营运线路和一批专线车船，先后在24路、61路等5条线路实行无人售票，公汽三场实行场级模拟法人试点，成立了合资客运企业，大力发展第三产业，获得较好的经济效益。武汉市有关部门会同公用局，经过调研、测算，提出了公交企业3年改革与发展的初步方案。

二、政府机构改革和职能转变情况

在深入调查研究的基础上，修改完善了武汉市机构改革方案。撤销了武汉市生产技术局，将有关职能并入武汉市经委；合并了武汉市城管办和武汉市环卫局，组建了武汉市市容环卫局；组建了社会保险局；完善了国有资产管理机构；进行了区县机构改革试点。在政府12个部门开展了定职能、定机构、定编制的“三定”工作，进一步理顺了关系。实行了公司设立审批制向工商行政管理机关依法独立核准登记制转轨，发展了一批社会中介组织。武汉市政府分三批宣布取消乱收费项目206项，共清退、上缴资金1364万元。根据改革开放和经济生活中出现的新情况，适时推出了一批地方法规和行政规章，加快经济立法进程。

宏观管理体制改革是1994年改革的重点。按照国家的部署，武汉市认真贯彻落实一系列重大改革措施，取得了良好效果。先行试点的分税制进一步完善，国税局、地税局两套税务机构组建工作基本完成，并已开始运转；对流转税体系进行了重大改革，确立了增值税的主体地位；分别统一了内资企业所得税和个人所得税；多数企业对税负变化反映正常。金融体制改革稳步推进，顺利完成了武汉市农业银行与农业发展银行、武汉市建设银行与开发银行分帐管理，为武汉市成立政策性银行分支机构打下了基础。开始试行资产负债比例管理。官方汇率和外汇调剂市场汇率的成功并轨，外汇结算由原来的帐户制改为结汇、售汇制，有力地推动了武汉市外贸体制等相关改革的深化；取消了外贸指令性计划，改进了重要商品的进出口配额管理，完善了出口退税制度。

三、市场体系逐步建立和完善情况

1994年，武汉市市场体系发展较快，市场成交额大幅度增长，武汉作为区域性中心市场的格局开始形成。

（一）商品市场发育比较充分

初步形成了多层次、多功能、购物方便的消费品市场网络和批零、展销、订购多种形式并存的生产资料销售网络。

目前除拥有具备一定规模、档次、水平且销售额过亿元的19家大型零售商场外，还有年成交额过5000万元的集贸市场15个，各种大型专业及批发市场10多个，其中汉正街小商品市场年成交额达48亿元。武汉现有各具特色的商业街18条，其年销售额占全市社会消费品零售总额的50%以上。年销售额1亿元以上的生产资料市场有6个，其中武汉商品批发交易市场年成交额为316.3亿元。面向武汉市内和区域的一批大中型综合性和专业性批发交易市场相继建成开业。外贸市场出口创汇6.85亿美元，比上年增长了24%，创历史最好水平。

（二）金融市场辐射面广，规模不断扩大

资本市场已初步形成以证券经营为主体的多层次的证券市场运作体系，证券交易规模仅次于沪、深居全国第三位。1994年全年发行各类有价证券33.19亿元，交易量达到4783亿元。武汉证券交易中心是仅次于沪、深证券交易所的证券集中交易场所，会员单位达到536家，形成了覆盖全国28个省、市的会员网络，全年国债交易量高达4470亿元，为上年的8倍，并开办了现券、期券、回购等多种交易形式，继续成为全国最大的国债现货交易市场。货币市场在原有资金市场的基础上进一步组建了武汉融资中心，业务已辐射到全国23个省、市、自治区的500余家金融机构，全年融通资金177.13亿元，比上年增长1.44倍，基本上具备了对周边地区短期货币资金的吸纳能力与辐射能力。外汇市场方面，1994年武汉外汇调剂中心对“三资”企业调剂外汇8000万美元。保险市场覆盖面逐步扩大，险种不断增加，1994年全市保险业务收入达到8.13亿元，其中涉外保险收入4689万元，比上年增长52.6%。

（三）房地产市场迅速崛起，房地产开发稳步发

展

1994 年，武汉市新签市区土地批租合同 142 项，批租面积 258.59 万平方米，规划建筑总面积 555.6 万平方米，其中住宅达 185.45 万平方米。房地产二、三级市场日趋活跃，在制定和颁布一系列地方性法规和行政规章的基础上，武汉房地产交易的管理和中介服务组织进一步健全，房地产交易量逐年上升。1994 年，武汉市共办理房地产交易 5381 起，房屋交易建筑面积 177 万平方米，成交金额 11.4 亿元；办理房地产租赁签证 1.3 万余起，收取土地收益金 899.14 万元；发放房地产权属证 1.2 万余件；办理房地产抵押审核登记 707 起，抵押贷款 16 亿元。到 1994 年底，武汉市经批准的房地产开发公司总数为 813 家，比上年增长 32.6%；总注册资金 155.27 亿元，比上年增长 40.6%。"三资"公司中有来自美国、日本、加拿大、新加坡、香港、台湾等 10 多个国家和地区的开发商，呈现出全民、集体、私营、股份制、合资、合作、独资等多元化开发经营格局。

(四)技术、劳动力和人才、信息、产权等要素市场从小到大、从无到有，都有不同程度发展

武汉市已有技术交易机构 1400 多个，1994 年成交技术合同 3226 项，合同金额 5.4 亿元。武汉产权交易所集中了经济、金融、法律、计算机等方面的专业人才，交易及营业场所面积达 1500 平方米，具有国内一流的交易设施，已经接受了几十家公司转让近 40 亿元国有资产产权的委托。劳动力和人才市场初步形成以常设性市场为主，多形式、多层次、全方位综合服务的市场网络，1994 年武汉市职业介绍机构求职登记 22 万人次，交流 9.38 万人次；武汉市人才交流中心实现科技人才流动 6847 人次，累计管理流动人员档案 8408 份。武汉市信息市场已开始试运行，市场网络不断扩大，信息覆盖面和发布量比上年都有较大幅度的增加。

四、横向经济联合发展情况

为了适应改革开放的新形势，加快计划经济体制向市场经济体制转轨，1983 年武汉市成立了经济技术协作办公室，主要开展物资、技术协作和横向经济联合。1985 年按照武汉市委、市政府提出的"城乡通开，协调发展"的战略思想，6 月经协办改为武汉市经济技术协作委员会，重点发展经济网络，并在 12 月组建了长江沿岸经济协调会。1987 年 5 月正式成立武汉经济协作区，成员包括长江中游沿岸 3 省 17 地市，以后发展到 4 省 25 地市。在贯彻湖北省"城城通开，城乡通开"的方针中，武汉市为带动湖北省经济共同发展和支援三峡工程建设中也发挥了重要作用。

武汉市与国内地区间经济技术协作不断增强。1994 年共执行国内跨地区经济技术协作项目 5520 个，比上年增长 15.2%，其中与省内地区协作项目 2140 个，增长 16.2%。项目协议投资总额 51.6 亿元，增长 44.1%；实际到位资金 12.7 亿元，增长 49.4%。

外地驻武汉市办事机构不断增多。1994 年末，正式注册登记的外地驻汉办事机构有 590 家，其中当年新登记的 112 家。此外，还有中央部委驻汉物资供销机构 44 家。通过驻汉机构的双向服务，增强了武汉的集聚力和辐射功能。

五、利用外资和开展国际经济技术合作情况

(一)加大国际招商力度，掀起新一轮武汉投资热

1994 年，面对全国对外开放的新形势，武汉市提出了"巩固和发展港澳台、东南亚，开拓欧美日"的招商引资新战略方针，先后 5 次赴欧、美、日和港澳举行招商洽谈活动，取得圆满成功，既巩固了传统的东南亚资本市场，又开拓了发达国家新的资本市场，在走出去招商的同时，1994 年共有 300 多批外商通过各种渠道到汉访问、考察和洽谈投资，其中大公司、大财团占三分之一。全球排名前 500 家著名跨国公司中，来汉访问的达 130 家，其中 13 家已经投资武汉。尤其引人注目的是，香港新世界、新鸿基、恒基兆业三大财团联袂访汉并与武汉市签订合作协议。美、英、德、日等国的驻华官员专程到汉考察，法国工贸部长率领法国工商界 150 多人的大型经济代表团访汉，加强了武汉市与外国政府间的联系，大大提高了武汉在海外的知名度。

(二)利用外资规模继续扩大，质量和水平进一步提高

1994 年，武汉地区新批利用外资项目 1028 个，协议外资额 14.8 亿美元，比上年增长 20.9%；实际利用外资 9.13 亿美元，比上年增长 92%。武汉市实际利用外资折合人民币 78 亿元，相当于当年武汉市全社会固定资产投资额的 38%；外资企业税收 1.5 亿元，比上年增长 46%，工业外资企业实现销售收入 23 亿元，比上年增长 109%。外资企业从业人数已达 5 万多人。

直接利用外资完成 4.51 亿美元，新批外资企业 930 家，新开工开业外资企业 570 家，利用外资项目数，协议外资额和实际进资额均居内地城市之首；新

办外资企业数名列全国大城市第七位;外资企业进资率高于全国平均水平14个百分点。外资结构逐步优化,在港澳台投资继续增长的同时,欧美日发达国家的投资大幅度增加,其项目数占总数的18%,比上年增长80%;协议外资额占总额的16%,较上年增长90%。法国爱西亚公司投资的汽车消声器,美国西屋电器公司投资的核测试仪,日本NEC公司投资的移动通讯等一批技术含量高的项目在武汉市落户。

1994年借用国外贷款46245万美元,比上年增长221.15%。武汉市计划口径内国外贷款完成9261万美元,比上年增长8.95%。其中:外国政府混合贷款和贴息贷款完成5118万美元,比上年减少13.84%;国际金融组织贷款完成68万美元;地方、部门自借国外贷款完成4075万美元,比上年增长59.18%。到1994年底,武汉市累计使用国外贷款47468万美元(市计划口径内统计,其中武钢合作18000万美元),外债余额27000万美元。从总体看,武汉市的偿债形势还较稳定,没有出现整体偿债困难的局面,分析其原因主要有两条,其一,在27000万美元的外债余额中,中长期优惠贷款余额占92%左右,大部分项目还没有进入还本高峰期,商业贷款比重很小。其二,武汉市自计划单列以来,出口形势较好,连续多年的出口保持了高速增长,有必要的外汇储备。据武汉市外管局统计,1994年,武汉市外汇收入68050万美元,外汇售汇支出48067万美元,年末现汇余额33831万美元,外汇兑换是有保障的。

(三)国际经济技术合作逐步拓展,旅游创汇收入稳步增长

1994年,武汉市对外交往空前活跃,全年接待境外人士5000人次;批准出国人员1159批、4490人次,办理赴65个国家和地区的签证共605批、2898人次。全年执行引进技术交流项目32个,引进各类专家73人次,派出培训人员131人。尤其是,旅游事业发展迅速,利用外资和旅游创汇都有较大进展。

武汉市新签对外承包工程和劳动输出合同金额3782万美元,完成营业额1932万美元,分别比上年增长50.43%和249%。新派出国劳务人员659人,比上年增长24%;年末在外人数1629人,比上年增长78%。武汉市援外工程和承包设计项目在非洲和我周边国家和地区进展顺利,在塞拉利昂的农业项目和几内亚的沼气项目已进入第二期合作,马达加斯会议中心监理项目即将执行,孟加拉医院项目已确定由武汉市承担,在越南的化工勘探、设计项目已经中标。

六、进出口贸易发展情况

1994年,武汉市出口创汇6.85亿美元,比上年增长24%,创历史最高水平。外贸专业公司完成出口任务6.05亿美元,占武汉市出口总额的88.3%,比上年增长20%,起到了外贸出口主力军的作用;外资企业出口4888万美元,增长62.5%;自营出口企业出口3114万美元,增长73.4%。出口产品结构进一步改善,技术出口初具规模,突破3000万美元;机电产品出口占出口总值的20%,地产品出口占52%。目前,武汉市出口产品已到达107个国家和地区;100万美元到500万美元的出口品种有85个,500万到1000万美元的出口品种有17个,1000万到3000万美元的出口品种有8个。

武汉市外贸企业以扩大出口创汇和提高经济效益为中心,加大改革力度,划小核算单位,试行全员劳动合同制,实行严格的风险抵押承包经营责任制,转换企业内部经营机制,调动了广大职工的积极性。外贸企业在出口创汇继续增长的同时,经济效益有较大幅度的提高。在支付了历史亏损挂帐利息7500万元的情况下,全年实现利润3048.5万元,比上年增长42.85%。

附录

武汉市对外经济技术合作意向性项目

编号	项目名称	建设规模	承办单位	地址	电话	联系人
1	汽车用超薄水箱带及电子工业用引线框架铜带生产线	总投资13700万元;水箱铜带3000吨/年;引线框架铜带2000吨/年	武汉铜材厂	武汉市桥口区古田一路16号	3833381	龚有华
2	轿车散热器用铝合金复合材料项目	总投资6243万元;年产0.1—3×20—60毫米薄带(板)1000吨	武汉金属压延总厂	武汉市江岸区花桥小区育才三村	2835791	熊建中
3	武汉市长江柠檬酸厂扩建	总投资3900万元;扩建1000吨柠檬酸钠生产线;扩建3000吨无水柠檬酸生产线	武汉市长江柠檬酸厂	武汉市黄陂县城关双凤亭路66号	07215—32518	李德智
4	喷墨打印机生产技术	总投资5000万元;年产中英喷墨打印机4万台	武汉长江有线电厂	武汉市武昌关山一路14号	7801061	杨腾腾
5	红外探测设备生产技术	总投资1620万元;年产红外探测设备20万台	武汉市无线电三厂	武汉市汉口青年大道	5835222	刘庆林
6	近红外农作物品质分析仪	总投资1000万元;年产近红外农作物品质分析仪500台	武汉市电子仪器二厂	武汉市桥口区汉正街75号	5833262	牛克甲
7	兴建PVC塑钢型材生产线	总投资2000万元;年产1200～1500吨PVC塑钢门窗型材生产线	武汉武建(集团)门窗厂	武汉市汉阳区井岗村119号	4843229	张望云
8	武汉市轻轨交通一号线工程	总投资21.5亿元人民币和外汇1.69亿美元;拟建一、二期工程正线15.9公里封闭式高架线路	武汉市轨道交通建设公司	武汉市汉口育才一村75号	2834789	
9	武汉市环城道路及桥梁工程	总投资82亿元;全长92.32公里的中环线及跨江(河)桥6座、立交桥20座、人行天桥通道135座	武汉市市政建设管理局	汉口胜利街305号	2832652	王崇贵
10	武汉市汉口煤气厂三期工程	总投资16500万元;年加工20万吨原油炼油装置	武汉市公用事业局	汉口汇通路20号	2831587	吴长均
11	武汉市城市垃圾处理系统工程	总投资78000万元	武汉市环境卫生管理局	汉口台北二路台北四村99号	5863543	刘为民
12	武汉市墨水湖综合治理工程	总投资4.5亿元;拟建泵站4座,控制闸8座,12万吨/日,二级污水处理厂1座,移动取水构筑物1座	武汉市市政建设管理局	汉口胜利街305号	2832652	王崇贵
13	刻蚀高脚数框架,金属陶瓷结合型外壳	总投资3500万元;达到刻蚀高脚数框架数为100～600,年产1500万只;金属陶瓷结合外壳500万套	武汉市无线电器材厂	武汉市汉口古田三路	3831356	董义成
14	医用彩色超声诊断仪	总投资4500万元;彩色超声波诊断仪175台套,各种超声换能器500支	武汉桑迪电子仪器公司	武汉市汉口新江岸5村3号	2872681	杜水源
15	表面安装石英晶体元件	总投资2200万元;年产SMD石英晶体元器件600万只	武汉市无线电元件厂	武汉市汉口四唯路4号	2834041	舒旺安

续表

编号	项目名称	建设规模	承办单位	地址	电话	联系人
16	金卡工程	总投资1470万元;年产金卡(PVC和IC卡)15000万张;年产读/写机10000台	武汉东湖先达条码技术有限公司	武昌珞瑜路182号	7813921 7813922	马继光
17	汉口易家墩污水处理厂工程	总投资33645万元;2000年日处理水量220000立方米,2020年日处理水量400000立方米	武汉市市政建设管理局	汉口胜利街305号	2832652	王崇贵
18	汉口堤角污水处理厂工程	总投资11260万元;2000年日处理污水量50000吨;2020年日处理污水量100000吨	武汉市市政建设管理局	汉口胜利街305号	2832652	王崇贵
19	武汉市城市污水合理排江工程	总投资4450万元;黄浦路出江口100000立方米/日;平湖门出江口50000立方米/日	武汉市市政建设管理局	汉口胜利街305号	2832652	王崇贵
20	柔性制造生产线	总投资5000万元;年产精密、数控通用部件2000台;数控组合机床等20～30台(套)	武汉市第五机床厂	武汉市唐家墩31号	5836571	吴乔
21	数控机床	总投资6600万元;年产数控机床600～800台	武汉第三机床厂	武汉市武昌临江大道60号	8874226	张杰
22	精密组合机床	总投资15000万元;年产精密组合机床等2530台(套)	湖北机床厂	武汉市洪山区南望山	7801488 7801598	胡昌泰
23	数控工具磨床加工中心	总投资13000万元;数控工具磨床及磨削中心,工具专机100台(套);立、卧加工中心150台;工具磨床1000台	武汉机床厂	武汉市桥口路164号	5853688 5853644	王丽萍
24	TC87(90)系列柴油机	总投资12000万元;年产TC87(90)柴油机6万台	湖北省柴油机厂	武汉解放大道15号	3831001	陈瑞彪
25	建立加工中心生产基地	总投资15210万元;拟建生产车间及配套厂房29097平方米,道路1000平方米	武汉数控集团股份有限公司	武汉市江岸区台东路23号	2822983	程云辉
26	汽车驱动桥螺旋锥齿轮生产线	总投资1740万元;年产5万套齿轮	湖北交通汽车配件厂	武汉市桥口区简易路76号	3833813	安明西
27	车用发动机	第一期总投资6亿元,年产车用柴油机3万台	武汉内燃机厂	武汉市古田四路41号	3836148	汤德文
28	引进喷气织机	总投资350万美元;引进80台喷气织机	武汉市第七棉纺厂	武昌罗家路	6862343	宋仁智
29	引进40台剑杆织机	总投资2263万元;引进剑杆织机40台	武汉第四色织布厂	汉口建设大道122号	3834626	易继旭
30	武汉市汉阳棉纺厂高档牛仔布生产线	总投资7539万元;年产高档牛仔布800万米(60寸幅度)	武汉市汉阳棉纺厂	武汉市蔡甸区汉马路31号	07212—42073	涂前文
31	计算机硬盘驱动器	总投资5600万元;年产3.5容量为340兆字节硬盘驱动器30万台	湖北长江光电仪器厂武汉分厂	黄陂县刘店村	2876808	邢广欣
32	人造金刚石及其系列制品	总投资15000万元;兴建年产值40000万元的人造金刚石及其系列制品科工贸一体化的生产基地	中国地质大学(武汉)长江钻头公司	中国地质大学内	7802136 转996	李大佛

典 型 地 区

武汉经济技术开发区

一、基 本 情 况

武汉经济技术开发区于1990年12月由武汉市委、市人民政府批准筹建,1993年4月经国务院正式批准设立。她是以中国东风汽车公司与法国雪铁龙公司合资建设的30万辆轿车项目为主体,以发展汽车零部件产业、高新技术产业为补充,实行沿海开放城市经济技术开发区政策和新型管理体制的对外开放的经济技术开发区。

开发区位于武汉市的西南,长江北岸的蔡甸区沌口街、阳逻街一带。距武汉市中心约15公里,规划面积31平方公里,控制发展范围90.7平方公里,前期开发10平方公里,分为工业、高科技、商贸、仓储、港埠、管理、生活、外专公寓和高科技农业等功能小区。开发区濒临长江,专用铁路与京广线接轨,从上海至拉萨的318国道贯穿开发区。离汉口新火车站、武汉客运港、武汉港、武汉机场、南湖机场等重要交通港站分别相距12～30公里,交通便捷,自然环境优美。

武汉经济技术开发区在湖北省和武汉市的经济发展战略中占有十分重要的地位。她的设立,是促进长江经济带开放开发的重大步骤,对于繁荣武汉,振兴湖北,推动整个华中腹地的经济发展,促进长江经济带的开放开发,加快中国汽车工业及相关产业的发展,支援三峡工程建设,将产生深远的影响。

二、发 展 格 局

开发区自1988年开始筹建,1991年5月动工兴建以来,现已形成了较好的投资环境,各项工作进展顺利。

1. 投资硬环境日臻完善

截止1995年3月底,已征用土地15522亩,约合10.35平方公里。平整土地9平方公里,完成土方量近1000万立方米,基本实现了“六通一平”。开发区内已形成了纵横交错的道路网络,砼路面道路总长已达25.79公里,按照雨、污分流的原则,初步建成了雨水和污水两个排水系统,雨、污排水管网总长已达96.25余公里;输配电系统已基本形成,按规划完成了4回110千伏、220千伏高压输电线的迁移工程,其总长达30余公里;建成110千伏区域性变电站两座(含“神龙”公司专用一座);建成10千伏开闭所及其电缆输配系统9座,开发区的供水管网已经形成,由武汉市区引人的每日3万吨的供水量,能满足现阶段建设施工的需要;装机容量为4万门程控电话的电信大楼已于1993年建成并投入使用,已安装到位2000门,具备国内国际程控直拨和提供传真服务的通讯能力,邮政业务已经开通;路长4.2公里,轨长6.6公里,包括机车、站房、编组站在内的开发区连接京广线的铁路专线已经基本建成。

除上述已建成或形成一定规模的6项基础设施之外,煤气、供热、滚装码头、污水处理厂等其他重要基础设施正在抓紧建设之中。

在不断地完善基础设施的同时,各项配套服务设施建设的进展加快。建成6栋4.6万平方米的标准厂房,其中近2万平方米已出售或出租;16栋可供43户外国专家使用的外专公寓一期工程已交付使用,二期工程正在建设;同济医院开发区分院已动工兴建,门诊部1995年上半年可对外服务;与华师一附中联合办学的开发区一中正在兴建;海关大楼主体结构已建到6层;保税仓库已基本建成;神龙公司第一批职工宿舍(240户)已建成使用;金湖花园6.59万平方米商品住宅楼1995年内将陆续建成;一批酒店、宾馆、写字楼、办公楼正在开工建设,有的已投入使用;组织了4次大规模的植树造林活动,共植树近4万株,绿化面积达233.70余亩。

日臻完善的基础设施、社区配套服务设施,为开发区的发展奠定了较好的基础。

2. 依法治区的软环境逐步形成

按照“小政府、大社会、全功能”的原则和建立社会主义市场经济体制的要求,开发区管委会设置了规划土地、建设管理、经济发展、社会事业、劳动人事、综合计划、政策法规、重点工程、工商、财政、办公室等11个职能机构。公安、税务、海关、商检以及金融系统在开发区设置了分支机构。武汉市中级人民法院在开发区设立了综合审判庭；武汉市人民检察院成立了开发区检察院。这些机构的设置，为简化办事程序，提高办事效率，提供了可靠的组织保证。

拟定了重点产业和项目的投资导向政策：(1)汽车产业及相关产业；(2)高新技术产业及其它先进技术产业；(3)产品能出口创汇以及其它国内急需和效益显著的产业；(4)国家准许兴办的第三产业；(5)基础设施建设项目。开发区坚持以兴办工业项目、高技术项目和外资项目为主，以加快中国汽车工业的发展和武汉市国有大中型企业的技术改造为己任，充分发挥外向型经济的窗口作用，服务全国，面向世界。并逐步把开发区建成为技术先进、结构合理、商贸繁荣、环境优美、服务功能齐全的现代化"汽车城"。

开发区严格禁止下列类型的项目人区建设：(1)污染环境严重的项目；(2)技术落后、设备陈旧的项目；(3)国家政策、法规禁止的项目。

加快法制建设，推动开发开放。1994年2月，《武汉经济技术开发区条例》经湖北省人大常委会批准颁布实施。根据《条例》，开发区又制定了一批行政规章，力求使各项管理工作有法可依，使开发区的各项管理工作开始步入法制化的轨道。

3. 招商引资势头良好

至1994年底，共引进项目299个，其中工业项目111个，三产业项目188个。已登记注册企业242家。工业项目中投资在亿元以上的大项目13个；工业项目总投资额达145.7亿元，其中包括法、美、英、韩等国以及台湾、香港来开发区投资的中外合资企业30家，投资额达125.1亿元，占工业项目总投资85.87%；协议利用外资5.86亿美元，实际利用外资1.66亿美元。开发区内已有神龙公司、万通公司、富城公司等3家整车厂。按生产纲领全部建成达产后，3家整车厂将年产48万辆汽车；此外，还引进汽车零部件项目23个。上述情况表明，开发区以汽车零部件为支柱产业的产业格局基本形成。

至1994年底已开工企业35家，总建筑面积达91.8万平方米。一批企业相继建成投产，开发区正在实现由开发建设转向边开发、边投产的新阶段。

4. 主体项目建设进展顺利

遵照武汉市政府[1988]71号文件对二汽轿车项目的承诺，在轿车项目尚未完全成立的情况下，开发区就完成了征地、场平，修建了道路，提供了电力和水源。1993年2月26日轿车项目正式开工。在神龙公司、施工企业和开发区有关部门的密切配合下，项目建设进展顺利。神龙公司武汉工厂已完成投资13.32亿元，厂区总开工面积29.1万平方米，其中8.1万平方米的总装车间、5.1万平方米的焊接车间以及1.2万平方米的维修车间土建工程已经完工，开始安装设备；4.7万平方米的冲压车间、7.3万平方米的油漆车间正在加紧施工。预计1995年9月将以CKD方式进行装车，年内计划装车2000台，1996年下半年将正式投产。1994年11月，国家计委批准神龙公司第一期15万辆轿车项目总投资概算由原定78.48亿元调整为103.58亿元，并要求在1996年底形成15万辆生产能力。为适应中国市场的需要，该公司正积极推出新的车型，第一批三厢型样车已经试制出来。

三、发展构想

开发区的发展构想是：以完善的基础设施吸引企业投资办厂，以优越的市场经济环境促进企业健康发展，形成规模经济；以规模经济创造的巨大效益进一步发展开发区，吸引更多的客商投资办企业，从而不断壮大开发区的经济实力和经济规模，利用联动效应，形成滚动开发的经济发展态势。其奋斗目标是：紧紧依托神龙公司30万辆轿车的主体项目，积极开展向三个方面开拓，一是形成湖北省武汉市汽车及零部件产业的生产基地；二是以较多的高科技和技术先进型项目的生产与科研的相互促进形成科技优势，带动开发区科技水平的提高，加快国有大中型企业的技术改造；三是加强产业的调控和导向工作，形成一、二、三产业按比例协调发展的局面，最终使开发区成为开放型经济区。

主要措施包括：

1. 根据发展规划，适当超前加强基础设施建设。开发区已经制订出今后15年内铁路、水运、邮电、道路、供水、公交、供电、供气、防洪排渍、园林绿化、环境卫生、环境保护等方面的发展计划和指标。

2. 优化软环境建设，率先建立现代化的市场经济体系，按国际惯例办事。

3. 着力引进高科技和技术先进型项目，形成开发区企业的科技优势。

4. 充分利用外资，加强外经外贸工作，将开发区建设成为外向型经济特区。大力兴办各类"三资"企业，尤其是生产性工业企业，推进外商成片开发和建立外商工业园的工作。积极开展对外贸易、促进产品出口创汇。到"九五"末及2010年，出口总额力争分别达到5亿美元和22亿美元。

5. 加速第三产业发展步伐，促进产业结构合理化。开发区第三产业的发展重点是金融、科技服务、房地产、商业等为全社会服务的行业。

6. 积极引进湖北省武汉市的老企业到开发区投资立项，加快国有大中型企业的技术改造步伐，使开发区能为全社会的经济发展作出应有的贡献。

武汉东湖新技术开发区

一、开发区是我国重要的高新技术产业基地

东湖开发区位于湖北省武汉市东湖之滨，横跨武昌区、洪山区和武昌县，依山傍水，景色秀丽，区内山峦起伏，湖泊镶嵌，空间层次错落有致；区内交通便利，通讯基础条件良好，城市基础设施齐全，优美的自然景观与现代城区融为一体，为高新技术产业的发展提供了良好的外部环境。

东湖开发区是我国少有的高新技术经济密集区，具有智力密集度高、科技力量雄厚、科技仪器设备精良、科技成果累累、图书情报资料丰富、信息灵敏、产业基础良好等优势。东湖开发区内聚集了包括武汉大学、华中理工大学等著名高等学府在内的23所高等院校，还有54个部省级科研设计单位、10个国家重点实验室、2个国家工程技术中心、700多家科技开发机构、75家国有大中型企业，科技成果每年近千项，具备发展高新技术产业的坚实基础，是国务院批准的国家重点高新技术产业开发区。

东湖开发区设有两个重点开发的科技工业园，即关东科技工业园和关南科技工业园，是高新技术产业和对外开放的窗口，规划面积14平方公里。科技园对外实行土地使用权有偿转让和标准厂房出租和出售，为客户提供全方位的服务。其中关东科技工业园规划面积180公顷，规划建成11个主体产业区和5个综合配套区，将成为国内一流的光通信和电子信息产业基地；关南科技工业园规划面积514公顷，园区内设有工业区、仓储保税区、管理服务区和居住区，致力于发展机电一体化、生物工程、新材料、新能源及新型民用产品的生产与开发。与开发区科技工业园连成一片的庙山小区也是武汉东湖新技术开发区的重要组成部分，规划面积30平方公里，致力于发展高新技术产业、商贸金融、旅游度假和文化娱乐事业。

按精干、廉洁、优质、高效的原则，东湖开发区建立了健全的配套服务体系，区内专门设立了为高新技术企业服务的工商、税务、财政、社会保险、金融等配套机构，并且实行了一条龙服务、一站式管理的新体制，拥有一支思想作风过硬、业务素质高的队伍。

东湖开发区凭借实力雄厚的智力优势，依托武汉市门类齐全的工业基础，得天独厚的地理环境，功能完备的城市基础设施，具备了良好的投资环境，正在成集科、工、贸于一体，具有产、学、信功能的新兴科学城和高新技术产业基地。

二、开发区已经成为湖北省、武汉市的经济增长点

几年来，东湖开发区在国家、湖北省、武汉市各级的关心和支持下，始终坚持以改革为先导，不断优化环境，抓住机遇，在发展高新技术产业、扩大对外招商引资、培养骨干企业和加速新区建设等方面迈出了较大步伐。

1. 高新技术产业初具规模

截至19994年底止，东湖开发区累计实施火炬计划133项，其中国家级29项，地方级104项，总投资2.4亿元，初步实现产值10亿元。通过火炬计划的实施，东湖开发区已形成以通信产业为龙头，以生物工程、电子、激光、新材料和机电一体化等产业为基础的六大支柱产业，其中通信产业已形成一批产值超亿元的骨干企业，年产值共达12.6亿元，呈现出强劲的发展势头。

2. 一大批骨干高新技术企业迅速崛起

几年来，东湖开发区发展高新技术企业540家，股份制企业270多家。1994年高新技术企业实现科工贸收入26.5亿元，其中收入在亿元以上的企业7家，在千万元以上的企业41家，已形成大院大所、三

资企业、民营股分制企业三大高新技术产业发展群体，其中大院大所办企业数占47%、总收入占42%。

3．对外招商引资成效显著

目前，东湖开发区拥有三资企业263家，总投资3.6亿美元，协议外资额达1.3亿美元，吸引了日本NEC、美国施乐公司、西屋电气公司等一批国际知名的大公司、大财团到区内发展高新技术产业，引进了一批规模大、市场前景好的高新技术项目。

4．东湖新技术创业中心建设步伐进一步加快

该中心是我国第一个科技企业孵化器，自成立至今已孵化企业141家，1994年实现科工贸收入1亿元，开发各类高新技术项目308个，并孵化了一批中等规模的高新技术企业。

5．基本建设全面展开

东湖开发区成立6年来。累计完成基建面积111.7万平方米，累计投资9.68亿元；在15公里长的科技一条街兴建了近2000个科技门点，形成了我国较有影响和较繁荣的高科技商品市场。科技工业园按科技、经济、社会一体化的新社区模式建设，“六通一平”基本完成，配套设施逐步完善，已引进规模较大的高新技术项目13个，总投资近13亿元。

6．建立健全了完备的政策法规体系

为明确和规范政府和企业的行为，为高新技术产业的发展提供政策法规保障，湖北省、武汉市人大常委会和人民政府从一开始就十分重视东湖开发区的政策法规体系的建设，先后发布了12部与高新技术开发区建设相关的法规和规章，特别是1994年10月12日湖北省第八届人大常委会第九次会议审议批准的《武汉东湖新技术开发区条例》，进一步完善了东湖开发区的政策法规体系。

三、开发区跨世纪的奋斗目标：武汉现代化科技城

按照率先建立社会主义市场经济新体制的原则，把开发区建设成为武汉的科技城，建设成为管理体制完备、市场体系健全、企业产权明晰、管理科学、社会经济效率显著、各类生产要素合理配套、科技人员积极向往和参与建设的高新技术产业开发区。主要目标为：

——到2000年，科工贸总收入200亿元，国内生产总值160亿元，年均增长率为32%，到2010年，科工贸总收入600亿元，国内生产总值500亿元，年均增长率12%。

——到2000年，发展高新技术企业1000家，其中，超亿元企业10～20家，超5～10亿元企业5～10家。到2010年发展高新技术企业2000家，超亿元企业20～40家，10～20亿元集团5～10家。

——到2000年，发展“三资”企业500家，出口创汇3亿美元；到2010年，“三资”企业1000家，出口创汇8～10亿美元。

——到2000年，从事高新技术科技人员3万人，年均增加社会就业机会2000个；到2010年，科技人员达5万人。

为实现上述目标，开发区拟采取以下措施：

1．在高新技术产业方面，加强产业化过程中科研、中试、生产、市场等环节，大力发展优势产业，积极挖掘发展潜力较大的产业，抓好金融资本与产业资本的结合。

2．在管理体制方面，进一步转变职能，不断改进管理手段和方式，加大管理服务力度，提高管理水平和效率，形成一个有利于高新技术产业发展的社会氛围和管理模式。

3．在高新技术企业发展方面，积极组建企业集团，发挥规模效益，促进企业产权的明晰、流通和重组；鼓励企业将灵活的运行机制与科学的管理体制结合起来，推进民营企业的二次创业和发展。

4．在对外开放方面，大力引进和利用国外资金、技术、管理和市场，吸引境外金融机构到东湖开发区开办分支机构；大力拓展高新技术企业国际化渠道，鼓励高新技术企业进入国际市场，加速与世界经济接轨。

5．在改造传统产业方面，运用多种途径和方式推进高新技术成果向传统产业、乡镇企业及农业领域的渗透和辐射，支持高新技术企业通过兼并、承包、租赁等方式改造传统产业，并率先在东湖开发区探索社会保障体系的建立，加强社会化服务体系的建设。

6．在放活人才方面，努力创造一个人尽其才、才尽其用的社区环境，培养造就一批懂技术、善管理、会经营的科技企业家，真正使东湖开发区成为科技人员兴办科技实业、大展宏图的场所。

1994 年改革开放大事记

1 月

1 日 据报道，武汉市已在全国大中城市中率先实现零售商业企业微机网络化，1994 年网络单位将发展到 46 家。

11 日 国务院正式批准了阳逻电厂二期工程可行性研究报告。

15 日 武汉市开始禁鞭。

20 日 武汉航空公司波音 737—300 型客机首航北京。

21 日 武汉市对外经贸工作会议确定 1994 年对外经济工作的目标——加快形成与国际性城市相适应的大外经贸格局。

24 日 联合国儿童基金会为援助武汉市贫困地区而建立的小学师资培训中心，在洪山区左岭镇办起了第一个援助教学点。

30 日 武汉吴家山台商投资区隆重揭牌。

2 月

4 日 华中华能武汉阳逻电厂首次实现了两台 30 万千瓦机组共同发电的目标。

16 日 武汉市公布了《关于转换国有工业企业经营机制建立现代企业制度的若干意见》。

▲ 武汉市决定调整公房租金，平均每平方米 0.88 元，同时相应提高住房补贴水平。

▲ 据报道，武钢正式成为境外上市公司，它标志着武钢进入新的历史发展时期。

▲ 武汉市决定建立粮食、食油等 13 种重要商品储备制度。

28 日 国家“安居工程”的试点企业——武汉广顺房地产业开发股份有限公司揭牌。

3 月

16～17 日 英国英中贸易 48 集团访汉，与武汉市有关方面共同探讨经贸合作的可能性。

17 日 据报道，武汉市继 1993 年成为社会主义市场经济体制综合改革试点城市后，最近又被国家确定为“优化资本结构、增强企业实力”试点城市。

19 日 由武汉葛化集团、武汉轻工机械厂、上海汽车工业总公司合资组建的武汉江申汽车有限公司正式在武汉经济技术开发区成立。

21 日 武汉市电信局与德国阿尔卡特·塞尔公司签订 13 万门程控电话设备合同。

▲ 据报道，日前，由武钢与中国科学院上海冶金研究所共同完成的“模式识别在钢铁工业中的应用”获得成功，从而开创了我国模式识别技术应用于钢铁工业的时代。

4 月

5 日 武汉市召开“武汉市科技大会”，颁布《武汉市依靠科技进步加快经济发展战略纲要》。

6 日 沌口开发区“武汉恒通汽车电线公司”率先投入生产，它标志着开发区的建设投入开始进入产出阶段。

12 日 “武汉市房地产业协会住宅合作社促进会”成立，这是全国第一家城市合作建房联合组织。

18 日 原武汉第四棉纺织厂改组为武汉裕大华实业股份有限公司，这标志着武汉市棉纺行业开始重组。.

▲ 据报道，日前，武汉市旅业总公司与港商签订合同，准备在建设大道惠西小区路段兴建五星级“香格里拉”大酒店。

21 日 一家民营研究所所长以 19 万元的风险抵押金，租赁了武汉汽车传动轴厂。这是武汉市国有中型企业首次整体国有民营。

▲ 据报道，在不久前结束的全国职工思想政治工作研究会第八次年会上，武汉市电阻一厂被评为 1991～1993 年度全国思想政治工作优秀企业，东啤集团股份有限公司党委书记兼总经理陈尔程被评为 1991～1993 年度全国优秀企业思想政治工作者。

5月

7日 武汉市作出决定，将彩电、空调、洗衣机、音响、冰箱、收录机6种商品零售价格纳入监审商品范围。

10日 香港上海汇丰银行有限公司执行董事施伟富先生及随行的汇丰银行中国业务有限公司董事、总经理罗素先生到武汉考察。

11日 就合作改造民众乐园事宜，武汉市与新加坡同乐集团董事长、中新合作武汉新民众乐园有限公司董事长周颖南一行进行了磋商。

12日 武汉市赴欧洲招商团启程。这是武汉市1994年最大规模的境外招商活动。

▲ 据报道，最近，武汉市参加中国政府经贸代表团在美国举行的中美贸易投资洽谈会，与美商签署了8份投资意向书共10个项目，总投资额12.2亿美元，协议外资额5.2亿美元。

▲ 据报道，日前，我国首次评选出经济实业界的创业骄子——中国500名企业创业者，长动总经理于志安入选。

18日 经武汉海关批准，武汉经济技术开发区第一座保税仓库破土兴建。

▲ 华中女子职业大学在东湖大学内挂牌，这是经湖北省政府批准成立的建国后我国第一所新型全日制女子普通高等学校。

25日 总投资3亿多元的19个对口支援三峡库区移民项目在汉举行了合同签字仪式。

26日 武汉市接见来访的泰国正大集团永远荣誉董事长谢大民及随行人员。

6月

1日 美国摩士丹利集团投资银行主席韦仕华先生来汉考察。

2日 香港新世界集团董事局主席郑裕彤、新鸿基集团董事局主席兼行政总裁郭炳湘、恒基兆业集团董事局主席李兆基及总经理林高演一行联袂访汉受到武汉热烈欢迎。

8日 新加坡银行向“武汉世界贸易广场”贷款1000万美元合同签字仪式在汉举行。这是国外金融机构首次向武汉市房地产提供贷款。

17日 按达成的意向，世界上最大酿酒集团美国A—B公司，将收购武汉中德长江啤酒有限公司80%的股权。

22日 英国巴克莱银行向武汉市国际信托投资公司一次性提供2000万美元银行贷款，用于长江公路桥建设项目的协议在亚洲大酒店签订。

23日 武汉市与匈牙利杰尔布建立友好城市关系。

▲ 湖北省第一座卫星通信地球站在武昌郑店乡祠堂湾建成，一期870条长途电话电路将开通。

7月

1日 上海市政府经济代表团来汉访问。

7日 法国工贸部长隆盖率领的法国政府经贸代表团访汉。

8日 武汉市首家跨地区的商业有限责任公司——武汉上海克勒有限责任公司正式挂牌成立。

10日 第二十八届武汉横渡长江活动隆重举行。

7月14日 著名美籍华人、美国通用汽车公司副总裁杨雪兰女士与武汉市政府就发展武汉汽车工业进行合作交换了信息和意见。

▲ 据报道，日前，东湖开发区正待产业化的两项高新技术——智能软件和锂—锰二次电池，成为“中国火炬基金”的首批投资项目。

22日 一项以武汉工业技术装备和工艺在本世纪末达到全国先进水平为目标的工业“振兴计划”在武汉市开始实施，敲定首批10个重点项目。

▲ 据报道，日前，江岸车辆厂为三峡工程投标设计和制作的气卸罐式粉物集装箱通过中国船级社验收批准，获得“气卸罐式粉物集装箱证书”，至此该厂成为我国第一家罐箱生产被认可企业。

28日 武汉市与东南亚跨国公司东联集团负责人就联袂开发武展方案进行了商议，其整体方案已基本敲定。

8月

8日 汉阳鹦鹉湖综合开发工程一期工程——1500米长的防水墙工程竣工。

10日 武汉市食品公司下属的黄石路、开明路等12个门点统一挂牌销售限价猪肉。

16日 武汉市引进28万门程控交换机设备合同在武汉签约，这是武汉市电信发展史上最大的一项设备引进合同。

22日 由青山船厂首次制造的、湖北省目前最大吨位、最高等级的万吨级江海直达货轮“长盛”号顺利下水。

▲ 湖北省开通了分组数据交换网，已将武汉、黄石等全省13个地市州纳入了这一网络，奠定了我省建设“信息高速公路”的基础。

28日 武汉市召开全市监督落实企业拒绝摊派权会议，决定首次在武钢等30家建立现代企业制度单位试点进行。

▲ 黄浦路立交桥二层高架桥通车，这是武汉市"打通内环线"工程7座立交桥中首个通车项目。

9月

1日 据悉，从9月1日起，武汉市新设立的公司将一律按《公司法》规定的条件和程序进行登记。

12日 武汉经济代表团在香港与香港新世纪、新鸿基、恒基兆三大财团签定了三大项目合作协议。

17日 第二届海峡两岸及香港新闻研讨会在长江日报社会议大厅隆重开幕。

20日 亚非拉美30个国家和地区130名代表来汉研讨国际灌溉管理及运行机制。

22日 武汉市长江企业破产咨询事务所成立，这是武汉市首家专门从事企业破产事务及咨询服务的中介机构。

23日 《武汉市反价格欺诈和牟取暴利暂行规定》颁布实施。

10月

武汉钢铁公司从11月起部分实行每周5天工作制。这一举措旨在进一步提高劳动效率。

▲ 据报道，国内目前最大的房地产交易市场年内将在武汉建成，这是武汉市继建国债市场之后建设的又一大市场。

13日 武汉市召开全市加快发展第三产业工作会议。

17日 第六届全国书市在武汉闭幕。

▲ 武汉市乡镇企业家陈望年荣获"全国优秀民营企业家"称号，这是武汉市唯一获此殊荣的民营企业代表。

20日 '94第四届全国风筝比赛暨首届中国国际风筝会在东西湖区台商投资区拉开序幕。

25日 第二届中国武汉国际杂技艺术节在武汉杂技厅隆重开幕。

11月

2日 武汉在香港的窗口——香港安鹏国际投资有限公司在香港君悦酒店隆重举行了开业典礼。

8日 世界基金组织经理代表团和香港新世界、新鸿基、恒基兆业三大财团有关负责人考察团同时抵汉考察访问，受到武汉热烈欢迎。

10日 中国舞台艺术的政府最高奖——第四届文华奖在人民大会堂颁奖。武汉歌舞剧院的歌舞诗乐《楚韵》捧回5枚奖牌。

12日 由国家经贸委召集的全国部分省、市中小企业改革与发展座谈会在汉召开。

13日 武商集团、中商集团、祁万顺酒楼等9家商业企业与武汉商业服务学院签订联合办学协议。

15日 武汉市与英国驻华大使艾博雅，就上月底英国电信代表团访汉与武汉市签署的《中国武汉市和英国政府与公司谅解备忘录》中有关项目的落实情况进行了磋商。

16日 武汉市确定武汉锅炉厂等30家国有企业作为"优化资本结构、建立现代企业制度"试点企业。

▲ 市政府召开全市部分公共场所实施禁烟规定暨冬季灭鼠防病工作动员大会。

21日 武汉市委、市政府召开唱市歌爱市徽活动部署工作会议。

25日 武汉市人大常委会通过决议，武汉市城镇养老保险制度的改革方案明年元月1日起实施。

11月29日 武汉市第一家国有资产授权经营单位——武汉建工(集团)有限公司成立。

12月

2日 新世界集团投资的武汉国际贸易商业中心、武汉华美达酒店、国营武汉新世界百货商场开业。

8日 武汉市首批20家国有粮店按照"七个统一"的管理办法开展连锁经营。

17日 黄浦路3层高架桥合龙贯通，成为长江公路引桥部分第一个实现合龙的标段。

18日 阳逻电厂二期工程正式开工。

23日 武汉市土地使用制度改革工作会议召开。

25日 武汉地区'94年冬季人才交流会暨'95高校毕业生供需见面会闭幕。

26日 武汉市旨在培植壮大农村经济增长点的3个重要文件《关于加快小城镇建设的决定》、《关于加快水资源综合开发、突破性发展水产业的决定》、《关于加快发展乡镇企业的补充意见》出台。

截止下旬 武汉地区企业在三峡工程招标议标中，共有21个项目中标，项目合同金额达到11.12亿元，占整个招标项目总金额的近四分之一。

28～29日 武汉天河机场工程正式通过国家验收。武汉天河机场首航圆满成功。

湖　南　省

主　　编：郑茂清
副 主 编：杨培焱　彭顺喜
编写人员：彭顺喜　周符波　谢海珍　古　华
肖勇军　余　健　余家友　马光辉

湖南省分目录

典 型 地 区

湖南省概况

面积:21.18 万平方公里

人口:6300 万人

行政区划:4 个地区,1 个自治州,9 个地级市,21 个县级市,74 个县,7 个自治县

省委书记:王茂林

省八届人大常委会主任:刘夫生

省长:杨正午

省八届政协委员会主席:刘正

湖南省国民经济主要指标(单位:亿元)

项　目	1994 年	1994 年比上年增长(%)
国内生产总值	1694 亿元	11%
工农业总产值	2763.51 亿元	17%
工业总产值	1924.21 亿元	20.9%
重工业产值	844.57 亿元	12.4%
轻工业产值	511.18 亿元	17.1%
农业总产值	839.3 亿元	7.8%
全社会固定资产投资	401 亿元	25.1%
国有固定资产投资	267 亿元	31.2%
社会消费品零售总额	635.64 亿元	33.5%
零售物价总指数(%)		24.5%
职工工资总额	232 亿元	27.6%

国民经济和社会发展

一、国民经济发展

1994 年,湖南省在宏观经济环境偏紧,自然灾害比较严重的情况下,认真贯彻执行党中央和国务院关于"抓住机遇、深化改革、扩大开放、促进发展、保持稳定"的指导方针,正确把握改革、发展、稳定三者的关系,围绕建立社会主义市场经济新体制,积极推进各项重大体制改革,千方百计克服困难,改革开放和各项建设事业取得了新的进展,国民经济和社会发展取得了较大成就。全省国内生产总值达 1694 亿元,在全国排序第十一位,按可比价格计算,比上年增长 11%。

(一)农业

湖南农业资源丰富,农业是一大优势,部分农产品在全国占有重要地位,是全国重点商品粮、牲猪、淡水水产基地以及苎麻、茶叶、烤烟、柑桔、油料等多种经济作物基地,农业净产值占全省国民收入的 45%,轻纺工业原料的 70%来自农业。农业上不去,必将制约整个国民经济的发展。因此,在湖南经济发展战略中,历来就把农业作为基础产业优先发展。

1994 年,湖南省农业部门认真贯彻落实党中央、国务院关于农业和农村工作的一系列指示,抓住

机遇、深化改革，大力发展优质高产高效农业。全省农业和农村经济在大灾之年仍然保持了全面发展的好势头，粮棉油和林牧渔业以及各种农副产品产量都有增加，其中粮食、油料单产均创历史最高水平。全年粮食总产量2666.94万吨，比上年增长1.4%；棉花23.81万吨，比上年增长13%；油料97.96万吨，比上年增长23.8%；蚕茧0.37万吨，比上年增长8%；水果、茶叶虽比上年略有下降，但产量仍分别达到80.75万吨和6.73万吨。

林业生产稳步发展。1994年全省共造林13.44万公顷，零星植树1.92亿株，森林覆盖率达34.3%以上。省内长江防护林体系、速生丰产林基地和干鲜果生产进展良好。主要林产品产量中，油茶籽25.37万吨，比上年增加39.9%；木材109.8万立方米，生漆30392公斤，油桐籽4.59万吨，基本保持上年水平。

畜牧水产业有较大的发展。全年畜牧业总产值257.85亿元，比上年增长14.7%；猪牛羊肉产量达272.39万吨，比上年增加14.7%；肉猪出栏4135.79万头，比上年增长13.4%；全年水产品产量74.14万吨，比上年增长8.9%。特种养殖业有新的发展，牛蛙、肉鸽、黄鳝、甲鱼、黑山羊、鹌鹑、山鸡等产量都有不同程度的增加。

乡镇企业在前两年快速发展的基础上继续保持较快的发展速度。1994年全省乡镇企业完成总产值1200亿元，比上年增长45.3%；营业收入1284亿元；实现利润77亿元，比上年增长13.5%；上缴国家税金44.2亿元，比上年增长84%。

农业生产条件有所改善。1994年末全省拥有农业机械总动力1459.09万千瓦，比上年增长6.2%，其中农业排灌动力机械372.79万千瓦，比上年增长1.7%；农村用电量33.04亿度，比上年增长8.5%；化肥施用量(折纯)159.41万吨，比上年增长7.6%。

农村经济结构调整见成效。农村第二、三产业发展继续加快、比重提高。1994年，全省农村社会总产值1990.67亿元，比上年增长26.8%，其中，非农产值1152.51亿元，比上年增长42.3%，在非农产值中，农村工业、建筑业、运输业和批发零售贸易、餐饮业分别为756.02亿元、152.75亿元、114.14亿元、129.59亿元，分别比上年增长43.3%、33.2%、66.6%、19.4%。种植业内部结构进一步调整，1994年优质稻种植面积为60.9万公顷，比上年增长20%，农产品优质品率普遍提高。丘岗山地开发初见成效。

（二）工业

工业生产稳定增长，重工业生产继续保持一定的总量水平，但增幅有所回落；轻工业发展不断加快，部分长期处于低速运行状态的行业逐渐走出低谷，各所有制经济全面增长，国有工业发展开始出现转机。1994年，全省工业总产值1924.21亿元，比上年增长20.9%。乡及乡以上工业1355.75亿元，比上年增长14%，其中：重工业844.57亿元，比上年增长12.4%；轻工业511.18亿元，比上年增长17.1%。村及村以下工业568.46亿元，比上年增长42.1%；乡以上独立核算工业增加值332.46亿元，比上年增长20.7%。全年乡以上工业企业销售产值992.19亿元，比上年增长11.5%。在工业销售产值中，国有工业602.69亿元，比上年仅增长2.5%；集体工业335.23亿元，比上年增长19.7%，其中乡办工业200.81亿元，比上年增长32.6%，工业产品销售率为94.9%。

主要工业产品产量都有不同程度的增加。原煤产量达4999.2万吨，比上年增长12.5%；发电量达288.3亿千瓦小时，比上年增长7.1%；钢产量达215.22万吨；10种有色金属达39.22万吨，比上年增长14.8%；平板玻璃达473.19万重量箱，比上年增长13.0%；水泥达1966万吨，比上年增长13.6%；硫酸81.25万吨，比上年增长16.1%；纯碱9.97万吨，比上年增长7.7%；化肥135.16万吨，比上年增长12.5%；化学农药2.66万吨，比上年增长26.1%；电视机33.3万部，比上年增长1.4%；纱15.08万吨，比上年增长8%；布4.9亿米，比上年增长7.3%；卷烟253.39万箱，比上年增长3.9%。

新产品开发成绩显著。全年开发新产品761种，新产品产值7.17亿元，新产品增加的利润和税金为0.64亿元。全年独立核算工业企业经济效益综合指数86.56%，全员劳动生产率(按增加值计算)9255.1元/人，资金利税率11.2%，成本费用利润率2.64%，工业扭亏增盈工作取得一定成绩。盈利企业实现利润58.09亿元，全省独立核算工业企业亏损面为22.7%。

（三）建筑业

建筑业生产经营状况有所改善。1994年建筑业增加值92.18亿元，比上年增长11.7%；国有建筑企业全年完成建筑工业产值79.95亿元，增长47.4%；全员劳动生产率38400元，比上年增长41.4%；房屋建筑施工面积1013.8万平方米，比上年增长16.8%；房屋竣工面积339.5万平方米，比上年增长1.5%。

（四）商业

国内消费品零售市场稳中有旺。1994年全省社会消费品零售总额635.64亿元，比上年增长33.5%，扣除物价因素，实际增长7.2%。在社会消费品零售总额中，国有经济零售额183.02亿元，比上年增长7.8%；集体经济零售额107.31亿元，比上年增长9.5%；私营和个体经济零售额212.01亿元，比上年增长75.6%；农民对非农民居民零售额121.71亿元，比上年增长36.8%；其他经济零售额11.59亿元，比上年增长53.7%。在社会消费品零售总额中，国有经济占28.8%，集体经济占16.9%，私营和个体经济占33.4%，农民对非农业居民零售额占19.1%，其他经济占1.8%。从城市和农村分别来看，城市消费品零售额129.34亿元，比上年增长32.1%；农村消费品零售额196.85亿元，比上年增长32.5%。

生产资料市场购销平淡。1994年全省物资供销企业生产资料购进额127.58亿元，比上年下降26.5%；销售总额139.37亿元，比上年下降26.6%。主要物资销售量均有下降。生铁销售量9.14万吨，比上年下降39.1%；钢材销售量169.45万吨，比上年下降24.5%；铜销售量6102吨，比上年下降64.6%；铝销售量4296吨，比上年下降55.7%；铅销售量4187吨，比上年下降65.7%；锌销售量8875吨，比上年下降59%；纯碱销售量38541吨，比上年下降24.6%；烧碱销售量16528吨，比上年下降3.2%；橡胶销售量23475吨，比上年下降7.3%。

市场物价涨幅较高。全省商品零售物价总水平比上年上涨24.5%，其中城镇上涨21.7%，农村上涨26.5%。居民消费价格总水平上涨25.3%，其中服务项目价格总水平上涨25.5%。10种与人们生产、生活密切相关商品的零售物价涨幅较大。食品类上涨40.8%，其中粮食上涨62%，食用植物油上涨62.4%；服装鞋帽类上涨21.4%；农业生产资料类上涨18.6%；建筑装璜材料类上涨17.1%；纺织品类上涨15.7%；日用品类上涨15.4%；燃料类上涨12.8%；饮料、烟酒类上涨11.9%；文化体育用品类上涨10.9%；中西药类上涨6.6%。

生产资料市场价格平稳上升。原材料、燃料及动力购进价格总水平上涨19.6%；工业品出厂价格总水平上涨17.6%；固定资产投资价格总水平上涨13.5%；农副产品收购价格总水平上涨44.1%。

(五)金融保险业

金融机构存贷款高额增长，货币回笼好于以往任何年份。1994年末全省金融机构各项存款余额1031亿元，比年初增长42.9%，其中城乡居民储蓄存款余额748.36亿元，比年初增长43.65%，各项贷款余额1182.8亿元，比年初增加25.2%。

1994年社会保险事业取得新成绩。全省国内业务财产险承保金额(包括人民、平安、太平洋保险公司)1294.54亿元，国外业务承保险金额587.61亿元，保险业务总收入17.4亿元(包括储金收入)。全年共处理财产保险赔案33.72万件，支付赔款8.99亿元。

二、经济结构调整

(一)产业结构

1994年全省国内生产总值(现价)1694亿元，按可比价格计算，比上年增长11%，其中，第一产业增加值533亿元，增长5.2%；第二产业增加值617亿元，增长16.1%；第三产业增加值544亿元，增长10.8%。在一、二、三产业全面增长的基础上，产业结构继续朝好的方向发展，在国内生产总值中，第一产业的比重继续下降，第二、三产业比重上升。1994年第一、二、三产业比重由上年的32%、36.3%、31.7%变为31.5%、36.4%、32.1%。

(二)行业结构

1994年，湖南省行业结构调整总的特点是，农业结构进一步改善，工业结构逐步优化，重工业生产继续保持一定的总量水平，增幅有所回落；轻工业发展不断加快，第三产业持续快速发展。

农业内部结构 湖南是农业大省，是国家重要的商品粮、棉、油基地。党的十一届三中全会以来，全省加快农村改革步伐，在继续稳定完善农村家庭联产承包责任制，发展农村社会化服务体系的同时，放开了粮油购销价格，加快人才、技术、信息市场体系建设。省、市、县三级优质农产品开发服务中心已初步形成生产基地、加工、包装、销售一条龙格局，推动了10多个系统的优质农产品开发。首先是农村产业结构调整有新的突破。调整领域由过去仅限于田土延伸到整个农村产业，由过去单纯的产品开发转为系列开发，面向市场调整农业结构。1994年全省农村社会总产值中，非农产值比重由上年的52%增加到57.9%，净增近6个百分点。特别是农村工业、建筑业和运输业发展较快，分别比上年增长43.3%、33.2%和66.6%。其次是农业内部结构逐步优化。为引导农民进市场、奔小康，政府部门指导农民大搞多种经营、大力发展林牧副渔业，逐步改变了传统的“粮猪型”农业结构。1994年，林牧副渔业占农业总产值的比重由上年的48.6%增加到50.5%，首次突破农作物种植业的产值。再次是种植业逐渐步入优质高产高效的发展模式。在确保粮食总产量稳定在2500万吨以上的基础上，大力发展优质稻、特种稻和饲料稻，努力扩大经济作物的种植面积。1994年，优质稻种植面积达60.9万公顷，比上年增长20%，农产品优质品率普遍提高；经济作物面积增加7.67万公顷，在种植业中，经济作物产值占种植业总产值的比重由上年的40%上升到41.5%，增加1.5个百分点。

工业内部结构 1994年，工业内部结构又有较大调整。全省工业总产值1924.21亿元，比上年增长20.9%。从轻重工业看，重工业生产份额明显领先于轻工业，但重工业的发展速度低于轻工业，重工业的比重亦略有下降。全年重工业完成工业产值844.57亿元，比上年增长12.4%；轻工业完成产值511.18亿元，比上年增长17.1%，增幅比重工业高4.7个百分点。轻、重工业的比例由上年的36.7：63.3变为37.7：62.3。从所有制关系看，一部分国有工业通过股份制改革、合资、合作、合营等方式转化为其他经济类型，致使国有工业比重下降，其他经济类型工业的比重上升。全年国有工业完成工业总产值855.74亿元，仅比上年增长5%，占全部工业总产值中的比重为44.43%，其份额比上年下降近6个百分点。集体经济发展较快，全年完成工业产值632.62亿元，增长42%，占全部工业总产值的32.86%，其份额比上年提高了1.5个百分点。其他经济类型的工业发展较快，增势强劲，其占比由上年的18.25%增加到22.71%，增加近4.5个百分点。1994年私有经济工业产值达9.7亿元，比上年增长7.1倍，股份制经济工业产值27.43亿元，比上年增长22.5%；外商投资经济工业产值17.05亿元，比上年增长51.2%；港澳台投资经济工业产值10.05亿元，比上年增长90.24%；村及村以下工业产值568.46亿元，比上年增长42.1%。

第三产业内部结构 从总体上看，我省第三产业还相当落后，不仅数量少，结构不合理，而且优势转换差，地域发展不平衡。目前，湖南省第三产业主要以传统行业为主，交通通信、城市公用等基础性产业仍然滞后，市场体系不发育、不规范，各种服务体系和社会保障体系不发达。特别是科技服务、房地产开发、信息咨询等新兴行业发展缓慢。湖南农村劳动力大量富余，农村综合服务体系薄弱；旅游资源丰富，系统开发利用不够；科学技术成果较多，转化为生产力的较少。近两年来，湖南省制定了大力发展第三产业的规划，各地抓住机遇，采取了强有力的措施，加快第三产业发展步伐，使第三产业出现了蓬勃发展的好势头。1994年第三产业实现增加值544亿元，比上年增长10.8%。占国内生产总值的比重达32.1%。在第三产业得到较快发展的同时，其内部结构逐渐得以优化。以运输业、邮电业、商业、饮食业、物资供应及仓储业、金融保险业为主体的传统产业继续壮大，信息咨询、广告业及房地产等新兴行业有较大的发展。第三产业从业人员数增加较多，为剩余劳动力转移提供了条件。

（三）地区结构

湖南省委、省政府根据地区发展不平衡的客观规律，于1992年初制定了“放开南北两口，拓宽三条通道，建设‘五区一廊’，加速西线开发”的对外开放战略。其中加快“五区一廊”的开放开发，是最重要的一项重大举措。“五区一廊”系指湖南省沿湘江流域，从北到南的岳阳、长沙、株洲、湘潭、衡阳等5个省辖市及由此所形成的经济走廊。该区以占全省27.7%的国土面积、37.5%的人口，创造了全省将近一半的国民生产总值。“五区一廊”区位条件优越，经济实力雄厚、技术力量密集、基础设施相对完备，为湖南经济发展的精华地带。北面岳阳市临长江“黄金水道”，有通江达海之便，是全国长江经济开发带28个开放城市之一；中部长沙、株洲、湘潭3市为“湖南金三角”，既是全省政治、经济、科技、文化中心和交通枢纽，又是沿江、沿路、沿线开发的重要依托城市群体；南面衡阳市近邻广东，处于沿海与内地的过渡带，是国务院批准的由沿海向内地推进的改革开放过渡试验区。“五区一廊”内有京广铁路、107国道、湘江等3条大通道贯穿南北，湘黔、湘桂、浙赣铁路及320国道连接东西，程控电话已开通96.5万门，黄花国际机场座落于长沙。通过近几年较大规模的基础设施建设，投资环境正在日益得到改善。区内拥有一大批大中型骨干企业和支柱产业，逐步形成了机电、冶金、食品、石油化工、建材、纺织、食品、陶瓷、造纸、烟花鞭炮等支柱产业群，工业总产值占全省的55%；集约型、城郊型、外向型等“两高一优”农业已初具规模，是全省重要的农副产品商品基地，农业总产值占全省近40%；拥有占全省69%的大中专院校和60%以上的科研与开发机构，每万人口中有近10人从事科技活动，远高于全省平均水平，形成了以长沙为中心的相对集中的人才库。

省委、省政府要求“五区一廊”在改革开放上率先突破、在经济建设上超常发展，并以交通网络、城镇建设和经济联合为纽带，形成一条高科技、外向型、快速度、高效益的经济发展走廊，成为辐射全省、带动全省的经济结构合理、素质较高的率先发达地区，以及率先构筑社会主义市场经济体制基本框架的改革开放示范区。规划到2000年，按1990年可比价格计算，“五区一廊”国内生产总值达到1300亿元，年均增长14.4%，占全省总量的60%以上，人均国内生产总值按当年价计算超过1万元，率先进入小康；经济外向度由现在的14%提高到22%以上。

三、基础设施建设

(一)固定资产投资

固定资产投资规模得到控制。1994年，全社会固定资产投资完成401亿元，比上年增长25.1%，增幅回落12.1个百分点，扣除价格因素实际增长11.7%。全省基建、技改新开工项目3907个，比上年减少13%。在固定资产投资额中，国有经济投资完成267亿元，比上年增长31.2%；集体经济投资完成48亿元，增长6%；城乡个人投资完成86亿元，增长52.6%。在国有经济投资中，基本建设投资164亿元，比上年增长33.5%；更新改造投资73.5亿元，比上年增长19.1%；房地产开发投资26.3亿元，比上年增长73.8%。从隶属关系看，中央项目投资完成102亿元，比上年增长30.8%；地方项目投资完成164亿元，比上年增长25.9%；其他项目投资完成1亿元。投资结构进一步调整。第一产业投资1.5亿元，其占比为0.55%，比上年提高0.03个百分点；第二产业投资121.5亿元，其占比由上年的42.2%上升至45.5%，其中能源工业投资56.6亿元，比上年增长72%，占全部投资的比重由上年的16.8%提高到21.2%；第三产业投资143.9亿元，比上年增长18.7%，其占比为54%，比上年降低3.3个百分点，其中交通运输、仓储、邮电通信业投资53.9亿元，比上年增长24.7%。国有经济中，住宅投资48.9亿元，比上年增长28%。

重点建设项目进展顺利，资金到位率比上年提高。全年在建的基本建设大中型项目完成投资58.8亿元，比上年增长47.5%，超计划17.8%，其中有7个项目全部建成投产，3个项目部分建成投产。1994年，全部建成投产的重点项目有株洲电厂技改工程、张家界二级民用机场、湘江三级航道整治一期工程；部分建成投产的重点项目有三二〇国道莲易公路、三一九国道长永公路、省邮电一六五工程、五强溪水电站、湘钢高速线材轧机及配套工程等。

全省国有经济新增固定资产127亿元。国有经济通过基本建设或更新改造新增加的主要生产能力及效益有：发电机组容量60万千瓦，自来水日供水能力14万吨，平板玻璃350万重量箱，11万伏以上变电设备能力35万千伏安，市内电话自动交换机73.2万门，新(改)建公路143公里。

(二)交通邮电

交通运输事业有较大发展。1994年交通运输业实现增加值89.49亿元，比上年增长9%。全年新增航班30个，新增公路里程307公里，其中汽车专用公路59公里。新开客运列车17对。全年完成货物周转量1005.53亿吨公里，比上年增长5.6%；完成旅客周转量542.82亿人公里，比上年增长10.7%。

邮电事业发展迅猛。全年完成邮电业务总量21.5亿元，比上年增长67.9%。其中：长途电话22782.4万次，比上年增长88.5%；电报887万份，比上年增长76.8%；函件36004.3万件，比上年增长27.1%；报刊期发数111395.25万份，比上年下降15.6%；长途自动交换机比上年增长85.3%；长途业务电话比上年增长52%；城市电话用户比上年增长76.6%；农村电话用户比上年增长70.1%；移动电话比上年增长258.6%；无线寻呼比上年增长146%。全省所有县(市、区)开通了直拨国际、国内长途电话业务。

四、社会事业发展

(一)科学技术

1994年，科技事业取得新的进展。科研技术机构和科研队伍稳步发展。年末全省拥有县以上独立核算自然科学研究机构172所，人文社会研究机构2所，科技情报与文献机构13所。全省国有单位共有各类专业技术人员99.9万人，其中：自然科学技术人员78.82万人。全省享受政府特殊津贴的科技人员1270人，其中有突出贡献的专家53人。

各类科研计划顺利实施，科技成果较为显著。1994年，全省共获得科技成果1100项，其中，有329项获省科学技术进步奖。全年共安排科技攻关计划130项，项目实施率达95%以上；安排“火炬”计划83项，项目实施率达95%，新增产值10.1亿元，创利税2.5亿元；安排“巨龙”计划31项，实施率达95%以上，新增产值18.29亿元，创利税3.07亿元；安排“星火”计划113项，实施率达100%，新增产值4.03亿元，创利税1.14亿元。

专利项目有所减少。全年受理专利申请2930件，批准专利申请1690项，比上年分别减少7.7%和38.9%。

高新技术产业开发取得新的突破。年末进入高新技术开发区的企业已达539家，项目788项，全年实现技工贸总收入17.69亿元，高新技术总产值17.62亿元，实现利税2.70亿元，分别比上年增长58.2%、80.6%和60.4%。

地质工作有新的起色，经过参与社会竞争，开拓地质市场，全年新发现重要矿产地5处，提交金、银、铜等9个主要矿种储量，提交各类地质报告101份；地质部门全年完成货币工作量3.46亿元，比上年增长15%。测绘部门完成测绘工作量17.56万工日，测绘产值工作量821.87万元；国家一等水准测量696公里；全球卫星定位测量231点；地形外业控制、测绘、测图2219幅，内业测图1453幅，地图编制339幅；向经济建设部门提供各种比例尺地形图8318张。

气象部门服务能力大增强，为防灾抗灾作出了突出的贡献。地震、水文部门为经济建设提供了不少有价值的信息资料，付出了辛勤的劳动，取得了较好的社会、经济效益。

(二)教育

教育事业在深化改革中迈出了新的步伐，结构调整取得新的成绩。1994年，全省有普通高校51所，年内招收研究生1209人、本专科生39081人，毕业研究生630人、本专科毕业生26400人，在学研究生2864人、本专科在校生123100人。中等教育发展迅速，结构进一步改善，小学、初中义务教育继续发展。1994年全省中专在校学生154400人，比上年增长19.8%；职业中学在校学生182700人，比上年增长12.5%。职业学校年招生人数和在校生人数均已占高中阶段招生总数和在校生总数的一半以上。全省普通中学在校学生303万人，其中，接受初中义务教育的学生265.35万人，比上年增长24.4%。接受义务教育的小学在校学生715.35万人，比上年增长2.6%。全省已有17个县、市、区基本普及了九年制义务教育和基本扫除了青壮年文盲。全省学龄儿童入学率达97.5%，小学生毕业升学率为87.1%，比上年上升3.5个百分点。中、小学生辍学率分别为7%和1.6%，比上年均有所下降。全省在园幼儿127.9万人，比上年增长5%。

成人教育进一步发展，培养了一大批适应市场经济发展需要的各类专门人才。1994年，成人高校在校的本、专科学生达13.21万人，比上年增长35.2%；成人中专在校学生15.08万人，比上年略有减少；年内取得大专以上文凭的成人高校学生有2.43万人，比上年增长8.9%。全省脱盲人数达20.56万人。

(三)文化、广播电视、新闻出版

文化、新闻、出版事业在整顿的基础上又有新的发展。1994年末，全省有各类艺术表演团体89个，文化馆122个，博物馆54个，公共图书馆116个，档案馆192个，广播电台10座，中短波发射、转播台28座，千瓦以上电视发射台和转播台40座。全省电视覆盖率达86.9%。年内摄制故事片8部，发行各种电影新节目156部，其中国产121.5部。电影《凤凰琴》获第十四届中国电影“金鸡”奖最佳故事片奖和第十七届大众电影“百花”奖最佳故事片奖。1994年，全省出版报纸59种，杂志190种，图书2242种，总印数达9.51亿份。有40种图书在全国获奖。

新闻出版市场管理进一步加强。“扫黄打非”工作行动迅速，措施得力，效果显著。1994年停办内部报纸55家，查处非法报纸42家，收缴查禁书刊99.14万册、音像带19.56万盒。

(四)卫生

卫生事业进一步发展。1994年末，全省医院拥有病床13.42万张，比上年下降1.7个百分点。专业卫生技术人员18.98万人，比上年增长3.5%。其中医师6.28万人，比上年增长2.5%；护师和护士4.47万人，比上年增长4.4%。疾病防治工作有新进展，在1994年开展的强化免疫日活动中，接种小儿麻痹疫苗的4岁以下儿童达330万人，接种率达100%。农村乡镇卫生院医疗条件进一步改善，全省有453个乡镇卫生院的危房得到改造，100所贫困乡卫生院的建设得到重点扶持。农村改水改厕工作也取得较大进展。

(五)体育

体育事业取得可喜成绩。1994年，在国内外正式比赛中，全省共获得冠军45个，其中。世界冠军8个，亚洲冠军11个，全国冠军26个，有4人6次超6项世界纪录；在第十二届广岛亚运会上，我省运动员获金牌8枚。在第六届“远南”残运会上，我省41名残疾人运动员共获得奖牌89枚，其中金牌39枚，参赛人数、获奖总数和超世界纪录数均居全国第一位。

群众性体育活动蓬勃发展，《全民健身计划》正式实施。全省经常参加群众性体育活动的人口已占总人口的30%。有96.1%的学校实施了《国家体育锻炼标准》，达标率为95.8%。

(六)人口与人民生活

计划生育工作成绩显著。据抽样调查，1994年全省计划生育率86.76%，比上年提高4.42个百分点。全省人口出生率为13.88‰，死亡率7.03‰，人口自然增长率为6.85‰。由此推算，全省年末总人口6355万人，比上年末净增44万人。

人民生活进一步改善。城乡人民收入扣除物价指数后均有增长。1994年末，全省职工人数598万人，比上年增长1.6%；城镇私营企业从业人员和个体劳动者达106.51万人，比上年增加46.09万人。全年城镇居民人均生活费收入3365.47元，比上年增长37.7%；扣除价格上涨因素后，实际增长10.3%。全省职工工资总额232亿元，增长27.6%。全部职工年平均工资3950元，增长25.7%。但在部门之间、行业之间，收入很不平衡，居民贫富悬殊继续扩大，一部分居民生活比较困难。

1994年，农村收入大幅增加，带动了农民生活的改善。全年农民人均纯收入达到1155元，比上年净增303元，扣除物价上涨因素后，实际增长5.1%。随着收入的增长，农民生活消费水平有新的提高。1994年农民人均生活消费1089元，比上年增加272元。其中：吃、穿、住、用分别增长33.5%、34.9%、37.5%、25.6%。

城乡居民储蓄稳步增长。1994年末，城乡居民储蓄存款余额748.36亿元，比年初增长43.65%。

民政、福利部门积极为社会排忧解难。1994年末，全省社会福利院有床位3.51万张，收养人数2.64万人。受民政部门救济的人员达343.08万人次。全年用于受灾户、因难户、扶贫户的救济金额1.3亿元。

1994年末，全省环保系统职工达4415人，比上年增加5.1%；全省环境监测站131个，省级以上自然环境保护区28个，其中国家级9个；全年完成环境治理项目283个，建成尘控制区92个。但由于全省“三废”排放总量仍在增加，环境治理仍不理想。

公安、检察、法院，为维护社会、经济秩序，保卫经济建设成果和社会安定团结，作出了显著的成绩。1994年，全省共破各种刑事案件5.52万起，立案侦查各类经济犯罪案3011件，挽回直接经济损失1.27亿元。但社会治安综合治理的任务仍十分繁重。

（彭顺喜　撰稿）

经济体制改革和对外开放

一、经济体制改革情况

1994 年湖南省根据“抓住机遇、深化改革、扩大开放、促进发展、保持稳定”的方针，按照“整体推进、重点突破”的原则，以建立现代企业制度为目标，重点深化国有企业改革，配套推进国有资产管理体制、社会保障制度改革，深化和完善宏观管理体制改革，进一步转变政府职能，各项改革都取得了新的突破。

（一）企业改革继续深化

按照现代企业制度的要求，做好深化企业改革的各项基础性工作。一是狠抓《企业法》、《全民所有制工业企业转换经营机制条例》的贯彻实施。省政府制定贯彻《条例》的《实施办法》，省直 34 个部委办厅局制定具体实施细则，有关部门派出 400 多个“支帮促”服务队，帮助企业落实自主权。到年底，条例赋予企业的 14 项自主权，除少数还有待进一步落实外，大部分都得到较好的落实。积极开展现代企业制度试点工作，全省首先落实抓好国家确定的省物资产业集团、国光瓷业股份有限公司和省政府确定的 50 家企业试点工作，各地州市也根据实际情况选定了企业进行试点。二是对国有企业全面开展清产核资、界定产权、核实企业法人财产占用量。按照《国有企业财产监督管理条例》，保证企业国有资产的增值，积极探索建立国有资产管理和运营新体制，通过委派监事会试点，加强国有资产的监管，落实企业法人财产权，建立资产经营责任制。对有条件的大中型企业按《公司法》分期分批进行公司制改造。对国有小企业实行产权制度改革，盘活存量资产。采取了包括资产承包、租赁、合资、合作、联合、兼并、组建企业集团和股份合作制等办法。对长期亏损、严重资不抵债的企业依法破产。年内全省新兼并企业 50 家，租赁企业 30 家，合并企业 18 家，关停企业 6 家，破产企业 20 家，省级集团企业由上年的 47 家增加到 55 家。全省预算内工业企业有 1500 家实行承包制，50 家实行税利分流，50％以上的小型国合商业企业实行“公有民营”。股份制企业由上年的 308 家增加到 400 余家，股本总额 60 多亿元。长沙中意电器、株洲火炬花塞两家股份有限公司的股票已顺利在深圳挂牌上市。三是企业内部改革进一步深化，90％以上的企业进行了劳动、人事和分配制度改革，部分企业试行厂长（经理）年薪制，使厂长（经理）的报酬与国有资产保值增值和实现利润挂钩。一大批大中型企业的后勤服务开始面向社会，转为自负盈亏的实体。

（二）配套改革进一步加强

一是计划体制改革继续深化，省管工业产品指令性计划已全部取消，指导性计划产品由 126 种压减到 78 种。二是社会保障制度改革有新的进展。国有企业合同制工人退休养老保险已全部实行社会统筹，失业保险已扩大到全部国有企业职工。三是住房制度改革继续推进。一部分职工涌跃购房，大部分地方和单位进一步提高公房租金。四是政府机构改革步伐加快。省里机关机构改革“三定”方案已陆续出台，新扩大的 22 个县级机构改革试点取得实质性进展。全省撤区并乡工作进展顺利。

（三）横向经济联合不断发展

1994 年，湖南横向经济联合继续稳定发展。全省共达成联合协作项目 835 个，引进资金 15 亿元，人才交流 2700 人次，物资协作金额 26 亿元，通过横向经济联合，当年新增产值 30 亿元，新增利税 3.2 亿元。湖南横向经济联合与协作有如下特点：

一是积极开展经济技术协作。通过商交会、博览会、展销会等形式，开展物资协作、促进商品流通和市场体系建设，省经协办组织省内企业参加了'94 广州博览会、'94 中国大西南名优特新产品展销会。怀化举办了湖南省西部地区第八届商品交易会，本届交易会召开之际，虽正值抗洪救灾，但仍吸引了全国 15 个省市 418 家工商企业的 7300 多名代表，总成交额达 3.14 亿元（其中现货 1.48 亿元）。常德、益阳两市经协办也分别在上海举办了经贸洽谈会，洽谈会上，两市共签订协作项目 130 多个。

二是省际合作进一步拓宽和深化。1994年,湖南省除继续深化与“三沿”(沿海、沿江、沿边)地区的合作之外,与西北的新疆、长江流域经济带的龙头上海市的合作出现新的发展势头,4月26日~5月7日,以新疆维吾尔族自治区人大副主任张思学为团长的代表团考察访问湖南,两省区签订了《关于进一步发展新疆与湖南经济技术协作会谈纪要》,标志着湖南与新疆区的合作进入了新的阶段。9月,上海市长黄菊率团考察湖南,两省市就进一步加强经济技术合作,以浦东开发、三峡工程为契机、带动整个长江流域经济带的开放开发形成了一系列共识。

三是区域协作朝务实方向发展。目前,全省已形成了10多个不同规模、不同层次的跨地区、跨行业、跨所有制的经济协作区。这些协作区通过多方面的努力,注重办实事,联合提出了一些对各方有利的、又符合国家产业政策的项目。一是湘桂黔毗邻地市州经济技术协作区争取有关部门将湖南新晃至贵州玉屏4条断头公路列入了1994年计划并动工接通。在年底召开的专员、州市长联席会上又提出了组建区内企业集团的建议,准备1995年将付诸实施。二是在新组建的闽、粤、赣、湘邻近地区经济技术协作区区域经济发展研讨会上,各方代表共同提出了要在“九五”期间争取国家支持,新建改造三南(湘南、赣南、闽南)公路的项目;三是在湘赣边境协作区联席会上,我省提出了“延长醴茶线与京九线相连接,再建我国一条东西大动脉”的建议,得到了与会各方的一致赞同。

四是积极参与浦东开发,我省的长沙、岳阳两市交通银行共同出资1000多万元参加了长江经济联合发展股份公司,从商贸房地产起步、参与长江流域产业梯度转移和基础产业的开发。

五是对口支援三峡、五强溪库区移民开发工作开始起步,并出现良好发展势头。元月份,省政府成立了湖南省对口支援三峡工程领导小组,加强对三峡、五强溪库区移民开发对口支援工作的领导。3月份,省对口支援领导小组组团考察了湖北兴山县及三峡坝区。一年来,全省各地市、各部门支援湖北兴山的资金和物资共计158万元,部分地市和省直单位与本省五强溪库区达成支援意向40余项,意向援助资金300万元。目前,各对口支援的项目正选择落实,各对口支援的结对双方互访考察支援,发展友好协作关系的工作呈现出稳健务实的态势。

二、对外开放

(一)大外经大外贸格局初步形成

随着对外开放的扩大、外向型经济的发展、外贸体制改革的深化,湖南对外经济贸易持续、快速、协调发展,大外经大外贸格局逐步形成,并不断完善发展。

对外开放领域不断拓宽。经国家和省批准,先后建立湘南改革开放过渡试验区、长沙高新技术产业开发区、株洲高新技术开发区、星沙开发区和城陵矶经济技术开发区等;国务院批准岳阳和长沙对外开放,实行沿海城市的优惠政策。全省正在形成以岳阳、长沙为龙头、以“五区一廊”为重点、以经济技术开发区为突破口的多层次、全方位对外开放新格局。省委、省政府提出的以开放促开发、以引进促改造、以外经促外贸的“三促”方针在“五区一廊”得到贯彻实施,外经贸事业取得明显进展。1994年,“五区一廊”内批准利用外贸合同金额占全省利用外资总额的近70%,比上年增长41.82%;外贸出口值占全省出口总值的79.29%,比上年增长60%。

出口创汇形成外贸专业公司、地方综合性公司、工贸公司和自营出口生产企业以及“三资”企业四路大军并进的格局。1994年加快赋予符合条件的各类生产企业进出口经营权工作,全省新批30多家进出口企业中有90%以上是生产企业。14个地州市和浏阳、醴陵、临澧、冷水江4个市(县)已获得进出口权。现已初步形成专业公司(13家)、工贸公司(28家)、地方综合性公司(24家)、大中型生产企业(49家)、科研院所(4家)和“三资”企业(有出口实绩的195家)几个轮子一齐转、各行各业直接经营出口的大外贸格局。全省出口总额达19.02亿美元。

招商引资工作在全省经济发展中发挥越来越重要的作用。全省上下、各行各业都非常重视引进外资、外技工作。通过举办各类具有特色的大型对外开放活动,包括香港、深圳经贸洽谈会、岳阳龙舟节、常德桃花源游园会等,扩大与世界各地的经济交流,洽谈成交一大批利用外资和技术引进项目。新批“三资”企业利用外资合同额7.8亿美元,“三资”企业实际使用外资金额4.2亿美元,此外“三资”企业出口创汇突破1亿美元。基础产业项目和国营大中型企业引进外资成效显著,全省五大改造扩建、新建水电厂项目,107、319国道途经湖南境内7段高等级公路项目,长沙至永安、长沙至湘潭高速公路项目,165通信工程,25家大中型生产企业引进嫁接改造以及长沙、星沙和岳阳城陵矶经济技术开发区的开发等,均已陆续展开。

(二)进出口贸易持续、快速、健康发展。

1994年,湖南外贸又上新台阶,实现新增长。全年完成进出口贸易总额26.3亿美元，比上年增长12%，其中出口19.02亿美元，比上年增长18%；进口7.28亿美元，比上年增长3%。进入90年代后，每年保持增加出口额2.5亿美元的速度发展，充分表明湖南扩大对外开放的潜力和所取得的成果。湖南对外贸易有五个明显变化：一是经营进出口业务的企业增多，经营范围放开，改变了许多产品由专业公司独家经营的状况。二是创汇大户增多。年出口额5000万美元以上的公司，由1993年的11家增加到15家，共完成出口额占全省出口总额的60.79%，其中出口过亿美元的有省粮油食品进出口公司、省进出口公司、省华湘进出口公司3家。国家经贸部公布的全国进出口总额最大的500家企业和出口额最大的200家企业中，湖南分别占15家和6家。三是出口商品结构进一步改善。工业制成品占出口总额比重由上年的77.64%上升到80.76%，其中机电产品出口比上年增长20%以上，占全省出口总额比重达到15.7%。出口额过1000万美元的大宗商品，由上年的34种增加到近40种，其中纺织品出口3.29亿美元、服装出口1.48亿美元，成为全省两个出口过亿的拳头商品。四是进口连续几年大幅度增长，反映出全省发展国民经济所需技术设备和重要原材料的增加，以及市场经济的日益繁荣。进口由1990年1.36亿美元增加到1994年的7.28亿美元，4年增长4.35倍，每年平均递增52.1%。五是转换企业经营机制取得新进展。省外经贸委强化宏观管理、协调、指导、服务功能，对外贸企业实行任期目标考核制，着重管好“三个一”，即一个领导班子，一个工作目标，一个工效挂钩方式；对创汇额在6000万美元以上（或销售总额3亿元以上）的部分骨干企业试行集团化管理模式；华湘、国开等公司正式成立企业集团；选择条件较为成熟的省机械进出口公司和深圳总代理公司推行股份制试点，年内机械进出口（集团）股份有限公司正式成立；外贸企业兴办实业成效明显，新办外贸自属工业企业30家，活力大大增强。

（三）经济技术开发区蓬勃兴起

在“放开南北两口，拓宽三条通道，建设‘五区一廊’，加速西线开发”的总体开发战略的指导下，湖南一批外向型经济技术开发区蓬勃兴起，初见成效。据不完全统计，1994年，全省开发区内基础设施建设投资达10.4亿元，累计达32.8亿元，基本实现了启动区内的“四通一平”；新办企业6766家，累计达11148家，其中高新技术企业566家；开发区内企业固定资产投资达69.21亿元，累计达186.25亿元；开发区内工业企业已形成工业总产值52.74亿元，其中高新技术企业总产值21.08亿元；实现利税总额8.98亿元，出口创汇4517万美元；引进外资7470万美元，占全省实际利用外资总额的17.8%；拥有三资企业617家，占全省“三资企业”总数的20.8%。其中，长沙高新技术产业开发区成就尤为突出，它起点高、外向度大、见效快，为湖南的对外开放“筑巢引凤”、“借鸡下蛋”起了先导作用。长沙高新技术产业开发区，创办于1988年10月，1991年3月经国务院批准为全国27个国家级高新技术产业开发区之一。经过近3年努力，开发区建设取得明显进展，在1994年国务院召开的全国科技工作会议上代表全国各开发区作典型发言；在全国火炬计划实施6周年表彰活动中进入全国10个先进开发区行列，并定为国家14个重点开发区之一。至1994年底，开发区园区建设完成投资6亿多元，累计开工63万平方米，完成30万平方米，优质工程率95%以上，一批中外合资企业购地建房3.96万平方米，1994年全区工贸总收入突破12亿元。

开发区通过几年来的开发建设，已成为湖南经济增长的新生力量。为了使开发区登上一个新台阶，省政府决定要集中力量、突出重点、充分利用已经形成的优势，分三个层次办好开发区。第一个层次是国家级开发区。已经国务院批准设立的长沙、株洲高新技术产业开发区以及正在申报并有希望进入国家级的长沙经济技术开发区（星沙）和岳阳经济技术开发区（城陵矶），要作为全省重中之重来抓，使这4个开发区率先突破，在近期内形成开发建设的“大气候”。第二个层次是省级重点开发区。除国家级开发区外，全省还要集中力量办好主要布局在“五区一廊”区域内的14个开发区。对这些重点开发区，由其所在地市人民政府直接来抓，在项目选点、资金投入、招商引资、发展政策等各方面予以重点支持。第三个层次是已经省人民政府认定的、属县（或县级市）一级政府管辖的、有条件办下去的开发区，全省共33个，这些开发区主要依靠各地自己的力量去办。同时，对虽已经省人民政府批准、但没有条件办下去的开发区坚决予以撤销，摘掉“开发区”的帽子；对不同于开发区发展模式的要予以改名。撤销的开发区，可继续进行工业小区或城市小区、小城镇建设。通过分层推进，重点突破，使开发区真正成为全省高新技术产业的孵化器和辐射源，成为全省对外开放的窗口和基地，成为全省经济发展新的增长点。

（四）旅游搭台、经贸唱戏、促进对外开放

湖南旅游业发展促进了对外经济贸易的发展；扩大对外开放，改善投资环境，又推动旅游业的发展。近几年，湖南举办的“三节”、“三会”、“一漂流”国际重大活动，就是把旅游、文化活动与对外经贸活动融于一体、相互促进的好形式，促使全省旅游业进入持续、快速、协调发展的最佳状态。1994年，全省共接待入国（境）旅游者15万余人次，其中外国人37360人次，港澳同胞50886人次，台湾同胞52342人次，全省旅游创汇4500万美元，比上年增长49.2%，为历史最高水平。来湘的国际旅游者的消费水平，由上年的201美元/人提高到300美元/人。旅游接待效益进一步提高。从地区看，长沙、岳阳、张家界、衡阳、常德5市接待的人次和旅游外汇收入分别占全省的82%和96%。上述5市是旅游业的热点，也是发展对外经贸的重点，相互促进，共同发展。旅游业的发展，促进了投资环境的改善。现全省共有涉外旅游宾馆、饭店70多家。经过近几年举办的几次大型对外开放活动，涉外宾馆、配套设施及其交通、邮电、城市建设等都得到相应改善，张家界国际机场已正式通航，长永公路、长沙—常德、长沙—株洲、长沙—湘潭及107国道等高级公路建成通车，这些都有效地推动了湖南投资环境的改善和对外开放工作的发展。

（彭顺喜、谢海珍　撰稿）

典 型 地 区

一方正在加速开发的宝地

——长沙经济技术开发区

长沙经济技术开发区(原名长沙星沙开发区),位于湖南省会长沙市东郊星沙镇,创建于邓小平同志南巡重要谈话发表后的1992年8月,规划面积20平方公里,近期开发面积10平方公里。该区处于全省“五区一廊”经济开发带的黄金地段,既是湖南省级重点开发区、长沙市整体建设规划中的卫星城,又是湖南星沙特别招商区、长沙县新县城的所在地。国务院特区办和省、市党政主要领导同志看准了这块充满希望的“风水宝地”,多次指示要加快开发,使之成为三湘大地上一颗璀灿夺目的“新星”。

长沙经济技术开发区有着良好的投资环境。北京至深圳的107、厦门至成都的319两条贯穿全国东西南北的公路交通大动脉在区内交汇,列入“九五”规划修建的长九铁路将从开发区边缘穿过,浏阳河、捞刀河从开发区南、北两面,自东向西汇入湘江,宛如二龙护珠。开发区距长沙市中心、黄花国家一级机场、湘江货运码头这三个重要地点均约8公里。这里靠近机场又非主航区,临近两河又非洪涝区,土地资源多又以低岗矮丘为主。在这里投资开发,无交通阻塞之苦,无停电缺水之忧,是我省最理想的经济开发区之一,具有广阔的发展前景。

为了科学利用长沙经济技术开发区这块宝地,充分发挥本地区的优势,在国家产业政策指导下,该区面向国内国际两大市场,确定的投资导向是:电子信息技术及产品;新材料开发及应用;生物工程及产品;高效节能及产品;光、机、电一体化技术及产品,环境保护技术及产品;高效无污染化工技术及产品;传统产业特别是农产品加工业基础上应用的新技术、新工艺、新材料;基础设施及文化娱乐设施以及其他高新技术产业。该区坚持以建立和健全社会主义市场经济体制为目标,以国际市场为导向,着力于不断完善综合投资环境,优化产业结构,依靠科技进步,提高集约化、现代化经营管理水平,争取在本世纪末实现企业结构以外商投资为主,产业结构以现代工业为主,产品结构以技术含量高的出口产品为主,招商引资吸引力强,经济启动、辐射、带动作用强,科学技术力量强,以经济效益为中心的综合实力强的“三主”“四强”的发展目标,成为湖南吸引外商投资、发展外向型经济的重要窗口,成为资金与技术密集型的产业区,成为内地前沿的第一流经济技术开发区。

长沙经济技术开发区在制定和实施建区规划上,始终坚持“起点高、立意新、功能全、整体美、跨世纪、创一流”的原则。1997年以前计划在前期开发的区域内,基本建成“六区一场一城一园”,即:新型工业区、商贸金融区、旅游别墅区、文化教育区、机关行政区、居民居住区,星沙大市场,汽车、摩托车城和科技园。两年多来,该区在全国改革大潮中和各级领导的支持下开拓进取,艰苦创业,取得了较大的成就。区内的基础设施建设已进入成龙配套阶段,实现了水、电、路、话四通。第一期工程的7眼大机井及供水设施已建成投入使用,目前区内日供水量已达3.5万吨,第二期5万吨松雅河地表水厂已进入全面施工阶段。总长12.84公里的超高压电线穿越33座铁塔,凌空飞架,11万伏星沙送变电站主体工程以及供电配套工程已先后竣工,目前区内每小时供电能力已达到1.6万度。区内规划的28条主干道已基本成型,其中有4条主干道已经或正在铺设水泥路面,6座跨线桥也先后竣工。区内的数字程控电话已开通400门,装机容量10万门的星沙通信大楼1995年底可建成投入使用。随着投资环境的不断改善,该区招商引资的势头越来越好。截至1995年3月底,已引进境内外、国内外大小项目136个,其中内资项目21个,外资项目115个,共签订用地协议12680亩,协议资金16亿元,批准项目72个,合同总投资54.72亿元,其中外资38.76亿元。1994年厂家客商进入了进区建设的阶段，到1995年3月，已开建的23家企业中，竣工投产的3家，主体工程竣工的2家。这23家企业中大都是实力强、投资多、产品技术含量高，年产值可达数千万元、上亿元乃至十几亿元的大中型工业企业。与此同时，前期规划面积为0.7平方公里、建门面2700个的星沙大市场已全面进入放样兴建阶段，其中建成开业的有1150个门面，占规划总数的43.6%。

长沙经济技术开发区自创建以来，省委、省政府一直把它作为第一位的开发区，作为全省资金和技术密集型的产业区、示范点和对外开放的重要窗口来抓，给予开发区许多优惠政策措施，其中在招商引资方面实行的主要优惠政策措施有以下几条：

1. 开发区内设置的生产性企业，企业所得税减按15%征收。其中经营期在10年(含10年)以上的，从开始获利的年度起，前两年免征、后三年减半征收所得税。产品出口型企业，按规定减免所得税期满后，按10%税率征收。先进技术企业按规定减免所得税期满后，可延长3年减半期，减半后税率按10%税率征收。

2. 再投资退税。中外合资企业和外资企业从企业分得的利润在区内再投资兴办外商投资企业，其期限不少于5年的，经税务机关审核，退还再投资部分已纳所得税的40%；外商投资者将从企业分得的利润，在区内再投资举办、扩建产品出口企业或先进技术企业，经营期不少于5年的，经税务部门核准，全部退还其再投资部分已缴纳的所得税税款。

3. 开发区外商投资企业的客商将从企业分得的利润汇出境外，免征汇出利润所得税。

4. 客商在中国境内没有设立机构，而来源于开发区的股息、利息、租金、特许权使用费和其他所得税，除依法免征所得税的以外，都减按10%的税率征收所得税，其中提供资金、设备的条件优惠，或者转让的技术先进，经批准还可以给予更多的减税、免税。

长沙经济技术开发区建立了全新的行政管理机构——管理委员会。管委会实行“一体化”管理，“一条龙”服务，履行省、市、县三级政府授予的行政职能，是权力相对集中统一的法人实体，办事效率高，在招商引资的立项中，2至7天就能办完投资项目审批手续。长沙经济技术开发区的建设正在朝着预定的目标，有计划、有步骤、高速度、超常规、快节奏地推向前进。热忱欢迎海内外有识之士来此投资开发，大展宏图。

联系地址：长沙市张公岭长沙经济技术开发区
电话号码：4418108　4418101　4418198
传真：4418188　邮政编码：410131
法人代表：管委会主任汤定一

（余家友　撰稿）

湖南省开放“窗口”
——岳阳经济技术开发区

岳阳是湖南唯一通江达海的口岸。它位处长江、京广铁路和107国道三大动脉交汇点上，可贯通东西南北。岳阳既是历史文化名城，又是著名的洞庭渔米之乡，全国甲级旅游城市和新兴的工业城市。1992年被国务院定为长江沿岸对外开放城市之一。

作为湖南开放窗口的岳阳经济技术开发区(原名湖南城陵矶经济技术开发区)，经湖南省人民政府批准，于1992年正式组建运行。开发区位于岳阳市东北部，是湖南唯一可以通过长江进行江海联通的港口区域，规划控制面积30平方公里，开发面积9.8平方公里，计划经过10年努力，将其建成岳阳的现代化新城区，湖南与世界经济的接轨处，长江中游第二大经济贸易中心。

开发区成立以来，坚持以市场经济为导向，以区域资源为基础，以外贸港口为依托，以高新技术产业为重点，走科工贸相结合的发展路子，先期重点开发了商贸金融区、综合工业区两个功能小区，并按照“小区突破、滚动开发”的方针逐步实施。到目前为止，开发区引进各类企业464家，其中外商投资企业89家，合同利用外资7196.8万美元，已形成国民生产总值3.8亿元，其中工业形成的产值达2.2亿元。

开发区建设初期，他们首先重点建设以火车新客站为中心的商贸金融区，采取了以地生财、积累资本、确保基础设施建设先行的办法，较好地突破了资金“瓶颈”的制约，加快了建设进程。近3年来，先后出让土地2640亩，共投入3.65亿元，完成了火车新客站、11万伏金盆变电站、巴陵中路、通海路等重点基础建设工程，拉开了岳阳大开发的架式和新城区的骨架，形成了京广铁路、107国道和长江外贸码头相互连接的交通网络，使岳阳的交通区位优势更加突出。同时，带动了商业、房地产业的迅速起步，使商贸金融区成为中外客商竞相投资的热土。到目前为止，进入商贸区的各类企业达300余家，开工建设面积达60万平方米，已竣工40多万平方米，总投入达13.5亿元，年创税收达1100多万元。目前1平方公里的商贸金融区已基本建成，昔日的荒山荒坡，已变成了崭新的闹市区。

商贸金融区基本建成之后，他们把开发建设重点转移到了以高新技术产业项目为主导的综合工业园区，在加快区内基础设施建设，基本实现“五通一平”的基础上，突出抓招商引资工作，坚持把国有大中型企业嫁接改造项目、资源加工型项目和军转民项目作为招商引资的重点。目前，进入综合工业区的工业项目约有80%是嫁接改造和资源加工型项目。如巴陵公司和马来西亚合资兴办的精炼植物油厂，与意大利唯高集团合资兴办的中辰陶瓷公司，苎麻纺织厂与香港合资兴办的顺昌色纺织公司等大项目，既是嫁接改造项目，又是资源利用加工型项目。精炼植物油厂总投资1.5亿元，可年产精炼植物油6万吨，年产值可达6.2亿元，实现利税可达3800万元。到目前为止，进区的22家工业企业中，已有中辰陶瓷、310厂、544厂等13家企业竣工投产，1994年实现工业产值2.2亿元，创利税3000多万元。如果区内工业项目全面建成投产，年产值可达12.3亿元，可实现利税1.6亿元，创汇980万美元。

目前，岳阳经济技术开发区正在举全市之力，抓好专业化市场建设和城陵矶港口加工贸易区的建设。生产资料市场和农副产品市场正在筹建，城陵矶港口两个5000吨级的泊位已竣工投入使用，正在抓紧建好联运大楼，修好通海北路，搞好港口铁路专用线的扩建配套，配套抓好港区建设，筹建远洋船队、保税仓库和进出口公司，力争在两至三年内基本建成港口贸易区。

岳阳经济技术开发区经过近3年的建设和发展，现已具备大规模招商引资能力。区内已实现了“五通一平”（通路、通水、通电、通讯、通排水和平整土地），两条宽60米的主干道巴陵东路和通海路已全线贯通；生活用水和工业用水已进入区内，区内企业的污水经处理，可排入巴陵东路地下管道，进入城市排水系统；开发区附近建有80万千瓦火力发电装置和日产40万吨的第二水厂，区内水电可按需要保证供给；10万门程控电话现已开通，手提、移动、传呼等各种通讯设施均具备，可满足国内外客商的需要。同时，开发区紧靠长江外贸码头，已初步形成铁路、公路和水路综合联运体系，是发展大运量、大水耗、大进大出工业项目的天然富地，在湖南乃至全国内陆城市都堪称一流。另外，开发区内外还设立了海关、商检、疫检、外汇管理、口岸办、招商局等一套涉外服务机构，投资环境不断优化。开发区还制定了“低地价、低收费、低租金”等一系列优惠政策和一个口对外，一条龙服务的办事程序，以尽量做到办事方便简捷。而它的开发领域十分广阔，在坚持以发展“高科技项目为主、工业项目为主、出口创汇项目为主”的前提下，根据岳阳的特点，重点发展石油化工、轻工纺织、机械制造、电子产品、医药、食品、建筑建材、商贸金融等产业。

从1990年以来，湖南省政府先后三次上报国务院，请求将岳阳经济技术开发区批准为国家级开发区。国务院特区办领导来开发区视察，也明确表态支持开发区进入“国家队”。开发区正奋力拼博，加速开发，决心以更加优越的投资环境，良好的服务和优惠的政策，热忱欢迎海内外有识之士前来投资兴业，共展宏图，尽快把开发区建设成为湖南对外开发开放的窗口和新的经济增长点。

（余健　撰稿）

长沙高新技术产业开发区

长沙高新技术产业开发区创建于1988年10月，是1991年3月经国务院首批批准的国家级开发区之一，在1993年8月全国火炬计划实施5周年表彰活动中，进入全国10个先进开发区行列。

长沙开发区由城中区、岳麓山区两个产业群基地组成，总规划面积为31.6平方公里。城中区工商业发达，水、电、气、通讯设备齐全；岳麓山区依山伴水，风景秀丽。京广、湘赣、湘黔铁路，107、319国道及国家一级机场——黄花机场提供了十分便利的交通。长沙科技力量十分雄厚，有大专院校22所，各类科研机构129所，专业技术人才20余万人。科技成果专利申请量居全国第二，电子信息技术、生物遗传工程、医药工程、新材料等科研成果居国际国内领先水平，科技、人才优势十分明显。

经历了“困陋就简、就地起步、集中管理、分散经营”的起步阶段后，长沙开发区迈向了“集中建设、规模经营、巩固提高、注重外向”的全新发展阶段。1994年全区完成了产值13.27亿元，比上年增长77.1%；完成技工贸收入13.24亿元，比上年增长57.4%；实现利税2.086亿元，比上年增长86.3%；上交税金4925.4万元，比上年增长3.1倍；出口创汇887.2万美元，比上年增长3.2倍，开发区的高新技术技工贸收入和利税分别占全省的60.8%和75.6%，成为湖南经济发展新的增长点。

长沙开发区建区以来，坚持按照国际惯例抓综合改革，按二十一世纪要求抓园区规划和建设，按集团化思路抓产业开发，高起点、高标准、高力度地开展了各项改革和建设。

1.按照“规范、灵活、高效、权威”的要求，健全了适应市场经济要求的管理体系。一是健全了开发区的政策法规体系，使进区的企业和国内外投资者执行方便、操作规范，增强了以法治区、依法管理的工作力度；二是健全了开发区的行政服务体系，开发区管委会按照“小政府、大社会、小机构、大服务”的原则和“高效、简捷”的要求加强了对企业的指导和协调服务，运用市场经济规律管理企业，保证了各项管理工作的快速、高效和优质运转；三是健全了开发区的支撑体系，区内工商、税务、财政、国土、规划、保险、银行、海关、律师事务所等执法机构和社会支撑服务机构坚持面向市场、面向企业、排忧解难、献计献策；四是健全了开发区的培训体系，通过办班、送培、出国考察学习和聘请国外专家指导等渠道加强了员工的在职培训和继续教育。

2.按照“产权清晰、权责明确、管理科学”的原则和现代企业制度要求深化了产权制度和劳动人事制度的改革，建立了“双向选择、平等竞争”的用工制度，“待遇看贡献、多劳多得”的分配制度，建立人才交流服务中心，实行“管档案、保工龄、保职称、保性质、保工资级别”的服务，组建了全国第一家高级人才事务所；改革了社会保障制度，在全国开发区率先成立了股份制综合保险公司，积极地为企业和员工开展了各种保险服务。

3.按21世纪发展要求进行园区规划和建设，在全国范围内公开招标的岳麓山科技园火炬城详细规划荣获全国优秀规划设计二等奖，集中建设区现已累计完成投资8亿多元，开工74万平方米，竣工44平方米，优良工程率达98%，现已销售各类房屋14.5万平方米，园内供水、供电、供气、道路、有线电视、电讯等“八通一平”基础配套设施建设已完成大部分工程。

4.按集团化思路抓产业开发，坚持“引进、吸收与开发并举”的原则，紧紧依靠“三大”(大专院校、大科研院所、大中型企业)发展“两外”(外商企业、外地企业)，加速了高新技术的商品化、产业化和国际化。目前已拥有高新技术企业387家，引进外资企业88家，在开发的580项高新技术项目中，有50项被列入国家、省火炬计划，45项列入省政府1994～2000年高科技重点发展计划。现已初步形成了以湖南计算机厂为龙头的电子与信息产业，以远大空调公司为龙头的机电一体化产业，以海利股份有限公司为龙头的精细化工业，以旺旺食品有限公司为龙头的食品加工业，以金海和银洲两家股份有限公司为龙头的房地产业等五大支柱产业。

1995年，长沙开发区内高新技术企业将达到

600家，引进开发高新技术项目达到800个，技工贸收入将达到20亿元，重点在电子与信息、机电一体化、生物医药工程、新材料等领域取得突破性进展，向高科技、高效益、外向型经济特点的高新技术产业开发区目标迈进。

（肖勇军　撰稿）

株洲高新技术产业开发区

株洲高新技术产业开发区1992年12月经国务院批准为国家级高新技术产业开发区。1994年，全区共有各类企业808个，比上年增加72个；实现技工贸总收入8.89亿元，比上年增长30.74%；完成国内生产总值1.81亿元，比上年增长63.06%。一年来，开发区在产业发展、城区建设、招商引资、引进技术、人才等方面都有新的突破，一座规划布局合理、产业稳步发展、基础设施成龙配套、社会秩序井然的现代化新城区已具雏形并迅速崛起。

一、基本情况

株洲高新技术产业开发区位于湘江中下游的株洲市河西，与市区一桥相连，融为一体。开发区三面临江，紧靠城区，傍依湘江，平坦开阔，自然条件十分优越。行政管辖面积35平方公里，开发区8.8平方公里，其中起步区3.78平方公里。地形呈半岛状，地势西高东低，西部为缓低岳陵，东部属湘江冲积平原。典型的亚热带季风性湿润气候，四季分明，雨量充沛。工程地质优良，结构稳定。

规划布局，以发展高新技术产业为中心，采用轴向开发、板块与组团结合的布局，融政治文化、商业金融、生活娱乐等于一体，将成为未来的株洲市城市中心区。

经济建设形势喜人。1994年，全区共有工业企业167家，完成工业总产值3.59亿元，比上年增长44.76%；其中，高新技术企业达到86家，共有高新技术产品187个，完成产值1.85亿元，比上年增长1.41倍，从业人员3350人。1994年虽遇百年未遇的特大洪水灾害，农业生产仍然获得好收成，农业总产值4000万元，农民人均纯收入1450元，比上年增长4.47%。批零贸易企业385个，从业人员突破1万人，完成社会物资购销总额3.50亿元，比上年增长12.9%。

投资环境进一步改善。1994年完成固定资产投资4.5亿元，完成基础设施（“五通一平”）面积3.29平方公里，完成建筑竣工面积24.98万平方米，征地658.10亩。完成3.7万平方米的标准厂房供水供电的配套建设。

招商引资成效显著。1994年全区共有12个高新技术企业进区落户，审批进区外资项目5家，投资总额3600万元。年末共有“三资”企业23个，全年完成总产值500万元，出口创汇300万元；外方到位资金854万美元。

社会事业发展迅速。全区共有科学研究和综合技术服务事业单位63个，从业人员2500多人；文化娱乐场所由年初的20个发展到36个；创业中心、律师事务所、会计师事务所、进出口公司等支撑服务机构相继成立。

二、优势条件

开发区位于株洲建成区的“腹地”，占尽建成区的天时、地利，具有得天独厚的优势。

交通便捷。株洲是南方最大的铁路枢纽，京广、湘赣、湘黔三大干线交汇于此，“三南”公路穿境而过。湘江四季通航，千吨级船队直达株洲，集装箱船队直通长江。空运距大托铺货运机场35公里，距黄花国际机场60公里。

水电充足。开发区日供水能力8万吨，30万吨自来水厂正在筹建。区内建有11万伏变电站、葛洲坝至株洲50万伏输电线路和变电站投入运行，开发区附近有40万千瓦火力发电厂——株洲电厂。

通讯发达。开发区邮电局已建成运行，装机容量6.4万门，已开通程控电话5400门，可满足国内外直拨电话、图文传真和用户电报等需要。

服务齐全。3.7万平方米的标准厂房，集生产、储存、商贸、办公于一体，可为产业进区提供优质服务。3.78平方公里的科技工业园区基础设施成龙配套，运行良好。区内还设有海关（筹建）、商检、疫检、外汇管理、进出口管理等机构，实行一条龙涉外服务。

开发区管理委员会设"1办6部7局"，机构小，职能全，权力集中。进区项目的可行性报告、审批、立项、计划下达、三资企业的注册登记，进区项目的选址、定点、规划发证、土地征收及出让、房产交易、环保、消防以至引进人才、企业招工等均在开发区统一办理。

三、产业导向和发展目标

株洲高新技术产业开发区在国家产业政策指导下，重点发展高新技术产业，大力发展出口创汇产品。主要有：开发硬质合金及其深加工产品、精细陶瓷材料及有色金属深加工产品及新技术；以微电子为基础，以数字视象技术、计算机技术、通讯技术和软件技术为重点，大力发展电子信息产业；发展机床数控和柔性化技术、精密检测器件制造技术、驱动和调速系统制造技术、光电控制技术、数控自动化技术、智能仪器仪表等机电一体化技术；开发在食品、医疗、医药方面具有80年代水平的酶工程、发酵工程和基因工程产品等生物工程技术；和发展新能源和高效节能产品。

到2000年投入产业发展资金12亿元以上，大力组织实施火炬计划，开发高新技术产品，"八五"期末，实现高新技术产业产值10亿元，"九五"期末达到50亿元，利税12亿元。

（马光辉　撰稿）

长沙市经济开发区

长沙市经济开发区是1992年12月经湖南省人民政府批准设立，由长沙市人民政府直接领导和具体管辖的省级开发区。该区位于长沙市城北，距城沿0.5公里，早在60年代就被列为长沙市的卫星城镇之一，具有极其独特的交通、能源、旅游优势。区内基础设施较好，京广复线贯穿南北，与正在兴建的石长铁路在区内捞刀河车站接轨，将成为重要的编组站，铁路运输十分便捷；107、319国道在该区东南方向相交；长沙城区主干道芙蓉路已与区内主干道金霞大道相连；区内霞凝港是湘江长沙段唯一能常年通航千吨级船舶的深水港，并规划建设3千吨级的集装箱港口码头；湖南省最大的黄花国际机场距该区20公里，目前区内已形成了十分便捷的水、陆、空立体交通运输网络。区内现有日供气21万立方米的煤制气厂，国家规划建设的240万千瓦的望城火电厂和日供水40万立方米的长沙市第六水厂即将动工兴建。该区山水辉映、风光独好，美丽的月亮岛静卧湘江之中与开发区隔水相望。从该区整体地理环境上看酷似一个有山、有水、有岛的长沙新城，具有很大的旅游开发价值。

根据该开发区诸方面的独特优势，湖南省人民政府已将该区列为全省十大重点开发区之一，并报国务院申请列为国家级开发区；长沙市人民政府将该区作为长沙市经济发展的重要战略基地和对外开放"窗口"，列为全市经济建设的十大重点之一，决定要用超常规、跳跃式的速度和办法，力争在5年内把该区建设成为一个集工业、商业、能源、储运、加工、出口为一体，汇旅游、娱乐、度假、文化、体育于一地，面向世界大市场的新型经济特区。

长沙市经济开发区是按一座现代化城市新区规划的，总体规划面积为33.5平方公里，首期开发面积为7.8平方公里。开发区以兴办工业和科技型项目为主，到2000年将建成一条个体商业街、一条科技步行街、一个大型商贸城、一个大型工业区、一个保税区、一个高新技术产业区、一个旅游娱乐居住区。长远发展的整体思路是，以实施科技火炬计划为起点，以引导古城大中型骨干企业搬迁改造为基础，加大对外开放和招商引资的力度，突出基础设施和基础产业、国有大中型企业的技术改造、农业综合开发以及高新技术产业的发展，力争把长沙市经济开发区办成全市的经济技术示范区和重要的新型工业基地。开发区既是相对独立的工业新城区，又与古城传统的商贸风貌相呼应，新老城区将相映生辉，各展其长。

长沙市经济开发区成立2年多来，按照总体规划要求，在基础设施建设、招商引资项目和经济技术发展上都已初见成效。截至1994年，区内基础设施建设投资达2亿多元，目前，该区已成为长沙市经济开发建设的龙头，基础设施建设正在抓紧完善，并进入产业开发的阶段，国内外前来洽谈购地、投资办厂的客商络绎不绝。

开发区管理委员会代表长沙市人民政府对区内经济建设和社会发展实行统一领导和管理。开发区设有健全的办事机构，实行一个窗口对外、一站式审批、一条龙服务，一般项目从立项到批准建设在开发区内即可办理，办事快速高效。项目进区后，开发区继续搞好跟踪服务。热忱欢迎海内外朋友们到长沙市经济开发区投资兴办企业，进行各种方式的经济技术合作。

长沙市经济开发区管委会主任、党委书记：魏建超

通信地址：湖南省长沙市人民政府大院转长沙市经济开发区

联系电话：(0731)4410649、6672139

邮编：410005

（古　华　撰稿）

1994年改革开发大事记

1月

6日 省政府办公厅转发省建委《关于进一步加强城市园林绿化建设管理的报告的通知》。

10日 我国首家由中央和地方合资联办的铁路企业湖南石长铁路总公司在长沙成立。

11日 全省地厅级主要领导同志学习《邓小平文选》第三卷第一期理论研讨班在省委党校开学。

14日 韩国金星社专务董事韩泓光先生及其一行来湘考察投资项目。

▲ 泰国开发建筑有限公司、开成发铝业有限公司、开城建筑有限公司董事长苏汉佳先生及其一行来湘考察。

17日 台湾峰懋集团董事长叶平先生及其一行来湘考察。

18日 湖南省就业培训中心和湖南省劳动服务中心在长沙成立。

22日 台湾绿扬国际开发集团总裁朱一夫先生来湘考察。

25日 卢森堡大公国援助冷链项目培训班开幕式在长沙举行。

27～31日 周伯华副省长率省直有关部门负责人到五强溪水电工地和沅陵县、泸溪县移民库区慰问干部群众。

31日 德国雄鹰贸易公司董事长兼总经理殷大慧先生及其一行来湘考察。

2月

2日 约旦联合国际汽车贸易公司董事长阿布达·因索尔及其一行来湘考察。

▲ 南美金融投资(集团)有限公司董事长杨水良先生来湘考察。

▲ 省政府办公厅发出《湖南省机关工作人员工资制度改革若干具体问题的处理意见》和《湖南省事业单位工作人员工资制度改革若干问题的处理意见》。

4日 以副市长安德烈·贝图伊先生为团长的比利时土尔耐市友好访问团来湘访问考察。

5日 香港金辉集团有限公司董事长郑汝贵先生及其一行来湘考察。

17日 省政府发出《关于加强土地估价管理有关问题的通知》。

24日 日本小泉服装株式会社社长植本勇先生及其一行来湘考察。

3月

3日 以总经理克鲁宾先生为团长的乌兹别克共和国纳沃依州纳沃依氮肥生产联合企业代表团来湘考察。

▲ 湖南省融资中心在长沙成立。

7日 印度水牛研究所特里巴斯博士、印度农科院秘书长日古力博士来湘考察奶类项目。

8日 长沙—湘潭高速公路奠基仪式在长沙举行。

13日 瑞典大瀑布公司总裁卡尔·尼奎斯先生及其一行来湘考察。

15日 省统计局举行新闻发布会，宣布了1993年我省长沙市郊区等20个县市区的农民人均纯收入率先超过了千元。

24日 由长沙曙光电力集团公司与韩国株式会社金星社共同投资1.4亿多美元，生产GSG彩色显像管的签字仪式在北京人民大会堂举行。

▲ 荷兰国际管理学院院长艾尔·纳玛基博士及其一行来湘考察。

26日 南美金融投资集团董事长杨水良先生来湘考察。

28日 '94湖南常德桃花源国际游园会开园。

▲ 省科委、省经委、省教委、省乡镇企业局联合举办“湖南省乡镇企业、科研院所、大专院校、大中型企业挂钩暨技术洽谈会”。

▲ 建设银行湖南省分行与巴陵石化公司、鹰山石化厂在长沙举行转贷德国重建银行、瑞士信贷银行 6717 万美元的签字仪式。

▲ 省政府批转省水利水电厅《关于进一步加快水土保持工作的意见》。

31 日 台湾商业总会理事长、台湾力霸企业集团董事长王又曾先生及其同一行来湘探亲考察。

4 月

3 日 香港津世企业有限公司董事、总经理潘国濂先生来湘考察。

4 日 澳大利亚昆士兰州商会主席大卫先生来湘考察。

▲ 省政府发出《批转省体改委关于 1994 年经济体制改革要点的通知》。

7 日 巴西 CBPO 工程设计及建筑公司总经理葛里罗·赛久先生及其一行来湘考察。

9 日 中国石化总公司副经理吴协刚来湘考察巴陵石化总公司帘子布项目。

10 日 以市长望田宇三郎为团长的日本滋贺县八日市友好使节团来湘访问考察。

13 日 省政府发出《关于制定我省国民经济和社会发展"九五"计划及到 2010 年规划的通知》。

14 日 国际货币基金组织驻华代表处首席代表道格拉斯·斯哥特和世界银行驻华代表首席代表鲍泰利来湘考察。

17 日 韩国三星副总裁 J·I·JAN 先生及其一行来湘考察投资项目。

18 日 韩国大宇集团总裁朴成圭先生及其一行来湘考察。

22 日 省广播电视厅在长沙举行湖南广播电视节目上卫星新闻发布会。

23 日 省政府宣布了国务院、民政部关于"益阳地改市、武冈撤县建市、大庸市更名为张家界市、酃县更名为炎陵县"的批复。

25 日 香港皇龙投资有限公司董事长叶机生先生，香港龙群纺织有限公司总经理蒋令贤先生来湘考察。

26 日 马来西亚顺源(集团)有限公司总经理殷国源先生及其一行来湘考察。

5 月

7 日 南非萨曼可有限公司董事局执行副主席韦尔白洛伍德先生、香港荣润发展有限公司董事长施宏先生及其一行来湘考察。

10 日 香港宝佳集团有限公司董事局主席陈进强先生来湘考察。

11 日 以省委副书记陈氏明凰为团长的越南同奈省委代表团来湘考察。

12 日 美国美林证券公司亚太区投资银行部董事曾玉煌先生来湘考察。

15 日 欧洲议会议员、法国环境投资集团公司董事长、原法国三军参谋长拉卡兹将军及其一行来湘考察。

17 日 越南农业和食品工业部部长阮功丹及其一行来湘考察。

18 日 著名美籍华人、美国国际合作委员会主席、美国罗斯福基金会国际部主任陈香梅女士及其一行来湘考察。

▲ 湖南广播电视信息台成立，同时举行图文电视台、证券广播电台开播式。

25 日 '94 湖南省新技术新产品交易会在省科技馆开幕。

▲ 澳大利亚昆士兰州政府高级经贸官员保罗·山德先生、比利时埃诺省省长办公厅主任路易·杜海先生来湘考察。

27 日 香港旅游业协会副主席侯叔祺先生来湘考察。

29 日 台湾喜多企业社董事长钟学贵先生及其一行来湘考察。

31 日 以市长中岛一先生为团长的日本彦根市友好代表团来湘访问考察。

6 月

2 日 香港森生控投有限公司、香港香城控投有限公司总裁张楚生先生来湘考察。

3 日 德国 GB 公司董事长布林克·舒尔特先生来湘考察。

6 日 台湾全峰实业股份有限公司制鞋机械展示会在长沙举行。

8 日 湖南计算机厂与意大利沙尔玛有限公司合资建设意中希诺达商用设备有限公司合同签字仪式在北京举行。

▲ 省政府发出《关于加强烟叶收购经营管理的通知》。

▲ 省政府办公厅转发省外经贸委《关于在香港(深圳)举行湖南省出口商品展销暨经济技术合作洽谈会工作方案报告的通知》。

9 日 孟加拉国圣龙有限公司总经理齐亚·斯蒂克先生来湘考察。

10日 新加坡显润发展有限公司副主席赖国雅先生、香港预发集团主席陈振东先生来湘考察。

11～14日 湖南省与美国科罗拉多州缔结友好省30周年纪念活动在长沙举行。11日，陈邦柱省长、唐之享副省长会见前来参加纪念活动的以科州州长特使亨利·斯特劳斯先生为团长的经贸代表团和科州首席法官康妮·彼得森女士为团长的高级法官律师代表团的全体成员。12日，举行湘科缔结友好省30周年庆祝大会。13日，筹委会举行招商发布会。

15日 中国杂交水稻研究30周年、湖南杂交水稻研究中心成立10周年暨袁隆平杂交水稻奖励基金首次颁奖庆典活动在长沙举行。

▲ 美国科贝尔集团总公司总裁魏克明先生及其一行来湘考察。

▲ 以副总经理许骏男先生为团长的台湾光阳工业股份有限公司大陆投资考察团来湘考察。

16日 省政府就如何尽快建设好北京—武汉—长沙—广州和福州—贵州—成都这两条直埋式光缆举行新闻发布会。

▲ 美国大地公司董事长李亚林女士来湘考察。

16～22日 我省湘江流域遭受百年一遇的特大洪灾。

17日 美国金融投资家莉莉亚·克莱门蒂女士来湘考察。

18日 德国奔驰汽车公司东南亚地区总代理Keung·Kwantai先生来湘考察。

23日 澳大利亚CSR公司软木公司总裁彭恒力先生来湘考察。

24日 中国人民保险总公司向我省灾区捐款50万元人民币的捐赠仪式在长沙举行。

▲ 香港港年投资有限公司董事长袁锡芳先生、美国西方仪器公司PVI分部总经理Joe先生、美国爱普(Apex)计算机技术公司工程部主任陈信德博士来湘考察。

▲ 旅法华侨俱乐部第一副主席、法国豪华皮件有限公司董事长林昌横先生来湘洽谈合资建设项目。

26日 韩国乐喜金星集团总裁具滋暻先生来湘考察。

27日 新加坡原轻工业局局长、新加坡温氏公司董事、总经理王春桓先生来湘考察。

▲ 省政府印发《湖南省城镇“安居工程”实施方案》。

7月

2日 日本雅马哈株式会社社长各川武彦先生、日本三九株式会社顾问野力先生来湘考察。

▲ 以驻华大使何塞·阿格拉先生为团长的古巴科技代表团来湘考察。

4日 亚洲银行专家考察组来湘考察我省湘江二期改造前期工作情况。

▲ 韩国金星集团半岛时装公司总经理张宪湘先生、香港龙群纺织有限公司董事长叶机生先生及董事总经理蒋令贤先生来湘考察。

6～12日 中共中央政治局常委、全国政协主席李瑞环同志到环洞庭湖区的长沙、湘潭、常德、益阳、岳阳等5市，重点考察了湘江特大洪水后的抗灾救灾工作和洞庭湖的治理工作。**11日** 李瑞环同志听取了省委、省政府的工作汇报，并发表了重要讲话。

7日 香港《文汇报》读者向我省灾区捐款200万元港币捐款仪式在长沙举行。

▲ 省政府办公厅发出《关于加快市场建设和加强市场监督管理的通知》。

8日 新加坡环球集团投资有限公司执行董事长张少皇先生来湘考察。

10日 香港国际有限公司董事长江可伯先生来湘考察。

11日 中国湖南猛洞河第三届国际漂流月新闻座谈会在长沙举行。

12日 第三届中国金鸡百花电影节新闻发布会在长沙举行。

13 香港津也集团董事长潘国谦先生、香港华燊集团董事局主席沈家燊先生来湘考察。

15日 湖南省邓小平理论研究会成立暨《学习导报》复刊十周年庆祝大会在长沙举行。

19日 省政府发出《关于调整粮食购销价格稳定粮食市场的通知》。

21日 省政府办公厅发出《关于成立湖南商学院、武陵高等专科学校、郴州医专和湖南农学院更名为湖南农业大学的通知》。

25日 唐之享副省长主持召开湖南省情介绍座谈会，并与全国政协委员、国务院港事顾问、香港合和实业有限公司董事、总经理胡应湘先生洽谈合资建设高速公路项目。

▲ 7月25日～8月11日，省电力代表团赴德国西门子公司考察，并就我省和德方合资建设望城火电厂的有关事宜进行商谈。

27～31日 '94湖南省出口商品展销暨经济技

术合作洽谈会新闻发布会在深圳举行。

8月

1日 美国爱依斯中国发电有限公司总裁Bob Hemphu先生及其一行来湘考察。

2日 香港《大公报》读者向我省灾区捐款120万元港币捐款仪式在长沙举行。

4日 省政府办公厅发出《关于设立湖南省证券监督管理委员会的通知》。

6日 法国CXA公司总裁加缪先生来湘考察。

9日 香港肖氏集团有限公司行政总裁肖咏仁先生来湘考察。

12日 省政府办公厅印发《〈湖南省国土综合开发整治规划〉修订工作方案》。

16日 省政府印发《湖南省鼓励开展对外加工装配和补偿贸易的暂行规定》。

17日 省港富丽嘉发展有限公司董事长李文成先生来湘考察。

18日 张家界市举行机场通航暨改名庆典活动。

21日 香港广播电视有限公司董事长、邵氏影业公司董事长、香港邵氏基金会董事会主席邵逸夫先生，全国政协副主席、香港南联实业有限公司董事长安子介先生来湘考察。

23日 以瑞格丁先生为团长的世界银行水利项目评估团来湘考察。

25日 韩国驻华大使黄秉泰来湘参加'94湖南开放与发展国际研讨会。

26日 以色列联合发展公司总裁艾森贝格先生及其一行来湘考察。

27日 以谢质高先生为团长的台北市湖南同乡会友好访问团来湘访问考察。

28～30日 '94湖南开放与发展国际研讨会在长沙举行。

29日 香港恒生银行总裁钟振东先生、日本野村国际(香港)有限公司副总裁倪学林先生来湘考察。

9月

5～9日 '94湖南省港(深)经贸洽谈会在香港和深圳举行。9月5日上午，洽谈会在香港和深圳同时开幕。两个会场共签订出口贸易合同15266万美元，进口成交5470万美元，签订利用外资合同408个，合同利用外资12.18亿美元。

6日 1994年全国围棋个人锦标赛开幕式在长沙举行。

8日 株洲南方动力机械公司与日本雅马哈公司合资建设“南雅工程”奠基仪式在株洲南方机械公司举行。

12日 美国美东财务公司总裁丁伟中先生，国家自然科学基金委员会常务副主任胡兆森来湘考察。

14日 第七届心手相连海峡两岸旅游业务研讨会在长沙召开。

15日 美国天山有限公司董事会全体成员来湘考察。

16日 香港猛龙集团董事长朱昭文先生来湘考察。

21日 香港华南赈灾基金会向我省灾区捐款50万港币捐赠仪式在长沙举行。

24日 联合国儿童基金会项目官员朱迪斯先生来湘考察。

26日 以大久保昭教先生为团长的日本滋贺县国际友好亲善使节团来湘访问考察。

28日 湖南广播电视中心破土动工。

30日 以总裁Hong Soon Shin先生为团长的韩国金星集团半岛时装公司来湘投资考察。

10月

4日 美国克莱门蒂亚洲投资有限公司主席、总干事莉丽亚·克莱门女士来湘考察。

▲ 省政府发出《关于改革化肥等农业生产资料流通体制的通知》。

5日 以东乡荣司会长为团长的日本滋贺县劳福协会友好访华团来湘考察。

6日 香港东南亚贸易公司董事长兼总经理谢炎其先生来湘考察。

8日 岳阳火车新客站落成投入营运。

10 香港森生控股有限公司总裁张楚生先生来湘考察。

12日 省建委、长沙市政府在长沙市联合举办湖南省首届房地产展示会暨长沙市第三届房地产交易会。

▲ '94中国株洲炎帝节开幕式在株洲举行。

13日 湖南省各界人士在炎陵县隆重举行炎帝陵公祭仪式。

14日 美国柯利融资集团公司执行董事、美国立达国际集团董事长戴伦彰先生来湘考察。

16日 湘西自治州国际苗族文化研讨会暨经济贸易协作会开幕式在吉首市举行。

17 日 韩国金星社副社长具滋平先生来湘考察。

18 日 湖南金属交易所开业。

27 日 马来西亚金狮集团董事长钟廷森先生来湘考察。

▲ '94 全国电子产品展销展示会开幕式在长沙举行。

28 日 美国恒达国际有限公司董事长苏志恒先生来湘考察。

11 月

5 日 第三届中国金鸡百花电影节开幕式在长沙举行。

8 日 香港三丰行钱丰食品公司总经理林日升先生来湘考察。

9 日 以色列诗莉奥有限公司主席许强先生来湘考察。

10 日 德国中华总商会理事长黄昌龄先生来湘考察。

11 日 韩国双龙集团株式会社副董事长安庆浚先生来湘考察。

▲ 省政府办公厅发出《关于省重点公路、桥梁建设工程减免地方税的通知》。

12～14 日 国务院发展研究中心和湖南省人民政府在岳阳联合召开长江开发开放研讨会。

15 日 加拿大不列颠哥伦比亚省水电局总裁拉克森先生来湘考察水电站建设项目、瑞典大瀑布公司国际公司副总裁奔厘先生来湘考察投资项目。

17 日 美国桑玛斯·詹姆斯联合公司执行总经理大卫·金布尔来湘考察。

18 日 美国加州湖南同乡会副会长、美国傲通集团公司总裁袁锡民先生来湘考察高科技开发项目。

▲ 省政府印发《湖南省市场调节价格管理办法》。

19 日 世界银行考察组全体成员来湘考察 107 国道衡阳至宜章段建设投资项目。

▲ 省政府印发《湖南省行政事业单位非经营性资产转作经营性资产的暂行规定》。

23 日 英国港务、土地发展有限公司董事长夏皮罗先生和英国阿特拉斯水泥技术发展有限公司总经理查卓斯先生来湘考察。

27 日 '94 湖南开放潮青年英语全能大赛决赛暨颁奖仪式在长沙举行。

28 日 湖南广播电视中心工程奠基典礼在长沙市郊区洪山庙举行。

29 日 湘江航运建设二期工程利用世界银行贷款评估会在长沙举行。

30 日 香港南源永芳集团有限公司董事长姚美良先生来湘考察。

12 月

7 日 日本平和堂株式会社社长夏原平和先生、日本小泉服装株式社社长植本勇先生来湘考察。

9 日 美国九弩斯集团总经理布瑞柯·乔先生来湘考察。

12 日 马来西亚文山实业有限公司董事、总经理陆锦全、执行董事陆锦才先生来湘考察。

15 日 省政府印发《湖南省贯彻〈国务院关于深化城镇住房制度改革的决定〉的实施意见》。

▲ 香港中成公司总经理李筱林小姐、美国 D·RHARNISCH 有限公司董事长丹里斯·哈里思先生、美国洛克希德公司亚太区副总裁陈公容先生来湘考察。

15～17 日 国务院总理李鹏在湖南考察工作。15 日至 16 日，李鹏总理先后到常德、益阳、长沙等地，考察洞庭湖治理情况，视察水利设施；16 日，在长沙听取了湖南省委、省政府的工作汇报。17 日，李鹏总理在湖南省委贯彻中央经济工作会议精神的会议上作了重要讲话。

17 日 比利时埃诺省省长办公厅主任路易·杜海先生来湘访问。

22 日 韩国 EDCF 代表团来湘考察。

24 日 以日本滋贺县教委事务长温室温晴先生为团长的第 6 届青年之翼访华团来湘考察。

25 日 五强溪水电站第一台机组正式并网发电。常务副省长储波主持庆典仪式，国务院副总理邹家华、国家计委副主任叶青、电力部副部长汪恕诚及省长陈邦柱为五强溪水电站首台组发电剪彩，并在庆典仪式上讲话。

▲ 莲易高等级公路通车典礼在株洲市举行。

30 日 我省水利重点建设项目江垭水利枢纽工程大坝截流，郑培民副省长出席大坝截流典礼。

▲ 奥地利伊林电气公司首席代表 Fritz·Holzinge 先生来湘考察。

▲ '95 全省民俗风情游开园式在长沙举行。

31 日 加拿大得宝企业集团乐煌国际贸易公司董事、总经理赵志祥先生来湘考察。

（彭顺喜、周符波　整理）

长沙经济技术开发区

通过开发区的 107 国道

已建成的住宅小区

长沙经济技术开发区
管委会主任汤定一

湖南预应力钢丝总厂一瞥

中外合资企业一麦克潘特
(湖南)工具有限公司一角

岳阳经济技术开发区

岳阳经济技术开发区鸟瞰

岳阳经济技术开发区总体规划图

城陵矶外贸码头(胡洁明摄)

华能岳阳电厂

长沙高新技术产业开发区

初具规模的岳麓山科技园火炬城

长沙高新技术产业开发区创建于1988年10月，是1991年3月经国务院首批批准的27个国家级开发区之一，在1993年8月全国火炬计划实施一周年表彰活动中，进入全国10个先进开发区行列。

长沙开发区由城中区、岳麓山区两个产业群基地组成，总规划面积为31.6平方公里。区内企业486家，其中高新技术企业387家，开发高新技术项目576个，外资企业88家。1994年完成技、工、贸总收入13.27亿元，园区建设已完成基建投资8.1亿元，累计开工74万平方米，竣工44万平方米；已建成高新技术产业企业生产用标准厂房18万平方米，园内“八通一平”（上水、下水、电力、电信、供热、供气、道路、有线电视通，土地平整）基础设施完备，为高新技术企业的发展提供了良好的环境。

湖南省委书记王茂林（右二），在长沙市委书记秦光荣（左一）、长沙市副市长、长沙高新技术产业开发区办公室主任罗特（右三）陪同下察看诚成（湖南）彩印公司先进的制作系统和产品

荣获1993年全国规划设计二等奖的高级住宅区

配套的英才园生活小区

株洲高新技术开发区

开发区管委会地址：湖南省株洲市天台路
邮编：412007
电话：(0733)225454

株洲高新技术开发区鸟瞰

中共中央政治局委员、书记处书记、中纪委书记、全国总工会主席尉建行在株洲开发区视察高新技术产业开发情况

省委书记王茂林（左三）等省市领导视察株洲湘江防洪工程（河西段）

株洲市市长王汀明（左三）与开发区管委会主任何金棠（右二）等领导在建设工地现场办公

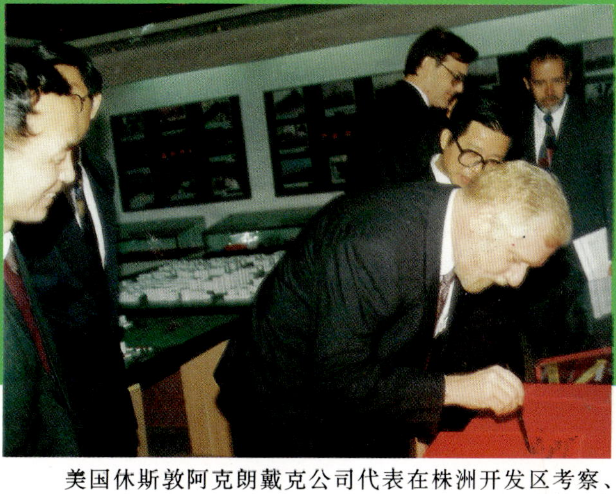

美国休斯敦阿克朗戴克公司代表在株洲开发区考察、洽谈投资。图为美国客商在开发区展览室签名

赵　凯　摄影

长沙市经济开发区

长沙市经济开发区区徽

国务院特区办主任胡平(左四)视察长沙市经济开发区

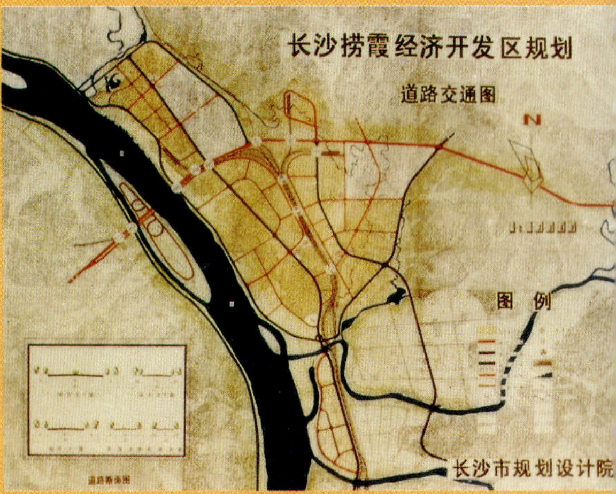

长沙市经济开发区规划图

正在兴建中的区域主干道金霞大道

西 部 地 区

广西壮族自治区

主　　　编：黄善保
副　主　编：苏西华　邱祖强
编写人员和
编 写 单 位：罗建奇　苏道深　吴　宁　夏孟秋
何邦强　周明钧　包祥盛　黄祖颜
广西玉林地区计委
广西平果铝业公司
广西柳州钢铁（集团）公司
广西南宁经济技术开发区
工 作 人 员：罗建奇

广西壮族自治区分目录

典型地区和典型企业

广西壮族自治区概况

面积：23.67万平方公里

人口：4493万人

行政区划：7个地区，7个地级市，9县级自治区

党委书记：赵富林

自治区八届人大常委会主任：赵富林

自治区人民政府主席：成克杰

自治区七届政协委员会主席：陈辉光

广西壮族自治区、国民经济主要指标

（单位：亿元）

项　　目	1994年	1994年比上年增长(%)
国内生产总值	1241.83	16.02
工农业总产值	1917.89	27.71
工业总产值	1380.68	36.65
重工业产值	702.45	36.97
轻工业产值	678.23	36.36
农业总产值	537.21	8.04
全社会固定资产投资	382.59	37.59
国有固定资产投资	193.97	14.53
社会商品零售总额	416.51	29.19
零售物价总指数(%)(以上年为100)	123.9	
职工工资总额	149.5	33.15

国民经济和社会发展

1994年是广西不平凡而又难忘之年，也是改革、发展、稳定之年。全区各族人民在自治区党委、自治区人民政府的领导下，认真贯彻中央制定的“抓住机遇、深化改革、扩大开放、促进发展、保持稳定”的方针，落实国家出台的一系列重大改革和宏观调控措施，积极推进改革，进一步扩大开放，战胜了百年不遇的洪涝灾害，使全区国民经济在大灾之年继续保持较快增长，各项社会事业全面、协调发展，城乡人民生活水平继续稳步提高。

一、国民经济在大灾之年仍保持较快增长

1994年6、7月间，广西连续两次遭受百年不遇的特大洪涝灾害的袭击，损失惨重。全区受灾市、县达85个，占全区市县总数的96.59%，受灾人口2753万人，占全区人口的一半多，其中重灾民640万人，特重灾民180万人。死亡477人，倒塌民房70万间；粮食作物受灾1841.3万亩，其中绝收811.5万亩，损失粮食50亿斤，一大批经济作物被毁；水利、

铁路、公路、桥梁、邮电等设施毁坏严重，还有一批工商企业被冲毁或水淹，据不完全统计，洪灾直接经济损失达362.6亿元。

在重灾面前、党中央、国务院给予了极大的关怀和支持，兄弟省市区也给予了大力的支援，全区人民在区党委、区人民政府正确领导下团结一心，奋起抗洪救灾，采取强有力的措施重建家园、发展生产、弥补洪灾造成的损失，取得了抗洪救灾的胜利，使国民经济能在大灾之年保持较快增长。全年全区国内生产总值1183亿元，比上年增长13%，高于全国1.2个百分点。

（一）农村经济在重灾之年仍保持稳定增长。

1994年，全区各族人民奋起抗灾，调整农村产业结构，大搞农业综合开发，基本稳住了农业大局，避免了大的滑坡，全年农业增加值334亿元，比上年增长3%，农村经济继续稳步增长。

主要农产品播种面积虽然增加，但由于受洪涝灾害影响，粮、油等主要农作物减产，全年粮食总产量1397.91万吨，比上年下降6.5%；油料35.88万吨，下降2.7%。主要经济作物获得不同程度增产。其中甘蔗2320.45万吨，增长0.7%；水果222.3万吨，增长20.6%；全年造林面积72.55万公顷，提前一年完成“八五”造林灭荒计划。猪牛羊肉总产量164.38万吨，增长23.8%。水产品产量76.16万吨，增长34.8%。

乡镇企业继续保持高速发展势头，增长幅度连续4年居全国首位。全年乡镇企业营业总收入1472.82亿元，增长100.2%；乡镇企业总产值为349.61亿元，增长94.5%；从业人员447.67万人，增长22.2%，占农村劳动力的23.1%；利税总额完成116.77亿元，增长84.8%。乡镇企业蓬勃发展，有力地促进了我区农村经济的发展。

（二）工业生产增长较快，经济效益有所好转

1994年，广西继续深化企业改革，加快企业经营机制转换，积极调整产业产品结构，狠抓扭亏增盈，克服了资金短缺、原材料价格上涨以及洪灾带来的重重困难，工业生产继续在快车道上运行。全区全部工业总产值完成1380.69亿元，比上年增长36.7%；全部工业增加值382亿元，比上年增长25.2%，高于全国7.2个百分点。其中，国有工业增加值183亿元，增长16.2%；集体工业增加值73亿元，增长35%；其它类型工业增加值126亿元，增长36%。

主要工业品产量增长较快。1994年生产钢材83.55万吨，增长14.2%；十种有色金属20.74万吨，增长28.9%；水泥1712万吨，增长20%；汽车7.16万辆，增长37.2%；平板玻璃215.62万箱，增长13.7%；机制纸及纸板73.66万吨，下降1.9%；化学纤维2.65万吨，增长40.7%，化肥（折纯）38.2万吨，下降8.1%；糖219.66万吨，下降6.5%，但产量仍稳居全国第一位。

工业经济效益有所好转，但部分企业经营困难，企业亏损面仍较大，亏损额增加。

（三）固定资产投资增势明显减缓，投资重点突出

全年全社会固定资产投资完成额382.59亿元，比上年增长37.6%，是建国以来年投资额最多的一年。其中，国有单位投资达193.97亿元，增长14.5%；集体单位投资39.85亿元，增长5.3%；城乡居民个人投资79.22亿元，增长118.7%。在国有单位投资中，基本建设投资126亿元，更新改造投资50.27亿元，分别比上年增长22.2%和6.3%，与上年增幅相比明显减缓，投资重点突出，用于能源、交通、邮电通讯业的投资占较大比重，达69.47亿元，占总投资的29.7%。

（四）外贸进出口持续增长，利用外资取得成效

1994年，广西进一步扩大对外开放，对外经贸、利用外资工作成效显著。全年进出口贸易总额24.6亿美元，比上年增长18.4%，其中出口总额16.02亿美元，增长20.9%；进口总额8.58亿美元，增长18.18%。“三资”企业出口总额2.14亿美元，增长47.6%。出口商品结构进一步改善，工业制成品出口11.71亿美元，占出口总额比重由上年的70.5%上升到73.1%，初级产品出口所占比重则下降到26.9%，比上年同期下降了3.4个百分点。利用外资方面，全年所签外商直接投资合同项目966个，协议外商直接投资金额15.05亿美元。实际利用外资10.47亿，比上年增长13.3%。到1994年底，广西实有“三资”企业4997家，其中独资企业954家，合资企业3211家，合作企业832家。

（五）财政收入增加，金融态势良好

1994年，按国家的部署实施了税制改革，进展较为顺利，全区财政收入继续保持一定增长，全年财政收入104.7亿元（含中央上划收入），按可比口径计算，比上年增长6.9%。但财政支出增幅也较大，全自治区财政困难仍未根本好转，财政形势还比较严竣。金融形势平稳，银行存贷款同步增长，贷款控制在规模之内。年内全区银行各项存款余额915.25亿元，比年初增加252.35亿元，增长38%，贷款余额835.53亿元，比年初增加170亿元，增长25.5%，

存大于贷79.72亿元。

(六)商业、饮食、服务行业空前活跃、市场繁荣

1994年,广西尽管两次遭受特大洪涝灾害的袭击,但市场商品仍较为充足,商品购销活跃,全区市场保持繁荣稳定。全年全社会消费品零售总额416.51亿元,比上年增长29.2%,扣除物价因素实际增长2.7%,低于全国5.1个百分点。其中城市社会消费品零售额完成185.68亿元,比上年增长27.9%;农村社会消费品零售额完成120.4亿元,增长32.2%。

生产资料市场购销趋淡。全区物资供销企业购进生产资料总额111.4亿元,比上年下降25.5%,销售总额134.5亿元,下降了11.7%。

(七)国际旅游业收入大幅度增加

全年接待国际旅游者43.81万人,虽比上年的人数下降15.60%,但全年国际旅游收入达10.27亿元,比上年同期增长1.04倍。

二、经济结构进一步调整

1994年,我区按照建立社会主义市场经济的要求,充分发挥我区的区位优势,加强宏观调控力度,使国民经济结构得到进一步调整,经济结构向合理化、优势化方面迈出可喜的一步。

1994年,全区国内生产总值1183亿元,比上年增长13%。其中第一、二、三产业增加值分别为334亿元、447亿元和401亿元,分别比上年增长3.0%、23.8%和11%。在国民生产总值中,第一、二、三产业的比重由上年的29.9∶36.0∶34.1转变为28.2∶37.8∶34.0。第一产业所占比重下降了1.7个百分点,第二产业所占比重上升1.8个百分点,产业结构得到进一步的优化。

在第一产业内部,农、林、牧、渔比重从上年的58∶9.2∶26.8∶6.0调整为52.9∶5.9∶34.4∶6.8,林、牧、渔在农业总产值中的比重由上年的42%提高到47.1%。农业内部在稳定种植业的同时,林、牧、渔业齐头并进,农业综合开发取得新的成绩,农村多种经营不断发展。

第二产业内部,1994年,重工业生产快于轻工业,轻工业增加值184.3亿元,比上年增长24.6%,重工业增加值为198.2亿元,比上年增长25.9%,轻工业在整个工业中的比重由上年的51%下降到48.3%,而重工业则由上年的49%上升为51.7%。

第三产业内部,在交通邮电、商业、饮食业、物资供销及仓储业、广告及金融保险业等传统产业继续壮大的同时,信息咨询、广告、房地产等也有较大发展。

三、基础设施建设成绩显著

1994年,广西围绕大西南出海通道的建设,继续加大能源、交通、邮电,城建等基础设施和基础产业投资力度,取得可喜的成绩,基础设施的不断加强和改善,有力地促进了我区国民经济的快速发展。

(一)交通运输、邮电通信

1994年,广西交通运输线路总长度11.28万公里。全年完成增加值77.3亿元(含仓储),比上年增长12.5%。交通货物周转量425.7亿吨公里,增长7.6%;交通旅客周转量186.8亿人公里,增长5.3%。全年完成邮电业务总量13.29亿元,增长69.7%;新增市话交换机容量32.6万门。全区邮电通信业开始步入全国中上水平行列。

铁路 1994年我区铁路通车里程已达2335.7公里,其中,中央铁路1854公里,地方铁路482公里。南(宁)昆(明)铁路广西境内(全长353.2公里)已通至那厘段(107公里);钦(州)北(海)铁路(全长98.4公里)将于1995年上半年全线通车。铁路年总运输能力4900多万吨;货物周转量337.3亿吨公里,比上年增长4.2%;旅客周转量117.7亿人公里,比上年增长6.2%。

公路 全区公路现有通车里程39550公里,其中一级公路48公里,二级汽车专用公路47公里,二级公路1027公里,三级公路2017公里。国道主干线南宁—北海、南宁—梧州、桂林—阳朔等二级公路已全线通车。柳州—桂林汽专一级公路(140公里),钦州—防城港高等级公路(98公里,其中,54公里为高速公路,44公里为汽专一级公路)建设进展顺利。一批重点公路新改建正在加紧进行,平果—百色、桂林—黄沙河、桂林—梧州、南宁—武鸣等二级公路、梧州—广东封开一级公路已全线开工,部分路段已建成投入使用。1994年,全区汽车保有量227769辆,比上年增长17.8%。货物周转量7亿吨公里,比上年增长1.1%,旅客周转量65.5亿人公里,比上年增长6.9%。

航空 我区现有桂林、南宁、北海、柳州、梧州5个机场,南宁、桂林两个机场可起降波音757等机型。投资14.03亿元的桂林两江国际机场建成后,可起降麦道—82型飞机;可起降波音757、麦道—82等机型的柳州白莲机场已于年内通过正式验收;梧州机场(起降波音737机型)已基本建成,可望1995年正式交付使用。北海机场扩建(按起降波音757机型设计)、南宁机场候机楼、停机坪扩建进展顺利。

1994 年，广西民航已开辟国内外航线 52 条，航线总长度 6.63 万公里，营业里程(重复里程)81285 公里，已形成以南宁、桂林为中心，以柳州、梧州、北海为支点，连结北京、上海、广州及华北、西南、华东、华南等大城市的国内航空网络。开通南宁—香港、南宁—河内、北海—香港、桂林—香港、桂林—日本福岗等国际直达航班。1994 年完成旅客发送量 113 万人次，比上年增长 6.6%，发送货邮量 5809 吨，比上年增长 32.4%。

水运 广西拥有西江、浔江、郁江、柳江、红水河等 20 多条重要航道及沿海航线。现有内河通航里程 4521 公里，有大小内河港口 106 个。

主要内河港口为南宁、梧州、贵港、柳州、桂平、百色港等 6 港，其中贵港、梧州港年吞吐能力在 200 万吨以上，贵港市港成为我国华南地区最大的内河港口。全区拥有北海、防城、钦州 3 个沿海港口，并已初具规模。北海港拥有 2 个万吨级泊位，年设计吞吐能力 109 万吨；防城港拥有 8 个万吨级泊位，年设计吞吐能力 491 万吨，目前在建 2 万吨散货、2.5 万吨集装箱泊位各一个；钦州港已建成 2 个万吨级泊位，年设计吞吐能力 90 万吨。目前辟有国内外航线 80 多条，与 80 多个国家和地区的 170 多个港口有贸易往来，1994 年水运货物周转量 74 亿吨公里，比上年增长 17.5%，7 个对外开放港口货物吞吐量 1389 万吨，比上年减少 0.3 个百分点，旅客周转量 2.9 亿人公里，比上年有所减少。

邮电通信 1994 年，我区继续加大对邮电通信业的投资力度，在 1993 年投资 12.5 亿元的基础上，1994 年投资 20 亿元，比上年增加 60%。已累计利用外资 2 亿美元。继续新建增加程控电话容量 32.6 万门，使程控电话交换机总容量达 92 万门，长话交换机总容量 5 万路端，电话用户 48.7 万户，移动电话 4.5 万户，市内电话机数 56.27 万部。新建南宁—长沙、南宁—昆明等国家一级光缆干线和一批区内二级传输干线，新增光缆干线 2000 公里。长途线路 4.16 万条，比上年增长 80.2%，基本形成了以首府南宁为中心，辐射全广西城乡，联结全国，沟通世界的通讯网络。1994 年全区邮路总长度 16.32 万公里，其中农村投递线路总长度 11.18 万公里。邮电业务总量 13.29 亿元，比上年增长 69.7%。

(二)能源设施建设

我区按照"以水电为主，水火电结合"的方针，积极开发调节技能好的大中型水电站，相应发展大型火电，加强输配电网建设，1994 年，能源工业投资比上年增长 83.2%，达 30.47 亿元，使我区电力工业迈上新台阶，年内全部或部分建成投产的能源项目有岩滩水电站 3 号机组，天生桥一级水电站 3 号机组，昭平水电站 1、2 号机组，柳州火电厂 1 号机组，盘县火电厂 1、2 号机组等。到 1994 年底，我区发电机装机容量为 501.36 万千瓦(不含盘县合资经营的 40 万千瓦)，比上年新增 64.1 万千瓦，增幅 12.8%，其中水电 307.36 万千瓦，新增 40.33 万千瓦，增长 13.12%；火电 194 万千瓦，新增 23.77 万千瓦，增长 14.12%。年总发电量 186.69 亿千瓦时，比上年增长 7%，其中水电 115.3 亿千瓦时，增长 14.4%，火电 71.4 亿千瓦时，减少 3.1%，人均发电量为 408.4 千瓦时。加强输电网络建设，已基本形成了以大化、岩滩、合山、来宾、西津等主力电厂构成的主环和由此向外延伸的多环网络，拥有 35 千伏以上输电线路 20054 公里，基本覆盖了全广西各地市县。此外，广西电网通过 500 千伏天广线、天贵线和 220 千伏鲁天线实现了云贵、两广 4 省联网，形成西电东送格局。

(三)城市基础设施

1994 年，全区城市道路总长 2099 公里，其中高级、次高级 1694 公里。城市桥梁数 242 座，新增 11 座。标准运营车(标台)1085 辆，各类出租汽车 3600 辆，运营线路总长 2167 公里，客运总量 29730 万人次。每万人拥有公共车辆 3.3 辆(标台)。

供水管道，比上年增加 200 公里，城市综合供水能力 545.4 万吨/日，年供水总量 157112 万吨，其中生产用水 105131 万吨，生活用水 44159 万吨；用水人口 374.3 万人，比上年增加 31.6 万人，其中非农业用水人口 318.8 万人，人均生活用水量 323.2 升。自来水普及率达 97.3%。

排水管道 1704 公里，比上年增加 91 公里，排水管道密度 4.1 公里/平方公里，污水年排放量125690 万吨，比上年增加 2460 万吨，污水日处理能力 46.5 万吨，处理率 14.4%。垃圾粪便无害处理率 27.9%。

全区城市绿化覆盖面积 16891 万公顷，比上年新增 409 公顷；园林绿地面积 14222 公顷，新增 372 公顷；新增公园 4 个，使全区公园数达 49 个，面积 1397公顷，全年游人量 2145 万人次；公共绿地面积 1500 公顷，新增 127 公顷，人均公共绿地面积 4.6 平方米，绿化覆盖率 21.7%。

四、各项社会事业协调发展

1994 年，广西国民经济持续快速发展的同时，各项社会事业得到稳定、协调发展。

科学技术研究成果显著。全区共取得省部级以上登记的科技成果363项，其中属于国际先进4项、国内首创14项、国内先进175项；获自治区科技进步奖212项；授权专利631项，全年共签订各类技术合同924项，成交金额达13543万元，主要重大科技有：蚕桑夏秋用新品种“两广二号”选配及应用；禽巴氏杆菌B26-T1200弱毒菌的研究；36.00—51—58PR巨形无内胎工程机械轮胎研制等。科技队伍不断扩大、年末国有企事业单位共有专业技术人员67.98万人，比上年末增加1.86万人。

各级各类教育继续发展。按照社会需求，对高等学校的学科设置进行了调整。全年招收研究生285人，比上年增长14.9%，普通高校招生19303人，比上年减少1.1%；各类中专招生3.4万人，中等职业技术教育和普及九年制义务教育工作顺利推进，成人教育广泛开展。“希望工程”取得成效，小学学龄儿童入学率达98.2%，小学生巩固率达97.6%。

文化事业持续发展。年末共有艺术表演团体119个，图书馆99个，文化馆96个，博物馆35个，电影放映单位3967个，共放映60.25万场，观众达1.46亿人次，生产电影故事片7部，拥有广播电视台17座，广播电台20座。全年出版报纸27047万份，各类杂志4189万册，各种图书2.3亿册。

医疗卫生条件不断改善。年末全区共拥有病床7.74万张，比上年增加1万张，增长14.8%，专业卫生技术人员11.34万人，比上年增长2.4%，其中医生5.19万人(含中西医师)，护师、护士3.48万人。

体育事业再创佳绩。广西运动员在国际比赛中大显身手，共获得金牌32枚、银铜16牌枚。全区共有3人次创亚洲纪录，5人次打破全国纪录，在国内重大比赛中共夺得金银铜牌99枚。

人民生活水平进一步提高。全年城镇居民人均生活费收入3560元，扣除价格因素实际增长8.2%；农民人均纯收入首次突破千元大关，达1107元，扣除价格因素实际增长3.6%。全年城镇新建竣工住宅面积897万平方米，农村新建竣工面积3305万平方米，分别比上年增长12.5%和1.7倍。年末全区总人口4493万人，自然增长率为12.2‰，低于控制目标1.8个千分点。

五、扶贫工作取得新进展

1994年，我区继续坚持开发式的扶贫方针，改变原来以“输血”为主的扶贫方式，换之以“造血”为主，以市场为导向，把主要精力集中解决贫困地区群众温饱问题，成绩显著。全区49个贫困县工农业总产值326亿元，比上年增长32%，农民人均纯收入720元，比上年增加147元，财政总收入26.67亿元，比上年增长39%。57万人跨越温饱线，有36万人、21万头牲畜解决了饮水困难。修建四级公路357条，6711公里；机耕路223条，2000多公里；水库除险29座；防洪堤修复8处443公里，恢复灌溉面积9.1万亩。世界银行西南扶贫项目通过了世行专家团的评估。继续搞好贫困地区农民实用技术和干部培训工作，全年共培训各类人员15万人次。

(夏孟秋　撰稿)

经济体制改革和对外开放

1994年，广西充分发挥沿海、沿江、沿边的区位优势，把握建设西南出海通道的这一机遇，进一步加快了改革和开放步伐，取得较好的成果。

一、经济体制改革取得重大突破

1994年，是广西各种改革措施出台较多的一年，在贯彻落实《中共中央关于建立社会主义市场经济体制若干问题的决定》中，把更多的精力集中到加快改革上来，真抓实干，使各个领域的改革都迈出了新的步伐。

（一）宏观管理体制改革取得重大进展

按照中央统一部署，广西从1994年1月1日起开始实行分税制财政管理体制改革，主要内容，一是在中央对我区实行分税制财政体制的基础上，结合我区实际情况，合理划分我区各级的事权和相应的支出范围；二是根据事权与财权相一致和分级管理的原则，按照税种划分区本级与地、市、县的固定收入和共享收入；三是核定各级财政的收支数额，实行比较规范的区本级财政对地市、地市对县的税收返还和转移支付制度。与分税制相适应，我区完成了国税局和地税局的分设组选工作，并建立了分级预算制度。与财政体制改革相配套，工商税制进行了以建立增值税为主体的流转税制改革。从新的财税体制形成一年来的执行情况看，转轨顺利，新体制运行正常，理顺和规范了财政分配关系，强化了财政的宏观调控能力，并对广西财政状况产生积极影响，1994年，广西财政收入（含中央上划收入）比上年同期增长6.9%。

在金融体制改革方面，一是组建广西农业发展银行；二是南宁市作为全国35个首批设立城市合作银行的城市，正在筹建城市合作银行；三是广西城市信用合作社和信托投资机构推行了资产负债比例管理；四是进行外汇管理体制改革，强化了外汇资源分配上的市场调节功能，放宽了企业用汇条件，公平竞争，外汇市场价格平稳，汇率稳中有升。

（二）股份制企业试点稳步推进

广西股份制企业试点工作从1992年上半年开始，到1994年，共注册登记股份制企业502家，股本金总额121亿元，其中有限责任公司353家，股本金总额7.7亿元，股份有限公司149家，股本金总额113亿多元。为了加强对定向募集股份公司内部股权证的管理，广西先后在南宁、北海、柳州、桂林、梧州和玉林等6个中心城市建立股权托管中心，1994年，已有99家股份公司的股权进行了集中托管，托管股权证金额18.98亿元，代理分红派息金额1.5亿元。

（三）企业产权制度改革有了良好的开端

1994年，广西确定贺县、岑溪、玉林、钦州、宁明、百色、宜州、南丹、兴安、全州、荔浦、合山等12个县（市）作为产权制度改革试点，在小型国有企业、城镇集体企业、乡镇企业中开展以“改（改组为股份合作制企业）、租（国有民营、公有私营）、并（兼并、合并）、卖（产权出售、拍卖）”为主要内容的企业产权制度改革试点工作，初步显示了积极作用：明晰了企业产权，促进了企业经营机制的转换；强化了企业经营者和职工的责任感，调动了他们积极性，拓宽了企业筹集资金的渠道，盘活了企业的存量资产。

（四）流通体制改革进一步深化

广西在农业生产资料流通方面建立了自治区和县（市）两级调控储备制度。实行一个主渠道（农资公司经营）和两个辅渠道（县及县以下农业“三站”和生产企业自销）；流通环节改为一级批发（自治区农资公司批发），一级零售（县农资公司与基层供销社批零结合、推行代理制）；规范了作价方法。

原油、成品油流通体制改革，理顺了石油销售渠道，稳定了成品油市场价格，规范了市场行为，保证了流通渠道的畅通，保护了消费者的利益。

粮食购销体制改革主要是建立粮食储备调节体系，确保国家掌握必要的粮源；粮食部门实行政策性业务和商业性经营两条线运行机制，掌握批发放活零售，保证口粮供应，平抑粮价。

外贸体制改革，主要是对外贸企业取消了指令性计划和上缴外汇任务，各级外贸企业的财务直接对各级财税部门，实行了统一的企业所得税，出口100％中央退税，外贸企业已经由国家计划的执行者变成进出口商品的经营者。

供销社改革坚持由“官办”改为“民办”，以农为本，联合农户，综合服务，与农共兴。1994年，广西在18个县的110个基层社、18个县社所属公司中展开试点工作，试点单位把农民入股、扩股作为突破口，逐步恢复民办机制。

（五）市场体系逐步建立和完善

1994年，广西区政府连续发了《关于培育和发展市场体系的通知》、《印发广西壮族自治区培育和发展市场体系规划（1994～2000年）纲要的通知》两个文件。各地市、县相继制定了市场建设规划和政策措施，并积极组织实施。1994年，广西新建、改建市场137个，面积约70万平方米，从而使全区集贸市场已达到2721个，市场总面积638.87万平方米。生产资料市场84个；生产要素市场稳步发展，其中，金融市场11个，劳动力市场23个，技术贸易机构100多个，房地产交易所56个；同时，开通了全国经济电讯网，形成了市场信息服务网络。

（六）劳动工资制度和社会保险制度改革继续推进

1994年，广西劳动部门确定柳州市、梧州市为劳动体制区域综合配套改革试点城市。到1994年年底，广西实行劳动用工制度改革的合同制职工共有63.9万人，其中实行全员劳动合同制的职工有12.3万人，实行合同化管理的职工有8.6万人。在广西实行工效挂钩的企业2718个，职工119万人；有50个企业实行了岗位技能工资，职工11万人。

广西国有企业职工的养老保险已基本上实现了地、市级统筹。大部分集体企业也开展了养老保险统筹；医疗保险制度改革取得新的进展，平南和全州两个县已实行了社会统筹与个人帐户相结合的医疗保险办法。

（七）住房制度和土地使用制度改革取得进展

1994年，广西住房制度改革全面推进。住房租金普遍由每平方米0.1元左右提高到0.45元左右，并相应给予了住房补贴；此外，一部分市、县推行了新房新租和租赁保证金办法，广西共归集租赁保证金4052万元，新增租金849万元。在售房方面，大多数地区采取以标准价出售公有住房使之获得部分产权的办法。全区已出售和预售公有住房43.12万套，共计2382.15万平方米，归集房款20.94亿元。目前，全区已成立“住房资金管理中心”64个，银行信贷部181个。全区已利用房改资金建设住房283.58万平方米。

1994年，广西在土地使用制度改革方面主要做以下工作：一是强化土地的集中管理，按“五统一”的精神，做到一个部门管地、政府“一支笔”审批；二是加大国有土地出让比例，规范出让方式；三是成立地价评估机构，开展地价评估业务；四是开展农田保护区划定工作；五是成立自治区编制土地利用总体规划工作领导小组，进行土地使用总体规划编制工作；六是清理整顿土地隐形市场；七是农村在年底前完成土地证发放工作。

（八）科技体制改革全面推进

首先，继续实行“稳住一头，放开一片，引进一批”的方针，增加研究投入，稳住基础研究队伍；加快科技组织结构调整和人才分流，与中科院挂钩，引进大批人才。其次，放开全民科研院所，大力发展民营科技型企业，发挥两支队伍作用；再次，抓好三个综合配套改革，一是科研院所配套改革，在22个院所组织实施；二是城市、农村科技体制综合配套改革，实行科技兴市、兴县、兴乡（镇）、兴村；三是，构建市场、金融、科技服务和科技宏观调控等四大支撑体系，已起草《技术市场管理条例》、《民营科技型企业管理条例》、《科技成果管理条件》等规章草案。

（九）县级综合改革继续深化

1994年，广西县级综合改革在22个试点县（市）继续进行。在各项改革全面推进的基础上，主要抓三方面工作，一是大力发展农村股份合作制试点；二是开展“以延长土地承包期30年”和“增人不增地、减人不减地”为主要内容的土地延包试点；三是创办“农民城”，加快小城镇建设。玉林地区的试验方案已被农业部农村改革试验区办公室列为重点试点项目。

二、政府机构改革试点工作全面展开

1994年，广西区党委和区人民政府认真贯彻中共中央中发[1993]7号文件和全国机构改革工作会议精神，为理顺关系、调整结构、精简部门内设机构和人员，制定出符合广西实际的机构改革方案。9月，党中央、国务院批准了《广西壮族自治区党政机构改革方案》，为推进广西各级机构改革争取了主动。

1．深入调查研究，研究制定机构改革方案。对专业经济主管部门、宏观管理和经济运行监督部门进行重点调查；对职能交叉的部门进行职能分解；调查和掌握市县生产力的发展状况与差异程度，力图使机构改革方案符合中央精神，适应社会主义市场经济运行机制，体现广西的实际情况，在掌握情况的基础上，反复修改方案，测算下一步机构设置、职能、人员编制的核定工作。

2. 根据广西的实际，制定自治区各级党政机构改革和事业单位机构改革的实施意见。形成了《广西壮族自治区直属机关机构改革实施意见》、《广西壮族自治区市、地、县、乡党政机构改革实施意见》、《广西壮族自治区事业单位改革的若干意见》。

3. 机构改革试点全面展开。1994 年 6 月，北海市党政机构改革工作进展顺利，机构设置比改革前减少 28.17%，机关人员精减 20.25%。自治区还选龙胜、平南、田阳 3 个县作为机构改革试点县，自治区审计署、统计局、环保局为区直属机关试点单位。上述单位已经开始动作，实现了政企、政事分开，转变了职能、理顺了关系，精简了人员，提高了办事效率。为广西 1995 年全面推进各级党政机构改革和事业单位机构改革创造了条件。

三、横向经济联合与协作取得较好成绩

1994 年广西积极推进区域经济联合，加强对口支援和区内协作，取得新的进展，全年签订经济技术协作项目合同(协议)1797 项，年内实施和完成的项目 2097 项(其中结转项目 1218 项)，执行项目引进资金 27.89 亿元，其中从外省市引进资金 15.29 亿元。按已实施取得效益的项目统计，实现产值 54.46 亿元，实现税利 6.12 亿元；商品物资协作资金总额 100 多亿元。

(一)沿海地区取得较好的成效

1994 年，沿海地区的北海、钦州、防城港 3 市共实施协作项目 464 项，引进区外资金 9.63 亿元，分别占全自治区实施项目数和引进区外资金额的 22%和 63%。钦州市新签订项目 42 项，注册资金 1.08 亿元；防城港市新增内联企业 326 家，注册资金 6.7 亿元；北海市全年新增内联企业 432 家，注册 10.2 亿元。

(二)围绕共建出海大通道，区域经济联合继续加强

广西进一步落实西南五省七方协调会第十次会议的各项决议，与西南各方实施联合协作项目 170 项。经过各方的共同努力，南昆铁路加快了建设进度；广西与贵州合资兴建的盘县 2×20 万千瓦的火电站已建成投产；贵州盘县至广西百色的盘百公路广西境内已经贯通；攀钢集团在北海工业区兴建的特种铁合金厂和钢管厂已经建成投产；北海四川国际招商中心与北海市工商局联合投资兴建的大型进出口商贸基地首期工程已完工交付使用。

广西与中南协作区各省的联合协作进一步巩固和发展，1994 年实施联合协作项目 361 项，从各省引进资金 3.78 亿元。

(三)对口支援进一步加强

1994 年，是江苏对口支援广西的第十五个年头，年内共实施对口支援与协作项目 101 项，新增加产值 2.47 亿元，新增税利 1.79 亿元。在江苏南京 714 厂的帮助下，南宁市无线电三厂联牌生产“熊猫牌”彩电、黑白电视机 9 万台、产值超亿元；宜州市与扬州市联办的 120 台缫丝机 2400 绪的缫丝厂 1994 年 6 月正式投产。

(四)商品物资交易十分活跃

1994 年，广西各级经协部门充分利用各种形式的商贸会，积极为企业的商品物资交流服务，由广西区经协办会同有关单位举办的“’94 中越边境技术经济贸易促交会”和“中国名优工业产品赴越南展示暨投资合作座谈会”，江苏省苏州、无锡、常州、南通、扬州 5 市’94 百家工业企业产品展销会，为企业利用沿海通边，走向国际市场提供了经济交流机会。经协部门组织企业参加“’94 广西国际民歌节暨经贸科技交易会”，仅柳州市贸易成交额达 22.24 亿元人民币，取得较好的成效。

四、对外开放步伐加快

1994 年，广西对外开放区域面积已达 2 万多平方公里，开放领域和范围不断扩大，开放程度迅速提高，初步形成了以“南(南宁)、北(北海)、钦(钦州)、防(防城港市)”环钦州湾地区为依托，沿海、沿边、沿江向内地推进的全方位大开放的格局，并呈现出沿海向内地推进的良好态势。

(一)外经外贸迅猛发展

1994 年，广西审批外商投资项目和境外贷款项目共 1196 项，合同总金额 38.2 亿美元；合同外资额 19.23 亿美元。实际利用外资 10.47 亿美元，比上年增长 13.3%。其中境外贷款 30 项，比上年增长 66.67%；合同金额 3.56 亿美元，比上年增长 52%；实际已进入资金 2.09 亿美元，比上年增长 98.24%。投资的外商来自 31 个国家和地区，香港地区投资有 632 项；台湾省投资 98 项；美国 54 项，其它还有澳门、日本、泰国、加拿大、南朝鲜、法国等国家和地区。外商投资第一产业 23 户；第二产业 659

户;第三产业 319 户。

外贸进出口总额保持增长。1994 年完成进出口贸易总额 24.6 亿美元,比上年增长 18.4%,其中:出口总额 16.02 亿美元,增长 20.90%,进口总额 8.58 亿美元,增长 18.18%。“三资”企业出口总额 2.14 亿美元,增长 47.6%,出口商品结构发生新的变化,工业制成品出口 11.71 亿美元,占出口总额比重由上年的 70.5%提高 73.1%,初级产品出口所占比重由同一时期的 29%下降为 26.9%。全年接待国际旅游人数 43.81 万人次,收入达 10.27 亿元,比上年增长 1 倍。

(二)外商投资企业生产经营状况好转

1994 年,广西外商投资企业生产经营取得较好的效益:①全区到 1994 年止,已开业经营和投产的“三资”企业共 1862 家(其中:合资 1211 家、合作 313 家、独资 338 家),当年开业的有 643 家,比上年增长 2.83%;正常经营生产的企业 1339 家,企业亏损面为 24.87%,比上年降低了 4.58 个百分点;②“三资”企业总产值 75.9 亿元,比上年增长 37.99%;销售(经营)收入 63.39 亿元,比上年增长 28.93%,出口收入 2.14 亿美元,比上年增长 46.60%;③“三资”企业共盈利 8.22 亿元,盈亏相抵还盈利 3.7 亿元,比上年增长 25.69%;④上交税额增大,全自治区涉外税 4.7 亿元,其中外商投资企业税收 3.9 亿,分别比上年增长 154.05%和 129.41%。

(三)国际经济技术合作力度加大

1994 年,广西大力发展外向型经济,进行国际经济技术合作项目 89 项;合同额 8554 万美元,营业额 11416 万美元,外派劳务人员 1370 人次,分别与越南、泰国、柬埔寨、美国、新加坡、香港、澳门、巴基斯坦、孟加拉、日本等 16 个国家和地区进行合作。

(四)对越边贸正常成交

1994 年,广西对越南进行边贸成交总额 26.4 亿元人民币。其中出口 12.7 亿元,比上年增长 12.3%;进口 13.6 亿元,比上年下降 9.6%。

1994 年自治区边贸出口的主要商品及交易额较往年无明显起落,但大多数边贸主要传统出口商品的出口额有小幅度下降,建筑陶瓷、机电产品(主要是汽车、推土机等)的出口量增加,已成为广西边境贸易出口的新主导商品。

(五)改善软环境,提高办事效率

1994 年,广西鼓励外商投资,坚决执行国家和自治区颁发的各项政策和规定,新税制和有关外商投资的新规定出台后,自治区税务局很快编印手册、汇编材料散发;自治区外经贸委、工商管理局印发了项目审批和注册的程序及具备的材料要求等说明。缩短外商投资项目的审批和注册登记的时间;各地方每季度召开一次投资外商座谈会,听取外方意见,及时解决企业的问题;还成立了自治区和各地市外商投资服务(咨询)中心,一些地市成立了“三资”企业管理部门,加强了管理服务。

凭祥、东兴等边境地区市镇实行如下优惠政策:①鼓励发展加工贸易和创汇农业,免征其进出口关税和产品税(或增值税);②允许毗邻国家投资商在其投资总额内用生产资料或其他物资、器材等实物作为投资资本,减半征收进口关税和统一工商税;③允许在具备条件的市(县、镇)兴办边境经济合作区,举办出口加工企业和相应的第三产业,免征进口关税和产品税(或增值税);④边境经济合作区内联企业和外商投资企业在毗邻国家易货所得,允许自行销售,进口时减半征收关锐和工商统一税。

(苏道深 撰稿)

典型地区和典型企业

桂东南的一颗明珠——广西玉林地区

素有“岭南都市”之称的玉林地区，改革开放16年来，尤其是在邓小平同志南巡讲话和党的十四大精神指引下，以经济建设为中心，坚持改革开放，抓住机遇，真抓实干，全地区的国民经济获得了高速高效的发展，成为引人瞩目的一颗耀眼的桂东南明珠。

一、玉林地区地理优越，资源丰富

玉林地区现辖4市4县，总面积为2.34万平方公里，总人口947.26万人，是广西经济和社会事业最发达的地区。

1.得天独厚的地理和自然资源优势。玉林地区位于广西东南部，东连梧州，南与广东接壤，西南邻广西“金三角”钦州湾、北海市；西邻南宁地区，北邻柳州地区，历史上与珠江三角洲有着密切的经济交流。现在乘汽车、轮船当天可直达广州、深圳、港澳。是沿海发达地区与大西南内陆地区的中间过渡地带，是大西南出海的便捷通道之一，对沿海和内陆都有较强的经济吸纳能力。

玉林地区属典型的南亚热带季风气候，年平均气温22℃，年平均降雨量为1650毫米，年日照时数1706～1874小时，平均年无霜期340天，是全国少有的光能资源高值区和发展亚热带、热带作物不可多得的黄金宝地，历来是广西粮食、蔗糖、畜禽、水果的主要产区，也是广西农副土特产品出口基地。

矿藏储量丰富，已探明的有锰、铝、锡、金银、铜、铁、锑和萤石等39种，尤以有色金属矿藏量较大，品位高，易开发，其中贵港市三水铝储量居全国首位，国家计委1993年已批复作为工业性试验项目进行开发。

土地资源丰富：有林果地1759万亩，耕地594万亩，牧草地281万亩，石山地33万亩，水面130万亩，水资源有150多条江河纵横，年均经流量234亿立方米，水能资源蕴藏量177万千瓦。这些资源有待进一步开发利用。

2.交通、电讯方便、电力充足。连接全国铁路网的黎湛铁路复线正在兴建，玉梧铁路正在动工。已列入规划的玉林和桂平机场正在筹建。境内公路总长4000多公里，通往北海市的玉林至公馆二级汽车专用道路正在加紧施工。西江流经北部3县市，可通航千吨级轮船，直达广州、深圳和港澳。平南武林港、桂平港、贵港市等3个港口，年吞量为1200万吨。贵港市口岸是国家一级口岸，现设有海关、商检、卫检、港监、保险等业务和管理机构，是大西南商品出口东南亚的交通枢纽。

通讯方便，全地区各县市均开通了程控电话、移动电话和寻呼机，并有部分乡镇开通了程控电话，程控电话可拨通世界190多个国家和地区的1000多个城市。

电力供给比较充足，已形成了复盖全地区、较完整的35千伏至220千伏的输电网络。现全地区主电网供电量达13.6亿千瓦时，还有地方小水电、小火电量5.18亿千瓦时。

3.旅游资源别具特色。全地区风景名胜众多，有桂平金田太平天国起义旧址，有毛主席当年题词的“大藤峡”风景区，有誉为“天南杰构”的容县真武阁，有称为“南国匡庐”的佛教圣地桂平西山，有宋仁宗亲书“景祐禅寺”的贵港“南山寺”，还有“北流勾漏洞”、玉林“龙泉洞”、“水月岩”、陆川龙岩、谢鲁山庄等。

二、解放思想、转变观念，以经济建设为中心，整体经济实力雄厚。

玉林地区改革开放10多年来，坚持以经济建设为中心，真抓实干，促进了国民经济高速高效发展。1994年全地区国内生产总值261.76亿元，占广西22.1%，比上年增长30.44%，地方财政收入14.10亿元，占广西22.96%，是1980年的9倍，农民人均纯收入1339元，高于广西平均数232元，比上年增长29.75%，在14项主要可比经济总量指标中，国民生产总值、国民收入、工农业总产值、工业总产值、农业总值、乡镇企业营业总收入、社会销费品零售总额、社会总产值、粮食总产量等9项居广西地市的首位。

1. 工业门类齐全、高速发展。

玉林地区现已建有建材、糖、纸、机电、食品、五金、制药、纺织、陶瓷、化工、矿冶等十大工业体系。1994年全地区工业总产值312.46亿元。目前有机电企业100多家,其中玉柴股份有限公司是全国机电行业首家中外合资股份制企业,1994年销售收入超10亿元,税利3.8亿元,成为全国柴油机行业的排头兵。有建材企业100多家,主要产品有水泥、瓷砖、防潮砖、花岗岩板材、水暖器材等,水泥生产能力年达1000万吨,建筑陶瓷500万立方米。有糖厂8家、造纸厂9家,年产白砂糖30万吨,纸12万吨;其中广西贵糖股份有限公司是全国最大的机制糖企业,曾获全国企业管理最高奖"金马奖",该企业年产值超5亿元,税利近亿元,年出口白砂糖6万吨。有食品厂300多家,著名的有广西黑五类食品企业集团公司。有五金企业100多家,自行车年产量超100万辆。有制药企业20家,主要名牌产品有正骨水、云香精、草丸、肤阴洁、湿毒清等,著名的企业有广西玉林药业股份有限公司和广西源安堂制药厂。

2. 充分发挥自然资源优势,大力调整农村产业结构,稳定粮食生产,促进林、牧、渔业全面发展。1994年全地区的农业总产值达151.18亿元。玉林地区不仅土地肥沃,物产丰富,而且农民农业技术好,水平比较高,经过几十年的努力,现在已形成了粮食、糖蔗、林果、畜禽、烟草、茶叶、冬菜等七大生产基地。该地区是全国粮食生产基地,年产粮250万吨,居广西地市首位,占广西粮食总产量约五分之一,曾两次获国务院嘉奖。该地区又是全国重要的糖蔗生产基地,甘蔗种植面积为80万亩,总产量约300万吨。同时也是广西畜禽生产基地,生猪占广西的22%,牛占50%。家禽占23%。烤烟占40%。现有水果地177万亩,水果总产超3亿公斤。

3. 乡镇企业实现了跨越式大发展,成为地区国民经济的重要支柱。全地区乡镇企业1994年总收入达526.78亿元,创税利20.9亿元,均占广西地市之首。在全国驰名的企业有广西黑五类集团股份公司、广西喷施宝股份公司、广西平南桂安实业公司、广西源安堂制药厂、广西星云保健制品厂,广西玉林地区水泥集团等。分别获国家、自治区奖的产品有"黑芝麻糊"系列产品,"桂花牌"卫生洁具,植物生长素"喷施宝",卫生药物"肤阴洁"和"星云牌"东方魔裤等。

4. 进出口贸易和"三资"企业发展迅速。玉林地区1980年就经国务院经贸部批准列为广西唯一的综合商品出口生产基地。1993年全地区外贸收购出口87543万元,比上年增长27%。现办有上规模的出口基地猪场32个,三黄鸡场21个,果场100个,竹芒编厂50家,出口基地工业企业27家。主要出口的产品有优质米、糖、纸、罐头、陶瓷、水泥、烟花炮竹、生猪、活鸡、竹芒编等。几年来,出口的活猪占广西的60%,三黄鸡占75%,优质米占61%,白砂糖占63%,罐头占25%,纸张、烟花炮竹、水泥、瓷器出口均占50%以上。

几年来,玉林地区利用外资也取得可喜的成绩。1994年累计共办有"三资"企业1018家,约占广西的三分之一,实际利用外资2.83亿美元,约占广西16.7%。

5. 大力培育和发展专业市场,加速商品流通。玉林地区自古以来是重要的商品集散地,商品生产和商品流通十分发达,商贾云集,商贸兴隆。农村土特产品专业批发市场1994年累计有413个,形成了地、县(市)、乡镇、村四级商品市场网络。1994年集市贸易成交额达53.9亿元。另外,各县市已兴建了一批上规模、上档次、上水平的商品综合市场或专业批发市场。其中年成交额超亿元的市场有玉林市龙船成衣市场、中药材市场、城中五金市场、容县容州市场、贵港市北门市场。成交额达5000万元到1亿元的市场有10个。生产资料市场也得到迅速发展,目前已有煤炭、木材、钢材、机动车辆等集中交易的生产资料市场10个。市场的拓宽,带动了各行各业发展,调动了农民的生产积极性。玉林市中药材市场为国家十大中药材市场之一;1993年列为国家第四大的玉林市成衣专业市场网络形成后,由原来依托的一个专业村发展到13个成衣加工专业村,18个小百货针织专业村,而且带动了为市场配套服务的运输、饮食、旅游等行业迅速发展,全市约20万人投入成衣加工、销售、服务工作。容县猪苗市场网络形成后,全县4000多人从事猪苗运销,而且带动了饲料加工、兽药生产销售,运输等行业的发展。

三、本世纪末经济发展战略目标

到2000年,国内生产总值要突破500亿元,年均递增20%以上;工业总产值达550亿元,年均增长20%以上;农业总产值超200亿元,年均增长12%以上;乡镇企业总收入登上1500亿元台阶,年均递增25%以上;农民人均纯入超2000元,年均增长11%以上。

(广西玉林地区计委　撰稿)

一块方兴未艾的开发宝地——广西防城港市

一、基本概况

广西防城港市是1993年5月23日经国务院批准设立的地级市，它位于祖国的西南端，南临北部湾，北连南宁市，西邻越南，东接钦州市，是全国新兴的沿海开放港口城市。目前，该市辖港口区、防城区、东兴经济开发区和上思县，总面积6300多平方公里，总人口72.87万人，是个多民族聚居的地区和广西第二侨乡；拥有大陆海岸线584公里，陆地边境线233公里，有防城港、东兴、滩散、垌中、企沙、白沙万、仙人湾、白龙等国家级水陆对外通商口岸，是一块沿海、沿边、沿线的"小而肥"的聚宝地。

防城港市作为连结大西南和东南亚的前沿阵地和桥头堡，作为大西南出海大通道重要门户，具有得天独厚的四大优势：

1. 区位优势。防城港市是集沿海、沿边、沿线"三位一体"的海滨港口城市。它濒临北部湾，背靠大西南，面向东南亚，与越南山水相连。海上航线可达80多个国家和地区；陆地边境线有1个区、5个乡镇与越南相邻，发展边境贸易条件优越。南防铁路直通港口码头，公路交通四通八达，水陆运输十分便捷。正在修筑的南宁至防城港高速公路以及南昆铁路建成后，大西南货物经南昆线从防城港出海，分别比绕道湛江、广州出海缩短运距700至1200多公里，防城港市将成为整个大西南出海大通道最现实的门户。

2. 港口优势。防城港是广西目前最大的海港，华南第三大港，被交通部列为全国19个枢纽港之一，也是全国八大深水港之一。目前防城港有泊位18个，其中万吨级泊位8个，年吞吐量能力631万吨。防城港现已建成粮食、石油转口和化肥、水泥、矿石、化工等外贸出口基地，成为全国四大散装水泥出口基地、十大接粮港口之一，而且开通了4条国际集装箱班轮航线和国际集装箱海(路)铁(路)联运专列。防城港开发利用的前景十分广阔，根据中外专家论证，防城港可建设115个万吨级至10万吨级的深水泊位，完全有条件建设成为国际性贸易的深水大港。

3. 资源优势。防城港市不仅拥有一片海，盛产珍珠、对虾、石斑鱼、泥蚶等名贵海产品，而且十万大山横贯其中，拥有2万多公顷的森林资源，蕴藏着丰富的煤炭、矿产、建材、水电等资源，盛产玉桂、八角、金花茶等名优土特产品，还有广西第二大渔港即企沙渔港和广西第一大半岛，省级旅游开发区江山半岛海滨风景旅游区、长达13公里的万尾金滩、别具一格的京族三岛民情风俗区等旅游景点。

4. 政策优势。防城港市作为全国和广西进一步对外开放和重点建设的重点区域，享有沿海开放城市、沿海经济开放地区、边境开放城镇、边境经济合作区和民族区域自治地区等一系列优惠政策。最近，与全国新税制和汇率并轨等新改革政策相衔接，防城港市又新出台了一系列鼓励外商投资开发建设的优惠政策及配套措施，在实际运作上，对内对外的政策环境将相对优越和宽松。

二、开发发展情况

90年代以来，特别是防城港建市以来，防城港市面临着历史性的发展机遇：我国同周边国家的睦邻友好关系进一步发展，中央决定加快大西南出海大通道的建设和防城港市作为大西南出海大通道重要门户的地位进一步得到确立，大西南诸省区之间的区域协作进一步扩大和深化。防城港市坚持以港兴市、以城促港、城港共荣的思想，积极实施高效、高速、超常规的发展战略，目前正迎来一个前所未有的方兴未艾的大开发、大发展的良好局势，正朝着现代化国际性海滨港口城市的目标迈进。

——国民经济持续呈现高速发展的势头。1994年，全市国内生产总产值达26.1亿元，比上年增长43.8%，分别高于全国和全广西的平均增长幅度。全市农业增加值9.51亿元，水产品产量7.3万吨，分别比上年增长24.3%和51%，乡镇企业总收入达34.68亿元。全市工业增加值5.2亿元，比上年增长89.9%。港口生产与效益同步增长，全年完成贸易吞吐量828万吨，占广西港口吞吐量的三分之二，人民生活继续改善，社会商品零售总额9.8亿元，比上年增长42.5%，农民人均纯收入977元，比上年增长

31.3%，年末居民储蓄存款余额增长34.6%。

——基础设施、重点项目建设和大西南出海通道建设进一步加快。1994年，全市完成固定资产投资10.4亿元，比上年增长59.5%，一批大中型项目已经建成或正在建设之中，防城港5个中级泊位已经建成并投入使用；投资近千万元的企沙渔港扩建工程已经动工；作为防城港市经济大动脉的南宁至防城港高速公路已全线动工；防城至东兴二级公路已于近期全线通车；市燃油发电厂4×1600千瓦机组已竣工并与大电网并网运行；防城至东兴11万伏输变电工程已竣工并与大电网运行；新扩容程控电话10000门，建成后覆盖3个区的自动寻呼系统。上思县糖厂由日榨3000吨扩建到日榨5000吨的一期工程已建成投产；利用世界银行贷款和国内配套资金建设的粮食流通西南走廊龙头工程——总投资1.74亿元的防城港港口库已于1993年底动工兴建。目前，全市在建项目总投资额在30亿元以上，这些项目全部竣工交付使用后，必然大大增强我市的经济实力和发展后劲。

——城市建设进一步加快，城市功能日益完善。目前，防城港市区日供水5万吨的自来水工程已竣工投产，已新建3条长达1080米的街道，投资600万元兴建的2.95公里出海通道已完成一期工程，长山新区场地平整已完成总工程量50%，近10平方公里的东湾吹沙填海造地工程进展顺利，已造出土地80多公顷，市中心区的南北、东西大道已进入实施阶段。

——对外开放取得较好成绩。防城港市坚持优化对外投资环境，不断加大外引内联工作的力度，外引内联取得明显成效。1994年全市新批"三资"企业51家，合同投资总额2.06亿美元，其中合同外资额1.59亿美元，实际利用外资5665万美元，比上年增长45.3%。间接利用外资也取得重大突破，达585万美元。利用世界银行贷款1050万美元建设的低收入者住房和海水养殖项目已进入实施阶段。1994年，全市外贸进出口总额4661万美元，比上年增长32.6%；口岸进出口总值5.58亿美元，比上年增长62.8%；新批准成立内联企业326家，注册资金6.7亿元，比上年增长23%。内联协进协出物资3.1亿元；全年仅从东兴口岸出入境游客达170多万人次。

三、加快发展的基本思路及奋斗目标

防城港市在全国沿海港口城市中，既是最新成立的城市又是经济基础比较薄弱的城市。从防城港市目前的实际出发，防城港市发展战略的总体构想是：以开放为主导，以改革为动力，以港兴市，以城促港，海陆并进，超常发展，到2010年，把防城港市建设成为综合经济实力较为雄厚、经济和社会发展达到全国沿海发达地区的平均水平，第三产业发达、第二产业支柱作用突出，第一产业基础牢固，城市基础设施完备，科技教育先进，市民生活富裕，物流、客流、信息流、金融流功能齐全，具有强大幅射能力的现代化国际性海滨港口城市。从这一指导思想出发，防城港市"九五"期间的奋斗目标是：国民生产总值年均递增20%；工业总产值年均递增20%；农业总产值年均递增9%；港口吞吐能力年均递增17.3%；农民人均纯收入年均递增12.5%。为了实现这一奋斗目标，防城港市的发展重点是：强化一个基础，突出三大支柱。以港口为主的交通、通讯、供水、供电等基础设施建设有较大的发展。开辟大通道、发展大商贸，带动和促进第三产业，临海工业和外向型农业的快速发展。近期开发建设的重点布局为：以市政府所在地沙潭江为中心，向港口区和防城区拉开，形成城市主轴骨架，逐步向东兴、上思方向发展，构筑新的发展格局。"九五"期间建设的重点项目有：总面积20.35平方公里的市中心区沙潭江开发区；建设防城港码头第二作业区；投资14.7亿元的钦州至防城港高速公路；粮食流通西南走廊龙头工程防城港港口库；近10平方公里的东湾吹填海造地建设工程；总面积4平方公里的长山新区；总面积2平方公里的渔洲城；总面积100多平方公里的企沙工业区；总面积4.07平方公里的东兴边境经济合作区；总面积63平方公里的江山半岛海滨风景旅游区；总面积13.6平方公里的万尾旅游度假区。

防城港市是个年轻的城市，又是一个开放的城市，目前，正以只争朝夕的精神、以敢为人先的胆略、以后来居上的气魄去进行大开发、谋求大发展，朝着既定的目标奋进。可以预见，在不久的将来，防城港市将以一个现代化国际性海滨港口城市的新姿态，屹立在祖国西南端的海岸线上。

（何邦强　周明钧　撰稿）

广西农村经济实力十强县榜首——合浦县

北部湾畔的一颗明珠——合浦县，是全国对外开放城市北海市的直辖县，位于广西南部，南临北部湾，面向东南亚，背靠大西南，地处我国大西南对外开放的最前沿，钦（州）北（海）铁路、南（宁）北（海）二级公路贯穿全县，县内已建有石头埠、沙田等小型港口，距北海港、在建的铁山港、北海飞机场很近，海陆空交通十分方便，是广西和我国大西南及华南部分地区进出北海港发展贸易的咽喉地带，是广西经济发展最有前途的县份之一，目前是广西农村经济实力十强县榜首。

一、资源丰富，经济实力雄厚

合浦县气候宜人，资源十分丰富，具有经济发展的雄厚实力。拥有丰富的亚热带的农林资源、海洋资源、矿产资源和旅游资源。有待于进一步开发。

合浦县属于亚热带海洋性季风型气候，年均日照总时数1921小时，年平均气温22.4℃，无霜期358天，年均降雨量1663毫米，相对湿度75～86%，有一条南流江自北向南贯穿合浦县，还有合浦和洪潮水库等大型水库，农业灌溉、人畜饮用水和工业用水比较丰富，盛产稻谷、甘蔗、花生、黄红麻、水果、林产品、珍珠、水产品，量大质优，是广西粮、糖、油、麻、蚕的主要生产基地，近年来引进资金大面积连片种植龙眼、柑桔、香蕉已获得成功，还有上万公顷宜果疏林荒地可以开发利用。

全县有海岸线393.2公里，浅海域8万公顷，海滩涂4.3万公顷，其中近期可开发利用8300多公顷。海洋水产生物资源有鱼类500多种，经济鱼类160多种。虾类40多种，贝类10多种，藻类5种，高值海珍品主要有珍珠、文蛤、大蚝、对虾、青蟹等。

矿产资源已探明有开采价值的主要有：钛铁矿，远景储量400万吨；高岭土，储量4.8亿吨；石灰石，储量1.4亿吨；石膏矿，储量2.7亿吨；石英砂，储量300万吨；花岗岩，储量1500立方米。此外还有金矿、硫磺矿、黄铁矿、重晶石、铅、锌矿、火山灰，釉泥等，矿点多为集中连片，开发条件好。合浦盆地还有丰富的石油，据初步勘探，原油储量约2.5亿吨，开采前景可观。

合浦为文化古郡，文物古迹众多，风景景点繁多，旅游资源丰富。拥有国家级重点文物保护单位——永安大士阁，有省级重点文物保护单位——珍珠城遗址、下窑遗址和古墓群等，有县级重点文物保护单位——东坡亭、海角亭、文昌塔、唐城遗址、惠爱桥和魁星楼等26个。合浦博物馆收藏有汉代以来文物1000多件。新开发的旅游点有山口红树林，南国星岛湖。山口红树林1990年国务院定为首批国家海洋自然保护区。其中千余亩连片红海榄纯林为罕见景观。南国星岛湖星罗棋布、山青水秀，目前被选定为《水浒》外景拍摄基地之一。待开发的旅游景点有：曲樟六湖洞，廉州梯子岭，风门岭水库等。

二、改革开放，发展成绩显著

党的十一届三中全会以来，合浦县在党的改革开放方针的指引下，全县人民解放思想，开拓进取，国民经济取得了持续快速增长，1994年在大灾之年仍继续保持强劲的增长势头。全县国内生产总值达到32.02亿元，比上年增长18.61%，工农业总产值为57.18亿元，比上年增长30.97%，其中工业总产值38.59亿元，增长40.35%，农业总产值18.59亿元，增长15.03%。农产品产量为：粮食总产33.9万吨，糖蔗总产121.96万吨，花生总产2.57万吨，黄红麻总产7300吨，水果总产2.14万吨，蔬菜总产18.75万吨。人工造林3.81万亩，生猪出栏38.3万头，家禽出栏1903.6万羽，禽蛋1.9万吨，肉类总产8.25万吨，水产品总产14.34万吨，海养产量6.36万吨，淡水养殖产量1.2万吨。全县乡镇企业达到6.27万家，1994年总收入101.44亿元，比上年增长75%，农村居民人均纯收入达到1931元，比上年增长30.56%。这些数字显示出合浦县农村经济实力雄厚，发展潜力巨大。在全国农林牧渔总产值最高的百强县中，合浦县排全国32位，排广西第一位。连续两年名列广西农村经济实力十强县榜首。

1994年全县地方财政收入2.4亿元，比上年增长35.7%，年末银行各项存款余额19.5亿元，其中城乡居民存款余额15.9亿元，比上年增长20.79%；全社会消费品零售总额8.4亿元，比上年增长37.3%；对外贸易总额1.78亿元，比上年增长15.5%；全社会固定资产投资完成14.7亿元，比上年增长92.73%；引进“三资”企业项目23个，合同投资总额9737万美元，其中外资额3984.1万美元，全县累计审批“三资”企业142家，合同投资额4.6亿美元，外资额2.45亿美元，其中已有70家“三资”企业投产开业，新增产值3.35亿元，比上年增长1.88倍，出口创汇2010万美元，实现税利1835万元，分别增长21.6%和1.67倍。科技、教育、文化、卫生、体育等社会事业也取得较好的成绩。

三、潜力巨大，争创广西第一县

合浦县经济发展潜力巨大，既有交通方便的地理位置，又有良好的基础设施，还有对外开放的优惠政策，各种资源开发利用尚处于低水平，潜力还很巨大。“九五”将继续把握“抓住机遇，深化改革，扩大开放，促进发展，保持稳定”的全党全国工作大局，实现国民经济持续、快速、健康发展和社会全面进步。一是充分利用合浦优越地理优势和资源优势，在海上，主要建好珍珠、翡翠贻贝养殖基地，文蛤养殖基地，大蚝养殖基地，对虾、青蟹养殖基地，鳗鱼养殖基地等五大养殖基地，同时，积极发展海洋捕捞，争取2000年实现水产品产量20万吨，产值21亿元，再造一个“海上合浦”。在陆上，重点抓好粮、蔗及“菜篮子”工程，在千方百计稳定粮食、糖蔗种植面积的基础上，抓好“菜篮子”工程，建设好万亩以上蔬菜基地、三鸟饲养基地和肉猪生产基地；在山上要加快发展水果生产，重点发展龙眼、荔枝、黄榄、芒果、香蕉、三华李、柑橙等名特优品种，重点建设好柑桔、龙眼、荔枝、黄榄基地，还要抓好50万亩桉树丰产林基地，满足北海化纤厂今后投产对桉树木材的需要，单山上一项力争农民人均收入达1000元以上，实现再造一个“山上合浦”。二是积极大力发展乡镇企业作为振兴农村经济、增加农民收入的一个战略重点来抓，保持乡镇企业的高速发展。重点发展私营企业和股份合作制企业，发展规模经营，开发新的增长点。三是工业生产要坚持以改革改造为重点，以质量和效益为中心，注重优化结构，加快技术进步，增强发展后劲，加快工业区的开发，建好台商工业园、区轻工工业园和廉州工业园，引进高科技、高水平、高效益的项目，增强合浦的工业实力，使合浦工业保持较高的发展速度。四是进一步搞好旅游业，大力发展第三产业。加快开发星岛湖、曲樟六湖洞、廉州梯子岭、风门岭水库等森林旅游景点，逐步形成一个与北海银滩相呼应的旅游格局，多渠道筹集资金，加快市场建设步伐，拓展第三产业。进一步改善投资环境，扩大对外开放，引进外资，发展“三资”企业。积极发展金融市场、技术市场、劳动力市场、信息市场。继续重点支持农业、交通、能源、通讯等基础设施建设，搞好各种服务工作，全面加快经济和社会事业的发展。争创“广西第一县”。

（包祥盛　撰稿）

广西玉柴机器股份有限公司
在深化改革中前进

玉柴公司是建于1951年的老厂，改革开放以前，发展十分缓慢。改革开放，给玉柴带来发展新的机遇，企业得到迅速崛起和振兴。从1984年起到1994年，玉柴的销售收入和税利分别以年平均67%和91%的速度增长。1994年产销6105柴油机65161台，比1993年增长73%，雄踞我国车用柴油机行业厂家的首位，实现销售收入18亿元，税利5.7亿元，分别比1993年增长80%和81%。玉柴取得这么大的成绩，主要是在不断深化改革中前进。

一、注重思维开发，转变观念和意识，是玉柴改革和振兴的先导

“思维出财富。”这是玉柴机器股份有限公司董事长王建明的一个观点，他要求公司的管理干部凡事勤于思维，认真分析，从事物的表象中找到事物的本质，中层以上干部每月都要填写“干部思维进度表”。这项制度的开展，使管理干部不断提高管理水

平。

人是社会的主体,也是企业的主体。企业的生存、发展和壮大取决于人,取决于人的思维观念的更新、修养的提高,玉柴的腾飞首先就是基于企业思想观念的变革。他们一是支持走一条规模大、速度快的路子。早在1985年,他们立下了这样的理想和抱负:把玉柴建设成为一个水平高、批量大、品种多、覆盖面广的动力机械和行走机械的生产基地和出口基地,跻身国际内燃机强手之林。为了达到这个目的,玉柴的领导千方百计筹集资金1.3亿人民币投人"七五"技改项目,使工厂工艺装备水平和新产品研制开发能力有了明显的提高,为进一步大发展打下了基础。邓小平同志南巡讲话发表后,玉柴人受到了极大的鼓舞,他们又以更加快的步伐,加快企业的发展。1993年销售收入第一次突破10亿元大关,税利达3.8亿元,而1994年又更上一层楼,雄踞我国同行业的前列。二是贯彻以人为本的管理思想。强调企业的一切管理都必须以人为核心去进行,他们以满足员工日益高涨的物质和文化需要作为目的,不断完善激励机制,通过内部分配、竞争、考核等手段,最大限度地调动人的积极性,造就一流人才,确保企业在竞争中优势。曾经有一段时间,全国许多企业提出要砸烂"三铁",玉柴并不受这个潮流的影响,他们认为给员工一个安全感比给一个危机感更为重要,他们提出了"玉柴就是我,我就是玉柴"的口号,让员工把自己的前途命运与公司的兴亡紧紧地联系在一起,广大员工以公司为家,与公司共存亡,时刻关心公司的前途,为公司发展出谋划策,拚命工作,创造出一流的成绩。三是特有的高标准的质量观。在产品质量要求上,他们不满足于达到行业标准、部颁标准,而是瞄准国际先进水平,把用户满意作为最高质量标准,一切为用户着想,一切为用户满意。1992年底,玉柴提出实现产品(汽车动力柴油机)可靠性三级跳系统工程。一级跳是3万公里无故障,二级跳是10万公里无故障;三级跳是30万公里无故障。一、二两级跳已按期达到,现在正向实现三级跳冲击。在质量管理上,他们提出"三个就是"的方针(即:生产者就是检验员,检验员就是用户代表,岗位责任就是质量责任),层层把关,不断总结、不断改进,不断提高。在质量问题上"严"字把关,不搞下不为例。四是抓住机遇,改革企业体制。玉柴原是一个国营大型一类企业,在邓小平同志南巡讲话精神鼓舞下,玉柴的领导及时抓住这个机遇,率先在广西实行股份制改革。从发行8000万法人股中募集到2.4亿元人民币,解决了大规模技术改造的启动资金,1993年,玉柴抓住国际面向中国寻求投资的机遇,大胆利用外资,通过引进美国、新加坡、澳门等国家和地区的5220万美元的外资,成功地把企业由中资股份制改造为中外股份制企业,这是我国首家中外合资股份有限公司。中外股份制的改造成功,使玉柴得以直通国际金融市场,1994年12月16日,玉柴的股票在纽约发行成功并正式开始交易,募集资金7500万美元。真正解决了玉柴发展的资金问题。

二、重视人才的培养和开发,全面提高企业素质

玉柴的用人方针是"尊重、爱护、发挥、发展"。玉柴致力追求人员的高技术、高技能、高素质,建一流职工队伍,创一流产品,经过多层次的培训,来提高全公司员工的整体素质。公司在培养人才方面舍得投入,从1989年开始,每年从高中毕业生中挑选120人,签订15年工人岗位合同后,送到柳州技工学校作青工培训,毕业后回公司工作,他们当中不少人已陆续成为玉柴员工劳动者的主力。公司还特别重视对骨干的提高,从1984年开始,每年送40个员工骨干到大专院校学习,公司现任的副总经理、总会计师大都是那个时候从工人岗位送去念书的。公司现有各类高中级职称人员300人。再就是干部的轮训,每年派出40人,脱岗到广西经济管理干部学院、广西区党校等大专院校学习,他们还把最优秀的人才送到上海复旦大学等名牌大学去深造,回到公司后担任重要职务。另一方面,又重视调整人才结构,大量吸收大中专毕业生到公司工作,从1989年开始,每年吸收的大中专生超过130名,1994年达到738名,这些毕业生来到玉柴后,在实践中锻炼,迅速成长,很快就成了骨干,有些已经走上领导岗位。

三、抓好产品开发,保证产品水平的优势

玉柴在产品开发方面,坚持了"生产一代,储备一代,研制一代"的主导思想,新产品研制开发能力加强,产品水平不断提高。玉柴于1985年大批量生产6105Q柴油机,但第二年就着手研制6105QA型车用直喷式柴油机,到1987年3月,尽管当时6105Q型柴油机销路很好,他们也毅然转产性能好,油耗低的6105QA柴油机,很快在同行业中独占鳌头,并被机电部评为节油产品。随着国内汽车工业的发展,国内许多厂家也生产6105型直喷柴油机,而这时玉柴已开发出功率更大、性能更优的新产品6105QC,6105QC型柴油机作为玉柴的主导产品生产至今,产量几乎以每年翻一番的速度增长,1994年达到65161台。1993年,玉柴被评为"全国用户满意企业",1994年,6105QC柴油机被评为"全国用户满意产品",在国内中型柴油载重汽车市场的占有率

达49%。

1992年6月,玉柴又果断地买下了美国福特公司巴西柴油机厂6112柴油机生产线,这种柴油机适合我国8吨、10吨、15吨客货车底盘,适配20英尺和40英尺集装箱拖车头。

1990年以来,玉柴先后开发成功WY1.3小型液压挖掘机和2.5T和3.5T两种新机型。这几种挖掘机都以国际小型挖掘机最先进的水平问世,产品主要销往国外,受到世界各地用户的青睐。

四、开发市场,保证产品销售渠道的畅通

产品销售是企业经营的重要环节,玉柴在市场开发方面,走过一条艰难、曲折的道路。产品由不被认识到认识,再由认识到取得广大用户的信任,在今天,玉柴的产品遍布全国,这是他们不懈努力的结果,也是因为他们的营销观念的创新和营销策略的正确运用。玉柴的营销宗旨是:"以产品创新占领市场;以质量上乘站稳市场;以信誉优良赢得用户;以广告宣传促进销售"。打开产品的销路。

(黄祖颜 撰稿)

中国新的铝都——广西平果铝业公司

平果铝业公司位于广西壮族自治区平果县境内,是一个由中国有色金属工业总公司和广西壮族自治区联合投资兴建和经营的大型铝业生产股份制企业。工程规划分两期建设,一期工程规模为年产30万吨氧化铝、10万吨电解铝。二期规划为120万吨氧化铝、50万吨电解铝、30万吨铝型材的综合生产能力,建成后将成为中国新的铝都。

平果铝业公司发展前景无限,铝土矿蕴藏量巨大,已经探明的储量有2亿多吨,可开采上百年。平果铝土矿品位全国最高,矿石中的氧化铝含量在58%以上,且埋藏浅,全部露天开采。平果县的邻县的田东、田阳、德保和靖西等县还有储量约6亿吨优质铝土矿。储量可供平果铝业公司开采使用。电力供应有保证;广西水电资源丰富,经国务院批准的红水河流域综合开发利用规划拟建10个梯级电站,装机容量1090万千瓦,目前,已建成和部分建成的大化、天行桥、岩滩等水电站总装机容量为294万千瓦,还有来宾大型火电厂的配套,保证平果铝的用电。桂西最大的河流右江流经厂区,其水量和水质都可以满足生产和生活的需要。平果铝交通方便。南昆铁路、滇桂公路均从厂区通过。南昆铁路建成通车后可与南(宁)防(城港)、钦(州)北(海)铁路一起构成平果铝最便捷的出海通道。右江常年通航,船队可以经南宁入西江到梧州直达广州、深圳、香港、澳门。

在我国现有的大型铝工业基地中,同时具备优质铝土矿和水电交通等优越条件的,平果铝是唯一的一个,其建设条件之好,在世界众多铝厂中也是为数不多的。

平果铝从工程设计开始就瞄准了国际先进水平,其主要技术、设备和生产工艺分别从法国、德国、瑞典、丹麦、美国、荷兰等七个工业发达国家引进,再加上国内80年代铝工业最新科技成果,可以说是集世界铝工业先进技术之大成,具有设备大型化,生产自动化、管理现代化的显著特点。

平果铝一期工程动态投资约43亿元,是我国有色金属行业和广西解放以来一次投资最多的项目。中国有色总公司和广西自治区,政府给平果铝确定了"四年建成,两年达标,九年还贷、百年昌盛"的建设总目标。平果铝工程1991年5月7日正式开工建设。经过贵阳铝镁设计院、长沙有色设计院、有色七冶、十一冶、十四冶、二十三冶、广西区建总公司、武警水电五支队、安徽输变电建设公司和铁二院、铁二局等勘察、设计、建设单位全体建设者艰苦努力,至1994年底,已完成投资近30亿元,供水、供电、煤气、压缩空气、通讯、厂区道路、铁路等辅助工程以及矿山、碳素、电解等主体项目已建成投产或使用。另两个主体项目氧化铝厂和热电厂正抓紧安装调试,将于1995年下半年全面完工投产。

1994年9月25日,平果铝第一批电解槽胜利通电启动,比计划提前8个月部分投产。10月8日,产出第一批合格铝锭,并很快达到特优产品质量标准,所产右江牌铝锭在南宁举行的1995年全国新技术新产品交易会上荣获金奖。

广西钢铁明珠——柳州钢铁(集团)公司

柳州钢铁(集团)公司位于柳州市北郊,始建于1958年,是广西主要的钢铁生产基地,也是我国55家地方骨干钢铁企业之一。现有职工2万人,占地5.5平方公里,已拥有固定资产原值8.45亿元,在建工程7.68亿元。主要设备有:焦炉86型2×25孔二组,80型2×42孔一组;烧结机24平方米×2,50平方米×2;高炉306立方米×3,308立方米×1;转炉15吨×3;电炉15吨×2,3吨×2;R6-1200板坯连铸机2台,R4小方连铸机1台,三机三流方圆坯水平连铸机1台;轧机共7套:开坯650×3,中型550×1/450×2/450×2,小型400×1/250×5,中板2300×1三辊劳特式,薄板1200×2,线材400×2/250×4/280×6复二重,无缝Φ76毫米以及相应的辅助设施。目前已基本形成100万吨钢综合生产能力。主要产品有圆钢、螺纹钢、槽钢、角钢、轻轨、普中板、容器板、造船板、大梁板、薄板、线材、无缝管、焊接钢管、汽车专用轮网钢等,共有17个品种系列、240多个品种规格。其中11个系列、73个品种规格荣获自治区、冶金部优质产品称号。产品行销全国各地,还先后出口日本、联邦德国及东南亚、港澳地区和国家,在国内外用户中享有良好的信誉。1994年,柳钢产钢61吨、钢材65万吨,实现销售收入17亿元,实现利税总额2.96亿元。

建厂37年来,柳钢不断追求技术进步,提高企业装备水平和产品等级。从1980年至1994年,依靠自身努力,累计筹集技改资金14.7亿元,先后建成了两座300立方米级炼铁高炉以及两座42孔焦炉、烧结综合料场等一大批重点技改工程,从日本引进了4000立方米/H制氧机,从卢森堡引进了转炉顶底复合吹炼技术,采用美国罗可普连铸机技术新建了两台方坯连铸机,还建成了我国第一台三机三流方圆坯水平连铸机,这些项目在节能降耗、提高规模效益和产品质量等方面效果十分显著,大大增强发展后劲。

根据发展需要与可能,"九五"期间,柳钢将以品种质量为龙头,围绕完善100万吨综合生产能力,力争上四个新台阶:上工艺技术、装备现代化水平新台阶,使2～3套轧钢机达到跨世纪水平;上品种质量新台阶,围绕造船、汽车、发电、建筑、石油5个行业用钢,创出若干拳头产品;上综合经济效益新台阶;上现代化经营管理新台阶。该规划实现后,柳钢将达到150万吨钢的综合年产能力,即铁90万吨、钢150万吨、钢材140万吨。产品结构为:中厚板40万吨、高速线材30万吨,连续棒35万吨、中小型材29万吨、无缝钢管6万吨。总投资为67.7亿元。欢迎国内外友人和客商前来洽谈合作项目和经营业务。

南宁经济技术开发区

南宁经济技术开发区是在南宁市人民政府直接领导和管理下,吸引外商投资,引进先进技术和管理经验的经济发展区域。位于南宁市区南部边缘,规划面积7平方公里,是通往北海市、防城港市和钦州港的公路干道上,距离最近的市水运码头仅1公里,通过邕江可直航广州和港澳;距离南宁市铁路货运站和全市最大的仓储基地4～5公里;距离南宁飞机场17公里,水陆空交通十分方便。

开发区周围有良凤江、凤凰湖、青秀山等各具特色的旅游风景区,可丰富开发区职工的休息和生活。

开发区内已建成的双回路供电网和附近日供水量30万吨的自来水厂,可确保开发区供水供电,南宁市电信局在开发区设立分局，满足用户境内外通信的需要。

开发区坚持以吸收利用外资为主，发展现代工业为主、拓展外贸出口为主的方针，大力发展各类外向型工业，商贸服务业、金融业、交通运输仓储业等，按照现代化城市小区的要求，高起点、高标准、高效率地进行规划开发建设。是南宁市对外开放的窗口和新的经济增长点。

开发区侧重于举办低能耗、少污染、高技术、出口型的企业，鼓励投资的行业包括轻工、电子、纺织、仪器仪表、机械制造、食品、房地产开发等行业。投资方式包括：在开发区独资兴建新企业；在开发区举办合资、合作企业；将本企业技术改造项目迁移到开发区；依法取得开发区土地使用权，进行房地产开发经营；租用开发区内的标准厂房开展来料加工装配、合作生产；法律允许的其他投资形式。

开发区下设招商部、规划基建部、经济综合部、办公室。成立南宁经济技术开发区开发总公司、南宁经济技术开发区房产开发公司、南宁经济技术开发区物资供应公司。

欢迎海内外各界朋友到开发区投资开发共图大业。

企 业 名 录

广西北海科红制革有限公司

经营范围：Pu 二椰皮革及 Pu 二椰皮革半成品，每月生产能力 200 万平方英尺；反毛绒皮革及油椰皮革，每月生产能力 200 万平方英尺。产品全部按世界名牌运动鞋厂商 NIKE、REEBOK 质量标准组织生产。

法人代表：纵精国　　邮政编码：536100

通讯地址：广西合浦县城南

电话：7285511　　传真：7283409

广西防城港市城市建设工程公司

经营范围：市政工程、城市服务设施、房地产开发投资、房地产开发经营、商品房销售及售后服务、房屋装修、建筑材料、金属材料、五金交电购销、房地产建筑信息咨询服务。

本公司实力雄厚，热诚欢迎国内外客商前来洽谈业务。

法人代表：苏子逵　　邮政编码：538001

通讯地址：防城港市城市建设工程公司

电话：820060

广西防城港市水产贸易公司

经营范围：水产品、渔需品、渔业机械及零配件、五金交电、金属材料、建筑材料、橡胶、煤炭、机电产品、矿产品、柴油、农付土特产、日用杂品、胶合板、水产品加工。

法人代表：覃振辉　　邮政编码：538001

通讯地址：广西防城港市港口区仙人湾

电话：822579

传真：

1994 年改革开发大事记

1月

1日 按国家部署广西开始实行分税制财政管理体制。

11日 自治区人民政府以桂政发[1994]3号文发出《自治区人民政府贯彻国务院关于机关、事业单位工作人员工资制度改革问题的通知》。

16日 钦州港两个万吨级起步码头交付使用。

3月

12日 为期4天的第二届广西国际民歌节和经贸科技商品交易会。在南宁闭幕。

28日 在北京召开的国家科技奖励大会上，广西的筒式蜂窝育苗纸容器制作机和纸筒制造技术等8项科技成果获国家发明奖、科技进步奖和星火奖。

31日 中共广西壮族自治区委员会在南宁召开农村工作会议，传达贯彻中央农村工作会议精神，部署1994年农业和农村工作。

4月

4日 为期5天的中国西南石山地区扶贫开发研讨会在南宁召开。

15日 中国东兴—越南芒街陆地边境口岸正式开通。由中越两国出资修建的北仑河大桥同日通车。

▲ 国家计委批准桂林两江国际机场列为1994年国家重点建设项目。

18日 国务院批准北流县撤县设市。

27日 首届中越边贸洽谈展销会在东兴开幕，国内21个省、市、自治区和美、越等8个国家(地区)的客商2000多人参加。

5月

6日 广西外商投资促进委员会在南宁成立。

13日 据报道，4月份以来，广西降雨量明显偏少，气温持续偏高，日照偏多，春旱来得早，来热猛，范围广、百色、河池、南宁、柳州、钦州、桂林等地严重干旱，全自治区73.37公顷农作物受旱，271.6万人和165.5万头牲畜饮水发生困难。4月20日至5月3日，先后有18个县(市、区)的121个乡镇遭受龙卷风、冰雹灾害袭击，农作物受灾面积9.88万公顷，倒塌房屋1.13万间，严重损坏的10.5万间，直接经济损失8399万元。

18日 国务院批准桂平县撤县设市。

19日 据报道，5月中旬桂北、桂中、桂西北大部分地区连降暴雨、大暴雨和局部特大暴雨，降雨量在200～300毫米以上的有37个县(市)，185万人受灾，倒塌房屋2900多间，因灾死亡23人，农作物受灾面积3万公顷，水利工程被毁严重，直接经济损失1.14亿元。

23日 1993/1994年榨季，广西产食糖220万吨，占全国食糖总产量的37%以上，居全国第一位。

28日 交通部正式批准开通北海至越南海防、鸿基两市的海上客运航线。

6月

8日 受1994年第3号热带风暴影响，北海市、玉林地区、梧州地区南部、南宁地区、钦州地区东部出现大雨到特大暴雨天气。到10日，上述地区有18个县(市)降雨，14个县(市)受灾，受灾人口242.2万人，直接经济损失4.99亿元。

15日 柳州市柳江水位上涨至88.53米，城区43条街道进水，2万多间房屋被淹，5万多人受灾，140多家大中型企业停产或半停产。

17日. 当日晚9点，梧州市西江水位上涨至24.2米，是1949年以来梧州市最大的一次洪水。

18日 江泽民总书记给赵富林书记打电话，询问广西的洪水和抗洪救灾情况，对广西灾区各族人民和战斗在抗灾救灾第一线的干部群众、人民解放军和武警官兵以及公安干警表示慰问；鼓励广西党政军民奋力抗洪救灾，切实安排好灾后人民群众生活。

19日 当日上午8点，梧州市西江出现25.91米的最高水位，超过警戒线10.91米，市区和郊区所有街道全部进水，最深达4～5米，40多万人受灾，是近百年一遇的特大洪水。

20日 李鹏总理主持会议，部署南方部分省、自治区的抗洪救灾工作，决定派出由邹家华副总理带领的工作组分赴广西等地抓好抗洪救灾工作。

▲据报道，中旬开始，因受北方南下冷空气及西部孟加拉登陆的暖气团东移的影响，广西河池—都安—宜州—柳州—桂林一线形成暴风带，许多地方在短期内降雨量达400毫米以上，致使桂林地市、柳州地市、河池地区遭受1949年以来最严重的洪涝灾害。桂江自6月13日以来连续出现5次大洪水，其中桂林水文站水位超过147米以上的大洪水2次，16日最高水位147.05米，为1949年以来的最大洪水。16日6时柳州市柳江水位达88.53米，流量2.5万立方米每秒，19日涨至89.2米，是1949年以来的最高水位。柳州市67条街道、2.5万间房屋、700多家商店和仓库受淹。柳州地区因灾死亡9人，河池地区暴雨造成内涝，龙江三岔河段、刁江拉烈河段及其它一些中小河流出现1949年以来罕见的大洪水。仅据河池、宜州、都安、巴马4县(市)15日统计，因灾死亡18人，失踪11人。

23日 自治区召开抗洪救灾工作汇报会。邹家华副总理听取了汇报，高度赞扬广西党政军团结抗洪救灾取得的成绩，提出要继续发扬艰苦奋斗连续作战精神，夺取抗洪救灾的胜利；要组织群众生产自救，重建家园，解决灾民吃、住、穿问题；同时抓好灾区的防病治病工作。

25日 桂江、柳江流域再降暴雨、梧州、柳州二市江水重新起涨，梧州市部分街道再次被淹。

28日 国务院批准撤销钦州地区和县级钦州市，设立地级钦州市。辖灵山县、浦北县和新设的钦南区、钦北区。

7月

6日 据报道，桂东、桂南地区普降暴雨，局部大暴雨，雨量超过100毫米的有合浦等10个县(市)，50～100毫米的有容县等14个县(市)。红水河、浔江、西江、柳江、左江、右江等江河的洪水重新上涨，不少县、市又一次出现灾情。武宣、合山、象州、合浦、浦北、岑溪、宾阳、北流、平南等县(市)灾情严重。

7日 朱镕基副总理率国务院和中央军委有关部委负责人到广西视察灾情。至9日，先后到柳州、梧州两地视察，并乘飞机视察了桂平、平南、藤县、苍梧等市、县灾区。

18日 17～18日柳江河水再次上涨，柳州水位达81.24米。融安等地相继发生水灾。

21日 据报道，近日暴雨再次大面积袭击广西。钦州市灾情严重。梧州市街道再次被淹。防城港市日降雨量高达229.3毫米，江水暴涨。马山、合浦、天等、环江、贵港、大新等县和梧州、柳州、百色3地区因灾损失惨重。

23日 梧州市区40多条街道，2000多幢房屋受淹。钟山县花山水库护堤出现裂缝，外堤塌方3万多立方米。贺县10多个乡镇一片汪洋，县城八步镇街道全部被淹。昭平县17个乡镇受灾。桂平县再次遭洪水袭击21个乡镇受灾。

8月

2日 全自治区利用外资暨对台经济工作会议在南宁召开。

▲ 投资兴建的“新加坡城”正式破土动工。

6日 自治区统计局公布1993年度广西综合经济效益百强企业评定结果，其中工业销售收入、利税总额和综合指数名列第一的分别是柳州汽车厂、玉柴机器股份有限公司和广西中医学院制药厂。

9日 台资成为广西利用外资的重要来源，其所占比重在广西利用外资排行榜中仅次于香港而居第二位。

12日 自治区国家税务局、地方税务局正式成立，挂牌办公。

15日 广西’94新加坡招商会在新加坡安国酒店开幕。600多名新加坡等国客商应邀出席。招商会共签合同、协议、意向项目119个、项目总投资估算16.93亿美元。其中：合同项目52个，总投资2.64亿美元，协议项目36个，总投资9.99亿美元，意向项目31个，总投资4.30亿美元。

22日 广西有计划地推行公务员制度，试点单位自治区统计局、环保局和审计署已制定实施方案。

9月

2日 广西热带作物研究所经过三茬科研人员，用21年时间成功选育芒果新品种—桂热芒10号。

6日 广西提出抑制通货膨胀5项措施。

21日 1994年度广西科技进步奖、星火奖评审结果揭晓，评出科技进步奖214项，其中一等奖4项、二等奖30项、三等奖180项；星火奖7项，其中二等奖2项、三等奖5项。

25日 平果铝业公司电解铝厂第一批8个电解槽通电试产。

10月

8日 钦防高速公路全线开工。

19日 广西海洋渔业、沿海经济开发招商会在北海市举行。美国、日本、新加坡、香港等国家和地区以及山东、四川等省的客商300多人参加会议。

23日 广西目前最大的独塔斜拉桥—邕江三桥主桥合龙。

24日 广西重点建设工程、中国第一座千米水头的水电站—天湖水电站二期工程开工。

28日 经国务院批准，年生产规模10万吨纸浆的南宁造纸厂动工。

11月

2日 自治区人民政府发出《广西壮族自治区推行国家公务员制度实施方案》。

14日 据报道，广西使用扶贫资金，扶持35个贫困石山乡（镇）群众实施“温饱工程”试点，经过两年多努力，取得突破性进展，近30万贫困人口直接受益。

16日 国家经贸委等9个部门联合行文，批准柳州市列入“企业优化资本结构”试点城市。

23日 中共广西壮族自治区委员会和自治区人民政府作出《关于进一步加强水利工作的决定》。

30日 经全国绿化委员会和林业部赴广西核查验收工作组对广西进行为期一个月的抽查后作出结论：广西已达到林业部颁布的关于消灭宜林荒山的标准，提前一年完成消灭宜林荒山的任务。

▲ 据报道，广西冬修水利再掀高潮，到11月底，日上工最高达349万人，累计完成水利投资2.14亿元，完成1.23亿个劳动积累工，渠道清淤防洪3.16万公里，更新维修斗闸门5628座。

12月

18日 南宁至北海高速公路首段—南宁至南间段开工。

▲ 广西重点建设项目，年产5万吨全漂化学商品木浆的大型企业——贺县纸浆厂投产。

▲利用世界银行贷款改善粮食流通西南走廊广西项目在防城港开工。

22日 全自治区扶贫开发工作会议在南宁召开，部署实施“八七”扶贫攻坚战的计划和任务。

25日 国家重点工程、红水河梯级电站的第一级—天生桥一级水电站截流成功。

▲ 由自治区人民政府和中国科技开发院联合举办的中国科技开发院广西分院成立。

28日 自治区重点工程柳州电厂扩建第一台20万千瓦机组并网发电。

▲ 柳州机场建成首航。

（吴　宁　整理）

中国新的铝都——广西平果铝业公司

平果铝业公司碳素厂区　（赵品贤摄）

电解铝厂的特种工艺车正在吸铝作业　（赵品贤摄）

平果铝业公司是国家“八五”重点建设工程，得到党和国家领导人的关心和重视，还得到国家计委、经贸委、铁道部和广西各级党委、政府的大力支持。一期工程将于1995年下半年全面完工投产，规模达年产30万吨氧化铝、10万吨电解铝。二期工程规划达到120万吨氧化铝、50万吨电解铝、30万吨铝型材的综合生产能力。平果铝业公司建在广西百色革命老区，这对带动和促进地方民族经济的发展和当地群众的脱贫致富具有重要意义。

平果铝，像一颗镶嵌在右江河畔的璀璨明珠，更加灿烂夺目！

总经理：汪师伦
地　址：广西平果县
邮　编：531400
电　话：(07863)350386
传　真：(07863)350101

平果铝土矿储藏量大，品位高，易开采，运输便捷。图为采矿机械正在作业　（林兆禄摄）

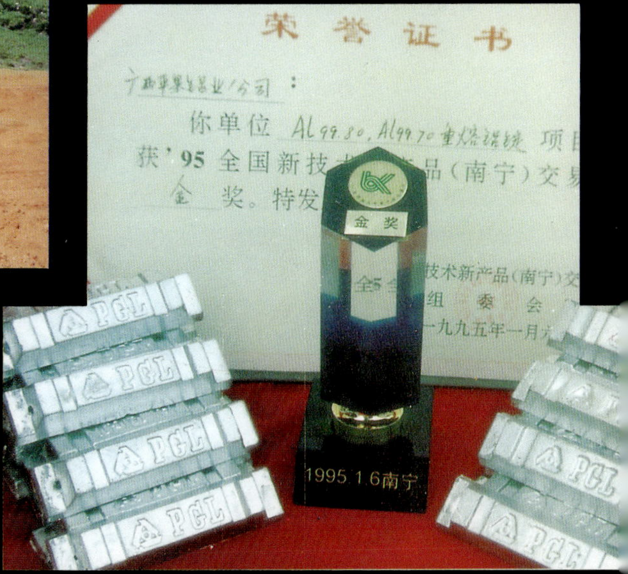

公司所产“右江牌”铝锭获’95全国新技术新产品交易会金奖。图为获奖产品、奖杯及证书　（尹利平摄）

玉柴公司鸟瞰

皇牌动力　玉柴机器

“皇牌动力，玉柴机器”，这是全国用户给广西玉柴机器股份有限公司的最高荣誉。玉柴公司是以生产柴油机为主的动力机械大型骨干企业，占地面积135万平方米，拥有职工1万人，其中各类工程技术人员1400多人。主要生产四大类产品：6105QC型柴油机；WY20挖掘机；柴油发电机组；轻型汽车。发展的新产品有3种：6112柴油机；6105QF柴油机；WY2.5、WY3.5、WY20挖掘机。这些产品与国内同类产品相比，具有适用面更广，各项性能技术、经济指标更先进的特点。

地址：广西玉林市天桥路168号
邮编：537005
电话：(0775)3288447
传真：(0775)3288001

YC6105QC型柴油机

装车间

公司董事长王建明

外宾来公司参观产品

WY2.5型液压挖掘机

WY2.5型液压挖掘机

柳州钢铁（集团）公司

柳钢炼铁厂

柳钢焦化厂

柳钢中板厂

柳州钢铁（集团）公司是广西主要的钢铁生产基地，目前已基本形成100万吨钢综合生产能力。主要产品有圆钢、螺纹钢、槽钢、角钢、轻轨、普中板、容器板、造船板、大梁板、薄板、线材、无缝管、焊接钢管、汽车专用轮网钢等，共有17个品种系列、240多个品种规格。其中11个系列、73个品种规格荣获自治区、冶金部优质产品称号。产品行销全国各地，还先后出口日本、德国及东南亚、港澳等国家和地区，在国内外用户中享有良好的信誉。

国内第一台三机三流水平连铸机

总经理：褚朝元
地　址：广西柳州市北鹊路
邮政编码：545002
电话：（0772）2511475
传真：（0772）2512416

南宁经济技术开发区规划模型图

南宁经济技术开发区

地址：广西南宁市民族大道金融大厦 C 座 9 楼
筹备处主任：杨尚武　副主任：张国丰、潘福明
电　话：(0771)2805422
传　真：(0771)2828994
电　挂：2880
邮　编：530012

南宁经济技术开发区是在南宁市人民政府直接领导和管理下，吸收外商投资，引进先进技术和管理经验的经济发展区域。开发区坚持以吸收利用外资为主、发展现代工业为主、拓展外贸出口为主的方针，大力发展各类外向型工业、商贸服务业、金融业、交通运输仓储业等。开发区侧重于举办低能耗、少污染、高技术、出口型的企业，鼓励投资的行业包括轻工、电子、纺织、仪器仪表、机械制造、食品、房地产开发等行业。欢迎海内外各界朋友到开发区投资开发，共图大业。

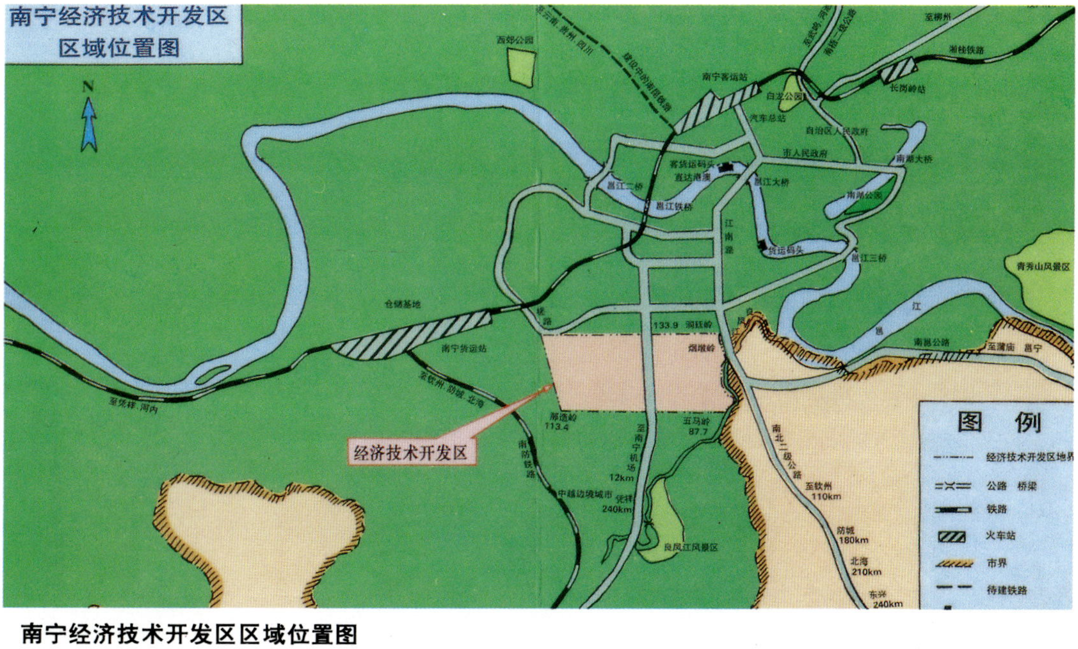

南宁经济技术开发区区域位置图

公司生产的部分珍珠产品

广西合浦县珍珠公司

公司经理林家东

合浦县珍珠公司建于1985年初，位于廉州镇还珠大道中段。公司下辖珠宝商场、珍珠首饰加工厂、珍珠核加工厂及珍珠养殖场。

合浦沿海得天独厚的海湾是繁衍珍珠的最佳场所。公司拥有庞大的珍珠养殖基地，有现代的科学养殖手段。近年来，公司以务实精神，艰苦创业，形成了生产、加工、销售的整体规模，生产珍珠首饰产品有项链、手链、链坠、耳坠、戒指、头饰等80个品种，产品除销售全国各地外，还远销美国、德国、东南亚各国及香港等地区，深受国内外消费者的赞赏。

公司以顾额至上、信誉第一为宗旨，竭诚为中外人士服务，欢迎来人来函洽谈业务。

经理：林家东

地址：广西合浦县还珠大道26号　邮编：536100

电话：7285031　7284950

珍珠养殖基地

南国星岛湖旅游区

旅游码头一瞥

地址：广西合浦县洪潮江水库

局长：苏立三

电话：(0779)7101008、7001013

邮编：536128

合浦南国星岛湖是广西自治区级旅游度假区，位于南北二级公路北面，距北海市48公里，距合浦县城23公里。南国星岛湖水域面积50平方公里，库容量7.03亿立方米，枯水库容2.45亿立方米，湖内岛屿逾千，千姿百态，湖水清纯湛蓝，岛上山花烂漫，野果丛生，风光旖旎，景色宜人。

星岛湖旅游度假区经过一年多时间的建设，已初具规模，服务功能具备了会议、培训、度假、游乐、观光游览、快艇冲浪、岛上空降、碧湖垂钓、野炊烧烤、情侣露营、影视歌舞等30多种旅游娱乐内容。

目前，由中央电视台摄制的电视连续剧《水浒传》拍摄基地以及艺豪山庄、月亮湾花园、星岛湖游乐中心等项目正抓紧施工建设，科红山庄、逸园山庄也进行前期工作。不久，以北海银滩国家旅游度假区为中心，星岛湖和涠洲岛为两翼的北海市旅游新格局就会形成，星岛湖将成为华南、西南地区一个景色秀美、环境舒雅、服务功能齐全的旅游度假胜地。南国星岛湖敞开大门热诚欢迎国内外的游客和投资者前来旅游度假和开发建设！

自治区主席成克杰、副主席李振潜亲临星岛湖参加旅游区总体规划评审会，并对今后开发建设作了重要指示

起步建设的星岛湖旅游度假区

中国人民建设银行防城港分行

行长　黄羡柳

中国人民建设银行防城港分行是一家以经营中长期投资、信贷业务为特色的国有商业银行、管辖防城港市港口区、防城区、东兴经济开发区和上思县4个区(县)级支行，具有多功能的业务领域和全方位的经营体系，资金实力、技术力量雄厚，为我国大西南出海通道建设及防城港市经济发展作出了贡献。

分行主要职责：努力筹措资金，办理机关、团体、部队、企事业单位及城乡居民存款业务，办理防城港市级基本建设、技术改造、代编代审工程预算决算和技术咨询，以及建筑安装、房地产开发、工商企业及其他单位的拨款、贷款业务和财务管理，办理居民住宅、个体工商戶存贷款业务，代理发行各种债劵、融资、信用卡业务和人民银行批准的其他业务。

行长：黃羡柳　副行长：陈家贵、庞平声
地址：防城港市港口区朱砂港
邮编：538001
电话：(0770)2820617
传真：(0770)2820651
电挂：44002

待建的分行综合营业大楼模型图

防城港市港口区支行营业大楼

广西防城港市中兴开发建设总公司

广西防城港市中兴开发建设总公司是根据防城港市的实际，参照国内外组织管理大型建设项目的先进作法而设立的全民所有制事业单位。本公司成立于1995年7月，注册资金2000万人民币，具有法人资格，由防城港市委、市人民政府直接领导，全面负责组织市中心区城市基础设施建设和土地、房产开发。

本公司实行现代企业管理制度和科学先进的管理体制，按照“高起点规划，高水平建设、高速度开发”原则运作。

公司现有员工36人，具有大中专以上学历30人，中级以上技术职称20人，技术力量雄厚。公司实行总经理负责制，下设办公室、工程部、业务部、房地产开发部、机械施工处、财务部。公司成立以来，与各方面的关系逐步理顺，中心区开发建设工程进展顺利，其中南北大道路基基本完工，北延段、东西大道、海滨大道东段工程相继分段开工，呈现出良好的发展势头。

①公司总经理　陈伟恩

②防城港市中心区规划总面积为28平方公里，工程总投资约200亿人民币。图为长6.2公里、宽100米的南北大道施工现场一角。

③防城港市中心区开发建设工程作为全市的一个“牛鼻子”工程，受到市委、市政府领导的高度重视。图为中心区南北大道开工之初市委书记管炳六（左二）、市长毛旭辉（左四）到工地视察时公司总经理陈伟恩（左三）在介绍工程进展情况。

公司总经理：陈伟恩

地址：广西防城港市港口区出海大道

电话：(0770)2820273　2828301

2827779

邮政编码：538001

四 川 省

主　　编：刘伯华
副 主 编：邵小龙
编写人员：翟敏和　王志兵　雍　奇
杨　昕　邓正权　黄志清
工作人员：邓正权　杨　昕

四川省分目录

地区规划选编

四川省概况

面积:57 万平方公里

人口:11214 万人

行政区划:7 个地区,3 个自治州,1 个副省级市,12 个地级市,21 个县级市,147 个县,8 个自治县

省委书记:谢世杰

省八届人大常委会主任:杨析综

省长:肖秧

省七届政协委员会主席:聂荣贵

四川省国民经济主要指标(单位:亿元)

项　目	1994 年	1994 年比上年增长(%)
国内生产总值	2712.36	11.1
工农业总产值		
工业总产值(乡及乡以上)	2715.62	19.5
重工业产值	1744.88	20.5
轻工业产值	970.64	18.0
农业总产值	1169.00	3.8
全社会固定资产投资	745.36	22.0
国有固定资产投资	528.52	33.5
社会消费品零售总额	1006.58	30.6
零售物价总指数(%)	123.9	23.9
职工工资总额	384.99	33.8

国民经济和社会发展

一、国民经济增长

1994 年是推进建立社会主义市场经济体制的关键一年,也是我省提前 3 年实现第二步战略目标的重要一年。全省上下认真贯彻党的十四大和十四届三中、四中全会精神以及党中央确定的全党全国“20 字”工作方针,继续实施“两点、两线、两翼”发展战略,江油——峨眉山、成都——重庆“两条线”经济健康快速发展,三峡库区移民经过试点已转入全面实施阶段,攀西川南地区正在成为全省建设项目最多、投资强度最大的地区之一。紧紧围绕年初确定的发展目标和经济工作思路,正确处理改革、发展和稳定的关系,在宏观经济环境偏紧、自然灾害严重、经济生活中矛盾较多的情况下,全省各方面的工作都取得了新的成绩。总的看,财税、金融、价格、外贸外汇、计划、流通和社会保障制度等各项改革顺利实施,基本实现了宏观改革的平稳过渡;全省国民经济保持了良好的发展势头,完成国内生产总值2712.26亿元,增长 11.1%。其中,第一产业 723.13 亿元,增长 1.6%,第二产业 1166.22 亿元,增长 17.1%,第三产业 823.01 亿元,增长 11.9%。

(一)农村经济持续发展,农民收入有较大幅度

的增加

面对1994年我省遭受的建国以来罕见的自然灾害，省委、省政府切实加强对农村工作的领导，进一步落实各项政策措施，组织抗灾自救，尽最大努力降低灾害损失。围绕“稳粮、增收、奔小康”的目标，重点突出了“稳粮、增收、调结构”。继续深化农村改革，稳定农村政策，保证农业生产资料的供应，加强农业生产资料价格管理，注意保护和调动农民的生产积极性，为夺取全年农业增产和农村经济的全面发展付出了比往年更多的心血和努力。依靠科技兴农，大力推广增产适用技术，努力增加农业投入，改善农业生产条件，全年投工近2亿个，农业基本建设投资6.67亿元，改造中低产田土14万公顷，新增有效灌溉面积2.28万公顷，全省农田水利基本建设的规模、质量、效益均比上年有所扩大和提高。经过各方面共同努力，全年粮食总产量4232万吨，获得较好收成；棉花产量6.78万吨，减产17.5%；油料138.79万吨，增长3.6%。乡镇企业全年实现总产值3641.2亿元，增长89.3%。畜牧水产业稳步发展，全年肉类总产量550万吨，增长6%，出栏肉猪7155.84万头，增长6.1%，水产品35.73万吨，增长13.9%。工程造林全面推进了造林绿化，盆中地区和盆周山区又有一批县实现基本绿化或完成造林栽植任务，经济林的开发取得新的成效。全年完成造林面积38.63万公顷，森林覆盖率超过20%。全年农村剩余劳动力转移新增150万人，出省务工经商的农民达到550万人次。全年实现农业总产值1169亿元，比上年增长3.8%。

（二）工业生产保持了较快增长

为加快全省工业结构调整步伐，1994年省委、省政府作出了《关于发展支柱产业抓好拳头产品决定》，重点发展钢材、电视机、录像机、通信设备、摩托车、汽车及农用运输车、工程机械及建筑机械、发电设备及输变电设备8个拳头产品，重点改造丝绸、纺织、食品、医药、建材5个传统产业，这样，“8+5”工业结构调整规划在全省范围内开始实施。同时，着力从建设领导班子、制定扭亏计划、注入流动资金及加强企业管理等方面入手，切实解决工业运行中存在的问题。在流动资金紧缺、技改投入不足、市场相对疲软的情况下，我省工业生产保持了较快增长。全年全省乡及乡以上工业完成总产值2715.52亿元，增长19.5%。工业销售产值3812.4亿元，增长28.2%。工业产销率为92.17%。主要产品产量：原煤8969.98万吨，增长13.1%，天然气72.95亿立方米，增长0.1%，发电量502.78亿千瓦时，增长15.3%，钢材553.85万吨，，增长12.5%，化肥239.53万吨，增长14.4%，水泥2503.38万吨，增长11.1%，彩色电视机198.51万部，增长36.5%，汽车10.98万辆，增长17.2%，摩托车170.04万辆，增长40%。军转民调整改造步伐加快，全年全省国防工业民品产值达132.5亿元，增长34.5%。

但工业经济效益不理想，全省乡及乡以上独立核算工业企业实现利税总额195.79亿元，下降4.3%；实现利润48.6亿元，下降34.9%；工业资金利税率和资金利润率分别为6.22%和1.35%，分别下降1.34和1.41个百分点，企业亏损面扩大到34%，亏损总额达55.79亿元。

（三）固定资产投资继续增长，重点建设进一步加强

全年完成固定投资773.95亿元，增长26.7%，其中，国有单位投资429.72亿元，增长14.3%。在国有单位投资中，基本建设投资253.41亿元，增长15.6%，占59%，技术改造投资128.9亿元，增长13.2%，占30%。1994年全省重点建设项目48个，全年计划投资143.9亿元，比上年净增56亿元。为确保重点建设项目的顺利实施，做好资金的组织供应工作，确定了成渝高等级公路、达成铁路、宝成铁路必保资金项目12项，优先供应资金项目8项，其余按竣工投产及收尾、单项投产、继续和新开工序列供应资金。省级有关部门和各地政府积极想方设法筹集资金保重点，使全省重点建设进展顺利，全年完成投资138.8亿元，完成年度计划的96.4%。三线建设调整工作成绩显著，投资完成率达到123%。

（四）城乡市场贸易活跃

全省市场商品货源充足，品种丰富，城乡市场活跃。零售市场在物价大幅上扬的冲击下总体运行基本平稳。全年全省实现社会消费品零售总额1006.6亿元，比上年增长30.6%。其中餐饮业和批发贸易业分别增长34.1%和31.7%，制造业企业销势明显趋缓，零售额仅增长8%，比上年回落28.5个百分点。在各种经济成份中，非国有经济零售增长最快，增速达42.9%，在整个零售市场的比重由上年62%提高到67.8%，非国有经济对零售市场的影响力进一步增大。国有企业销售增速由上年的16.9%回落到10.6%。生产资料市场较为平淡，全省物资流通企业销售各类生产资料总值351.6亿元，仅增长3.7%。

（五）对外开放力度加强，对外经济贸易和招商引资向纵深发展

1994年省委、省政府把扩大对外开放作为全省经济工作的重点，招商引资工作取得了重大进展。全年新办三资企业1142家，三资企业的规模有了较大提高，一此投资额较大的项目已列入国家计划或相继开工，外资投向日益合理。外商直接投资与国有大中型企业的改制开始结合。全年合同直接利用外资15.03亿美元，实际直接利用外资8.89亿美元，实际使用国外贷款5亿美元。新签对外承包工程与劳务合作合同金额6.32亿美元。继续实施“大经贸”战略，确定和组建了一批技、工、贸相结合的大型出口企业集团，举办了汉堡和日本大阪等对外贸易洽谈会，努力扩大进出口渠道，实行出口创汇目标责任制，积极拓展国际市场，全年全省出口总额22.65亿美元，比上年增长37.2%，超额完成出口创汇20亿美元的奋斗目标。而且，出口结构进一步得到调整，机电产品、高新技术产品出口成绩显著，全年机电产品出口额达4.5亿美元，增长34.2%，其中技术密集和附加值高的机械及设备出口1.12亿美元，占机电产品出口额的25%，全省出口商品结构正在向高水平优化。

(六)财政收入增加，金融运行平稳

全省财政预算执行情况基本正常，全年完成地方财政收入135.48亿元，比上年增长15.5%，实现财政支出240.38亿元，增长14.7%。金融秩序进一步好转，存款大幅度增加，银行备付金充足，到年底，全省金融机构各项存款余额1833.5亿元，比年初增加490.7亿元，各项贷款余额2218.14亿元，比年初增加454.5亿元。

二、宏观经济调控

(一)严格控制固定资产投资总规模

年初，国务院以国发明电〔1994〕1号发出了《关于继续加强固定资产投资宏观调控的通知》，省委、省政府非常重视，经过认真研究采取了五条措施：第一，实行省长负责制，明确了这项工作由马麟副省长负责。第二，立即将《通知》转发到各市、地、州，要求认真学习并结合本地实际，坚决贯彻执行。第三，提出了我省的贯彻意见，并下发各地和省级部门执行。尤其在加强固定资产投资项目管理方面，从我省实际出发，着重抓了三个环节：一是建设前期的立项审批，除大中型项目报国家外，审批权集中在省和市地州计委和经委掌握，不再层层下放。对于较为重大的建设项目，要求作好项目的前期准备工作；对自筹资金项目，还必须提供资金来源证明和审计证明等；对一些长线和热点项目的审批，必须纳入全省的“九五”计划和统一定点规划；对国家明文禁止发展的项目，任何情况都不予审批。二是严格控制新开工项目，除已列入年度计划的农业、水利、能源、重要原材料、教育、卫生、科研、粮食仓库、企业单纯设备购置和职工住宅外，原则上不再批准其它新的建设项目，并要求各级银行不得对未经批准的新开工项目发放任何贷款。三是强化资金控制，继续实行资金源头控管办法，加强债券的审批和投融资活动的管理。第四，根据集中力量保重点的精神，重新调整了全省重点建设项目计划，由原来的61个调整为55个。为了做好全省重点建设及资金的组织供应工作，省政府继续对重点项目实行目标责任管理。第五，开展了对全省开发区的复查认定工作，从开发区投资大环境的综合评价、总体规划的制定、选址的确定、面积的控制、土地征用、项目实施、资金缺口、机构等各方面进行检查。全年全省完成固定资产投资773.95亿元，增长26.7%，增幅比上年回落24个百分点，投资率也由上年的31.2%下降到28.5%。全年新开工项目5043个，比上年减少914个。

(二)严格控制消费基金过快增长

1994年6月，国务院以国发明电〔1994〕11号发出了《关于在全国进行消费基金检查的通知》，省委、省政府立即转发各地和省级有关部门，坚决贯彻执行，并责成由省计委牵头，有关部门参加，组成消费基金调查工作小组，具体负责检查的组织工作，同时召开了调查工作小组全体成员会议，对检查方法、内容和进度要求进行了安排、部署。全省的检查工作分两个层次进行，省里先抓好省级重点单位的专项检查，各市地州由当地政府组织自查。从这次检查的情况看，我省消费基金的总量增长还是基本合理的，但在消费基金的管理和分流上还存在着一些问题。一是在经济体制改革不断深化和市场经济日益发展的新时期，政府对全社会消费基金的宏观调控和微观导向尚缺乏清晰的预期目标，也缺乏灵活有效的管理方法和制约手段。二是居民收入分配、分布结构失衡，收入差距拉大，主要是城乡居民收入差距拉大，行业部门之间收入差距拉大，居民中高低收入者之间差距拉大，省内地区间收入差距拉大，不同经济成分之间的收入差距拉大等等。三是职工收入结构增长失衡，工资性货币收入比重下降，实物性收入和工资外隐性收入上升。四是个人所得税征管难度较大。鉴于下半年以来消费基金增长过猛，现金投放明显过快的状况，11月，国务院又以国发明电〔1994〕25号发出了《关于严格控制消费基金过快增长和加强现金管理的通知》，我省及时召开电话会议，并以川府发〔1994〕162号文要求各地区、各部门认真贯彻落实。为此，由省计委牵头，省人事厅、劳动厅、财政厅、地税局、省人行等部门参加组成了检查工作小组，并重点对成都、重庆、自贡、攀枝花、德阳、绵阳、乐山等7市的贯彻落实情况进行了一次检查。从这次检查的情况看，各市贯彻国务院和省政府通知的态度是积极的，行动是迅速的，而且在贯彻落实中采取了一些很好的措施，如加强固定资产投资规模控制，严格控制集团购买力过快增长，加强对机关和事业单位工资基金的管理，努力做好国有企业工资总量的宏观调控工作，严格现金支取审签制度等。

（三）努力控制通货膨胀

1994年，随着国民经济的持续增长，我省的市场物价也呈现了强劲上升势头，通货膨胀压力加速释放，物价涨幅在两位数的高位上不断攀升。为了抑制市场物价的过快上涨，省委、省政府多次召开会议，研究分析物价形势，并制定了相应的控制措施，除省政府组织有关经济部门出台了一系列发展生产、增加有效供给、加强市场管理等措施外，在直接控制物价方面也及时出台了一系列调控措施，对遏制物价的大幅度上涨势头起到了积极作用。尤其是9月6日国务院电视电话会议以后，省政府以传真电报形式向各地发出了做好当前物价工作的通知。主要措施有：一是加强领导，继续落实稳定物价目标责任制，提出把抑制通货膨胀作为全年经济工作的首要任务。二是严格物价管理。下半年各地不得再出台新的调价项目，上半年已经出台的，要严格控制连锁反应。同时，各地不得再以各种地方建设基金的形式搞价外加价，凡未经国务院和省批准的自行加收的各种建设基金立即停止执行。三是抓好农业生产，发挥主渠道作用，增加市场有效供给。要求国有粮食、商业及供销等有关部门要认真发挥主渠道作用，切实做好市场供应，平抑市场物价。四是加快建立和完善粮食风险基金和副食品、价格调节基金，增强调控市场物价的能力。同时，建立了粮食、食糖、猪肉、化肥等重点商品储备制度。五是切实加强粮、油、肉、菜市场价格的管理，安定群众生活。六是整顿农业生产资料价格，保持价格的基本稳定。按照国发〔1994〕45号文精神，将农资价格全部纳入了国家管理渠道，国产化肥出厂价格，统一改为国家指导价，工厂自销部分均须低于当地零售价，并报省级物价部门批准。七是加强和完善重要商品和服务价格监审明码标价制度，要求全省明码标价率达到90%以上。八是进一步加强对行政事业收费的管理，制止各类乱收费问题，并在医院、学校两个行业内建立了“收费登记卡”制度。九是加强市场物价监督检查。全年全省社会商品零售物价上涨23.9%，居民消费价格上涨24.6%。

三、社会事业发展

（一）科学技术

全年取得自然科学重大研究成果826项，比上年增加11%，其中313项获省级科技进步奖。在抓好应用研究的同时，狠抓科技成果转化，促进经济与科技的结合。列入国家“八五”计划的190项重点科技攻关、工业性试验、工程研究中心项目以及60项列入省重点攻关和成果转化计划的项目，进展良好。同时，积极加强技术开发，加快企业技术进步。全年全省列入国家级新产品试制计划62项，其中达到国际先进水平的有9项，全年新产品试制成功2097项，投产987项，新增销售额152亿元。全省推广重大科技成果34项，新增产值43.93亿元，新增利税11.54亿元。技术市场进一步发展，年末拥有从事技术交易活动人员5.1万人，其中专职人员3.5万人。年内签订技术交易合同1.2万项，合同金额20.04亿元，比上年增长6.4%，实现金额6.35亿元。全省已创办各类科技型企业8870家。成都、重庆、绵阳、自贡4个高新技术开发区建设进一步加快，46家高新技术企业完成工业产值30.9亿元，实现利税8.6亿元，创汇1.06亿元。

（二）教育

教育事业得到广泛重视，并稳步协调发展。努力优化办学体制改革，优化结构布局，使一批重点学校、重点学科得到加强。全省普通高等学校招收本、专科学生6.43万人，比上年减少2.7%，其中招收委托培养和自费学生2.66万人，占招收总数的比重由上年的45.2%下降为41.4%；在校学生达19.84万人，增长11.5%；毕业生4.52万人，增长11.6%。全年招收研究生2227人，增长27.1%。中等教育面向社会，进一步调整结构取得成效。全年各类职业技术学校在校学生63.29万人，增长5.8%，占高中阶段在校学生的比重由上年的56.4%上升到59.2%。基础教育进一进加强，教育质量和管理水平有所提高，中小学生辍学得到遏制。初中在校学生300.26万人，增长6.9%，辍学率为7.98%，下降1.90个百分点；小学在校学生916.60万人，增长4.9%，小学学龄儿童入学率由上年的97.7%提高到97.8%，小学生辍学率由上年的2.87%下降为1.78%。已有占总人口97%的地方普及了初等教育，其中占总人口27%的地方已普及九年义务教育。特殊教育、民族教育也有新的进展。成人教育成绩显著，各类成人高等学校招收本、专科学生7.17万人,增长7.5%;在校学生17.90万人,增长20.6%;毕业学生17.9万人,增长20.6%。成人中等专业学校招收6.87万人;在校学生16.28万人;毕业学生4.62万人,增长68.0%。成人中学469所,在校学生5.01万人。年内报考自学大专及以上考试的人员达24.3万人,获大专以上毕业学历的0.71万人。全省组织成人参加系统技术培训419.7万人,技术短训1146.6万人次,全省脱盲人数达26.93万人,有26个县(市、区)通过扫盲验收达标。全省青壮年非文盲率达到95.6%。

(三)环境保护

全省环境保护卓有成效。自然保护区已达28个,完成环境污染治理项目1371个,投资额达3.3亿元。建成烟尘控制区326个,比上年增长19.0%;建成环境达标区205个,增长26.8%。环境质量进一步好转,全省工业废气处理率达74%,废水处理率48.6%,固体废物综合治理率53.2%,均比上年有所上升。

四、人民生活提高

1994年,我省人民生活水平不断提高,生活条件继续改善。城镇居民人均生活费收入2980元,比上年增长36.8%,扣除物价因素实际增长6.9%;人均生活费支出2806元,增长38%,扣除物价后实际增长7.9%。农民人均纯收入946.33元,比上年增加248.06元,增长35.5%,扣除物价上涨因素实际收入增加43.75元,增长6.3%。在收入大幅度增加的同时,农民生活消费水平也有所提高,全省农民人均生活消费支出904.28元,增加257.05元,增长39.7%,扣除物价上涨因素实际增加57.44元,增长8.9%。同时,城乡居民储蓄也大幅度增长,年末城乡居民储蓄存款余额突破千亿元,达1043.08亿元,增长43.1%。城乡居民居住条件继续得到改善。全年城镇竣工住宅2091.28万平方米;农村竣工住房4559.8万平方米。社会保障制度进一步发展和完善,城镇企业职工实行社会养老保障的覆盖面继续扩大。

五、与全国的比较

尽管1994年我省经济发展很快,但是与全国的经济发展情况相比,我省的经济发展速度和发展水平远远落后于全国平均水平,尤其是落后于东部沿海地区。1994年全省国内生产总值2712亿元,增长11.1%,占全国国内生产总值6.2%,居全国第四位,增长速度比全国平均增长速度低0.7个百分点,居西部省(区)第一位,居全国第十八位。其中,第一产业增速比全国低1.9个百分点,第二产业低0.3个百分点。

从农业生产来看,四川作为一个农业大省,农业总产值1169亿元,增长3.8%,占全国农业总产值的8.6%,增长速度比全国低1.9个百分点,在全国各省(市、区)中,名列第十八位,在西部省(区)中,也降到第三位。主要农产品中,棉花、油料等产量增长不如全国,在全国名列产量第一的生猪出栏增长速度也比全国低。

从工业生产看,全省乡及乡以上工业总产值2715.52,增长19.5%,占全国工业总产值的5.1%,增长速度比全国平均水平低1.9个百分点,名列第十一位,虽在西部9省(区)名列第一,但与沿海省(市)差距在10个百分点左右。大多数工业产品产量增速比全国平均水平高。

从固定资产投资看,其规模和增长速度远远落后于全国平均水平。全省全社会完成固定资产投资仅745.36亿元,增长22%,比全国平均增长速度低5.8个百分点,仅占全国固定资产投资的4.9%。投资率仅为28.5%,比全国平均水平低8个百分点,比上年进一步扩大。

从市场需求来看,全省实现社会消费品零售额1006.6亿元,增长30.6%,占全国的6.3%,但增长速度比全国平均增速低0.6个百分点。但是,生产资料销售总额仅增长3.7%,比全国低17.5个百分点,市场需求明显不足。

从外贸出口来看,由于我省出口总额长期以来基数偏低,近几年省委、省政府始终贯彻"大开放促大发展"的战略方针,1994年全省出口总额增长速度达到37.2%,比全国平均水平高5.3个百分点。但是,我省出口总额在全国总量中仍然很低,仅占全国出口总额的2%。

从居民收入看,我省居民收入水平长期低于全国平均水平,1994年全省城镇居民人均生活费收入增长36.8%,比全国平均增长速度高2个百分点,但扣除物价因素后比全国低2个百分点;农民人均纯收入增长35.5%,比全国高3.5个百分点,扣除价格因素后仍高1.3个百分点。

从物价涨幅看,我省地处内陆,物价总体水平低于全国水平,但在全国逐步统一的大市场中,1994年物价涨幅已经高于全国,全国居民消费价格上涨24.6%,比全国平均涨幅高0.5个百分点,商品零售价格上涨23.9%,比全国平均涨幅高2.2个百分点。四川物价涨幅高于全国，与我省经济发展水平低，消化涨价因素的能力不强也有很大关系。

从人口增长来看，四川虽然是人口大省，但近年人口控制取得明显成效。1994 年全省人口出生率 16.93‰，人口自然增长率 9.94‰，分别比全国低 0.77 和 1.27 个百分点。

（杨 昕 撰稿）

经济体制改革和对外开放

一、经济体制改革进展情况

1994年四川省经济体制改革按照"统一规划，全面推进，综合配套，重点突破"的方针，以建立现代企业制度，构建市场体系，加快县级经济体制改革和城市综合配套改革为重点，全面推进财税、金融、计划、外贸体制改革及社会保障制度和土地使用制度改革，进一步扩大对外开放，加大改革力度，加快改革步伐，在各方面取得重大进展。

(一)深化企业改革

1.全面落实企业经营自主权。根据《企业法》和《转机条例》，清理各类与《企业法》和《条例》相抵触的行政法规和政策，切实制止"三乱"，转换政府职能和工作作风，减少对企业的直接干预。通过各级政府和企业的共同努力，《条例》规定的企业十四项经营自主权基本得到落实。

2.深化企业劳动、用工、分配制度改革。1994年底，全省已实现优化劳动组合和劳动合同化管理的企业达7685户，实行全员劳动合同制的企业3118户。大多数企业普遍进行了职工优化组合和干部聘任制，实行竞争上岗。推行了多种形式的工资分配制度改革，全省23个市地州全部实行了弹性工资计划管理。

3.扩大、规范股份制试点。按照《股份有限公司规范意见》和《有限责任公司规范意见》及《公司法》要求，对企业实行公司化改造。1994年全省新组建股份有限公司79户，有限责任公司1000户，股份合作制企业2000户。全省大中型企业有50%改组为股份有限公司或有限责任公司。同时，加强了股份制企业的规范化管理，制定了规范、完善股份制试点工作的政策措施，开展了对股份制企业规范化运作的检查指导，成立了四川省证券监督管理委员会及其办公室，加强对股份制工作的指导和协调。

4.建立企业新体制。根据省委、省政府《关于在国有大中型企业开展探索建立企业新体制试验的实施意见》，深入开展全省22户建立企业新体制的试点，取得了明显成效。1994年22户试点企业完成工业总产值32亿元，销售收入34.8亿元，实现利税3.3亿元，比全省国有企业增长速度分别高出3.1、5.4和9个百分点。同时，四川物资(集团)公司、四川沱牌实业股份有限公司、成都红光实业股份有限公司、重庆钢铁(集团)公司4户企业经国家批准被确定为建立现代企业制度的试点企业，这标志着全省企业改革进入了一个新阶段。

5.搞好企业组织结构调整，大力发展企业集团，促进企业结构优化和资源合理配置。1994年底，全省组建的企业集团已达160多户，成员企业2600多户，其中，1994年组建12个，成员企业284户。不完全统计，全省企业集团注册资本达30亿元，拥有固定资产总值约120亿元，在我省国民经济中发挥着十分重要的作用。

6.实行关、停、并、转、租、卖、联等多种形式，积极探索国有资产合理流动，优化配置的途径。对长期亏损、资不抵债、扭亏无望的企业，积极慎重搞好破产试点，为建立企业优胜劣汰机制积累了有益的经验。截至1994年底，全省依法实行破产的企业80户，其中国有企业58户，占72.5%。

7.加快产权制度改革，进一步巩固和完善省级产权市场，加快成都、重庆产权市场和制度建设，初步形成了以省产权交易市场为中心，成、渝产权市场为重点，区域性分市场为网络的产权交易体系。四川省产权交易中心已有5家分支机构，与省外多家交易市场建立了联系，并成功地开展了企业的产权交易，四川产权交易市场步入了新阶段。

(二)培育市场体系

1.建立多形式、多层次的市场网络。在城乡集贸市场方面，1994年全省市场建设规模继续增大，基础设施继续增强，市场功能逐步完善。1994年底，全省已有城乡集贸市场9116个，居全国第一位，比1993年增加441个，初步形成了批零结合、大小配套、专业批发和综合交易于一体的集贸市场网络。在专业市场和批发市场建设方面，1994 年全省把集贸市场建设的重点转向专业市场和批发市场，改建、扩建 70 多个多功能、大容量、远辐射的商品批发市场，其中有 34 个年成交额上亿元的大型批发市场。在生产资料、市场方面，1994 年底，全省共有生产资料市场 224 个，比 1993 年增长 15%。在劳动力市场方面，全省有 18 个市地州、100 个县(市、区)开设了劳动力市场，劳动力市场中介机构 200 多个，职业介绍机构发展到 848 家，乡镇劳动服务站 994 家。全省通过劳动力市场就业所机制实现就业的城镇待业人员 242 万人。在技术市场方面，1994 年底，全省拥有各类科技型企业 8870 个，实现产值 144.8 亿元，实现利税 28.5 亿元，各类技术贸易机构近 10000 个，从事技术贸易的人员 10 多万人。1994 年签订技术合同 1.5 万项，合同金额 20 多亿元，实现金额 6.35 亿元。在金融市场方面，证券市场有新的发展。全省有专业证券公司 5 家，证券营业部 120 家，证券业务代理网点 407 个。1994 年通过省证券交易中心清算的证券交易额 267 亿元，在全国证券交易中心系统名列前茅。资金折借市场有新的起色。外汇市场取得重大突破，实现汇率并轨，与全国外汇交易中心联网，1994 年结汇大于售汇 6501 万多美元。在期货市场方面，全省 1994 年底共有 6 个期货交易所，经纪公司 13 家，持证经纪人 15000 人。

2.改革流通体制。一是确定了省五交化总公司、内江百货集团公司 2 户商业企业为省级建立企业新体制的试点单位。二是确定了南充、德阳两市为省级流通综合改革试验区，着重发展企业集团和连锁经营网络，改革旧的批发体制和商贸管理体制。三是以企业改革为中心，以调整资产组织、经营、所有制结构为重点，实行“抓大、放小、创新、调结构”的改革新举措，构造新的国有商业体系。“抓大”即抓好国有商业大中型企业，大力发展企业集团和连锁商业网点。“放小”就是放开国有小型企业，调整所有制结构和资产结构。“创新”，即按照现代企业制度的要求，探索建立新的商业组织体系和运行机制。“调结构”，主要是大力调整企业内部组织结构，推行“单体公司”的组织形式。

(三)改革宏观体制

1.推进财税体制改革。积极稳妥地确定了省对市地州的财政体制，初步建立起较为规范的财政分配关系，进行了国有企业利润分配制度的改革。完成了两套税务机构的分设。1994 年底，全省国家税务机构和绝大多数地方税务机构正式投入运转。

2.搞好金融体制改革。一是完成了政策性银行和商业银行业务的划分和机构分设。成都、重庆两市城市合作银行的筹建工作取得进展，城乡信用社的资产负债比例管理进一步规范化，非银行金融机构的业务有较大发展。二是整顿金融秩序，加强监管制度建设，重点清理了非银行金融机构。三是全面推进了外汇管理体制改革，初步形成了以市场供求为基础的、单一的、有管理的浮动汇率制。实行银行结售汇制，实现了人民币在经营项目下有条件可兑换，并建立起银行间统一的外汇市场，发挥了市场对外汇资源分配的基础作用。四是逐步放开金融市场，4 家外资金融机构在川设立了代表处。五是强化了人民银行的中央银行职能。

3.加快外贸体制改革。一是实行了目标责任制。省政府将当年确定的出口创汇、利用外资、对外工程承包劳务合作目标任务分解到各市地州和省级有关部门，列入工作考核目标，并层层分解落实到企业。二是扩大了外贸企业经营自主权，1994 年全省有各类外贸企业 207 家，获得进出口经营权的企业、科研单位 121 家。三是对长江集团公司、省丝绸公司、省国际公司、华西集团等 13 户重点外贸企业进行了实业化、集团化、国际化、多元化的“四化”试点，制定了扶持和鼓励试点企业发展“四化”经营的政策措施，实际出口创汇和资金借贷、使用的双向目标责任制。

4.深化计划体制改革，重点是改革年度计划体制。年度计划的内容，从以计划本子的编制为主向加强计划的政策性、导向性转变。1994 年，在确定全省国民经济和社会发展目标、制定相应发展措施的基础上，强化了年度计划报告和专题报告的编制，加强了年度计划实施的监控和协调，初步建立起了四川省宏观经济预测监测系统。年度计划的基本形式，从单一计划本子的编制下达形式向年度计划报告、专题报告、经济分析报告、计划本子等多种形式转变。年度计划的编制方法，也从经验式的编制向民主化、科学化的方向转变。把年度计划建立在预测分析经济运行环境和市场态势基础上，提高计划的社会参与度。

(四)完善社会保障体系

到 1994 年底，全省参加退休费用社会统筹的城镇企业达 3.93 万户，占应参加统筹的 96%，在职职工近 500 万人，占应参加统筹的 98%，参加统筹的退休职工 135 万人，占 98%。城镇集体企业养老保险县级统筹得到扩大，部份地区还试行私营、个体、乡镇企业社会统筹。加快了社会保险一体化的进程，目前，建立一体化养老保险体系的有 26 个县(区)，建立社会保险一体化的有11个县。全省23个市地州改革了养老保险金计发办法，有95%的在职职工和97%的离退休职工参加养老金计发办法的改革。

在失业保险方面。1994年5月，省政府发布了《四川省企业失业保险规定》，标志着四川省失业保险制度建设取得重大进展。1994年底，全省参加失业保险的单位3.2万户，职工500万人，1994年全省共接纳企业失业人员3.2万人，其中再就业人员1.6万人，失业人员再就业率达50%。

在大病医疗费用和工伤保险制度方面。1994年底，全省有135个县(市、区)实现大病医疗保险费用社会统筹，比1993年增加11个县；全省实行大病医疗统筹的企业7641户，在职和离退休职工约111万人。全省实现工伤保险费用社会统筹的有115县(市、区)，比1993年增加29个县；实行工伤保险制度改革的企业10200多户，职工149万人。

(五)深化土地使用制度改革

加大了土地使用制度改革力度，土地使用权出让面和政府收取出让金大幅度增加。1994年全省出让土地使用权1万多亩，政府收取出让金12亿元以上。通过土地使用权出让，改善投资环境，扩大了外资引进。土地转让管理逐步规范化。行政划拨土地使用权清理整顿工作普遍展开，坚持按法律规定和合同约定条件进行转让，遏制了炒买炒卖土地。1994年全省通过清理行政划拨土地使用权及非法交易，政府共收回土地流失资金达1.5亿元。建立了土地市场中介机构和土地市场网络。1994年全年新建土地评价事务机构19个，建立土地交易中心13个。加强了政府对土地价格的调控，使土地价格体系逐步形成。1994年全省有30个(累计80个)县城完成基准地价评估工作。

(六)加快县级经济体制改革和城市综合配套改革

1.县级经济体制改革取得重大进展。一是以产权制度改革为重点的县属企业改革取得实质性进展，全省80%以上的县不同程度地推广了宜宾县以产权制度改革为核心推动县级经济发展的经验。二是城镇集体经济和个体私营经济健康发展，成都市青羊和重庆市江北集体经济试验区取得新的发展。江北试验区大面积推行股份合作制，1994年底，全区50%的集体企业被改组、改造为股份合作制企业。青羊试验区注重提高集体企业的技术水平，建立起一批科技先导型企业，并采取了与新技术项目、私营企业、外资企业等嫁接方式，调整企业组织结构和产业结构，形成拳头产品和骨干企业。新津、成华、广汉个体私营经济试验区也得到迅速发展，希望饲料集团成为全国最大的饲料生产企业和最大的生产性私营企业。为了支持和鼓励个体、私营经济的发展，规范其生产经营行为，保护其合法权益，1994年7月，省人大常委会审议并通过了《四川省私营企业条例》，促进了私营经济发展。三是股份合作制取得新进展。省政府制定了促进股份合作制发展的政策措施，指导和规范股份合作制的发展。1994年底，全省城乡股份合作制企业达到10000户。县级综合体制改革也向纵深发展，广汉、涪陵两市被国家体改委确定为全国新一轮的县级综合改革试点县(市)。

2.城市综合配套改革试点进入实施阶段。成都、重庆和德阳市分别被国家体改委确定为全国城市综合配套改革试点城市和试点联系城市，其试点方案已获批准并付之实施，率先进行建立社会主义市场经济体制的试验，将在建立现代企业制度、培育市场体系、健全社会保障制度、转换政府职能、改革政府机构等方面提供示范。

二、对外开放发展情况

(一)利用外资和开展国际经济技术合作

1.我省从改革开放初期1979年就开始借用国外贷款，规模逐年扩大，项目逐年增多，对发展我省经济，起到了重要支持作用。截止1994年底，全省借用国外贷款项目签约额累计为26亿美元，项目共105个，其中成都市2.21亿美元，重庆5.87亿美元，中央在川直属企业3.6亿美元，国外贷款项目提款额累计为22亿美元。1994年底全省国外贷款余额18.6亿美元。

近几年由于国家对国外贷款项目，重点向我国中西部地区倾斜的政策指导，我省借用国外贷款工作将有新的发展。

2.全省利用国外贷款项目投向符合我省经济发展需要，主要结构合理：其中，能源(包括水电、火电、天然气)占40%，交通和通讯占12%，重要原材料工业占25%，机电、轻纺占4%，农、林、水占12%，科、教、文、卫占2.5%，城市基础设施建设占2.6%。

国外贷款对加强我省能源、农业、交通、通讯、城市建设等基础产业、设施的建设，社会公益事业，尤其是扶持贫困地区的发展，起到了重大作用，对缓解我省能源、通讯、交通等“瓶颈”基础产业，起到了显著效果。一批先进的国外成套设备和技术也得到及时引进，提高了原材料、高新技术加工工业的生产和开发能力，增强了企业后劲和市场竞争能力。

3.全省利用国外贷款结构基本合理：我省10年

以上的中长期贷款比重较大，商业贷款比重很小并投向合理，借用国际金融组织长期贷款最多占38%，其中世界银行贷款又占96%，政府(混合)贷款占39%，商业性贷款(包括出口信贷)仅占23%，其中5年以上商业贷款又占95%以上。

从整体上讲，我省无论是负债率和偿债率，都处于安全线内，是有足够的综合偿还能力的。但关键是要搞好项目的选择，提高前期可行性研究工作的科学性和可靠性，特别是建设速度、工程质量和技术水平的提高及投资效益的发挥。目前我省已安排的国外贷款项目基本上实施顺利，并能按期偿还外债本息，国外贷款方表示信任和满意。

4. 1979～1994年全省已兴办"三资"企业5442家，合同外资金额62.6406亿美元，实际外资投入16.0463亿美元，到位率为25.62%。其中：合资企业3729家，合同外资36.95亿美元，实投外资10.4亿美元；合作企业263家，合同外资5.48亿美元，实投外资5.48亿美元；独资企业1450家，合同外资20.20亿美元，实投外资3.89亿美元。

外商投资最多的国家和地区是香港、台湾、美国、新加坡和日本，其中香港投资占50%以上，台湾占10%，美国和日本合占15%。外商投资集中的行业有房地产(996家)、服装(1362家)、机械(550家)、食品(607家)、电子(126家)，第三产业(旅游、服务、运输)也有近150家。

外商投资企业在我省产业、发展、扩大的过程也是我省对外投资环境不断改善及法规、政策、管理不断健全、规范、稳定的过程。我省从1992年开始全面下放"三资"企业审批权限，成、渝两市获得国务院批准享有沿海开放城市的优惠政策，其他市、地也有总投资1000万美元以下的审批权，有效地简化了"三资"企业的兴办手续。同时一批为"三资"企业服务的咨询、代办、服务的企事业机构相继产生，为"三资"企业的排扰解难和经营活动提供了可靠的支持保障和服务系统。

同时外商投资的规模和投向也有很大变化，从一般的加工业、服务业发展到高新技术产业、基础产业和设施。

(二)对外承包工程和劳务合作

截止1994年底，四川省对外承包工程和劳务合作累计金额28.14亿美元，其中承包工程金额25.46亿美元，对外劳务合作2.68亿美元。合作对象涉及70个国家和地区。1994年当年派出海外工程承包和劳务人员1.41万人。新签对外承包工程和劳务合同金额6.32亿美元，实际完成营业额2.9亿美元，同时，在欧洲、独联体、非洲、大洋洲以及泰国、新加坡、加拿大等地区和国家举办了8家生产性海外企业。

(三)进出口贸易发展

我省自改革开放以来，进出口贸易不断增长，从1986年至1994年始终保持顺差。尤其是90年代进出口贸易快速增长。1990年进出口总额13.63亿美元，其中出口11.16亿美元，进口2.47亿美元。1992年增长到21.99亿美元，其中出口14.86亿美元，进口7.13亿美元。1994年进出口总额达36.84亿美元，其中出口22.65亿美元，进口14.19亿美元。

同时出口商品结构也发生了很大变化，1986年初级产品占51.4%，工业制成品占48.6%，农副产品占18.2%，轻工产品占61.9%，重工产品占19.9%；到1994年初级产品下降到23.5%，工业制成品上升到76.5%，农副产品下降到12.9%，轻工产品48.7%，而重工产品上升到38.4%，其中机电产品出口达4.65亿美元。出口商品输往最多的国家和地区有香港、日本、美国、德国、韩国。

(四)利用外资的战略及优惠政策

四川省一直把利用外资作为对外开放的重点。在积极改善投资软环境的同时，积极改善投资硬环境，即简化审批程序，下放项目审批权限，完善鼓励外资投资的地方性法规和建立及完善外商投资提供咨询服务的机构。同时加强能源、交通、通讯等基础设施的建设。根据四川省的实际，提出了发挥四川省资源和市场的优势，以资源和市场换取资本和技术的政策，对于利用四川省的资源优势的生产性外商投资项目，在企业自求外汇平衡的前提下，其产品可以在内地销售。并且鼓励外商在农业、能源、交通、基础原材料工业，及高新技术产业投资。为此，经四川省人大常委会通过并颁布了《四川省鼓励外商投资条例》，重庆、成都及其他一些地市也相应颁布了鼓励外商投资的规定。

(杨　昕　四川省计委外经处　撰稿)

附录

四川省招商引资重点项目

项目名称	承办单位	建设内容或产品及生产规模	总投资（万美元）	合作方式	联系人及地址、电话等
交通					
成都——乐山公路	省交通厅	高级公路126公里	31988.00	合资、合作BOT、贷款	于维多 电话:5581333 传真:5582653
内江——宜宾公路	省交通厅	一级公路全长137公里	35565.3	合资、合作BOT、贷款	于维多 电话:5581333 传真:5582653
成都——雅安公路	省交通厅	一级公路全长148公里	28751.92	合资、合作BOT、贷款	于维多 电话:5581333 传真:5582653
成、温、邛高速公路	成都市交通局	修建高速公路74.4公里	4500.00		王为东 电话:(028)3333391
成都——双流机场高速公路(第二期工程)	成都市交通局	全长12公里,为6车道设置,两侧加辅道设置,路基宽45米	1800.00		王为东 电话:(028)3333391
108国道成都外北过境段高架路	成都市交通局	全长10公里,为4车道设置,宽23米	5888.00		王为东 电话:(028)3333391
成渝高速公路货运中心	成都市交通局	年货物处理能力100万吨、年货运周转量7000万吨公里	1148.00		王为东 电话:(028)3333391
彭州市干线公路扩建工程	四川省彭州市交通局	二级标准公路54.2公里	1200.00		贾 红 电话:(08235)871021
隆昌——泸州公路	省交通厅	一级公路47.8公里	6366.00	不限	杨福林 电话:5581333—2256 传真:5582653
泸州港口	省交通厅和泸州市	集装箱8万标箱3百万吨码头/年,客运站260万人/年,铁路8Km,公路12Km	11333	合资、合作BOT、贷款	于维多 电话:5581333 传真:5582653
万县市港口	省交通厅与万县市	集装箱8万标箱/年,四座4吨级泊位,三座货装伴杂码头及重点作业机械化	1724	合资、合作BOT、贷款	于维多 电话:5581333 传真:5582653
宜宾港口	省交通厅与宜宾市	吞吐量1100万吨/年	2874	合资、合作BOT、贷款	于维多 电话:5581333 传真:5582653

续表

项目名称	承办单位	建设内容或产品及生产规模	总投资（万美元）	合作方式	联系人及地址、电话等
攀枝花市机场	攀枝花市计委	机场机设为4D级，飞行等级属国内主要干线机场	12000	合资、合作BOT、贷款	攀枝花市计经委 电话：(0812)333342
能源					
南亚河梯级水电站开发	四川省电力公司	年发电量12.79亿千瓦小时	30000	合资、合作贷款	叶仲良 电话：(028)4445867 传真：4445867
黄桷庄二期扩建工程	四川省电力公司	年发电量70亿千瓦小时	70000	合资、合作贷款	叶仲良 电话：(028)4445867 传真：4445867
金银台水电站	阆中市金银台水电开发公司	年发电量5亿千瓦小时	9425	合资、合作贷款	慕奇海 电话：(028)6625794 传真：(028)6625794
天宫庙坑口火电工程	大邑县供电局	装机2×25000千瓦	1860.00		袁燕君 电话：(028)7777534
草坝坑口火电厂工程	彭州草坝坑口火电厂	装机2.7万千瓦	1000.00		汪　卓 电话：(08235)841161
凤鸣桥梯级水电站工程	彭州水电站工程指挥部	装机容量3.7万千瓦	2150.00		尹华建 电话：(08235)841295
成都北郊热电厂扩建工程	四川省电力公司	供电4290×104千瓦小时	1057.00		蒋　奇 电话：(028)5781033
乌江彭水水利枢纽工程				BOT	
建材					
水泥生产	宜宾地区川南水泥厂筹建办公室	100万吨/年	12000	合资、合作贷款	张玉彬 电话：(0831)227912
川东水泥厂	万县市川东水泥厂筹建组	年产水泥60万吨	8533.00	合资	姜福纯 四川省忠县忠州镇 电话：(08284)23663
丰都水泥厂	四川涪陵地区建材局	年产水泥67万吨	9200.00	不限	赵克云 涪陵市高笋塘 电话：(0810)232300
川南水泥厂	宜宾地区建材局	年产水泥67万吨	9165.00	不限	郭建民 宜宾市中山街142号 电话：(0831)227912、224271
四川省川东浮法玻璃厂	川东浮法玻璃工程筹建处	平板玻璃267万重箱	6800.00	不限	李良峰　王建民 万县市文明路20号 电话：(0819)222558
纸面石膏板生产线	四川省大为石膏矿	纸面石膏板600万平方米/年	1055.00	不限	李光学 李成友 罗永华 峨眉山市名山路东段 电话：(08426)582088、523534

续表

项目名称	承办单位	建设内容或产品及生产规模	总投资（万美元）	合作方式	联系人及地址、电话等
日产700吨熟料窑外分解窑生产线	成都市湔江水泥厂	28万吨/年	2124.00		胡坤炎 电话:(08235)871162
无碱玻璃纤维及制品	成都玻璃纤维厂	无碱无捻粗纱、覆钢板用布等,年产2万吨	4000.00		周建华 电话:(028)4444585
铝材加工	成都铝材厂	1万吨/年	1980.00		肖志勤 电话:(028)5581541
低密度纤维板	四川方舟经济开发公司	3万平方米/年	2200.00		任浩烨 电话:(028)6631057
索特纯碱厂	四川索特(集团)股份有限公司	年产纯碱、氯化铵各18万吨	9444.48	合资、贷款	张铭泰 电话:(0819)224237
PVC塑胶异型材生产线	都江堰工业开发区	5000吨/年	1000.00		黄新庄 电话:(08236)283938
冶金					
1.5万吨铜管生产线	峨眉铁合金(集团)股份有限公司	1.5万吨铜管/年	6782	合资、合作贷款	张传武 电话:(08426)23510 传真:(0833)33162
铜矿扩建工程(拉拉铜矿)	凉山州会理大铜矿	年产铜1345吨,银5203Kg	6190	合资、合作贷款	谢才沛、张发江 电话:(08444)22981
川南铝电有限责任公司10万吨电解铝(建自备电厂1×200MW)	八一二厂,宜宾发电厂	普通铝锭50000吨/年;扁锭40000吨/年,铝线坯10000吨/年	26700	合资、合作贷款	刘白天 电话:(0831)226997
选钛厂扩建	攀枝花钢铁(集团)公司	钛精矿10万吨/年	1398.8	合资、合作贷款	柳江 电话:(0812)391999
32万吨特殊钢材	重庆特殊钢公司	年产32万吨特殊钢	31000.00	合资	刘绍腾 重庆沙坪坝双碑 电话:(0811)969225 传真:966167
50万吨钢厂	长城特殊钢股份有限公司	50万吨钢/年	33000.00	合资	曹静敏 省经委外事外经处 电话:(028)6754396 传真:6619428
化工					
α——脂肪酸甲酯璜酸钠生产	川西磷化工集团(什邡县)	年产MES2500吨,甘油2000吨	3000	合资、合作贷款	罗永寿 电话:(0838)8204386
离子膜片状氢氧化钾生产	四川金路股份有限公司	年产5万吨氢氧化钾,碳酸钾	2685	合资、合作贷款	沈绪安 电话:(0838)2204384
烧碱工程改扩建工程	自贡市鸿鹤化工总厂	烧碱(片碱)5万吨/年,甲烷氯化物3万吨/年	7900	合资、合作贷款	谢术喜 电话:(028)3302896 传真:(028)3301649

续表

项目名称	承办单位	建设内容或产品及生产规模	总投资(万美元)	合作方式	联系人及地址、电话等
子午线轮胎	四川橡胶厂	150万条/年	9248.00	合资	曹静敏 省经委外事外经处 电话:(028)6754396 传真:6619428
年产2万吨离子膜烧碱	成都湔江化工厂	2万吨/年	5090.00		沈有福 电话:(08235)873329
高纯片状KOH、K_2CO_3装置生产	成都化工股份有限公司	高纯片状KOH1万吨/年,、K_2CO_3装置1.2万吨/年	2456.00		王宗读 电话:(028)3337611
甲醇	成都化工二厂	3万吨/年	1000.00		周建玲 电话:(028)6643931
烧碱二期工程	成都湔江化工厂	离子膜烧碱20000吨,偏氯乙稀30000吨	2500.00		沈有福 电话:(08235)873329
川南24万吨磷铵	宜宾天原股份有限公司	磷铵(DAP)14万吨/年,三元复合肥(PK)20万吨/年等	22365.00	不限	黄兴元 电话:(0831)226960
轻工					
乐山造纸厂扩建6.8万吨纸浆工程	乐山造纸厂	年产纸浆68000吨/年	6000	合资 合作	陆渝初 电话:(0833)231901 传真:(0833)232318
高档革及制品加工生产线	四川省阆中皮革集团公司	皮200万张/年,皮衣30万件/年	1113.00	合资	马学强 电话:(08262)22953 传真:22940
成都啤酒厂扩建工程	成都啤酒厂	10万吨啤酒/年	2299.00		刘宗常
机械					
变电设备、电力电缆生产	成都三电股份有限公司	输电线18000吨/年,绕阻线92500吨/年,电力电缆12000公里/年	1200	合资、合作	陈兴丙 电话:(028)4441712—2051 传真:(028)4441403
大中型豪华客车	成都客车厂	3000辆/年	1200	合资、合作贷款	王容坤 电话:4442586
农用运输车生产	四川福斯特股份有限公司	系列农用汽车6万辆/年	6550	合资、合作贷款	遂宁市计委罗承伊 电话:(08252)224243
电站锅炉技术改造,引进开发循环流化床锅炉技术	东方锅炉(集团)股份有限公司	360MW,年产值1775万元人民币	4200	合资、合作贷款	何允明 电话:(0813)221131 传真(0813)223200
全液压汽车起重机制造	泸州市长江起重机厂	中大吨位级全液压汽车起重机800—1000台/年	2000	合资、合作	柏玉才 电话:(0830)233234—545

续表

项目名称	承办单位	建设内容或产品及生产规模	总投资（万美元）	合作方式	联系人及地址、电话等
液压挖掘机制造	泸州市长江挖掘机厂	挖掘机2547台/年，特种减速机4000台/年	11500	合资、合作	蔡志轩 电话：(0830)234702—201 传真：(0830)234883
交联电力电缆系列产品	成都三电股份有限公司	形成275千伏及以下电缆系列产品及电缆附件	5000.00		陈兴炳 电话：(028)4441712
CA系列汽车生产	成都汽车制造厂	3万辆/年	1332.00		罗昭强 电话：(028)3332230
汽车工程机械变速箱	四川齿轮厂	年产汽车变速箱20万台、工程机械变速箱1万台	3280.00		王天才 电话：(028)5180019
振荡式汽车制动防抱死系统(ABS)					
各类汽车柴油发动机	四川南充内燃机厂	年产25万台	5767.00	合资、合作	钱福铭 南充市延安路392号 电话：(0817)220722 传真：223090
各类工程机械	四川成都工程机械总厂	产年ZL60型500台，ZL70型400台，全液压挖掘机1000台，铰接式自卸车200台，伸缩臂叉装机2150台，振动式压路机1000台	19489.00	合资、合作	曹静敏 省经委外事外经处 电话：(028)6754396 传真：6619428
中高级客车(17～30座)	四川旅行车制造厂	生产中高级客车(17～30座)	10471.00	合资、合作	刘　正 成都解放路一段75号 电话：(028)3333209—216
管线球阀及特种阀门项目	自贡高压阀门股份有限公司	高低温阀门、耐腐蚀阀门、高压阀门	1058.80	合资、合作	刘世雄 自贡市火车站路 电话：(0813)223400 传真：290246
轴承	成都轴承总厂	年产铁路货车轴承12万套，汽车专用轴承100万套，特大型轴承3万套	1072.00	合资	任建西 省经委外事外经处 电话：(028)6754396 传真：6619428
双轴拉伸聚酯膜生产线	东方绝缘材料厂	年产0.025～0.3毫米聚酯膜4000吨	1750.00	合资	任建西 省经委外事外经处 电话：(028)6754396 传真：6619428

续表

项目名称	承办单位	建设内容或产品及生产规模	总投资（万美元）	合作方式	联系人及地址、电话等
电子					
CATV 电缆电视系统	绵阳市涪江机器厂	1446000 套/年	1000	合资、合作贷款	李显视 电话：332612—228 传真：333540
精密光学薄板玻璃导电膜	成都光明器材厂	年产各类导电膜 10 万平方米	1200.00		李　光 电话：(028)4441612
光纤通讯设备及配件	国营涪江有线电厂	年产 2000 部	2000.00	合资	任建西 省经委外事外经处 电话：(028)6754396 传真：6619428
纺织					
建立高档纺织生产线	内江棉纺织厂	棉坯布 756 万米/年	2228.00	合资	黄作斌 电话：(0832)232013 传真：227052
医药					
颗粒剂、口服液生产线	四川省太极实业股份有限公司	颗粒剂、口服液	1412.00	合资	艾　国 电话：(0810)223206 传真：221513
市政建设					
污水处理	德阳市建委	建设日处理能力 10 万吨的二级污水处理厂	1150	贷款、BOT	李正发 电话：(0838)2201652 传真：2201988
城市供水工程	德阳市水源开发总公司	(1)水源工程（清平水库）总库容 9945 万立方米，年平均调节水量 2.3 亿立方米(2)引水工程 35.64 立方米；(3)净水厂 3 座共 53 万吨/日；(4)配水工程新建和改造城区管网 176.35 千米	5050	贷款、BOT 合资、合作	李正发 电话：(0838)2201652 传真：2201988
成都自来水六厂四期工程	成都市自来水公司	供水能力 80 万吨/日	20690.00		袁　红 电话：(028)7763122
彭州市自来水二厂	彭州市自来水公司	供水能力 9 万吨/日	1000.00		解　辉 电话：(08235)817072

地区规划选编

“九五”期间四川经济发展的设想

一、充分利用有利条件，努力克服不利因素，加快发展步伐

1.“九五”期间四川经济发展的有利条件。首先是物质基础条件。“八五”期间四川国内生产总值平均增长可达11%以上，为“九五”期间经济加快发展奠定了较好的物质基础。其次是劳动力资源条件。改革开放以来，四川在国家投资重点东移、资金不足、地处内陆市场开拓和对外开放受限的状况下，仍取得了经济增长略低于全国平均水平的发展成绩，在很大程度上是发挥劳动力资源优势的结果。这一劳动力资源优势，对“九五”期间调整产业结构，加快基础设施建设和基础产业发展，也是十分有利的。第三是科技条件。四川是科技大省，不少领域在国内居领先地位，技术市场交易额近年来一直名列全国前茅。这一优势对“九五”期间促进技术进步，提高经济增长的质量和效益，实现科技与经济的良好结合，促进经济加快发展，显然是有利条件。第四是市场条件。四川市场容量大、层次分明。这对城镇消费升级和农村市场开拓，促进各个层次的产业的发展是有益的。第五是资金条件。从三个方面看，四川“九五”期间经济发展的资金条件将有所改善。一是国家将通过政策性信贷和财政转移支付的渠道扩大对四川的投资；二是省内储蓄率、储蓄水平的提高和储蓄结构的改善，全省仅出省务工的农民每年邮回的现金即在100亿元以上；三是外资进入也将扩大，这为“九五”期间四川经济发展提供了好于以往的资金条件。第六是体制条件。通过“八五”期间的财税、金融、计划、投资、外汇外贸、价格、市场流通、社会保险和企业制度等一系列改革，使“九五”期间四川经济发展的体制条件有所改善。

2.“九五”期间四川经济发展的不利因素。首先是人口多、社会负担重、积累能力弱对加快经济发展的不利影响十分突出。其次是产业结构不合理。主要体现在三方面：一是农业的发展与经济加快发展不相适应。农产品总量和结构均不能满足生产和生活消费的需要，农业对工业化、城镇化和市场化的支撑能力有限。二是交通、通信、水利和城市公共设施等基础设施落后，使对外开放、市场开拓、资源开发和商品流通等均受到制约。三是能源原材料等基础产业发展滞后，使产业结构升级和居民消费水平提高都受到影响。三是产业素质低下，经济增长的质量和效益不高，技术进步的作用不大，产品市场竞争乏力。四是生态和环境保护对加快经济发展的制约因素突出。特别是耕地的后备资源很少。五是资金运用能力低下。体现在资金利用效益不高、对社会资金的导向能力不强和对社会资金的运用不充分等几个方面。

“九五”期间四川要继续贯彻中央“抓住机遇、深化改革、扩大开放、促进发展、保持稳定”的总体方针，充分利用上述有利条件，努力克服不利因素，积极探索加快经济发展的新思路和有效途径，加快全省经济发展的步伐。使全省国内生产总值的增长略高于全国的平均水平，逐步缩小与全国存在的差距，确保全省实现提前3年翻两番和2000年的小康发展目标。

二、“九五”期间四川经济发展的总体目标，产业发展的方向和重点、经济增长的特征变化。

1.“九五”期间四川经济发展的总体目标。一是经济总量有较大增长。到2000年全省国内生产总值按当年价格计算达到8000亿元以上，人均国内生产总值接近1000美元(预计2000年人民币与美元的汇率7左右)。二是经济结构有较大变动。国内生产总值中非农产业的比重达到80%以上。城镇人口占总人口的比重达到28%左右。三是市场化的程度进一步提高。市场交易商品量和进出口商品总值占社会总产品的比重均有较大的提高。

2. 产业发展的方向和重点。首先是加强农业。增加农业投入，改善农业生产条件，切实保护耕地，转移农业剩余劳动力，推广农业新技术，发展农业社会化服务体系，培育农产品市场，发展“两高一优”和生态农业。

其次是切实改善基础设施和基础工业。逐步缓解交通通信、水利和能源原材料工业对经济发展的瓶颈限制因素。

第三是积极振兴机械电子、汽车工业和建筑业等支柱产业。充分发挥其在经济发展中的扩散和关联效应，促进总体经济结构升级。

第四是大力进行对外贸易结构的调整。对外贸易要由以创汇为中心的数量型发展战略向以创利为中心的效益型发展战略转变，要实现与经济增长、质量和效益的提高以及经济结构调整的有机结合。

第五是努力培育高新技术产业。发展适应和满足基础产业、传统产业技术改造需要，促进经济社会信息化为方向的高新技术产业。

第六是加快发展商品贸易、金融保险、信息咨询、旅游观光、科技教育、文化卫生等服务业和审计会计、公证担保、仲裁调停等社会中介组织。

“九五”期间全省基础设施、基础产业、支柱产业的重要投资项目主要有：大桥水库、武都引水二期工程、升钟水库配套工程、川藏公路、绵阳—成都—乐山高速公路、邮电数网三期工程、达成铁路、宝成铁路复线、成昆铁路电气化工程、内昆铁路、重庆地铁、二滩水电站、宝珠寺水电站、瀑布沟水电站、广安火电厂、宜宾火电厂、攀钢二期工程、钢铁二基地、重庆和宜宾电解铝厂、自贡聚酯工程、川东水泥厂、东方电站设备扩能工程、重庆微型车和轿车工程、成都红光大屏幕彩管工程、绵阳家电城、100万套普通型居民住宅等。

3. “九五”期间经济增长的特征变化。一是经济增长由消费拉动型转向投资拉动型。投资增长将高出经济增长8个百分点左右。预计“九五”期间全省投资总额将达到8000亿元左右。二是经济增长将由外延扩大转向外延扩大与内涵提高并重的增长方式。大力促进技术进步，使经济增长的质量和效益有所提高。加大对丝绸、纺织、医药、建材等5个传统产业技术改造的力度。大力推行名牌战略。提高钢材、彩电、录相机、通信设备、汽车、摩托车、发电和输配电设备、工程机械和建筑机械等8个拳头产品的产量和市场占有率。

三、“九五”期间四川经济发展的区域布局

1. 确立主导经济区。建设和形成重庆、成都两个主导经济区。两市重点发展“两高一优”农业、支柱产业（国家90年代产业政策确定的支柱产业）、高新技术产业和交通通信、商品贸易、金融保险、信息咨询、科技教育、文化卫生、旅游观光等服务业，充分发挥在全省经济发展中的辐射和主导作用。

2. 发展先行经济带。以江油—峨眉山、成都—重庆两线为先行经济带。重点发展“两高一优”农业、支柱产业和乡镇企业，在农村工业化、城镇化等方面取得较大的进展，发挥其在全省县级经济发展中的示范和带动作用。

3. 建立资源开发片。建立以攀西地区资源综合开发利用和川东三峡库区开发性移民为特色的资源开发片。重点发展“两高一优”和生态农业，开发利用水力、黑色金属、有色金属、天然气、盐矿、建材及其他非金属矿等优势资源，增强全省经济发展的后劲。

4. 加快贫困地区脱贫致富步伐。省内盆周山区、川西南山区和川西北高原有1000余万人口尚未脱贫，加快贫困地区脱贫致富步伐，促进全省小康发展目标的实现，也是全省“九五”期间区域经济布局的重点。增加人力、物力和财力的投入。大力进行交通通信、供电设施和人畜饮水等基础设施建设，改善投资环境和居民生活条件。继续贯彻国家星火计划、丰收计划和燎原计划，加快优势资源的开发利用和“两高一优”农业的发展。积极发展个体和私营经济，加快小城镇建设和乡镇企业的发展。发展科技教育文化卫生等社会事业，调整居民消费结构，提高人口素质，实施科技扶贫。

四、“九五”期间体制改革要点

1. 推进国有企业制度改革。国有企业制度改革是“九五”期间经济体制改革的要点也是难点。国有企业改革要根据提高经济增长的质量和效益、优化结构及带动各种经济成份共同发展的需要进行。对一些严重资不抵债、产品无市场销路、扭亏无望的企业，要依法进行破产。大力推进企业组织结构调整，促进资产的流动和重组。以资产、产品、人事为纽带，组建企业集团，促进跨省、跨国和多元化经营。组建大型企业技术开发中心，加强与科研单位、大专院校的经济技术协作、渗透和联合，加快新产品开发和节能降耗的步伐。改革人事和劳动用工制度。形成能进能出、能上能下的用人机制。形成一支职业企业家队伍，高水平的科技人才队伍，高技能的技工队伍和高

素质的职工队伍。

2. 加快政府职能转换。按照政企分开和建立社会主义市场经济体制的要求，加快政府职能的转换。政府职能要由管微观向管宏观、由管企业向管市场、由管人向管社会转变。实现政企和政社（社会中介组织）职能的分离，提高政府机关的工作效率和工作质量。

3. 突出投融资改革。适应居民支出结构变化，消费向投资和消费者向投资者转变的需要；结合企业经营机制转换、优化经济结构和完善所有制结构的要求；根据提高资金运用效率和效益的目标，进行投融资改革。改善金融机制，完善投资服务市场，促进储蓄向投资转换。推进基层金融机构企业化进程，改进生产经营企业负债形式，增强金融商品意识，提高资金安全性、流动性和效益性。规范投融资主体，改革投融资方式，强化投融资风险约束机制，健全投融资利益驱动机制，促进资本存量调整和增量优化配置。

五、“九五”期间市场体系，社会保障体系和宏观调控体系的建设。

市场体系、社会保障体系和宏观调控体系的建设，是建立社会主义市场经济体制的重要组成部分。“九五”期间将在这几方面取得进展，为下个世纪的进一步健全和完善创造一定的基础条件。

1. 市场体系的培育。建设必要的适应商品流通、货物周转、要素流动的市场硬件设施和仓储运输设施。建立跨地区、跨省和跨国的市场信息系统。完善市场中介组织、健全市场交易法规，改善市场人员结构。形成适应生产、消费需要的市场规模和促进市场公平竞争、稳定市场物价的市场主体结构。规范市场交易行为。健全和完善供求、竞争、价格、风险、约束等市场机制。

2. 社会保障体系的建立。建立社会保险、商业保险和社会救济三位一体的社会保障体系。“九五”期间要形成较为合理的框架结构。社会保险以养老保险、失业保险、医疗保险和工伤保险为主体，在重点城市进一步完善，中等城市进一步发展，小城市以下进行开创和扩展。同时以某些行业为依托，开展社会保险事业。商业保险从补充养老保险、各种意外人身事故保险、儿童医疗保险等方面对社会保险进行必要的完善和补充。社会救济要体现效率优先兼顾公平的社会分配原则，划定城镇贫困线，维持居民最低基本生活水准。

3. 宏观调控体系的完善。健全中央宏观调控与地区调节的联结和传导机制，确保中央宏观调控的统一性和权威性。建立以计划、财政、金融为主体的宏观调控体系，形成三者互相配合、互相制约的良性关系，发挥其总量控制和结构调整的作用与功能。在中央统一宏观调控的前提下，注重宏观调控的层次性和灵活性，促进国民经济健康快速发展和地区优势的充分发挥。

（黄志清　撰稿）

四川省经济发展的一翼——三峡工程川东南库区经济发展的基本思路

一、三峡工程淹没概况及对四川的影响

长江三峡工程水库淹没涉及湖北、四川两省21个县（市、区）。三峡水库干流长600公里，库岸总长5000多公里，面积约1084平方公里。据1991年底至1992年初统计，直接淹没人口84.46万人，淹没耕地25.79万亩，园地11.02万亩，河滩地5.8万亩，受淹工矿企业1599个。

三峡工程淹没区主要在四川。淹没涉及四川省万县市、重庆市、涪陵地区和黔江地区的17个县（市、区）。即巫山县、巫溪县、奉节县、云阳县、开县、龙宝区、天城区、五桥区、忠县、丰都县、涪陵市、武隆县、石柱县、长寿县、江北县、巴县、江津市，此外，重庆市区部分河滩地也将受淹。四川省直接受淹人口为71.94万人，占全库区受淹人口的85.18%，（由于人口自然和机械增长以及城镇迁建征地等因素，按规划20年迁安完毕，四川省需搬迁安置移民95.5万人）；淹没耕地22.97万亩，占全库区淹没耕

地的89.27%;淹没工厂1380个,水电站97座,装机容量7.89万千瓦,均占全库区的85%左右;此外还将淹没公路842公里、高压输电线1341公里、通讯线2467公里、广播线6088公里和一批文物古迹等。全淹和基本全淹县城5座(巫山、奉节、云阳、开县、丰都),部分受淹的城市和县城4座(万县市、涪陵市、忠县、长寿),全淹或部分淹没集镇128个。

兴建三峡工程给川东南库区带来巨大的淹没损失和近百万移民搬迁安置的艰巨任务。但同时,三峡工程的建设也为改变库区落后的经济面貌提供了机遇。目前加快川东南三峡库区的经济建设有许多有利条件;首先,库区人民经过长期贫穷之后,有改变面貌的强烈愿望。其次,库区有丰富的矿产资源、农业资源、旅游资源可供开发利用。第三,农村、城镇、工厂的迁建可以结合结构调整、技术改造进行,将使库区社会的整体功能和企业素质有明显提高。第四,中央决定三峡工程的效益要与库区淹没损失挂钩,将为库区的建设和发展开辟一条可靠的资金渠道。第五,更重要的是中央确定了开发性移民方针,提出在安置库区移民上要坚持国家扶持的原则,政策优惠的原则,各地支援的原则和自力更生的原则。只要充分利用这些有利条件,克服不利因素,依靠库区广大干部、群众的智慧和创造力,四川对搞好三峡工程移民安置工作,既有信心,又有决心。

二、川东南库区经济发展和移民安置的指导思想

根据本区经济发展的现状和面临的形势,到本世纪末和下世纪初,经济发展和移民安置总的指导思想是:坚持以经济为中心,全面贯彻开发性移民的方针,不失时机地加快改革开放的步伐,加快资源开发利用和结构调整,迅速改善经济发展的大环境和面貌,在较高的起点上规划和建设繁荣的川东南三峡工程新库区。在具体规划和建设中,一定要注意:

——坚持把库区的经济发展与移民安置结合起来。要通过加快库区经济发展,改善社会生活条件,扩大移民安置的容量,并为移民创造良好的生存和发展致富的条件。结合移民安置,展开和重新布局生产力,实现生产要素的优化组合,加速库区工业化、现代化进程。

——坚持把经济发展与改革开放结合起来。要进一步改革开放,用好、用活中央给库区的各种特殊优惠政策,加快企业经营机制的转换,积极推进股份制试点,大力推进对外经济的协作和联合,更大胆地吸引各种外来投资开发资源,加强基础设施建设,增强库区经济实力,为大规模移民安置创造更好的环境。

——坚持把经济发展与结构调整结合起来。加快库区经济结构的调整,要在加强农业基础的同时,注重加快二、三产业的发展,特别是高起点地构筑本区基础设施的框架,大力改善投资环境,这是库区实现经济上新台阶和安置好移民十分重要的环节。

三、川东南库区经济发展的重点

根据川东南三峡库区的发展条件和大规模移民安置的需要,90年代经济发展首先要大力改善投资环境,立足于本地优势资源的开发利用。"八五"要围绕提高经济效益重点抓好产品结构的调整,大力加强农业、交通通信、能源、市场急需的原材料工业建设以及城镇搬迁的前期准备工作,有计划地抓紧开工建设一批骨干项目。"九五"随着移民安置和城镇搬迁的全面展开,要进一步扩大资源开发,抓紧建成一批骨干项目,把库区的经济发展和产业结构提高到一个新的水平,基本实现小康目标。

(一)农业

川东南三峡库区地处秦巴山区和武陵山区,幅员面积约4万平方公里,以山地为主,地势崎岖,气候属湿润亚热带季风气候,年降雨较多,光热资源丰富。目前,农业生产发展的突出问题有四个:一是耕地严重不足,人均耕地不足一亩,特别是三峡水库还将淹没一些条件相对较好、产量较高的河谷平坝和河滩地后,耕地将进一步减少;二是年降雨时空分布不均,水利设施严重不足,有四分之三的耕地缺乏灌溉保障,大面积旱灾的发生十分频繁,尚未摆脱"靠天吃饭"的局面;三是坡土多,产量低,耕作条件差,生产方式落后,机耕面积仅占耕地面积的1%,经营成本高;四是资源利用不尽合理,垦殖过度,水土流失相当严重,农业生态环境十分脆弱,不少25度以上的坡耕地急待改造和退耕还林还牧。

为了增强农业发展的后劲和弥补三峡工程淹没耕地的损失,扩大移民安置的容量,必须大力发展以农林牧副渔为基础的开发性大农业。要充分利用好山区土地资源和水利资源,因地制宜地大力发展优质、高效、高产农业,提高农业的集约化经营程度。要增加农业投入,大力改善农业生产条件,兴修水利工程,进一步抓好坡改梯和中低产田土的改造,积极治理水土流失。要集中力量抓好一批粮食和优势农副产品商品基地的建设,稳定库区粮食和瘦肉型猪生产,增加优质柑桔、油桐、蚕茧、苎麻、烟叶、茶叶、中

药材、生漆、油橄榄、蔬菜、山羊板皮和羊毛、兔毛的产量，充分利用水库、各种塘堰和今后形成的三峡水库的水面，积极发展水产养殖，加强荒山荒坡的营林造林，进一步扩大森林覆盖率。要结合生产型移民安置，大力发展乡镇企业。

(二)交通通信

库区交通通信十分落后，特别是远离长江沿江的广大山区交通通信相当闭塞。目前的交通运输基本上依赖于公路和水运。公路标准低，通过能力小，超负荷线路多，干线公路交通量已大大超过了技术标准，交通堵塞严重。水运虽有长江、乌江、大宁河、小江等航道，但由于航道处于自然状态，港口码头设施极为简陋，主要靠人力装卸，费用高、效率低，优势远未发挥。航空运输仅利用万县梁平军用机场辟有一条至成都的航线，与外区的联系极为不便。邮电通信设施差，能力严重不足。

围绕水库淹没、城镇搬迁和改善库区投资环境，需重新规划库区的交通通信网络。应尽快改善区内和联系区外交通通信状况，要抓紧淹没交通通信设施的恢复重建，提高等级公路的比重，兴建连接外区的铁路运输通道，充分利用长江和今后形成的三峡水库积极发展水上运输，逐步改善和扩大与外区的航空联系；大力采用先进技术加快邮电通信枢纽的建设，积极发展光缆通信、微波通信、移动通信和程控电话。

(三)能源

库区天然气资源丰富，煤炭和水能资源也有一定的储量，具有发展能源工业的重要资源条件。目前，除天然气已由国家开发，并主要输往外区使用以外，煤炭和水能资源的开发利用还很不充分。人均占有的电力生产量大大低于全省的平均水平，电力供应紧张。

为了促进库区的经济发展，当前必须进一步挖掘库区的资源潜力，进一步加强天然气的勘探和开发，增加后备资源和产量，充分利用水能资源和分散的煤炭资源因地制宜地发展水电和火电，结合库区淹没和城镇搬迁重新规划和大力调整电网结构，提高区域间的联网程度和输电等级，尽快形成库区220千伏电网骨架，配合三峡电站的建设适时架设通往库区50万伏输电线路。

(四)工业和建筑业

本区现有工业基础十分薄弱，物质技术装备差，产品结构层次低，缺乏大中型骨干企业。为了振兴川东南三峡库区的经济，扩大移民安置容量，弥补过去欠帐，要根据资源和市场情况，大力发展建筑业，兴建一批大中型骨干工业企业。

要充分利用库区丰富的劳动力资源和建材资源，抓住三峡主体工程、库区移民搬迁和长江流域开发建设的大好时机，面向区内外广阔的市场，大力发展建筑业和以水泥、新型墙体材料、优质地砖、新型室内外装饰材料为主的建材。将建筑业和建材工业培育成地区的优势产业。

要充分利用丰富的盐卤资源，天然气资源以及其它化工资源，根据市场需要，发展盐化工、天然气化工、高效复合肥料等，加强新产品的开发和资源的综合利用，加速建设一批大型骨干企业，逐步在库区形成以优质化肥、盐、氯碱、聚氯乙烯和部分精细化工产品为代表的地区专业化生产。

要充分利用丰富的农副产品积极发展丝麻纺织、食品、皮革、中药材、造纸等加工业和桐油、橄榄油等深度加工，大力加强技术引进和技术改造，努力提高产品质量，增加花色品种，增强产品的竞争能力，扩大区内外市场的占有率。

(五)科、教、文、卫及商业、旅游业

川东南三峡库区科技、文化、教育和卫生事业落后，商业不发达。旅游业虽然资源比较丰富，但优势发挥很不充分。

为了促进经济的发展，提高人民的生活质量，扩大移民安置容量，今后必须把发展科技、文化、教育、卫生及商业、旅游业等第三产业放到重要的地位。要根据库区经济发展的需要，千方百计地吸引和培养专业技术人才，积极开发和推广先进实用的科学技术，在大力抓好基础教育的同时密切结合库区的经济发展有重点地抓好职业教育，创造条件兴办高等教育，进一步通过各种形式繁荣库区文化，努力改善山区的医疗卫生条件，逐步改变库区科学、教育、文化、卫生事业的落后状况；要充分发挥旅游资源的优势，抓住三峡水库形成前后的旅游高峰，大力发展旅游业，并以此来带动商业服务业的发展。

(六)城镇建设

本区目前城市化水平很低，两个县级市和县城所在的镇布局拥挤，基础设施很差，应结合淹没搬迁不失时机地按照工业化、城镇化和现代化进程的要求，重新规划城镇布局，大力加强基础设施建设，使城镇面貌焕然一新。规划一定要留有发展余地，并充分考虑城镇的功能及其相互间的互补性。迁建的步伐及其资金的投入要加快，并充分注意新、旧城之间的衔接。在新城没有建成之前，对旧城必要的改造和建设仍不能忽视，以免因旧城功能提前丧失给经济发展和人民生活造成严重影响。

三峡工程的兴建结束了长期以来在库区布局生产力的一大障碍，中央确定的开发性移民方针和给库区的一系列特殊优惠政策，国家对三峡工程和移民安置的巨大投入，全国各省、市、区对库区的对口支援，以及改革的不断深入和“沿江”开发开放战略的实施，将给库区的经济发展注入新的活力，为库区的经济振兴提供了新的机遇。只要充分把握这一机遇，本区的经济完全有条件步入一个崭新的阶段，在顺利完成“奔小康”和大规模移民双重历史任务的基础上，逐步建设发展成为一个经济繁荣、环境优美、人民安居乐业的经济发展与移民安置相结合的新型库区。

一九九四年改革开发大事记

1月

1日 省政府发布第38号政府令，公布实施《四川省公路养路费征收管理办法》。

5日 省委、省政府召开全省农村工作电话会议，强调进一步抓好当前农业和农村工作，确保今年稳粮增收目标的实现。

5～7日 全省财贸工作会议在蓉召开，省领导谢世杰、肖秧、蒲海清、甘宇平到会讲话。

8日 我国内陆省区的第一张海外专版——香港商报《四川专版》在香港创办发行，省委书记谢世杰、省长肖秧分别撰文和题词祝贺。

6～8日 全省财政工作会议召开，提出要确保财税改革措施顺利实施。

6～11日 中共中央政治局委员、国务委员兼国家体改委主任李铁映来四川考察工作。随同李铁映来川的有国家体改委副主任王仕元、马凯、农业部副部长万宝瑞以及有关部门的负责同志。

14～15日 四川三峡经济联合发展委员会第一次会议在渝举行，省长肖秧在会上讲话强调抓住机遇联合发展川东区域经济。

15日 省机构改革领导小组及其办公室成立并开始运转，省、县机构改革试点，职能、机构、编制情况调查以及控编消肿等项工作已经展开。

17日 省政府召开1993年经济形势新闻发布会，宣布去年全省国民经济持续、快速发展的各项增长指标。

18日 四川省八届八大二次会议在成都隆重举行，省长肖秧在会上作了《政府工作报告》。

29日 历时3天的全省对外经贸工作会议结束。会议要求全省上下抓住机遇，深化改革，推动对外经贸工作再上新台阶。

2月

1日 《四川日报》全文发表省长肖秧1994年1月18日在四川省第八届人民代表大会第二次会议上所作的《政府工作报告》。

2日 全省经济体制改革工作会议在成都结束。会议确定今年的体改工作任务是全面按照新体制目标构造市场经济体制框架。

8日 省委、省政府隆重举行春节团拜会，省党政军领导同各界人士欢聚一堂，共度佳节，同迎新春。中共中央政治局常委、国务院副总理朱镕基出席团拜会并作了热情洋溢的讲话。

15日 《四川日报》刊登四川省人民政府令(第39号)，全文公布《四川省〈中华人民共和国道路交通管理条例〉实施办法》，于1994年2月1日起施行。

22日 省委、省政府决定于1994年度实施省级机关机构改革方案。

24日 全省政法工作会议在成都召开。会议强调进一步加强和改革政法工作，保障现代化建设的顺利进行。

25日 省政府代表团与莫斯科州代表团就经贸、科技、文化合作，以及建立两省州友好省州关系问题举行会谈。

3月

1日 省政府召开全省国土工作会议，强调加强土地管理，规范土地市场。乐山、重庆、成都、雅安、遂宁等10个土地目标管理先进单位受到省政府的表彰。

▲ 省委、省政府在广汉市召开加快工业优势产品发展工作会议，要求加快产品结构调整，发展工业优势产品。

2日 据报道，全省宣传思想工作会议最近在成都召开。在历时5天的会议期间，省领导谢世杰、秦玉琴、蒲海清等到会作了重要讲话。

3日 日 **2月19日至3月3日** 肖秧省长率省政府代表团应邀访问德国和新加坡，访问取得了巨大的成功。

5日 历时4天的全省农业局长会议结束。

6日 省委、省政府召开全省春耕生产广播大会，要求各地紧急行动起来，努力打好春耕生产这一仗，竭尽全力夺取今年农业全面丰收。

▲ 省委、省政府召开四川省科技大会，动员和组织在全省范围内掀起依靠科技加速经济发展的新高潮。闭幕会上，7名为我省经济建设作出重大贡献的科技功臣受到重奖。

11日 我省评出'93四川十大英才。他们是：张山、倪润峰、胡仁宇、王国春、林凌、侯光炯、蔡伟素、赵忠玉、刘永好、周开达。

12日 省纪委第三次全体会议在成都召开，强调今年的反腐败斗争必须抓得更有成效。

13日 全省畜牧工作会议结束。副省长张仲伟在会上强调，要充分发展畜牧业，搞好畜禽专业化商品生产。

15日 省政府召开全省农资工作会议，强调加强和完善农资市场宏观调控。

17日 全省卫生工作会议在温江召开，强调加强农村卫生工作，保护农民健康。

18日 香港新中港高速公路有限公司和四川高速公路建设开发总公司合作修建成都至绵阳高速公路合同签字仪式在成都举行，省领导谢世杰、肖秧等出席签字仪式。

23日 省委、省政府召开工交生产电话会议，要求各地努力完成一季度各项经济任务。

24日 省政府召开全省物价大检查工作电话会，刁金祥副省长在会上强调抑制物价过快上涨，保证改革顺利实施。

26日 1994年的春季全国糖酒商品交易会在蓉结束，购销总额首次突破百亿大关，达105.5亿元，比去年春交会增长34.9%。

28日 省委、省政府召开乡镇企业表彰大会，411个先进单位受表彰。

30日 省政府召开全省棉花生产工作会议，要求各地打好棉花生产"翻身仗"。

4月

1日 '94上海商品博览会暨经济技术协作洽谈会在成都隆重开幕。

2日 全省粮食工作会议召开。

5日 由国家水利部和四川省政府联合主办的都江堰建堰2250周年庆典在都江堰市隆重举行。党和国家领导人江泽民、李鹏等为活动题词祝贺。

▲ 全省县级经济体制改革工作会议在宜宾县召开。

6日 四川、贵州两省人民政府日前正式批准《赤水河干流水电规划报告》，共同开发赤水河水电资源。

▲ 省政府在成都召开现场办公会。省长肖秧要求成都市充分发挥省会城市的依托辐射作用。

8日 经国家教委和省政府批准，四川大学和成都科技大学合并为四川联合大学。

11日 全国报纸理论宣传研究会成立大会暨首届年会在成都胜利结束。会议的主题是总结交流经验，切实加强和改进报纸理论宣传。

12日 '94中国四川房地产（深圳）招商会在深圳开幕，推出近200个已经批准立项的招商展示项目。

15日 省政府召开我省今年第一季度经济形势新闻发布会。发言人称，我省国民经济在基本正常的状态下运行，工业经济保持较快发展势头。

23日 我省用于发展贫困地区基础教育的两千万美元软贷款项目计划通过世界银行评估。

25日 为了加大改革开放力度，加快与国际经济接轨，刁金祥在省政府召开的新闻发布会上宣布：四川对外开放国际研讨会暨投资洽谈会将于6月28日在成都举行。

27日 四川省证券监督管理委员会及其下设的办公室成立，省长肖秧任主任，副省长蒲海清、刁金祥为副主任。

▲ 为期2天的全省"一条线"工作会议在广汉市召开。省委书记谢世杰在会上强调：抓好"一条线"，加快县级经济发展。

30日 全省庆祝"五一"暨表彰大会在成都隆重举行。秦玉琴代表省委、省政府向受到表彰的省十大杰出劳动模范、十大服务明星及各条战线的劳模、先进工作者们致以崇高的敬意，向全省广大职工表示节日的慰问。

5月

2日 聂荣臻元帅陈列馆奠基仪式在聂帅家乡江津市隆重举行。江泽民总书记、李鹏总理为陈列馆题词，省党政军领导谢世杰、张志坚、肖秧、聂荣贵等参加了奠基仪式。

3日 四川省纪念"五四"运动七十五周年大会在成都隆重举行。省党政领导肖秧、宋宝瑞、蒲海清、杨崇汇、任凌云、徐世群等到会祝贺，并为"省十佳团组织、"省十佳团干部"、"省优秀团组织"、"省优秀共青团员”等方面的先进集体和先进个人颁奖、授牌、授旗。

15日 省长肖秧发布四川省人民政府令第41号，公告《四川省企业职工失业保险规定》，于1994年6月1日起施行。

16日 省长肖秧在京举行“四川对外开放国际研讨暨投资洽谈会”情况介绍会，国外部分驻京记者和首都主要新闻单位的负责同志和记者参加了会议。

18日 ’94中国文物古迹游、乐山国际旅游大佛节开幕。2000多名中外宾客参加了开幕式。

26日 省委、省政府召开全省“双抢”抗旱电话会议，要求各地党政领导和广大干部群众集中精力抓好抗旱，全力以赴投人“双抢”，千方百计实现今年粮食增产增收。

29日 第22届世界跳伞锦标赛在成都开幕。

6月

6日 第22届跳伞世锦赛在成都结束。10个世界冠军中我国运动员获3个、8个青年冠军中我国占4个。

10～11日 由重庆市人民政府主办、美国驻华大使馆协办的“国际资本市场与内陆经济发展研讨会”在重庆举行。

22日 经省政府研究并报国务院批准，撤销崇庆县，设立崇州市（县级），由省直辖。省政府委托成都市代管崇州市。

22～23日 全省重点建设工作会议在成都召开。

25日 全省开展禁毒宣传活动。

26日 广州空军798机组圆满完成在川增雨任务。

28日 省政府主办的’94四川国际招商投资洽谈会在成都隆重开幕，来自美国、日本、德国、英国、法国、意大利、加拿大等24个国家和地区的嘉宾，来自广东、海南、福建、深圳等省市区的客商，以及省内1000多人的洽谈队伍，参加了开幕式。国家有关部委负责人孙尚清、乌杰、秦化孙、孙振宇，省领导谢世杰、肖秧、杨析综、聂荣贵、宋宝瑞、秦玉琴等出席。

28～30日 为期3天的中国四川经济发展与国际合作研讨会圆满结束。国内外专家、学者聚会一堂，共商四川加快经济发展和扩大对外开放大计，取得重大成果。

29日 省政府主办的’94四川名优特新产品博览会在成都开幕。博览会荟萃我省2000多家工业企业近万个产品，显示了我省目前工业企业的最高水平和实力。

7月

1日 ’94四川国际招商投资洽谈会圆满结束。截止今日，已有277个项目签约，总投资56.2亿美元，利用外资24.55美元。

1～2日 四川省红十字会第五次代表大会在蓉举行，选举肖秧为名誉会长，徐世群为会长。

3日 历时5天的’94四川名优特新产品博览会闭幕。此次博览会有近20个国家和地区的200多名境外客商参加，签订出口合同48项，总金额6775万美元。博览会成交总额103.8亿元。

5日 香港地区全国政协委员结束在成都考察，今天与省领导座谈并交换意见，为四川改革开放和发展经济提出宝贵意见。

5～7日 省委、省政府在大邑县召开全省农村社会治安综合治理工作会议，会议的主题是：维护农村持续稳定，促进农村经济发展。

8～10日 省委、省政府在黔江召开全省第十次扶贫开发工作会议，总结我省10年来的扶贫工作经验，部署实施《四川省7118扶贫攻坚计划》，安排下半年的工作。省委书记谢世杰在会上发表重要讲话。

13日 省政府在涪陵召开三峡工程四川库区淹没企业迁建及技改规划工作会议。

14日 省委、省政府领导主持召开部分国有大中型企业厂长经理和省级有关部门负责人座谈会，研究当前我省工业经济运行形势，进一步抓好下半年经济工作等问题。

19～21日 全省金融机构监督工作会议在成都召开。副省长刁金祥到会作了讲话。

26～28日 全省对台经济工作会议在蓉召开。省领导谢世杰、肖秧、刁金祥分别到会讲话，要求各地把对台经济工作作为对台工作的重中之重，切实抓好，造福两岸人民，促进祖国和平统一。

27日 省委、省政府邀请80位常年工作在偏远山村的教师来到成都，参加省教委、省教师基金会专为他们举办的首届乡村教师夏令营活动。在开营典礼上，副省长徐世群代表省委、省政府向他们致敬，表示欢迎。

8月

2日 ’94中国·四川国际民间艺术节隆重开幕。来自奥地利、比利时、朝鲜、希腊、德国、以色列、印度尼西亚、墨西哥、俄罗斯、美国等11个国家和上海、云南、贵州等 14 个代表团的 400 多名艺术使者出席开幕式。

5 日 中共四川省委、四川省人民政府最高层次决策咨询机构——第三届四川省科技顾问团成立。在隆重的成立大会上，省委、省政府领导向 341 位顾问颁发了聘书。

11 日 全省工交生产暨扭亏增盈工作会议闭幕。

19 日 省政府举行第五次全体会议部署当前工作。会议的中心和主题是抓住机遇求发展，进一步全面落实教育优先发展的战略地位，研究和部署今后一个时期我省的教育工作。

24 日 省国际贸易促进会第二届会员代表大会在成都召开。副省长刁金祥在会上强调，省贸促会要为发展四川的对外贸易和招商引资做出新贡献。

28 日 四川省第三届青少年运动会在乐山隆重开幕。来自全省 23 个市、地、州的 7 千多名运动员将分别参加 21 个项目的比赛。

29 日 省财政工作会议最近在双流县结束。会议总结分析了今年全省的财政经济形势，要求抓好今后几个月的增收节支工作，确保全年预算任务的圆满完成。

9月

3 日 省第三届青少年运动会在乐山胜利闭幕。本届运动会成绩优异，计超 1 项世界青少年纪录，超 11 项全国青少年儿童纪录，破 20 项省青少年儿童纪录。

4 日 省人事厅、省广播电视厅、省工商局、省新闻出版局联合发出《关于进一步加强人才招聘管理工作的通知》。

5 日 省委宣传部、省新闻出版局、邮电管理局、工商行政管理局发出《关于贯彻〈关于加强内部报刊管理的通知〉的通知》，决定对我省内部报刊进行一次认真清理。

8 日 省委、省人大、省政府、省政协在成都隆重举行“四川省庆祝第十个教师节招待会”。国务院副总理李岚清、省领导同全省的优秀教师、优秀教育工作者 150 多人出席了招待会。

10 日 新加坡商务代表团访问我省，省政府为客人举行省情报告会。

11 日 省政府会同国家计委、建设部在西昌市评议通过了《中国西昌航天城规划》。

12 日 历时 5 天的’94 福建投资贸易洽谈会在厦门闭幕。作为 6 个主办省市之一的四川省代表团，共签订外商投资项目 32 项，总投资 3.1 亿美元，利用外资 1.3 亿美元。

15 日 历时 3 天的海峡两岸资深学者“中国经济之前途”学术研讨会圆满结束。

▲ 经国家税务总局和省政府批准，四川省地方税务局正式成立。

16 日 今年我省十大工程建设项目之一的成(都)乐(山)高速公路首期工程开工。

21 日 省人大、省政府在蓉召开宣传贯彻《审计法》大会，对我省贯彻实施《审计法》作了动员部署。

23～24 日 全省个体私营经济工作会议在蓉召开。会议提出要进一步解放思想，创造条件，把我省个体私营经济的发展推向一个新阶段。一批先进个体工商户和优秀私营企业受到省政府表彰。

24 日 中国社会发展成就展在北京隆重开幕，四川馆吸引大批参观者，并受到赞扬。

26 日 省政府召开全省税收、财务、物价大检查电话会议，安排部署我省 1994 年税收、财务、物价大检查工作。

27 日 首届四川书市在成都隆重开幕，海内外 500 余家出版社 8 万余种图书及音像制品入市参加。

30 日 四川省暨成都市隆重召开庆祝中华人民共和国成立 45 周年大会，各界人士 400 余人欢聚一堂，畅叙建国以来的巨大变化，共祝国运昌盛。谢世杰、杨析综、聂荣贵等党政军领导出席，蒲海清、吴润忠讲话。

10月

1～5 日 以“团结、奋进、文明、育人”为宗旨的四川省第二届大学生运动会在成都举行。

6～8 日 省委、省政府在成都召开全省农村工作会议。省委书记谢世杰在会上强调：一定要重视农业、加强农业、抓好农业，确保明年农业和农村经济全面发展。省长肖秧强调：农村工作最根本的是为了农民的利益。省委副书记杨崇汇在会上部署 1995 年全省农村经济工作。

▲ 省国家税务系统工作会议在成都召开。

7 日 历时 11 天的首届四川书市闭幕。累计有 310 万人次读者进场选购图书，销售额 1859 万元，订货总码洋达到 1.62 亿元。

7～13 日 省首届“三资”企业成果展交会在成都举行。据不完全统计，总成交额超过 7.6 亿元人民币，其中外销占 50%。

11 日 四川省国家安全厅正式成立。

17日 ’94中国新技术新产品(成都)交易博览会暨’94全国星火科技精品展示会圆满结束。新技术新产品交易项目4847项,交易金额24.2218亿元。“星火会”总交易额10.2亿元。

18日 省政府发出《关于开展1994年税收财务物价大检查的通知》,要求各地采取措施,确保三大检查圆满完成。

18日 我省中外合作第一路——成(都)绵(阳)高速公路开工典礼在德阳市梨园村隆重举行。

19日 我省同新中港集团有限公司合作的成都外环高速公路、成都至乐山高速公路协议签字仪式在成都隆重举行。

▲ 省政府召开全省棉花,农资工作电话会,要求各级政府切实抓好棉花收购和农资流通改革。

22日 香港地区全国人大代表视察团来川视察。

23日 全省水利工作会议在眉山举行,总结抗旱工作中的经验教训,研究部署今冬明春的水利工作任务。

25日 省政府首次赴美国举办大型招商活动,’94中国四川投资洽谈会在美国洛杉矶市隆重揭幕。此次招商洽谈活动还将在美国纽约举行。

26日 全省畜牧工作暨发展商品牛羊生产现场会在广元召开,强调稳定发展生猪生产,大力发展牛羊禽兔。

11月

1日 四川省赴美招商再起高潮——国际投资洽谈会(纽约)隆重开幕,70多家美国公司派代表参加。到11月2日洽谈会落幕,共签定项目投资意向书或协议9项,总投资21.2亿美元。至此我省赴美招商已签订项目投资意向书或协议共达19项,总投资32.3亿美元,其中协议利用外资11.8亿美元。

2日 《邓小平文选》一、二卷第二版首发式在成都隆重举行。省委副书记宋宝瑞讲话要求,把学习第三卷同学习一、二卷第二版紧密结合起来。

2~4日 全省首次土地使用制度工作会议在成都召开,研究部署进一步加强土地管理、深化土地使用制度改革、保护耕地资源和加快培育土地市场等问题。

8日 四川省和加拿大D·B公司在京签订约30亿元人民币的基础设施及原材料工业建设合作项目协议。

10日 省政府召开电话会议,要求各地迅速开展药品治理整顿工作,进一步加强药品管理。

18日 省政府在甘孜州召开旅游现场办公会,专题研究解决国家级风景名胜区海螺沟冰川森林公园的基础设施建设和发展规划等问题。

24日 据报道,一年一度的冬春农田水利基本建设在全省各地蓬勃兴起。

28日 四川省图书馆奠基在成都二环路内侧与成温公路交汇处隆重举行。省领导聂荣贵、蒲海清、席义方、康振黄、徐世群、韩邦彦等出席。

30日 省民工疏导领导小组召开第二次会议,落实国务院部署1995年春运期间组织民工有序流动工作会议精神。副省长李蒙在会上强调,各级党政领导一定要高度重视,各有关部门要密切配合,统筹协调做好这项工作。

12月

1~2日 省政府在绵竹召开城市与公路交通建设现场会,推广绵竹县在新形势下搞好城镇与公路交通建设的经验。

6日 省长肖秧发布省人民政府令第50号,《四川省人民政府关于修改四川省〈扫除文盲工作条例〉实施办法的决定》,自发布之日起施行。

▲ 省长肖秧发布省人民政府令第52号,施行《四川省矿产资源补偿费征收管理办法》。

7日 我省甘孜、阿坝、凉山及黔江等少数民族地区通信进入卫星时代。10座卫星地球站即将开通,成都中心站通过入网验证。

▲ ’94成都国际百货商品展览会开幕,港、澳、台地区和日、韩、美、新加坡、加拿大等国50余家企业参加。

7~11日 国务院总理李鹏在我省考察工作,先后到成都、德阳、宜宾、高县、重庆等地,考察了养猪场、蔬菜基地和国有企业,访问了农民家庭。

8日 全省中专教育改革与发展工作会议最近在成都召开。副省长徐世群到会讲话,强调大办发展中专和职业教育。

▲ 省高级人民法院和省纪委联合在蓉举行新闻发布会,通报判处一批贪污贿赂犯罪分子的情况。

14~21日 省人大、省政府联合组成检查组,对沱江污染综合治理行了检查。

17日 省委、省政府决定实施“广厦工程”,用3年时间解决全省教职工无房和困难户的住房问题。肖秧省长任四川“广厦工程”领导小组组长。

18日 ’94(成都)国际电子与机器新技术产品博览会近日在成都开幕。参加者共有中外公司和厂商100余家。

19日 第二届全国商检科技工作会议在蓉结束。

21日 副省长蒲海清在成渝高速公路建设工地宣布:省政府决定,成渝高速公路1995年7月1日全线通车。

22日 省政府召开电话会议,要求各地全面贯彻实施好《劳动法》。

23日 我省200项优秀社科研究成果获奖,省政府在成都隆重举行颁奖大会。

24日 全省农村教育综合改革会议近日在温江召开。

25～28日 四川省经济工作会议在渝召开。谢世杰、肖秧作重要讲话,宋宝瑞传达中央经济工作会议精神,蒲海清作总结讲话。会议确定1995年全省经济工作以发展为主题,坚持六个不动摇。

30日 省委、省政府隆重举行《蜀情——邓小平与四川》画册首发式和图书展览。全国政协副主席杨汝岱和省领导谢世杰、隗福临、张志坚、杨析综、聂荣贵等出席。

▲ 四川三峡经济联合发展委员会第二次会议在涪陵召开,省长肖秧出席会议并讲话。

成　都　市

成都市分目录

典型地区和典型企业

成都市概况

面积：12390 平方公里
人口：960.4 万人
行政区划：4 个县级市、8 个县、7 个区
市委书记：黄寅逵
市 12 届人大常委会主任：段维义
市长：王荣轩
市 10 届政协委员会主席：骆隆森

成都市国民经济主要指标（单位：亿元）

项　目	1994 年	1994 年比上年增长（%）
国内生产总值	540 亿元	15%
工农业总产值	907.8 亿元	
工业总产值	501.9（乡以上）亿元	14.9%
重工业产值	308.9 亿元	15.5%
轻工业产值	192 亿元	13.8%
农业总产值	80 亿元	5.4%
全社会固定资产投资	179.79 亿元	27.2%
国有固定资产投资	91 亿元	20.2%
社会商品零售总额	220.5 亿元	37.9%
零售物价总指数（%）	23.3%	
职工工资总额	78.86 亿元	38.4%

国民经济和社会发展情况

一、国民经济持续发展

1994 年，成都市的国民经济持续、快速增长，整体综合实力明显增强。初步统计，全市国内生产总值达 540 亿元，按可比价格计算，比上年增长 15%，增幅分别比全国和全省高 3.2 和 3.9 个百分点。全市国内生产总值占全国和全省的比重分别为 1.23% 和 20%。

（一）农业基础地位不断加强

1994 年，全市各级政府和有关部门加强了对农业的领导，增大了对农业的投入，建设了一批粮油高产、高效、优质基地和多种经营基地。全年粮食生产在遭受自然灾害和耕地面积继续减少的情况下，总产量仍达 397.30 万吨，基本保持了上年水平。其中稻谷 245.80 万吨，下降 2.07%；小麦 99.12 万吨，增长 5.78%。多种经营稳步发展。油料生产量达 15.7 万吨，在连续两年减产的情况下增长 10.95%。蔬菜、水果总产量分别为 271.30 万吨和 24.70 万吨，比上年增长 5.11% 和 14.31%。全市养殖业生产发展平衡。全年生猪出栏头数达 617.94 万头，比上

年增长6.24%。肉类总产量为49.45万吨，增长8.59%，其中猪肉39.49万吨，增长5.59%；家禽8.19万吨，增长18.70%。全年牛奶、禽蛋、水产品总产量依次为3.94、10.36和3.27万吨，分别增长4.51%、12.6%和10.85%。全市年末生猪存栏头数为532.87万头，比上年末增长2.37%。全市全年农业总产值达80亿元（按1990年不变价计算），比上年增长5.4%。

农业生产条件得到改善，农田基本建设成效显著。1994年，全市农业机械总动力达162.31万千瓦，比上年增长4.2%，农用排灌机械总动力为16.8万千瓦，增长4.9%。全年完成机械耕作1310万作业亩，机械播种100万亩。全年建设“三田”131万亩，改造“三低”21.5万亩，开发“三荒”2.5万亩，成片植树造林9万亩。

全市农村经济持续、快速增长、农业、工业、建筑业、运输业及商饮服务业全面发展。1994年，全市农村社会总产值达1022.15亿元（现价），比上年增长81.28%。其中乡镇企业总产值达941.9亿元，在连续两年高速增长的基础上又比上年增长87.4%。全市乡镇企业总收入为836.2亿元，比上年增长79.1%，双流、新都两县乡镇企业总产值仍雄居全省第一、二名。

（二）工业生产稳定增长

1994年，全市工业企业面向市场，转变机制，深化改革，在市场竞争机制等多种因素推动下，实现了持续、快速增长。全市实现工业总产值827.84亿元（按1990年不变价格计算），比上年增长34.2%。工业增加值212.00亿元，比上年增长20.8%。一些基础原材料、农用产品、人民生活必需品的生产基本保持了增长势头。其中，全年生产原煤505.18万吨，比上年增长16.93%；发电量为43.56亿千瓦时，增长7.29%（其中水电17.97亿千瓦时，增长19.01%）；钢材220.56万吨，下降5.10%；纯碱3.72万吨，下降13.21%；合成氨60.37万吨，增长15.28%；化肥43.64万吨，增长1.54%；水泥214.75万吨，增长2.23%；汽车1.93万辆，下降19.43%；电视机65.65万部，增长78.93%；录像机22.27万部，增长22.63%；卷烟27.70万箱，下降2.53%；酒（商品量）34.43万吨，增长29.00%；化学纤维1.87万吨，增长18.45%，机制纸及纸板16.43万吨，下降9.28%；合成洗涤剂7.91万吨，增长13.32%；配、混合饲料80.14万吨，增长10.94%。

工业经济效益有所提高。1994年，全市独立核算工业企业完成销售收入516.8亿元，按同口径比较比上年增长20.1%。工业企业工业产品产销率为94.6%，比上年下降0.5个百分点。综合经济效益指数为91.1%，其中资金利税率为9.5%，成本费用利润率为3.44%，增加值率为28.12%，全员劳动生产率为16609元/人，流动资金周转率为1.3次。全市全年节约能源28万吨标准煤。

（三）建筑业继续增长

1994年，全市建筑企业深化改革，加强管理，各项生产指标完成较好。全市建筑业增加值为31亿元，比上年增长13.1%。国有建筑企业总产值为69.7亿元，增长32%，竣工产值46.3亿元；增长1.1倍。施工面积1142万平方米，增长23.3%；竣工面积366.5万平方米，增长10.5%。经济效益继续提高，按总产值计算的全员劳动生产率达37209元/人，比上年增长26.5%。

（四）商业、饮食、服务业全面增长

1994年，全市城乡市场繁荣，各类商品供应充裕，购销全面增长。全市全年社会消费品零售总额为220.5亿元，比上年增长37.9%，扣除价格影响实际增长11.8%。其中城市市场尤为活跃，城市零售额为163.38亿元，增长43.5%。全市集市贸易成交额为121.93亿元，比上年增长1.1倍。

全市生产资料市场销售平稳，部分物资价格下降幅度较大。全年全市大中型物资企业供销购进总额为102亿元，销售总值为112亿元。市物资系统全年销售钢材24.4万吨，木材4.9万立方米，水泥22.6万吨，均比上年有所增长。成都物资企业（集团）总公司经国家批准获得了自营进出口经营权。成都生产资料市场经批准成为全国性生产资料市场。

（五）金融、保险业发展迅速

1994年，全市金融业总体形势明显好于前两年。全市年末银行存款余额为324.08亿元，比年初增长35%。其中城乡居民储蓄存款229.11亿元，比年初增长45.9%，其增加额占全市金融机构存款增加额的61.3%，是存款大幅度增加的主要因素。年末银行贷款余额为304.55亿元，比年初增长25.4%，比上年多增加13.3亿元，较好地满足了全市农副产品收购、国有大中型工商企业和外贸企业的资金需要。全年现金收入724.2亿元，现金支出698.2亿元，分别比上年增长44.8%和40.6%；货币净回笼25.9亿元，比上年多回笼22.3亿元，创成都市历史最好水平。

全市保险事业蓬勃发展，保险业务种类多达118个，保险额达943亿元。全市已有4959户企业、195.32万户居民参加了财产保险；68.68万人参加了人身保险；全市独生子女两全保险的承担面达80%。全年全市保险费收入比上年增长30.9%，其中财产保险收入增长44.6%，人身保险收入增长1.9%。全市全年保险业务总支出为2.46亿元，共处理国家财产赔款及给付1.95亿元，支付人身保险赔款及给付0.51亿元。

（六）旅游业继续发展

1994年，全市共接待外国人、华侨、港澳台同胞13.2万人，其中外国人8.25万人，增长25.3%；港澳台同胞4.86万人，下降53.1%。

二、经济结构调整顺利进行

（一）产业结构调整进展较好

1994年，在一、二、三产业全面增长的基础上，全市产业结构继续向好的方向转变。全年完成国内生产总值增长幅比上年回落5.4个百分点。其中，第一产业增加值为75.6亿元，比上年增长4%，增幅比上年增长0.2个百分点；第二产业增加值243亿元，增长20%，增幅回落13.8个百分点；第三产业增加值221.4亿元，增长13.5%，增幅上升0.3个百分点。在国内生产总值中，一、二产业比重点下降，第三产业比重上升。1994年，全市第一产业比重由上年的14.7%下降到14%，下降幅度为0.7个百分点；第二产业比重则由50.3%下降到45%，下降幅度达5.3个百分点；第三产业比重则由35%上升为41%，上升幅度高达6个百分点。

（二）行业结构调整步伐加快

农业内部结构有所改善。1994年，全市农、林、牧、副、渔五业并举，全面发展。在此基础上，以种植业为主的单一农业结构又有所改善。全年完成农业总产值（按1990年不变价计算）80.05亿元中，种植业、林业、牧业、渔业依次为47.87、1.27、29.48、1.43亿元，分别比上年增长3.65%，下降0.78%、增长9.14%和8.33%。1994年，种植业占农业的比重为59.8%，比上年的61.0%下降了1.2个百分点；而林、牧、渔业的比重为40.2%，比上年的39%上升了1.2个百分点。

工业内部结构继续调整。1994年，全市完成工业总产值（按1990年不变价计算）827.84亿元中，乡及乡以上工业企业产值为500.88亿元。其中，轻工业产值192.00亿元，比上年增长13.8%；重工业产值308.88亿元，比上年增长15.5%。全市轻、重工业比重由上年的38.68：61.32变为38.33：61.67。按经济类型分，国有工业产值为214.23亿元，比上年增长2.5%；集体工业产值为210.68亿元，比上年增长23.7%；其它经济类型工业产值75.96亿元，比上年增长33.8%。全市国有、集体和其它经济类型工业所占比重由上年的47.93：39.04：13.03变为42.77：42.06：15.17。按企业规模分，全市大中型企业工业产值为217.58亿元，比上年增长6.6%；小型工业企业产值为283.30亿元，增长22.2%。大中型工业企业和小型工业企业产值所占比重由上年的46.82：53.18变为43.43：56.57。

第三产业内部结构日趋合理。1994年，全市第三产业蓬勃发展。全年第三产业实现增加值221.4亿元，比上年增长13.5%，所占国内生产总值的比重由上年的35%增加到41%。在第三产业内部，以运输邮电业、商饮服务业、物资供销业、金融保险业为主体的传统产业继续发展壮大，信息咨询、广告宣传及房地产业等新兴产业迅速成长，地位作用日益重要。

三、基础设施建设步伐加快

（一）交通运输建设成绩喜人

1994年，全市用于交通运输邮电投资达14.3亿元，比上年增长174.3%，高出全市全社会固定资产投资比上年增长27.2%的147.1个百分点。全年新建成客货运输站一个，改扩建乡村公路71.4公里，5条重点公路建成134.3公里。全市公路通车里程增加到5258公里；年末拥有各种机动车辆20.9万辆，比上年新增2.7万辆。全年各类交通工具完成货物周转量177.1亿吨公里，比上年增长4.7%；其中铁路139.4亿吨公里，增长5.8%；完成旅客周转量168.8亿人次，比上年增长13.6%，其中铁路56.91亿人次，增长4.5%。全市民航事业发展较快，航线在上年162条的基础上增加到197条；航线长度达22.26万公里，比上年增加2.67万公里；货运周转量和客运周转量分别比上年增长27.3%和25.4%。

邮电通信事业发展加快，通信能力明显提高。1994年，完成邮电业务总量7.22亿元，比上年增长48.7%。全年新增市话程控交换设备总容量达23.5万门，扩大市内电话9.2万部，发展电话长途直拨用户7.8万户，增加无线移动电话用户1.3万户，新增长话业务电路6200条。年末全市电话机总容量达46.67万门，其中城市44.22万门，农村2.43万门；市内电话用户24.67万户，农村电话用户0.88万户；公用电话网点为6877个。

（二）能源设施建设进展较快

1994年，全市用于能源设施建设的投资为7.53亿元，比上年增长51%。年内建成交付使用的主要能源设施有：年发电机组容量2万千瓦，11万伏以上输电线路64公里，变电设备容量24万千伏安。

（三）城市基础设施建设成绩显著

1994年，成都地区全社会固定资产投资完成179.79亿元，比上年增长27.2%。其中用于城市基础设施建设的投资增幅较大，全市各项城市基础设施建设蓬勃发展，城市综合服务功能进一步增强。二环路全面竣工并交付使用，府南河综合整治工程进展顺利，其中在二环路两侧规划的20个市政道路拆迁安置小区安置房开工86万平方米，年内已竣工54万平方米。市政道路拆迁按计划完成9段，拆除危旧房面积11.36万平方米，安置单位、住户2374户。市政工程按计划开工6段，完成了西体路、外南人民路1.2公里，一号桥至二号桥外侧河堤通道等4段道路和地下管线施工，南门大桥、新东门大桥及部分河堤工程提前开工。以住房解困解危为重点的"安居工程"进展较快。全年仅国有单位住宅建设投资就达48.6亿元，比上年增长27.7%。全年住宅竣工面积为271.56万平方米，竣工率为43.2%。全年仅城区就修建了"解困"房6.6万平方米，解决人均居住面积在4平方米以下的住房困难户共12850户；改造危房24.9万平方米。其中改造低洼棚户区11.5万平方米。全市住房成套率已从1990年的61.5%提高到了1994年底的68.1%。年内城区新增日供水能力6万吨，新增自来水管道42公里，使城区日供水能力达到85.3万吨，城区自来水普及率达到100%。城区新增日供气能力10万立方米，全年新发展用气户3万户。年内用于环境保护的投资增加较多，其中更改投资中用于"三废"治理的投资比上年增长5.2倍。全年列入重点治理的污染项目7个，新增污染处理能力为：废水7.6万吨，废气2亿标立方米，粉尘7200万立方米。年内新辟了第二条垃圾车专用通道，加快龙泉长安乡固体废弃物卫生处理场的续建步伐。全年新增绿地面积37.75万平方米，全年绿化覆盖率又有所提高。

四、社会事业发展情况

（一）教育事业

市委、市政府专门召开全市教育工作会议，提出了成都在本世纪末教育改革和发展的基本思路，并要求各级党委和政府主要领导确保教育优先发展的战略地位。这一年，全市教育投入明显提高，仅普教系统市、区（市）县两级财政投入就达5.4亿元，比上年增长59.16%，预算外教育总投入8.8亿元，比上年增长35.6%。全市普通高等学校招收本专科学生2.35万人，毕业1.71万人，在校7.74万人；招收研究生1876人，毕业1082人，在校4827人。成人高等教育学校招收本专科学生2.62万人，在校6.74万人，分别比上年增长8%、20.7%。中等教育继续调整结构，中等专业学校招生1.79万人，毕业1.05万人，在校4.48万人；普通中学在校生29.3万人，毕业8.64万人，初中毕业生升入高中的升学率为36.6%，其中城区达65%；职业技术学校在校生5.48万人，毕业1.68万人。小学教育稳步发展，质量不断提高。全市3154所小学在校生达70.53万人，比上年增长3.9%；学龄儿童入学率达99.9%，小学毕业升学率为95.2%，在校生流失率由上年的0.23%降至0.09%。继城区和温江县率先实现"普九"，1994年又有新都县和都江堰市实现了"普九"目标。全年共有1942名民办教师转为公办教师。1994年全市勤工俭学成绩突出，完成总产值7.8亿元，比上年增长31%；纯收入7969万元，增长21.1%；学生人均纯收入达70.81元，增长15%；上缴税金2652万元，增长87.3%。

（二）科学技术事业

按照国务院关于充分发挥成都作为西南地区科技中心的作用的要求，全市认真贯彻"在社会主义现代化建设中优先发展科学技术，发挥科学技术第一生产力的作用，推动科学技术为经济建设服务"的战略思想和"经济建设和社会发展依靠科学技术，科学技术工作面向经济建设和社会发展"的基本方针，使成都市1994年的科技工作取得了较为突出的战绩。全市现拥有各类专业科技人员44万人，居全国大城市前列，每万名职工中拥有科技人员数在全国城市中居第三位。44万人中，具有中级以上技术职称的占32%，其中博士生导师260多名，国家级有突出贡献专家60多名，中国科学院、中国工程院院士9名；全市共有普通高校19所，科技开发园区8个，各类技术开发机构854个，技术服务机构116个，高新技术企业170家，民营科技企业1678家；全地区共有专业384个，国家重点学科15个，硕士点314个，博士点100个，博士后流动站10个，实验室几百个，其中国家级重点实验室5个。1994年，全市科技进步对国民经济增长的贡献率达42%，科技成果应用率达57.9%，试制成功新产品1334项，投产率达75%；新产品创产值50亿元，利税8.9亿元。完成各类科技项目432项，其中获国家、省、市各类科技成果奖136项，达国际先进水平11项，国内领先水平31项。组织实施科技攻关项目58项，完成29项；实现火炬计划108项、星火计划30项，共实现产值13.5亿元，利税3.2亿元。全年引进急缺专业技术人才12753人，为农村培训实用技术人才37万人，星火人才11.67万人。技术交易活动进一步活跃，特别是与国家科委在10月中旬联办的'94成都全国星火科技精品展示会成交额超过10亿元。国家科委已批准在成都建立全国第四个区域性的技术交易机构——西南技术交易所。成都高新技术产业开发区建设步伐加快，基础设施建设已初具规模并配套，全年审批进区项目84项。其中外资32项，实现产值11亿元，利税2.3亿元。

（三）文化事业

全市文化工作按照江泽民总书记提出的“以科学的理论武装人，以正确的舆论引导人，以高尚的精神塑造人，以优秀的作品鼓舞人”的要求，认真贯彻全国、省、市宣传思想工作会议和全国、全省文化厅、局长会议精神，促进了成都两个文明建设。全市把加强对书刊、音像市场的管理放在重要地位，全年出动55495人次，查处各种违法违章297起，扣缴物品460件，使“打非扫黄”工作取得显著成效。全年播出广播、电视新闻3万余条次，开办各类专栏节目135个；广播人口覆盖率达98.8%，电视人口覆盖率达94.2%；出版图书21649万册，并成功地举办了首届四川书市；出版报纸81065万份，杂志3934万册。年末全市有各类艺术表演团体20个，演出1085场次，其中下农村演出110场，并积极开拓海外演出市场，组织了川剧团、杂技团、木偶皮影剧院先后9批240余人赴台湾、香港和德国、意大利、瑞典、芬兰、丹麦等地区和国家演出。公共图书馆达到16个（另有3个图书馆已动工兴建），其中5个被评为二级图书馆，5个被评为三级图书馆，一个被评为全国文明图书馆。博物馆达到8个，其中武侯祠博物馆被评为全国7佳博物馆之一，名列第五。全市有电影放映单位110余个，全年共放映电影64931场，观众达458万余人次。有7个美术作品人选参加了全国第八届美展，其中一件被评为优秀作品；两件美术作品人选参加中国当代著名花鸟画家作品展。全年完成文物改建和维修工程6处，划定了6处国家级、36处省级和62处市级文物保护单位的保护范围。

（四）卫生事业

全市年末医疗卫生机构1568个，其中医院568个，拥有病床3.85万张，其中医院3.29万张，平均每万人拥有医院病床数34张。有各类卫生技术人员5.17万人，其中医生2.44万人，护师、护士1.29万人。平均每万人拥有医院卫生技术人员54个。卫生设施和医疗条件进一步改善。

（五）体育事业

全市全年承办国家级比赛7项，包括'94万宝路全国足球甲A联赛（成都赛区）、“帝国杯”全国女足大会战、全国棒球比赛等。国家体委领导称成都赛区是“一流的场地、一流的组织、一流的球迷、一流的球市”。还承办省级比赛5次，市级比赛30次。成都运动员在参加的各项比赛中，均获得了较好成绩，在1994年四川省第三届青少年运动会上获团体总分第一名，夺得“三连冠”，金牌、奖牌数第一名；12名成都籍运动员在日本广岛举行的第12届亚运会上，有2人获金牌、3人获银牌、2人获铜牌。成都市的两名残疾人运动员代表中国队参加第六届远东及南太平洋地区残疾人运动会上，取得了两枚金牌和银、铜牌各1枚的好成绩。全市3622所学校的83.6万余名学生参加《国家体育锻炼标准》锻炼，施行面达92.6%，有79.4万余名学生“达标”，达标率为91.3%。成功地举办了大型元旦越野赛跑，参加人数逾万人次。全年新增等级裁判员160名，其中一级54名，二级106名。

经济体制改革情况

1994年，是成都市进行综合配套改革，率先建立社会主义市场经济体制试点的第一年。在市委、市政府的领导下，全市综合配套改革坚持总体推进和重点突破相结合的原则，取得了实质性的进展，在率先建立社会主义市场经济体制的道路上迈出了关键一步。

一、宏观体制改革整体推进，进展顺利

按照中央的统一部署，全市全面推进计划、投资、金融、财税、外贸五大宏观管理体制改革，进展顺利。通过实施计划和投资体制改革，全市固定资产投资较为平衡，计划和投资的市场取向更为明显，产业发展方向更趋合理；通过金融体制改革，进一步明确了人民银行和各专业银行的职能，为专业银行向商业银行转变奠定了基础。通过财税体制改革，基本分清了中央、省和市的财政事权、支出范围和收入来源。分设了国税局和地税局，进一步完善了税收征管，新的财税体制在全市运行顺利；通过外贸体制改革，进一步扩大了企业外贸经营自主权。

二、企业改革不断深化，转机建制初见成效

全面实施《转机条例》，制定与《公司法》、《转机条例》配套的有关实施方案和政策措施，进一步落实企业经营自主权。1994年，企业14项经营自主权落实的程度和范围不断提高和扩大，干预企业自主权投诉全年仅受理8起，比上年下降了93%，全年取消了不合理收费项目85个，降低收费标准1个。全市对部分国有企业实行了“关、停、并、转、包、租、卖”，推进组织结构调整和产权制度改革。全市关闭企业2户，停产整顿企业19户，转产4户，整体转让小型国有企业或改组为股份合作制的23户。认真组织实施了“优化资本结构”试点，确定了100户试点企业，围绕“增资、改造、分流、破产”专题内容，形成了配套文件，其中，《减轻企业历史包袱补充企业资金的试行意见》经市政府批转已组织实施；以十大支柱产品为龙头的“双改”规划，部分企业分离学校、医院的试点，选择2～3户国有企业破产试点等工作正在加紧进行。积极进行现代企业制度的试点，红光实业股份有限公司已正式列入国家100户试点企业；成都轴承总厂、成都制药二厂列入四川省22户试点企业；33条试点政策已到位，全市还选择了52户国有大中型企业进行建立现代企业制度试点，基本完成了1952户企业的清资核产工作，目前正进行所有权界定和资产价值重估，着手对部分企业债务及遗留问题进行处理。企业内部三项制度改革继续深化，全市和区(市)县属620个企业、35万名职工实行了全员劳动合同制，40多户企业实行了岗位技能工资制，43户企业进行了新工资体制改革试点。加强了对股份制试点企业的分类指导和监督，继续加强对股份制企业的规范化运作，处理解决股份制试点中资产管理、债务鉴定、非生产经营性资产剥离、委托管理、企业集团组建等问题。

三、加快各类市场建设，初步形成市场体系

加快市场体系建设，在完善商品市场的同时，重点抓了各类生产要素市场的建设。

(一) 继续加大流通体制改革力度

1994年，全市有15户流通企业纳入了建立现代企业制度试点；11户流通企业纳入了“优化资本结构”试点；国有小型商业企业(含门点)实行国有民营达135户；社有民营的小型集体企业达437户。

(二) 以各类要素市场建设为重点，进一步完善市场体系

金融市场已经形成了以成都融资中心为核心，辐射西南、西北的融资服务网络。到1994年底止，累计融资达430亿元。全市已有44家证券公司、证券营业部，证券上市交易品种达7大类30余个，证券年交易额达100多亿元。新加坡华联银行、泰国盘谷

银行、英国标准渣打银行、加拿大宏利人寿保险公司等4家国际金融机构在成都设立了办事处，成为进入西南地区的第一批外资金融机构。全市各类劳动力市场、职业介绍所、人才交流中心、劳动服务站已发展到130多个。房地产市场初具规模。全市现有房地产交易市场、交易所和其它中介服务机构50多个。技术市场进一步发展。全市现有常设技术市场8个，技术合同登记站23个，技术中介组织30多个。信息市场已相继建立了经济、银行电子化、科技、统计、财税、工商、价格、物资、气象等信息系统。产权交易市场逐步完善。经政府批准成立的“成都产权交易中心”继续加强软硬件建设。

（三）市场和商业设施进一步完善

全市完成了新改建骨干商业网点项目19个，投资近2亿元；完成了重点市场项目30个，投资近1亿元。通过努力争取，有3个项目得到国内贸易部支持：一是同意成都市立项发展一批超市连锁店，给予贷款支持；二是内贸部与市政府共同筹建“成都农产品中心批发市场”，第一期给予国家财政贴息贷款5000万元；三是内贸部与市政府联办“成都生产资料交易区”。

四、推进社会保障制度改革，完善社会保险体系

加强了对社会保障的管理，制定了社会保障制度改革的实施方案。城镇职工养老保险工作逐步完善。医疗保险实行企事业职工大病医疗社会统筹。城镇职工失业保险范围进一步扩大。住房制度改革取得新的进展。

五、切实转变政府职能，积极稳妥地推进政府机构改革

认真贯彻市政府《关于进一步转变政府职能的试行意见》，分别进行了综合经济管理部门、专业经济管理部门职能转变的试点和机关后勤体制改革的试点。实施公务员制度各项准备工作进展顺利。制定了《成都市推选国家公务员制度实施方案》、《成都市国家公务员考核试行办法》等。积极探索健全国有资产监管和经济体系的有效途径。对国有资产授权经营、国有资产转让、国家股分红的使用等制定出了比较详细的办法；认真开展了企业产权登记、国有资产统计、评估工作，通过组建企业集团，对以国有企业为核心的企业集团实行国有资产授权经营，摸索出了一些国有资产经营的有效模式。

六、县级综合改革取得新的进展

建立和完善各类试验区，探索符合本地特色的改革道路。各区（市）、县根据本地实际，确定了自己的改革重点，制定了各种配套改革措施，推动各区（市）、县的综合改革。大力开展国有、集体小型企业的改革、出售、拍卖、国有民营或公有民营。积极推进小城镇建设试点。20个省小城镇建设试点镇和22个后备试点镇，从土地使用、户籍制度、发展第三产业、扩大农业人口就业等多方面探索改革的新路子。同时，对各试点镇党政主要负责人进行了专题培训。各试点镇提出了城镇建设和发展规划及目标管理考核意见。目前各试点镇工作开展顺利。继续稳定和完善家庭联产承包责任制，继续完善农业社会化服务体系。各区（市）、县加强了县、乡、村三级农业综合服务机构网络建设。全市已建立起各类技术推广中心26个，技术服务站1553个。

1994年，全市综合配套改革也存在一些问题：一是试点发展不平衡；二是改革政策不配套；三是宏观经济环境不宽松；四是部门利益制肘；五是国有企业受资金、债务、冗员等诸因素制约，推进改革的难度较大。

对外开放情况

一、利用外资结构改善、质量提高

1994 年，成都市按照市委、市政府关于进一步扩大对外开放若干问题的决定，努力改善投资软硬环境，加强对外宣传，积极主动招商引资，使利用外资结构改善，质量提高，实际利用外资比上年显著增长。全年新批外商投资企业 406 家，协议外资 4.64 亿美元，实际利用外资 2.36 亿美元，实际利用外资比上年增长 83%。由于受国家宏观调控和利用外资政策调整的影响，1994 年全市利用外资经过连续两年大幅度增长后有所回落，但却呈现新的特点：

1. 投资结构改善。全年外资投向第二产业比重上升，投向第三产业比重下降。投向第二产业的协议达 2.94 亿美元，比上年增长 15.3%，占协议外资总额的 53.6%，投向第三产业的协议外资为 1.4 亿美元，比上年下降 23.7%，占协议外资总额的 36.3%。按行业分：工业 264 个，房地产业 45 个，建筑业 3 个，交通运输邮电业 5 个，商业 34 个，其他行业 24 个。

2. 投资规模扩大和投向大中型企业的比重增加。全年协议外资在 500 万美元以上的项目 52 个。1000 万美元以上的项目 32 个；特别是国有大中型企业利用外资有了新进展，全年全市新批国有大中型企业利用外资项目达 26 家，均比上年有所增加。

3. 一些国际大企业、大财团、大商社和金融机构在蓉落户。由于成都投资环境的改善和知名度的提高，再加上成都是四川 1 亿多人口的省会这个大市场，吸引了一批跨国公司和财团，它们开始或进一步在成都投资。其中有德国西门子股份公司，与成都电缆厂合资兴建通信光缆厂；日本邱永汉集团投资 1 亿美元在蓉兴建综合性商业大楼；台湾太平洋建设股份公司进一步投资建设成都太平洋百货（商店）二期工程；香港柏宝（集团）有限公司与成都武特经济发展公司共投资 1.5 亿元合作兴建“成都高科技商城”；香港中华国际开发集团有限公司等与成都高新技术区管委会合作建立“成都经济技术开发区台湾工业园区”。还有日本雅马哈发动机株式会社，日本国株式会社 F．C．C 以及加拿大多米尼加集团公司等也与成都有关方面签订了投资协议或意向性协议。特别是经中国人民银行总行批准，1994 年有 4 家外国金融机构在成都设立了代表处并开展业务活动。包括世界著名的英国标准渣打银行，新加坡最大的华联银行，泰国盘谷银行，加拿大宏利人寿保险公司。渣打银行已向成都市信托投资公司贷款。

4. 外商投资企业出口创汇大幅度增长。全市外商投资企业全年出口创汇 4216 万美元，比上年增长 39%，创汇占全市出口创汇的 15.7%。

5. 香港地区投资比重下降。1994 年，香港地区仍是成都外商投资的主要来源地，但投资比重已由上年占 50%降至 35.5%，新加坡、台湾、美国、日本等国家和地区的投资比重有所上升。其中香港投资项目 169 个，投资 1.64 亿美元；台湾 90 个，投资 8134 万美元；新加坡 16 个，4880 万美元；美国 53 个，4127 万美元，日本 23 个，3522 万美元；英国 2 个，1818 万美元。

二、进出口贸易高速增长

1994 年成都市对外经济贸易工作根据国家外贸体制改革的方针，把发展出口创汇作为整个对外经贸工作的重中之重和中心环节来抓。结合外贸企业转换经营机制，加强内部管理，苦练内功，在抓订单、抓资金、抓货源、抓运输、抓收汇、抓退税等各环节下功夫，使全市进出口贸易持续高速增长。作为成都市出口创汇主力军的外贸专业公司，出口规模进一步扩大；同时，外贸自营企业和三资企业出口创汇能力增强，占全市出口总额的比重分别有所提高。对外经济技术合作取得新进展，劳务输出规模和市场有所扩大，海外工程承包开始起步。

进出口贸易实现高速增长，增幅超过全国平均水平

1994 年全市进出口总额 48960 万美元，比 1993 年增长 33%。其中出口总额 26792 万美元，比 1993 年增长 33.4%；进口总额 22168 万美元，比 1993 年增长 32.56%。出口收购额 154494 万元，比 1993 年增长 36.5%。

出口商品销往 81 个国家和地区。居前十位的国家和地区是：香港 10338 万美元，占出口总额的 38.59%；美国 3493 万美元，占 13.04%；日本 3369 万美元，占 12.57%；德国 1778 万美元，占 6.64%；新加坡 970 万美元，占 3.62%；韩国 509 万美元，占 1.90%；印度尼西亚 458 万美元，占 1.71%；荷兰 430 万美元，占 1.60%；俄罗斯 427 万美元，占 1.59%；意大利 400 万美元，占 1.49%。

在出口经营构成中，外贸专业公司出口 19064 万美元，占全市出口比重的 71.15%；外贸自营企业出口 3513 万美元，占全市出口比重上升到 13.11%；外商投资企业出口 4216 万美元，占全市出口比重为 15.74%。

出口产品中，初级产品 6304 万美元，占出口总额的 23.53%；工业制成品 20488 万美元，占 76.47%。

出口额在 100 万美元以上的商品有 66 种，出口额 23452 万美元，占出口总额的 87.54%。其中出口额在 1000 万美元以上的 4 种，分别是蔬菜 1029 万美元、羽毛 1613 万美元、真丝服装 1685 万美元、电子元器件 1607 万美元；出口额在 500～1000 万美元的商品 10 种，分别是工艺品 871 万美元、钢材 747 万美元、通讯电缆 688 万美元、肠衣 679 万美元、棉布 694 万美元、棉布服装 930 万美元、皮鞋 570 万美元、革皮服装 595 万美元、工具 599 万美元、音响设备 606 万美元。出口额在 100～500 万美元的商品 52 种。

进口商品中，初级产品 450 万美元，占进口总额的 2.03%；工业制成品 21718 万美元，占 97.97%。

进口额在 200 万美元以上的商品 11 种，共 18579 万美元，占进口总额的 83.81%。分别是成套设备 7360 万美元、录相机零件 4555 万美元、轻工机械 2134 万美元、钢材 1650 万美元、化工原料 933 万美元、饲料 493 万美元、胶合板 385 万美元、化工机械 313 万美元、汽车零件 272 万美元、化肥 217 万美元、纤维 265 万美元。

进口商品来自 26 个国家和地区，居前十位的是：日本 7777 万美元，占进口总额的 35.08%；美国 2654 万美元，占 11.97%；香港 2001 万美元，占 9.03%；台湾 1935 万美元，占 8.73%；法国 1861 万美元，占 8.39%；俄罗斯 1069 万美元，占 4.82%；韩国 749 万美元，占 3.3%；德国 606 万美元，占 2.73%；保加利亚 592 万美元，占 2.67%；意大利 466 万美元，占 2.10%。

对外经济技术合作方面，1994 年，全市对外签订合同 8 项，金额 335 万美元，营业额 138 万美元，当年共派出劳务人员 324 人次，年末在外人数 164 人。主要派往日本、密克罗尼西亚、新加坡、柬埔寨等国家。

1994 年，成都市有 10 家境外非贸易企业停业。主要原因一是原苏东地区政策多变，规模小的企业受到冲击，难以生存；二是国外合作方资金不到位，被迫停业。其余 12 个继续经营的企业当年实现创汇 64 万美元。

三、横向经济联合成效显著

1994 年，成都市横向联合工作，认真贯彻市政府提出的扩大对外开放的指导方针，坚持开展多层次全方位的横向联合与协作。全年共签订经济技术协作项目 70 项，项目总投资金额 9 亿元，预计新增产值 10 亿元，新增利税 1 亿元，全年物资协作总额 5.2 亿元，协进钢材 4.6 万吨，协作石油成品油 6.54 万吨，协出肉食品 9500 吨

经贸洽谈成效显著：4 月 1 日至 5 日，上海首次在成都市举办了'94 上海商品博览会暨经济技术协作洽谈会，成都市在这次会上与上海共签订协作项目 23 个，双方都十分满意。

3 月 31 日至 4 月 3 日，沈阳经贸代表团在成都举行了经贸洽谈。成都市组织 500 多人参加洽谈，结果与沈阳签订经济技术协作项目 37 个。8 月中旬，成都市应沈阳市人民政府的邀请，组织了经济技术洽谈团回访沈阳，进一步落实协作项目。回访期间，两市又新签订 4 个合作项目，使回访取得圆满成功。

9 月 8 日至 12 日，成都市组织了 130 人，赴厦门参加'94 福建投资贸易洽谈会。在这次会上，成都市有关单位和企业与外商签订医药、食品、娱乐等合资、独资协议 16 项，总投资 8982 万美元。

大西南博览会上收获大。由五省区七方共同主办的'94 首届中国大西南商品博览会，于 9 月 2 日至 6 日在成都市举行。此次博览会，成都市共组织 11 个区（市）县及部门的 100 多家企业参展，设摊位 70 个，成交金额上亿元。博览会上，成都市有 21 个产品被评为金奖，7 个产品被评为银奖，8 个产品获优秀产品奖。

对口支援有新发展。成都市自 1986 年起对口支

援仪陇县，1994年省政府又确定成都对口支援开县移民工作。在对口支援仪陇的工作上，全年各对口支援单位与仪陇签订支援项目12个，年底已落实13个，共为仪陇县办实事15件。对口支援开县移民工作从9月开始，市政府专门成立了对口支援开县移民工作领导小组，召开了对口支援工作会议，各对口支援单位与开县达成了13个合作项目，使对口支援工作有了良好开端。

清理整顿驻蓉机构取得成效。为了加强对外地驻蓉机构的管理，成都市从5月起对外地驻蓉机构进行了清理整顿，截止12月31日，全市已有533家驻蓉机构办理了新批手续。这些来自全国各地的驻蓉机构，1994年为成都办了几十件实事，如新疆石油管理局和兰州炼油厂为成都提供石油成品油21万吨，重钢为成都提供价值250万元的钢材，西昌铁路分局成都办事处为成都办理铁路运输车皮2424个，江油水泥厂投资2000万元在成都建成20万吨散装水泥厂，宋庆龄基金会成都办事处为成都顺城街天府大厦引资到位1亿元，大庆办事处配合成都市积极做好全国足球甲A联赛成都赛区的比赛，为成都赛区被评为全国最佳赛区做出了贡献。

驻外办事处招商引资创佳绩。成都市人民政府驻北京、上海、福州、广州、深圳等13个办事处，1994年紧紧围绕成都市的经济建设和扩大对外开放，充分发挥职能作用，在招商引资，横向联合上取得了显著成绩。全年各办事处共外引内联项目115项，项目总投资金额近70亿元，40多个项目已实施并见成效。如通过福州和厦门办事处牵线搭桥促成的福清市在邛崃市投资100万元兴办的炼钢厂已正式投产；珠海办事处为珠海成都大厦引资1000万元，北京办事处通过多方努力，在争取大型工程项目上取得了实质性进展，并完成了一项800万元的合资项目。

附录一

成都市实行对外开放新出台的优惠政策

中共成都市委、成都市人民政府关于进一步扩大对外开放若干问题的决定

（摘　要）

（一九九四年四月二十七日）

二、切实搞好招商引资，大力发展外商投资企业

（四）用好政策，拓宽招商引资领域。充分利用沿海开放城市和综合配套改革试点城市政策，结合成都实际，贯彻落实国家宏观改革措施，抓紧修改完善有关涉外法规。1993年12月31日前已批准设立的外商投资企业，要继续实行《成都市鼓励外商投资条例》所规定的优惠政策，对外商投资企业改增值税、消费税、营业税后增加的税赋，要按国务院[1994]10号文件精神，认真做好退税处理。抓紧落实省委、省政府制定的小城镇建设试点的优惠政策，搞好招商引资，加快我市小城镇建设。充分利用我市资源优势、劳动力优势、科技优势和市场优势，大力开展招商引资。进一步放宽外商投资范围，除国家明令禁止的，都要鼓励外商投资经营。要在大中小项目一起上，资金、技术、智力、管理同时引进的基础上，把工作重点放在吸引国际大财团、大公司、大商社和兴办高新技术、高创汇、高效益的工业项目以及能源、交通、市政建设等重大基础设施项目上来，重大项目的招商洽谈和建设要全盘统筹，在谈判和建设中，我市各方出现的争议问题，由市对外开放领导小组统一协调，一旦决定，各方必须服从，全面落实。市外商投资服务中心牵头尽快设立全市招商引资项目库，加强对外资投向的引导，按照国际惯例，提高招商水平。

（五）进一步办好各类开发区，充分发挥开发区在招商引资中的“窗口”和龙头作用。要继续改善开

发区的软硬投资环境，以良好的形象吸引外资进区开发。要进一步落实开发区享有的对引进项目的市级审批权限，继续实行和进一步完善开发区内"一站式"服务和进区项目的全过程管理。高新技术产业开发区要用好国家赋予的各项政策，在继续抓好起步区建设的同时，根据发展需要，抓紧选点规划，制定新的发展方案，加快发展步伐。成都经济技术开发区、台商投资区、新都卫星城工业区、西南航空港经济开发区、新加坡工业园区和都江堰旅游业开发区要努力改善环境，加大招商引资力度，使开发区建设再上一个新台阶。有条件的区(市)县要从实际出发，突出特色，发挥比较优势，继续办好省、市已确定的开发区、试验区。各类开发区的建设，要着力抓好项目的引进，注重投资效益，节约土地，严禁弃耕撂荒。

(六)扩大企业招商引资力度，提高外向型经济水平。国有企业要积极引进境外资本，促进企业产权关系的变革和现代企业制度的建立。要结合产品结构调整，有组织、有步骤地选择一批具备条件的企业向外出让全部或部分产权，搞活企业存量资产，实现资源的优化配置。利用东郊和青白江老工业区的整体优势，大力与外商合资、合作，嫁接改造老企业。要加快企业技术改造和产品升级换代，努力发展一批能进入国际市场并具有国际竞争力的拳头产品和支柱产品。要重视对国外大企业、大公司商标、技术等无形资产的引进，利用国外的先进技术和管理经验，加速传统产业的改造。要进一步办好境外"窗口"企业，发挥好他们在对外开放中的"前哨"作用。要抓紧制定出我市发展10个年产值达10亿元、利税上亿元、出口创汇上千万元的支柱产品的招商引资规划，用大项目对外招商，提高引进外资的实效。要认真搞好中外合资经营零售商业的试点，借鉴国际现代化管理经验，提高国有大中型零售商业企业现代化管理水平。要引导乡镇企业和民营企业大力发展外向型经济，积极引进外资，兴办外商投资企业，争取更多的产品进入国际市场。

(七)加快房地产招商引资步伐，搞活房地产市场。坚持以房地产开发为突破口，加快旧城改造步伐。要按照"放有度，管有法，活有序"的原则，建立开放的房地产市场体系。要扩大市场容量，放宽政策，吸引更多的境外房地产经营者、中介组织和经纪人、消费者进入房地产市场。要建立基准地价、标的地价和出让地价体系，实行土地价格动态管理，坚持公开、公平、公正的原则，加快建立正常的土地使用权价格市场形成机制，促进城市土地的优化使用和合理配置。要继续采取优惠政策，积极支持外商投资进行成片旧城改造。进一步规范外商开发房地产的各种税费，为外资开发房地产创造良好的外部环境。要认真抓好府南河综合整治、金融街、地铁建设等一批重点项目，在积极争取国内投资的同时，全面向境内外投资者开放。

(八)建立和发展国内外投融资体系。要争取在一两年内引进境外、国外金融分支机构，发展中外合资金融机构。要积极用好国际金融组织和国外贷款，组织有关部门到境外、国外通过发行企业债券，筹集中、短期建设资金。各专业银行要加强与境外、国外金融机构的合作，扩大业务往来，提高国际金融配套服务水平，提供高效优质的结汇、售汇、付汇柜台服务，保障外汇收支渠道畅通；加强外汇资金调度，保证人民币有条件可兑换制度的顺利实行；完善国际结算业务功能，开拓向海外行短期贸易融资领域。积极争取在香港建立成都国际信托投资公司，充分发挥国际担保公司职能。进一步搞活金融市场，发挥专业银行和地方非银行金融机构在招商引资中的筹资、融资作用，积极做好我市在引进项目、资金、合资、合作企业等方面配套人民币的落实工作。要通过盘活国有存量资产和挖掘部门沉淀资金潜力，建立偿债风险基金、投资担保基金和社会保障基金，提高我市吸引外资能力。

成都市人民政府关于府南河开发项目招商优惠政策

(一九九四年十一月三日)

——府南河招商项目中属于低洼棚户区的，按市府关于"解困解危工程"的优惠政策办理。

——对境内外投资府南河项目开发的单位，签订投资意向性协议后，政府职能部门优先办理公司登记注册手续，市计委优先办理该投资项目立项，市规划局优先办理规划定点。

——府南河招商地块出让，只要规划手续齐全，土地使用权无争议的，优先办理出让手续。土地出让金按规定的中、低限标准执行，并按照市政建设用地占该地总面积比例再给予优惠。

——府南河开发项目报建中的规定费用，按市政建设用地占地块总面积比例给予优惠。

——府南河招商成功项目的用水、用气可优先列入计划，优先设计、施工、验收；优先办理拆除水表、气表销户手续，减半收取销户费。

——府南河项目拆迁管理费，按国家规定标准的下限标准0.5%收取。

——府南河开发项目新建的商品房在销售时，交易手续费按规定标准的80%收取。

——府南河招商成功的项目，资金到位的，如该项目前期立项、报建手续不齐备的，由政府有关职能部门负责协助优先补办手续。

——综合整治范围内规划的106个开发地块，在明年9月底以前完成市政建设用地范围内拆迁安置工作的，都享受上述优惠政策。过去已按协议完成了市政建设用地拆迁脱裙的，也享受上述规定的优惠政策。

成都市引荐外商投资奖励办法（试行）

（一九九四年十二月三十日）

第一条　为扩大招商引资，加快对外开放步伐，促进本市经济建设，根据国家有关法律、法规和《成都市鼓励外商投资条例》，结合本市实际，制定本办法。

第二条　本办法所称外商是指来本市投资的国外、境外公司、企业和其他经济组织或个人。

本办法所称外商投资企业是指在本市行政区域内举办的中外合资经营企业、中外合作经营企业和外资企业。

第三条　本市县(处)级以上的国家公务员和因工作职责直接从事引进外资的一般国家公务员，不适用本办法。

被派往国外、境外从事商务工作的中华人民共和国公民，引荐本人在国外、境外任职的公司、企业和其它经济组织来本市投资的，不适用本办法。

第四条　中华人民共和国境内的公民引荐外商在本市举办外商投资企业，根据被引荐外商在工商行政管理部门注册资金的实际到位额（按当时汇率折合人民币计算，以指定的会计师事务所验资报告为准），对属于优化本市产业结构的高新技术企业、技术先进企业、产品出口企业和公用基础设施建设等重点项目，可给予不超过实际出资额的15‰的一次性奖励；对属于符合产业结构调整的一般性项目，可给予不超过实际出资额的8‰的一次性奖励；其它项目，可给予不超过实际出资额的5‰的一次性奖励。

第五条　公民引荐外商在本市举办中外合资经营企业，中外合作经营企业的，奖励金由合营、合作的中方企业给付；公民引荐外商在本市举办外商独资企业的，奖励金由企业税收解交地的同级财政拨款给同级政府指定部门给付。

第六条　公民引荐外商在本市举办中外合资经营企业、中外合作经营企业、外商独资企业的，该企业应在引荐的生产性项目建成投产前，公用基础设施项目建成投入使用前，商贸企业建成营业前向该公民出据书面证明材料，并由该公民据此申请外经贸部门确认其引荐行为。

第七条　公民的引荐行为经外经贸部门确认后，指定的验资会计师事务所或该企业应在15日内向该公民提供外商在工商行政管理部门注册登记的实际到位资金的验资报告复印件。

第八条　奖励金的领取程序。

（一）公民取得上述材料后，引荐的生产性项目建成投产后半年内，公用基础设施建成投入使用后半年内，商贸企业建成营业后半年内，可直接到市对外开放办公室申领《成都市引荐外商投资奖励金申请表》填写。

（二）市对外开放办公室收到公民正式填写的《成都市引荐外商投资奖励金申请表》及必备附件之日起十五日内，对符合奖励条件的出据奖励表彰批复文件，并发给《成都市引荐外商投资奖励证书》。

（三）受奖励的公民凭领取到的奖励表彰批复，携带本人身份证十日内按本办法规定直接到合营、合作的中方企业或同级政府指定的部门领取奖励金。

第九条　公民领取引荐外商投资奖励金的合法权益受国家有关法律、法规的保护。公民领取引荐外商投资奖励金后，应依法缴纳个人所得税。

公民在从事引荐申领奖励金的行为中违犯国家有关法律、法规，依法追究责任。

第十条　本办法具体应用中的问题，由成都市对外开放办公室负责解释。

第十一条　本办法自发布之日起试行。

附录二

成都市对外经济技术合作意向性项目

编号	项目名称	建设规模	承办单位	地 址	电 话	联系人
1	青霉素系列产品	年产50吨，投资2230万美元	四川制药厂	成都市杉板桥路70号	4444312	何光明
2	无缝钢管	年产100万吨，投资27781万美元	成都无缝钢管公司	成都市牛市口	4443362	何光明
3	精密光学薄板玻璃导电膜	年产各类导电膜10万平方米，投资1200万美元	成都光明器材厂	成都市建设南支路6号	4441612	何光明
4	铝型材加工	年产型材1万吨，门窗40万平方米，投资1500万美元	成都铝材厂	成都市衣冠庙	5581451	肖志勤
5	硬质合金刀具	年产硬质合金刀具11.67万件，碳化钨粉180吨等，投资1500万美元	成都量具刃具股份公司	成都二环路东一段	3332494-7417	杨奇均
6	离合器	年产膜片弹簧重型离合器40万套，投资1000万美元	四川离合器厂	成都郫筒镇陵园路14号	08231-62766	钟永枢
7	小型材生产线	年产各类小型材20万吨，投资1200万美元	成都钢铁厂	成都青白江区	6676572	何光明
8	高纯片状氢氧化钾、碳酸钾	年产氢氧化钾1万吨、碳酸钾1.2万吨，投资2456万美元	成都化工厂	成都驷马桥	6648886	何光明
9	烧碱二期工程	年产离子膜烧碱2万吨，投资2500万美元	成都湔江化工厂	彭州市	6648886	何光明
10	涂布箱板纸	年产1.5万吨，投资1000万美元	邛崃纸板厂	邛崃市西郊造纸路	08239-791961	尹大明
11	章氏变压器	年产1.65万台，投资1700万美元	成都市戍名互感器厂	成都郫县犀蒲镇	9007303	付 强
12	风鸣桥梯级水电站	装机容量3.7千瓦，投资2150万美元	彭州水电站工程指挥部	彭州市通济镇	08235-871993	尹华建
13	彭州市自来水二厂	日供水9万吨，投资1000万美元	彭州市自来水公司	彭州市天彭镇西干道	08235-871209	王焕芝
14	聚甲醛装置	年产聚甲醛1万吨，投资2299万美元	泸天化成都精细化工公司	成都市区	3325456	许炳然

续表

编号	项目名称	建设规模	承办单位	地　址	电　话	联系人
15	芥酸臭氮裂解装置	年产能力处理芥酸4000吨，王酸1400吨，投资1149万美元	泸天化成都精细化工公司	成都市区	3325456	许炳然
16	脂肪醇装置	年产C12-18脂肪醇1.5万吨，投资2300万美元	泸天化成都精细化工公司	成都市区	3325456	许炳然
17	二甲基甲酰胺	年产1万吨，投资1150万美元	蒲江县氮肥厂	成都市蒲江县	08230-22045	黄国庆
18	微车发动机变速器	微车发动机变速器系列产品，投资1150万美元	354厂	成都市	4449786	周华乔
19	龙泉公园	1000亩综合开发，投资1500万美元	龙泉驿区建委	龙泉驿区建委	4453091	钟善友
20	台商工业区污水处理厂	日处理污水7万吨，投资2300万美元	成都蓉台国际企业有限公司	成都市温江县	4437438	杨力
21	台商工业区热电厂	2×2.5万千瓦，投资4000万美元	成都蓉台国际企业有限公司	成都市温江县	4437438	杨力
22	台商工业区纺织、印染生产线	年产1500万米，投资3000万美元	成都蓉台国际企业有限公司	成都市温江县	4437438	杨力
23	文化用品大楼	新建营业楼、业务用房等5.4万平方米，投资3873万美元	市文化用品公司	成都市区	6666037	杨永春
24	百货商住中心	建筑面积81600平方米，投资4000万美元	市百货公司	成都市区	6667475	李书高
25	曙饭店改拆建工程	建筑面积33400平方米，投资1150万美元	市旅游服务公司	成都市陕西街130号	6623387	朱文礼
26	食品商贸中心	建筑面积9万平方米，投资2500万美元	市食品集团	成都市提督街3号	6626035	肖云林
27	蜀都家具城	建筑面积50700平方米，投资1034万美元	市供销社综合贸易公司	成都市区	6666291	何世全
28	成都市北东街市场	建筑面积4万平方米，交易大厅8000平方米，投资1067万美元	青羊区工商局市场建设办公室	成都市新华西路	6637100	黄　永
29	乡贸大厦	建筑面积5.79万平方米，投资1000万美元	市乡镇企业局	市一环路与人民北路交界处	7764022	傅　霖

续表

编号	项目名称	建设规模	承办单位	地　址	电　话	联系人
30	武侯企业大厦	建筑面积6.7万平方米，投资1954万美元	武侯区工业局、乡企局	成都市区	5551265	肖俊伦
31	天宫庙坑口火电厂	装机2×1.25万千瓦，投资2300万美元	大邑县计委	大邑县天宫庙	08238-222243	陈一村
32	西岭雪山风景区综合开发	游山公路20公里、索道5公里、宾馆等，投资2000万美元	大邑县旅游局	大邑县西岭镇	08238-222299	杨友正

典型地区和典型企业

天府南来第一州，再谱历史新篇章

——邛崃县撤县建立邛崃市

1994年6月6日，邛崃历史上竖起了一座新的里程碑——经国务院批准，四川邛崃撤县设市。这标志着邛崃跨入了一个崭新的历史时期。

邛崃市，古称临邛，又名邛州，位于成都平原，扼川滇、川藏公路要冲，因其地理位置重要和工商业发达，被誉为“天府南来第一州”。幅员面积1377.38平方公里，人口63万。

“临邛自古称繁庶”。邛崃，从公元前316年秦灭蜀后筑城置县始，迄今已有2311年的悠久历史。它与成都、郫县、江州合称四川四大历史文化名城。历史上的邛崃，物产丰富，工商兴盛，文化发达，曾留下“舟船争路、车马塞道、商旅敛财”的生动写照。

率先改革，成效显著。邛崃，1981年被列为四川省3个综合体制改革试点县之一，1989年被列为全国县级机构改革试点县，1992年被列为四川“发展县经济，先抓一条县”的重点县。全国第一个农工商联合企业在这里诞生。中国土地上的股份制企业雏形在这里形成。改革使历史文化名城焕发出勃勃生机，促进经济的跨越式发展。1994年，全市实现国内生产总值17.6亿元，工农业总产值56.3亿元，其中工业总产值49.1亿元，乡镇企业总产值58.9亿元，社会消费品零售总额4.8亿元，财政收入8507万元，农村人均纯收入1227元。

邛崃是一个发展中的开放城市，正以它的八大优势与广大的海内外朋友广泛合作，共创更加辉煌的未来。

——自然资源丰富。主要农产品有水稻、小麦、玉米、油菜、茶叶、蚕茧、水果、木材、竹子、药材、猪、牛、羊、鸡、鸭、鹅、兔、鱼。水力资源7.2万千瓦。目前具有工业开发价值的矿产品主要有天然气、石油、矿泉水、石膏、芒硝等，其中，天然气和矿泉水储量尤为丰富，所产优质气已供成都及其周围地区作生活和工业用气。

——农业基础宏厚。肥沃的土地、四季分明和雨量充沛的亚热带气候、勤劳的人民，孕育了这里悠久发达的农业，现年产粮食36.4万吨，油料1.8万吨，肉类5万吨，水果2.3万吨，蚕茧700吨。

——工业门类较齐全。工业生产形成了以食品工业为龙头、轻纺化工为两翼、门类较为齐全的工业生产格局，主要行业有食品、纺织、化工、造纸、机械、医药、建材、电力、饮料等30多个。现有部、省、市优质产品150多种，出口产品20多个，年出口创汇1000多万美元。食品工业是全省第一个食品工业产值亿元县，现年产值已过10亿元。现有主要产品包括：荣膺10枚国际金牌的文君酒、全国明星啤酒——星星啤酒、全国名茶——文君牌绿茶、合成氨、磷铵、硫酸、复混肥、生丝及制品、机制纸及纸板、YD系列电动机、低压阀门、五金匠作工具、抗癌新药盐酸米托蒽醌、黄连素、人工牛黄、特种水泥、硬拼木地板、胶合板、花岗石材、各类复合膜和食品袋。

——旅游独具特色。邛崃，山川灵秀，名胜古迹众多，旅游资源十分丰富。有国家、省、市级文物保护单位12处。全国重点文物保护单位什邡堂邛窑遗址和唐代民居遗址被考古学家誉为无价之宝；卓文君与司马相如琴音相通的文君井，西汉风情犹存；全国第二高塔——回澜塔雄伟壮观；石笋山摩崖造像千姿百态，栩栩如生；花置寺佛像巧夺天工、意态动人；盘陀寺壁画工笔重彩，精美绝伦；鹤林古刹翠柏掩映，香烟缭绕；竹溪湖山环水曲，湖光潋滟；省级风景旅游区天台山，以她山奇、水美、林幽、石怪、云媚的俊秀风光，令游人如入瑶池仙境，流连忘返。

——交通条件优越。地处川藏公路成都至雅安段的中点，是西南大都会成都通向甘孜州、凉山州、攀枝花市、云南和西藏的咽喉。东距双流国际航空港50公里、成昆铁路青龙场站40公里，并有70公里的成温邛高等级公路与成都相连。市内公路四通八达，交织成网，基本实现路面黑色化。

——通讯设施先进。现已开通8000门程控电话，全部实现传输光纤化，交换程控化，可直拨全国各省市和世界各地。开通了无线寻呼和移动电话。

——市场前景广阔。邛崃自古以来便是南方丝绸之路灵关道的第一站，是川藏线上主要商品集散地和川西商贸中心。目前，全市已经形成多种经济成份共存，多渠道、少环节、开放式的商品流通网络和大商业、大市场、大流通的格局。市区已经建成了粮食、木材、蔬菜、水果、副食、服装、建材等专业商品批发市场，其中，木材市场面积7万平方米，是西南最大的木材市场，年成交木材20多万立方米。

——文教卫生和水电气供应等生活设施齐全。现城区有电大分校一处，中专6所，高完中5所，职业高中2所，初中6所，小学10所，幼儿园13所，有市级医疗卫生单位8个，病床1000多张；市内水、电、气保证供给；有市级广播电台，电视差转台和有线电视台，广播电视覆盖率100%，有图书馆、体育场、游泳池、宾馆、夜总会、哥舞厅、影剧院、健身房等文体旅游设施，城市服务功能健全。

目前，邛崃欢迎海内外朋友以独资、合资、合作等形式开发的主要项目有：

（1）装机1.89万千瓦的宝珠山水电站；（2）热电厂增容6000千瓦；（3）以优质天然气为原料的天然气化工综合开发；（4）川藏线一级商品公路13公里；（5）年产硫酸4万吨、水泥6万吨的磷石膏综合利用工程；（6）年产6000万支玻璃生产线；（7）年产绢丝130吨、䌷丝190吨的绢丝、䌷丝生产线；（8）年印染600万米的电脑圆网印花生产线；（9）房地产开发；（10）矿泉水饮料开发；（11）天台山二期旅游工程；（12）鹤山公园、竹溪湖风景区开发等。

邛崃，将以其更加美丽、富庶、文明的崭新姿态崛起于中国的大西南。

邛崃人正乘建市的东风，豪情满怀、意气风发，再创明天的辉煌。

邛崃这片热土正张开双臂，热情欢迎海内外嘉宾。

川西名城崇州市

崇州市位于川西平原西部，距省会成都37公里。幅员1090.24平方公里，辖13个乡，15个镇，全市总人口63.81万人。市政府驻地崇阳镇。

历史悠久，人杰地灵。崇州古为蜀国地。汉高祖元年置江源县，为崇州建县之始，唐武则天垂拱二年置蜀州，南宋绍兴十四年升为崇庆府，后又改称崇庆州、崇庆县，至今已有2200多年历史。1994年6月10日，经国务院批准，撤销崇庆县，设立崇州市。崇州曾孕育出许多不朽的名人志士，有著名历史学家常璩、诗人唐求、药物学家唐慎微、陕甘总督杨遇春、巾帼英烈张露萍等。

资源丰富，风景优美。崇州属亚热带湿润季风气候，年平均无霜期285天。林木资源有65科、200余种，林木覆盖率40.6%，是全国平原绿化达标县(市)。矿产资源有煤、铝、锌、铜、银、金、石膏、花岗石、盐等，尤以石灰石储量为丰，仅偏岩一处即达5亿吨。水能可开发量6.64万千瓦，已开发2.43万千瓦，是全国第二批电气化达标县（市）。动物资源主要有列入国家保护的大熊猫、小熊猫、金丝猴等30余种，鞍子河地区是国家批准的熊猫自然保护区。农产品以稻、麦、油菜为主，果品主要有柑桔、桃、板栗等10多个品种；著名经济作物有川芎，是全国川芎生产基地，还有郁京、厚朴、杜仲等中药材。崇州是省级历史文化名城，文物古迹很多，人文景观与自然景观相映成趣。

经济繁荣，成绩显著。1994年全市国内生产总值23.3亿元，比上年增长23.57%，其中，第三产业增加值6.68亿元，比上年增长28.51%；工农业总产值55.75亿元，比上年增长50.10%；预算内财政收入9100万元；社会消费品零售总额5.97亿元；农民年人均纯收入1325元；职工年平均工资3425元；年末城乡居民储蓄余额8.13亿元。粮食总产量37.93万吨；油菜籽产量1.13万吨；猪牛羊肉产量4.37万吨；出栏肉猪67.85万头；生产原煤58万吨，钢材3.4万吨，生铁3.8万吨，水泥21万吨，日用玻璃制品3.4万吨。

工业经济，蓬勃发展。崇州工业主要有冶金、轧材、机械、建材、化工、电力、煤炭、轻工、食品等行业，可生产2560多个工业产品。目前，全市已形成十大优势产业和企业链，开始走上规模经济和规模效益的轨道。1994年完成工业总产值45.36亿元，比上年增长58.67%。全市名优特新产品获国际金奖40项，获部、省优质产品85项，获部、省优秀产品210项，有6种产品出口创汇。

农村经济，持续发展。崇州属都江堰自流灌溉区，土地肥沃，是传统的油米之乡，全国商品粮基地、商品粮大县和省瘦肉型猪基地县（市）之一。目前已形成10个三高农业基地，其中，优质稻A101、黑香糯稻、淡季蔬菜、瘦肉型猪等基地建设已取得显著成效，农副产品生产、加工、销售实现了一条龙运作。乡镇企业已成为崇州农村经济的重要支柱，1994年乡镇企业总产值达55.3亿元，比上年增长78.52%。崇阳、三江、元通、隆兴、怀远等镇已进入省乡镇百强之列。建新防水粉末厂研制开发的防水材料，荣获尤里卡世界博览会金奖和日内瓦国际发明博览会金奖。

商业发达，市场繁荣。历史上崇州就是成都西南重要的物资集散地之一，市区中心商店林立，仅大型的百货大楼、东湖商场、蜀城商场等就有10多家，总投资1200万元的玉洲商城也即将建成营业。还有以文化街大型综合贸易市场为代表的生产资料市场、日用杂品市场、粮食、蔬菜批发市场等共2.18万平方米。道明镇的竹编市场，怀远镇的藤编、棕编市场，羊马镇的猪杂市场更是幅射川西，远近闻名。

基础设施，优先发展。崇州现有进入国家大电网的电站（含火电厂）59处，装机容量4.4万千瓦时。正在建设的6000千瓦的柏木沟电站已进入调试阶段，全市供电覆盖面95%以上。日供气20万立方米的天然气主管网和部分城市管网铺设完毕，已向生产企业和居民供气。交通四通八达，境内省级、市级公路总长378公里，公路密度高于全国、全省平均水平。乡村道路总长4433公里，实现了乡乡通柏油路，村村通公路。六车道高等级公路连接成都和川西，标准公路直达双流机场。国内外通讯十分方便，已开通30路光纤通信和480路长途通讯线路，安装有8000门程控电话，还有无线寻呼A、B网，无线特高频通讯，以及邮政快件，特快专递等业务。实现了电话交换数字程控化，传输光纤数字化。15000门的市话扩容工程也即将上马。崇州市区规划面积24平方公里，建成区面积9.7平方公里。市区以干道建设为骨架，建成环形干道、幅射干道、对外交通干道28.5公里，连同街区道路组成规划合理的城市交通网。城市公用设施成龙配套，环境质量较高，城区道路铺装率达100%，自来水普及率达100%，绿化覆盖面积60.1公顷。

社会事业，全面发展。市区有省税务学校、省地质干校、省地质技工学校、电大分校等中等专业学校和大专院校分校10余所，全市有普通中学36所，职业中学4所，小学262所。崇庆中学始建于1919年，是省重点中学，历年高考录取率名列成都市区县前茅。拥有医院39个，门诊部38个，卫生技术人员1500多人。文化馆、图书馆、广播电台、电视台、体育场、游泳池等文体设施齐全，娱乐中心、影剧院、乡镇文化站等娱乐场所遍布城乡，市委、市府机关报《蜀州报》声传市内外。

对外开放，成绩显著。崇州是国务院批准的对外开放地区，改革开放以来，先后接待了来自34个国家和地区的外宾3万多人次，还成功地举办了国际清史讨论会，'93国际熊猫节启动仪式等外事活动。同云南曲靖市、天津新区、河北丰润县、北京朝阳区等建立了友好市县关系；在北京、天津、新疆、广州、拉萨、海南、厦门等省、市建立了办事处。随着投资环境的改善，外商和台港澳客商来崇州投资不断增多，截止1994年底，全市共引进“三资”企业20多家，引进资金上亿元。其中，听江热压板厂与美国万达国际股份有限公司共同组建的达江装饰材料有限公司，生产的中密度纤维板，填补了西南地区空白，产品畅销不衰。此外，全市还引进了省内外数十家企业，有力地促进了崇州经济发展。

政策优惠，欢迎投资。1994年8月，中共崇州市委、崇州市人民政府印发了《崇州市鼓励外商投资的优惠政策》和《崇州市招商引资奖励办法》。在优惠政策和投资保障部分，制定了“外商及其投资企业的合法权益依法受到保护”等12条投资保障政策；投资优惠部分，制定了“外商投资企业需征用土地的，按照规划，场地自选，地价从优，费用从宽”等8条优惠政策；在投资服务部分，强调了提高对外商投资企业办前、办中和办后服务，简化办事程序，提高办事效率。实行“一站式”办公，提供“一条龙”服务。崇州市享受地级市的经济管理权限，外省、外市来崇州投资者，可享受外商投资企业有关的优惠政策。崇州市招商引资奖励办法共15条，凡为该市招商引资作出贡献的单位和个人，包括市内和市外，均依照奖励办法予以奖励。对外经济合作招商项目目前有44个。主要有崇庆钢厂扩建线材生产线钢架车间，总投资6000万元；花岗石开采及加工，总投资2000万元；新建装机规模2×5500千瓦的岩峰沟水电站，总投资7000万元；市区旧城改造和房地产开发，总投资12000万元；新建市第二水厂项目，总投资6700万元；市汽车底盘厂扩建项目，总投资5000万元。欢迎客商前来合资、合作、租赁、引资投资，共谋发展，共求富裕。

崇州市基础设施优良，城市功能齐全，是投资、置业的理想城市，64万热情好客的崇州人民热情欢迎四海宾朋、五州客商前来投资开发，观光旅游，与崇州人民一道共创灿烂的明天。

成都市现代商贸开放发展试验区

成都市现代商贸开放发展试验区是经成都市人民政府批准，在成都市锦江区建城区范围内建立的市级试验区。

该区位于成都市最繁华的商贸中心区，是全市人流、物流、信息流最密集的地域，具备发展现代商贸的历史优势、现实优势和潜在优势。该区所在地历史上曾是中国西部“洋务”和“兴商”的发祥地，其中春熙路、商业场、盐市口等具有较大影响和较高知名度。近年来，区内商贾云集，百业兴盛，在总府路、东大街、东御街等处已形成众多黄金口岸。区内有人民商场、百货大楼、太平洋百货、蜀都大厦等数十个大中型现代商贸企业；有锦江宾馆、岷山饭店、四川宾馆等多家四星级以上的高档餐饮旅游娱乐设施；有青石桥、宏济路、青连街等一大批专业和综合市场；有正在建设中的西南国贸、锦阳大厦、先施大厦等一大批大型商贸设施，有众多金融机构和大众新闻媒介网络。

试验区旨在通过5至10年的努力，建立起与成都市商贸发展战略相吻合，体现大都会气势，发挥中心城市辐射功能，参与国内和国际两大市场竞争，经营管理现代化的开放、富裕、文明商贸繁华示范区。力争到本世纪末，试验区内商贸经营收入达到或超过300亿元。

根据试验区建设的总体目标，试验区正在和即将实施以下重点建设规划：

一、建立八大商贸片区——以春熙路、盐市口为中心的购物观光片区；以锦江宾馆、岷山饭店为中心的餐饮、宾馆高消费片区；以九眼桥、锦官驿为中心的大型国际商品博览设施片区；以国有商业为主体的东御街销售片区；以《四川日报》、《成都晚报》所在地为中心的商贸信息片区；毗邻锦江码头的商贸仓储片区；以河心村为中心的消闲游乐片区；以连花村、新桂村为中心的现代商住片区。

二、建立5座外市城——“上海城”、“广州城”、“温州城”、“大连城”、“香港城”，形成具有地方经营特色的大型商贸场所。

三、建设“一路、一街、一外滩”——在北新街、中新街一带再造一条“春熙路”；在东大街一线建设“金融商贸一条街”；在新南门至三官堂沿锦江建设“成都外滩”。

四、完善和建设十大现代化商贸综合和专业市场。

五、建立和发展十大“新星”商贸企业。

六、建设和发展十大高档餐饮娱乐设施。

七、建立六大商住群。

八、建立六大中介服务机构。

在试验区的管理方面，将树立和坚持竞争意识、法律意识、科学意识和效益意识，借鉴先进的行业管理、行政管理和社会管理经验，加快企业经营机制转换步伐，努力建立起一套符合现代企业制度要求和国际3惯例的宏观管理机制、现代企业经营机制和市场运行机制。

成都市政府对试验区建设实行倾斜政策。在试验区内新建的商贸设施项目，享受市政府有关市场建设和旧城、危房改造的优惠政策。在统筹和部署城区的市政设施建设时，对试验区实行优先安排。在资金上进行适当倾斜，用于基础设施建设。其它税费等有关政策由管委会研究确定。

试验区管委会作为市政府的派出机构，享受市级试验区的管理权限。管委会主任由市政府常务副市长朱永明担任，市政府分管副市长何绍华、狄廷国、市政府副秘书长罗大常、锦江区人民政府区长姜顺章担任副主任，成员有市计委、建委、国土、规划、体改等部门的主要负责人。管委会办公室设在锦江区人民政府，区长姜顺章兼任办公室主任。

成都市现代商贸开放发展试验区具有广阔的发

展前景，对境内外各界投资者以各种方式前来投资开发，我们将热忱欢迎，并以开放发展的思想，认真负责的精神，运用经济、法律、行政等综合手段，提供完善高效的服务，促进项目和企业发挥最佳效益，使投资者获取满意的投资回报，在试验区这块热土上共谋发展、共创辉煌，把试验区建成立足西南、面向全国、联通世界的商贸繁华区。

初具规模的四川中美（外）中小企业发展园区

四川中美（外）中小企业发展园区于1994年5月30日经四川省人民政府批准正式成立。该区位于成都市金堂县城赵镇，总面积5平方公里。

金堂地处成都平原东北，是成都市辖郊县，距成都市区46公里。全县幅员面积1154平方公里，辖15个镇、9个乡，总人口82万人。县城赵镇雄踞千里沱江之首，是古蜀中四大名镇之一。金堂物产丰富，境内水果、蔬菜、食用菌、蚕茧、毛猪质优量大，远销中外，分别被国家省市列为生产基地；天然气、矿泉水、砂石等矿产资源储量丰富；县城赵镇三江相汇，风景秀丽，有“花园水城”之雅称；九龙长湖烟波浩淼，有“沱江小三峡”之美誉。云顶慈云寺。南宋抗元石城、炮台山灵开寺、苏家港天主教堂等名胜古迹，令人流连忘返。

改革开放以来，金堂县经济出现了强劲的发展势头：1994年全县国内生产总值达到17.54亿元，农业总产值7.08亿元，工业总产值突破20亿元，工业初步形成了食品、化工、机械、冶金、建材、纺织、医药、电子等多行业的工业发展格局。

四川中美(外)中小企业发展园区是内陆地区县级经济综合开发和对外开放的示范区。园区主要以县内自然资源、劳动力资源和地方工业的厂房、设备等固定资产寻求与国内外中小企业合作，利用国内外的先进技术、设备、管理水平、市场信息来发展县级地方经济，从而走出一条内陆地区县级经济对外开放、加快发展的新路子。

该区具有良好和较为独特的投资环境。一是交通四通八达。园区处在成渝铁路、达成铁路、宝成铁路夹角中，成渝铁路、达成铁路途经金堂，纵贯园区，并在园区设有二级客货站；唐巴公路、金广公路和已经完工的40米主干道南环线，以及即将新建的国道川鄂高速公路均穿过园区；园区距成都双流机场70公里，广汉机场15公里。二是通讯方便快捷。国家级重点干线西（安）成（都）光纤途经园区、园区配套建设的邮电通讯大楼、万门程控电话、无线移动通信均已投入使用。三是电力保障情况好。金堂是省、市规划的能源基地县、属成都大电网统一供电，该区现有110千伏变电站、35千伏变电站各一座、正在选址定点的50万伏直流输电换流站、李家山抽水蓄能电站和与之配套的220千伏变电站的建成将为园区的建设提供更好的电力保障。四是天然气供应得天独厚。四川石油管理局和西南石油地质局的输气管道均穿过园区，并各建有配气站一个，目前两个配气站日供气量可达30万立方米，尚有10余万立方米的天然气待开发使用，此外，据西南石油地质局勘探证实，金堂境内还有一蕴藏量达300亿立方米左右的中型气田可开发。五是工业用水取之不尽。该区所在的县城赵镇处在北河、中河、毗河三江交汇处，号称千里沱江第一镇，县自来水厂日供水量已达2万吨，并正在进行日供水6万吨的扩建工程。六是市场潜力巨大。园区背靠特大城市成都，处在1亿多人口的大省四川的腹地、其市场潜力十分巨大。七是劳动力等生产要素价格相对便宜。园区所处金堂是成都市第二大人口县，具有一定素质的劳动力资源十分丰富，土地、水、电、气等生产要素价格较便宜。八是政策等软环境优势明显。园区参照国内沿海开放城市和许多著名开发区的政策，制定了一系列的可操作的优惠政策。九是生活环境优美舒适。县城赵镇被省建委规划为花园水城，境内云顶石城风景旅游区是省级风景名胜区。园区生活服务设施较为完善，已建有县级医院2个，中等专业学校2所，省重点中学1所，完中3所，小学5所，具有400米环形跑道足球场的体育中心一个，综合贸易市场4个，各类名特优产品、新鲜蔬菜、水果四季不断。

到目前为止，四川中美（外）中小企业发展园区建设已初具规模。共计洽谈引进意向性项目120多个，协议资金5亿多元，其中引进三资项目30余家，主要有：成都长发建材有限公司（中美合资），华福宁植物药（成都）有限公司（中法合资）、成都金亚食品有限公司（中日合资）、嘉晟线缆有限公司（中港合资）、成都新环球健康饮品有限公司（中泰合资），四川金恒音像有限公司（中港合资）、四川金和医用材料实业有限公司（中港合资）、四川金阳一届·爱克撒建设实业有限公司（中美合资）。与生产、生活配套的大型综合性餐饮会务娱乐中心——绿岛工程建设正紧张有序地进行，一期工程1995年投入使用；新建了工业、商住、写字楼等房屋3万多平方米和六条园区道路骨架。

为加快园区建设步伐，促进金堂全县经济发展、四川省人民政府成立了以省长助理邹广严为组长，成都市委副书记陶武先、副市长何绍华、省经贸委主任张应文、省经委副主任杨志文、省计委巡视员周富源为副组长、省市有关部门主要领导为成员的领导班子，领导小组下设园区管理委员会，并赋予了园区管理委员会特别行政权；园区本着“你发财，我发展”的原则，制定了12个方面、56条引资引项政策，并为进入园区的投资者在土地使用、工商登记、项目审批、劳动人事、户口和出入境管理等方面提供优质、高效服务。

园区奋斗目标是：通过努力争取用3～5年时间，新建、改造、嫁接100户“三资”企业、总投资4亿美元以上，建成一批高科技、高效益、高附加值的企业、形成工业产值50亿元人民币的生产能力，从而走出一条县级经济对外开放的新路子。

西部地区最大的皮革专业市场

——成都西南皮革城

成都西南皮革城是由四川成都皮革城建设公司开发的中国西部地区及目前国内最大的皮革原材料、皮革制品、皮革机械、五金配件的交易专业化市场。它位于即将拆建拓宽的全国著名皮革一条街——成都市浆洗街，紧临成都国家级高新技术产业开发区、地处一环路旁，交通十分便利。西南皮革城的建成，不仅可以满足全省、全市对皮革及其制品、配件辅料发展的需要，同时必将推动我国西部地区皮革业的发展和进步。

成都西南皮革城是在市、区领导的关心和倡导下，响应省市政府发展“大商业、大流通”的战略决策建立起来的。近年来，随着浆洗街皮革商业规模的扩大，浆洗街沿线交通堵塞和城市管理的问题日趋严重，作为成都市南大门的枢纽要道，由于道路狭窄，集市、商店上千户，人多货多，经常阻塞交通，再加上街道两边房屋绝大多数是解放前遗留下来的低洼棚户，矮小陈旧，极易发生火灾，与建设现代化大都会极不相称，为此，为结合成都市政府一号工程——府南河综合整治工程老南门大桥的改造，进行城市市政设施道路系统建设必须加快浆洗街沿线的拓宽改造步伐，在1994年11月份成都市政府有关部门联合到武侯区政府现场办公，就拓宽改造问题进行了研究。随着浆洗街拓宽和旧城改造工作进行，原有的繁荣的皮革市场如何保留？拆迁的皮革专业户往哪里去？在这种情况下，市、区政府决定，兴建一座现代化的西南地区最大的皮革城，对西南皮革城建设从各方面给予极大支持，沿线拆迁的皮革专业户迁至皮革城，作为府南河综合治理、成都市旧城改造的一个重要组成部分，西南皮革城将是大都市城市建设又一颗璀灿的新星。

建成后的西南皮革城是一座集科、工、贸为一体、规模宏大、现代化设施完备的专业化交易市场。它占地50亩，总建筑面积10万平方米，由3幢七层大楼和1幢十八层大楼组成。集物资交易、仓储、通讯及办公为一体，设有“皮革工程国家专业实验室国际发展部”、“质量监测中心”、“信息中心”等现代化高科技服务机构，通过准确的监测分析和快捷的信息传递，将国内产品推向世界市场，把国际市场的产品技术引进国内。此外，还配有高级写字楼、客房、自动扶梯、升降电梯、电话传真、自动报警、消防装置、大型停车场等现代化配套设施，总投资达4.5亿元人民币，它将成为全国目前最大的功能最齐全的现代化皮革专业市场。西南皮革城分四期建设，第一期将于1995年底完全交付使用，是皮革原材料、五金配件、皮革机械的交易市场，并附有餐饮娱乐设施、写字间及客房。

成都西南皮革城的建设开发，由国家一级房地产开发企业——武城实业股份有限公司、新加坡新城发展有限公司、成都市工商局武侯分局共同承担，进行“一站式”管理、“一条龙”服务，进城经营商家将享受市区政府制定的各项优惠政策，由其组建的四川成都皮革城建设公司负责开发和招商。这是一个年轻而充满朝气的企业。员工全部具有大专以上学历，平均年龄不到35岁，公司汇集了一群锐意改革而又富有时代感及使命感的员工，在短短的半年多时间里，在市、区政府有关职能部门的大力支持协助下，一期工程按时拆迁完毕，并于1994年12月28日正式破土动工，将于1995年底正式开业经营，同时开始第二期工程的建设工作。公司将以勇于改革、开拓创新的精神、科学的管理制度，规范的运作方式建设好西南皮革城。西南皮革城恭候您的光临，竭诚为您提供最完美、全方位的服务，愿成为您事业的基石。

成都市武侯区“四川省个体私营经济皮革加工贸易试验区”

成都市武侯区“四川省个体私营经济皮革加工贸易试验区”（以下简称“皮革工贸区”）是1994年6月13日经四川省人民政府批准建立的省级试验区。该区按照大城市近效的小城镇格局进行规划配套，是以皮革制造和皮革制品生产为主的专业性试验区，具有创造性和示范性，是发展成都市及四川省私营经济的又一重要举措，有利于探索私营经济与专业市场相结合的路子。

“皮革工贸区”地处成都市西南面城郊结合的永丰乡双楠村，位于武侯大道右侧，距成都二环路西一段仅300米，地理位置优越，交通十分方便，基础设施齐备，占地353亩，建筑面积20多万平方米，是施展鸿图的理想之地。

“皮革工贸区”设计规范，功能齐全。分为生产区、生产住宅区和综合服务区以及停车场和小区公园等若干区域，实行“一站式”管理、“一条龙”服务，并可为投资者解决城镇户口。

——生产功能：以加工生产皮鞋和日用皮革制品为主，逐步向生产与科研用皮革制品方面发展；

——市场功能：提供交易场所、设备，承担展销交易活动的组织、指导，组织货源，沟通客户，立足西南地区，辐射全国；

——信息功能：组织专门力量，收集全国同类市场行情信息以及新技术和新设计的情况，开展广告宣传策划业务；

——科研功能：背靠四川联大皮革专业和成都市各类科研单位在皮革产业方面的优势，瞄准国际先进技术搞开发，力争科研成果在区内走完试制、生产、市场检验的全过程；

——咨询功能：提供生产、交易、运输、企业管理与市场营销等方面的咨询业务；

——服务功能：提供工商、银行、通讯、邮电、住宿、餐饮、娱乐、运输等配套服务。

“皮革工贸区”独具优势。有坚实的行业基础和良好的投资环境，建设条件极其优越：

——区位优势：“皮革工贸区”选址在永丰乡双楠村，紧靠武侯大道，到川藏公路线上的第一镇“红牌楼”仅1公里，距市中心3公里，到太平寺机场3公里，到火车北站、火车南站、成都航空港均只需10分钟，距即将新建的西门火车站和黄田坝机场也只有3～5公里；

“皮革工贸区”紧邻大城市，是成都市市区发展规划的重点区域，容易接受大城市工业技术、资金等方面的扩散，促进经济腾飞；

——坚实的行业基础：经过多年发展，永丰乡已有1000多家以个体、私营经济为主的皮鞋厂（作坊）和营销商店，从业熟练工达5000余人，年产皮鞋20余万双。近年来，具有较强经济实力的厂家采用引进技术、合资经营方式等不断提高皮鞋质量和档次，省内外销售看好；

——良好的投资环境：一是交通便利。"皮革工贸区"紧临新建的6车道40米宽的武侯大道，邻近成都二环路西一段和川藏公路。区内将建一条宽30米的市道纵贯南北，并与府南河旧城改造工程新建的双楠住宅小区相通；二是能源供应有保证。"皮革工贸区"紧靠市区，以成都为依托而得益于成都。永丰乡所用水、电、气均与成都市主网相接。随着成都市能源工业的发展，该区能源供应有可靠保证。区内现有电力高压线1条、变压器1个，供电能力315千伏安，还将新建安装3个变压器，供电能力可达1500千伏安，程控电话装机容量为2000门，直径600毫米的自来水管道即将与二环路碰管。附近1公里有液化供应站，排污主管路将与二环路接通。

"皮革工贸区"按照成都市总体规划的要求，以小城镇格局进行总体规划，分期实施，逐步完善。计划1995年底初具规模，1996年全面建成，可安排7000多个劳动力就业。产值可达6亿元，利税可达1000万元，初步形成西南地区皮革制品集散中心。到2000年，建成能辐射西南、连接国内国际市场的皮革加工市场，最终形成以私营皮革加工贸易为中心的新兴社区。

"皮革工贸区"将充分利用和发挥成都作为西南地区"三中心、两枢纽"的优势，以培育和建设皮革制品专业市场及加工贸易区为着力点，面向世界，吸引从事皮革制品生产、加工和经营的国内外私营企业来此共同发展，逐步形成适应社会化大生产和市场国际化的专业商品集散地和新的经济滋生点，进而带动区域经济发展，振兴四川皮革产业优势。

腾飞中的犀浦镇

郫县犀浦镇位于成都市西北郊，距市区8公里，西距郫县县城10公里，国道213线横贯全境。面积28平方公里，辖18个村、5个街道居委会，总人口33875人，其中城镇人口7807人。

1994年，全镇工农业总产值达6.8亿元，比上年（下同）增长42.5%；乡镇企业总产值8.28亿元，增长96%，创利润3200万元，增长86.3%，税收718万元，增长79%；农业总产值达7470万元，增长50.9%，农村人均纯收入达2060元，增长54%。

招商引资成绩显著。先后引进开发了"五城一园"等大中型建设项目100多个。以银河高科技工业城为主导的多元化产业建成投产；四川国际生物技术产业城动工修建；成都轻工城已有10个项目进区；天府华侨城商住区已完成投资1.6亿元，建成16.5万平方米住宅，配套的学校、医院也已动工修建；泰山集团的"世界乐园"已正式投入运营，形成新的旅游热点。

按照成都市建设现代化大都会的整体要求和犀浦社会经济发展的实际，率先提出了创建"西南第一镇"的总体目标和要求，确定了以旅游为先导，高科技工业为主体，高效农业为基础，商业、服务业同时并举，社会繁荣、文化发达、功能齐全、环境优美的现代化新型经济模式。

乡镇企业迅速发展。至1991年，乡镇企业总产值进入亿元镇行列后，1992年、1993年连续两年翻番，1994年增长96%。初步形成了以电子冶金，医药化工，塑料制品，食品加工，建工建材为主体的门类齐全的工业体系，形成了一批高科技企业和产品。1993年进入了"四川省综合实力200强乡镇"，1994年进入了"成都市乡镇企业综合经济实力30强乡镇"的行列。

基础设施配套齐全。近几年，投资4000多万元用于重点基础设施建设，由成都市自来水六厂供水的自来水工程已完成并投入使用；由四川省石油管理局专网供应的天然气主管网工程已建成通气；110千伏变电站工程将于1995年底建成投入使用；已开通1000门程控电话。

加快旧城改造步伐和新区建设。充分利用区位优势和政策优势，积极引进资金和企业参与旧城改造。投入资金6000万元，完成了3条主要街道的拆迁建设，拆迁旧城2.5万平方米，已有3万平方米的街面建筑交付使用，完成了上场、中街、北巷子、犀湖街、兴业街的城市化道路建设。同时，占地500亩的城镇新区建设规划已完成，将于1995年底开工建设。犀浦已被列为国家级和省、市小城镇建设试点镇。

农村经济稳步增长。大力发展“三高”农业，重点抓好蔬菜基地、晚秋粮基地和“两淡”蔬菜基地建设，大力发展养殖业和“公司＋农业”产销一体化的农村经营模式。1995 年重点发展村级集体经济，增加集体收入。

优先发展教育。先后投资 800 万元，高标准修建了镇中心小学和幼儿园，改建和新建了全部村级联小和镇中，配齐了各中、小学的音、体、美器材和教学设备，教学质量稳步提高，提前一年高标准完成“普九”任务。

1994 年改革开发大事记

1月

1日 成都市外汇管理体制今起实施改革。

▲ 成都—新加坡国际航线正式通航。

▲《成都市禁止燃放烟花爆竹的规定》今起生效。

4日 市长王荣轩发布实施《成都市生猪定点屠宰管理实施办法》。

8日 中共中央政治局委员、国务委员、国家体改委主任李铁映在成都考察时指出，成都是综合配套改革试点城市，要率先建立社会主义市场经济新体制。市委书记黄寅逵、市长王荣轩向李铁映汇报了成都市的情况。

▲ 成都航空港改扩建工程动工。该工程包括将机场跑道延长至 3600 米、新建候机楼 9 万平方米等。

10～11日 市经济工作会议在大邑县召开。会议传达了全国、全省经济工作会议精神，安排部署了 1994 年全市经济工作。市委书记黄寅逵、市长王荣轩等出席会议并讲话。

14日 市机械工业集团公司、市热电公司、成都蓉信招商发展有限公司与美国店堂有限公司、美国诺华集团有限公司、美国远东企业有限公司合资合作项目协议举行签字仪式。市长王荣轩等出席。

17日 成都市固体废弃物卫生处置场主体工程竣工。

17～18日 市体制改革工作会议召开。会议传达了全国体改工作会议精神，安排部署了综合配套改革工作。市委书记黄寅逵、市长王荣轩出席会议并讲话。

19日 成都市获省“双拥模范城”称号。

20日 成都航空邮件转运站建成通过验收。该工程投资 500 多万元，是目前全国邮政部门最大的航空邮件转运站。

24日 市委书记黄寅逵主持召开会议，研究成都进一步扩大对外开放的有关问题。市委副书记王荣轩、王少雄及有关部门负责人参加了会议。

▲ 市首家期贸公司—成都大业期货经纪有限公司开业。

21～25日 国家经贸委副主任徐鹏航率调研组在蓉调查研究。市长王荣轩等向调研组介绍了成都经济体制改革情况，交流了当前改革的新情况，探讨了改革的新思路。

27日 经市人大常委会审定，熊猫城徽方案为成都市徽图案。

28日 市委书记黄寅逵与 20 多位台资企业负责人座谈，了解情况，听取意见和建议。

▲ 成都大邑县西岭雪山风景名胜区被国务院确定为国家重点风景名胜区。

2月

2日《成都市人民政府依法强化土地资源和土地资产管理的通知》印发。

3～4日 市委召开对外开放工作务虚会，研究进一步加强成都对外开放工作问题。市委各部委、市级各部门主要负责人、各区（市）县委书记、区（市）县长参加了会议。

7～14日 中共中央政治局常委、国务院副总理朱镕基在蓉视察工作。他先后接见了省市党政负责同志，视察了部分科研单位、军工企业和工厂，会见了部分离退休老同志。他在会见省市财政、税务部门负责人时，对省市的新税制改革进展顺利表示满意，并要求各级税务干部扎扎实实做好工作，确保新税制顺利实施。

21日 市长王荣轩发布政府令，公布实施《成都市城市房屋产权产籍管理暂行办法》。

23日 总投资 5400 万元的重点建设项目，唐家寺至成都市区的天然气输气管线工程开工。工程完工后，成都市区可每日增供天然气 30 万立方米。

▲ 成都人民商场股份有限公司在上海举行该

公司公众个人股在上海证券交易所上市新闻发布会。市委副书记张锋、副市长何绍华出席。

25日 市政府召开新闻发布会。秘书长苏培玮在会上宣布，市委、市政府1993年为市民、为农村各办10件实事目标任务已经全面按时完成；同时宣布市委、市政府1994年将再为市民和农村各办10件实事。

▲ 全国股份制试点工作座谈会在成都召开。市委副书记张锋、副市长朱永明参加会议，并向与会同志介绍了成都市股份制改革运行情况及设想。

26日 国家建设部副部长叶如棠在市长王荣轩等陪同下，视察了成都棕北住宅小区和天座商城。他在称赞这两项工程的同时，对住宅小区的管理和发展提出了要求。

3月

3日 国家工商行政管理局评出'93全国百强集贸市场，成都市荷花池批发市场名列第七，1993年成交额达27亿元。

1～5日 市第十二届人民代表大会召开第二次会议。市长王荣轩在会上作了《政府工作报告》。大会通过了关于政府工作报告等6项决议后闭幕。

7～9日 全国劳动体制区域综合配套改革试点会议在蓉召开。劳动部副部长张左己在会上介绍了劳动部关于劳动体制改革设想。

10日 劳动部与市政府召开劳动体制区域综合配套改革试点报告会。劳动部张左己副部长在会上作了《积极推进区域综合配套改革，率先建立适应市场经济要求的新型劳动体制》的报告。

成都市被国家列为"中国2000年小康型城乡住宅综合示范工程"城市。

11日 四川省、成都市与新加坡合资成立"成都新成国际经济发展有限公司"协议举行签字仪式。市委副书记张锋与省外办和武侯区主要负责人出席了签字仪式。

14～15日 市政府在彭州市召开全市农业综合开发会议，对第二期开发工程作进一步部署。副市长刘家忠出席会议并讲话。

18日 由四川高速公路建设开发公司与香港新中港高速公路有限公司合资建设、管理和经营的成都至锦阳高速公路合同举行签字仪式。该项目总投资14亿元人民币，中方出资40%。省委书记谢世杰、省长肖秧、副市长孙家瑚等出席了签字仪式。

▲ 成都市房地产交易市场在华兴贸易大楼挂牌开业。

24日 市委、市政府召开专门会议，研究、部署正确处理改革、发展与稳定的关系问题。市委副书记陶武先、副市长朱永明等出席并讲话。有关方面负责人150余人参加了会议。

21～24日 '94全国糖酒春委交易会在蓉举行。本届交易会总交易额突破100亿元。国外、港澳台的380家厂商也参加了本届交易会。

26日 中外合资成都国际经贸开发有限公司成立。市委副书记苏碧群出席成立大会并致贺词。

27日 市长王荣轩、副市长何绍华会见台湾太平洋建设股份公司董事长章民强一行，商谈成都太平洋百货（商店）二期工程建设问题。

28日 市委书记黄寅逵会见中国光大国际信托投资公司总经理王亚克。该公司投资10亿元在都江堰市兴建"美国乐园"，于27日开工。

29日 市政府发出《关于在全市开展物价大检查的通知》。

▲ 城区65个粮店开始挂牌限价限量出售菜油。每500克售价3.3元，以平抑食油价格。

4月

3日 以国家计委副主任陈耀邦为组长的国务院检查组到成都市检查贯彻中央农村工作会议情况。副市长刘家忠等陪同检查组到温江、大邑等县检查工作。

3月29～4月3日 国务院物价检查组在国家税务总局副局长卢仁法率领下，在成都市进行物价大检查。检查组对成都市的物价工作表示满意。

4日 美国驻成都领事馆领事康普先生，到市政府拜会王荣轩市长。

5日 都江堰市举行建堰2250周年和放水庆典。该堰灌区面积已由解放初的300万亩发展到目前的1003万亩。江泽民总书记、李鹏总理分别为李冰陵园和都江堰题辞。水利部、国家计委和省市领导周文智、陈耀邦、谢世杰、肖秧、黄寅逵等以及68个国家、地区的友好使团参加了庆典。

1～5日 '94上海商品博览会暨经济技术协作洽谈会在蓉举行。大会总成交额达61亿元，达成合资合作项目156项，正式签约42项。上海市副市长孟建柱、省长肖秧、市长王荣轩等出席了开幕式。国家经贸委主任王忠禹、上海市长吴邦国等发来贺电。

6日 省长肖秧率10多个省级部门主要负责人到成都市现场办公。市长王荣轩汇报了成都市经济工作的主要情况和需要省上支持解决的问题，肖省长要求省级有关部门认真研究解决。

7日 泰国盘谷银行董事长陈有汉先生受聘为市政府经济顾问。

8日 由四川大学和成都科技大学合并成立的四川联合大学举行成立大会。江泽民、李鹏等为该校的成立题词祝贺。省长肖秧、市委书记黄寅逵、市长王荣轩等出席了成立大会。该校是目前全国高校中学科门类最全、专业覆盖面最广、在校生规模最大的综合大学。

11～13日 以国家计委副主任王春正为组长的国务院检查组在蓉检查固定资产投资情况。副市长孙家犁向检查组汇报了成都市贯彻《国务院关于继续加强固定资产投资宏观调控的通知》的情况。市长王荣轩等参加了汇报会。孙副市长还陪同检查组到成都高新技术产业开发区和双流县等地检查。

14日 成都市与国力国际资源有限公司在深圳签定合资兴建成都外环高速公路、成都—温江—雅安高速公路(成都段)、成都—都江堰市高速公路和三渡水大桥4个项目的协定。工程总长231公里,总投资预计40.47亿元人民币,其中,外商投资24亿元人民币。市委副书记张锋、副市长狄廷国等出席了签字仪式。

▲ 全国人大副委员会李沛瑶等在成都双流县视察、研究农村剩余劳动力转移问题时指出,应大力实现剩余劳动力就地转移。

10～15日 '94全国医疗器械、药品卫生用品展销洽谈会在成都市体育中心举行。西门子股份有限公司等240个生产单位参加。

12～15日 '94中国四川房地产(深圳)招商展示会举行。副市长狄廷国率成都招商团参加,共签订项目14个,总投资34亿元。

16日 市自来水六厂举行一、二期工程竣工暨三期工程开工典礼。一、二、三期工程日供水各20万吨。市长王荣轩出席并讲话。

13～18日 中共中央政治局常委、全国人大常委会委员长乔石在成都考察工作。他先后听取了省市委的汇报,视察了部分企业。他在考察时强调,要坚定不移地深化改革,沉着冷静地对待和解决具体问题。省委书记谢世杰、省长肖秧、市委书记黄寅逵、市长王荣轩等陪同视察。

▲ 台湾金统国家育乐开发有限公司与成都城北体育公园联合成立成都保龄球俱乐部有限公司投资改造城北体育馆协议举行签字仪式。副市长贺大经出席了签字仪式。

18～20日 中共中央书记处书记、最高人民法院院长任建新在蓉考察工作。他先后听取了省市领导汇报,与省市领导座谈,视察了派出所。他强调指出,经济要持续发展,必须保持社会稳定。市委书记黄寅逵、市长王荣轩等参加了汇报和座谈。

22～23日 市委、市政府在大邑县召开全市对外开放工作会议,总结、部署对外开放工作。市委书记黄寅逵、市长王荣轩出席会议并讲话。

25日 市电信局引进美国电报电话公司5ESS程控交换机举行签字仪式。副市长孙家犁等出席。

26日 成都市1991～1993年度劳动模范和先进集体表彰大会召开。市长王荣轩在会上宣布市政府决定:授予赖成树等500人为"成都市劳动模范",成都轴承总厂等200个单位为"成都市先进集体",宁江机床厂镗床组等100个班组为"成都市模范班组"称号。市委书记黄寅逵出席会议并讲话。

27日 市委、市政府印发《关于进一步扩大对外开放若干问题的决定》。

▲ 经国家外经贸部批准,成都全兴酒厂、文君酒厂、信达电源有限公司、人民商场获自营进出口经营权。

29日 港澳7家新闻机构记者来蓉采访,市长王荣轩等在市政府会见了他们,副市长何绍华回答了记者提问。

▲ 成都煤气总公司与西南石油地质局联合开发地方开然气协议签字仪式在市政府举行。根据协议,市煤气总公司投资3040万元,至1994年底,西南石油地质局日供成都天然气30万立方米。副市长狄廷国出席签字仪式并讲话。

5月

5日 市政府常务会议讨论通过了《成都市专业技术人员流动暂行规定》和新加坡工业园区规划设计方案。

8日 成都铁路枢纽西环线工程开工。该工程全长33.3公里,新建3个车站、1个西货场、1个机保段。市长王荣轩、副市长孙家犁出席开工典礼并讲话。

4～8日 中国驻亚、非、拉等26个国家的大使、参赞一行43人在蓉考察。市长王荣轩等会见并陪同他们参观了成都高新技术产业开发区。

9日 成都有线电视台与广西玉林市水泥集团公司合作共建成都市有线电视系统工程合同举行签字仪式。该工程总投资1.3亿元,广西方投资5500万元。市委副书记王少雄出席了签字仪式。

10日 市优化资本结构试点领导小组批准成都红光实业股份有限公司等100户国有企业进行优化

资本结构、增强企业实力试点。

▲ 成都市新都县四川龙虎门窗集团总经理詹庆富获“全国优秀发明企业家”称号，并受到李鹏总理等国家领导人接见。他是全川唯一获此殊荣者，也是10名全国优秀发明企业家中唯一的农民发明企业家。

11～12日 中共中央政治局常委、中央军委副主席刘华清在蓉视察了611所、132厂等单位。省委书记谢世杰、市长王荣轩等陪同视察。

13日 国家科委决定，今后每年在成都举办新技术新产品交易博览会。

8～14日 市委书记黄寅逵率成都市代表团访问泰国。黄书记在访泰期间，与正大集团和盘谷银行负责人就进一步加强双方合作问题进行了商谈。

15日 首届成都旅游商品博览会在天府明园开幕。国家旅游局长刘毅、市长王荣轩为开幕式剪彩。在成都参加全国旅游局长会议的各省市旅游局长也出席了开幕式。

16日 国务院副总理兼外交部长钱其琛，出席在蓉召开的全国旅游局长座谈会并发表讲话。市长王荣轩陪同他考察了成都旅游景点并汇报工作。

17日 市委书记黄寅逵率成都市代表团访问新加坡，并在新加坡举行成都投资环境报告会，同时聘请新加坡国会议员陈晓明博士为成都市政府顾问。新加坡总理王鼎昌、资政李光耀接见了黄寅逵一行。

▲ 成都市政府驻新加坡招商代表处开业。

▲ 市委、市政府印发《关于加快高产优质高效农业商品生产基地建设的意见》和《关于深化农村改革进一步落实农村基本经济政策的意见》。市政府印发《关于进一步加强政府法制工作的决定》。

13～21日 中国国际工程咨询公司专家组在成都调查、咨询新疆石油入川在四川建炼油厂项目。副市长孙家琊专程到广元市迎接。副省长马麟、市长王荣轩在15日会见了全体专家。

24日 市电信局西城市话交换分局3万门美国5ESS程控交换机开通。

26～28日 电子工业部胡启立部长在蓉视察工作。市委书记黄寅逵、市长王荣轩向他汇报工作、副市长孙家琊陪同他视察了七八四厂。

28日 市长王荣轩在市政府会见日本驻华大使国广道彦先生及夫人，并接受香港《经济导报》记者采访。

29日 第22届世界跳伞锦标赛在市体育中心开幕。来自五大洲39个国家和地区的400名选手参加本届比赛。

6月

4日 全国房地产产权产籍管理主管局长工作会议在蓉召开。成都市在会上获“产权产籍管理全国达标单位”称号，并在会上介绍了经验。市委副书记张锋等出席了会议。

5日 国家建设部部长侯捷、副部长谭庆琏在市委书记黄寅逵、市长王荣轩陪同下，视察了成都城市基础设施建设和住宅建设。

6日 成都市第一个应急垃圾场——洪河应急垃圾场完工。该场可容半月左右的城市新垃圾。

▲ 经国务院批准，邛崃县撤县设市。

7日 市长王荣轩会见加拿大驻华大使碧福先生。

8日 成都市与加拿大多米尼集团公司在能源、交通等方面的合作项目意向协议举行签字仪式。副市长朱永明等出席。

10日 国内贸易部部长张皓若在副省长马麟、市委书记黄寅逵、市长王荣轩陪同下，视察了成都猪肉批发市场、部分粮店和火车南站加工贸易区，并听取了成都“菜篮子工程”建设情况的汇报。

▲《成都市外商投资企业工会条例》公布，并从公布之日起施行。

▲ 国务院批准撤销崇庆县，建立崇州市。

11日 中国人民银行副行长戴相龙等5家银行负责人到成都检查、指导金融工作。市委书记黄寅逵、市长王荣轩等向他们汇报了成都市经济工作情况。

▲ 国内贸易部在蓉召开市场总裁会。副市长何绍华出席并在会上作了专题发言。

▲ 加拿大多米尼公司与中房集团成都房地产开发总公司合作建设微利房意向协议举行签字仪式。一期工程总投资1.2亿元人民币，建筑面积1.2万平方米。副市长狄廷国出席了签字仪式。

14日 在第三届成都市规划委员会第一次会议上，提出了把成都建设成国际大都会规划的基本思路。市长、市规划委员会主任王荣轩主持了会议。

▲ 市政府发出《关于印发〈成都市环境保护工作纲要（1994～1998）〉的通知》。

15日 加拿大宏利人寿保险公司在成都设立代表处并举行开业典礼。这是经中国人民银行总行批准在成都设立的第一家外资金融机构。

16日 国务院粮食财务挂账审计检查组来蓉检查工作。副市长何绍华向检查组作了汇报。

17日 市长王荣轩接受《人民日报》副总编李任

臣采访。

20日 市政府召开新闻发布会宣布：经省政府批准，成都市金堂县为“四川中美（外）中小企业发展园区”。市长王荣轩等出席了新闻发布会。

22日 市长王荣轩在市政府接受香港《大公报》记者采访。

22～23日 省重点建设工作会在蓉召开，市政府在会上受到表彰并获“重点建设先进单位”奖牌。

25日 市长王荣轩在《成都晚报》发表题为《培育规划土地市场，促进我市经济发展》的文章，纪念第四个全国土地日。

28日 ’94四川国际招商投资洽淡会在蓉开幕。24个国家和地区的嘉宾、外商以及市委书记黄寅逵、市长王荣轩等出席了开幕式。中国四川经济发展与国际合作研讨会同时召开，市长王荣轩在会上作了《开放的成都，投资的热土》的专题发言。

29日 国务院发出《批转国家计委关于〈西南和华南部分省区区域规划纲要〉的通知》。《纲要》中提出：“充分发挥成都市作为西南地区科技中心、商贸中心、金融中心和交通通信枢纽的作用。”

▲ ’94四川名优特新产品博览会在蓉开幕。成都有近500个大类产品参展。市长王荣轩等出席了开幕式。

29～30日 农业部部长刘江在蓉调查“菜篮子”工程、农副产品市场流通、农业生产等问题。市委副书记陶武先、副市长刘家忠等陪同调查。

7月

1日 ’94四川国际招商投资洽谈会在蓉闭幕。洽谈会共签约项目277个，利用外资24.55亿美元。其中，成都代表团签约12项，引资3.27亿元。

▲ 市长王荣轩接受日本、印尼、香港记者采访。

▲ 副市长朱永明等前往美国驻成都领事馆，参加美国国庆活动。

3日 ’94四川名优特新产品博览会在蓉闭幕。成都团成交总额达13亿元，其中零售总额近6000万元，占60%。

1～3日 ’94成都房地产直销会举行。大会共成交3.97亿元，直销商品房7.19万平方米，8个招商项目达成协议。

4日 全国37个城市环境质量考核结果揭晓，成都市排名第六。

7日 成都大邑县被省委、省政府命名为全省第一个社会治安综合治理模范县。

13日 成都市金牛区被列为国家级社会发展综合实验区。

16日 市政府召开“九五”计划和到2010年长远规划编制工作会议。市长王荣轩、副市长孙家琊在会上作了工作部署。

▲ 市政府印发《成都市“优化资本结构，增强企业实力”试点实施意见》的通知。

▲ 市棕北住宅试点小区获建设部住宅小区建设试点金牌奖 规划设计一等奖等7项大奖。

18日 长26公里、总投资近7000万元的唐巴公路青白江至金堂段正式通车。该段是市公路改造五大重点工程之一。

19～20日 中央成都市委召开八届三次全委（扩大）会议，总结市委上半年工作，部署下半年工作。市委书记黄寅逵在会上作了工作报告和总结讲话，副书记王荣轩就如何抓好下半年经济工作问题讲了话。共200余人参加了会议。

23日 成都市获全国双拥模范城称号。命名大会在北京举行。

26日 成都工程机械集团与日本神钢公司合资协议举行签字仪式。市委副书记苏碧群出席。

28日 市长王荣轩会见印尼驻华大使尤瓦纳一行。

25～29日 ’94成都市对外经济贸易洽谈会在香港举行。本届洽谈会贸易成交额为2800万美元，协议外资1.06亿美元。副市长何绍华在开幕式上致辞。

▲ 在美国肯塔基州路易斯维尔市举行的姊妹城市大会上，成都市获“最佳全面合作奖”。

30日 市政府召开第二次全体会议，总结上半年工作，部署下半年工作。市长王荣轩在会上讲了话。

8月

1日 市长王荣轩在市政府会见以色列驻华大使本·亚可夫先生一行。

2日 ’94中国·四川国际民间艺术节在蓉开幕。有11个国家的14个艺术团参加。

7日 市长王荣轩在锦水苑会见并宴请联合国副秘书长冀朝柱先生及夫人。

10日 中国西部成都综合市场开业。副省长张中伟、副市长刘家忠出席了开业庆典。

13日 市委书记黄寅逵、副市长朱永明、贺大经等到电子科技大学、市科技服务中心调查研究如何加快成都科技市场发展问题。

15日 投资近1亿元、长29公里、直径1.4至

1.6米的向市区输水干管建成。投入使用后，市区的供水状况将进一步改善。

17日 市委书记黄寅逵等会见市政府顾问、新加坡国会议员陈晓明先生一行。陈先生此次来蓉主要是考察建在成都武侯区的新加坡工业园区和商谈合作项目。

20日 市政府向香港九龙仓四川有限公司、成都市岷江房地产开发总公司出让城区15.2亩国有土地使用权在市政府举行协议签字仪式。市委书记黄寅逵、市长王荣轩和香港九龙仓(集团)有限公司主席李唯仁出席了签字仪式。

23日 加拿大多米尼加公司与成都市交通局和中房(集团)成都总公司合资修建成都到都江堰市高速公路和微利房协议举行签字仪式。副省长马麟、市长王荣轩等出席。

25日 国内贸易部行文，将成都生产资料交易区列为全国性的生产资料交易市场，并与成都市政府联办。

26日 市委书记黄寅逵在《成都晚报》发表题为《抓大开放，促大发展》的文章。

28日 位于二环路三段石人坝、总投资7000万元、建筑面积5.75万平方米的西南农机市场开业。

29日 国家科委将金牛区列为"国家社会发展综合实验区"授匾仪式在金牛宾馆举行。国家科委副主任邓楠、市委书记黄寅逵、市长王荣轩等出席。

29日～31日 市委、市政府在彭州市召开农村工作会议。会议围绕"稳粮增收奔小康"的目标。部署农业和农村工作。市委书记黄寅逵、市长王荣轩等参加会议并讲话。

9月

1日 副市长孙家娀主持召开全市工交部门负责人工作会议，传达贯彻国家优化资本结构，增强企业实力会议精神。

2日 '94首届中国大西南商品博览会在成都体育中心开幕。

6日 在教师节前夕，李鹏总理给他的母校——成都实验小学寄来题词："蓉城育新芽，桃李满天下"。

8日 成都新加坡工业园区标准厂房举行开工典礼。省长肖秧、市委书记黄寅逵、市长王荣轩等与新加坡国贸工部部长姚照东、国会议员陈晓明等出席。

6～8日 中共中央政治局委员、国务院副总理李岚清在成都考察工作时强调，要搞好物价宏观调控，积极发展教育事业。省委书记谢世杰、省长肖秧、市委书记黄寅逵、市长王荣轩等陪同考察。

9日 市委、市政府印发《关于贯彻实施〈西南和华南部分省区区域规划纲要〉的意见》。

11日 '94秋季全国日杂、土产、茶叶、畜产、蜂产品交流会在成都体育中心开幕。

12日 市政府召开加强物价管理、搞好市场供应工作会。同时印发市政府《关于进一步加强物价管理，搞好市场供应的紧急通知》。

11～12日 坦桑尼亚总理马莱赛拉一行访问成都。省长肖秧、市长王荣轩等会见了马莱塞拉总理，并到机场迎送。

13　市政府发出《批转锦江区政府关于建立成都市现代商贸开放发展试验区方案(纲要)的通知》。

15日 市政府决定，从今日起，对猪肉销售价格实行最高限价：鲜肉每500克零售价不得超过5元，冻肉不超过4.5元。

16日 英国标准渣打银行正式在成都设立代表处。市委书记黄寅逵、市长王荣轩会见了该行首席行政总裁丰林信先生。

19日 成都市国家税务局、地方税务局分别成立。

20日 '94全国秋季纺织品服装交易会在蓉召开。

22日 市长王荣轩率成都市代表团离蓉访问日本甲府市和法国蒙彼利埃市。

27日 首届四川书市在成都体育中心开幕。

28日 成都电缆股份有限公司成立。中国邮电总公司总经理周泽和、市委副书记张锋等出席了成立大会。

30日 全长28.327公里、总投资10亿元的成都市二环路全面竣工，正式通车。

10月

3日 改扩建的成都至彭州市公路全线竣工通车。其中新都段为中日合资改扩建，总投资1.01亿元。

4日 成都国光电子管总厂与日本松下株式会社合资生产微波炉项目开工。副市长孙家娀出席了开工仪式。

8日 省政府批准在蒲江县建立成都民营经济发展区。

▲ 邱永汉集团总投资1亿美元、占地20亩、建筑面积14万平方米、共44层的综合性商业大楼利都商城破土动工。省政协主席聂荣贵、副省长蒲海

青、市政协主席骆隆森、副市长朱永明出席了开工典礼。

12～13 日 中共中央总书记江泽民在蓉视察。省委书记谢世杰、市委书记黄寅逵等陪同江总书记视察了成都金牛区营门口乡黄忠村蔬菜基地、成都无缝钢管厂、双流县热缩制品厂、成都飞机设计研究所及二环路，并听取了四川省和成都市的工作汇报。

14 日 成都电缆股份有限公司与德国西门子股份公司合资兴建通信光缆厂协定举行签字仪式。副市长孙家粿出席。

15 日 国家科委主任宋健在省市党政负责同志陪同下，视察了成都高新技术产业开发区和兴运实业（成都）有限公司。

17 日 中共成都市委召开八届四次全委（扩大）会议，传达党的十四届四中全会和省六届三次全委（扩大）会议精神，安排部署加强和改进成都市党的建设的各项工作。市委书记黄寅逵在会上作了传达报告和总结讲话。

13～17 日 ’94 全国新技术新产品（成都）交易博览会暨’94 成都全国星火科技精品展示会在蓉举行。两会交易项目 4800 多项，交易金额达 34.2 亿元。国家科委主任宋健为大会题词。

18 日 四川省第一条与港商合资兴建的成都至绵阳高速公路开工。省委书记谢世杰、副市长朱永明等出席了开工典礼。

▲ 国家科委为成都“国家级新津星火技术密集区”授牌。

19 日 省交通厅、市交通局与香港新中港集团有限公司合作建设成都外环高速公路和成都至乐山高速公路协议举行签字仪式。省委书记谢世杰、省长肖秧、市委书记黄寅逵、副市长朱永明等出席了签字仪式。

20 日 副市长朱永明会见来自法国银行、瑞士联合银行、英国商人基金等单位的 31 名金融投资专家和投资经理。

22 日 成都—郑州通航。

24 日 机械工业部何光远部长视察成都汽车工业时认为，成都应该集中力量发展中巴车。市委书记黄寅逵、市长王荣轩陪同视察。

25 日 成都钢铁厂与香港同信公司合资经营协议举行签字仪式。省委书记谢世杰、市委书记黄寅逵、市长王荣轩等出席。

27 日 成都——广岛直航包机首航成功。

25～28 日 中国国际咨询公司对成都市地铁一期工程预可行研究报告进行评估并通过评估。市委书记黄寅逵、市长王荣轩出席了评估总结会并讲话。

▲ 建筑面积 61599 平方米、总投资 1.5 亿元人民币，由香港柏宝（集团）有限公司与成都武特经济发展公司合作兴建的“成都高科技商城”奠基。市委副书记张锋出席了奠基仪式。

31 日 据国家统计局公布的统计资料，成都市国内生产总值在全国 570 个城市中，名列第 12 位。

11 月

10 月 31～11 月 1 日 国务院特区办主任胡平在市委书记黄寅逵、市长王荣轩等陪同下，考察了成都经济技术开发区、成都台商投资区、新都工业区。胡平在考察后说，成都地区建一个国家级投资区很有必要。

▲ 成都——三亚首航成功。

2 日 成都新都县四川龙虎门窗集团总公司经理詹庆富被评为“门窗行业优秀发明家”。

▲ 市长王荣轩在锦水苑会见并宴请马绍尔群岛驻华大使卡尔·海因。

▲ 成都——洛阳通航。

3 日 成都市府南河开发项目招商优惠政策出台。

4 日 台商独资兴建的成都统一企业食品有限公司开业。市委书记黄寅逵、市长王荣轩等出席了开业典礼。

8 日 成都与加拿大 D. B 公司合资修建成都至都江堰高速公路、李家山蓄能电站、成都地铁合同意向书在北京举行签字仪式。市长王荣轩等出席了签字仪式。

10 日 成都高新区管委会与香港中华国际开发集团有限公司、台湾文化经济发展协会合作建立“成都经济技术开发区台湾工业园区”协议举行签字仪式。副市长朱永明出席并讲话。

▲ 在蓉召开的’94 全国名牌大会通过《成都宣言》:《创造名牌成长的良好环境》。

成都彭州市被林业部命名为“全国科技兴林示范市”。

8～11 日 市府南河开发项目招商暨商品房直销会举行。总成交开发项目金额 20.1 亿元，商品房直销 7200 万元。市委书记黄寅逵等出席了开幕式，市长王荣轩等出席了闭幕式。

12 日 成都新都县四川新兴集团总经理尹大荣在京获“中国乡镇企业功勋”殊荣。

15 日 市政府发布施行《成都市国家公务员考核办法（试行）》。

▲ 市长王荣轩会见香港金融投资、证券业的基金经理、财经分析员及新闻记者等50位客人。

16日 国家科委"同意成都民营科技产业试验区的建区方案"。

18日 中国国际生物技术产业城在成都郫县犀浦镇奠基。该城项目规划用地1100亩，总投资8至10亿元。

19日 招商银行成都分行成立。

▲ 台湾独资兴建的成都统一实业包装材料有限公司投产开业。

17～19日 全国第19期市长研究班50多名学员在蓉考察。市委书记黄寅逵、市长王荣轩等与他们座谈、交流了城市建设和管理的经验。

23日 市政府印发《关于建立社会主义市场体系的实施意见的通知》

30日 成都新津县希望集团总裁刘永好在京获"首届中国十佳民营企业家"称号。

12月

2～3日 市委政策研究室、市科技顾问团、市政协科技委员会、市科学技术协会联合召开"成都建设现代化国际大都会研讨会"。市委书记黄寅逵等出席并发言。

5日 首次"中国饲料工业百强"评选活动在京揭晓，成都新津县民营企业希望集团名列第一。

7日 '94成都·国际百货商品展览会开幕。来自港、澳、台地区和美、日等国家的50多家企业、140多位客商组团参展。副省长刁金祥、副市长何绍华等出席了开幕式。

6～9日 李鹏总理在成都等地视察工作。市委书记黄寅逵向他汇报了成都市的工作，并陪同他视察了成都电缆股份有限公司、永安养殖公司、和平村棚蔬菜基地和看望农户。

▲ 成都华通抗癌研究所所长张少南获美国国家医学会颁发的"世界新发明金奖"。

11日 市政府印发《关于严格控制消费基金过快增长和加强现金管理的通知。

15日 成都——达川航线开通。

15～16日 中共成都市八届五次全委(扩大)会议召开。会议总结了1994年工作，安排部署了1995年工作。市委书记黄寅逵在会上作工作报告和总结讲话，市委副书记王荣轩等在大会上发了言。

18日 建设部副部长李振东在市长王荣轩等陪同下，视察了正在实施的成都府南河综合整治工作后说：这项工程综合解决了城市防洪污染、交通、安居工程等，是全国在旧城改造中的一条好经验。

22日 为期5天的全国检察长工作会议在蓉召开。最高人民检察院检察长张思卿在会上作了工作报告。市委副书记陶武先等出席了会议。

23日 国家重点技改工程，成都红光实业股份有限公司彩色显像管玻壳生产线通过验收，正式投产。该项目总投资9.5亿元，年产彩管玻壳315万套。副省长马麟、副市长孙家琊等参加了验收大会。

29日 中美合资成都开维内燃机有限公司开业。该公司总投资3.8亿元（其中：中方出资占49%），使柴油发动机到1998年达到年产25万台。市人大主任段维义、市委副书记张锋、副市长朱永明等出席了开业典礼。

30日 市政府发布施行《成都市引荐外商投资奖励办法（试行）》。

▲ 英国渣打银行向成都市信托投资公司贷款协议举行签字仪式。市委副书记张锋出席了签字仪式。

31日 市政府召开办公会议，讨论《成都市人民政府1995年工作要点》、《成都市人民政府1995年工作奋头目标》、《中共成都市委、成都市人民政府1995年为市民、为农村办实事目标》。

邛崃市

正在建设中的邛崃市东星大道。

欢迎海内外朋友到邛崃市投资开发

邛崃市是四川四大历史文化名城之一，全国县级机构改革试点县。1994年工农业总产值56.3亿元，是四川省第一个食品工业产值亿元县。有西南最大的木材市场，资源丰富，投资环境优越，欢迎海内外朋友前来开发。

电话：08239—791023

联系人：张千里

市委书记何琼英（左二）、市长张义铭（左三）在企业调查研究。

全国500家最佳经济效益企业—四川省文君酒厂。

西南最大的木材市场—邛崃东郊木材市场。

成都市现代商贸开放发展试验区

成都市现代商贸开放发展试验区是经成都市人民政府批准，在成都市锦江区域范围内建立的市级试验区。该区位于成都市最繁华的商贸中心区，具有发展现代商贸的突出优势。

该区管委会主任由成都市常务副市长朱永明担任。管委会办公室设在锦江区政府，能为境内外投资者提供高效、优质服务，使投资者获得高回报率。

联系电话：(028)6663630

联系人：彭厚齐、俞冠英

锦江区区委书记叶学东（右一）、区长姜顺章（右二）等正在研究试验区发展规划。

试验区总体规划部分模型

试验区重点建设项目—锦园大厦

正在兴建的试验区大型商贸设施—锦阳商厦

四川金堂中美（外）中小企业发展园区是经四川省政府批准成立的内陆地区县级经济综合开发和对外开放示范区，投资环境良好，政策优惠，欢迎国内外客商到园区合资、合作或独资开发。

四川金堂中美(外)中小企业发展园区规划图

四川金堂中美(外)中小企业发展园区

园区联系电话:(08201)——882714　　联系人:屈德林、张弟海、陈锦辉

县委书记晏永和(右三)、县长陈效全(左三)陪同成都市副市长孙家羆(右四)等视察园区

县委副书记、县长陈效全在园区引进项目奠基仪式上讲话

园区领导小组组长、省长助理邹广严(左四)视察园区工业企业

发展中的成都卫星城镇

——龙泉驿区　洪河镇

洪河镇党委书记、镇长、洪河小城镇开发总公司董事长兼总经理廖世全

龙泉驿区洪河镇地处成都东大门，距成都市最近4公里，距沙河堡火车站2公里，新老成渝公路纵贯全镇。全镇幅员面积23.5平方公里，总人口3万。

近几年，在党的进一步改革开放政策指引下，该镇充分利用区位优势，大力发展经济，1994年，工农业总产值达10.78亿元，农村人平纯收入达1780元，现全镇有乡镇企业650家，务工人员万余人。

洪河镇1994年被四川省委列入全省百镇试点镇之一。现水、电、气、路、通讯等基础设施齐备，小城镇建设的总体规划已被成都市规划院及有关部门及专家审定通过。占地6平方公里的新兴城镇正在建设之中，占地3平方公里的西南综合贸易市场和占地1平方公里的私营企业村紧密相连。到2000年，全镇工农业总产值将突破50亿元，城镇人口达到4万，洪河镇将建成整洁、美丽的新兴卫星城镇。

洪河镇政府办公大楼

镇领导陪同四川省副省长徐世群（左三）　成都市副市长何绍华（左一）等视察四川医用高分子制品厂

位于成渝高速公路旁的西南综合贸易市场，已建成8万平方米营业用房，是投资经商的好口岸

大丰——正在崛起的川西工商重镇

钢联与大丰镇联办的年产10万吨的中型轧钢企业——大丰钢铁厂

大丰镇党委、政府领导成员集体研究本镇发展规划。左三为党委书记杨德显、左四为镇长刘学洪。

县政协、县计委领导与大丰镇党委、政府领导商讨大丰镇景规划

位于成都市外北5公里的新都县大丰镇，地处天府之国的腹心地带，总面积17.5平方公里，人口2.06万人。该镇原名“崇义桥”，1959年毛泽东主席派秘书田家英率工作组到该地蹲点时，取农业大丰收之意，更名为“大丰”。现为成都市小集镇建设试点镇。

改革开放以来，全镇经济发展取得了巨大成绩，特别是乡镇企业取得了突破性发展，1994年总产值达到6.83亿元，利润2000万元，上缴税收580万元，排名四川省百强乡镇企业第六十七位，两百强乡镇的第四十一位。镇内现有35千伏变电站和日供1万立方米的天然气站各一座，500门国际国内直拨电话，成彭高等级公路横跨其境。优越的地理位置和良好的投资环境，吸收了一大批省内外投资者在此开发建设，已引进建成项目78个，总投资3.3亿元。该镇现拥有各类工商企业2877家，企业资产5.6亿元。一座新兴的川西工商重镇正在大丰崛起。

以铁路车辆配件为主导产品的成都丰铁实业开发公司

投资环境优越的新兴小城镇
——温江万春镇

镇党委书记杨国华(左一)陪同四川省委书记谢世杰(左二),成都市委书记黄寅逵(左三)等视察城镇建设

作为国家建设部小城镇示范镇联系点,四川省百镇试点城镇之一的温江县万春镇,位于县城以北2公里,距成都20公里,距成都航空港18公里,成温邛高速公路横穿全镇,乡村公路四通八达。城镇面积现达0.9平方公里,水、电、路、通讯等基础设施配套完善,环境优美。全镇拥有化工、建材、电力、机械、电子、食品、纺织等行业的各类企业107个,1994年工农业总产值达4.3亿元,其中,工业产值占82.8%,人均纯收入2102元,被授予"四川乡镇二百强"称号。目前已有48家国内外企业到该镇投资,其中26家已建成投产,年产值8450万元。一座以"仿古建筑格调新,单体设计布场镇,高低错落绿化好,雕塑路灯相陪衬"的新型城镇已初具规划。欢迎四海宾朋到该镇投资开发!

国家建设部总工程师到该镇视察城镇建设

年创汇150万美元的成都精江精细化工有限公司厂貌

联系电话:(0815)723650
联系人:杨国华、尹克跃

残疾人占40%的万春福利厂办公室庭院

成都市温江县永盛镇

全国试点集镇

永盛镇集镇街景一角

永盛镇党委、政府班子成员镇党委书记赵国良(右二)、镇长陈昌福(左一)正在规划发展远景

永盛镇位于温江县城西面7公里处。全镇共有7个村、57个村民小组，面积12.5平方公里，人口10640人。镇政府所在地距省会成都28公里，距成都航空港16公里，成温邛快速公路穿镇而过，“永盛大道”、“金马大河”纵贯全镜。电力专线、国际国内直拨电话村村贯通，全镇水、电、路和通讯等基础设施基本完善、配套，是国内外企业家施展才智、大展宏图的好地方。

该镇1990年被建设部列为全国试点集镇、1993年被四川省政府列为省“百镇试点”之一。目前集镇建成区为1平方公里。拥有建工、建材、建筑、肉食品加工、种养殖业等620多家大中小型企业。

1994年全镇工业总产值达3.7亿元，比上年增长57%，农村人均纯收入2423元，比上年增加1123元。全镇7个村，村村企业产值均在2000万元以上。1994年底，被成都市委、市政府命名为“基本实现小康镇”，7个村为“基本实现小康村”。

永盛镇乡镇企业明珠——邮电部第五研究所东方邮电电缆厂

四川省委书记谢世杰、成都市委书记黄寅奎等在温江县委书记李建明和镇领导陪同下，视察永盛镇集镇建设

西南皮革城

竭诚为您提供高效、优质服务

集科、工、贸为一体，占地 50 亩，总投资 4.5 亿元，建筑面积 10 万平方米的西南皮革城，位于成都市浆洗街，紧临成都高新技术产业开发区，地处一环路旁，基础设施完善，实行“一站式”管理，“一条龙”服务。竭诚欢迎国内外客商光临！

中新（加坡）合作建设“西南皮革城”举行签字仪式。左为新方代表林宝荣、顾锋川，右为中方代表崔津生、朱松

联系电话：(028)5186378、5186377

联系人：朱松：杨敬峰

“西南皮革城”举行奠基仪式。四川省人大副主任孔萨益多、省政府副秘书长刘安彬、市委副书记张峰、副市长何绍华等出席

“西南皮革城”模型

正在兴建中的“西南皮革城”

四川省个体私营经济皮革加工贸易试验区

成都市武侯区“四川省个体私营经济皮革加工贸易试验区”是经四川省政府批准建立的省级试验区，位于成都市西南面城郊结合部永丰乡双楠村，距成都市二环路西一段300米，占地353亩，建筑面积20多万平方米。该区交通方便，基础设施完善、配套，投资环境优越。欢迎国内外个体私营企业到“皮革工贸区”投资开发！

联系电话：(028)5183402
联系人：张正林、邓斌武

四川省个体私营经济皮革加工贸易试验区规划模型

四川省个体私营经济皮革加工贸易试验区规划图俯视

“试验区”沿街铺面模型

腾飞中的犀浦镇

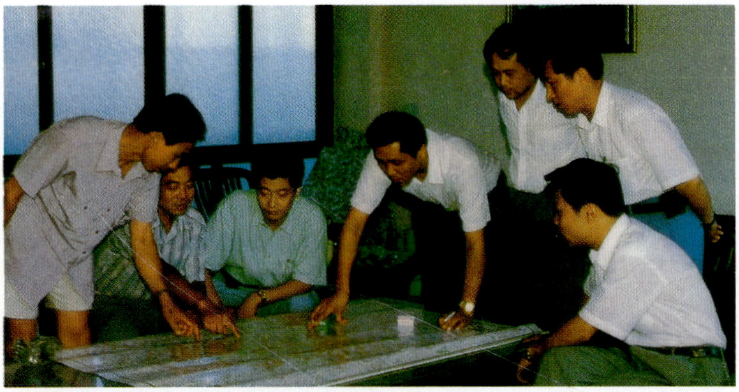

犀浦镇党委书记喻宁跃（左四）、镇长晏兴智（右二）等一班人在讨论该镇的发展规划。

在成都西郊，一个古老的小镇正在神奇地崛起。这里集中了“五城一园”6个大型开发项目，吸引了数亿元投资；这里率先提出了创建“西南第一镇”的总体目标和要求，勾勒出具有巴蜀特色的农村城市化的蓝图。

联系电话（08231）861101

联系人　郭晓勇、渠红

国家建设部领导现场听取犀浦小城镇建设情况汇报

国家建设部领导视察犀浦镇百事可乐生产车间

犀浦镇的程控电话交换中心和110千伏变电站

重　庆　市

主　　编： 马述林
副 主 编： 胡际权
编写人员： 李　勇　代惟姝

重庆市分目录

重庆市概况

面积：23113.95 平方公里

人口：1512 万人

行政区划：11 个区 3 个县级市，7 个县

市委书记：孙同川

市十二届人大常委会主任：于汉卿

市长：刘志忠

市十届政协委员会主席：张文彬

重庆市国民经济主要指标（单位：亿元）

项　目	1994 年	1994 年比上年增长（%）
国内生产总值	545.00	12.30
工农业总产值	1113.81	
工业总产值	949.23	42.50
重工业产值	620.74	
轻工业产值	328.49	
农业总产值	164.58	3.00
全社会固定资产投资	154.35	32.10
国有固定资产投资	84.11	30.00
社会商品零售总额	219.00	32.00
零售物价总指数（%）	126.50	
职工工资总额	90.50	36.40

国民经济和社会发展

一、国民经济发展概况

1994 年，在中共重庆市委、市人民政府的领导下，全市人民认真贯彻中央"抓住机遇，深化改革，扩大开放，促进发展，保持稳定"的方针，正确处理改革、发展、稳定三者之间的关系，努力强化各项宏观调控措施，积极推进财税、金融、外贸、投资和价格体制等重大改革，促进了国民经济持续、快速、健康发展，综合经济实力继续增强，各项社会事业取得新成就，胜利实现了市政府年初提出的目标任务。1994 年全市国内生产总值达 545 亿元，按可比价格计算，比上年增长 12.3%。其中，第一产业（农业）103 亿元，增长 2.8%；第二产业（工业和建筑业）263 亿元，增长 13.7%；第三产业 179 亿元，增长 16.4%。实现人均国内生产总值 3600 元。

农业和农村经济 1994 年，各级党政机关加强了对农业和农村工作的领导，出台了调整农产品收购价格等一系列改革措施，农业生产稳步上升，农村经济持续发展。全年农业增加值突破 100 亿元大关。粮食生产在连续遭受严重自然灾害的情况下，仍获得较好收成，粮食总产量达到 574 万吨，比上年增长 0.9%，其中稻谷产量 315 万吨，增长 3.5%。生猪出栏 947 万头，节粮型畜禽发展加快，全年肉类产量 74.55 万吨，比上年增长 7.8%。农业生产条件继续

改善。1994年末全市农业机械总动力199.06万千瓦，比上年增长6.3%；年末农村用电量9.4亿千瓦时，比上年增长13.2%；年内农业化肥施用量24.52万吨（折纯量），比上年增长1.8%。林业生产稳步发展，全市零星植树5391万株，造林合格面积1.9万公顷。乡镇企业继续保持强劲发展势头，乡镇企业总产值达710亿元，比上年增长1倍，全年产值、收入、利税实现同步增长，出现了一批产值上亿、税利上千万的骨干企业。乡镇企业已成为重庆市全面发展和繁荣农村经济的支撑力量和新的经济增长点。

工业 1994年，重庆市工业企业经受了宏观调控的考验，产业结构、产品结构和企业组织结构有了新的调整，工业生产稳步发展。从总体上看，1994年仍是重庆市工业生产增长较快的年份之一。全年初步统计，实现工业增加值229亿元，按可比价格计算，比上年增长13.0%，其中乡及乡以上工业企业实现工业增加值177.70亿元，比上年增长9.4%。作为全市工业主要支柱和优势产品的汽车、摩托车增长势头较强，汽车产量8.76万辆，比上年增加1.93万辆，增长28.3%；摩托车产量169.63万辆，比上年增加49.25万辆，增长40.9%。被誉为“企业排头兵，效益支撑点”的工业五十强企业再创佳绩，全年完成销售收入253.95亿元，实现利税43.69亿元，分别占全市工业的49.4%和84.3%。工业结构继续向重型化发展，重工业增加值比重达到74.9%，轻工业发展速度加快，产值增幅比上年提高1.5个百分点。主要工业产品产量又有不同程度增加，原煤产量达1890万吨，增长13.3%；发电量达96.4亿千瓦时，增长4.8%；钢165万吨，增长43%；生铁125.67万吨，增长3.6%；烧碱7万吨，增长1.3%；硫酸10.78万吨，增长7.6%；合成氨22.48万吨，增长3.5%；合成橡胶8074吨，增长15%；化学医药1.96万吨，增长6.3%；化肥18.64万吨，增长3.4%；水泥382万吨，增长18.3%；汽车8.75万辆，增长28.3%；摩托车169.63万辆，增长40.9%；内燃机243万千瓦，增长16.7%；发电设备20.16万千瓦，增长29.1%；纱4.65万吨，增长13.2%；布4.56万米，增长39.9%；家用洗衣机47.63万台，增长14.5%；电风扇112.28万台，增长21.1%；合成洗涤剂2.79万吨，增长17.9%；机制纸及纸板12.64万吨，增长7.8%；化学纤维2.88万吨，增长27.8%。工业经济效益有所改善，工业产品产销逐步好转。全市乡及乡以上独立核算工业企业实现利税51.81亿元，比上年增长7.8%。工业品产销率为96.4%，资金利税率为9.1%，流动资产周转次数1.42次。全员劳动生产率（按增加值计算）由1993年的10538元/人提高到1994年的12260元/人，工业经济效益综合指数达到83.9%，按可比口径计算，比上年略有增长。

商业 1994年，全市城乡市场繁荣活跃，全年实现社会消费品零售额219亿元，比上年增长32.2%，其中城市（9个区）146亿元，增长34.6%，农村（12个市县）73亿元，增长27.6%。农村市场已逐步摆脱徘徊萎缩的困境，呈现城乡市场协调发展的活跃景象。各种经济类型的商业企业竞争激烈，其中国有单位商品零售额比上年增长17.7%，集体所有制单位商品零售额比上年下降9.2%，私营、个体经济零售额大幅度上升。城乡集市交易十分活跃，全年成交额达126亿元，比上年增长86.8%。生产资料市场交易稳中趋滞，原材料和工业装备类生产资料购销下降，农业生产资料供销平稳。全市物资供销企业购进生产资料45亿元，比上年下降20%，销售48亿元，下降14.0%。市场设施建设取得较大进展，群鹰商业广场、富安百货公司、新世纪百货等一批档次较高的大型商业设施相继建成投产，重庆作为区域性商品物资集散中心的贸易功能进一步增强。

1994年，重庆市市场物价受价格改革、需求增长和严重自然灾害等多种因素的影响，上涨幅度较大。全年居民生活费用价格上涨29.7%，零售物价上涨26.5%。

财政、金融、保险业 1994年，全市各级财税部门努力克服困难、积极强化税收征管工作，千方百计开辟财源，财政收入稳定增长。全年工商税收完成50.7亿元，地方预算内财政收入完成27.3亿元。继续贯彻国家宏观调控政策，保持金融形势稳定，全市金融部门大力组织存款，年末银行存款余额达306.1亿元，比上年增长34.4%；银行贷款余额377.8亿元，比上年增长22.0%。全年货币净投放1.51亿元，比上年减少58.3%。保险事业蓬勃发展，对支持我市抗灾救灾，促进社会安定团结和改革开放的顺利进行发挥了重要作用。1994年，我市承保国内外各种保险责任总额1547.5亿元，各类财产险承保总额有885.5亿元，全市有9121户企事业单位投保各种财产责任险，有154.02万户城乡居民投保家庭财产保险。全年共处理各类赔损案8.52万件，赔付金额达3.54亿元。

旅游业 1994年，重庆旅游业持续快速发展，依托长江黄金旅游热线，借助三峡工程动工的良机，再次掀起国内外三峡旅游热潮。1994年，来渝旅游、访问以及从事各项活动的外国人、华侨、港澳台同胞11.92万人，其中外国人8.11万人。全年旅游创汇收入3.9亿元外汇人民币，比上年增长56%。

二、继续优化调整国民经济结构

1994年，重庆国民经济宏观结构进一步优化调整，国内生产总值中一、二、三次产增加值构成比例由上年的19.2：47.7：33.1演变为18.9：48.26：32.84，第一产业比重略有下降，第二产业比重继续上升，第三产业比重基本保持稳定。各次产业内部结构加速向市场化、高级化演进。

农业和农村经济结构进一步调整。适应市场变化，调整生产结构，粮经作物面积适当减少，其中：粮食减少32.6万亩，经济作物减少17.9万亩，饲料作物面积增加1.5万亩；伏淡季水果发展较快，全年产量达6.0万吨，比上年增加3.3万吨，增长81%，占水果总产比重提高10个百分点以上；耗粮型的生猪比重下降，节粮型的畜禽比重增加。生猪占肉类总产比重由1993年的91.8%下降为89.6%，禽兔肉比重则由1993年的8.1%提高到10.3%；农副产品花色品种增多，优质品比重有所提高。乡镇企业持续高速发展，支持乡镇企业的投入增加，全年新增固定资产投入18.5亿元，比上年略有增长，流动资金投入达105亿元，比上年增长45亿元，增长75%。乡镇企业发展呈现成片集中开发和上规模、上水平的新趋势。全市累计有98个乡镇企业小区动工兴建，进入小区建设项目达1700多个，到位资金9.1亿元，一批科技含量高、规模较大、效益较好的企业相继投产，同时，为大工业配套的加工企业也得到较快发展，逐步成为乡镇企业发展的中坚力量。

工业结构调整继续取得成效。国有及国有控股企业所占生产份额为70%，依然是全市工业的中坚力量，个体私营经济也得到快速发展。汽车、摩托车、机电设备等一批重点行业、拳头产品对工业增长的支撑作用进一步增强，“工业50强”企业带头作用更加突出。汽车工业对全市工业的支撑作用更加显著。重庆市汽车工业经过10多年的建设和发展，已成为全市的第一支柱产业，全年工业总产值达150亿元，占全部工业总产值（乡及乡以上）的29%；新增产值33亿元，占全部新增产值的50%左右，成为重庆工业增长的主要支撑点。在工业生产高速增长中，区县工业的乡镇企业显示了强劲势头，成为全市工业经济结构中重要的一翼。区县工业全年工业总产值（乡及乡以上）达到132亿元，占全市工业总产值的25.5%，比上年增长19.3%。乡镇企业工业总产值340亿元，比上年增长1倍。

第三产业保持快速发展势头。1994年，第三产业在国民经济中继续以第一速度增长，增加值比上年增长16.4%，增幅比第二产业高出2.7个百分点。商贸、金融、房地产、旅游等行业加速发展，逐步成为第三产业的主体。第三产业的发展，对于加快建立社会主义市场经济体制、强化城市功能起到积极的作用。

三、优化投资结构，集中力量保证重点建设

1994年，重庆市继续推进老工业城市改造，加快了基础产业和基础设施建设进度，增大了能源、交通、运输、邮电、科研以及第三产业的投资力度，使全市固定资产投资保持了较快的增长。全社会完成固定资产投资154.35亿元，比上年增长32.1%。其中，国有单位完成投资84.11亿元，增长30.0%；房地产开发投资25.94亿元，比上年增长1.44倍。投资结构进一步改善。在国有单位完成投资中，基本建设投资39.80亿元，比上年增长25.5%；更新改造投资43.46亿元，增长16.7%；其他投资0.85亿元，下降36.8%。按投资性质划分，生产性投资比重由1993年的66.9%上升到1994年的70.8%，增加了3.9个百分点。从投资产业结构看，第三产业投资比重继续上升，其中交通、邮电投资比重上升了4.7个百分点，重点工程建设进度较快，大中型项目和限上项目完成投资21亿元，其中，成渝高速公路重庆段、谢陈路陈大段、嘉陵江滨江路牛大段建成通车，菜园坝重庆汽车客运站交付使用，庆铃汽车发动机、建设雅马哈105型摩托车、嘉陵本田125型发动机、长安专用汽车分厂等一批重大生产性项目相继投产或基本建成。

1994年国有单位固定资产投资新增生产能力和效益主要有：钢材2万吨/年，铝加工5.7万吨/年，发电机组容量2万千瓦，输电线路24公里，水泥38万吨/年，农用化肥1万吨/年，轮胎100万条/年，摩托车3万辆/年，新、改建公路154公里，市内电话自动交换机17.39万门，长途电话自动交换设备1万路端，扩建城市道路10公里。

能源 1994年，重庆能源开发和节能工业取得新成效。全市一次能源生产量1430.54万吨（折标准煤，下同），比上年增长3.96%；一次能源消费量1692.9万吨，比上年增长6.98%；其中工业消费能源1175.38万吨。全年工业节约能源47.86万吨，节能率3.91%。

交通 1994年，重庆继续加快交通建设，一批重大建设项目建设进度加快，成渝高速公路重庆段、菜园坝重庆汽车客运站建设投产，襄渝铁路渝达段电化改造、重庆铁路枢纽改扩建、重庆港改扩建、重庆港客运大楼新建等工程进展顺利，重庆江北机场二期工程、江津长江公路大桥、渝长高速公路新建等项目已在年内开工，一个综合性的立体交通网络正在加速建设之中。1994年，全市运输部门全年完成货物周转量245.1亿吨公里，比上年增长5.0%。其中，铁路周转量157.4亿吨公里，增长4.5%；公路周转量2.31亿吨公里，增长3.0%；水运周转量85.35亿吨公里，增长5.4%；航空货运量3.02万吨，增长38.0%。全市运输部门运送旅客周转量108.2亿人公里，比上年增长4.3%。其中，铁路周转量54.6亿人公里，比上年增长4.6%；公路周转量36.65亿人公里，比上年增长18.1%；水运周转量16.94亿人公里，比上年下降18.2%；航空客运量186万人次，比上年增长40.0%。全年港口吞吐量430万吨，比上年下降8.3%。

邮电 邮电通讯事业在高起点上继续保持高速发展的强劲势头。全市完成邮电业务总量5.71亿元，比上年增长64.5%。无线寻呼台发展到36家，BP机用户10.8万户，比上年净增5.7万户，移动电话净增10702户。程控电话新增13.4万门，实现了本地网电话号码升7位和全市县城以上电话交换程控化。城镇居民家庭平均每百户拥有电话由上年的6部增至9部。

城市建设 1994年，重庆城市基础设施建设进度加快，城市综合功能进一步提高。年内完成公共设施服务业投资额4.68亿元，比上年增长16.5%。自来水生产和供应业完成投资1.29亿元，比上年增长55.3%。新建城市道路2条，5.72公里，新建人行天桥8座，新建人行道3.5万平方米，新建下水道8.14公里，新增路灯4809盏，新建垃圾站3座，新增环卫车23辆，新开汽电车营运线路6条，新增小公共汽车64辆。

城市园林绿化建设取得新发展，全年绿化植树89万株，新建扩建小游园5处，全市建成区绿化覆盖面积2935公顷，建成区绿化覆盖率为27.0%。人均公共绿地面积2.38平方米。

城市环境质量有所改善，全年完成限期治理污染源项目149项，投资2137万元。同时，不断强化环保环卫监察执法，严格处罚各类违规排放水污染物单位，全年征收超标排污费4130.5万元。

四、社会事业全面发展

科技 1994年，重庆不断深化科技体制改革，实施“科技兴渝百亿工程”计划，科技工作取得新进展。全年新上重点科技项目175项，完成市级重大科研成果210项，重点推广应用科技成果234项，发展高新技术企业83家。“科技兴渝百亿工程”计划项目已启动130项，投入资金7.6亿元，全年新增销售收入20.8亿元，新增利税2.5亿元，创汇1045万美元。1994年，全市获四川省科技进步奖66项，市级科技进步奖91项。国家专利局受理重庆市单位和个人职务、非职务专利申请581件，批准授予专利权352件。技术市场不断发展，技术商品贸易十分活跃。1994年签订技术合同2441项，合同交易额达2.42亿元。民营科技企业机构总数达2476个，技工贸总收入达到25亿元。重庆高新技术产业开发区初具规模，基础设施不断完善。年内完成投资1.7亿元，竣工建筑面积14.93万平方米。区内现有外资企业146家，内资企业1532家，从业人员3万多人，注册资金4.1亿元，协议使用外资9338万美元，实现技工贸总收入15亿元。

教育 普通高等教育不断发展。全年招收本、专科学生2.23万人；在校学生7.01万人，增长15.5%；毕业生1.51万人，其中博士、硕士研究生543人。中等教育结构进一步改善，职业技术教育发展步伐加快。全市各类中等职业技术学校在校生11.76万人(含技工学校学生3.22万人)，占高中阶段在校学生的比重达到64.6%，初步形成了多层次、多学科、多形式的中等职业技术教育体系。九年制义务教育进一步普及。全市初中在校学生45.78万人，比上年增加16.7%，小学在校学生132.85万人。7～11周岁学龄儿童入学率达100%。小学生毕业生升学率达91.9%。小学学生辍学率已降至0.16%。初中学生流失率5.07%，比上年下降1.1个百分点。成人教育效果明显。1994年各类成人高等学校招生2.02万人，在校学生5.21万人，毕业生0.89万人。成人中等专业学校在校学生2.31万人，毕业生0.47万人，增长38.2%。成人技术培训学校在校学生87.41万人，毕(结)业学生206.5万人。

文化艺术 文化事业繁荣兴旺。1994年全市制作广播剧4部4集，广播电视各类节目获省级以上奖励92项(次)，其中国家级奖励15项(次)。全年共发行各种影片140部，放映电影9.01万场，出版各类图书1233种16000万册，全市有艺术表演团体19个，公共图书馆23个，博物馆5个，全市电视覆盖率达到75%，广播覆盖率达到85%，进一步丰富了人民群众的文化生活。

卫生 卫生事业稳步发展。1994年全市卫生机构达2224个，床位44564张，卫生技术人员5.51万人，其中医生2.51万人，平均每4人拥有卫生技术人员3.6名。

体育 体育事业成绩显著。1994年重庆运动员有1人1次创（破）1项世界青少年纪录，3人2队创（破）4项全国纪录。在世界射击锦标赛中获金牌1枚，铜牌4枚；在全国比赛中获金牌12枚，银牌19枚，铜牌7枚。群众体育活动广泛开展。全市有47.78万人达到国家体育锻炼标准，达标率92.7%。

人民生活与人口 1994年，人民生活水平继续提高，全市城镇居民年人均生活费收入达到3367元，比上年增长31.8%，农民人均纯收入1154元，比上年增加277元，增长31.6%，扣除价格上涨因素，城乡居民实际收入仍有所增加，生活继续有所改善。城乡居民储蓄大幅度增加，年末居民储蓄存款余额210亿元，比上年净增65.8亿元，增长45.6%。劳动制度改革向纵深发展，新的就业体系正逐步完善。1994年全市安排城镇就业人员5.81万人，年末城镇待业率2.6%，就业前培训4.7万人次。劳动合同制队伍不断壮大，合同制工人39.9万人，占城镇职工的18.7%。社会保障体系正逐步建立和完善，全市城镇实行了“全方位一体化”的养老和失业保险制度，社会保险覆盖面已达85.0%，有71.0%的职工享受了养老和失业保险。1994年末全市职工人数为213.2万人，比上年末增加1万人。社会福利事业不断发展。1994年全市建立社区服务设施1318个，便民利民服务网点1526个；社会福利事业单位达639个，床位1.84万张，供养人数1.26万人。全市开展社会救济14.81万人次，集体供养五保人数3.3万人，供给金额1841万元。1994年，全市又有3.16万户贫困户脱贫，其中20%的贫困户走上了富裕之路。

1994年末，全市总人口已达1512万人，比上年增加8万人，增长5‰。

（李　勇　撰稿）

经济体制改革和对外开放

一、制订了《重庆市建立社会主义市场经济体制综合配套改革试点总体方案》

1994年，在市委、市府的领导下，根据党的三中全会《决定》和国家新一轮城市综合配套改革试点工作的要求，经过认真的调查研究，结合重庆的市情，制定了《重庆市建立社会主义市场经济体制综合配套改革总体方案》。《方案》提出了重庆市经济体制改革的总体目标，即在本世纪末，重庆市经济体制改革要在“企业改革、市场发育、政府职能转变和社会保障”等方面，完成从旧体制向新体制的转轨。基本做到：企业制度现代化、资源配置市场化、经济调节间接化、经济关系法制化，构筑起社会主义市场经济体制的基本框架。《方案》还具体规定了改革的基本指导原则，改革的主要任务和主要内容，改革的分阶段目标任务以及推进改革的政策措施、方法步骤。《方案》勾画出了重庆市在全国率先建立社会主义市场经济体制的宏伟兰图，是指导推进全市各项改革的总纲。《方案》的制定标志着重庆市改革工作步入了总体规划，配套推进，目标明确，措施具体，分段推进的有序时期。

二、宏观管理体制改革顺利推进，取得了突破性进展

1994年，根据中央统一部署，我国宏观经济管理体制改革加速推进。财税体制改革迈出重大步伐，完成了国税局、地税局两套税务机构分设的任务，建立起分税制基本框架。按照财权和事权相统一的原则，基本上理顺了市和区（市）县的分配体制。金融体制改革稳步推进，在政策性金融与商业性金融分离方面迈出了重要一步，专业银行向商业银行转变的基础工作开始起步；金融秩序进一步好转，违章拆借的乱集资现象基本刹住；信贷规模执行较好，有力地支持了地方经济的发展和维护了社会稳定。成功地完成了外汇的并轨工作；外贸体制改革向纵深发展，在取消了外贸指令性计划管理和政策补贴后，外贸企业着力转换机制，营造多层次、多形式共同搞外贸的大经贸新格局，胜利完成和超额完成了全年的进出口任务。

政府转变工作职能的步子加快，按照中央《关于党政机构改革的方案》进行机构改革的规划和准备。在完成市级机关“三定”方案的基础上，对部分市级党政部门的“三定”试点工作作了具体安排，并着手实施。同时稳步推进国家公务员制度改革，国家机关、事业单位的工资制度实行职级工资和技术等级工资制，完成了建制入轨的工作，干部培训、考核工作加强；在市级和区（市）县分别成立国家行政学院和行政学校，开辟了公务员的培训基地。

三、企业体制改革继续深化

现代企业制度试点起步，发展势头良好。1994年初，市委、市府转发了《关于选择部分企业进行现代企业制度试点的意见》，经过严格的筛选确定了试点企业60户，其中：工交企业41户，占68.3%；商贸、旅游、房地产建筑安装企业18户，占30%；交通企业1户，占1.7%。在41户工业企业中，市属企业26户，区（市）县6户，中央企业9户。这60户试点企业，盈利企业52户，亏损企业8户。由于企业改革热情很高，积极申请要求，市里又增补5户企业参加试点，使全市试点企业增至65户。选择这65户企业，不仅符合国家产业政策，而且具有很强的代表性，目前，试点企业的工作进展情况良好，全部完成了清产核资、界定产权工作，加紧制订各自的实施方案，其中，有9户试点企业已完成方案制作。

公司制改造步伐进一步加快。《公司法》颁布后，为了进一步规范股份制企业，真正转换企业经营机制，市级有关部门对股份制企业的运作情况进行全面系统的调查。弄清了企业总体运行及内部机制转换、公司资金运用、公司财务会计制度、国有股权的管理及收益、治理机构的运行以及新老三会的关系

等方面的基本情况，发现了存在的问题，提出了规范完善股份制企业的对策和建议。同时，按照“符合国家产业政策、经济效益好、管理水平高、有发展后劲”的标准，在严格规划的前提下，新批股份制公司49户，其中：股份有限公司22户，有限责任公司27户。截至1994年底，全市仅股份有限公司已组建53户，股本总额达39.8亿元；其中，社会募集公司8户，股本总额7.8亿元。

依托大企业组建集团，进一步调整企业组织结构。针对重庆实际，以力求实现企业组织结构和产业结构的同步优化为目标，以存量资产的流动和重组为重点，加大企业联合、兼并和资产受权经营的力度，推进企业组织结构的调整，在全市23户企业集团的基础上，1994年又新组建了跨越、万友旅业等4户企业集团；同时，重庆铁马重型汽车等3户企业集团、正在抓紧筹建中。这些集团以股份制改革为主要手段，进一步强化集团的资产联结纽带，按照母子公司体制和四个层次结构，规划内部管理和运作。重钢、特刚、四联等大型企业集团，把改制、改造和改组相结合，已开始对紧密层成员企业进行改组改造，进一步发挥了规模经济的优势。

以“卖”为主，多形式并举，加快区（市）县国有小企业产权制度改革。1994年市里出台了《重庆市国有小型企业、交通企业产权制度改革试行意见》、《重庆市城镇集体企业和国有小企业推行股份合作制试行意见》，《重庆市国有流通小型企业试行股份制办法》，对国有小企业实行“全民转集体、融资性租赁、公开出售、债转股改造、兼并合并、破产”等多形式产权制度改革，其目的是置换产权主体，将国有资本逐步从小企业中退出，完成我市全民所有制经济结构的调整，由过去的数量型转变为质量规模型，把成千上万小企业推向市场，彻底转换其经营机制，成为市场的主体。据统计，全年区（市）县有1162户国有小企业和商业门点进行了产权制度改革，盘活了9.3亿元的国有存量资产。

四、国有资产管理体制改革进入实施阶段

1994年，重庆市国有资产管理体制改革试点工作迈出了关键的一步。市委、市政府批转了《关于进行国有资产管理体制改革试点的意见》；按照《试点意见》的要求，成立了重庆市国有资产管理委员会，由市政府主要领导担任主任，市体改委、财政局、国资局、计委、经委、财办、建委、经贸委、农委、工商局、税务局等单位的领导为成员，作为全市国有资产管理重大事项的决策协调机构。充实和完善了市国有资产管理局，作为全市国有资产管理的具体执行部门，进行了资产经营公司和资产授权经营的试点，在机械行业成立了华金国资经营公司，在市级商业系统组建了华贸国资经营公司；并对重钢、庆铃公司进行了国有资产授权经营的试点，初步形成了国有资产经营管理体系的刍型框架。这不仅使国有资产明晰化、人格化，解决了现代企业制度试点中国有资产产权代表的缺位问题，更为重要的是实行社会经营管理职能和国有资产所有者职能的分开，从根本上解决了政企不分这一难题。

五、流通体制改革进一步深化，市场建设稳步发展

1994年，重庆市流通体制改革进一步向前发展，国有批发企业大力调整企业组织结构，仅市一商局系统就组建了将业务分专划细、适应市场经济需要的单体公司163个，这些单体公司的经营量已占总量的80%左右。公有民营改革在小企业全面推开，据统计，全市有1001个小企业、11653个门店或柜组，涉及43900职工，实行了公有民营改革。以重百、友谊、两百等大型零售企业为龙头，发展了一批跨地区、跨市经营的连锁店，出现了连锁集团的刍型。改革了粮、猪、菜、成品油、化肥等重要商品的购销政策和购销体制，增加了市场有效供给，发挥了国营商业的主渠道作用，平抑了市场物价、价格管理改革不断深化，坚持从实际出发，对市场物价“放管结合”，灵活运用计划行政和市场这两种手段，加大了市场调控力度；同时，开始建立了粮、猪、菜等重要商品的分级储备制度和风险调节基金制度。

金融证券、劳动力、房地产等要素市场进一步发展完善；化工、煤炭、钢材等一批区域性市场运行良好；重庆商品交易所经国家证监委正式批准成为西南地区第一家期货市场，1994年成交额一举突破400亿元大关。据统计，1994年全市商品市场建设共投入资金10.8亿元，规划建设100万平方米，实际竣工20万平方米。

六、社会保障制度逐步完善

1994年，社会保险制度改革取得了较好的成效。一是全市基本统一了社会保险管理体制，实现了区（市）县社会保险机构人、钱、事由市统一调配管理；二是改革了前几年退休费社会统筹格局，建立了企业不分所有制、职工不分身份、管理不分条块的全方位、一体化养老保险，扩大了养老保险覆盖面；三是打破了过去条块统筹基金，互不调剂的局限，增强

了社会保险调剂功能；四是初步统一了基本养老保险费缴纳和给付办法；五是实行职工基本养老保险费由国家、企业、个人三方合理负担。在此基础上，着手探索社会统筹与个人帐户相结合的体制，建立个人帐户，强化征收手段，扩大经费渠道和基金保值增值等一系列问题。住房制度改革按照“提租、售房、统建”三结合的原则，制定了《重庆市新一轮城镇住房制度改革方案》，推进了住房的商品化、市场化；经济实用型住房建设加快，安居工程开始实施。

七、对外开放进一步扩大，横向经济联合协作继续加强

1994年，重庆市进一步加大了对外开放的广度和力度，对外贸易再上新台阶。全市外贸进出口总额达到13亿美元，比年增长14.3%，其中进口5.7亿元，增长6.74%，出口总额7.3亿美元。增长21.3%。提前一个月超额4.3%完成全年出口7亿美元的奋斗目标。利用外资和兴办“三资”企业继续发展。全年新签利用外资项目413项，合同金额6.34亿美元，实际利用外资4.53亿美元，比上年增长34.8%。当年新批“三资”企业417家，到1994年末全市“三资”企业达到1575家。

直接吸收外商投资企业朝大型化方向发展。全年直接利用外资实际使用2.69亿美元，直接利用外资项目中，三资企业364个，协议金额4.79亿美元，实际使用金额2.36亿美元。原材料工业、汽车和摩托车及部份基础设施建设项目，如桥梁、道路、电站等吸引外商投资取得了突破性进展，基础产业已成为境外知名大公司投资的热点。部份项目进入了建设期，多数项目的前期准备工作进展较快。直接吸收外商投资项目的外资实际到位率不断提高，年末外资到位率达到40%，比上年提高5个百分点，外商投资项目质量水平提高明显。

1994年间接利用外资也取得了良好的成功。全年间接利用外资实施项目14个，实际使用金额1.8亿美元。一些上年结转的重大建设项目进展顺利。利用日本海外协力基金建设的长江二桥、梁沱水厂已进入施工高峰期，基本上完成当年预期工作量，利用世界银行贷款建设的成渝高速公路重庆段实现了年内开通，利用国外贴息贷款引进的程控电话项目实施建设进度较快，利用加拿大政府混和贷款建设的重庆水泥厂已开工。另外，一批跨世纪的工程项目，如轻轨交通二号线、川黔高速公路和重庆工业改革和环境保护项目等重大利用外资项目已列入国家计委利用外资计划，并开始进行项目建设的各项前期准备工作。

重庆经济技术开发区引资开发工作再创佳绩。开发区外商投资企业发展到186家，投资总额达3.79亿美元，协议利用外资1.80亿美元，已成为我市利用外资和发展外向型经济的重要基地。对外经济技术合作取得了可喜进展。1994年新签对外承包工程、劳务合作、海外投资项目45项，合同金额4100万美元，其中承包工程合同2692万美元，比上年增长11.7%。

在扩大对外开放的同时，进一步扩大对国内的开放，积极发展横向经济联合协作，1994年全市新增经济联合组织384个，执行经济技术协作项目604项，联合项目投资总额7.2亿元，协作引进国内资金27.5亿元，引进外资8000万美元。

（李　勇　撰稿）

1994年改革开发大事记

1月

4日 市政府决定，1994年全市集中力量保证成渝公路重庆段：襄澄铁路渝达段电气化等35个重点建设项目及8个预备重点项目。

5日 我市第一大型多功能市场——朝天门交易市场1993年成交额达11.5亿元，居全市流通领域第一位。

▲ 据报道，1993年我市旅游业蓬勃发展，接待外国游客53075人，比上年增长13.1%，旅游外汇收入2.7亿元外汇人民币，比上年增长18%。

6日 我市汽车摩托车配套工业迅速发展，1993年市内配套厂家达620个，占总数的54.3%，产值达12.51亿元。

▲ 据报道，我市高新技术开展区日益壮大，新认定71户高新技术企业，共有从业人员4001人，其中：科技人员2034人，具有高级职称的有387人，截止目前，这个开发区已有高新技术企业188户。

31日 我市已兴办的合资企业累计达244家，利用台资总额累计达1亿7千多万美元。拥有台属企业200多家，注册资金达7千万元。

▲ 据报道，我市农村扶贫福利企业已达412个，比上年新增92年，从业人员达1万人，其中残疾职工4300人。实现总产值3亿4千5百多万元。

2月

14日 我市发行1993年两家社会公众股票，即：重庆三峡油膝股份有限公司1450万股，每股人民币1元，发行价3.70元；万里蓄电池股份有限公司1550万股，每股人民币1元，发行价4元。

17日 我市第一期农业综合开发通过农业部验收，项目区呈现出田成方、树成行、路相通、渠成网、桥涵闸配套的新面貌。3年来，全市共建设双千田11.6万亩、“吨粮田”2万亩，占改造中低产田任务的67.3%，其中仅稻田养鱼一项亩平均收入就可超过1000元。

▲ 据报道，我市“丰收计划”再获丰收，两年来实施项目49项，实施584项次，新增总产值86426万元。两年来，市里投入“丰收计划”247万多元。区市县配套资金317万多元，技术人员投入9094人，技术培训1067余万人次，印发各种资料899万份。

20日 1993年，我市长江柑橘带项目建设进展顺利，新建田本园390亩，苗圃525亩，改建果园5100亩，完成新建果园34800亩的改土工程，定植苗木22529亩。

23日 据报道，重庆机动车交易市场兴旺，1993年成交车辆4100台，金额3.4亿元，分别比上年增长127%、47.2%。该市场是目前西南最大的机动车交易市场，进场经营的209户企业，不仅有国有大企业，也有集体、私营企业、海南、北京、福建等外地企业也慕名而来，进场设立分支机构。

3月

21日 据报道，1993年，我市33家企业获外贸延伸权，出口创汇1100多万美元，其中创汇50万美元以上的有6家，最多的创汇达到521万美元。

23日 我市按1993年实现销售收入、上交利税和出口创汇的多少，依次排出各前20名工业企业。另据统计，1993年销售收入上亿元、税利逾千万元、创汇达百万美元的企业有160多户。

25日 1994年，我市教育战线推进“四大工程”。即：普及九年义务教育，城市、农村教育综合改革、开展教师基本功训练，在学生中开展社会主义礼仪教育。

26日 我市科技兴渝成果累累，市政府公布1993年科技进步奖、星火奖、软科学奖获奖项目名单。市科技进步奖85项。其中特等奖1项：成渝公路荣昌至来凤段变更设计方案及实施研究（市重点公路建设指挥部完成）；一等奖4项；铸件挽救工程新技术——液膜溶解扩散焊的研究和运用（重庆大学完成）、分散红F8技术开发（四川染料厂完成）、人胎皮中提纯Ⅱ型前胶原建立放免法诊断肝纤维化研究（市肿瘤研究所完成）、成渝公路三星沟大桥变更为高路填方的设计与实施（市重点公路指挥部、交通部重庆公路科研所完成）；二等奖19项；三等奖61项。

27日 据报道，我市“科技兴渝工程”全面启动。“百亿工程”是科技兴渝战略决策的延伸和发展。由市科技领导小组等11个部门共同编制、分工实施。这是推动我市科技、经济、社会协调发展的重大系统工程。它以实施一批高新技术含量高、附加值高、社会经济效益好、有潜在发展优势的重大工程和重点项目为主要内容。1994年起，通过所列计划项目。连续4年滚动实施，到1997年全市实现新增销售收入100亿元。

4月

6日 川黔公路重庆至綦江段项目建议书获国家计委正式批准。

8日 据报道，1993年，我市通过劳务输出转移农村剩余劳动力320多万人，总收入53.7亿元，占农村人均年纯收入的54.3%。成为农民脱贫致富的重要经济来源。

10日 据报道，我市实施火炬计划取得显著成效。迄止年底，累计安排“火炬”项目79个，其中国家级39个，市级40个。累计开发高新技术产品140多种，实现产值8.5亿元。利税1.36亿元，创汇600万美元。

13日 我市建设工业（集团）公司荣膺’93全国优秀企业（金马奖）；中国嘉陵工业股份有限公司总裁郝振昆荣获第五届全国优秀企业家（金球奖）。

15日 国内首家民营电信业务企业——重庆信息交易中心开业。该中心是目前国内规模最大、功能最全、设施最先进的民办信息收集、处理、传播、交易中心。

19日 我市生产资料交易所开业运作一年，成交额突破百亿元。

▲ 西南地区最大货运港口——重庆港九龙坡港区一期总体技术改造工程竣工。

28日 成渝高速公路陈家坪至上桥5.2公里段提前通车试运行。

▲ 据国家计委主持完成的西南和华南部分省区区域规划研究报告中评价：重庆投资环境在59个大中城市中名列榜首；另据专家对全国45个主要城市投资环境进行评估的结果：重庆投资环境仅次于上海、北京、广州、天津，列全国第五。

▲ 珞璜电厂二期工程有突破性进展，1994年年底可望与法国阿尔斯通集团签订项目合同；川黔公路工程可望在近期内由国家计委批准立项。

5月

2日 据报道，今年以来，我市物价涨幅持续在20%以上，4月份零售价格总指数达121.1%。消费价格总指数123%。1～4月城市居民家庭月人均生活费收入为266.5元。比上年同期增长25.5%，扣除价格上涨因素影响，实际仅增长1.7%；1～4月我市居民家庭月人均消费性支出237.3元，同比增长18.6%。扣除价格因素，实际下降3.8%。

▲ 我市科技兴渝“金桥工程”实施一年新增经济效益2亿多元

3日 我市农民收入快速增长，今年首季人均现金收入比上年同期增加51元。

4日 ’94重庆·新加坡招商洽谈会成绩斐然：有21个项目签约，总投资10.57亿美元，其中协议引进外资4.65亿美元。

9日 据统计，我市人均耕地占有量已降至“警戒线”。10年间，人口增加116.01万，耕地减少39.4134万亩，人均耕地占有量为0.70054亩。

▲ 我市首座由政府和社会单位共同修建的人行天桥观音岩人行天桥开工。此天桥是在政府给予一定补贴的前提下。由重庆图强文化科技发展公司自行筹款、自行组织设计和建设、自行经营管理。

16日 我国首家引进CT—2双向公共移动通讯项目在我市签字。双向CT-2系统是目前世界上最先进的移动通讯系统。预计该项目今年10月在我市市中区、江北区、南岸区、大坪开通、明年该系统扩容后实现全市联网。这将极大地改善我市通讯紧张的状况。

17日 据报道，1993年，我市建筑业成就显著：主要经济指标创历史新纪录，完成施工总产值81.72亿元，比上年增长44.1%。全行业实现利润1.03亿元，房屋竣工面积414万平方米（未包括乡镇建筑企业）；建筑工程质量水平上升，优良率比上年增长9%；向外开拓取得新成绩，市属国有企业在省外、国外承担的工程面积达40多万平方米，完成工作量2.2亿元，创利1192万元，比上年增长192.87%；企业素质有了提高，重庆第一建筑（集团）公司等8家企业跻身于中国500家最大规模、500家最佳经济效益建筑企业行业。

▲ 我市第二座由政府和社会单位共同修建的人行天桥——大溪沟人行天桥开工。

18日 一年来，重庆经协区已实施协作项目530个，新增产值3.66亿元，税利0.6亿元，组建经济联合组织129个，商贸物资协作总额270.5亿元，联合销售总额392.15亿元，税利43.86亿元，横向融通资金98.45亿元，促进了协作区各方经济的发展。

22日 我市农业三大工程建设扎扎实实。通过对300万亩冬水田、200万亩坡瘠地的改程和"菜篮子"工程建设，农业生产基本条件得到改善，取得了良好的经济、生态、社会效益、据统计，1993年全市肉、奶、蛋、鱼、水果产量分别达到69.42万吨、5.24万吨、7.61万吨、6.67万吨、25.73万吨、商品菜稳定在45万吨左右，连续5年蔬菜供应淡季不淡。

23日 据报道，我市市场建设成绩显著，目前已拥有各类市场1000多个。

28日 据报道，我市与美国贸易额递增，1993年进出口总额达840万美元，其中出口额5365万美元，仅次于香港、日本、进口额3039万美元，居第四位。

29日 我市首例由外商兼并国内的困难企业——山城日化厂更新投产。

6月

1日 重庆江津市采取切实措施增强农业生产后劲。强化农业基础地位，去年实现农业生产总值14.5亿元，在全省200多个县(市)中居第一位；生猪出栏量居全国第一位。

5日 我市嘉陵江滨江路工程首战告捷，牛角沱至大溪沟段下部结构主体工程基本完工，胜利实现了第一期目标。

7日 据报道，重庆生活资料市场发展迅速，截止1993年底，全市共有生活资料市场988个，其中10个成交额超过亿元，4个跨人全国"百强市场"行列。

8日 重庆江津长江公路大桥前期准备工作加速推进，预计8月初破土动工。

▲ 重庆丝绸进出口公司去年实现出口额7601万美元，跻身全国出口额最大200家企业之列。

10日 据报道，重庆长江中上游防护林体系重庆段建设成效显著。据不完全统计，全市已完成营造林75.4万亩，超额完成全年长防林任务，其中重点工程51.15万亩，为年计划任务的102.3%。

▲ 重庆经济协作区筹建计算机信息网络。该网络由协作区21个市地共同出资近200万元组建，中心设在重庆，预计将于今年10月正式运行。

▲ 重庆市重点工程——嘉陵江黄花园大桥完成前期测探工作。

17日 我市的巴县、江津、永川3县(市)在最近四川省"一条线"经济发展评比中实现升位。

18日 '93重庆乡镇经济实力50强评选揭晓，沙坪坝区覃家岗镇、九龙坡区九龙镇、南岸区南坪镇等50个乡镇金榜题名。

24日 重庆市政府决定：在沙坪坝区、江津区、江北县、潼南县建立4个个体私营经济试验区，试验区将为个体私营经济的大发展创造一个优越的社会环境，为全市个体私营经济发展起带头示范作用。

▲ 重庆建成长江第一座高水位落差机械化客运码头。这座由交通部和国家交通投资公司投资3200万元兴建的码头地处长江与嘉陵江汇合处的朝天门港区。为进出重庆港的中外旅客带来很大方便。该码头也是我国目前最大的一座高水位落差机械化斜坡式客运码头。

▲ 重庆被四川省授予"园林绿化先进城市"称号

28日 市政府决定在巴县白市驿建设三峡库区经贸区，规划项目论证审定已获通过。

30日 重庆最大工业合资项目之一——中英合资四川醋酸项目可行性研究报告通过中国国际工程咨询公司评估。该项目以四川维尼纶厂现有的公用工程和甲醇资源为依托，总投资为21亿元，投产后每年将新增销售收入95000万元，利税38000万元。

7月

1日 在"四川国际招商会"上，重庆代表团共签约项目73个，总投资16.35亿元，利用9亿多美元。

▲ 重庆——拉萨空中航线首航成功。

6日 重庆第一个国际航班重庆——名古屋开航。

9日 中国船级社重庆船级分社获国际ISO9000质量体系达标认证，为重庆造船业、航运业走出国门奠定了坚实的基础。

10日 经国家三峡库区经济联合发展委员会批准，重庆建材市场正式被确定为三峡库区建材中心市场。

12日 1994年中国500家最大服务企业及行业评价结果揭晓，重庆的中国工商银行、重庆信托投资公司、重庆金属材料股份有限公司、重庆长江轮船公司等 3 家企业榜上有名。

13 日 我市专设劳模特别补充养老保险。使劳模的优异待遇与社会保障有机结合起来。

18 日 重庆市第一家集体资产评估事务所——重庆集体资产评估事务所在江北区成立。这将为加快集体企业改革步伐。促进建立现代企业制度起到积极作用。

▲ 成渝高速公路白市驿——璧山青枫段开通。

22 日 国家决定扶持我市 10 个商品粮大县，即：长寿、巴县、綦江、江北、江津、合川、潼南、铜梁、永川、大足、从今年起，连续 5 年每年向这 10 个县（市）投放 1 亿元专项贷款。

8 月

13 日 我市出台加快对外开放六项措施：第一，成立市对外开放领导小组，由刘志忠市长任组长；第二，建立外商投诉公开电话网络；第三，建立一个窗口办事制度和统一收费制度，推行外商投资事务代理服务；第四，加快两个开发区的建设；第五，抓紧建立全市招商引资项目资料库；第六，充分发挥口岸在对外开放中的重要作用。

7 月 12 日至 8 月 13 日一个多月的连睛高温，使我市农作物严重受灾。据统计，全市农作物受旱面积达 750.5 万亩，成灾面积 108.45 万亩，分别占作物面积的 77.8%和 11.2%。

15 日 我市正式设立科技奖励基金。该基金主要用于市科学技术进步奖、市星火奖、市软科学成果奖和市计算机推广应用奖等奖励，目前基金总额已达百万余元。

▲ 我市杂交水稻育种获重大突破，市研究所和四川农业大学水稻研究所共同选育的“I 优 8678”杂交水稻新组合通过验收，该组合具有突出的高产潜力。

17 日 中外合资的轻型汽车生产厂家——庆铃汽车股份有限公司在香港联合交易所正式挂牌，这是首家在香港招股上市的内地合资企业。

18 日 据报道，我市造林绿化成绩显著，绿化覆盖率由 16.6%上升到 22.95%，城市绿化覆盖率净增 10.65 个百分点。

20 日 据报道，我市小城镇建设迈出新步伐。到目前为止，全市列为省、市、区（市）县三级试点镇的小城镇已达 134 个，占全市建制镇总数的 35.7%。其中，省级试点镇 5 个，市级试点镇 15 个，区（市）县级试点镇 114 个。

▲ 重庆在全国率先开展的科技企业认定工作第一阶段已于近日结束，首批认定 755 家科技企业。经认定的科技企业可享受从成本中提取一定额度的资金作为科技风险开发预备金等优惠政策。

30 日 香港著名爱国实业家李嘉诚先生投资重庆的第一个大型项目——重庆大都会广场在依仁巷奠基。

9 月

8 月 我市建成全国第一个现代化大城市人口信息计算机管理系统，公安部将在全国推广应用。

9 日 重庆新加坡国际工业城在重庆经济技术开发区奠基，一期工程占地 83 公顷，总投资 1 亿美元，该区将建成高科技、现代化、国际化、多功能的工业园区。

10 日 西南地区最大的电子市场在石桥铺高技术开发区建成，进场商家可以享受国家级高新技术开发区和“三资”企业的优惠政策。

13 日 占地 2.92 平方公里的“长江水天城”超大型综合项目签字仪式在北碚举行。位于北碚区童家溪的“长江水天城”是新加坡维信集团公司目前在西南地区最大的投资项目。

▲ 国务院最近批准建立长江三峡经济开放区，并实行沿海经济开放区的政策，重庆市所辖的长寿县、江北县、江津市名列其中。

16 日 重庆市贫困地区发展基金会暨重庆市扶贫开发协会成立。

17 日 我市乡镇企业炼钢行业中的大户——嘉陵钢铁公司首炉钢水倾出，标志我市乡镇企业已向重庆工业领域大大跨进一步。该公司年产各种优质合金钢锭 1.8 万吨，投产后将成为西南地区汽车工业专用钢及轴承钢生产基地。

19 日 据报道，我市对台经济工作成绩显著，截至今年上半年，全市台资企业已达 326 家，投资总额为 2.3 亿美元，直接利用台资 1.6 亿美元，占全市利用外资的 28.5%。

▲ 我市农村将广泛开展“奔小康”活动。市委布置各区（市）县要带领农民开展“稳粮增收调结构，适应市场奔小康”等活动，以加快我市“小康”建设进程。

▲ 由西南农业大学育成的棉花新品种“川碚二号”，近日通过了四川省科委主持的成果鉴定。该品种已被列为四川省重点推广品种及“八五”和“九五”中期全省主栽的品种。经农业部和国家计委批准，已由国家投资在南部、遂宁等地建立了良繁基地。

▲ 重庆市国家税务局和地方税务局正式挂牌。两上税务机构组建后，国税系统担负着收入总额75%的征收任务，地税局担负25%的征收任务。

20日 市总工会正式建立职工扶贫解困互助基金，目前已筹资86万多元。

▲ 据报道，我市天然气事业迅速发展，城市气化率已达76%左右，城市民用天然气规模和用气量均居全国大中城市第一位。

21日 重庆跨越（集团）股份有限公司经市体改委批准正式宣告成立，这是我市首家以资产合股方式组建的乡镇企业股份集团。

22日 在1993年度中国500家最大工业企业中，我市重庆钢铁（集团）公司、重庆汽车制造厂等10家企业榜上有名。

▲ 国家“八五”期间以工代赈扶贫基建项目重庆市重点建设工程——潼南涪江大桥竣工。

▲ 重庆新城外商投资服务中心挂牌。该中心为外商提供城市建设项目从可行性论证到开工全套咨询服务、代办前期手续、代交各种税费；为外商提供购、售房中介服务等多项服务。

24日 据报道，我市“八五”前三年技改成绩显著：全市全民企业共完成技术改造投资约83亿元（其中地方全民企业完成55亿元），相当于“七五”期间5年全市完成的总投资；累计实施技改项目2388项，重点项目竣工投产368个，形成产值能力52亿元，利税能力12.7亿元，创汇能力2.02亿美元。

25日 据报道，我市环保工作取得成绩：近年我市工业总产值增长82.5%，乡镇企业产值翻2番多，人口净增60余万，与这相反，去年城区大气环境中二氧化硫、氮氧化物、降尘等主要污染物年平均浓度，分别较1992年降低30.8%、28.6%和25%；截至1992年底，全市21个区（市）县相继建成烟尘控制区，面积188平方公里，受益人口近300万；“长防林”工程全面开展，生态经济效益开始发挥。

10月

3日 重庆市第二期1993年度农业综合开发项目已全面超额完成任务。本年度全市累计投入资金29999.8万元，占计划投资额的136.98%，截至今年5月底，全市共改造中低产田15.4万亩，占计划的114.07%。通过农业综合开发，获得了良好的经济、生态、社会效益，预计可增产粮食16152吨、水果9557吨、鲜鱼2371吨，增加产值7312.8万元，增加收入4375.8万元。

▲ 据报道，我市自1986年起开展扶贫工作以来，至今已使60多万贫困人口得到温饱。近10年来，市级以上部门、单位对我市贫困县、乡的扶持资金累计达6000多万元，加上财政补贴，扶持资金总额在1亿元以上，有力地支持了贫困地区的经济发展，38个贫困乡农民人均年纯收入由200元增至586元。

▲ 我国“八五”重大科技攻关项目——核电工程IE级电加热器和过程控制仪表，由川仪股份有限公司开发研制成功，近日通过了国家主管部门评审，即将投入秦山核电站二期工程及我国核电建设，从此结束了我国核电仪表设备完全依靠进口的历史。

7日 重庆洛杉矶经贸洽谈会开幕。洽谈会共签订项目投资协议总金额9.43亿美元，其中外资占6.9亿美元，签订商品贸易协议2000多万美元。

18日 由中国质量管理协会评出的全国用户满意企业和全国用户满意产品获奖。我市的中国嘉陵工业股份有限公司（集团）、重庆百货大楼股份有限公司和重庆友谊华侨股份有限公司获得“全国用户满意企业”奖，建设工业（集团）公司的雅马哈摩托车和庆龄汽车股份有限公司的五十玲轻型货车获“全国用户满意产品”称号。

▲ 成渝高速公路重庆段初通，该路段1990年9月开工，比国家下达的预定工期提前一年投入试运行。

19日 根据国务院关于实行分税制财政管理体制的决定，市政府决定从1994年元月1日起对各区（市）县实行分税制财政管理体制。

20日 据报道，重庆市人民保险公司业务发展迅速。自恢复国内业务15年来，市人保公司已开办财产、人身、责任、信用四大类保险计200多个险种，承保责任总额突破1000亿元。他们为全市90%以上的企业、185万户家庭、519万人次提供了保险服务。

24日 武汉—重庆充缆通信工程动工。这是目前国内技术最先进，通信容量名列前茅的一条光缆线路，全长1245.08公里，四川境内共416.38公里，工程最终容量可达35万条电路，总投资3.45亿人民币。

26日 据报道，我市个体私营经济进入新的发展时期。据市工商局今年三季度末统计，全市登记的个体工商户有21万户，从业人员30万人，比去年底增长5.88%和25%；私营企业4649户，从业人员6.4万人，分别比去年底增长93%和1.4倍。个体私营经济产值、营业额达45亿元，预计今年底个体私营企业从业人员占全市人口比重，将由去年底的

1.8%上升到2.67%。

▲ 我市“科技兴渝百亿工程”实施近一年，进展顺利。目前首批编制的计划项目166项已下达。其中，农业（包括乡镇企业）86项，国有大中型企业69项。截至9月底，有42项计划项目得到贷款，到位资金2.196亿元。

▲ 我市被列为全国科技市的试点城市。

27日 连接重庆市与广安新区的广渝高等级公路，经四川省计划委员会批准立项。整个工程建设总投资9亿元，预计1998年建设投入使用。

11月

2日 市政府决定对粮油肉菜实行物价控制目标责任制。其具体目标是，以今年8月份的商品价格为基础，四季度粮食和蔬菜价格下降20%。食用植物油价格下降10%，猪肉价格下降15%。

▲ 在国家统计局中国行业企业信息中心发布的1993年能源，机械等行业利税10强企业名单上，我市的重庆汽车制造厂（庆铃）创利税55886万元，中国嘉陵工业股份有限公司(集团)创利税36968万元，分别名列全国交通运输设备制造业第五名和第九名。四川仪表总厂创利税3258.7万元，位居全国仪器仪表及其他计量器具制造业第六名，建设工业集团公司创利税51840.7万元，荣登机械工业10强榜首，长安机器厂创利税20191万元，位居第八名。

▲ 重庆三峡油漆股份有限公司与世界三大汽车漆工业巨头之一的日本关西涂料株式会社在渝达成合资协议，商定由日方出资50%，三峡油漆公司以引进设备，技术等资产为主要形式出资50%在南坪经济技术开发区兴办投入5500万元、年产5000吨汽车漆的合资企业。

13日 由重庆经济技术开发区管委会、香港中华国际开发集团有限公司和台湾文化经济发展协会合作签定协议，决定共建台湾工业园区。该园区设在重庆经济开发区内，占地2平方公里，3年内建设完毕。

14日 在全国最大500家外商投资企业座次表上，庆铃汽车股份有限公司跻身“十强”，位列第五。该公司现拥有总资产46亿元。

18日 投资5.2亿元的国家重点建设项目——重庆水泥厂生产70万吨水泥熟料扩建工程在南岸泉山村开工。该工程1996年底建成后加上原有设备，重庆水泥厂年产高标号水泥将达120万吨以上，已被国家确定为三峡工程长江上游直供大坝水泥的定点厂家。

▲ 重庆火花塞厂与日本NGK公司签订协议，合资建设全国最大电热塞生产厂。该项目合作成功产值将达5亿元以上。

▲ 由国家机电部批准建设的我市十大市场之一，为三峡工程提供配套服务的西南机电产品综合交易市场大厦在上清寺奠基。

12月

1日 我市第一条6车道（预留8车道）的高等级城市主干道，谢陈路陈（家坪）大（公馆）段全面竣工通车

10日 我市首次中外合资在长江上建设的公路大桥——江津长江公路大桥主体工程在德感镇中坝河滩奠基。

16日 我市嘉陵江滨江路大溪沟高架桥全线贯通。

20日 我市嘉陵江滨江路牛角沱立交桥主体工程完工。

21日 重庆港与上海外高桥保税区港务公司结成合作伙伴，其宗旨在于辐射长江，通向世界。

26日 我市江北机场二期场道扩建工程正式开工。该工程共有14个项目，计划总投资15亿元。

▲ 四川省经济工作会议在渝召开。

27日 重庆电信史上规模最大的工程——江北长途交换中心破土动工，该中心建成后，将增加长途电话交换设备8万路端，长途传输设备电路12万路，并建成一个10万门的市话分局。

28日 我市生产的建设摩托车、嘉陵摩托车、冷酸灵牙膏和老鸭牌羽绒服荣获全国最畅销国产商品“金桥奖”。

31日 我市1994年计划要建的8座人行天桥（含地下通道）全部建成。

（李　勇　整理）

贵 州 省

主　　编：扈　伦
副 主 编：陶谋立
编写人员：王广成
工作人员：王广成

贵州省分目录

贵州省概况

面积:17.61万平方公里

人口:3458.41万人

行政区划:4个地区,3个自治州,2个地级市,9个县级市,66个县,11个自治县。

省委书记:刘方仁

省八届人大常委会主任:王朝文

省长:陈士能

省七届政协委员会主席:龙志毅

贵州省国民经济主要指标(单位:亿元)

项　目	1994年	1994年比上年增长(%)
国内生产总值	497.98	9.1
工农业总产值	690.78	
工业总产值	460.00	13.0
重工业产值(乡及乡以上)	268.00	20.3
轻工业产值(乡及乡以上)	121.98	20.2
农业总产值	230.78	4.9
全社会固定资产投资	131.00	23.6
国有固定资产投资	91.97	26.2
社会消费品零售总额	160.00	21.2
零售物价总指数(%)	119.50	19.50
职工工资总额	88.12	36.1

国民经济和社会发展

一、国民经济发展概况

1994年,贵州在"抓住机遇、深化改革、扩大开放、促进发展、保持稳定"的全党全国工作大局的指导下,正确处理改革、发展、稳定的关系,解放思想,振奋精神,真抓实干。一年来,全省围绕建立社会主义市场经济体制的改革取得了明显进展,按照整体推进和重点突破相结合的原则,稳定推进财税、金融、外汇、外贸、投资和流通体制等各项重大改革,进一步加强和改善宏观调控,经济结构逐步趋于合理,国民经济持续稳定增长,1994年,全省实现国民生产总值497.98亿元,比上年增长9.1%;工农业总产值690.78亿元,增长10.6%;全社会固定资产投资额131亿元,增长23.6%;社会消费品零售总额160亿元,增长21.2%,扣除价格上涨因素,实现增长1.2%;地方财政收入31.24亿元,增长16%;国家银行年末存款余额298亿元,贷款余额392亿元,分别比年初增加63亿元和71.9亿元。城镇居民人均生活费收入2803.28亿元,比上年增长39.7%,扣除价格上涨因素,实际增长14.5%;人均消费性支出2531.78亿元,增长34.9%;年末城乡居民储蓄存款余额181亿元,增长27.6%。

(一)农业

1994年，全省加强了对农村工作的领导，进一步稳定和巩固农业的基础地位，保持了农业和农村经济的持续发展。全年全省农业总产值为230.78亿元，比上年增长4.9%；农业增加值为153.93亿元，增长4%。在农业总产值中，种植业产值152.37亿元，比上年增长5.7%；林业产值11.82亿元，增长3.6%；畜牧业产值64.73亿元，增长3.3%；渔业产值1.85亿元，增长7.3%。

主要农产品生产，除烤烟因面积减少比上年减产外，其余作物产量都保持稳定增产。粮食获得丰收，总产量达到938.69万吨，比上年增长8%，创历史最高水平。油菜籽增产幅度较大，总产量为41.78万吨，比上年增长8.3%，扭转了连续两年下降的局面。花生产量大幅度回升，总产量为4.83万吨，比上年增长23.0%。蔬菜产量增加，全年蔬菜面积为405.9万亩，比上年扩大18.9万亩，细菜、鲜菜品种增多。

林业生产注重实效，突出效益，稳步发展。全年造林面积474万亩，比上年增长10.1%，其中人工造林面积382.5万亩，增长5.4%，人工造林和封山育林新封面积的核实率、合格率均为历史最高水平。主要林产品产量，生漆、油桐籽分别增长12.6%和8.6%，油茶籽下降3.4%。

畜牧业持续增长。年末生猪出栏955.03万头，比上年增长5.7%；牛出栏54.11万头，增长17.8%；羊出栏86.13万只，增长2.9%。畜禽产品产量增加。肉类总产量为95.02万吨，增长23.2%。

渔业养殖水平提高，水产品产量有较多增加。全年网箱养鱼比上年增长64%；稻田养鱼145万亩；推广稻田养鱼高产示范田2000亩。全年水产品产量2.8万吨，比上年增长9.7%。

农业生产条件继续改善。全省投入农田水利建设资金3.05亿元，新增、改善、恢复灌溉面积62万亩，坡改梯57万亩，治理水土流失面积1000平方公里，解决35万人、20万头牲畜饮水。农业机械化水平有所提高。全省年末农业机械总动力为358.56万千瓦，比上年增长2.0%，其中排灌机械42.68万台，农副产品加工机械142.95万千瓦。年末拥有小型拖拉机3.74万台，农用载重汽车8915辆，喷灌机械1062套，农用水泵5.65万台。全省乡、村办水电站达到958个，全年农村用电量6.74亿千瓦小时。化肥(折纯)、农药施用量分别为63.73万吨和0.97万吨，比上年分别增长9.4%和23.6%。

扶贫开发取得新进展。1994年，全省在扶贫开发工作中采取了有力措施，增加投入、开展科技扶贫，实行部门承包、配套服务，对极贫地区的经济开发，在政策、资金和物资等方面实行倾斜，加快了扶贫开发步伐。全省48个贫困县全年新增柑桔、蚕桑、银杏、大板栗、五倍子和中药材等支柱产业基地面积11.2万亩，发展了一批商品牛、羊基地。各地共安排了112个以种养业为龙头的农副产品加工、农贸市场建设以及矿产品开采、小水电开发等项目，对提高贫困地区的综合生产能力发挥了重要作用。全年全省脱贫人口达91万人，并且实现了由单纯分散救济式扶贫向综合配套开发式扶贫的转变。

乡镇企业继续高速增长，农村经济持续发展。全省乡镇企业在1993年迅速发展的基础上，继续保持快速发展势头。1994年，全省已建工业小区153个，其中被列为重点工业小区的有30个，部分工业小区的乡镇企业产值已超过亿元。随着农村改革的不断深化，各地加快了推行乡镇企业股份合作制的步伐，到1994年底全省股份合作制乡镇企业已发展到4000多家。全年乡镇企业实现总产值177.4亿元，比上年增长44.3%；营业收入190.3亿元，增长46.4%；投入资金8.08亿元，其中引进资金6.32亿元，占全省乡镇企业投入资金的78.2%，是10年来全省乡镇企业发展最快的一年。

在乡镇企业加快发展的基础上，农村经济实力增强，农民收入增加。1994年，全省农村社会总产值超过亿元的乡镇达41个，比上年增加24个，增长1.4倍。41个亿元乡镇的乡镇企业由上年的5.26万家发展到1994年的6.02万家，从业人员由18.87万人增加到21.84万人，分别增长14.4%和15.7%。实现产值也由上年的31.05亿元，增加到49.8亿元，增长51.5%，高于全省乡镇企业平均增幅7.2个百分点；实现营业收入55.73亿元，增长60.9%；实现利润5.3亿元，增长88.6%。均大大高于全省乡镇企业的平均水平。

农村经济和乡镇企业的持续快速发展，使农民收入有较多增加，1994年全省农民人均纯收入突破700元，达到786.84元，比上年增加200多元，扣除价格因素实际增长6.7%，是近几年来农民收入增长最快的一年。

(二)工业

1994年，贵州工业生产在继续推进企业制度改革的同时，进一步强化企业内部管理，狠抓扭亏增盈、限产压库工作，积极调整产业和产品结构，不断改善外部环境和生产条件，保持了工业生产的稳定增长。1994年，全省实现工业总产值460亿元，比上年增长13%，其中乡及乡以上工业产值390.58亿元，增长8.7%。

全省工业经济运行的主要特点：

工业生产总体上呈稳定上升趋势。年初，全省工业生产增长缓慢，工业生产月度产值，3月份为27.08亿元，增幅仅为3.1%。从第二季度开始，工业生产开始回升，扭转了年初以来低速增长的局面，6月份实现工业产值33.77亿元，增幅为6.2%，比3月份增长3.1个百分点。下半年，工业生产逐月加快，7月份增幅为8.1%，到12月份实现产值40.84亿元，增幅达10.2%，呈逐月上升稳定增长态势。

非国有工业继续高速增长。1994年，全省非国有工业进一步显示了强劲的发展势头，继续保持高速增长。全省集体工业月度产值增长幅度均保持在30～40%左右，全年实现总产值63.85亿元，比上年增长27%。在集体工业中，乡镇企业发展尤为活跃。全年实现产值39.28亿元，占集体工业总产值的比重达63%，是拉动集体工业增长的主要因素。全年乡(镇)办工业增长幅度为38.7%，高于国有工业30.3个百分点。合资、合作、私营等其他经济类型工业仍保持快速增长，全年增长幅度达17.9%，高于国有工业9.5个百分点。

轻工业增长快于重工业。由于受消费需求增长的拉动，消费品市场逐月趋于活跃，全省轻工业生产从二季度开始迅速回升，一直保持快于重工业的发展格局。全年轻工业总产值达到121.98亿元，比上年增长12.5%，比重工业6.8%的增长速度快5.7个百分点。全年轻工业新增产值占整个工业新增产值的46%。主要轻工业产品生产稳定增长，市场适销对路产品增加较多。与1993年相比，彩色电视机产量2.71万台，增长5.2倍；电风扇2.03万台，增长1.4倍；纱2.22万吨，增长17.2%；呢绒24.9万米，增长61.7%；服装3270万件，增长93.8%；毛线449.1吨，增长14.3%；糖1.1万吨，增长14.0%；卷烟202.81万箱，增长4.7%；啤酒5.49万吨，增长24.8%。白酒受市场需求和库存较多影响，下降17.2%。

能源工业持续增长。1994年，全省能源工业发展势头强劲，呈持续高速增长态势，是近几年来生产增长较快的年份之一。

原煤产量首次突破5000万吨，全年产量达到5053万吨，比上年增长13.1%。其中，农村煤窑产量3496万吨，比上年增长14.0%，占全省原煤产量的比重达69.2%。国有煤矿扭转长期亏损局面，首次实现扭亏为盈。六枝、盘县、水城、林东矿务局均大幅减亏增盈，全年盈亏相抵净盈利3268万元；国有地县煤矿盈利近100万元。

电力工业生产能力进一步扩大。1994年，全省发电装机容量达到385.1(500千瓦及以上机组)万千瓦。全年发电量192.85亿千瓦小时，比上年增长35.7%。其中，水电85.16亿千瓦小时，增长57%。

原材料工业稳定增长。有色工业生产经营形势继续看好。全年10种有色金属产量为27.94万吨，比上年增长25.4%。其中：铝增长20.4%，锑增长32.1%，锌增长32.9%；铝材产量3093吨，比上年增长20.8%。全省实现铝锭产品零库存；铝加工熔铸实收率、挤压成品率等指标均优于上年。化学、建材工业多数产品增长幅度较大。在化学工业产品中，硫酸产量11.15万吨，比上年增长27.4%；纯苯5295吨，增长61.5%；化肥(100%)57.73万吨，增长13.7%；化学医药(原药)503.64吨，增长18.5%；轮胎外胎120.45万条，增长13%；磷矿石(生产量)323.12万吨，增长17.3%。建材产品中，水泥461万吨，比上年增长14.7%；平板玻璃60.4万重量箱，增长31.8%。黑色金属产品生产相对增长缓慢。钢产量69.4万吨，比上年增长3.1%；钢材55.5万吨，增长7.2%；铁合金22.35万吨，增长2.7%。

机械工业生产增长缓慢，部分产品产量下降。受控制投资需求和市场变化影响，全省机械工业生产增长速度明显放慢，呈低速增长态势，部分产品产量下降幅度较大。全年，金属切削机床下降59%，工业锅炉下降26.3%，内燃机生产量下降16.8%，汽车下降59.2%，民用改装车下降37.5%，摩托车下降68.1%。

大中型工业企业发展平稳。1994年，全省204户大中型工业企业实现总产值245.78亿元，比上年增长6.1%，低于全省工业(乡及乡以上)平均增幅2.6个百分点。全年完成工业销售产值240.86亿元，比上年增长5.3%，低于全年工业销售产值增幅2.9个百分点。

工业综合效益较为稳定，企业劳动生产率和资金收益率比上年提高。1994年，全省独立核算工业企业经济效益综合指数为97%，比上年提高0.4个百分点。工业企业全员劳动生产率(按增加值计算)13633元，比上年增加742元；资金利税率14.1%，比上年提高2个百分点；工业产品产销率93.7%，工业成本费用利润率3%，工业增加值率36%，流动资产周转次数1.1次。在构成工业经济效益综合指数的六项指标中，资金利税率和劳动生产率的上升幅度较大，对工业经济效益综合指数的贡献度分别为34%和22%。与此同时，企业资金收益率增加，全年独立核算工业企业上交国家各种流转税60亿元，占其实现利税总额的91%。

（三）建筑业

建筑业发展有所加快。1994年，全省建筑业实现增加值24.72亿元，其中国有建筑业为9.88亿元，扣除价格因素比上年实际增长7.4%；国有建筑企业施工面积640万平方米，比上年增长2.5%；按施工产值计算的建筑业全员劳动生产率25595元，比上年增长4.4%。全年竣工产值为13.27亿元，竣工率41.2%。

（四）固定资产投资

1994年，全省继续贯彻落实加强固定资产投资宏观调控措施，投资需求增长势头受到一定程度抑制，但仍保持适当的增长幅度。基础性产业继续得到加强，整体投资结构优于上年，重点建设进展较好，资金到位率提高。全年全社会固定资产投资完成131亿元，比上年增长23.6%。与上年增幅相比，回落了11.2个百分点。

全省固定资产投资运行的主要特点：

国有单位投资增幅高于全社会投资，成为拉动全社会投资增长的主要因素。1994年，全省国有单位完成固定资产投资91.97亿元，比上年增长26.2%，高于全社会投资增幅2.6个百分点，占全社会固定资产投资额的70.2%。

地方项目投资增长快于中央项目。在国有单位投资中，基本建设投资完成52.84亿元，比上年增长22.6%；更新改造投资完成29.89亿元，增长25.6%。地方基本建设项目完成投资31.44亿元，地方更新改造项目完成投资15.52亿元，分别比上年增长38.9%和26.8%，增幅均高于中央项目。

重点建设项目进展较好。1994年，全省重点建设项目继续得到加强，建设进度和资金到位情况好于上年。在全省25个大中型基本建设项目中，正式施工项目21个，收尾项目2个，筹建项目2个。普定电站2台机组已并网发电，贵遵公路、龙洞堡机场、瓮福磷肥厂、盘县电厂、天柱鱼塘水库等重点基本建设项目施工进展顺利。全年重点基本建设项目完成固定资产投资24.80亿元，占国有基本建设投资额的46.9%。全省限额以上更新改造项目34个，全年完成更新改造投资7.96亿元，占国有更新改造投资额的26.7%。

投资规模得到控制，新开工项目减少。1994年，全省国有单位在建基本建设、更新改造项目4182个，比上年减少116个。其中基本建设项目3308个，更新改造项目874个，计划总投资350.13亿元，增长36.0%。平均每个项目总投资为837万元，每个项目比上年平均增加236万元。全年全省新开工项目2105个，比上年减少16个。其中，基本建设新开工项目1799个，更新改造新开工项目306个。

基础产业投资增加，投资结构继续改善。1994年，随着全省投资结构的继续改善，基础产业、基础设施得到进一步加强，整体投资结构优于上年。全年全省用于能源工业的投资为23.82亿元，比上年增长35%，占工业投资额的比重由上年的38.7%上升到45.9%；交通运输、邮电通讯业投资11.79亿元，增长37.8%。商业、饮食业、金融、保险业以及其他服务业投资继续保持平稳增长。但用于农业投资比重有所下降。

房地产开发投资增长幅度较大，1994年，全省房地产开发投资为6.4亿元，比上年增长66.7%，其中商品住宅投资4.62亿元，增长46.9%。竣工商品房屋建筑面积62万平方米，其中商品住宅面积55万平方米。商品住宅投资占整个住宅投资的31.9%，比上年下降0.6个百分点。

轻纺工业投资增势减缓，比重下降。1994年，在全省国有单位固定资产投资中，轻纺工业投资为8.27亿元，比上年下降3.5%，所占比重由上年的11.8%下降到9.1%。

投产项目增加，生产能力扩大。1994年，全省建成基本建设和更新改造投产项目2087个，新增固定资产52.76亿元，比上年增长27.2%；竣工各类房屋建筑面积447万平方米。新增的生产能力或工程效益主要有：煤炭开采12万吨，发电机组容量59.8万千瓦，输电线36公里，变电设备能力2.08万千伏，合成氨1万吨，尿素1.84万吨，重钙6万吨，水泥8.8万吨，卷烟3万箱，白酒900吨，机制纸0.06万吨，新建公路74公里，改建公路28公里，新建独立公路桥梁2座1631米，长途自动电话交换机8324路端，长途电缆（光缆）639延长公里，市内电话自动交换机10.52万门，城市自来水日供水能力9.43万吨，城市道路扩建3.5公里/64万平方米。

（五）商业

1994年，全省在继续推进流通体制改革的同时，加强了对市场的宏观调控，市场运行环境进一步改善，各类市场销售稳步增长。全年全省社会消费品零售总额160亿元，比上年增长21.2%，扣除物价上涨因素，实际增长1.2%。在主要商品中，市场供求基本平衡和供大于求的商品占90%，供不应求商品占10%，市场商品供求总体上继续保持基本平衡的格局。

非国有经济总量继续扩大。1994 年全省国有经济消费品零售额为 56.8 亿元，比上年增长 12.9%，占社会消费品零售总额的比重由上年的 38.1%下降到 35.5%；非国有经济消费品零售额为 103.2 亿元，所占比重由上年的 61.9%上升到 64.5%。

城乡市场趋于活跃，不平衡状况有所改变。1994 年，全省城市市场继续保持较快增长，全年消费品零售额为 81.9 亿元，比上年增长 20.3%；农村市场，由于在大幅度提高农副产品价格的同时，进一步落实减轻农民负担的各项措施，使农民现金收入增加，市场需求扩大。全年农村市场消费品零售额达到 78.1 亿元，比上年增长 21.7%。全年城乡市场销售增幅之差由上年的 10.3 个百分点缩小到 1.4 个百分点。但由于农村市场的价格上涨幅度高于城市 6.6 个百分点，如扣除价格上涨因素，城乡市场差距仍有所扩大。

消费品市场稳中趋旺，工业品供应充裕，部分农副产品紧而不缺。吃、穿商品销售稳定增长。在吃的商品中，粮食、食油、肉、禽、蛋、蔬菜、食糖供求偏紧。全年吃的商品零售额 73.9 亿元，比上年增长 19.2%，占社会消费品零售总额的比重由上年的 46.9%下降到 46.2%。穿的商品中，化纤、呢绒类商品销售下降，款式新颖的服装、羊毛衫、皮鞋、旅游鞋等销售看好。全年穿的商品零售额 32.3 亿元，增长 13.7%，所占比重由 21.5%下降到 20.2%。用的商品销售见旺。全年用的商品零售额 53.8 亿元，比上年增长 28.4%，占社会消费品零售总额的比重由上年的 31.6%上升到 33.6%。据全省 127 家大中型商业企业统计，用的商品销售普遍增长，新颖、实用商品普受青睐。全省 127 家大中型商业企业全年共销售电风扇 7.7 万台，比上年增长 7.1%；照相机 0.8 万架，增长 9.6%；彩色电视机 4.7 万台，增长 9.9%；电冰箱 5.1 万台，增长 26.7%；空调器 490 台，增长 1.3 倍；黄金首饰 0.6 亿元，增长 3.1 倍。

集贸市场繁荣兴旺，成交额大幅度增长。1994 年，全省集贸市场建设继续得到加强，全年共投入城乡集贸市场建设资金 1.5 亿元，新建集贸市场 80 个，年末集贸市场已发展到 2798 个。全年商品成交额达 93.9 亿元，比上年增长 30%。

市场物价涨势强劲，居高不下。1994 年，全省市场物价在上年高价位上继续攀升，全年居民消费价格比上年上涨 22.8%，其中城市上涨 22%，农村上涨 23.6%；社会商品零售价格上涨 19.5%，其中城市上涨 16.7%，农村上涨 23.3%。从全年物价变动轨迹看，食品价格上涨迅猛，元月份为最低点，涨幅为 18.2%，11 月份达到最高点，涨幅为 42.2%，全年平均比上年上涨 26.7%，成为推动物价总水平持续攀升的龙头因素；穿、用商品价格相对平稳，涨幅在 15%以内。

（六）人民生活

1994 年，全省城乡居民收入继续增加，生活质量进一步提高。全年城镇居民人均生活费收入 2803.28元，比上年增长 39.7%，扣除物价上涨因素，实际增长 14.5%；人均消费性支出 2531.78 元，增长 34.9%。在消费性支出中，吃的比重继续下降，家庭支出投向、消费结构呈多元化。食品类消费仍是城镇居民消费支出的重点，全年支出为人均 1350.03 元，比上年增长 32.5%，其中，大米、菜油、猪肉、鲜蛋、鲜菜等食品的支出增长幅度较大，分别为 60.2%、47.1%、32.1%、29.9%和 23.1%。穿着类消费趋向高档化、成衣化，全年穿着类支出为人均 325.82 元，比上年增长 31.1%，其中成衣服装支出 190.11 元，增长 38%。在用的支出中，随着收入的增加，居民消费档次进一步提高，全年城镇居民用于更新、购置全自动洗衣机、淋浴器等家庭设备人均支出为 61.81 元，比上年增长 69.9%；更新、购置大屏幕彩色电视、录放像机、影碟机和中高档乐器等支出为人均 47.59 元，增长 70.2%。

全年全省农民人均纯收入 786.84 元，扣除物价上涨因素，实际增长 6.7%，是近 7 年来农民人均纯收入增加最多的一年。在农民人均纯收入中，农民人均基本收入 724.72 元，占纯收入的 92.1%，转移性收入 48.55 元，占纯收入的 6.2%，财产性收入 13.57 元，占纯收入的 1.7%。全年农民生活消费 684.27 元，比上年增长 26.2%。年末，每百户农民耐用消费品拥有量为：自行车 24.06 辆，比上年增加 0.4 辆；缝纫机 24.28 台，增加 1.69 台；手表 137.05 只，增加 3.35 只；黑白电视机 31.69 台，增加 3.12 台；彩色电视机 2.1 台，增加 0.85 台；收录机 13.57 台，增加 3.75 台。

（七）金融、保险业

1994 年，全省金融形势在稳定中健康发展。到年底止，全省各类金融机构（未含典当机构）达到 4297个，比上年增长 10.2%。在各类机构中，银行各级机构 2404 个，占金融机构总数的 56%；保险、信托投资、证券机构 149 个，占 3.5%；城乡信用社 1558个，占 36.2%；财务公司、邮政储蓄、金融市场以及其他金融公司 186 个，占 4.3%。一年来，全省金融工作在“继续整顿金融秩序，稳步推进金融改革，严格控制信用总量，切实加强金融监管”方针的指导下，各项业务得到了较大发展。

存款增加较多，银行支付能力增强。1994年，全省金融机构年末存款余额为364.84亿元，比上年增加77.4亿元，增长26.9%，其中银行存款余额298亿元，增加63.89亿元，增长27.3%，占存款总额的81.7%；城乡信用社存款余额52.90亿元，增加10.19亿元，增长23.9%，占14.5%；邮政储蓄存款余额8.93亿元，增加3.99亿元，增长81%，占2.4%。由于存款的较多增加，扩大了银行的资金来源，增强了银行的支付能力。

贷差有所缩小，投向趋于合理。全省金融机构年末贷款余额421.07亿元，比上年增加67.67亿元，增长19.1%，其中银行贷款余额394亿元，增加61.46亿元，增长19.2%，占贷款总额的90.5%。按可比口径计算，基本控制在计划规模之内。全年由于新增贷款较多，保证了重点资金需要，农业生产和农副产品收购贷款有较多增加；重点建设资金到位率提高，竣工项目完成较多；能源、交通状况得到改善；增加了对工业生产企业的投入，保证了工业生产的增长，支持了市场急需商品的生产和供应。

金融市场取得新进展。全年各专业银行与资金市场累计收回拆借资金4.7亿元，完成1993年6月末全省发生额的81.5%。全年省融资中心融资总量为24.7亿元，比上年增长83%，其中拆入资金7.7亿元，拆出资金12亿元。1994年省证券公司在省内首家使用自动终端股票交易委托，已开通深圳双向卫星传输通讯系统，拥有电话委托线32条，自动终端20台，电脑工作站80余台，成为全省证券交易系统电脑设备最先进和完善的机构；全年完成2年期3600万元国债代理发行，并兑付各年度到期国债5987万元；年末连同上海、深圳营业部在内，开户股民已达29000户，成交深、沪两地A股55亿元，比上年增长1.6倍。

储蓄存款大幅度增长。1994年，全省城乡居民储蓄存款继续保持较快增长，年末余额达到181.05亿元，净增39.17亿元，比上年增长27.6%。其中，农民储蓄增长较快，年末余额达25.97亿元，比上年增加6.82亿元，增长35.6%，高于城镇居民储蓄增幅9.2个百分点。全年全省人均储蓄额为523.5元，比上年增加107.3元，增长25.8%。其中农民人均储蓄额为93.9元，增加23.7元，增长33.8%。

货币供应量增长偏高。1994年，全省银行现金总收入479.6亿元，比上年净增105.4亿元，增长28.2%；现金总支出528.2亿元，净增120.9亿元，增长29.7%。收支相抵全年净投放货币48.6亿元，比上年多投放15.5亿元，增长46.8%。影响货币供应量增长偏快的主要因素：一是商品回笼不理想。全年商品销售回笼现金108.2亿元，仅占银行现金总收入的22.6%，比上年下降2.2个百分点，二是受发行股票影响。1993年，发行中天、凯涤两家企业股票与储蓄存款挂钩，吸收存款13亿元，净回笼货币9亿元，1994年存单到期兑付，约有5～6亿元现金流出省外；三是工资性支出增加较多。全年工资性支出132.5亿元，比上年多支出29.3亿元，增长28.4%；四是汇兑支出增大。当年全省外出劳务人员已超过200万人，导致省外汇人资金骤增，全年汇兑支大于收6.75亿元。

保险事业持续发展。1994年，全省保险业进一步加大改革力度，积极推行经营目标责任制，实行自主经营、独立核算、自负盈亏，有效地调动了各级部门的经营积极性，促进了全省保险事业的持续较快发展。全年全省保险业为3976个企业单位，11.3万多辆（艘）机动车船、185万户城乡家庭、480万人（次）、65万余亩经济作物、32万亩粮食作物、190多万亩森林提供保险服务，承保资产总额达617.7亿元，比上年增长14.9%。全年国内外保费收入4.45亿元，按同口径比上年增长19.8%。其中，财产险保费收入2.48亿元，人身险保费收入1.78亿元，农业险保费收入693万元，涉外险保费收入1206万元。国内业务保险储金2.08亿元，比上年增长15.5%，其中财产险储金1.11亿元，人身险储金9220万元，农业险储金546万元。到1994年底，全省保险业各项准备金总额已达4.28亿元。

1994年，全省共处理赔案16.92万件（人次），比上年下降9.5%；共支付赔款2.18亿元，比上年增长19.8%。其中国内财产险赔案6.16万件，支付赔款1.72亿元；涉外险赔案58件，支付赔案折合人民币307万元。

（八）旅游业

1994年，全省旅游业继续取得新进展。全年共接待海外旅游者12.08万人次，比上年增长17.9%。其中，接待外国旅游者7.61万人次，增长79.4%，占接待总人数的63.2%；接待华侨、港澳台同胞4.47万人次，比上年有较大增长。在外国旅游者中，亚洲旅游者占接待总人数的66.1%，美洲旅游者占9.2%，欧洲旅游者占12.6%，大洋洲旅游者占2.4%。客源市场持续大幅度增长。主要客源国为：新加坡、马来西亚、日本、美国、法国、泰国、加拿大、菲律宾。其中，马来西亚12787人次，比上年增长

2.3倍;日本7930人次,增长1.7倍;美国5173人次,增长1.9倍;法国2809人次,增长1.3倍。

1994年,全省旅游外汇收入2100万美元,比上年增长1.1倍;旅游经营收入6.02亿元,增长40.1%;其中旅游商品收入2亿元。

二、基础设施概况

(一)交通运输

1994年,全省进一步突出以交通运输为重点的基础设施建设,大力改善运输条件,交通运输生产继续保持良好势头。全年全省完成社会货物运输量1.12亿吨;货物周转量305.84亿吨公里,比上年增长1.8%。全社会旅客周转量114.36亿人公里,比上年增长6.2%。

1.铁路　贵州省境内铁路由黔桂、川黔、贵昆、湘黔4条铁路干线和4条支线、10条联络线以及沿干、支线修建的120多条厂矿企业专用线组成。1994年底,铁路通车里程为1481公里,其中电气化铁路通车里程1136公里。建有车站177个;双线65.8公里;桥梁775座,总长72709.7米;隧道498座,总长212435米;明硐94座,总长7245米;涵渠3326座,总长84518.2米。

全省配属机车304台,其中电力机车178台,内燃机车126台。配属客车643辆,其中软座车5辆,硬座车349辆,软卧车29辆,硬卧车171辆,软硬卧车3辆,行李车39辆,餐车39辆。

1994年,贵州境内的黔桂、川黔、贵昆、湘黔4条铁路干线上的156个车站已全部实现信号电气化集中,在全国铁路系统中处于领先地位。

1994年,铁路完成货物周转量253.31亿吨公里,比上年增长2.1%;旅客周转量90.91亿人公里,增长9.6%。

2.公路　贵州的公路主要有5条国道线和30条省级干线。1994年底,全省公路通车里程达3.24万公里,比上年新增306公里。其中,等级公路1.25万公里,占通车总里程的38.6%,比上年提高1.3个百分点。高级、次高级路面里程3558公里,比上年增加47公里。公路桥梁3272座91221延长米。年末,全省公路绿化里程9083公里,比上年增加746公里;干线公路好路率达77.3%,比上年提高0.9个百分点;全省通车的乡达1404个,占乡总数的91.9%;通车的村15086个,占村总数的65.6%。

年末,全省民用汽车拥有量为131942辆,其中货车77482辆,客车46625辆。全年全省完成公路货物周转量49.26亿吨公里,旅客周转量22.85亿人公里。

列入全省"八五"计划的贵阳至遵义汽车专用公路、贵阳东出口公路、盘北公路一期工程(安龙至洪江)、安顺至织金公路等重点工程建设正在加紧进行。由贵州省桥梁专家独创的世界最大跨径桁式组合拱桥——江界河特大桥于1994年底顺利合拢。大桥全长461米,宽13.4米,主跨330米,桥高263米,是当今世界上正在施工的跨径最大和桥下净空最高的混凝土桁式组合拱桥。大桥从1992年3月主体工程动工至合拢,历时2年8个月。

3.水运　1994年底,全省内河通航里程为1922公里,其中长江水系1259公里,珠江水系663公里。在通航里程中,通行机动船航道1270公里,100吨级以上船舶的通航里程为732公里,主要河段有乌江马洛渡至龚滩264公里,南盘江纳贡至两江口132公里,红水河两江口至曹渡河口107公里。

年末,全省有各类运输船舶3337艘,净载重量48582吨位。其中,运输机动船1055艘,净载重量11122吨位,比上年增加215艘,净载重量增加2811吨位。营运机动船舶1051艘,净载重量11109吨位,载客量12216客位。全年,水运完成货物周转量3.27亿吨公里,比上年增长5.5%;旅客周转量0.21亿人公里,增长18.2%。

1994年底,全省水上运输网络已初具规模。赤水河、乌江、都柳江、清水江、南盘江、北盘江、红水河等通航河段的地方船舶发展迅速,年货运量都在万吨以上。其中,赤水河地方船舶已发展到100艘,运力2000多吨。全年全省水路出省货物运输已达100万吨。

4.民航　1994年底,贵州民航共有贵阳至北京、上海、广州、成都、福州、厦门、深圳、南京、汕头、青岛、西安、温州、武汉、南宁、长沙、桂林、北海、海口、三亚、泸州、昆明、重庆、宜宾、湛江、沈阳、香港等地的26条航线。其中,新开通航线3条:贵阳至汕头包机航线;贵阳至南京包机航线和贵阳至青岛航线。

1994年贵州民航共保障各类飞行37967架次,其中本场起降的般班8309架次,加班230架次,调机79架次,包机177架次。全年民航完成货物周转量17万吨公里,比上年增长30.8%;旅客周转量0.39亿人公里,增长2%。

1994年,民航贵州省管理局从美国引进的卫星传输计算机订座系统,在贵阳机场机票代理处安装调试完毕,于5月10日正式与民航总局计算机中心开通联网,使贵阳民航售票服务上升到新的水平。正在加紧建设中的贵阳龙洞堡(4D级)国际机场进展情况良好。

（二）邮电通讯

1994年，贵州邮电通讯事业在近几年加快发展的基础上，又连跨台阶进入了新的发展阶段，综合通讯能力显著提高，网络规模、技术层次和服务质量都达到了新的水平。

到1994年底，全省邮电局、所已发展到2166处，比上年增加640处；邮政储蓄点392处，增加172处。全省邮路556条，总长46739公里，比上年增加8条，6201公里。其中，航空邮路15841公里，比上年增加5473公里；铁道邮路6872公里；自办汽车邮路11384公里，增加1601公里。全省农村投递线路2129条，总长72296公里。

全年全省邮电通讯业完成固定资产投资6亿多元，经上年翻一番。新增电报、电话业务电路1696路，在新增的长途电缆中，光缆所占比重达97.7%。自动转报系统、长途交换设备容量及模拟、数字、微波、光纤等终端复用设备容量均比上年有较大增长。年末，全省电话局用交换机容量达到30.19万门，用户交换机容量13.63万门，分别比上年增长94.7%和15%；出局用户线增加14.35万对；移动电话交换机设备容量增长2.2倍，无线寻呼系统总量达到97.8万户。农村电话交换机总容量6.09万门，比上年增加1.59万门。年内，全省地、州、市所在地城市已全部实现电话程控化。遵义、习水、务川、桐梓等26个县（市）建成程控电话；贵阳及六盘水、遵义、毕节、兴义、都匀等地、州、市所在地城市进行了程控电话扩容。到1994年底，全省一半以上的县及以上城市开通了程控电话；开通自动电话的县以上城市达65个；全省市话交换机总容量达到43.83万门，新增17.46万门。与此同时，还对56个乡镇进行电话改制，建成开通县以下程控电话10168门；省内话音卫星地球站（VSAT）本地网建成并投入运行；贵阳、遵义、安顺、都匀、六盘水等城市相继开通移动电话并实现全国漫游；南昆光缆贵州段、贵阳至兴义光缆建成运行，结束了贵州无光缆的历史。南昆光缆东起广西南宁，西至云南昆明，是途经贵州的第一条国家一级干线数字通信光缆，贵州境内全长218.2公里；贵兴光缆东起贵阳，西至兴义，全长413公里，是沟通南昆和杭福贵成两条国家一级通信的干线，也是贵州电信传输进入全国光缆的主要通道。

到年底止，全省电话程控化比重已达到90%，其中农村程控化比重为35.4%。全省电话普及率达到每百人拥有电话机2.05部，位居全国第二十位，高于四川、云南、湖南、广西，为西南地区电话普及率最高的省份。1994年，全省完成邮电业务总量4.21亿元，比上年增长51.9%，其中函件8728万件，增长22.5%；特快专递50万件，增长2.1倍；邮政快件1416万件，增长22.8%。

（三）能源设施

1994年，全省500千瓦及以上发电装机容量达到385.1万千瓦，比上年增加68.02万千瓦。其中，水电装机容量为183.99万千瓦，占发电装机总容量的47.8%；火电装机容量为201.11万千瓦，占52.2%。在全省发电装机容量中，贵州电网发电装机容量为306.18万千瓦，其中水电装机容量127.88万千瓦，火电装机容量为178.3万千瓦。全年全省发电量192.85亿千瓦小时，比上年增长31.6%。其中，贵州电网年发电量140.13亿千瓦小时，年售电量141亿千瓦小时，分别比上年增长14.7%和23.7%。

年末，全省拥有35千伏及以上电压等级的输电线路524条，9054.98公里，其中贵州电网所辖输电线路291条，6373公里；35千伏及以上电压等级的公用变电所350座，变电容量9097610千伏安，其中贵州电网所辖变电所116座，变电容量4816650千伏安。

1994年，贵州电网最高日发电量达4738万千瓦小时，比上年增长17.5%；电网电能质量稳定，中枢总电压合格率达99.8%；频率合格率99.4%。全年电网供电总量达149.46亿千瓦小时，比上年增长18.1%。在全省用电构成中，工业用电所占比重为79.2%，农水林牧渔业为2.7%，建筑业为0.83%，交通运输邮电业为5.3%，城乡人民生活用电5.3%。

全年全省电力完成大中型基本建设项目投资14.04亿元，比上年增长23.6%；新增投产发电装机59万千瓦，为贵州历年来发电装机增长较快的一年。贵州盘县电厂（3×20万千瓦）首台机组于1994年9月28日并网发电，10月26日移交生产，其运行状况达到国内同类型机组先进水平。国家重点建设项目东风水电站（3×17万千瓦），经过10年建设，两台机组相继于1994年8月31日和12月24日并网发电。贵阳电厂技改工程，是省内第一个以自筹资金为主建设的“大代小”（大机组替代原有老旧小机组）项目，年内施工全面展开，已完成锅炉大件吊装和汽机下缸就位。普定水电站（3×2.5万千瓦）是省内第一个以股份制形式集资建设的水电工程，有两台机组相继于1994年6月10日和8月30日正式建成投产。与此同时，与发电工程相配套的送出工程也在加紧进行。到1994年底,已建成盘县至水城220千伏输电线路111公里,东风水电站至贵阳干田变电所220千伏双回输电线路122公里,以及鸡场变电所扩建等项目,保证了新投产机组发电送出的需要。

到1994年底,国家电网已覆盖全省64个县(市),覆盖率达74.4%。全省农村电网拥有110千伏输电线路1559.15公里,110千伏变电站34座,变电容量87.80千伏安。

为进一步发挥贵州能源优势,支援周边省、区经济建设,1994年贵州向省外送电19.68亿千瓦小时,为上年1.4亿千瓦小时的14倍。其中,向广东送电10.21亿千瓦小时,向广西送电3.91亿千瓦小时,向四川送电3.96亿千瓦小时,向湖南送电1.6亿千瓦小时。

(四)城市公用设施

1.城市设施水平　1994年,全省人口密度为每平方公里312人,人均居住面积7.2平方米,人均日生活用水量131.2升,每万人拥有公共交通车辆8.1台,人均拥有道路面积3.8平方米,污水处理率为22.7%,垃圾粪便无害化处理率5.7%,改造和新建公厕200多座。

2.供水　1994年底,全省自来水综合生产能力为日298.4万吨,供水总量68660万吨。其中,生产用水量48336万吨,生活用水量15277万吨。生产用水重复利用量1889万吨,节约用水1005万吨。

3.供气　1994年底,全省城市煤气供气总量为347万立方米(家庭用气),用气人口4.8万户;液化石油气总量11709吨(家庭用气),用气人口39.4万人;天然气供气总量26781万立方米,其中家庭用气量662万立方米,用气人口20.9万人。

4.公共交通　1994年底,全省城市公共交通营运车辆7876辆,营运线路总长度5404公里,客运总量46292万人次;出租汽车2894台。

5.市政设施和园林绿化　1994年底,全省城市道路总长度为1085公里,道路面积1030万平方米;城市路灯31558盏;排水管道1076公里;桥梁220座;污水排放量为年38052万吨;污水日处理能力28.3万吨,年处理量8638万吨;防洪堤总长88公里。全省园林绿化覆盖面积6912公顷,其中建成区4404公顷;园林绿地面积5079公顷,公共绿地面积1843公顷,全省有公园41个,面积1626公顷,游人量达1272万人次。

6.旅游风景区　1994年底,贵州省内的国家级风景名胜区共有8个,分别为:黄果树风景名胜区、红枫湖风景名胜区、龙宫风景名胜区、织金洞风景名胜区、舞阳河风景名胜区、荔波樟江风景名胜区、赤水风景名胜区和马岭河峡谷风景名胜区。其中,经国务院批准当年新增加的国家级风景名胜区为以下3个。

荔波樟江风景名胜区共有4个景区和13个独立景点,区内层峦叠嶂、溪流纵横,原始森林茂密,保存着喀斯特森林完好的生态环境,并带有奇特和神秘的色彩。区内有南方罕见的独山草场风光和浓郁的布依族、水族、瑶族风情。景区开发建设工作已开始起步,麻尾至鸳鸯湖景区的公路建成通车;区内宾馆、服务设施初具规模,年平均游客量近百万人次。

赤水风景名胜区共有7个景区和13个独立景点,区内山川秀丽,有瀑布、竹海、桫椤、丹霞地貌和喀斯特森林以及文物古迹等人文景观。著名的十丈洞瀑布高76.2米,宽80米,瀑下有潭200平方米。瀑布地处丹霞地貌,又称:丹霞第一瀑。区内开发初具规模,年游客量达百万人次。

马岭河峡谷风景名胜区,全区面积1200平方公里,峡谷长74.8公里。峡谷两岸,座座山峰气势雄伟,最为壮观的是天星桥至南盘江一段,面积200平方公里。其特点是峰内有谷,谷内有峰;峰中有洞,洞中有峰;峰里有田,田里有峰;峰下有寨,寨下有峰。区内还有猫猫洞古人类生活遗迹,曾在汉墓群出土了珍贵的铜马车、水塘稻田和抚琴陶俑等汉代文物。

三、社会事业发展情况

(一)科技

1994年,全省县以上独立科研机构为106个,高等院校从事科技活动人员达8870人。全年共评出科技进步奖161项,其中一等奖2项,二等奖17项,三等奖61项,四等奖81项;评出星火奖5项。已落实国家级星火项目11项;组织实施国家级“火炬计划”项目4项,省级6项,总投资3640万元。全年举办技术交易会8次,技术交易成交额4亿元。开展了10多个国际科技合作项目。重点中试基地和实验室建设开始启动。新发展了一批民营科技机构和企业。

(二)教育

1994年,全省在继续深化教育体制改革中,进一步把教育放在优先发展的战略地位,全面推进教育事业协调发展。

高等教育稳定发展。1994年,全省新增硕士研究生点9个,普通高等学校全年招收研究生102人,在校生259人;普通高等学校招收本、专科生10992人,在校生32328人;成人高校招收本、专科生

11040人，在校生20719人。高等教育通过调整布局和优化结构，新增专业77个，较好地适应了全省经济建设的需要。

职业教育得到较快发展。全年中等专业学校招生24062人，在校生66331人；普通高中在校生12.46万人，普通初中在校生90.62万人。各类高中阶段的职业技术学校在校生占高中阶段在校生的比例达到52%，中等教育结构趋于合理。

基础教育得到加强，普及义务教育步伐明显加快。全省小学在校生455.3万人，适龄儿童入学率达到95.1%，比上年提高1.5个百分点。年内镇宁、麻江、赫章、贞丰4个县实现普及初等义务教育。到年底止，全省实现普及初等义务教育的县累计达到68个，占全省总县数的79%。

成人教育成效显著。全年全省扫除青壮年文盲25万人，青壮年中非文盲率达到85.7%；全省9000多所乡村农民文化技术学校培训农民158万人次；参加成人自学考试的报考总人次累计达25.18万人，有13万人次通过单科考试，毕业生人数3735人，比上年增长36.8%。

在各类教育加快发展的同时，办学条件得到进一步改善。1994年，全省新建校舍101.7万平方米，比上年增长5.2%；中小学危房比上年减少4.82万平方米；利用世界银行贷款为20个贫困县兴建改建360所学校校舍，面积16.3万平方米。全省通过贯彻《教师法》解决了部分地方拖欠教师工资问题，并制定了一系列提高教师待遇的政策措施，同时通过多种渠道提高教师的业务水平，使全省小学、初中和高中教师的学历合格率分别达到70.1%、54%和56%。

(三)文化

1994年底，全省拥有艺术表演团体32个，专业艺术表演场所15个。拥有广播电台8座，短波广播发射和转播台11座，广播人口覆盖率58.4%；电视台8座，1千瓦以上电视发射和转播台25座，电视人口覆盖率为68.9%；制作电视剧42集。拥有公共图书馆86个，出版各类图书、杂志、报纸748种，各类图书、杂志出版印数8002万册，报纸出版印数16388万份。

(四)卫生

1994年底，全省卫生机构为3930个，其中医院1660个，门诊部(所)1550个。拥有医院床位5.38万张。全省专业卫生技术人员8.81万人，其中中医师4578人，西医师22777人，护师11225人，护士8176人。村级卫生室覆盖率达到60%。

(五)环境保护

1994年底，全省有环境监测站52个；全年完成环境污染限期治理项目16项，投入资金161万元；当年建成烟尘控制区3个，面积6.9平方公里；环境噪声达标区2个，面积1.9平方公里。全年取得环境保护科技成果4项。

（王广成　撰稿）

经济体制改革和对外开放

一、经济体制改革取得重大进展

1994年，全省在加快建立社会主义市场经济体制的改革中，按照整体推进和重点突破相结合的原则，进行了财税、金融、外汇外贸、投资、价格和流通体制等方面的重大改革。一年来，经过全省上下的共同努力，在宏观经济体制改革方面取得了重大进展，以分税制为核心的新财政体系已经基本建立，以增值税为主体的流转税体系开始正常运行。汇率顺利并轨，建立了单一的、以市场供求为基础的有管理的浮动汇率体系。整顿了金融秩序，完善了各类金融机构监督。加强了投资的宏观调控，从资金源头入手调节投资总量和投资结构。企业改革进一步深化，转换机制取得成效。农村改革继续推进，开展了出让非耕地使用权试点，加快了乡镇企业股份合作的步伐。流通体制改革取得新进展，一些重要商品价格得到调整，完善了粮食等流通体制改革，加强了对粮油市场的宏观调控，国合流通企业改革进一步深化和完善。

（一）企业改革进入新阶段。

1994年，全省转换企业经营机制改革在1993年取得成效的基础上，继续加大改革力度，使企业改革进入了新的阶段。

建立现代企业制度试点工作开始起步。经国务院批准，贵州开阳磷矿矿务局和赤天化集团总公司两家企业被确定为全国建立现代企业制度试点企业。与此同时，水城钢铁集团公司、贵阳矿山机器厂、贵州汽车配件厂、贵阳市百货大楼、贵州轮胎厂、贵州新华印刷厂、水城水泥厂、安顺汽车运输公司、铜仁印刷厂、毕节化肥厂、东方机床厂、安龙矿产公司、凯里棉纺厂、茅台酒厂等16家企业被确定为省建立现代企业制度试点企业。

为抓好全省现代企业制度试点工作，省委、省政府成立了以省委常委、常务副省长王广宪和副省长莫时仁为组长的试点工作领导小组。一年来，全省在建立现代企业制度试点工作中，从理顺和界定产权入手，配套进行了一系列改革，为建立现代企业制度进行了积极有益的探索。

企业股份制改造试点工作进一步展开。为加强对全省股份制企业改造的组织领导，省政府先后召开了“股份制企业座谈会”、“非国有企业股份制改造试点座谈会”，积极推进企业的股份制改造工作，严格了股份制企业的审批程序，强调规范运作，注重质量，狠抓转制，保证试点工作健康发展。1994年，全省累计批准设立有限责任公司300多户；股份有限公司39户，募集资金12.5亿元。全省选择了贵州中国第七砂轮股份有限公司、贵州黔源电力股份有限公司争取作为B股发行上市公司。同时，全省还多次举办股份公司高级辅导班，培训人员达900多人，并收到了较好效果。

企业组织结构调整取得成效。全省在继续推进企业组织结构的调整中，全年新审批组建以产权为纽带的企业集团10户，年末全省各类企业集团已达47户。全年发生企业兼并130多起，申请破产企业10户，其中贵阳压铸厂成功地进行了依法实施企业破产的改革试点，为进一步调整企业组织结构提供了有益的经验。

（二）财税体制改革平稳推进

为顺利推进财税体制改革，搞好全省分税制和新税制的改革工作，省委、省政府根据本省实际，研究制定了实施方案，明确坚持既要有利于加强省级宏观调控能力，又要有利于维持县级财政基本支出的需要，在充分兼顾省、地、县利益格局的前提下，确保财税体制改革的顺利进行，确保全年预算任务的完成。经过一年的努力，全省财税体制改革方案顺利出台并落实到位，实施中的问题也逐步得到解决。分级管理、分级负责的财政运行机制已经基本建立，各级间的利益分配格局也基本确定。财税体制的改革促进了财政收入的较快增长。全年全省地方财政收入完成31.24亿元，为预算的109.6%，按同口径比上年增长16%；全省财政支出完成70.05亿元，比上年增长9.9%。国有资产管理继续得到加强，产权登记取得了阶段性成绩，并初步确定了国有资产管理体制改革方案。

（三）外汇外贸体制改革成效突出。

1994年，全省在外汇体制改革中取消了双重汇率并存，实现了汇率并轨；取消了外汇额度、额度管理、外汇留成、外汇上缴办法，代之以银行结汇和售汇的管理制度。随着外贸体制改革的推进，全省当年获准有对外贸易经营权企业12家。到年底止，全省外贸进出口公司已达到56家；共有23家生产企业、物资企业、乡镇企业取得外贸进出口经营权。全年新获权企业创汇占全省出口创汇总额的比重达13%；"三资"企业所占比重为9%。

贵州机械、粮油、五矿3家进出口公司经过股份制改造，调动了企业出口创汇的积极性，全年3家公司出口创汇首次分别突破3000万美元。

（四）流通体制改革取得较大进展

1994年，全省继续加大流通体制改革力度，主要进行了以下方面改革：

一是继续进行股份制改造。贵州省习水股份有限公司、遵义市百货大楼股份有限公司分别于1994年8月和9月批准组建。二是在饮食服务行业继续推行承包经营责任制，在中小企业中进行股份合作制试点。三是对一些扭亏无望的公司、商店、车场、商办工业企业有计划地实施兼并。四是在少数大中型企业中试行"一企二制"，即对一些经营分公司或门市部抽回国有资产和资金，由职工集资、集体企业或个体户投资组成新的集体所有制经营单位，独立核算，归企业统一管理。五是坚持对外开放，促进外资企业发展。全年全省商业系统新成立中外合资企业一家，合同利用外资200万美元。同港商合资的全省第一家"三资"零售企业贵阳国泰商场已于年内开业。贵州商业储运公司继成立中国集装箱总公司贵州公司、海关监管仓库和保税仓库后，1994年又获得国际货物运输代理资格，取得报关代理权。

积极培育市场体系，大力发展各类市场。1994年，全省商业部门多方筹集资金，建设一批商场、饭店、酒店等大中型商业网点。到年底，投资规模在200万元以上的11个大型项目建成并投入使用，其中贵阳市商业系统完成大型网点建设面积1.27万平方米，投资2.68亿元。全省商业系统新增大中型网点137个，新扩建、改造批发零售市场19个。

全省在加快发展综合市场和集贸市场的同时，大力发展各类批发市场和专业市场。目前，农副产品、水果、蔬菜、烟酒、药材、百货、服装、生产资料、汽车及汽车配件等一批专业批发市场已初具规模。

在继续深化流通体制改革的同时，全省积极稳妥地推行价格改革。1994年，全省放开了粮油购销价格和粮油经营；消费品和生产资料价格市场调节的比例分别达到95%和85%。

（五）开发区建设健康发展

1994年，贵州省开发区在吸引国内外资金、技术，加快基础设施建设，支持军工企业军转民，搞活国有大中型企业，发展非国有经济以及促进全省产业结构调整等方面都取得了新的进展。全年贵州4个国家级和省级开发区招商引资到位资金总额达16.98亿元，完成工业产值40.57亿元。新批准贵州六盘水市为全国综合配套改革试点联系城市；黔东南州为全国民族自治地方开放试验区。

为促进开发区的健康发展，省政府拟定了《关于加快开发区建设的若干意见》和《贵州省开发区工作考核评价指标体系》，对开发区的进一步发展，起到了积极的推动作用。

（六）农村改革步伐加快。

1994年，全省在稳定完善以家庭联产承包责任制和统分结合双层经营体制的基础上，进一步建立健全农村社会服务体系，发展了一批产供销一条龙、贸工农一体化的经济实体。全省拍卖"四荒"（荒山、荒坡、荒水、荒滩）的土地制度改革试点已逐步展开，并取得了初步成效，全年已拍卖"四荒"100多万亩。

（七）社会保障体系改革迈出新步伐

全省自1986年实行退休费用社会统筹以来，到1994年底，已有5个地区实行单位社会统筹，有60个县（市）实行集体企业退休费用社会统筹。在贵阳等地，其他非公有制企业也开始纳入社会统筹的范围。

1994年，全省城镇普遍实行企业职工个人按标准工资的3%缴纳养老保险基金制度，由国家、企业、个人三者共同负担养老保险费，并逐步开展了社会化管理服务工作。贵阳、六盘水市出台了企业职工基本养老金新的计发办法，即职工基本养老保险金由社会性养老金和交费性养老金两部份组成，并已在120个企业中实行。

到1994年底，全省国有企业参加退休费用社会统筹的企业已达7009户，职工77.2万人，占职工总数的96%；参加合同制工人养老保险的有17万人，占合同制工人总数的95%。历年滚存积累养老保险基金2.9亿元，初步实现了由企业保险到社会保险的过渡。

二、横向经济联合不断扩大

1994 年，全省进一步扩大对外开放，大力推进横向经济联合与协作，全年实施经济技术协作项目 478 个，其中技术协作项目 44 个；引进省外资金 3.89 亿元；物资协作总金额 12.13 亿元，其中协出物资金额 8.84 亿元，协进物资金额 3.29 亿元。

1994 年，贵州在开展横向经济联合中，不断扩大区域合作，在巩固与吉林省紧密合作的基础上，进一步拓展与东北其他省市的横向经济联合与协作。全年，贵州与沈阳市共签订合作意向项目 220 个，其中商贸项目 120 个，经济合作项目 65 个，技术协作项目 35 个。当年已实施协作项目 36 个。与黑龙江省在磷、粮对流、技术协作，贵州劳动力北移和物资交流等方面达成合作意向。全省在加强与东北地区合作的同时，与沿海地区的经济合作继续得到巩固和发展，并不断开辟新的合作领域。1994 年，贵州与浙江签署了“关于进一步加强经济技术合作的协议”，与上海达成黔沪两省市“经济技术合作意向”。贵阳市与杭州市、宁波市、遵义地区与湖州市，铜仁地区与嘉兴市，六盘水市与绍兴市，黔南州与金华市，黔西南州与衢州市，黔东南州与丽水地区，安顺地区与温州市，毕节地区与台州市结成友好地、州、市，共派出 100 多名干部对口挂职。

黔、浙两省经济技术合作项目有嘉兴酒厂与贵阳酒厂合作在嘉兴生产、销售白酒；浙江兰宝国际毛纺集团公司与都匀毛麻纺织厂合作；宁波市与贵阳市合作生产挖掘机和丝绸蜡染；杭州老大房与贵阳红跃食品厂合作，经销贵阳红跃食品厂的“罗汉牛肉干”；贵阳市与余姚市联合生产矿泉水、电温瓶等项目。

贵州与上海的合作项目有上海汽车工业供销公司与贵州省汽车贸易公司联营，在贵阳建立桑塔纳汽车直销点；上海亚洲皮鞋厂与贵阳海光皮鞋厂联营，在贵阳建立年产 6 万双皮鞋生产线；上海电熨斗总厂向贵州转移调温电熨斗项目；上海将制革的前道生产线、陶瓷釉面砖生产线、磨料设备转移到贵州；贵州向上海提供生丝等原材料。

1994 年，贵州、四川、云南、西藏、广西、重庆、成都五省七方区域经济合作取得了突破性进展，省区之间的联合协作已发展到在国家战略规划指导下，规范、高层次的大区域协作，基本形成了以发展能源、交通为重点，以发展区域市场体系和开发经济为目标的多层次、多形式全方位横向经济联合格局。

到 1994 年底，贵州与西南各方共签订经济技术协作项目 107 个，已实施项目 65 个。其中，经济联合项目 37 个，引进资金 5096 万元；技术协作项目 8 个；商贸、物资项目 20 个。已实施的项目大部分收到较好经济效益。如遵义县乌江镇从重庆市水产科学研究所、西南农业大学引进人才、技术、资金、联合在乌江水库发展网箱养鱼，年产乌江鲤鱼 7 万公斤，年销售收入 126 万元，为总投资的 12.6 倍；习水县从四川引进资金 450 万元，联合兴办习水新源煤矿，已投产见效；兴义市社会福利院从云南富源引进水果罐头生产技术兴办罐头厂，投产后收到了良好效益。

在联合发展交通、通信、能源方面取得明显成效。南昆铁路贵州段已贯通 10 条隧道，盘北公路（贵州盘县至广西百色）贵州一期工程（安龙至洪江段）全长 44.5 公里和南盘江大桥 1 座已全面开工，路基已基本完成。南宁——昆明干线光缆贵州段和贵阳——兴义光缆工程，已于年内建成投入使用。云南、贵州合资建设的响水电站已正式进入建设阶段；贵州、广西、广东和国家能源投资公司合建装机 120 万千瓦的天生桥水电站已进入主体工程施工。

在联合建设区域大市场、大流通的市场体系方面，已建成“贵州省煤焦综合市场”，对煤炭的生产、供应、销售、运输、安全实行五统一，煤焦主要流向两广、两湖、川、滇、海南、江浙等省区；建立了“贵州卷烟批发市场”；拟组建的还有“贵州省有色金属市场”。为提高贵州产品知名度，进一步开拓市场，贵州 18 家企业联合参加了 10 月份在成都举办的“'94 首届中国大西南名牌产品博览会”，成交额达 1500 万元，有 7 个产品分别获得博览会金、银奖和优秀奖。

在发展毗邻边区的经济协作方面，先后建立了“川黔边区经济技术协作区”、“滇黔桂地区五地州经济协调会”、“川滇黔毗邻十二地州市经济技术协调会”、“云贵川毗邻九县经济协调会”“湘鄂川黔武陵山区县市政府经济协调会”、“湘黔桂毗邻地区专员、州长、市长联席会”、“河池、黔南州经济协调会”、“川滇黔赤水河流域经济协作区”、“攀西——六盘水开发区协调会”等 10 多个毗邻协作片区组织。这些多层次的区域协作网络，打破了地区封锁和条块分割，发挥了中心城市作用，推动了老、少、边、穷地区的经济发展。

1994 年，全省结合大型经贸活动积极开展物资协作，全年物资协作总金额超过 2 亿元的有 4 个地区：遵义地区物资协作总金额 2.82 亿元，其中协出物资金额 1.87 亿元，协进物资金额 0.95 亿元；黔西南州 2.58 亿元，其中协出物资金额 2 亿元，协进物资金额 0.58 亿元；黔东南州 2.42 亿元，其中协出物资金额2亿元，协进物资金额0.42亿元；毕节地区2.34亿元，其中协出物资金额1.91亿元，协进物资金额0.43亿元。全省协出、协进的大宗物资主要有木材、水泥、钢材、煤炭、焦炭、氮肥、白糖等产品。

三、对外贸易发展迅速

1994年，全省对外贸易发展迅速，全年进出口总额达到5.38亿美元，比上年增长48.2%。其中，出口总额3.74亿美元，增长53%。出口产品结构继续改善，工业制成品出口2.81亿美元，占出口总额的75.1%。其中机电产品出口0.73亿美元，比上年增长41%，占出口总额的19.5%。

在出口产品中，出口额达到100万美元以上的产品有杂豆、花生仁、油菜籽、桐油、冻牛肉、白酒、棉色布、棉涤花布、生铁、铝、磷矿石、日用瓷、西药原料、轮胎、磨料、轴承、汽车零件、电机、电子原件等54种，经上年增加14种。出口额达到500～1000万美元的产品有烤烟、锌、矾土、黄磷、重晶石等16种，比上年增加5种。出口额达到2000万美元以上的产品有锰合金、磷矿石粉和磨料3种。对外贸易伙伴增加，主要出口国家和地区达83个，比上年增加7个。主要出口国家和地区所占比重为：港澳地区9803万美元，占出口总额的26.2%；日本6268万美元，占16.8%；美国3184万美元，占8.5%；韩国2825万美元，占7.5%；荷兰1718万美元，占4.6%；德国1450万美元，占3.9%。

全年全省进口总额为1.64亿美元，比上年增长4.2%。其中进口总额在1000万美元以上的有贵州技术开发、粮油食品、机械、有色金属、烟草等5家进出口公司和“三资企业”。

在进口总额中，生产资料13856万美元，占全省进口总额的84.7%；生活资料2513万美元，占15.3。进口产品的国家和地区达24个，主要有：德国3684万美元，占进口总额的22.5%；香港3542万美元，占21.6%；加拿大2030万美元，占12.2%；美国1599万美元，占9.8%；日本970万美元，占5.9%；加蓬844万美元，占5.2%；澳大利亚823万美元，占5%；意大利726万美元，占4.4%。

四、利用外资步伐加快

1994年，全省进一步改善投资环境，坚持积极有效地利用外资的方针，采取一系列扩大对外开放的措施，外商来黔投资信心增强。全年批准利用外资合同176项，合同外资金额19818万美元，其中对外借款项目5项，合同外资金额8044万美元；外商直接投资项目171项，合同外资金额11774万美元。

全年，全省实际利用外资8363万美元，比上年增长48.3%，其中，对外借款2000万美元，外商直接投资6363万美元。在新批准的171项外商直接投资项目中，合资经营企业93项，合同外资金额5057万美元；合作经营企业15项，合同外资金额1171万美元；外资企业63项，合同外资金额5546万美元。

在1994年批准的171个项目中，农业项目7项，工业项目99项，交通运输业项目1项，商业饮食业项目1项，建筑业项目21项，房地产业项目39项，其他行业项目3项。外资来源以香港为主，合同外资金额占外资合同总额的59.4%，实际出资占52.3%，其余依次为台湾、澳门和美国。

1994年，全省利用外资项目出口2126.9万美元，比上年增长38.6%，其中外商直接投资企业出口1840万美元，比上年增长63.7%；“三来一补”项目出口286.9万美元。

到1994年底，全省累计批准外商直接投资项目987项，合同外资金额102631万美元，实际利用外资15348万美元。

（王广成　撰稿）

中共贵州省委、贵州省人民政府关于实施开放带动战略打好扩大开放总体战的决定

（一九九四年十二月二十五日）

党的十一届三中全会以来，我省的对外开放取得了明显进展，对外贸易、利用外资、省际间和境内外的经济技术合作以及旅游业等方面的发展势头都是好的，促进了全省资源开发和经济发展。为了更好地贯彻落实党的十四大、十四届三中、四中全会精神，落实省第七次党代表大会提出的工作任务，抓住机遇，深化改革，以开放促开发、促发展、促稳定，加快兴黔富民，现就我省进一步扩大对外开放，实施开放带动战略，打一场扩大开放的总体战作出以下决定。

一、增强开放意识，抓住机遇实施开放带动战略

1.要进一步增强加快扩大开放的紧迫感。对内搞活经济，对外扩大开放，充分利用国内国际两个市场、两种资源，优化资源配置，加快经济发展，是党和国家的一项大政方针。在建立社会主义市场经济体制的过程中，进一步扩大对内对外开放对于加速我省经济发展是一项非常重要和紧迫的任务。近年来，开放意识不强，开放程度不够已成为我省经济发展相对滞缓的一个重要原因。各级党委、政府及其工作部门都要树立新的发展观，拓宽视野，审时度势，深刻理解在新形势下加快开放步伐的战略意义。认清扩大开放是把握好全省工作大局，处理好改革、发展和稳定的关系的需要，是加快建立社会主义市场经济体系的必然要求，是推动我省经济上新台阶的关键，必须齐心合力把扩大开放摆到经济工作非常突出的位置上来抓。要认识到扩大开放的程度和实效，将在很大程度上决定全省经济发展的速度和进程；越是过去封闭落后越要扩大开放，若不破除思想障碍、加快开放步伐，就会坐失良机，贻误兴黔富民的大计；明确当前抓住机遇就是要进一步解放思想，转变观念、理清思路，以招商引资为重点，加速全方位的整体开放，在全省实施开放带动战略。

2.深化改革，实行全方位开放。我们的开放是多层次、多渠道、全方位的。要坚持通过综合配套改革，在计划经济体制向市场经济体制转变过程中，进一步落实国家关于外汇外贸体制、投资体制等改革及搞活经济的一系列举措，结合我省实际，按照“三个有利于”的标准大胆探索前进，加快形成适应开放型经济的机制，使改革和开放相辅相成，互相促进。要拓宽领域，敞开门户，既面向国际市场，积极参加国际经贸活动，努力扩大出口创汇，力争更多地吸纳利用国外的各种生产要素；又要加强和扩大对国内的开放，发展与周边省区和沿海、沿江、沿边地区的经济技术协作与交流，尤其是主动承接、合理选择沿海向内地的辐射和产业转移，促进全省经济与国内经济、国际经济实现互接互补，促进人们思想观念的更新和企业经营机制的转换；同时，还要加强省内不同地域、不同产业之间的互相开放和联手发展，加快形成城乡开通、内外开通，“引进来”、“走出去”，全面开放的经济发展新格局。

二、明确思路和重点，分层次多渠道多形式推进扩大开放

3.扩大开放促开发，开发资源促发展。这是我省经济持续、快速、健康发展的一条必由之路。要通过扩大开放，借力生财、借船出海，更多更好地利用省外、国外的资金、技术、市场和一切有益的经验及方法，加速扩大我省自然资源开发的规模和深度；围绕资源开发，发展优势产业及产品，尽快使资源转化为商品，促进全省经济的发展。省里的主要着力点，一是按照“以南下为重点的全方位开放”战略，着力抓好南下出海通道建设。积极发展与港澳台地区和世

界各国的联系及合作，走向世界市场。同时抓紧搞好北上入江通道建设，加强与浦东为龙头的长江流域开发带的经济联系，在全方位开放中形成南北两翼齐飞；二是加快贵阳市建设现代化内陆开放城市的步伐，进而抓好包括贵阳、遵义、安顺在内的黔中产业带，办好开发区，发挥对全省的带动和辐射作用；三是有计划地抓紧搞好基础设施建设、地方法规及配套政策建设和涉外队伍建设，提高服务质量，改善投资环境，适应进一步扩大开放的需要。各地、州、市、县也应从自身实际出发，统筹安排，突出重点，有序推进。

4.大力发展对外贸易，增加出口创汇。按照现代企业制度的要求，进一步转换对外贸易企业的经营机制，改造国有对外贸易企业。省级外贸企业要积极实行贸工、贸农、贸技、内外贸结合，走实业化、集团化、国际化的经营发展道路。要积极支持有条件的生产和科技企业获得对外进出口经营权，同时积极推行挂户经营，出口代理，开展进出口咨询业务，要把出口商品结构的调整与产业结构、产品结构的调整衔接起来，发展出口产品基地，增加出口商品货源，提高出口商品的质量、档次和市场占有率，并大力开展对外加工贸易，把更多的产品打入国际市场。在巩固传统市场的同时，努力开拓新的外贸市场，以扩大出口，带动经济发展，搞活企业。各有关部门都要积极配合和大力支持外经外贸工作，在资金供应、铁路运输、海关、商检业务等方面，为出口创汇提供宽松条件，促进全省对外贸易持续快速发展。同时，要进一步搞好省驻境外商务机构的建设，尤其要切实办好省驻港的商务机构。

5.支持和鼓励国有企业积极利用外资，加快技术改造。采取利用外资"嫁接"的经营形式有助于缓解企业资金紧张状况，及时引进先进的技术和管理经验，有利于转变企业经营机制、搞活国有企业。要有计划、有重点地选择一些国有企业包括大中型企业经过认真评估后，按照国有资产监管条例有关规定，经批准，可以部分或全部对外出让、出租，推进国有资产管理体制改革，促进国有资产合理流动增值。

6.进一步加强省际横向经济联合与协作。通过广泛发展互惠互利的经济联系，打破地区封锁，扩大省际之间、地区之间的经济交流。要密切同西南地区其他四省区六方的联系，取长补短，按照国家的区域规划共同发展区域经济。鼓励和支持省内各地以本地资源和优势产业为依托，与发达省区及先进企业、科研、教学单位发展多种形式的经济合作。对本省企业参加以省外企业为龙头的企业集团，只要有利于发展生产、提高效益，就要给予支持。特别要鼓励不同隶属关系和经济类型的企业之间，按照社会化大生产的要求，发展多样化的联合经营和配套生产。

7.巩固和发展对外"窗口"。集中力量办好国务院批准的贵阳高新技术产业开发区和贵阳、遵义、安顺3个省级经济技术开发区，以及各地州市的重点开发区和乡镇工业小区，深化改革，理顺关系，用足政策，务求实效，为全省扩大开放探索路子、作出示范，并注意吸引境外、国外一些大的企业、财团来投资经营。对我省周边县要切实放权让利，搞活边际经济贸易。加强我省驻省外的各办事处、联络处和在外开办的各种经济实体，使其立足当地，服务贵州，拓展业务，沟通信息，改善经营，提高效益，在扩大开放中发挥更大的作用。

8.加强重点工程和重点区域建设。采取切实措施抓紧贵阳龙洞堡机场建设；积极支持南昆、水株（复线）铁路建设；争取加快六红、黄织铁路建设；尽快建成贵阳至遵义高等级公路，并创造条件向北延伸；争取贵阳至南宁高等级公路早日开工；争取三年内全省邮电通讯实现"两化三网"的目标。同时，积极开展省内沿路重点区域的综合开发；有步骤地进行乌江干流沿岸地区、攀西——六盘水地区和南北盘江、红水河沿岸地区的资源开发，以及赤水河、清水江流域综合开发立项的前期工作，以配合重点工程建设，扩大招商引资范围。

9.加快旅游业的发展。要把旅游业作为贵州重要的先导性产业来开发，努力发挥其社会经济综合效益。抓紧理顺重要旅游点的管理体制，改进管理办法。采取新的投资受益机制，建立旅游业发展基金，加快基础设施建设，增强接待能力和创汇能力。尤其要加强国家级风景名胜区的规划和景点建设，下功夫发展富有贵州特色的旅游商品生产，搞好旅游企业经营机制转换，加强内部管理，使我省的旅游接待水平和服务质量有较大的提高，促进全省全方位开放。

三、用好政策与改善服务并重，为扩大开放创造良好的环境

10.大力拓宽招商引资的渠道、范围和形式。要本着"互惠互利，甚至让利"的原则，树立引进外部资金"你帮我发展，我让你发财"的观念，敞开大门，提供方便，突出产业导向，加大招商引资的力度。要从我省资源丰富但开发能力不足的实际出发，敢于和善于以资源换资金、放市场引资金。采取股份公司、补偿贸易、出售资源、发包开发、"嫁接"改造、租赁设

备、承接加工及客商愿意选择的其他形式，大力发展对外合资、合作项目，新增一批三资企业。特别鼓励省外国外资金重点投向我省能源、原材料、交通等基础产业、基础设施及劳动密集型、资金密集型行业，投向大中型企业技术改造和第三产业的薄弱环节。对符合产业政策导向的项目，要积极予以支持和指导，并在实际操作的各个环节上给予优先安排。要立足长远，着眼全局，在一些合资项目中我省所占股份比例可以灵活处置，有关部门还要精心选择一批投资条件好、市场容量大、投资回报率较高的新项目，按照国际惯例做好前期工作，重点进行招商引资。也可以有组织地实行以客方建设——运营——移交主方等经营形式加快基础设施建设。

11.认真制定和落实对外开放的法规和鼓励性政策措施。要全面贯彻国家有关法律法规，并积极研究和制定适合贵州特点的招商引资政策和措施，切实发挥好政策效应。各级各有关部门，对过去涉外方面的政策或规定，要认真作一次全面清理，对其中不适应扩大开放形势要求的，要按照权限予以修改或废止，并作出新的规定。要做好经常性的执法监督检查工作，确保涉外政策的严肃性、稳定性；在有必要调整和改进对外开放的具体措施时，始终要以鼓动外商、外地来黔投资和维护各方的合法权益为前提，对于贵阳市内陆开放城市的特殊政策，要抓紧在有限的时间内用足用好；各有关方面都要主动支持，积极配合，使贵阳市真正能够做到依托全省，服务全省。省政府重申，按照国家规定，对经营期在10年以上的生产型外资企业，从获利年度起，其所得税可以享受头两年免税，后三年减半征收的优惠；贵阳地区的生产型外资企业，减按24%征收企业所得税；贵阳（新天）高新技术产业开发区的高新技术企业、生产型企业减按15%征收企业所得税，遵义、安顺和贵阳（小河）经济技术开发区要积极创造条件，争取得到相应的优惠政策。在实施对境外客商投资项目给予优惠政策时，对台商同等优先、适当放宽。引进资金在贫困地区兴办的企业，可享受国家的扶贫优惠政策。

12.加强对出口创汇的扶持。从今年起，对外经贸企业征收的所得税实行先征后退，用于建立出口发展基金，由省经贸厅统筹掌握使用，省财政厅纳入管理和监督。对外经贸企业交纳所得税后的利润，主要用于消化亏损和扩大出口规模。金融部门应积极筹措资金，按照效益优先的原则，大力支持外向型经济的发展，做到出口规模与贷款规模同步增长。继续把兴办产品出口企业作为重点，鼓励和支持各种企业扩大出口创汇。对出口创汇成绩突出的企业和发展外向型经济成效显著的地方，要给予鼓励和奖励。对引进资金和先进技术有功的单位和人员，各级政府要认真执行省里已经制定的有关政策，及时兑现奖励。

13.加强对外交流，积极扩大国际合作。现有对外国人开放的42个市县要适应新的形势，进一步拓展对外交流；争取近期内再增加一批县对外国人开放。要认真落实派遣临时出国人员和邀请外国人来华审批权限的规定，以利于“走出去，请进来”。要努力增加对外工程承包，切实组织好向省外、境外的劳务输出，疏通渠道，加强管理，增加收入，培养人才。要做好发展友好省州、友好城市方面的工作，有重点地组织系列合作项目。积极争取国外政府和国际金融组织贷款、援助项目，在实施中一定要讲求质量，争取逐步扩大项目规模。

14.进一步做好“三资”企业的管理和服务工作。要把“三资”企业的数量与质量、发展与管理密切结合起来，既要大胆引进、扩大利用外资的规模，又要讲求实效、办一个成功一个。在合资项目中要做好国有资产评估和引进技术、设备的鉴定工作，切实提高引进项目的履约率、外商投资的到位率和配套资金的兑现率，以及合资、合作项目的按期开工率。各有关部门都要改进工作，改变对“三资”企业多头管理和“重审批，轻服务”的状况，切实加强跟踪服务，及时帮助企业解决在生产经营中遇到的实际困难。尤其要帮助已经兴办的“三资”企业实现建设要求，取得较好的经济效益，产生带动效应。并认真做好监督检查工作，促使“三资”企业守法经营，保护职工的合法权益；同时，要依法保护外商的合法权益，保障其人身及财产安全，切实维护国家的信誉。

四、加强领导与协调，打一场扩大开放的总体战

15.加强对扩大开放的领导。对外开放是一项基本国策，各级党委、政府及工作部门，要把扩大开放切实放到振兴贵州经济的战略位置上。在各项工作中都要体现深化改革、扩大开放的精神；各有关部门都要联系实际，制定和落实新的措施；把实施扩大开放的各项任务纳入目标管理责任制；动员和组织广大党员、干部和各族群众打一场扩大开放的总体战。要力求在近期内取得突破性的新进展，使出口创汇及非贸易创汇占国民生产总值的比重和利用国外、省外资金占固定资产投资的比重有较大的提高。随着社会主义市场经济体制的逐步建立，形成注重实

效的全方位开放新格局。要坚持"两手抓，两手都要硬"的方针，确保我省扩大开放沿着正确的方向健康发展。为加强对扩大开放工作的领导，建立省扩大开放工作领导小组，在省委、省政府领导下，统筹研究和协调解决涉及全省扩大开放工作的重要事宜；领导小组下设办公室，由有关部门人员组成，在省经贸厅办公。建立省招商引资局，与省经贸厅合署办公，负责统筹安排和协调审批招商引资工作，并牵头会同有关部门对"三资"企业进行协调、管理和服务，更好地为"三资"企业及"内联"企业排忧解难。各地都要结合实际，加强对扩大开放的组织领导工作。

16.强化服务功能，提高办事效率。各有关职能部门和单位，都要围绕实施开放带动战略和推进全省扩大开放的共同目标，协调一致，主动配合，共同努力，做好工作。要加强引资项目的前期工作，在操作过程中维护项目合同的严肃性，切实讲求经济效益。要转变作风，改善服务态度，简化审批手续，实行联合会签，急事急办、特事特办，强化服务功能，提高办事效率，杜绝不正之风。要立足省情，下大力改善软环境，以软补硬、以软取胜，用优惠的政策和高质量的服务吸引投资者，留住客商。

17.努力建设一支适应发展外向型经济的干部队伍。要大力宣传扩大开放的重要性和有关法律、法规、政策，增强全省上下的整体开放意识。各级领导干部和企业管理人员都要学习经济协作、对外贸易、国际金融、涉外法规等方面的知识，了解国际惯例，逐步适应全方位开放的需要。要加强涉外工作队伍建设，提高他们的业务素质和政治素质；要充分用好现有人才，积极引进外部人才，并挑选一批年富力强的干部，经过涉外业务培训，充实到涉外工作部门及企事业单位去工作。并努力通过与发达省市的人才交流，挂职学习等形式促进经济技术合作。各有关大专院校、职业技术学校要根据事业发展的需要，调整学科结构，增设新的专业，为促进全省扩大开放输送更多的专业技术人才。

18.认真做好对外宣传和对外联络工作。要认真总结经验，改进方法，利用各种机会和有效形式，向外界系统全面介绍贵州丰富的自然资源、山水风光、民族风情、经济建设成就、对外开放政策和开发潜力及规划，提高贵州的知名度，树立良好形象，让更多的朋友、"海外客商认识贵州、了解贵州，增强到贵州投资的决心和信心"。要在全省树立"人人关心扩大开放，事事皆为信誉形象，处处都是投资环境"的观念，特别注重创造和维护扩大开放的良好环境。要切实搞好信息工作，各级各有关部门都应经常关注市场变化和经济发展走势，逐步建立起灵敏的信息网络，加强对国内外行情的经济动态的研究，并建立健全分层次的信息库和项目库，为进一步扩大开放做好基础性工作。要进一步重视和做好外事、侨务、港澳台等方面的工作，更好地发挥贸促会、商会、对外友协、国际交流协会等团体的作用，疏通信息和渠道，欢迎更多与我省有渊源、有感情的港澳台人士、海外侨胞和外籍华人、国际友人共同促进我省扩大对外开放。

省委、省政府要求思想大解放促进大开放。全省上下都要注重抓落实，务使思想大解放促进大开放、大开放促进大发展、大发展促进大稳定落到实处，确保我省的经济持续、快速、健康发展。

1994年改革开发大事记

1月

4～6日 省政府在贵阳召开全省经济工作会议，通报了1993年经济工作情况，确定了1994年全省经济工作方针。

▲ 全省计划生育工作会议在贵阳召开，研究部署了1994年计生工作任务。

7～9日 全省财政工作会议在贵阳召开，省长陈士能参加会议。

▲ 全省体改工作会议在贵阳召开，会议确定了1994年体改工作的主要任务。全省计划工作会议、全省经贸工作会议、全省外贸工作会议也同时在贵阳召开。

9日 贵州凯涤股份有限公司成立，在贵阳召开首次股东大会。

11日 省长陈士能同人大代主任刘玉林到龙里、贵定等县检查日援改水项目完成情况。

12～15日 省长陈士能等陪同中共中央政治局委员、国务委员兼国家体改委主任李铁映到遵义、安顺、贵阳等地、市调查研究。

14日 省长陈士能与省有关部门的领导、专家对“贵黄线农村经济综合开发试验区”总体方案进行研讨和论证。

15日 省政府决定，由省财政拨款60万元，重奖贵阳铁路分局，以表彰其在1993年安全运输生产中所取得的成绩和为贵州经济发展所作的贡献。

18日 省电力公司在贵阳成立。

▲ 副省长莫时仁在贵阳主持召开全省春运工作电话会议。

21～29日 省八届人大二次会议在贵阳举行，省长、副省长参加会议，省长陈士能在会上作《政府工作报告》、副省长姚继元在会上作《贵州省1993年国民经济和社会发展计划执行情况及1994年计划草案报告》、省财政厅厅长赵子一作《贵州省1993年财政预算执行情况和1994年财政预算草案报告》。会议经审查，批准上述3个报告。

22日 贵阳管道煤气正式送气。

31日 国内贸易部副部长白美清到黔南州进行粮食风险基金问题调查。

2月

5日 贵州省首批“高新技术企业”颁证大会在贵阳召开，省科委及高新技术产业开发区管委会受国家科委委托，向全省27家企业颁发《高新技术企业证书》。由此，全省首批授牌高新技术企业正式诞生。

▲ 国家民委、国家体改委受国务院委托，正式将黔东南州苗族侗族自治区列为全国首批民族自治地方改革开放试验区。

19日 省政府召开紧急会议，要求各地有关部门采取相应措施，确保春运安全。春运近1个月，全省铁路部门已安全运送旅客120多万人。连续几日，各站日运输旅客突破7万人。

21日 省政府召开全省计划生育工作电话会议，对春耕大忙前的计生工作进行安排、部署，要求各级政府、各有关部门立即开展全省性计划生育宣传，切实把控制人口的工作抓早、抓好、抓实。

25日 省安全生产工作会议在贵阳召开。

27日 省政府召开会议传达贯彻全国“菜篮子”和粮油工作会议精神。会议要求各地及有关部门充分认识“菜篮子”和“米袋子”工作的重要性，把这项工作列入党和政府的重要议事日程。并要求各地切实建立、健全市长负责制，把“菜篮子”工作列为市长工作的重要考核内容。

▲ 省长陈士能、副省长王广宪和省委、省人大、省政协主要领导同志听取省政协、省民委关于麻山、瑶山地区贫困状况的调查汇报。

3月

1日 省委农村工作会议结束。省长陈士能就全省农业和农村经济如何适应社会主义市场经济的发展讲了4个方面的意见，并对全省农业和农村经济工作进行了具体部署。

▲ 省政府召开全省安全生产工作电话会议。

▲ 副省长姚继元主持召开专题会议，研究解决东风电站库区移民安置有关土地问题。

▲ 副省长莫时仁主持召开专题会议，研究解决全省汽车工业有关问题。

2日 省政府召开常务会议，听取省审计局关于全国审计工作会议情况的汇报，研究瓮福磷肥基地、龙洞堡机场、重点公路等项目建设的有关问题和组建贵州省铁路股份制总公司、成立省重点工程建设领导小组的事宜。

▲ 副省长莫时仁主持召开专题会议，研究解决全省轻纺工业的发展问题。

6日 省长陈士能主持召开会议，听取新税制实施情况的汇报。

▲ 全省农业工作会议结束，副省长袁荣贵在会上讲话。

8日 副省长王广宪在省政府贵宾室会见美国阿尔斯特龙企业集团发展公司副总裁道格拉斯一行，王广宪向客人介绍了全省概况，并表示希望加强双方的合作与交流。道格拉斯一行此次来黔主要是与我省商议合作办电及技术交流事宜。

9日 省委、省政府召开即将分赴各地督促检查春耕备耕的省直有关部门负责人动员会议。

▲ 应省委书记刘方仁的邀请，沈阳市赴黔经贸洽谈代表团抵贵阳。

12～14日 全省机械工业工作会议在贵阳召开。

14日 省政府召开新闻发布会，宣布赤水、荔波樟江、兴义马岭河峡谷3处风景区晋升为国家级风景名胜区。

17日 全省物价大检查工作会议结束。

18日 黔东南州委、州政府在北京举行"黔东南改革开放试验区实施方案"汇报会。

21日 副省长张玉芹主持召开专题会议，听取省政府检查组对各地纠正乱收费、乱设卡检查情况的汇报，研究了下步工作意见。

24日 全省农业综合开发会议结束。

▲ 副省长姚继元会见西班牙MOM公司副总经理莫林斯一行，姚继元向客人介绍了全省经济发展情况和能源、交通、建材方面的建设项目，并表示了合作愿望。莫林斯一行此次来黔是为了寻求进一步扩大合作。

4月

1日 省政府全体会议在贵阳召开。陈士能同志在会上分析了今年一季度经济运行情况，强调各级各部门都要把精力进一步集中到经济工作上来，确保全省国民经济各项计划指标的实现。

5日 省委在贵阳召开农村工作会议，省长陈士能传达中央农村工作会议精神。

7～9日 广东省省长朱森林带领广东省政府赴贵州经济考察团来黔考察，副省长王广宪及有关方面负责人同广东省考察团进行座谈交流，广东省副省长张高丽参加座谈。座谈时，双方认为：当前可先在电力、煤炭、铝加工、机械电子、商品交流等方面合作，并建立两省政府的碰头会制度，指导合作。

8日 联合开发赤水河水电资源报告经川、黔两省政府批准后正式公告。

▲ 湄潭、凤冈两县遭受特大暴雨、冰雹、洪水灾害，最大雨量200毫米，最大冰雹直径达150毫米，两县共20个乡镇受灾，初步统计经济损失达1.45亿元以上。次日，省政府决定派灾情调查组进行调查，组织救灾。

11日 全省首届医药新产品、新技术展示交易会在省博物馆开幕。

13日 全省工交生产形势分析和扭亏增盈会议在贵阳召开。

14日 '94贵州民族文物古迹游暨杜鹃花节开幕。

18日 国务院物价大检查组到贵州省进行物价检查。

24日 省政府举行专题汇报会，向赴黔考察的全国人大常委会副委员长、民革中央主席李沛瑶等领导同志汇报全省农村劳动力转移的有关情况。

27～29日 全省扶贫开发工作会议在贵阳召开。省政府就如何加快扶贫开发步伐作了具体部署。

28日 贵州省商会在贵阳举行成立大会。

30日 省政府在贵阳召开全省救灾救济工作紧急会议，部署全省救灾救济工作。

4月份，全省共有25个县、市，8365个村民组遭到暴雨、冰雹袭击，受灾作物达252.73万亩，死亡23人，灾害造成的经济损失达3.45亿元。

5月

3～10日 中国科学院6名院士及有关专家到贵州省进行科学考察，副省长王广宪、龚贤永会见6位院士，并向他们介绍贵州省的有关情况。考察组圆满结束在贵州的考察活动，副省长袁荣贵、龚贤永听取了考察组对贵州省岩石山区经济建设、社会发展、扶贫工作提出的方向性建议，并代表省政府表示感谢。

▲ 美国宣明会董事会主席戴宁柏先生一行来贵州省考察宣明会在黔项目，副省长张玉芹会见了客人。

3～11日 应浙江省人民政府邀请，省长陈士能率省政府经济代表团对浙江进行访问考察，两省签署了“贵州省与浙江省关于进一步加强经济技术合作的协议”。

11～15日 煤炭工业部部长王森浩对贵州省六枝、水城、盘县3个矿务局进行调研。

12～18日 应上海市人民政府邀请，省长陈士能率省政府经济代表团对上海进行了访问考察，并与上海市委书记吴邦国、市长黄菊以及几位副市长就今后双边经济合作进行了座谈，有关部门和企业的负责同志也进行了对口洽谈，并签订了一批合作项目。

13日 省政府召开常务会议，副省长王广宪主持会议。会议确定：(1)原则同意六盘水市作为贵州省的综合配套改革试点市；原则同意《六盘水市建立社会主义市场经济体制综合配套改革试点的总体方案》。经修改后函报国家体改委；省政府授权六盘水市根据总体方案制定实施办法，并尽快运作。(2)原则同意转报六盘水市《关于六盘水市内陆沿线开放城市方案》，按程序上报国务院审批。

15～19日 国家重点工程“长江上游水土保持工程”治理区第六次工作会议在毕节市召开。

19日 全国人大常委会委员、著名经济学家厉以宁教授应邀到贵阳作有关经济问题学术报告。

26日 省政府召开经济情况汇报会，会议听取省政府有关综合部门关于今年以来工交生产、财税和金融等工作情况的汇报。会议决定对“省加强财税金融工作领导小组”进行充实，更名为“省加强工交财税金融工作领导小组”，由副省长王广宪担任组长。

27日 中国科学院化学研究所罗吉江博士应邀到贵阳帮助开发应用“细旦、超细旦丙纶长丝及制品”技术项目，省长陈士能会见并与他进行交谈。

30日 省政府召开农业生产情况汇报会，省长陈士能主持会议。会议就以“双抢”为中心抓好当前农业生产，向各级政府提出具体要求。

31日 省政府经济代表团访浙、沪归来举行专题研讨会，省长陈士能主持了研讨会。会议就借鉴浙、沪经验，结合省情和解放思想大讨论，对一些重大问题进行深入研讨。

6月

1日 由交通部主持召开的全国交流扶贫工作座谈会在贵阳举行。

11～13日 中共中央政治局常委、全国人大常委会委员长乔石到贵州考察工作。

16～18日 王广宪副省长到遵义考察工业生产情况。要求各企业加大改革力度，抓市场、抓技术、抓管理、抓队伍、迅速扭转工业生产被动局面，努力完成全年生产计划。

21日 省政府召开工业经济分析会，要求各厅局当前要突出帮助企业抓好扭亏增盈的工作。

22日 省长陈士能、副省长袁荣贵在北京参观了北京中华民族园贵州景区，对贵州景区“窗口”宣传贵州，树立贵州对外开放良好形象给予了高度评价。

▲ 省体改委召集省部分股份制企业负责人进行座谈，王广宪副省长到会听取了意见，并要求各级政府部门关心支持股份制公司的运行和发展，为企业转换经营机制创造条件。

25日 省政府召开全省部分大中型企业负责人座谈会，陈士能省长、王广宪、莫时仁副省长出席了座谈会，莫时仁通报了当前全省工业运行的情况和存在的问题。陈士能要求各级政府要进一步解放思想、敢闯、敢冒、敢试、敢为人先，想企业所想，急企业所急；一手抓国有企业，一手抓非国有经济，研究和采取相应的对策措施，尽快扭转工业生产的被动局面。

29日 贵州省宏福实业开发有限总公司在贵阳成立，陈士能省长为公司授牌。

30日 省政府召开常务会议，讨论了《贵州省关于选择部分国有企业进行建立现代企业制度试点的意见》(稿)。会议原则同意《试点意见》(稿)确定：(1)成立省现代企业制度试点领导小组，由王广宪、莫时仁同志任组长，有关方面负责人参加。(2)试点企业的选择由领导小组本着少而精、成熟多少搞多少的原则确定。(3)由省体改委按照会议讨论意见，并参考外省经验、做法进行修改完善《试点意见》。

7月

2日 省政府召开电力专题办公会议。会上陈士能省长就如何加快全省电力的发展讲了意见。

7～8日 全省领导干部会议在贵阳召开，会议的中心内容是：以加快全省经济发展、搞好财政增收节支为重点，部署安排下半年经济工作，确保完成全年财税任务。

12日　省政协七届八次常委会议在贵阳举行。副省长王广宪到会通报上半年全省经济工作情况和下半年经济工作安排意见。

20日　贵州省智力支边扶贫现场会在毕节市召开。

25日　副省长王广宪在省八届人大常委会第十次会议上作“关于上半年全省经济发展情况和下半年经济工作安排意见的报告”。

26日　省长陈士能代表省委、省政府向来贵州考察的全国人大常委会副委员长、中共中央政治局候补委员王汉斌作工作汇报。

28日　副省长王广宪在黔南布依族自治州考察工交生产、财税、金融工作。

▲ 全省林业工作会议结束。

8月

2日　省政府召开全省计划生育工作电话会，会议通报了今年上半年全省人口计划执行情况和当前的人口形势，要求下半年各地强化措施，加大工作力度，确保全年人口计划的完成。

3日　全国塑料加工高新技术、新产品及经贸信息交流会在贵阳召开。瑞士、德国、香港、台湾的塑料专家出席了会议，省长陈士能到会讲话，并介绍了贵州省情及塑料工业现状，诚恳表示愿与海外合作，振兴贵州经济。

5日　省委、省政府召开会议，专题研究乡镇企业和农村改革问题。会议认真分析了当前全省乡镇企业面临的困难和问题，提出了解决办法和措施；明确了下阶段农村改革试验区和试点县工作的基本思路和重点，原则通过了湄潭试验区下一步改革方案。

▲ ’94贵州新技术新产品展览交易会在贵阳开幕。

8日　省供销系统第一家中外合资企业，年产1.5万吨硫酸钾和1.5万吨钾铵复合肥的贵州农发（新利）化工有限公司硫酸钾厂在贵阳竣工投产。

13日　省国家税务局、省地方税务局成立。

▲ 省政府召开全省安全生产工作紧急会议，会议强调，各级领导和各行业要高度重视安全工作，切实搞好安全生产，迅速扭转当前事故严重的被动局面，促进全省经济持续，快速、健康发展。

▲ 副省长胡贤生到贵阳市检查商业建筑、客车站、立交桥和农贸市场工作情况。

15日　省长陈士能在贵阳会见由吉隆坡中华工商总会会长颜清文为团长的马来西亚商会招商考察团，陈士能向客人介绍了全省资源、交通、通讯等方面的现状和发展规划，介绍贵州省的优势和外商投资的优惠政策。

15～17日　东风水电站3号发电机组启动阶段有关工程的鉴定验收。

23日　省委、省政府召开省直机关解放思想大讨论报告会，进一步动员全省上下把大讨论引向深入，使大讨论的成果转化为决策思路和政策措施，进一步解放和发展社会生产力，加快贵州的发展。

25～27日　省政府在贵阳召开全省村镇建设工作会议，会议强调，要进一步加快以小城镇为重点的村镇建设步伐，为繁荣全省农村经济和社会发展而努力奋斗。

27日　全省财政工作、税务局长会议在贵阳结束，副省长王广宪参加会议并讲话。王广宪提出，各级各部门要协调一致，密切配合，形成合力，确保完成今年财政预算任务，推进财税体制改革。

28日　贵阳龙洞堡机场又成功地进行了一次千吨级松动大爆破，省长陈士能到场祝贺。

9月

1日　贵州省卷烟批发交易市场在贵阳隆重开业。

6日　云南、西藏、甘肃、宁夏、青海、内蒙、四川、新疆、广西、贵州等10省（区）人民银行行长联席会第五次会议在贵阳召开。

▲ 贵州卷烟西北行恳谈联谊会在西安召开，副省长莫时仁率贵州10家卷烟企业负责人参加座谈。

7日　省政府召开常务会议、听取了“关于引进德国联合铝业公司托根铝厂6万吨电解铝主要设备，联合生产电解铝的情况汇报”。会议原则同意引进该公司出售的电解铝主要设备联合办铝。研究了省电力局和香港旭灭国际投资有限公司《关于合资经营贵阳发电厂有关问题的请求》。会议原则同意双方合资经营贵阳发电厂。

8日　福建投资贸易洽谈会在厦门开幕，副省长姚继元率代表团参加开幕式。在会上，贵州省与外商签订项目10项，总投资2.7亿美元，其中利用外资1.8亿美元。

14日　全省工交、财税、金融工作会议在贵阳召开。

15日　省政府同林业部赴黔科技考察团举办座谈会。

19 日 全省乡镇企业工作会议在贵阳召开，省长陈士能主持会议，副省长袁荣贵在会上作工作报告。

22 日 省政府召开常务会议：(1)讨论了《贵州省扶贫攻坚计划》(稿)。会议确定：由副省长袁荣贵召集有关部门和专家进一步研讨、论证全省扶贫攻坚计划。(2)听取了云雀轿车项目有关情况的汇报。

▲ 全省农村改革试验区试点县工作会议在贵阳召开。

24 日 省政府召开会议听取铁道部专家组关于修建株洲至六盘水铁路复线的现场考察报告。

25 日 省长陈士能陪同中共中央政治局常委、书记处书记胡锦涛参观中国社会发展成就展贵州馆。

29 日 省政府就秋收秋种发出紧急通知，要求各地务必把粮食抢收到手，并切实做好秋种工作。

10 月

10 日 省政府常务会议听取了省计委关于 1995 年计划安排的初步设想汇报，讨论了贵州省 1995 年国民经济和社会发展计划主要指标的上报建议草案。

13～20 日 中共中央政治局常委、全国政协主席李瑞环来黔考察。李瑞环同志在省长陈士能等陪同下，到贵阳、遵义、安顺等地考察。

16 日 国家重点工程东风水电站首台机组提前投产发电。

11 月

2 日 日本国援助贵州农村改水项目全部竣工。

7 日 副省长王广宪会见了黑龙江省政府经协代表团。

8 日 应日本奈良日日新闻社邀请，省长陈士能率贵州省政府经济代表团于 10 月 29 日至 11 月 8 日访问日本。代表团分别在东京和奈良举行了贵州经济发展情况报告会，并与日方就进一步加强合作交换了意见，在一些合作项目上，达成了初步意向。

13 日 省长陈士能会见香港九龙东区各届联会赴贵州参观考察团，向客人介绍了贵州的六大经济优势和招商引资的优惠政策。

16 日 省长陈士能会见并宴请应邀来贵州省考察的荷兰天文学家理查德·斯托教授，对下一代巨型射电望远镜拟选址在贵州抱有信心。

18 日 我国最大的磷肥项目——贵州瓮福磷肥厂的硫酸、磷酸、重钙装置合同签字仪式在北京人民大会堂举行。

28 日 贵州省任达航天通讯技术公司成立暨 800 兆集群系统开通仪式在贵阳举行。

12 月

12 日 全国政协副主席邓兆强来黔视察铁路运输情况。

2 日 贵州险峰实业总公司与香港奔德集团有限公司在贵阳举行成立贵州德峰机床有限公司合同章程签字仪式。

3 日 贵阳市电信局举行电话升位暨扩容 5 万门电话庆典仪式。

6～7 省委召开常委扩大会，传达、学习贯彻中央经济工作会议精神，就做好 1994 年最后一个月的经济工作和 1995 年经济发展安排问题进行研究，提出贯彻落实意见。

11 日 中国旅游协会第三届常务理事会第二次会议在贵阳召开。

12～13 日 全省建立现代企业制度试点工作会议在贵阳召开，会议传达贯彻了全国建立现代企业制度试点工作会议精神，部署 1995 年全省企业改革工作和现代企业制度试点工作。

18 日 由粮食局与外商独资达高(贵阳)有限公司联合开发建设的世界贸易大厦在贵阳奠基。

22 日 全省领导干部会在贵阳召开，会议传达了中央经济工作会议精神。

23 日 贵阳、遵义、安顺、都匀以及贵黄公路沿线的移动电话正式联网运行，自动漫游功能开通。

29 日 省长陈士能就迎接'94 中国贵州民族风情游发表电视讲话，提出要加快旅游业的发展步伐。热诚欢迎海内外朋友到贵州旅游观光，投资经商，兴办实业。

※
※※※
※

云 南 省

主　　编： 晁维明
副 主 编： 张培光　黄巧谷
编写人员： 黄巧谷　李继成　赵玉林　徐天才
郑夏昆　于建明　陈有才　杨亚林
江　宁　王　仁

云南省分目录

典型地区和典型企业

云南省概况

面积:394139 平方公里

人口:3939.2 万人

行政区划:7 个地区,8 个自治州,2 个地级市,13 个县级市,81 个县,29 个自治县

省委书记:高严

省八届人大常委会主任:尹俊

省长:和志强

省七届政协委员会主席:刘树生

云南省国民经济主要指标(单位:亿元)

项　目	1994 年	1994 年比上年增长(%)
国内生产总值	973.97	11.6
工农业总产值	1305.49	13.7
工业总产值	948.71	18.7
重工业产值	434.02	16.2
轻工业产值	514.69	21.3
农业总产值	356.78	3.1
全社会固定资产投资	321.73	28
国有固定资产投资	221.11	21.9
社会消费品零售总额	304.97	16.4
零售物价总指数(%)	115.8	
职工工资总额	138.94	43.2

国民经济和社会发展

1994 年,我省各族人民在省委、省政府的领导下,全面贯彻执行中央"抓住机遇、深化改革、扩大开放,促进发展、保持稳定"的指导方针,改革开放取得重大进展,宏观经济调控取得积极成效,国民经济保持持续、快速、健康发展,教育、科技、文化、卫生、体育等各项社会事业也取得新的成绩。初步统计,全年国民生产总值 867 亿元,比上年增长 11%;其中第一、二、三产业分别增长 3.0%、15.0%、16.1%。经济运行中的主要问题是:农村市场有效需求不足,地县工业发展偏慢,通货膨胀压力仍然较大。

一、农　业

农业生产喜获丰收,农村经济全面发展。1994 年,尽管我省部分地方遭受了较为严重的自然灾害,但在各级干部、群众的积极努力下,农业生产仍获得了丰收。全年农业增加值 234.49 亿元,比上年增长 3.0%。粮食产量创历史最好纪录,主要经济作物产量除烤烟因调减面积有所减少外,其余均比上年有不同程度增长。

主要农产品产量如下:

	1994 年	比上年增长%
粮食	1146.47 万吨	5.6
其中:谷物	996.17 万吨	6.4
豆类	72.11 万吨	-5.8
薯类	78.19 万吨	8.3
油料	13.95 万吨	4.5
其中:油菜籽	9.06 万吨	0.2
甘蔗	928.00 万吨	3.1
烤烟	59.23 万吨	-32.3
茶叶	6.38 万吨	4.6
水果	50.14 万吨	5.1

造林绿化与林业生产取得较好成绩。1994 年，全省造林面积达 350 千公顷，超额完成计划。主要林产品产量增加，其中天然橡胶产量 11.31 万吨，增长 18.3%。护林防火取得好成绩，森林覆盖率有所提高。

畜牧业生产持续增长。1994 年，全省生猪出栏头数大幅增长，肉、奶、禽、蛋产量都有不同程度增加。

主要畜产品产量和牲畜存栏头数如下：

	1994 年	比上年增长%
肉类	112.5 万吨	10.0
其中:猪肉	99.19 万吨	10.4
牛奶产量	9.46 万吨	1.7
肉猪出栏数	1233 万头	10.9
猪年末存栏数	2193 万头	1.1
羊年末存栏数	665 万只	6.0
大牲畜年末存栏数	946 万头	0.7

渔业生产稳步发展。全年水产品产量 6.85 万吨，比上年增长 17.5%。

农业生产条件进一步改善。1994 年末，全省拥有农业机械总动力 850 万千瓦，比上年增长 8.0%；大中型拖拉机 1.06 万台，减少 9.4%；农业载重汽车 2.72 万辆，增长 20.0%；排灌动力机械 74.3 万千瓦，增长 1.5%。全年农村用电量 19.37 亿千瓦小时，增长 15.2%；新增农田有效灌溉面积 80 千公顷。但农业抗御自然灾害能力仍较脆弱，农田水利基本建设的任务仍然十分艰巨。

乡镇企业发展迅速。1994 年，全省乡镇企业营业总收入 384 亿元，比上年增长 70.5%，有力地促进了农村经济的发展。

二、工业和建筑业

工业生产快速增长，经济效益继续改善。1994 年，我省工业生产在深化改革的推动下，积极开拓市场，努力克服困难，保持了快速发展的良好势头。全年完成工业增加值 380.13 亿元，比上年增长 15.2%。其中，国有工业增长 16.0%；集体工业增长 9.0%，个体、私营和其它经济类型工业增长 20.0%。“两烟”优势进一步发挥。烟草加工业总产值增长 21.4%。产业产品结构有所调整，主要能源、原材料产品产量增长较快，多数轻工产品由于受市场变化的影响，产量都有不同程度的下降。

主要工业产品产量如下：

	1994 年	比上年增长%
原煤	2571.30 万吨	7.1
发电量	200.91 亿千瓦小时	16.8
其中:水电	131.45 亿千瓦小时	38.3
钢	133.67 万吨	14.6
成品钢材	138.14 万吨	22.2
十种有色金属	32.72 万吨	12.3
水泥	856.83 万吨	17.0
工业木材	144.07 立方米	-1.3
平板玻璃	153.49 万重量箱	16.7
硫酸	65.77 万吨	6.9
农用化肥(折纯)	98.59 万吨	4.8
金属切削机床	7493 台	-9.3
小型拖拉机	1.80 万台	-21.2
纱	3.5 万吨	-9.2
布	1.3 亿米	-24.3
糖	80.60 万吨	-10.4
原盐	40.62 万吨	-1.9
卷烟	602.33 万箱	13.2
精制茶叶	4.26 万吨	-14.1
机制纸及纸板	24.76 万吨	13.5
自行车	12.02 万辆	-61.0
电视机	9.94 万部	-21.6
家用洗衣机	4.74 万台	-4.0
家用电冰箱	3.55 万台	-2.2

工业经济效益继续改善。1994 年，全省乡及乡以上独立核算工业企业经济效益综合指数为 204.6，比上年提高 40.49 个百分点。其中工业产品销售率为 96.35%，比上年下降 1.05 个百分点；成本费用利润率由 9.0%提高到 19.62%；工业增加值率由 45.36%上升为 50.27%；按增加值计算的全员劳动生产率提高 20.8%；流动资金周转次数由 2 次减缓为 1.67 次。

建筑业生产持续发展。1994 年，全省建筑企业完成增加值 46.98 亿元，比上年增长 13.6%。国有建筑施工企业房屋施工面积为 811.03 万平方米，比上年增长 24.4%；房屋竣工面积 303.77 万平方米，增长3.0%；全员劳动生产率37639元，提高3.0%；上交税收1.70亿元，增长20.6%。

地质勘查取得新的成果。1994年，全省地矿局系统完成钻探工作量12.75万米，新发现矿产地5处，新增探明储量的主要矿种1种。

三、固定资产投资

固定资产投资增幅回落。1994年，全社会固定资产投资完成330亿元，比上年增长31.3%(扣除价格因素，实际工作量增长15.5%)，增幅比上年同期回落47.4个百分点。其中国有单位投资245亿元，增长35.1%；集体所有制单位投资43亿元，增长15.3%；城乡居民个人投资26.3亿元，增长14.3%。在国有单位投资中，基本建设投资145亿元，增长34.3%；更新改造投资70亿元，增长29.2%；房地产开发投资23.8亿元，增长63.0%；其它投资6.2亿元，增长31.9%。从国有单位投资隶属关系看，中央项目完成投资68亿元，比上年增长54.9%；地方项目完成投资177亿元，增长28.7%；全年国有单位施工项目6850个，与上年基本持平。其中本年新开工项目4018个，增长9.1%。

国有单位投资中，能源工业投资31.85亿元，比上年增长52.6%，投资比重由11.8%上升到13%；运输邮电业投资41.65亿元，增长2.5%，投资比重由22.9%下降到17%。

重点建设成绩显著。全年施工的57项重点建设项目共完成投资80.30亿元，已有漫湾电站装机50万千瓦、引洱入宾、安宁至楚雄二级汽车专用公路、保山二级机场、滇西水泥厂、通信微波干线等重点项目或单项工程竣工投产。为促进我省经济的发展增添了后劲。

四、交通和邮电

交通运输和邮电生产稳步发展。1994年，全省运输邮电业增加值36.81亿元，比上年增长22.9%。但国有专业运输企业活力不足的矛盾依然比较突出。

各种专业运输系统运输量完成情况如下：

	1994年	比上年增长%
货物周转量	118.5亿吨公里	－1.8
铁路	108.02亿吨公里	1.7
公路	9.62亿吨公里	－28.7
水运	0.60亿吨公里	－21.1
空运	0.26亿吨公里	8.3
旅客周转量	85.73亿人公里	－0.7
铁路	24.43亿人公里	6.9
公路	44.40亿人公里	－7.3
水运	0.19亿人公里	－20.8
空运	16.71亿人公里	9.3

邮电通信业迅速发展。1994年，全省邮电业务总量9.14亿元，比上年增长63.5%。全年新增长途电话业务电路8556路。新增长途电话交换机容量4.59万路端。全省市内电话达80.25万门，比上年增加44.45万门；其中程控电话达76.01万门，增加50.21万门。电话机总数达56.17万部，有107个县(市)进入全国长途自动电话网。

五、国内贸易和市场物价

国内消费品市场持续增长。1994年，全省社会消费品零售总额305亿元，比上年增长16.4%(扣除价格因素，实际与上年基本持平)，其中城市147.5亿元，增长25.0%；县城83.7亿元，增长7.3%；县以下73.8亿元，增长11.8%。从经济类型看，国有商业与上年基本持平。集体商业增长9.0%，个体、私营和其它经济类型增长44.2%，农民对非农业居民的零售额增长26.9%。

物资供销企业购销有所下降，但农资销售有所增长。全省县及县以上物资供销企业购进生产资料127.1亿元，比上年下降7.1%；销售141.1亿元，下降4.8%。全年农业生产资料零售额为39.00亿元，比上年增长17.0%(扣除价格因素，实际增长2.0%)。

1994年市场物价总水平起点高，涨幅大。全年商品零售物价比上年上涨16.0%，其中城镇上涨13.8%，农村上涨17.9%。居民消费价格上涨19.2%，其中城镇上涨17.3%，农村上涨19.9%。

1994年各类价格比上年上涨幅度(%)如下：

1. 居民消费价格	19.2
其中：(1) 城镇	17.3
(2) 农村	19.9
其中：服务项目价格	19.9
2. 商品零售物价	16.0
其中：(1) 城镇	13.8
(2) 农村	17.9
其中：食品类	27.2
粮食	46.4
油脂类	50.5
服装鞋帽类	9.2
日用品类	13.0
文化体育用品类	4.7
书报杂志类	29.5

中西药品类	12.3
建筑装璜材料类	0.3
燃料类	-4.8
3. 农业生产资料零售价格	14.6
4. 生产资料购进价格	10.3
5. 工业品出厂价格	16.7

六、金融和保险业

1994年,全省金融系统认真贯彻执行中央各项金融政策,银行存款大幅度增长,贷款规模控制在国家计划内。

1994年末,国家银行各项存款余额684.87亿元,比上年增长41.8%。其中:企业存款余额306.19亿元。增长39.9%;城乡储蓄存款余额351.40亿元,增长39.9%。国家银行各项贷款余额606.04亿元,比上年增长30.1%。其中:短期贷款余额464.82亿元,增长35.3%;基本建设和技术改造贷款余额87.00亿元,增长18.6%。全年货币投放41.58亿元,比上年增长1.37倍。年末货币流通量135.5亿元,增长44.2%。

外汇存款增长较快。1994年末,国家银行外汇存款余额5.43亿美元,比上年增长20.6%。

保险事业迅速发展。1994年,全省各种保险总金额2001.03亿元,比上年增长43.7%;保险业务费收入10.15亿元,增长30.5%。其中国内财产保险总金额995.56亿元,增长24.5%;保险业务费收入5.59亿元,增长35.6%。全省有1.26万个企事业单位参加了企业财产保险,有285.89万户居民参加了家庭财产保险,有751.87万人参加了人身保险。保险公司处理国内财产险赔案9.62万件,支付已决案赔款3.25亿元,为12.9万人支付了人身保险赔款6638万元。

七、科学、教育、文化和卫生、体育

科技事业取得新成果。1994年,全省获省级科技进步奖180项,星火奖34项。全年受理专利申请883件,批准专利439件。签订技术经济合同1794项,成交金额达1.19亿元。科技单位向工业企业转让成果300项,金额2560万元。新批准建立国家工程技术研究发展中心1个,省级中试基地1个。

教育事业取得新的进展。1994年,全省教育系统招收研究生323人,增长17.5%。普通高等学校招收本、专科学生1.58万人,比上年增长3.8%;在校学生5.13万人,增长3.4%。中等专业学校在校学生9.43万人,比上年增长11.3%。普通高中在校学生17.52万人,比上年减少1.8%;普通初中在校学生124.27万人,比上年减少1.9%;小学在校学生450.61万人,增长1.5%;学龄儿童入学率达96.9%;小学毕业生升学率由上年的67.7%提高到71.2%。成人教育迅速发展。1994年,全省成人高等学校在校学生3.34万人,比上年增长14.9%;成人中等职业技术学校在校学生3.34万人,增长12.1%;成人初等学校在校学生44.21万人,增长28.7%;全年扫除文盲35万人。

文化事业继续发展。1994年末,全省有各种艺术表演团体134个,文化馆128个,公共图书馆148个,博物馆24个,档案馆160个,广播电台13座,中短波发射台和转播台41座,电视台15座,1000瓦以上电视发射台和转播台29座,卫星电视地面接收站1.22万座。全年生产电影故事片4部,纪录片2部,省电影公司发行各种新电影片153部。

卫生事业稳步发展。1994年末,全省医院共有病床8.34万张。比上年增长1.1%。专业卫生技术人员11.09万人,比上年增长2.9%;其中医生5.77万人,增长3.9%。

体育事业取得新的成绩。1994年,我省运动员在亚洲运动会上获金牌3枚,铜牌1枚;在全国运动会上获金牌13枚,银牌8枚,铜牌15枚;全年有1人1次打破亚洲纪录,为国家和我省争得了荣誉。

八、旅 游 业

1994年,全省接待国内外旅客1200多万人次,其中,海外游客52.2万人次,比上年增长28.8%;旅游外汇收入1.24亿美元,增长19.2%。

九、扶 贫

为解决各地发展极不平衡和完成力争用7年时间基本解决700万人温饱问题的脱贫任务,云南省委、省政府决定在全省打一场扶贫攻坚仗,制订了《云南省七七扶贫攻坚计划》,并组织了实施。按照区域扶贫、分片开发的原则,在完成迪庆、文山扶贫部署的基础上,1994年又进行了思茅、红河扶贫部署及其他扶贫区的调研工作。89个省级机关和一批大专院校、科研单位、学术团体及中央单位与73个贫困县开展定点挂钩扶贫。全年安排扶贫开发项目1000多项,投入各项扶贫资金11亿多元,举办实用技术培训班4万多期,培训400万人次,解决了77万贫困人口的温饱问题。

经济体制改革和对外开放

1994年是改革全面推进、重点突破的一年，云南省委、省政府精心组织，确定14个专题，由省领导负责组织调查研究，及时协调解决改革中出现的问题，保证了改革的顺利推进。财税体制进行了重大改革，实行了新税制，并完成了国税局、地税局的分设工作，省级财政已按分税制运行，省对地县实行了过渡体制，为全面推行新财政体制打下了基础。金融体制改革主要是强化人民银行宏观调控职能、加快专业银行向国有商业银行转变、建立政策性银行分支机构。投资体制改革，加强了对国有资产投资的宏观指导，对思茅纸厂、大朝山水电站等一批重点建设项目采取了公司业主负责制和股份制形式融资建设。流通体制改革重点抓了发展商品市场，积极培育生产要素市场，促进了资源的优化配置。在深化企业改革中，全省建立了股份制企业208户，部分国有小型工商企业实行国有民营，对供销社进行了股份合作制改造。组建了红塔等大型企业集团。有246户资不抵债的企业，通过产权转让、兼并、破产等形式盘活了资产。加快了城乡社会保障制度改革。住房改革得到了较快的推进。

一、企业经营机制转换

1994年，云南省按照国家的统一部署和要求，在顺利实施财税、金融、投资、外贸等体制改革方案的同时，围绕搞好国有企业、提高国有经济的质量和效益，推动企业改革工作进入了全面转换经营机制、建立现代企业制度的新的历史阶段。

(一)保持政策的连续性，搞好承包制向统一税制的过渡衔接

在国家改革财税体制的新形势下，为了既实现平稳过渡，又确保近年来制定的搞好国有企业的政策得到落实，进一步理顺国家与企业的分配关系，稳定企业、稳定生产、省政府下发了[1994]65号《关于省属国有企业向统一税制衔接有关问题的意见》。这个文件的主要内容：一是1993年底承包到期的企业，从1994年起统一执行《中华人民共和国企业所得税暂行条例》，依法上交所得税。二是1993年6月底以前经省政府批准进行承包经营未到期，以及转换经营机制、税利分流试点的企业，继续保留原有优惠政策，执行到1995年。三是对交通、科工办、煤炭、森工、农垦、劳改等困难行业，在1995年底以前继续实行行业包干。四是享受亏损补贴的化肥工业企业，1995年底以前继续给予免交所得税的照顾。五是允许各州市政府、各地区行政公署根据自身财力情况，制定本地区所属企业向统一税制衔接的具体实施意见。

(二)进一步转换国有企业经营机制

为了加快深化国有企业改革的步伐，促进企业经营机制的进一步转换，全省上下着重抓了四个方面的工作：一是加强对企业改革工作的组织领导。在国家明确了企业改革的牵头负责部门以及有关部门的职能和分工之后，省政府及时作出决定：全省企业改革工作，包括转换企业经营机制、建立现代企业制度工作，由省经贸委牵头负责，会同省体改委等有关部门组织实施；成立云南省企业改革领导小组，由省委常委、常务副省长李嘉廷任组长，省经贸委、体改委、政府办公厅和财政厅的主要负责同志任副组长，省级有关部门的负责同志任成员。领导小组下设办公室，与省经贸委企业一处合署办公。各地区行署、州市政府以及绝大多数县市政府也都比照省里的做法，明确了企业改革的领导机构和具体工作的牵头负责部门，形成了全省企业改革的组织领导体系和工作网络。二是搞好工作部署。经省政府批准、省经贸委、体改委于1月中下旬相继召开“全省经贸工作会议”和“全省体改工作会议”，两个会议都把全面转换企业经营机制作为主要内容，并就深入贯彻落实《全民所有制工业企业转换经营机制条例》、《云南省全民所有制工业企业转换经营机制实施办法》，作出了全面部署。各地区、各部门、各企业均按照全省的统一部署，结合自己的实际，对本地区、本部门、本企业的转换企业经营机制工作进行了具体安排，在全省范围内再次掀起了转换企业经营机制的热潮。三是继续推进政府职能的转变，落实企业自主经营权。根据全面转换企业经营机制的要求，省政府紧紧抓住机构改革中省级各有关部门定职能、定机构、定编制（简称“三定”）的有利时机，切实推进政府转变职能工作，在审批省级各有关委、办、厅、局的“三定”方案时，严格审核，严格把关，从明确界定部门职能入手，确保企业经营权的落实。与此同时，有关部门加强督促检查，对截留企业经营权、干预企业自主经营的行为进行了及时查处，对一些不利于落实企业经营权的文件进行了清理。据调查，采取上述措施后，企业的 14 项经营权在绝大多数企业基本得到落实。四是继续深化企业内部改革。为了加快转换经营机制，全省广大企业都围绕成为独立的法人实体和市场竞争主体，加大了深化内部改革的力度。在劳动制度方面，企业普遍推行了全员劳动合同制，有条件的企业还实行劳动优化组合，建立厂内劳务市场，推行厂内待业和再就业制度。在人事管理方面，企业积极推行管理人员聘用制度，择优聘用，竞争上岗，增强了管理人员的整体素质。在内部分配方面，绝大多数企业实行了以岗位技能工资制为主要形式的分配制度。有的企业还建立了厂长奖励基金，对有突出贡献的职工进行奖励。在机构设置方面，各企业都按照精简、效能的原则，结合生产经营的需要，调整机构，精简人员，不仅提高了工作效率，还增强了企业适应市场变化、参与市场竞争的能力。

（三）加强对国有资产的监督管理

7 月下旬国务院发布《国有企业财产监督管理条例》（简称《监管条例》）后，省经贸委和国有资产管理局立即开展了贯彻落实工作。一是先后多次通过举办培训班、以会代训等方式，对各地区、各有关部门、各国有企业的人员进行《监管条例》及相关知识的培训。二是根据《监管条例》的规定和国家的要求，组成了省级有关部门共同参加的工作班子，开展了云南省贯彻《监管条例》具体实施办法的起草工作。截至年末已形成初稿，送有关部门征求意见。三是按照转换企业经营机制、建立现代企业制度的要求，在省企业改革领导小组的统一领导下，依靠省会计师事务所、省审计事务所等市场中介机构，对昆明水泥厂、昆明制药厂、昆明开关厂、云南省五金矿产化工进出口（集团）公司、昆明宏达公司等企业，进行了资产评估工作。四是起步进行组建国有资产经营公司、国有控股公司的前期酝酿和准备工作，初步确定先在省冶金工业总公司等单位开展试点。五是在上年对 63 户企业进行清产核资试点的基础上，扩大试点面，又在 1628 户企业中开展了清产核资工作。到年底基本完成资产登记、资产重估、产权界定等项工作，进入收尾阶段。根据省国有资产管理局的统计，已完成清产核资任务的 1597 户国有企业共占用国有资产 420 亿元，约占全省国有企业财产的 80%。

（四）开展建立现代企业制度试点工作

根据《中共中央关于建立社会主义市场经济体制若干问题的决定》和国务院的部署，1994 年，在全省范围内开展了建立现代企业制度试点的前期准备工作。一是省经贸委、体改委于年初及时发出文件及传真电报。对全省现代企业制度试点作出了全面安排。二是在广泛调查研究的基础上，经企业自愿申报，地区和主管部门推荐，省经贸委、体改委、财政厅、劳动厅、法制局和国有资产管理局等部门共同审核，省政府同意、确定省冶金总公司等 32 户企业为省级现代企业制度试点备选企业。三是在全省范围内分级进行学习培训。省委、省政府举办了 3 期县以上领导干部读书班，专题学习了现代企业制度知识，李嘉廷副省长亲自主讲。省经贸委、体改委共同举办了各地区经贸委、体改办以及省级有关部门、各试点备选企业负责同志共 300 多人参加的现代企业制度研讨会。各地州市和省级有关厅、局、公司也都分别开展了多种形式的学习培训活动。据不完全统计，年内全省就现代企业制度问题培训人数已超过 1 万人次。四是组织各试点备选企业开展了内部动员，拟定以改制、改造、改组和加强企业管理为主要内容的现代企业制度试点方案，以及寻找新的出资者、组建内部职工持股会等项工作。已基本完成改制准备工作的有昆明水泥厂、昆明制药厂、云南省新华印刷实业总公司、云南省汽车工业总公司、昆明平板玻璃厂、云南轮胎厂等企业。五是进行了《云南省现代企业制度试点办法》的起草工作，年内共完成三稿。

（五）开展“转机制、抓管理、练内功、增效益”活动

根据全国经贸工作会议以及国经贸企［1994］249 号《关于开展“转机制、抓管理、练内功、增效益”活动的通知》精神，及时在全省企业中开展了“转机制、抓管理、练内功、增效益”活动。一是省经贸委于年初发出《进一步加强企业管理的意见》，对全省的企业管理工作进行了全面部署。二是下发云经贸企［1994］349 号《关于开展“转机制、抓管理、练内功、增效益”活动的实施意见》，对有关工作作出具体安排。三是为指导企业加强内部管理，省经贸委制订了《云南省工业企业管理规范》，以云经贸企［1994］437

号文件印发执行。四是分层次地开展企业管理培训工作。省经贸委会同省企业管理协会举办了"全省企业管理培训班"，共培训各地区经委、省级各有关部门、部分大中型企业的有关人员300余人。昆明、红河、玉溪、大理等地区也都相继开展了培训工作。五是于7月初召开了全省企业管理工作座谈会，贯彻全国企业管理工作座谈会精神，总结交流全省深化企业改革、加强企业管理的经验，讨论并部署了工作。省委副书记梁金泉、副省长李嘉廷到会并作了重要讲话，对加强企业管理工作提出了具体要求。

随着"转机制、抓管理、练内功、增效益"活动的开展和逐步深入，广大国有企业的生产经营得到较快发展，涌现出昆明钢铁总公司、云南天然气化工厂、昆明水泥厂、南天信息产业集团公司等一批经营好、活力强、效益高，在国内外市场颇有声誉的企业。

(六)继续推进企业组织结构的调整工作

1994年，全省各地区、各有关企业根据省政府的要求，加大了企业组织结构调整的力度，促进企业组织结构的调整工作在上年取得成效的基础上，又有了新的发展。一是又有一批企业实现兼(合)并，其中：宣威磷化工总厂兼并花山化工厂、马龙县黄磷厂和水泥厂合并、曲靖地区机械厂和煤机厂合并等，都使企业活力得到明显增强。二是继昭通地区、红河州2户企业破产后，又有昆明南坝食品厂、曲靖地区水草湾煤矿、禄丰罗茨贸易公司等企业依法实施破产。三是在已对98%以上的商业企业实行经营、劳动、人事、分配放开的基础上，省政府发出云政发[1994]182号《小型商业企业国有民营暂行规定》，在全省范围内大面积推行了国有民营办法。四是经省政府批准，选择了江川、新平和禄丰等县进行了小型国有企业产权制度改革试点，取得了阶段性成效。五是昆明、玉溪、保山等地区开展了企业拍卖工作，对一些小型企业、特别是小型商业企业的全部或部分产权实施了公开拍卖。六是对一些长期亏损、靠自身能力难以搞好的企业进行对外承包，其中：富源县将县氮肥厂承包给昆明氮肥厂经营、将县冶化厂承包给广东省遂溪县铁合金厂经营，在较短时间内就实现扭亏为盈，取得了较好的经济效益。

二、横向经济联合与协作

1994年，全省共实施联合协作项目1109个，横向筹措资金25.8亿元。这些项目的实施当年实现产值15.1亿元，利税2.83亿元，创汇123万美元。一年来，主要有以下几个方面的进展和特点。

(一)联合协作活力强劲，成效显著

1994年在全国经济保持高速发展的势头下，云南与各省市区的互补合作十分活跃，仅政府经协系统接待的外省洽谈人员达9.3万人次，遍及29个省市区；在昆明市注册登记的各类外地驻昆机构已达2484个，其中，外地来昆明开设各类"经济窗口"，注入的注册资金已超过10亿元。广泛的经济联系，多层次多形式的合作，把联合协作推向了一个新的水平。全年经协项目的总投资额达47.11亿元，当年实现产值15.15亿元，新增利税2.83亿元。昆明市、玉溪地区、曲靖地区、思茅地区、红河州、大理州、西双版纳州等，全年项目的总投资额均超过了亿元。

(二)区域经济合作务实重效，深入发展

1994年，各个区域合作组织，抓住能使各方达成共识，形成"共振"的发展热点，推进合作取得实效。

1. 五省区七方经济合作取得新进展。1994年因广西受灾，第十一次协调会推至1995年召开。我省与各方之间继续按第十次会议确定的各个专题，主要抓了以下几项工作。

一是西南和华南区域规划的落实工作。省政府年初将国务院批转的规划文本转发到县一级单位；在国家计委国地司的支持下，与广西、贵州合作，进行南昆铁路沿线生产力布局的研究，按分工，云南方提前完成11个专题规划，进入编制综合报告阶段；提前完成澜沧江中游开发规划，进入下游国际航道开发规划的研制工作。中游开发规划已获省政府批准，开始实施。该项研究获省1994年度科技进步三等奖。

根据《规划》要求，我省积极利用外资，加大省财政投入，加快了昆河(口)公路、昆瑞(丽)公路、昆(打)洛公路等3条出国通道改造成高等级公路的进度，昆河公路可于1995年全线改造完工；提前完成边境地州通讯设施的改造，实现了边境地州电话国际直拨和程控化。

二是交通、通讯等基础设施建设方面的合作项目进展顺利，并上了一批新项目。由于我省投入及时到位，南昆铁路西段施工顺利。云南与四川跨省的金沙江公路大桥，总投资2000万元，前期工作按时完成，已由两省联合上报国家交通部；云南水富县与四川宜宾连接的横江大桥已顺利开工。

邮电方面，由于我省投入近7000万元，确保了昆明至成都架空光缆工程、昆明至南宁的埋式光缆工程、昆明对8个省的大型卫星地球站等工程，于1994年顺利完工，我省通往这些省区的长途电话增加了近万路。

三是完成和新实施了一批资源开发和商贸合作项目。攀钢至瑞丽投资8000万元，兴建的综合大厦施工顺利，将在1995年竣工。畹町与四川乐山合资3000万元，兴建的商业城已按时交付使用，其它一些新签的开发性项目也进展顺利。

四是参加西南首届名牌产品博览会取得了丰硕成果。为庆祝五省区七方经济合作十周年，根据第十次会议的决定，由四川方组织了“’94首届中国大西南名牌产品博览会”。我省昆明、楚雄、红河、文山及化工行业的58家企业，组织129个产品参展。会上经评选，获金奖19个，银奖9个，优秀奖6个，合同成交6000多万元。

五是发展旅游网络体系进展顺利。西南各省的旅游景点、景区，在全国和世界都有很高的知名度，旅游业正在逐步成为各省区的支柱产业，1994年4月份，五省区七方在昆明联合举行了“五省七方边境旅游座谈会”，研究各方联合组织客源，开展边境旅游的实施办法，并实地考察了云南瑞丽——缅甸南坎、缅甸木姐线路。会上各方还就联合发展旅游商品的生产、销售，进一步改进线路编排，迅速组成网络体系等进行了协商，旅游企业间还进行了具体组团洽谈。年底，为落实这次会议成果和贯彻我省滇西北旅游规划会的精神，省旅游局和国家旅游局共同在昆明举办了“’94中国国内旅游交易会”，全国及国家直属一类旅行社共31个交易团及泰国、新加坡、印尼等国的旅游客商参加了交易会。

2、省际毗邻地区协作区不断巩固发展。滇桂黔五地州经济协作区近年来把边贸和交通合作列为重点，取得扎实进展。1994年实现交通项目14个，联合修通省际间的“断头路”3条，新开通省际间客车营运线路2条，增开省际间客运班次7个。广西百色地区与我省文山州还联合投资145万元，沿323国道线跨省两侧建加油站5个。该协作区的行业协作也进一步发展，新组建了边贸、林业两个协调会，区内行业协调组织增加到16个。

川滇十地州市协作区组建十年来，共实施各类合作项目1037个，引进筹集资金10.1亿元，其中我省引集资金6.94亿元。1994年，十地州协作区的协作得到进一步发展，各方根据共同制定的公路发展规划，筹集资金近10亿元，实施公路改造工程631公里。该协作区近年来还引进外资1748万美元。

3．滇中协作区在探索中发展。滇中是我省经济最为发达的地区，其国民生产总值，占全省的77.4%以上。该协作区成立以来以优联优，成效很大，实施联合协作项目1303个，总投资额达15.5亿元。近年来该协作区就如何进一步发挥昆明市中心城市的作用，加强企业间的联合；利用红河、文山和思茅地区的边境口岸，联合发展边贸，联合对外开展经济技术合作，以及在协作区的组织形式、活动方式等方面进行了探索，对新一轮协作，提出了新的规划。

（三）与沿海地区的联合协作进一步加强

“东联沿海”是我省经济发展战略的重要组成部分，开展与沿海地区的互补合作，历来是云南全方位横向联合中的一个重点。云南与上海的对口支援，十多年来共实施协作项目1425个，10个地州分别与上海12个区县建立了对口关系。这些关系的发展，已成为我省企业，特别是地县国有企业实现技术进步的一个重要因素。1994年11月份，李嘉廷副省长率团访问上海，与上海党政领导同志就市场经济条件下的省市合作深入交换了意见；探讨了在中央提出沿海产业向内地转换过程中，两省市产业对接联动发展的指导思想、原则和重点；签署了《关于进一步加强两地经济合作的纪要》；随行有关地州和省直厅局等单位，与上海相关单位洽谈签订了26个新项目。

近年来广东省与我省的联合协作迅速发展。1993年中实现“云电东送广东”后，两省的全面经济合作进入新的阶段。1994年4月，广东省省长朱森林、副省长张高丽，与国家开发银行行长姚振炎、电力工业部副部长汪恕诚等，联合率团来云南商洽联合办电和发展两省全面经济合作问题。该团在我省考察了曲靖电厂工地和部分地州的经济发展情况；听取了我省有关单位对云南自然资源、电力发展规划、大朝山水电站的施工准备情况，以及小湾电站、糯扎渡电站前期工作情况的介绍。经多次会商，达成国家电力工业部、国家开发投资公司、广东省、云南省四方联合开发云南电力工业的意向，并就广东与云南两地在原材料工业及轻工、电子、纺织、食品、建材、边贸和旅游等方面进行广泛合作达成一致意见，同意组织有关单位对口商洽具体项目。10月中旬，广西壮族自治区副主席袁正中率团来访，就云南与广西共同利用亚行贷款，在防城联合修建两个码头进行了磋商，达成原则协议，决定由两地交通部门在1995年初具体商洽。

（四）企业间的联合向资产流动组合的高层次发展

1994年多项改革措施出台，企业经营机制转换进程加快，企业间的横向联合出现新的活力，而且呈现出由技术协作、产品扩散等形式为主的协作，向以资产投入为主的高层次联合转变。玉溪红塔集团、滇黔桂石油勘探局与普洱水泥厂3家联合投资2.5亿元，在普洱共建年产20万吨水泥厂；省农垦局供销公司、昆明福保造纸厂与屏边县乡镇企业局联合投资3560万元，在屏边兴建年产2万吨木浆生产线；玉溪市莲池实业公司与镇源县联合投资2500万元，在镇源县组建年产8万吨水泥的建筑有限公司；昆明云丰造纸厂与石屏大桥乡联合投资1100万元，兴建年产5000吨漂白纸浆厂；等等。这些以大公司为核心的跨地区联合，把大公司的经济实力与各地的资源优势相结合，以共同投入的资产为纽带，形成新的强优企业，将逐步成为云南经济新的增长点中的骨干力量。

三、市场体系继续培育和发展

1994年，我省加快市场体系的培育和建设，作为市场体系基础的商品市场继续得到加强，要素市场的建设进一步拓展，宏观调控有所改进，推动了国民经济持续、快速健康发展。

（一）继续发展以公有制为主导的多种经济成分，多元化的市场主体格局进一步形成

1994年，全省围绕经济发展及产业布局，采取切实措施积极发展多元化市场主体，大力推进现代企业制度建设，发展非公有制经济，全省多元化市场主体格局进一步形成。1994年底，全省国内各类工商企业达到15.87万户，从业人员389.46万人，分别比上年增长10.3%和6.1%。其中股份制企业达到785户，从业人员3.7万人；乡镇企业发展到27143户；个体、私营企业分别达到53.8万户和2930户，分别比上年增长21.6%和87.5%；外商投资企业发展到1018户，比上年增长35.2%。多元化市场主体的发展，使企业实力和竞争力不断增加，促进了全省生产力进步和国民经济的发展。

（二）流通体制改革迈出较大步伐，价格改革进一步完善深化

1994年全省流通体制改革按照国家统一布署，在深层次、较大领域内展开，先后进行了成品油、粮油、化肥、棉花等流通体制改革，取得较大成效。粮油流通体制改革主要是疏通粮油流通渠道，管好批发，放活零售，建立健全粮油储备体系和风险基金，并在保证粮源、搞好销售等方面做了大量工作，使市场平稳，供应正常。成品油改革主要是实行资源统一配置和国家统一定价、整顿了流通秩序，使成品油供求总量平衡，保证了国民经济发展对油品的需求。农业生产资料改革主要实行中央和地方两级调控和储备，整顿流通秩序，加强市场管理，使农资市场由乱到治，市场秩序转好，价格混乱有所改变。

价格改革方面，从适应建立社会主义市场体制需要出发，继续出台了一系列改革措施，主要在价格结构调整方面迈出较大步子，有计划地调整了一批基础产品的价格和公用事业收费，对主要生产资料实行计划内外并轨，统配煤，实行市场定价，成品油、化肥价格实现了计划内外价格并轨，提高了粮食购销价格。并在加强价格监督管理方面进行了大量工作。

通过流通体制改革和价格改革，加强了重要商品的宏观调控和市场管理，流通秩序混乱现象初步得到遏制，重要商品价格趋于回落、稳定，市场和价格混乱现象有所改观，国有粮食、商业、物资企业和供销合作企业发挥了流通主渠道的作用，进一步促进了价格形成机制的转换，促进了全省资源配置。

（三）继续推进商品市场建设，促进了商品流通的扩大

1994年，全省各级党委和政府继续把建设商品市场作为培育和发展市场体系的“硬件”来抓，按照“从实际出发，多方兴建，多渠道投入，多形式建设”的方针，积极建设各类商品市场。全省以城市为中心，乡村为依托，城乡协调发展的商品市场网络继续发展和完善，中心城市、地州市所在地及交通沿线，新建扩建了一大批不同规模、不同层次和功能的农副产品、工业消费品和生产资料等批发交易市场。到1994年底，全省各种类型的商品市场已发展到3220个，比上年增加63个，其中农村市场3034个，城市市场195个，专业市场182个，批发市场34个。交易额达121亿元，首次突破百亿元大关，比上年增长32%。

网点建设取得较大成效，城乡集镇不同层次和规模的零售设施网络进一步得到完善。1994年全省社会商业网点发展到32.4万个，其中批发网点2.2万个，零售网点30.2万个；建成投入使用一批大中型综合商场、购物中心，如昆明西南商业大厦等。商品市场的建设和发展，促进了商品市场流通规模的扩大，全省商品市场供应充足。市场活跃，年末全省社会消费品零售总额达305亿元，比上年增长16.4%，农贸销售总额为39亿元，比上年增长17%。

（四）要素市场的培育和建设进一步拓展，金融、劳动力、房地产、技术和信息等市场形成一定规模

金融市场方面，随着金融体制改革深化，1994年全省继续发展以银行间接融资为主，证券等直接融资为辅的金融市场;规范各银行、金融机构的资金拆借;成立云南省证券交易中心,进一步规范证券市场。

劳动力、人才市场方面,1994 年全省各地都把职工介绍工作作为培育劳动力市场的切入点和出发点,运用经济的行政的各种手段和措施,加速职业介绍网络建设,促进了劳动力市场的发展。到 1994 年末,全省职业介绍机构已发展到 220 个,比上年增加 61 个,初步建立了省地市一条龙联网体系,形成劳动力资源登记、建档、组织培训、介绍就业、劳务输出、疏导流动等多功能服务的格局,1994 年全省办理社会劳动力求职登记 22.66 万人,办理临时务工许可证 21.25 万件,组织交流 30 万人,交流成功 20.41 万人,组织劳务输出 1.48 万人,疏导农村剩余劳动力合理流动 14.33 万人。

1994 年全省各地区还举办各种人才交流活动,1994 年度省人才交流大会,共有 4867 人签订意向性协议。

房地产市场方面,1994 年进一步加以培育和规范。全省房地产开发公司发展到 300 多家,比上年增加 50 多家,全省房地产开发企业完成投资 29.18 亿元,建成商品住宅 242 万平方米,开始组织筹建规范房地产交易的全省房地产交易中心。

1994 年全省加快土地出让改革的步伐,共出让 1667 宗土地,出让面积 448.17 公顷,占非农建设用地的 10%。农村集体荒山出让有较大突破。1994 年全省各地积极推行有偿转让集体荒山使用权的改革,到年底,全省已转让荒山使用权的面积 424 万亩,开发 110 多万亩,受让户达 25.29 万户,收取转让金 6050 万元。

1994 年全省在"放开、搞活、扶持、引导"方针的指导下抓紧培育技术市场,加强技术市场基础设施建设,努力完善服务功能,改善技术交易环境,使科技成果由城市向农村及贫困边远地区转移的比例不断增大,在推动经济、科技发展和深化改革中发挥了重要作用。1994 年全省已拥有国有、集体、私营、个体或合伙经营等各种性质的技术贸易机构 1450 家,比上年增加 247 个,增长 20%,从业人员近 4 万人,比上年增加近 4000 人。全省技术服务合同金额达 6700 万元,技术开发合同金额达 3200 万元,单项合同金额由上年的平均每份约 4 万元上升到 6.6 万元,1994 年高新技术也开始步入技术市场,有的技术和技术产品开始进入全国市场。

信息市场方面,1994 年全省继续加强建设,在信息咨询服务体系和网络建设方面有所发展。到 1994 年底,全省共有信息咨询企业 2353 户,从业人员近 3 万人,年提供百万条各类信息。网络建设进一步发展,到 1994 年底,全省 17 个地州市,2 个省计划单列市,106 个县成立了信息机构,省地县乡基本上已形成信息网络。1994 年我省还成立了省信息交易中心市场,市场化经营进一步发展。

其它市场方面,1994 年我省成立了省产权交易所股份有限公司和省产权经营股份有限公司,以拍卖、投标、收购及协议等形式进行产权交易,有 246 户资不抵债的企业通过产权转让、破产等形式盘活了资产。

(五)市场法规建设和市场管理取得一定进展

1994 年全省在加强市场硬件建设的同时,注重市场法规制度和管理机制的建设,在培育市场主体、规范市场行为等方面制定了相关的法规,先后颁布实施了《云南省个体工商户条例》、《云南省私营企业条例》、《云南省查处生产、销售伪劣商品条例》、《云南省技术市场条例》、《荒山有偿开发的若干规定》、《土地管理实施办法》等法规,对全省市场体系的健康发展起到有力的促进和保障作用。

1994 年全省各地还坚持培育市场和监督、管理市场两手抓,结合国家和我省的一系列政策和措施出台,加强了对粮食、农资、成品油、药品、肉类、食盐等重要商品的市场监管,深入开展打假、打私和查处假冒伪劣商品活动,维护了正常的市场秩序。有关部门还推行市场规范化管理,对全省商品交易市场进行了登记,有 2200 个市场办理了市场登记,并对期货市场加强管理,严格控制经纪机构盲目发展。

(六)政府对市场的调控体系正在形成

1994 年各级政府加强了对市场的宏观调控。在储备制度建设方面,粮食三级储备体系进一步健全完善,全省以中央储备为主导、省级储备为主体、地县储备为基础的粮食储备体系已基本形成,各级储备比上年增长 69%,此外还建立了省级猪肉储备。1994 年,省政府发出文件,决定全省省地县三级建立粮食风险基金。此外,有关部门还加大投资力度,加快粮库、化肥库等重要商品储备设施的建设,有效改善了重要商品储备条件。政府宏观调控体系的加强和改善,为国家掌握主要商品,保持总量平衡,平抑物价,稳定市场发挥了重要作用。

四、对外经贸和经济技术合作进一步发展

1994 年,我省对外经贸和经济技术合作在省委、省政府的正确领导下,各项工作继续全面健康发

展，取得了很大成绩。

(一)对外贸易

1994 年，云南省对外贸易进出口总额为 16.03 亿美元，比上年净增 3.9 亿美元，增长 32.15%；比 10 年前的 1984 年净增 14.52 亿美元，增长 10.62 倍。其中：出口为 10.53 亿美元，首次突破 10 亿美元大关，比上年净增 2.79 亿美元，增长 36.05%；比 1984 年净增 9.42 亿美元，增长 9.49 倍。进口为 5.5 亿美元，比上年净增 1.11 亿美元，增 25.28%；比 1984 年净增 5.1 亿美元，增 13.75 倍。在 1994 年外贸进出口总额中，大贸进出口额为 11.88 亿美元，比上年增长 41.43%；其中出口为 8.81 亿美元，进口为 3.07 亿美元，分别比上年增长 68.45% 和减少 3.15%。边境贸易进出口总额为 4.15 亿美元，比上年增长 11.56%，占全省对外贸易进出口总额的 25.89%，其中出口为 2.52 亿美元，进口为 1.63 亿美元，分别比上年增长 0.8% 和 33.6%。

全年出进口贸易比为 1.9∶1，进口额相当于出口额的 52.63%；上年的出进口贸易比为 1.76∶1，进口额相当于出口额的 56.82%，全省进口额过份低于出口额的态势还在继续扩大。

出口 1000 万美元以上的商品有卷烟、大锡、黄磷、烟丝、望远镜、松茸、焊锡条、磷酸五钠、服装、铝、磷酸、过磷酸钙、电池、水力发电成套设备、红茶、白石腊、芸豆、锌、烤烟、吊扇等 20 个，比上年增加 12 个。出口上亿美元的商品有烟草、机电产品、化工产品、有色冶金产品。其中后两类是当年新增加的。在出口总额中，初级产品和工业制成品所占的比重各为 47.5% 和 52.5%，分别比上年又下降和上升 0.5 个百分点，我省的出口商品结构仍在进一步继续优化，出口百万美元以上的商品由上年的 66 个增加到 95 个。

全省拥有进出口权的外贸、工贸公司、商贸企业、生产企业和科研单位已增至 62 家，比上年增加 7 家，分布在昆明、曲靖、玉溪、红河、文山、楚雄、大理、保山、德宏等 9 个地州、市。出口超过 1000 万美元的企业有 18 家，其中：超过 5000 万美元的有化工、云岭、机械、机械设备 4 家，超过 1 亿美元的有五矿，超过 2 亿美元的有烟草。

1994 年，同我省有贸易往来的国家和地区共 75 个，其中：我省出口的国别和地区有 75 个，比上年增加 2 个，进口的国别和地区有 27 个，比上年减少 3 个。

出口 1000 万美元以上的国别和地区有 13 个，占国别地区总数的 17.33%，详见下表：

出口千万美元以上的国别地区	出口金额（万美元）	占出口总额%
香港	35220	33.6
缅甸	25380	24.1
日本	10390	9.9
越南	5280	5
美国	4080	3.9
新加坡	3730	3.5
英国	2500	2.4
马来西亚	2000	1.9
泰国	1990	1.9
台湾	1650	1.6
荷兰	1590	1.5
韩国	1230	1.2
老挝	1170	1.1

进口 1000 万美元以上的国别和地区有 10 个，占国别总数的 37.04%，详见下表：

进口千万美元以上的国别地区	进口金额（万美元）	占进口总额%
缅甸	11130	20.2
美国	9160	16.6
意大利	6720	12.2
香港	5920	10.8
德国	5790	10.5
日本	4870	8.9
英国	2840	5.2
澳大利亚	1960	3.6
法国	1550	2.8
俄罗斯	1020	1.9

1994 年，我省进出口贸易占全省国民经济的份额为 16%，比上年提高 5.5 个百分点，发展速度继续高于全国大贸出口平均增长速度，也高于我省国民经济的增长速度，完成了省委省政府“两个高于”的要求。我省外贸所以能取得较好的成绩，主要是由于(1)国家在财税、金融、外汇、外贸、投资等领域推出了一系列重大改革措施，为建立市场经济体制迈出了关键性步伐。特别是外汇、外贸体制改革，解决了多年来阻碍外贸企业快速发展的问题，为外贸企业创造了相对平等、宽松的政策环境，为扩大出口注入了新的活力。(2)省委、省政府把发展外向型经济作为带动全省经济发展的重要战略来抓，对影响外贸出口以及开拓市场、招商引资的重大问题亲自过问，及时研究、采取措施，加以协调或解决。(3)西方经济走出低谷，国际市场需求转旺，亚太地区，特别是东南亚地区经济保持强劲发展态势，为我省扩大出口提供了机遇。(4)“三外”并举、“三贸”结合的大经贸格局扩大了外贸的空间和机遇(“三外”指外经、

外贸、外资;"三贸"指大贸、边贸、内贸)。(5)我省综合经济实力的增强、改革开放的进一步扩大为外贸的发展提供了更多的数量、品种的物资和更趋于同国际惯例接轨的条件。

(二)利用外资和对外经济技术合作

1994年全省共审批外商投资企业262家,比上年减少48.53%。协议总投资5.99亿美元,比上年减少48.14%,其中:协议外贸2.85亿美元,占47.58%,比上年提高4.18个百分点;实际利用外资2.03亿美元,比上年提高23%,占协议投资总额的33.89%,比上年提高19.58个百分点。平均每户实际利用外资额77.48万美元,比上年提高45.02万美元。我省累计批准外商投资企业已突破1000家,达1046家,其中合资企业734家,占70.17%,合作企业67家,占6.4%,独资企业245家,占23.42%。1994年我省新批外资企业数量比上年有所减少,但实际利用外资却增加了。投资结构有所改善,房地产项目减少,工业性项目增多,基础设施建设项目有所突破,项目规模扩大,档次提高。外商直接投资项目中生产型项目153项,非生产型项目109项。按行业分类农林牧渔水利16项、工业138项、电子通讯设备10项、建筑业2项、交通运输邮电2项、商业饮食供销仓储3项、房地产公用服务28项、科研技术服务3项、宾馆业3项、卫生体育福利事业2项,其它64项。外商投资情况如下表:

国别地区	项目数(个)	金额(单位:万美元)
香港	98	8065
新加坡	23	7488
台湾	65	4182
泰国	19	3349
美国	18	1288
德国	1	1186
加拿大	6	577
印尼	2	562
澳门	3	472
缅甸	12	306
马来西亚	2	220
日本	4	2180
澳大利亚	1	108

1994年新签订对外承包工程和劳务合作合同24项,合同金额1.05亿美元,比上年增长2.55倍;完成营业额3367万美元,比上年减少8.5%;当年派出劳务人员1200人,年末在外800人,主要派往巴基斯坦、老挝、毛里求斯等国;承包的主要项目有巴基斯坦水处理工程和公路建设工程,老挝的水泥厂建设工程、毛里求斯的建筑工程。

1994年,接受国际组织及双、多边援助7项,金额325万美元,援助项目来自联合国开发计划署、联合国儿童基金会、联合国国际贸易中心、香港乐施会及澳大利亚。

1994年签订引进技术和进口设备合同76项,合同金额3.3亿美元,比上年增长84.4%。引进项目主要来自德国1.4亿美元,意大利7569万美元,英国4525万美元,美国3900万美元;引进项目主要涉及烟草、邮电通讯、化工、电力、纺织、机械等行业。另外,签订技术和设备出口合同14项,合同金额7178万美元,主要出口缅甸、马来西亚、印度尼西亚等国,项目主要涉及水电、铁路、船舶、卷烟、桥梁、机械装配等行业。

1994年在海外举办外贸易型企业10项,中方投资金额521万美元,项目主要在缅甸等周边国家,涉及林产品加工、糖业加工、海产品加工及机械装配等。

自1984年以来,我省利用外资和引进技术的重点基本上实现了当时的设计要求,在能源、有色金属、磷矿等资源开发性项目及交通、机械、电子等行业为中心的现有企业的技术改造,新材料、新工艺、新品种的开发和综合利用,新型饲料、食品、农副畜产品等加工工业所需的优良籽种、种苗、种畜和先进技术、旅游等方面都得到了落实。其中较突出的有:(1)汽车、太阳能利用设备、电冰箱、电视机、塑料门窗、金属眼镜、玻璃马赛克、卷烟设备等生产线;(2)民用客机;(3)饲料、香料、选矿、化肥、印刷、制药、塑料模具、轧辊磨床、铝箔轧机、微波站、工业机器人、全景电影、半导体等所需的部件设备;(4)果树微繁殖、焊接、医疗、化工、检测、设计、勘探等技术;(5)房地产;(6)旅游;(7)发电;(8)程控电话;(9)草场、肉牛、咖啡等资源性投入。1994年与1984年相比,利用外资的项目是过去的52.4倍,金额是26.7部;引进技术设备的项目是2倍,资金是11倍;外出劳务人员是170多倍。随着我省综合经济能力的不断提高,通讯、交通、电力等基础设施的不断完善,以及办公设备现代水平的逐渐普及,云南的知名度在不断提高。云南的综合资源优势和现代化高技术生产的结合就是云南对外经济技术开发的核心目标。由于我省地理位置和周边国家经济低水准起步的特殊原因,导致了我省的对外经济合作项目和规模不可能象我国沿海开放省区那样在整体上获得先发优势,所以我们必须在积蓄力量等待时机的过程中在高附加值、大规模项目上集中物力、财力实现逐个突破,借以形成后发优势。

大展宏图的云南旅游业

云南地处祖国西南边陲，全省地形以云贵高原和横断山纵谷为基础，自然条件变化多端。历史悠久、民族众多、文化荟萃、宗教复杂，整体地理环境带有浓郁的神秘性，为发展旅游业提供了得天独厚的资源优势。

党的十一届三中全会以来，贯彻改革开放的方针和政策，云南省旅游业迅速崛起，得到了蓬勃发展。

1978 年 3 月，经省委、省政府批准组建了云南省旅行游览事业管理局，加强了对全省旅游业的行业管理。1986 年 7 月，当时主管全国旅游工作的谷牧副总理来云南检查和指导工作，指出“云南旅游大有可为”，旅游业应该在振兴云南经济中发挥先行作用。1986 年 8 月，省政府成立了旅游规划领导小组，把发展旅游业纳入云南省国民经济和社会发展的第七个五年计划。1993 年 2 月 14 日，省政府第五十六次常委会议通过并以云政发[1993]36 号文件向全省发布《云南省人民政府关于大力发展旅游业的意见》。明确指出：云南旅游业已初步成为具有较高关联度和一定产业规模的经济文化产业和创汇型产业，在全省经济建设，社会发展和对外开放中发挥了重要作用；旅游业是云南省第三产业发展的重点之一，要坚持以市场为导向，实行国际、国内旅游并举，开发与保护并重，经济效益、社会效益与环境效益相结合的原则，充分发挥旅游资源优势和地缘优势，高起点、大配套、超常规地进行开发建设。

1978 年至 1994 年的 17 年以来，云南省旅游业取得了令人瞩目的成绩。

1. 接待海外游客人数和旅游外汇收入持续稳定增长。1978～1994 年，来滇海外游客人数累计达 230.1 万人次，平均每年增长 28.5%，高于全国同期平均增长速度，其中，接待人数最多的 1994 年，共接待 52.2 万人次，是 1978 年的 402 倍。来滇海外游客的构成是：外国人 140.4 万人，占总数的 61%；华侨 4.7 万人，占 2%；港澳台同胞 84.9 万人，占 37%。前来云南省旅游的外国人占海外游客人数的比例高出全国平均水平 60%左右。

1978～1994 年，云南省旅游外汇收入累计达 26.8 亿元(外汇人民币)，占全省非贸易外汇收入的 85.5%，平均每年增长 32.6%，高于全国同期平均增长速度。旅游外汇收入最高的是 1994 年，全省共创汇 12379.5 万美元，再次突破了年创汇 1 亿美元大关。

2. 综合配套的旅游产业初具规模。到 1994 年，全省共有旅游涉外饭店 83 座。其中，星级饭店 37 座(四星级 5 座，三星级 7 座，二星级 12 座)；共有客房 7713 间，床位 21676 张。

全省有一类旅行社 7 家，二类旅行社 13 家，三类旅行社 200 余家，拥有英、日、德、法、俄、泰、缅、老、越等语种的翻译导游 800 余人。

全省有旅游车船公司 8 家，旅游载客汽车 712 辆，载客总座位 17958 座；旅游载客游船 46 艘，载客总座位 2471 座。全省有旅游涉外定点餐馆 70 家，旅游涉外定点商店 15 家，旅游涉外定点娱乐设施 6 家。旅游产业固定资产 8 亿元，旅游从业人员 7 万人。

3. 旅游度假区建设发展迅速。1992 年以来，经国务院和省人民政府批准，全省先后建立了 1 个国家级和 5 个省级旅游度假区。这是促进云南旅游业由观光型向观光度假型高层次转变，使云南成为旅游大省的一项战略举措。这 6 个度假区均位于国家级重点风景名胜区及著名旅游点内，其所在地昆明、大理、丽江、西双版纳等地区是云南旅游业发展的重点区域，旅游业发展及交通等方面有较好的基础，旅游客源市场前景广阔。6 个度假区的规划总面积达 61.2 平方公里。6 个度假区分别是：①昆明滇池国家旅游度假区。位于昆明滇池海埂景区，距市区 4.5 公里。规划面积 12 平方公里，近期启动面积 3.6 平方公里。总体规划已完成，现着手控制性详细规划。主要规划功能区为：中心度假区、综合游乐区、民族风情区、综合服务区等。②阳宗海省级旅游度假区。位于宜良、呈贡、澄江3县交界处的阳宗海风景区内，石安高等级公路旁，距昆明35公里，距石林51公里。规划面积16.5平方公里，近期启动面积10平方公里。规划主要功能区有高尔夫球场、湖滨游乐场、水上娱乐中心、度假别墅区等。③丽江玉龙雪山旅游区。位于丽江玉龙雪山干海子景区，距丽江县城25公里。规划面积7平方公里，近期启动面积2.15平方公里。总体规划已完成。规划主要功能区有高山滑雪场、冰雪游乐场、综合服务区、民俗度假游乐区、高山生态公园等。④大理省级旅游度假区。位于大理市苍山和洱海中部，距大理古城2公里。规划面积9.86平方公里，近期启动面积2.5平方公里。规划分为两个片区：山麓片区及海滨片区。总体规划已完成，主要功能区是中心区、民俗度假游乐区、综合服务区、湖滨游乐区、水上活动区等。⑤玉溪抚仙湖省级旅游度假区。位于抚仙湖——星云湖省级风景名胜区内。规划面积5.8平方公里。分为两个片区：江川县内的明星片区4.55平方公里，澄江县内的老鹰地片区1.25平方公里。⑥西双版纳省级旅游度假区。位于西双版纳国家重点风景名胜区内的允景洪片区。规划面积10平方公里，近期启动面积0.8平方公里。规划主要功能区是中心区，别墅度假区和综合游乐区。

4、旅游资源开发和旅游景点建设不断扩大。云南省拥有经国务院批准并公布的国家重点风景名胜区10处（路南石林、大理、西双版纳、昆明滇池、丽江玉龙雪山、宜良九乡、建水、瑞丽江——大盈江、腾冲地热火山、三江并流），经省人民政府批准并公布的省级风景名胜区26处以及一批市（县）的风景名胜区、城市公园137个。这些不同级别的风景名胜区覆盖了全省17个地、州、市，面积达1万平方公里。数量约为全国已列级风景名胜区总量的9%，面积占全省国土总面积的2.5%。云南省还拥有经国务院批准并公布的国家历史文化名城5座（昆明、大理、丽江、建水、巍山）。

5. 旅游交通逐步改善。昆明机场已成为大西南通往东南亚的重要国际航空港。目前昆明有国际（地区）航线7条（曼谷、仰光、新加坡、万象、清迈、吉隆坡、香港），省内航线5条（西双版纳、芒市、思茅、保山、昭通），省外航线32条。目前，云南省正在建设的还有大理、丽江2个民用航空机场，到1995年底将竣工通航。

铁路以昆明铁路枢纽为中心，与全国铁路连接。东以贵昆线与中南，华东铁路网沟通；北以成昆线与西北铁路各线衔接；南部以米轨铁路昆河线与越南相连，直通河内。目前，云南省正在建设的还有南昆线（南宁——昆明）、广大线（广通——大理）。

公路以昆明为中心，已建成石林——安宁，昆明——玉溪，安宁——楚雄，昆明——河口等4条高等级公路。昆明——曲靖，楚雄——大理，昆明——打洛，昆明——昭通等公路正在建设和改造。

6. 旅游市场开发与促销成效显著。近几年来，我省把客源市场开拓的重点瞄准了东南亚，1991年组织了13批48人次，1992年23批151人次，1993年24批145人次赴东南亚主要是泰国、新加坡、马来西亚促销。同时，还在泰国、香港建立了驻外旅游公司，成为我省对外招徕的“窗口”。除采取“走出去”方式外，还通过“请进来”，组织重大活动等多种手段，多管齐下，扩大影响，使东南亚客源市场出现了突破性进展。1992年泰国游客达22207人次，比上年增长422%；马来西亚游客达2314人次，增长167%，新加坡游客达12723人次，增长440%；1993年泰国游客达59296人次，增长1.7倍；新加坡游客51627人次，增长3.1倍；马来西亚游客12155人次，增长4.3倍。这些游客中，绝大多数是自组外联团。这一上台阶性的突破，改变了我省传统客源市场的格局，即长期以来一直位居第一、二位的日本、美国被泰国、新加坡所取代，使我省客源市场在一定程度上摆脱了受制于全国客源市场的影响。

云南旅游产品的开发和推销，重点发展3条主要旅游线路及6个重点旅游区域的“三线六区”。“三线”即：昆明——大理——丽江（包括大理——保山、腾冲——瑞丽）滇西旅游线；昆明——石林——阿庐古洞——普者黑滇南旅游线；昆明——思茅——景洪滇西南旅游线。“六区”即：大理、丽江、阿庐古洞与普者黑、保山腾冲、芒市畹町瑞丽、景洪思茅旅游区。开发建设观光、度假、民族风俗、高山滑雪、热带动植物、综合娱乐等6项旅游产品，使之成为在国际、国内旅游市场上具有较强的竞争力。

云南从1993年8月开始举办每年一次的“昆明出口商品交易会”，已成为大西南联合起来走向世界的盛会。全省各级旅游部门采用多种宣传手段，开展全方位、多层次、立体交叉式的旅游宣传，推出了许多具有云南特色的旅游产品，广泛招徕了大批中外游客，并在国际旅游市场上树立了已具有一定信誉的云南旅游形象。

7. 旅游业发展前景广阔。1994年10月19日至

24 日，省政府在大理市召开“滇西北旅游规划会”，这是我省按照产业化、区域化思路，以讨论、研究从现在至 2000 年滇西北地区旅游事业的发展为中心议题，具有综合性、规格高、规模大的一次重要会议。滇西北旅游区含大理、丽江、迪庆、怒江 4 个地州，总面积近 9 万平方公里。随着大理、丽江机场的通航，楚大公路，广大铁路的通车，基本具备了大规模开发滇西北旅游的条件，时机已经成熟。和志强省长以《抓住机遇，加快发展，把滇西北建成独具特色的综合旅游区》为题作了总结讲话。

《滇西北旅游发展总体规划》提出了“依托大理，开发丽江，启动迪庆，带动怒江，逐步延伸，滚动发展”的发展战略；开发的原则是：发挥资源优势，改善外部环境和通达条件，以昆明为依托，以大理为前沿，以丽江为重点，统一规划，逐步实施，利用现有条件，形成新的核心，逐步向迪庆梅里雪山、宁蒗泸沽湖和怒江峡谷延伸，最终形成高品位的资源，高层次的开发，高质量的管理，较大的环境容量，独特的吸引力，丰富的内蕴潜力，显著的经济效益。使滇西北成为继昆明、石林和西双版纳之后我省又一高质量的独特新型风景旅游片区。

云南旅游，不再是内涵单一的游山玩水，吃喝玩乐，它既是招商引资最直接的晴雨表，又是招商引资的引玉之“砖”，它还是科学考察、休闲度假及商贸活动的良好载体。云南旅游业正在向多元化、高起点、大规模的形态发展，建设旅游大省已成为全省各族人民的共识。云南省政府制定的奋斗目标是：到 2000 年，全省接待海外游客 100 万人次以上，旅游外汇收入 3 亿美元，国内游客将达到 2000 万人次，全省旅游业总收入将达到 50 亿元人民币。

到 2000 年，云南旅游业要形成一个包括饭店旅馆业、旅行社业、旅游交通业、旅游商品业、旅游饮食业、旅游娱乐业等的综合产业体系，从而成为我省现实的优势产业和重要的创汇、创收产业，在全省国民经济和社会发展中占有重要地位。通过旅游业的发展，要使云南成为我国与东南亚、南亚国家之间国际旅游客源对流门户，成为与东南亚国际旅游市场融为一体的、具有现代国际水准，大规模、多功能，特色突出的国际旅游区域，在亚洲及欧美等世界各地形成更稳定，更广泛的客源市场。

典型地区和典型企业

思茅市努力实施农业可持续发展战略

持续农业和农村发展研究是联合国粮农组织80年代提出的新课题。这一课题主要是研究"在未来农业发展中,如何管理、保护自然资源基础、调整技术和结构改革的方向,以确保持续满足目前几代人和今后世世代代人的需要。这种持续发展能保护土地、水、植物和动物遗传资源,而且不会造成环境退化,技术上适当,经济上可行,能够被社会接受"。我国政府对这一新课题十分重视,将持续农业列入了"21世纪行动议程"作为优先发展的十大项目之一,并承担了联合国粮农组织委托我国开展的持续农业和农村发展研究试验课题。1992年,国家持续农业总课题组,在全国范围内选定不同类型的19个县(市)1个地区(1994年扩展到25个县市和地区)作为持续农业和农村发展研究试验区,开展实体模式研究。思茅市被列为研究试验区之一。

思茅市地处我国西南边疆,是思茅地区政治、经济、文化中心和交通枢纽。全市土地总面积3927.9平方公里,山区面积占98.36%。总人口15万人,其中非农业人口占40%,人口密度为每平方公里38人。思茅市有丰富的土地、气候、森林、水能资源和相对优越的区位优势。全市耕地面积21.67万亩,耕地后备资源丰富。森林面积260万亩,森林覆盖率45.2%。是全省17个重点林业县(市)之一。地处北回归线以南,雨量充沛,气候温和,属典型的南亚热带湿润季风气候,热区面积78.4万亩。即将建设的澜沧江干流装机500万千瓦的糯扎渡电站就在思茅市境内。这些都为本市经济发展提供了良好条件。建国以来,特别是党的十一届三中全会以来,农业和农村经济有了很大发展,粮食连续7年丰收,农村产业结构进一步调整,农业生产条件有了改善。但是,仍存在农业基础脆弱,资源综合利用率低,森林分布不均,部分地区生态环境恶化,农业内部结构不尽合理等制约因素。因此,加强农业和农村发展的研究,确保农村经济持续、稳定、协调发展,仍是我市面临的重要问题。

思茅市承担持续农业和农村发展试验研究后,市委、市政府十分重视,认为这是国家、省、地对我市农业和农村工作的关心和支持,是促进我市农业和农村经济发展难得的机遇,一定要把它作为重要工作抓紧抓好抓出成效。持续农业和农村发展试验研究是一项复杂的系统工程,必须多部门配合,才能完成这项任务。政府及时研究,成立了以分管农业的副市长为组长,市计经委、农业局、财政局、水电局、林业局等13个部门参加的思茅市持续农业和农村发展研究试验领导小组,聘请省、地14名有关专家和领导为顾问。并抽调7名专业干部组成了持续农业办公室,与农业区划办合署办公。

3年来,在市委、市政府领导下,在国家、省、地区域规划部门的指导下,主要从两方面开展工作。

一、按照国家持续农业规划大纲要求,完成了"思茅市持续农业和农村发展研究试验规划"。持续农业研究试验既是新课题,又有继承性,是原有农业和农村发展研究的深化和发展。因此,在规划工作中,我们充分运用原有的农业和农村发展研究的有效成果,认真总结我市农业发展的成功经验,并辅以必要的补充调查。在准确诊断市情的基础上,探索农业持续发展的方向、途径和建设方案,提出相应的配套政策和保证措施。

正确处理发展与环境保护的关系,是持续农业研究的重要问题。思茅市农业尚处在传统农业向现代农业的转化时期,农业投入少,耕作还比较粗放,生产规模小,农业劳动生产率、土地生产率还不高。因此,在战略目标次序的选择上,把农业的持续、快速发展放在首位,努力转变传统农业为现代农业,实现农业现代化目标。在发展中加强环境保护,搞好资源接替,实现经济、社会、生态效益的统一。按照这一指导思想,分别制定了我市农业发展和环境保护的近期和远期目标,共39个指标,实施七个方面的战略转移，分为城郊、糯扎、南倚、云震4个不同类型区布局，安排了13个重大农业建设和环境保护项目。在总体规划的同时，完成了种植业、林业、水利、水电、畜牧业、乡镇企业、农业生态环境、农村社会发展等9个专业规划和茶园，蚕桑两个专题报告。“规划”成为指导研究试验的基本蓝图。

二、边规划，边行动，积极开展持续农业试点项目建设。针对思茅市农业发展中存在的农业基础薄弱，水利化程度低，森林覆盖分布不均，部分地区水土流失严重、草场退化等制约农业和农村发展的问题，从加强水利设施建设，植树种草，治理水土流失，开展绿色商品基地和庭院经济建设入手，实施试点项目建设，以改善农业生产环境，增强农业发展后劲，确保农业持续发展，农民收入稳定增长。

1. 加快水利设施建设，提高排灌能力，增强农业发展后劲。思茅市水利资源丰富，全市有大小河流135条，流域面积2294.8平方公里，占总面积的58%，平均每平方公里产水量59.48万立方米，平均每亩耕地占有水资源量1.06万立方米，人均占有水资源量1.7万立方米。但分布不均，四山地区(大卢山、小卢山、曼东山、曼播山)水资源不足，其他地区水利设施不配套，全市水利化程度仅24.7%，严重地制约着农业和农村经济的持续发展。因此，加强水利设施建设，提高排灌能力，是保证农业持续稳产高产的重要项目之一。试验研究重点是：坝区以改善配套设施，提高排灌能力为主；山区以增加灌溉水源，治理水土流失为主。1994年组织完成水利建设项目1638件，其中：新建31件，除险配套6件，小一型水库8座；灌溉渠道1460条745公里，增灌面积3500亩，改灌5300亩，恢复灌溉面积2000亩，除涝4000亩；架设人畜饮水管22条26.7公里。总投资545万元，其中，水利工程投资486万元，人畜饮水管投资65万元。

2. 坚持植树造林，提高森林覆盖率。思茅市虽然是云南省森林覆盖率较高的县(市)之一，但林地分布不均，有的乡林地面积很少，森林覆盖率仅8%，水土流失严重，生态环境恶化，农业生产条件极差。为逐步提高森林覆盖率，改善农业生产环境，市政府决定：对现有森林按计划限额采伐，除保证年度采伐更新外，坚持年均营造人工林1万亩，计划到1997年基本消灭宜林荒山，到2000年完成人工造林17万亩。1994年全市人工造林完成12903亩(经验收合格)。其中：经济林3623亩，用材林9280亩；义务植树420918株，迹地更新14290亩。

3. 推广农业实用技术，保证粮食持续稳产高产。粮食的持续稳产高产，除要具备良好的生产环境外，科学技术的推广应用是关键。思茅市农业生产现状是：坝区半山区水利化程度较高，生产环境好，农民的科技意识较强，农业实用技术的引进应用较为广泛，粮食产量稳中有升，农村经济发展快；山区水利化程度低，生产环境退化，群众科技意识差，粮食产量低而不稳，经济发展缓慢。针对这些不同的特点，开展试验研究的重点是：粮食高产区主要是引进推广实用新技术，使其持续高产稳产，并向高产优质高效方向发展；低产区主要是在改善生产环境的同时，普及农业实用新技术，提高单产，增加总产。1994年是我市病虫灾害较多的一年，由于积极组织推广农业实用技术，粮食产量仍比上年增加77万公斤。

为适应市场需求，提高经济效益，1994年引进滇瑞449等11个优质稻品种，示范面积5000亩，最高单产690公斤，最低单产550公斤，平均单产591.2公斤。经示范观测，有4个品种质量好，产量高，每公斤市场价4元左右。

4. 发展乡镇企业，解决富余劳力就业，增加农民经济收入。思茅市乡镇企业起步晚，基础差。为加速乡镇企业发展，变资源优势为经济优势，市委、市政府决定每年由财政拿出100万元，支持发展以种植、养殖、建筑、建材为骨干的乡镇企业。1994年新上项目7项，共解决农村剩余劳力1373人，全年总收入7215万元，比1993年增加2575万元，增长42.6%。

5. 建设人工草场，发展草食牲畜。思茅市草场资源比较丰富，现有面积103万亩，大牲畜头均15亩。但由于重用轻管，粗放经营，加之在70年代部分地区毁草种粮，丢荒后导致紫茎泽蓝、飞机草等有害杂草侵入蔓延，破坏了自然草场，部分地区草场超载，致使产草量下降，放牧十分困难。随着市场经济的发展和人民生活水平的不断提高，肉食结构发生了变化，对牛肉的需求量逐年增大。为满足市场需求，市政府将人工改良草山纳入持续农业建设范畴，实行统一规划，统一组织实施，统一验收，分户建设，谁建谁使用，长期不变的政策，从而提高了群众的积极性。到1994年末，全市建设人工草场42500亩，亩产鲜草由原来的600多公斤提高到2000公斤以上。开展人工草场建设促进了畜牧业生产的发展。

6.“三结合、一体化”，大力发展绿色商品基地。思茅市现有可开发利用的荒山荒地103.2万亩，为使土地资源发挥经济效益，市委、政府制定了一系列鼓励政策，把城市、机关、企业、事业单位的人才、资金、技术引入农村，开发绿色基地。实行高投人高产出，集中连片开发和集约化经营。到1994年末，累计开发面积69589亩，基地就业人员9000余人。其中，茶园37730亩，果园14735亩，橡胶园10073亩，咖啡园3478亩，桑园3568亩。1994年基地的农业产值2062.5万元(90年不变价)。其中：茶叶2243吨，产值1426.5万元；水果2333吨，产值310.5万元；咖啡(豆)360吨，产值252万元；橡胶(干胶片)75吨，产值58.5万元；蚕茧9.5吨，产值15万元。茶叶加工正向深度发展，近30个茶叶产品被评为省、地名特优产品，远销国内和国际市场。通过绿色商品基地开发，走出了一条“三结合、一体化”(城市与农村结合，科技与经济结合，开放与开发结合，农工商一体化)经营的新路子，初步探索到一条能促进农村商品经济持续发展的模式。

7. 开展节能改灶，保护森林资源，改善生态环境，促进庭院经济发展。思茅市平均每年用于加工和城乡生活燃料的薪材达214000立方米。大量森林资源被低价值耗费，是导致部分山区生态环境退化，生活燃料困难的主要原因。为了解决农村燃料问题改善生态环境，我市在开展人工造林、封山育林的同时，开展节能改灶和农村初级电气化建设。到1994年末，累计改灶30860口，每口每年可节柴2.5立方米，每年节柴77150立方米；建小型高效曲流布料沼气池1205口，每口每年节柴5立方米；安装太阳能热水器4200平方米。通过改灶、建沼气池等，每年少采伐薪材83175立方米，既解决了农户的燃料困难，又大大减少了家务劳力耗费，改善了环境卫生，保护了森林资源，促进了农村庭院经济的发展，增加了群众的经济收入。如：倚象乡半坡村公所(全村408户农户，1985人)，通过开展庭院经济等试点项目建设，粮食产量和经济收入逐年增加，人均产粮从1980年的352公斤提高到745公斤，人均出售商品畜(牛、猪)0.5头，户均有经济林2亩，人均纯收入由1980年的141元提高到752元。

8. 电气化建设已基本达标。农村初级电气化建设，是农村能源建设的一项重点工程，是发展农业和农村加工业的基础工作。1994年末，农村初级电气化建设又有新的进展，农村户通电率达到了95.2%，各项主要指标基本达到设计要求(国家将于1995年8月组织验收)，为农村经济发展创造了良好的条件。

9. 农民人均纯收入比上年增加。由于绿色商品基地、庭院经济、乡镇企业逐年发展，增强了农村经济活力，农民收入有了新的来源，1994年农民人均纯收入达到874元，比1993年增加126元。

10. 搞好资金筹措，保证建设项目实施。为保证试验区建设项目的顺利开展，市委、市政府把持续农业规划和目标要求，列入全市经济发展的战略规划，将各部门各个渠道安排和争取的项目、资金统一在规划之中，由项目承担单位组织实施，领导小组进行督促检查，组织验收，既保证了规划项目的完成，又增加了项目建设的资金渠道，加快了项目建设速度。

(陈有才　杨亚林　江　宁　撰稿)

昆明电缆厂

作为中国第一家线缆制造企业1936年在昆明诞生的昆明电缆厂，因制造了中国历史上的第一根电线，而享有“中国电线电缆工业摇篮”的美誉。

经过半个多世纪的发展壮大，昆明电缆厂现已成为国家大二型企业，机械部重点企业，同时也是全国线缆行业26个重点骨干企业和10家最大规模、最佳经济效益生产企业以及4家拥有产品进出口自营权的企业之一。工厂占地35万平方米，有固定资产1亿元，具备年产总导体3万吨，各类电力电缆1万多千米、产值5亿元以上的生产能力。目前“电工牌”线缆产品不仅行销全国所有省、市、区，还出口到亚、欧、非等5个大洲的数十个国家和地区，在用户中享有极高的信誉。

“城乡处处都用电，有电必有昆缆线”，这是全体昆缆职工为之奋斗的共同目标，真切地反映出了昆缆人强烈的自信和宏大的气魄。是技术改造的成功，使昆缆重振了企业雄风；是坚持不懈地抓技术进步，使“摇篮”焕发了青春。

昆缆厂在“一五”期间虽曾增加了部分设备，但后来由于交通不便，国家发展地域调整等原因，工厂几十年间都没有大的发展，设备陈旧，工艺落后，对企业进行大规模技术改造已成为当务之急，从1986年开始，工厂利用省市给予的优惠政策，先后自筹资金6000多万元投入技改。这次技改的总体方案是：以调整产品结构作为主攻方向，大幅度增加线缆生产中电力电缆的比重。在利用和完善原来设备的基础上，引进具有世界先进水平的技术装备，开发新产品，提高质量，下决心在高起点的主导产品上迎头赶上国际先进水平。

在电线电缆的生产过程中，产品设计的工作量较小，工艺的工作量较大，机器设备在生产中占有举足轻重的地位。因此，在“七五”技改期间，工厂经过反复的论证、广泛的调查，先后引进了国际上具有80年代先进水平的3条生产线(交联电缆生产线、加压盐浴硫化生产线和中型悬链式连续硫化生产线)，2台单机(3米盘式成缆机、连续压铅机)以及1台检测设备(局部放电检测设备)，并对原有生产线进行了调整，增加了一批试验设备和仪器，新建了配电室、污水处理工程等大型公共设施，使供电、环保设施成龙配套。在引进设备的过程中，工厂注意了引进设备的消化、吸收，注重技术管理人员的选拔培养，重视资料管理和环境保护，使引进设备发挥出了应有的效能。

经过近千个日夜的艰苦奋战，到1989年10月，整个“七五”技改工程基本完成，工厂新增固定资产5400万元，应用微电子设备的比例由改造前的零提高到近50%。工厂产品品种大为增加，产品质量迅速提高，综合实力大大加强，各项经济技术指标逐渐处于中上游水平。工厂“七五”技改的成功，经济效益十分显著，塑力缆、纸力缆生产能力成倍增长，并且有力推动了电缆产品质量的提高，促进了产品的出口。在整个“七五”期间，工厂累计向国家上缴税利1.2亿元，是技改前固定资产净值的6.1倍，并且出口创汇1300多万美元，做到了技改生产双丰收。

1992年，昆明电缆厂开始着手实施更大规模的“八五”技改工程。主要项目基本在昆明高新技术产业开发区内。开发区的技改项目有两项：一是新建一条全塑市话电缆生产线和光纤电缆生产线；二是新建一条辐照交联电缆生产线。设计生产规模为年产市话电缆50万对公里，通讯光缆2000公里、辐照交联电缆2200公里。整个“八五”技改预计总投资1亿元，全部建成后可新增年产值1.5亿元以上。

到1994年底，在开发区的全塑市话电缆生产线已全部竣工投产。

多年来，昆明电缆厂除了坚持不懈地抓好技术改造外，还狠抓质量管理。1995年6月18日，昆明电缆厂获得了由国家商检质量认证中心颁发的ISO9001国际质量体系认证证书，成为云南省首家通过ISO9000系列标准认证的企业，实现了零的突破。成为红土高原质量管理的一面旗帜。这表明，昆缆厂的质量管理和质量保证能力已达到省内乃至国内的先进水平。

ISO9000是质量管理和质量保证的国际标准系列，是产品顺利进入国际市场的通行证，也是企业转换机制，与国际贸易接轨的必由之路。昆明电缆厂是一个拥有产品进出口自营权的生产企业，面对参与国际竞争的挑战，在省商检部门的帮助下，于1992年开始学习贯彻ISO9000系列标准，走上了体系认证之路。贯彻ISO9000系列标准，建立和完善质量保证体系，是工厂企业管理的一场革命，它要求企业必须建立一整套科学、严密、系统、可操作的、文件化的质量体系，从而向社会提供可靠的质量保证。从1992年6月起，该厂在完成军工产品承制单位质量保证体系评审合格的基础上，开始进行系列标准的宣传贯彻。通过学习培训、进行质量体系现状调查、进行质量体系总体设计、编写质量体系文件等步骤，逐步形成了一套基本完整而又行之有效的质量保证体系。质量体系的运行，使工厂在管理水平上实现了突破，人员素质普遍提高，管理工作实现了程序化、规范化、法制化，并使每个职工的管理行为，管理活动都处于受控状态。通过内部质量审核和管理评审、改进，不断循环，为申请体系认证打下了良好的基础。

在申请ISO9000质量体系认证过程中，昆明电缆厂向全体职工宣布了工厂的质量方针，这同时也是这个具有光荣传统的工厂向全社会发布的质量宣言，那就是：牢固地保持“电工牌”电线电缆“国产精品”的名牌信誉；牢固地保持本企业产品质量国内本行业一流水平；充分理解顾客需要，向顾客提供满意的产品质量(包括顾客提出按国外先进标准生产产品)和服务是我们一贯的承诺。

1994年改革开发大事记

1月

16日 治理滇池的跨世纪宏伟工程——西园隧道工程开工。省委书记普朝柱、省长和志强等省市党政领导出席了开工典礼。

20日 地质矿产部和云南省人民政府重奖我省地质找矿重大成果颁奖大会在昆召开。地矿部部长朱训、省长和志强出席会议并讲了话。

18～21日 中、老、缅、泰4国澜沧江——湄公河通航合作技术级会议在昆举行。亚太经社会、联合国开发计划署和湄公河委员会派员列席了会议。省长和志强会见与会代表，牛绍尧副省长出席会议并讲了话。

24～26日 省政府在昆明召开花卉现场办公会，决定把花卉业作为我省一大产业发展，下决心把我省建成花卉王国，把昆明市建成中国的花都。和志强省长在总结会上作了重要讲话。

28日 我省"八五"重点工程——昆河公路新哨至河口段一期工程通车典礼与大麦地至新哨段开工典礼同时举行。省人大、省政府、省政协领导参加了典礼并剪彩，牛绍尧副省长代表省委、省政府讲了话。

2月

2日 省委、省政府给全省机电行业职工和省旅游局发出贺信，热烈祝贺全省1993年机电产品出口创汇和旅游创汇分别突破1亿美元大关。

6日 我省已建成的高等级公路中里程最长、技术标准最高、施工难度最大的安楚汽车专用二级公路通车典礼在楚雄举行，省委书记普朝柱、省长和志强为通车典礼剪彩，副省长牛绍尧在通车典礼上讲话。

18日 经国务院批准，我省宣威县撤县改市。

3月

5日 李嘉廷副省长在省政府会见厅会见由美国卡罗来纳建筑建材集团股份有限公司总裁詹姆期·艾利森率领的项目考察团。

9日 牛绍尧副省长在昆明锦华大酒店会见并宴请泰国川集团董事长桑代和日本野村集团高级顾问田渊义久为首的投资考察团一行；并率省级有关部门负责人同考察团就水电开发、交通、能源、汽车装配、旅游等方面的合作进行了会谈。

20日 我省面向"三北"地区和独联体、东欧的重要"窗口"——云南商厦在京正式落成开业。经营这家商厦的北京云南经济贸易促进有限公司也同时开业。

4月

1日 云南省大型经贸洽谈会历时5天在新加坡世界贸易中心圆满结束。

3～5日 全省对缅边境贸易工作会议在保山市召开。会议提出：要抓住机遇，规范管理，提高效益，力争对缅边贸再上新台阶。

8日 省政府表彰1993年度云南省农业登上新台阶奖获奖的57个地(州、市)县(市、区)。

12日 景洪市举行撤县设市庆典，李嘉廷副省长代表省委、省人大常委会、省政府向景茫市表示祝贺。

14日 我省改扩建后的国家二级机场——保山机场试航成功。

16日 昆明—济南首次通航。杨健强副省长等党政军负责人出席了首航式。

19日 省政府在北京人民大会堂隆重举行盛大的对外招商会。欧洲、美洲、亚洲20多个国家和地区的驻华使馆经济和商务参赞以及一批世界有名的企业、银行、商社的专员、首席代表共400余人参加了招商会。和志强省长在招商会上阐述了我省进一步改革开放的新思路、新办法，宣传了云南当前鼓励外商投资的重点。招商会上还宣布了第二届“昆交会”于8月8日至16日举行。

▲ 李嘉廷副省长率省、地、县有关部门负责人考察景谷油田和正在建设中的景谷炼油厂，并现场决定有关事项。目前，景谷油田探明和控制石油地质储量为109万吨，并已达到年产1万吨原油的生产能力。云南油气生产从此实现了“零”的突破。

20日 省政府召开全省扶贫工作会议。会议提出：要组织全省人民打一场扶贫攻坚战，力争用7年时间，基本解决目前我省农村700万贫困人口的温饱问题。杨健强副省长在会上作了讲话。

25日 我省“七五”重点水利建设项目——“引洱入宾”工程胜利通水，谱写了我省跨流域调水的新篇章。黄炳生副省长出席在大理举行的通水庆典，并代表省委、省政府讲话；和志强省长和国家水利部从北京发来了贺电。

5月

1日 被称为目前“云南第一桥”的西苑立交桥竣工，昆明西二环路通车。

6日 以和志强为团长的云南省代表团抵达金边，对柬埔寨进行为期5天的友好访问，15位企业家组成的云南省经贸小组随同访问。柬埔寨第二首相洪森在首相府会见了和志强省长。

6月

4日 和志强省长代表省委、省政府到陆良井喷现场慰问，并指出，在陆良找到气和油，是一件好事、喜事、新事。陆良特大天然气井喷是6月1日中午在陆良县三岔河镇发生的，有关专家称这次事故表明陆良盆地储有丰富的天然气资源。

▲ 改造后的保山机场投入使用，中断4年的昆明—保山—昆明民用航线正式复航。牛绍尧副省长等省领导参加了复航庆典和剪彩。

29日 漫湾电站举行第三台机组投产剪彩仪式。

30日 昆钢50孔大型焦炉建成投产。这项按国家定额工期需30个月建设周期的省重点建设项目，只花了21个月就胜利竣工。李嘉廷、牛绍尧等省领导同志到现场表示祝贺。

7月

1日 和志强省长、李嘉廷副省长等省市领导出席了泰王国驻昆明总领事馆开馆仪式。

28日 省国家税务局、省地方税务局顺利完成分设组建工作并正式挂牌。国家税务局致电祝贺，省长和志强亲临现场分别向两个税务局授牌授印。

30～31日 省政府在宾川县召开金沙江中游农业综合开发工作会议，研究部署实施金沙江中游农业综合开发工作。和志强省长在会议上作了题为《把今日金沙江干热河谷建成富饶的绿带》的重要讲话。

8月

8日 ’94中国昆明出口商品交易会在昆明国贸中心隆重开幕。组委会主任、云南省省长和志强致开幕词，全国人大常委会副委员长李锡铭宣布’94中国昆明出口商品交易会开幕。

11日 以牛绍尧副省长为团长的云南省代表团圆满结束对泰国的访问返回昆明。访泰期间，牛绍尧代表云南省政府与泰国川集团总裁宋提·林通君先生签订了长期合作意向协议。

16日 为期8天的第二届昆交会胜利闭幕。本届昆交会总成交额14.62亿美元；国内24个省市区、7个计划单列市、3个经济特区、1135家企业和59个国家、地区的5466位客商参加了交易会。

22～26日 喀斯特与洞穴风景旅游资源开发与保护国际学术讨论会在路南召开，牛绍尧副省长到会祝贺。国内专家一致赞同推荐石林列入世界自然遗产名录。

26日 我省第六大化工市场在昆明建成，刘京副省长等省领导参加了揭牌仪式。

9月

2日 我省第一条高速公路昆嵩公路首段开始动工兴建。

5日 刘京副省长在锦华大酒店会见并宴请考察澜沧江——湄公河的中老缅代表团，对中老缅泰四方的联合考察获得圆满成功表示祝贺。

6日 云南工业大学正式成立。普朝柱、和志强等省党政领导参加成立庆典；赵淑敏副省长代表省委、省政府表示祝贺。

▲ 由昆钢、云冶等14家省内大中型骨干企业共同投资入股兴建的云南省生产资料交易所正式成立。普朝柱、和志强、刘树生分别题词祝贺。

10月

9日～17日 和志强省长赴新加坡参加’94欧洲—东亚经济高级会议，并在会上作了有关湄公河次区域合作的发言。

14日 首届中国西南国际投资招商会组委会在北京成立，并举行招商项目介绍会。王光英、程思远、李沛瑶等出席会议。招商会筹备领导小组组长、副省长刘京代表西南四省二市向参会的各方人士介绍了情况。

19～24日 省政府在大理、丽江召开滇西北旅游规划会议，和志强省长主持会议并讲话。会议要求把云南建成旅游省、把旅游业建成我省支柱产业、把滇西北建成现代化国际旅游区。

20日 我省第一条地方筹资建设的铁路——昆玉铁路投入运营。

11月

1日 国家"八五"重点建设项目——南昆铁路云南境内昆明至威舍段开始铺轨架梁。和志强省长参加了铺架典礼。

5日 乌鲁木齐至昆明航线开通。

8～13日 云南省组团参加'94北京第二届国际中小企业新产品新技术展览洽谈会，招商引资达3.22亿美元。云南代表荣获"组织奖"，云南展馆荣获"设计奖"，送展商品有50个荣获"优秀产品奖"。

15～17日 中国西南国际投资招商会在昆明国际贸易中心大厦隆重开幕。此次投资招商会签约11个项目，协议总金额达1.25亿美元。

25日 由我省国际经济技术合作公司承建的老过万荣水泥厂建成投产，为我省在老挝进一步开展经济合作打下坚实基础。

27日 以李嘉廷副省长为团长的云南省政府代表团圆满结束对上海市的访问返回昆明。此次访问签署各类经济技术协作项目28项。滇沪两地建立起新型的经协关系。

12月

8～10日 '94中国国内旅游交易会在昆明举行，全国政协副主席谷牧、国家旅游局局长刘毅、省委书记普朝柱、省长和志强等领导出席了开幕式。中外客商7000多人参加了交易活动。

20日 漫湾电站3号机组提前10天胜利实现并网发电，副省长牛绍尧赶赴现场祝贺。

21日 总装机容量37000千瓦的双柏县老虎山电站开工，牛绍尧副省长等领导参加奠基仪式。

云南的对外贸易

'95 中国昆明出口商品交易会场馆(张金明摄)

昆交会交易场地鸟瞰(张金明摄)

我省对日本出口的优质磷酸运抵新泻港(杨建东摄)

云南的工业建设

云南机床厂(张华国摄)

云南铝厂(贾云摄)

迪庆纸浆厂建成投产(钟振璋摄)

云南的交通和农业

瑞丽立体农业(张金明摄)

——河二级汽车专用公路(张华国摄)

昆明国家粮食储备库(张金明摄)

西双版纳风光

澜沧江上的景洪码头

西双版纳开发区一角

（本版图片均由张金明摄）

西双版纳三星级饭店——皇冠大酒店

西藏自治区

主　　编：王殿元
副 主 编：杜　杰
编写人员：曹宗杰　樊昌均　周金成

西藏自治区分目录

典 型 地 区

西藏自治区概况

面积:120多万平方公里

人口:231.98万人

行政区划:6个地区,1个地级市,1个县级市,73个县

自治区党委书记:陈奎元

自治区六届人大常委会主任:热地

自治区人民政府主席:江村罗布

自治区六届政协委员会主席:帕巴拉·格列朗杰

西藏自治区国民经济主要指标 单位:亿元

项目	1994年	1994年比上年增长(%)
国内生产总值	42.34	8.60
工农业总产值	33.67	6.00

续表

项目	1994年	1994年比上年增长(%)
工业总产值	6.85	13.10
重工业产值	4.05	12.20
轻工业产值	2.80	14.20
农业总产值	26.82	4.50
全社会固定资产投资	23.47	29.31
国有固定资产投资	22.39	31.47
社会商品零售总额	22.50	14.68
零售物价总指数(%)	119.00	
职工工资总额	11.46	68.90

国民经济和社会发展

一、国民经济发展概况

1994年,在自治区党委、人民政府的领导下,全区各族人民认真贯彻落实党的十四届三中全会和全国经济工作会议精神,坚持"抓住机遇,深化改革,扩大开放,促进发展,保持稳定"的基本指导方针,卓有成效地开展了各方面的工作。特别是7月份以后,根据中央第三次西藏工作座谈会和区党委四届六次全委扩大会议确定的指导思想、方针、任务和发展思路,坚持以经济建设为中心,紧紧抓住发展和稳定两件大事,团结奋斗,开拓进取,改革开放取得实质性进展。1994年,全区国民生产总值实现42.3亿元(当年价),按可比口径计算,比上年增长8.6%。其中,第一产业增长4.3%,第二产业增长11.4%,第三产业增长13%。

财税金融体制改革不断深化。按照税制改革要求,统一了内资企业所得税,实行了以增值税为主体的流转税制,开始实施个人所得税,调整了一些其他

税种，新的财税体制运行正常。1994年全区共完成各项税收2.59亿元，比上年增长19%。地方财政收入剔除关税因素实现1.42亿元，按可比口径计算比上年增加3926万元，增长38.1%。

（一）农牧业及农牧区经济

各级政府进一步增加对农业的投入，动员和组织群众兴建了一批水利设施，增加农田保灌面积12万亩；进一步调整种植结构，增加了经济作物的播种面积；以农牧业增产、农牧民增收为核心，相继出台了一系列政策措施；在稳定和完善“两个长期不变”政策的基础上，进行了草场使用证试点工作，明确草场使用权，继续完善农牧区社会化服务体系。通过这些工作，调动了农牧民群众的生产积极性，促进了农牧业和农牧区经济的发展。

1994年，全区农业总产值达到26.82亿元，按可比价格计算，比上年增长4.5%；粮食总产64万吨，增长3.2%；油菜籽产量2.94万吨，增长13.1%。全区畜牧业在部分地区遭受了严重风雪灾害的情况下，仍然获得了较好的收成，畜产品商品率达32%，比上年提高2个百分点；牲畜年末存栏2297万头（只），比上年略有下降。主要农畜产品产量如下表：

1994年全区主要农畜产品产量

单位：万吨

产品名称	1994年产量	比上年±%
粮食	64.00	3.2
油料	2.94	13.1
肉类	10.39	−7.4
奶类	18.50	11.7
绵羊毛	0.90	8.4

林业生产稳定增长，全区人工造林面积4.26万亩，比上年增加0.52万亩；种植经济林木10万株，新造苗圃600余亩；林管工作和护林防火工作进一步加强。

多种经营、乡镇企业有了较快发展，全区多种经营收入达3.80亿元，比上年增长35.7%，乡镇企业总收入达1.90亿元。

（二）工交生产、邮电通信

工交企业以经济效益为中心，以深化改革为动力，落实企业自主权，转换经营机制，积极探索建立现代企业制度的具体形式；同时，面向市场，强化管理，调整产品结构，使工交运行呈现了较好的态势。1995年，全区工业总产值达到6.85亿元，按可比价格计算，比上年增长13.1%。主要工业产品产量见下表。

1994年全区主要工业产品产量

产品名称	单位	1994年产量	比上年±%
发电量	亿千瓦时	4.46	13.5
铬矿石	万吨	7.40	3.8
水泥	万吨	15.02	14.7
原木	万立方米	12.00	−41.3

全社会货运总量完成164万吨，客运完成238万人次，分别比上年增长6.5%和8.7%。新开通了拉萨至重庆航线，增强了空运能力。

全年完成邮电业务总量0.41亿元，比上年增长24.2%，其中，函件增长25%。邮电通信设施建设超前完成“八五”规划，全区话音卫星通信建设取得新的成就，拉萨——山南光纤电缆铺设顺利。

（三）市场、物价

市场活跃，城乡市场商品充裕，购销两旺。全社会商品零售总额达22.5亿元，比上年增长14.7%。

根据国家部署，结合我区实际，调整和放开了部分商品价格，开始着手建立各项重要物资储备制度和风险基金。受全国价格上涨的影响和拉动，1994年全区商品零售物价总指数达119.0，居民生活费用价格指数达128.3，分别比上年上升7.1和8个百分点。

（四）金融、保险

货币、信贷运行正常，金融秩序进一步好转，运用信贷手段调控经济的能力进一步增强。存款大幅度增加，银行支付能力增强，全区年末各项存款余额达52.57亿元，比上年增长60.9%，其中城乡居民储蓄存款达13亿元，比上年增长43.8%；年末各项贷款余额达40.34亿元，比上年增长22.2%；货币净投放17.5亿元，比上年增长85%。

全区保险金额为20.97亿元，比上年下降42.2%；保险费收入0.18亿元，比上年增长12.5%；赔款0.10亿元，比上年增长42.8%。

（五）外贸、旅游及外引内联

对外开放进一步扩大，对外经济贸易取得了明显效果。1994年，全区进出口总额达到3.57亿美元，比上年增长2.5倍；其中，进口3.37亿美元，出口0.2亿美元，分别比上年增长2.8倍和33.3%；边境贸易额实现320万美元。

旅游业有较大幅度回升，全年共接待海外游客2.8万人次，比上年增长12.5%；营业收入实现1.53亿元，增长63.9%；实现利润2724万元，比上年增长97.8%。

外引内联步伐明显加快，取得改革开放以来最好的成绩;全年批准外引内联项目19项,协议引进资金10.2亿元人民币和2109万美元,比上年增长6倍,其中:藏澳实业发展有限公司投资6亿元人民币的拉萨河仙足岛开发项目和西藏中和实业公司投资3.8亿元人民币的国际商城已分别于8月、11月动工建设。

二、经济结构趋于合理

1994年,全区完成国民生产总值42.34亿元,其中,一、二、三产业占国民生产总值的比重分别是:第一产业46.05%,比上年下降2.96个百分点;第二产业16.63%,比上年上升1.85个百分点;第三产业37.32%,比上年上升1.11个百分点,国民经济总体结构逐步向合理方向发展。同时,农牧业、工业、商业、外贸等国民经济各部门、行业的内部结构也都在"保证国民经济健康运行,提高整体经济效益为中心"的前提下,得到了合理调整。

农牧业内部的结构调整:农业方面,通过实施稳产、增收措施,在稳定增加粮食生产的前提下,增加经济效益好的油菜籽等经济作物及蔬菜、豆类、饲料等其他作物的播种面积,从而使农民的比较效益得到提高;畜牧业方面,以提高商品率为前提,加大畜群、畜龄结构的调整力度,使畜群、畜龄结构向"双优"目标快速推进。

工业、交通、商业、外贸结构的调整:以搞活国有企业为重点、以推进建立现代企业制度为目标,以市场机制为规范,对各行业的内部结构和外部条件(结构)进行了调整。工业方面:轻工业占整个工业的比重有所上升,特别是食品、饮料工业发展较快,使对内地的依赖程度有所降低,自给能力增强;交通运输方面:运输市场开放度增大,区内个体运输专业户和区外运输企业及个体户所承担的客货运输量占全区客货运输总量的比重大大提高,商业方面:在继续发挥个体商户繁荣市场作用的前提下,振兴滑坡的国合商业,使之继续发挥主渠道作用,担负起平抑市场物价的职责,同时,对近几年几乎陷瘫痪状态的基层供销社(网点)的恢复进行了卓有成效的工作,外贸、边贸出口产品结构有所调整,产品参与市场竞争能力有所增强。

三、基础设施建设成效显著

全区完成固定资产投资20.21亿元,比上年增长11.3%(未含"三十周年大庆"建设项目投资),其中:基本建设投资19.31亿元,技术改造项目投资0.90亿元。列入全区考核的基本建设项目80个(其中重点项目14个),年底建成交付使用的72个,竣工率达90%。

为迎接西藏自治区成立三十周年,党中央、国务院为西藏确定了62个建设项目,由国家有关部委和各省、市、区负责筹资援建。援建的有关部委和各省、市、区,都先后派团进藏考察或发函联系,以对西藏人民高度负责的态度和满腔热情,通过实地踏勘、项目论证、设计审核,提出了许多很好的设计修改意见,不少省、市、区还补充了设计中的缺项或漏项,增加了项目计划投资,从而使62个建设项目的概算总投资从原计划的23.8亿元增至25.7亿元。截止1994年底,完成前期工作的项目55个;开工建设的项目32个(其中国家投资的项目17个,各省、市、区援建的项目15个),完成投资3.26亿元。大庆项目建设,开局良好。

以能源、交通、通信等为重点的基础设施建设进展顺利。羊湖电站、查龙电站提前完成年度建设计划;金河、沃卡电站的前期工作正在抓紧进行;阿里朗久地热电站恢复工程已经竣工、验收;邦达机场修复工程全面竣工,质量良好,试航成功;青藏川藏公路整治、中尼公路改造进展顺利,均完成年度施工任务;泽贡公路改建工程实现了当年开工、当年建成交付使用;"一江两河"中部流域综合开发工程步伐加快,取得明显效果;通信建设提前完成了"八五"计划。

四、社会事业进一步发展

(一)科技

科技科学技术在经济发展中的作用继续增强,实用技术的推广步伐加快;全年科技三项费用投入729万元,比上年增长6.6%,完成科研项目107项,"星火"计划项目6项。

(二)教育

教育有了新的发展。各级政府对教育的投入增加,办学条件继续得以改善,教育改革初见成效,教学质量和办学效益得到提高;全年完成教育基建投资0.6亿元,新建和改、扩建中学10所,小学555所,竣工校舍面积120万平方米;全区适龄儿童入学率达到67%,比上年提高4个百分点,各级各类学校在校生达27.02万人。

(三)文化、卫生、体育

文化、卫生、体育等各项事业取得新的进步。文化工作坚持一手抓繁荣、一手抓整顿,净化文化市场,创造了健康的文化环境。民族文化遗产的抢救、整理取得新的成绩,经过5年的精细施工,布达拉宫维修工程圆满竣工并举行了隆重庆典。医疗卫生工作坚持预防为主的方针，改革完善了公费医疗和城乡居民免费医疗制度，妇幼保健得到加强，人民健康水平不断提高。计划生育的宣传、服务等工作有所加强，农牧区和流动人口的计划生育开始受到重视。群众性体育运动、广播影视、新闻出版等事业也有新的发展。

(四)人民生活

人民生活有所改善。全区农牧民人均纯收入按1983年收购牌价计算达555元，比上年增长6.5%（按90年综合平均价为817元，增长7.9%）。职工住房制度改革开始起步，实行了提租提补办法。在中央的关怀和支持下，机关和企、事业单位职工收入大幅度提高；同时，城镇就业渠道进一步拓宽。

典 型 地 区

林芝地区

林芝地区位于西藏自治区的东南部，雅鲁藏布江中下游，南与印度、缅甸毗邻，北与那曲、昌都两地区相连，西界拉萨市，东止昌都地区，面积11.7万平方公里。全地区共7个县、53个乡和八一、扎木2个镇，行署所在地设在八一镇。1994年末全地区总人口13.75万。

一、自 然 环 境

林芝地区位于喜马拉雅山脉与横断山脉交错的高山峡谷地区，山峦起伏，河川下切，海拔高差悬殊，地形地貌复杂，具有典型的高山深谷地貌特征。受印度洋暖湿气流的巨大影响，整个地区的气候特点表现为温暖潮湿，小气候复杂多样，有着"一山分四季，十里不同天"的特征。

林芝地区的气候资源，不仅在垂直方向上的分布与变化明显，而且有着经向和纬向的地带性变化。从东南向西北大致从察隅、墨脱的热带、亚热带湿润气候类型逐渐过渡到米林、朗县、工布江达的温带半湿润、半干旱气候类型。全地区日照充足，年温差较小，月温差较大；全年无霜期130-175天，无霜日数从西北向东南逐渐增加；年降水量500～2000毫米，其中墨脱县的部分地区高达3570毫米。

二、主要资源概况

1.土地资源。林芝地区土地总面积11.7万平方公里，其中我国实际控制线以内为7.6万平方公里。森林覆盖率高达34.3%，远高于全区5.84%的平均水平。农业耕地面积26.12万亩(习惯用亩)，草场3935.74万亩，宜农地49.98万亩。

2.水和水能资源。林芝地区受印度洋暖湿气流的影响，降水充沛，水系发育，河网密布，河网密度是全区最大的地区之一。境内河湖众多，水域面积7658平方公里。水能理论蕴藏量8225万千瓦，约占全区的41%，可能开发的水能3184万千瓦，占全区的56%。据有关专家考察测定，在雅鲁藏布江大弯峡，可获取3800万千瓦以上的水能。

全地区的水资源主要由大气降水、冰雪融水和地下水三种补给形式组成。河流水文特征是流量丰富，径流季节分配不均，水质良好，水体没有污染。

3.动植物资源。林芝地区是西藏森林最多的地区，是名副其实的"林大头"。全地区森林密布，有林地面积3900多万亩，控制线以内，活立木蓄积量87567万立方米。森林树种组成比较复杂，几乎从亚热带到寒带的各种针叶、阔叶树种的代表均有分布。从东到西，分布着常绿阔叶森林带、常绿阔叶与针叶混交林带、针叶林带和森林草原带。已发现的各类动植物达5000余种，其中被列为国家一、二级保护的动植物有115种。全地区药用动植物资源十分丰富，林下资源遍布各个森林带，其中比较著名的有：虫草、麝香、大花红景天、天麻、贝母、三七、灵芝、松口磨、闫肚菌、美味牛肝菌等。为保护珍稀动植物及其生态环境，全地区已建成国家级和自治区级保护区4个，它们分别是波密岗乡高产云杉林保护区、墨脱自然保护区、林芝巴结巨柏自然保护区、察隅自然保护区。

4.作物种质资源。农作物种质资源结构比较简单，主要为喜温作物和喜凉作物。喜温作物集中分布于东南部的墨脱和察隅两县，其主要代表种有水稻、玉米、花生、大豆、绿豆；喜凉作物主要有冬小麦、青稞、油菜、荞麦、豌豆、蚕豆等。与大田农作物相反，经济作物种质资源结构复杂，品种多样，从热带作物到寒带作物均有分布，其分布规律与气候类型分布相一致。在种质资源中，还有很多变种和亚种。

5.旅游资源。林芝地区旅游资源丰富，仅尼洋河流域就有八大景区35个景点。主要有：南迦巴瓦峰景区、错高湖景区、娘蒲沟景区、雅鲁藏布江景区、八一镇景区、布久喇嘛林景区、色齐拉景区和4个自然保护区。主要景点由雄奇的山峰、景色迷人的湖泊和飞瀑流泉、雪山冰川、古柏苍松、珍禽异兽等构成。这些资源是开发登山、科学考察、探险、漂流等多种旅游的理想之地。

三、社会经济状况

西藏和平解放以后，林芝地区人民同西藏翻身农奴一道，实现了由奴隶社会到社会主义社会的跨世纪飞跃，在党中央的亲切关怀和全国各族人民的支援下，林芝地区经济社会面貌发生了巨大的变化。

经济实力有所增强。1994 年，林芝地区国民生产总值 25560 万元，其中第一产业 13760 万元，第二产业 4700 万元，第三产业 7100 万元，三产结构比大体为 54：18：28。按可比口径计算，比 1990 年增长四成。人均国民生产总值 1859 元，比全区人均 1984 元低 125 元。城乡居民储蓄有大幅度增加，地方财政收入扭转了负增长的局面。

农牧区经济全面发展。1994 年，全地区农业总产值 4.54 亿元，按可比价格计算，比 1990 年增长 28.6%。主要农畜产品产量，粮食 6251 万公斤，比 1990 年增长 17.6%；油菜籽 168 万公斤，增长 59.4%；肉类 463 万公斤，增长 27.8%。林芝是全区重要的经济林木生产基地，苹果产量占全区的 62%，核桃产量占全区的 39%，茶叶产量占全区的 90%以上。近几年来林芝地区发挥地区资源优势，瞄准市场，开始对当地的土畜产品进行深度开发，其中易贡茶场的绿茶已基本占据区内市场。乡镇企业开始起步，产值在 2000 万元左右，还具有实力弱，总量小，结构偏，层次低的基本特点。

工业保持一定的增长速度，但行业之间发展不平衡。和平解放以前，林芝地区没有现代工业，林芝地区行署所在地八一镇也是和平解放以后建设起来的新兴工业城镇。全地区工业企业集中在八一镇，主要有电力、森工、建材、木材加工、汽车维修、毛纺、粮食加工等工业企业，其中毛纺厂属工业电力厅直属企业。1994 年，地区工业产值 6549 万元(不含区直工业企业产值)，按可比价格计算，比 1990 年增长 19.4%。由于管理水平差，生产规模小，企业经济效益较差，多数企业只能维持简单再生产。

基础设施有一定改善。在国家的大力扶持下，林芝地区的基础设施有一定改善。公路形成了以八一镇为枢纽的网络架，318 国道由四川成都经过昌都至八一镇，向西辐射出两条干线，南线可经由泽当镇到中印边界和日喀则地区。北线经拉萨可到达日喀则、阿里、那曲 3 地区，并可通往青海省格尔木市。全地区 7 个县，除墨脱县以外，基本可以实现长年通车。通信设施有较大改善，7 个县均完成了市话和长话建设。能源需求矛盾大大缓解，除墨脱县外，各县所在小水电站都已经建设或正在建设。

农牧民生活质量有明显提高。1994 年，全地区农牧民人均收入 1101.4 元(当年综合平均价)；农牧区医疗和卫生条件有所改善；适龄儿童入学率居全区领先水平；在有电乡、村、高档家用电器开始进入居民家庭。

林芝地区经济发展虽然取得一定的成就，但由于经济的发展在极度落后的基础上起步，加上开发的环境条件不佳，开发时间短，区域经济的整体水平仍然较低，发展速度相对迟缓。与其他地区类似，林芝地区产业的成长是在近似原始的、单一的农牧业为主的基础上，通过对其改造与发展，同时植入现代工业、商业及其他经济要素，才形成了带有区域个性和民族特色的特殊产业机制和结构特征的。交通闭塞、经济基础薄弱，农牧民科技文化素质低，商品意识淡薄，将是近期林芝地区经济社会发展的最大制约因素。

四、林芝地区未来的建设方向和重点

1. 指导思想

林芝地区未来的经济发展，要始终把握以市场为导向，以科技进步为依托，以交通、能源、通信、教育等基础建设为先导，努力调整产业结构，根据资源优势和区位特点，在建设稳固的农牧业基础和改善生态环境的前提下，优先开发森林资源及其他优势生物资源，大力发展林产工业和乡镇企业，积极拓展以旅游、商饮、服务、信息咨询为重点的第三产业，全面发展城乡经济，努力增强区域综合经济实力。据此，要本着全面规划、合理布局、突出重点、注重效益、主体开发的原则，以市场为导向，以交通、能源、教育、邮电通信等基础设施为先导，依靠科技进步，在建立高产、优质、高效农业，确保林业资源的基础上，积极开展林产品的综合利用和深度加工，开发以水果为主的经济林木；大力发展以当地市场、当地资源为主的优势型、服务型地方工业和乡镇企业；积极扶持和发展第三产业，结合区域对外开放政策的落实，开辟藏东旅游环行线，积极发展观光、科考、探险及其他形式的旅游业。

2. 空间布局

空间布局的开发方向为：以尼洋河流域为中心，以察、隅河、波密河为次中心，统筹兼顾，分类指导，因地制宜，优势互补，采取“点”、“线”重点布局、优先发展、分步实施的战略。

1. 尼洋河流域。坚持以农业为基础，农牧林并举，发展粮食生产、畜产品生产和林业生产，走生态农业的路子。

2. 建成以波密、林芝两县为主的森林开发区，成为西藏最重要的用材林开发基地。注重对林芝、米林、察隅经济林和林下资源的深度开发，把林芝、米林建成以苹果为主的西藏最大的干鲜果生产基地，将一部分产品加工成系列“绿色”食品；在察隅大面积种植以油桐为主的经济林木。

3. 把八一镇建成藏东南森工、毛纺工业基地。2000年前基本建成林芝木材综合加工厂一期工程，2010年实施二期工程，使之建成产品面向区内外市场的自治区骨干企业。林芝毛纺厂近期应调动内部潜力，使产品产量和质量达到技术改造后的设计生产能力。为保证八一镇用电需要，应抓紧巴河电站建设。

4. 2000年前开发建设错高湖景区和初步开发雅鲁藏布江大弯峡(南迦巴瓦大峡谷)环境旅游地带，开展登山涉水、寻幽揽胜、动植物考察、江河漂流、度假等活动，以展旅游业。

(曹宗杰　撰稿)

1994年改革开发大事记

1月

4日 江孜镇被国务院列为第三批国家历史文化名城。

10日 西藏第一家证券交易机构——西藏信托投资公司拉萨证券营业部正式开业。自治区主席江村罗布为拉萨证券营业部题词，副主席杨松在开业庆典会上讲话。

15～19日 全区经济工作会议在拉萨召开，自治区主席江村罗布在会议上作了重要讲话，常务副主席杨传堂作会议总结讲话，副主席杨松传达了全国经济工作会议精神。

23日 西藏自治区企业家协会在拉萨成立。

2月

2日 自治区党委、人民政府作出了《关于加快发展农牧业和农牧区经济的决定》。

3日《西藏自治区人民政府近期经济体制改革工作要点》在全区颁布实施。

6日 西藏老年福利企业总公司隆重开业，自治区主席江村罗布为总公司题词。

28日 一套能够在西藏偏远乡村推广应用的小型“太阳能电视差转台”研制成功。

3月

1日 为加快西藏经济体制改革，自治区人民政府批转了自治区财政厅《关于实行分税制财政管理体制试行意见》，批转了自治区税务局《关于工商税制改革实施方案的通知》，发布了《1994年国有企业改革实施意见的通知》、《关于进一步深化商品流通体制改革的通知》和《关于加快养老、失业保险制度改革的通知》。

▲ 自治区人民政府决定增拨资金1735万元用于教育投入，以提高教育“五项费用”标准。

11日 中共中央政治局常委、书记处书记胡锦涛同参加八届人大二次会议的西藏代表一起讨论审议《政府工作报告》。

12日 国务院副秘书长张克志和国家计委副主任陈耀邦在京主持会议，研究西藏自治区成立三十周年大庆申报建设的62个大庆项目。自治区常务副主席杨传堂和中央统战部、国家计委、经贸委、体改委等27个部委的负责同志参加了会议。

17日 应新闻界要求，出席全国八届人大二次会议的西藏代表团在北京人民大会堂西藏厅，集体接受了中外记者的采访。

4月

1日 自治区财政厅国债服务部在拉萨正式开业，自治区副主席杨松出席开业典礼并讲话。

19日 以国家计委副主任陈耀邦为组长，国家经贸委副主任石万鹏、农业部副部长刘成果为副组长的赴西藏规划、政策和基础设施项目调研组抵达拉萨，自治区常务副主席杨传堂等领导人到机场迎接。调研组到达西藏后，不辞劳苦，在政府领导同志的陪同下，分赴各地、县进行实地考察，听取了自治区有关部门的汇报，并与自治区党委、政府广泛交换了意见。调研组的这次考察，为西藏经济、社会发展“九五”计划的指导思想、方针、目标和全国支援西藏的62个大庆建设项目的确立奠定了基础。

22日《西藏日报》藏汉文版同时实现激光照排。全国政协副主席阿沛·阿旺晋美为藏文版题写新报头。

25日 旨在征服世界14座海拔8000米以上高峰的西藏登山探险队离开拉萨，出征攀登希夏邦马峰，自治区主席、“探险队”总顾问江村罗布前往送行。

5月

1日 首届雪城风情摄影大赛揭晓，自治区副主席、拉萨市市长洛桑顿珠向优胜者颁发证书和奖杯。

4日 在米兰举办的中国西藏文物展经过两个月的展出闭幕，展出期间观众达17.4万人次。

6日 自治区人民政府第11次常务会议研究决定成立“西藏自治区三十周年大庆工程建设指挥部”及其办公室。

7日 中国西藏攀登世界14座海拔8000米以上高峰探险队副队长旺加，探险队队长次仁多吉，队员边巴扎西、达琼、加布、大齐米、仁那、洛则和队员兼摄影师阿克布等9人，一举登上海拔8012米的希夏邦马峰。

11日 自治区主席江村罗布为5月7日登上希夏邦马峰的我区9名队员发出贺电，表示热烈祝贺，希望他们再接再励，再创佳绩，为西藏各族人民争光。

15日 中国西藏艺术团离藏赴奥地利访问，自治区常务副主席杨传堂在贡嘎机场主持欢送仪式。

16日 自治区六届人大二次会议在拉萨开幕，江村罗布主席代表自治区人民政府作政府工作报告。

6月

1日 自治区常务副主席江措、秘书长多吉，到羊湖电站考察了解施工进展情况，看望施工官兵。

11日 自治区常务副主席江措视察正在施工的那曲查龙电站。

16日 由国家档案局副局长、中央档案馆馆长刘建国率领的国家档案局、中央档案馆、财政部、国家民委联合工作组抵达拉萨。

17日 第三届全国藏文图书看样订货暨第二届中国民族图书奖藏文图书初译会在拉萨闭幕。

29日 自治区常务副主席杨传堂向自治区人大、政协领导通报我区“九五”至2010年经济和社会发展规划思路，江村罗布主席主持会议。

7月

1日 重庆——拉萨航线开通。

2日 历时3年零9个月的大昭寺维修工程竣工，自治区副主席洛桑顿珠参加了验收。

5日 自治区副主席泽仁桑珠参加“一江两河”综合开发建设规划模型交接仪式。

20～23日 中共中央、国务院在北京召开了第三次西藏工作座谈会。这次会议是在新的历史条件下召开的研究西藏工作的重要会议。江泽民总书记、李鹏总理和李瑞环同志在会上作了重要讲话。乔石、朱镕基、刘华清、胡锦涛、丁关根、李岚清、邹家华、尉建行、温家宝、任建新、帕巴拉·格列朗杰、罗干、王兆国、阿沛·阿旺晋美出席了会议。西藏自治区党政负责同志、自治区各地、市和区直属机关的主要负责同志；各省、自治区、直辖市及有关计划单列市的负责同志；党中央、国务院有关部门的负责同志和人民解放军、武警总部的负责同志共190多人出席了会议。

20～28日 自治区计划经济委员会在自治区计划经济干部培训中心举办了全区地市计经委主任社会主义市场经济理论研讨班。来自全区7地(市)计经委(计委、经委)主任、自治区计经委各业务处(局、室)负责同志共44人参加了研讨班学习。

8月

1日 自治区党委、人民政府在拉萨市召开拉萨地区县(处)级、武警团以上党员干部会议，传达党中央、国务院召开的第三次西藏工作座谈会精神。自治区领导热地、江村罗布、巴桑、丹增、杨传堂等出席了会议。

3日 以胡顺谦为团长，区志忠、陈昌为副团长的澳门友好访藏团一行25人抵达拉萨。

4日 《市场经济报》驻拉萨记者站成立。

5日 北京市援藏考察组一行抵达拉萨，就北京市援建的北京西藏大厦的有关问题进行了商谈。

▲ 由国家黄金局副局长崔德文带队的工作组抵藏，就我区黄金工业的情况进行了考察，并对我区的黄金工业工作作了指导。

6日 澳门中天有限公司与拉萨有关方面举行“藏澳实业发展有限公司”成立签字仪式，共同开发拉萨河心岛。自治区党委常委列确、自治区副主席洛桑顿珠出席签字仪式。

▲ 由国家水利部副部长张春园率领的赴藏考察组一行24人抵藏，就满拉水利枢纽工程和无电县电站建设的有关问题、对口支援有关问题进行了考察研究。

7日 由辽宁省水利厅副厅长仲刚带队的辽宁省赴藏考察工作组一行10人抵藏，就辽宁省援建的那曲聂荣县水电站项目进行了考察。

9日 布达拉宫维修工程竣工庆祝大会在拉萨隆重举行。中共中央政治局委员、国务委员李铁映出席庆典并发表重要讲话。

▲ 由河南省建设厅高级建筑师张万立带队的河南省赴藏考察组一行6人抵藏，就河南省援建的拉萨市新华书店项目进行了考察。

10日 由江苏省建委副主任刘昌福带队的江苏

省赴藏考察工作组一行22人抵藏，就江苏省援建的拉萨市医院住院部、西藏藏药厂扩建两个项目进行了考察。

11日～13日 李铁映一行在帕巴拉·格列朗杰、江村罗布等的陪同下，到那曲、日喀则视察指导工作。

16日 海南省赴藏工作组部分成员6人抵藏。

17日 由天津市水利局副局长陆铁宝带队的赴藏考察组一行6人抵藏，就天津市援建的芒康盐井水电站进行了考察。

▲ 由吉林省政府副秘书长杨庆才带队的吉林省赴藏考察组一行11人抵藏，就吉林省援建的巴青水电站进行了考察。

▲ 由国家计委副主任陈耀邦带队，中国人民解放军总后勤部、冶金部、中国石油天然气总公司等单位负责同志参加的赴藏工作组抵达青海省格尔木，就炼油厂至101油库输油管线建设方案问题进行实地考察和研究。

21日 由浙江省副省长张启楣带队的赴藏考察工作组一行9人抵藏，分别就浙江省援建的那曲申扎电站及干部援藏问题与自治区人民政府进行了商谈。8月10日，由浙江省计经委副主任刘亭带队的赴藏考察组一行13人曾进行初步考察。

21日 由交通部副部长刘锷带队的交通部赴藏考察组一行8人自樟木口岸进藏，就我区公路运输事业的发展规划以及交通部承担的大庆建设项目的具体落实情况进行了考察，并对我区交通工作进行了检查指导。

▲ 由陕西省计委苏岐同志带队的陕西省赴藏考察工作组一行4人抵藏，就陕西省援建的阿里地区狮泉河镇上下水工程进行实地考察。

▲ 由河北省建委副主任邓泽洪带队的河北省赴藏考察组一行4人抵达拉萨，就河北省援建的自治区党校综合楼进行考察。

22日 由安徽省建设厅副厅长谢志平带队的安徽省赴藏考察工作组一行5人抵藏，就安徽省援建的乃东县中学进行考察。

▲ 由福建省水电厅副厅长蔡健民带队的福建省赴藏考察工作组一行13人抵藏，就福建省援建的米林南伊水电站进行考察。

23日 由国家气象局副局长李黄带队的赴藏调研组一行12人抵达拉萨，就我区向国家在气象方面所提的要求作了调研。这次调研为9月下旬在拉萨召开的气象援藏工作会议作了准备。

▲ 中尼双边汽车运输会谈纪要在拉萨签字。交通部副部长刘锷与尼泊尔工程和运输助理大臣乔西分别代表本国政府在纪要上签字。

26日 以广东省建委副主任黄伟鸿同志为团长的广东省赴藏考察工作组一行15人抵达拉萨。考察组在藏期间到达林芝地区，就广东省对口支援八一电厂改造和林芝宾馆建设事宜，与林芝行署交换了意见。

▲ 由地矿部副部长陈洲其带队的赴藏考察组一行5人抵达拉萨，就我区藏北油田和地质方面的情况进行考察。

▲ 由卫生部副部长殷大奎带队的卫生部工作组一行22人抵藏，并于28日在拉藏主持召开了全国卫生援藏工作会议。

28日 由农业部农技推广站副站长许维升带队的农业部赴藏工作组一行6人抵达拉萨，对西藏“农业技术推广体系建设”、“优质油菜生产和加工”及“西藏边茶厂建设”3个援藏项目进行考察。

29日 国家科委副主任邓楠一行4人在自治区常务副主席杨传堂的陪同下视察了拉萨、日喀则等地，并就西藏科技事业发展等问题与自治区领导陈奎元、热地、江村罗布、郭金龙、杨传堂等交换了意见。

30日 由海南省政府副秘书长陈日近带队的工作组7人抵藏，就海南省援建的昌都丁青水电站及有关情况与自治区人民政府及有关部门进行了洽谈。

9月

1日 自治区三十周年大庆工程建设项目中的拉萨——贡嘎公路GMB工程、拉萨市医院住院部、自治区党校综合楼、丁青水电站同时破土动工，自治区主席江村罗布、区党委副书记郭金龙、自治区常务副主席杨传堂以及自治区人大、政协的负责同志分别到施工现场并讲了话。

▲ 由云南省电力局副局长陈森隆带队的云南省赴藏工作组一行10人抵达拉萨，就西藏边茶厂建设进行了实地考察。

3日 自治区党政领导热地、江村罗布、杨传堂、江措等领导同志与地矿部副部长陈洲其一行共同研究加强西藏地质勘查、加快矿产资源开发的有关问题。

5日 区党委四届六次全委扩大会议在拉萨召开。这次会议是区党委为贯彻中央第三次西藏工作座谈会精神而召开的一次重要会议，具有深远的历史意义。

▲ 由四川省粮食局副局长李益良带队的四川省赴藏考察工作组一行8人抵达拉萨，就四川省援建的拉萨市粮油加工厂改造项目进行考察。

6日 由上海市委副书记陈良泉带队的上海市赴藏考察工作组一行10人抵达拉萨，就上海市援建的日喀则市上下水工程、自治区传染病院及干部的援藏问题进行了考察。8月23日，由上海市自来水公司总经理徐国祥带队的赴藏考察组曾先期进藏考察。

▲ 由贵州省外协办副主任刘孝昌带队的贵州省赴藏工作组一行5人抵达拉萨，就贵州省援建的沃卡三级电站改造项目进行了考察。

8日 自治区三十周年大庆工程建设指挥部在拉萨召开了指挥部第一次工作会议。江村罗布、杨传堂、列确、李光文、普穷、洛桑顿珠等领导出席了会议。

10～19日 由中国国际工程咨询公司组织的、由12个国家部委参加的21位专家、工程师，对西藏国土规划的编制进行了咨询。他们在藏期间，受到自治区常务副主席杨传堂的接见。

10日 由山东省副省长陈建国带队的赴藏考察工作组一行14人抵藏，就日喀则塘河水电站项目及干部援藏问题与自治区人民政府进行了商谈。8月9日，由山东省水利厅副厅长汪峡带队的山东省考察组一行19人曾先期进藏。

11日 由厦门市水电局党组副书记吴海秋带队的厦门市援藏考察工作组一行10人抵藏，就厦门市援建的林芝东久林场开发项目进行考察。

13日 由山西省副省长纪馨芳带队的援藏考察工作组一行7人抵达拉萨，就山西省援建的日喀则市第二中学和干部援藏问题进行考察和研究。

14日 西藏自治区反价格欺诈和牟取暴利暂行规定，经自治区人民政府第二十一次常务会议通过并从即日起发布施行。

15日 西藏自治区工商业联合会在拉萨成立，自治区党政领导陈奎元、热地、江村罗布、巴桑、杨传堂等出席成立大会。

16日 经国家税务总局批准，西藏自治区国家税务局举行挂牌仪式。陈奎元、江村罗布等出席。

▲ 应尼泊尔王国政府邀请，自治区副主席顿珠率领中国西藏自治区经贸代表团出访尼泊尔。

▲ 以国家商检局副局长周星海率领的赴藏考察组抵达拉萨。

18日 '94西藏尼泊尔经贸展销会在加德满都隆重开幕。

21～22日 由湖北省电力局副局长卢定奎、湖北省水利厅政治处主任郭有明带队的援藏考察组24人抵达拉萨，就湖北省援建的措美县水电站项目进行考察，同时就干部援藏问题与自治区人民政府交换了意见。

22日 河南省参加拉萨市新华书店工程开工典礼的人员一行6人，由省长助理相光喜带队抵达拉萨。

22日 国家新闻出版署副署长于永湛率领的工作组抵达拉萨。

23日 由湖南省政府办公厅副主任邓守光带队的赴藏考察团一行18人抵达拉萨，就湖南省援建的泽当镇区道路改造过境路联结线项目及干部援藏问题进行考察。

23日 西藏经贸代表团与尼泊尔政府经贸代表团在尼泊尔商业部签署了第五次经贸合作会谈纪要。

▲ 自治区常务副主席江措在丁青县视察水电站整治扩建工程。

▲ 全国气象部门援藏工作会议在拉萨召开。国家气象局副局长温开刚、李黄和全国30个省、自治区、直辖市气象局的负责同志参加了会议。

28日 中共天津市委常委、教卫工委书记王鸿江一行6人抵达拉萨，参加了那曲地区中学20周年校庆，并慰问了天津援藏教师。

30日 世界上海拔最高的民用机场——昌都邦达机场复工工程竣工，并通过验收。

▲ 北京时间11点20分，中国西藏14座海拔8000米以上高峰登山探险队9名队员胜利登上世界第六高峰——卓奥友峰。这是这支登山队5月7日征服希夏邦马峰后再创辉煌。

10月

7～15日 中外有关方面对昌都邦达机场进行了两次校验飞行，17日进行了观察飞行，19日又进行了试航飞行。经中国西南航空公司波音B757—200型客机两次试飞，机场建设得到了中外飞行专家的高度评价，符合国家批准的设计规范要求。

11日 由重庆市副市长秦昌典带队的赴藏代表团一行11人抵达拉萨，就重庆市援建的昌都粮油加工厂项目进行考察。

18日 由国家计委和财政部投资的、耗资1.1亿元的布达拉宫广场建设项目开工，自治区陈奎元、江村罗布、杨传堂等领导同志参加了开工仪式。

21日 由甘肃省农业厅经济作物处万经中带队

的甘肃省援藏考察组一行 4 人抵达拉萨，就甘肃省援建的西藏优质油菜生产和加工项目进行实地考察。

11 月

3 日 自治区常务副主席杨传堂在拉萨会见欧共体 5 国驻华使节访藏代表团。

8 日 迄今为止，西藏最大的协作项目——西藏中和国际商城在拉萨举行工程开工典礼。自治区和拉萨市领导丹增、杨传堂、曹旭、洛桑顿珠、武继烈及中和集团公司代表为商城剪彩并奠基。西藏中和国际商城是中和集团海口商务化工实业公司与拉萨市合资建设，总投资 3.8 亿元人民币，是一个集高科技工业、宾馆、游乐、度假、商贸、别墅和高级教育为一体的多功能综合开发区。

13 日 由陈森隆带队的云南省第二次赴藏工作组一行 15 人抵达拉萨，就云南省援建的易贡电站再次进行实地考察。

25 日 自治区常务副主席江措视察羊湖电站工地。

12 月

6 日 由化工部地质矿山局副局长徐康平带队的化工部考察组一行 7 人抵达拉萨。

中旬 联合国教科文组织世界遗产委员会在泰国召开的第 18 届大会上，将中国拉萨的布达拉宫列入《世界文化遗产》名录。

15 日 格尔木炼油厂至 101 油库输油管道建设工程方案协调会在北京京丰宾馆召开。国家计委副主任陈耀邦、自治区副主席梁公卿、中国人民解放军总后勤部副部长周友良出席了会议。

19 日 国家开发银行林业森工信贷局综合处考察组抵达拉萨，就大庆建设项目的有关问题进行考察。

27 日 拉萨水泥厂立窑改造工程竣工。

28 日 水利部援藏工作会议在北京召开。水利部部长钮茂生，副部长张春园、周文智、何景等领导同志和各大江河委员会负责同志出席并参加会议。西藏方面，自治区泽仁桑珠副主席、区计经委、农委、江河办领导及各地（市）专员（市长）参加了会议。

29 日 自治区领导杨传堂、孙岐文率领区直部门、拉萨市有关领导，检查拉萨市节日市场物价。

巨大的力量无私的援助

——全国支援西藏62个建设项目

在党中央国务院召开的第三次西藏工作座谈会上，决定由全国29个省、自治区、直辖市和部分计划单列市以及国家有关部委、解放军总后勤部，为西藏自治区援建经济和社会发展急需的62个建设项目。这些项目包括能源、交通、邮电通信、农牧林水、粮油加工和社会发展等方面，总投资23.8亿元，其中，中央和有关部门承担30个，投资18.02亿元，地方对口支援32个，投资5.78亿元。这些项目建成后，对改善西藏能源、交通、通讯等基础设施，发展优势产业，提高人民生活水平，加快西藏各项事业的全面发展，将发挥重要作用。这些图片主要反映中央和地方的有关负责同志亲临西藏考察援建项目和西藏党、政领导同志到建设工地视察的情况。

西藏自治区党政领导同志郭金龙、杨传堂、江措与山东省援藏项目考察组会谈（王念东摄）

陈奎元、列确、向阳等自治区领导同志视察布达拉宫广场工地（董耀文 摄）

巨大的力量

自治区副主席向阳在青海省西宁机场迎接专程到格尔木参加输油管线协调会的国家计委副主任陈耀邦(阿丁摄)

西藏自治区藏药厂扩建工程开工礼(董耀文摄)

自治区常务副主席杨传堂陪同国家计委副主任陈耀邦视察格尔木油库输油管线工地(王念东摄)

自治区副主席向阳陪同山西省纪馨芳副省长视察援建项目——日喀则市二中(王念东摄)

格尔木炼油厂至101油库输油管道工程建设方案协调会(王念东摄)

无私的援助

全国人大副委员长帕巴拉和自治区领导同志为藏药药厂扩建工程奠基（董耀文摄）

自治区领导江村罗布、龚达希、向阳为拉贡公路改造奠基（王念东摄）

自治区领导卓嘎、田福俊、白玛等为拉萨长途电信枢纽工程奠基（王念东摄）

巨大的力量 无私的援助

自治区领导陈奎元、热地、江村罗布、杨传堂等出席布达拉宫广场建设开工典礼（邓经东摄）

自治区党委副书记郭金龙和援建方河北省的负责同志为自治区党校综合楼奠基（王念东摄）

自治区常务副主席杨传堂视察自治区党校建筑工地 （邓经东摄）

自治区常务副主席杨传堂与山西省副省

自治区副主席拉巴平措听取自治区博物

西藏自治区与海南省就丁青县水电站

就山西省援藏项目进行会谈(王念东摄)

自治区常务副主席杨传堂视察山南跨越雅鲁藏布江的娘果大桥工地(董耀文摄)

案汇报(王念东摄)

自治区副主席向阳等为传染病医院工程奠基(董耀文摄)

字(王念东摄)

巨大的力量
无私的援助

藏东南的林芝地区

八一镇是林芝行置所在地，是西藏和平解放以后新兴工业城镇。图为四车道的八一大街

八一镇八一广场商贸城

由广东省援建的林芝宾馆，正在建设之中

位于八一镇附近的日及木错，是开发观光旅游的理想之地

(本版图片均为周金成摄

陕　西　省

主　　编：李树元
副 主 编：李晓东　刘亚汉
编写人员：冯天元　薛惠锋　张建中
工作人员：马素梅　姜雁民

陕西省分目录

典 型 地 区

陕西省概况

面积:205.63 平方公里

人口:3402 万人

行政区划:6 个地区,4 个地级市,9 个县级市,84 个县。

省委书记:安启元

省八届人大常委会主任:张勃兴

省长:程安东(代)

省七届政协委员会主席:周雅光

陕西省国民经济主要指标 (单位:亿元)

项目	1994 年	1994 年比上年增长(%)
国内生产总值	846.72	8.5
工农业总产值	1312.14	12.8
工业总产值	1009.76	16.7
重工业产值	639.08	10.3
轻工业产值	370.67	28.3
农业总产值	302.38	9.6
全社会固定资产投资	283.29	24.1
国有固定资产投资	202.92	18.1
社会商品零售总额	305.95	24.6
零售物价总指数(%)	125.9	
职工工资总额	147.00	29.5

国民经济和社会发展

一、国民经济持续快速发展

(一)农业

1994 年陕西省在遭受了建国以来罕见的自然灾害情况下,全省上下认真贯彻中央和省农村工作会议精神,采取一系列稳农、保农、促农的措施,努力增加农业投入,强化农业科技、信息服务,深化农村经济改革,合理调整农产品价格,切实保护农民利益。农业虽比上年减产,但林、牧等多种经营和乡镇企业仍保持增长的势头。农村经济继续稳定发展。全年完成农业总产值 302.38 亿元,与上年基本持平。粮油因灾减产严重,其中,粮食产量 945 万吨,比上年减产 22.3%;油料产量 34.24 万吨,比上年减产 16.7%;棉花 4.20 万吨,比预想的要好,总产比上年略增。多种经济作物稳定增产,畜牧业、渔业继续发展。蚕茧 15.584 吨,增长 11%。水果 219.89 万吨,增长 30.7%。猪牛羊肉 67.01 万吨,增长 10%。鲜奶、禽、蛋产量分别为 31.29 万吨和 40.54 万吨,比上年增加了14.2%和11.7%。水产品产量达3.4万吨，增长了11.3%。全省植树造林更加扎实地开展，造林面积496万亩，超额完成了计划任务，林业结构进一步优化，林产品全面丰收。

由于各级领导的重视，农业投入增加，全省水利设施修复配套和灌溉工程、梯田、坝地等农田基本建设取得了一定成绩，农业生产条件有所改善。全年新增有效灌溉面积34万亩，"四田"面积90万亩。1994年，全省耕地面积3421千公顷，农作物播种面积4806.21千公顷，比上年增加了10%。治理水土流失面积4075.60千公顷。年末农用机械总动力比上年有所增加，农用载重汽车达12.33亿瓦特，增加了10.6%；农用排灌动力机械达20.80万台，增加了8.5%。农业用电量达21.71亿千瓦小时，乡村用电量达6.55亿千瓦小时，分别增长了13.4%和44.61%。

全省乡镇企业持续快速发展，全年总产值达547亿元，按当年价格计算比上年增长了51.5%，其中工业产值221.49亿元，增长56.9%。各类乡镇企业的迅猛增长，吸纳了大量农村劳动力，其比重已达到25.97%，企业人均利税1628元，农村人口人均乡镇企业营业收入达1996元，已成为农村经济的重要支柱。与此同时"科技兴农"以及气象等部门多渠道、多形式的社会化服务体系，有效地推进了全省农业的持续发展。

（二）工业

1994年，陕西省按照建立现代企业制度，认真贯彻《企业法》和《转机条例》，转换经营机制，进行资本结构、产业结构和企业组织结构的重组优化，加强管理，促进了工业生产持续增长。

全省工业经济运行呈现以下主要特点：一是轻重工业发展比较平衡，轻工业生产明显好于去年，重工业增长10.3%，和1993年相比，增幅有所回落，但重工业仍是带动工业发展的主导力量。二是国有工业，尤其是大中型企业生产增长速度稳步回升。三是非国有企业仍是拉动全省工业较快增长的主要因素。四是地市、部门发展不平衡。咸阳、铜川、延安、榆林、商洛5地市工业发展超过全省平均增长速度；汉中、安康以轻工业为主导产业，但档次不高、规模小，地区工业呈低速发展，速度低于全省平均水平。工业部门中，电子、有色、烟草、兵器、船舶、地方军工等部门增幅较大，但主导工业机械、棉纺及石化、轻工，呈低速增长或负增长，不少企业没能达到应有水平。五是能源生产和铁路运输保持稳定增长态势。六是外贸出口势头看好，工业制成品出口较大幅度增长。七是经济效益仍不理想，但逐月回升。八是产品资金占用增加，资金利用率下降。

全年共有工业企业28.27万个，工业总产值1009.76亿元，乡及乡上工业总产值781.50亿元。独立核算工业企业利税总额55.43亿元，独立核算工业企业固定资产净值平均余额437.21亿元。主要工业产品产量为：原煤3714万吨，比上年增长16.06%；洗精煤96万吨；原油135万吨；天然气（油田天然气）2216万立方米；铁矿石原矿182万吨；钼精矿（折纯钼45%）17653吨；硫铁矿（折含硫35%）60.87万吨；磷矿石30.59万吨；原盐10.81万吨；木材103万立方米；石棉14638吨，糖4233吨，乳制品25404吨，罐头21548吨；饮料酒266014吨；卷烟135.78万箱，纱15.58万吨；布72165万米；印染布23264万米，毛线2542吨；呢绒583万米；丝织品1559万米；锯材15万立方米；人造板19.98万立方米；机制纸及纸板63.29万吨；原油加工量111.91万吨；焦炭143.94万吨，硫酸（折100%）43.76万吨；浓硝酸（折100%）67吨；盐酸（含量31%以上）7.50万吨；磷酸（含量95%以上）2.36万吨；硼酸893吨；氢氧化钠70363吨；无水碳酸钠77472吨；电石（折合量）17.19万吨；合成氨65.08万吨，农用化肥（折纯）59.92万吨；化学农药（折纯）58吨；油漆18962吨；染料2086吨；塑料树脂及共聚物17972吨；肥皂11686吨；合成洗涤剂20148吨；水泥920万吨；生铁82.01万吨；钢62.01万吨；成品钢材55.53万吨；汽车12776台；家用洗衣机20.48万台；家电电冰箱56.48万台；房间空调器5.65万台等。

（三）建筑业

1994年随着固定资产投资的增长和建筑业改革的全面深化落实，建筑施工企业生产增长加快。

1994年全省县及县以上建筑施工企业326个，全年建筑施工产值98.03亿元，增加值31.24亿元；全员劳动生产率32513元/人，利润总额2064万元。全省国有建筑施工企业施工产值85.67亿元，房屋建筑施工面积798.9万平方米，竣工面积262.2万平方米，住宅113.3万平方米。房屋建筑面积竣工率32.8%。工程质量优良品率（按单位工程计算）68.2%。

利润总额1823万元，产值利润率0.2%。地方国有建筑施工企业施工产值29.30亿元，房屋建筑施工面积526.0万平方米，竣工面积188.0万平方米，住宅76.1万平方米。房屋建筑面积竣工率35.7%。工程质量优良品率（按单位工程计算）

47.6%。利润总额 2632 万元，产值利润率 0.9%。

(四)批发零售贸易和餐饮业

随着流通领域改革的深化，全省在市场培育、价格改革、转变经营机制等方面取得了长足进展。全年社会消费品零售总额 305.95 亿元，其中批发零售贸易业零售额 198.79 亿元，餐饮业零售额 19.98 亿元，制造业零售额 25.92 亿元，其他行业零售额 7.45 亿元。全省批发零售贸易业商品购进总额 553.55 亿元，销售总额 590.53 亿元，年末库存 132.49 亿元。全省批发贸易业网点 44430 个，人员 245141 人。全省餐饮业网点 74735 个，人员198567 人。城乡集市数 2517 个，其中城市 553 个，乡村 1964 个。城乡集市贸易成交额 12.36 亿元，其中城市 71.31 亿元，乡村 50.05 亿元。

(五)金融保险业

1994 年全省金融系统在继续贯彻执行"控制总量，调整结构，强化管理，盘活存量，提高效益"的货币信贷方针及国家金融体制改革措施的落实，整个金融形势良好。全省 1994 年现金收入 1305.50 亿元。现金支出 1299.72 亿元，货币回笼 5.135 亿元。是 1990 年以来唯一一次货币回笼。全省资金来源总计 1158.39 亿元，其中各项存款合计 842.35 亿元；资金运用总计也为 1158.39 亿元，其中各项贷款合计为 930.08 亿元。年末市场货币流通量 121.98 亿元，集团单位库存现金 26.61 亿元(其中城市 13.53 亿元，农村 13.08 亿元)，非农民居民手持现金 30.62 亿元，农民居民手持现金 9.45 亿元。

1994 年全省各类财产承保总额 1941.30 亿元，其中国内业务保险承保额 1315.20 亿元，国外为 626.10 亿元。在保险业收入方面，国内为 10.09 亿元，国外 0.73 亿元。保险业务支出，国内 58.14 亿元，国外 1.02 亿元。

(六)旅游业

1994 年随着对外开放进一步扩大，旅游业发展势头良好。全年旅游人数总计 43.86 万人，旅游部门接待的为 37.42 万人，其中华侨 0.03 万人，港澳同胞 2.36 万人，台湾同胞 2.10 万人，外国人 2.10 万人。旅游收汇总额 9.49 亿元外汇券，折 1.13 亿美元，比上年增长 27%；其中商品性收汇 2.04 亿元外汇券，劳务性收汇 7.45 亿元外汇券。旅游者在陕人均停留天数 2.16 天，在陕消费 2164.3 元。

二、国民经济结构逐步调整

1994 年，在党中央、国务院和省委、省政府的正确领导下。全省经济建设取得了新的成绩，国民经济结构得到了逐步调整。结合我省实际和中央陆续出台的财税、金融、外贸、投资和价格等重大改革举措，在分析全省经济发展有利因素和存在问题的基础上，加强了基础设施建设，加速了加工业的改组、改造，在积极促进产销同时，限制和压缩长线积压产品生产，大力开发新产品，加快资金周转，提高产品质量，减少亏损，促进了生产要素合理流动和资源优化配置。即在优化经济结构，依靠科技进步，改善经营管理和资源配置，以及提高经济效益的基础上，继续保持国民经济的较快增长。

(一)产业结构重组，发展优势产业

1994 年全省国民生产总值 849.83 亿元，比 1952 年增长 22.7 倍，比 1978 年增长 3 倍。与上年相比，增长了 26.3%。第一产业增加值 33.11 亿元，第二产业增加值 78.82 亿元；第三产业增加值 65.18 亿元。一、二、三产业的比重由 1990 年的 26.1：39.0：34.9 转变为 21.4：43.5：35.1。

1994 年，根据全省实际，着眼于未来国内外市场，我省选择生产要素组合条件好，技术含量和边际效益高，市场份额较大的产业优先发展，力求取得重大突破。农业上紧紧抓住已确定的重点项目进行了产业化建设。第二产业把机械、电子、能源、医药、食品、建筑业作为优势产业，加快发展。围绕一、二产业，大力发展交通、通讯、旅游、金融、贸易、科技、教育和信息等第三产业。

(二)调整农村产业结构

全省各级政府认真贯彻中央关于加强农业与农村工作的一系列政策措施，减轻农民负担，增加农业投入，调整农村产业结构，促进了农村经济的活跃和发展。努力发展农村经济，千方百计增加了农民收入。农林牧渔业总产值比例由 1990 年的 73.2：5.3：21.8：0.5，调整到 1994 年的 69.3：5.7：24.4：0.6。具体实施措施包括稳定和完善以家庭联产承包为主的责任制和双层经营体制，落实了各项粮食生产扶持政策，搞好了农业生产资料供应，在大灾之年夺取了丰收。调整农村产业结构过程中，我省还大力发展乡镇企业，实行"多轮驱动，多轨运行"的方针，加快产权制度改革，搞活经营体制。坚持不懈地开展农田水利基本建设。重点抓了秦巴山区、渭北旱原、陕北地区"四田"建设；榆林北部风沙滩区综合开发；关中九大灌区挖潜改造；东雷抽黄续建和定边供水工程。健全了农村社会化服务体系，准确地了解市场，发展了生产。全年林业产值比上年增加了 18388 万元，较上年增长 12.05%；牧业产值增加了 194719 万元，较上年增长 35.83%；渔业产值增加了 4885

万元，较上年增长 33.03%。从而使林、牧、副、渔在农业生产中所占比重得到了提高。

（三）调整工业经济结构

1994 年，全省工业经济市场化步伐加快。在保持工业生产较快增长，认真转换企业经营机制的前提下，搞好产品结构调整，加快技术进步，加强企业管理，提高了经济效益。运用各种经济的、法律的、行政的手段，加强了对经济运行的宏观调控和协调，强化了工业经济结构调整。引导和推动了企业及时解决好生产和流通过程中的能源、原材料、运输和资金等问题。千方百计开拓市场，根据市场需求组织生产。放手发展了非国有经济，加快培育了新高经济增长点。非国有工业发展迅速，其在工业总产值所占份额已由 1993 年的 42.75%上升到 1994 年的 47.61%，其增长速度明显高于国有工业。全省轻、重工业总产值比例也由 1990 年的 42.5：57.5 变为 1994 年的 36.7：63.3，能源、原材料及装备类等基础重工业产品产量有较大幅度的增长。

（四）改善投资结构

1994 年全省固定资产投资规模 283.29 亿元，投资结构进一步得到了完善。农业、交通、通讯、能源、重要原材料等基础产业和基础设施建设投入增多，第三产业投资得到加强。全省国民经济按行业分的基本建设投资分别为：农、林、牧、渔业 0.61 亿元，占 0.47%；采掘业 26.22 亿元，占 20.21%；制造业 27.23 亿元，占 20.98%；电力、煤气及水的生产和供应业 21.08 亿元，占 16.24%；建筑业 1.60 亿元，占 1.23%；地质勘察业、水利管理业 2.66 亿元，占 2.05%；交通运输、仓储及邮电通信业 17.73 亿元，占 13.67%。1994 年，国有单位投资主要投向了基础产业和基础设施，保证了已开工的交通、通信、能源、重要原材料等重点工程的建设进度。加快了西宝高等级公路、渭河电厂新厂二期、蒲城电厂，陕北铁路榆林—神木北段，黄陵矿区、西安—兰州—乌鲁木齐通讯光缆、宝鸡二电厂、靖边—西安天然气输送管道等开工准备工作；继续抓了渭河化肥厂、汉江钢铁厂、铝铜山铅锌矿建设以及榆林氮肥厂改造工程；建成了西安南二环三座立交桥，使南二环竣工通车。此外，加强了矿产资源的勘察、综合利用和管理方面的投资改革工作，投资重点转向了交通运输、邮电通信、物资供应等产业；重点发展信息咨询、广告、技术服务、房地产等新兴行业；发展与群众衣食住行及保健直接相关的服务行业，提高了第三产业增长速度。

三、基础设施建设迅猛发展

（一）交通运输业

1994 年，全省交通运输继续快速稳步发展。全年货物运输量 27952 万吨，货物周转量 48100 百万吨公里，旅客运输量 23334 万人，旅客周转量27114 百万人公里，铁路线路长度方面，正线延展里程 2471 公里，省境内 2167 公里，公路线路长度方面，线路里程延伸 523 公里，睛雨通车里程增加 414 公里，有路面里程增加 668 公里，高级及次高级路面增长 483 公里；尤其是，西宝一级公路宝鸡至蔡家坡段 31.86 公里，12 月 30 日正式通车。兴平至蔡家坡段路基及桥涵工程已完成 95%以上。宝鸡至中卫铁路提前实现运输分流。安康机场扩建的1600 米跑道工程 1994 年 9 月 1 日全面完工，场外供电架空线路完成，航空站综合楼开工使用。在运输工具方面，新增内燃机车 11 台，电力机车 17 台，铁路客车 70 辆。公路运输工具方面，新增民用汽车 25036 辆，载客汽车 13068 辆，载货汽车 11399 辆；新增民航飞机 16 架。

（二）能源设施建设步伐加快

1994 年全省能源生产总量（标准煤）2890.07 万吨，能源生产增长速度比 1993 年增加了 7.55 个百分点，其增长速度为 9.31%。电力生产增长速度为 2.98%。能源生产增长系数为 1.08，电力生产增长系数为 0.35。能源工业设施投资总额 1994 年达 41.07 亿元，其中煤炭采矿业 13.66 亿元，石油和天然气开采 11.06 亿元，电力蒸汽热水生产和供应业 16.02 亿元，（其中火力发电业 10.47 亿元，水力发电业 2.24 亿元），炼焦煤气及煤制品业 1504 万元。

（三）城市基础设施建设初具规模

1994 年全省城市人口密度 1487 人/平方公里，人均居住面积 6.8 平方米，自来水普及率 94.3%，每万人拥有公共交通车辆 4.6 标准台，气化率 36.1%，人均拥有铺装道路面积 4.9 平方米，人均公共绿地面积 2.3 平方米，每万人拥有公共厕所 1.6 座。年末全部从业人员数 1719.50 万人。年末邮电局（所）数 1873 处，全年用电量 228.25 亿千瓦时。固有经济全部固定资产投资 202.92 亿元，城镇集体固定资产投资 4.39 亿元。固有经济全部新增固定资产 134.43 亿元，城镇集体新增固定资产投资 3.55 亿元，1994 年全省城市新增城区面积 364.3 平方公里，住宅新增面积 5478 万平方米。年末运营车辆数达 1883 辆，运营里程 3573 公里，全年客运总量 47928万人次，有出租汽车 9731 辆。人工煤气供气总量 14832 万立方米，液化石油气供气总量 34174 吨，供热总量包括蒸汽280.8万吨/年,热水百万千焦/年,集中供热面积864万平方米。城市园林绿化全年新建成区8028公顷。城市市政工程方面,年末实有铺装道路长度为2194公里,面积为2017万平方米。全省城市桥梁达213座,城市下水道总长度达1423公里,城市污水日处理能力达12.7万吨,城市路灯达43.3千盏。全年城市生活垃圾清运总量173万吨,粪便清运总量52万吨;公厕948座,环卫机械总数487辆,总功率39260千瓦。

四、社会事业蓬勃发展

1994年,全省社会各项事业蓬勃发展。人口、"农转非"均控制在计划下达的指标以内,教育、科技、卫生、文化、体育、广播电视事业稳步发展,劳动就业、社会保险事业进一步扩大。同时,充实和完善了社会事业"九五"和2010年发展规划。1994年全省社会事业领域重大的活动有:成功组织了全国建国45年社会事业成果展览陕西馆的展出,出版了反映全省45年社会发展主要成就的《明日更辉煌》画册,拍摄了《明日更辉煌》专题电视片等。全省上下认真学习贯彻全国社会发展工作会议精神,促进了全省社会事业的全面发展。

(一)科学技术事业

1994年全省科技事业进一步发展。全年科技研究发展项目1483项。科技论文18624篇,其中国外学术刊物发表878篇。出版科技著作1635种。获奖成果数1572种,其中国家级奖31种,省部级奖834种,地市级奖707种。专利项目申请量总计2002件,其中发明专利414件,实用新型专利1450件,外观设计专利138件。授权量总计1312件,其中发明专利54件,实用新型专利1166件,外观设计专利92件。各类技术合同数3041个,合同金额3.22亿元,实现金额2.16亿元。关中高新技术产业开发带建设步伐加快,进区企业2100家,技工贸总收入31.5亿元。

(二)教育事业

1994年教育事业取得了很快的进展。普通高等教育在改革中加快发展。全年全省招收研究生3092人,在学研究生6752人,已毕业研究生1804人。各类普通高校新招人数3.87万人,在校生12.69万人,毕业2.82万人。中等专业学校招生30.146人,在校学生81927人,毕业数19769人。基础教育进一步加强,又有330个乡(镇)、10个县(市、区)分别普及了六年和九年义务教育。全省扫除青壮年文盲25万人。各级筹措资金9000万元,新建教师住房20万平方米。

(三)文化、体育、卫生、新闻出版等事业

1994年,全省文化、体育、卫生、新闻出版、广播影视等事业日益繁荣。爱国主义、集体主义、社会主义教育深入开展。群众文化活动更趋活跃,一批优秀电影、电视、戏剧、音乐、美术作品和出版物相继在国际、国内获奖。文物发掘、保护、管理工作进一步加强,先后6次组织文物出国展出。盗掘古墓的违法行为得到遏制。广播电视覆盖面进一步扩大,新增医院床位2757张,村级卫生组织覆盖率达到86.15%。群众体育活动更加普及,在广岛亚运会和远南残疾人运动会上,我省运动员分别获得3枚和14枚金牌,打破一项世界纪录,三项残疾人世界纪录。

(四)人口、资源和环境保护

1994年,全省计划生育、环境保护和土地管理工作进展比较扎实。全省人口自然增长率由1993年的11.08‰下降到10.99‰,完成了国家下达的人口计划。土地法规建设和土地使用制度改革稳步推进,市场在土地资源配置中的基础性作用逐步增强。环境保护受到全社会的重视,资源综合利用得到极大发展。全省"三废"综合利用产品产值1.53亿元,"三废"综合利用产品利润3500万元。全省企事业单位环保补助资金1747.6万元,治理废水5674.9万元,治理废气4624.8万元,治理固体废物1434.1万元,治理噪声169.6万元。同时环保组织得到健全,人员得到充实,提高了专业化水平。

五、区域经济协调发展

(一)区域经济发展战略及结构

"九五"到2010年,全省区域经济发展的总体战略是:继续实施"重点发展关中,加快开发陕南、陕北"的方针,按照区域优势,确定产业发展重点,选择有利地段进行重点建设,在搞好三大经济区域分工协作的同时,建设好"一个中心,三个经济带",即西安经济中心,陇海铁路沿线经济带、长城沿线经济带和汉江沿岸经济带;发展一批经济大县,带动周围地区发展;大力加强和拓展周边经济,扩大联合与协作;形成有机联系、协调发展、开放高效、优势互补的地域结构,缩小地区间差别。

(二)三大地区发展布局

关中地区　充分发挥经济存量优势,通过改组、改造,提高生产水平,扩大生产规模,增进经济效益。要以机械、电子、高新技术产业发展为重点,积极发展纺织、食品、医药、冶金、化工、建材、能源等工业,大力发展以金融、旅游、商贸、科技、服务为重点的第

三产业，努力提高粮、棉、油、果、菜、肉、蛋、奶等农副产品生产水平，使关中成为全省和全国现代化水平较高的综合经济区。在地域布局上要以西安、宝鸡、咸阳、铜川、渭南5个城市为中心，建设各具特色的生产基地和生产区，依托陇海铁路沿线城镇群和开发区，形成高新技术产业占相当比例的“陇海沿线经济带”。

陕北地区 充分利用能源资源丰富和国家重点开发的有利条件，大力发展煤炭、电力、石油、天然气等能源工业。建成全国能源基地，积极发展化工、建材和烟果、毛等农副畜产品加工，加快发展第三产业，加强农业基础设施建设，提高畜牧业生产水平，在地域布局上，要建设好以榆林为中心的长城沿线煤、电、气开发带和以延安为中心的子长——延安——黄陵油、煤、电开发区。

陕南地区 以矿产、生物、水力三大资源开发和“汉江工业走廊”建设为重点，主要发展冶金、有色、黄金、林特产品生产加工、水电、机械等工业，积极发展丝绸、食品、医药、建材、第三产业和农业，逐步形成全省原材料、水电和林特产品生产基地。在地域上以汉中、安康、商州3个城市为中心，建设各具特色的生产区。充分利用汉江沿岸现有基础和有利条件，集中力量建设汉江工业走廊。

六、扶贫工作成效显著

1994年，全省扶贫开发工作在国务院开发办的关怀重视下，紧紧围绕贯彻落实全国扶贫工作会议精神和《国家八七扶贫攻坚计划》，制订和实施了全省扶贫攻坚计划，做了大量工作，取得了显著成绩。

（一）贫困户收入稳定增加，解决温饱的步伐加快

1994年末，全省50个贫困县农民人均纯收入达到580元，较上年增加99元；贫困人口由1993底的401.45万人下降到348.61万人，当年解决温饱52.84万人。

（二）基础设施得到进一步加强

1994年新增基本农田78.97万亩，累计达到1766.4万亩，人均1.31亩。陕南奉巴山区继白河县之后，又有旬阳、镇安两县实现了人均一亩基本农田的目标。全省当年解决了32.9万人和8.45万头牲畜的饮水问题，连前累计占到需解决人畜饮水问题总数的45.8%和36.1%。当年新增输变电线路2880公里，新增通电乡16个，通电村1619个，连前累计通电村占到总村数的73.42%。当年新增公路里程1872公里，总计31831公里，年末通公路的乡1387个，占总乡数1481个的93.7%。

（三）主导产业迈出新步伐

1994年通过加大投资力度，积极进行产业结构调整，使全省贫困地区主导产业在原有基础上有了更快的发展。目前，陕北的烟、果、羊、薯，渭北的苹果、烤烟，陕南的蚕桑、茶叶、板栗、食用菌、杜仲等，都发展到相当的规模，并相应建起了一批龙头加工企业，使贫困地区经济向系列化、产业化方向发展。目前延安、榆林西区主导产业产值占到农业总产值的70%；农民人均纯收入60%来自主导产业。特别是陕南的蚕桑、茶叶，陕北的羊、薯，渭北的苹果、肉类等主导产业，已出现了明显的产业化趋势。

经济体制改革与对外开放

1994年，在中共陕西省省委、省政府的领导下，全省上下认真贯彻党的十四大和十四届三中、四中全会精神，紧紧把握“抓住机遇、深化改革、扩大开放、促进发展、保持稳定”的工作大局，统一部署，密切配合，精心实施，在经济体制改革与对外开放方面取得了重要突破和显著成效：

一、经济体制改革在许多方面取得了重要突破和实质性进展

(一)宏观管理体制改革迈出决定性步伐，社会主义市场经济宏观管理体制的基本框架初步形成

1.财税体制改革基本完成，新体制运转正常。财政分税制在省级基本确立，实现了平稳过渡。税收体制改革全面推开，基本上形成了以增值税为主体，消费税和营业税为补充的流转税制度；分别统一了内资企业所得税和个人所得税，调整了资源税等一些税种税率；省、地(市)、县三级国税局和地税局分设组建工作完成并已开始运转。新财税体制的实行，保证了财政收入的正常增长。据统计，全省完成工商税收(新口径)31.09亿元，比上年增长22.3%，实现地方财政收入(新口径)42.58亿元，增长32.5%。

2.金融体制改革稳步推进，势头较好。省人行结合内部机构调整，强化了金融监管和宏观调控职能；各专业银行在陕分支机构实行资产负债比例管理和风险管理的比重与规模都有了一定提高和扩大。省建行深化内部改革，加快向商业银行转变的步伐，取得了较好的成效。各专业银行在实行政策性金融业务与经营性金融业务分离方面，进行了积极的探索。随着对金融机构监管工作的加强，刹住了违章拆借和乱集资现象，促进了金融形势好转。

3.外汇管理体制改革进展顺利，成效明显。按照国务院的要求，年初我们成功地实现了官方汇率与外汇调剂市场汇率的并轨。4月份开始，又取消了外贸外汇留成和上缴，实行了银行结汇、售汇制，初步形成了以外汇指定银行为主体的银行间外汇交易市场，汇制改革的成功进行不仅使人民币汇率保持了相对稳定，而且大大增强了省内外汇的调剂能力。

4.外贸体制改革进一步深化，进出口贸易持续增长。大力推行外贸代理制，对进口总额、出口外汇和进口用汇实行指导性计划，改进了重要商品的进出口配额管理和许可证管理，完善了出口退税制度，实行了有利于外贸出口发展的信贷政策和关税政策，进一步调动了外贸企业的积极性，促进了外贸企业经营机制的转换，从而使全省对外经贸保持了持续增长的好势头。

(二)微观领域企业改革向纵深层次推进，为现代企业制度的建立奠定了必要的基础

1994年，全省各地按照建立现代企业制度的基本要求，在继续贯彻落实《转机条例》，促进政企职责分开，深化企业内部改革的同时，把产权制度改革作为促进企业转机建制的突破口，采取切实步骤，重点加以推进，取得了新的成绩。

1.清产核资和产权登记工作卓有成效。全省有6956户企事业单位完成了产权登记和清产核资工作，其中国有企业6097户，实行企业化管理的事业单位859户。这项工作的全面完成，使我们基本上摸清了“家底”，弄清了产权关系中的问题，为深化企业改革打下了必要的基础。

2.引人注目的产权制度改革已由局部试点转向全面推开。据统计现在全省采取各种形式进行产权制度改革的企业已达2000多户，进展比较快的渭南地区和榆林地区试点企业已分别占到企业总数的60%和70%以上。全省商业和供销系统80%多的企业实行了租赁经营。企业之间的联合、兼并以及产权出让等行之有效的改革方式在继续推进。随着产权制度改革的深化，不仅盘活了存量资产，推动促进了生产要素的合理流动和优化配置，也有效地促进了企业经营机制的转换和经济效益的提高。公司制改组与产权制度改革同步进行，全省改组和新建股份制企业1500多户，其中股份有限公司45户。采用股份合作制为主要特点的民营科技企业已达4000多家。企业改革在其他方面也有新的发展。“仿三资”企

业有57户，外资嫁接改造128户，新厂新机制46户。组建企业集团累计72户。全年关、停、并、转、破、卖企业181户，促进了企业结构调整。

（三）其它各项改革继续推进，许多方面取得新的成效

1.近几年来，我省在价格和流通体制改革方面迈出了较大步伐，以市场调节为主的价格形成机制基本建立。按照国家统一部署，出台了原油、原煤、粮食、棉花价格改革。相应地改革了原油、成品油、粮食、棉花和化肥的流通体制和管理办法。下半年，省政府针对物价持续上涨的情况，相继采取了一系列强有力的措施，加强对价格的宏观监控，使通货膨涨加剧的势头有所遏制。

2.在继续发展和完善各种商品市场，扩大省际边贸的同时，着力抓了生产要素市场建设。经过整顿之后，全省各大中城市的金融市场又重新开始规范化的业务活动，银行同业拆借、票据贴现业务继续健康发展。仅西安市资金拆借市场会员单位发展到44家，年融资额达92亿元。证券市场逐步扩大。目前在我省进行证券业务活动的经营机构达23家，营业网点31个，为证券业服务的中介机构7家。全年股票交易额达250亿元左右。全省劳动力市场已达36个，技术市场34个，信息市场71个，房地产市场10个。

3.企业职工养老和失业保险的范围进一步拓宽。1994年，全省参加养老保险统筹的国有企业户数和职工人数分别占到98.6%和99%。养老金收缴率达95%以上。城市集体企业、乡镇企业、三资企业参加养老保险统筹的户数也不断增加。1994年上半年，省上出台了改进和完善失业保险制度的政策措施，加快了这项改革的步伐。全省参加失业保险的单位达11700户，职工227万人。在医疗制度改革方面，年初我省在认真总结各地公费医疗制度改革经验的基础上，提出了“统一认识、全面推开、不断完善、力求规范”的指导方针，各地市根据省上统一部署，展开各具特色的改革探索。铜川、渭南等地市，按照实行社会统筹和建立个人帐户相结合的方向，完善已有的改革措施，取得较好效果。

4.住房制度改革近几年迈出了较大步伐。1994年，我省认真贯彻《国务院关于深化城镇住房制度改革的决定》精神，结合省情实际，制定出台了新的房改实施方案，并把工作重点从以出售公房为主转移到全面推行公积金制度、加快经济适用住房建设上来。全省城镇集资合作建房累计达到500多万平方米。提租和建立公积金等方面的工作正在加紧进行。安居工程的筹备工作进展顺利，西安、宝鸡、咸阳3市的方案已上报国务院房改办公室，1995年可望付诸实施。

5.农村改革继续深化。全省各地在继续巩固完善家庭联产承包制和双层经营体制的同时，以拍卖“四荒地”使用权为主要内容的土地使用制度改革取得新的进展。去年，各地拍卖“四荒”地达270万亩，调动了农民发展长期开发性生产的积极性。股份合作制普遍推行，乡镇股份合作经济组织发展到15万多，约占总数19.8%，有力地促进了农村非农产业的进一步发展。此外，农村流通体制和市场建设以及社会化服务体系建设有明显进展。以产权制度改革为重点的县级综合改革在更大范围内展开。

二、对外开放进一步扩大，外经贸工作取得显著进展

1994年，陕西省经贸战线的广大干部职工在省委、省政府的正确领导下，团结一致，克服困难，拼搏进取，取得了显著成绩。

外贸出口继续保持强劲增长，1994年全省进出口总额15.95亿美元，其中出口完成12.10亿美元，占国家下达计划的115.89%，比上年增长22.03%；净增出口额2.2亿美元，创历年净增出口额最高水平；全省提前35天超省政府提出的外贸出口11亿美元的奋斗目标。

出口商品结构进一步优化。具有较高附加值和较好效益的商品所占比重有明显提高，机电产品出口再创新纪录，突破3亿美元，成为我省出口创汇第一大类商品，比重由上年的22.07%上升到24.79%，纺织类出口达2.26亿美元，为历年最高数额，煤炭出口63.47万吨，出口数量和创汇额均比上年有较大幅度的增长。大宗出口商品增长较多的还有服装、地毯、轻工类、有色金属及矿产品等12种。

利用外资稳步发展。截止1994年底，全省新批外商投资企业444家，协议外资额5.99亿美元，实际利用外资额4.42亿美元，其中利用国外贷款2.06亿元，外商直接投资2.38亿元。外商投资中大项目和跨国公司来陕投资明显增多，工业项目达316个，占项目总数的71%，投资在1000万美元以上的项目9个，500万美元以上的项目22个，标志着我省利用外资工作有了新的进展。

对外经济技术合作实力明显增强。1994年全省技术进出口总额1.28亿美元，对外承包工程劳务合作完成营业额5291万美元，年末在外人数1260人，新签合同1.1亿美元，为我省历年最高数额，1994

年全省执行受援项目14个，总金额536万美元，涉及妇幼教育与保健、生活用水、贫困地区发展及文物保护等领域，对贫困地区经济社会发展和全省的文物保护起到了很好的促进作用。

附录：

陕西省对外经济技术合作意向性项目

编　号	项目名称	建设规模	承办单位	项目建设地址	电　话	联系人
1	西安奥拓微型轿车	5万辆	陕西秦川集团	西安	(029) 3233211	王伯宽
2	略阳钢铁厂二期炼、轧钢工程	钢50万吨 铁50万吨	省冶金厅	略阳县	(029) 22811	李国清
3	黄陵南洲二号煤矿	年产原煤30万吨	省煤炭局	延安市	0911 212855	王士波
4	陕西榆林化工总厂	甲醇30万吨	省石化厅	榆林市	0912 22054	赵文伦
5	西安市三环路工程	68公里	省交通厅	西安市	029 2270612	张孝英
6	横山火电厂扩建	2×5万千瓦	西北电管局	横山县	09224 612145	姬乃仁
7	西安市天然气城市气化工程	100.48万立方米/日	省石化厅	西安市	029 4247593	康文理
8	陕南生物资源开发工程	绞股蓝5000吨 魔芋系列制品10000吨黑米系列产品5000吨	省轻工厅	南郑县	0916 5364531	黄俊义
9	铜川—延安高等级公路	240公里	省交通厅	铜川、延安	7292481	胡希捷
10	临潼—渭南—潼关高等级公路	120.5公里	省交通厅	西安、渭南	7292481	胡希捷
11	西安—安康铁路	国家Ⅰ级铁路干线244公里	省能源办	西安、商洛、安康	7291467	任万堂
12	延安北—榆林—神木北铁路	单线铁路388公里	省地方铁路公司	延安、榆林	7215693 转34866	来治民

典 型 地 区

西安经济技术开发区

一、概　　况

西安经济技术开发区成立于1993年2月。该区位于西安市北郊，总规划面积为10.51平方公里，南起北二环，北至张家堡北500米，西界朱宏路，东界未央路以东600米，其中，起步区3.42平方公里，位于开发区南部。开发区的产业结构以工业为主。企业投资以外商投资为主，产品市场以出口为主。开发区鼓励技术含量较高、无污染的一类工业进区建设，鼓励第三产业，鼓励境外金融组织在开发区设立金融机构或代表机构。

开发区总体划分为三大功能区：工业区、仓储区、公建区。开发区管委会对进区的所有企业按照市级经济管理权限，实行简捷高效的管理和服务，为入区企业创造良好的投资环境。

二、区 位 条 件

开发区区位条件优越，具备良好的投资环境：

1.该区距西安市中心5.5公里，可依托现有的城市基础设施，节省建设资金，有利于开发区迅速起步，迅速受益，滚动发展。开发区地势平坦开阔，可成片开发。

2.交通条件便利。距西安航空港咸阳机场30公里；距火车客、货运站均在5公里左右；区内未央路与机场专用公路和西铜一级公里相连，310国道规划从区内通过，市内二环线从开发区南部边缘通过。起步区路网修筑已经全面动工，明年初步基本完成。

3.基础设施较为完备。开发区已建成使用的自来水厂，每日可供水10万吨；后备水源地的开采，正在设计之中。排水管道管径1.8米，可保证排水。区内已埋设18孔通讯电缆，可满足目前通讯需求，区内通讯大楼年内可开工建设。起步区3.42平方公里实现“七通一平”。

4.能源充足。起步区内已建成使用的110千伏变电站可满足起步区需求，开发区第二变电站已经完成设计，正在做施工准备。起步区基本路网电力已通至红线处。陕北天然气工程已开始建设，将在开发区北部调压，可优先供气。

三、招商引资情况

开发区采取各种形式，吸引国内外客商入区建设，截止1994年底，累计人区项目60个，项目总投资26.53亿元，其中外资11134万美元。

这些项目中，有一些世界知名公司投资的项目，如美国可口可乐、英国太古与汉斯厂合资2500万美元的可口可乐生产厂，西电公司与日本三菱公司合资1000万美元的输变电设备制造厂等；也有天心电气公司，山海丹集团、金堆城钼业集团、西飞公司、海星科技公司等科技含量较高，在国内驰名的大集团公司；也有德国独资的万义家纺公司，西菱输变电设备制造公司，台商独资超群食品公司、国际贸易大厦等这样以出口创汇为主的企业；也有像雅荷花园、芳馨园等为开发区相配套的房地产开发项目等等。

目前正在跟踪洽谈的项目有50多个，外方有美国的英格索兰公司、TMX、玛珂德公司以及香港、新加坡、韩国、加拿大等国(地区)公司。

四、基础设施建设

基础设施建设是开发区重要工作，也是招商引资的根本。管委会按引凤筑巢和筑巢引凤相结合，滚动发展的思路，筹集资金，加快基础设施的建设进度。

开发区修通了2.3公里的纬三路和1.3公里的南环形路；埋设各类配套管网8.3公里；架设变压器总容量2200千伏安，10千伏高压线3449米，电力电缆1公里；通信电缆2.3公里；第二变电站已经开始围墙；第一供热站已经开工，年底可实现供热等等。基础设施建设累计开工25万平方米，竣工10万平方米。

开发区管委会加强内部管理，努力协调市级有关部门的工作，以为企业提供优质快捷的服务，为企业创造良好的建设环境为目标，尽可能减少办事程序，提高工作效率，为企业的快速建设创造了条件，得到了企业的赞许。

开发区的发展将以邓小平同志建设有中国特色的社会主义理论为指针，按照西安市的发展规划，大力发展外向型工业，引进国外先进的技术和管理经验、市场规则，培育支柱产业和企业集团，“九五”末成为西安市重要的经济“增长点”，为把西安建设成为国际性的大都市贡献力量。

渭南招商区（经济技术开发区）

一、投资环境

渭南招商区位于关中东部政治、经济、文化中心的渭南市。渭南招商区设立于1992年5月，1995年3月经陕西省人民政府正式批准为经济技术开发区，该区东起渭大公路（108国道），西至渭清公路，南起胜利街货运铁路线，北至富国路，规划面积7.52平方公里。距陇海铁路和310国道2公里。城市货运专用线、108国道从区内通过。交通便利，地势开阔平坦，地下水资源丰富，供排水畅通，供电、供热充足。市区的8000门程控电话和800兆移动电话覆盖开发区，区内新建2400门程控电话已开通。开发区距市中心不到1公里，人口流动量大，商贾活跃，基础设施完备，游乐场、医院，居住小区已初具规模。是集科技开发、商业贸易等多种经济构成于一体，管理机制灵活，政策优惠，基础设施配套，社会化服务体系健全的新型综合经济技术开发区。

开发区内的规划、管理和开发由政府授权开发区负责，具有经济开发和行政管理两种职能，本着“高效、精简”的原则，从速办理国内外投资项目的立项、定点、征地、规划、建设等手续，竭诚为投资者提供宽松的投资环境和高效优质的服务。

两年多来，开发区在渭南市政府的正确领导和有关方面的大力支持下，区内开发建设取得突破性进展，兴办各种经济成份工商企业50家，固定资产投资3.75亿元，东区“四通一平”的基础设施已具备。开发区引资进展顺利，已引进项目44家，投资总额2.45亿元，累计完成建设投资8000万元。目前，立足秦、晋、豫的大型专业生产资料市场，如秦东汽车市场、粮油批发市场、建材市场、水暖器材批发市场等已相继建成并营业。中外客商直接投资的工业、商贸、物资、房地产业十分活跃。随着投资环境的进一步完善，开发区将形成渭南经济的中心并将推动渭南经济的大发展。

二、相关政策

（一）引进项目资金奖励

（1）凡引进的国内投资项目，项目投产运营后，由开发区按土地出让金数额的1%奖给中介人，属高新技术项目的按2%奖励。

（2）引进的中外合资项目，项目投产运营后，由招商区按土地出让金数额的2.5%奖励。引进的外商独资项目按3%奖励。

（3）凡从区外引进的无偿资金，按资金总额的20%计提，奖给引进者。

（4）从区外引进有偿无息资金，使用期限1年以上，按引进资金总额5%计提，奖给引进者；2年以上以1年为基数，每年提高1%计奖。

（5）引进有偿有息资金，使用期限1年以上，高于人民银行规定的国准利率的，视引进数量按总额的0.5%～1%计奖，与银行利率等同的，按总额的2%计奖，低于银行利率的，依据下浮幅度按总额的3～4%计奖。

（6）以上凡以单位名义引进计划外资金的，奖金总额的50%奖给单位，50%奖给主要承办人。

（二）建设用地优惠

1. 外商投资项目、高新技术项目、出口产品项目、替代进口项目、农产品加工项目、一般工业和乡镇工业项目等用地，以现行市场土地出让价格为基数，给予下浮10～30%的优惠。

2. 上述1项项目和投资于招商区基础设施项目、社会公益事业项目，免征土地使用管理费。

被征用土地村组村民的"农转非",由管委会拿出意见上报市政府审批。

(三)引进人才优惠

开发区企业科技人员、管理人才家属"农转非"指标,优先予以保证,原则上只要符合条件就给予解决。对荣获省级奖励科技项目的主要完成者,大学本科及其以上学历人员,中级专业技术职称人员,重大科研项目创造者,优先办理户口迁转手续。

三、发展目标

1.招商 到2000年,引进项目300个,投资总额10亿元,其中三资企业50家,投资总额3亿元,引进项目向科技含量高、出口创汇多、投资规模大的方向发展。

2.经济效益 到2000年,区内社会总产值达到10亿元。其中,工业产值6亿元,其它产业产值1亿元,社会商品零售额3亿元,实现利税8000万元,成产新生的渭南经济次中心和带动渭南经济发展的新的生长点。

3.城市基础设施综合开发道路总长度由现在的10公里增加到30公里,居住人口8万人,人均居住面积达到10平方米以上,人均日用水量达到160升,区绿化覆盖率达到30%,集中供热率达到50%,建成广场、文化娱乐中心等一批市政公用设施,基础设施综合开发率达到80%以上。

1994年改革开发大事记

1月

上旬 陕西省经济计划工作会议召开，省委书记张勃兴、省长白清才做了重要讲话，省计委主任唐绩初做了《努力做好1994年经济计划工作，保证各项改革顺利实施，推动国民经济持续、快速、健康发展》的报告，省经委主任刘建堂做了《加大改革力度，强化宏观协调，努力实现经济持续、快速、健康发展》的报告。

8日 国家"八五"重点工程西安至宝鸡高速公路西安一兴平段建成通车。该段工程自1992年4月1日开工，仅用20个月时间就高标准地完成了全长34公里的全竣、全封闭高等级公路的建设任务。

13日 据报道，安康飞机场扩建工程破土动工，年底可望复航。安康飞机场始建于1938年，由于条件限制1986年被迫停航至今，在国家计委、民航总局、陕西省政府、省计委、西北民航的大力支持协助下，终于立项动工。建成后近期可满足运七和贝尔146—100型飞机起降，开通西安、成都、武汉、襄樊4系空中航线。以后只要适当延长跑道长度，即可开辟更多更远的航线。

16日 陕西省北部黄土高原传来喜讯：1993年陕北油气勘探开发又获重大进展，生产原油118万吨，比1992年增长10.5%，提交探明天然气储量1343亿立方米，从而跻身于世界级大气田行列。

▲ 中共陕西省委、省政府发出了《关于加快农村改革和发展若干问题的决定》。这是90年代全省深化农村改革、加快农村经济发展的总体规划，是实现全省第八次党代会和省委八届二次全会部署战略任务的重大举措，再次展现了省委、省政府对农业和农村工作的高度重视。

18日 陕西省兴建有线电视台工程投资签约仪式在西安举行，不日即破土动工。该工程总投资2500万元，分二期建设，全部工程3年完成，届时可收看58个频道的电视节目。

27日 运八民用型飞机获型号合格证。中国民航总局今天为中国航空工业总公司陕西飞机制造公司研制生产的运八民用货运型飞机颁发了型号合格证，这意味着在我国自行研制生产的飞机中，首次具有了获得民航使用资格的机种，为它进入民航货运市场开辟了广阔的前景。

2月

27日 陕西省八届人大二次会议在西安召开，省长白清才做了政府工作报告。报告共分三部分：(1)1993年工作的回顾；(2)1994年经济社会发展的主要任务，(3)转变职能，改进作风，保证今年各项任务的顺利完成。

3月

2日 举世瞩目的秦兵马俑二号坑开始发掘。

4月

6日 甲戌年清明节公祭轩辕黄帝陵典礼在陕西省黄陵县隆重举行。中共中央政治局常委、全国政协主席李瑞环出席了公祭典礼，省委书记张勃兴恭读祭文，省长白清才、省政协主席周雅光和各有关省区的代表，台、港、澳同胞代表，海外侨胞代表约500人参加了公祭。

8日 中共中央政治局常委、全国政协主席李瑞环在陕西省委书记张勃兴，省长白清才、省政协主席周雅光陪同下，视察陕西工作。

▲ 在推动全省乡镇企业持续快速健康发展，省政府作出九条重大新举措：(1)切实加强对发展乡镇企业的领导；(2)明确集中联片指导思想和发展目标；(3)进一步优化产业结构；(4)抓重点工程和薄弱环节；(5)深化企业改革；(6)积极扩大对外开放；(7)千方百计增加资金投入；(8)大力引进和培养人才，推动科技进步；(9)建立和完善乡镇企业服务体系。

5月

5日 陕西科技工作会议在西安召开，白清才省长在会上做了题为《围绕支柱产业、发挥科技优势，推动我省经济上台阶》的重要讲话，讲话共分三部分：(1)以市场为基础加速科技成果转化是科技工作的主要任务；(2)围绕支柱产业开发高新产品是发挥科技优势的重要途径；(3)深化改革是发挥科技优势、实现科技经济一体化的保证。

9日 陕西省利用加拿大贷款为西安市引进的加拿大北方电讯公司14万余门程控电话交换设备在西安举行合同签字仪式，加拿大北方电讯公司代表和省市领导、有关方面代表出席了签字仪式。贷款总额为3000万美元，其中西安市电信局用加拿大贷款的2200万美元，从加拿大北方电讯公司引进14万余门程控电话交换设备。截止1994年底，西安市内程控电话总容量可达到35万门，为缓解通讯紧张状况创造了更加有利的条件。

15日 西安高新技术产业开发区二期工程动工。工程占地面积1.7平方公里，总投资约20亿元，预计1998年基本峻工。

6月

10日 国家"八五"重点建设项目宝中铁路今日全线铺通。宝中铁路南起陇海铁路的虢镇车站，穿陕西、甘肃、宁夏2省1区的14个县市，北与包兰铁路的迎水桥车站接轨，全长498.19公里，线路设计为国家新建单线Ⅰ级干线电气化铁路，预留复线条件，设计年运输能力近期为1200万吨，远期为1800万吨，逐步实施扩能措施后，最终单线运输能力可达到2500万吨。

27 国务委员、国家科委主任宋健6月21日至27日在陕西考察工作，并就新形势下进一步解放科技生产力，大力发展科技产业问题进行了座谈，就如何依靠科技发展经济，做好秦岭自然资源的保护、开发利用工作作了重要讲话。

8月

1日 我省国家和地区税务局成立。省委副书记支益民、副省长王双锡为两局挂牌揭幕并作重要讲话。

9月

11日 中国西安第五届古文化艺术节'94中国西安投资与贸易洽谈会隆重开幕，国家各部委及省上主要领导同志出席了开幕式

18日 据报道，为期7天的'94中国西安投资与贸易洽谈会于17日结束。这次洽谈会共签订外商直接投资合同项目165个，合同总金额为5.06亿美元，其中合同外资额为3.19亿美元；签订协议102个，总金额为8.13亿美元，其中外资额4.72亿美元；签订外贸进出口合同金额6395万美元，其中出口5571万美元，进口824万美元；国内贸易成交额达16.61亿元，其中现货贸易额为2.21亿元。共有42个国家和地区的1100多名外商参加了这项经贸洽谈会。

10月

5日 据报道，总投资为18亿元的国家"八五"重点建设工程蒲城电厂，已进人设备安装的攻坚阶段，1995年6月可望并网发电。

16日 今年陕西省对外贸易发展速度加快。据统计前三季度贸易进出口总额达11.27亿美元，较上年同期增长14.95%，其中出口8.78亿美元，增长30.73%；进口2.4亿美元，下降19.37%，外贸顺差增大。

23日 由国家科委和陕西省人民政府共同举办的"首届中国杨陵农科城技术成果博览会"10月18日至23日在杨陵召开。本届博览会组织了2500多项科研成果，有全国18个省、市的代表和美国、韩国、瑞士等国外宾进行了参观洽谈，博览会共签订技术成果交易合同，协议意向1175项，总金额7.3亿元，销售名优特产品85种，金额3.5亿元，达成科技贷款协议的项目217项，申请贷款金额6.4亿元；人才市场有1663人与用人单位达成流动意向书；评出农业科技企业家146名；有710项参展项目获得"石稷金像奖。"

11月

1日 陕西省经济发展战略研讨会在西安闭幕，出席会议的陕西省委、省政府领导同志和专家学者共300多人济济一堂。经过认真研究和反复讨论，会议制定出了陕西省今后15年的经济发展战略，即：着眼东部地区与中西部地区的互补发展，建设煤电能源与机电产业基地，强化优势产业发展，打通南北大通道，实现资源优势向产业优势的转变。

▲ "西北民航"喜添大客机。又一架崭新的宽体(268座)"空中客车"飞机平稳地降落在西安咸阳机场。这是西北航空公司与空中客车工业公司签订的引进6架客机合同中接回的首架新客机。至此，西北

航空公司百座以上的大中型客机已达22架，飞机总数达32架。待6架空中客车"全部到位后，西北民航的运力将增加40%，成为我国空运实力较强的几家公司之一。

▲ 二郎坝水电主体工程进展顺利。陕西省"八五"兴陕重点工程宁强二郎坝水电工程是一项跨流域调水、梯级开发、综合利用的水利水电开发工程，可是陕西省第一个南水北调工程。该工程设计总装机容量4.6万千瓦，年发电量1.8亿度，总投资1.33亿元。工程建设实行股份制、全部工程计划5年完成。工程竣工这后，可灌溉农田12.2万亩，年增产粮食847万公斤，可为工业及城镇提供水源和沿途提供产值3亿元的工业用水量，形成水面面积3630亩，年产鲜鱼72.6吨。

13日 陕西省提前超额完成地方财政收入任务。截止10月底，全省地方财政收入完成32.2亿元，按分税制口径比较，比上年同期增长32.51%。提前两个月超额完成了全年任务。

▲ 神朔铁路—黄河特大桥胜利合龙。神朔铁路是我国继大秦铁路之后跨世纪的四大工程之一——西煤东运又一大通道的组成部分。黄河铁路特大桥是神朔铁路的重要控制工程，位于山西省保德县和陕西省府谷县之间，横跨黄河，全长1597.68米，为36跨、37个墩台的双线铁路桥，跨度80米，是目前国内同类桥梁中跨度最大的一座铁路桥。这项重大工程的如期完成，为明年6月底的全线贯通打下良好基础。

12月

9日 由陕西省政府和联合国工业发展组织共同举办的陕西工业发展战略研讨会，12月8日至9日在北京召开。联合国有关组织的驻京官员、国务院有关部门的领导同志、在京研究单位的部分专家学者、我省各有关部门的负责同志共近百人出席了研讨会。陕西工业发展战略研究专家组组长索尔·阿里诺加先生向与会代表报告了初步研究结果，省长白清才作了重要书面发言。

30日 陕西省委经济工作会议历时4天于12月29日结束。这次会议是一次关系到我省改革和发展的极其重要的会议。代表们在求真、务实、团结、鼓劲的气氛中，议形势、谋发展、定措施，统一了认识，明确了1995年经济工作的指导思想、主要任务和工作重点，振奋了精神，坚定了克服困难的决心和信心。

31日 西宝高速公路蔡宝段通车。西宝高速公路是经国务院批准的国家"八五"重点工程，也是陕西省20项兴陕工程之一。按照陕西省政府制定的"统一标准，分期征迁，分段施工，东西并进"的原则，西安至兴平段已于今年年初建成通车，西宝高速公路蔡家坡至宝鸡段全长31.86公里，整个路段为全封闭、全立交，全部控制出入，设计时速为100公里/小时，路基宽24.5米。工程自1992年11月1日开工，1994年12月31日通车，历时2年1个月。

西　安　市

主　　编： 付占才
副 主 编： 薛华锋
编写人员： 高明娟　王玉宝　郭民权
黄长安　王　勇　李文亚

西安市分目录

西安市概况

面积:9983 平方公里

人口:639.45 万人

行政区划:3 个城区,4 个郊区,6 个县

市委书记:程安东

市十一届人大常委会主任:程安东

市长:崔林涛

市九届政协委员会主席:孙殿奇

西安市国民经济主要指标 (单位:亿元)

项 目	1994 年	1994 年比上年增长(%)
国内生产总值	275.06	12.56
国民收入		
工农业总产值	392.11	18.68
工业总产值	335.6	19.95
重工业产值	147.64	11.09
轻工业产值	90.96	7.04
农业总产值	56.51	2.80
全社会固定资产投资	81.22	8.22
国有固定资产投资	68.98	15.62
社会消费品零售总额	144.3	25.08
零售物价总指数(%)	126.2	26.20
职工工资总额	58.87	36.12

国民经济和社会发展

一、国民经济健康发展

1994 年,是西安市经济建设和改革开放阔步前进,各方面工作取得显著成绩的一年。全市人民在市委、市政府的领导下,认真贯彻中央"改革、发展、稳定"的方针,综合配套改革全面推行,对外开放进一步扩大,城市基础设施建设步伐加快,人民生活水平稳步提高,国民经济和各项社会事业蓬勃发展。据统计,全市国内生产总值按当年现行价格计算完成275.06 亿元,比 1993 年增长 12.56%,其中第一产业 26.56 亿元,第二产业 128.14 亿元,第三产业120.36 亿元,分别比 1993 年增长 1.3%、13.7%和12.8%。三次产业比例为 9.7:46.5:43.8。经济运行中的主要问题是市场物价涨幅过度,农业基础设施比较薄弱,建设资金短缺,经济效益差等,一些深层次的问题需要在加强宏观调控中加以解决。

(一)农业

1994 年,我市农村继续深化各项改革,进一步

调整产业结构，大力发展"高产、优质、高效"农业，促进农村经济全面发展。全年农业增加值达26.56亿元，比上年增长1.3%，农林牧渔业总产值56.51亿元，比上年增长2.8%，其中除农业产值比上年下降7.9%，林、牧、渔业产值分别增长3.5%、24.1%和6%。农村工业、建筑业、运输业、批发零售贸易及餐饮业产值均比上年有所增加。

粮食产量因灾减产。1994年我市农村遭受了历史上罕见的干旱灾害，全市农村干部和广大群众在市委、市政府领导下，奋力抗旱救灾，全年粮食总产量达157.37万吨，比上年减产17.1%。棉花播种面积得到恢复，达13.14千公顷，总产量达6495吨，比上年减少13%。油料总产量1.08万吨，减少22.9%。蔬菜总产量120.75万吨，下降17.2%。水果产量17.89万吨，比上年增长9.7%。

全市当年造林面积7.21千公顷，比上年减少4.79千顷，四旁植树723.56万株，下降15.3%。主要林产品产量中核桃，板栗、生漆比上年减少，花椒，木耳比上年增加。

畜牧业生产稳步发展，肉、奶、禽、蛋等主要畜产品产量均有增加。肉类总产量10.67万吨，比上年增长14.2%，奶类总产量14.54万吨，比上年增长30.9%，禽蛋产量14.65万吨，比上年增长17.0%。

渔业生产有新发展。1994年，全市水产养殖面积已达2.88千公顷，比上年增长45.5%，水产品产量7900吨，增长10.8%。

农业投入增加，生产条件得到改善。1994年，金融机构发放农业贷款5.99亿元，比上年增长35.1%，用于农业的财政支出6751万元，增长16%。年末全市拥有农业机械总动力155.99万千瓦，比上年增长2.5%。全年农用化肥施用量(折纯量)15.68万吨，增长12.3%。农村用电量6.44亿千瓦，与上年基本持平。有效灌溉面积226.40千公顷，比上年略有减少。

乡镇企业继续高速发展。1994年，乡镇企业从业人员达79.65万人，占农村劳动力的38%。全年营业收入158.87亿元，比上年增长51%。乡镇工业总产值123.42亿元，增长50%。

（二）工业和建筑业

工业生产持续快速增长。1994年，全市工业增加值完成114.14亿元，比上年增长13.8%。工业总产值完成335.6亿元，比上年增长19.95%，乡及乡以上工业总值完成238.6亿元，增长9.51%，其中国有工业总产值166.8亿元，增长3.47%；重工业完成147.64亿元，轻工业完成90.96亿元，大中型企业完成工业总产值151.32亿元，比上年增长6.43%，占全市乡以上工业总产值的63.4%，市属工业总产值完成230.5亿元，比上年增长20.87%。

全市乡及乡以上独立核算工业经济效益综合指数为60.21%，工业产品销售率为95.34%，成本费用利润率为0.45%，流动资金周转次数为0.98次，工业增加值率为26%，全员劳动生产率为10105元/人(按增加值计算)，比上年增长0.06%。

建筑业生产发展较快。1994年全市建筑业实现增加值14亿元，比上年增长1.4%，建筑施工企业总产值完成36.98亿元，增长13.65%，全员劳动生产率为4.14万元/人，比上年增长33.98%，建筑施工质量不断提高。

（三）固定资产投资和城市建设

固定资产投资规模得到控制，增长幅度明显回落。1994年，全市施工项目997个，其中新开工项目238个，全部投产项目340个，项目投产率为34.10%。全年固定资产投资完成81.22亿元，比上年增长8.22%。其中国有单位投资68.98亿元，占全市固定资产投资总额的84.9%，增长15.62%。在国有单位投资中，基本建设投资34.38亿元，增长34.88%；更新改造投资完成22.36，减少20.37%；房地产投资增长较快，全市完成投资12.07亿元，比上年增长63.3%。

固定资产投资结构进一步调整，基础设施和第三产业得到加强。全市国有单位投资中，第三产业完成24.31亿元，占35.24%。

1994年，市属施工项目625个，其中新开工项目174个，投产项目236个，项目投产率为37.76%。市属固定资产总额为40.19亿元，比上年增长22.16%，其中，基本建设投资17.16亿元，增长38.50%；更新改造投资12.96亿元，与上年持平；房地产开发投资9.8亿元，比上年增长1.65倍，投资向提高城市综合服务功能方面倾斜。1994年，市属电力、煤气及热水生产供应业投资完成4.39亿元，比上年增长1.33倍；交通、运输、仓储和邮电通讯业完成投资5.96亿元，增长91.16%；批发零售餐饮业完成投资3.89亿元，增长64.61%。

1994年全市新增固定资产41.95亿元，比上年增长0.06%，其中市属新增固定资产23.06亿元，增长27%。全年竣工房屋面积241.4万平方米，其中住宅166.08万平方米；市属竣工房屋面积109.29万平方米，其中住宅76.7万平方米。

城市基础设施建设成绩显著。1994年用于城市基础设施的投资为16.02亿元，比上年增长1.6倍。

黑河引水工程完成投资3.1亿元，比上年增加1倍多，南二环工程全线竣工通车，大南门外拆迁改造动迁、新城东侧通路打通工程及路灯改造工程全部完成，江村沟垃圾堆放卫生填埋工程、天然气城市气化工程启动建设。

全市低洼危旧房改造工程成效显著，安居工程已经开始实施。1994年竣工安置居民房78万平方米，回迁居民1.1万户。市政府为改善群众生产、工作和生活条件，所办的十件实事基本完成。

公用事业稳步发展。年末城市供水总量3.56亿吨，其中生活用水1.28亿吨；年末使用液化气和煤气的人口总数达91.5万人；城市拥有公交运营车辆1322标台，公交客运量34199万人次；出租车8761辆；照明路灯1.87万盏；年末共有环卫车241辆，清扫面积1139万平方米，公共厕所401座。

（四）交通运输和邮电通信业

交通运输业稳步发展，客货运输量全面增长。全年交通运输邮电通信业增加值23.82亿元，比上年增长13.9%。

1994年货物发送量：铁路为3281.36万吨，公路5469.8万吨，民航3.22万吨，货物周转量：铁路293.35亿吨公里，公路18.95亿吨公里，民航4581.60万吨公里。旅客发送量：铁路2559.74万人，公路5550.4万人，民航211.66万人。旅客周转量：铁路136.08亿人公里，公路12.63亿人公里，民航27.51亿人公里。

邮电通信事业发展迅猛，通信建设步伐进一步加快。1994年，市邮电部门为了不断满足市场需求，多方筹措资金，加快通信建设步伐。全市邮电业务总量4.85亿元，比上年增长32.51%。全年新增长途程控交换机2万线，总容量由年初的1.2万线增到3.2万线，新增市话交换机14.39万门，总容量达35万门。全年完成市话装机82206部，年末电话机达37.01万部，全市电话户达17万户，其中私人住宅电话12万部。邮政特快传递、无线寻呼及移运通信能力大幅度提高，全年新增磁卡电话144部，发展移动通信用户7113户，发展无线寻呼用户28722户，全市通信建设的迅猛发展为西安经济腾飞奠定了基础。

（五）国内商业和市场物价

城乡消费市场活跃，货源供应充裕。1994年，全市社会消费品零售总额完成144.3亿元，比上年增长25.08%，其中批发、零售贸易业89.51亿元，增长17.79%，餐饮业9.17亿元，增长22.47%。

各种经济类型消费品零售额全面增长。国有单位49.64亿元，比上年增长13.98%。非国有经济零售额94.67亿元，比上年增长31.89%；在零售额中的比重达65.69%，比上年提高3.34年百分点。

城乡集市贸易市场发展迅速，各种交易活动频繁。1994年，全市新建、改(扩)建集贸市场39个，其中新增农贸市场17个，全市集市贸易市场已发展到433个。成交额58.82亿元，比上年增长25.42%。农民对非农业居民零售额29.12亿元，比上年增长46.55%。

生产资料市场销售下降。由于受国家宏观调控和物价上涨等因素的影响，物资供销企业购销下降。全年销售总额81.94亿元，比上年下降23.6%，除燃料、机电设备类分别比上年增长3.88%和4.42%外，化工类下降2.22%，钢材、汽油、水泥等销售量也有不同程度下降。

1994年随着国家经济体制改革力度的加大，价格体制改革步伐也随之加快，受国内宏观市场的影响，市场物价增幅较大，全年城市居民消费价格总指数为128.5%，商品零售价格总指数126.2%。

（六）对外经济

对外贸易创历史最好水平。1994年我市继续扩大对外开放，全年市属自营进出口总值3.48亿美元，比上年增长11.9%，其中自营出口总值2.5亿美元，增长23.2%。利用外资步伐加快。市属新签外资项目234个，协议外资2.28亿美元。实际利用外资19399万美元，比上年增长49.2%。年末市工商注册登记的"三资企业"947家，累计开工达447家。

全年共接待来西安旅游的外国人、港、澳、台同胞41.5万人次，旅游收入8.2亿元，比上年增长67.3%，其中商品性收入1.75亿元，比上年增长78.23%，劳务性收入6.45亿元，增长64.8%。

财政收入增长较快。1994年在国家推行新财税体制的情况下，我市财税改革迈出很大步伐。全年地方财政收入按新口径计算达14.63亿元，比上年增长42.86%，其中工商税12.62亿元，增长31.45%。财政支出16.27亿元，比上年增长24%。

金融机构存款继续增加。截止1994年末金融机构各项存款余额364.47亿元，比年初增加87.38亿元，增长31.53%，各项贷款余额324.67亿元，比年初增加55.88亿元，增长20.79%；银行现金收入529.22亿元，现金支出483.4亿元。收支相抵货币净回笼45.82亿元，比上年增长19.96亿元。

保险事业得到发展。1994年全市国内外各类保险业务总收入4.13亿元，比上年增长9.26%。保费收入3.19亿元，增长19.92%。其中涉外收入

2370.2 万元，增长 77.14%，承保金额 935.7 亿元，比上年增长 44.4%。

二、各项社会事业取得新进展

（一）科技、教育、文化、体育和卫生

科技事业取得新成果。1994 年，全市共有各级各类科研及技术创新机构 3950 个，其中独立事业科研机构 274 个，高等院校所属科研机构 270 个，大中型企业所属科研机构 172 个。各类事业技术人员 35.1 万人。

科技成果不断涌现。1994 年，全市共取得各项科技成果 2720 项，其中国家级成果 180 项，部、省级成果 2500 项。

技术市场活跃。技术合同登记 2890 份，民办开发企业和机构发展到 3234 家，技术合同交易额 3.5 亿元。

高新技术产业开发区建设步伐加快。1994 年完成固定资产投资 5.24 亿元，施工房屋面积 103.33 万平方米，竣工面积 19.3 万平方米。

教育事业取得新的进展。1994 年全市高等院校 33 个，在校研究生及本、专科学生 10.43 万人，比上年增加 0.66 万人；中等专业学校（含中师）46 个，在校学生 3.34 万人，普通中学和职业中学 552 所，在校学生 32.19 万人；小学 2346 所，在校学生 75.80 万人；学龄儿童入学率 99.60%。1994 年新办私立中小学 19 所，在校学生 2965 个。

卫生事业稳步提高。年末全市共有医疗卫生机构 1574 个，其中医院 362 个，疗养院 11 个，妇幼保健机构 9 个。全市卫生机构病床 3.26 万张，比上年增长 1.24%，各类事业卫生技术人员 4.17 万人，其中医生 1.92 万人，护师、护士 1.22 万人。

（二）人口与人民生活

根据 1994 年人中变动情况抽样调查，全市人口出生率为 13.98‰，死亡率为 5.50‰，自然增长率 8.48‰，人口出生率、自然增长率比上年下降 0.26 和 0.51 个千分点，年末全市总人口为 639 万人。

城乡居民收入增加，人民生活水平继续得到提高。全市职工工资总额 58.87 亿元，比上年增长 36.12%，职工年平均工资 4172 元，增长 39.11%，扣除物价上涨因素，实际增长 10.23%。

城乡居民储蓄存款大幅度提高。年末城乡居民储蓄存款余额 218.74 万元，比上年增长 38.20%，其中城镇居民储蓄存款余额 183.74 亿元，增长 38.74%。

城乡居民居住条件有所改善。市区居民人均居住面积 7.36 平方米，比上年增加 0.36 平方米，农村居民人均住房面积 21.30 平方米，与上年持平。

经济体制改革与对外开放

一、经济体制改革不断深入

(一)试点工作进展显著

1994年元月,国家体改委批准西安市为全国综合配套改革试点城市,市委、市政府对此十分重视,把试点工作做为全市的大事来抓。上半年,在重点制定实施试点总体方案的同时,抓紧制定和完善了20项专项实施方案,推动试点工作迅速起步。下半年,认真落实国家体改委调查组对西安改革与发展提出的建设性意见,抓紧组织实施重点专项方案,采取切实有效的措施,推动试点工作迈开步子,健康发展。这一阶段的主要工作是:1.及时完成专项实施方案的修改完善工作,试点工作健康有序地进行。根据5月上旬体改委调查组检查工作时提出的意见和建议,市政府召开专门会议对此进行研究落实。(1)围绕企业转机建制这个中心,市有关部门加快了制定配套措施的进度,进一步加强了国有企业扭亏解困工作;(2)组成专门工作班子,按照三中全会《决定》精神,在广泛调查研究的基础上,结合我市实际,修订我市社会保障制度改革实施方案;(3)组织有关部门开展了修改完善“加快培育和发展社会主义市场体系规划”的工作;(4)市级有关部门对所制定的20个专项实施方案又进一步作了修改与完善,市政府正式批准实施。

2.加强检查与督促,落实试点工作目标责任制。在市综合配套改革试点领导小组领导下,对重点改革项目建立了两级目标责任制。一级是市委、市政府的领导成员分工负责的项目责任制,另一级是市政府各个主管部门领导责任制,从组织和责任上保证了综合配套改革试点方案的协调和实施。

3.及时沟通情况,加强组织协调,建立综合配套,改革试点工作联络员制度。全市指定试点工作联络员40名,形成网络,保持同国家和省体改部门的联络汇报及信息沟通。试点办公室运用简报等形式,及时将试点中的新情况和新问题向市委、市政府报告并向国家体改委和省体改部门反映。

4.加强体改理论知识的学习与培训,加大了对改革试点宣传舆论工作的力度。5月初组织部分处级以上干部参加了国家体改委领导同志做的题为《关于建立社会主义市场经济体制有关问题》的报告会。体改部门连续举办了两期培训班,对体改干部普遍进行了一次体改理论知识与业务的培训。利用广播电台、电视台、报刊等新闻媒介,对试点工作的意义、作用、任务、目标等作了详细、系统的介绍。

(二)几项重点改革项目起步顺利,发展健康

1.以产权制度改革为突破口,企业转机建制试点工作起步良好

(1)确定试点,分类指导,积极探索建立现代企业制度的途径。按照《西安市转换企业经营机制、建立现代企业制度实施意见》,安排对企业全面进行清产核资、进行公司制试点等13项任务。制定了调整企业组织结构、调整资产负债结构、减轻企业社会负担等10个配套措施方案。选择60户国有企业进行现代企业制度试点,首批选定了陕西鼓风机厂、西安化工厂等11户企业先行试点。3户企业(西安电机厂、西安纺织品进出口公司和西安唐城百货大厦)正在按股份有限公司模式进行改组;7户按有限责任公司模式进行改组,其中2户企业改组准备工作已经完成。

(2)全面进行企业清产核资、产权界定、清理债权债务工作。当年组织力量在全市1330户国有企业中全面进行清产核资、资产评估、清理债权债务,以理顺产权关系,明确国有资产实有存量,防止国有资产流失。在全面检查的基础上,市有关部门重点抽查验收了591户企业,经严格检查,有5户企业不合格。截止年底,清产清查、产权界定、固定资产价值重估工作基本完成,已转入资金核实阶段。市委、市政府批准在市纺织工业公司进行组建国有资产经营公司的试点,确定15户国有企业进行国有资产监管试点。

(3)股份制试点工作明显加快。对1993年底批准改组为股份有限公司的市饮食服务公司、旅游公司和解放百货大楼等6家企业，按规范要求，做好创立前的各项准备工作。新批准股份有限公司6户，有限责任公司188户。全市股份制企业已达712户，其中股份有限公司21户，股本总额近30亿元。市政府颁发了《西安市股份合作制企业暂行规定》，明确了股份合作制企业设立的原则、条件和股权设置、管理体制以及分配方法等若干重要问题，使实行股份合作制的范围由原来的乡镇企业扩大到市属集体工业企业，民营科技企业和商业、供销企业。目前，全市股份合作制企业已经发展到4600家。

(4)小型国合商业企业改革不断深化，改革力度加大。一商、二商系统实行租赁经营改革形式的企业已占到全部企业数的62%，市供销系统已占90%以上。

(5)企业组织结构调整有新进展。西安市群众面粉厂兼并市粮油仪器包装厂等4对企业兼并工作全部结束，效果良好。有4家企业集团宣告成立(西安联兴企业集团公司、中药集团公司、三宝双喜集团公司和东光企业集团公司)。截止目前，我市引进"三资"企业经营机制，实行"一企多制"企业9户；嫁接改造老企业339户；企业兼并67户；分立企业13户；解散企业1户；组建企业集团40家。另有1户企业实行了破产，1户进入了破产前法律程序。

(6)狠抓扭亏增盈与企业改革紧密相结合。年初，市政府按国家要求，同各区县、各企业主管部门签定了《扭亏增盈责任书》，各区县、各部门同时也将市政府下达的扭亏目标分解到每户企业。市政府从64个部门抽调了362名干部分别到75个企业和基层单位蹲点帮助工作，并先后制定了《关于进一步抓好预算内企业扭亏增盈提高经济效益的若干意见》和《关于国有企业解困试点的若干政策措施》，先后对20多户亏损企业分别采取改组公司制、风险抵押承包、有偿转让土地使用权、退二进三、引资嫁接、解体分立、兼并和破产，实现了企业组织结构调整，促进企业走出困境。市工商银行与40户企业签订了企业保限亏、银行保投入的"银企双保协议"，先后投入了5300万元资金，已使8户企业扭亏，24户企业减亏。

2.市场体系建设步伐明显加快

(1)商品市场　1994年投入2亿元新建、扩建、改造30个集贸市场，商品市场继续迅速发展。在发展商品市场中，把发展生产资料市场作为重点，8月份大庆路汽车市场开业，占地20余亩，由全国各大汽车厂家经销。经内贸部同意，在红库坡筹建西安物贸商城，并初步定点建设为西北物资配送中心。

(2)劳动力市场　中心市场实现了微机管理，已为用工单位招聘员工2956人，离退休职工1616人，招收新员工1566人，开展技工交流2200人，职业介绍947人，输出劳力461名。区县组建了11个劳动力分市场，并已开始运行。市中心市场微机正在与区县市场进行微机联网，逐步实现与全国大中城市劳动力市场联网。

(3)技术市场　西安市无形资产评估中心已经成立，并开始工作。创办"西安科技交易中心"的前期准备工作正在抓紧进行，已完成方案设计和建筑模型制作。对西安技术市场完善改造，已动工改造技术信息发布厅和技术成果展示交易厅。

(4)金融市场　金融市场建设进展速度加快。组建西安城市合作银行和农业发展银行的筹备工作正在进行；争取外资银行在我市设立分支机构的申请已上报国务院审批；正在加紧组建投资基金公司。资金拆措市场已初具规模，会员单位发展到44家，年融资额达92亿元。证券业蓬勃发展，全市已有20家证券机构、27个证券经营网点，拥有固定资产5300万元，年交易总量达60亿元。先后组建了西安证券登记公司和西安证券交易中心。交易中心已吸收西北各省32家证券和金融机构为首批会员单位，并制定了《西安市证券市场管理暂行办法》等规章制度。成立了证券委和证监会，专司证券市场的管理和监督工作。

(5)房地产市场　5月份市政府召开了统一征地工作会议，讨论修定了《西安市国家统一征地实施细则》。为规范房地产市场交易行为，制定了《西安市房地产市场管理办法》等3个法规文件，其中有两个法规草案列入市人大当年的立法计划。市政府还下发了"西安市国有土地基准地价"文件，加强了地价管理，规范了地产市场。全市已有房地产中介机构38家。西安市房地产交易中心正在筹备，建筑面积13000平方米，投资4000万元。拆迁工作已经开始。

3.社会保障制度改革方案正在抓紧调研修订，住房制度改革步伐加快

成立了市社会保障制度改革工作小组，主要抓了企业职工养老保险制度改革，重点是改革职工养老保险金计发办法，建立基本养老金的自然增长机制。

对区县社会保障机构工作人员进行了培训，统一全市各类企业养老保险金的筹集比例和职工退休待遇。

住房制度改革进展顺利。现已重新制定出《西安市深化城镇住房制度改革实施方案》和6个配套性的实施办法，准备提交市房改委员会讨论后实行。并把住房制度改革与城市"低洼地改造"、"安居工程"紧密结合起来。目前，全市低洼地改造项目有45个，已启动35个，共改造用地2100亩，动迁居民、工商单位1.9万户，拆除各类旧房77万多平方米，规划新建面积230万平方米，均占项目总量的70%以上；第一个安居工程项目明德门小区总体规划设计方案已通过。

4.县、乡机构改革进入实施阶段

市委、市政府把县、乡机构改革作为综合配套改革的一项重要工作，根据中央和省有关文件精神，结合实际，制定了《关于西安市县级机构改革的实施意见》和《西安市乡镇机构改革的实施意见》，经报省上批准，已于8月中旬，全面部署实施，要求10月底之前完成"三定"工作。全市6县的党政机构由275个减少到167个，实减108个，精简率达39.3%；新核定的6县县级党政机关人员编制，比现有数减少753人，精简19.2%；乡镇的编制较实有数精简18.9%。

5.高新技术开发区建设进展迅速

我市把高新技术产业开发区和经济技术开发区建设，作为建设外向型城市的重要举措，一开始就实行了全新的管理体制和运行机制，以"高起点、高质量、高效率、高速度"的四高精神，加快了"两区"的建设步伐。截止1994年8月底，西安高新技术产业开发区内基建开工面积141.48万平方米，竣工面积44平方米；注册科技开发企业1935家；批准进入新建区的302个单位的397个高新技术项目，总投资为32.17亿元。

二、对外开放和经济协作迈出新步伐

1994年，在省委、省政府的领导下，市委、市政府以邓小平同志建设有中国特色社会主义理论为指针，认真贯彻落实党的十四届三中全会和江泽民总书记给西安市"以科技、旅游、商贸为先导，把西安建设成一个社会主义的外向型城市"的重要题词精神，充分利用国务院赋予内陆开放城市的各项优惠政策，抓住城市综合配套改革试点的历史机遇，继续把扩大对外开放，发展外向型经济作为推动我市经济快速发展的战略重点，采取一系列有力措施，加大了改革开放的力度，使我市的对外开放工作取得了可喜的成绩。

(一)加强了对外宣传工作的深度，并采取走出去，请进来等多种形式进行招商

1994年西安市在对外宣传上突出了西安科技、旅游、商贸三大优势和投资环境的宣传，以扩大西安在国际上的影响，吸引外商来西安投资办企业。

1994年4月7日至26日，西安市组团参加了国家外经贸部组织的赴美招商活动。在此期间，代表团除参加外经贸部分别在洛杉矶和纽约举办的两次大型贸易与投资洽谈会外，又单独在洛杉矶、华盛顿和旧金山举办了3次"西安市招商洽谈会"。代表团利用幻灯、展板、散发各类资料等手段广泛进行宣传，收到了较好的效果。

1994年6月，市政府组织了"中外记者西安行"活动，取得了很好的宣传效果。如日本的《日刊工业新闻》7月12日至16日连续5天刊登了该刊北京分社社长桥本先生在西安采访的系列报导，该刊还推荐把西安列为日本企业界在中国投资的重点城市之一。

1994年9月12日至17日，市政府经过半年多时间的精心策划和充分准备，在陕西工业展览馆成功地举办了"'94中国西安投资与贸易洽谈会"。在这次洽谈会期间，选出包括科技成果开发、工业、城市基础设施、旅游设施、商贸设施、房地产开发等近千个招商项目，共签订了外商直接投资项目合同165个，合同总金额5.06亿美元，其中合同外资额3.19亿美元；签订项目协议102个，总金额8.13亿美元，其中协议外资额4.72亿美元；签订外贸进出口合同金额6395万美元，其中出口合同金额5571万美元，进口合同金额824万美元；签订了引进国内投资项目合同63个，总投资8.14亿元人民币，其中到进外地资金7.73亿元人民币；内贸成效额16.61亿元人民币，其中合同贸易额12.995亿元人民币，现货贸易额2.21亿元人民币。由于这次洽谈会邀请了境内外8家商务团体和投资贸易促进机构作为协办单位，加强了在海外的宣传，扩大了洽谈会在国际上的影响，大大提高了西安的知名度。过去在很多境内外客商的印象里，西安只是一座世界著名的历史文化名城，通过这次洽谈会的大型展览和各种资料以及新闻媒介的宣传，一个历史文化名城兼有科技力量雄厚、具有现代加工业、商贸设施发达的新形象展现在中外客商的面前，不少境外客商认为西安市科技实力强，科技人员集中，劳动力素质高，具有极强的综合开发能力，是理想的投资地区。

(二)完善投资环境，促进利用外资

1994年，由于全市各级政府各个部门进一步提高了对利用外资工作重要性的认识，增强了工作的主动性，并把利用外资工作纳入了目标责任制，特别是重视了对已批准设立企业的资金到位、投产开业及现有“三资”企业的出口创汇工作，使我市实际利用外资达到历史最高水平。

1994 年，全市在努力改善投资硬环境的同时，特别重视了投资软环境的改善。除了用足用活国务院赋予内陆开放城市的各项优惠政策外，着重在提高办事效率、高质量地为“三资”企业服务上做文章。市政府决定成立的“西安市外商投资服务中心”和“西安市三资企业协调服务管理投诉办公室”先后对外正式办公，并运转正常。外商投资服务中心实行“一个窗口对外办公，一条龙服务”，使审批设立“三资”企业的速度大大加快。“三资”企业协调服务受理投诉办公室加强对已设立“三资”企业的协调工作，管理“三资”企业在建设，经营过程中的投诉案件。1994 年共受理投诉案件 51 起，绝大多数已妥善处理完毕，使中外合作各方都感到满意。外商感到在西安遇到困难有地方找，有专门部门根据合同、章程和平等互利的原则维护他们的合法权益，增强了在西安投资的信心。

1994 年，全市新批准设立“三资”企业 304 家，合同总金额 5.15 亿美元，合同外资额 3.1 亿美元，（其中西安市批准 234 家，合同外资额 2.28 亿美元）。截止 1994 年底全市累计共批准“三资”企业 1307 家，合同外资额达到 23.69 亿美元，投资方式仍以合资为主，独资企业所占比例有较大幅度增长。

1994 年，西安市利用外国政府贷款工作也取得了较好的成绩。全年共批准国外贷款项目建议书 13 个，总投资 5080 万美元，其中国外贷款额 3296 万美元，分别比上年增加 62.5%，25.6%和 43.9%；全年共批准国外贷款项目可行性研究报告 7 个，总投资 9456.5 万美元，其中国外贷款额分别比上年增加 212.3%和 56.1%。实际借用国外贷款 3530 万美元，完成年度计划 5000 万美元的 70.6%，比上年增长 96.4%，截止 1994 年底，全市累计实际借用国外贷款达 0.85 亿美元。

1994 年，利用外资结构更加合理，质量有所提高，呈现出了以下几个特点：

一是国家宏观控制房地产过热的措施发挥了作用，使外商投资结构趋于合理。1994 年投资房地产的项目数在投资项目总数中所占比例比上年下降 36.8 个百分点。房地产项目的合同外资额占整个合同外资额的比例由上年的 56%下降到 29%，下降了 27 个百分点。反之。生产性项目的合同外资额所占的比重由上年的 31.5%上升到 52.7%，增长了 21.2 个百分点。

二是老企业的嫁接改造占外商投资企业的比重有所增加，老企业嫁接改造项目的比例由上年的 15.7%上升到 16.2%。截止 1994 年底，共批准外商投资嫁接改造项目 186 个，总投资金额 3.33 亿美元，合同外资额 1.63 亿美元，外商实际投资达到 7801 万美元。

三是尽管全年外商投资项目和投资总额都下降较大，但生产性项目平均投资总额不仅没有下降还略有增加。1994 年批准设立的生产性项目平均投资总额由上年的 130 万美元增加到 133.5 万美元，增长了 2.69%。全年新批项目中，总投资在 500 万美元以上的项目有 22 项，其中 1000 万美元以上有 7 项。

四是生产性项目中，外方投资所占比重不断增大。1994 年批准设立的生产性“三资”企业项目中，外方所占比例由上年的 52.3%提高到 56.2%。

五是 1994 年合同外资额中香港、台湾所占的比重由上年的 77.1%下降为 59.5%，而西欧、北美投资的比重由上年的 8.3%上升为 23.2%，增长了 14.9 个百分点。

六是外商实际进资达到 15869 万美元，创历史最高水平。截止 1994 年底，市批“三资”企业累计进资 5.2 亿美元，占合同外资额的 38.5%，比全国平均水平约高 9 个百分点。

七是利用外资进行房地产开发和旅游设施建设稳步发展。1994 年，我市在利用外资加快住房商品化，加速旧城改造和新区建设方面取得了新的进展。截止 1994 年底，全市三资企业累计达到 115 家，注册资金 29.75 亿元人民币，开发项目 54 项。已开工建设 20 项，用地 456.76 亩，规划建筑面积 85.12 万平方米，总投资 15.01 亿元人民币，其中 1994 年新开工面积 40.15 万平方米（安置房 2.3 万平方米，商品房 37.85 万平方米），竣工面积 1.96 万平方米（安置房 0.3 万平方米，商品房 1.66 万平方米）。

1994 年全年利用外资建设旅游配套设施项目合同 8 项，总投资 8944.2 万美元，合同外资额 7873.4 万美元。此外，还有内联项目合同 5 个，利用外地资金 6.12 亿元人民币。

（三）对外贸易持续增长

1994 年，是我国十几年来改革措施出台最多的一年，在计划经济向市场经济转轨的过程中，西安做为综合配套改革试点城市并根据建设外向型城市的战略目标，对外贸易取得了可喜的成绩，实现了持续稳定健康的发展。

1. 外贸进出口　1994 年，我市全年外贸进出口总值实现 34792 万美元，比上年增长 11.9%。其中自营出口实现 25010 万美元，比上年增长 23.2%，占进出口总额的比重从上年的 65.2%上升到 71.9%，提高了 6.7 个百分点，完成国家下达我市出口计划 21000 万美元的 119%，完成市政府下达出口计划 23200 万美元的 108%；进口实现 9782 万美元，较上年同期下降 9.4%，占进出口总额的比重从上年的 34.8%下降到 28.1%，下降了 6.7 个百分点。

2. 外汇结汇、售汇　1994 年，我市全年实际外汇结汇 23951 万美元，售汇 11030 万美元，结汇大于售汇 12921 万美元，其中外贸结汇 16766 万美元，售汇为 9927 美元，结汇大于售汇 6839 万美元，分别约占我市结汇、售汇总额的 70%和 90%。

(四)技术进出口和对外经济合作步伐加快

1994 年我市对外签订技术进出口合同 10 份，合同总金额为 4513.44 万美元，其中：技术引进合同 6 份，合同金额为 614.43 万美元，技术出口合同 4 份，合同金额为 3899 万美元。签订工程承包和劳务合同 75 份，合同总金额为 4893 万美元，完成工程和劳务营业额 1280 万美元，期末在外人数 229 人。

1994 年，我市批准设立境外非贸易性企业 4 个，总投资 69.125 万美元，其中中方总投资为 33.42 万美元。

(五)横向经济联合和协作工作取得了新进展

1994 年，在广泛发展经济合作的同时继续抓好重点内联建设项目，促进了我市产业结构的优化和资源的合理配置。我市先后接待了广州、兰州、西宁、徐州、汕头、天津、深圳、南京及新疆塔城等 20 多个经协部门的来访代表团，就两地发展横向联合进行了商谈，并达成了一批意向项目，有些项目正在落实之中。与此同时，继续抓好正在建设中的重点内联建设项目。

进一步加强了外地驻西安办事处的审批和管理，1994 年共审批登记了新设的外地驻西安办事处 56 个，其中外地机关事业单位的办事处 9 个，外地企业的办事处 47 个。为了加强外地企业驻西安办事处的管理和服务工作，我市已起草了《外地企业驻西安办事处暂行管理办法(讨论稿)》，并组织人员访问了 120 家外地企业驻西安办事处，了解情况，听取意见，以便在 1995 年进一步改进我们的管理和服务工作。

附录

西安市对外经济技术合作意向性项目

编号	项目名称	建设规模	承办单位	地址	电话	联系人
1	数字微波传输机	拟合作生产出口数字微波传输机，总投资 150 万美元	西安电子科技大学机电设备厂	西安市太白路 2 号	7213266—3414	王军生
2	HQ—DCE 场致发光平面光源	年产 3 万平方米	临潼县工业局	西安临潼县城	7213266—3414	靳军良
3	二次燃烧常压锅炉	年产 50 台	西安秦岭石油机械厂	西安万寿南路 89 号	6251102	陈振龙
4	奥拓车生产	年扩大生产 5 万辆	西安秦川机械厂	西安幸福中路 13 号	7213266—3414	陈寿春
5	宽束冷阴离子源	年改造镀膜机 150 台	西安新纪元企业发展公司	西安东郊伟什街科技路一号	4261731	白浪涛
6	DHM—Y 复合高分子净水剂	项目投资 30 万美元	西安公路学院工程研究所	西安翠华路公路学院	4241781	朱浚璜

续表

编号	项目名称	建设规模	承办单位	地址	电话	联系人
7	霉敌防腐霉及其系列产品	年产2000吨	西北大学华特高新技术产业总部	西安太白路甲字1号	4243860	宋迪生
8	智能型网络服务器镜像双工卡	年产200套	西安新纪元企业发展公司	西安东郊伟什先街科技路一号	6251102	白浪涛
9	沙棘油系列保健品	年产口服液100万合沙棘康宝露150万瓶	西安达康沙棘日化厂	西安太华北路付1号	7215641	刘大明
10	黄厚胶生产	年产500吨	户县社会福利溶剂厂	户县右城路97号	4812573	陈文生
11	钛白粉生产	年产1000吨	户县七一企业公司	户县晏敬路119号	4812575	王森云
12	连铸轧坯及箔生产线	年产1.3万吨	秦川机械厂	西安幸福中路13号	32357713	陈寿春
13	弥猴桃果汁生产线	年产200吨	宁西山果饮料厂	户县甘亭镇北新街	4812698	毛新
14	矿泉水生产线	年产1.2万吨	陕西骊山床单厂	陕西临潼县	3812998	陈西春
15	椅类生产线	年产30万把椅子	朱雀家具公司	陕西户县沣京路152号	4812830	郭国才
16	低压空气断路器	年产5000台	西安亚西光电仪器厂	西安洪庆	3271865	李建勋
17	客运列车自动报站及综合电子广告系统	年产5000套	西安海星计算计公司	西安市火炬路1号	3239049	张玉洁
18	可视门警生产线	3万台/年	西安交通大学开元(集团)公司	西安市咸宁西路	32350011—3859	黄帆
19	3000吨药芯焊丝生产线	引进设备350万美元	航天工业总公司四院7414厂	西安东郊田王	3272021	王善正 殷立祥
20	扩大分度凸轮机构	年产1000套	第一钟表机械厂	西安丈八东路20号	5254061	刘彦彬
21	直流电弧炉用整流装置	年产50台套	西安电力整流器厂	西安大庆路31号	4242951	周铁和
22	电客式电压互感器	66—500KVCVT 年产2000台	西安电力电容器厂	西安市桃园路	4241971	王德忠
23	覆铜箔板制造	一期50万平方米 二期100平方米	长城电工机械厂	西安窑店	4219221	张荣喜
24	等静压电瓷生产	年产电器瓷套4790只，棒式支柱绝缘子5000柱	西安高压电瓷厂	西安大庆路33号	4244931	毛新生

续表

编号	项目名称	建设规模	承办单位	地址	电话	联系人
25	树脂砂铸钢生产线	年产铸钢件1000吨	西安重型电炉厂	西安大庆路27号	4241711	陈广茂
26	双转子空调压缩机生产线	引进技术和装配生产线，投资9000万元	庆安宇航设备公司	西安大庆路158号	4243125	阚安福
27	工业汽轮机技术引进	引进技术，总投资150万美元	陕西鼓风机厂	陕西临潼县	3218301	温长生
28	汽车水泵轴承生产线	年产100万套	海宏轴承厂	西安北门外岗家寨	6242548	刘晋秦
29	汽车电动刮水器	年产100万套	西安航空电气公司	西安沣镐东路10号	4261811	崔山泉
30	汽车空调压缩机	年产30万台	西安东方机械厂	西安幸福南路1号	3234088—2453	金春锡
31	汽车密封件生产技术	年产60万套	西安东方机械厂	西安幸福南路1路	3234166转2453.2512	陈西锡
32	双层卷焊钢管汽车零部件扩大生产	扩大生产2500吨/年	西安华山机械制造厂	西安幸福中路33号	3232174	李志真
33	CDC复重复式地层测试仪	引进100万美元	中船总公司七院七0五所	中国西安76号信箱	5264462	马喜忠
34	电解铜箔生产线	共引进投资500万美元，引进设备技术	中船总公司七院705所	中国西安76号信箱	5264708	杨文升
35	气液压悬挂式减震器	引进资金2800万人民币(含130万美元)	中船总公司第十一研究所	中国西安韦曲	5254166转2444	叶培柱
36	高性能聚氨脂弹性产品	引进技术设备投资2000万人民币，年产量550吨	航天工业总公司第四研究院	西安市159号信箱	7216906—2131	杜思学 刘瑞华
37	微电脑全自动金属带锯床	引进生产线，年产量500台	航天工业总公司第四研究院	西安市159号信箱	7216906—2131	刘瑞华
38	高新开发区集中供热站	4万平方米，总投资3000万美元	西安高新开发区建设开发公司	西安高新路综合办公楼	4264998	王辉
39	改装汽车及工业锅炉生产线	总投资1000万美元	西安锅炉厂	西安市红光路中段	4264226	王建岗
40	天然气复合材料高压贮气瓶	总投资1000万美元年产10万个	航天工业总公司43所	西安101信箱开发处	5251316	43所开发处
41	食品包装机械	总投资105万美元	西安远东机械制造公司	西安市大庆路西段	4264001	南同法
42	磁电机二期技术改造	磁电机65万套/年，起动机40万套，总投资400万美元	西安庆华电器厂	西安市十号信箱	3271881转2321	高鸿猷

续表

编号	项 目 名 称	建设规模	承办单位	地 址	电 话	联系人
43	汽车喷油泵	5 万台/年，总投资 1500 万美元	西安远东机械制造厂	西安市大庆路西段	4264001	南同法
44	888 多用途建筑胶	年产 4000 吨，总投资 50 万美元	西安工业学院	西安市金花路北路 4 号	3235067	程晓霞
45	反光标志材料生产工厂	50 立方米/年，总投资 350 万美元	西安飞机工业公司	西安市 140 信箱 81 分箱	6202201 转 5647	侯新山
46	超扭曲液晶显示	总投资 1000 万美元 42 万对/年	西北光电仪器厂	西安市万寿北路 2 号	3236360	李忠义
47	离心压缩机烧溶鼓风机综合改造	总投资 2950 万美元外商投资 630 万美元	陕西鼓风机厂	西安市临潼县	3218520	温长生
48	大客车发动机生产线	产量 1 万台/年	西安航空发动机公司	西安北郊徐家湾	6269411	汪鑫炎
49	扩大叶片生产线	总投资 1800 万美元 20 万片/年	西安航空发动机公司	西安北郊徐家湾	6269411	汪鑫炎
50	汽车用门窗微电机	产量 1000 万台/年	西安微电机厂	西安市大庆路 120 号	4244851	熊观银
51	引进干式变压器制造技术与设备	引进德国 MORA 公司技术设备，年产 300～600 台	西安电力整流器厂	西安大庆路 31 号	4242951	周铁和
52	西安西郊热电厂二期工程	投资 625. 万美元	西安市热力公司	西安市后宰门 20 号	7213266—3414	张宝山
53	西安市天然气城市气化工程一期工程	总投资 7840 万美元	西安市天然气公司	西安市后宰门 20 号	7213266—3414	卢凯
54	开发区热电站	总投资 3400 万美元	西安市经济技术开发公司	西安市北门外岗家寨	6251102	刘晋秦
55	西安太白地区集中供热站	总投资 1364 万美元	西安热力公司	西安市后宰门 20 号	7213266—3414	张宝山
56	高档香皂生产	总投资 90 万美元	西安日化公司	西安西郊丈八北路	4261731	李百文
57	速度级摩托车内外胎生产	产量 100 万套/年，引进设备技术，投资 400 万美元	西安新华橡胶总厂	西安西郊丈八北路	4241781	同明望
58	公路标线漆	产量 1 万吨/年投资 400 万美元	西安油漆厂	西安市西郊团结北路	4243860	马永南
59	2～12 毫米浮法玻璃生产线	总投资 1200 万美元	洛阳玻璃厂海南新大陆开发公司	西安市北门外岗家寨	6251102	刘晋秦
60	新建西安化纤厂	总投资 6.5 亿元	西安市纺织工业公司	西安市西一路	7215641	方宝谭

1994年改革开发大事记

1月

6日 省长白清才视察我市引水工程建设，要求加快西安引水工程速度，力争明年黑河迳流水进城，市长崔林涛、市长助理焦安发陪同。

20日 市农牧工作会议在临潼召开，市长助理焦安发出席了会议并讲话

25日 我市工交经济工作会议在环宇宾馆开幕，副市长才玮辉出席了开幕式。

2月

1日 西安公安碑林分局长安路派出所民警朱军被公安部授予"全国特级民警"称号。

2日 西安高新技术产业开发区的建设规模、速度、入区项目、企业发展、技工贸总收入在全国52个国家级开发区中名列第四，跻身全国十大先进开发区之列。

8日 据西安日报载：市政府召开新闻发布大会，介绍我市1993年经济发展情况和1993年十大经济成就。

▲ 当日下午4时34分，西安卫星测控中心实测表明，我国新型三级液体大推力运载火箭——长征三号甲，驮载着"实践四号"空间探测卫星和模拟卫星发射成功。

14日 西工大制成国内唯一的NF—3型低速翼型风洞，通过航空工业总公司的鉴定。

17日 北二环线位正式确定。北二环线位东起陕重厂，西接沣惠渠，全长11.46公里。

23日 经国家文物局批准，秦俑二号坑将于3月1日正式发掘，这是20世纪又一轰动世界的考古大事。

3月

1日 秦始皇二号兵马俑坑开始发掘，面积6850平方米，保护陈列大厅启用，建筑面积17016平方米。

3日 市政府投资1000万元，全面提高城市绿化美化水平。

10日 西安绝缘材料厂张盈销等研究的快速热老化试验方法荣获国家发明奖。

18日 日本京都向我市公交公司赠送豪华大轿车26辆运抵西安。

20日 马来西亚国家电力公司将总标价3700万美元的两个变电站工程交给中国西电集团电力机械进出口公司承建。

▲ 西安至郑州光缆干线投入使用。

21日 华山出土9块西汉玉壁，是当年修建华灵宫时埋入地下的，距今已2128年。

30日 市委、市政府决定加快住房建设，力争居民住房提前进入小康，15年新建改建住宅1955万平方米。

4月

1日 西安地铁一号线(新西北——纺织城)可行性研究通过专家初审。

▲ 据报道，西安交大"可全控涡节能压缩机转子技术"和"火电厂热系统节能新技术"两项科研成果效益均超过3亿元，国家科委列入重点推广计划"百强"之列。

2日 西安至宜昌列车开通。

6日 卫生部长陈敏章视察唐都医院，称赞该院骨肿瘤研究和治疗居世界一流水平。

14日 西安重型机械研究所正式加入宝钢集团，首开国家重点科研单位进入大型企业集团之先例。

15日 首届中国国际毛纺织会议在西北纺织工学院召开，来自英、美、德、意大利、日本、法国、澳大利亚、瑞典、比利时、香港等13个国家和地区的60位专家、235位代表出席盛会。

25日 我市召开卫生系统科技工作会议，去年

有18项成果获市级以上科技进步奖，19项成果通过鉴定，申报省、部级奖，引进开发新项目67项，填补我省市空白。

▲ 韩国在西安设立精品批发中心

28日 我市高新技术开发区二期工程提前2年于今日破土动工，占地1.7平方公里，建筑面积150万平方米，总投资20亿元。

5月

9日 我市引进加拿大北方电讯公司程控电话项目签字仪式在钟楼饭店举行。

11日 化工部部长顾秀莲在市长崔林涛，副市长武反生、王培琪的陪同下，参观了西安高新技术产业开发区。

18日 加拿大客商考察西电公司，副市长马振华在喜来登酒店会见魁北克电力公司总裁左曲先生及其一行。

27日 副市长马振华在市政府会见了香港远东集团主席邱德银先生的代表扬震先生一行。

31日 第五届全国大学生运动会主赛场土建工程日前在西安破土动工。

6月

3日 西安北城门绿化改造工程全面完成。

4日 国家重点建设项目北京——太原——西安光缆通信干线工程全线开工。

7日 西安邮政枢纽大楼建成并投入使用。

10日 西安半坡母系氏族村正式向国内外游客开放。

11日 西安交大成立人文社会科学院

13日 临潼县开发的华清池温泉系列沐浴液在第五届亚太国际博览会上获银质奖。

18日 由中、美、英3国有关企业集团共同组建、中华发展有限公司和西安汉斯啤酒厂共同投资兴建的中华汉斯食品有限公司在西安经济开发区奠基开工。

28日 本市福乐牌高级席梦思床具获第五届亚太国际贸易博览会最佳产品奖。

30日《西安日报》载：西安海星科技产业（集团）公司跻身于全国计算机行业十强行列。

7月

1日 国务委员、国家科委主任宋健在我市视察，省委书记张勃兴、省委常委市委书记程安东、副省长范肖梅、市长崔林涛等陪同视察。

2日 市长崔林涛会见了来我市考察投资的香港第一东方集团公司董事长诸立力先生一行。

▲ 我市天燃气工程可行性研究报告通过专家评审，今日通过。

7日 参加省十届运动会的西安市代表团成立，副市长才玮辉任团长。

19日 市政府引进丹麦政府投资对我市污水处理厂进行全面的技术改造，副市长张富春代表市政府会见了丹麦方代表。

22日 我市再次被命名为“全国双拥模范城”，同时临潼县被命名为“全国双拥模范县”。

28日 国务院特区办副主任赵光华一行，在市长崔林涛、副市长马振华的陪同下考察了西安经济技术开发区，并对一年来开发区卓有成效的发展给以高度评价。

30日 由日本松山市亚童梦集团投资700万美元建设的西安苗园工程，今天下午在长安城堡大酒店与我市环城建设委员会举行草签仪式。市长崔林涛当晚在唐华宾馆会见了亚童梦集团总经理宇都宫贤人先生。

8月

2日 市委书记程安东、市长崔林涛会见联合国副秘书长冀朝铸。

11日 由市政府投资购买的10辆无人售票公共汽车运抵我市，给市民带来惊喜。

12日 市长崔林涛在香格里拉金花饭店会见了日本奈良县知事柿本善也先生。

16日 市长崔林涛在西安神州明珠酒店会见了法国巴黎S·A威望公司副总裁夏巴纳先生。

17日 市长崔林涛在古都大酒店，会见了以船桥市国际交流协会会长泽章浩先生为团长的日本船桥市友好访华团。会见时副市长枉书辉在座。

20日 我市推出农村奔小康“文明工程”5年建成100个市级文明村，50%农户成为“十星级文明户”。

31日 南二环线慢车道贯通。

9月

10日 汇集200多个项目的’94未央经贸洽谈会在西安人民大厦推开帷幕。

12日 市长崔林涛在古都大酒店会见前来我市参加’94中国西安投资与贸易洽谈会的白俄罗斯对外经贸部第一副部长维克萨先生。

13日 国务院特区办主任胡平视察西安经济技

术开发区。

18日 中国西安第五届古文化艺术节降下帷幕，省市领导刘荣惠、程安东、崔林涛等出席。

10月

1日 电力部西北勘测设计研究院的《龙羊峡水电站底孔偏心铰弧型闸门的研制》荣获联合国技术信息系统发明创新科技之星奖。

5日 西安兴华金属化工设备厂的新型散热器在'94蒙古国乌兰巴托国际博览会上荣获国际奖。

12日 第八届全国中学生物理竞赛在我市结束。西安西工大附中的于海涛、铜川的王铖获一等奖。

14日 秦始皇二号兵马俑坑发掘现场对外开发。

17日 据西安晚报载：中国科学院西安光机所助理研究员阮双琛赴英进修一年，先后研制出3种国际首创的激光仪器。

27日 据报道，我市黄金生产发展迅猛，今年年产量可达400公斤，是6年前的10倍。

29日 全国晚报《威力标》新闻标题大赛揭晓，《西安晚报》的2条标题获最高奖项一特等奖。

31日 一部全面反映我市党建历史的工具书《中共西安市组织史资料》今日举行首发式。

11月

5日 日本地铁专家专程到我市考察地铁建设项目。崔林涛市长当晚在古都大酒店会见了日本海外运输协办协会的田胜见先生一行。

8日 市政府今年为群众办的"十件事"之一西安火车站随道照明改造工程告竣。

18日 崔林涛市长在皇城宾馆与奈良市友好访华团告别，他请大川靖则市长转达西安人民对奈良人民的友好情谊。

26日 长安航空公司新开辟的西安至山西大同航线日前正式开通。

29日 菲亚特公司副总裁田索悌在我市轿车生产基地秦川机械厂考察，市长崔林涛在古都大酒店会见了田索悌先生，副市长马振华参加会见。

12月

1日 为期3天的西安市"九五"计划和到2010年规划思路研讨会在西北饭店圆满结束。来自国家有关部门及省、市的20多位专家提出许多真知灼见，为我市描绘未来发展的蓝图做出宝贵贡献。

3日 建设部正式下达批复，批准我市呈报的天然气城市气化工程初步设计等文件资料，同意以此为施工设计的依据。

10日 西安"八五"期间的重点项目南二环历经600多个日日夜夜今天全线通车，该路全长11.24公里，工程总投资4.1亿元。

22日 田峪至曲江水厂输水渠道工程全线贯通，市民于25日喝到了田峪河水。

※
※※※
※

甘 肃 省

主　　编：张忠敬
副 主 编：胡其昌　刘克贵
编写人员：刘克贵　武德凯　周　强
高士森　扬文健　石　磊
曹天民
工作人员：马廷玲　芦雪梅

甘肃省分目录

甘肃省概况

面积:45.5 万平方公里

人口:2378 万人

行政区划:7 地区,2 自治州,5 地级市,8 县级市,60 县,7 自治县

省委书记:阎海旺

省八届人大常委会主任:卢克俭

省长:张吾乐

省七届政协委员会主席:申效曾

甘肃省国民经济主要指标 (单位:亿元)

项目	1994 年	1994 年比上年增长(%)
国内生产总值	446.49	10.25
工农业总产值	616.5(90 价)	11.9
工业总产值	474.7(90 价)	14
重工业产值		
轻工业产值		
农业总产值	141.7(90 价)	5.3
全社会固定资产投资	159.2	30.4
国有固定资产投资	124.9	27.9
社会消费品零售总额	181	24.3
零售物价总指数(%)	122.5	
职工工资总额	114.7	29.9

国民经济和社会发展

一、国民经济持续发展

1994 年,全省上下紧紧围绕"抓住机遇、深化改革、扩大开放、促进发展、保持稳定"的指导方针,注意处理好改革、发展和稳定三者之间的关系。国民经济各项主要指标提前一年完成了"八五"计划。全年国内生产总值达 446.5 亿元,按可比价格计算,比上年增加了 10.25%,其中第一产业增加值为 103.62 亿元,增长 6.01%;第二产业增加值为 197.04 亿元,增长 10.91%;第三产业增加值为 145.83 亿元,增长 12.56%。三次产业结构趋于合理,其中第三产业在国内生产总值中所占比例加大,第一、第二产业则分别比上年降低 0.9 和 0.7 个百分点,三次产业比例关系调整为 23.7 : 44.1 : 32.7。工农业总产值达 616.5 亿元、财政收入完成 61.8 亿元、外贸出口额达 3.73 亿美元、农民人均纯收入为 722 元,各项指标均比上年有较大幅度的增长,为今后甘肃省经济的发展和"九五"计划的制定实施奠定了良好基础。

(一)农业基础地位更加稳固

1994年全省农业生产遭受了多年未遇的严重干旱，不仅受害面积大，而且持续时间长，造成了夏粮减产10亿斤的不利局面，直接影响到全省粮食产量再上新台阶的目标，未能完成年初预定的计划。经过广大干部和农民群众的共同努力，采取抗旱减灾、以秋补夏等多种措施，农业生产避免了出现大的波折。全省农业总产值完成141.7亿元，比上年增长5.3%；粮食总产达到70.69亿公斤，比上年减产5.8%，但仍是历史上收成较好的年份之一。在经济作物和林牧副渔方面，全省呈现了兴旺增长的势头，油料产量达39.88万吨，较上年增长6.26%；棉花产量达1.78万吨，增长38.6%；甜菜产量113.1万吨，增长8.11%；蔬菜产量达291.87万吨，增长17.03%；水果产量达66.4万吨，增长11.3%；肉类总产量达57.07万吨，增长8.27%；蛋类产量11.49万吨，增长12.54%；牛奶产量9.62万吨，增长0.94%。农产品的稳定增长，为繁荣城乡市场、丰富居民“菜篮子”供应提供了可靠的保证。

乡镇企业继续保持了高速增长，再创历史最好水平。截止1994年底，全省乡镇企业数已达29.3万家，比上年净增1.8万家；从业人员180万人，比上年净增15万人；乡镇企业完成总产值274亿元，增长54.6%；利润总额达22.8亿元，增长25.9%，实现了产值和效益的同步快速增长。农民从乡镇企业所得的收入占农民人均纯收入的24%。

全省有一批大中型骨干水利工程相继建成，景电二期基本收尾、引大入秦总干渠胜利通水，永昌农村初级电气化建设提前一年完成，正在发挥着越来越大的作用和效益，极大地改善了甘肃农业基本生产条件脆弱的状况。全年新增有效灌溉面积28.47万亩，累计达到1371.47万亩，占耕地面积的比重由25.85%上升到26.27%；新增“三田”面积75万亩，累计达到1818万亩；完成造林面积265.58万亩，增长6.52%，其中经济林达69.77万亩。与此同时，农业机械化程度进一步提高，年末全省拥有农机总动力706.93万千瓦，比上年增长6.51%；小型拖拉机达27.28万台，增长6.6%；农用排灌机械总动力达100.12万千瓦，增长1.44%；农用载重车为1.22万辆，增长5.17%；全年农用化肥施用量（折纯量）47.81万吨，增长10.29%。

（二）工业生产稳步增长

全省工业生产克服资金严重短缺、电力和运输紧张等诸多困难，保持了平稳增长的良好势头。全年乡及乡以上工业企业完成现价工业总产值559.1亿元，比上年增长9.17%，其中重工业发展始终快于轻工业，全年重工业产值为453.94亿元，增长9.67%；轻工业产值105.77亿元，增长7.56%。各种经济类型中，国有工业发展较为平缓，非国有工业增长势头强劲，非国有工业中乡办工业的发展占主导地位。1994年非国有工业产值完成104.1亿元，比上年增长32.05%，增幅高于国有工业26.92个百分点，非国有工业新增产值占全部新增产值的42.15%。国有工业产值为455.61亿元，比上年增长5.13%，占乡及乡以上工业产值的比重由上年的80.58%下降为76.48%。

主要工业产品产量均完成了计划任务，其中原煤产量为1916.01万吨，原油产量240.32万吨，分别比上年增长15.08%和62.16%；发电量240.86亿度，增长5.86%；钢、钢材产量分别为122.84万吨、86.06万吨，增长15.08%和14.78%；十种有色金属产量达47.27万吨，增长24.21%。部分工业产品产量较上年有所下降，水泥产量为513.67万吨，减少4.83%；化肥产量29.12万吨，减少2.25%；化学农药产量为0.02万吨，减少72.44%。

全省工业生产始终把质量和效益放在突出位置，产销衔接情况和总体经济效益有所改善。全年工业企业综合效益指数为81.66%，工业产品销售率为95.25%，资金利税率为8.16%。预算内工业企业实现利润1.21亿元，按实行“两则”前同口径计算，实际利润比上年增长10.9%。在抓企业改制和外部配套方面，省上开展了试点工作并取得初步成效。1994年底已批准股份制企业261户，股本总额20.3亿元；城镇股份合作制试点企业有119户，股本总额3亿元。针对我省工业企业社会负担重、富余人员多的问题，全省加快了职工养老保险、失业保险等一系列社会保障制度的改革步伐，为增强企业发展后劲创造良好的外部环境。

（三）商业及饮食、服务业日益活跃。

全省对市场体系的培育步伐加快，市场建设和产品交易形成高潮。全省542个大中型商业企业全部实行了经营承包制，并逐渐向股份制过渡。年末省内共有集贸市场1756个，比上年增长4.39%，其中：专业、批发市场448个，生产资料市场97个，成交额分别为108.96亿元和26.57亿元。这些市场不仅容量大，而且运作渐趋规范，在市场体系的建立中发挥了较好的资源配置和流通作用。

省内消费品市场呈现出繁荣景象：货源充足、品种繁多、销售稳定、购买力增长。全年消费品零售额实现180.96亿元，比上年增长24.34%，其中农村商品购买增长明显高于城市，当年城市消费品零售额为129.89亿元，增长21.51%；农村消费品零售额为51.07亿元，增长32.12%。各种经济类型中，国有商业消费品零售额为70.35亿元，增长13.65%；集体商业消费品零售额为29.74亿元，下降2.7%。省内生产资料市场购销较为平淡，全年县及县以上物资供销企业购进总额为40.5亿元，实现销售总额41.19亿元，分别比上年下降35.3%和43.6%。

在商业和饮食、服务业中，个体、私营经济占有一定的比重，发展依然迅猛。截止1994年底，全省共有个体、私营企业32.6万户；从业人员63.2万人，占全省总人口的2.7%，较上年提高0.4个百分点；实现营业收入73.6亿元，商品零售总额为51.5亿元，占全省消费品零售总额的28.5%；个体、私营税收达2.44亿元，占全省工商税收的4.4%。

(四)金融、保险业务不断扩展

1994年，国家和省上金融体制改革全面推开，政策性金融和商业性金融开始分离，国家专业银行向商业银行逐步转变，省建行、中行接受了国家政策性银行的委托代理业务，农业发展银行甘肃分行正在组建，招商银行、光大银行先后设立了兰州代表处。全省共有国家专业银行分支机构2782家，商业银行分支机构14家，非银行金融机构2714家，农村和城市信用社遍布省内地县及乡镇，各项业务稳步发展。1994年全省金融机构存贷款余额都有较大幅度增加，存款余额达到465.64亿元，全年新增106.59亿元，贷款余额达到495.95亿元，全年新增107.23亿元，存、贷款增量均超过百亿元，创历史最高纪录。年末全省城乡储蓄存款增加71.28亿元，较上年多增28.01亿元，增长64.74%，其中：农户储蓄增长63.9%，城镇储蓄增长64.88%。全省金融业务的平稳增长，保证了货币的正常投入，有力地支持了我省的经济建设。

随着国民保险意识的不断增强，保险业务已逐渐渗透到工农业生产和广大家庭之中，不但有效地促进了保险事业的发展，而且为推动经济增长、稳定人民生活起到了积极的作用。去年保险业务承保金额达919.69亿元，比上年增长38.43%，其中，国外业务承保金额206.56亿元，增长1.28倍。保险系统通过深化改革、提高服务质量、加强内部管理等措施，吸引了越来越多的业务和客户，1994年底全省共有6872户企业(不包括个体工商户)和70.28万户家庭参加财产保险，各种人身承保人数达356.4万人。全年保费收入为5.36亿元，较上年增长31.69%；共处理国内外各类赔案12.97万件，保险业务总赔款金额达2.28亿元。

(五)旅游业发展独具特色。

甘肃省旅游业坚持以市场为导向，以扩大客源为中心，努力完善和改造基础服务设施，按照文物古迹、山水风光、民族风情、休闲度假等不同类型和风格，广泛宣传和组织海内外游客到甘肃观光旅游。1994年，全省共接待海外旅游者8.34万人次，比上年减少19.8%；旅游外汇收入达1353万美元，增长11.8%；国内旅游接待300万人次，回笼货币1.9亿元，分别比上年增长11%和17.3%。目前已形成西、中、东3条旅游热线，其中又以兰州、敦煌和天水为中心，自东向西依次展开，并集中了敦煌莫高窟、安西榆林窟、魏晋壁画墓、张掖大佛寺、永靖炳灵寺、秦汉长城、天水麦积山石窟和伏羲庙、道教圣地崆峒山、夏河拉卜愣寺等闻名中外的旅游景点，不仅可以游览其中一线，也可以综观全景，独具特色。

二、经济结构调整取得成效

1994年，省委、省政府依据建立社会主义市场经济的总要求，围绕中央各项大的改革政策的出台，进一步加大了改革开放和产业结构调整的力度。全省围绕提前3年实现国内生产总值第二个翻番，以及到2000年省内河西、城郊沿黄灌区率先奔小康的要求，进一步强化了农村的基础性地位，加快了基础产业和基础设施的建设，大力发展地县工业、加工工业和第三产业，提高了乡镇企业、“三资”企业等非国有制经济的比重。甘肃的经济结构正向合理化方向发展。

(一)产业结构趋向合理

长期以来，省委、省政府依据全省经济二元结构明显、在产业结构向趋同化进程中遭到阻滞，产业断层导致缺位的问题采取了一系列的政策和措施，以期在改善和调整甘肃的经济结构方面有新的突破。80年代实施了“敞开大门、开发致富”的经济发展战略；1990年提出了《甘肃产业政策实施办法》；进入90年代以后又提出了“以大带小、以城带乡、整体推动甘肃经济发展”的战略方针。1994年以来，又根据国家产业政策的要求，加快了基础产业、基础原材料和基础设施的建设步伐。这一系列政策、措施的实施，使甘肃的经济结构正在向合理化方向变动。

据初步统计，1994年国民生产总值达到了466.49亿元，按可比口径计算比上年增长了10.25%。其中第一、二、三产业增加值分别达到103.62亿元、197.04亿元和145.83亿元，按可比口径分别比上年增长了6.01%、10.91%和12.56%。

在国民生产总值中，第一、二、三产业的比重由1980年的22.3∶53.9∶23.8，1993年的23.8∶45.31∶31.2转变为1994后的23.2∶44.1∶32.7。产业结构发生了深刻的变化，三次产业的协调性有了一定的增强。在第一、二产业健康发展的同时，第三产业发展一直呈现着强劲的势头。1994年与1980年相比第一产业平均年增长7.4%，第二产业平均年增长7.3%，而第三产业年平均增长达到了12.5%。随着传统观念的更新，第三产业中商品物资流动，交通邮电等基础设施建设、饮食服务、金融保险、科技教育、外经外贸、文化卫生、社会福利以及其他直接为工农业生产、人民生活服务的各种服务业都得到了较快的发展，旅游、咨询、信息等一批新兴行业得到完善和提高。第三产业已形成了以传统行业和新兴行业多足鼎立的格局，在解决就业压力、增加资金积累、方便生产生活、活跃城乡经济方面起到了越来越大的作用。

近几年来，全省认真贯彻执行省委、省政府制定的《关于进一步发展乡镇企业的决定》，乡镇企业突破了长期徘徊不前的局面，开始走向高速发展的阶段。1980年到1994年全省乡镇企业年均发展速度达到了32.5%。"八五"以来进入了高速发展时期，4年平均速度达到38.6%，其中1993年比1992年增长了58.4%，1994年全省乡镇企业产值达到274亿元，比1993年增长54.6%，乡镇企业发展的规模和领域不断扩大，由简单的农副产品加工、建筑、建材等逐步发展到机械电子、轻纺、能源、采矿、第三产业等各个方面，并已初步形成了乡办、村办、户办、联户办、合资、联营等多种经济成分共同发展的局面。布局结构也逐步趋向合理，全省乡镇企业正走向集中连片，与小城镇的发展逐步结合起来。第三产业的发展和乡镇企业的异军突起，为振兴甘肃经济，增强地方经济实力起到了越来越大的作用。

（二）行业结构得到改善

1994年，随着国家产业政策的贯彻落实，全省固定资产投资进一步向农业、能源、交运等基础产业和基础原材料工业倾斜，保证了重点建设。同时，技术改造投资比重有了进一步提高，加快了企业技术改造、科技进步、新产品开发及产品结构调整的进程。全省全社会共完成固定资产投资总额159.2亿元，比1993年增长30.4%。其中，国有单位投资124.9亿元，增长27.9%；外商、股份制、联营经济完成投资10.3亿元，比1994年同期增长2.64倍；城乡居民个人投资15.6亿元，增长28.3%。在国有单位固定资产投资中，基本建设完成投资82.9亿元，比1993年增长45.5%；更新改造完成投资31.4亿元，比1993年增长13.9%；房地产开发投资5.53亿元，比上年同期增长了13.8%。投资结构的进一步改善，使全省基础设施和重点项目建设的步伐明显加快。年初确定的部分投产或全部投产的15个重点项目已有14个完成并达到了设计要求。引大入秦、景电二期、兰新复线、宝中铁路、西兰乌光缆及中川和天水高速公路等一批重点交通、水利、通讯工程项目建成，有的已投入使用，开始发挥效益。投资效益回升，全省基本建设峻工面积达到288万平方米，比上年同期增长19%。全省新增加的主要生产能力有：电气化铁路98公里，铁路复线115公里；钢70万吨，铁106万吨，铜1万吨，电解铝3.6万吨，有机农药1000吨，高速公路37.1公里，光缆1814公里，市内电话21万门，新增灌溉面积37万亩。

1994年，省委、省政府配合中央出台的一系列改革措施，制定了在改革开放新形势下推动企业技术进步和技术改革的政策。紧紧围绕产业结构的升级和优化、产品结构的调整、企业经济效益的提高，广泛开展了以技术攻关、新产品开发为龙头，以节能降耗、提高产品档次和质量、提高劳动生产率为目的的技术开发和技术引进，从而大大加快了现有企业技术改造的步伐，推动了企业技术进步的进程。1994年，全省地方企业技改贷款额达到6.4亿元，超额完成了贷款计划，比1993年实际贷款额增加了35%。全年安排的219项地方重点贷款项目已有70项基本建成。这70个项目达产后可新增产值10.9亿元，新增利税2.85亿元。全省计划开发新产品1195项，实际完成了1205项，其中达到国际水平的有62项，达到国内先进水平的有166项，企业科技进步有了新的进展。此外，技术引进力度进一步加大，资源节约和综合利用都取得较好成绩。全年技术引进项目共48项，节约能源51万吨标准煤，万元产值综合能耗由上年的4.38吨标煤下降到4.2吨，工业三废综合利用率达到54.5%。

随着企业技术进步、新产品开发力度的加大，开发了一批拳头产品。产品的性能、质量及在市场上的竞争力都在同步增长，工业品的出口比重有了一定提高，出口额加大，出口结构得到有效调整。全省出口总额达到3.73亿美元。比1994年增长31.7%，其中工业品占到75.3%。总的来看，甘肃的工业结构正在进一步趋于协调，长期以来，加工水平落后、产品档次低的状况开始得到改善。

随着资金投入进一步加大及农村改革开放进一步深入，全省农业结构的调整取得巨大成就。多年来，省委、省政府根据甘肃省情，高度重视农业的发展。要求干部从传统的思想模式中解放出来，树立与市场经济相适应的新思想、新观念。牢固树立大农业的观念，全面发展农林牧副渔各业，大力发展高产优质高效的创汇农业，使农产品的数量、品种和质量不断适应人民小康生活水平和国内外市场的需求。在省委、省政府的领导下，农村经济结构调整力度进一步加大。一是进一步深化了农村体制改革，稳定并完善家庭联产承包责任制和统分结合的双层经营体制，使农村经济的所有制结构不断顺应生产力发展的要求；二是加快了农村市场体系的培育，改革流通体制，推行产供销一体化，建立并完善农村社会化服务体系，保护农民生产积极性；三是加强农业基础设施建设，加快实施"22274"工程，建设了"引大入秦"、景电二期等一批大中型水利设施，农业抵御自然灾害的能力大大加强；四是积极发展农村第二、三产业，大力改造和建设小城镇，促进农村剩余劳动力的转移，努力提高农村的综合生产能力和经济效益。在上述多项改革措施逐步落到实处的情况下，农民广开致富门路，一手抓粮、一手抓钱，进行多种经营，农村经济保持着良好的发展势头，形成粮食丰收，糖、棉、油等经济作物协调发展，农林牧副渔五业并举的局面。在农村产业结构中，农业总产值的比重已由1980年的84.7％下降到1994年的48.25％；而农村工业、建筑业、交通运输业和农村商饮业则有了明显的提高，其在农村社会总产值的比重比1980年分别提高了20.3、16.9、7.65、6.8个百分点。在大农业内部，种植业的比重逐年减小，由1985年的77.7％下降到1993年的68.2％，1994年仅占67.49％；而牧业、林业、渔业所占比重则明显提高，分别由1980年的17.4％、2.4％、0.005％上升到1994年的28.55％、3.78％和0.18％。农村产业的发展，农民迅速脱贫致富，进一步加快了农民奔小康的进程。

（三）所有制结构得到调整

一年来，全省根据省委第八次党代会上确定的所有制结构调整的重大政策，以缩小与沿海省份发展差距为目标，进一步解放思想、放开手脚，逐步提高非国有制经济的比重，加快了调整所有制结构的步伐。

一是加大了股份制试点的力度，积极推行企业的改组、改制、改造工作。对于缺乏活力、负债累累的国有企业采取拍卖、租赁或兼并的方式，扩大了国有与集体、国有与私人合营的范围。到1994年7月，全省规范化的股份制企业已扩展到262家，比1993年增加127家。股份制改造的加快进行，为非国有经济的发展注入了新的活力。二是随着对外开放的不断深入，利用外资的数量和领域不断扩大，"三资"企业保持了强劲的发展势头。1994年，省政府在美国举办对外经贸洽谈会，招商引资、寻求合作，大大促进了利用外资和"三资"企业的发展。在利用外资中，加强了对外商投资投向的引导，积极鼓励外商投资于我省重点发展的产业，加大了产业结构调整的力度，促进了我省加工工业的发展，从而大大提高了外资的利用水平。1994年利用外资额1.98亿美元。全年新批准的"三资"企业182家，累计已达1016家。"三资"企业已扩展到全省轻工、能源交通、石油化工、农副产品加工、机械电子及第三产业的一些领域，成为国民经济所有制调整的一条重要途径。三是放手发展城乡集体、个体私营经济。按照建立社会主义市场经济的要求，认真贯彻执行省委、省政府《关于加快发展个体私营经济的决定》，进一步放宽了经营主体和经营范围，为城乡集体、个体私营经济的发展创造了较为宽松的外部环境。从而进一步促进了以公有制为主体的经济成分多元化的形成。1980年到1994年，在工业总产值中，集体企业所占的比重增长了1.5倍，城乡个体经济也有了较快的发展。到1994年底，全省个体工商户已达32.21万户，比1993年增加4.21万户；私营企业3637户，比1993年增加1184户；个体私营经济从业人员已达63.2万人，比上年增加9.9万人。1994年个体工商户、私营企业创产值11.1亿元，占全省工业总产值的比重有了进一步的提高。年营业收入73.6亿元，其中商品零售额51.5亿元，占全省社会商品零售总额的28.5％，比1993年提高了0.5个百分点。上缴税金2.44亿元，较1993年提高了20％左右，个体私营经济的发展不但大大加快了全省产业结构调整的步伐，而且对于培植地县财政来源，增加财政收入，搞活全省经济正在起着越来越大的促进作用。

三、基础设施进一步完善

（一）交通运输

随着全省经济的发展，1994年甘肃交通运输得到较快的发展。截止1994年底，全省综合运输网总里程达到39034公里。其中铁路营运里程为1884公里，占整个运输网总里程的4.83％；公路通车里程达到34984公里，占89.62％；民航2166公里，占5.55％。1994年全省铁、公、水、空共完成货运量20175.6万吨，比1993年增长14.22％；完成货物周转量416.68亿吨公里，比1993年增长4.99％。客运量完成10304.6万人，旅客周转量达到150.65亿人公里，分别比1993年增长11.15%和7.07%。

铁路 随着国家经济发展战略重点西移，国家对于西部地区基础设施的建设，特别是对于西部地区铁路运输建设的投资进一步加大。作为国家东西通道和“八五”重点建设工程之一的兰新铁路复线工程，1994年9月1日提前一年全线铺通，部分区段已开始投入运营。兰新复线工程东起甘肃省武威南站，西止新疆乌鲁木齐，全长1622公里。在甘肃境内长为635公里，贯穿我省整个河西走廊地区。兰新复线工程完成后，近期可达到年输送能力2500万吨，远期将达到5000万吨以上。与此同时，宝中铁路也于1994年6月10日全线铺通，并提前50天开始分流。宝中铁路全长498.19公里，南起陇海线虢镇站，北与包兰线迎水桥车站接轨，穿越陕、甘、宁3省区14个县市，它的建成将对缓解西北地区铁路运输的矛盾，以及铁路路网结构的改善产生极为重要的作用。同时包兰、干武电气化改造工程已全面铺开，作为国家在“九五”建设中的11条大通道之一的宝兰复线建设，已列入国家铁路建设的重要议事日程，前期工作已基本就绪。兰州作为西部地区区域性铁路枢纽的地位，将日益发挥重要的作用。

1994年全省铁路货物发送量完成2571.38万吨，为年计划的101.8%，超计划45万吨，与1993年基本持平。其中，煤炭、焦炭、石油、金属矿石、建材、木材、粮食等八大品类完成或超额完成年度计划，总计比上年计划超运182.5万吨，全年完成原油运进408.27万吨，成品油发送量275.5万吨，创历史最高水平。1994年全省铁路货物周转量完成332亿吨公里，比1993年增长4.4%；旅客发送量完成926.48万人次，实现旅客周转量97.87亿人公里，比上年同期分别增长4.97%和7.09%。

公路 1994年全省公路建设继续坚持“统筹规划、条块结合、联合建设”的原则，进一步围绕国家“两纵两横”主骨架公路建设的总体布局和全省“井”字型公路建设的总体规划，公路基础设施建设有了新的突破，公路运输条件得到了较大地改善。1994年全年共完成重点交通基础设施投资30400万元，相继建成我省第一条高速公路(于1994年7月1日正式通车)，兰州绕城中川一幅高速公路一期工程，从而结束了甘肃没有高速公路的历史。另外还完成了国道312线柳园至星星峡段，西峰至长庆桥，河西堡至永昌，张掖至火车站和黑河桥至太平堡等路段二级公路的改建工程。同时作为重点公路建设工程的国道312线静宁至谗口以及国道310线牛背至北道段均已完成年度建设计划。截止1994年底全省公路通车里程已达到34984公里，比上年增加109公里。现甘肃境内有国道11条，境内过境里程为5490.9公里，省道总长5320公里，其余县乡道路总里程达到24173公里。在全部公路通车里程34984公里中，全省二级以上公路达到2232公里，占总通车里程的6.38%，三级公路为2964公里，占总里程25.62%。99%的桥梁已实现永久化。公路运输的整体质量有了新的提高。

1994年公路货运量完成17610万吨，货物周转量达到847100万吨公里，分别比上年增长6%和7.38%。完成客运量9200万人次，客运周转量达到485571万人公里，分别比上年增长5.96%和5.83%。公路运输在各种运输方式的运输总量中所占的比重进一步提高。

民航 1994年甘肃民航完成旅客发送量21.65万人次，旅客吞吐量达到40.3万人次，货邮发运量为2684.8吨，与1993年基本持平。作为国家干线机场的兰州中川机场及旅游机场的敦煌机场改扩建的前期工作已基本完成，预计在95年内将开工建设。

1994年，民航机场建设重点进行了兰州中川机场跑道整修工程。由国家民航总局和甘肃省政府共同出资3250万元，在不停航的条件下对现跑道进行基础加固、跑道道面沥青混凝土罩面。项目前期工作方面，重点进行了兰州中川机场改扩建工程和敦煌机场改扩建工程的立项前期准备。其中：对敦煌机场，国家计委已以计交能[1994]1368号文批准立项。

(二)邮电通信

1994年全省邮电通信进一步得以高速发展。国家“八五”重点建设项目西安——兰州——乌鲁木齐光缆干线于1994年9月10日正式开通。西兰乌光缆干线全长3130公里，仅在甘肃境内线路长度就达到1764公里，横跨全省8个地市、13个县。这是国内第一条全程采用30芯光缆的大容量数字通信干线，同时也是亚欧光缆的重要组成部分，为西北地区的信息中枢。与此同时，兰州卫星通信地球站也于1994年12月建成，为甘肃邮电通信又增添了一种新的传输手段。初步形成了光缆、卫星、数字微波系统组成的现代化主体通信传输网。随着国家干线传输工程京——呼——兰光缆的开工建设，全省通信传输的矛盾将得到根本上的改善。

1994年全省邮电业务总量达到5.14亿元，比上年增长39.6%；邮电业务收入完成5.55亿元，比上年增长56.7%。主要经济指标提前一年完成“八五”计划。全年新增市话用户11.5万户，长途直拨有权用户达到21.6万户，移动电话用户9051户，无线寻呼用户为42669户。全年完成市话交换机扩容改制26万门，净增长途自动交换机1.79万路端，净增长话业务电路5973条。截止到1994年底全省市话交换机总容量达到45万门，长途自动交换机总容量为25086路端，长途电话业务电路总数达到10099条。全省实现了地、州、市长、市电话程控化，省到地干线转输数字化，县(市)电话自动化。

（三）能源设施

甘肃是一个已具有较为完备的资源设施和较充足的能源供应的省份，截止1994年底已探明煤炭储量95.69亿吨，其中保有储量92.65亿吨，居全国第十五位，1994年产原煤1916万吨；水电资源理论蕴藏量1726万千瓦，居全国第十位，可装机容量为1068.89万千瓦，年发电量可达492.98亿千瓦时，黄河、长江、内陆河3个流域的水力资源理论蕴藏量分别占全省总量的56.9%、25.38%及19%，可装机容量分别占全省总量的56.39%、30.39%及12.66%。黄河上游规划有9座电站，已开发3座，装机180.1万千瓦。截止1994年底，全省网内电力装机总量为451.67万千瓦，其中500千瓦以上装机容量424.85万千瓦，水电装机容量约214.85万千瓦，火电装机容量为210万千瓦，其中大中型水电站4处，大中型火电厂8处。1994年全省发电量为242.73亿千瓦时，其中水电105.26亿千瓦时，火电为137.47亿千瓦时。

配合电源点的建设，330千伏电网已基本形成并成为全省电网的主网等，1994年底，全省35千伏以上电网总里程20050公里，其中：330千伏线路2110公里；220千伏线路1162公里；110千伏线路5923公里；35千伏电路10855公里。

四、科学技术和社会事业蓬勃发展

（一）科学技术进一步得到重视和发展，投资不断增加

甘肃省1994年科技三项费用支出额和科学事业费支出分别达到1450万元和4519万元，分别比上年增长26.1%和25.7%。年末，全省国有企事业单位拥有各类专业人员34.2万人，全年共取得省部级以上重大技术成果324项，4项获国家各种奖励。管理专利申请537件，授权专利1334件。科技与生产结合更为紧密，向工业企业转让科技成果项目1531项。质量检测服务进一步完善，到1994年末，全省共有产品质量检验机构61个，国家所设监测中心5个。

（二）教育事业蓬勃发展

基础教育稳步发展，九年义务教育取得了显著成绩。全省已有54个县(市、区)普及了初等义务教育，14个县(市、区)普及了初级中等义务教育，全省学龄儿童入学率达到96.35%。扫盲工作也取得了很大成绩，全省45个县(市、区)达到了基本扫除青壮年文盲标准，文盲率有所下降，1994年全年扫除文盲31.45万人，比上年增长33.7%。

职业技术教育得到较快发展。中等专业学校发展到115所，各类中等职业技术学校在校生达到12.9万人，中等职业学校和普通高中招生的比例基本达到1∶1，中等教育结构得到明显改善。

成人教育形式多样广泛开展。全省现有各类成人高校21所，在校学生1.32万人。成人中专96所，在校学生4.58万人。平均每年有45万职工接受岗位培训，100多万农民接受各类实用技术培训。

高等教育达到了一定的办学规模和水平，全省高等学校发展到17所，开设本科专业123种，专科专业56种，在校学生4.52万人。有博士授权点19个，硕士授权点125个。全年全省共招收研究生655人，在校研究生1579人。

（三）卫生事业持续发展

1994年医疗机构有了很快发展。农村县、乡、村三级医疗预防保健网基本形成，缺医少药状况有了明显改变。全省有村卫生所及医疗点22075个(占行政村总数的92.8%)，乡镇卫生院1547个，县及县以上医院352个，每个地市、州至少有一所综合医院；省级各医疗卫生机构都得到了不同程度的扩建和完善，医疗设施有了很大改善。全省医院病床达52041张，比上年增长1.5%。共有专业卫生技术人员8.1万人，其中：医生3.81万人，护师、护士1.84万人，增长5.8%。

预防保健和地方病防治工作取得较大成效。全省有卫生防疫站104个，妇幼保健站93个，专科防治所28个，有预防保健人员6131人。中医事业有了较大发展，全省有中医药机构84所，中医病床5万张，中医药人员13311人。医学教育蓬勃发展，现有高等医学院校2所，中等卫校14所，在校生1.2万人，还有县卫校及卫生职业学校37所。

（四）人口增长继续得到控制，人民生活水平显著提高

1994年全省人口出生率20.82‰，死亡率6.84‰，自然增长率比上年有所回升，达到13.98‰；全年净增人口33万人，年末总人口达2378万人。

城乡居民收入继续增加。全省城镇居民人均生活费收入2457元,比上年增长33.6%。农民人均纯收入达到722元,比上年增长31%。

城乡居民住房条件继续改善。全省城镇居民人均居住面积10.44平方米,增加1.48平方米,比上年增长16.52%;农村居民人均住房面积14.54平方米,增加5.59平方米,增长62.46%。

劳动领域加大改革步伐,开拓就业市场。全省已有各种职业介绍所218个,登记介绍各类人员47.8万人,安置城镇就业9.6万人,年末失业率为3.6%。

1994年末,全省拥有职工人数256.9万人,比上年增长0.4%,其中:国有单位职工209.1万人,增长2.1%,集体所有制职工46.2万人,下降0.4%。全年职工工资总额114.7亿元,比上年增长29.9%,职工年平均货币工资4476元,增长30.8%。

社会福利事业不断发展。1994年末,全省共有福利单位1510个,从业人员3.7万人。各类社会福利院床位7398张,收养人员3983人;城乡各种社会定期救济对象4.8万人得到救济。

(五)文化、广播、电视和体育事业取得很大成绩

我省文化、广播、电视和体育事业蓬勃发展。全省共有艺术表演团体78个,文化馆83个,公共图书馆86个,博物馆52个,各类电影放映单位1152个。全省已有广播电台30座,广播发射和转播台24座,电视台13座,千瓦以上电视发射和转播台26座,初步建成了中央和地方、城市和农村、广播和电视并重,无线和有线、微波和电缆等多种技术手段相结合的广播电视覆盖网,使全省广播电视人口覆盖率分别达到65%和70%。广播节目制作能力达到每天14.42小时,电视节目制作能力达到每天1.18小时,涌现了一批优秀广播电视节目。

体育事业取得一定成绩。一年来,全省运动员努力拼搏,当年在重大国际比赛中获奖牌12枚,其中,金牌3枚,银牌7枚,铜牌2枚。在全国重大比赛中共获奖牌61枚,其中:金牌25枚,银牌18枚,铜牌18枚。

(六)环境保护得到加强

1994年全省环境保护事业取得一定成绩,环境恶化的趋势有所减缓。工业"三废"综合处理利用率达到61%;工业废水、废气处理率和工业固体废物综合治理率分别达到65.9%、78%和82%,均比上年有所提高。"三废"资源综合利用产值比上年增长22%;达到3.2亿元。全年环保总投资达4000万元;大中型项目"三同时"执行率达85%,城市环境整治进一步强化、24个各类自然保护区继续发挥作用,生态环境进一步得到保护。

五、扶贫帮贫工作进入攻坚阶段

甘肃省位于祖国大西北腹地,自然条件恶劣,曾因"陇中苦瘠甲于天下"而闻名全国,全国解放后直到1982年全省仍有70%的农村人口不得温饱。贫困成了甘肃省人民及各届政府最沉重而最棘手的问题。

从1983年,国务院把以定西为代表的中部干旱地区的20个县和河西的19个县(即两西地区)列入"三西"建设范围后,首开全国区域经济开发之先河,从而使甘肃省的扶贫工作由单纯救济型向经济开发型发展。从而甘肃省进入了向贫困宣战的新阶段。

10多年来,全省先后有计划、有组织地打了"两西"建设、老区建设、扶贫开发、扶贫攻坚四大战役,取得了令人瞩目的历史性成就。从1982年到1994年,全省粮食连续12年获得丰收,农民人均占有粮食由562斤增加到780斤;全省农民人均收入由174.16元增加到563元,农村贫困面已缩小到22%左右。农林牧副渔、工商建运服都得到了较快的发展,乡镇企业大力发展,农村经济实力明显增强、农业生产条件有了较大改善,广大农村干部和农民群众的思想观念发生了可喜的变化。特别是10年的"两西"建设和陇东老区的经济开发,成效十分显著,长期贫困的中部干旱地区和陇东地区农民的温饱问题基本得到解决。在中东部地区基本解决了温饱的情况下,省委、省政府调整了战略布署,把扶贫攻坚的主战场转移到南部高寒阴湿山区和少数民族贫困地区。经过4年的扶贫攻坚,这一地区的21个县不仅缓解了温饱问题,而且有12个县的农民人均纯收入超过了4000元,贫困面由69%下降为37.7%。

全省确定从1994年到2000年,集中人力、物力、财力,动员社会各界力量、力争用7年左右的时间,基本解决目前全省尚未脱贫的400多万人口的温饱问题,并对已初步解决温饱的地方巩固提高。全省扶贫工作进入攻坚阶段。

1994年甘肃"两西"建设和扶贫开发取得很大的成绩。"四七"攻坚计划全面开始实施,全省上下已基本形成打好扶贫攻坚战的气势,发展势头良好。农村经济全面增长,贫困面继续下降。河西地区粮食产量达到23.57亿公斤,农民人均纯收入达到998元;中部地区粮食达到16.95亿公斤、农民人均纯收入达到654元;老困地区粮食产量达到22.01亿公斤,人均纯收入达到602元。全年重点扶持贫困户29.25万户、144.52万人，当年有12.94万户、63.52万人解决温饱。全省贫困面由22.02%减少到20.6%，下降1.4个百分点。

1994年全省农业生产条件进一步改善。景电二期、白银工农渠、金塔大墩门、秦安西大渠等一批大中型水利骨干工程基本完成扫尾。引大入秦工程主干渠竣工通水，灌地12万亩，加上其它续建、在建工程，全年新增水地16万亩；解决了14万多人的饮水问题；架设农电路1455公里；小流域治理、植树造林均超额完成任务。各地以种养业为主的区域性支柱产业在规模、档次上有了进一步提高，增加了群众的收入。乡镇企业保持了较强的发展势头，个体、私营和股份制企业发展情况良好，形成了一定的规模；移民安置和劳务输出工作有了新的突破，全年共向河西、沿黄灌区安置移民3.58万人。劳务输出149万人；科技扶贫的路子越走越宽，全年完成科技承包推广项目94个，新建县乡农技站52个，培训乡村干部和农村劳动群众22万人次，暖棚养殖、日光温室、地膜种植、良种引进等科技兴农都得到进一步推广。

1994年全省共抽调11600名干部下到农村开展帮扶工作，其中地厅级161人，县处级1501人。广大干部、工作队员以扶贫攻坚和小康建设为中心，发挥各自的专长和部门优势，积极为群众办实事、办好事。使全省的帮扶工作受到了社会各界更大范围的支持，形成了全社会扶贫的良好态势。

经济体制改革和对外开放

1994年是甘肃经济发展史上不平凡的一年，也是自建国以来改革力度最大的一年。在这一年中，适应社会主义市场经济新体制要求的财税、金融、投资、外汇、外贸、建立现代企业制度等重大改革举措的陆续出台并顺利实施，较好地实现了向新体制的平稳过渡，这标志着经济体制改革已经从过去的放权让利、打破传统计划经济体制转向加快建立社会主义市场经济体制基本框架的制度创新阶段。宏观调控得到进一步加强改善，对外开放无论在规模、程度和水平上都取得了新的发展。

一、企业经营机制转换继续深入

1994年甘肃企业改革和企业管理取得了新进展，《企业法》和《条例》进一步落实，使企业14项经营自主权的落实程度和范围与1993年相比有了明显提高和扩大；政府在产品价格、经营范围、工商登记以及劳动、人事、工资等方面，对企业的干预程度有所减少；新的企业财会制度已基本建立，运行顺利；企业结构调整和产权制度改革的探索取得了新的进展，部分企业实行了“关、停、并、转、包、租、卖、破”；建立现代企业制度试点工作经过多方准备，已提出了相应的《方案》，并作出了部署；企业管理滑坡得到初步遏制，基础和现场管理得到加强、整体素质有所提高、企业亏损有了不同程度的缓解；外部条件、法制环境正在得到改善，企业自身转变观念、转换机制、强化管理、走向市场的自觉性进一步提高、进行制度创新已成为企业的迫切要求。

（一）股份制改制步伐进一步加快

截止1994年，全省共批准设立股份制企业261户，股本总额达20.3亿元，其中企业间互相参股控股达11.4亿元，社会个人包括内部职工人股3.6亿元。在改制企业中股份有限公司达14户，有限责任公司247户，主要分布在冶金、有色、建筑、商业等10多个行业，这不仅促进了企业经营机制的转换，而且为企业开辟了新的筹融资渠道，促进了资产的流动和优化组合，推动了企业发展。长风公司1993年发行股票募集了1.7亿元，1994年用于9个技术改造项目，现已有5项开始生产或试生产。兰州铝厂和连城铝厂筹资4.2亿元，共形成6万吨铝电解能力。1993年省政府5号令出台后，全省进行了广泛的宣传、培训、组织工作，城镇股份合作制改制试点工作已开始起步。定西、酒泉、平凉、庆阳、兰州、白银等地，把推行股份合作制作为地县企业改革的突破口来抓，进展较快，取得了初步经验。截止1994年底，全省城镇股份合作制试点企业已达119户，股本总额3亿元，其中职工个人入股达3600万元。1994年10月在定西召开了全省性的会议，初步总结交流了经验，重点研究了改制过程中遇到的问题和解决的办法，为全省城镇股份合作制进一步健康快速发展做了比较充分的准备。

（二）为进一步推动现代企业制度试点，做了相应的准备工作

一方面，进行了试点的有关准备工作，建立了全省的现代企业制度试点工作协调会议制度，制定并原则通过了《试点实施意见》。同时，对全省各地区、各部门推荐的55户企业进行了大量的摸底调查，审查选择了一些企业作为省级现代企业制度试点企业，并提出了改制的初步方案，其中兰州第三毛纺织厂和民百公司已被列为国家试点企业。另一方面，多数企业不同程度地做了大量建立现代企业制度的基础性工作，1994年419户国有企业清产核资工作已基本完成，为进一步贯彻《转机条例》和实施《监管条例》打下了良好的基础；劳动、用工、分配等三项制度改革继续深入推进，刘家峡化肥厂等企业针对岗位技术能工资带来的新问题，拿出20～30%的工资与劳动成果挂钩，进行浮动；酒泉钢铁公司、兰州钢厂、兰州炼油厂、兰州石油机械厂等一批大型国有企业“精干主体、剥离辅助”的工作已开始着手实施，同时，普遍开展了“转机制、抓管理、练内功、增效益”活动。

（三）企业组织结构调整有了新的进展

1994年，机械系统的兰州手扶拖拉机厂与筑路机械厂，兰州油泵油嘴厂与电影机械厂实现了划归兼并。轻纺工业的兰州棉纺厂分立为兰州纺织厂和兰州印染厂两个法人，辅助和福利部门改组为有限责任公司；白银棉纺厂和白银针织厂实行了两个法人，一个法人代表；兰州日化中心由敬东厂实现购买式兼并。医药行业的兰州中药厂与中药饮片厂、陇西药材站与定西医药公司进行了合并；天水市的3家医药单位通过联合，实行了统购统销。兰州柴油机厂、兰州机器制配厂等一批企业还探索了城区企业"退二进三"的新路子。另外，兰州、酒泉、武威、平凉等地也在企业兼并、联合、破产试点等方面做了一些工作。

（四）个体、私营和"三资"企业等非国有经济取得了较快发展

为放手发展个体、私营经济，拓宽劳动就业门路，加快所有制结构和经济结构调整的步伐，省委、省政府1994年发布了《关于进一步加快发展个体、私营经济若干政策规定的通知》。截止年底，全省个体工商户已发展到32.2万户，从业人员56.2万人，注册资金4亿元，年产值7.1亿元，营业额68.9亿元，零售额47.8亿元，分别比上年增长13.9%、17%、42.5%、20.9%、14.9%、13.9%；私营企业得到快速发展，私营企业数已达到3637户，从业人员8.94万人，注册资金6亿元，年产值8.25亿元，营业额达3.97亿元，分别比上年增长48.3%、38%、30.9%、99%、1.73%，个体、私营经济已成为加快脱贫致富、振兴我省经济不可缺少的一支重要力量。"三资"企业发展势头良好，到年底全省"三资"企业累计达1016户，其中，1994年新注册的"三资"企业达182户，资金总额1.8亿美元，其中外资0.83亿美元，全年实际到位2676万美元。外商直接投资与国有大中型企业联姻的项目有所增加，投资中不规范行为逐渐减少，"三资"企业的成功率有所提高。

二、政府机构改革和职能转变取得实质性的进展

1994年，甘肃省以建立社会主义市场经济体制为目标，根据改革开放和促进经济发展的需要，按照"精简、效能、统一"的原则以及少管多服务和真正使企业成为市场主体的思路，加快了政企分开和政府机构改革的进程，积极转变政府职能。

（一）政府机构改革进入实施阶段

全省在落实宏观改革措施的同时，还进行了机构改革和转变职能等方面的改革工作。制定了省级机构改革的总体方案，1994年9月底已由中央有关部门审核批准，拟精简省级机构9个，精简人员2000余人，分别占总数的18.8%和20%。同时，对非常设机构进行了清理，全省共清理非常设机构127家。建立国家公务员制度工作，省劳动局、省外贸厅作为试点单位，已在"三定"的基础上，开始向公务员制度过渡。全省行政事业单位工资制度改革及工资套改工作已基本结束，另外还出台了《甘肃省党和国家机关工作人员年度考核试行办法》，并以此为依据对全省机关工作人员进行了考核鉴定。结合机构改革，有关部门加强了符合新体制的新职能，国资管理部门完成了4291户企业的国有资产产权登记工作，开展了资源性资产调查和150户企事业单位国有资产流失情况调查。省统计、财政等部门配套改革传统统计制度和办法，新国民经济核算体系试运行一年，已进入实施阶段。

经济立法进一步加快，省人大通过了《甘肃省拍卖暂行条例》等9项地方经济法规，省政府发布了《甘肃省招标投标管理办法》等15项经济规章和转发各部门的规定。结合县级综合改革试点工作，下发了《甘肃省人民政府关于加强县级综合改革试点工作有关问题的通知》省级有关部门提出了具体的实施意见，现正在具体落实之中。

（二）社会保障体系建设加快了步伐

1994年全省把社会保障体系建设作为重点突破的配套改革措施来抓。一是出台并实施《甘肃省国有企业职工养老保险省级统筹办法》、《甘肃省国有企业固定职工离退休费用省级统筹实施办法》，将国有企业职工养老保险由地市级统筹向省级统筹过渡。全省已有65个县市区，5545户企业，74.27万职工参加了养老保险；实行企业补充养老保险试点的县市区达11个、220户国有企业和1.6万职工。全省实施退休费计发办法改革试点的县市区有12个、233户企业、1.78万职工。二是失业保险面逐步扩大。全省参加失业保险金统筹的企业已达1.12万户，职工122万人。1994年共向3.5万名困难企业职工发放救济金111万元。三是公费医疗制度改革由企业扩大到事业单位和大部分地县，1994年出台并实施了《甘肃省省级机关、事业单位公费医疗制度改革方案》，部分地区进行了企业职工工伤保险和大病医疗费用社会统筹试点。全省工伤保险改革试点已达9个县市区、267户企业和2.67万名职工；职工大病医疗费用和退休人员医疗费用统筹的县市区已有12个、723户企业和4.5万名职工。

（三）住房制度改革全面推开

根据《国务院关于深化城镇住房制度改革的决定》，全省加强了深化改革实施方案的研制和与新方案的衔接工作。全省86个县市区中，房改全面起步的已达82个；40家中央在兰单位中起步的有30家；106个省直单位中起步的已达80家。全省共收集房改资金达14.78亿元。其中，租赁保证金9372万元，公积金8197万元，房租3540万元，售房收入9.2亿元，集资合作建房款3.4亿元。自1993年以来，全省新建住房417万平方米，已解决1.45万户、5.5万人的住房困难。

（四）农村、科技体制改革进一步展开

农村改革，在继续完善了农村家庭联产承包责任制的基础上，土地承包合同延长30年；在全省3000万亩的“四荒地”中，已租赁、拍卖50万亩。调整农村产业结构，发展“两高一优”的支柱产业，在河西地区已初步形成了啤酒原料、淀粉、瓜果、蔬菜、林木、草叶、养猪、养鸡等农村经济8条龙，增强了地方经济实力；农村各种科技服务组织已达1000多个，农民自发组织的有10万多人，全省乡一级已无科技服务空白点；乡镇企业全面推行股份合作制，已有1.02万户，入股资金达20亿元。

科技体制改革，主要围绕科技系统组织结构调整、转换运行机制、人才分流等中心工作展开。国有科研机构从依靠国家到自己创收，面向市场进行科技有偿服务，90多个科研机构创办200多个科研实体，技术性收入已达财政拨款的3倍。民营科技机构数超过800家，从业人员过万，年利税过亿，行业覆盖面达40%左右。

三、国民经济宏观调控得到加强和改善

1994年，根据中央出台的财政、税收、金融、物价等一系列重大改革措施，结合我省的实际，分析、研究了宏观改革措施出台对甘肃的影响，通过跟踪调查，提出了具体的改革意见，并陆续组织实施，保证了宏观改革的顺利进行，加强和改善了国民经济宏观调控，取得了初步成效。

对现行计划指标体系进行了改造，强化了年度宏观调控目标的指导作用，初步建立了重要经济社会活动的预期目标；减少了重要生产资料的指令性计划分配的数量，继续推行国家订货制度试点，对重要农产品和农业生产资料以及原油、成品油流通体制进行了进一步改革，强化和改进了国家宏观管理和调控；加强了宏观经济监测、预测和计划、政策信息导向工作。控制固定资产投资规模、保证重点建设。提出了划分国家、企业、个人和省地县的投资范围，推行项目业主责任制，逐步建立投资主体责权利相结合的投资风险责任制、资金筹措基金制等意见。城市建设投资体制改革已开始起步，以国家财政投入、市政设施有偿使用和公用事业合理计价为主要内容和多渠道、多元化的投资体制逐步形成。

按照中央的统一部署推行分税制，按税种划分了中央收入和地方收入。出台了关于分税制财政体制改革的实施方案，同时制订了划分省与地县之间财税收入的具体办法，明确了省级、地县固定收入和共享收入的范围，对省对地县税收返还基数也作了明确规定。针对税制改革后国有企业利润分配的问题，省财政厅等4部门联合印发了《关于对我省省级企业利润分配体制调整的意见》；继续实施《企业财务通则》和《企业会计准则》，强化企业财务管理，进一步完善了企业审计监督制度。

推行了统一的企业所得税、个人所得税和以增值税为主的流转税制度。配合推行分税制，组建了国家和地方两个税务机构，明确了地方税征收范围；开展了一般纳税人的认定工作，全省认定一般纳税人的企业2.1万户，占企业户数的60%。为推动税制转轨，出台了《甘肃省关于个人所得税减征幅度和期限的规定》等配套文件，加强了税收征管工作和增值税专用发票的稽核工作，进行了个人所得税申报制度试点工作。全省税制转轨比较平衡，税收有所增长。各项工商税收完成53.3亿元，比去年同期增长15.4%。

政策性银行与商业性银行分设及其业务的划转工作已经展开。省建行、中行接受了国家政策性银行委托的代理业务，农业发展银行甘肃分行正在组建。金融机构及业务向多元化发展。全省共有国家专业银行分支机构2782家，商业银行分支机构14家，非银行金融机构2714家，农村信用社及联社2188家，城市信用社及联社143家，证券公司1家，证券登记公司1家，邮政储蓄227家，租赁公司1家，融资中心1家。继招商银行设立代表处之后，又设立了光大银行兰州银行代表处。按照新的信贷资金管理办法的要求，人行再贷款向总行划转，共划转4家专业银行多年占用再贷款65.97亿元。各金融机构探索新的信贷机制，扩大了担保、抵押贷款的范围和比重；专业银行试行信贷资产负债比例管理办法，出台了《城市信用社资产负债比例管理暂行办法》等一些具体措施。外汇管理体制改革统一结汇制和售汇制，调剂外汇854万美元。

贯彻中央出台的粮、棉、成品油和煤等调价措

施，并针对价格水平上涨过快的新情况，加强了宏观调控。省政府先后发出《关于开展物价大检查的通知》等5个文件，对加强物价工作，控制物价水平提出了明确要求，并制定了具体的政策措施。省上在财政困难的情况下，拿出部分资金列入财政预算，建立了粮食和肉食品风险基金，专项用于吞吐储备，平抑物价，扶持生产。1994年7月在粮价不稳定时，及时动用粮食基金调运5000万斤粮食，动用1000万斤食用油储备，保证了兰州、天水、陇东等地居民的粮油供应。兰州市政府认真抓好"菜蓝子"工程的建设，财政拿出650万元建立了蔬菜价格调节基金，1994年动用100万元用于蔬菜价格补贴，并制定了10条行之有效的平抑菜价措施。物价部门对20项居民生活必需品价格和服务收费进行监审，并在全省范围内开展了物价监测和大检查工作，抑制了物价上涨过猛的势头。

四、市场建设和流通体制改革迈出了新步子

经过改革开放16年来的建设，我省市场体系的培育和发展已取得突破性的进展，消费品市场初具规模，生产资料和生产要素市场有了不同程度的发育，市场机制对生产经营活动作用的范围和程度不断扩大。1994年，《建设兰州商贸中心总体方案》，已报经国家批准。同时，国家体改委同意将兰州正式列为全国第十八个综合配套改革试点城市。目前，建设兰州商贸中心的工作已全面展开，兰州市先后出台了《关于进一步扩大开放的若干政策规定》和《关于鼓励外商投资的若干规定》，最近又组织有关部门前往全国一些有影响的商业企业、著名商店，争取他们来兰建立分支机构，开办商店。全市重点商厦建设及市场新建、改造工作也有了突破性进展，部分新建基础设施已经投入使用，投资环境有了进一步改善。截止1994年底，全省已累计建成城乡集贸市场1750个，成交额达108.9亿元。

证券、产权、科技和房地产等要素市场建设有了新进展。1994年，全省新开办证券经营机构5家，总数已达11家，其中正式营业的8家。甘肃省证券交易中心经省政府批准已开始营业。产权交易市场在兰州、天水、平凉、武威等地进行试点。1994年元月，省体改委、省经贸委、国资局等部门共同举办我省首届产权交易会，成交86台(件)设备，价格320万元；有两对企业谈成了联营和兼并。5月，平凉地区举办闲置设备交易会，成交设备47台(件)，价值61万元；有两户企业进行了厂房、土地使用权的转让，价值235万元。技术市场建设拓展到半数以上的地州市，600多项科技成果被推广应用。第四届中国艺术节期间，举办了科技成果展览洽谈会，科技合同交易达1.2亿元。土地市场正在形成，省政府审议并原则通过了《甘肃省确定土地所有权和使用权规定》、《甘肃省外商投资企业用地管理办法》等两个文件。全省80个市县已完成城镇土地清理工作，陆续建立了土地估价机构，培训了100名估价师，土地出让量(含有偿划拨)已占到整个国家建设用地的17.5%。随着土地市场逐步走向规范，土地资产开始受益，近3年土地收益累计达1.2亿元，个别市县已占到当年财政收入的40%以上。

商业流通企业改革继续深化。1994年我省进一步落实国合商业企业"包、转、租、改、卖"等项政策，积极探索流通企业的规模经营形式。贯彻实施省上出台的《实施细则》，进一步完善小型商业企业国有民营。全省已有2820户小企业实行了国有民营，推行面达87%，兰州、定西、平凉等地达90%以上。从效果看，全省国有民营企业(门店)销售、利润、税收和职工收入有明显增长的占70%。各级商业批发企业通过调整组织和经营结构寻求出路，积极推行母体裂变、组建单体公司，实行批零兼营、批零合一，向生产领域延伸，兴办各类生产加工实体，发展商业总代理、总经销，以及开发现有场地设施，兴办各类批发市场等取得了一定进展。兰州市对所有6个二级站实行分类指导，一站一策，对批发企业体制进行了较大调整，使一些深层次问题初步得到缓解。

五、利用外资和开展国际经济合作有了新发展

(一)积极利用国外贷款加快经济建设

1994年甘肃省利用世界银行1.23亿美元建设的、目前全国规模最大的跨流域调水自流灌溉工程——"引大入秦"水利工程总干渠正式通水，标志着我省利用国外资金进行经济建设取得了巨大成功。同时，另一项改变我省农业落后局面，缓解省内化肥供应紧张情况的兰化公司30万吨合成氨、52万吨尿素工程，合计总投资23.97亿元，其中借用国外贷款2.15亿美元建设的项目，已经国务院批准正式开工，并同国内金融机构及外方正式签订了转贷协议和技术商务合同，至此兰化项目进入全面施工阶段。

为继续改善省内通信状况，利用澳大利亚政府贷款2673万美元，涉及全省13个地州市的20万门程控电话项目，正式签约实施。同时利用西班牙政府贴息贷款500万美元，用于省内光缆传输设备引进，该项目将建成省内二级干线光缆1459公里。为缓解

酒钢中板工程建设资金不足，借用了西班牙混合贷款2500万美元用于工程建设。

1994年我省西固热电厂利用日本输出入银行1500万美元贷款，引进2414万千瓦双轴供热机组项目，利用日本输出输入银行贷款1500美元用于兰化1.5万吨丁腈橡胶项目建设，及利用加拿大政府贷款计1090万美元用于兰州电力修造厂电除尘、甘肃电网调度自动化二期、嘉峪关城市供水、兰州市110千伏中心广场变电站工程，利用法国政府贷款990万美元的天水城市供水、甘肃省电力微波通讯项目，已经国家批准。另外，申请世行贷款1.5亿美元的甘肃疏勒河农业综合开发项目，第四批日本协力基金贷款计181.95亿日元的兰州中川机场、兰州环境治理工程、甘肃第三批程控电话及亚行贷款1亿美元的小峡水电站等项目也进入项目前期准备阶段。

与此同时，省内借用国外贷款的金昌12万吨磷二铵工程、农村供水与卫生项目、马莲河流域水土流失治理工程、兰炼40万吨润滑油加氢等项目也正在紧张施工中。截止1994年底我省已累计借用国外贷款6.88亿美元，其中国际金融组织贷款2.64亿美元，国外政府贷款1.8亿美元，国际商业贷款2.44亿美元，实际使用额达4.1亿美元，有力地促进了省内的经济建设。

(二)吸收外商投资取得长足进步

1994年甘肃省吸收外商投资继续保持稳步发展势头，全年新批外商投资企业200家，合同总金额1.8亿美元，其中外资额8300万美元。实际到位的外资额7009万美元。投资国别和地区以香港、美国、台湾、日本为主达26个国家、地区，涉及机械、电子、纺织、轻工、房地产等十几个行业。宝川铝业有限公司、兰康皮革有限公司、金海湾房地产有限公司、陇海钢铁有限公司、兰州正大有限公司等一批大企业生产经营状况良好。外商投资企业出口稳步上升，上缴各种税金比上年增长1倍以上。

1994年，总投资1.88亿美元，注册资本1.3亿美元，其中外资占49%的中国铝行业的第一家大型合资企业——黄河铝业有限公司经国家批准成立。该公司的成立，是引进外资改造国有大企业的重要举措，对有色金属工业系统大型国有企业的股份制改造，以及进一步吸引国外资本向省内基础原材料工业投入，都具有十分重要的意义。同时靖远电厂二期扩建工程与美国CEA公司合资，总投资23亿元，其中外方出资30%，是迄今省内最大的合资企业，业经国家计委批复同意。以上两个项目的实施，将开创我省吸引外资进行建设的新局面。

(三)国际经济合作继续取得进展

1994年甘肃省共接受国际多边双边援助58项，实际执行金额1220.4万美元，其中联合国开发计划署援助"中国西北旱地农业方案"、涉及我省的有4个项目，共受援344.08万美元；日本政府无偿援助11亿日元兴建的敦煌石窟文物保护陈列中心全面完工；加拿大政府无偿援助4263.6万元人民币执行的"会宁县经济综合开发"项目，1994年完成了7个项目。

1994年我省对外承包工程和劳务输出全年执行60项，完成金额25932万美元。目前该省经国家批准援助的外经公司已增加为7家，其中1994年新批的甘肃省对外经济发展公司是目前西北唯一的一家被准予向香港输出劳务的外经公司。

1994年5月，我省首次在美国洛杉机举办了大型对外经贸展销洽谈会。期间，共签订进出口贸易合同4600万美元，经济技术合作项目合同7项，利用外资额1.35亿美元。

1994年经国家批准8家生产企业具有进出口经营权，使全省各类外贸企业达到54家。现有外国企业和港澳、华侨企业在我省常驻代表机构118家，全省在海外共兴办42家非贸易机构，派驻海外贸易性公司23家。截止1994年，我省已同五大洲93个国家和地区有了经贸往来。

六、进出口贸易发展势头良好

(一)外贸出口实现了突破

1994年，全省外贸出口工作克服了种种困难，以国家体制改革为契机，实现了新突破。全年共完成外贸出口总值37268万美元，较上年净增8921万美元，增长31%，超额完成省计划出口3.6亿美元的目标。在1994年外贸出口工作中，突出表现在有出口经营权的生产企业、中央工贸公司和三资企业出口增长很快，分别比上年增长149.8%、45%和71%，累计出口达13790万美元，占全省外贸出口总额37%，使全省外贸出口格局发生了较大变化，为今后发展奠定了良好的基础。

在外贸出口大幅度增长的同时，各项经济效益指标，呈现良好势头。全年平均收汇率达89.68%，比上年同期的60%上升了29.68个百分点；资金平均周转次数1.16次，比上年的1.27次加快了0.43次；平均费用水平为12.02%，比上年的16.86%下降了4.84%，使全省外贸经营逐渐进入良性循环。

(二)合理安排进口保证工农业生产需求

1994年国家根据产业政策和行业发展规划，参照国际惯例，对进口政策进行了调整，除对关系国计民生重要物资的进口商品继续实行计划管理外，对一般进口商品实行自动登记制度。按国家新的管理办法，本着促进生产发展和加快省内技术引进步伐，合理进行了全省进口安排。为保证农业生产，组织了14万标吨化肥、60万美元农药进口，并对价值300万美元的化肥进口争取到了国家实行外汇汇差补贴的政策，降低进口成本860万元，使省内进口化肥价格维持最低限。在做好现汇进口化肥的同时，还积极组织与俄罗斯的易货贸易，向国家争取到10万标吨易货贸易化肥进口指标，现有关企业正积极组织实施。根据省内轻纺工业生产需要，安排3250吨纺织原料、1100吨工业棕榈油进口，缓解了轻纺生产原料紧缺及价格上涨的困境。1994年还组织了木材、胶合板、钢材、彩色感光材料等商品进口，满足了省内市场需求。1994年全省进口总额1.4亿美元。

附录

甘肃省对外经济技术合作意向性项目

项目名称	建设内容及规模	总投资（万元）	合作方式	项目进展情况
1. 连云港至霍尔果斯公路柳沟河——忠河段高速公路34公里	路基、桥涵、隧道4100米、黄河大桥1座，575米互通式立交桥5座及交通工程	7700	合资合作	交通部已批项目建议书
2. 连云港至霍尔果斯公路天水——馋口段二级汽车专用公路196.5公里	路基、桥涵、隧道8220米，互通式立交桥6座及交通工程	140000	合资合作	交通部已批项目建议书
3. 国道109线兰州至包头公路吴家川至唐家台段	路基、桥涵、黄河大桥1座450米	8000	合资合作	省计委已批准工程可研报告
4. 集成电路生产技术改造	引进工艺设备	38000	合资合作	已列入“九五”规划
5. 兰州制胶厂胶囊分厂	形成年生产能力20亿粒胶囊	8015	合资合作	已完成可研报告
6. 兰州国际贸易中心	总建筑面积为13.26万平方米	35000	合资合作	一期工程已开工
7. 年产20亿粒药用硬胶囊生产线	已建成年产750吨明胶生产线，引进年产20亿粒0#—4#胶囊生产线	6531	合资合作	国家经贸委已批准立项
8. 兰州黄河柴家峡水电站	新建电站总装机容量9万千瓦，拟装4台单机容量为2.25万千瓦年均发电5.1亿千瓦小时	56000	合资合作	能源部已批准项目可研报告
9. 3万吨电解铝二期工程	扩建一条年产3万吨电解铝生产线	25000	合资合作	已批准立项
10. 10万吨合成洗涤剂生产项目	形成年产10万吨合成洗涤剂的能力	8987	合资合作	已立项

续表

项目名称	建设内容及规模	总投资(万元)	合作方式	项目进展情况
11. 年产2万吨1.4-丁二醇	利用原料优势引进技术设备	56431	合资合作	已完成可研报告
12. 无缝钢管工程	建年产20万吨的ϕ180热轧无缝钢管车间及配套工程产品规格ϕ60～ϕ194毫米	240000	合资合作 补偿贸易	预可行性研究
13. 1.8万吨电解铝扩建工程	扩建年产1.8万吨电解铝生产线	4980	合资合作 补偿贸易	初步设计已批复
14. 板带箔改造工程	以现有的1.4亿元设备为基础，增加工艺配套设备，产能达到35000吨	49580	合资合作 股份制	可行性研究报告已完成
15. 高精度铍青铜带材生产线	建设年产铍青铜1000吨和紫黄铜5500吨带材生产线	21500	合资合作	现已开工建设

1994 年改革开发大事记

1月

6～8 日 全省经济工作会议在兰州召开。会议传达全国经济工作会议和省第八次党代会精神，分析了当前形势、安排部署了 1994 年全省经济工作。阎海旺、张吾乐等省上领导出席会议并讲话。

11 日 全省经济体制改革会议结束。会议重点讨论总结了 1994 年经济改革工作，明确了全省 1994 年改革的任务和总要求。

▲ 全省经贸工作会议提出提高质量、调整结构、增进效益是全省经济发展的方向。

12 日 全省计划会议确定了 1994 年全省计划安排的指导思想，郭琨副省长出席会议并讲话。

13 日 全省推行国家公务员制度和机构、工资改革工作会议召开。扬怀孝副省长就甘肃省推行公务员制度、机构和工资改革的总体目标及具体工作进行全面细致的安排部署，张吾乐代省长就这项工作提出了要求。

17 日 第一次全省政府法制工作会议召开。会议提出了全省政府法制工作是以经济立法为重点，保证政府工作在法制轨道上高效率地运行。

22 日 省委、省政府举行经济体制改革报告会，省地领导干部 400 多人参加了会议。

26～31 日 代省长张吾乐在河西调查研究时指出，河西要发挥优势奔小康，带动全省经济快速发展。

2月

3 日 代省长张吾乐主持召开省政府第三次常务会，研究贯彻全国“菜篮子”和粮棉油工作会议精神的意见，审定取消了全省第四批乱收费项目。

4～8 日 郭琨副省长到河西大企业现场办公，研究解决问题。

25 日 省政府召开开展“抓管理、练内功”活动广播电视动员大会，张吾乐、卢克俭、孙英、王平出席，郭琨发表讲话。

3月

1 日 省委、省政府召开动员大会，就抽调万名干部到农村和部分困难企业帮助工作进行安排部署。

3 日 省政府召开电话会议，张吾乐代省长就贯彻落实全国“菜篮子”和粮棉油工作会议精神，搞好全省“菜篮子”工程作了重要讲话，要求各级政府要由一把手负责，切实抓好“菜篮子”。要把发展生产、稳定生产基地、确保市场货源作为重点，使全省副食品及蔬菜的生产形成以郊区为主、农区为副、外埠品种调剂的新格局。

4 日 全省建设工作会议在兰州举行，建设部部长侯捷、省委书记阎海旺、副省长郭琨到会讲话。

6 日 第四届中国艺术节筹委会举行新闻发布会，副省长陈绮玲在会上阐述了办节的重大意义，报告了艺术节的概貌和筹办情况。陈绮玲指出，我们要通过办艺术节，大力展示甘肃、宣传甘肃，让世界了解甘肃，让甘肃走向世界。

7 日 全国流通体制改革座谈会暨兰州建设商贸中心总体方案论证会在兰州隆重举行，国家体改委副主任马凯和国家有关部委、全国各省(区)体改委的同志、部分专家学者及外地一些大型商业企业的代表参加了会议。中共中央政治局委员、国家体改委主任李铁映发来贺信。郭琨副省长在会上介绍了甘肃的概况。

16 日 省政府电话会议就全省物价大检查工作进行了具体安排布署。检查的重点是与人民生活关系密切的商品和服务价格，以及农业生产资料价格。

17 日 杨怀孝副省长亲切会见丹麦、芬兰两国驻华大使符魏廉、李斯蒙及其夫人一行 4 人，客人表示要通过各种方式把甘肃的良好印象宣传出去。

4月

2～9日 张吾乐同志在省八届人大二次会议上当选为甘肃省省长。

6～7日 金昌化工总厂磷二铵工程磷铵装置初步设计通过审查，批准总投资为37288万元，并由国家批准开工建设。

10日 省委、省政府召开全省农村工作会议，要求全省各地进一步统一认识，明确任务，加强对农业和农村工作的领导，抓住关键环节，采取有效措施，促进农村经济发展，农民收入增加，农村社会稳定，省委书记阎海旺、省长张吾乐作了重要讲话，路明副省长宣读了省委、省政府关于贯彻中央农村工作会议精神的意见讨论稿。

11日 省政府召开第六次常务会议，主要听取了韩正卿同志关于"全省扶贫开发工作会议筹备情况"的汇报，会议认为扶贫开发是全省经济工作的重点之一，要下决心打好"四七"扶贫攻坚战，使贫困地区早日脱贫。会议还着重讨论了扶贫开发优惠政策。

12日 张吾乐省长率团赴新西兰和澳大利亚进行友好访问，这将为甘肃省进一步扩大对外开放，增加合作与交流渠道产生积极的影响。

22日 省政府召开电话会议，要求各有关单位认真贯彻实施《甘肃省国有企业职工养老保险金省级统筹办法》，为改革开放创造良好的环境。郭琨副省长到会并讲话。

23～28日 全省"八五"重点项目——酒泉钢铁公司热电扩建一机一炉工程通过国家验收，该工程建设内容为220吨/小时锅炉一台，5万千瓦汽轮发电机一套及相应设施，建成后可年增加发电量3.5亿千瓦小时。

5月

6日 省政府召开全省农村群众生活安排工作电话会，省政府要求各级政府和有关部门要认真落实省上的政策措施，努力做好工作，保证灾民和特困户的生活不出问题。

11日 应美国俄克拉荷马州州长戴维、沃尔特斯和洛杉矶市商会邀请，崔正华副省长率省政府代表团一行7人前往美国访问。

13日 省委、省政府召开小型水利建设座谈会，省委书记阎海旺在会上强调，在继续抓好大型骨干水利工程的同时，把大力发展小型水利和"三田"建设作为农田水利基本建设的重点，充分发动和依靠群众，坚持不懈地抓下去。

20日 甘肃省首次在美国举办的大型综合性经贸洽谈会，历时4天在洛杉矶国际展览中心落下帷幕。洽谈会签订进出口贸易合同4600多万美元，签订经济技术合作项目合同7项，投资额达31.31亿人民币；签订合作项目协议8项，利用外资额2.04亿美元。

6月

10日 国家重点项目——宝中铁路全线铺通庆典大会在甘肃平凉举行。这条连接陕、甘、宁3省区的大动脉对甘肃省平凉地区的经济起飞起着不可估价的作用。铁道部部长韩杼滨及陕甘宁3省区等有关部门的主要领导出席大会。

15日 兰州西固热电厂改建工程通过电力部、电力规划设计院主持的初步设计审查，审定建设新增规模为装机2×14万千瓦，动态投资1.5亿人民币。

16～17日 全省乡镇煤矿工作会议在白银市举行，郭琨副省长在会上指出，必须认真搞好乡镇煤矿的清理整顿，把它作为我省经济工作的一项重要任务列入各级政府重要议事日程，并作为考核干部政绩的一项主要内容，切实抓出成效。

26日 为期4天的全省河西地区城市郊区率先奔小康工作座谈会在酒泉结束，会议重点研究部署一部分地区率先奔小康问题，省委书记阎海旺，省长张吾乐分别作重要讲话。

▲ 国家重点项目引大(大通河)入秦(秦王川)工程总干渠26#洞贯通，这标志着总干渠全长75公里的33座遂洞已全部贯通。东二渠总长27.3公里的29座遂洞贯通13座，累计掘进18.1公里。

27日 全省"八五"重点项目——酒钢中板工程的配套工程30吨转炉及600立方米/小时制氧机工程投料试车，每年可新增炼钢50万吨的生产能力，可新增产值4亿元，利税8948万元。

28日 全省乡镇企业工作会议研究部署了甘肃省乡镇企业下半年工作，提出拓宽思路，进一步加快乡镇企业步伐，省委书记阎海旺、省长张吾乐出席会议并讲话。

▲ 兰州中川机场跑道抢修工程铺筑竣工，并被评为省上优良工程。

30日 全省"八五"重点项目——全省13个地州市市话引进工程最后一个地区——酒泉地区市话引进投入使用，这标志着全省14个地州市新增10.4万门程控电话，全部甩掉了摇把子电话，使全省通讯系统迈上了一个新台阶。

7月

1日 甘肃省第一条全封闭，全立交高速公路——天水至北道高速公路剪彩通车，该路正线13.15公里，4车道、宽4×3.75米，设计时速120公里。

14日 甘肃省利用澳大利亚贷款，总投资3.68亿元，引进20万门电话项目协议在京签字。此项目于1996年完成，届时全省各地区的通讯状况将迈上新的水平。

15日 张吾乐省长到西北师范大学现场办公，就全面贯彻全国教育工作会议精神和学校今后的发展发表了重要意见。

16日 国家重点项目——兰新复线武威南至金昌、嘉峪关至玉门段提前通车。

27日 以日本秋田县副知事池田竹二郎为团长，县议会副议长武田贤亮为副团长的秋田县友好代表团，应省政府邀请前来参加甘肃·秋田友好会馆竣工典礼，张吾乐省长会见了代表团一行并进行了亲切友好的谈话。

28日 第四届中国艺术节场馆全部建成，以及七里河体育馆等8个配套场馆全部建成交付使用。

8月

3日 省委、省政府隆重召开纪念大会，庆贺敦煌研究院建院50周年。

6日 中川一幅高速公路通车，省委书记阎海旺、省长张吾乐为通车剪彩。

▲日 第二亚欧大陆桥学术会议在兰州召开，会议中心议题是如何利用大陆桥开通的机遇，促进大陆桥沿线地带跨时空、跨产业、跨民族文化的“三跨越”协作发展。郭琨副省长到会祝贺。

18日 由文化部主办，甘肃省人民政府承办的第四届中国艺术节经过两年多时间的精心准备在兰州隆重拉开帷幕。中共中央政治局常委、全国政协主席、第四届艺术节名誉主席李瑞环宣布开幕，中共中央政治局委员、国务委员、第四届中国艺术节主席李铁映、本届艺术节副主席、文化部部长刘忠德和本届艺术副主席、甘肃省省长张吾乐先后在开幕式上发表讲话，中央、国务院有关部委和全国29个省、市、区负责同志及海外嘉宾出席了开幕式，并和3000多名观众一起欣赏了600多人参演的大型艺术表演《黄河潮》。

21日 由日本政府无偿援建的敦煌石窟文物保护研究陈列中心举行竣工典礼，日本国前首相竹下登、中共中央政治局委员李铁映、甘肃省省长张吾乐、日本驻华大使广道彦、日中友协会长平山郁夫、中日友协会长孙平化等为中心落成剪彩。

22日 国家重点建设项目——金川公司二期扩建工程的铜熔炼自热炉点火成功。铜熔炼自热炉是目前世界最先进的铜熔炼技术。建成后，金川公司铜产量从1.2万吨提高到2.79万吨。

27日 甘肃省重点建设项目——陇西铝厂二期工程建成投产，该工程建设规模为年产电解铝1.2万吨。建成后，可年新增产值11350万元，利税2200万元。

31日 国家“八五”重点建设项目——西—兰—乌光缆通讯干线全程铺通。该项目采用30芯光缆。可净增高质量长途电路2.8万多路，全线贯穿陕、宁、甘、新，全长3130公里，甘肃境内1814公里，投资3.76亿元(甘肃段)。

9月

6～9日 张吾乐省长在甘南、临夏调研时强调，一定要以经济建设为中心，努力加快民族地区经济发展步伐，不断壮大民族地区经济实力，提高群众生活水平。

16日 兰新复线全线铺通，中共中央政治局委员、国务院副总理邹家华，全国人大常委会副委员长铁木尔·达瓦买提为全线铺通剪彩。张吾乐省长、郭琨副省长出席典礼。兰新复线是国家“八五”重点建设项目，全长1622公里，总投资45.16亿元，其中；甘肃境内635公里，投资25.58亿元。

17～20日 邹家华副总理对甘肃省嘉峪关、敦煌、张掖、金昌、兰州等地市的大型企业进行考察。阎海旺、张吾乐同志陪同考察。

22日 张吾乐省长会见前来甘肃省参观访问的马来西亚驻华大使达图诺尔·阿德南及夫人一行。

26日 省委、省政府召开实施《甘肃省省级公费医疗制度改革意见》动员大会，宣布省级公费医疗新制度于10月1日实施。

10月

1日 省城兰州举行了5万余人参加的游园和文艺活动，庆祝建国45周年。

7日 全省秋冬春农田水利建设广播电视动员大会传达贯彻全国水利工作会议精神，进一步明确今冬明春全省水利建设的目标和任务，动员全省人民掀起农田水利建设的新高潮。张吾乐省长在会上作动员讲话。

10日 国家"八五"重点建设项目——引大(大通河)入秦(秦王川)工程总干渠全线通水庆祝典礼召开。原中央中央政治局常委宋平为通水剪彩,国务委员陈俊生代表国务院致信祝贺。阎海旺书记主持会议,张吾乐省长代表省委、省政府讲话。会上还宣读了水利部嘉奖令和省委、省政府表彰决定。国家及省、兰州市有关领导同志与上万名群众参加了庆典大会。同时实现第一步灌地20万亩的目标。

12日 张吾乐省长主持召开省政府第十二次常委会,重点研究如何更好地完成全年财政收入问题。原则通过省人事局《关于改革乡镇基层事业单位人员使用制度的意见》,并设立"甘肃省人工影响天气办公室"。

15日 省委、省政府和兰州市委、市政府召开兰州南北两山绿化10年总结表彰大会,表彰了为南北两山绿化做出突出贡献的77个单位和107名个人。省上领导阎海旺、张吾乐、申效曾等出席会议。

23～25日 印度副总统杰里尔·拉曼·纳拉亚南及夫人一行对我省进行友好访问,崔正华副省长会见并陪同访问。

25日 兰化化肥厂改扩建工程利用日本出口卖方信贷160亿日元和意大利买方信贷商业贷款0.3亿美元的中国银行转贷签字仪式在兰州举行。

29日 张吾乐省长亲切会见澳大利亚维多利亚州总督麦加维及夫人一行。

11月

1日 省政府第十五次常委会议,决定全省第五批取消8个收费项目,并审议通过《甘肃省产品质量监督管理条例(试行)》和《甘肃省通讯管理条例》。

3日 张吾乐省长会见美国俄克拉荷马州州长戴维·沃尔特斯夫人一行,宾主双方共同签署了《甘肃省俄克拉荷马州合作备忘录》。

8日 全省教育工作会议召开,省长张吾乐作题为《加快教育改革和发展步伐,为振兴甘肃经济服务》的报告,会议通过了《关于加快教育改革和发展若干政策的决定》。国家教委副主任韦钰到会并讲话。

9～11日 甘肃"六五"重点建设项目——靖远兴堡川电灌工作通过竣工初验。该项目总投资近1亿元,发展灌区面积16.16万亩,具有显著的社会、经济、生态效益。

19日 邮电部发来贺电,祝贺甘肃省实现地州市长话交换程控化、省到地市干线传输数字化、县市电话自动化。

22日 省政府召开第十七次常务会议,专题研究水利问题。省上主要领导出席了会议。

25日 省政府召开全省药品管理工作电话会,进一步整顿和规范全省药品生产经营秩序。郭琨副省长到会并讲话。

29日 省八届人大常委会第十二次会议决定任命员小苏为甘肃省副省长。

12月

2日 兰炼40万吨丁烷脱沥青装置投产,项目总投资1.2亿元,每年可新增利税3200万元。

6日 兰炼40万吨高压润滑油加氢装置开工,该项目属国家"八五"重点技术改造项目,总投资4.28亿元。

9日 省政府召开抓两税、确保完成今年财政增收任务电话会,崔正华副省长在会上作了动员部署。

10日 玉门炼化总厂50万吨催裂化装置投产,该装置技术水准达到国内90年代先进水平。

15日 兰州卫星通信地球站在兰州建成,该站向微波设备、数字汇编和电源设备所组成,能够承担高质量的长途自动电话、电报、传真传输。总投资3500万元。

27日 省政府举办外国专家新年招待会,陈绮玲副省长在会上发表了热情洋溢的祝辞。

陕西渭南招商区东区一街

陕西谓南招商区

渭南市临渭区领导与谓南招商区负责同志共商发展规划。左四为陈雪民副区长

渭南招商区娱乐度假区一角

陕西渭南招商区西区一角

由日本国株式会社熊谷组承建的亚洲第一长输水隧洞——引大入秦总干渠盘道岭隧洞贯通时的喜景

国家重点建设项目——

引大入

引大入秦总干渠大沙沟渡槽夜景

引大入秦是全国规模宏大的大型跨流域调水自流灌溉工程，将大通河水调至兰州以北六十公里处的秦王川，跨越崇山峻岭，干渠总长205.7公里，支渠45条，总长675公里；建筑物繁多，且以隧洞群为主要特点，全部工程有隧洞70座，隧洞总长110公里，其中1公里以上的31座；另有渡槽29座，倒虹吸3座，支渠以上有各类建筑物4500多座。总干渠从天祝县境内的天堂寺渠首引水。全长87公里。其中隧洞33座，总长75.14公里，工程设

引大入秦工程总干渠总分水闸

引大入秦工程鸟瞰图（黄建新、杜雨林摄）

引大入秦总干汇上中国最大的钢制倒虹吸——水磨沟倒虹吸，全长565米，直径2.65米

引大入秦东一干渠通水时的情景

座落在群山环绕、绿树掩荫下的引大入秦总干渠道首枢纽工程

秦工程

计流量为32秒立方米，加大流量36秒立方米。总干到香炉山后设总分水闸，将水分至东一干渠，东二干渠和45条支渠流入灌区。东一干渠全长49.51公里，设计引水流量14秒立方米，灌溉面积31.06万亩；东二干渠全长53.62公里，设计引水流量18秒立方米，加大引水流量21.5秒立方米，灌溉面积55万亩，共计86万亩。它是我国水利建设史上的一个壮举、将大大改善甘肃中部缺水贫困地区的生产生活。

兰州以北秦王川主要灌区（黄建新、杜雨林摄）

引大入秦香炉山总分水闸

兰新复线胜利铺通

①

国家“八五”重点建设项目——兰新复线经过两年艰苦奋战，于1994年9月16日全线铺通。兰新复线东起武威南站，西至乌鲁木齐西站，全长1 622公里。自1992年9月开工以来，担当施工任务的兰州、乌鲁木齐铁路局、铁道部第一、十五、二十工程局等数万名干部职工同心协力，英勇奋斗，比国务院和铁道部要求提前9个月全线铺道，创造了我国铁路建设史上的一个奇迹。兰新复线全部投入运营后，运输能力将由1 200万吨提高到3 000万吨以上。

⑦

③

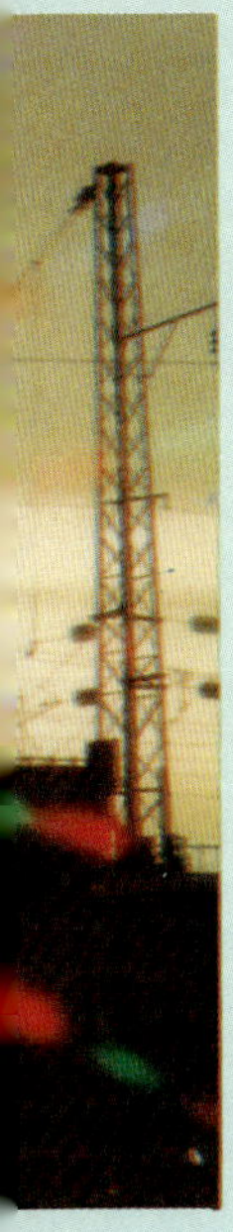

①热烈庆祝兰新复线胜利铺通的庆典活动

②"起点——建设中的兰新复线武威南站晨景(姜建华摄)

③兰新复线架桥铺轨进入紧张阶段

④兰新复线机械化铺轨现场

⑤投入运营的兰新复线(申培德摄)

⑥兰新铁路加开四对列车

⑦兰铁三公司的架桥工地

⑧筑路英雄鏖战兰新线

华山温泉

——西安市企业职工康复医疗中心

1994 年元月，华山温泉举行开业典礼

西安市华山中心医院，位于西安市东郊韩森寨，是中国兵器工业总公司所属的西安华山机械厂职工医院，40 多年来，已发展到拥有 260 张床位的现代化综合性医院。1993 年，医院依据卫星遥感资料，成功地打出一眼水温 60℃，出水量 60 吨／小时，井深 1650 米的优质地热矿泉井，水质经陕西省卫生防疫站检测属高温、弱碱性、低渗、重碳酸、硫酸钠型地热水，放射性氡含量为 83.2BQ／L.为高浓度氡泉。

根据温泉的医用价值，西安市卫生局于 1994 年 5 月批准成立了“西安市企业职工康复医疗中心”。现在华山温泉已成为西安市区温泉疗养圣地。

康复中心疗养人员正在进行健身锻炼

疗养人员正在进行高级冲浪治疗

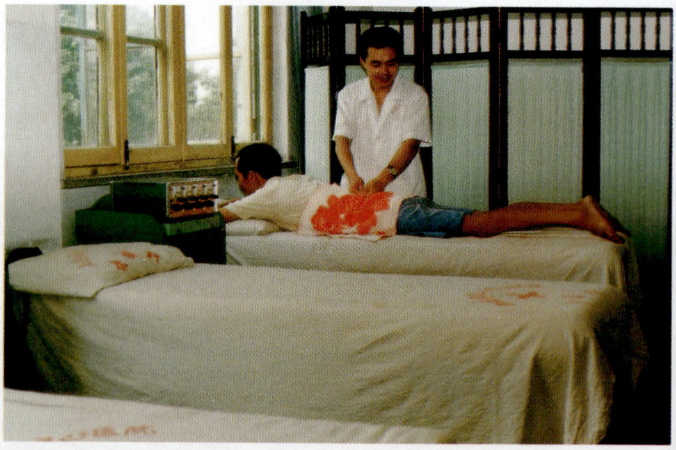

康复中心为病员康复治疗

青　海　省

主　　编： 施永祥
副 主 编： 闫南京　叶嘉煜
编写人员： 陈敬峰　佘双盈　刘玲芝
钱富元　拉才旦　尕　桑
孔强玉
工作人员： 胡文娟

青海省分目录

典型地区和典型企业

青海省(区、市)

面积:72.23万平方公里

人口:474万人

行政区划:1地区,6自治州,1地级市,2县级市,35县,7自治县

省委书记:尹克升

省八届人大常委会主任:宦爵才郎

省长:田成平

省八届政协委员会主席:韩应选

青海省国民经济主要指标 (单位:亿元)

项　目	1994年	1994年比上年增长(%)
国内生产总值	138.24	8.2
工农业总产值	165.63	8.7

续表

项　目	1994年	1994年比上年增长(%)
工业总产值(乡及乡以上)	120.76	10.6
重工业产值(同上)	96.48	11.4
轻工业产值(同上)	24.28	8.3
农业总产值	44.87	3.6
全社会固定资产投资	45.20	5.4
国有固定资产投资	39.45	-1.4
社会消费品零售总额	48.78	21.5
商品零售物价总指数(%)	123.3	23.3
职工工资总额	32.71	34.2(未扣除价格因素)

国民经济和社会发展

一、国民经济发展情况

1994年,青海省各族人民在省委、省政府的领导下,遵照党中央、国务院确定的全党、全国工作大局和经济工作方针,正确把握改革、发展、稳定三者关系,全面贯彻党的十四大和十四届三中全会精神,认真落实省委八届二次全委会和省八届二次人代会提出的各项任务,以建立社会主义市场经济体制为目标的几项重大改革进展顺利,对外开放进一步扩大,国民经济保持了较快增长,科学、教育、文化、卫生、体育等各项社会事业全面发展,城乡人民生活继续改善。全省国民生产总值完成135亿元,按可比价格计算比上年增长8.2%,其中第一产业增加值24亿元,增长3.6%,第二产业增加值61亿元,增长8.1%,第三产业增加值50亿元,增长11.1%。

(一)农牧业

1994年,青海省的农业生产遭受了较严重旱灾,上半年东部农业区仅降水15~18毫米,比历年平均值减少4至8成,气温偏高1~3℃,土壤失墒严重,给农业生产带来困难。在严重自然灾害面前,

各级党委和政府加强对农业生产和农村工作的领导，努力开展抗旱抢播。省直各部门抽调千余名干部深入基层，帮助县、乡抢修水利设施；千方百计调运农业生产资料；积极推广抗旱播种新技术；实施飞机人工增雨等。同时，指导农民群众以市场为导向，按照“两高一优”的方针调整种植业内部结构，加强田间管理，使种植业获得较好的收成。全省农业总产值完成28.29亿元(1990年不变价)，比上年增长3.6%。其中，种植业产值14.01亿元，增长3.78%。全省农作物播种面积562.10千公顷，比上年增长2.54%。其中，粮食作物播种面积386.85千公顷，下降0.76%；油料作物播种面积144.60千公顷，增长12.08%。粮食产量116.84万吨，比上年减少1.79万吨；油料产量18.44万吨，增加3.23万吨，创历史最高纪录。油料增产数超过了粮食减产数，粮油总产量再创历史最高纪录。牧区广大干部群众认真贯彻《青海省草原承包办法》，全面开展冬春草场承包到户工作。草山承包到户极大地调动了牧民群众的生产积极性和对草场投资的主动性，牧民的投资平均占总投资的40%，有些地方占60%甚至70%。加之大部分牧业区风调雨顺，牧草长势良好，畜牧业生产获得了丰产丰收。在农业总产值中牧业产值13.45亿元，增长3.81%。据抽样调查，全省总增牲畜499.39万头(只)，总增率为22.6%，比上年提高5.97个百分点；年末各类牲畜存栏达2264.55万头(只)，增长2.46%。肉类总产量17.84万吨，比上年增长12.15%；羊毛1.8万吨，增长2.25%。林业、渔业和多种经营继续保持较好的发展势头。1994年，青海省农业的基础地位继续得到巩固和加强。农业综合开发进展顺利，国家立项二期农业综合开发项目24项(农业10项，畜牧业14项)，全部动工建设，并保质保量完成年度工程任务，到年底已完成总工程量的55%以上。根据国务院关于加快中西部乡镇企业发展的决定精神，按青海省委、省政府确定的全省乡镇企业总产值在1992年基础上3年翻一番的要求，1993年和1994年，各地采取了一系列措施，因地制宜地选择了一大批适销对路、附加值和技术含量高、效益好的项目，多渠道投入资金共5.6亿元，新建、扩建和更新改造619个项目，其中投资在千万元以上的项目12个，乡镇企业得到了快速、健康的发展。1994年青海省乡镇企业总产值达到16.52亿元(当年价)，按可比价格计算比1992年增长106%。

(二)工业

1994年全省工业企业，以改革为动力，以市场为导向，坚持优化结构，提高质量，增进效益的原则，使生产稳步增长，经济效益有所好转。全省完成工业总产值82.6亿元(1990年不变价)，比上年增长10.7%；其中乡及乡以上工业企业完成产值78.05亿元，增长10.5%。全省乡及乡以上工业企业完成销售产值(按1990年不变价计算)76.34亿元，比上年增长12.2%。全省独立核算工业企业经济效益综合指数为72.21%，比上年提高0.51个百分点；实现利税8.21亿元，增长21.4%。1994年全省工业生产有以下特点：(1)重工业好于轻工业，重工业继续保持较高的增长速度，轻工业仍是低速增长；乡及乡以上工业总产值中，重工业增长11.8%，轻工业增长6.6%。由于市场需求的拉动，能源、原材料工业继续保持较快的增长势头。发电量71亿千瓦时，比上年增长4.4%；原煤249.3万吨，增长11.9%；原油113.1万吨，增长4.4%；钢45.6万吨，增长9%；钢材37.25万吨，增长5.7%；铁合金16.2万吨，增长42.7%；石棉6.37万吨，增长21.3%。机械工业由于受国家从严控制银行信贷规模和固定资产投资规模的影响，市场需求减弱，销售由平转滞；汽车、推土机、金属切削机床降幅较大。轻纺工业产品市场基本平稳，且逐步趋旺。(2)国有企业生产运行平稳，集体企业持续快速增长；乡及乡以上工业总产值中，国有企业增长9.2%，集体企业增长17.7%。(3)国有大中型企业继续发挥骨干作用；国有大中型企业总产值占全省工业总产值的62%，增长12.3%，比全省平均增速高1.5个百分点。(4)工业经济效益有所好转，但整体效益水平不高；全省国有工业企业实现利税7.8亿元，比上年增长19.6%，但亏损面仍高达43.7%，比上年增加9.9个百分点。

(三)运输邮电业

1994年全省交通运输生产稳步发展。由于铁路运输部门精心调度，深挖潜力，有关部门加强协调，铁路运输基本保证了生产的需要，但到上海、广州、柳州、成都方面，由于几个限制口的制约，运输仍很紧张，影响产品外销。全年铁路货运量537.5万吨，比上年下降2.3%；铁路货物运输周转量33.59亿吨公里，增长2.5%；铁路旅客运输量217.3万人次，增长4.5%。公路运输全面增长。全社会公路货运量2609万吨，比上年增长3%；公路货物运输周转量21.8亿吨公里，增长3%；公路旅客运输量2098万人次，增长4%。空运事业继续快速发展。空运货物运输周转量40.7万吨公里，比上年增长16%；空运旅客运输量2.2万人次，增长10%。邮电通信业发展迅速，邮电建设取得突出成绩。主要通信能力和邮电业务总量提前完成“八五”计划，实现了在1980年基础上翻三番的目标。全年完成邮电业务总量首次突破亿元大关达到11527万元，比上年增长20.8%，市内电话用户5.49万户，增长33.2%，其中住宅电话2.44万户，增长75.8%；农村电话用户0.21万户，增长22.2%；无线电寻呼和移动电话7672部，增长1.09倍。全省城市电话普及率达7.69%。

(四)固定资产投资

1994年，一方面由于国家加强宏观调控，严格控制固定资产投资规模和银行贷款规模，另一方面由于青海省经济总量过小，地方财政收入能用于建设的资金有限，加之融资渠道狭窄，融资手段单一，全年全社会固定资产投资仅完成44.35亿元，比上年增长3.4%，扣除价格因素后实际工作量下降4.6%。在国有单位投资中，基本建设投资27.88亿元，比上年下降3.4%，其中中央项目投资20.27亿元，下降2.2%，地方项目投资7.61亿元，下降6.5%。在固定资产投资不足的情况下，着力调整投资结构，把有限的资金主要用于保证国家重点建设和地方资源开发及技术改造，以求较佳的投资效益。国家重点建设项目对青海经济的发展举足轻重。1994年国家重点建设项目需青海自筹资金2.1亿元，省里按工程进度要求保证了资金及时到位，并全力解决了征地、建设材料等问题，保证了国家重点建设项目顺利进行。青海铝厂二期工程全部建成，形成新的年产10万吨铝锭生产能力；李家峡水电站大坝混凝土浇筑50万立方米，质量稳定，为实现1996年第一台机组发电的目标创造了条件；桥头电厂五期扩建工程，1号机组1995年上半年可实现投产；青海油田开发、茫崖石棉矿扩建工程都完成了年度计划。全省交通基础设施建设安排重点项目16个，完成投资1.6亿元，比上年增长12.7%。全省邮电部门共完成固定资产投资2.48亿元，投入建设项目35个，交付使用26个，投资规模、建设速度、项目交付使用率均创青海邮电建设历史的最好成绩。列入全省地方资源开发项目38项，基本建成11项，完成投资2.7亿元，形成生产能力主要有：发电装机容量5150千瓦，原煤10万吨，黄金222.8千克，花岗岩板材3万立方米。10个资源开发重点县(地区)资源开发成效显著；继祁连县之后，班玛县提前一年实现财政自给，都兰县资源开发产值达到1120万元，全县财政增收300万元。技术改造成绩斐然，更新改造投资持续上升。在国有单位投资中，更新改造投资6.81亿元，比上年增长34.9%；其中中央项目投资1.43亿元，增长1.6倍，地方项目投资5.38亿元，增长19.6%。全年安排技术改造项目213项，完成了148项，这些项目的完成，可新增产值8.9亿元，新增利润1.3亿元，新增税金1.1亿元。

(五)商业和饮食服务业

1994年，随着各项重大改革措施的出台和实施，商业经济有了较好的发展，市场商品丰富，货源充足，销售稳中有增。全年全社会消费品零售额47.04亿元，比上年增长19.4%(扣除价格因素后实际下降3.1%)。纵观1994年的商品市场，呈现如下特点：一是国有商业继续发挥主渠道作用，集体、私营和个体商业销售活跃。在消费品零售额中，国有单位零售额22.3亿元，增长17.2%，占全省社会消费品零售总额的比重为46.5%；集体单位零售额7.25亿元，增长13.7%；联营商业零售额0.18亿元，增长5.8倍；私营商业零售额0.99亿元，增长1.9倍；其他所有制单位零售额7.25亿元，增长19.7%。二是农村牧区商品销售额增长幅度高于城镇。在消费品零售额中，市的零售额27.53亿元，增长17.4%；县的零售额13.41亿元，增长15.73%；县以下的零售额7亿元，增长36.6%。三是吃的和穿的商品销售增加，用的商品基本稳定，粮、油、牛羊肉、水产品、鲜蛋增幅较大；受调价因素的影响，棉纺织品出现了短暂的热销。四是生产资料市场销售增长。全省物资供销企业购进生产资料11.11亿元，比上年下降9.5%；销售14.18亿元，增长7.8%。

1994年全省国有和集体饮食服务网点116个，从业人数1897人，营业额1820万元，比上年有所减少。有证个体商贩8745个，从业人数14990人，营业额27657万元，比上年增长8.6%。

(六)金融和保险业

全省金融系统广大职工认真贯彻“继续整顿金融秩序，稳步推进金融改革，严格控制信用总量，切实加强金融监管”的金融工作方针，千方百计扩大信贷资金来源，合理运用信贷资金，积极支持全省的经济发展。1994年全省金融形势总的情况是，存贷两增且增幅都较大，借差扩大，货币投放基本正常。年末全省银行各项存款余额110.87亿元，比上年末增加23.98亿元，增长27.6%；各项贷款余额176.42亿元，比上年末增加40.06亿元，增长29.4%。存贷相抵后贷款大于存款65.55亿元，比年初的53.19亿元增加12.36亿元。全省银行各项现金收入172.84亿元，比上年增长30.9%；各项现金支出187.17亿元，增长31.2%。收支相抵后净投放货币14.33亿元，比上年多投放3.71亿元。

保险业稳步发展。到1994年底,已有社会保险险种4种,商业保险险种112种。1994年全省国内保险业务总收入1.17亿元,比上年增长6.4%,保险业务支出0.67亿元,增长36.2%,赔付率为57%;涉外保险业务收入折78.7万美元,保险业务总支出折29.9万美元,赔付率为38%,较好地发挥了经济补偿作用。

(七)旅游业

人文景观吸引八方游客,扩大开放迎来四海商家。1994年来青海旅游、访问、从事商务及各项活动的外国及台湾、港澳和华侨旅游者9526人次,比上年增长7.89%;旅游外汇收入1833万元(人民币),增长4.64倍。

二、国民经济结构调整情况

1994年,青海省产业结构变化的趋势与近几年基本相同,第一产业在国民生产总值中的比重继续下降,第二、三产业的比重继续上升。第二产业的比重上升,有赖于能源、原材料工业持续快速增长,国内外市场需求旺盛;第三产业的比重上升,主要是由于国家行政事业单位调整工资,第四层次增加值增长较多。

(一)产业结构调整情况

振兴青海经济,必须继续加强农牧业的基础地位,加强交通运输和邮电通信等基础建设,加快资源开发步伐,增大经济总量,提高整体经济素质。1994年第一产业有了较快的增长,增长率比上年提高3.1个百分点,略高于全国平均水平,显示出良好的发展势头。第二、三产业在国民生产总值中的比重分别比上年提高0.7个百分点和2个百分点,保持平稳发展,体现了产业结构调整的初步成效,改善了国民经济运行的质量。今后要进一步加强农牧业,加快发展交通事业,超前高速发展邮电事业,促进资源优势尽快转化为经济优势。

(二)行业结构调整

农牧业结构调整 按照"两高一优"的要求,遵循经济规律,发展农牧业生产。种植业在粮食产量相对稳定的同时,扩大油料、豌豆等经济作物的播种面积,发展农副产品的深加工。结合"菜篮子"工程建设,重点建设西宁市郊区和乐都县两大蔬菜生产基地,因地制宜发展蔬菜、果品的生产、加工、贮藏、保鲜。牧业区坚持"立草为业",坚持商品畜基地建设,坚持科技兴牧,提高畜产品产量,提高商品率。青海乡镇企业坚持以市场为导向,以经济效益为中心,以改革为动力,以资源开发和加工增值为突破口,取得了可喜的成绩。1994年总产值按可比价格计算比上年增长42.5%,是近10年来发展最快的一年。乡镇企业总产值超亿元的县(区)有7个,超千万元的乡镇有37个,超百万元的村有192个,分别比上年增长75%、32%和86%。各地乡镇企业的竞相发展,增加了农牧民的收入,加大了农牧业的投入,转移了农村剩余劳动力,改善了农村牧区的整体素质,优化了农牧业的结构。

工业结构调整 从两方面进行调整:一方面根据国家的产业政策,依托青海的自然资源优势,瞄准国内外市场,加快发展水电工业,发展盐化工业和石油、天然气工业。青海的工业结构属重型结构,1994年重工业总产值占全省工业总产值的75%以上,比全国平均水平高17个百分点;重工业的增长快于轻工业,与全国趋势相反。这是青海省资源型省份的实际所决定的。另一方面,对现有企业加快技术改造,进一步挖掘潜力。技术改造的重点是轻纺工业和机械工业,通过技术改造提高装备水平、技术水平,提高产品的附加值和技术含量,适应日益激烈的市场竞争。1994年全省更新改造投资6.81亿元,创历史最高水平。技术改造的成效已见端倪,例如,轻纺工业已生产出一批适销热销的产品,1993年抑制住上几年生产下滑的局面,1994年继续好转,比上年增长6.6%,发展态势趋好。

(三)投资结构调整

1994年青海省进一步优化固定资产投资结构,努力提高投资效益,减少因投资增幅过小,投入不足,而带来的对生产建设的不利影响。第一产业的基本建设投资完成1.09亿元,比上年增长8.4%。1994年农村牧区固定资产投资的突出特点是集体固定资产投资显示出良好势头,主要表现:①投资规模进一步扩大。农村集体固定资产投资在5万元以上的项目144个,比上年增长37.1%,完成投资7515万元,增长20.7%。投资规模的扩大增强了农村经济的实力。②投资结构有所改善。农村集体固定资产投资用于农林牧渔业的投资329万元,比上年增长3.4倍,用于矿产资源开发和农畜产品深加工业的投资5888万元,增长31.7%,用于商业服务业的投资1298万元,下降22.8%。这些投资改善了农村牧区的生产、生活条件,为今后发展奠定了一定的基础。③资金来源多渠道。农村集体固定资产投资资金到位8005万元,其中银行贷款占到位资金的53.7%,自筹资金和群众集资占41.2%,引进外资到位从无到有占0.4%。为发展农村经济注入了活力。④投资效果好于上年。农村集体新增固定资产

7586万元，比上年增长79.2%，竣工投资项目123个，增长51.8%。第二产业固定资产投资28.9亿元，比上年增长19.4%，主要是增加了煤炭、电力工业的投资。第三产业中的交通运输邮电业得到高度重视，总投资3.5亿元，比上年增长13%。在更新改造投资中用于增加品种的投资1.04亿元，比上年增长61.6%，用于提高产品质量的投资1.14亿元，增长15%，用于治理三废的投资1994万元，增长6倍。今后仍要注重优化投资结构，以提高投入产出比。

三、基础设施完善情况

(一)交通通信设施

1994年，全社会对发展交通的重要性、紧迫性有了更深刻的认识，各级政府相继出台了一系列优惠政策和扶持措施，动员全社会力量大办交通，使交通工作取得了显著成绩。全年安排重点工程建设项目16个，完成投资1.6亿元，比上年增长12.7%；新改建公路619公里，比上年增加283公里；新建大中小桥梁1464.7延米/39座，增加1248.7延米/25座；修建涵洞6300延米/710道；新铺筑沥青路面213.33公里，增加132.33公里；新增三、四级公路155公里；等外路减少57.36公里。截止1994年底，全省公路通车里程达17061公里，比上年增加98.48公里；高级、次高级路面3911公里，增加213公里；从省会西宁到州府所在地通油路的由上年的2个增加到3个；通油路的县城由上年的14个增加到16个。1994年用于地方道路建设资金达7000万元，是地方道路建设投资最多的一年，完成工程建设项目17个，促进了地方经济和社会的发展。此外，还新开工和续建汽车站5个，竣工使用2个，完成投资605万元，旅客的乘、候车条件得到进一步改善。龙羊峡库区航运工程完成投资300万元，综合客运大楼及附属设施全部竣工。由于加强了公路勘测设计、施工等各项管理工作，全面推行工程质量监理制度，工程合格率均达到100%，其中优良品率为73.3%。

邮电工作按照发展、改革、服务的要求，高投入、抓落实，综合通信能力明显增强，通信面貌大为改观，成绩令人瞩目。1994年全省邮电部门共完成固定资产投资24477万元(其中基本建设19427万元，技术改造5050万元)，投入建设项目35个，交付使用26个，投资规模、建设速度、项目投产率都创造了青海邮电通信建设最好水平。①市话建设方面：建成西宁移动通信交换中心和西宁、大通两个基站，开通了48个信道，填补了全省没有移动电话的空白。目前移动通信用户已发展到1184户。进行市话程控改制、扩容，建成了乐都、民和、大通、海西、矿区、贵德、班玛、化隆、天峻、海东、海南及格尔木12个程控交换局，新增程控交换机容量56450门，不论是投产局数还是新增容量都是历年最多的。目前，全省实现市话程控化的州、地、县局有17个，比重达到36.4%；程控交换机容量87860门，占全省市话装机容量的77.6%。另外，还建成了西宁、大通市话本地网。1994年，全省新增市话交换机容量6.25万门，达到11.36万门。②长话建设方面：完成了西宁至格尔木480路数字微波工程，大大缓解了西部铁路沿线长途通信紧张的状况。建成了玉树、果洛、茫崖、西宁4个VSAT卫星站，增加36条电路，提高了传输的质量和网路的可靠性。建成了西宁到6州1地和格尔木、大通的分组交换数据网，发展了35户数据用户。建成了西宁到湟源，黄南到泽库、尖扎等193线对公里的铜线架挂工程；增开了西宁到互助、西宁到矿区、同仁到泽库、同仁到尖扎、达日到班玛的ZM—305明线载波设备，使以上地区长途电路状况得到改善。建成了西宁电视电话会议系统和西宁长途交换3000路端扩容工程。此外，海西、海东、海南、格尔木使用长市合一程控交换机，配置长途自动交换1024线。1994年，全省新增长途交换机容量4566门，达到0.7万门；长途业务电路新增521条，达到1755条。③农村电话加快改造进程，投资365万元，完成28个建设项目。有6个人工交换点实现了自动化。大通县城关镇建成了全省首家农话数字程控局，并实现了全县乡乡自动化。1994年，全省新增农话交换机容量1020门，达到0.21万门。④邮政通信在加快自动处理方面迈出新步伐，西宁特快专递计算机查询系统已进入全国网。报刊发行业务微机处理系统，除省中心进入全国网外，省内已建点13个。

(二)能源建设

加快发展电力工业，以带动整个工业的发展。1994年装机200万千瓦的李家峡水电站大坝工程，已浇筑混凝土50万立方米，质量稳定，为实现1996年第一台机组发电的目标创造了条件。桥头电厂五期扩建工程(2×12.5万千瓦)进展顺利，1#机组1995年上半年可实现投产。与此同时，地方小型水火电也有所发展，建成并投入运行的有冷湖柴油发电厂、称多县科马水电站、班玛县吉卡水电站等，新增装机容量5150千瓦。截止1994年底，全省发电装机容量为173.7万千瓦，其中水电为138.51万千瓦。电网建设方面，到1994年底，全省35千伏及以上高压输电线路达2354公里，变电容量为277.43

万千伏安。其中330千伏线路总长594公里，变电所3座，容量150万千伏安；110千伏线路总长1262公里，变电所28座，容量122.58万千伏安；35千伏线路总长498公里，变电所14座，容量4.85万千伏安。

加快发展煤炭工业，进一步满足我省经济发展和人民生活的需要。截止1994年底，全省共有国有煤矿22处27对矿井，生产能力249万吨。其中年产6万吨以上煤矿9处12对矿井。但煤炭自给率仍不足50%。今后要进一步扩大原煤生产能力，提高煤炭自给率。

（三）供水设施建设

1994年继续努力改善各地的供水设施，建成3个市、县城的供水工程：德令哈市自来水工程，新增日供水量1.5万吨，建成输水管道9.3公里；治多县自来水工程，日供水量400吨，建成水源及输水管网；泽库县自来水工程，日供水量1400吨，建成水源及部分输水管道。此外，西宁市第六水源工程前期工作已完成投资350万元，完成了水文地质勘探工作。广大农村牧区继续建设人畜饮水工程，农村55%以上的人口饮水条件得到改善。

四、科技和社会事业发展情况

科技工作 1994年青海科技工作紧紧围绕全省经济发展战略和总体目标，认真贯彻省委、省政府关于《深化科技体制改革加快科技事业发展的决定》，进一步加强科技工作，为全省经济发展和社会进步作出了积极的贡献。“3371”科技示范工程已基本完成原定目标，为推动全省农村和企业的科技进步起到了较好的示范作用。3个科技示范县和3个星火密集区的建设达到了预期效果，12项龙头项目已有5项通过验收，累计创产值3.8亿元，利税1.4亿元；7个科技先导型企业试点，验收合格并由省政府命名为“青海省科技先导型企业”，它们的产品优品率、新产品销售率平均分别增长2.6%和149%，经济效益综合指数比全省平均值高出21个百分点；西宁市的“科技兴市”工作进展顺利。科技项目计划管理工作，注重规模效益和科技成果转化，为发展“两高一优”农业、提高农村劳动生产率，为合理开发小资源、增加地方财政收入提供了技术保证；为增强企业特别是国有大中型企业的新技术、新产品开发能力，提高企业经济效益作出了成绩。近几年，科技进步作用在经济增长中所占份额逐步提高，1994年已达31%。科技体制改革取得进展。1994年末，全省地方县级以上部门所属各级科研机构58个，拥有职工4028人，其中专业科研人员2710人；民办科技机构已发展到104家，从业人员960余人，实现年产值3300万元，利税150万元，已成为经济服务的一支新的方面军。技术市场网络已初步形成并由城市向农村延伸。1994年技术市场共签订技术合同470个，协议合同金额691.5万元；农村牧区已建立农业技术推广经济实体和牧业协会139家，农牧业技术推广服务体系已基本形成。科技推广应用率明显提高，1994年全省共登记科技成果80项，其中已推广应用的成果40项，应用后已产生经济效益的22项。保护知识产权的意识增强。1994年全省共受理专利申请104件，年内批准专利54件。

教育事业 继续推进义务教育，把基础教育放在“重中之重”的地位。1994年学龄儿童入学率为86.4%，比上年提高0.76个百分点。全省44个县（区）中16个县（区）（占全省总人口64.76%）基本普及了初等教育，7个县区（占全省总人口14.92%）基本普及了初级中等教育，3个县区（占全省总人口12.3%）达到了国家和青海省“两基”（基本普及初等教育、基本扫除青壮年文盲）评估验收标准。大力发展职业技术教育和成人教育。省内34所中等专业学校年末在校学生12786人；32所职业中学年末在校学生10792人；成人中专19所年末在校学生8919人；成人高校3所年末在校学生3413人；技工学校27所年末在校学生10774人；从业人员多种形式的技术培训广泛开展。面向经济建设调整高等院校的专业结构，培养实用人才。全省7所高等院校年末在校学生7172人。积极扶持和发展民族教育。年末各级各类学校有少数民族在校学生25.56万人，占在校学生总数的34.85%；全省有专设的各级普通民族中学82所，年末在校学生26005人；高等院校普遍开办了民族预科班，为多快好省地培养少数民族人才创造了条件。

文化艺术事业 青海文化艺术事业，坚持为人民服务、为社会主义服务的方针，繁荣文艺舞台，活跃人民生活。1994年末，全省有文化事业机构1153个；其中电影事业机构769个，图书馆41个，群众文化事业机构293个，专业艺术表演团体15个。1994年创作演出了弘扬民族文化，具有地方特色和民族特色的优秀节目33台，举办全省性大型艺术活动5次，在全国和大区文艺创作演出评奖活动中获奖32个。组团出国演出2次；宣传了青海。随着经济体制改革的深入，文化艺术事业的改革也不断深化，目前有群众业余演出团（队）517个，文化户301个，形成国家、集体、个体多种形式办文化的格局。同时，各州、地、市建成了一批群众文化活动中心，改善了基层文化活动条件。

新闻出版与广播电视事业 出版事业，坚持出版发行立足本省、面向全国的方针，坚持社会效益第一，认真办报出书，宣传党的各项方针政策，为社会主义精神文明建设做出贡献。1994年末，全省共有报社15家，全年印发报纸15种，杂志37种。出版汉文本版图书201种，少数民族文学本版图书211种。广播电视事业，认真执行四级办广播、四级办电视、四级混合覆盖的政策，使广播电视业有了较快发展。1994年末，全省有无线广播电台4座，发射台、转播台8座，广播人口覆盖率58%。有自办节目的电视台5座，转播台、差转台262座，电视人口覆盖率75%。

卫生事业 城乡三级医疗预防保健网络基本形成，各类医疗、预防、保健、教学、科研等机构设施得到改善。1994年末，全省共有卫生机构1177个，其中医院592所，医疗卫生单位拥有病床1.69万张，卫生技术人员2.01万人。

体育事业 1994年，青海成功地举办了“青海省第十一届运动会”，有力地推动了全省群众体育运动的发展。竞技体育有了较大发展，充分发挥高原训练的优势，抓特色项目，抓传统项目，在国际国内各类大赛中取得较好成绩。全省专业运动代表队(团)在参加国际和全国性体育竞赛中，获得第二名1个(项)，第三名5个(项)；组队参加国际、国内群众性体育比赛12次，获得国际比赛冠军3个，国内比赛冠军8个、亚军11个、第三名6个，为青海争得了荣誉。在体育外事活动中，共有12人(次)出访了5个国家和地区；接待了19个国家26个团(队)124人来青海进行高原训练、登山、考察等。

五、人口变动和人民生活改善情况

1994年，青海各级党委和政府认真贯彻党中央、国务院关于加强计划生育工作，严格控制人口增长的指示精神，加强领导，加强宣传教育，加强依法管理，加强基层计划生育基础工作，健全乡、村服务网络，落实领导目标责任制并增加了经费，计划生育工作取得了新的成绩。1994年，全省人口自然增长率15.24‰，年末全省总人口474万人，比上年增加7.3万人。

1994年，随着经济的发展，全省城镇居民收入增加，生活水平进一步提高。全省城镇居民人均年生活费收入2538.52元，比上年增长35.1%，扣除价格因素后实际增长9.6%。由于农牧业丰产丰收并减轻农牧民负担，农牧民纯收入有了较大增加。全省农牧民人均年纯收入869.34元，扣除价格因素后实际增长5.5%。全省城乡人民居住条件进一步改善。1994年国有固定资产投资建成城镇住宅72.57万平方米，农民自建住宅172.6万平方米。

1994年，虽然各级政府采取了多种平抑物价的措施，但全年物价水平仍然偏高。全省社会商品零售价格比上年上涨23.3%，城市居民消费价格上涨23.2%，农村消费价格上涨20.7%。

(陈敬峰　佘双盈　撰稿)

经济体制改革和对外开放

1994年是实施《中共中央关于建立社会主义市场经济体制若干问题的决定》的第一年。在省委、省政府的领导下，全省各地区、各部门、各企业认真学习贯彻《决定》精神，落实《青海省1994年经济体制改革要点》，拓宽视野，大胆实践，各项改革取得突破性进展，新体制的建设迈出了决定性步伐，对外开放成效显著，国内横向联合有了新发展，有力地促进了青海省经济和社会的发展。

一、所有制结构变化

改革开放以来，青海经济体制改革，在坚持以公有制为主体的同时，调动一切积极因素，实行国家、集体、个人一起上的方针，经过16年的改革，改变了公有制一统天下的格局，初步形成了以公有制为主体，多种经济成分共同发展的所有制结构。到1994年，在工业方面，公有制工业企业总产值占乡及乡以上工业企业总产值的比重为99.9%，比上年增长0.5%，其中国有工业企业为84.4%，下降0.9%；集体企业为15.5%，增长1.5%；个体、私营及其它0.1%。在投资方面，公有制单位固定资产投资占全社会固定资产投资总额的94.2%，比上年增长0.5%，其中国有单位为89.9%，下降3.8%；集体单位为4.3%，增长1.8%；城乡居民个人为5.8%，增长2%。在流通方面，公有制单位社会消费品零售额占社会消费品零售总额的61.6%，比上年下降1.6%。其中国有经济为46.5%，下降0.9%；集体经济为15.1%，下降0.7%；个体私营及其它经济为38.4%，增长1.6%。到1994年底，全省共有个体工商业户58919户，从业人员87227人，营业额14.19亿元，分别比上年增长11.6%、14.3%和26.1%；私营企业604户，从业人员13325人，注册资金18311万元，分别比上年增长19.6%、22.5%和36.7%。个体、私营等非公有制经济的发展，为整个国民经济增添了新的活力，为国民经济的发展做出了重要贡献。但是，从总体上看，我省的乡镇企业和个体经济、私营经济、外资经济还处于发育、发展的初始阶段，所占比重很低，这是我省经济增长幅度慢于沿海、内地省区的主要原因之一。因此，今后在充分发挥国有经济骨干和主导作用的同时，要继续鼓励、支持、扶持发展乡镇企业和个体经济、私营经济和外资经济，形成多种经济成分共同发展，开展竞争的格局。

二、企业改革

1994年，我省的企业改革，立足于制度创新，紧紧围绕实行政企分开，搞好企业内部管理，抓好建立现代企业制度试点工作这些关键问题，使企业改革不断向深层次推进。

——加大了国有企业改革力度。全省国有企业继续深入贯彻《企业法》、《公司法》、《全民所有制工业企业转换经营机制条例》、《青海省全民所有制工业企业转换经营机制实施办法》及《企业财务通则》、《企业会计准则》，加大了企业内部配套政策的力度，企业的各项经营自主权进一步得到了落实，为转机建制奠定了基础；国有企业清产核资进展顺利，基本摸清了家底，为明晰产权、理顺产权关系，提供了扎实的基本条件；企业内部各项管理制度的改革不断深化，已有40%的企业实行了全员劳动合同管理，5万多名职工实行了岗位技能工资制，管理人员的聘任制已全面推开。一些地方、部门和企业积极探索解决企业债务、冗员和办社会等问题的具体办法，取得了一定成效。

——建立现代企业制度试点工作取得了阶段性成果。根据省委、省政府的部署和要求，对建立现代企业制度试点进行了广泛深入地调查研究，制定了《青海省建立现代企业制度试点暂行办法》。现代企业制度的试点工作已全面推开，省政府确定的14家试点企业的改制方案基本完成。股份制改革稳步深入发展，全省已建立股份制企业148户，股份合作制企业28户。其中青海百货股份有限公司和青海三普药业股份有限公司已向全社会公开发行股票，获得圆满成功，从省外募集到资金24108.75万元，同时还起到了增强群众投资意识，宣传青海的作用。

——产权流动和重组取得重大进展，有力地促进了产业结构、企业组织结构的调整。按照互惠互利、优化资源配置的原则，1994年，全省新组建企业集团4家，即青海工程机械（集团）有限责任公司、青海省物产企业集团公司、青海省肉食集团公司、青海省碳化硅集团公司。这些集团的组建，对提高企业的整体实力和竞争能力，实现规模经营和规模效益发挥了重要作用。全省对52户企业实行了兼并，使资产在流动和重组中得到了优化配置。西宁冶炼厂依法实施了破产。到1994年底中小型国合商业企业实行公有民营的门店占国合商业门店总数的65%。

三、宏观管理体制改革

1994年，青海省根据中央部署，结合本省实际，进行了财税、金融、投资、外贸外汇等几个方面的重大改革，进展顺利。

——财税体制改革。财政、税收体制过渡平稳，国税局、地税局两套税务机构分设工作已经完成，建立了中央税和地方税分别征收和管理的制度，制定并实施了《青海省关于实行分税制财政管理体制的暂行规定》，保证了分税制的顺利推进。在合理划分事权的基础上，确定了省级与州（地、市）、县的财政体制，建立了以增值税为主体的流转税体制，统一企业所得税，同时加强税收征管工作，全省税收有较大幅度增长。

——金融体制改革。强化了省人民银行金融监督管理职能，省建行、省中行和省农行分别代理国家开发银行、中国进出口银行和中国农业发展银行的政策性贷款业务，完成了商业性业务和政策性业务的划转工作，实行了商业性业务和政策性业务的分帐管理。

——投资体制改革。按照用经济办法管理投资的要求，组建了青海省投资公司并已开始运作，加强了"拨改贷"资金回收和地方入股投资项目的清理工作；加强了与财政、金融部门的协调、衔接，拓宽了建设项目的投融资渠道；正在采取有效措施建立企业投资的自主决策机制和风险约束机制。

——外贸外汇体制改革。按照国家统一规定，年初顺利实现汇率并轨，汇率并轨后运行正常；取消了外汇留成和上缴制度，实行银行结汇、售汇制度。到1994年底，全省有自营进出口权的企业共7家，即民和镁厂、青海铝厂、西宁钢厂、山川机床铸造厂、青海第一机床厂、青海省糖烟酒副食品公司。

四、政府机构改革和职能转变

机构改革顺利进行，促进了政府转变职能，提高了政府机构依法行政的能力。省直各部门在进行职能分解的基础上，进行了定职能、定机构、定人员编制的"三定"工作，57个单位上报了"三定"方案，29个单位的"三定"方案获得实施。州、县机构改革也在试点的基础上稳步推进。全省推行公务员制度的工作已全面展开。在机构改革的同时，按照政企分开的要求，切实转变政府职能，政府管理经济的职能开始转到规划、协调、服务、监督方面。

五、住房制度改革

青海省住房制度改革经过7年的酝酿、筹划和试验，部分地区和单位以各种形式进行的单项房改已取得一定成效。房改从最初进行试点的1市4县（西宁市、乐都、民和、尖扎、湟源县城）扩展到海东行署的大部分县城、海南州的半数县城、海西州的部分县城和单位，并进行了以出售公房、提高房租、有偿分房和集资建房等多种形式的单项房改，在一定程度上缓解了住房矛盾，改善了居住条件。据不完全统计，到1994年底累计全省已出售公房约26万平方米，回收房款约2700万元；集资约2400万元，集资建房约18万平方米，改善了3000多名职工的住房条件。

六、社会保障制度改革

继续贯彻国务院《关于企业职工养老保险制度改革的决定》和《国有企业职工待业保险规定》，扩大保险范围和对象，使社会保障制度改革有了新进展。到1994年底，青海省国有企业职工基本养老金省级统筹面已达到99%；部分集体企业也参加了社会统筹；私营企业、个体工商户、农牧民养老保险试点面也有了扩展。养老保险的社会化服务水平不断提高，委托银行代发或社会保险机构直接发放退休职工养老费用的市县已有32个。国有企业职工失业保险面有所扩大。医疗制度改革正在湟中县试点。

七、市场体系建设

商品市场继续得到较快发展。全年新建各类市场33个，改扩建市场14个，建筑面积16万平方米，总投资7475万元，相当于改革开放以来市场建设总投资的50%；同时，市场建设主体向多元化发展，全年由厂矿、工商企业、村镇、街道等新建的市场达13个，占新建市场总数的39%。目前，全省已有城乡集贸市场315个(城市66个,农村249个),比上年增加20个,增长6.78%;成交额13.09亿元,比上年增长39.9%。其中,城市集贸市场成交额8.7亿元,比上年增长50.25%;农村集贸市场成交额4.4亿元,比上年增长23.18%。

要素市场得到长足发展。到1994年底,全省劳动力市场已发展到45个,劳动力流动面进一步扩大;金融市场3个,证券交易所20个,股票交易场所3个,并分别实现了与上海、深圳股票交易所的联网,为投资者提供了便利;新建产权交易市场1个,改变了我省没有产权交易市场的状况;科技、信息等其他市场也有了一定的发展。

整顿流通秩序,强化市场监管力度。为稳定物价,加强对市场的调控力度,1994年青海省在地方财力十分困难的情况下,筹措资金,初步建立了粮、油等重要商品及主要食品的储备制度和风险调节基金制度。同时重点抓了粮食批发企业、成品油市场、农资市场、生活资料市场、广告经营单位的清理整顿,抓了食品和其它重要消费品批零差价的监控,加大了"打假"工作力度。全省全年查处假冒伪劣商品标价价值达370万元,销毁假冒伪劣商品标价价值达130万元,捣毁制售假冒伪劣商品的窝点34个,收缴消除假冒商标标识13578件(套),查处各类经济违法违章案件213件,有力地维护了市场经济秩序。

八、横向经济联合发展情况

1994年青海省继续坚持"内联外引,东进西出、敞开省门、全方位开放"的方针,使全省的横向经济联合在广度和深度上都较上年有所进展。全省与省外签订经济技术合作项目289项,已落实和实施的98项;协议引进资金总额2.45亿元,已经到位约0.96亿元;企业到外地设立窗口和办事处52家;经协系统实现物资协议金额4200万元,实现利税210万元;接待来访各类代表团组12个60人次。

九、利用外资和对外经济合作情况

1994年青海省对外经济合作又有新进展。利用外资规模扩大,投资领域由单一的小型加工、娱乐服务业扩展到轻纺、电子、机械、冶金、化工、交通、通信、建筑、建材、旅游等行业。全省新审批"三资"企业23家,总投资3490万美元,其中协议引进外资1364万美元,实际利用外资603万美元;利用国外政府贷款1054万美元,进行西宁市话二期扩容,使西宁市话通讯能力大大改善。以上两项合计实际利用外资共1677万美元,是改革开放以来实际利用外资最多的一年。与以色列合建青海钾肥厂二期项目前期工作进展顺利,青海油田勘探开发已划出大风山——鄂博梁油田对外实行风险勘探招标,寻求合作伙伴。如果这两个项目对外洽谈成功,青海省利用外资将出现一个崭新局面。

1994年青海省全年从国外争取到的无偿援助项目8个,合计金额9528.6万美元,其中已执行完毕或正在执行的6项,受援到位金额871万美元,这些项目对解决青海省部分地区的乡村道路、人畜饮水、医疗卫生、民族教育等问题发挥了作用。

1994年,青海省在国外工程承包上开始起步,承担了为赞比亚农村打水井的任务,施工进度快,质量好,深受好评。

十、进出口贸易发展情况

1994年青海省各有关部门密切配合,克服资金紧缺,收购价格上涨,出口货源严重不足,出口关税增大,运力不足等困难,积极扩大出口,促进了外贸出口的持续、稳定增长。全年外贸出口1.23亿美元,增长21.4%;进口3650万美元(含委托中央企业进口),下降15.1%。在出口总额中,畜产品类、土特产品类、有色金属和矿产品类分别比上年增长20.9%、80.2%、27.4%;中药材类、粮油食品类、纺织品类、化工产品类分别比上年下降1.5%、2.4%、13%、64.6%。从主要出口商品中,蚕豆、菜籽饼、地毯、棉纱、无毛绒、硅铁、金属硅、碳化硅、锌锭、锌矿砂、钢材等,均比上年有不同程度的增长。

全年外贸出口收购总值78830万元(人民币),比上年增长45%。旅游外汇收入1833万元(人民币),比上年增长4.64倍。这些都标志着我省对外贸易得到了更进一步的发展。

(刘玲芝　佘双盈　撰稿)

典型地区和典型企业

果洛藏族自治州

一、基本概况

果洛藏族自治州(以下简称果洛州)位于青海省的东南部。东邻黄南州和甘肃省甘南州,西连玉树州,南部与四川省阿坝州和甘孜州接壤,北部与海西州和海南州相依。总面积7.9万平方公里,平均海拔在4000米以上,属高原大陆性气候,年降雨量400～760毫米,素有“北方气候南方雨”之称。境内雪峰耸立,山脉交错,河流纵横,湖泊繁多,景色壮丽。

果洛州于1954年建立自治政权。现辖玛沁、甘德、达日、班玛、久治、玛多6县,51个乡镇。1994年末总人口12.2万人,其中藏族人口10.91万人,占总人口的89.49%。州府设在玛沁县大武镇,它是全州政治、经济和文化中心。距省会西宁440公里。

二、国民经济和社会发展

果洛州经济以畜牧业为主,是青海省主要畜产品生产基地之一。全州1994年末有各类牲畜274万头只(匹),其中:牛123.8万头;羊145.3万只;马4.9万匹。1994年主要畜产品产量:牛奶2.89吨;牛羊肉1.43万吨;绵羊毛0.10万吨;羊皮16.3万张;牛皮10.3万张。青藏高原特有的耗牛肉,以脂肪少,肉美味鲜,野味浓厚等优点闻名。绵羊毛又称“西宁毛”以纤维粗长、弹性好著称,是毛纺工业的优质原料,特别适合加工畅销国际市场的藏毯。

果洛州工业从无到有逐步得到发展,改革开放以后,发展更快。80年代以年平均递增17.8%的速度发展。现有煤炭、电力、采矿、建材、森林、农机修理、印刷、制革、食品等工业。1994年工业总产值3261万元(1990年不变价),比1978年增长2.7倍多。班玛县多卡金矿自1990年7月投产以来,4年共生产黄金495公斤,实现利润1580万元,经济效益显著。州乳品厂生产的“雪山牌”牛肉干、牛肉脯、牛肉软包装罐头、奶粉等产品多次荣获全国性大奖,产品供不应求。

民族贸易和市场日益兴旺。现有商业网点82个。1994年,社会商品零售总额7920万元,纯购进3072万元,纯销售5347万元。城乡集贸市场26个,年交易额1650多万元。市场繁荣,购销两旺。

各项社会事业发展较快。各族人民的物质文化生活得到改善。全州各类学校78所,其中:民族中等专业学校2所。1994年在校学生7202人。各类文化机构20个,卫生机构84个,拥有病床663张。电影发行机构7个,电视转播台34座,广播电视覆盖率36%。1994年全州农牧民人均纯收入806元,职工年平均工资6042元。

三、自然资源

果洛州有广阔的天然草场,可利用的草场面积7.6万平方公里,牧草以高山草甸植被为主,适宜饲养耗牛、藏羊和马,理论载畜量为320万头(只)。玛沁县东部黄河沿岸和班玛县南部有小块农业和原始森林。州内水利资源丰富,境内大小河流有36条,总长3321公里,水能理论蕴藏量365万千瓦。黄河是境内最大的河流,横贯东西,流经玛多、达日、久治、甘德、玛沁5县,天然总落差1090米,可建设装机5.2万千瓦至105万千瓦的水电站7座。境内湖泊星罗棋布,共有大小湖泊100多个,水域总面积1649平方公里,湖中有无鳞斑裸鲤鱼和三眼鱼等,蓄量达数十亿公斤。太阳能和风能资源也很丰富。野生动物有猕猴、獐子、狍鹿、石羊、羚羊、黄羊、盘羊、猞猁、狼、狐狸、雪豹、棕熊、金钱豹、旱獭、白唇鹿、野牛、野驴、獾猪、雪鸡、野鸡、天鹅、斑头雁、丹顶鹤、猫头鹰等飞禽走兽。野生植物有冬虫夏草、大黄、贝母、知母、秦艽、党归、党参、川芎、黄芪、羌活、雪莲、蕨麻等,驰名中外的名贵药材冬虫夏草年产6吨以上。

已发现和初步探明的矿产有煤、金、银、铜、钴、锌、镉、铁、铝、镁、钨、硫、石灰石等十几种,其中,金、铜、钴、硫、石灰石的储量最丰富，品位高，易开采。班玛县多柯河流域已探明的矿金储量近10吨，玛多县鄂陵湖、扎陵湖两湖周围砂金远景储量达1000吨以上。德尔尼铜钴矿已探明铜65万吨，钴2.85万吨，硫1461.7万吨，锌14.7万吨，并伴生金、银、硒等，潜在的工业价值300亿元以上。

境内山河壮丽，风景优美，旅游资源丰富。黄河上游有宛若明镜的鄂陵湖、扎陵湖和托索湖；有海拔高6282米的雄伟的阿尼玛卿雪山；有神秘美丽的年保页什则山；有风景如画的班玛仁玉；有众多的藏传佛教寺院，其中：最著名的寺院有格鲁派的拉加寺、宁玛派的白玉寺和查朗寺。每年的夏秋季节，碧水蓝天，绿原雪峰，帐房点点，牛羊群群，牧歌悠扬，笛声阵阵，构成一幅陶醉的图画，是最理想的旅游季节。

四、基础设施

1、目前全州公路通车里程达到2658公里，其中，地方公路1725公里，实现了乡乡通公路的目标。国家决定1996年将西宁—大武—达日——久治公路改建为国道，提高公路等级和通车能力。正在修建的大武至久治公路把果洛与四川省、甘肃省连接得更近。

2、果洛州县县有煤炭资源，现有地方小煤矿5座，年产原煤5万吨，基本上满足了工业用煤和城镇居民生活用煤。

3、全州有小水电站7座，总装机容量5565千瓦，正在建设和筹建过程中的水电站3座，装机容量6380千瓦。青海东部电网贵德—大武110千伏送变电工程已于1994年动工建设。

4、以大武为中心辐射县乡的邮电通讯网初具规模，全州邮局（所）11个，邮路总长1622公里，长途电话线路865杆程公里，载波电话电路76条，电报电路12条，市内电话33.2杆程公里。1993年玛沁县大武镇开通了国内国际直拨电话，率先在全省6州1地中达到C3局的组网功能，市内3000门程控电话改扩建项目，已批准立项建设。

5、旅游设施。果洛州民族旅行社配备有旅游专用车，拥有良好的服务设施，雪山宾馆为中外宾客提供舒适的房间和具有独特民族风味的可口饭菜，各旅游点设有藏族特色的服务项目。

1995年是果洛藏族自治州建州41周年。回顾过去，瞻望未来，果洛州各族人民对建设家乡更加满怀信心，热诚欢迎国内外客商来我州投资、观光、旅游、探险。

五、投资重点

果洛州鼓励中外投资者对以下产业和部门进行投资。

1、能源、交通和市政基础设施等项目。

2、矿产资源开发项目，重点是煤、金、铜、石灰石的开发。

3、畜产品和土特产品的综合利用和深加工。重点是毛、皮、肉和中药材的深加工。

4、草原建设。种草、灭鼠、治理黑土山（滩）等项目。

5、商业、物资供销。

6、对外贸易，经济技术信息和咨询服务以及其它为资源开发服务的项目。

六、优惠政策

根据省委、省政府《关于进一步加快改革开放，加快资源开发的若干决定》精神，为鼓励和吸引国内外资金、技术来果洛州兴办各类企业，促进地方经济发展，结合我州实际，给予投资者以下优惠政策。

第一条：凡来我州新办的合资、独资、联办企业及州属企业开发资源需占用土地的，免缴土地出让金和土地使用税。

第二条：新办的资源开发、交通、电力、能源等类企业，不论何种所有制性质，免征投资方向调节税。自正式投产之日起，5年内免征产品税、增值税、所得税。期满后仍有困难的，经报批还可继续定期减免。

第三条：凡成建制迁到我州搞开发的企业，8年内免征所得税。

第四条：直接为农牧业生产服务，从事技术开发、转让、承包、咨询等技术服务的经济实体，免征营业税。自营业之日起，8年内免征所税。

第五条：外地投资者在州内领办乡镇企业，免征营业税、增值税、所得税8年。

第六条：外地投资者来我州兴办企业，优先安排使用土地、当地资源，优先保证水、电、通讯等条件。

第七条：凡从州外引进资金（国家正常的计划资金和黄金资源开发资金除外）且资金使用期在3年以上的，在资金到位后，低息贷款给于引进的团体或个人3%的一次性奖励，普通贷款给予2%的一次性奖励，奖励由受益单位支付。

第八条：凡引进省、部级名、优新产品的生产技术和工艺，从投产后新增利润中连续3年提取10～15%的奖金对主要有功人员进行奖励。

第九条：凡依靠科技进步（包括成果推广、开发新技术、进行技术改造或提出重大合理化建议等）取得显著经济效益者，经州主管部门批准，受益方可给主要研究推广人员按当年实现利润的15%一次性重奖；连续3年盈利在10万元以上的，连续3年按实现利润的15%发给奖金。

上述奖金免缴个人收入调节税。

第十条：凡州外农村团体或个人在我州投资30万元以上者，生产经营5年以上，可解决投资者及直系亲属的农转非户口。

（钱富元　拉才旦　尕　桑　撰稿）

中国镁生产基地
——民和镁厂

民和镁厂是中国有色金属工业总公司直属的国家大型一档企业。厂区位于青海省东部民和县境内，东距兰州120公里，西至省会西宁110公里，国道109线公路及兰青铁路从厂门前通过，交通便利，运输条件优越。

工厂始建于1970年，原名西北镁厂。当时在国内属首家半连续热法炼镁试验厂家，由于工艺和技术原因于1980年2月停止试验，转生产金属硅。1983年形成年产1000吨金属硅的生产能力。1984年11月4000吨菱镁矿颗粒氯化电解镁开工建设，1987年11月正式投产。

改革开放以来，民和镁厂喜人的速度向前发展，已建立健全了一整套现代化管理体制，科、工、贸一体化的现代化企业已基本形成。

民和镁厂现已形成年产4000吨金属镁、10000吨金属硅的生产能力，是目前国内生产金属镁、金属硅的最大厂家。全厂占地66万平方米。

民和镁厂硅系统拥有6300千伏安电炉2台，7200千伏安电炉1台，9200千伏安电炉1台，已形成半自动化的生产流水线。1994年初对工业硅电炉进行综合技术改造（包括电炉体的节能技术改造、烟气的余热利用、烟气除尘及微硅加密等）。该项目系国家“八·五”重点技改项目和示范工程，总投资6360万元。整个工程将于1995年9月底全面竣工，其中1#、2#硅电炉、两台余热锅炉和烟气除尘及加密系统已于1994年底投产运行，效果良好。加密系统引进外国先进技术和设备，对二氧化硅粉尘进行回收、加密，可年回收微硅5400吨，变害为利、变废为宝，提高了经济效益、社会效益和环境效益。

金属镁生产系统目前采用4000吨菱镁矿颗粒氯化电解炼镁工艺，现有8台直径为3.1米的氯化炉，14台110千安上插阳极有隔板电解槽。

民和镁厂在年产4000吨金属镁的基础上，1992年向国家申请扩建3000吨镁工程，1993年国家计委批准项目建议书，1994年通过可行性研究、技术审查和经济效益评估，1995年顺利通过初步设计审查。根据金属镁市场需要，该厂争取早开工、早见效。

为提高我国炼镁技术水平，民和镁厂大力开发新科技。为充分开发利用青海省察尔汗丰富的盐湖炼镁资源，镁厂1989年开始进行了钾光卤石脱水电解炼镁工业试验。该试验工程已全面验收合格，并荣获中国有色金属工业总公司和青海省科技进步一等奖，为拓展镁工艺开辟了新的途径，为民和镁厂今后的进一步发展创造了条件。

民和镁厂现有全民职工2852人，离退休人员438人，职工家属4800余人。各类技术人员476人，占职工总数的16.7%。其中具有高级职称的24人，中级职称120人，初级职称334人。总厂实行分级管理，下设镁、硅、光卤石、动力、运输、机修6大分厂，20个职能处室。

民和镁厂主要产品金属镁执行GB3499—83标准，金属硅执行GB2881—91标准。产品质量在国内属一流，出口免检。1993年初外经贸部赋予进出口权。两种产品自销售以来，从未发现质量问题，而且该厂重信誉、守合同，深受国内外客商的好评。金属镁产品60%出口，金属硅产品90%出口。截止1994年底，为国家出口创汇11687.75万美元。现已成为青海省创汇大户。金属镁产品在国内也具先导作用，主要市场在我国的华东和华南。两种产品先后出口到美国、日本、德国、加拿大、意大利、英国、西班牙、澳大利亚、韩国、泰国、印度、台湾和香港等 13 个国家和地区，产品倍受青睐。

随着我国经济的高速发展和国际形势的变化，金属镁的运用前景十分广阔。目前国内主要用于铝合金、镁材、稀土镁合金、镁基合金的生产，这些材料多用于汽车工业，以及深加工等方面。国外主要用于钢铁脱硫和金属镁的压铸件等。

民和镁厂从事镁、硅生产的技术力量雄厚，计量检测手段先进可靠，质量保证体系健全。荣获"国家二级计量合格单位"、"省级先进企业"等称号。该厂从 1991 年开始，加大了企业内部三项制度改革的力度，对劳动、人事、分配制度方面进行了一系列改革，干部实行聘任制，工人实行聘用制和岗位技能工资制。推行了企业内部经济承包责任制。实行"一厂多制"的经营方式，逐步开展人员分流。达到了"精干主体，分离两翼"的目标。分离单位实行了二级法人管理形式，使其立足于服务总厂、面向社会外向型扩展，搞扩大的服务经营，自负盈亏、自主经营、自我发展、自我约束，积极投身于市场竞争。镁厂积极开展现代企业制度改革，劳动生产率不断提高，1994 年被青海省人民政府授予"1994 年上缴税利贡献大户"。

民和镁厂"九·五"期间拟再扩建 8000 吨镁工程，总投资 4.5 亿元左右，力争 1997 年立项，2000 年形成 15000 吨金属镁生产能力。

有色总公司明确指出，今后中国镁工业的发展将立足于民和镁厂，把民和镁厂建设成为中国最大的镁生产基地。

民和镁厂竭诚为社会各界服务，愿与国内外朋友真诚合作，互惠互利，共同发展。

（孔强玉　撰稿）

1994年改革开发大事记

1月

3日 北京人民大会堂青海厅改造装修工程圆满完成。

11日 省长田成平主持召开了省政府第十六次省长办公会议，会议讨论了《关于实行分税制财政体制的暂行规定》、《关于对93年利税大户表彰奖励的请示》、《关于奖励93年工业生产目标管理责任优胜单位和支持工业生产成绩突出单位的请示》、《关于病险水库情况和处理意见请示》、《关于河道清障情况请示》、《关于调整兴修水平梯田补助费标准的请示》、《关于改革水利基本建设工程文件审批办法、强化水行政行业管理请示》。

12日 全省经济工作会议召开，省党政领导参加了大会。省长田成平作重要讲话。

21日 省5家企业共建深圳青鹏实业有限公司。

29日 省委、省政府派出10个检查组对反腐败工作情况进行检查。

2月

1日 省政府办公厅印发《关于加快我省盐湖资源开发若干意见的通知》。

2日 省重点建设项目格尔木小干沟水电站工程竣工。

6日 我省德令哈市建起我国首家卤虫卵加工企业。

18日 省第一家产权交易中心正式开业。

27日省八届人大二次会议开幕，省长田成平作了《政府工作报告》。

3月

2日 省政府办公厅印发《关于切实搞好抗旱春耕工作的通知》。

4日 省长田成平主持召开第十九次省长办公会议。会议讨论了《关于成立证券管理机构的请示》、《关于加快我省公路建设给予优惠政策的请示》、《关于玉树、果洛州改革粮食流通体制放开粮食经营的请示》。

15日 省政府办公厅印发《关于开展全省物价大检查工作的通知》。

26日 省政府决定成立中国社会发展成就展览会青海筹备委员会。副省长白玛任主任。

4月

1日 省长田成平、副省长刘光和在海东行署召开现场会，研究解决海东地区经济工作中存在的问题。

▲ 副省长马元彪在民和县进行百户调查研究，并指出发展农村经济必须稳住粮食生产。

7日 省长田成平视察春播工作，指出今年全省农业和农村工作的重点是稳定粮油播种面积，开展多种经营，增加农业收入。

26日 副省长王汉民主持召开专题会议，就改革石油、成品油流通体制改革等有关问题进行了研究和协调。

5月

3日 省第二届十大杰出青年岗位创优双达标竞赛表彰大会在西宁召开。

9日 省政府审定并批准西宁市桥头经济技术开发区总体规划。

13日 省政府召开青海省赴美国招商情况通报会。副省长刘光和强调全力抓紧招商项目落实工作。

20日 交通部和我省重点建设项目青新公路察德段改建工程开工。

23日 省政府召开专题会议，就当前工商外贸企业资金问题进行研究和协调。

24日 省政府印发《关于抗旱夺丰收的紧急通知》。

27日 省政府办公厅印发《关于清理纠正公费出国(境)旅游不正之风的安排意见》。

6月

3日 省委、省政府召开全省扶贫会议,部署我省"七年扶贫攻坚计划",提出从今年起到本世纪末力争解决119万贫困人口的温饱问题。

4日 在'94中国天津出口商品交易会上,我省出口成交802.6万美元,比计划成交指标多100多美元,成交额在主办单位中位居第四。出口商品成交的国家和地区有日本、美国、瑞士、韩国、香港和欧共体等。

9日 省政府组织召开全省技术改造、资源开发、重点项目情况汇报会。

30日 省政府召开专题会议,就进一步规范市场交易行为、抑制市场物价过快上涨及维护消费者利益等方面的工作提出了具体意见。

7月

5日 国务院副总理朱镕基率国务院有关部门负责人到我省考察工作。

7日 省政府决定成立青海省编制"九五"计划和2010年长远规划领导小组。副省长王汉民任组长。

16日 省政府召开全省上半年经济形势分析会。会议认为,今年上半年我省经济运行情况基本是正常、健康的。

18日 '94全国专利技术及产品博览会暨首届公关招商促销会在西宁隆重开幕。

22日 省政府印发《关于做好1994年度粮油收购工作的通知》。

30日 省最大的农业综合开发项目——乐都县洪水坪中坝水库提前两年竣工。

8月

4日 中共中央政治局委员、国务委员李铁映在我省考察工作。

13日 省政府印发《关于研究制定全省"九五"计划和2010年长远规划的通知》。

15日 副省长王汉民主持召开专题会议,就我省今年调省菜牛羊、油菜籽收购实行指导性价格问题进行协调。

20日 国家体委主任伍绍祖在我省考察体育工作。

26日 世界粮食计划署驻华代表处茨万斯基一行,来我省对乌兰县3577项目进行了全面检查。

9月

1日 省政府办公厅印发《关于进一步加强国有资产评估管理工作意见的通知》。

4日 我省第二期农业综合开发项目卓扎滩工程提前完成。

14日 省政府办公厅印发《关于搞好秋冬季农业生产的通知》。

22日 省政府印发《关于进一步加强物价管理抑制物价过快上涨的通知》。

26日 省政府办公厅印发《关于加快发展青海交通事业若干建议的通知》。

27日 省委、省政府印发《关于加快发展乡镇企业的决定》。

10月

15日 桥头电厂五期工程锅炉大件吊装提前完成。

21日 互助县台子二期农业综合开发重点工程提前一年建成。

24日 省长田成平接见亚洲发展银行项目官员查尔斯·柯林先生,并就在我省实施培训师资项目达成协议。

28日 青海广播电视卫星地球站竣工。

11月

10日 省政府发布通告决定从1994年12月1日起至2000年12月31日对青海湖实行封湖育鱼。

15日 省长田成平签发省政府第14号令,发布《青海省文化市场管理办法》。

18日 省政府办公厅印发《青海省国家公务员考核试行办法》的通知。

22日 省长田成平签发省政府第十五号令,发布《青海省行政性收费预算管理暂行规定》。

23日 省政府印发《青海省农村牧区电价管理暂行办法》通知。

28日 省政府成立"青海省马铃薯发展项目"和"青海省畜牧业开发项目"领导小组。副省长马元彪任组长。

12月

8日 青海会议中心奠基仪式在西宁举行。

9日 副省长刘光和主持召开专题会议,就我省1995年化肥销售价格问题进行协调。

16 日 省政府召开会议决定，放开全省粮食市场和多数地区油料、牛羊肉市场。

20 日 省政府召开全面整顿药品市场会议。

23 日 省政府办公厅印发《关于“菜篮子”工程建设总体规划通知》。

24 日 省政府印发《青海省深化城镇住房制度改革实施意见》的通知。

26 日 省政府决定成立“青海省股票发行领导小组”。副省长王汉民任组长。

29 日 全省建立现代企业制度试点工作会议在西宁召开。

雪域之州——果洛藏族自治州

①河源牧区盛产藏系绵羊
②果洛砂金资源丰富，图为班码采金船投入生产
③玛柯河畔的班玛林场
④果洛鹿场饲养的鹿群
⑤珍奇药材—冬虫夏草（上）
⑤天然保健食品—蕨麻（下）

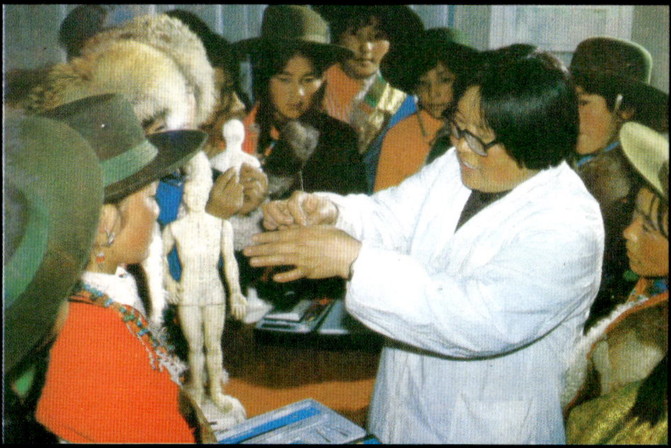

⑥青海省副省长王汉民（左二）在新投产的吉卡水电站听取汇报
⑦州卫校的教师正在做示范培训学员
⑧果洛州的学生在省民族学院学习
⑨果洛州的藏族同胞载歌载舞
⑩开发中的黄河源头淡水湖—鄂陵湖

中国镁生产基地
——民和镁厂

厂长：刘洪武
地址：青海省民和县
邮编：810802
电话：(09825)521912、521925

①民和镁厂夜景
②金属镁锭产品
③金属硅产品
④厂领导班子一起研究工厂发展规划蓝图，左三为厂长、高级工程师刘洪武
⑤青海省省长田成平(右一)在厂听取工作汇报
⑥中国有色金属工业总公司总经理费子文来厂检查指示工作
(本片图片均由民和镁厂提供)

宁夏回族自治区

主　　编：李锦平
副 主 编：李岳坤
编写人员：刘加清　杨本学　赵军荣
勾红玉　周宝恒　彭维克
王红梅　杨彩霞　党玉松
景丰堂

宁夏回族自治区分目录

典 型 地 区

区域规划选编

宁夏回族自治区概况

面积：5.18 万平方公里

人口：503.8 万人

行政区划：2 个地区，2 个地级市，2 个县级市，14 个县

自治区党委书记：黄璜

自治区七届人大常委会主任：马思忠

自治区人民政府主席：白立忱

自治区六届政协委员会主席：刘国范

宁夏回族自治区国民经济主要指标（单位：亿元）

项　　目	1994 年	1994 年比上年增长（%）
国内生产总值	133	8.2
工农业总产值	196.6	
工业总产值	150.8	9.8
重工业产值	119	12.1
轻工业产值	31.8	3.9
农业总产值	45.8	2.1
全社会固定资产投资	60.98	15.8
国有固定资产投资	51.96	24
社会商品零售总额	47	24.7
零售物价总指数（%）	20.6	
职工工资总额	30.67	

国民经济和社会发展

一、国民经济发展情况

1994 年，宁夏认真贯彻落实党中央“抓住机遇、深化改革、扩大开放、促进发展、保持稳定”的基本指导方针，正确处理改革、发展、稳定的关系，改革开放和经济社会发展都取得了新成绩，保持了社会稳定。

1994 年宁夏国民经济保持中速平稳增长，全区全年国内生产总值达到 133 亿元，按可比价格计算比上年增长 8.2%，其中第一产业增加值增长 2.1%，第二产业增加值增长 8.5%，第三产业增加值增长 12%，人均国内生产总值 2681 元，增长 6.6%。

农村经济全面发展。1994 年，自治区以增加农民收入为核心，切实加强了对农业和农村经济工作的领导，继续调整农业内部结构，积极发展高产优质高效农业。在山区持续干旱，灌区高温以及部分地区遭受冰雹、洪涝灾害的情况下，农业生产仍获较好收成，农村经济全面发展。全年完成农业增加值 30 亿元，比上年增长 2.1%，粮食总产量达到 20.12 亿公

斤，为自治区历史上第二个高产年份。油料产量7万吨，增长10.4%；甜菜52.8万吨，增长16.6%；肉类9.6万吨，增长17.9%；水产品1.7万吨，增长12.3%。全区小康试点工作进展顺利，试点村范围扩大，并在收入增长、生活质量和环境改善等方面，起到了很好的带头示范作用。以扫文盲扫科盲为重点的“231工程”实施4年来，取得显著成效，累计有38.7万人参加扫文盲学习，其中20.7万人脱盲，举办农业科技培训班5.3万期，有54.3万人掌握了一定实用科学技术，开始在农村发挥科学致富的带头作用。

农业生产条件进一步改善。1994年完成了世界银行贷款河套扩灌一期工程和贺兰县国家商品粮基地建设项目。盐环定扬水工程和河套农业综合开发二期工程进展顺利，并新增灌溉面积7.6万亩，改造中低产田24.5万亩，吴忠市和永宁县分别列入了国家级“两高一优”农业示范县和国家级产粮大县项目建设。山区以工代赈片区开发和小流域治理也取得一定成效。

乡镇企业继续保持快速发展，全年完现乡镇企业总产值42.1亿元，比1993年增长38.2%。全区乡镇企业上交税金2.4亿元，比上年增长79.4%，成为自治区地方财政收入的重要来源之一，乡镇企业实现纯利润3.3亿元，增长37.5%，从业人员达到36.9万人，约占农村劳动力的三分之一。

工业生产稳步增长。1994年，国家各项重大改革措施相继出台，市场条件发生重大变化。上半年工业出现低速低效运行的不利局面，下半年自治区各有关部门及时采取了一系列措施，克服资金短缺，原材料涨价，成本压力大，销售不畅，企业开工不足等困难，狠抓扭亏增盈。工业生产速度和效益逐步回升，保持了当年工业稳步增长。全区完成工业增加值45亿元，比上年增长9.6%（工业总产值150.8亿元，增长9.8%），其中非国有工业增长6.5%，重工业增长12.1%，轻纺工业增长3.9%。县有地方优势的多数能源、原材料产品有比较快的增长，其中原煤1388.9万吨，增长1.3%；发电量97.3亿千瓦时，增长11.2%；原油30.1万吨，增长43.4%；原油加工量56万吨，增长0.8%；铝8.6万吨，增长4.6%；化肥（折纯）34.5万吨，增长17.9%；水泥130.9万吨，增长11.7%；铁合金14.1万吨，增长19.1%；轮胎144万条，增长17.6%；轴承243.8万套，增长8.5%。受市场因素影响，部分轻纺产品产量有所下降。工业整体效益仍不够理想，全区乡及乡以上独立核算企业实现利税9.5亿元，与上年基本持平，工业经济效益综合指数为69.8%，比上年下降5.6个百分点。除全员劳动生产率有所增长外，工业产品销售率、资金利税率、成本费用利润率、流动资金周转次数，增加值率等指标均有不同程度的下降。建筑业完成增加值10亿元，比上年增长2.4%，房屋建筑竣工面积88.7万平方米，增长19.9%。

商业、饮食、服务业稳步发展，商品供应充足，城乡市场繁荣。全年实现社会消费品零售总额47亿元，比上年增长24.7%（扣除价格因素，实际增长9.4%）。其中国有经济消费品零售总额增长16.8%，集体所有制经济零售额下降0.3%，个体和私营经济零售额增长51.5%。

金融秩序稳定，银行存款增加较多。1994年金融体制改革步伐较大，在商业性银行与政策性银行组建转轨中，进展顺利、业务开展正常。1994年末全区金融机构存款余额达到140.1亿元，比上年末增长35.5%，各项贷款余额为163.6亿元，增长22.5%，全年货币净投放16.5亿元，增长46.6%。城乡居民储蓄存款余额达到85.6亿元，比上年末增加24.2亿元，超过1992、1993年两年增加额之和，成为历年来增加最多的一年。

保险事业加快发展，业务范围进一步拓宽。1994年全区财产保险总金额为120亿元，有1859户企业参加了企业财产保险，有153万居民参加了家庭财产保险，办理人身保险98.4万人次。全区98%以上的城镇企业职工和几乎所有的离退休人员都参加了社会统筹，在7个市县开办了农村养老保险。全年保险公司共处理财产险赔案1.9万件，支付赔款5736万元，支付人身保险金1900万元。

旅游业不断发展。建设标准为三星级的宁夏国际饭店、长相忆宾馆等开始接待国内外宾客，改善了对外开放的硬件设施。沙湖、西湖游乐园、华夏西部影视城等旅游景点设施进一步改善，吸引了更多的中外游人前来观光。1994年共接待国外及港澳台来宁旅游观光者3553人次，比上年增长22.3%，创外汇收入101.4万美元，比上年增长1.3倍。

城乡居民收入增加，生活继续改善。1994年，城镇居民人均生活费收入为2658元，比上年增长39.4%，扣除价格因素实际增长11.7%；农民人均纯收入910.5元，比上年增长36.5%，扣除价格因素实际增长6.2%，均为近几年来收入增长最快的一年。但由于物价上涨尤其是生活必需品价格上涨幅度过大，一部分低收入者和离退休人员实际生活水平有所下降。

确立扶贫新思路，加快脱贫步伐。1994年，自治区为贯彻实施《国家八七扶贫攻坚计划》，在总结多年来扶贫开发经验和调查研究的基础上，提出了以解决水为重点的扶贫开发新思路，制定了《宁夏双百扶贫攻坚计划》。即从1994年起到本世纪末，用7年时间集中解决南部山区将近100个贫困乡，100多万贫困人口的温饱问题。决定兴建宁夏扶贫扬黄灌溉工程，实施扬黄灌溉开发荒地资源，吊庄搬迁贫困人口的战略，并从川区地县党政机关抽调大批干部到贫困乡实行定点包乡扶贫，采取干部挂职，川区市县、大中型企业对口支援山区等多种形式扶贫。1994年组织劳务输出21.2万人，劳务收入达11514万元，山区8县农民人均纯收入达到592.4元，人均粮食生产量206公斤，全年新增达到脱贫标准的有11万人。

二、国民经济结构调整情况

1994年，宁夏回族自治区国民经济在稳定发展的同时，产业结构调整发生了一些新的变化。由于受市场因素的影响，一部分工业产品市场不景气；农产品市场价格大幅度上涨，农业生产得到较好发展。这一情况，在产业结构的变动中得到了明显反映。从国内生产总值构成看，1994年第一、二、三产业增加值分别达到29.93亿元、55.78元和48.26亿元，三省所占的比重为22.34%、41.64%和36.02%。同1993年相比第一产业在国内生产总值中的比重上升了2.27个百分点，第二产业的比重下降了2.21个百分点，第三产业的比重下降了0.06个百分点。

农村产业结构调整步伐加快。在以增加农民收入为核心，努力稳定粮食生产的同时，积极扩大油料、甜菜等经济作物的种植面积，大力发展农区畜牧业和乡镇企业，农村产业结构发生明显变化。1994年全区农村社会总产值达到79.79亿元，其中第一产业45.8亿元，第二产业25.24亿元，第三产业8.72亿元。农村第一、二、三产业分别占农村社会总产值的57.42%、31.64%、10.93%。农村非农产业的比重达到42.58%。乡镇企业保持快速发展，全年实现总产值42.08亿元，占农村社会总产值的52.76%。农业内部结构调整趋于合理，种植业与林业、牧业、渔业的产值分别为31.55亿元、0.98亿元、12.29亿元和0.98亿元，分别占农业总产值的68.89%、2.14%、26.83%和2.14%。种植业比重比上年下降2.26个百分点，林业比重下降0.7个百分点，牧业比重上升3.31个百分点，渔业比重下降0.35个百分点。

第二产业中工业比重提高，建筑业比重下降。1994年自治区工业增加值达到45.89亿元。比上年增长9.5%；建筑业增加值9.89亿元，增长2.6%、工业与建筑业的比例由上年的81.8：18.2变为82.27：17：73。其中工业内部结构进一步重型化。1994年全区完成工业总产值150.8亿元，比上年增长9.8%，其中重工业产值比重由上年的78.2%提高到78.9%，轻工业产值所占比重由上年的21.8%下降为21.1%。在所有制结构上，国有工业企业仍占据主导地位。在全部工业总产值中，国有工业企业占到70.62%，集体企业占14.99%，三资企业占8.09%。大中型企业的作用进一步增强，1994年全区80户大中型工业企业完成产值95.32亿元，比上年增长9.9%，高于整个工业的增长速度；占全部工业总产值的63.3%。1994年大中型企业加快了产业结构和产品结构调整步伐，产品的有效供给程度提高，产品销售率达到98.8%。

第三产业1994年增加值为48.26亿元，比上年增长11.8%，占到国内生产总值的36.02%，高于全国平均水平3.35个百分点。但从第三产业的实际发展水平来看，远远不能适应经济发展和人民生活的需要，某些行业仍未摆脱事业型、福利型的状态，行业社会化、产业化和企业化的水平较低，急待进一步发展和提高。在第三产业增加值中，交通运输和仓储业、邮电通讯业、批发和零售贸易业、餐饮业、金融保险业占到65%，科技、旅游、咨询、市政、居民服务业也有较快发展。

固定资产投资增速减慢，基础设施建设进一步加强。全年全社会固定资产投资完成60.98亿元，比上年增长15.8%，增幅回落22.5个百分点。其中国有单位投资51.96亿元，增长24%，集体所有制单位投资3.57亿元，下降22.7%，城乡居民个人投资5.45亿元，下降9.3%。在国有单位投资中，基本建设投资33.05亿元，增长28%更新改造投资14.42亿元，增长26.8%。重点建设进展顺利，宝中铁路5月底提前完成铺轨，从11月11日起承担国家货运分流任务；银古一级公路和银川黄河大桥于7月份竣工通车，西兰乌光缆宁夏段73公里干线和49公里支线及新增市话容量3万门的银川市话扩容工程均已完成。灵武矿区、大坝电厂二期扩建、盐环定扬水工程等项目都取得了新的进展。

三、基础设施完善情况

（一）交通运输

随着投资力度的加大，1994年宁夏交通运输设施进一步改善。

铁路 1994年，全区有铁路干线一条——包兰铁路，境内全长361公里，货物运输能力为1150万吨/年，客车4对，是我区交通运输的大动脉。有铁路支线2条、专用线67条。全区铁路完成货物发送量1501.8万吨，旅客发送量208万人。国家“八五”重点工程宝（鸡）中（卫）电气化铁路已于5月18日全线铺通，从11月11日分流4对货车，自1995年6月1日正式投入营运，包兰铁路石嘴山至兰州段电气化改造工程施工正在紧张地进行中。地方铁路大（坝）古（窑子）线的线下工程已完成，铺架基本建成，大部分轨料已到达铺架现场，1995年开始铺轨。

公路 1994年首府银川市与各地市和主要工业城市、能源基地实现了由二级以上公路连接；黄河上已架起叶盛、中宁、石嘴山、青铜峡、银川等5座公路桥梁。全区公路通车里程达到8324公里，其中一级公路50公里，二级公路1051公里，占总里程的12.6%；三级公路3508公里，占总里程的42.1%；四级公路3080公里，等外公路635公里。高级、次高级路面2753公里，占总里程的33.1%。1994年全区民用汽车保有量达44430辆，其中载货汽车30153辆，载客汽车14277辆，全年完成公路运输货运量3123万吨，客运量3648万人，分别比上年增长8.9%和4.8%。

1994年，全区公路建设取得新进展，高等级公路实现了零的突破。银古一级公路50公里建成通车。银灵吴一级公路石坝至灵武段完成路基工程8公里。银平公路、石营公路分别完成二级公路改造158公里、148公里。六盘山隧道掘进1408米，衬砌1328米。新建中卫黄河大桥已破土动工。

民航 宁夏现有民航机场1个，国内航线4条：银川至广州、西安、北京、上海。

新建银川河东机场工程前期工作进展顺利。1994年7月，国家民航总局和自治区人民政府以民航总局函[1994]581号文批复了银川河东机场工程初步设计和概算。11月25日，国家计委以计投资[1994] 1863号文将银川河东机场列为1994重点预备建设项目。

（二）邮电通信

1994年，宁夏邮电通信继续保持较快的增长速度，邮电业务总量达到1.47亿元，比上年增长44.1%，长途电路达到2487条，市话交换机容量净增7.8万门，达到15.3万门，实现市话程控化的县市占全区的60%，程控交换机占市话总容量的92%，地市长途、市话实现交换程控化、传输数字化。全区已基本形成以银川市为中心，由明线、电缆、光缆、微波等多种通信手段组成的技术水平较高的通信网络。每百人拥有话机从1993年的2部提高到3部，市话普及率达到16.8%。全区县市均开通了无线寻呼，70%的市县使用了移动通信。

1994年，宁夏邮电通信建设规模大、工程进度快。新建西兰乌通信光缆干线宁夏段73公里，支线通信光缆46公里，结束了我区没有长途通信光缆的历史。南部贫困山区固原地区建成了数字微波网，新增或更新邮电支局所及场地28处等。随着京呼银兰通信光缆和银太石济光缆的建设，以及银川卫星通信地球站的建设，一个高等级、高质量、高效率、高服务水平的邮电通信网正在宁夏形成。

（三）能源设施

截止1994年底，全区共生产原煤1388.94万吨，比上年增长1.3%，炼焦用洗精煤160.57万吨，下降9.6%。长庆油田宁夏部分生产原油30.11万吨，增长43.4%。年加工能力为75万吨的宁夏炼油厂，加工原油56.01万吨。全区电力系统装机容量为160.2万千瓦，年发电量为97.3亿度，增长11.2%。主要电厂有大坝、大武口、石嘴山、中宁4座火电厂和青铜峡水电厂。1994年4月，大坝电厂二期（2×30万千瓦）正式开工建设。为配合宝（鸡）中（卫）铁路电气化工程，新建成大坝至固原330千伏输电线路，与大坝至甘肃靖远330千伏输电线路形成我区电网与西北主网双路联结的新局面。

（四）旅游服务设施

随着对外交往、对外开放的不断扩大，宁夏的宾馆和饭店，无论在数量和质量上都有了较大发展。截止1994年底，自治区设施配套的涉外宾馆、饭店有18家，其中星级宾馆4家（三星级的国际饭店、二星级的宁夏宾馆、宁丰宾馆、宁夏电力宾馆），建筑面积为50000平方米，床位总量为1180张，是自治区接待外宾的主要场所。

四、社会事业发展情况

1994年，科技事业取得新成果。全区获自治区科技进步奖的科技成果152项。受理专利申请164件，授权专利128件。科技队伍逐步壮大。地方国有企事业单位共有各类专业技术人员12.35万人，比上年末增长2.63%，全区县级以上科研与开发机构49个，有科技人员2200人。情报文献机构4个，有科技人员89人。科技投入经费增加。1994年全区科研事业经费支出2224万元，比上年增长27.4%。

教育事业发展步伐加快。1994年，全区招收研究生10人，在校研究生29人。普通高等学校招收率、专科学生3107人，比上年增长10.96%，在校学生10502人，增加2095人。其中，高校招收的自费生1082人。全年各类中等职业技术学校在校学生26428人（含技工学校在校学生14073人）。

基础教育稳步发展，九年制义务教育进一步普及。1994年末，全区共有普通中学438所，在校学生26.9万人，其中初中在校学生21.8万人，小学在校学生61.5万人，学龄儿童入学率达95.8%，小学毕业生升学率为89.4%。

多形式、多层次的成人学历教育蓬勃发展。1994年，成人高等学校招收本、专科学生（包括电大、函授及夜大招收的普通班学员）2544人，比上年增长13.5%，在校学生6080人，增长21.9%，成人中等专业学校在校学生8642人，增加2233人。

文化事业继续加强。1994年末，全区共有艺术表演团体15个，文化馆、群众艺术馆26个，公共图书馆20个，博物馆、档案馆3个。年末全区共有电影放映单位520个，广播电视台15座，中短波广播发射台和转播台8座，电视台5座，1千瓦以上电视发射台和转播台10座，有线电视推广程度不断提高。1994年末，全区制作电视剧5部。全年出版报纸36.5万份，各类杂志38.4万册，图书出版1674万册（张）。

1994年全区广泛开展医疗费制度改革，卫生事业又有新发展。年末全区医院共有病床12307张，比上年增长4.4%，专业医务卫生技术人员15215人，比上年增长15.4%，其中医生6591人，增长26.4%，每万人拥有医生13.1人。

体育事业取得新成绩。1994年我区运动员在国内各级各类比赛中获金牌7枚，银牌9枚，铜牌8枚。有11名运动员14次打破全区成年和青少年纪录14项，群众性体育活动积极开展，在校学生普遍开展了《国家体育锻炼标准》达标活动，达标率88%。

经济体制改革和对外开放

一、企业经营机制转换情况

1994年，围绕建立现代企业制度的总目标，我区企业改革有了新进展。

《全民所有制工业企业转换经营机制条例》进一步得到贯彻落实，国有企业内部劳动、人事、分配制度改革继续深化，推动了国有企业转换经营机制的进程。

企业产权制度改革迈出了较大步伐。一是稳步推进规范化股份制试点。全区已组建股份制企业139户（包括由国有企业改组为股份制企业的36户）；其中股份有限公司9户，有限责任公司130户，股金总额为4.17亿元。广夏（银川）实业股份有限公司股票于6月份在深圳上市；有力地促进了企业的改组、改造工作，增强了企业的活力。二是企业破产、兼并取得重大进展。上半年实施了宁夏无线电一厂破产试点，破产按法定程序顺利交接过渡。实施了银川第二毛纺厂对亏损严重的银川第三毛纺厂的兼并，完成了宁夏焦化厂与宁夏炼铁厂的合并组建。三是小型企业拍卖、租赁进一步拓展。全区整体拍买、转让小型企业28户，资产总额0.86亿元。四是国有小型商业企业推行“国有民营”的面继续扩大。全区已有80%的国有小型商业门店实行了“国有民营”。其中，吴忠市、青铜峡市、海原县、泾源县、彭阳县小型企业已全部实行“国有民营”。推动了企业资产存量布局的合理调整。

城乡集体企业股份合作制全面推开。通过合作、改制、联营、集股、新建等方式，全区股份合作制乡镇企业由1993年的259户增加到434户。股份合作制的推行，有力地促进了乡镇企业的发展。城镇集体企业股份合作制试点已在部分市县进行。

全区现代企业制度试点工作准备就绪。自治区成立了全区现代企业制度试点工作领导小组，在体改委设办公室。自治区体改委起草了《宁夏回族自治区关于建立现代企业制度的实施意见》，拟定了试点工作计划，国务院正式批准我区西北轴承厂为全国百家试点企业。同时选择宁夏钢铁厂等13家大中型企业为自治区级试点企业。西北轴承厂的公司化改造，在完成了清产核资和资产评估工作的基础上，制定了公司化改造方案。

个体、私营企业发展迅猛。1994年初自治区人民政府制定颁布了《关于加快发展个体私营经济的若干规定》，把个体、私营经济作为我区生产力新的增长点，提出了大力扶持发展的具体政策，给全区个体、私营经济的发展注入了新的活力。各市县以此为契机，针对县级经济实力薄弱，发展缓慢，所有制结构单一，商品经济不发达的实际，在资金缺乏，国家投入不足的情况下，从本地实际情况出发，采取了一系列鼓励措施，不限比例，不限规模，使全区个体、私营企业出现了良好的发展势头。银南地区积极创造宽松环境，为个体、私营企业发展铺路搭架，全地区有9万多农民兴办个体、私营企业4万多家，个体、私营商点网点达26万个，占全部社会服务网点的85%。同心县个体私营企业上缴税收占县财政收入的57%。中宁县私营企业达179家，投资50万元以上的有44家。全区个体工商户达67431户，从业人员94601人，自有资金3.47亿元，分别比上年增长4.96%、3.96%、11.89%。全区私营企业达1216户、雇工14504人，注册资金2.47亿元，比上年分别增长23.5%、22.5%和40.01%；雇工在100人以上的由4户上升为7户，注册资金在100万元以上的由12户上升到15户。

二、城市综合改革试点情况

城市综合改革试点迈出了较大步伐，取得了明显成效。

自治区确定了6个市、县做为市、县综合改革试点，也明确了市、县级综合改革的任务和方向，以培育市场主体、建立健全市场体系、发展城乡一体化市场组织、搞好机构改革四个方面作为重点。各地区根据实际，提出了新的发展思路，并制定出新的政策措施，以固原地区较为突出。固原地区以脱贫致富为目的，依据"南部放开"的方针，制定了二十条措施，实行全方位、多层次的放开。放开土地管理政策，拍卖"四荒地"15.14万亩；放开户籍管理制度，已办理2万多户、3.5万多人城镇户口；放开发展个体、私营经济，实行"先发展、后规范、先办照、后登记"，并在注册资金、经营范围方面不予限制。改革国营农、牧、畜、园（艺）、渔场管理体制，将使用权划股到人，实行独立核算，自主经营，自负盈亏。公开拍买农灌机井130眼，拍买收入用作打新井投资。采取"股、并、卖、送、分、退、关、破"等多种形式进行企业产权制度改革，促进小型企业产权的合理流动。建立起了一批农工商一体化的新兴经济组织。

各类开发区、试验区也取得了显著成效。宁夏4个区级开设区、试验区在原实行的优惠政策与新的财税体制发生碰撞的困难形势下，锐意进取，积极扩大招商引资，保持良好的发展势头，银川高新技术产业开发区到目前已开发征用土地1472亩，累计固定资产投资达1.4亿元，注册工业企业73家、高新技术企业3家，全年完成工业总产值7191万元，比上年增长53%。固原扶贫经济发展试验区在环境极端艰难的情况下，经过一年半的建设初具规模。到年底注册区内外各类企业164家，注册资金9854万元。为解决新财税体制给开发、试验区带来的困难，自治区政府至银川高新技术产业开发区现场办公，明确了对开发区实行的优惠政策和在资金等方面的扶持措施，使开发区建设走上快速发展的轨道。

三、政府机构改革和转变政府职能的情况

1994年自治区党委、政府认真贯彻党中央7号文件精神，抓紧制定全区机构改革方案上报中编委，7月底，《宁夏回族自治区党政机构改革方案》经中央正式批准，10月上旬自治区党委、政府召开全区机构改革工作会议，部署全区机构改革工作。

自治区机构改革总体方案的指导思想是：按照政企职责分工和精简、统一、效能的原则，切实做到转变职能、理顺关系，精兵简政，提高效率，建立一个能够适应并促进社会主义市场经济发展和现代化建设的，具有民族自治区特色的，功能齐全、结构合理、运转协调、灵活高效的行政管理体系。

按照自治区机构改革方案，全区各级行政编制总额由现有的34427人减为23248人，精减32.5%，其中区直机关行政编制由4412人减为3400人，精减28%；2个地区行署行政编制由1200人减为950人，精减20.8%；4个市行政编制由6720人减为5300人，精减21%；全区16个县的行政编制由9032人减为6950人，精减23%；全区乡镇行政编制由13063人减为6648人，精减49.1%。为了保证全区机构改革工作顺利进行，自治区编委制定了《宁夏回族自治区党政机构改革方案实施意见》、《宁夏回族自治区党政群机关后勤机构改革的意见》和《宁夏回族自治区事业单位改革的意见》。改革采取上下结合、分步实施的办法进行。

（一）区直机关"三定"工作全面展开

自治区区直党政机关机构改革，由原来的63个机构减为45个（其中党委7个，政府38个），减少18个机构，精减幅度为28.6%。其中政府专业经济行政管理部门改为经济实体或事业单位、整个建制划出政府序列的机构8个，撤销合并的机构4个。另设部委厅管理机构10个、更名和改变隶属关系的机构13个。新成立机构3个。目前，区直机关各部门制定"三定"方案已普遍开展，其中自治区地矿局、粮食局、水利厅、体委、民委、机关工委、政研室、交通厅、重工厅、外贸厅、林业厅、卫生厅、政法委、统战部、文化厅、纪检委和监察厅（合署办公）等16个厅局"三定"方案已经自治区政府正式批准实施，区体改委、组织部等十几个厅局的"三定"方案已上报待批。

从自治区总体改革方案的实施到各厅局"三定"方案的制定，都紧紧抓住转变职能这个关键，围绕加强宏观管理职能，减少具体审批事务，重视经济与社会发展问题的协调，强化国有资产的监管和综合运用，重点培育和发展市场体系，促进社会主义市场经济体制的建立，积极开展改革工作。各专业经济管理部门加大简政放权力度，加强行业管理职能，将企业《条例》规定的企业自主权全部下放给企业。社会管理部门将辅助性、技术性、服务性较强的职能移交给事业单位或服务实体。实现由微观管理向宏观管理转变；由直接管理向间接管理转变；由部门管理向行业管理转变。如地矿局在"三定"方案中，坚持政企职责分开，逐步将直属地质勘查企事业单位组建成经济实体，不再承担行政管理职能。局机关集中精力加强矿产资源、矿产开发监督和地质环境保护及地质勘查行业管理。水利厅在"三定"方案中坚持简政放权，把主管水量调度、灌溉管理和水土保持规划治理组织实施的水利管理处和水土保持处撤销。将其业务与水利中心调度所和水土保持工作站合并，组建新的事业单位，实行事业化管理。厅机关重点加强

水利资源的统一规划管理和水利行业管理，重点负责制定全区水利基础设施建设的宏观发展规划，搞好抗旱与防汛工作的协调与服务。

（二）地、市、县抓紧制定机构改革方案

银川市、石嘴山市、银南行署、固原行署和永宁、贺兰、中宁、吴忠、青铜峡、盐池、平罗、惠农、陶乐、固原、隆德、彭阳等12个县（市），地区抓紧做好机构改革方案的调研、论证和设计工作，并按规定程序履行报批手续。1995年上半年已完成审批工作。其它各县的机构改革方案报批工作将在95年年底全部完成。在地、市、县机构方案审批工作中，自治区编委对地级市党政机构控制在45个左右，对县级市和地区行署党政机构控制在25～30个，对县级党政机构大多数控制在25个左右。

在转变职能方面，城市机构改革围绕发展市场经济，促进企业转换经营机制，加强对市场体系的培育和发展，大力发展社会中介组织，搞好基础设施建设，合理划分市与区、县的职责权限，强化城市功能、完善服务体系，为经济建设和社会发展服务。

各县政府都按照“小机构、大服务”的方向，促进县属各部门转变职能，把工作的重点放在加强对农业和农村工作的领导，加强农村基层政权建设，打破城乡和部门界限，推进农工商、种养加、产供销一体化的经营和服务，促进全县经济和社会的全面发展。

乡镇机关在机构改革中通过转变职能，建立健全农业社会化服务体系，大力兴办农户急需的产前、产中、产后服务项目，真正加强为农业服务的功能。

为了切实转变职能，各地、市、县在机构设置方面不搞上下对口，不与左右攀比，坚持从发展经济的实际出发，提高社会管理效能。

四、横向经济联合发展情况

1994年，全区各级经协部门紧紧围绕自治区经济工作的中心任务，更加广泛深入地开展全方位、多渠道、多领域、多形式的横向经济联合与协作，使全区经协工作在区域经济协作、对口支援、引进资金及技术、物资协作、创办经济实体、发展外向型经济等方面都保持了持续发展的良好势头。1994年全区经协工作共安排各类经济技术协作项目140项，其中：经济联合项目63项，技术协作项目74项，其它项目3项。据不完全统计，截止12月底，共完成协作项目113项，占全年协作计划项目总数的75.3%。全区联合协作项目新增工业总产值27362万元，创利税6355万元，分别占计划的90%和105.9%；引进资金4958万元（其中：引进外省资金3818万元），协出资金30万元，协进协出各类物资总金额6000万元，。从整体效益看，成绩是显著的，对推动宁夏经济发展起到了积极的促进作用。

（一）政府间的高层次互访有力推动了自治区与外省、市的横向经济联合与协作

1994年2月，以自治区党委常委、政府副主席任启兴为团长的宁夏经济协作代表团，先后对安徽省宿县、淮北、濉溪等地、市、县进行了考察和访问，党政领导共同探讨了安徽与宁夏开展经济技术联合的主要领域和途径，并进行实质性洽谈，目前有一部分正在抓紧落实。同年3月，宁夏电力基地建设代表团赴湖北进行访问和考察，双方就宁夏采用“专厂、专线、直达”方式向湖北送电的有关问题进行了磋商，并取得电力部领导同志的认可和支持。同时我们还先后接待了天津保税区海关，安徽省宿县、淮北等地、市代表团对我区的考察和访问，客人们分别与自治区有关部门、大中型企业和地、市、县进行了商谈，共签订各类意向性协议合同30多项。

为进一步拓宽各地、市、县与外省区及周边地、市的经济技术协作和友好往来，自治区有关部门和部分市、县也分别组团对山东、江苏、福建、上海、广州、四川和陕西、甘肃等省市进行了友好访问和考察。通过政府间的高层次接触和互访，不但增进了友谊，交流了经验，更重要的是解放了思想，增强了改革开放意识，为进一步发展省际间的横向经济联合与协作，开拓了新的合作领域和渠道。

（二）深化区域协作，促进经济发展

随着社会主义市场经济体制的建立和区域经济协作的不断发展，区域经济合作在打破条块分割，协调区域关系，发挥地区优势，促进生产力要素合理流动，培育区域市场，扶持贫困地区脱贫致富，推动地区经济发展等许多方面都起到了不可替代的作用，并日益发挥着重要的经济、社会功能。目前，宁夏共参加黄河经济协作区等10多个区域经济合作组织和农业、轻纺、冶金、商贸、科技等22个行业联席会。

为了进一步加快宁蒙陕毗邻地区的联合开发和建设，自治区和银川市经协办还重点抓了宁蒙陕毗邻地区的组织筹建和协调。区域经济协作组织的不断发展壮大，从组织、制度和协作途径、范围等方面，有效地保证了区域经济联合与协作的健康发展。

（三）围绕全区企业生产的难点和焦点问题，广泛开展经济技术协作与联合

1994年自治区围绕企业生产，与北京、上海、山

东、江苏、福建、广东、四川和西北各省区等全国26个省、市、自治区共实施各种协作项目47项，占协作项目总数的33.6%。银川市共完成各类协作项目27项，完成项目总投资8627万元，其中：引进资金759万元，项目达产后可新增产值14248万元，年创利税4420万元。通过经济技术协作与联合，企业有效解决了部分生产和销售问题。如彭阳县麻棉厂，由于产品销路不畅，停产多年，1994年这个厂与财政部校办企业开展联合后，产品由对方包销，企业效益明显好转。西夏啤酒是宁夏名优产品，产品一直供不应求，但麦芽生产没有稳定的供应基地。1994年经与贺兰县协商联合成立西夏麦芽有限责任公司，共同投资450万元，建立一个年产3000吨的麦芽厂，解决了该厂的原料供应，又为农民致富发展贺兰地方工业开拓了新的途径。

（四）对口支援工作取得实质性进展

对口支援工作是在国家和各级政府统一领导下，组织经济发达地区对口支援少数民族地区、经济欠发达地区，以增强团结达到共同繁荣和富裕为目的而开展的一种经济活动，也是一项艰巨的政治任务。1994年，是宁夏与上海开展对口支援工作的第十五个年头。15年来，宁夏与上海不仅在对口支援方面取得显著成效，而且在经济技术协作上也取得了较大进展。截止1994年底，全自治区已有银川与普陀区、石嘴山与闸北区、银南与虹口区（正在洽谈中）、固原与宝山区结为友好地市区，自治区人民医院与上海市人民医院，银川唐徕回学与上海回民中学等20多个单位分别建立了长期对口支援友好关系。

（五）外引内联，积极探索外向型经济协作的新路子

改革开放以来，特别是1992年自治区扩大对外开放工作会议之后，宁夏各级经协部门解放思想，转变观念，抓住机遇，借助沿海、沿边、特区等口岸优势，设立“窗口”，招商引资，创办三资企业，发展边贸等多种形式的外向型经济联合。据不完全统计，截止1994年底，自治区各地、市、县已在新疆、内蒙古、深圳、福建、山东等地设立办事处、联络处或“窗口”达50多个，由省际间的内联逐步延伸到港台地区，和南韩、日本、独联体等国家的外向型经济联合也有了长足发展。1994年，全区经协部门共与外商签定协议项目8个。

（六）培育市场体系，进一步促进流通领域的联合与协作

培育市场，促进市场体系的形成，是社会主义市场经济的基本要求，也是拓宽商品物资协作领域的主要渠道。1994年宁夏区各级经协部门从实际出发，立足本地资源，扬长避短，积极与各有关部门密切配合，进一步开展流通领域的联合与协作，并且取得显著经济效益。如固原地区经协办，为了配合地区经济工作座谈会的召开，成功地举办了首次固原地区产品展销会，全地区60多家企业的上百个产品参加了展销，其现货交易额23万元，期货交易额1.83亿元。同时还积极组织全地区由110人组成的代表团，参加了9月份在甘肃天水市举办的第六届西部交易会，成交额达650多万元。

五、利用外资和国际间经济合作

1994年宁夏利用外资继续呈增长趋势。虽然，全年新批准“三资”企业数少于上年，但项目质量和外资实际到位数均明显好于往年；国外贷款项目略有增加，后备项目充足，贷款实际到位数持续稳定增长。

1994年宁夏实际利用外资4073万美元，比上年实际数增长11.2%，吸收外商直接投资1900万美元，比上年实际数增长27%。新批准“三资”企业64家。正在兴建及建成的国外贷款项目7个。

在吸收外商直接投资方面，继续贯彻国家有关的政策法规，注重项目的质量和规模。先后批准了一批产品前景好、规模适宜的“三资”项目，如：长城须崎机床铸造有限公司，注册资本661万美元，年产铸件2万吨，其中新增树脂砂铸件生产能力1万吨；精密制板生产项目，注册资本3093万元，年产中密度纤维板14.2万张；宁夏发酵厂合资项目，注册资本4000万元。年产柠檬酸6000吨等。同时进一步加强基础管理工作。根据发展和变化的情况，1994年对原有的宁夏吸收外商直接投资优惠政策进行了修改、补充和完善，现已完成初稿。广泛收集全区拟利用外资项目并根据项目的进展和成熟情况分类整理，建立了具有实用价值的项目库。对全区批准的“三资”企业调查摸底，初步建立了“三资”企业台帐，逐步完善对“三资”企业的统计工作。

在借用国外贷款方面，宁夏抓住国家利用外资政策向中西部地区倾斜的有利时机，加强与国家有关部委联系，积极争取优惠的国外政府间贷款、世界银行贷款和亚洲开发银行贷款，扩大借用国际商业贷款的规模。当年建成项目有：荷兰政府贷款的银川乳品饮料总厂4000吨奶粉项目，北欧银行贷款的吴忠木材厂1.68万立方米刨花板项目，比利时贷款的3.3万门程控电话项目，国际商业贷款的西北轴承厂铁路轴承项目等。仍在兴建项目有:西班牙政府贷款的灵武10万吨特种水泥项目,加拿大政府贷款的电网自动化工程,北欧银行贷款的吴忠4500吨干法造纸项目等。一批国家已批准的后续项目正在积极筹建之中,其中有:澳大利亚政府贷款的8万门程控电话项目,法国政府贷款的大坝电厂微波通信项目,青铜峡市小麦专用粉项目,加拿大政府贷款的一点多址微波通信电话项目,世界银行贷款的宁夏环境信息中心项目等。1994年在总结经验的基础上,宁夏借用国际商业贷款规模扩大到1000万美元,分别贷给高科技的光盘生产项目和出口创汇效益好的金属镁项目。为保证国外贷款的本息按时偿还,1994年初步拟定了建立宁夏国外贷款偿债基金和实际操作办法,目前正在修改完善之中。

1994年宁夏继续加强对外交流和国际间的经济合作。先后组团在美国和澳大利亚举办经贸洽谈会,取得了丰硕的成果。在美期间,同外商共签订6个项目意向书,协议金额1.27亿美元;在澳大利亚期间,同外商共签订15个项目意向书,协议金额12亿美元。全年曾接触和进行经济洽谈的外商有日本、加拿大、澳大利亚、西班牙、意大利、德国、新加坡等国家和香港、台湾等地区共200余人,广泛宣传国家和宁夏吸引外资的政策措施,介绍宁夏基本情况,经济发展形势和拟对外招商的具体项目,为外商对宁夏区情的了解和经济合作起到了积极作用。1994年宁夏还派出经济代表团出访日本、美国进行考察和经济交流,取得了良好效果。

1994年,外贸外汇体制改革进展顺利外贸经济持续发展。全年外贸进出口商品总值达1.79亿美元,比上年增长24.9%;其中:出口总值完成1.46亿美元,增长31.6%,地方自营出口完成11964万美元,增长60%。煤炭出口由于受国际市场变化,煤价、运费上涨等多种因素制约,实际完成2122万美元,比上年下降31.59%,外商投资企业出口创汇509万美元,比上年增长6.08%。

附录

宁夏对外经济技术合作意向性项目

编号	项目名称	建设规模	承办单位	地址	电话	联系人
1.	银川河东机场项目	国家二级机场,按飞行区等级标准4D级进行规划和设计,跑道长度3200米,宽45米,两侧道肩各宽7.5米,总宽60米,路道厚度按满足A310—300型飞机最大滑行全重设计。项目投资6.1亿元。	银川河东机场建设现场指挥部		534764	王本钧
2.	大坝电厂二期工程	一期已建成2×30万千瓦机组。二期扩建2×30万千瓦机组。项目投资,按1993年价格水平,预测动态投资257891万元。	宁夏电力公司	银川南环西路13号	641571	石树人
3.	陕甘宁气田至银川输气管道工程	全长313公里,管径为ϕ426毫米。输气规模10亿立方米/年,起点压力4.0兆帕,终点压力1.6兆帕。静态投资3.76亿元。	输气管道筹建处			尹燕臣

续表

编号	项 目 名 称	建 设 规 模	承办单位	地 址	电 话	联系人
4.	宁夏造纸厂	利用丰富的麦草资源和其它配料，采取先进工艺，年生产A级书写纸和定量涂布纸2.04万吨。项目投资2.40亿元。	宁夏轻纺厅	银川市西大街229号	544902	韦国海
5.	青铜峡铝厂三期工程	年产铝锭10万吨。项目投资：估算动态投资16.4亿元。	宁夏青铜峡铝厂	宁夏青铜峡市	341129	刘少双
6.	新建柠檬酸钠生产项目	年产柠檬酸钠3000吨，谷朊粉600吨。项目投资3500万元。	宁夏地矿局	银川新市区	277148—330	姚 震
7.	啤酒花浸膏生产项目	建立啤酒花生产基地，年产干啤酒花5000吨。年产颗粒啤酒花2250吨，啤酒浸膏150吨。项目投资：啤酒花基地建设投资1亿元，加工厂投资29840万元	宁夏计委	银川市解放西街39号	626080	李惠弟
8.	石嘴山第二电厂工程	规划装机4×30万千瓦分两期建成，第一期2×30万千瓦。项目投资：静态投资45亿元，动态投资65亿元。	宁夏电力公司	银川市南环西路13号	641571	石树人
9.	固原地区六盘山水泥厂30万吨扩建工程	年产普通525号水泥5.8万吨，硅酸盐水泥5.1万吨，矿渣硅酸盐水泥13万吨，油井、道路水泥6.1万吨。项目投资2.03亿元。	固原行署	宁夏固原县		李天惠
10.	银川热电厂	3×75吨/时次高压煤粉炉和2×12MW蒸汽供热机组，并留有扩建2×25MW供热机组余地。项目投资18267万元。	宁夏电力公司	银川市南环西路13号	641571—3622	李长江
11.	红麻造纸项目	年产牛皮箱纸板1万吨。项目投资3000万元。	平罗县计委	宁夏平罗县		马文汉

典 型 地 区

宁夏的新兴工业城市——青铜峡市

青铜峡市位于宁夏银川平原西南部，是宁夏新兴的工业城市。全市土地总面积1892平方公里，山地丘陵占72.3%，川区占33.7%。辖6镇，7个乡，两个农村场。1994年末总人口23万人，其中回族占2.1%，汉族占97.9%，非农业人口5万人。

青铜峡是宁夏引黄灌区的精华之地。境内银川平原西干渠、唐徕渠、汉延渠、秦渠、汉渠、惠农渠错综交错，土壤肥沃，气候适宜，有发展商品粮和多种经营的优越条件，盛产水稻、小麦、玉米、瓜果、甜菜等，是宁夏重要的商品粮产地之一。1994年全市粮食总产量达到18961.6万公斤，肉类总产量5454吨，蛋类总产量2000吨，奶产量3813吨，鱼类产量900吨，不但可以满足当地城乡人民的生活需求，而且还可以大量向外地输出。

青铜峡市地理位置优越，具备发展高耗能工业的优良条件。境内有青铜峡水电厂，装机容量27.2万千瓦，年均发电量12.8亿度，与装机容量达69万千瓦的大坝火电厂形成青铜峡市能源优势。在此基础上，建立了青铜峡铝厂、青铜峡水泥厂、青铜峡树脂厂等国有大中型工业企业，形成了包括冶金、电力、建材、化工、造纸等行业在内的地方工业体系。其中冶金、电力工业产值分别占全区冶金、电力工业总产值的80%和50%以上。

青铜峡市交通条件便利，有包兰铁路、灵武铁路支线、109国道和石营公路纵贯南北，211、307国道穿过市境东北部，交通网四通八达。

青铜峡市旅游资源丰富，有大量的自然景观和人文景观。位于市境南部的青铜峡水库，“高峡出平湖”。峡谷两岸，山峰耸立，岩石犬牙交错，壁立突兀。乘游艇逆水穿10里长峡，山光水色，百鸟齐鸣，风景宜人。沿湖西岸山势而上，可见一百零八塔座西朝东，倚山临河，自上而下按奇数1、3、5等排列12层，构成巨大塔群，蔚为壮观。峡东牛首山破空而立，众多寺院座落其上，是当地佛教圣地。此外还有贺兰山岩画、明代古长城等景点。

为了在本世纪末，使全市人均产值、人均效益、人均收入跨入全区先进行列，青铜峡市委、市政府根据本市的自然资源，经济现状制定了以农业为基础，以高耗能工业为重点，继续加强邮电、交通、商业、环卫、供排水等方面的基础设施建设，使城乡向一体化方向发展的战略方针。农业上，逐步在全市范围内建立粮食、林果、畜牧、蔬菜、畜禽、养殖、水产等“二高一优”农副产品基地，保证城市、工矿企业生活必需品供应，丰富人民生活。工业上，以大坝电厂二期扩建、青铜峡铝厂三期扩建为重点，继续发展以电力、冶金、化工、建材等为主的高耗能工业体系。大力发展商业、贸易、旅游、服务业等在内的第三产业。力争在本世纪末，把青铜峡市建设成为一个功能齐全、环境优美、经济实力雄厚，辐射能力较强的新兴工业城市。

宁夏石嘴山河滨经济开发区

宁夏石嘴山河滨经济开发区距宁夏回族自治区首府银川市近百公里，位于宁夏最北端的石嘴山市石嘴山区河滨工业小区，东临黄河，西至包兰铁路，南靠石嘴山区北部，北到宁蒙边界，面积5平方公里，人口2.4万人。

河滨工业小区始建于50年代末期，经过30多年的建设，这里已发展成为以冶金、化工、建材、电力为一体的新兴工业小区，年工业产值达5亿元。现有企业有宁夏石嘴山钢铁厂、石嘴山发电厂、宁夏电化厂、宁夏焦化厂、宁夏炼铁厂、宁夏冶金建设公司、石嘴山市水泥厂及其白水泥分厂和碳化硅厂、石嘴山市磷肥厂、石嘴山市煤气公司以及石嘴山矿务局机修厂、焦化厂、矸石电厂、金兰瓷厂、电石厂等数十家企业，具有较强的经济实力和技术、人才优势，现有企业主要产品有各种用途钢丝绳、金属制品、聚氯乙烯树脂、焦炭、电石、水泥、磷肥、碳化硅制品、熔炼石英、氟硅酸钠、陶瓷制品等，行销全国各地，部分产品已远销东南亚、独联体、东欧、美、英、法、日及香港等国家和地区，并享有一定声誉。

为加快河滨工业区的经济建设，石嘴山市委、市政府于1992年决定成立了“石嘴山河滨经济开发区”。开发区的成立，为这片土地注入了新的活力。河滨区内原有企业积极扩大生产规模，发展多种经营，客商投资新建企业也不断增加。截止1994年10月，经开发区管理委员会批准进入开发区的项目有50多个，投资额为1.4亿元人民币，完成工业产值2018.3万元，商业企业实现销售收入2859.6万元，上缴税金420.2万元。

石嘴山河滨经济开发区具有优越的发展条件：一是开发区地势平坦，不占耕地、农田。二是基础设施已基本形成能力，生活条件方便、舒适，开发区电力充足，铁路、公路、水路运输方便；规模为日产4万吨的黄河水厂正在兴建；微波通讯干线及1000门程控电话工程竣工投入使用；城市管道煤气通达河滨小区每个家庭，气源充足；利用电厂热循环水为河滨工业小区集中供热一期工程已完工投入使用；占地1.79万平方米、建筑面积3万平方米、总投资1000万元的全封闭式河滨综合市场一期工程已竣工。三是集中了一大批重点骨干企业，经济实力强，有技术、人才优势。四是开发区组织机构办事效率高，办理手续简便快捷。

宁夏石嘴山河滨经济开发区的发展，将以河滨工业小区现有企业的公共服务设施为依托，充分发挥原有商业企业的潜力，以发展第二、第三产业为重点，按照统一领导、统一规划、分期开发、创新高效的原则，以宽松的优惠政策，实行全方位开放，鼓励吸引国内外客商投资建设，大力引进资金、技术、项目、人才。先期重点开发110国道以东，建材路以南，钢铁路两侧一带。随着开发规划的实施，经济实力的壮大和人口的增加，开发范围将逐步扩大延伸到整个河滨经济开发区，形成工业、商贸、文化等若干小区，把开发区建成技、工、贸协调发展，多种经济成份并存、繁荣活跃、充满生机的宁夏北部的“经济特区”。

宁夏石嘴山河滨经济开发区适应于各类工业、商贸、技术产业的发展，尤其适合发展高耗能、建材、煤化工产业，是理想的投资经营场所，是有识之士谋求发展的黄金之地。

宁夏石嘴山河滨经济开发区热诚欢迎国内外各界客商投资！

区域规划选编

石嘴山市“九五”计划基本思路及要点

一、“八五”经济发展主要指标预计

石嘴山市位于宁夏回族自治区北部，是一个以煤炭开采、机械制造、电力、冶金、陶瓷、建材、炭素、高耗能源材料等产品为主的新兴工业城市。建市30多年来，全市国民经济和社会事业得到了快速发展，初步建立起了具有一定规模的经济发展基础。预计1995年全市国内生产总值为19.95亿元，工业总产值24.55亿元，地方财政收入1.66亿元，外贸出口商品供货值3.4亿元，社会商品零售总额11亿元，上述指标分别比1990年有较大幅度增大。但由于自然条件和其他主客观方面的原因，石嘴山市与全国和周边地区的差距明显拉大，经济形势的发展对我市十分严峻。因此，必须抓住当前的有利时机，在建立社会主义市场经济体制的过程中，加快各方面的发展步伐，为重振石嘴山市而努力。

二、“九五”计划指导思想奋斗目标与产业重点发展方向

（一）指导思想

遵照党的十四大关于建立社会主义市场经济的构想，加快改革步伐和发展速度，正确处理好改革、发展、效益和稳定的关系，实现地区经济持续、快速、健康的发展，促进科学、教育、文化事业和社会保障事业的协调发展。

（二）奋斗目标

1. 总体设想

到2000年，力争国民生产总值比1990年翻两番半，到2010年再增长1倍以上；城乡人民生活在达到小康水平的基础上，再上一个台阶；保持第二产业占国内生产总值的比重达到55%左右，第三产业的比重达到30%以上，非农业劳动力占全市总劳动力的比重超过60%，城镇人口占全市总人口的比重超过70%，全市的经济力量、科技力量、资源力量和综合经济效益达到一个新水平。到2010年，实现把石嘴山市建成宁夏乃至西北地区的能源基地、高耗能原材料基地、陶瓷基地和氯碱化工基地的宏伟设想。

2.“九五”计划主要指标

到2000年末，全市国内生产总值达到35亿元，年均增长12%，地方财政收入达到3亿元，年均增长9.2%；全市固定资产投资规模“九五”期间年均投入8.6亿元；农业总产值达到5.1亿元，年均增长4.9%；农民人均纯收入达到1500元；工业总产值达41.6亿元，年均增长8%；人口自然增长率控制在11‰以内，总人口不超过70万人。

（三）产业发展方向

充分发挥地区优势，加速发展“二高一优”农业。优化和加速能源、高耗能、原材料、陶瓷、煤炭深加工等支柱产业的发展，走加工、转化、增值、节运、节水、综合利用型经济的路子。在促进现有产业协调发展的基础上，使三大产业相互补充、促进，内涵和外延同步发展，内外型经济有机结合，形成经济效益和社会效益全面提高的经济运行新格局。

“九五”期间产业建设和发展：一是以煤电为主导，大力发展炭素制品和煤炭深加工、高耗能原材料、煤化工工业；二是变资源优势为经济优势，发展建材、陶瓷工业；三是依托技术优势，重点培植电子、钢铁制品、机械加工工业的发展，使之逐步形成主导产业；四是结合农村产业结构的调整，发展粮食、经济作物、畜牧林果、蔬菜5个主导产

业，把种桑养蚕作为农村的一个新兴产业重点发展，并以此带动食品、轻工工业的发展。

三、"九五"期间工作重点

"九五"期间要继续调整产业、产品结构、促进资源的合理配置，发展地区经济，搞好生产力布局，加快建设一批效益好、具有一定规模经济的骨干项目，使全市各项事业的发展达到预期的目标。

（一）以建立社会主义市场经济体制为目标，加快改革步伐

从抓好现代企业制度的各项基础入手，通过股份制、公司制改组，使多数企业形成现代企业制度的框架，按照现代企业的要求，规范新建企业组织形成；大力推行"国有民营"，搞活小型工商企业。

继续深化农村改革，稳定和完善以家庭承包为主的责任制和统分结合的双层经营体制，加强农村社会化服务体系的建设，形成以县为中心、乡为纽带、村为基础、干群结合的产前、产中、产后服务网络，增强服务功能，提高服务水平。

建立完善市场体系，重点培育生产资料、劳务、人才、信息、产权等要素市场。打破城乡分割，形成统一、开放、公开、有序的市场体系。

建立多层次的社会保障体系，使社会保障水平与我市社会生产力发展水平以及各方面的承受能力相适应。

（二）以增加农民收入为中心，发展"二高一优"农业和乡镇企业，实现小康目标

把增加农民收入做为农业和农村工作的中心任务，全力以赴抓好小康建设。各县区要根据自己的优势，继续加快经济作物林果业和农区畜牧业的发展，以种桑养蚕、养牛、蔬菜加工等新兴产业为龙头，形成产业链或产业网络，带动相关产业、行业的发展，促进我市农业向国际、国内两大市场迈进，促进农民收入快速增加。

大力发展乡镇企业，坚持多种经济成份并举，依托现有小城镇和条件优越的村镇，集中力量规划建设一批以农业资源为依托，技术含量大、起点高，规模适度的骨干企业，如造纸、亚麻、缫丝、果菜加工等企业，加快农村工业化进程。

坚持不懈地改善农业生产条件，加大农业综合开发力度，加强农业基础设施的建设，加快农村集镇开发速度。

（三）以调整结构和提高效益为中心，促进工业快速健康发展

着力抓好产业结构和产品结构的调整。继续利用电力和煤炭资源优势，挖掘、扩大现有铁合金、金属镁、碳化硅、电石、活性炭、炭素制品生产能力，建成高耗能工业基地和煤炭深加工产业系列。建材工业方面、巩固提高日用瓷的档次和质量，突出发展建筑陶瓷和大功率电瓷，积极开发彩色水泥、道路水泥和轻型墙体材料等新产品。以钽电容器为先导，探索发展高技术电子元器件，重点开发片状钽电容器，使电子工业得到突破性发展。方便城乡人民生活，发展具有地方特色的轻工食品业。同时，把强化企业管理作为重点，挖掘内部潜力，提高经济效益，并积极努力新上一批建设项目，增强经济发展后劲。

（四）大力发展个体、私营经济，培植新的经济增长点

把发展个体、私营经济做为我市保持经济快速发展的重要内容来抓，为个体、私营经济发展创造宽松良好的环境，鼓励和引导他们向一、二、三产业投资，使之成为我市新的经济增长点。

（五）全方位扩大对外开放，为经济发展注入生机和活力

加强同沿海及经济发达地区的经济往来，发挥侨属、台湾、港澳同胞亲属及与海外有联系的其他各界人士的作用，通过多种途径和办法，宣传石嘴山，引进先进技术和资金，使"三资"企业得到快速发展。

多渠道发展对外贸易，调整出口产品结构，提高质量和档次，千方百计地创造条件把我市更多的产品推向国际市场。扩大企业进出口经营权，组建出口商品检验机构，为发展对外贸易创造良好的外部环境。

（六）进一步加快城镇建设，努力改善人民群众工作、生活环境和投资环境

搞好市区改扩建工程和市图书馆、体育场、广播电视新闻中心等文化、体育设施建设。搞好城市上、下水配套工程改造及石嘴山黄河水厂、大武口第二水厂建设。在完善现有通讯设施的同时，搞好城区和县城的程控电话扩容，积极发展移动通讯、无线寻呼，扩大邮政、信息传递，推动邮政通讯事业上台阶。加速城乡道路建设步伐，到"九五"末，全市公路里程达1022公里。

西吉县反贫困战略规划

一、制定规划的必要性

西吉县位于宁夏南部山区，属于全国有名的“西海固”贫困地区。这里自然条件严酷，经济基础薄弱，文化教育落后，人民生活非常贫困。全县总面积3144平方公里，辖2镇24乡和1个吊庄经济开发区，总人口42万人，其中回族占51.3%。1994年全县国内生产总值1.3亿元，工农业总产值1.6亿元，其中农业总产值1.1亿元，工业总产值0.5亿元，财政收入（含上缴中央部分）674万元，农民人均纯收入仅326元。按照国家“八七扶贫攻坚计划”确定的脱贫标准计算，目前全县仍有75%的人口处于温饱线以下，是宁夏区党委、政府扶贫攻坚的主战场和联系点。多年以来，由于贫困落后等诸多因素的影响，西吉县回族宗教内部矛盾较为突出。对此党中央、国务院十分重视，要采取更加切实有效的措施，力争在不太长的时间内，使西吉县的经济建设有较快发展，人民生活有较大改善。因此，帮助支持这一地区加快经济和社会发展，彻底摆脱贫困，不仅具有重大的现实意义，而且具有深远的政治影响。

二、反贫困战略

1. 继续坚持开发式扶贫的方针，变封闭式开发为开放式开发

西吉县要进行大范围扶贫开发，只有在农业深度开发上下功夫，即大搞基本农田建设，调整农林牧用地结构。实践也已证明，在西吉县搞以基本农田建设为中心的扶贫开发，不仅可以兼顾经济效益、生态效益和社会效益，而且是稳定解决温饱问题，摆脱绝对贫困的切实有效途径。在这方面西吉县已涌现出不少通过小流域综合治理和修建基本农田，实现稳定解决温饱，初步脱贫致富的典型，取得了经验。马建乡“黄家二岔”就是典型之一。

在贯彻开发式扶贫方针的同时，还要变封闭式开发为开放式开发，搞好劳务输出、吊庄移民、异地开发。必须逐步改变以往自发性、零散的劳务输出方式，逐渐转变到稳定的、有组织的、多渠道的劳务输出轨道上来。实行长期性劳务输出与季节性劳务输出相结合、向区内输出与向区外输出相结合，有组织的劳务输出和自发性的劳务输出相结合；抓住建设宁夏扬黄扶贫新灌区开发的时机，向新灌区大规模迁移人口，缓解人多地少的矛盾；立足于现有的玉泉营吊庄基地，兴办一批乡镇企业，逐步建成西吉县工业吊庄基地，待将来扬黄扶贫新灌区和大柳树灌区得到开发后，再建设西吉县新的工业吊庄基地。

2. 严格控制人口过快增长，不断提高人口素质

1949～1993年西吉县人口增长3.51倍，远远超出生产力和区域剩余产品积累的增长速度，导致区域人口生活水平下降和人口素质的降低。因此，在进行扶贫开发的同时，必须严格控制人口的过快增长。其关键措施，就是要严格执行有关计划生育法规。另一方面，必须增加对教育事业的投入，加快基础教育、职工教育和成人教育事业的发展，培养和造就一代有文化、懂科学、会经营管理的新型农民。

3. 加快城镇和市场建设，提高城镇化水平

城镇和市场的建设规模、发展水平，是衡量一个地区经济发达不发达的重要标志。西吉县集镇和市场建设，在总体布局上，要以兰（州）宜（川）公路和中（卫）静（宁）公路为轴线，以中心集镇为据点，充分发挥中心集镇和市场的辐射作用和集聚效益，充分利用中心集镇和中心市场的流通、服务、科技、文化、人才等方面的优势，带动片区经济的发展。制定优惠政策，鼓励和吸引农民进城兴办第二、三产业，参与流通领域。

4. 坚持以提高经济效益为中心，以市场为导向，发展乡镇企业和区域性支柱产业

依托西吉县土豆、豌豆和畜产品三大资源优势，拓宽流通渠道，加快商品生产基地建设；围绕淀粉加工业、粉丝加工业和皮毛、畜产品加工业，发展西吉县乡镇企业和区域性支柱产业，提高经济效益；并适当发展地方性建材工业和水产养殖业，转移农村剩余劳动力，增加农民收入。

5. 依靠科学技术，发展高产、优质、高效农业

科学技术是第一生产力，要走科技兴农、科技扶

贫的路子，大力发展高产、优质、高效农业。引进、推广农作物优良品种，实行间作、套种、科学施肥，保护地栽培技术等农业综合增产新技术；因地制宜发展经济果林，积极营造针叶林和灌木林；推广冷配技术，改良畜禽品种，建设肉牛、肉羊育肥基地；引进农产品深加工、精加工技术，增加花色品种的生产供应。另一方面，通过促进专业科技人员下乡搞技术承包，举办农民科技培训班、创办职业中学等措施，普及农业科学技术。

6. 全面规划、突出重点、分片治理、综合开发

西吉县根据农业生产条件的差异，贫困程度、扶贫重点和难点的不同，以乡镇为基本单元，大体可划分为3个类型区，即黄土丘陵区、土石山地区、河谷川道区。西南部黄土丘陵区土地面积、人口分别占全县48%和45%，为西吉县扶贫开发重点。该区扶贫开发的重点，是以修建水平梯田为主的小流域综合治理，根治水土流失，提高单位面积产量，逐步达到脱贫致富。东北部土石山地区，是西吉县扶贫开发难度最大的区域。该区扶贫开发的重点，除因地制宜修建部分水平梯田，继续将部分耕地还林还牧，沟道发展水浇地，力争粮食自给外，主要应改良、发展林果业和畜牧业，增加农民收入。中东部河谷川道区，扶贫开发重点，应在农业深度开发方面下功夫，增加机电井，扩大水浇地面积，依靠科技，发展两高一优农业，经济果林和农区畜牧业。

三、2000年扶贫开发规划

西吉县扶贫开发规划总奋斗目标：到2000年，初步改善生产条件和基础设施，基本治理水土流失，严格控制人口增长，加快提高人口素质，稳定解决温饱，根本解决人畜饮水困难，使经济发展和农民收入再上一个新台阶，为下一个世纪初步人小康奠定基础。具体目标为：

1. 人均生产粮食350公斤以上，按1990年不变价格计算，农民人均纯收入600元以上。

2. 修建高标准水平梯田56万亩，加上现有的水平梯田50万亩，全县达106万亩；发展水浇地6～7万亩，加上现有的18.6万亩，全县达到25万亩。全县人均基本农田（含水浇地）面积达到2.7～2.8亩。

3. 人口平均自然增长率降至15‰，总人口44～45万人，学龄儿童人学率、小学生巩固率达到95%以上，普及率达到90%以上，扫除青壮年文盲。

4. 根本解决6.14万人、5.99万头（只）牲畜饮水困难问题。兴修下堡至百万庄等5处人畜饮水工程，修水泥水窖682眼、屋檐接水1100处。

5. 新建新营、苏堡、白崖、将台4个中心集镇和18个集贸市场，城镇化水平提高到20%，从事非农业的劳动者人数占社会劳动者总数的30%。

6. 乡乡实现“四通”，即通电（行政村通电率达100%，自然村和农户通电率达90%）、通公路（修三级砂砾公路185公里）、通电话（新营、苏堡、白崖3个中心集镇的小程控电话，平峰、田坪、红耀、白城、三合、马建古乡的小交换机）、通邮政（修建16乡的邮政所、河店子邮政局）。

7. 户均向乡镇企业转移或者向外输出劳动力1人，全县达到8万人左右。

8. 发展“二高一优”农业，建设农产品商品生产基地。巩固提高20万亩豌豆基地、15万亩土豆基地、15万亩油料基地、3万亩用材林基地、5万亩粮果间作基地、2万亩粮菜套种基地。

9. 继续抓好玉泉营吊庄基地建设，搬迁3万人，同时抓好异地工业开发。

10. 加快发展支柱产业和乡镇企业。乡镇企业总产值突破1亿元，从业人员达5万人。

四、建设项目规划

规划建设项目，按性质可分为三大类，即温饱工程项目、基础设施项目和社会发展项目。

1. 温饱工程项目到2000年，主要扶贫开发项目16项，总投资111334万元，占规划建设项目总投资65%。西吉县扶贫开发的重点，一是农田水利建设，包括基本农田建设、川道灌区开发、小流域综合治理、水利工程等，投资约占扶贫开发项目投资的50%，建设这些项目主要是为了稳定解决温饱，使人均生产粮食达350公斤；二是区域性支柱产业的开发，投资约占扶贫开发项目投资的28%，建设这些项目主要是为了增加地方财政收入和农民收入；三是移民吊庄建设，投资约占扶贫开发项目投资的13.2%，主要为了减轻西吉县人口压力。

2. 基础设施项目到本世纪末，主要建设项目有五大项，即交通、通讯、市场、集镇及农田线路建设，总投资4564万元，占规划总投资的26.0%。加强基础设施建设，主要是为了改善西吉县的投资环境，开拓市场，发展商品流通等第二、三产业，提高城镇化水平。

3. 社会发展项目主要包括教育、卫生、文化、计划生育等方面，总投资1573万元，占规划总投资的9.0%。发展社会事业，主要是为了提高人口素质、加强精神文明建设。

1994 年改革开发大事记

1 月

3 日为了贯彻党的十四届三中会议和中央农村工作会议精神，发展农业，增加社会财富，增加农业收入，保证 90 年代经济社会发展战略目标的实现，自治区党委和人民政府制定颁布了《关于加快农业和农村经济发展的若干政策措施》。该政策的实施将有效地促进我区农业和农村经济的发展

▲ 国家“八五”重点建设项目宝中电气化铁路供电工程——大（坝）固（原）330 千伏输电线路，经送变电工程公司全体建设者 330 多个日夜的艰苦奋斗，正式全面架通，提前 4 个月完成任务，为宝中电气化铁路早日建成通车奠定了基础。

6 日 经国务院批准，国家计委以计原材[1994] 9 号文批复青铜峡铝厂三期工程可行性研究报告。随后，受国家计委委托，中国有色金属工业总公司对青铜峡铝厂三期工程初步设计进行审查，规模为年产电解铝 12.5 万吨，总投资 26.8 亿元。

26～28 日 全区经济工作会议在银川召开，自治区主席白立忱主持会议，自治区党委书记黄璜同志作了重要讲话。会议分析了 1993 年的经济形势，研究和部署 1994 年的经济工作，动员全区广大干部群众进一步解放思想，统一认识，抓住机遇，加快改革和发展，开创全区经济工作新局面。

28 日 宁夏历史上第一家公众公司——广夏（银川）实业股份有限公司在银川创立。该公司经自治区人民政府、中国证监会和国家经贸部批准，由广夏（银川）磁技术有限公司、深圳广夏微型软盘有限公司、深圳广夏录像器材有限公司合并改组并吸收宁夏、深圳其余 6 家企业共同发起，采取社会募集方式设立的中外合资经营的股份有限公司。

2 月

8 日 宁夏有线电视台试验开通，银川城区的部分居民率先看到播放的 14 套电视节目。该电视台的开通建设，将进一步丰富人民群众的文化娱乐生活。

3 月

14 日 宁夏首家集商、工、贸为一体，实行产、供、销一条龙的大型股份制企业——宁夏鑫盛实业集团股份有限公司，经自治区体改委批准宣告成立。该公司由全区首批股份制试点单位吉兴电子股份有限公司和银川金豹股份有限公司、石嘴山陶瓷工业（集团）公司、银川市电器开关厂 4 家市场信誉好、经济实力强的企业，以全部资金入股，以产权联结为主要纽带而联合发起的具有独立法人地位的紧密型经济实体。这是宁夏以建立现代企业制度为目标、深化企业改革的一项重大突破。

19 日 受自治区政府委托，中国科协在北京召开黄河大柳树工程专家座谈会，来自国家有关部委和各地科研院校的 60 多名中国科学院院士、著名专家和教授经过认真讨论后认为，黄河大柳树工程综合因素优势，工程效益显著，建设条件已成熟。

25 日，宁夏水泥厂二期扩建工程建成投产，新增水泥生产能力 23 万吨。该厂现有生产能力 44 万吨/年，成为全国 100 个大型水泥生产企业之一。

4 月

2～5 日 全区乡镇企业工作会议在银川召开。会议提出了市场经济条件下发展我区乡镇企业的新思路。会议要求各地继续实施“超常规、跳跃式”发展战略，推动我区乡镇企业再上新台阶。

9～22 日 自治区政府主席白立忱带领宁夏贸易和投资项目洽谈代表团参加了由中国对外贸易经济合作部在美国举办的贸易和投资项目洽谈会，签署备忘录及合资意向书项目 6 项，协议外资金额达 1.27 亿美元。

11 日 宁夏固原 3 县扶贫与环境改良项目开始实施。该项目总投资为 11255 万元，目的在于改善和发展固原、彭阳、隆德 3 县 13 个乡、146 个行政村、

18.3 万人口的生产、生活条件，增强这一地区农业基础设施，尽快改变贫穷落后面貌。

18 日 国家"八五"重点电力建设项目——大坝电厂二期工程正式开工建设。该工程建设总规模为安装两台 30 万千瓦机组，工程预算投资 11.0178 亿元，动态投资 15.24 亿元。工程预计 1997 年上半年建成。届时大坝电力装机容量将达 120 万千瓦，成为我区第一座容量超过百万千瓦的大电厂。

5 月

中旬我区通过卫生部检查，成为西北和全国少数民族地区首家卫生保健达标的省（区），达标率列居全国第 7 位。

18 日 "八五"国家重点工程宝中铁路南、北段铺架到达接轨点，至此，横跨陕、甘、宁 3 省区全长 498.19 公里的宝中铁路铺轨架桥任务提前 44 天完成。

24 日 自治区计委同长庆石油勘探局签定合资组建宁夏天然气公司协议。引进资金近 2 亿元，解决了靖边——银川天然气输气管道项目资金不足的问题。

下旬以道夫、斯通为团长的以色列干旱地区农业开发考察团一行 7 人，在我区盐池、固原等地进行了为期 5 天的考察活动，双方就旱作农业、节水灌溉、扶贫开发等方面的技术合作达成一致意见。

6 月

2 日 自治区重点工程——银川河东机场建设工程通过了由国家民航总局和自治区人民政府主持，并由国家计委、国家开发银行等部门参加的初步设计审查。

3 日 联合国环境规划署全球 500 佳环境奖评选揭晓，我区中卫固沙林场榜上有名，是我国 1994 年唯一入选的单位。

5～7 日 日本岛根县友好交流团在我区进行了为期 3 天的友好访问。双方就今后的合作和民间交往进行了广泛交流。

11～18 日 来自全国 22 家报刊的 30 名记者参加了由宁夏日报社和西北轴承厂主办的《走向西部》大型采访活动，此次活动旨在为西部建设进行宣传，为宁夏走向全国，让全国了解宁夏搭起一座新的桥梁。

14 日 自治区政府在海原县召开南部山区抗旱救灾会议，研究部署抗旱救灾措施，组织动员群众自力更生，多门路开展生产自救，以降低宁夏山区 3 年连旱的损失。白立忱主席、周生贤副主席分别作了重要讲话。

17 日 自治区第一家股份公司——广夏（银川）实业股份有限公司正式将总额为 2700 万股的广夏股票在深圳交易所挂牌上市。

28～30 日 全区扶贫开发工作会议在银川召开。自治区政府主席白立忱主持会议，自治区副主席周生贤作了题为《认清新形势，确立新思路，把扶贫开发工作推向新阶段》的报告。会议确定了我区"双百"扶贫攻坚计划的目标、重点和措施，为我区"八七"扶贫攻坚计划的实施奠定了基础。

7 月

11 日 国家民航总局、自治区人民政府以民航总局函［1994］581 号文批复了银川河东机场工程初步设计及概算，为国家及时批复开工报告创造条件。

18 日 自治区"八五"重点建设项目、宁夏第一条高等级公路——银（川）古（窑子）一级公路全线建成通车。该公司全长 48.4 公里，总投资 3 亿元，路基总宽 23 米，设计车速为每小时 100 公里。它的建成通车，不仅使银川至我区盐池、陕西定边的路程缩短近 40 公里，而且成为我区与东部沿海地区陆路交通的一条捷径。

22～23 日 国家计委副主任陈耀邦率有关部门负责人来我区，对大柳树水利枢纽工程坝址进行实地考察。考察时指出，要如期实现中央提出的 2000 年增加粮食 1000 亿斤的目标，必须充分利用好黄河水资源，加速黑山峡河段的开发。

8 月

19～21 日 国务院钱其琛副总理应第八届全国人大二次会议宁夏代表的邀请视察宁夏。视察期间，钱副总理参观了宁夏部分企业，并对西北五省区、内蒙古自治区外事工作做了重要指示。

21 日 西北五省区与内蒙古自治区外事工作交流会在银川召开。钱其琛副总理参加会议并作了重要讲话。

22～30 日 全国政协委员视察团 90 人在我区视察工作。视察团深入农村、工厂、体察民情、了解民族地区经济发展和扶贫工作的情况，同时对我区经济发展提出了许多意见和建议。

24 日 电力部总工程师周小谦等人到宁夏考察黄河大柳树和沙坡头水利枢纽工程，提出宁夏可以利用大柳树开工前的时间先建设沙坡头水利工程。

9月

5～14日 西兰乌通讯光缆干线宁夏段73公里，支线通信光缆46公里通过邮电部验收，并全线开通，结束了我区没有长途通信光缆的历史。

8日 我区40个厅、局、委、办派出80人对宁南7县（不含盐池）20乡进行定点扶贫包乡工作组动员大会在宁夏宾馆召开。区政府白立忱主席、周生贤副主席作了重要讲话。

12～16日 以全国政协副主席钱正英为组长的全国政协考察组一行12人，就我区有关水利工程建设和农业发展情况进行了考察。在考察中，钱正英副主席提出争取国家投资20亿元，开发扬黄灌溉200万亩土地，安置山区100万贫困农民，彻底解决南部山区贫困面貌。这一设想为宁夏加快灌区开发、山区脱贫提出了新思路，同时为“1236”工程的设计提供了雏型。

10月

10～11日《宁夏回族自治区党政机关机构改革方案》业经中共中央、国务院批准。自治区党委、人民政府召开全区结构改革工作会议，部署全区机构改革工作。

11月

11日 国家“八五”重点建设工程——宝中铁路提前半年进入分流运输阶段，每天发行4对货运列车，缓解了包兰线、陇海线的部分运输压力。

15～16日 自治区党委、政府在中宁县召开加快全区发展农村私营现场会。自治区领导黄璜、张立志、周生贤等参加会议。

30日 宝中铁路宁夏段电源工程——大坝电厂宝固原330千伏超高压输电线路和固原330千伏变电所建成启动，至此宝中铁路宁夏段所有电力工程全部完成，为1995年6月宝中线全线投入电气化运营打下良好基础。

12月

21～23日 全区教育工作会议在银川召开。自治区领导黄璜、白立忱和国家教委专职委员郭福昌参加会议并作了重要讲话。

石嘴山电力设备厂

厂长：张正玺
地址：宁夏石嘴山经济开发区
邮编：753202
电话：(0952)381897，381091—372

石嘴山电力设备厂，是宁夏生产低压成套配电装置的专业厂家。主要生产JK型交流低压电控设备，BP1，BP4，JYB系列频敏变阻器和GCK，GCL，GGD等各种型号的低压配电屏等，并承揽各种非标准的金属结构件、电缆桥架的制作。

厂长张正玺

低压电控设备

宁夏石嘴山矿务局煤炭运销劳动服务公司

公司经理：何宁
地址：石嘴山矿务局专用线五公里处
邮编：753202
电话：(0952)312350—51002

宁夏石嘴山矿务局煤炭运销劳动服务公司，以原煤销售为主，兼营五金建材。该企业以质量第一，用户至上的原则，愿与各商业伙伴共同振兴西北经济。

公司经理　何宁

运销原煤

宁夏焦化炼铁总厂多种经营服务公司

宁夏焦化炼铁总厂多种经营服务公司，属于自主经营、自负盈亏、自我约束、自我发展的集体所有制企业，拥有固定资产110万元。主要从事汽车配件、润滑油、汽油销售和餐饮服务。公司信誉良好，愿与各界朋友建立真诚的合作关系。

公司经理：张林坤

地址：石嘴山河滨区110国道西侧

邮编：753202

公司经理张林坤

公司外景

宁夏石嘴山钢铁厂附属企业公司冷轧螺纹钢筋厂

各种型号的凸肋冷轧带肋钢筋

宁夏石钢附属企业公司冷轧螺纹钢筋厂，是生产冷轧带肋钢筋和冷轧光圆钢筋的专业厂家。综合年生产能力为1.0～1.5万吨。产品广泛用于高层建筑、等级公路、飞机场跑道、水泥输水管道等领域钢筋水泥预制件的制作。

经理：范士学

地址：宁夏石嘴山区河滨街

邮编：753202

电话：(0952)381099　381085

车间一角

年产6000吨冷轧带肋钢筋项目验收会

新疆维吾尔自治区

主　　编： 韩学琦
副 主 编： 刘彦群　姚书媛
编写人员：
及 单 位： 韩学琦　刘彦群　姚书媛　任春梅
姚永生　张吉生　师惠瑛
新疆阿勒泰地区计划委员会

新疆维吾尔自治区分目录

典型地区和典型企业

鲁木齐光缆通讯工程的建成投入运行，极大地改善了新疆通信条件；长途电话业务电路达到7684路，增长1.4倍，市话局用交换机实占容量达到25.5万门，比上年增长58.4%。全年完成邮电通信业务量5.75亿元，比上年增长44.8%。长期以来制约新疆经济发展的通讯“瓶颈”初步得到缓解。

（四）固定资产投资继续增长，重点建设进展顺利

1994年，新疆进一步加大投资结构调整力度，加强农业、水利、交通、通信、能源和重要原材料等基础产业、基础设施建设，固定资产投资继续增长。完成全社会固定资产投资299.04亿元，比上年增长20.4%，较上年46.1%的增幅回落25.7个百分点。其中：中央单位完成投资185.21亿元，增长22%；地方项目完成113.83亿元，增长17.9%。在投资总额中，国有单位完成257.95亿元，增长20.7%；集体单位完成11.22亿元，增长30.9%；城乡个人完成17.37亿元，增长27.7%；三资及股份制单位完成12.5亿元，与上年持平。

在国有单位固定资产投资总额中，基本建设完成181.78亿元，比上年增长25.5%；更新改造完成42.45亿元，增长13.5%；商品房完成6.38亿元，增长19%；其它投资完成27.34亿元，增长4.5%。在基本建设投资总额中，农、林、牧、渔业投资42.6亿元，比上年增长9.6%；煤炭工业投资2.09亿元，增长4.6%；电力、煤气及水的生产和供应投资10.22亿元，增长4.6%；石油工业投资62.49亿元，增长8.2%。

1994年，自治区在基本建设计划安排中，进一步加强了重点项目的建设。全区共安排重点项目28项，实际完成投资123.64亿元，占国有单位基本建设投资完成额的68%。在28个重点项目中：有7个项目实现了全投产目标，即新疆玛纳斯电厂二期扩建工程、乌鲁木齐光明路集中供热工程、新疆八一钢铁厂改扩建工作、西安——兰州——乌鲁木齐光缆新疆境内星星峡——乌鲁木齐段工程。塔城机场、麦盖提大桥和塔什店火电三期扩建工程。有5个项目实现了单项或部分投产，即兰新铁路复线、塔里木油田、新疆油田开发、吐——哈油田勘探和新疆塔里木农业灌排及环保一期工程。以上项目建成投产，对改善自治区的投资环境和促进国民经济的持续发展将发挥重大的促进作用。9个续建项目也基本实现了年初确定的建设目标。其中独山子乙烯工程8套生产装置均已完工，1995年6月投料试车总体方案已经专家审查通过；乌鲁木齐石油化工总厂聚酯二期工程中的苯二甲酸装置（PTA）装置区钢结构制作安装及框架已完成95%的工作量；乌鲁木齐铁厂沟露天煤矿已超额2%完成了年度剥离计划。7个新开工项目，在国家、自治区以及项目单位的努力下，均已开工建设或建成。其中西安——兰州——乌鲁木齐光缆工程做到了当年开工，当年建成；乌鲁木齐机场改扩建工程已完成场道土石方220万立方米的工作量；和田乌鲁瓦提水利枢纽工程导流洞出口段已进尺100米；乌鲁木齐石油化工总厂二化肥工程进展顺利，尿素造粒塔滑模灌浇及尿素主框架钢筋混凝土灌浇均已完工。

1994年，全区基本建设施工项目3559项，比上年增加638项，其中新开工项目2328项，增加430项。投产项目2370个，比上年增加813个。基本建设重点项目新增主要生产能力有：发电装机容量25万千瓦，原油开采297万吨，钢15万吨，铁路复线交付运营里程473公里，机场跑道1条/2400米，长途通讯光缆866.7公里，开荒25.7万亩等。这些生产能力的形成，为自治区国民经济的发展注入了新的生机。

（五）商品货源充裕，销售平淡

1994年，全区城乡货源充足，品种丰富，销售平稳。全年社会消费零售总额196.26亿元，比上年增长16.6%，扣除价格因素，实际下降7.0%。在社会消费品零售总额中，城市零售额112.17亿元，比上年增长16.7%；农村零售总额84.09亿元，增长16.4%。

（六）对外开放步伐加快，对外贸易取得较快进展

1994年，自治区充分发挥资源和地缘优势，努力扩大出口创汇，外贸进出口总额首次突破10亿美元大关，达到10.23亿美元，比上年增长12.2%。其中出口总额5.71亿美元，增长15.3%；进口总额4.52亿美元，增长8.5%。现汇贸易进出口总额达到5.1亿美元，增长52.5%，其中出口3.32亿美元，增长61.2%。随着“三资”企业数量的增加和规模的扩大，“三资”企业进出口总额迅速增长，全年达到0.76亿美元，比上年增长1.1倍，占外贸进出口总额的比重上升了3.5个百分点。其中出口总额0.46亿美元，增长42.8%；进口总额0.3亿美元，增长5.7倍。全自治区主要进出口商品有增有减。在主要出口商品中，大部分传统大宗出口商品的出口额有较大幅度的增长，其中棉花出口7.33万吨，增长72.3%；棉纱出口3.77万件，增长21.3%；制成品出口1.5万吨，增长3.5倍；水泥出口1.91万吨，增长2.9倍；焦炭出口6.71万吨，增长12倍；蕃茄酱罐头出口2.2万吨，增长56.8%。棉布、玉米、大米、甘草、砂糖的出口额有不同程度的下降。在主要进口商品中，羊毛、棉花、化工原料等成倍增长，钢材、汽车、化肥、纸张等大幅度下降。

全年实际利用外资3.16亿美元。其中借用国外贷款2.66亿美元，吸收外商直接投资0.5亿美元，比上年增长11.1%；当年实际引进外省资金6.69亿元，增长27.2%。'94“乌洽会”取得圆满成功。

（七）金融形势良好，财政收入有了较快增长

随着财税体制改革的顺利实施，自治区各项财政收入增长较快。地方财政收入27亿元，比上年增长20.14%，财政支出比上年增长10.5%，低于财政收入的增长水平。1994年以来，自治区金融形势好转，到1994年底，全区金融机构各项存款余额634.44亿元，比上年末增加193.76亿元，增长44%。其中城乡居民储蓄存款余额347.1亿元，增加103.63亿元，增长42.5%；各项贷款余额632.32亿元，比上年末增加126.27亿元，增长25%。

（八）科技事业取得新的进展

1994年，自治区认真贯彻“科技兴新”的方针，加快科技一体化步伐，科技攻关项目取得新的进展。全区共取得区级以上重大科技成果296项，有11项科技成果获得国家级科技奖励，124项获自治区科技进步奖。

1994年，新疆科技工作有以下特点：①科技攻关项目取得较大进展。如国家攻关计划85—902项，简称“305”项目，在执行中，已找到金矿7处，锑矿、铜矿、钾盐矿各1处，新圈定重要找矿靶区11处，为进一步找矿提供了重要线索。国家部委在自治区执行的国家攻关项目，已完成了塔里木盆地第二次油气资源评价，证实了该地区的资源量达191.5亿吨，其中已探明和控制的石油、天然气储量分别为2.7亿吨和833亿立方米。还开发了一套适合沙漠特点的油气勘探技术，为解决我国能源和石油化工后备资源创造了条件。②高新技术应用和高新技术开发区有了一定发展。计算机在各行业普遍得到应用，计算机辅助设计（CAD）的应用率已达15%以上。“火炬”计划项目进展顺利。乌鲁木齐高新技术产业开发区建设取得明显效果。到1994年底，进区企业已有275家，注册资金5亿多元，其中高新技术企业198家，目前正在实现商品化的项目170个，已形成产业化的有50个。③科技成果推广也有较大进展。如在南疆“吨粮田”技术和棉花高产种植方法及绒山羊繁育等项目的推广，对“科技扶贫”起到了积极的作用，具有国际先进水平的“牛的胚胎移植”新技术，已在全区12个县推广，产生了巨大的经济效益。④以生产者为对象的“素质工程”，已培训200万人次。

1994年，在我区召开了“'94全国发明与专利博览会暨百强县与新疆交流协作会”，给新疆引进了先进科技成果，促进了先进科技和优势资源的结合，对发展新疆经济起到了一定作用。全区企事业单位共开展研究项目（课题）2198项。

（九）各项社会事业相应发展

1994年，全区教育、文化、卫生、体育、新闻出版等各项社会事业稳步发展，民族团结和社会安定得到进一步巩固，人民生活得到改善，普通高等学校在校学生达4.33万人，比上年增长10.7%；全区各类中等职业技术学校在校生16.85万人，占高中阶段在校生的55%；普通初中在校生达58.57万人，小学在校学生达210.59万人，分别比上年增长6%和3.26%；成人教育继续得到重视。文化、广播、电视和新闻出版事业蓬勃发展，群众文化生活丰富多彩。劳动就业面扩大。年末全部职工人数314.9万人，比上年增加3.9万人。全部职工工资总额128.8亿元，比上年增长25.3%，职工平均货币工资4081元，增长26%。城镇居民生活费用2869亿元，比上年增长29.5%，生活水平和质量有所提高；农村居民人均纯收入935.5元，增长20.2%。卫生事业稳步前进，群众防病治病条件得到改善。计划生育工作进一步加强，控制人口过快增长工作收到成效。年末全区总人口1632.7万人，人口自然增长率13.39‰，均控制在计划目标之内。

（刘彦群　姚书媛　撰稿）

自治区的重点建设

1994年以来，自治区基本建设战线认真贯彻党中央十四届三中全会和自治区党委四届六次，七次全委（扩大）会议精神，加强宏观调控，调整投资结构，集中力量加强对农业、水利、交通通信、能源、重要原材料等基础产业、基础设施和支柱产业等重点项目的建设，较好地完成了各项建设任务。

一、投资结构进一步调整

（一）投资规模向适度的方向发展

根据中央关于加强投资宏观调控的要求，自治区各地区、各部门对投资规模有所控制，新开工项目减少，据1994年统计年报，全区全社会固定资产投资完成285.5亿元，比上年增长14.9%。其中，地方项目完成107.4亿元，增长11.2%。在完成的固定资产投资总额中，国有单位的基本建设完成165.5亿元，增长14.3%。基本建设施工项目3140个，比上年减少101个，其中新开工项目2058个，比上年减少130个。

（二）投资结构改善，基础产业、基础设施的投资力度进一步加大

在1994年全区完成的基本建设投资中，农业、水利、交通通信、能源、重要原材料等基础设施、基础产业完成投资125.8亿元，比上年多完成12.8亿元。这两年，公路交通建设最为突出，1993年完成投资6.7亿元，交工8条国道，新增通车里程934.8公里。此外，还投资对20条国道、省道进行了大中修，建设了部分县、乡道路，为自治区城乡经济发展创造了良好的交通条件。邮电电信建设也蓬勃发展，特别是1994年以来，呈现了快速发展的势头。1993年全区邮电完成固定资产投资3.5亿元，1994年就达13亿元。业务电路总数由1993年的3200条增长到1994年的7684条。1994年全区长途自动交换容量达15562路端，为1993年的2.98倍，市话交换总容量1994年增加到52.9万门。

（三）投资效益有所提高

主要是集中力量保投产，新增了一大批生产能力。1993～1994两年来，新增的生产能力主要有：发电装机容量36.21万千瓦，新建公路750公里，改建公路2274公里，民航机场跑道1条2400米，铁路复线交付运营里程615.8公里，新建微波电路563公里，长途光缆866.7延长公里，市内电话自动交换机扩容21.1万门，原油开采417.4万吨，钢15万吨，城市供热能力5×25吨/小时，耕地40.71万亩，造林19.88万亩，灌溉面积113.13万亩，机制糖4250吨，棉纺13.72万绽，纯碱8万吨。这些生产能力的形成，为自治区国民经济的发展和综合经济实力的增长注入了新的生机。其次是固定资产交付使用率1994年比1993年上升了36.2个百分点，达到了68.7%，房屋竣工率由93年的50%提高到94年的60%。

（四）重点项目进展顺利

1994年，自治区的重点建设项目在1993年完成年计划之后，又以完成投资123.6亿元的成绩达到了历史最高水平。两年中共有新疆纯碱厂、国道216线北屯——大黄山段公路、伊犁火电厂四期扩建和玛纳斯电厂二期工程、八一钢铁厂改扩建工程等18个重点项目建成投产，有乌石化聚酯一期工程、兰新复线、国道312线哈密——了墩、昌吉一呼图壁段公路等13个项目实现了单项投产或部分投产目标。其中，伊犁火电厂四期扩建、乌苏县热电厂和塔什店火电厂三期扩建工程都提前一年实现全部投产的目标。为了保证重点项目的建设，在建设项目的安排上，突出加强了基础产业、基础设施项目的建设。这两年的重点项目绝大部分是农业、水利、交通、通信、能源及重要原材料骨干项目。

二、各项管理工作进一步加强

（一）建设项目前期工作开始引起重视

按照国家及自治区产业政策和产业结构发展的要求，自治区逐步调整了项目前期工作安排，加强了

前期费的统一管理，集中资金保证了农业、水利、交通、通信、能源、重要原材料等基础产业、基础设施建设项目前期工作的需要，并组织有关方面的专家，切实做好各项前期工作，取得大量资料，为能及时列入国家计划开工建设提供了前提。近年来，根据自治区党委和政府的指示，有关部门加大了建设项目的前期工作力度。1994年，在建设资金十分困难的情况下，自治区下达基本建设前期工作费7755万元，其中南疆铁路延伸工程、额尔齐斯河“635”引水枢纽及总干渠、吉林台水电站、红雁池第二发电厂等8个前期项目的前期费就达5854万元，占前期费总额的75.4%。不少地区和部门根据本地区本部门的发展重点，也相应加大了前期工作力度。通过上下共同努力，一批项目程度不同地完成了前期工作，有些项目正在报请国家批准立项或开工建设。

（二）勘察设计管理体制改革成效显著

1993年，自治区借鉴兄弟省市的经验和作法，在勘察设计单位事业建制实行企业管理的基础上，率先在自治区建筑设计院实行包括国有资产、设计质量及进度、经营管理、人事职称、工资分配等内容在内的技术经济承包。在取得经验的基础上，又相继在自治区其它一些设计单位进行了承包经营，有效地调动了勘察设计人员的积极性，生产效率大幅度提高。1994年全区共完成初步设计投资额78亿元，施工图设计78.9亿元，比1984年增长了8倍。从总体上看勘察设计质量和管理水平也有了进一步的提高。

（三）建设项目施工招标工作取得了一定进展

这两年，自治区进一步修改补充了工程建设施工招标投标实施办法，使全疆的工程施工招标工作有了一定进展。据1994年不完全统计，通过招投标承包的单位工程有852个，占单位工程施工总数的9.7%；招标单位工程施工面积133.9万平方米，占单位工程施工面积的11.6%。虽然比例还较低，但已经显示出它的优越性，普遍降低造价2.4%，工期提前30%。1994年以来，在有关方面的密切配合下，乌鲁瓦提水利枢纽工程、吐乌大高等级公路工程、乌鲁木齐河东污水处理厂、乌鲁木齐河滩路工程等一些重点项目在国内或区内较好地完成了招投标工作。

（四）工程质量和安全滑坡问题初步得到抑制

据统计，1994年，全疆各地州市质量监督部门共核定竣工工程1761项，合格1461项，合格率为85.89%，其中优良工程216项，优良品率为12.7%，分别比上年提高4.5个和2.3个百分点。1994年自治区有关部门组织对重点项目进行了几次工程质量抽查，促进了建设和施工单位对工程质量管理工作的重视，增强了全员质量意识，一些质量问题也得到及时纠正，消除了隐患。工程监理制度在一些部门的项目上初步开始推行，成效比较显著的是部分公路建设项目。从1992年开始实行监理后，工程质量明显提高。1992年当年验收的6项工程，只有2项是优良，工程优良率为33.3%，1993年验收的18项工程，有8项是优良工程，优良率为44.4%，1994年通过验收的11项工程，优良率为54.5%，验收工程的优良率逐年提高。

（五）工程造价管理工作开始走上规范化的轨道

近年来，自治区各级工程造价管理部门逐步对工程造价实行了动态管理。对建筑、安装工程所需材料、价格以及人工工资、机械台班的变化，每年都进行大量的调查、分析和测算工作，在此基础上合理地确定和及时地发布价格调整信息或价格调整指数，有些地州市还做到了每半年发布一次。同时修订和完善了各项基础定额。另外，工程造价管理人员经过培训素质有所提高。7000人领到了资格证书，并开展了概预算人员的建档工作。

（六）进一步加强了工程建设协调工作

政府各部门对工程建设的协调服务，及时解决建设中的困难和问题，是工程建设顺利进行的必要保证。各地区、各部门为此做了大量工作，成绩显著。针对近几年来基本建设项目资金和物资供应、大件运输、征地拆迁、地产材料供应及配套工程建设和项目建设施工过程中与其它部门和单位之间引发的利益冲突和矛盾等方面出现的新情况、新问题，自治区及各地、各部门的主要领导都亲临建设现场，尤其是重点建设工地，调查研究，通过专题协调会、现场办公会等形式，为重点建设排忧解难，从而有力地保证了自治区基本建设及重点项目的顺利实施。各重点建设项目精心管理，充分发挥组织协调作用，积极配合设计、施工以及材料设备运输等单位做好各项工作，共同促进投资、进度与质量控制目标的实现。兰新铁路复线自1992年正式开工以来，乌鲁木齐铁路局复线指挥部努力做到生产运输和施工建设两不误，集中优势兵力，组织会战，全长987公里的复线提前于1994年9月16日全线铺通，1995年6月即可全线投入运营，创造了我国长大铁路干线复线建设史上少有的高速度，受到了国务院领导同志的高度赞扬。独山子乙烯工程指挥部的各级领导，精心组织，坚持常年工作在现场，坐阵指挥和协调，设计、施工单位紧密配合，自开工以来，组织了6次大战役，把因国外合同生效期晚而失去的近一年的建设时间抢了回来，预计1995年6月可以实现化工投料试车。塔里木、吐哈和新疆三大油田建设以及玛电二期、乌石化二化肥、阿勒泰山口水电站、西——兰——乌光缆通信干线工程新疆段和乌——伊光缆通信干线工程等一批重点项目的管理也同样取得了好成绩。可以自豪地说，新疆组织重点工程建设的管理和组织指挥水平与内地先进水平相比，毫不逊色，这些成绩受到了有关方面的重视和赞扬。如乌石化聚酯一期工程中，其缩聚装置的热媒一次不退和管路抽真空一次成功，均创造了中石化系统的最好水平；新疆水泥厂扩建工程，以其与国内同期同规模工程相比，投资最省，引起国家计委有关负责同志的重视；西——兰——乌光缆通信干线工程新疆段，在保证工程质量和控制工程投资的前提下，以全国未有的高速度，令澳大利亚通信工程专家感到惊讶。

（七）竣工验收工作进一步引起重视

在总结以往建设项目竣工验收工作的基础上，这两年不仅强调竣工决算和技术资料的整理，而且坚持开展验收前的审计工作。目前这项工作逐步程序化，绝大部分投产项目按要求进行了验收。两年来，北疆铁路、新疆水泥厂扩建工程、玛纳斯电厂一斯工程、博湖造纸厂等投产项目通过了国家验收。新疆啤酒厂三期扩建工程、新疆毛纺厂二期工程、公安厅通讯楼、和静大山口水电站、南北疆数字微波工程、阿勒泰2817工程、国道312线昌吉——呼图壁汽车专用线等十几项重点工程通过了自治区验收。

三、投资环境得到进一步改善

为了不断改善投资环境，吸引更多投资者到新疆投资和发展，自治区制定了一系列的优惠政策。特别是在土地征购方面，出台了许多很受投资者欢迎的办法。如《兰新铁路复线征地拆迁优惠办法及补偿安置标准》、《吐鲁番——乌鲁木齐——大黄山高等级公路建设征地拆迁优惠办法》，还对石油勘探开发临时用地批准给予无偿使用的优惠以及减免部分项目的城市建设配套费等，节约了建设项目的大量投资。兰新铁路复线、吐鲁番——乌鲁木齐——大黄山高等级公路和独山子乙烯等项工程都节约了大量的征地费用。各地区各部门根据自治区的要求结合当地实际，也制定了一些优惠办法。如使用开采当地砂石料和天然河道取水免收资源税等优惠办法。

为支持国家重点项目建设，自治区在电力供应、生产生活用水、生产和后勤基地建设等方面做了不少工作，如配合国家开发塔里木油田，保证塔里木油田开发的电力供应，自治区加快了库尔勒电网的建设，先后投资新建或扩建了塔什店火电厂三、四期工程，库尔勒——轮台送变电工程等，并将这些项目列为自治区重点项目予以保证；1994年又安排哈密二电厂进行二期扩建，列为重点建设予以保证，以满足吐哈油田勘探开发对电力的需求。

为简化办事环节，清理不合理收费，提高办事效率，根据自治区人民政府决定，1993年组织有关部门和单位进行了专项调查，决定取消了不必要的18道手续（或收费）。

（韩学琦　撰稿）

附录：

新疆维吾尔自治区对外经济技术合作项目

企业名称：新疆塑料制品总厂

1. 项目名称：新疆塑料制品总厂扩建项目
2. 新项目描述：充分利用新疆资源优势，拟引进国内外先进技术生产大口径波纹管、无雾滴大棚膜以适应市郊菜篮子工程需要。
3. 预计总投资：3000万美元；中方投资比例60%，外方投资比例40%。
4. 需要外方投入方式：A资本；B技术；C设备
5. 主要产品和年产量：年产各种大口径塑料波纹管、无雾滴大棚膜，一次性桌布及PE发泡片等6000吨
6. 内外销比例：国内90%，主要销售地区为自治区内；国外10%；主要销售地区独联体
7. 合作方式：A合资；B独资；C其它
8. 投资回收期：4.5年

9. 地址：乌市新市区河南西路2号（邮政编码：830011）

10. 联系人：扬学强

电话：3835275，传真：(0991) 3837833

企业名称：博湖纸厂

1. 项目名称：博湖纸厂扩建工程

2. 新项目描述：博湖地区有着极为丰富和优质的芦苇资源，为了充分利用这一资源优势，拟在原有3万吨/年生产能力上扩建5万吨/年漂白苇浆板

3. 预计总投资：50000万元，中方投资比例70%，外方投资比例30%

4. 需要外方投入方式：A资本；B技术

5. 主要产品和年产量：漂白苇浆板5万吨/年

6. 内外销比例：国内70%，主要销售地区为自治区外；国外：30%

7. 合作方式：合资

8. 投资回收期：9年

9. 地址：新疆库尔勒市新城区（邮政编码：841001）

10. 联系人：田成功电话：(0996) 2151022 2151000 传真：(0996) 2151001

企业名称：新疆吉木萨尔县计划委员会项目筹备组

1. 项目名称：建设脱水菜生产线项目

2. 新项目描述：经脱水后的洋葱、大蒜、南瓜等蔬菜越来越受到国外青睐，价格看好，市场前景广阔。拟利用本地丰富的资源优势，进行深加工

3. 预计总投资：573万美元；中方投资比例60%，外方投资比例40%

4. 需要外方投入方式：A：资本

5. 主要产品和年产量：年产脱水洋葱、大蒜、南瓜、胡萝卜等360吨

6. 内外销比例：国内30%；国外70%

7. 合作方式：A合资；B其它

8. 投资回收期：3年

9. 地址：中国新疆吉木萨尔县计划委员会（邮政编码：831700）

10. 联系人：叶生珲电话：(09045) 512161

企业名称：新疆日用玻璃厂

1. 项目名称：新疆日用玻璃厂扩建项目

2. 新项目描述：为满足我区酿酒、罐头、化工等行业的需求，特别是啤酒生产能力“九五”将达到30万吨，届时啤酒瓶用量将成倍增长，因此发展玻璃瓶罐生产十分迫切

3. 预计总投资：11000万元；中方投资比例60%，外方投资比例40%

4. 需要外方投入方式：A资本；B技术；C设备

5. 主要产品和年产量：拟新增年产5万吨玻璃瓶罐生产线一条

6. 内外销比例：国内80%，主要销售地区为自治区内；国外20%，主要销售地区独联体

7. 合作方式：合资

8. 投资回收期：5年

9. 地址：乌市仓房沟东路61号（邮政编码：830006）

10. 联系人：陈世孝电话：(0991) 5851553

企业名称：新疆哈密啤酒厂

1. 项目名称：大麦芽生产

2. 新项目描述：利用当地优质大麦为原料，采用国内先进工艺，引进国外部分先进设备，建设年产5万吨大麦芽生产装置

3. 预计总投资：1000万美元；中方投资比例：50～70%，外方投资比例30～50%

4. 需要外方投入方式：A资本；B设备

5. 主要产品和年产量：5万吨大麦芽

6. 内外销比例：国内80%，主要销售地区乌鲁木齐市；国外20%

7. 合作方式：A合资；B合作；C其它

8. 投资回收期：5年

9. 地址：中国新疆哈密啤酒厂

10. 联系人：陈友明电话：(09022) 232456 传真：(09022) 235794

企业名称：独山子炼油厂（塑料厂）

1. 项目名称：双向拉伸膜生产

2. 新项目描述：引进双向拉伸膜生产技术及设备，年产5000吨双向拉伸膜

3. 预计总投资：1221万美元；中方投资比例：25.59%，外方投资比例74.41%

4. 需要外方投入方式：A资本；B技术；C设备

5. 主要产品和年产量：年产双向拉伸膜5000吨

6. 内外销比例：国内80%，主要销售地区全国各地；国外20%，主要销售地区独联体

7. 合作方式：A合资；B合作；C其它

8. 投资回收期：5年

9. 地址：新疆独山子塑料厂

10. 联系人：夏宇红电话：(0992) 864163

企业名称：新疆第二毛纺织厂

1. 项目名称：高档轻薄型精纺产品生产

2. 新项目描述：引进自动络筒机、高速并线机、倍捻机、剑杆织机、剪毛机、溢流染色机、热定型机、洗缩联合机、溶剂干洗机、烫呢机等设备，生产高档轻薄型精纺产品。

3. 预计总投资：1230万美元；中方投资比例58%，外方投资比例42%

4. 需要外方投入方式：A资本；B设备

5. 主要产品和年产量：新疆名牌“金塔”牌精纺呢绒175万米/年

6. 内外销比例：国内30%，主要销售地区东北、西北、西南、华南；国外70%，主要销售地区、欧美、东南亚、日本

7. 合作方式：A合资；B合作

8. 投资回收期：6年

9. 地址：中国新疆乌鲁木齐市银川路2号（邮政编码：830054）

10. 联系人：张纬清电话：（0991）4842098 4842141 传真：（0991）4840389

企业名称：新疆涤纶纤维厂

1. 项目名称：新疆涤纶纤维厂扩建工程

2. 新项目描述：该厂现有4000吨/年能力，配套条件完善，乌石化聚酯工程一期投产，原料有保证，拟扩建1万吨/年。

3. 预计总投资：5.2亿元；中方投资比例50%，外方投资比例50%

4. 需要外方投入方式：A资本；B技术；C设备

5. 主要产品和年产量：年产1万吨涤纶纤维

6. 内外销比例：国内：100%，主要销售地区：全国各地

7. 合作方式：A合资

8. 投资回收期：（ ）年

9. 地址：新疆涤纶纤维厂

10. 联系人：李臣奇电话：（0991）4843857

企业名称：新疆米泉县古牧地镇企业办

1. 项目名称：涤纶仿真丝绸制造项目

2. 新项目描述：利用乌市石化厂生产的涤纶低强丝为原料，采用气流喷纺先进技术生产涤纶仿真丝绸

3. 预计总投资：2093万美元；中方投资比例69%，外方投资比例40%

4. 需要外方投入方式：A资本；B设备

5. 主要产品和年产量：年产1400万米绦纶仿真丝绸

6. 内外销比例：国内80%；国外20%

7. 合作方式：A合资

8. 投资回收期：6年

9. 地址：中国新疆米泉县古牧地镇企业办（邮政编码：831400）

10. 联系人：马方新电话：（09041）62408

企业名称：乌鲁木齐纺织企业集团公司

1. 项目名称：乌鲁木齐丝绸织染厂

2. 新项目描述：利用我区石油化工和化纤原料、发展丝绸工业，前景十分喜人。该项目建设规模为100台喷水织机，所用原料有保证。

3. 预计总投资：1800万美元；中方投资比例65%，外方投资比例35%

4. 需要外方投入方式：A资本；B设备

5. 主要产品和年产量：绦纶仿真丝绸、高仿真合纤绸，年产坯绸750万米，年印染加工能力750万米。

6. 内外销比例：国内69%，主要销售地区西北地区；国外40%，主要销售地区独联体及中东地区各国家

7. 合作方式：A合资

8. 投资回收期：6.45年

9. 地址：乌市和平路永和北巷1号（邮政编码：830001）

10. 联系人：姚新华电话：（0991）2821877

企业名称：库尔勒丝绸厂

1. 项目名称：仿真丝绸民族装饰用绸项目

2. 新项目描述：为提高产品档次，生产质量上乘，花色品种齐全的涤沦仿真丝绸，库尔勒丝绸厂决定技术改造，以满足区内市场和邻国的需要

3. 预计总投资：624万美元；中方投资比例60%，外方投资比例40%

4. 需要外方投入方式：A资本；B设备

5. 主要产品和年产量：涤真丝乔其立绒29万米/年，涤丝烂花绒24.5万米/年，绦丝双绉234.5万米/年，涤丝绸139万米/年，涤丝乔其130万米/年，合计557万米/年

6. 内外销比例：国内50%，主要销售地区自治区内；国外50%，主要销售地区周边国家

如何解决外汇平衡：出口创汇

7. 合作方式：A合资

8. 投资回收期：1.46年

9. 地址：新疆库尔勒丝绸厂（邮政编码：841000）

10. 联系人：甄造虎电话：（0996）2026100 2023214

企业名称：新疆纺织科研所

1．项目名称：100台喷水织机

2．新项目描述：利用本地丰富的涤纶长丝原料，在现有基础上引进100台喷水织机，年产仿真丝绸白坯750万米

3．预计总投资：600万美元；中方投资比例50%，外方投资50%

4．需要外方投入方式：A资本；B设备

5．主要产品和年产量：年产仿真丝绸白坯750万米

6．内外销比例：

7．合作方式：A合资；B合作；C其它

8．投资回收期：5年

9．地址：新疆纺织科研所（邮政编码：830002）

10．联系人：王妍红电话：（0991）2811189

企业名称：新疆七一印染厂

1．项目名称：后整理技术改造

2．新项目描述：引进宽幅圆网印花机，溢流染色机，磨毛机，涂层整理机，连晒机等小批量松式加工设备

3．预计总投资：2800万元人民币（需外资220万美元）；中方投资比例31.64%，外方投资比例68.36%

4．需要外方投入方式：A资本；B技术；C设备

5．主要产品和年产量：年加工3500万米高密细薄织物、厚重织物

6．内外销比例：国内50%，主要销售地区新疆各地；国外50%，主要销售地区独联体

7．合作方式：A合资；B合作；C其它

8．投资回收期：6.1年

9．地址：中国新疆乌鲁木齐市水磨沟温泉路（邮政编码：830002）

10．联系人：邓炜霖电话：4871781传真：（0991）4843759

企业名称：新疆棉纺集团第一棉纺厂

1．项目名称：高密织出口生产线

2．新项目描述：引进自动络筒机4台、片梭织机49台，提高高密纯棉织物生产质量，建立年产经面缎纹纯棉布118万米，纯棉府绸396万米新设备

3．预计总投资：700万美元；中方投资比例70%，外方投资比例30%

4．需要外方投入方式：A资本；B设备

5．主要产品和年产量：经面缎纹纯棉布118万米，纯棉府绸396万米

6．内外销比例：国外100%，主要销售地区香港、欧美

7．合作方式：A合资；B其它

8．投资回收期：6年

9．地址：中国新疆乌鲁木齐市水磨沟温泉路4号（邮政编码：830017）

10．联系人：甄鹏电话：（0991）4871797传真：（0991）4871769

企业名称：新疆电力公司

1．项目名称：伊犁第二火电厂

2．新项目描述：电厂规划容量为20万千瓦，分三期建设。一期工程装机容量为2×2.5万千瓦。电厂用煤17万吨，可由现有煤矿扩建或挖潜解决，供水从伊犁引水干渠大稻渠直供解决，冷却方式采用一次循环

3．预计总投资：3839万美元；中方投资比例75%，外方投资比例25%

4．需要外方投入方式：A资本

5．主要产品和年产量：年发电量2.3亿千瓦时

6．内外销比例：国内100%，主要销售地区伊犁电网

7．合作方式：A合资；B合作

8．投资回收期：8年

9．地址：乌鲁木齐市建设路5号（邮政编码：830002）

10．联系人：房志远　电话：（0991）2816698　传真：（0991）2815911　2828455

企业名称：新疆电力公司

1．项目名称：天池抽水蓄能电站建设项目

2．新项目描述：位于乌鲁木齐市东北90公里，以“天池”为上池，新建下池，安装4×100MW抽水蓄能电站，总装机400MW，发电量送入乌鲁木齐电网（低谷时段抽水蓄能，高峰时段发电，为乌鲁木齐电网调峰服务）。

3．预计总投资：2亿美元；中方投资比例75%，外方投资比例25%（也可以30%）

4．需要外方投入方式：A资本；B设备

5．主要产品和年产量：年发电量6.8亿千瓦/时

6．内外销比例：国内：100%，主要销售地区乌鲁木齐电网

7．合作方式：A合资；B合作；C出口信贷

8．投资回收期：10年

9．地址：中国新疆乌鲁木齐建设路5号（邮政编码：830002）

10．联系人：房志远电话：（0991）2817798传真：（0991）2815911　2828455

企业名称：新疆电力公司

1. 项目名称：新疆吉林台水电站

2. 新项目描述：吉林台一级水电站是伊犁喀什河流域规划中的第十个梯级电站，以发电为主，兼有灌溉和防洪效益，拦河坝为砼面板堆石坝，最大坝高157米，水库总库容25.3亿立方米，具有不完全多年调节性能，电站总装机容量460MW（4×115MW），保证出力91.6MW。

3. 预计总投资：34483万美元；中方投资比例60%，外方投资比例40%

4. 需要外方投入方式：A资本

5. 主要产品和年产量：多年平均发电量9.6亿千瓦时

6. 内外销比例：国内100%，主要销售地区乌鲁木齐市电网

7. 合作方式：A合资B合作

8. 投资回收期：8.5年

9. 地址：乌鲁木齐市建设路5号（邮政编码：830002）

10. 联系人：房志远　电话：（0991）2816698传真：（0991）2815911　2828455

企业名称：新疆电力公司

1. 项目名称：乌鲁木齐电网延伸工程

2. 新项目描述：(1) 从鄯善到哈密新建220千伏供电线路300公里，在哈密新建2×12万变电所一座；(2) 从托克逊到库尔勒新建200千伏线路约300公里，在库尔勒新建2×12万千伏安变电所一座；(3) 从乌鲁木齐至哈密和库尔勒新建光缆两条，建立卫星通讯装置

3. 预计总投资：6322万美元；中方投资比例70%，外方投资比例30%

4. 需要外方投入方式：A资本

5. 主要产品和年产量：

6. 内外销比例：国内100%，主要销售地区乌鲁木齐

7. 合作方式：A合资；B合作

8. 投资回收期：8年

9. 地址：乌鲁木齐市建设路5号（邮政编码：830002）

10. 联系人：房志远电话：（0991）2816698　传真：（0991）281591128　28455

企业名称：乌鲁木齐铝厂

1. 项目名称：电子铝箔氧化赋能

2. 新项目描述：利用本厂生产的高中压电子铝箔光箔原料，及和上海共同开发的生产工艺技术，建设年产高中压低压大比容电解电容铝箔2000吨的生产装置，主要设备从国外引进，产品供应国内外市场

3. 预计总投资：600万美元；中方投资比例60～75%，外方投资比例25～40%

4. 需要外方投入方式：A资本；B设备

5. 主要产品和年产量：2000吨/年电子铝箔

6. 内外销比例：国内40%；国外60%

7. 合作方式：A合资；B合作；C其它

8. 投资回收期：3年

9. 地址：中国新疆乌鲁木齐铝厂（邮政编码：830002）

10. 联系人：张英干电话：（0991）3835306传真：（0991）4843759

企业名称：新疆石油管理局准东勘探开发公司

1. 项目名称：新疆彩南油田伴生气回收利用工程

2. 新项目描述：彩南油田地处准噶尔盆地东部，现已建成产能150万吨，伴生气目前日产近60万立方米。本项目为天然气综合利用工程，主要建设内容为：30～60万立方米/日伴生气输气管线113公里；25～30万立方米/日伴生气装置一套；50000吨/年甲醇装置

3. 预计总投资：3521万美元；中方投资比例40%，外方投资比例60%

4. 需要外方投入方式：A资本

5. 主要产品和年产量：20000吨石油液化气；17000吨轻油；5000吨甲醇

6. 内外销比例：国内70%，主要销售地区新疆、江苏、广东；国外30%，主要销售地区待定

7. 合作方式：A合资

8. 投资回收期：7.7年

9. 地址：新疆阜录石油基地准东公司计划经营部（邮政编码：831511）

10. 联系人：南永祯电话：（0990）831588　832014

企业名称：新疆石油管理局

1. 项目名称：新疆独山子聚烯烃后加工工程

2. 新项目描述：本项目为独山子14万吨乙烯工程后加工工程，拟建3套附加值较高的装置（生产双向拉伸膜、无纺布、丙纶丝），总加工能力为1.6万吨聚烯烃粒料，所需聚丙烯原料均由乙烯工程内7万吨聚丙烯装置提供

3. 预计总投资：3103万美元；中方投资比例60%，外方投资比例40%

4. 需要外方投入方式：A资本

5. 主要产品和年产量：6000吨双向拉伸膜，5000吨无纺布，5000吨丙纶丝

6. 内外销比例：国内100%，主要销售地区全国各地

7. 合作方式：A合资；B其它

8. 投资回收期：3.5年

9. 地址：新疆独山子炼油厂（邮政编码：833600）

10. 联系人：杨生汉　孙永达电话：(0991) 863436 862245 传真：(0992) 682910

企业名称：新疆石油管理局

1. 项目名称：新疆独山子氯化聚乙烯工程

2. 新项目描述：本工程为独山子14万吨乙烯工程聚乙烯产品的后加工项目，建设规模为1万吨氯化聚乙烯，其产品是乙烯工程内已生产的橡胶产品、聚烯烃产品以及工程今后拟扩建的聚氯乙烯产品的优良改性剂，它不仅扩大了上述产品的应用范围，又提高了产品的附加值，同时该工程可以合理地消化利用氯气，经济和环保效益十分显著。

3. 预计总投资：747万美元；中方投资比例60%，外方投资比例40%

4. 需要外方投入方式：A资本

5. 主要产品和年产量：10000吨氯化聚乙烯/年

6. 内外销比例：国内100%，主要销售地区全国各地

7. 合作方式：A合资；B其它

8. 投资回收期：2.5年

9. 地址：新疆独山子炼油厂（邮政编码：833600）

10. 联系人：杨生汉　孙永达　电话：(0992) 863436 862245 传真：(0992) 682910

企业名称：新疆乌鲁木齐轮胎厂

1. 项目名称：年产150万套子午线轮胎

2. 新项目描述：利用国内先进生产工艺，关键设备从国外引进，其它设备国内配套，年产半钢丝轿车子午线轮胎80万套，半钢丝轻卡子午线轮胎40万套，全钢丝载重子午线轮胎30万套

3. 预计总投资：10780万美元；中方投资比例60%，外方投资比例40%

4. 需要外方投入方式：A资本；B设备

5. 主要产品和年产量：年产150万套子午线轮胎

6. 内外销比例：国内70%，主要销售地区全国；国外30%，主要销售地区周边国家

7. 合作方式：A合资；B合作

8. 投资回收期：5年

9. 地址：中国新疆乌鲁木齐轮胎厂（邮政编码：830002）

10. 联系人：史惠中电话：(0991) 3838450 传真：(0991) 4843759

企业名称：新疆昌吉州天山化工厂

1. 项目名称：年产3000吨聚苯硫醚

2. 新项目描述：利用本厂的技术和原料，建设年产3000吨聚苯硫醚，500吨无水硫化钠生产装置

3. 预计总投资：1790万美元；中方投资比例60%，外方投资比例40%

4. 需要外方投入方式：A资本；B设备

5. 主要产品和年产量：年产3000吨聚苯硫醚，500吨无水硫化钠

6. 内外销比例：国内70%；国外30%

7. 合作方式：A合资；B合作；C其它

8. 投资回收期：4年

9. 地址：中国新疆乌鲁木齐市自治区化工局（邮政编码：830002）

10. 联系人：李世全电话：(0991) 5857360 传真：(0991) 4843759

企业名称：新疆哈密地区铬盐厂

1. 项目名称：红矾钠生产

2. 新项目描述：利用新疆地方贸易进口独联体产铬矿及当地生产的纯碱和硫酸，建设年产红矾钠2万吨的生产装置

3. 预计总投资：3800万美元；中方投资比例60%，外方投资比例40%

4. 需要外方投入方式：A资本；B设备

5. 主要产品和年产量：年产2万吨红矾钠及其它铬盐

6. 内外销比例：国内：50%，国外：50%

7. 合作方式：A合资；B其它

8. 投资回收期：6年

9. 地址：中国新疆乌鲁木齐市自治区化工局（邮政编码：830002）

10. 联系人：李世全电话：(0991) 5857360 传真：(0991) 4843759

企业名称：新疆石油管理局

1. 项目名称：新疆独山子醇醚工程

2. 新项目描述：本项目为独山子14万吨乙烯工程中环氧乙烷产品的后加工工程，其产品醇醚是一种性能优良的非离子型表面活性剂，属合成洗涤剂行业中的第三代产品，产品附加值很高。工程建设规模1万吨醇醚

3. 预计总投资：575万美元；中方投资比例60%，外方投资比例40%

4. 需要外方投入方式：A资本

5. 主要产品和年产量：10000吨醇醚/年

6. 内外销比例：国内70%，主要销售地区全国各地；国外30%，主要销售地区独联体

7. 合作方式：A合资；B其它

8. 投资回收期：5年

9. 地址：新疆独山子厂炼油厂（邮政编码：833660）

10. 联系人：杨生汉、孙永达电话：(0992) 863436 862245 传真：(0992) 862910

企业名称：新疆钢铁公司板簧厂

1. 项目名称：汽车用弹簧钢板
2. 新项目描述：生产工艺采用本厂自有工艺，关键生产设备从国外引进，其他设备和公用设施由国内配套，年产汽车用弹簧钢板5万吨，产品为国内汽车工业配套，属市场紧俏产品
3. 预计总投资：1200万美元；中方投资比例60～75%，外方投资比例25～40%
4. 需要外方投入方式：A资本；B设备
5. 主要产品和年产量：年产汽车用弹簧钢板5万吨
6. 内外销比例：国内80%；国外20%
7. 合作方式：A合资；B合作；C其它
8. 投资回收期：5年
9. 地址：中国新疆钢铁公司
10. 联系人：李汉中电话：(0991) 3893666 传真：(0991) 3891000

企业名称：新疆轴承厂

1. 项目名称：外球面轴承扩建项目
2. 新项目描述：进一步扩大外球面轴承与带座轴承的生产能力，以满足市场的需要
3. 预计总投资：600万美元；中方投资比例60%，外方投资比例40%
4. 需要外方投入方式：A资本；B设备
5. 主要产品和年产量：外球面轴承和带座轴承，年生产外球面轴承300万套（以上产品含美国市场需要的英制内径轴承）
6. 内外销比例：国内20～30%，主要销售地区全国各地；国外70～80%，主要销售地区欧洲、美国、澳洲、亚洲及非洲
7. 合作方式：A合资
8. 投资回收期：3年
9. 地址：中国新疆乌鲁木齐市北京北路42号（邮政编码：830011）
10. 联系人：李勋电话：(0991) 3836690 传真：(0991) 3836017

企业名称：新疆沙湾水泥厂

1. 项目名称：新疆沙湾水泥厂
2. 新项目描述：随着伊乌公路沿线北疆地区经济的发展，到2000年需水泥57万吨/年，而现水泥缺口近40万吨。利用当地石灰石资源（储量4000万吨）建设20万吨水泥厂十分必要，建设条件良好
3. 预计总投资：706万美元；中方投资比例50%，外方投资比例50%
4. 需要外方投入方式：A资本；B设备
5. 主要产品和年产量：20万吨水泥/年
6. 内外销比例：国内100%，主要销售地区新疆
7. 合作方式：A合资；B合作；C其它
8. 投资回收期：5年
9. 地址：新疆沙湾水泥厂（邮政编码：832100）
10. 联系人：丁黎明电话：(09012) 61863 62861

企业名称：新疆建材局

1. 项目名称：浮法玻璃生产线项目
2. 新项目描述：为充分利用新疆丰富的天燃气资源，建设日熔化量400吨的浮法玻璃厂。该厂选址在米泉重点工业开发区，交通便利，有充足的双电源供给，并有贮量丰富可开采的天然矿。
3. 预计总投资：4884万美元；中方投资比例60%；外方投资比例40%
4. 需要外方投入方式：A资本；B技术；C设备
5. 主要产品和年产量：年产215万重箱浮法玻璃
6. 内外销比例：国内80%，主要销售地区新疆；国外20%，主要销售地区中亚各国
7. 合作方式：A合资；B独资；C其它
8. 投资回收期：6年
9. 地址：自治区建材局（邮政编码：830002）
10. 联系人：彭晓天电话：(0991) 2823297 2824083

典型地区和典型企业

阿勒泰地区

一、自然地理概况

阿勒泰地区隶属于伊犁哈萨克自治州，位于新疆的北部边境，西北部与哈萨克斯坦、俄罗斯联邦相邻，东部与蒙古国交界。边境线长达1205公里。地区辖1市6县：阿勒泰市、布尔津县、哈巴河县、吉木乃县、富蕴县、青河县。行政公署在阿勒泰市。全地区居住着哈萨克、汉、回、维吾尔、蒙古等32个民族。1994年总人口54.14万，其中哈萨克族27.36万人，占50.54%；汉族22.94万人，占42.37%。

地区北依跨国山系阿尔泰山，南临准噶尔盆地，总面积11.7万平方公里，占新疆总面积的7.3%。其中山地3.8万平方公里，占32.47%；丘陵河谷2.6万平方公里，占22.2%；平原4.15万平方公里，占35.49%；沙漠1.15万平方公里，占9.82%。最高点是海拔4374米的友谊峰，最低点是海拔317米的富蕴县三个泉洼地。

额尔齐斯河和乌伦古河两大水系穿越境内。拥有水量在亿立方米以上的湖泊4个，其中布伦托海（乌伦古湖）是我国十大内陆湖泊之一，是乌伦古河的终点，水域面积894.7平方公里，平均水深7.3米，水面高程486米；喀纳斯湖是高山湖泊，形如弯月，长约24公里，平均宽约1.9公里，水面积45.73公里，平均水深约90米。

地区处欧亚大陆中心，属典型的温带大陆性气候寒冷区，春旱多风，夏短冬长。光照比较充足，年均日照率62～71%。无霜期短，平原区平均为145～159天，近山地带100～137天。

阿勒泰地区是我国古代北方各兄弟民族游牧地方之一。元代的“草原路”穿越阿勒泰，是我国中原与中亚之间的重要通道。

二、自然资源蕴藏丰富

阿勒泰地区自然资源非常丰富，有着广阔的发展前景和巨大的开发潜力。据中科院、国家计委自然资源综合考察委员会的调查，我国西部地区可建成11个重要能源工业加工业基地；而阿勒泰就是其中之一的准噶尔盆地“金三角”地区，认为可形成以电力、有色冶金、毛纺业等为主的工业体系，成为全国重要的有色工业基地。

阿勒泰地区位于世界著名的阿尔泰山成矿带的中部，成矿条件优越，是新疆矿产资源种类最多、蕴藏量最丰富的地区。现已发现矿产11大类84种。探明E级储量以上列入储量表矿产49种，其中居全国首位的有铍、白云母、长石等3种，居全国前10位的有镍、铯、锂、铂、钯、铋、碲、钽、铌等9种，居新疆前列的有铜、铅、锌、钼、钴、金、银、硫等8种。拥有各种矿产的矿床200个，其中100个为大中型矿床。在大中型矿床中金属矿床有16个，其中铁2个、铜5个、铅锌1个、岩金2个、砂金1个、稀有金属5个。阿勒泰地区是自治区发展规划中的黄金、有色金属开发带。近几年探明的阿舍勒铜矿1号矿床，是新疆的第一大矿，储量大、品位富，铜金属储量108万吨，品位2.44%，共、伴生锌、金、银、硫均已达大中型规模，具有很高的工业经济价值；现正进行前期准备工作，“九五”期间即将投入开发，拟定将于1997年开工建设；建成后将成为继江西之后的全国第二大铜生产基地。

阿勒泰地区水能和水资源十分丰富，属北方丰水区，地表水年径流量130亿立方米，占全疆的14.7%，人均占有量远远高于自治区和全国水平；目前已利用水量尚不到水资源的1/4。水能资源主要集中在额尔齐斯河水系，水能理论蕴藏量为342万千瓦，据流域规划，可能开发的优良站址有31处，装机容量可达250万千瓦；目前，已建成电站总装机容量3.86万千瓦，仅占1.54%。水能资源开发潜力很大。同时还拥有188万亩的湖、塘、库等水域面积，为发展渔业生产提供了良好的条件。

阿勒泰地区天然草场辽阔，土地资源丰富，适宜发展农牧业生产，是自治区主要的畜牧业生产基地之一。天然草场占全疆的14.2%，草场有效利用面积达10862万亩，其中5101万亩为夏季优良草场，是牲畜抓膘的理想牧场。两河流域有宜农地1427.8万亩，宜林地957.4万亩；宜农地现已开垦利用497.6万亩(含撂荒地)，仅利用1/3，尚有宜农后备土地资源930.2万亩。主要农作物有春小麦、玉米、水稻、亚麻、甜菜、油料等作物；甜菜亩产量较高，且含糖率高于自治区和全国水平。

阿勒泰地区森林资源丰富，是新疆两大林业基地之一。山区森林面积1031.1万亩，活木蓄积量9111.6万立方米，其中落叶松占85%；云杉、冷杉、红松约占10%；河谷林面积38.1万亩，蓄积量112.7万立方米，主要树种有银白杨、欧洲山杨、白桦等。

旅游资源得天独厚。位于布尔津县境内的喀纳斯自然景观区，总面积2000平方公里；保持着由冰川雪山、森林灌丛、草原、河流、湖泊组成的完整自然生态体系；是我国唯一的古北界动植物分布区；生物群落保持原始状态，有多种珍稀动植物。独具特色的喀纳斯的景观区已被国家列为21世纪工程的第一批开发项目。将军山、草原路、古代石雕、古代岩画等文物古迹，都具有很高的观赏、研究价值。

三、经济社会发展情况

党的十一届三中全会以来，随着改革开放的不断深入，阿勒泰地区经济建设事业有了较快发展。

(一) 综合经济实力有所增强

1994年国民生产总值11.15亿元，比1980年增长3.48倍，年均递增11.3%；工农业总产值10.91亿元，比1980年增长3.15倍，年均递增10.7%；乡镇企业总产值2.83亿，年均递增27.93%；财政收入5810万元，增长5.45倍，年均递增14.25%。

(二) 农业生产稳步增长，农村经济全面发展

从1980年开始，农业生产连续15年丰收。1994年农业总产值5.84亿元，比1980年增长1.6倍，递增率7.08%，其中畜牧业产值3.56亿元，种植业2.09亿元。粮食生产连续增长，粮食总产量由1980年8.05万吨，增加到1994年的13.67万吨；1994年生产油料1.64万吨，甜菜12.77万吨。传统产业畜牧业在全疆占有很重要地位。1980年以来，畜牧业生产条件有了很大改善，已累计建成人工草料基地109.87万亩，已定居牧民8401户，占牧民总户数42.9%。随着生产条件的改善，畜牧业保持稳步增长的势头；1994年牲畜存栏249.58万头，比1980年增加29.12万头，出栏牲畜133.02万头，牛羊肉总产量3.77万吨。农牧民人均收入，由1980年的175.5元，提高到1994年的854元。

(三) 工业生产有较快发展

1980年以来，传统的皮毛加工业有了新的发展，并新建了黄金、水泥、造纸、制糖、毛纺、制药、珠宝加工以及非金属矿产品等一批厂矿企业，加快了工业生产的发展。1994年工业总产值5.07亿元，比1980年增长11.9倍，年均递增20%；工业产业在工农业总产值中的比重，由1980的15%提高到1994年的46.47%。乡镇企业工业发展迅速，总产值2.15亿元，占工业总产值的42.41%。在1980年以前，黄金只有零星砂金生产，产量约3公斤，主要由人工开采。这些年来，黄金业有了较快的发展，由砂金生产发展为岩金生产，采金业已为阿勒泰地区工业的主要支柱产业。1994年全地区黄金产量达1072.1公斤；富蕴县和哈巴河县已先后成为产金万两县。

(四) 能源工业和基础设施得到较快发展

原煤产量由1980年的5万吨，增加到1994年的12.63万吨，增长1.52倍；发电量由1980年的1363.4万千瓦时增加到1994年的10615.32万千瓦小时，增长7.79倍。1992年开工建设的装机4台0.63万千瓦机组的哈巴河山口电站工程，将于1996年建成发电，实现阿勒泰地区中西部水火电联网；160公里110千伏输变电工程，1995年开工建设；北屯火电厂二期2台1.2万千瓦机组扩建工程初步设计1993年经自治区政府批准，将于“九五”期安排建设。

近10年内相继建成了两条阿勒泰至乌鲁木齐的公路干线，地县之间的公路网络已基本全部完成。阿勒泰民航机场的扩建准备工作，已于1994年开始。北疆铁路奎屯站至阿勒泰铁路支线的可行性研究报告已于1994年提出。建成程控电话1.9万门，并已并入全国自动直拨通话网络。

(五) 利用地缘优势，发展边境贸易

阿勒泰地区与周边国家通商历史悠久。改革开放以来，已先后建成4个边境贸易口岸：与蒙古人民共和国通商的口岸有塔克什肯口岸、红山嘴口岸；与哈萨克斯坦通商的口岸有吉木乃口岸、哈巴河口岸。阿勒泰地区是全疆对外开放口岸最多的地区。目前正在研究酝酿对俄罗斯联邦直接进行边贸的喀纳斯口岸开放问题。1994年，对蒙、哈两国边贸进出口总额1282万美元，其中出口总额619万美元。此外，为大贸提供出口商品939万元。

四、发展思路和战略目标

阿勒泰地区国民经济发展的基本思路是：抓住国家向西、少、边地区资源开发倾斜的政策机遇，利用两个重大项目(阿舍勒铜矿和引额供水工程)开工建设的有利时机，继续贯彻“农牧为本、黄金启动、矿业开发、贸易兴边、全面发展”的方针，以发展生产力、增强综合经济实力为中心，深化改革、扩大开放，全面推进建立社会主义市场经济体制。根据国家产业政策和市场需求，加速实施优势资源转换战略；以发展优势产业、优势产品为重点，努力提高经济效益；推进科技进步，提高整体经济素质；改变企业经营机制，逐步建立现代企业制度；改善农牧业生产条件，调整产业结构，使农牧业生产的效益得到明显提高；积极引进技术、资金，全面推进经济技术合作；发扬自力更生、艰苦创业精神，勤俭办一切事业，争取到本世纪末综合经济实力得到显著增强。

阿勒泰地区2000年国民经济发展战略目标是：国民生产总值达到19.57亿元，年均递增13.59%；工农业总产值23.77亿元，年均递增13.71%；工业总产值15.4亿元，年均递增9.76%；农业总产值8.37亿元，年均递增6%；乡镇企业总产值20亿元，年均递增25.21%；农牧民人均收入1600元，年均递增10.92%。

(阿勒泰地区计划委员会　供稿)

新疆阿勒泰地区富蕴县

富蕴县位于新疆维吾尔自治区东北部，北与蒙古国交界，国境线长205公里，行政区域面积3.37万平方公里(历史形成习惯放牧线内总面积5.43万平方公里)，有哈萨克、汉、维吾尔等20个民族，人口8万余人。216国道纵贯全县，有直抵乌鲁木齐航线一条。

一、地域辽阔，资源十分丰富

国际河流额尔齐斯河及三大支流和内陆河，乌伦古河两大水系，横贯全县，年径流量43.54亿立方米，水能蕴藏量96万千瓦。可灌溉总面积46.3万亩，同时富蕴县广泛地分布着原始森林，林地总面积19.34万公顷，主要树种有落叶松、云杉、桦树等。木材总蓄积量为2747万立方米，其中：过熟林蓄积量为1803万立方米。多样的地型，为各类野生动物提供了适宜的栖息场所。境内的野生动物有鹿、熊、河狸、野驴、羚羊、盘羊、青羊、鹅喉羚、旱獭、扫雪、紫貂、麝鼠、雪鸡、雪兔等。

富蕴县矿藏丰富，种类繁多，有煤、铁、金、银、铜、镍、铅、锌、锡、钽、铌、锂、铍、云母、水晶、石膏、石灰石、花岗岩、大理石、石英石、石榴石、沸石、茨石、珍珠岩、海兰宝石、紫牙钨、碧玺等。其中：铁矿石13394万吨，铬铁矿9778吨，金属铜65万吨、镍28.46万吨，铅锌300万吨，钼2.2万吨。稀有有色金属矿产储量丰富，已做过地质工作、有规模和开发价值的矿藏有：索尔库都克铜钼矿，蒙库铁矿，科克塔拉铅锌矿，玉依塔斯哈希翁、克孜胡都克还富蕴着丰富的红花岗岩。

二、经济稳步发展

富蕴县经过40多年的建设，县级经济实力显著增强，人民生活不断改善。1994年工农业总产值19271.05万元，比上年增长16.65%，其中：农业总产值9040.05万元，工业总产值10231万元，比上年增长34.61%。

富蕴县是自治区牧业大县，农业历史短。1994年末牲畜存栏50.26万头只，牲畜总头数74.53万头（只），肉类总产量3120吨。粮食总产21000吨。

工业生产起步晚，1994年工业产值10231万元，是1980年的54倍，已基本形成规模。现有电力、煤炭、黄金、建材、珠宝加工、革皮加工等20多个行业。

乡镇企业有了很大发展，全县乡镇企业总数达2228个，有5个行业，36种主要产品。

1994年乡镇企业总收入达9098.87万元，比上年增86.21%，交通、邮电通讯有显著发展，境内拥有216国道，县乡道路700余公里。已开通2000门程控电话。

三、经济、社会发展战略

农牧业：从实际出发，加强对农牧业的资金和科技投入，加快牧民定居，增强农牧业的后劲，到2000年粮食总产达24000吨，肉类总产量7610吨。

工业：充分利用矿产资源的优势，有计划地发展以黄金，有色金属和黑色金属为主导的采矿、选矿和冶炼。在重点抓好金、铜、镍、钼、铁、铅、锌开发的同时，加快花岗岩、大理石、石材加工的步伐和云母深加工的进度。

能源交通：能源工业以电力为主，在搞好完善电气化县的验收工作的同时，做好哈德布特电站和火电厂的前期工作，三巴斯套煤矿上马。2000年发电量达到6900万度，煤炭年产9万吨；交通重点抓好县乡硬化道路的建设。

矿产资源：要努力争取实现已有地质找矿突破的矿种。重点做好索尔库都克铜钼、蒙库铁矿、科克塔拉铅锌矿的前期和开发工作。2000年产生铁1000吨，铁矿石2000吨，铜1140吨，花岗岩、大理石50000平方米。

四、招 商 项 目

1. 索尔库都克铜钼矿

索尔库都克铜钼矿位于富蕴县城西南65公里，向东距喀拉通克铜镍矿85公里。矿区地势平坦，交通方便。

含铜矿化带长2250米，宽900米，呈340°方向展布，倾向西南，倾角30°～40°，通过工作共圈出铜矿体（表内）37个、钼矿体（表内）17个，矿体呈似层状、透镜状产于矽卡岩带中，求得D级储量铜金属30万吨，钼2万吨，伴生金5.8吨，银187吨。

索尔库都克铜矿石氧化矿石平均品位为1.93%的矿石量达6.67万吨，金属铜达1144吨，主要集中在1.43号矿体中。如果用堆浸法开采氧化矿石可首选1、4、3号矿体中品位较高的矿段。

2. 蒙库铁矿开发和冶炼项目

该矿位于阿勒太市南东70公里，富蕴县城北西75公里，卡拉额尔齐斯河北岸，需对该矿脉的地质工作获D级储量10970万吨，地质工作量：1：2000地形及地质填图4.3公里，1：10000地形及地质填图35平方公里，槽探1160立方米，井探608米，钻探6143.7米，刻槽样1998件，矿心样679件，1：50000磁法扫面80平方公里磁测井：6141米。该矿床平均品位30～50%。

整个蒙库矿区已发现的铁矿有蒙库、巴利尔斯、红岑（M—44—5）、结别特等十个矿点和矿床。蒙库铁矿床内有编号的矿床33条，其中地表矿29条，盲矿体4条，1号、18号和盲3号为中型矿体，其余为小矿体。所获储量中表内储量10834万吨，表外储量136万吨。

3. 科克塔勒铅锌矿

科克塔勒铅锌矿位于阿勒太南东95公里，富蕴北西40公里，为一与海相酸性大山密切相关的层控后期改造多金属硫化物型矿床。

矿床范围内矿体于地表以铁帽显示，为透镜状，似层状，分枝复合不规则脉状等，氧化深度不大，铅锌金属储量300万吨以上。

矿石主要由方铅矿、闪锌矿、黄铁矿、磁黄铁矿等金属矿物和微斜长石、斜长石、石英、方解石、铁铝石榴面、高闪石等脉石矿物构成，矿石品位铅锌含量多在4%左右，部分达8%左右，除主要金属尚有银、硫等伴生有用元素。按构造可划为块状、稠密浸染状、稀疏浸染状、条带状、细脉状、网状等，按品级有贫、中、富之分。

（富蕴县计划经济委员会　供稿）

新疆阿勒泰皮革集团有限公司

新疆阿勒泰皮革集团有限公司的前身系阿勒泰地区皮革厂，位于新疆最北端的阿勒泰地区阿勒泰市，地区边境有4个口岸与畜产品资源丰富的哈萨克斯坦、俄罗斯、蒙古等周边国家通商。阿勒泰素有“金山”之称，又被誉为“草原明珠”，是全国大尾羊和商品牛生产基地，畜牧业是其优势产业之一。

阿勒泰地区皮革厂始建于1957年，是在公私合营后手工作坊的基础上发展起来的。1992年7月更名为阿勒泰地区皮革毛皮工业公司，1994 年 4 月被阿勒泰行署确定为现代企业制度试点单位，同年 7 月批准改组为新疆阿勒泰皮革集团有限公司（简称阿勒泰皮革集团），1995 年 3 月 6 日正式挂牌成立。

阿勒泰皮革集团现有 17 个以产权联结为主要纽带的成员单位，其中核心层单位有 8 个：毛皮制衣有限公司、制革鞋业有限公司、皮件厂、皮革机械修造厂、对外经贸合作公司、动力服务有限公司、建筑安装公司和生活服务公司。紧密层企业 4 个：皮革集团汽车运输公司、皮革集团二轻实业有限公司、皮革集团劳动服务公司和新疆金鸿皮具有限公司。松散层企业 5 个：福海县皮革厂、哈巴河县皮革厂、北屯皮革厂、乌鲁木齐三坪皮革制品厂和鑫峰珠宝公司。公司（不含松散层，下同）占地面积 17 万平方米，现有资产总额 6712 万元，其中流动资产 4331 万元，固定资产原值 2368 万元；职工 1200 人，其中专业技术人员 150 余人。拥有先进的羊革、牛革和毛皮 3 条完整的生产线，具有年加工 65 万自然张牛羊皮革、10 万双皮靴鞋、5 万件皮革毛皮服装、10 万双革皮手套和 10 万只真皮箱包、手袋的生产能力。1994 年完成工业总产值 3108 万元，产品销售收入 4393.7 万元，实现利税 380.5 万元，分别比上年同期增长 20.14%、47.15%和 40.57%。经济效益位居全自治区同行业第一名，成为新疆最具实力的生产经营皮革、裘皮及革裘制品的综合性中型企业。公司生产的“阿山牌”皮革产品已成为新疆的优质、名牌产品，其中毛革服装被列入国家级重点新产品，屡获省、部、国家级大奖，并在全国首批佩挂“真皮标志”。公司又是“全国民族用品生产定点企业”，曾被轻工部授予“全国轻工业科技进步先进单位”称号，国家统计局授予“中国行业百强企业。”

阿勒泰皮革集团何以在新疆皮革行业普遍面临困境的时期，能在规模、速度和效益等方面有较大发展，并始终能保持旺盛的生机与活力呢？关键是企业有一个好班子、好机制、好产品。

一是有一个稳定的团结务实、富有开拓创新精神的党政领导班子。董事长兼总经理陈全生、总工程师于明辉是与企业同步成长起来的有强烈事业心、献身皮革事业、富有开拓精神长期合作的带头人。公司党政一班人能认真贯彻执行党的路线方针政策，以邓小平同志建设有中国特色的社会主义理论为指南，坚持党的基本路线不动摇，有长远的皮革发展战略和奋斗目标。在企业的日常工作中，坚持民主集中制原则，党政班子成员廉洁自律、坦诚相待、团结务实，重大问题党委和行政领导班子研究确定。公司党委不断加强党的建设，积极发挥基层党组织的战斗堡垒作用，制革皮件厂连续 3 年被自治区党委表彰为“先进基层党组织”，公司被评为地区民族团结模范单位和自治区思想政治工作优秀企业。

公司还大胆选拔德才兼备、富有改革创新精神的青年人担任中层领导，通过给位子、压担子的办法，让年轻人在生产一线增长才干。公司每年都按职工总数 1%的比例，向各大中专院校送培专业人才和技术骨干，先后有 97 人回公司并在重要岗位上发挥作用。同时还面向社会招纳大批大中专毕业生和“五大”毕业生，通过生产一线的锻炼后被择优聘任。公司由于拥有一批能够担当跨世纪重任的管理人员、专业技术人才和富有改革韬略、勤政廉洁、有坚强事业心的领头雁，因此企业始终保持着旺盛的竞争力。

二是有一个好的经营机制。企业从 1987 年起实行第一轮承包经营和厂长任期目标责任制，贯彻执行党中央、国务院颁布的“三个条例”和关于深化企业改革的一系列政策和规定。并结合企业的具体情况，全面推行内部经济承包责任制，实行了“计划技术经济指标与计划工资总额挂钩浮动”承包兑现办法。把由过去厂部——车间——班组的管理体系，逐步过渡到总厂一分厂的管理体系。使各分厂成为具有人财物、销供产经营自主权的相对独立的生产经营实体，逐步实现了企业由速度型向效益型的转变。为进一步转换企业经营机制，做为阿勒泰地区“三项制度改革”的试点单位，1992 年企业改总厂——分厂管理体制为公司下设 4 个专业生产大厂和 12 个辅助单位的单独核算、自负盈亏的经济实体，实行专业化生产。公司实行“一总三师”的领导体制，继续完善内部承包经营责任制，并建立了内部银行。公司对所属单位进一步放权，只管各分厂领导班子任用、考核和资金使用，在超额利润分配上，公司根据单位的大小按一定比例分成，实行“上不封顶、下不保底”政策，把激励机制引入企业管理之中。同时，为解决“企业办社会”的问题，把依附于公司的小车队、幼儿园、职工食堂、生活服务公司等转换为独立核算、自负盈亏的第三产业经济实体，逐步从“母体”中剥离，变无偿服务为有偿服务，变福利服务为经营服务，减轻了企业部分负担。公司还进一步强化销售机制，先后在全国设立 14 个供销经理部，制定明确的销售责任制和激励措施。公司严格按合同以销定产，并将职工工资的 40%同销售收入挂钩，充分调动各产品单位面向市场的主动性。公司还建有完整的产品质量保证体系，实行全员工资与产品质量指标挂钩的考核制度。公司生产的产品经国家质量监督检验机构多次抽查，合格率均达到100%，被自治区消费者协会推荐为“新疆用户满意企业”。

1994年4月，公司做为阿勒泰行署建立现代企业制度试点单位，选择了组建企业集团的形式，走规模化、集约化生产经营的路子。将原公司所属企业以及申请加入皮革集团的有关兄弟单位，规范为以产权联结为主要纽带的17个成员单位，组建了“新疆阿勒泰皮革集团有限公司”。皮革集团实行董事会领导下的总经理负责制，建立了科学规范的企业领导体制和组织管理制度。通过清产核资产权界定，落实了企业法人财产权。按照《企业财务通则》和《企业会计准则》的规定，完善了财务管理制度。进一步完善管理人员和专业技术人员的聘用制，实行了全员劳动合同制和岗位技能工资分配制度。公司在深化内部改革，转换经营机制和建立现代企业制度方面取得了可喜的成效。

三是有一个皮革行业的拳头产品。公司以新疆畜产品资源优势为依托，依靠科技进步，通过外引内联，采取滚动式技术改造，不断提高“阿山牌”皮革产品的质量档次，开发适销对路的新产品，培植了皮革行业的拳头产品。从“六五”期间开始对旧羊革生产线进行技术改造，开发了绵羊服装革及服装、粗毛剪烫皮、黄牛光面革及胶粘皮鞋，结束了公司单一生产劳保大衣等产品的历史。1984年又实现了皮革产品跨出国门，开创了阿勒泰地区皮革制品出口的新纪元。“七五”期间公司先后对牛革和毛皮生产线进行技术改造，开发了黄牛修面革、山羊服装革、仿旧服装革、山羊软面革、羊剪绒大毯和毛革服装等产品。1985年10月，公司高薪聘请土尔其技术人员来厂传授毛革皮制作基础工艺。1986年8月在消化吸收其技术的过程中，不断组织技术攻关，攻克了毛革皮脱脂、结毛和打折等高难技术，成功实现了化工材料的国产化，批量生产出了毛被平整、松散，革面细滑、成膜性好，皮板柔软丰富的光面毛革绵羊皮，并制做成毛革服装。1987年5月首批500件毛革服装出口联邦德国，1988年4月通过了自治区级新产品鉴定，填补了新疆一项空白，同年获自治区第二届发明与科技成果展览会金奖和全国星火计划成果展览会金奖。1989年12月又获轻工业部全国轻工业优秀新产品奖，是年公司引进国外先进设备和技术，建成国内一流水平的毛革皮及其服装生产线；成为全国首家批量生产厂家。1990年北京“亚运会”期间毛革服成为最畅销产品之一，同年又被列为国家级重点新产品。1991年11月毛革服装在“七五”全国星火计划成果博览会上获金奖，同时受到国务院总理李鹏和政协主席李瑞环的称赞。江泽民总书记在12月份全国外贸出口商品生产基地成果展览会上，对新疆畜产企业能生产出质量这样好的产品大为赞赏。“阿山牌”毛革服装至今畅销不衰，供不应求，远销欧美、日本、香港等地，成为阿勒泰皮革集团的拳头产品和出口创汇的优势产品。皮革集团还利用毛革服装的产品优势和生产技术，进一步扩大企业规模。兼并了阿勒泰地区服装工业公司，买断了伊犁巩留县皮毛厂，租赁了乌鲁木齐毛皮厂，加工能力由1994年的2万件增加到5万件，以满足国内外市场的需求。

阿勒泰丰富的资源优势，吸引了众多的外商前来投资。1994年公司利用西班牙政府混合贷款400万美元，引进全套世界一流的制革设备和技术软件，与北京凯利公司、香港振凯有限公司共同投资5000万元，组建“新疆金海皮革有限公司”，建成年产50万张羊服装革的生产线，成为新疆皮革行业最大的外资引进项目。其设备已安装调试完毕，1995年8月可望投入试产。同年公司又引进意大利资金和技术，组建的中意合资“新疆金鸿皮具有限公司”已投入试生产，其“真皮箱包、手袋新产品开发项目”被列为自治区科技兴新启动项目，填补了新疆的空白。公司还将引进国外先进设备，开发生产具有国际水平的以黄牛沙发革为主的软革系列产品，其技改项目已经自治区批准立项，现正加紧实施。

几年来，公司依靠科技进步，开发生产国家级新产品2个、自治区级2个、地区级7个，累计开发新产品新品种1000余个，每年“四新”产品产值率都在50%以上，使企业保持了强大的发展后劲。

预计到本世纪末，阿勒泰皮革集团将形成具有世界先进水平的羊革、牛革和毛皮3条国内一流生产线，变资源优势为商品优势，力争产值达到2亿元，销售收入2.5亿元，利税4000万元，成为新疆皮革行业的龙头企业，为中国皮革工业的发展做出更大的贡献。

（姚永生　撰稿）

新疆富蕴县萨尔布拉克金矿

新疆富蕴县萨尔布拉克低品位金矿堆浸工业项目，是根据1988～1992年国家重点黄金科技攻关规划的第十项“低品位金矿床资源评价性堆浸试验研究”及李鹏总理在1989年初全国第二次金矿地质工作会议期间提出开发利用低品位金矿的指示精神，在国家科委的统一协调下，由地矿部组织实施，并在1990年4月至12月在富蕴县萨尔布拉克金矿区进行的“低品位金矿堆浸工业试验”研究项目。项目由中国地质科学院和阿勒泰行署共同承担，由地矿部低品位金矿堆浸研究中心组织项目组。试验现场由新疆富蕴县和新疆地质矿产局第四大队共同实施。

新疆富蕴县萨尔布拉克金矿位于县城西南38公里处，矿区矿化带长18公里，宽2公里，呈北西一南东向的长条带状，开采的5个矿体都是露天开采，垂深28～30米的地表氧化矿，平均品位在2.5克/吨左右不等，在3平方公里的矿区范围内，已查明的地表氧化矿近100万吨，是一个规模较大、低品位、易浸的金矿。

从1989年开始上堆喷淋2.4万吨，产金73.65公斤。1990年一举获得10万吨堆浸规模的成功，实际上堆11万吨，这个项目的成功有着很好的经济效益和社会效益。主要是：(1)实现了7个当年：当年立项、施工，当年完成试验研究，当年出成果，当年产黄金，当年还贷，当年获利，当年使富蕴县跨入黄金万两县，并对阿勒泰地区黄金生产的发展起了较大的促进作用。如哈巴河县、吉木乃县和青河县采用了萨尔布拉克的科研成果生产黄金，都获得较大的经济效益和社会效益。(2)经济效益好。当年向国家交售黄金11200两，创产值1680万元，总利润1175.77万元。使富蕴县财政自给率由25%提高到69%。(3)解决了部分人员就业问题。安排了富蕴县和地质四大队的待业青年50余人，还解决了其多余劳动力300余人的就业问题(4)开辟了低品位金矿利用的途径，扩大了可用金矿资源。

新疆富蕴县萨尔布拉克金矿的组织形式是，富蕴县和新疆地矿局第四大队联合开发，立足当地资源，依靠地质部门的地质技术和引进利用新的生产工艺及技术，发展“短、平、快”项目，由富蕴县和地质四大队组成领导小组，双方分别派出矿长和副矿长及管理人员，实行矿长负责制，下设财务组、后勤组、安全生产组、喷淋班、水电班等。全矿的管理完全按照国家有关黄金生产的管理条例进行严格管理。一是严格生产管理。从入堆、喷淋、及附和解吸电解、冶炼都是按国家黄金封闭式管理条例进行管理。二是严格技术管理。从堆浸场底垫的防渗漏到原矿入堆的矿石质量和生产中的各个检测环节，按设计要求和技术规范操作。三是严格工艺流程管理。该项目确立后，设计预算总投资为700万元，其中流动资金400万元，基建投资300万元(以每吨矿石成本50元计算)。而在最终实现11万吨堆浸实施所需的实际投入流动资金为300万元、基建和固定资产投资为70万元，合计实际投资370万元，使初期资金占用减少了一半。主要是采取了以下措施：

第一，在采、选、冶三个环节中，采、冶两个环节采取了外包形式，外包任务中所需的工程机械、各种设备均由承包单位自行解决。大大减少了固定资产投入。同时又按合同规定，分期、分批支付给承包工程款，也大幅度地减少了流动资金占用。

第二，由于采取了分区筑堆、浸出的先进工艺，边筑堆，边喷淋，边出黄金。随着黄金的不断产出，加快了资金的回笼。1990年4月，地矿部低品位堆浸技术中心投入风险资金100万元，富蕴县投入140万元，地质四大队投入130万元，到年底项目的各个方面按期完成后，各单位除了都收回全部投资外，富蕴分利400万元。从1991年开始，富蕴县和地质四大队合作开发萨尔布拉克金矿，生产逐步发展。1994年堆浸的主要指标为：堆浸规模18.5万吨；原矿品位1.9克/吨；总回收率80%；黄金产量10472两；产值1570万元(1990年不变价)；销售收入3157万元，利润1086万元。

目前，由于地质工作跟不上，新储量提供缓慢，需增加投入地质工作量，以保证金矿的延续生产，同时，还应进行新的攻关，将30米以下的原生产矿进行开发。

(张吉生　撰稿)

1994 年改革开发大事记

1 月

24 日 乌鲁木齐经济技术开发区建设起步已一年，共有 283 家企业在开发区注册，投资总额 14.8 亿元，其中外资企业 75 家，引进外资 6516 万美元。

▲ 自治区党委副书记、代主席阿不来提·阿不都热西提，在自治区党委四届六次全委（扩大）会议上提出，我区经济工作要重点抓好七项工作：继续加强农业基础地位，加快农业和农村经济发展；大力发展以二、三产业为主的乡镇企业，振兴县城经济；加强基础设施和基础产业建设，增强经济发展后劲；面向市场需要，加快企业技术改造；进一步扩大对外开放，做好外经外贸工作；加速以石油为主的优势资源开发，促进地方经济发展；关心群众生活，努力为群众办实事。

2 月

2 日 新疆宏源信托投资股份有限公司“新宏信”股票在深圳正式挂牌上市，从而实现了新疆股票异地上市零的突破。

8 日 中国石油天然气总公司与 5 家外国公司关于塔里木盆地东南部第一区块石油合作勘探开发的合同在京签署。这 5 家外国公司是：意大利阿吉普公司、法国埃尔公司、株式会社日本能源、日本石油资源开发株式会社和美国德士古公司。根据合同，外商在今后 8 年的勘探期间将承担全部的勘探费用和全部的勘探风险。在发现油气田后，双方将合资开发与生产，并将按合同规定的比例分享所生产出的原油。

12 日 1993 年新疆棉花商品产值 72 亿元，占种植业商品总产值的 53%以上。在近几年的全疆外贸出口总额中，棉花占到 47%。在 1993 年全国棉花的省际调拨计划中，新疆棉花占到 50%。1982 年至今，自治区已累计出口棉花 55 万吨，创汇 10 多亿美元。

16 日 勘探开发 10 年的塔里木，依托地方发展石油，又以石油带动了地方经济的发展。近 5 年来，共支付工程、采购、劳务及税赋等资金 42.6 亿元，其中 1993 年为 10.1 亿元，比上年增加 10%，占当年总投入的 36%。

3 月

2 日 1993 年，全区共有 131 项优秀科技成果获奖，其中一等奖 4 项，二等奖 25 项，三等奖 48 项，四等奖 54 项。据统计获一、二等奖的 29 个项目，年经济效益达 4.6 亿元。

3 日 自治区副主席王乐泉在乌鲁木齐市亲切会见了韩国汉哇集团董事俞炳月先生一行，韩国汉哇集团是韩国目前最大的集团之一，主要经营领域有石油化工、综合化学、机械、金融、信息通讯等。

4 日 自治区主席阿不来提·阿不都热西提在政府工作报告中提出，1994 年自治区国民经济主要指标是：国民生产总值 434 亿元（1990 年不变价格，下同），比上年增长 11%；工农业总产值 565 亿元，增长 10.8%，其中，工业总产值 369 亿元，增长 13.5%；农业总产值 196 亿元，增长 6%。地方全社会固定资产投资 98 亿元，增长 32.7%；出口总额 5.5 亿美元，其中易货贸易 2.7 亿美元，社会零售物价总指数控制在 110%左右。

14 日 国务院批复自治区人民政府，同意开放巴克图、吉木乃、都拉塔、木扎尔特、阿黑吐别克口岸。批准 5 个口岸分别设立边检站、海关、卫检所、动植物检所、商检局等检查检验机构，并开展客货运输业务，允许巴克图口岸对第三国人员开放通行。

15 日 吐哈油田 3 年来，在来自全国各地精兵强将的奋力拼博中迅速崛起，累计发现油气田 12 个，钻井 641 口，生产原油 200 万吨，成为中国西部一颗石油新星。全油田在遥测遥迅自动化控制下，管理人员只有 110 人，是我国同等规模油田的 1/10。

28 日 我区与欧洲共同体在农业上首次合作项目“提高新疆农作物产量”去冬今春已在玛纳斯县乐

土驿镇和呼图壁县二十里店乡全面展开。

4月

1日 令世人瞩目的西安——兰州——乌鲁木齐和乌鲁木齐——伊宁的光缆建设工程全面开工。亚欧光缆东起我国上海，西至德国法兰克福，穿越14个国家，全长2.1万余公里，是世界上最长的一条陆地光缆。

5日 自治区副主席王乐泉、王友三在新疆人民会堂会见澳大利亚经济技术代表团。澳大利亚五洲黄金及矿产开发公司董事长约翰·麦克斯维尼先生等一行3人，来疆与阿勒泰地区、克孜勒苏柯尔克孜自治州和富蕴、若羌、鄯善县及奎屯经济开发区的负责人进行了经济技术合作项目洽谈。

7日 地矿部西北石油地质局不久前在新疆塔里木盆地北部轮台县境内的达里亚构造上，探明了一个地质储量可观的中型油气田，这个被命名为“西达里亚”的油气田圈闭面积为11.5平方公里，含油气面积为12.6平方公里，油气藏深度从4240～4470米，有效厚度为17.4米。

8日 自治区第一家股份制商业银行—交通银行乌鲁木齐分行隆重开业。

11日 “三北”防护林二期工程提前完成，自治区47个县市、104个团场基本实现农田林网化，9个县市实现平原绿化。

12日 全国十大名牌西装、十大名牌衬衫和三大名牌太空棉衬衫评选揭晓，新疆希格玛集团“阿尔法”牌太空棉衬衣荣获三大中国名牌太空棉衬衫之首。

20日 今年头3个月塔里木油田又在塔中、塔北、塔西南地区发现油气富集区。这一突破性进展，预示着塔里木盆地十分良好的油气远景。近日，塔中101井获得日产10万立方米天然气、17立方米凝析油的高产油气流。它和塔中另外3个井及塔中1号构造连成一片，在塔克拉玛干沙漠腹地，组成了一个油气富集的“金三角”地区。塔北牙哈构造带上发现了4套油气显示层，这一地区的天然气储量预测达到数百亿立方米。在塔西南地区群苦恰克构造带上，今年也取到了30米含油气岩蕊。

21日 兵团两期6年的农业综合开发以累累硕果显示出勃勃生机。棉花最高单产突破了200公斤，玉米单产最高达1183.2公斤，为全国第一。

24日 塔里木油田5年间发现了7个整装油气田，23个工业含油气构造，建成了年生产210万吨原油的生产能力。石油会战的综合效益有了明显提高，钻井质量和速度接近世界先进水平。探井成功率为47%，与世界主要产油区深探井成功率相比，高出15个百分点；每口探井控制油气储量170万吨。比全国水平高出1.4倍。按国家工业经济效益综合指数来衡量，塔里木在全国19个油田中位居第一。

28日 新疆地质环境监测总站不久前在沙湾县金沟河左岸发现三眼泉水，经自治区和国家矿泉水质量管理检测试验中心初步化验分析，该矿泉水含有锶、锂、偏硅酸和矿化度均在全国几百家优质矿泉水中名列前茅，是名副其实的优质矿泉水。

5月

1日 中国新疆国际博览中心扩建工程开工。扩建工程包括:新建主馆面积12000平方米，老馆加层改造面积1300平方米，总建筑面积13300平方米，总概算为3446万元，工程预计在明年6月底完工。”

2日 自治区“八五”重点工程——塔城民航机场兴建工程正在加紧进行，全部土建工程已接近尾声。按国际二级水准兴建的候机大楼及配套设施已落成并基本装修完毕，宽40米、长24公里的飞机跑道也已完工。届时，这里可升降波音737飞机。

9日 棉花是喀什地区的支柱产业，其产量占全国的1/20，占自治区的1/3。农业收入的70%和工业产值的50%以上来自棉花生产和以棉花为原料的加工业。喀什地区计划在本世纪内使棉花种植面积达到500万亩，总产达到50万吨，占全国的份额由现在的5%上升到10%。

12日 1992年8月开始建设的塔里木彩南百万吨级油田，到今年5月初已有8亿元投资回收，占综合投资11.6亿元的68.96%，成为我国第一座效益型沙漠整装油田。

▲ 新疆汽车改装厂日前又有10辆SY—132轻型车和12辆XJ—1022海勒克斯轻型车出口哈萨克斯坦，这是该厂第四次向哈萨克斯坦等中亚诸国出口汽车。

15日 和田县700多公里掩映在葡萄架下的柏油公路，经联合国环境署官员实地考察后命名为全球500佳境之一。1991年江泽民总书记在新疆视察工作时，参观了和田县巴格其乡的葡萄路后，高兴地称赞这是一条风景路、致富路。

16日 资金、技术占优势的深圳企业已把触角伸向新疆，投资领域涉及房地产、机电、石油配套设备、电子、商贸等方面，签定的合作项目总投资额近3亿元，到位资金1亿余元。

17日 中国石油天然气总公司4月18日公布

的统计资料表明，1993年新疆石油管理局创增加值60.49亿元，列第三位；塔里木石油勘探开发指挥部创增加值10.73亿元，列第12位。1993年全国石油系统人均创增加值4.51万元，其中塔里木石油指挥部以22.54万元名列榜首，吐哈油田以12.26万元列第二，新疆石油管理局以5.33万元列第六。

18日 今年自治区将重点抓好科技兴农10大工程和5个农业综合科技示范区建设。这10大工程包括：棉花"322"工程，吨粮田建设，牛羊育肥，发展绒山羊，园艺，济林，渔业，室蔬菜，温饱工程，水防渗等60个项目。

19日 新疆"黛妹"牌奥斯曼生眉笔在第二十二届日内瓦国际发明博览会上夺得化妆保健产品所设的最高奖——银奖，成为我国唯一在国际博览会上连获大奖的化妆品。

20日 乌鲁瓦提水利枢纽导流池洪排沙洞工程开标仪式在自治区水利厅举行。该工程总投资8.65亿元，是目前自治区在建的最大的水利工程。

23日 阿勒泰地区实施黄金启动发展战略，全地区7县市都兴建起黄金生产企业，黄金产值在全地区工业总产值中"三分天下有其一"，成为地区国民经济重要支柱之一。

▲ 由哈密制药厂研制开发成功的国内外最新一代治疗糖尿病的药物—格列吡嗪近日正式投产，这种药经乌鲁木齐市几大医院100例临床验证，总有效率在95%以上。

26日 阿图什市邮电局安装完最后一台程控交换机，自治区各地州市电话全部实现程控交换，进入全国自动网。

27日 中国新疆航空公司一架图—154飞机26日成功地进行了由乌鲁木齐至巴基斯坦首都伊斯兰堡的技术性试航，将于7月10日正式通航，每周一次航班。新疆航空公司是继中国国际航空公司之后飞巴基斯坦的第二家中国航空公司。

30日 目前，全区已有少数民族各类专业技术人员近17万人，占全区各类专业技术人员的47.21%；其中2.7万多人具有中高级专业技术职务。

▲ 被列为自治区高新技术产业开发项目的实木家具美克傢俬，1994年3月29日把第一批高档实物家具发往美国西海岸。产品进入美国市场后引起轰动，被美国第二大百货公司蒙哥马利纳入年度进口计划。目前，该公司已形成年创汇1000万美元的生产能力。

6月

1日 新疆航空公司将从6月开始，陆续开辟3条国际（地区）航线，使新疆航空公司的国际（地区）航线增至5条。这3条国际（地区）航线是天津——乌鲁木齐——新西伯利亚—莫斯科，乌鲁木齐——伊斯兰堡，乌鲁木齐—重庆—香港。其中前两条是定期航班，至香港的航线定期旅游航班。

6日 塔中油田是以塔中4号石灰系为主的亿吨级整装油田，也是塔里木油田迄今发现的最大的油田。它的油层总厚度在42米至98米之间。目前已初步控制一块较大的含油面积。预计到1996年将建成260万吨生产能力的油田。目前33.7万平方公里的塔克拉玛干大沙漠正处于进一步勘探中。除我们自已的勘探队外，外国的26家公司先后通过实地考察，已有几家公司中标到此进行勘探。

10日 由中国服装协会主办的1994年全国衬衫产品推荐营销活动近日结束。新疆希格玛集团选送的"阿尔法"牌衬衫被评为"中国94名优衬衫"。

17日 设在广东省中山市平天叶氏电熔爆机床有限公司已宣告成立。这家公司由新疆电熔爆技术研究所与广东省中山市平天(集团)股份公司联合组建。它将利用已获得中国、美国专利并被国家列为"八五"重点科技攻关项目的电熔爆技术，研制生产三坐标、五坐标及其他机动数控电熔爆系列机床等产品。在总投资8亿元人民币中，电熔爆专利技术作为技术投资占30%的股份。

27日 新疆昆仑毛纺织有限公司生产的"雪驼牌"各类绒、毛衫，95%以上出口。

▲ 水草丰茂的新疆天山谷地已建起百万亩现代化围栏草场，大大改善了伊犁地区的畜牧业生产条件。

28日 新疆出口商品展览会27日上午在阿拉木图塔肯特展览馆隆重开幕。新疆的名优特产品特别引人注目，羊剪绒大毯、毛革两用大衣、裘皮大衣引起不少客户浓厚兴趣。

▲ 乌鲁木齐市经济开发区"中亚电话电报大楼"工程，于8月18日破土动工。该工程建筑面积12690平方米。

30日 自治区人民政府近日出台新疆名牌战略实施方案及5年规划，号召全疆企业开展"实施名牌战略，争创名优产品活动"。"新疆名优"产品，力争5年内生产10～20个在国际上叫得响的产品，100个以上国内有一定名气，区内有较大影响的产品。

7月

5日 昌吉回族自治州在北京召开招商引资发布会，来自美、德、英、西班牙、印度、伊朗等国和港澳地区及国内的几十家企业(公司)的百余位客商出席了发布会。

15日 7月11日至13日，邹家华副总理及随行的国务院有关部门负责人，先后听取了新疆三大油田、中国石油天然气总公司和新疆维吾尔自治区的工作汇报，考察了塔克拉玛干沙漠腹地的原油开发生产井，塔北油气集输和处理装置，参加了塔中四号油田开发建设和沙漠石油公路通车的典礼仪式。在谈到我国西部地区的油气勘探开发时，邹家华指出，新疆塔里木、准噶尔和吐哈三个盆地油气资源丰富，具有良好的勘探开发前景，是我国石油工业发展的重要战略接替地区。

16日 我国第一座具有90年代国际先进水平的全自动化油田—塔里木东河油田6月27日建成投产。东河油田设计年生产处理原油100万吨，该油田的大部分设备是从国外引进的，全部采用自动化控制，整座油田只需要30个人管理。

23日 由新疆伊宁市发往哈萨克斯坦第二大城市奇姆肯特市的国际直达旅客班车7月18日开始运营。这趟班车每周一由伊宁站发出，昼夜行驶，第二天到达奇姆肯特，全程1178公里，周四由奇姆肯特市返回。

31日 昌吉市园艺场是国家农业部定点的西甜瓜种子繁育基地，10年来先后培育出30多个优良品种，培育的西甜瓜种子销往全国28个省、市、自治区，并且出口美国、香港、墨西哥、新加坡等国家和地区。

8月

7日 塔城地区充分利用地缘优势，发展边贸，上半年进出口总额1.2亿元，比去年同期增长了26.85%，实现利润1000万元，在自治区各地州边境贸易中位居第一。

9日 自治区召开电话会议，要求全疆各地切实抓好宣传贯彻《自治区发展个体私营经济条例》工作。

11日 上海市代表团与自治区人民政府在迎宾馆举行签字仪式。双方在纺织、轻工、化工、机械、商贸等方面达成了一批协作项目。双方还商定，上海市利用已建立起来的国际国内经贸关系和渠道，为新疆的招商引资提供信息，牵线搭桥；新疆拟在上海建立对外经贸办事机构，上海市对此提供方便条件。

15日 新疆天山毛纺织品有限公司荣获1994年法国巴黎第15届国际技术和质量金奖，同时荣获“中国北京国际服装服饰博览会“GTS”著名商标金奖”及“毛丝绒”产品金奖。

▲ 新疆的千万亩棉花长势十分喜人，丰收在望。今年新疆共播种棉花1115万亩，比上年增加174万亩，超过自治区指导性计划45万亩，其中地膜覆盖面积达到96.67%，是新疆历史上种植棉花最多的一年。目前，新疆的棉花生产县超过全疆县市一半以上，国家级产棉大县达到25个。

17日 吐哈油田已形成了160万吨的原油年生产能力，日产水平达到6000吨。为此，原油储运能力已在去年的基础上增加了60%。

18日 西北五省区党政主要领导8月14日至17日在西宁举行联席会议。五省区党政领导共同确定了90年代以及今后更长一个时期西北地区联合开发的重点：统筹规划和开发建设一批区域性的能源、交通、通信、原材料等基础产业和基础设施，抓好中心城市和资源密集区的一批重点工程项目和扶贫项目，形成若干较大的产业基地；发展一批能够对整个西北地区经济起支撑作用的支柱产业和具有西北独特优势的拳头产品；以骨干企业和名优产品为龙头，组建企业集团，力争闯出一条有地区特色的经济发展新路。

▲ 承担全国棉花省际调拨任务一半以上的新疆维吾尔自治区，严把棉花外调和出口的质量关，外调棉花40年，无一例掺杂使假，出口棉花12年，无一例外商索赔的事件发生。

19日 新疆航空公司于8月18日正式开通乌鲁木齐—郑州—青岛航线，从而使东海之滨经中原大地到西北边陲西出国门的欧亚空中桥梁全线贯通。

24日 自治区种植业生产结构调整发生了可喜的变化，与1989年相比，经济作物面积增加38.86%，尤其是棉花面积迅速扩大，今年种植面积达1120万亩，比1989年增长1倍。

25日 吐鲁番—乌鲁木齐—大黄山高等级公路项目土建工程国际竞争性招标开标大会23日在乌鲁木齐举行。这是自治区公路建设第一次国际性招标。该线是新疆公路网中的主干线，全长283.3公里。它的建设将对自治区的改革开放、经济建设和发展对外贸易等有着极其重大的作用。

28日 新疆伊犁酿酒总厂在中国名牌产品认定暨明星企业评选中被评为“中国明星企业”。伊力牌伊力特曲、伊力老窖被认定为中国名牌产品。

▲ 坐落在昌吉市中心的全疆最大的商贸综合批发市场—亚中商城隆重开业。商城规划面积30.33万平方米，建筑面积6.86万平方米，在西北地区名列前茅。

30日 第五届中国丝绸之路吐鲁番葡萄节降下了帷幕，经贸合同成交额达4.3亿元，比上届增长10%，中共中央政治局常委，全国政协主席李瑞环参加了这届葡萄节活动。

31日 自治区副主席李东辉通报自治区第一届和第二届乌洽会取得了很大成功，第一届乌洽会成交18亿美元，第二届乌洽会成交20亿美元。履约率也在提高，第一届为30%，第二届达到了40%左右。特别是第二届的内联项目履约率达到47%。

9月

1日 '94乌鲁木齐对外经济贸易洽谈会今天如期拉开了序幕。本届乌洽会实力雄厚，国际著名的企业大大增加。如日本伊藤忠株式会社、岩井株式会社、隆泰贸易株式会社及香港华润集团、韩国韩华集团、美国杰富利集团等都表示要参会。此外，香港、台湾投资贸易协会组织59个企业的64名高级代表，日本海外咨询企业协会组织了10人访华团，前来参加乌洽会。

8日 红雁池电力公司与美国肯尼迪国际投资集团在新疆人民会堂正式签订了合资建设红雁池第二发电厂的协议。红雁池第二发电厂总投资为57亿元人民币，其中国家与自治区投资34.2亿元人民币，美国肯尼迪国际投资集团投资22.8亿元人民币。

▲ 历时8天，取得18.32亿美元对外经贸成交额和35.9亿元人民币内贸、内联成果的'94乌鲁木齐对外经济贸易洽谈会圆满闭幕。本届乌洽会朝着国际博览会方向迈出了新步伐，共有包括亚洲、欧洲、美洲、大洋洲的45个国家和地区的3056位客商参加本届乌洽会，参会外商层次较前两届乌洽会又有提高。

10日 北京、乌鲁木齐、兰州、西安召开电视电话会议。隆重举行西兰乌光缆干线开通仪式。这次电视电话会议共分北京、乌鲁木齐、兰州、西安4个会场。邹家华等领导出席北京会场。西兰乌光缆通讯干线是国家"八五"重点建设工程，是亚欧大陆光缆建设的重要组成部分。西兰乌光缆干线全长3131公里，总投资7.9亿元，采用30芯光纤，可提供长途终端电路约6.4万条，转接电路约1.15万条。

▲ 亚欧光缆乌鲁木齐至伊宁段干线工程全线开工。乌伊光缆工程，从乌鲁木齐至伊犁，由霍尔果斯口岸出境，横跨6个地州11个县市，全长831公里。该工程预计1995年3月投入运行，开通后可开出9600条电路。

21日 今年自治区吨粮田面积首次突破100万亩，达到112.3万亩，平均亩产达到1033.1公斤。

23日 自沙参二井出油以来的10年间，西北石油地质局先后在塔里木8个层系中实现突破，发现了雅克拉、轮台、阿克库勒、阿克库木、艾协克、东达里亚、西达里亚、桑塔木、阿克莫奇和巴什托10个油气田（藏）。

27日 改革开放以来，新疆维吾尔自治区的科技工作得到长足发展。已建立起一支有28万多人的多民族的科技大军，共取得重大科技成果3265项，相当于前30年重大科技成果总数的1.8倍，其中30%达到国内外先进水平。科技进步在新疆经济增长中的贡献份额已由1980年的16.7%提高到目前的30%以上。

28日 新疆迄今为止最大的一项石油化工建设项目——独山子14万吨乙烯工程主体部分已安装完毕，已完成37.6亿元的投资和90%的工作量。

10月

5日 王兆国一行带着党中央、国务院对新疆各族人民的关怀，专程来疆向和田县捐赠打井饮水工程资金1500万元，自治区决定3年内解决全区改水问题。

13日 列入国家重点开发项目的自治区第二期农业综合开发，近日通过国家级验收。自治区第二期农业综合开发各项目区3年累计开垦宜农荒地113.83万亩，改造中低产田171.89万亩，造林13.67万亩，改良草场39.8万亩，建人工草料基地14万亩，建专项棉花基地10.34万亩，各项目区到1993年主要农产品新增产值近5亿元，投入产出比为1∶3.22。

▲ 中科院乌鲁木齐天文站南山甚长基线站落成。站内安装的全国第二座大型的25米射电天文望远镜正式投入运行。

25日 自治区党委代理书记王乐泉在自治区党委四届七次全委（扩大）会议上指出，明年要认真抓好八项工作：(1)进一步强化农业在国民经济中的基础地位。(2)从强化管理，调整结构入手，加快工业生产的发展步伐。(3)加强重点建设，保持固定资产投资的适度增长。(4)加快对外贸易发展，扩大招商引资。(5)下大气力确保物价的基本稳定。(6)抓紧制定1995年的国民经济和社会发展计划,并做好编制"九五"计划的各项准备工作。(7)为各族人民多办实事,迎接自治区成立40周年。(8)继续高度重视稳定工作。

28日 由联合国世界粮食计划署无偿援助,我国政府配套建设的新疆阿勒泰地区"2817牧草生产项目",已通过竣工验收。该项目从1988年1月1日正式动工,到今年6月底,共完成高标准人工草场3万公顷,灌排渠道3751公里,修筑道路780公里,并建干支防渗渠255.5公里,完成造林5.6万亩,围栏600公里,育苗3400亩,封河封滩育林4.5万亩,开发土地49万亩。

31日 自治区今年甜菜丰收已成定局,预计甜菜收购量将达到305万吨。

11月

3日 自治区迄今最大的水电工程——大山口水电站工程,11月3日正式通过了自治区验收。

5日 乌鲁木齐—成都—昆明航线开通。

21日 自治区"八五"重点建设项目—麦盖提县叶尔羌河大桥建成通车,这座桥投资3600万元,全长935.7米,是新疆第二大桥。

25日 世界银行在新疆的第一条公路建设项目,吐鲁番—乌鲁木齐—大黄山高等级公路土建合同签字仪式在乌鲁木齐举行。由世界银行贷款修建的这条高等级公路,全长283.3公里,项目总投资3.175亿美元。预计该项目1998年建成通车。

12月

3日 位于焉耆盆地的焉一井进行中途测试获得高产工业油气流,日产原油104立方米,天然气5万多立方米,标志着自治区继塔里木吐哈盆地之后,又增加了一个新的含油气盆地—焉耆盆地。

7日 乌鲁木齐石化总厂二化肥工程今天上午正式破土动工。这个设计年产30万吨合成氨、52万吨尿素的项目,由新疆维吾尔自治区与中国石化总公司合资建设,总投资15.86亿元。

16日 我国锅炉业一项新的全国纪录今日在乌鲁木齐诞生。13位专家在真空相变节能安全锅炉研究成果的科学技术水平一栏中写下了国内领先和先进水平的评价,一致认为该成果在锅炉传热机理上有重大突破。

▲ 莎车县今年棉花总产达到5万吨。夺取全国产棉花大县"状元",至12月15日已收购新棉4.6万吨,居全国之首。

新疆阿勒泰皮革集团有限公司

朱熔基副总理视察阿勒泰皮革集团有限公司时，与工人亲切交谈(李玉德摄)

“阿山牌”毛革服装历次所获国家、省、部级的各种奖杯、奖状(张建峰摄)

厂区一角(张建峰摄)

阿勒泰皮革集团有限公司与意大利飞鸿贸易联合公司合资创办新疆金鸿皮具有限公司。图为双方代表在签字仪式上祝贺(姚永生摄)

董事长兼总经理：陈全生
地址：新疆阿勒泰市团结路 18 号
邮编：836500
电话：(09009)223536、223535
传真：(09009)223568
电传：79089LFXAT CN
电挂：4122

④⑤国家级新产品——“阿山牌”毛革服装(张建峰摄)

富庶宝地 蕴蓄待发

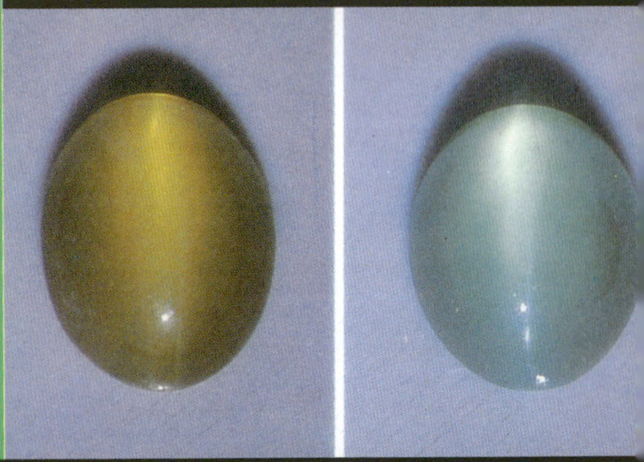

⑤猫眼

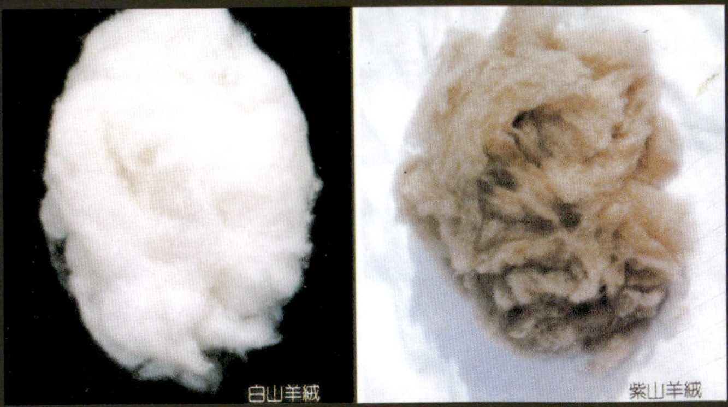

①白山羊绒、紫山羊绒

⑦铜镍矿石

②富蕴县境内彩南油井

⑥海蓝宝石晶体

③“狗头金”，1988年富蕴县阿克萨拉金矿挖出的382.5克原生金

④富蕴县民航机场

本版图片，除②由富蕴县矿产资源管理局提供外，其余均由富蕴县计委提供

⑤金矿堆浸工地

①1994 年 6 月，国务委员宋健视察富蕴县萨尔布拉克金矿

②矿长王寿庭(右)陪同县委书记赵国明畅谈金矿发展规划

③萨尔布拉克金矿生产的金砖(郭飞摄)

④金矿黄金堆浸夜景

本版图片除③外，均由萨尔布拉克金矿提供

政 策 法 规

国务院批转建设部、国家文物局关于审批第三批国家历史文化名城和加强保护管理请示的通知

（一九九四年一月四日）
国发[1994]3号

各省、自治区、直辖市人民政府，国务院各部委、各直属机构：

国务院同意建设部、国家文物局《关于审批第三批国家历史文化名城和加强保护管理的请示》，现转发给你们，请研究执行。

在建设具有中国特色社会主义的宏伟事业中，既要重视物质文明建设，又要重视精神文明建设。我国的历史文化名城体现了中华民族的悠久历史、灿烂文化和光荣革命传统，保护历史文化名城是社会主义精神文明建设的重要内容。各地区、各部门要按照《中华人民共和国文物保护法》、《中华人民共和国城市规划法》等有关法规和本通知的要求，切实处理好历史文化名城的开发建设与保护抢救工作的关系，把历史文化名城保护好、建设好、管理好。

关于审批第三批国家历史文化名城和加强保护管理的请示

国务院：

1982年和1986年，国务院先后批准了两批共62个城市为国家历史文化名城，这对促进文物古迹的保护抢救，制止“建设性破坏”，保护城市传统风貌等起了重要作用。

我国地域辽阔，历史悠久，除已批准的国家历史文化名城外，还有一些城市文物古迹十分丰富，具有重要历史文化价值及革命纪念意义。为进一步保护好这些城市的历史文化遗产，我们从1991年起即请各省、自治区、直辖市人民政府在认真调查研究的基础上，慎重提出第三批国家历史文化名城推荐名单。对各地区提出的推荐名单，经有关城市规划、建筑、文物、考古、地理等专家，按照《国务院批转建设部、文化部关于请公布第二批国家历史文化名城名单报告的通知》（国发[1986]104号）文件关于审定国家历史文化名城的原则，进行反复酝酿，讨论审议，提出37个城市，建议作为第三批国家历史文化名城（名单附后），报请国务院审核批准并予以发布。

为了加强历史文化名城的保护管理，要认真做好以下工作：

一、提高对保护历史文化名城重要性的认识。近年来，城市开发建设速度很快，一些历史文化名城，片面追求近期经济利益，在建设时违反城市规划和有关法规规定的倾向又有所抬头，必须引起各级政府和有关部门的高度重视，及时予以纠正和处理。历史文化名城体现了中华民族的悠久历史、灿烂文化

及光荣革命传统，是我国宝贵的财富，也是建设社会主义现代化城市的优势。各级领导要充分认识当前做好保护历史文化名城工作的重要性和紧迫性，从国家和民族的长远利益以及城市发展的全局出发，肩负起历史赋予的责任。

二、认真贯彻“保护为主、抢救第一”的方针，切实做好历史文化名城的保护、建设工作。要加强文物古迹的管理，搞好修缮。文物古迹尚未定级的要抓紧定级，并明确划定保护范围和建设控制地带。在涉及文物古迹的地方进行建设和改造，要处理好与保护抢救的关系，建设项目要经过充分论证，并严格按照《中华人民共和国文物保护法》和建设部、国家计委《关于印发〈建设项目选址规划管理办法〉的通知》（建规[1991]583号）等规定履行审批手续。今后审定国家历史文化名城，要按照条件从严审批，严格控制新增的数量。对于不按规划和法规进行保护、失去历史文化名城条件的城市，应撤销其国家历史文化名城的名称；对于确实符合条件的城市，也可增定为国家历史文化名城。

近期内，各历史文化名城要对保护工作进行一次自查，重点检查文物古迹的保护、抢救情况，以及各项建设与改造是否符合保护规划要求等，并将检查结果报建设部、国家文物局。

三、抓紧制订历史文化名城的保护管理办法，使保护工作走上规范化、法制化的轨道。要抓紧组织编制、修订和审批历史文化名城保护规划。第一二批国家历史文化名城保护规划尚未报批的，应尽快报送审批。第三批国家历史文化名城保护规划，要在1994年底前编制完成，并按规定上报审批。历史文化名城的重点区域还要做出控制性详细规划。各项开发建设必须符合保护规划的要求，规划确定的有关控制指标，必须严格执行。城市规划和文物保护主管部门有责任检查督促保护规划的实施。有些文物古迹集中，并有反映某历史时期传统风貌和体现民族地方特色的街区、建筑群等的地方，虽未定为国家历史文化名城，但这些地方的文物、街区、建筑群等也是重要的历史文化遗产，同样具有珍贵的保护价值，各地要注意重点保护好它们的传统建筑风格和环境风貌。

保护历史文化名城需要一定的资金，各有关地方人民政府和城市规划、文物保护等有关部门应给予积极支持。各地要根据实际情况，制定有关政策，动员社会力量，促进历史文化名城的保护工作。

以上请示如无不妥，请批转各地区、各部门研究执行。

附件：一、第三批国家历史文化名城名单

二、第三批国家历史文化名城简介

建　设　部

国家文物局

一九九三年六月十日

附件一

第三批国家历史文化名城名单

（37个）

正定	邯郸	新绛	代县	祁县	哈尔滨	吉林	集安	衢州	临海
长汀	赣州	青岛	聊城	邹城	临淄	郑州	浚县	随州	钟祥
岳阳	肇庆	佛山	梅州	海康	柳州	琼山	乐山	都江堰	泸州
建水	巍山	江孜	咸阳	汉中	天水	同仁			

附件二

第三批国家历史文化名城简介

（中、西部地区部分）

新绛 位于山西省南部。古名绛州，隋至清为州、府治。现存城墙筑于明代，城内分5个坊。有绛州大堂、龙兴寺、钟楼、鼓楼、乐楼等古建筑。建于隋代的绛守居园池，是国内现存唯一的隋唐园林遗址。有薛家花园、陈家花园、乔家花园等私家园林。

代县 位于山西省北部。隋为代州，唐以后，曾为郡、州、县治。尚存西门瓮城及城墙，为明初扩修，长约千米，墙体基本完整。有边靖楼、阿育王塔、文庙、关帝庙、钟楼、将军庙等文物古迹。有抗日战争时期八路军雁门关伏击战遗址。

祁县 位于山西省中部。北魏太和年间为县治。县城典型的明清格局基本完好。临街多为商号店铺建筑。有文庙、财神庙、乔家大院和镇河楼等文物古迹。现存民居院落近千处。

哈尔滨 位于黑龙江省西南部。唐代为忽汗州辖区。18世纪在现市区位置始有村落。有极乐寺、文庙等多处文物古迹。1898年以后，曾被俄、日、美、英、法等列强占领。市内尚存许多当时建造的东正教堂、天主教堂等欧式建筑和中央大街。

吉林 位于吉林省中部。清康熙年间筑吉林城，将军衙门迁此后，改名吉林乌拉。文物古迹有古城残垣、清代文庙、北山玉皇阁、坎离宫、观音古刹、龙潭山山城、临江摩崖石刻以及中国共产党从事地下活动的毓文中学等。

集安 位于吉林省南部。唐至辽代均为州治。古城由国内城与城北的丸都山故城组成。丸都山故城东部城墙保存完整，为全国重点文物保护单位。文物古迹有洞沟古墓群、霸王朝山城、长川壁画墓等。

赣州 位于江西省南部。汉高祖年间设赣县。东晋为郡治，隋唐为虔州治所，南宋改名赣州。现存宋代城墙，还有舍利塔、文庙等文物古迹。有王阳明讲学的新安书院、爱莲书院、濂溪书院和阳明书院，还有南市街、六合铺传统街区。宋代的通天岩石窟为全国重点文物保护单位。

郑州 位于河南省中部。有多处新石器中晚期文化遗址。郑州商城遗址保存完整，有城墙、宫殿基址和各类手工作坊遗址。有我国最早利用煤炭作燃料的汉代冶铁遗址，还有城隍庙、清真寺和纪念1928年京汉铁路工人大罢工的二七纪念塔、纪念堂等。

浚县 位于河南省北部。古称黎，西汉置黎阳县，宋改为浚州，明改州为县。县城始建于明代，现存部分城垣。城内有清代民居。有千佛寺和千佛寺石窟、天宁寺、大石佛、碧霞宫、恩荣坊等文物古迹。

随州 位于湖北省西北部。传说为炎帝神农的故里。西周时为随国都城，秦属南阳郡，唐以后为州治。现存有明代砖城遗迹。有古文化遗址、古墓葬多处。城西擂鼓墩古墓葬群中的曾侯乙墓出土大量文物，其中有极其珍贵的编钟、编磬等古乐器。

钟祥 位于湖北省中部。古为郢，战国后期为楚国都城。三国时吴置牙门戍筑城，名为石城，西晋至明朝为郡、州、府治。现存部分石城遗址。城内有文风塔、元佑宫、阳春台和白雪楼等文物古迹。明显陵是嘉靖皇帝生父母的合葬墓，为全国重点文物保护单位。

岳阳 位于湖南省东北部。春秋时属楚，晋始建巴陵县，曾为郡、州、府、县治。为楚文化和百越文化交汇处。岳阳楼为全国重点文物保护单位。还有岳州文庙、慈氏塔、鲁肃墓等文物古迹。

柳州 位于广西壮族自治区中部。汉元鼎年间置潭中县，唐贞观时称柳州，宋为州治，明、清为府治。有柳侯祠、东门城楼、清真寺等文物古迹。有白莲洞、鲤鱼嘴贝丘、蛮王城等石器时代人类文化遗址。

琼山 位于海南省北部。秦始设县，唐至清为琼州府治。有五公祠、琼州文庙大成殿、琼台书院、邱浚故居等文物古迹。有冯白驹故居等近代革命历史遗迹。

乐山 位于四川省中南部。春秋时期为蜀王开明王国都，北周时称嘉州，此后为州、府治所。城垣依山临江而筑，城堤合一，临江部分尚存，有5个城门券。三龟九顶山上有宋末的城址和炮台。乐山大佛是全国重点文物保护单位。还有凌云寺、乌尤寺、龙泓寺及唐塔、摩岩造像、汉代崖墓等文物古迹。

都江堰 位于四川省中部。秦李冰兴建都江堰，唐时在城北建玉垒关，晋置灌口，五代至元末时称灌州，明以后称灌县。有始建于五代的文庙，还有奎光塔、城隍庙及一些传统民居。都江堰是中国古代大型水利工程，至今仍发挥作用，为全国重点文物保护单位。有纪念李冰父子的二王庙和伏龙观。

泸州 位于四川省南部。西汉置江阳县，梁武帝大同年间改名泸州。有建于南宋的报恩塔，塔高33米。有"老泸州城"遗址，现存东城垣和东、西城门及炮台。还有奎星阁、忠山平远堂等文物古迹。

建水 位于云南省南部。县城为唐南诏时所筑。元初设建水千户，后改建水州。有建于元代的文庙、清代的双龙桥，还有燃灯寺、东林寺、玉皇阁、东城门朝阳楼、朱家花园、百岁楼等文物古迹。

巍山 位于云南省西部。汉代设县治，名邪龙县，唐以后多为县治。古城保持着明清时的棋盘式格局。有建于明代的北门古楼、清代文献楼。现存文庙、书院等文物古迹。城南巍宝山有众多道教古建筑。

江孜 位于西藏自治区南部。江孜宗是一组集军政职能于一体的宫堡式建筑。1904年，当地军民在此抗击过英国侵略军，宗山抗英遗址为全国重点文物保护单位。白居寺建于公元15世纪，聚萨迦、格鲁、布敦等各教派于一寺，在西藏佛教史上有一定地位和影响，寺内的白居塔殿堂内藏有大量佛像，称十万佛塔。

咸阳 位于陕西省中部。古为秦国都城。汉时先后为新城、渭城，唐置咸阳县。有周陵、秦咸阳城遗址、西汉诸陵及唐顺陵和昭陵、乾陵等9座唐代帝王陵，还有唐代昭仁寺、大佛寺、杨贵妃墓和明代佛铁塔等文物古迹。

汉中 位于陕西省南部。西周时称周南、南郑，战国时置汉中郡，宋嘉定年间筑兴元城。文物古迹有刘邦的汉台、饮马池、拜将台以及魏延墓、净明寺塔、武侯墓、武侯祠、张骞墓、张良墓等。褒斜道石门及其摩崖石刻为全国重点文物保护单位，其汉魏以来石刻极其珍贵，现移入博物馆保存。

天水 位于甘肃省东部。春秋时设邽县，汉置天水郡。是"丝绸之路"南道要冲。文物古迹有明代四合院如南宅子、北宅子，有明代建伏羲庙、玉泉观。麦积山石窟为全国重点文物保护单位。有诸葛亮六出祁山的祁山堡。

同仁 位于青海省东部。1929年设同仁县，1949年设隆务镇。隆务寺，初属萨迦派寺院，后改宗格鲁派，为藏汉结合式建筑。隆务镇老城区分上下街，有南北城门各一，街区风貌基本完整，还有二郎庙、清真寺等古建筑。

国务院关于进一步深化对外贸易体制改革的决定

(一九九四年一月十一日)国发〔1994〕4号

各省、自治区、直辖市人民政府,国务院各部委,各直属机构:

为了贯彻党的十四届三中全会的决定,适应建立社会主义市场经济体制的需要,在金融、财税、投资、外汇等重点领域进行重大改革的同时,必须进一步深化对外贸易体制改革。

我国外贸体制改革的目标是:统一政策、放开经营、平等竞争、自负盈亏、工贸结合、推行代理制,建立适应国际经济通行规则的运行机制。

一、改革外汇管理体制,促进对外贸易发展

改革外汇管理体制是创造外贸平等竞争环境,深化外贸体制改革的一项重要措施。这对我国与国际经济接轨,进一步对外开放,推动对外贸易持续发展具有重要意义。根据国务院决定,从1994年1月1日起,国家实行新的外汇管理体制,实行以市场供求为基础的、单一的、有管理的人民币浮动汇率制;建立银行间外汇交易市场,改进汇率形成机制,保持合理及相对稳定的人民币汇率;实行外汇收入结汇制,取消现行的各类外汇留成、上缴和额度管理制度;实行银行售汇制,实现人民币在经常项目下有条件可兑换;对向境外投资、贷款、捐款等汇出继续实行审批制度。外商投资企业的外汇管理仍先按现行办法进行。

为保障进出口企业(包括除外商投资企业以外的所有进出口经营权的企业,下同)出口用汇,作为一项过渡措施,改革初期对出口企业按结汇额的50%在外汇指定银行设立台帐。出口企业出口所需用汇及贸易从属费,凭规定的有效凭证.由银行在其台帐余额内办理兑付。出口企业超过台帐余额的用汇,仍可按照国家规定的办法,持有效凭证到外汇指定银行办理兑付。

二、运用法律、经济手段,完善外贸宏观管理

国家主要运用法律、经济手段调节对外贸易活动,使对外贸易按客观经济规律运行,充分利用国际国内两个市场、两种资源,优化资源配置。

加快完善外贸立法,依法管理。《中华人民共和国对外贸易法(草案)》经全国人大常委会审议通过后,要抓紧制定相关的法规、规章,争取尽快建成比较完善的外贸法律体系。所有外贸管理部门和进出口企业都要增强法制观念,严格依法管理和经营。

国家不再给各省、自治区、直辖市及计划单列市和进出口企业下达外贸承包指令性计划指标,对进出口总额,出口收汇和进口用汇实行指导性计划管理,对企业的经营目标进行引导。对少数重要的进出口商品实行配额控制,协调平衡内外销关系。

国家继续采取鼓励出口的政策措施,促进出口增长。完善出口退税制度,退税既要做到足额及时,简化手续,又要继续采取有力措施,有效防止骗税,严厉打击骗税的不法行为。对机电产品出口,继续给予扶持、鼓励。大力推动贸工技结合,加快科技成果转化,优化出口商品结构。设立出口商品发展基金和风险基金,主要用于少数国际市场价格波动较大的商品以丰补歉,开发新商品,促进现有出口商品的更新换代,开拓新市场等。实行有利于外贸出口发展的信贷政策,银行对各类外贸企业出口贷款应按照信贷原则予以优先安排,贷款规模的增长与出口的增长保持同步。设立中国进出口信贷银行,为机电产品、成套设备等资本货物进出口提供政策性金融支持。上述鼓励出口的具体政策措施,由外经贸部等有关部门另行制定。

继续拓展目前业已形成的专业外贸企业、有外贸经营权的生产企业和科研单位以及商业物资企业、外商投资企业共同推动进出口贸易的格局，加快授予具备条件的国有生产企业、科研单位、商业物资企业外贸经营权。进一步贯彻落实国务院关于促进生产企业自营进出口工作的有关规定，鼓励和扶持这些获得进出口自营权的企业积极从事出口经营，增加出口创汇。继续鼓励外商投资企业发展出口。

发挥进口对国民经济发展的促进作用，改革和完善进口管理，主要运用经济和法律手段，同时辅之以必要的行政手段，保持进出口基本平衡。按产业政策调整关税税率，引导进口商品结构的适时调整。为促进国内产业发展，按照关贸总协定的规则对幼稚产业实行适度保护。当出现国外进口商品以补贴或低价倾销方式抢占我国市场，并对国内生产和就业造成损害或构成威胁时，国家可采取必要措施，减轻可消除这些不利影响。在国际收支出现较大逆差时，依照国际惯例，采取临时限制进口的措施。对某些重要进口商品实行必要的配额、许可证管理。逐步降低关税总水平，禁止非政策性减免税。对需依法进行检验的某些进口商品，要采用先进的检验设施，改进检验方法，方便进出。

对关系国计民生的、属于战略性资源的、国际市场垄断性强的或我国在国际市场处于主导地位的特别重要的少数进出口商品，组建联合公司联合经营，统一对外。其他进出口商品由有外贸经营权的公司放开经营。对少数实行数量限制的进出口商品的管理，按照效益、公正和公开的原则，实行配额招标、拍卖或规则化分配。有关法规、规章由外经贸部会同有关主管部门起草、制定，并监督实施。

建立一套比较完善的海外企业的管理办法。制定海外投资的导向政策；讲求规模投资效益，促进企业间的联合；海外企业应按照所在国（地区）法律进行经营，按国际通行做法建立严格的财务申报和审计制度。外经贸主管部门要协助银行和外汇管理等部门加强跟踪结汇等项管理，坚决禁止国内企业利用海外企业逃汇、套汇。我国驻外使领馆经济和商务机构要加强对海外企业的指导、管理、协调、监督。

加强规划、信息服务和监测、预测工作。加快外贸管理部门和海关、外汇、财政、税务等相关部门的计算机联网建设步伐。各部门要在先搞好本系统联网的基础上，实现全国的联网。

三、转换外贸企业经营机制，逐步建立现代企业制度

按照现代企业制度改组国有专业外贸企业，使其成为真正自主经营、自负盈亏、自我发展、自我约束的经营主体，加强凝聚力，充分发挥企业和职工的积极性，不断扩大进出口贸易，保证国有资产的保值和增值，增强企业实力。同时要加强企业管理和完善企业考核办法，以此引导对外贸易健康发展。

外贸企业要加快转换经营机制，由国家计划的单纯执行者真正转变为国家宏观政策指导下的进出口商品经营者；从单纯追求创汇指标转变为在坚持经济效益的基础上，实行一业为主，多种经营，努力扩大出口创汇；坚持“以质取胜”，多元化开拓市场；走实业化、集团化、国际化经营的发展道路；积极推行进出口代理制，转变经营作风，搞好代理服务。

所有进出口企业均有为国家创汇的责任，必须努力增加出口创汇，并依法纳税。专业外贸企业职工工资收入与出口收汇和经济效益挂钩，但也要防止与其他行业收入过分悬殊，以保持分配的公正、合理。具体办法由外经贸部商财政部、劳动部制定。

具体条件的专业外贸企业经批准可以改组为规范化的有限责任公司或股份有限公司，允许吸收法人股、职工内部少量持股（不上市的公司在试点期职工股以不超过10%为限）。对允许职工少量持职工股的办法，要十分慎重，由外经贸部批准选择少量企业经过试点，取得经验再决定是否推广。具体试点办法由外经贸部商有关部门制定。少数股份公司，按规定经过严格审查批准后，也可成为上市的股份有限公司。鼓励专业外贸企业与非外贸企业发挥各自优势，合资联营，共同开拓国际市场。推动专业外贸企业、生产企业和科研院所在平等互利的基础上，通过投资、参股、联合开发、联合生产、联合经营等方式，形成一批以贸易为龙头、贸工农技相结合的或以生产科研企业为核心的工贸技一体化的大型企业集团。

在进一步扩大专业外贸企业的自主权，搞活企业经营的同时，可在国有大中型专业外贸企业设立监事会，对企业国有资产的增值和经营状况进行监督、稽核，防止企业决策失误。监事会不干预企业的正常经营活动。

四、强化进出口商会的协调服务职能，完善外贸经营的协调服务机制

充分发挥进出口商会在外贸经营活动中的协调

指导、咨询服务作用。进出口商会是经政府批准，由从事进出口贸易的各类型企业依法联合成立的行使行业协调、为企业服务的自律性组织。进出口商会应当遵守法律、行政法规，依照章程对其会员的进出口经营活动进行协调指导，提供咨询服务，积极开展对外贸易促进活动。其主要职责是：维护进出口经营秩序和会员企业的利益；组织对国外反倾销的应诉；为会员企业提供信息和咨询服务；调解会员之间的贸易纠纷；向政府反映企业的要求和意见，并对政府制定政策提出建议；监督和指导会员企业守法经营；根据政府主管部门的授权，参与组织进出口商品配额招标的实施；参与组织出口交易会、出国展览会；对外开展业务交流与联络，进行市场调研；向政府有关执法部门建议或直接根据同行协议规定，采取措施惩治违反协调规定的企业；履行政府委托或根据会员企业要求赋予的其他职责。

要在现有进出口商会基础上，按主要经营商品分类改组建立全国统一的各行业进出口商会。有外贸经营权的企业(包括外商投资企业)均应服从进出口商会协调。商会的经费可参照国际通行作法自行解决。进出口商会不得兼营进出口业务。外经贸部等政府部门对进出口商会的工作要给予积极支持和指导，同时对进出口商会的工作进行监督、检查。

建立社会的中介服务体系。发挥各研究咨询机构和各学会、协会的信息服务功能，形成全国健全的信息服务网络。建立必要的法律、会计、审计事务所，为企业提供有关外经贸方面的服务，并对企业的经营进行社会监督。

外贸行政主管部门要制定一系列维护正常经营秩序和查处违法经营的制度和措施。

五、保持外贸政策的统一性，增强外贸管理的透明度

全国实行统一的对外贸易制度和政策，是建立全国统一大市场的客观要求，也是国际贸易规范之一。为此，必须确保我国对外贸易制度的统一性，统一对外贸易立法和法律实施，统一管理对外贸易，对外统一承担国际义务。凡涉及对外贸易的全国性的法规、政策，国务院授权外经贸部统一对外公布。

目前地区间实行的涉及对外贸易方面的不同政策，要逐步统一规范。各类进出口企业均应逐步实行统一的外贸政策。

凡不涉及国家安全、商业秘密的各项外经贸法规、政策及对外服务的有关规定均应予以公布。过去制定的有关文件，凡继续有效的，也要予以公布，增强透明度。

各级地方人民政府、国务院各部门要继续加强对外贸工作的领导，支持进出口企业适应新形势，做好有关的各项工作，并协调解决好改革中出现的新问题。

财政部、国家税务总局关于三峡工程建设基金实行统一税制后有关问题的通知

（1994 年 3 月 31 日）

各省、自治区、直辖市财政厅(局)，电力工业部：

为筹集三峡工程建设资金，国务院决定从 1992 年 1 月 1 日起在全国范围内每千瓦时电价外征收三厘钱，作为三峡工程建设基金(以下简称“三峡基金”)，并免交各种税费。1994 年，国务院调整了三峡基金的征收标准，由每千瓦时三厘提高到四厘。根据国务院批转国家税务总局工商税制改革实施方案的通知精神，将三峡基金纳税的有关问题通知如下：

一、从 1994 年 1 月 1 日开始，原价外征收的三峡基金应并入价内统一核算，单独反映，并按照《中华人民共和国增值税暂行条例》的规定缴纳增值税。考虑到三峡工程的特殊性，经研究，同意免征城市维护建设税、教育费附加和所得税，执行时间为 1994 年 1 月 1 日至 1995 年 12 月 31 日。

二、对于 1993 年 12 月 31 日以前欠交的三峡基金，其纳税问题应区分两种情况处理：电力企业已作应收款项的部分，随电费回收后仍按免税处理；新补收部分，按本文第一条规定处理。

三、考虑到三峡工程目前筹资的特殊困难，对由于开征增值税而减少的三峡基金，中央财政将以拨款方式给以补足。

财政部关于东北、内蒙古国有林区原木农业特产税问题的通知

（1994 年 3 月 31 日）

黑龙江省、吉林省、内蒙古自治区财政厅：

现对东北、内蒙古国有林区森工企业生产的原木农业特产税问题通知如下：

一、自 1994 年 1 月 1 日起至 1995 年 12 月 31 日止，对东北、内蒙古国有林区森工企业生产的原木暂减按 5％的税率征收农业特产税，对小径材(指长度在 2 米以下或径级 8 厘米以下的)免征农业特产税。

二、自 1994 年 1 月 1 日起至 1995 年 12 月 31 日止，对东北、内蒙古国有林区的森工企业生产销售发生亏损的薪材、次加工材，报经省、自治区财政厅批准后，免征农业特产税。

三、对收购原木的单位和个人，应按其收购金额和国务院规定的 8％税率征收农业特产税。具体征收办法由省、自治区确定。

四、地方林业系统所属企业，不得比照本通知的规定执行。这些企业纳税确有困难的，可按农业特产税的减免程序办理。

国务院办公厅转发国务院三峡工程建设委员会移民开发局关于深入开展对口支援三峡工程库区移民工作意见报告的通知

（一九九四年四月七日）
（国办发[1994]58号）

各省、自治区、直辖市人民政府，国务院各部委、各直属机构：

国务院三峡工程建设委员会移民开发局《关于深入开展对口支援三峡工程库区移民工作意见的报告》已经国务院同意，现转发你们，请认真贯彻执行。

做好对口支援三峡工程库区移民工作是搞好三峡工程建设的关键，是功在当代，利在千秋的一件大事。各地、各部门要采取措施，进一步落实对口支援计划并切实组织实施。在对口支援过程中，要及时总结经验，吸取教训，使全社会支援三峡工程库区移民工作深入持久地开展下去，为三峡工程建设作出更大的贡献。

国务院三峡工程建设委员会移民开发局关于深入开展对口支援三峡工程库区移民工作意见的报告

国务院：

根据1993年12月三峡工程移民工作会议精神，为深入贯彻开发性移民方针和国办发[1992]14号文件，进一步动员和组织全国支援三峡工程库区移民工作，促进三峡工程建设，综合三峡工程移民工作会议上支援与受援双方的建议，并考虑到已建立的协作关系，现将深入开展对口支援三峡工程库区移民工作的意见报告如下：

一、提高认识，深入发动

三峡工程是实施国家经济发展战略布局，促进长江流域经济崛起的重点工程。参与三峡工程建设是历史赋予我们这代人的神圣职责，对口支援库区移民就是直接参与三峡工程建设。中央国家机关有关部门和有关省（区、市），要树立全国一盘棋的思想，同心协力，广泛深入地动员和组织对口支援工作。库区各级人民政府要把三峡工程移民安置搬迁作为重要任务，教育并带领广大干部、群众发扬自力更生、艰苦奋斗和顾全大局的精神，积极、主动、热情地做好对口支援各项准备工作，创造深入开展对口支援工作的良好环境，珍惜来自各方的支援。

二、进一步完善对口支援方式

为巩固和发展已建立的对口支援和经济合作关系，使之更有成效，1994年的对口支援工作拟实施“巩固发展原有支援协作关系，突出重点，以点带面，各有侧重，多方参加，扎实推进”的方针，由参与支援的各省（区、市）或大中城市分别确定横向支援的重点，在原结对支援协作的基础上，通过抓库区一个县（市、区）的重点支援，形成以一省（区、市）为主，多省（区、市）参加，责任明确，同心协力的支援格局。中央国家机关以及四川、湖北两省有关部门的对口支援，应从行业布局规划入手，抓点促面，深化对全库区的支援，具体由中央国家机关有关部门和四川、湖北两省分别协调组织。四川、湖北两省除抓好一个重点县（市）外，要继续动员和组织省内各地市、各部门、大型企业、大专院校以横向支援的方式实施对库区县（市、区）的对口支援。

三、进一步明确对口支援的目标任务

有关省（区、市）要根据优势互补、互惠互利、各方支援、共同发展的原则，不断探索与库区优势互补、共同发展的结合点，要在合作兴办项目、技术支援、信息交流、市场拓展、劳务输出、经营管理、人才培训、产品开发等方面多下功夫，帮助受援方增强自我发展的能力，不断提高移民安置效益。

纵向支援库区的部门和单位，应以支持库区经济、社会发展与移民安置为主要目标，制定对口支援规划，为三峡库区生产力合理布局、基础设施的改善、优势资源开发、经济与社会发展和移民安置创造条件。建议国家计委在组织有关部门实施三峡地区经济和社会发展规划上给予协调与支持；国家经贸委在库区工厂搬迁结合技术改造所需专项贷款上给予重点安排；水利部在兴修水利、水土保持等方面为库区移民安置给予重点帮助；农业部、林业部在中低产田改造、植树造林、农林产品基地建设、大农业开发、乡镇企业发展等方面重点扶持；交通部、铁道部、邮电部、民航总局在恢复和兴建公路、桥梁、港口、码头、铁路、机场、通信等基础设施和专业设施的布局以及投资上给予倾斜；能源、原材料、机械、电子、航空、船舶、轻纺、食品、旅游等部门，要在行业生产力布局、资金的安排等方面给予照顾；财政、金融部门在有关资金的安排和调度等方面给予支持；科技、教育、文化、体育、广播等部门应在事业发展和智力开发、科学技术进步与推广应用方面给予大力支援；计划、物资、铁路、交通部门，要为对口支援优先安排物资供应和解决交通运输等实际问题；全国工、青、妇等群众团体，也要积极行动起来，促进形成全社会、全方位对口支援三峡库区移民的生动局面。

四、加强领导、建立健全检查制度

中央国家机关有关部门和有关省（区、市），要把对口支援三峡库区移民的工作纳入议事日程，指定具体的工作部门负责组织，并落实到人。要定期检查督促，形成制度。全国对口支援三峡库区移民的工作，由国务院三峡工程建设委员会移民开发局负责组织协调、总结推广经验和执行情况的检查。

五、用政策调动各方对口支援的积极性

一是有关部门和有关省（区、市）及库区各级政府为推动对口支援而出台的政策措施要继续执行；二是各地、各部门要用好国家对三峡工程库区的各项优惠政策；三是除移民资金将有计划地投入外，各地、各部门其他渠道的资金要结合库区移民安置工作予以优先安排。

以上报告如无不妥，建议批转有关省（区、市）和有关部门执行。

附：有关省（区、市）对口支援三峡库区移民工作关系一览表（略）

国务院办公厅转发财政部关于农业综合开发若干政策的通知

（一九九四年五月二十三日）
国办发〔1994〕72号

各省、自治区、直辖市人民政府、国务院各部委、各直属机构：

财政部《关于农业综合开发的若干政策》已经国务院同意，现转发给你们，请贯彻执行

关于农业综合开发的若干政策

国家立项的农业综合开发是政府保护、支持农业发展，对农业实施宏观调控的重要手段之一。为适应社会主义市场经济体制的要求，不断提高农业综合开发工作的整体水平，现将国家关于农业综合开发的若干政策通知如下：

一、农业综合开发的目标。重点是从各地的实际情况出发，通过对水土资源的开发治理，改善农业生产基本条件（包括农业生态环境），提高粮棉油肉糖等主要农产品的综合生产能力，增强农业的发展后劲。同时，以市场为导向发展多种经营，以龙头项目带动农产品的系列开发，把保证粮棉油肉糖等农产品的稳定增长与增加农民收入的目标结合起来。

二、土地资源开发治理的原则。土地资源开发治理要坚持治理与开发相结合的原则，以改造中低产田为主，依法酌量开垦宜农荒地（包括已围滩涂），逐步扩大牧区草原建设和沙区绿洲农业建设的面积。

土地资源开发治理的要求：

（一）按流域或灌区统一规划。

（二）进行山水田林路综合治理。

（三）综合运用工程措施、生物措施和科学技术。

（四）达到经济效益、社会效益、生态效益的统一。

新开垦的耕地和新建的果园、林场、牧场等要进行适度规模经营，提高机械化水平。

三、以龙头项目带动农产品系列开发的原则。以龙头项目带动农产品的系列开发，要充分利用和发挥当地农业资源优势，发展当地的主导产业；以效益为中心，根据国内外市场需求，逐步形成拳头产品，实行贸工农一体化、产加销一条龙经营。龙头企业要一头连接市场，一头连接农户，带动农户发展商品生产，其产品在市场上要有竞争能力，并具有一定的生产规模。

以龙头项目带动农产品的系列开发，原则上应在农业综合开发区范围内安排。可以是现有企业的改造，也可以组建新的公司或企业集团。

四、农业综合开发的管理。国家立项的农业综合开发，要按项目安排投入和加强管理。坚持择优立项，集中投入，连片开发。要逐步加大对中西部地区的投资力度。对已到期的项目，要严格验收，验收合格后再立新项目。投资不搞"基数"。农业综合开发的工程建设，必须坚持高起点、高标准、高质量。土地开发治理必须按照国家规定的标准进行设计、施工和验收。

五、农业综合开发的资金投入政策。农业综合开发的资金由财政资金、银行专项贷款、集体（企业）自筹资金和农户集资，以及引入资金组成，统一纳入国家批准的项目投资计划。国家立项的农业综合开发项目、农业综合开发投资纳入国家固定资产投资计

划。国家相应增加固定资产投资规模。

(一)农业综合开发的财政资金,主要来自各级财政征集的农业发展基金、国家征收的土地增值税收入和当年财政预算安排的资金。各级财政安排的农业综合开发资金,要逐年有所增加。中央财政资金与地方财政资金的配套比例,依各省、自治区、直辖市及计划单列市的财政状况分类确定(办法另定)。地方财政配套资金中,省级财政要承担70%以上,地、县级财政承担30%以下。地方财政配套资金不落实,中央财政资金不予拨款。中央和地方财政资金的投入,70%以上用于改善农业生产基本条件,30%以下用于发展多种经营和农产品的系列开发。

(二)国家立项开发投入的专项贷款为政策性贷款,贷款指标要在1994年的基础上逐年增加。这项贷款专项用于农业综合开发区,与财政资金统筹安排,根据资金使用的性质分别投入,分口管理,贷款的指标和资金要及时到位,做到有指标有资金。当年贷款指标结余,可结转下年继续使用。这项贷款原则上30%用于改善农业生产基本条件,70%用于发展多种经营和农产品的系列开发。

(三)集体、农户、国有农业企业自筹的资金就地用作国家批准项目的配套投入。在农业综合开发中,要坚持并不断完善以国家投入为导向、农民投入为主体的投入机制。依照谁投入、谁利用、谁受益的原则,鼓励农民自筹资金和投入劳动力进行开发。农民的投入要因地制宜,量力而行。

六、要依靠科学技术,提高农业综合开发的综合效益。大力推广经济效益好的科技成果、优良品种及配套技术,加强项目区农民群众和干部的技术培训,鼓励科技人员参加农业综合开发,对贡献突出的科技人员给予奖励。

七、逐步建立经营式开发、滚动式开发、开放式开发的机制。在条件具备的地方,项目的实施可以试办投资股份制开发,中外合资开发,与发达地区、大中城市联合开发,有条件的可以举办股份合作农场或家庭农场。凡投入经营性的财政资金,一律实行有偿使用,回收的资金继续投入到农业综合开发中,做到滚动使用。到期收回的银行专项贷款,也要继续用于农业综合开发。

八、建立健全管理维护责任制。对已竣工的项目要明确管护单位,及时办理交接手续。已建工程的维护费和设备的更新改造资金,应坚持以工程养工程的原则,尽量由管护单位自筹,对于确有困难的,由地方政府统筹解决。

九、农业综合开发的优惠政策:

(一)在农业综合开发范围内,实行谁开发、谁利用、谁受益。在一定时期内使用权不变,可以继承,可以依法有偿转让。

(二)建立竞争机制,实行奖优罚劣。

十、各级政府要切实加强对农业综合开发工作的领导,把这项工作列入政府工作的议事日程。要加强和充实农业综合开发的办事机构。农业综合开发办事机构负责制定规划、选择项目、筹集资金、综合协调、实施工程管理等项业务工作。

各有关部门要在各级政府的统一领导下密切配合,互相支持,把农业综合开发这件事情办好。

中华人民共和国对外贸易法

（1994年5月12日第八届全国人民代表大会常务委员会第七次会议通过 1994年5月12日中华人民共和国第二十二号主席令公布 1994年7月1日起施行）

第一章　总　则

第一条　为了发展对外贸易，维护对外贸易秩序，促进社会主义市场经济的健康发展，制定本法。

第二条　本法所称对外贸易，是指货物进出口、技术进出口和国际服务贸易。

第三条　国务院对外经济贸易主管部门依照本法主管全国对外贸易工作。

第四条　国家实行统一的对外贸易制度，依法维护公平的、自由的对外贸易秩序。

国家鼓励发展对外贸易，发挥地方的积极性，保障对外贸易经营者的经营自主权。

第五条　中华人民共和国根据平等互利的原则，促进和发展同其他国家和地区的贸易关系。

第六条　中华人民共和国在对外贸易方面根据所缔结或者参加的国际条约、协定，给予其他缔约方、参加方或者根据互惠、对等原则给予对方最惠国待遇、国民待遇。

第七条　任何国家或者地区在贸易方面对中华人民共和国采取歧视性的禁止、限制或者其他类似措施的，中华人民共和国可以根据实际情况对该国家或者该地区采取相应的措施。

第二章　对外贸易经营者

第八条　本法所称对外贸易经营者，是指依照本法规定从事对外贸易经营活动的法人和其他组织。

第九条　从事货物进出口与技术进出口的对外贸易经营，必须具备下列条件，经国务院对外经济贸易主管部门许可：

（一）有自己的名称和组织机构；

（二）有明确的对外贸易经营范围；

（三）具有其经营的对外贸易业务所必需的场所、资金和专业人员；

（四）委托他人办理进出口业务达到规定的实绩或者具有必需的进出口货源；

（五）法律、行政法规规定的其他条件。

前款规定的实施办法由国务院规定。

外商投资企业依照有关外商投资企业的法律、行政法规的规定，进口企业自用的非生产物品，进口企业生产所需的设备、原材料和其他物资，出口其生产的产品，免予办理前款规定的许可。

第十条　国际服务贸易企业和组织的设立及其经营活动，应当遵守本法和其他有关法律、行政法规的规定。

第十一条　对外贸易经营者依法自主经营、自负盈亏。

第十二条　对外贸易经营者从事对外贸易经营活动，应当信守合同，保证商品质量，完善售后服务。

第十三条　没有对外贸易经营许可的组织或者个人，可以在国内委托对外贸易经营者在其经营范围内代为办理其对外贸易业务。

接受委托的对外贸易经营者应当向委托方如实提供市场行情、商品价格、客户情况等有关的经营信息。委托方与被委托方应当签订委托合同，双方的权利义务由合同约定。

第十四条　对外贸易经营者应当按照国务院对外经济贸易主管部门的规定，向有关部门提交与其对外贸易经营活动有关的文件及资料。有关部门应当为提供者保守商业秘密。

第三章　货物进出口与技术进出口

第十五条　国家准许货物与技术的自由进出口。但是，法律、行政法规另有规定的除外。

第十六条　属于下列情形之一的货物、技术，国家可以限制进口或者出口：

（一）为维护国家安全或者社会公共利益，需要限制进口或者出口的；

（二）国内供应短缺或者为有效保护可能用竭的国内资源，需要限制出口的。

（三）输往国家或者地区的市场容量有限，需要限制出口的；

（四）为建立或者加快建立国内特定产业，需要限制进口的；

（五）对任何形式的农业、牧业、渔业产品有必要限制进口的；

（六）为保障国家国际金融地位和国际收支平衡，需要限制进口的；

（七）根据中华人民共和国所缔结或者参加的国际条约、协定的规定，需要限制进口或者出口的。

第十七条　属于下列情形之一的货物、技术、国家禁止进口或者出口：

（一）危害国家安全或者社会公共利益的；

（二）为保护人的生命或者健康，必须禁止进口或者出口的；

（三）破坏生态环境的；

（四）根据中华人民共和国所缔结或者参加的国际条约、协定的规定，需要禁止进口或者出口的。

第十八条　国务院对外经济贸易主管部门应当会同国务院有关部门，依照本法第十六条、第十七条的规定，制定、调整并公布限制或者禁止进出口的货物、技术目录。

国务院对外经济贸易主管部门或者由其会同国务院有关部门，经国务院批准，可以在本法第十六条、第十七条规定的范围内，临时决定限制或者禁止前款规定目录以外的特定货物、技术的进口或者出口。

第十九条　对限制进口或者出口的货物，实行配额或者许可证管理；对限制进口或者出口的技术，实行许可证管理。

实行配额或者许可证管理的货物、技术，必须依照国务院规定经国务院对外经济贸易主管部门或者由其会同国务院有关部门许可，方可进口或者出口。

第二十条　进出口货物配额，由国务院对外经济贸易主管部门或者国务院有关部门在各自的职责范围内，根据申请者的进出口实绩、能力等条件，按照效益、公正、公开和公平竞争的原则进行分配。

配额的分配方式和办法由国务院规定。

第二十一条　对文物、野生动植物及其产品等货物、物品，其他法律、行政法规有禁止进出口或者限制进出口规定的，依照有关法律、行政法规的规定办理。

第四章　国际服务贸易

第二十二条　国家促进国际服务贸易的逐步发展。

第二十三条　中华人民共和国在国际服务贸易方面根据所缔结或者参加的国际条约、协定中所作的承诺，给予其他缔约方、参加方市场准入和国民待遇。

第二十四条　国家基于下列原因之一，可以限制国际服务贸易：

（一）为维护国家安全或者社会公共利益；

（二）为保护生态环境；

（三）为建立或者加快建立国内特定的服务行业；

（四）为保障国家外汇收支平衡；

（五）法律、行政法规规定的其他限制。

第二十五条　属于下列情形之一的国际服务贸易，国家予以禁止：

（一）危害国家安全或者社会公共利益的；

（二）违反中华人民共和国承担的国际义务的；

（三）法律、行政法规规定禁止的。

第二十六条　国务院对外经济贸易主管部门和国务院有关部门，依照本法和其他有关法律、行政法规对国际服务贸易进行管理。

第五章　对外贸易秩序

第二十七条　对外贸易经营者在对外贸易经营活动中，应当依法经营，公平竞争，不得有下列行为：

（一）伪造、变造或者买卖进出口原产地证明、进出口许可证；

（二）侵害中华人民共和国法律保护的知识产权；

（三）以不正当竞争手段排挤竞争对手；

（四）骗取国家的出口退税；

（五）违反法律、行政法规规定的其他行为。

第二十八条　对外贸易经营者在对外贸易经营活动中，应当依照国家有关规定结汇、用汇。

第二十九条　因进口产品数量增加，使国内相同产品或者与其直接竞争的产品的生产者受到严重损害或者严重损害的威胁时，国家可以采取必要的保障措施，消除或者减轻这种损害或者损害的威胁。

第三十条　产品以低于正常价值的方式进口，

并由此对国内已建立的相关产业造成实质损害或者产生实质损害的威胁，或者对国内建立相关产业造成实质阻碍时，国家可以采取必要措施，消除或者减轻这种损害或者损害的威胁或者阻碍。

第三十一条　进口的产品直接或者间接地接受出口国给予的任何形式的补贴，并由此对国内已建立的相关产业造成实质损害或者产生实质损害的威胁，或者对国内建立相关产业造成实质阻碍时，国家可以采取必要措施，消除或者减轻这种损害或者损害的威胁或者阻碍。

第三十二条　发生第二十九条、第三十条、第三十一条规定的情况时，国务院规定的部门或者机构应当依照法律、行政法规的规定进行调查，作出处理。

第六章　对外贸易促进

第三十三条　国家根据对外贸易发展的需要，建立和完善为对外贸易服务的金融机构，设立对外贸易发展基金、风险基金。

第三十四条　国家采取进出口信贷、出口退税及其他对外贸易促进措施，发展对外贸易。

第三十五条　对外贸易经营者可以依法成立和参加进出口商会。

进出口商会应当遵守法律、行政法规，依照章程对其会员的对外贸易经营活动进行协调指导，提供咨询服务，向政府有关部门反映会员有关对外贸易促进方面的建议，并积极开展对外贸易促进活动。

第三十六条　中国国际贸易促进组织依照章程开展对外联系，举办展览，提供信息、咨询服务和其他对外贸易促进活动。

第三十七条　国家扶持和促进民族自治地方和经济不发达地区发展对外贸易。

第七章　法律责任

第三十八条　走私禁止进出口或者限制进出口的货物，构成犯罪的，依照惩治走私罪的补充规定追究刑事责任；不构成犯罪的，依照海关法的规定处罚。国务院对外经济贸易主管部门并可以撤销其对外贸易经营许可。

第三十九条　伪造、变造进出口原产地证明、进出口许可证，依照刑法第一百六十七条的规定追究刑事责任；买卖进出口原产地证明、进出口许可证或者买卖伪造、变造的进出口原产地证明、进出口许可证，比照刑法第一百六十七条的规定追究刑事责任。

单位犯前款罪的，判处罚金，并对单位直接负责的主管人员和其他直接责任人员依照或者比照刑法第一百六十七条的规定追究刑事责任。国务院对外经济贸易主管部门并可以撤销其对外贸易经营许可。

明知是伪造、变造的进出口许可证而用以进口或者出口货物，依照本法第三十八条的规定处罚。

第四十条　违反本法规定，进口或者出口禁止进出口或者限制进出口的技术，构成犯罪的，比照惩治走私罪的补充规定追究刑事责任。

第四十一条　国家对外贸易工作人员玩忽职守、徇私舞弊或者滥用职权，构成犯罪的，依法追究刑事责任；不构成犯罪的，给予行政处分。

国家对外贸易工作人员利用职务上的便利，索取他人财物，或者非法收受他人财物为他人谋取利益，构成犯罪的，依照惩治贪污罪贿赂罪的补充规定追究刑事责任；不构成犯罪的，给予行政处分。

第八章　附　　则

第四十二条　国家对边境城镇与接壤国家边境城镇之间的贸易以及边民互市贸易，采取灵活措施，给予优惠和便利。具体办法由国务院规定。

第四十三条　中华人民共和国的单独关税区不适用本法。

第四十四条　本法自1994年7月1日起施行。

国务院办公厅转发国家计委关于建设高产优质高效农业示范区和扶持粮棉大县发展经济报告的通知

（一九九四年六月八日）

国办发〔1994〕75号

各省、自治区、直辖市人民政府，国务院各部委、各直属机构：

国家计委《关于建设高产优质高效农业示范区和扶持商品粮棉大县发展经济的报告》已经国务院同意，现转发给你们，请认真贯彻执行。

建设高产优质高效农业示范区和扶持粮棉大县发展农村经济，是党中央、国务院的重要举措，对促进粮棉增产，稳定供应，全面发展农村经济，具有重要的意义。各地区、各有关部门要重视这项工作，加强领导，团结协作，共同努力，把这件事情办好。

关于建设高产优质高效农业示范区和扶持粮棉大县发展经济的报告

国务院：

为了更好地扶持粮棉主产区发展农村经济，根据《中共中央、国务院关于当前农业和农村经济发展的若干政策措施》（中发〔1993〕11号）的决定，我委会同农业部、林业部、水利部、内贸部、中国人民银行、中国农业银行等有关部门，就建设高产优质高效农业示范区和扶持粮棉大县发展农村经济问题进行了反复研究，提出了具体实施方案。现将我们的意见报告如下：

一、关于建设高产优质高效农业示范区的意见

从1994年起，连续5年，国家每年安排10亿元专项贷款，在不同地区建设一批各具特色的高产优质高效农业示范区。

（一）指导思想

适应农村市场经济发展的需要，充分发挥地区资源和经济优势，优化农业生产和农村产业结构，引导和推动高产优质高效农业的发展；以市场为导向，以效益为中心，进行科技、资金、物资等生产要素的综合投入，在农产品品种和质量方面进行深度开发；以生产、加工、储藏、运销一体化的经济实体为龙头，使示范区生产商品化、服务系列化；通过建立贸工农一体化的经营组织，带动千家万户发展生产，进入市场，在发展高产优质高效农业中发挥示范作用。

（二）示范区选建原则和条件

原则上在每个省（区、市）选建一个示范区，对有条件的计划单列市也可适当安排。示范区建设范围可以是一个县，也可以是跨县连片的地区。

高产优质高效农业示范区的基本条件是：

1. 农业生产商品化、专业化程度较高，能形成一定商品规模，市场覆盖面较大。

2. 农村经济条件较好，农业基础设施和技术装备较完善，农业综合生产能力较强，有一定的农副产品加工能力。

3. 有示范推广价值，地域集中连片。

4. 领导重视，科技实力强，农民文化素质较高。

5. 水资源、能源、交通、运输、通讯等外部环境较好。

(三)示范区的类型和布局

根据示范区选建的条件，拟在全国不同地区选择建设以下几种类型的示范区：

1. 外向型农业示范区。以国际市场为导向，增加农产品出口创汇为主。主要布局在黄、渤海周边地区，长江三角洲，珠江三角洲，闽南地区，以及其他沿海省(区、市)。

2. 城郊型农业示范区。为城镇居民改善食物结构、提高生活水平提供优质农副产品。主要分布在京、津、沪等大城市郊区。

3. 农产品转化型示范区。以粮食等大宗农产品加工、转化和综合利用为主，实行农工商、种养加工一体化经营。主要布局在平原、丘陵地区。

4. 高科技农业示范区。以农业高新技术为先导，发展科技含量较高的粮食、棉花等农副产品。主要布局在便于以农业科研院所为依托、科技实力比较雄厚的地区。

5. 农业资源综合开发型示范区。通过对农业自然资源的综合开发利用，发展种植业、养殖业和林果业，探索经济效益、环境效益和社会效益的统一。主要布局在山区、丘陵地区。

6. 特色农业示范区。主要建设在立体农业、生态农业、旱作农业、节水农业、旅游农业等有一定基础的地区。

(四)建设内容和资金使用方向

1. 引进和培育农林牧渔优良品种，促进大幅度增产，建设名特优高(产)农产品生产基地。

2. 进行农产品加工转化、贮藏保鲜、包装运输和市场设施等建设。

3. 开发和推广农产品生产、加工、保鲜等先进技术。

4. 进行农业服务体系和农业科研、推广体系建设。

(五)示范区的审批程序和贷款规模

由省(区、市)计委(计经委)会同农业、林业、水利等部门共同编制示范区总体规划和可行性研究报告，确定项目建设地点、建设内容，测算经济效益，落实配套资金和还款办法，经农业银行省(区、市)分行组织评估后，于1994年7月10日前报送我委，同时抄报农业部、林业部、水利部和中国农业银行；由我委会同国务院有关部门按照国家产业政策和不同地区的产业特点，对各省(区、市)上报的示范区建设规划和项目可行性研究报告进行审查，推荐给中国农业银行审定，由中国农业银行下达示范区专项贷款资金计划。列入计划的建设项目应严格按照基本建设程序办事，不得随意变更建设内容和建设规模。

示范区建设时间定为5年。国家下达的专项贷款规模，省(区、市)的示范区年平均控制在2500万元左右，计划单列市的示范区年平均控制在2000万元左右。

二、关于扶持粮棉大县发展农村经济的意见

从1994年起，连续5年，国家每年安排65亿元专项贷款(其中商品粮大县50亿元，优质棉大县15亿元)，在全国选择一批商品粮棉大县，集中扶持发展农村经济。

(一)指导思想

充分发挥粮棉主产区的资源和经济优势，在确保粮棉生产稳定增长的基础上，促进粮棉大县调整农村产业结构，大力发展多种经营和农副产品加工业，走增加产量与增值转化相结合的发展道路；通过国家专项贷款的支持，使粮棉大县的粮棉生产稳定增长，农村经济综合实力有较大提高，农民收入有较多增加，在粮棉主产区探索强县富民的新路子。

(二)商品粮棉大县选择的原则和项目建设的重点

国家扶持的商品粮棉大县，以提供商品粮棉的多少为序，择优安排。

各地要找准推动粮棉大县经济快速发展的增长点和突破口，选择一批具有本地资源优势、起点较高、市场容量大、效益较好的项目进行扶持。

项目建设的主要内容：

1. 发展名特优高(产)农林牧渔产品生产，建立名特优高(产)农产品良种繁育、生产、加工、储运体系。

2. 加快粮食转化增值，发展畜禽、水产养殖业，建立必要的畜禽加工、饲料工业等设施。

3. 发展以粮油等农产品和棉花副产品为原料的加工工业。

4. 建设综合农田防护林体系，开展林产品加工和流通设施的建设。

5. 建设节水农业和小水电设施。

6. 在粮棉等主要农产品集散地和有条件的地区，建设农副产品综合批发市场。

7. 建设农业产前、产中、产后的综合服务体系。

(三)项目的审批和资金安排

由我委会同农业等部门确定国家扶持的粮棉大

县和垦区名单。中国农业银行据此商我委后向各省(区、市)农业银行下达专项贷款资金计划,并抄送省(区、市)计委(计经委)。各省(区、市)根据下达的贷款规模,组织粮棉大县抓紧编制项目可行性研究报告,经省(区、市)计委(计经委)会同农业、林业、水利等部门审查后,推荐给省(区、市)农业银行评估论证,下达粮棉大县专项贷款资金计划,同时汇总报我委和中国农业银行备案,抄送上级和同级农业、林业、水利、粮食、供销社等部门。列入计划的项目应严格按照基本建设和有关程序办理,不得随意变更内容和规模。严禁以各种名目兴建楼堂馆所、购买小轿车和安排其他非生产性建设。对个别项目经省(区、市)农业银行评估后,确实需要变更的,可由省(区、市)计委(计经委)会同农业、林业等部门根据总体规划和产业政策另行推荐项目。要逐步建立项目库制度,由农业银行择优选贷。

三、贷款期限与安排

示范区贷款执行国家规定的农业开发性贷款利率;粮棉大县贷款中央财政适当贴息,具体贴息办法由财政部会同有关部门制定,另行下达。这两项贷款的还款期限均为1～3年,最长不超过5年。在示范区贷款规模和资金安排上,视各省(区、市)所提项目的特点和可行性具体审定;粮棉大县贷款规模和资金的安排要与商品量和完成粮棉收购任务挂购。各粮棉大县在使用专项贷款进行项目建设的同时,要确保粮棉稳定增产,完成国家商品粮棉的收购任务。平均3年不能完成粮棉收购任务的,不再作为扶持对象。

除国家安排贷款外,地方(省、市、县)和建设单位也要安排相当于项目总投资额(含流动资金)20%～30%的自筹资金。为了管好用好这两项贷款,建议由中国农业银行制定贷款管理办法,下达各地执行。

四、项目的组织管理

建议各省(区、市)成立项目建设协调小组,由计划部门牵头,加强综合平衡和协调、服务工作;农业、林业、水利等部门分别负责组织本行业项目的实施;中国人民银行对这两项贷款要安排专项配套资金,中国农业银行要保证贷款规模和资金及时、足额到位,资金要与规模配套;审计部门要加强对项目的财务审计和监督。农业部、林业部、水利部等有关部门负责本行业项目的督促、检查工作,农业部统一负责项目的统计报表工作。

各省(区、市)项目建设协调小组和有关部门要加强项目管理,及时发现和解决问题,总结、推广好的经验,组织检查验收工作,并及时将建设情况报我委和国务院其他有关部门。

以上报告如无不妥,建议由国务院办公厅转发各省、自治区、直辖市人民政府执行。

附件:国家扶持的商品粮棉大县和垦区名单(略)

基本农田保护条例

（一九九四年八月十八日）
国务院令第162号发布

第一章 总 则

第一条 为了对基本农田实行特殊保护，促进农业生产和国民经济的发展，根据《中华人民共和国农业法》和《中华人民共和国土地管理法》的规定，制定本条例。

第二条 本条例所称基本农田，是指根据一定时期人口和国民经济对农产品的需求以及对建设用地的预测而确定的长期不得占用的和基本农田保护区规划期内不得占用的耕地。

本条例所称基本农田保护区，是指为对基本农田实行特殊保护而依照法定程序划定的区域。

第三条 基本农田保护区的划定、保护和监督管理，适用本条例；本条例未作规定的，适用《中华人民共和国土地管理法》和其他有关法律、法规。

第四条 基本农田保护应当贯彻全面规划、合理利用、用养结合、严格管理的方针。

第五条 县级以上地方各级人民政府应当将基本农田保护工作纳入国民经济和社会发展计划，作为政府领导任期目标责任制的重要内容，由上一级人民政府监督实施。

第六条 一切单位和个人都有保护基本农田的义务，并有权对侵占、破坏基本农田以及其他违反本条例的行为进行检举、控告。

第七条 国务院土地管理部门和国务院农业行政主管部门按照本条例和国务院规定的职责分工，负责全国的基本农田保护管理工作。

县级以上地方各级人民政府土地管理部门和农业行政主管部门按照本条例和本级人民政府规定的职责分工，负责本行政区域内的基本农田保护管理工作。

乡级人民政府负责本行政区域内的基本农田保护管理工作。

第八条 国家对在基本农田保护工作中取得显著成绩的单位和个人，予以奖励。

第二章 划 定

第九条 国务院土地管理部门和国务院农业行政主管部门应当会同其他有关部门编制全国基本农田保护区规划，报国务院批准。

县级以上地方各级人民政府土地管理部门和同级农业行政主管部门应当会同其他有关部门根据上一级人民政府的基本农田保护区规划，编制本行政区域内的基本农田保护区规划，经本级人民政府审定，报上一级人民政府批准。

乡级人民政府应当根据县级人民政府的基本农田保护区规划编制本行政区域内的基本农田保护区规划，报县级人民政府批准。

经批准的基本农田保护区规划需要调整的，必须经原审批机关批准。

第十条 基本农田保护区规划应当以土地利用总体规划和农业资源调查区划为依据，并与城市规划、村镇建设规划相协调。

第十一条 各级人民政府编制基本农田保护区规划时，应当确定基本农田保护的数量指标和布局安排，并逐级分解下达。

第十二条 下列耕地原则上应当划入基本农田保护区：

（一）国务院有关主管部门和县级以上地方人民政府批准确定的粮、棉、油和名、优、特、新农产品生产基地；

（二）高产、稳产田和有良好的水利与水土保持设施的耕地以及经过治理、改造和正在实施改造计划的中低产田；

(三)大中城市蔬菜生产基地；

(四)农业科研、教学试验田。

第十三条　划入基本农田保护区的耕地分为下列两级：

(一)生产条件好、产量高、长期不得占用的耕地，划为一级基本农田；

(二)生产条件较好、产量较高、规划期内不得占用的耕地，划为二级基本农田。

第十四条　基本农田保护区的划区定界工作，以乡(镇)为单位进行，由县级人民政府土地管理部门会同同级农业行政主管部门组织实施。

划定的基本农田保护区，由县级人民政府设立保护标志，予以公告，由县级人民政府土地管理部门建立档案并抄送同级农业行政主管部门。任何单位和个人不得破坏或者擅自改变基本农田保护区的保护标志。

基本农田保护区划定后，由县级人民政府的上一级人民政府组织验收。

第十五条　划定基本农田保护区时不得擅自改变原承包者的承包经营权。

第十六条　划定基本农田保护区的技术规程由国务院土地管理部门会同国务院农业行政主管部门制定。

第三章　保　护

第十七条　基本农田保护区一经划定，任何单位和个人不得擅自改变或者占用。国家能源、交通、水利等重点建设项目选址确实无法避开基本农田保护区，需要占用基本农田保护区内耕地的，必须依照《中华人民共和国土地管理法》规定的审批程序和审批权限向县级以上人民政府土地管理部门提出申请，经同级农业行政主管部门签署意见后，报县级以上人民政府批准。

前款所列建设项目占用一级基本农田500亩以下的，必须报省、自治区、直辖市人民政府批准；占用一级基本农田超过500亩的，必须报国务院批准。

第十八条　设立开发区，不得占用基本农田保护区内的耕地；因特殊情况确需占用的，有关单位申报设立开发区时，必须附具省级以上人民政府土地管理部门和农业行政主管部门的意见。

第十九条　非农业建设经批准占用基本农田保护区内耕地的，除依照《中华人民共和国土地管理法》和有关行政法规的规定缴纳税费外，并应当按照“占多少，垦多少”的原则，由用地的单位或者个人负责开垦与所占耕地的数量和质量相当的耕地；没有条件开垦或者开垦的耕地不符合要求的，必须按照省、自治区、直辖市的规定向省、自治区、直辖市人民政府确定的部门缴纳或者补足占用基本农田保护区耕地造地费。占用基本农田保护区内菜地，已按照国家有关规定缴纳新菜地开发建设基金的，免缴占用基本农田保护区耕地造地费。以国家投资为主兴建的能源、交通、水利、国防军工等大中型建设项目，经国务院批准，可以免缴基本农田保护区耕地造地费。

造地费必须专款专用，用于新的基本农田的开垦，建设和中低产田的改造。

新的基本农田的开垦、建设和中低产田的改造，由县级以上地方人民政府指定的部门组织实施。

第二十条　禁止在基本农田保护区内建窑、建房、建坟或者擅自挖砂、采石、采矿、取土、堆放固体废弃物。

禁止擅自将基本农田保护区内的耕地转为非耕地。

第二十一条　禁止任何单位和个人闲置、荒芜基本农田保护区内的耕地。已办理审批手续的开发区和其他非农业建设占用的基本农田保护区内的耕地，一年内不用而又可以耕种并收获的，应当由原耕种该耕地的集体或者个人继续耕种，也可以由建设单位组织耕种；一年以上未动工兴建而闲置未用的，应当按照省、自治区、直辖市的规定缴纳闲置费；未经原批准机关同意，连续二年未使用的，由县级人民政府土地管理部门报本级人民政府批准，收回用地单位的土地使用权，注销土地使用证。承包经营基本农田保护区内耕地的个人弃耕抛荒的，由农村集体经济组织收回承包经营权。

第二十二条　利用基本农田从事农业生产的单位和个人应当保持和培肥地力。国家提倡和鼓励农业生产者对其经营的基本农田施用有机肥料，合理施用化肥和农药。

第二十三条　县级人民政府应当根据当地实际情况制定基本农田保护区内耕地地力分等定级办法，由其农业行政主管部门会同土地管理部门组织实施，对基本农田保护区内耕地地力分等定级，并建立档案。

第二十四条　农村集体经济组织或者村民委员会应当定期或者在基本农田保护区内耕地承包经营权变更时，对基本农田保护区内耕地地力等级进行评定。

第二十五条　县级以上地方各级人民政府农业行政主管部门应当逐步建立基本农田保护区内耕地地力与施肥效益长期定位监测网点，定期向本级人民政府提出保护区内耕地地力变化状况报告以及相应的地力保护措施，并为农业生产者提供施肥指导服务。

第二十六条 县级以上人民政府农业行政主管部门应当会同同级环境保护行政主管部门对基本农田保护区内耕地环境污染进行监测与评价，并定期向本级人民政府提出环境质量与发展趋势的报告。

第二十七条 因特殊情况确需占用基本农田保护区内耕地兴建国家重点建设项目的，必须遵守国家有关建设项目环境保护管理的规定。在建设项目环境影响报告书中，应当有基本农田环境保护方案；环境保护行政主管部门在审批时，应当征得同级农业行政主管部门对基本农田环境保护方案的同意。

第二十八条 向基本农田保护区提供肥料和作为肥料的城市垃圾、污泥的，必须符合国家有关标准。

第二十九条 因发生事故或者其他突然性事件，造成或者可能造成基本农田环境污染事故的，当事人必须立即采取措施处理，并向当地环境保护行政主管部门和农业行政主管部门报告，接受调查处理。

第四章 监督管理

第三十条 在建立基本农田保护区的地方，县级以上地方人民政府应当与下一级人民政府签订基本农田保护责任书，乡级人民政府应当与农村集体经济组织或者村民委员会签订基本农田保护责任书。

基本农田保护责任书应当包括下列内容：

(一)基本农田的范围、面积、地块；

(二)基本农田的等级；

(三)保护措施；

(四)当事人的权利与义务；

(五)奖励与处罚。

农业承包合同应当载明承包农户和专业队(组)对基本农田的保护责任。

第三十一条 县级以上人民政府应当建立基本农田保护区监督检查制度，定期组织土地管理部门、农业行政主管部门以及其他有关部门对基本农田保护情况进行检查，将检查情况书面报告上一级人民政府。被检查的单位和个人应当如实提供有关情况和资料，不得拒绝。

第三十二条 县级以上地方人民政府土地管理部门和农业行政主管部门对本行政区域内发生的破坏基本农田保护区内耕地的行为，有权责令纠正。

第五章 罚　则

第三十三条 违反本条例规定，有下列行为之一的，依照《中华人民共和国土地管理法》的有关规定给予处罚。

(一)未经批准或者采取欺骗手段骗取批准，非法占用基本农田保护区内耕地的；

(二)无权批准征用、使用基本农田保护区内耕地的单位或者个人非法批准占用的；

(三)超越批准权限非法批准占用基本农田保护区内耕地的；

(四)买卖或者以其他形式非法转让基本农田保护区内耕地的。

第三十四条 违反本条例规定，破坏或者擅自改变基本农田保护区的保护标志的，由土地管理部门或者其授权的农业行政主管部门责令恢复原状，可以并处500元以下罚款。

第三十五条 违反本条例规定，在基本农田建窑、建房、建坟或者擅自挖砂、采石、采矿、取土，严重毁坏种植条件的，依照《中华人民共和国土地管理法》的规定责令限期治理，可以并处被毁坏耕地每平方米15元以下的罚款。

第三十六条 单位非法占用基本农田保护区耕地造地费或者闲置费的，由省、自治区、直辖市人民政府规定的县级以上地方人民政府有关部门责令退赔，可以处以非法占用款额三倍以下的罚款；对负有直接责任的主管人员和其他直接责任人员由其所在单位或者上级机关给予行政处分；个人非法占用的，以贪污论处。

第三十七条 向基本农田提供不符合国家有关标准的肥料或者城市垃圾、污泥的，由县级以上地方人民政府农业行政主管部门给予警告或者处以罚款。

第六章 附　则

第三十八条 省、自治区、直辖市人民政府可以根据当地的实际情况，将其他农业生产用地划为保护区。保护区内的其他农业生产用地的保护和管理，可以参照本条例执行。

第三十九条 省、自治区、直辖市人民政府可以根据本条例制定实施细则。

第四十条 本条例自1994年10月1日起施行。

※
※※※
※

附　　录

1994 年中西部地区国民经济和社会发展统计资料

表 1　中西部地区主要社会经济指标(1994 年)

地区		土地面积(万平方公里)	人口(万人)	国内生产总值		工业总产值(亿元)	农业总产值(亿元)
				总额(亿元)	人均(元)		
全国总计		约 960	119850	45005.8	3679	76909.46	15750.47
中部地区	山西省	15	3045	853.8	2804	1437.44	219.02
	内蒙古自治区	110	2260	681.9	3017	640.04	309.32
	吉林省	18	2574	968.8	3764	1280.88	405.48
	黑龙江省	46	3672	1618.6	4408	1814.34	537.87
	安徽省	13	5955	1488.5	2500	2252.30	774.43
	江西省	16	4015	1032.0	2570	1567.87	527.86
	河南省	16	9027	2198.6	2436	3436.80	883.32
	湖北省	18	5719	1878.7	3285	3024.72	786.84
	湖南省	21	6355	1694.4	2666	1925.35	838.16
西部地区	四川省	56	11214	2777.9	2477	4040.49	1228.93
	贵州省	17	3458	521.2	1507	461.49	277.13
	云南省	38	3939	974.0	2473	948.70	356.78
	西藏自治区	120	236	45.8	1941	5.83	23.06
	广西自治区	23	4493	1241.8	2764	1380.69	537.21
	陕西省	19	3481	846.7	2432	1009.76	302.38
	甘肃省	39	2378	451.7	1899	656.57	225.41
	青海省	72	474	138.2	2916	126.59	44.87
	宁夏自治区	6.6	504	134.0	2659	150.64	45.80
	新疆自治区	160	1632	673.7	4128	590.26	306.47
中部地区合计		273	42622	12415.3	2913	17379.74	5282.3
西部地区合计		550.6	31809	7805	2454	9371.02	3348.04
中西部地区合计		823.6	74431	20220.3	2717	26750.76	8630.34
中西部地区合计占全国比重(%)		85.8	62.1	44.9		34.8	54.8

注:①资料来源:根据《中国统计年鉴 1995》、《中国统计摘要 1995》整理而得(以下各表除注明外,均同)。

②西部地区含广西(下同)。

续表 1 （本表按当年价格计算）

地区		按轻重工业分类(亿元)		按经济类型分类(亿元)			
		轻工业产值	重工业产值	国有工业	集体工业	城乡个体工业	其他经济类型工业
全国总计		22841.47	30531.85	26200.84	31434.04	8853.23	10421.35
中部地区	山西省	160.12	726.58	627.70	524.81	249.25	35.68
	内蒙古自治区	166.10	376.29	418.39	124.38	56.88	40.39
	吉林省	299.46	785.33	798.65	256.11	122.73	103.39
	黑龙江省	396.24	1213.58	1256.98	315.26	111.71	130.39
	安徽省	729.93	817.46	422.58	915.08	294.28	620.36
	江西省	365.20	548.11	582.49	589.78	338.55	57.05
	河南省	831.08	1163.86	1194.87	1434.70	583.95	223.28
	湖北省	860.84	1345.13	1342.44	1082.86	382.03	217.39
	湖南省	509.21	847.07	855.74	632.62	339.52	97.47
西部地区	四川省	946.86	1762.19	1499.67	1405.20	786.86	348.76
	贵州省	122.47	273.18	321.99	75.75	52.28	11.47
	云南省	160.45	372.35	696.63	189.12	40.47	22.48
	西藏自治区	1.60	3.91	4.58	0.68	0.28	0.29
	广西自治区	414.05	520.76	592.16	365.14	305.43	117.96
	陕西省	256.78	524.72	585.08	257.39	109.48	57.81
	甘肃省	103.43	463.43	459.53	138.02	44.62	14.40
	青海省	23.89	96.38	106.39	15.60	3.97	0.63
	宁夏自治区	24.94	114.18	106.54	22.18	8.00	13.92
	新疆自治区	236.05	323.47	444.19	111.97	20.17	13.93
中部地区合计		4318.18	7823.41	7501.84	5875.6	2478.9	1525.4
西部地区合计		2290.52	4454.57	4816.76	2581.05	1371.56	601.65
中西部地区合计		6608.7	12277.98	12318.6	8456.65	3850.46	2127.05
中西部地区合计占全国比重(%)		28.9	40.2	47.0	26.9	43.5	20.4

续表 1

地区		居民消费水平(元)(1993年)	农村居民家庭平均每人纯收入(元)	全社会固定资产投资(亿元)	社会消费品零售额(亿元)	物价指数(上年=100)	
						商品零售价格指数	居民消费价格指数
全国总计		1331	1220.98	16370.33	16264.7	121.7	124.1
中部地区	山西省	1112	884.20	270.83	308.5	121.6	125.2
	内蒙古自治区	1101	969.91	226.82	247.3	119.3	122.9
	吉林省	1458	1271.63	288.61	396.7	119.9	120.6
	黑龙江省	1748	1393.58	404.94	551.7	120.7	121.9

续表 1

地区		居民消费水平(元)(1993年)	农村居民家庭平均每人纯收入(元)	全社会固定资产投资(亿元)	社会消费品零售额(亿元)	物价指数(上年＝100)	
						商品零售价格指数	居民消费价格指数
中部地区	安徽省	973	973.20	363.89	453.2	123.3	126.9
	江西省	887	1218.19	237.44	331.0	125.1	126.9
	河南省	756	909.81	615.81	702.5	120.6	125.2
	湖北省	1261	1172.74	582.34	723.7	124.9	125.3
	湖南省	1135	1155.00	422.18	659.7	125.3	124.6
西部地区	四川省	953	946.33	745.23	1006.6	123.9	122.8
	贵州省	735	786.84	130.23	159.5	119.5	119.2
	云南省	1069	802.95	317.52	305.0	116.0	126.0
	西藏自治区	931	975.95	20.27	20.9	—	126.7
	广西自治区	960	1107.02	366.90	416.5	124.4	126.0
	陕西省	945	804.84	246.23	305.9	125.9	126.7
	甘肃省	837	723.73	127.98	187.7	122.5	123.7
	青海省	1158	869.34	46.60	48.8	123.2	121.8
	宁夏自治区	1033	866.97	51.72	47.0	120.1	123.1
	新疆自治区	1365	946.82	285.06	197.1	125.7	126.7
中部地区合计		—	—	3412.86	4374.3	—	—
西部地区合计		—	—	2337.74	2695	—	—
中西部地区合计		—	—	5750.6	7069.3	—	—
中西部地区合计占全国比重(%)		—	—	35.1	43.5	—	—

表 2　1994 年西北地区主要经济指标

地　区	人口(万人)	国内生产总值		工业总产值(亿元)	农业总产值(亿元)
		总额(亿元)	人均(元)		
全　国	119850	45005.8	3679	76909.46	15750.47
本地区合计	8705	2290.1	2631	2539.65	947.99
占全国比重(%)	7.26	5.09		3.30	6.02
陕西省	3481	846.7	2432	1009.76	302.38
甘肃省	2378	451.7	1899	656.57	225.41
青海省	474	138.2	2916	126.59	44.87
宁夏自治区	504	134.0	2659	150.64	45.80
新疆自治区	1632	673.7	4128	590.26	306.47
西藏自治区	236	45.8	1941	5.83	23.06

表 3　1994 年西南华南部分地区主要经济指标

地　区	人口(万人)	国内生产总值		工业总产值(亿元)	农业总产值(亿元)
		总额(亿元)	人均(元)		
全　国	119850	45005.8	3679	76909.46	15750.47
本地区合计	25323	6476.5	2558	7705.21	2785.56
占全国比重(%)	21.13	14.40		10.02	17.69
四川省	11214	2777.9	2477	4040.49	1228.93
贵州省	3458	521.2	1507	461.49	277.13
云南省	3939	974.0	2473	948.70	356.78
广西自治区	4493	1241.8	2764	1380.69	537.21
海南省	711	331.0	4655	164.75	169.99
广东省(部分)					
湛江	594	226.7	3856	206.75	80.12
茂名	562	219.6	3940	219.42	79.46
肇庆	352	184.3	5281	282.92	55.94

表 4　1994 年长江沿江 5 省主要经济指标

地　区	人口(万人)	国内生产总值		工业总产值(亿元)	农业总产值(亿元)
		总额(亿元)	人均(元)		
全　国	119850	45005.8	3679	76909.46	15750.47
本地区合计	33258	8871.5	2667	12810.73	4156.22
占全国比重(%)	27.75	19.71		16.66	26.39
安徽省	5955	1488.5	2500	2252.3	774.43
江西省	4015	1032.0	2570	1567.87	527.86
湖北省	5719	1878.7	3285	3024.72	786.84
湖南省	6355	1694.4	2666	1925.35	838.16
四川省	11214	2777.9	2477	4040.49	1228.93

表 5　1994 年中部地区 5 省主要经济指标

地　区	人口(万人)	国内生产总值		工业总产值(亿元)	农业总产值(亿元)
		总额(亿元)	人均(元)		
全　国	119850	45005.8	3679	76909.46	15750.47
本地区合计	31071	8292.2	2669	12207.04	3810.61
占全国比重(%)	25.92	18.42		15.87	24.19
安徽省	5955	1488.5	2500	2252.3	774.43
江西省	4015	1032.0	2570	1567.87	527.86
河南省	9027	2198.6	2436	3436.8	883.32

续表 5

地 区	人口(万人)	国内生产总值		工业总产值(亿元)	农业总产值(亿元)
		总额(亿元)	人均(元)		
湖北省	5719	1878.7	3285	3024.72	786.84
湖南省	6355	1694.4	2666	1925.35	838.16

表 6 中西部地区行政区划(1994 年底) 单位:个

省级单位名称		地级单位数	地级市	县级单位数	县级市	各级市单位数	市辖区数
全国总计		333	206	2148	413	622	697
中部地区	山西省	11	6	100	14	20	18
	内蒙古自治区	12	4	84	15	19	16
	吉林省	9	8	40	18	26	19
	黑龙江省	14	11	68	18	29	64
	安徽省	16	10	68	10	20	35
	江西省	11	6	84	13	19	15
	河南省	17	13	116	23	36	41
	湖北省	12	9	69	24	33	32
	湖南省	14	10	92	19	29	30
西部地区	四川省	23	13	174	22	35	45
	贵州省	9	2	80	9	11	6
	云南省	17	2	123	13	15	4
	西藏自治区	7	1	77	1	2	1
	广西自治区	14	7	81	9	16	26
	陕西省	10	5	92	8	13	15
	甘肃省	14	5	75	8	13	10
	青海省	8	1	39	2	3	4
	宁夏自治区	4	2	18	2	4	6
	新疆自治区	15	2	85	15	17	11
中部地区合计		116	77	721	154	231	270
西部地区合计		121	40	844	89	129	128
中西部地区合计		237	117	1565	243	360	398
中西部地区合计占全国比重(%)		71.17	56.80	72.86	58.84	57.88	57.10

表7　中西部地区国内生产总值和指数(1994年)　单位:亿元

地区		国内生产总值		指数(上年=100)	
		1993年	1994年	1993年	1994年
全国总计		34515.1	45005.8	113.5	111.8
中部地区	山西省	704.70	853.8	112.2	109.1
	内蒙古自治区	532.71	681.9	110.6	110.1
	吉林省	717.95	968.8	112.8	114.3
	黑龙江省	1203.22	1618.6	107.6	108.7
	安徽省	1069.84	1488.5	121.0	120.6
	江西省	723.06	1032.0	113.7	118.0
	河南省	1662.76	2198.6	115.8	113.8
	湖北省	1424.38	1878.7	114.3	115.3
	湖南省	1278.28	1694.4	113.1	111.0
西部地区	四川省	2096.48	2777.9	113.9	111.4
	贵州省	416.07	521.2	109.9	108.4
	云南省	779.21	974.0	110.6	111.6
	西藏自治区	45.84	45.8	108.2	115.6
	广西自治区	893.58	1241.8	121.2	116.0
	陕西省	671.37	846.7	113.3	108.6
	甘肃省	372.24	451.7	111.6	110.4
	青海省	109.62	138.2	109.6	108.2
	宁夏自治区	103.82	134.0	110.1	108.2
	新疆自治区	505.63	673.7	110.3	110.9
中部地区合计		9316.9	12415.3		
西部地区合计		5993.86	7805.0		
中西部地区合计		15310.76	20220.3		
中西部地区合计占全国比重(%)		44.36	44.93		

表 8 中西部地区国内生产总值和人均国内生产总值（1993 年）

单位：亿元

	地区	国内生产总值	第一产业	第二产业	工业	建筑业	第三产业	运输邮电业	商业	国内生产总值指数（上年=100）	人均国内生产总值（元/人）
	全国总计	32069.99	6833.74	16364.45	14226.09	2138.39	8871.77	1710.67	2113.57		
中部地区	山西省	645.77	97.27	366.38	326.87	39.51	182.12	39.89	32.20	112.8	2155
	内蒙古自治区	486.62	149.96	208.05	162.53	45.52	128.61	35.44	14.80	110.6	2176
	吉林省	671.95	156.05	351.99	308.10	43.89	163.91	40.67	20.47	114.2	2685
	黑龙江省	1076.94	203.31	649.73	580.40	69.33	223.90	56.90	34.62	105.8	3048
	安徽省	979.55	284.06	494.82	441.92	52.95	200.64	36.15	35.70	122.3	1673
	江西省	701.91	225.58	282.46	233.76	48.70	193.87	24.50	28.58	113.7	1782
	河南省	1583.12	410.45	768.89	681.65	87.24	403.78	78.02	73.78	115.8	1778
	湖北省	1298.41	346.39	627.69	564.54	63.15	324.33	60.17	86.92	112.9	2339
	湖南省	1192.41	383.68	488.98	417.52	71.46	319.75	69.62	67.37	112.9	1915
西部地区	四川省	1958.69	569.95	892.79	730.62	162.17	495.95	69.87	156.56	113.8	1785
	贵州省	408.47	133.40	155.47	135.35	20.12	119.60	24.08	28.61	109.9	1232
	云南省	662.23	191.71	327.06	283.64	43.42	143.46	17.44	51.18	110.6	1704
	西藏自治区	37.28	18.27	5.51	2.69	2.82	13.50	1.95	4.28	108.2	1642
	广西自治区	788.05	266.62	321.96	273.89	48.07	199.47	39.78	47.45	121.2	1791
	陕西省	614.51	148.67	289.36	241.88	47.48	176.48	47.75	15.36	113.3	1789
	甘肃省	358.33	87.43	159.96	136.74	23.22	110.94	16.88	56.03	111.6	1540
	青海省	105.74	21.61	48.39	36.77	11.62	35.74	4.62	9.59	109.6	2255
	宁夏自治区	98.44	20.84	45.52	37.15	8.37	32.08	5.53	6.09	110.3	2013
	新疆自治区	481.94	126.85	207.49	156.11	51.38	147.60	31.78	37.70	109.5	2980
中部地区合计		8636.68	2256.75	4238.89	3717.29	521.75	2140.91	441.36	394.44		
西部地区合计		5513.68	1585.35	2453.51	2034.84	418.67	1474.82	259.68	412.85		
中西部地区合计		14150.36	3842.10	6692.4	5752.13	940.42	3615.73	701.04	807.29		
中西部地区合计占全国比重（%）		44.12	56.22	40.90	40.43	43.98	40.76	40.98	38.20		

表9　中西部地区职工工资总额

单位：亿元

地区		工资总额	国有单位	#奖金	城镇集体单位	其他单位
全国总计		6645.2	5166.6	925.6	1023.1	455.5
中部地区	山西省	183.1	157.0	28.8	23.5	2.6
	内蒙古自治区	141.1	117.9	14.3	20.2	3.0
	吉林省	188.8	151.0	23.7	31.5	6.3
	黑龙江省	282.4	235.4	28.7	38.7	8.3
	安徽省	184.4	145.8	23.4	30.6	8.0
	江西省	140.9	120.9	14.6	17.6	2.3
	河南省	275.6	230.3	34.0	35.7	9.7
	湖北省	296.3	243.5	32.3	41.1	11.7
	湖南省	238.7	199.1	31.5	34.8	4.9
西部地区	四川省	392.8	313.7	48.7	57.7	21.4
	贵州省	88.2	78.7	12.2	8.8	0.7
	云南省	139.4	121.8	19.6	15.6	2.0
	西藏自治区					
	广西自治区	149.7	126.9	19.5	17.0	5.8
	陕西省	147.0	130.8	16.2	13.4	2.8
	甘肃省	121.6	106.1	11.7	14.7	0.8
	青海省	32.7	30.5	3.1	2.2	0.1
	宁夏自治区	30.7	26.8	3.8	3.2	0.7
	新疆自治区	133.1	120.3	15.5	11.4	1.3
中部地区合计		1931.3	1600.9	231.3	273.7	56.8
西部地区合计		1235.2	1055.6	150.3	144.0	35.6
中西部地区合计		3166.5	2656.5	381.6	417.7	92.4
中西部地区合计占全国比重(%)		47.65	51.42	41.23	40.83	20.29

表 10 中西部地区三次产业就业人员数和构成(1994 年)

地区		合计(万人)	第一产业	第二产业	第三产业	构成(%)		
						第一产业	第二产业	第三产业
全国总计		61470	33386	13961	14123	54.3	22.7	23.0
中部地区	山西省	1447.9	637.4	439.9	370.4	44.0	30.4	25.6
	内蒙古自治区	1012.1	533.3	222.8	255.8	52.7	22.0	25.3
	吉林省	1250.2	575.7	343.1	331.4	46.1	27.4	26.5
	黑龙江省	1524.3	562.3	535.8	426.1	36.9	35.2	28.0
	安徽省	3119.4	1922.1	546.3	650.7	61.6	17.5	20.9
	江西省	2008.4	1127.2	365.0	516.4	56.1	18.2	25.7
	河南省	4608.9	2869.3	864.7	875.0	62.3	18.8	19.0
	湖北省	2672.8	1433.4	574.7	664.8	53.6	21.5	24.9
	湖南省	3440.2	2159.5	549.8	731.0	62.8	16.0	21.2
西部地区	四川省	6256.8	4039.6	989.0	1227.8	64.6	15.8	19.6
	贵州省	1825.6	1364.9	181.3	278.8	74.8	9.9	15.3
	云南省	2147.3	1642.1	211.4	293.6	76.5	9.8	13.7
	西藏自治区	112.7	87.9	4.9	19.9	78.0	4.3	17.6
	广西自治区	2336.4	1588.9	268.3	478.8	68.0	11.5	20.5
	陕西省	1746.7	1055.4	333.1	358.0	60.4	19.1	20.5
	甘肃省	1151.0	679.5	203.2	268.2	59.0	17.7	23.3
	青海省	222.9	133.7	39.8	49.3	60.0	17.9	22.1
	宁夏自治区	235.5	141.2	45.2	49.1	59.9	19.2	20.9
	新疆自治区	649.7	370.8	122.1	157.2	57.1	18.8	24.2
中部地区合计		21084.2	11820.2	4442.1	4821.6	56.1	21.1	22.8
西部地区合计		16684.6	11104.0	2398.3	3180.7	66.5	14.4	19.1
中西部地区合计		37768.8	22924.2	6840.4	8002.3	60.7	18.1	21.2
中西部地区合计占全国比重(%)		61.44	68.66	49.00	56.66			

表 11 中西部地区全社会固定资产投资(按经济类型分,1994 年)

单位:亿元

地区		国有经济	集体经济	个体经济	联营经济	股份制经济	外商投资经济	港澳台投资经济	其他经济
	全国总计	9322.49	2664.7	1970.56	100.48	569.27	1280.32	430.01	32.50
中部地区	山西省	209.91	22.51	30.53	0.07	2.42	4.90	0.44	0.05
	内蒙古自治区	180.04	8.46	26.82	0.44	4.78	5.36	0.89	0.03
	吉林省	197.39	12.89	27.28	0.52	14.93	33.97	0.37	1.26
	黑龙江省	335.33	14.26	29.27	0.50	9.69	7.08	8.80	0.01
	安徽省	186.08	47.81	91.35	1.67	23.55	11.53	1.69	0.21
	江西省	143.30	24.07	46.13	0.78	12.63	7.93	2.44	0.16
	河南省	364.03	80.44	114.95	0.75	12.28	26.27	16.61	0.48
	湖北省	374.15	51.47	66.87	1.99	27.01	49.38	11.09	0.38
	湖南省	236.34	48.51	108.88	0.95	11.39	10.37	4.98	0.76
西部地区	四川省	429.11	101.78	116.93	5.84	50.73	32.97	5.66	2.21
	贵州省	92.31	13.40	18.81	0.25	2.43	2.42	0.39	0.22
	云南省	212.13	32.17	46.46	2.43	9.03	10.05	4.77	0.48
	西藏自治区	19.75	0.01	0.41					0.10
	广西自治区	193.97	40.30	83.38	2.45	10.11	31.72	4.56	0.41
	陕西省	168.29	17.84	45.44	1.35	6.87	5.82	0.53	0.09
	甘肃省	95.62	8.44	13.72	0.15	2.72	5.76	0.92	0.65
	青海省	39.49	2.85	3.49	0.27	0.20	0.07	0.18	0.05
	宁夏自治区	39.61	3.68	5.45	0.53	0.86	1.32	0.27	
	新疆自治区	240.17	13.47	20.44	0.87	2.86	5.57	1.38	0.30
中部地区合计		2226.57	310.42	542.08	7.67	118.68	156.79	47.31	3.34
西部地区合计		1530.45	233.94	354.53	14.14	85.81	95.70	18.66	4.51
中西部地区合计		3757.02	544.36	896.61	21.81	204.49	252.49	65.97	7.85
中西部地区合计占全国比重(%)		40.30	20.43	45.50	21.71	35.92	19.72	15.34	24.15

表 12 中西部地区投资及贷款增幅(1994 年比 1993 年＋、－) 单位:%

地区		全社会固定资产投资	国有单位基建投资	国有单位更新改造投资	存款余额	贷款余额
中部地区	山西省	8.3	12.96	13.58	34.1	16.7
	内蒙古自治区	7.5	5.76	26.52	32.6	27.3
	吉林省	15.5	29.28	7.5	28.0	18.0
	黑龙江省	24.1	14.52	91.81	34.0	20.0
	安徽省	22.3	30.27	12.46	33.0	23.0
	江西省	22.5	34.28	28.44	34.70	18.4
	河南省	19.6	54.59	35.17	40.0	25.0
	湖北省	43.1	50.42	42.48	30.7	20.2
	湖南省	11.7	32.48	19.51	39.79	23.26
西部地区	四川省	22.0	34.47	21.74	36.5	25.8
	贵州省	23.6	22.79	25.63	26.8	22.5
	云南省	31.3	17.82	36.73	41.8	30.1
	西藏自治区	6.5	84.00	210.0	31.2	18.5
	广西自治区	26.8	30.99	33.26	36.8	25.2
	陕西省	24	13.67	－0.04	31.1	124.60
	甘肃省	30.4	26.30	32.63	29.7	27.6
	青海省	3.4	3.33	41.67	27.6	40.06
	宁夏自治区	15.8	27.18	23.42	35.5	30.1
	新疆自治区	20.4	25.89	2.93	44.0	25.0

资料来源:根据各省区《1994 年政府工作报告》、《1994 年国民经济和社会发展的统计公报》计算整理而得。

表 13　中西部地区国有单位固定资产投资额(1994 年)　单位:亿元

	地　区	国有单位	基本建设	更新改造	其他投资	房地产投资
	全国总计	11354.5	6287.2	2842.4	428.8	1796.2
中部地区	山西省	219.7	134.2	57.7	14.5	13.3
	内蒙古自治区	189.2	126.6	52.0	2.4	8.2
	吉林省	244.4	135.1	53.0	15.0	41.3
	黑龙江省	357.7	166.4	98.4	54.0	38.9
	安徽省	219.8	119.2	70.4	8.3	22.0
	江西省	162.8	84.6	57.8	2.5	17.9
	河南省	413.4	234.2	115.3	25.4	38.5
	湖北省	413.6	247.9	101.3	5.8	58.7
	湖南省	252.5	149.7	73.5	3.0	26.3
西部地区	四川省	528.5	298.4	138.9	18.5	71.7
	贵州省	90.5	52.8	29.9	1.4	6.4
	云南省	225.9	121.0	68.5	6.2	30.2
	西藏自治区	19.3	18.4	0.93		
	广西自治区	233.7	136.1	62.9	3.8	30.9
	陕西省	177.3	102.3	53.4	3.7	17.8
	甘肃省	104.0	60.5	31.3	2.6	9.5
	青海省	39.8	27.9	6.8	3.9	1.2
	宁夏自治区	41.5	24.8	13.7		3.0
	新疆自治区	236.5	165.3	38.6	27.3	5.3
中部地区合计		2473.1	1397.9	679.4	130.9	265.1
西部地区合计		1697	1007.5	444.93	67.4	176
中西部地区合计		4170.1	2405.4	1124.33	198.3	441.1
中西部地区合计占全国比重(%)		36.73	38.26	39.56	46.25	24.56

表14 中西部地区商品房投资与销售情况

单位:亿元

地区		商品房投资额			商品房销售额		
		1992年	1993年	1994年	1992年	1993年	1994年
全国总计		506.1	1323.1	1608.4	365.2	631.4	747.5
中部地区	山西省	5.2	13.0	11.8	3.3	3.9	7.9
	内蒙古自治区	3.8	11.8	8.0	2.9	4.9	3.3
	吉林省	14.3	36.3	38.8	9.0	11.6	12.4
	黑龙江省	19.9	39.5	38.8	16.9	22.5	44.2
	安徽省	7.2	22.6	19.3	6.8	10.1	14.3
	江西省	7.7	13.7	13.1	3.0	4.9	5.5
	河南省	8.8	25.3	40.0	4.8	6.4	18.0
	湖北省	12.6	37.0	46.9	6.5	13.6	16.7
	湖南省	7.4	23.8	24.1	2.8	5.7	10.8
西部地区	四川省	17.7	47.2	69.4	11.7	27.3	29.1
	贵州省	2.3	6.0	5.2	1.8	2.3	3.1
	云南省	4.5	18.4	24.3	2.9	8.3	17.6
	西藏自治区						
	广西自治区	4.5	31.6	23.6	3.0	15.1	17.8
	陕西省	5.5	12.9	15.7	2.9	3.3	7.8
	甘肃省	3.0	6.8	9.1	2.8	4.3	3.9
	青海省	0.6	1.3	1.2	0.5	0.4	0.3
	宁夏自治区	1.6	3.1	2.9	1.3	1.4	2.8
	新疆自治区	2.4	5.2	4.5	2.1	1.6	2.9
中部地区合计		86.9	223	240.8	56	83.6	133.1
西部地区合计		42.1	132.5	155.9	29	64	85.3
中西部地区合计		129	355.5	396.7	85	147.6	218.4
中西部地区合计占全国比重(%)		25.49	26.87	24.66	23.27	23.37	29.22

表 15 中西部地区城乡居民收入和支出(1994 年) 单位:元

地区		城镇居民			农村居民		
		平均每人全年全部收入	#生活费收入	平均每人全年消费支出	平均每人全年纯收入	平均每人全年现金收入	平均每人全年生活消费支出
全国总计		3502.31	3179.15	2851.34	1223.55	1240.61	1020.60
中部地区	山西省	2566.28	2245.54	2043.34	884.20	880.39	673.60
	内蒙古自治区	2503.75	2275.47	2110.91	969.91	986.11	835.23
	吉林省	2581.38	2311.48	2096.44	1271.63	1344.10	853.73
	黑龙江省	2598.79	2317.58	2164.32	1393.58	1427.41	1042.67
	安徽省	3048.87	2766.56	2550.97	973.20	995.20	934.18
	江西省	2775.71	2521.12	2200.68	1218.19	1220.26	1031.11
	河南省	2619.44	2398.35	2155.15	909.81	807.79	731.78
	湖北省	3359.97	3005.69	2733.10	1172.74	1033.18	1014.14
	湖南省	3892.68	3365.47	3138.15	1155.00	1201.34	1088.73
西部地区	四川省	3312.54	2980.57	2806.08	946.33	931.91	904.28
	贵州省	3226.72	2803.28	2531.78	786.84	643.00	684.27
	云南省	3486.37	3109.96	2843.68	802.95	913.59	764.91
	西藏自治区						
	广西自治区	4000.63	3560.34	3326.82	1107.02	1151.62	926.14
	陕西省	2685.70	2468.54	2245.66	804.84	715.99	736.60
	甘肃省	2659.37	2457.35	2209.08	723.73	572.72	674.17
	青海省	2812.84	2576.42	2422.06	869.34	719.22	745.72
	宁夏自治区	2988.77	2657.66	2477.76	866.97	914.63	806.67
	新疆自治区	3184.46	2868.97	2478.51	946.82	1559.97	850.25

表16 中西部地区居民消费价格指数和商品零售价格指数(1994年,上年=100)

地区		居民消费价格指数			商品零售价格指数		
		全省(区市)	城镇	农村	全省(区市)	城镇	农村
全国总计		124.1	125.0	123.4	121.7	120.9	122.9
中部地区	山西省	125.2	125.9	124.4	121.6	121.3	122.0
	内蒙古自治区	122.9	124.3	121.3	119.3	119.6	118.8
	吉林省	120.6	123.2	117.0	119.9	120.1	119.7
	黑龙江省	121.9	122.0	121.3	120.7	120.5	121.3
	安徽省	126.9	127.4	126.3	123.3	122.7	123.8
	江西省	126.9	126.9	126.7	125.1	122.9	127.6
	河南省	125.2	127.4	123.5	120.6	118.2	122.3
	湖北省	125.3	127.0	124.1	124.9	124.0	125.6
	湖南省	125.3	124.8	125.6	125.3	121.7	129.6
西部地区	四川省	124.6	127.9	122.5	123.9	124.1	123.6
	贵州省	122.8	122.0	123.6	119.5	116.7	123.3
	云南省	119.2	117.3	119.9	116.0	113.8	117.9
	西藏自治区						
	广西自治区	126.0	125.4	126.5	124.4	122.7	125.6
	陕西省	126.7	128.7	125.2	126.1	125.1	127.4
	甘肃省	123.7	124.6	123.5	122.5	121.5	125.2
	青海省	121.8	123.2	120.7	123.2	123.1	123.0
	宁夏自治区	123.1	124.8	121.6	120.1	120.0	120.2
	新疆自治区	126.7	127.7	125.6	125.7	126.2	125.3

表 17　中西部地区居民消费水平(1993 年)

	地区	绝对数(元)			指数(上年=100)		
		合计	农民	非农业居民	合计	农民	非农业居民
	全国总计	1331	855	3027	108.1	106.1	108.9
中部地区	山西省	1112	717	2459	110.9	111.7	110.1
	内蒙古自治区	1101	779	1761	102.6	100.1	105.2
	吉林省	1458	850	2341	105.8	103.8	105.8
	黑龙江省	1748	1010	2712	108.8	115.7	104.7
	安徽省	973	698	2389	113.6	112.1	114.4
	江西省	887	712	1566	105.9	105.0	107.8
	河南省	756	592	1762	118.5	118.5	114.4
	湖北省	1261	874	2521	104.2	101.5	105.8
	湖南省	1135	849	2598	103.9	100.8	106.6
西部地区	四川省	953	709	2273	100.4	98.0	103.0
	贵州省	735	550	1952	108.8	110.1	106.1
	云南省	1069	792	2715	104.6	101.6	109.7
	西藏自治区	931	590	3084	96.7	92.8	102.9
	广西自治区	960	690	2475	112.6	110.2	113.0
	陕西省	945	627	2221	105.3	106.7	103.5
	甘肃省	837	547	2241	106.0	103.0	107.8
	青海省	1158	749	2168	104.1	103.2	105.0
	宁夏自治区	1033	664	2156	103.6	98.2	107.8
	新疆自治区	1365	976	1756	105.7	106.5	104.4

注:本表绝对数按当年价格计算,指数按可比价格计算。安徽、云南、西藏的数据没有和三产普查数据衔接。

表18 中西部地区农林牧渔业总产值和指数（1994年） 单位:亿元

地区		农林牧渔业总产值	农业	林业	牧业	渔业	农林牧渔业总产值指数（上年=100）
全国总计		15750.47	9169.22	611.07	4671.99	1298.19	108.6
中部地区	山西省	219.02	142.12	10.72	65.16	1.01	106.4
	内蒙古自治区	309.32	189.22	10.34	107.00	2.77	102.7
	吉林省	405.48	270.81	8.54	120.14	5.99	110.2
	黑龙江省	537.87	381.45	12.35	134.41	9.66	114.7
	安徽省	774.43	507.36	34.78	198.57	33.71	103.2
	江西省	527.86	276.27	37.52	177.66	36.41	110.2
	河南省	883.32	609.62	29.37	237.76	6.57	103.9
	湖北省	786.84	481.82	26.47	219.53	59.01	109.8
	湖南省	838.16	479.64	37.75	275.85	44.92	107.8
西部地区	四川省	1228.93	689.43	37.46	479.62	22.42	104.0
	贵州省	277.13	180.26	13.61	81.18	2.08	103.7
	云南省	356.78	228.99	30.42	92.12	5.25	103.1
	西藏自治区	23.06	10.05	0.57	12.43	0.02	100.0
	广西自治区	537.21	283.71	31.78	184.77	36.95	108.0
	陕西省	302.38	209.50	17.10	73.82	1.97	99.6
	甘肃省	225.41	157.91	5.80	61.15	0.56	105.3
	青海省	44.87	21.81	0.77	22.16	0.13	103.6
	宁夏自治区	45.80	31.55	0.99	12.29	0.98	102.1
	新疆自治区	306.47	233.78	5.98	64.69	2.02	110.9
中部地区合计		5282.3	3338.31	207.84	1536.08	200.05	
西部地区合计		3348.04	2046.99	144.48	1084.23	72.38	
中西部地区合计		8630.34	5385.3	352.32	2620.31	272.43	
中西部地区合计占全国比重(%)		54.79	58.73	57.66	56.09	20.99	

注:本表绝对数按当年价格计算,指数按可比价格计算。

表 19　中西部地区农业总产值增减情况　单位:亿元

地区		1993 年	1994 年	1994 年比 1993 年增减(+、—)情况
全国总计		6605.19	9169.22	+2564.03
中部地区	山西省	106.02	142.12	+36.1
	内蒙古自治区	142.08	189.22	+47.1
	吉林省	174.63	270.81	+96.18
	黑龙江省	235.36	381.45	+146.09
	安徽省	357.05	507.36	+150.25
	江西省	196.14	276.27	+80.13
	河南省	475.52	609.62	+134.1
	湖北省	301.99	481.82	+179.83
	湖南省	325.96	479.64	+153.68
西部地区	四川省	516.22	689.43	+173.21
	贵州省	126.20	180.26	+54.06
	云南省	179.39	228.99	+49.6
	西藏自治区	10.09	10.05	—0.04
	广西自治区	214.24	283.71	+69.47
	陕西省	179.41	209.50	+30.09
	甘肃省	99.14	157.91	+58.77
	青海省	15.18	21.81	+6.63
	宁夏自治区	22.69	31.55	+8.86
	新疆自治区	146.82	233.78	+86.96
中部地区合计		2314.75	3338.31	+1023.56
西部地区合计		1509.38	2046.99	+537.61
中西部地区合计		3824.13	5385.3	+1561.17
中西部地区合计占全国比重(%)		57.89	58.73	+0.84

表 20 中西部地区主要农作物产品产量及其增减幅度(1994 年) 单位:万吨

地区		谷物	棉花	油料	糖料	猪牛羊肉
全国总计		39389.1	434.1	1989.6	7345.2	3692.7
中部地区	山西省	759.3	8.5	43.8	69.6	46.0
	内蒙古自治区	910.4		65.0	233.6	69.3
	吉林省	1857.3		28.7	97.6	74.8
	黑龙江省	1971.3		15.6	322.7	85.9
	安徽省	2054.9	25.8	154.5	17.3	141.3
	江西省	1510.4	17.5	83.6	204.2	177.5
	河南省	2879.0	62.8	225.0	23.2	222.4
	湖北省	2228.8	45.0	137.8	64.6	213.9
	湖南省	2494.4	23.8	98.2	149.2	272.1
西部地区	四川省	3325.3	6.7	138.9	165.2	502.2
	贵州省	788.3	0.1	47.3	25.0	90.3
	云南省	996.2	0.1	14.0	928.5	107.7
	西藏自治区	60.2		2.9		10.4
	广西自治区	1192.3	0.1	35.9	2320.4	164.4
	陕西省	810.8	4.2	34.2	5.1	67.0
	甘肃省	614.4	1.8	39.9	113.1	52.7
	青海省	87.1		18.4		17.5
	宁夏自治区	182.9		7.0	52.8	8.4
	新疆自治区	616.2	88.2	50.8	299.2	37.7
中部地区合计		16665.8	183.4	852.2	1182	1303.2
中部地区比重比上年增减(+、-)%		+0.77	-5.41	-0.05		+1.26
西部地区合计		8673.7	101.2	389.3	3909.3	1058.3
西部地区比重比上年增减(+、-)%		-1.36	+1.17	-1.48		-1.17
中西部地区合计		25339.5	284.6	1241.5	5091.3	2361.5
中西部地区比重比上年增减(+、-)%		-0.59	-4.24	-1.53		+0.09
中西部地区合计占全国比重(%)		64.33	65.56	62.40	69.31	63.95

表 21　中西部地区乡镇企业总产值(1994 年)

单位:亿元

	地区	合计	乡办	村办	农业	工业	建筑业	交通运输业	商业饮食业
	全国总计	42588.5	15040.9	13825.1	575.6	32 336.1	4076.3	2177.4	3422.4
中部地区	山西省	1030.9	162.1	310.3		666.6	88.4	171.0	104.9
	内蒙古自治区	246.0	60.5	39.8	4.9	118.1	42.5	37.9	42.6
	吉林省	483.8	98.9	99.3	20.6	256.6	63.6	66.2	76.8
	黑龙江省	600.0	140.6	117.6	18.3	304.7	85.9	82.9	108.1
	安徽省	1495.2	590.8	447.6	39.9	1036.7	220.6	76.7	121.4
	江西省	1265.1	285.6	217.6	13.2	827.4	124.6	119.2	181.4
	河南省	1796.1	369.5	599.7	25.1	1166.5	246.5	156.0	202.0
	湖北省	1656.1	613.2	484.5	56.6	1019.0	215.3	113.2	251.9
	湖南省	1274.7	392.5	263.9	56.2	775.5	210.1	96.9	135.9
西部地区	四川省	1973.4	1022.5	624.6	28.3	1276.7	511.4	42.5	114.5
	贵州省	84.4	45.7	9.4	0.6	63.0	7.5	5.7	7.7
	云南省	287.9	80.7	98.4	5.0	140.4	68.4	43.1	30.9
	西藏自治区								
	广西自治区	489.5	190.8	56.8	13.2	281.5	74.7	54.6	65.4
	陕西省	581.4	105.1	135.2	6.0	331.7	87.8	55.9	44.1
	甘肃省	224.6	70.8	37.2	2.3	118.5	40.1	30.5	33.3
	青海省	10.1	5.8	2.3	0.1	7.2	1.7	0.3	0.8
	宁夏自治区	23.3	14.3	4.4	0.7	14.7	5.7	0.8	1.4
	新疆自治区	68.9	39.5	9.9	1.4	39.4	15.1	4.2	8.6
中部地区合计		9847.7	2713.7	2580.3	234.8	6171.1	1297.5	920.0	1225.0
西部地区合计		3743.5	1575.2	978.2	57.6	2273.1	812.4	237.6	306.7
中西部地区合计		13591.2	4288.9	3558.5	292.4	8444.2	2109.9	1157.6	1531.7
中西部地区合计占全国比重(%)		31.91	28.51	25.74	50.80	26.11	51.76	53.16	44.76

表22 中西部地区乡村企业主要财务和经济效益指标(1994年) 单位:亿元

地区		营业收入	利润总额	实交各种税金	利税总额	工资总额	年末固定资产原值	固定资产净值平均余额	年末流动资产
全国总计		25089	1352.4	1079	2225.7	1650.5	6613.5	5196.2	8458.9
中部地区	山西省	295	21.5	14.9	32.5	47.6	122.2	96.2	105.0
	内蒙古自治区	109.6	7.1	5.2	11.7	12.3	39.7	32.9	39.3
	吉林省	174.9	12.6	12.4	22.5	20.8	63.2	51.8	74.8
	黑龙江省	235.6	13.5	6.5	18.2	17.1	61.3	48.9	69.5
	安徽省	1012.8	66.5	42.2	98.0	64.1	213.2	169.1	218.7
	江西省	443.3	28.4	15.0	40.3	34.9	92.7	73.2	87.4
	河南省	1148.2	91.3	48.0	129.0	72.7	319.4	240.5	297.3
	湖北省	1030.0	48.2	40.4	82.8	72.9	206.8	155.7	213.4
	湖南省	632.5	33.5	33.1	62.2	69.6	171.2	129.1	184.7
西部地区	四川省	1313.7	36.3	48.1	77.6	101.3	325.8	246.8	392.0
	贵州省	32.8	0.9	2.8	3.4	4.1	17.6	14.0	21.6
	云南省	183.3	3.0	8.9	11.2	19.9	74.1	58.9	82.5
	西藏自治区								
	广西自治区	290.4	13.7	12.0	24.5	25.3	82.2	67.4	83.8
	陕西省	235.2	13.1	10.1	21.1	20.9	84.5	65.4	79.5
	甘肃省	105.5	7.0	5.7	11.9	13.2	41.7	33.5	43.7
	青海省	8.6	0.3	0.5	0.7	1.2	5.0	3.9	4.5
	宁夏自治区	19.3	0.9	1.1	1.7	2.0	13.6	11.3	10.0
	新疆自治区	55.6	3.9	4.1	7.4	6.5	26.9	20.5	31.9
中部地区合计		5081.9	322.6	217.7	497.2	412.0	1289.7	997.4	2290.1
西部地区合计		2244.4	79.1	93.3	159.5	194.4	671.4	521.7	749.5
中西部地区合计		7326.3	401.7	311	656.7	606.4	1961.1	1519.1	2039.6
中西部地区合计占全国比重(%)		29.20	29.70	28.82	29.51	36.74	29.65	29.23	24.11

续表 22

单位:元

	地 区	每百元固定资产原值实现利 润	每百元资金实现利润	每百元资金实现的利润税金	每百元营业收入实现利润	每百元固定资产原值实现营业收入	每百元营业收入占用的流动资金
	全国总计	20.5	9.0	14.8	5.4	379.4	33.7
中部地区	山西省	17.6	9.5	14.3	7.3	241.4	35.6
	内蒙古自治区	17.7	8.9	14.8	6.4	275.8	35.8
	吉林省	20.0	9.2	16.3	7.2	276.7	42.8
	黑龙江省	22.0	10.3	13.9	5.7	384.3	29.5
	安徽省	31.2	15.4	22.7	6.6	474.9	21.6
	江西省	30.6	15.8	22.4	6.4	478.1	19.7
	河南省	28.6	14.8	20.9	8.0	359.5	25.9
	湖北省	23.3	11.5	19.7	4.7	498.0	20.7
	湖南省	19.6	9.4	17.5	5.3	369.6	29.2
西部地区	四川省	11.1	5.1	10.8	2.8	403.2	29.8
	贵州省	5.2	2.3	8.6	2.8	186.9	65.8
	云南省	4.1	1.9	7.2	1.7	247.3	45.0
	西藏自治区						
	广西自治区	16.7	8.3	14.8	4.7	353.4	28.9
	陕西省	15.5	8.0	12.9	5.6	278.2	33.8
	甘肃省	16.7	8.2	13.9	6.6	252.9	41.4
	青海省	5.8	3.1	7.8	3.4	173.1	52.8
	宁夏自治区	6.4	3.7	7.4	4.5	141.7	51.9
	新疆自治区	14.6	6.7	12.6	7.1	206.9	57.4

表 23 中西部地区主要工业产品产量及其增减幅度(1994) 单位:万吨

地区		钢	原油	原煤	发电量	化纤
全国总计		9153.23	14764.72	121203.25	9090.44	269.24
中部地区	山西省	328.02		32543.31	447.94	2.86
	内蒙古自治区	335.81		5512.20	259.42	0.65
	吉林省	109.88	343.94	2460.85		6.90
	黑龙江省	110.56	5700.37	7540.65		12.18
	安徽省	302.80		3975.24	291.75	2.27
	江西省	152.76		2204.90	168.93	4.90
	河南省	231.28	688.24	8984.92	480.77	9.52
	湖北省	722.77	87.01	972.48	428.67	4.40
	湖南省	215.22		4999.20	288.26	4.79
西部地区	四川省	665.44	16.86	8969.98	502.78	7.07
	贵州省	69.41		5052.65	192.85	0.54
	云南省	133.67	12.10	2571.30	200.91	0.75
	西藏自治区				4.03	
	广西自治区	78.91	3.49	988.43	182.37	2.65
	陕西省	62.30	133.28	3687.21	215.28	2.50
	甘肃省	122.84	240.32	1916.01	240.86	1.93
	青海省	45.60	113.11	249.29	71.00	
	宁夏自治区	4.09	30.11	1265.07	97.30	0.26
	新疆自治区	64.09	1126.55	2526.14	103.46	0.49
中部地区合计		2509.1	6819.56	69193.75	2365.78	48.47
中部地区比重比上年增减(+、-)%		-0.5	-0.5	-0.7	-0.5	1.0
西部地区合计		1246.35	1675.82	27226.08	1810.84	16.19
西部地区比重比上年增减(+、-)%		-0.3	+0.6	+0.7	0	+0.2
中西部地区合计		3755.45	8495.38	96419.83	4176.62	64.66
中西部地区比重比上年增减(+、-)%		-0.8	+0.1	0	-0.5	+1.2
中西部地区合计占全国比重(%)		41.03	57.54	79.55	45.94	24.01

表 24 中西部地区工业总产值和指数(1994 年) 单位:亿元

地区		工业总产值	国有工业	集体工业	#乡办工业	其他经济类型工业	工业总产值指数(上年=100)
全国总计		53021.09	26765.17	17803.10	11976.86	8452.84	121.4
中部地区	山西省	883.26	622.03	227.88	134.95	33.35	118.4
	内蒙古自治区	535.07	425.07	84.55	28.22	25.45	112.1
	吉林省	1084.25	805.76	189.15	75.79	89.33	113.7
	黑龙江省	1589.07	1280.82	233.11	94.11	75.14	116.3
	安徽省	1540.82	786.46	636.58	448.56	117.78	130.6
	江西省	915.08	583.21	283.93	201.87	47.95	125.4
	河南省	1972.96	1252.53	618.11	363.19	102.33	121.2
	湖北省	2202.49	1412.00	666.71	393.81	123.78	125.0
	湖南省	1355.41	859.65	406.09	246.00	89.67	114.0
西部地区	四川省	2715.52	1505.75	921.07	649.88	288.70	119.5
	贵州省	390.58	319.52	63.35	39.28	7.71	118.6
	云南省	823.80	694.68	118.11	49.65	11.02	112.4
	西藏自治区	5.07	4.47	0.52		0.08	
	广西自治区	924.74	611.97	234.21	131.09	78.56	118.9
	陕西省	771.37	607.27	140.70	74.53	23.40	110.8
	甘肃省	555.71	455.61	89.21	41.79	10.88	109.2
	青海省	121.78	108.20	13.57	4.45	0.01	110.4
	宁夏自治区	137.51	114.75	19.73	8.80	3.03	108.3
	新疆自治区	542.48	433.88	97.46	21.89	11.14	108.3
中部地区合计		12078.41	8027.53	3346.11	1986.5	704.78	
西部地区合计		6988.56	4856.1	1697.93	1021.36	434.53	
中西部地区合计		19066.97	12883.63	5044.04	3007.86	1139.31	
中西部地区合计占全国比重(%)		35.96	48.14	28.33	25.11	13.48	

注:本表绝对数按当年价格计算,指数按可比价格计算;范围为乡及乡以上工业的数字。

表 25 中西部地区工业总产值构成(1994年)

单位:%

地区		工业总产值	国有工业	集体工业	#乡办工业	其他经济类型工业
全国总计		100.00	100.00	100.00	100.00	100.00
中部地区	山西省	1.67	2.32	1.28	1.13	0.39
	内蒙古自治区	1.01	1.59	0.47	0.24	0.30
	吉林省	2.04	3.01	1.06	0.63	1.06
	黑龙江省	3.00	4.79	1.31	0.79	0.89
	安徽省	2.91	2.94	3.58	3.75	1.39
	江西省	1.73	2.18	1.59	1.69	0.57
	河南省	3.72	4.68	3.47	3.03	1.21
	湖北省	4.15	5.28	3.74	3.29	1.46
	湖南省	2.56	3.21	2.28	2.05	1.06
西部地区	四川省	5.12	5.63	5.17	5.43	3.42
	贵州省	0.74	1.19	0.36	0.33	0.09
	云南省	1.56	2.60	0.66	0.41	0.13
	西藏自治区					
	广西自治区	1.74	2.29	1.32	1.09	0.93
	陕西省	1.45	2.27	0.79	0.62	0.28
	甘肃省	1.05	1.70	0.50	0.35	0.13
	青海省	0.23	0.40	0.08	0.04	
	宁夏自治区	0.26	0.43	0.11	0.07	0.04
	新疆自治区	1.02	1.62	0.55	0.18	0.14

表 26　中西部地区工业总产值增减情况　单位:亿元

地区		1993 年	1994 年	1994 年比 1993 年增减(+、-)情况
全国总计		40471.95	53021.09	+12549.14
中部地区	山西省	742.20	883.26	+141.06
	内蒙古自治区	446.49	535.07	+88.58
	吉林省	892.34	1084.25	+191.8
	黑龙江省	1207.80	1589.07	+381.27
	安徽省	1107.18	1540.82	+433.64
	江西省	693.90	915.08	+221.18
	河南省	1492.73	1972.96	+480.23
	湖北省	1665.31	2202.49	+537.18
	湖南省	1100.87	1355.41	+254.54
西部地区	四川省	2126.13	2715.52	+589.39
	贵州省	324.72	390.58	+65.86
	云南省	615.21	823.80	+208.59
	西藏自治区	4.60	5.07	+0.47
	广西自治区	709.84	924.74	+214.9
	陕西省	640.28	771.37	+131.09
	甘肃省	442.83	555.71	+112.88
	青海省	89.08	121.78	+32.7
	宁夏自治区	112.74	137.51	+24.77
	新疆自治区	428.70	542.48	+113.78
中部地区合计		9348.82	12078.41	+2729.59
西部地区合计		5494.13	6988.56	+1494.43
中西部地区合计		14842.95	19066.97	+4224.02
中西部地区合计占全国比重(%)		36.67	35.96	-0.71

表 27 中西部地区工业经济效益综合指数(1994 年)

	地 区	综合指数	产品销售率(%)	资金利税率(%)	成本费用利润率(%)	劳动生产率(员/人)	流动资产周转次数(次)	增加值率(%)
	全国总计	96.99	95.48	10.56	4.79	14662	1.50	30.00
中部地区	山西省	87.12	94.75	9.03	5.78	9786	1.25	37.13
	内蒙古自治区	75.50	93.93	7.64	3.81	7949	1.16	34.37
	吉林省	76.02	94.88	7.34	2.73	10207	1.14	33.04
	黑龙江省	107.80	95.52	12.75	10.13	11516	1.19	44.21
	安徽省	92.38	93.69	10.64	3.82	12529	1.51	31.60
	江西省	82.47	96.62	9.41	2.19	10142	1.49	29.67
	河南省	93.80	96.96	10.47	5.08	12050	1.48	32.03
	湖北省	96.99	94.88	11.47	4.86	13618	1.40	32.13
	湖南省	86.59	94.93	11.20	2.64	9255	1.57	30.17
西部地区	四川省	77.29	94.21	8.50	2.64	9493	1.30	28.30
	贵州省	91.26	93.73	14.06	2.89	10797	0.98	36.07
	云南省	205.06	96.34	37.01	19.62	23402	1.67	50.27
	西藏自治区							
	广西自治区	103.23	95.60	10.56	5.85	15055	1.72	33.77
	陕西省	63.68	94.57	5.71	0.85	8901	0.97	29.06
	甘肃省	75.72	95.25	8.16	2.09	9168	1.26	31.09
	青海省	63.88	96.05	5.71	−0.54	9195	0.94	35.76
	宁夏自治区	64.42	96.02	4.85	0.62	9119	1.13	31.19
	新疆自治区	71.40	95.28	4.69	0.53	13021	1.10	35.98

表 28　中西部地区国有建筑施工企业总产值和房屋建筑面积

地区		总产值(亿元)		施工面积(万平方米)		竣工面积(万平方米)	
		1993 年	1994 年	1993 年	1994 年	1993 年	1994 年
全国总计		2054.8	2797.5	32118.1	36962.4	12085.4	11903.7
中部地区	山西省	78.0	114.6	917.2	965.6	294.7	262.8
	内蒙古自治区	42.9	47.2	540.0	465.9	202.0	181.0
	吉林省	80.1	78.5	1124.1	1022.2	597.0	397.8
	黑龙江省	98.3	114.0	1131.0	1167.8	564.4	507.0
	安徽省	38.1	82.2	729.9	1027.3	221.6	316.6
	江西省	34.4	44.7	704.1	860.7	281.3	309.6
	河南省	75.8	94.7	1443.7	1460.2	520.1	500.3
	湖北省	90.3	132.0	1439.3	1766.7	480.9	480.8
	湖南省	54.2	79.9	867.9	1013.8	334.6	339.5
西部地区	四川省	142.1	172.1	2563.7	3323.6	1062.7	1028.0
	贵州省	26.6	32.2	624.2	640.0	238.2	185.7
	云南省	17.7	61.5	201.2	811.0	108.1	303.8
	西藏自治区	2.1	2.4	20.3	27.1	14.0	20.3
	广西自治区	48.6	58.9	826.1	942.5	264.8	296.8
	陕西省	65.1	79.8	674.3	698.2	211.0	224.3
	甘肃省	31.1	39.8	523.2	538.0	197.3	187.5
	青海省	11.0	14.3	129.8	113.0	56.5	51.0
	宁夏自治区	10.7	12.1	298.8	170.9	209.2	88.7
	新疆自治区	43.6	44.0	715.7	755.1	276.9	344.8
中部地区合计		592.1	787.8	8897.2	9750.2	3496.6	3295.4
西部地区合计		398.6	517.1	6577.3	8019.4	2638.7	2730.9
中西部地区合计		990.7	1304.9	15474.5	17769.6	6135.3	6026.3
中西部地区合计占全国比重(%)		48.21	46.65	48.18	48.07	50.77	50.63

表 29　　中西部地区城市数(1994 年)　　单位:个

地区		合计	按人口分组				
			200 万以上	100～200 万	50～100 万	20～50 万	20 万以下
全国总计		622	10	22	42	173	375
中部地区	山西省	20		1	1	4	14
	内蒙古自治区	19		1	1	4	13
	吉林省	26		2		11	13
	黑龙江省	29	1	1	6	10	11
	安徽省	20			3	8	9
	江西省	19		1		6	12
	河南省	36		1	4	9	22
	湖北省	33	1		2	11	19
	湖南省	29		1	1	7	20
西部地区	四川省	35	1	1		13	20
	贵州省	11		1		3	7
	云南省	15		1		2	12
	西藏自治区	2					2
	广西自治区	16			2	3	11
	陕西省	13	1			3	9
	甘肃省	13		1		2	10
	青海省	3			1		2
	宁夏自治区	4				2	2
	新疆自治区	17		1		1	15
中部地区合计		231	2	8	18	70	133
西部地区合计		129	2	5	3	29	90
中西部地区合计		360	4	13	21	99	223
中西部地区合计占全国比重(%)		57.88	40.0	59.09	50.0	57.23	59.47

表30 中西部地区城市社会经济主要指标(1994年)

指标	全国总计	全部城市合计		占全国比重(%)		中部地区		西部地区	
		地区	市区	地区	市区	绝对数	比重(%)	绝对数	比重(%)
年底人口数(万人)	119850	87362.7	47818.6	72.9	39.9	29782.6	34.1	15012.5	17.2
#非农业人口数	27638	24163.4	19176.5	87.4	69.4	8343.7	34.5	3609.2	14.9
土地面积(万平方公里)	960	334.2	161.9	34.8	16.9	138.2	41.4	93.4	28.0
农林牧渔业总产值(当年价格,亿元)	15750.5	13255.5	6619.0	84.2	42.0	4053.6	30.6	1635.9	12.3
工业总产值(当年价格,亿元)	765830	74483.3	55361.7	97.3	72.3	15445.3	20.7	7348.3	9.9
固定资产投资额(亿元)	16370.3	8640.2	7583.1	52.8	46.3	2032.2	23.5	1050.9	12.2
社会消费品零售额(亿元)	16264.7	14785.8	11523.4	90.9	70.8	3730.5	25.2	1783.9	12.1
实际利用外资额(亿美元)	432.1	404.6	321.3	93.6	74.4	32.3	8.0	13.9	3.4

注:中西部地区各项指标绝对数所占比重是指占全国全部城市地区各项指标的比重。

表31 中西部地区社会消费品零售总额(1994年,按销售地区分)

单位:亿元

地 区		社会消费品零售总额	市	县	县 以 下
全国总计		16052.5	9554.9	2418.3	4079.3
中部地区	山西省	290.8	167.9	63.6	59.3
	内蒙古自治区	236.5	141.7	57.6	37.2
	吉林省	396.7	285.4	55.8	55.5
	黑龙江省	538.9	382.6	90.1	66.2
	安徽省	441.2	213.8	99.2	128.2
	江西省	325.6	138.4	83.0	104.2
	河南省	702.5	348.2	155.3	199.0
	湖北省	685	393.4	92.1	199.5
	湖南省	630.6	307.0	128.3	195.3
西部地区	四川省	933.3	446.4	170.3	316.6
	贵州省	142.9	76.0	30.3	36.6
	云南省	285.1	133.4	78.9	72.8
	西藏自治区				
	广西自治区	410.2	185.7	104.1	120.4
	陕西省	300.2	186.9	56.0	57.3
	甘肃省	181.0	114.7	30.4	35.9
	青海省	47.9	27.5	13.4	7.0
	宁夏自治区	47.0	28.7	11.8	6.5
	新疆自治区	186.2	105.8	41.2	39.2
中部地区合计		4247.8	2378.4	825	1044.4
西部地区合计		2533.8	1305.1	536.4	692.3
中西部地区合计		6781.6	3683.5	1361.4	1736.7
中西部地区合计占全国比重(%)		42.25	38.55	56.30	42.57

表 32 中西部地区社会消费品零售总额(1994 年,按经济类型分)

单位:亿元

地区		社会消费品零售总额	# 国有经济	# 集体经济	# 私营经济	# 联营经济
全国总计		16052.5	5416.3	3440.1	472.9	85.8
中部地区	山西省	290.8	113.6	67.9	23.6	0.2
	内蒙古自治区	236.5	102.1	52.6	2.7	0.2
	吉林省	396.7	126.6	53.7	6.0	
	黑龙江省	538.9	213.8	93.1	47.1	5.4
	安徽省	441.2	154.8	113.2	2.0	1.2
	江西省	325.6	112.3	55.3	1.5	0.1
	河南省	702.5	253.6	150.8	6.3	0.7
	湖北省	685.0	226.7	143.1	37.6	1.6
	湖南省	630.6	181.6	106.5	26.5	0.2
西部地区	四川省	933.3	298.7	220.6	34.5	2.8
	贵州省	142.9	50.8	23.1	1.4	0.4
	云南省	285.1	125.0	64.5	3.9	0.3
	西藏自治区					
	广西自治区	410.2	133.6	62.7	9.9	0.3
	陕西省	300.2	110.7	70.3	3.3	0.6
	甘肃省	181.0	70.3	29.7	3.3	0.0
	青海省	47.9	22.3	7.2	1.0	0.2
	宁夏自治区	47.0	20.1	7.0	0.7	
	新疆自治区	186.2	94.2	23.6	3.6	0.2
中部地区合计		4247.8	1485.1	836.2	153.3	9.6
西部地区合计		2533.8	925.7	508.7	61.6	4.8
中西部地区合计		6781.6	2410.8	1344.9	214.9	14.4
中西部地区合计占全国比重(%)		42.25	44.51	39.09	45.44	16.78

表 33 中西部地区社会消费品零售总额(1994 年,按行业分) 单位:亿元

地区		社会消费品零售总额	批发零售贸易业	餐饮业	制造业	其他	农对非
全国总计		16052.5	10630.3	1104.0	1252.3	936.8	2129.1
中部地区	山西省	290.8	206.2	20.0	23.6	10.3	30.7
	内蒙古自治区	236.5	164.4	12.3	20.6	8.1	31.1
	吉林省	396.7	279.1	28.7	23.0	10.5	55.4
	黑龙江省	538.9	414.1	32.7	28.4	18.5	45.2
	安徽省	441.2	293.8	25.2	48.9	11.7	61.6
	江西省	325.6	207.9	18.9	25.3	13.1	60.4
	河南省	702.5	463.6	54.8	95.6	29.8	58.7
	湖北省	685.0	456.6	43.6	44.3	23.8	116.7
	湖南省	630.6	399.7	36.4	47.8	26.0	120.7
西部地区	四川省	933.3	596.0	60.7	93.3	27.7	155.6
	贵州省	142.9	103.0	6.8	9.7	4.1	19.3
	云南省	285.1	207.0	14.7	18.8	13.8	30.8
	西藏自治区						
	广西自治区	410.2	273.7	29.9	33.4	20.5	52.7
	陕西省	300.2	189.2	19.9	30.1	7.8	53.2
	甘肃省	181.0	126.3	15.0	11.3	7.0	21.4
	青海省	47.9	36.2	3.6	2.6	1.3	4.2
	宁夏自治区	47.0	31.0	3.0	2.9	1.5	8.6
	新疆自治区	186.2	128.2	12.3	14.8	10.7	20.2
中部地区合计		4247.8	2885.4	272.6	357.5	151.8	580.5
西部地区合计		2533.8	1690.6	165.9	216.9	94.4	366
中西部地区合计		6781.6	4576	438.5	574.4	246.2	945.5
中西部地区合计占全国比重(%)		42.25	43.05	39.72	45.87	26.28	44.41

表 34 1994 年中西部地区对外经贸增幅(1994 年比 1993 年+、-)

单位:亿元

地区		外贸进出口总额(亿美元)	增幅(+、-)	出口创汇总额(亿美元)	增幅(+、-)
中部地区	山西省	9.80		8.03	+26.6
	内蒙古自治区	10.60	-12	5.9	-9.2
	吉林省	35.80	+20.1	20.2	+25.1
	黑龙江省	30.90	+1.1	18.4	-2.6
	安徽省	18.50	+43.6	12.8	+32.4
	江西省	—	—	10.66	+20.6
	河南省	21.8	+12.9	15.7	+14.7
	湖北省	28.5	+11.9	21.0	+24.4
	湖南省	26.3	+12	19.02	—
西部地区	四川省	36.84	+26.3	22.65	+37.2
	贵州省	4.49	+23.7	3.2	+33.1
	云南省	13.44	+60	9.1	+74
	西藏自治区	3.57	2.5 倍	0.2	33.07
	广西自治区	23.7	+14.1	16.02	20.9
	陕西省	15.9	+6.7	12.1	+22.2
	甘肃省	5.10	+5.21	3.73	+31.74
	青海省	1.43	+15.3	1.23	+21.4
	宁夏自治区	1.79	+24.9	1.46	+31.6
	新疆自治区	10.23	—	5.7	+15.3
中部地区合计		182.2		131.71	
西部地区合计		116.49		75.39	

资料来源:根据各省区《1994 年政府工作报告》、《1994 年国民经济和社会发展的统计公报》计算整理而得。

表 35　中西部地区进出口商品总值（按经营单位所在地分）　单位：亿美元

地　区		1993年			1994年		
		进出口	出　口	进　口	进出口	出　口	进　口
全国总计		1957.03	917.44	1039.59	2367.31	1210.38	1156.93
中部地区	山西省	6.53	4.07	2.46	8.39	6.54	1.85
	内蒙古自治区	9.92	4.85	5.07	9.25	4.74	4.50
	吉林省	25.05	12.05	13.01	27.91	13.66	14.25
	黑龙江省	33.00	16.87	16.13	24.27	12.43	11.85
	安徽省	12.39	7.85	4.54	15.66	10.46	5.20
	江西省	11.67	6.14	5.53	13.07	8.05	5.02
	河南省	13.09	7.51	5.59	16.32	10.24	6.08
	湖北省	22.28	12.27	10.01	27.46	17.16	10.30
	湖南省	17.33	11.38	5.95	21.51	15.43	6.08
西部地区	四川省	22.30	11.56	10.74	30.98	18.04	12.94
	贵州省	3.43	2.00	1.43	4.69	3.04	1.65
	云南省	11.72	7.97	3.75	16.32	9.65	6.67
	西藏自治区	1.89	1.04	0.85	6.46	0.45	6.02
	广西自治区	20.58	8.93	11.65	30.37	12.90	17.47
	陕西省	13.14	7.35	5.79	14.20	9.58	4.62
	甘肃省	3.99	2.19	1.80	5.03	3.47	1.56
	青海省	1.01	0.76	0.25	1.53	1.26	0.26
	宁夏自治区	1.02	0.63	0.39	1.73	1.09	0.64
	新疆自治区	7.86	3.75	4.11	8.90	4.54	4.36
中部地区合计		151.26	82.99	68.29	163.84	98.71	65.13
西部地区合计		86.94	46.18	40.76	120.21	64.02	56.19
中西部地区合计		238.2	129.17	109.05	284.05	162.73	121.32
中西部地区合计占全国比重(%)		12.17	14.08	10.49	11.20	13.44	10.49

表 36 中西部地区进出口商品总值(按境内目的地、货源地分)

单位:亿美元

地区		1993年			1994年		
		进出口	出口	进口	进出口	出口	进口
全国总计		1957.03	917.44	1039.59	2367.31	1210.38	1156.93
中部地区	山西省	12.15	8.21	3.94	14.18	10.93	3.25
	内蒙古自治区	10.67	4.42	6.25	10.28	4.81	5.47
	吉林省	29.40	15.20	14.20	32.61	16.56	16.05
	黑龙江省	53.53	35.65	17.88	43.57	28.88	14.69
	安徽省	18.51	7.92	10.59	17.18	9.66	7.52
	江西省	13.72	5.75	7.97	13.50	6.53	6.97
	河南省	17.49	8.83	8.66	22.22	10.88	11.34
	湖北省	27.77	12.79	14.98	30.78	15.05	15.73
	湖南省	17.95	10.64	7.31	19.94	12.55	7.39
西部地区	四川省	27.99	12.69	15.30	37.67	15.23	22.44
	贵州省	4.19	2.23	1.96	4.83	2.70	2.13
	云南省	11.83	7.29	4.54	16.79	8.82	7.97
	西藏自治区	1.30	0.50	0.80	5.58	0.19	5.39
	广西自治区	23.83	10.35	13.48	32.45	13.37	19.08
	陕西省	16.13	6.28	9.85	17.26	8.22	9.04
	甘肃省	5.00	2.47	2.53	5.54	3.12	2.42
	青海省	1.14	0.68	0.46	1.54	1.15	0.39
	宁夏自治区	1.57	0.80	0.77	1.68	1.00	0.68
	新疆自治区	11.24	4.37	6.87	14.28	4.58	9.70
中部地区合计		201.19	109.41	91.78	204.26	115.85	88.41
西部地区合计		104.22	47.66	56.56	137.62	58.38	79.24
中西部地区合计		305.41	157.07	148.34	341.88	174.23	167.65
中西部地区合计占全国比重(%)		15.61	17.12	14.27	14.44	14.39	14.49

表 37 中西部地区外商投资企业进出口商品总值 单位:亿美元

地区		1993年			1994年		
		进出口	出口	进口	进出口	出口	进口
全国总计		670.70	252.37	418.33	876.47	347.13	529.34
中部地区	山西省	1.58	0.49	1.09	1.49	0.79	0.70
	内蒙古自治区	1.07	0.27	0.80	1.21	0.42	0.79
	吉林省	4.09	0.67	3.42	6.19	1.40	4.79
	黑龙江省	3.07	0.91	2.16	3.98	1.13	2.85
	安徽省	2.72	0.62	2.10	3.33	0.72	2.61
	江西省	3.69	0.41	3.28	3.10	0.43	2.67
	河南省	3.32	0.69	2.63	4.06	0.96	3.10
	湖北省	6.73	1.34	5.39	6.53	1.55	4.98
	湖南省	2.96	0.43	2.53	2.90	0.64	2.26
西部地区	四川省	4.84	0.83	4.01	5.26	0.95	4.31
	贵州省	0.53	0.12	0.41	0.71	0.20	0.51
	云南省	0.94	0.25	0.69	1.87	0.26	1.61
	西藏自治区	0.03	0.01	0.02	0.17	0.01	0.16
	广西自治区	5.23	1.07	4.16	8.75	1.45	7.30
	陕西省	2.14	0.30	1.84	2.19	0.43	1.76
	甘肃省	0.57	0.15	0.42	0.58	0.15	0.43
	青海省				0.08	0.04	0.04
	宁夏自治区	0.09	0.03	0.06	0.24	0.06	0.18
	新疆自治区	0.57	0.25	0.32	0.84	0.32	0.52
中部地区合计		29.23	5.83	23.4	32.79	8.04	24.75
西部地区合计		14.94	3.01	11.93	20.69	3.87	16.82
中西部地区合计		44.17	8.84	35.33	53.48	11.91	41.57
中西部地区合计占全国比重(%)		6.59	3.50	8.45	6.10	3.43	7.85

表 38 中西部地区外商投资企业注册登记情况

		年底登记企业数(个)		投资总额(亿美元)		注册资本(亿美元)		外方	
		1993 年	1994 年	1993 年	1994 年	1993 年	1994 年	1993 年	1994 年
	全国总计	167507	206096	3823.89	4907.24	2456.31	3122.75	1501.82	1963.15
中部地区	山西省	1104	1323	22.21	27.95	19.52	23.06	9.92	12.08
	内蒙古自治区	734	926	13.66	17.34	9.66	12.13	4.54	5.53
	吉林省	2156	2887	28.89	39.22	23.42	31.29	11.91	16.42
	黑龙江省	2983	3781	56.96	76.25	44.97	54.49	22.63	27.43
	安徽省	1881	2400	31.67	43.55	22.09	30.00	10.39	15.05
	江西省	2354	2847	37.64	43.96	28.83	33.37	16.37	19.23
	河南省	2957	3787	57.45	73.35	42.07	54.53	20.12	26.84
	湖北省	3899	4938	81.78	103.76	56.25	70.08	30.63	39.81
	湖南省	2368	2966	46.75	58.60	32.63	39.88	17.09	21.57
西部地区	四川省	3787	5232	75.59	107.51	56.80	79.74	29.00	42.43
	贵州省	740	906	15.63	17.71	12.50	14.28	7.32	8.36
	云南省	753	1018	15.32	20.45	10.69	14.03	5.93	7.86
	西藏自治区	27	42	0.32	1.93	0.25	0.64	0.12	0.31
	广西自治区	4368	5027	107.75	125.68	69.28	79.91	39.73	46.22
	陕西省	1289	1652	31.96	37.61	20.88	24.90	12.76	15.09
	甘肃省	723	925	9.59	11.47	7.52	8.88	3.97	4.81
	青海省	63	80	0.65	0.93	0.50	0.74	0.24	0.35
	宁夏自治区	261	325	3.15	3.75	2.79	3.30	1.46	1.73
	新疆自治区	508	617	10.78	12.66	7.36	8.65	3.75	4.38
中部地区合计		20436	25855	377.01	483.98	279.44	348.83	143.6	183.96
西部地区合计		12519	15824	270.74	339.7	188.57	235.07	104.28	131.54
中西部地区合计		32955	41679	647.75	823.68	468.01	583.9	247.88	315.5
中西部地区合计占全国比重(%)		19.67	20.22	16.94	16.78	19.05	18.70	16.51	16.07

江中制药厂

angzhong Pharmaceutical Corporation

在 1994 年度中国 500 家最大工业企业及行业 50 家企业评价中，江西江中制药厂位于：

中国 500 家最佳经济效益工业企业医药制造业　第一位

中国医药制造业最佳经济效益企业　第一位

中国江西最佳经济效益工业企业　第一位

江中行舟　不进则退——江中人自勉　吕辉章题

厂长：钟虹光

地址：南昌市福州路

邮编：330006

电话：8332136

草珊瑚含片

夜色多美好——江中制药厂外景

武汉东湖新技术开发区

武汉东湖新技术开发区管理大楼

东湖钓鱼台俱乐部

武汉东湖新技术开发区关南科技工业园

武汉东湖新技术开发区关东科技工业园标准厂房